LABOR LAW

노동법

하 갑 래

(주)중앙경제

노 동 법

개별적근로관계법

- 근로기준법
- 최저임금법
- 건설근로자의고용개선등에관한법률
- 건설산업기본법
- 남녀고용평등과일・가정양립지원에관한법률
- 근로자퇴직급여보장법
- 기간제및단시간근로자보호등에관한법률
- 파견근로자보호등에관한법률
- 채용절차의공정화에관한법률
- 산업안전보건법
- 중대재해처벌등에관한법률
- 임금채권보장법
- 근로복지기본법
- 장애인차별금지및권리구제등에관한법률

집단적노동관계법

- 노동조합및노동관계조정법

- 공무원의노동조합설립및운영등에관한법률
- 공무원직장협의회의설립・운영에관한법률
- 교원의노동조합설립및운영등에관한법률
- 근로자참여및협력증진에관한법률

- 노동위원회법

노동시장관련법

- 고용정책기본법
- 직업안정법
- 근로자직업능력개발법
- 고용상연령차별금지및고령자고용촉진에관한법률
- 외국인근로자의고용등에관한법률
- 장애인고용촉진및직업재활법

사회보험관련법

- 산업재해보상보험법
- 고용보험법
- 고용보험및산업재해보상보험의보험료징수등에관한법률

제4판을 내면서

이 책이 네 번째 허물을 벗는다. 제3판이 출간된 이후 노동법은 큰 변화를 겪었다. ILO협약의 비준에 대비하고, 헌법불일치를 해소하며 그 밖에 근로자의 권익을 더 높이기 위한 법 개정이 노동법 전반에 걸쳐 이루어졌다. 노동시장에 영향을 미칠만한 헌법재판소의 결정과 대법원의 판결도 적지 않다. 제4판에는 이러한 변화를 함축적이고 체계적으로 반영하였다. 그리고 전체적인 편제도 수정되었다.

노동법의 개정과 제정은 다양하고 획기적으로 이루어졌다. 첫째, 집단적노사관계법이 매우 폭 넓게 개정되었다. ILO협약을 비준하기 위해 개정된 노조법은 국제적인 표준으로 한 걸음 더 접근하면서 집단적노사관계의 패러다임을 바꾸고 있다. 노조법은 해고된 조합원의 근로자성이 부인되는 것으로 보이게 하는 규정을 삭제하고, 종사근로자가 아닌 사람의 조합활동을 인정하며, 해고된 종사조합원의 종사근로자간주 규정을 두고, 노동조합의 대의원 및 임원의 자격을 종사조합원으로 한정하며, 노동조합이 급여를 지급하는 노조전임자에 대해 그 운용을 노사자율에 맡기면서 사용자가 급여를 지급하면 근로시간면제제도를 적용하게 하고, 근로시간면제심의위원회 관할을 경제사회노동위원회로 옮기면서 제도를 정비하며, 근로시간면제한도를 초과하는 급여의 지급을 무효로 하면서 부당노동행위로 규정하고, 개별교섭동의에 있어 차별을 금지하며, 교섭단위의 분리뿐 아니라 통합에 대해서도 별도의 규정을 두고, 점유배제 및 조업방해 형태의 쟁의행위를 금지하며, 단체협약의 유효기간 상한을 연장하였다. 아울러 노조법은 헌법불합치결정을 반영하여 경비원조가 부당노동행위로 해석될 여지를 좁히고 판단기준을 제시하게 되었다. 공무원노조법은 ILO협약을 비준하기 위해 공무원노동조합의 가입기준 중 직급제한을 폐지하고, 소방공무원과 교원을 제외한 교육공무원의 노동조합 가입을 허용하며, 퇴직공무원의 노동조합 가입을 허용하게 되었다. 교원노조법은 헌법불일치결정을 수용하기 위해 교원의 범위를 초·중등교원에서 유아교육교원과 고등교육교원으로까지 확대하였고, 이 과정에서 교원노조법과 그 시행령은 교섭창구단일화를 체계화하였으며, ILO협약을 비준하기 위해 퇴직공무원 등의 노동조합 가입을 허용하게 되었다. 둘째, ILO협약비준에 대비한 집단적노사관계법 개정의 반작용으로 그리고 근로자보호를 위해 개별적근로관계법이 개정 또는 제정되었다. 근기법은 전자문서를 근로조건의 서면명시・교부의 방법으로 인정하고, 특별연장근로에 대해 건강검진・휴식부여 등의 의무를 부과하며, 월단위연차휴가청구권 행사기한과 1년미만근로에 대한 사용촉진제도를 규정하고, 3개월초과 6개월이내 단위의 탄력적근로시간제도를 도입하면서 요건・주별근로시간통보・연속휴식시간제도・임금보전 등을 명시하며, 3개월이내 정산단위의 선택적근로시간제를 도입하면서 요건・연장근로중간정산・연속휴식시간제도 등을 명시하고, 남녀고용평등법이 개정되어 육아휴직 분할이 1회에서 2회로 늘어나게 되었다. 중대재해법이 제정되어 중대산업재해에 대해 무거운 형벌이 부과되고, 산재법이 개정되어 특수형태근로종사자의 적용제외신청사유가 제한되게 되었다. 셋째, 노동시장관련법에 있어서는 고용보험의 적용범위가 예술인・노무제공자에게까지 확대되고 고용보험사업에 있어 보완적인 조치가 추가되었다.

대법원의 판결, 헌법재판소의 결정 등은 개별적근로관계, 집단적노사관계 그리고 노동시장관계에서 다양한 법리를 제공하고 있다. 이 중 중요한 변화를 소개하면 다음과 같다. 첫째, 개별적근로관계에 있어서는 그 어느 때 못지않게 주목할 만한 법리들이 제시되고 있다. '취업규칙불이익변경과 근로계약의 관계와 유리조건우선원칙', '채용원칙과 산재유족특별채용조항의 효력', '휴가사용촉진조치의 요건으로서의 명확한 노무수령거부의사', '해외근로추가임금의 통상임금성', '출근율을 산정함에 있어 법정・약정의 휴일・휴무를 소정근로일수에서 제외', '근로자의 고소·고발행위와 해고의 정당성', '부당해고구제신청에 있어 근로계약기간만료에 따른 임금상당액지급의 구제이익 해당 여부' 등이 그렇다. 둘째, 집단적노동관계법에 있어서는 "교원의 정당가입금지는 합헌이나 '그 밖의 정치단체 가입 금지'는 위헌", '법외조합통보를 규정한 노조법시행령규정의 효력 부정', '쟁의행위찬반투표와 공정대표의무의 관계', 도급인사업장의 수급인근로자 직장점거의 정당성', '조정절차를 거치기 전에 교섭결렬을 이유로 행한 찬반투표의 적법성 인정', '위법한 대체근로와 조합원의 실력저지의 관계' 등이 그렇다.

제4판은 논리성과 체계성을 보강하였다. 첫째, 직장내성희롱금지를 성차별금지에서 분리한 후 직장내괴롭힘금지와 고객응대근로자보호를 하나의 절로 묶어 '근로권과 근로환경보호'(제1편 제1장, 제4절)로 정리하였다. '제1편, 제1장. 근로관계의 기초'

에 배치하였다. 둘째, 주휴일에 대해 분산되어 있는 설명을 하나로 묶어 휴일부문의 앞에 배치하고 연장근로처럼 공통된 사항은 공휴일 뒤에 배치하였다. 셋째, 사업분할에 따른 근로관계이전법리를 보강하였다. 넷째, 일용근로에 대한 종합설명(제2편 제7장, 제2절)에 있어 휴일·휴가 등 근로조건의 적용방법을 본문 및 각주에 상세하게 기술하였다. 넷째, 조합활동과 사업장출입에 대해 노조법 개정에 따라 종사조합원, 종사간주조합원, 비종사조합원 그리고 비종사비조합원로 구분하여 설명하였다. 다섯째, 인준투표의 법리를 보강하였다. 여섯째, 단체교섭대상을 설명하면서 뒷부분에 따로 항목을 부여하여 노동쟁의대상 및 쟁의행위목적과의 관계를 상세하게 설명하였다. 일곱째, 교섭창구단일화와 법외조합과의 관계를 정리하여 설명하였다.

이 책은 학부학생, 노동법을 깊이 다룬 경험이 적은 '법학전문대학원생과 대학원석사과정학생', 공인노무사·직업상담사시험 수험생 등이 노동법 전반에 걸쳐 체계를 잡는 데 도움을 받을 수 있도록 편집되어 있다. 이 책은 교과서 및 수험서로서의 성격을 가진다. 따라서 이 책은 노동시장에서 필요로 하는 다양한 정보와 지식을 체계와 논리라는 틀에 담음에 있어 취사와 선택의 작업을 거쳤다. 이 책을 활용하여 체계를 잡은 후에, 더 깊은 학문과 더 치밀한 실무를 위해서는 졸저 『근로기준법』과 『집단적노동관계법』을 활용할 것을 권장한다.

이 책이 탄생함에 있어 단국대학교에서 노동법을 강의하는 최미나 박사의 꼼꼼한 검토가 있었다. 이 자리를 빌어 감사의 마음을 전한다. 아울러 어려운 여건 속에서도 개정판을 출판할 수 있게 해주신 (주)중앙경제의 김희성 회장님과 김남진 대표이사 그리고 임직원들의 한결같은 배려에 대해 감사의 말씀을 올린다.

2021년 3월

용인 考槃齋에서

하갑래

제3판을 내면서

이 책이 태어난 지 4년이 되었다. 이제 제3판을 내면서, 독자들이 노동법과 사회보험법에 대해 기본지식을 익히고 체계를 세우는 데에 이 책이 얼마나 도움을 주었는지를 스스로에게 묻지 않을 수 없다. 제3판은 그러한 반성을 기초로 다음과 같은 여러 변화를 모색하였다.

먼저, 제3판은 제2판에까지 포함되어 있던 사회보장법 중에서 노동법으로 분류되기 어려운 국민연금법과 국민건강보험법을 제외하였다. 그리고 이에 따라 그 이름이 노동법총서에서 노동법으로 바꾸었다. 이러한 과정에서 책의 두께도 제법 줄었다. 제3판은 근로기준법을 중심으로 한 개별적근로관계법, 노동조합및노동관계조정법을 중심으로 한 집단적노동관계법, 직업안정법과 고용보험법을 중심으로 한 노동시장관련법 및 사회보험관련법으로 구성되어 있다.

둘째, 제3판도 학부학생들과 수험생들의 교재를 염두에 두고 설계되었다. 다만, 제1판과 제2판은 공인노무사시험과 변호사시험을 준비하는 분들을 위해 출제문제들을 추적해서 해당되는 부분에 각주를 붙여 소개했었다. 그러나 시간이 갈수록 수록되어야 할 출제문제가 많아져서 그러한 각주가 오히려 가독성을 떨어트리는 결과를 가져오게 되었다. 그래서 제3판은 출제문제와 관련된 각주를 모두 제거하였다. 아울러 이 책은 직업상담사시험을 준비하는 분들에게도 유용하고, 노동법을 깊이 다룬 경험이 없는 법학전문대학원생 그리고 일반대학원의 석사과정생들이 노동법의 체계를 잡는 데 도움을 주리라고 믿는다.

셋째, 노동법은 그 내용을 풍부하게 하면서 그 어떤 법보다도 동태적으로 움직인다. 최근 들어서만 보더라도 그 변화가 엄청나다. 개별적근로관계법과 관련해서는 1주 총52시간근로의 보장과 그 예외, 공휴일의 법정휴일화, 직장내괴롭힘금지와 고객응대근로자보호, 산업안전보건법강화, 최저임금에 대한 포함임금조정과 시간급환산방법변경, 통상임금의 시간급환산방법변경 등 법령개정 또는 판례법리를 통해 변신의 모습을 보여주었다. 집단적노동관계법은 경비원조조항 및 교원노조법에 대한 헌법불합치결정과 ILO협약비준을 위한 대대적인 정비를 앞두고 있다. 그러나 제3판은 아쉽게도 그 정비결과를 보지 못한 상태에서 탄생하게 되었다. 이와 관련하여, 이 책은 일반원리를 소개하거나 현재 국회에서 새로운 내용으로 탄생을 기다리고 있는 정부입법안을 소개하는 정도로 그 내용을 구성하였다.

이 책은 제2판이 출간된 후에 변화된 법령, 판례, 행정지침 중 중요한 내용은 모두 반영하였으나, 노동시장에서 필요로 하는 다양한 정보와 지식을 깊이 다루는 데에는 한계를 가진다. 이 책이 노동법을 전체적으로 망라하면서 기본적인 법리를 익히도록 설계되었기 때문이다. 이 책을 활용하여 체계를 잡은 후에, 더 자세한 내용에 대해서는 졸저 『근로기준법』과 『집단적노동관계법』을 참고할 것을 권장한다.

제3판을 출간함에 있어 단국대학교에서 강의를 통해 후진을 양성하고 있는 최미나 박사와 송희숙 박사의 꼼꼼한 검토가 책의 완성도를 높였다. 그리고 ㈜중앙경제의 김희성 회장님과 임직원들의 한결같은 배려에 대해 감사의 말씀을 올린다.

2020년 2월

하갑래

머 리 말

노동법은 넓고 깊다. 학자들이 여러 학술지에 발표하는 논문들이 풍성하다. 덕분에 노동법은 쉴 틈 없이 뼈를 튼튼히 하고 살을 붙이고 있다. 사회과학이 다 그렇지만, 특히 노동법은 현실에서 멀어질 때 빛을 잃는다. 저자는 졸저 "근로기준법"과 "집단적노동관계법"에 이론과 현실이 가져다주는 깊이와 넓이를 담으려고 노력해 왔다. 이러한 노력은 학문적으로 미미하나마 연구를 위한 기초자료를 제공하고, 실무적으로 사건에 부딪칠 때 판단기준을 제공한다는 바램에서 비롯되었다. 바램이 가져다 준 불편한 대가는 두꺼워진 부피와 거칠어진 체계이다. 그 쓰임새가 처음부터 끝까지 읽기에서 그때그때 찾아보기로 바뀌고 있는 것이다. 이러한 변화는 노동법 전체에 대해 체계를 세우면서 걸 맞는 내용이 담긴 한 권의 책이 필요함을 느끼게 하였다.

이 책은 노동법을 공부하는 학부 학생, 학부에서 노동법을 배우지 않은 법학전문대학원생, 공인노무사시험을 비롯한 각종 시험 준비생, 그리고 노동법을 깊이 다루지 않은 인사노무담당자나 노동조합원을 위해서 마련되었다.

이 책은 개별적근로관계법, 집단적노동관계법, 노동시장관련법 그리고 사회보험법을 포괄한다. 노동시장관련법에 대해서는 고용정책기본법을 간단히 설명하고 직업안정법, 외국인근로자관련법, 고령자고용관련법, 장애인고용관련법 등을 소개한다. 사회보험법을 편입시킨 이유는 산업재해보상법과 고용보험법이 사회보험법에서 중추적인 역할을 하고, 국민건강보험법과 국민연금법도 고용관계에서 중요한 자리를 차지하기 때문이다. 이러한 편제의 다른 이유는 공인노무사시험 준비생이 시험과목 중 노동법(1), 노동법(2) 및 사회보험법을 한 권의 책으로 공부할 수 있도록 하기 위함이다. 이 책은 공인노무사 시험과목에 포함되어 있는 법을 자세히 소개하고, 그렇지 않은 법을 총서라는 이름에 적합하게 개괄적으로 서술한다. 일반인들은 법학을 접하면서, 논리체계를 중시하는 학문적 특징 때문에, 종종 지루해 한다. 이 책은 독자들이 노동법에 흥미를 느낄 수 있도록 배경이 되는 이야기나 가벼운 자료도 제공한다.

이 책은 본문의 내용을 단순하게 축약하고, 세세한 내용이나 배경을 각주로 다룬다. 노동법의 기본적인 체계를 익히려는 목적은 본문을 숙지하는 것으로 달성될 수 있다. 그러나 좀 더 깊이 공부하려면 설명각주에 관심을 기울이면서 인용각주 특히 판례의 구체적인 내용을 스스로 찾아서 확인하는 접근이 요청된다.

이 책은 노동법의 영역을 넓게 보고 깊이보다는 넓이에 관심을 둔다. 반면에 졸저 "근로기준법"과 "집단적노동관계법"은 깊이에 무게를 둔다. 특히 졸저 "근로기준법"은 근로기준법과 직접 관계되는 근로자보호법의 영역에 집중하여 그 깊이를 더 해 나갈 예정이다. 이를 위해 졸저 "근로기준법"은 제28판부터 복지부문, 산업안전과 산업재해부분, 외국인고용, 직업능력개발부분, 고용보험부분 등을 편제에서 제외하여 이 책으로 넘기게 된다.

저자는 이 책의 탄생을 위해 나름대로 많은 시간과 노력을 기울였다. 그럼에도 불구하고 여기저기에서 부족하고 모자란 부분이 눈에 띈다. 독자들에게 보완하고 고쳐나간다는 약속을 올린다.

이 책은 단국대학교에서 초빙교수로 재직하고 있는 최미나 박사, 단국대학교에서 강사로 재직하고 있는 송희숙 박사, 단국대학교에서 박사과정을 수료하고 고용노동부 고용정책실에서 전문위원으로 봉직하고 있는 최은정 석사, 서울과학기술대학 안전공학과 교수로 재직하고 있는 정진우 박사, 고용노동부 산업안전국에서 근무하는 양성필 박사, 학원에서 명강사로 활약하면서 단국대학교에서 석사과정을 이수하고 있는 류순건 공인노무사 그리고 고려대학교에서 박사과정을 이수하고 있는 하헌웅군의 도움을 받아 탄생하였다. 이 자리를 빌어 고마운 마음을 전한다. 아울러 ㈜ 중앙경제의 김희성 회장님과 임직원 여러분들의 배려와 정성 그리고 따뜻한 마음을 잊을 수 없다.

2016년 2월

법화산 기슭의

단국대학교 연구실에서

하갑래

목 차

제1편 노동법 총설

제1장 노동법의 의의

제2장 노동기본권

제3장 노동법의 적용

제4장 노동법의 이행

제2편 개별적근로관계

제1장 근로관계의 기초

제2장 근로관계의 근거와 존속

제3장 근로관계의 내용

제4장 근로관계의 변동

제5장 근로관계종료와 징벌

제6장 근로관계종료후의 관계

제7장 근로보호의 특수영역

제3편 집단적노동관계

제1장 노동조합

제2장 단체교섭

제3장 단체협약

제4장 노동쟁의 처리

제5장 쟁의행위

제6장 부당노동행위

제7장 공공부문 노동관계

제8장 노동위원회제도

제9장 근로자참여 및 협력증진

제4편 노동시장 관련법

제1장 고용정책

제2장 고용안정

제3장 직업능력개발

주요약어(略語)

⊙ 인용문헌

〈저 서〉

권영성, 『헌법학원론』 ………… 권영성, 『헌법학원론』, 법문사, 2005

권 혁, 『노동유연화와 해고보호법』

…………… 권 혁, 『노동유연화와 해고보호법』, 집문당, 2010

김기범, 『한국헌법』 …………… 김기범, 『한국헌법』, 교문사, 1973

김수복, 『근로시간·휴일·휴가의 법률문제』

…………… 김수복, 『근로시간·휴일·휴가의 법률문제』, 중앙경제사, 1990

김수복, 『노동법』 ……………… 김수복, 『노동법』, (주)중앙경제, 2004

김수복, 『채용에서 퇴직까지의 노사문제』

…………… 김수복, 『채용에서 퇴직까지의 노사문제』, (주)중앙경제, 2006

김유성, 『노동법 I』 …………… 김유성, 『노동법 I』, 법문사, 2005

김유성, 『노동법 II』 …………… 김유성, 『노동법 II』, 법문사, 2001

김유성, 『한국사회보장법론』 · 김유성, 『한국사회보장법론』, 법문사, 2002

김지형, 『노동법해설』 ………… 김지형, 『노동법해설』, 청림출판, 1993

김치선, 『노동법강의』 ………… 김치선, 『노동법강의』, 박영사, 1992

김헌수, 『노동조합 및 노동관계조정법』, 제3판

…………… 김헌수, 『노동조합 및 노동관계조정법』, 제3판, 법원사, 2009

김형배, 『노동법』, 제20판·제21판·제22판

…………… 김형배, 『노동법』, 제20판·제21판·제22판, 박영사, 2011·2012·2013

노동법실무연구회, 『근로기준법주해 I·II·III』

…………… 노동법실무연구회, 『근로기준법주해 I·II·III』, 법원사, 2010

박상필, 『한국노동법』 ………… 박상필, 『한국노동법』, 대왕사, 1994

박홍규, 『고용법·근로조건법』

…………… 박홍규, 『고용법·근로조건법』, 제2판, 삼영사, 2005

박홍규, 『노동법』 ·················· 박홍규, 『노동법』, 삼영사, 1994
박홍규, 『노동법Ⅱ』 ·············· 박홍규, 『노동법Ⅱ』, 삼영사, 2002
박홍규, 『노동법론』 ·············· 박홍규, 『노동법론』, 삼영사, 1995
심태식, 『노동법개론』 ··········· 심태식, 『노동법개론』, 법문사, 1998
이병태, 『최신노동법』, 제9판
··············· 이병태, 『최신노동법』, 제9전정판, (주)중앙경제, 2008
이상윤, 『노동법』, 제6판 ······· 이상윤, 『노동법』, 제6판, 법문사, 2011
이상윤, 『사회보장법』 ··········· 이상윤, 『사회보장법』, 제6판, 법문사, 2012
이영희, 『노동법』 ·················· 이영희, 『노동법』, 법문사, 2001
이영희, 『노동법』 ·················· 이영희, 『노동법』, 법문사, 2002
이을형, 『노동법』 ·················· 이을형, 『노동법』, 대왕사, 1995
이철수 · 김홍영, 『노동법강의』
··············· 이철수 · 김홍영, 『노동법강의』, 고시연구사, 2005
이철수 · 김인재 · 강성태 · 김홍영, · 조용만, 『로스쿨 노동법』
··············· 이철수 · 김인재 · 강성태 · 김홍영 · 조용만, 『로스쿨노동법』, 도서출판 오래, 2011,
임종률, 『노동법』, 제9판 · 제13판
··············· 임종률, 『노동법』, 제9판 · 제13판, 박영사, 2011 · 2015
정병석 · 김헌수, 『노동기준법』
··············· 정병석 · 김헌수, 『노동기준법』, 법원사, 1976
하갑래, 『외국인 고용과 근로관계』
··············· 하갑래 · 최태호, 『외국인 고용과 근로관계』, (주)중앙경제, 2004
하경효, 『노동법사례연습』 ····· 하경효, 『노동법사례연습』, 박영사, 2002
한국노동법학회, 『노동판례백선』
··············· 한국노동법하회, 『노동판례백선』, 박영사, 2015
일본 노동성, 「노동기준법」
··············· 日本 綜合勞働研究所, 「勞働基準法」, 日本勞働省 勞働基準局編, 1980
菅野和夫, 『勞動法』 第七版補正二版 · 第十版
··············· 菅野和夫, 『勞動法』 第七版 補正二版 · 第十版, 弘文堂, 2007 · 2013
管野和夫(이정 역), 『일본노동법』
··············· 管野和夫(이정 역), 『일본노동법』, 법문사, 2007

石井照久,『勞動法總論』……… 石井照久,『勞動法總論』, 有斐閣, 1995
柳屋孝安,『休憩・休日・變形勞働時間制』
…………… 柳屋孝安,『休憩・休日・變形勞働時間制』,信山社
土田道夫,『勞働法解說 I -雇用關係法』
…………… 土田道夫,『勞働法解說 I -雇用關係法』, 弘文堂. 2004,
下井隆史,『勞働基準法』第4版
…………… 下井隆史,『勞働基準法』第4版, 有斐閣, 2007
靑木,『勞働基準法 講義』……. 靑木秋田,『勞働基準法 講義』, 1980

〈기타자료〉

고용노동부,『사업(사업장)단위 복수노조매뉴얼』
…………… 고용노동부,『사업(사업장)단위 복수노조매뉴얼』, 2010
고용노동부,『유연한 근로시간제 도입 매뉴얼』
…………… 고용노동부,『유연한 근로시간제 도입 매뉴얼』, 2010
고용노동부,『집단적노사관계 업무매뉴얼』
…………… 고용노동부,『집단적노사관계 업무매뉴얼』, 2013
노동부,『교원노조법 개정안 설명자료』
…………… 노동부,『교원노조법 개정안 설명자료』, 2010
노동부,『교원노조 단체협약 분석』
…………… 노동부,『교원노조 단체협약 분석』, 2010
노동부,『근로시간면제 한도 적용 매뉴얼』
…………… 노동부,『근로시간면제 한도 적용 매뉴얼』, 2010
노동부,『노동쟁의조정실무』
…………… 노동부,『노동쟁의조정실무』, 1995
노동부,『노사가 지켜야할 정당한 쟁의 행위의 범위와 한계』
…………… 노동부,『노사가 지켜야 할 정당한 쟁의행위의 범위와 한계』, 2009
노동부,『노사관계 선진화 입법 설명자료』
…………… 노동부,『노사관계 선진화 입법 설명자료』, 2007
노동부,『노조법 개정 설명자료』-노조전임자·복수노조 법개정 내용
…………… 노동부,『노조법 개정 설명자료』-노조전임자·복수노조 법개정 내용, 2010

노동부,『단체교섭 및 단체협약 체결 관련 지도지침』
……………… 노동부,『단체교섭 및 단체협약 체결 관련 지도지침』, 2008

노동부,『복수노조제도 궁금합니다』-복수노조쟁점풀이
……………… 노동부,『복수노조제도 궁금합니다』-복수노조쟁점풀이, 2009

노동부,『알기쉬운 새 노동법 해설』
……………… 노동부,『알기쉬운 새 노동법 해설』, 1997

노동부,『전임자제도 궁금합니다』-노조전임자 쟁점풀이
……………… 노동부,『전임자제도 궁금합니다』-노조전임자 쟁점풀이, 2009

노동부,『중소기업노사를 위한 노사협의회 운영매뉴얼』
……………… 노동부,『중소기업노사를 위한 노사협의회 운영매뉴얼』, 2009

노동부,『최신사례로 보는 부당노동행위』
……………… 노동부,『최신사례로 보는 부당노동행위』, 2009

노동부,『필수유지업무제도 운영매뉴얼』
……………… 노동부,『필수유지업무제도 운영매뉴얼』, 2008

노사정위원회,『1998년도 노사정위원회 활동보고』
……………… 노사정위원회,『1998년도 노사정위원회 활동보고』, 1998

노사정위원회,『노사관계선진화위원회 활동보고서(2008.10~2009.7)』
……………… 노사정위원회,『노사관계선진화위원회 활동보고서(2008.10~2009.7)』, 2009

중앙노동위원회,『긴급조정사건 처리개요』
……………… 중앙노동위원회,『긴급조정사건 처리개요』, 2006

중앙노동위원회,『노동위원회 50년사』
……………… 중앙노동위원회,『노동위원회 50년사』, 2003

중앙노동위원회,『노동위원회 법・제도 연혁』
……………… 중앙노동위원회,『노동위원회 법・제도 연혁』, 2008

중앙노동위원회,『조정 및 필수유지업무 매뉴얼』
……………… 중앙노동위원회,『조정 및 필수유지업무 매뉴얼』, 2009

한국노동연구원,『선진국의 사회적 합의기구에 관한 연구』
……………… 한국노동연구원,『선진국의 사회적 합의기구에 관한 연구』, 노동부, 1999

⊙ 주요 법 · 시행령 · 시행규칙

건고법/령/칙 ·················「건설근로자의 고용개선 등에 관한 법률/시행령/시행규칙」
건보법/령/칙 ·················「국민건강보험법/시행령/시행규칙」
고보법/령/칙 ·················「고용보험법/시행령/시행규칙」
건산법/령 ·····················「건설산업기본법/시행령」
고정법/령/칙 ·················「고용정책기본법/시행령/시행규칙」
고평법/령/칙 ·················「남녀고용평등과 일·가정양립지원에관한법률/시행령/시행규칙」
공노법 ·························「공무원의 노동조합 설립 및 운영 등에 관한 법률」
공직협법 ·······················「공무원직장협의회의 설립·운영에 관한 법률」
교노법/령/칙 ·················「교원의 노동조합설립및운영등에관한 법률/시행령/시행규칙」
국기법 ·························「국가기술자격법」
근기법/령/칙 ·················「근로기준법/시행령/시행규칙」
근참법/령/칙 ·················「근로자참여 및 협력증진에 관한 법률/시행령/시행규칙」
근퇴법/령/칙 ·················「근로자퇴직급여보장법/시행령/시행규칙」
기단법/령/칙 ·················「기간제 및 단시간근로자 보호 등에 관한 법률/시행령/시행규칙」
노사정법/령 ···················「경제사회 노동위원회법/시행령」
노조법/령/칙 ·················「노동조합 및 노동관계조정법/시행령/시행규칙」
노위법/령/칙 ·················「노동위원회법/시행령/시행규칙」
노원칙 ·························「노동위원회규칙」
모자법/령/칙 ·················「모자보건법/시행령/시행규칙」
민법 ····························「민법」
민소법 ·························「민사소송법」
민집법 ·························「민사집행법」
복지법/령 ·····················「근로복지기본법/시행령」
사법경찰관리법 ·············「사법경찰관리의직무를행할자와그직무범위에관한법률」
사보법/령/칙 ·················「사회보장기본법/시행령/시행규칙」
산안기칙 ·······················「산업보건기준에 관한 규칙」
산안법/령/칙 ·················「산업안전보건법/시행령/시행규칙」
산재법/령/칙 ·················「산업재해보상보험법/시행령/시행규칙」
선원법/령/칙 ·················「선원법/시행령/시행규칙」
소심법 ·························「소액사건심판법」
숙장법 ·························「숙련기술장려법」

연금법/령 ························「국민연금법/시행령」
연령법/령 ························「고용상 연령차별금지 및 고령자고용촉진에 관한 법률/시행령」
외고법/령/칙 ··················「외국인근로자의 고용 등에 관한 법률/시행령/시행규칙」
임채법/령 ························「임금채권보장법/시행령」
인권위법 ························「국가인권위원회법」
장고법/령/칙 ··················「장애인 고용촉진 및 직업재활법/시행령/시행규칙」
장차법/령 ························「장애인 차별 금지 및 권리구제 등에 관한 법률/시행령」
중대재해법 ······················「중대재해 처벌 등에 관한 법률」
직능법/령 ························「근로자 직업능력개발법/시행령」
직안법/령/칙 ··················「직업안정법/시행령/시행규칙」
진폐법/령 ························「진폐의 예방과 진폐근로자의 보호 등에 관한 법률/시행령」
징수법/령 ························「고용보험 및 산재보험의보 험료징수 등에 관한 법률/시행령」
채용절차법 ······················「채용절차 공정화에 관한 법률」
최임법/령/칙 ··················「최저임금법/시행령/시행규칙」
출관법/령/칙 ··················「출입국관리법/시행령/시행규칙」
파견법/령/칙 ··················「파견근로자 보호 등에 관한 법률/시행령/시행규칙」
형법 ·······························「형법」
행소법 ····························「행정소송법」
형소법 ····························「형사소송법」
헌법 ·······························「대한민국헌법」
회생법 ····························「채무자회생 및 파산에 관한 법률」

⊙ 법령의 조문표시

§1, §2 ···························· 제1조, 제2조 ……
①, ② ···························· 제1항, 제2항 ……
ⅰ, ⅱ ···························· 제1호, 제2호 ……
근기법 §2①ⅱ ················「근로기준법」 제2조 제1항 제2호
근참령 §3② ···················「근로자참여 및 협력증진에 관한 법률 시행령」 제3조 제2항

⊙ 국내판례

헌재 ······························ 헌법재판소 결정
대판 ······························ 대법원 판결
대판(전) ························· 대법원 전원합의체 판결

서울고판 ························ 서울고등법원 판결
서울지판 ························ 서울중앙지방법원 판결
서울행판 ························ 서울행정법원 판결
부산고판 ························ 부산고등법원 판결
대구고판 ························ 대구고등법원 판결
대전지판 ························ 대전지방법원 판결
광주고판 ························ 광주고등법원 판결
서울민지판 ······················ 서울민사지방법원 판결
서울형지판 ······················ 서울형사지방법원 판결
서울남부지판 ···················· 서울지방법원 남부지원 판결
서울동부지판 ···················· 서울지방법원 동부지원 판결
서울북부지판 ···················· 서울지방법원 북부지원 판결
마산지판 ························ 마산지방법원 판결
인천지판 ························ 인천지방법원 판결
창원충무지판 ···················· 창원지방법원 충무지원 판결
춘천지판 ························ 춘천지방법원 판결

⊙ 국내행정해석

사 로 ···························· 사회부 노동국
노정근 ·························· 사회부 노정국 근로기준과
법무법 ·························· 법무부 법무심의관실
법 심 ···························· 법무부 법무심의관실
법 무 ···························· 노동부 법무담당관실
근지, 기준 ······················ 노동청 근로기준국 근로기준과
근기, 감독 ······················ 노동부 근로기준국 근로기준과
근로조건지도과 ·················· 노동부 근로기준국 근로조건지도과
노 조 ···························· 노동부 노정국 노동조합과
노조 ····························· 노동부 노사정책실 노동조합과
노정근 ·························· 노동청 근로기준국 근로기준과
노정노 ·························· 노동부 노정국 노동조합과
노사 ····························· 노동부 노정국 노사조정담당관실
임 금 ···························· 노동부 근로기준국 임금복지과
임 금 ···························· 노동부 근로기준국 임금정책과

임금근로시간정책팀 ········ 고용노동부 근로기준국 임금근로시간정책팀
부 소 ································ 노동부 근로기준국 부녀소년과
여 정 ································ 노동부 근로여성정책국 여성정책과
여 원 ································ 노동부 근로여성정책국 여성고용지원과
평 정 ································ 노동부 고용평등국 평등정책과
산 재 ································ 노동부 근로기준국 산재보험과
관 리 ································ 노동부 노동보험국 보험관리과
보 상 ································ 노동부 노동보험국 재해보상과
재 보 ································ 노동부 노동보험국 재해보상과
징 수 ································ 노동부 노동보험국 보험징수과
안 정 ································ 노동부 산업안전국 안전정책과
안 기 ································ 노동부 산업안전국 안전기획과
사 훈 ································ 노동부 직업훈련국 사업내훈련과
해 지 ································ 노동부 직업안전국 해외지도과
협력 ································· 노동부 노사협력과
중앙, 중노위 ···················· 중앙노동위원회
부 노 ································ 부산광역시 지방노동위원회
경남지노위 ······················· 경상남도 지방노동위원회
충북지노위 ······················· 충청북도 지방노동위원회
연 정 ································ 보사부 연금정책과
국예비 ······························ 국방부 예비군과
대 검 ································ 대검찰청

⊙ 일본 판례 및 행정해석

日本 最高判 ····················· 日本最高裁判所 判決
日本 東京地判 ················· 日本東京地方裁判所 判決
노동성 기발 ····················· 일본 노동성 노동기준국장 통달
노동성 기수 ····················· 일본 노동성 노동기준국장의 조회 · 질의에 대해 발하는 회답
노동성 부발 ····················· 일본 노동성 부인소년국장 통달
노동성 기감발 ················· 일본 노동성 노동기준국 감독과장 통달
노동성 기재수 ················· 일본 노동성 노동기준국 노재보상부장의 조회 · 질의에 대해 발하는 회답

⊙ 기타 표현

○○년 징역 …………………… ○○년 이하 징역
○○원 벌금 …………………… ○○원 이하 벌금
○○원 과태료 ……………… ○○원 이하 과태료
경총 ……………………………… 한국경영자총협회
공노위 …………………………… 공무원노동관계조정위원회
공무원노조 …………………… 공무원노동조합
교노위 …………………………… 교원노동관계조정위원회
교원노조 ………………………… 교원노동조합
기업별노조 …………………… 기업별 노동조합
고용부·노동부 ……………… 고용노동부
고용장관·노동장관 ……… 고용노동장관
노무사 …………………………… 공인노무사
노사정위 ………………………… 경제사회발전노사정위원회
노조 ……………………………… 노동조합
민주노총 ………………………… 전국민주노동조합총연맹
복수노조 ………………………… 복수노동조합
산업별노조·산별노조 …… 산업별단위노동조합
산업별노동조합 …………… 산업별단위노동조합
산업별연합노조 …………… 산업별연합단체노동조합
전경련 …………………………… 전국경제인연합회
전임자·노조전임자 ……… 노동조합전임자
조합활동 ………………………… 노동조합활동
중노위 …………………………… 중앙노동위원회
지노위 …………………………… 지방노동위원회
지방노동관서 ………………… 지방고용노동관서
지역별노조 …………………… 지역별단위노동조합
직종별노조 …………………… 직종별단위노동조합
직장별노조 …………………… 직종별단위노동조합
초기업노조 …………………… 초기업단위노동조합
특별노위 ………………………… 특별노동위원회
한국노총 ………………………… 한국노동조합총연맹

제 1 편

노동법 총설

제 1 장 노동법의 의의

제1절 노동법의 탄생 배경

노동법은 노동을 제공하는 자와 제공받는 자의 관계 즉, 근로관계를 규율한다. 근로관계는 양자가 갖는 생산수단 즉, 자본과 노동을 자신의 의지로 처분할 수 있는 권한을 기초로 성립한다. 신화나 종교에서는 노동이 고통이나 징벌로 해석된다.[1] 고대사회와 중세사회에서는 노동이 노예노동[2]이나 반노예노동으로서 신분이나 계급을 기초로 존재했다. 이는 노동을 제공하는 사람이 자기결정으로 노동력을 처분할 수 없어,[3] 현대적 의미의 노동법[4]이 존재할 수 없음을 의미한다. 자본주의경제체제는 자본과 노동이라는 생산수단이 합해져서 형성되었다. 자본주의에 이르러서야 노동을 제공하는 사람이 노동에 대한 자기처분권을 갖게 된 것이다. 현대적 의미의 노동법은 자본주의 아래에서 형성되었다.

자본을 가진 사용자와 노동을 가진 근로자의 결합관계를 근로관계라고 한다.

---

1) 淸水正德, 한마당 편집부 옮김, 「노동의 의미」, 한마당, 1983, 27쪽 및 33쪽. 그리스신화에 따르면 인간에게 불을 가져다 준 프로메테우스에 대한 제우스의 보복으로, 인간은 농사를 짓고 노동을 해 대지로부터 곡물을 생산해야 한다. 구약성경은 인간이 낙원에서 추방될 때 신은 "너희들은 이마에 땀 흘리며 일하지 않으면 안 되리라."고 선언하고 있다.

2) 노예제사회인 고대 메소포타미아에서 제정된 함무라비법전은 의사·수의사·건축가·조선공에게 적절한 보수를 명시해 지급하고(§215~§240), 농업노동자·목자·일용직노동자·장인에 대해서 최저보수를 명시(§253~§267, §273~§274)하고 있다(한상수, 「함무라비법전」, 인제대학교출판부, 2008, 237쪽). 이들의 노동은 사용종속관계의 개념이 개입되어 있지 않다. 보호의 목적은 노예라는 재산을 보호하는데 있다.

3) 淸水正德, 한마당 편집부 옮김, 「노동의 의미」, 한마당, 1983, 46쪽. '경제외적 강제'라고 정의했다.

4) 이 용어는 제1차 세계대전 전후에 사용되기 시작하여, 독일 1919년 바이마르 헌법(§157②)에서부터 법률용어로 자리를 잡았다(노동법실무연구회, 『근로기준법주해 Ⅰ』, 5쪽).

자본주의의 초기단계에서는 근로관계도 소유권절대원칙, 계약자유원칙, 과실책임원칙이라는 시민법원리의 적용을 받았다. 시민법원리는 현재의 노동법에서도 발견된다. "근로조건은 근로자와 사용자가 동등한 지위에서 자유의사에 따라 결정되어야 한다"고 규정하고 있는 「근로기준법」(근기법) 제4조가 그렇다.

자본주의경제체제 아래에서 이루어지는 계약행위는 평등한 인격의 자유로운 의사결정을 기반으로 한다. 그러나 사용자와 근로자는 경제적·사회적 지위가 서로 다르기 때문에 형식적인 평등은 실질적인 불평등을 가져올 수 있다. 근로관계에 시민법원리를 적용하다 보니, 근로자는 상대적으로 약한 위치에서 근로계약을 체결함으로써 열악한 근로환경이 일반화되었다. 그 결과 근로자 및 그 가족의 인간다운 생활이 위협받고, 사회전체로는 계급 간 갈등이 깊어져서 자본주의체제가 흔들리게 되었다. 이러한 구조적 모순을 해결하기 위해 국가가 근로관계에 개입해 일정 수준 이상의 근로조건을 보장하는 노동법이 탄생했다.

노동법의 제정배경은 「대한민국헌법」(헌법)(§32 ③)[1]과 근기법(§1 목적)[2]에 잘 표현되어 있다. 노동법은 시민법원리를 수정하면서 탄생했다. 소유권절대원칙을 수정한 예로는 사내근로복지기금의 조성이나 고용보험료의 납부를 들 수 있다. 계약자유원칙을 수정한 예로는 근기법이 정한 기준에 미달하는 근로계약을 무효화하거나, 적법한 쟁의행위에 대해 민·형사책임을 면제하는 것을 들 수 있다. 과실책임원칙을 수정한 예로는 재해보상에서 무과실책임원칙이 채택된 점을 들 수 있다.

제2절 노동법의 성격

노동법은 국가의 입법체계에 편입되어 있는 일반성과 사회관계를 독자적인 원리로 규정하는 전문성을 가지며,[3] 국민경제 및 사회질서와 관련하여 정치성과 변동성을 가진다.

---

1) 근로조건의 기준은 인간의 존엄성을 보장하도록 법률로 정한다.
2) 헌법에 따라 근로조건의 기준을 정함으로써 근로자의 기본적 생활을 보장, 향상시키며 균형 있는 국민경제의 발전을 꾀하는 것을 목적으로 한다.
3) 菅野和夫, 『勞働法』, 第七版補正二版, 11~14쪽.

1. 일반성

노동법은 국가의 전체 법체계가 갖는 일반성의 적용을 받는다.

노동법은 실체법과 절차법[1] 모두의 측면에서 헌법을 정점으로 해 민사법, 형사법 및 행정법을 근간으로 하는 전체 법체계에 편입되어 있다.[2] 이에 따라 관련법들과 개념, 원리 및 구조면에서 공통변수를 갖는다.

2. 전문성

노동법은 개별적관계, 집단적관계, 노동시장관계 등 노동관계를 대상으로 하고 있어, 그 실태와 본질에서 비롯되는 전문성을 갖는다. 노동법은 근로자와 사용자 사이에 존재하는 힘의 불균형을 전제로 시민법원리를 수정하는데서 출발했다. 이러한 배경으로부터 근로조건의 최저수준결정, 집단적교섭과 집단적계약의 보장 그리고 노동시장육성을 위한 행정서비스조성이라는 기본원리가 파생된다.

3. 정치성과 변동성

노동관계는 국민경제 및 사회질서 속에서 존재하며, 노동법은 국가가 추구하는 목적에 따라 정체성이 결정된다. 노동법은 근로자보호를 목적으로 하면서 '사용자의 재산권'이나 '국민경제의 발전·균형'과 조화를 추구한다. 노동법의 입법과 집행은 정치적인 결정에 영향을 받게 되며, 기본원리를 실현하는 방법과 수준에 있어 변동성이 크다. 산업사회의 변화에 따라 업종, 직종, 근로형태 등 노동시장의 현상이 다양해지는 것도 노동법의 변동성을 높이는 요인이다.

---

1) 노동관계의 법적분쟁은 권리분쟁으로서 민사소송절차를 따를 뿐 아니라, 근로감독관과 검사를 매개로 하는 형사소송절차를 적용받으며, 노동위원회를 통한 행정적구제제도가 적용됨으로써 행정소송절차가 적용된다.

2) 노동관계는 계약관계를 포함하고 있다. 노동법에 특별한 규정이 없으면 민법상의 계약법리가 적용된다. 노동법의 규정에 대해서는 강행적효력이 부여되고 행정기관과 사법기관에 의해 실효성이 확보된다. 노동조합에 대해 사단법인에 관한 규정이 준용되고, 단체협약에 규범적효력이 부여되며, 부당노동행위가 금지된다. 이러한 규정들에 대해서는 민사법적효력이 인정되면서, 노동위원회를 통한 행정적구제의 대상이 되고, 형벌이 부과된다. 아울러 노동시장과 관련해 노동력의 조정을 위한 행정지원체제 및 행정규제가 적용된다.

제3절 노동법의 체계

1. 이원구조

노동법은 법률 상호간에 서로 밀접하게 연관을 맺고 있으나 이론적으로 체계화하는 과정에서 개별적근로관계법과 집단적노사관계법으로 나누는 접근이 독일, 프랑스 등에서 비롯되어 우리나라에서도 일반적으로 받아들여지고 있다.

1·가. 개별적근로관계법

개별적근로관계법은 근로자 보호를 이념으로 하고 근로관계의 성립, 내용 및 종료에 대해 국가가 개입해 근로조건을 일정수준 이상으로 보장한다. 개별적근로관계법은 근로자개인과 사용자개인의 관계를 규율하거나, 근로조건과 관련해 사용자에게 의무를 부여한다. 근기법은 개별적근로관계법[1]의 모법이다.

1·나. 집단적노사관계법

집단적노사관계법은 단결에 있어 국가로부터의 자유와 노사자치를 이념으로 한다. 집단적노사관계법은 근로조건과 관련해 근로자와 사용자 사이의 집단적인 자치기준을 정하는 것을 목적으로 하며, 근로자집단과 '사용자개인 또는 사용자단체'와의 관계를 규율한다. 노조법은 집단적노사관계법의 모법이다[2]

2. 영역확대

노동법이 발전하면서 이원적구조로 설명할 수 없는 영역이 나타나게 되었다. 첫째, 협동적노동관계법[3]은 집단적성격을 가지지만 자치기준을 정하는 집단적노사관계법과는 달리 경영참가·노사협의를 대상으로 한다. 둘째, 노동분쟁처리관계법[4]

---

1) <예> 근기법, 선원법, 최임법, 근퇴법, 임채법, 고평법, 파견법, 기단법, 산안법, 산재법, 진폐법, 복지법, 장차법 ; <노동시장관계법과 중복> 외고법, 연령법, 건고법 등.
2) 노조법, 교노법, 공노법.
3) 근참법, 경사노위법.
4) 노위법.

은 노동관계당사자 사이에 발생한 분쟁의 조정이나 심판을 대상으로 한다. 셋째, 노동시장관계법[1]은 노동시장에서 고용과 능력개발을 진작시키기 위해 국가・사용자 및 근로자의 권리나 의무를 규정하는 것을 내용으로 한다.

제4절 노동법의 법원

1. 법원의 개념

노동법과 관련된 분쟁에 대해 재판에서 법관의 판단기준으로 작용하는 규범의 존재형식을 '노동법의 법원(法源)'이라 한다.

2. 법원의 내용

2·가. 법원 인정

(1) 법 령

① 국내법

노동법의 법원으로 가장 기본이 되는 규범은 법령 즉, 법률과 그 위임을 받은 시행령 및 시행규칙이다. 법령에는 노동관계법령 뿐 아니라 헌법, 민사법,[2] 형사법, 행정법 등 관련법령도 포함된다.

② 국제법

헌법에 따라 체결해 공포된 조약은 국내법과 동일한 효력을 가진다(헌법 §6①). 대표적 조약으로는 ILO협약,[3] UN규약[4] 등을 들 수 있다. 우리나라는 ILO의 8개 핵

---

1) <예> 고정법, 직안법, 직능법, 국기법, 숙기법, 장고법 등.

2) <민법> 제3편제2장제8절(§655~§663)에서 고용계약 규정. ; 근기법에 규정되지 않은 사항은, 근기법이 민법의 특별법적인 성격을 가지므로, 민법원리에 따라 해석된다(김형배, 『노동법』, 제20판, 98쪽). ; 민법의 고용관계조항은 노동법의 수정을 받으면서도 여전히 기초적・보충적 자리를 차지한다(임종률, 『노동법』, 제9판, 9쪽).

3) 2021년 현재, 190개 협약 중 29개의 협약 비준.

4) 자유권규약(1990.4.10. 결사의자유 유보), 여성차별철폐협약(2006.10.18), 인종차별철폐협약(1978.12.5), 아동권리협약(1990.9.25) 등을 비준했다.

심협약 중 차별금지관련협약(제100호 제101호)와 아동노동관련협약(제138호 제182호)을 비준했고, 단결권 협약(제87호 제98호)과 강제근로관련협약 중 제29호에 대하여는 비준이 진행 중이고[1] 제105호는 비준하지 못하고 있다.

(2) 자치규범

당사자의 권리와 의무를 규율하는 단체협약, 취업규칙, 노동조합규약 및 근로계약은 대표적인 노동법의 법원이다.

2·나. 부분 인정

노동관행은 그 자체로 법적인 효력을 갖지 않으나, 당사자 사이에 이의 없이 오랫동안 적용되면, 신의성실원칙에 따라[2] 묵시적인 합의가 성립된 '사실인 관습(민법 §106)'으로서, 근로계약의 효력을 인정받는다.[3]

2·다. 법원 부정

(1) 판 례

상급법원의 판결은 해당사건에 관하여 하급심을 기속한다(법원조직법 §8). 서로 다른 사건이라면, 하급심이 상급심에 기속되지 않는다. 법관은 선례에 구속받지 않는다. 따라서 판례는 법원으로 인정되지 않는다. 다만, 현실적으로는 서로 다른 사건이더라도 축적된 상급심 판례가 하급심판결에 간접적으로 영향을 미친다.

(2) 행정지침

행정지침, 행정해석 등은 행정기관 내부의 사무처리준칙에 불과할 뿐 대외적으로 재판기관이나 국민을 기속하지 않으므로 법원으로 인정되지 않는다.

3. 법원간의 관계

3·가. 질서의 원칙

다른 순위의 규범 사이의 효력 관계를 질서의 원칙이라 한다. 질서의 원칙으로는 규범적효력과 유리조건우선원칙이 있다.

---

1) 2021년 2월 현재 국회 본회의 통과.

2) 신의성실원칙에 위배된다는 이유로 상대방에 대한 권리행사를 부정하기 위해서는, 상대방에게 신의를 공여하였거나 객관적으로 보아 상대방이 신의를 가지는 것이 정당하고, 그 신의에 반하여 권리를 행사하는 것이 정의 관념에 비추어 용인될 수 없는 정도이어야 한다(대판 2017.2.15, 2016다32193).

3) 대판 2002.4.23, 2000다50701. 기업사회에서 규범적인 것으로서 명확히 승인되고 있어 사실상제도로서 확립되어 있다고 평가될 만큼 규범의식으로 지지되어야 한다(한국노동법학회, 『노동판례백선』, 5쪽).

(1) 규범적효력

노동법의 법원은 헌법을 정점으로 해 법률, 명령, 단체협약, 취업규칙과 노동조합규약, 근로계약의 순으로 계층적구조를 가지고 있다.

상위규범은 하위규범에 대해 규범적효력을 갖는다. 규범적효력은 강행적효력과 보충적효력으로 구성된다(근기법 §15, 노조법 §33 근기법 §96, §97).

강행적효력	상위규범의 기준에 미달한 하위규범의 근로조건은 그 부분에 한해 무효
보충적효력	상위규범의 기준에 미달한 하위규범의 근로조건이 무효로 되거나 상위규범에 정해진 근로조건이 하위규범에 정해져 있지 않으면, 상위규범에 따름

(2) 유리조건우선원칙(제3편, 제3장, 제3절 1·나, (4), ①)

여러 규범 중에서 가장 유리한 근로조건이 근로자에게 적용되는 것이 원칙이다. 유리조건우선원칙은 법령과 다른 규범 사이에는 이견이 없다. 그러나 근로계약과 취업규칙 그리고 단체협약과 다른 법령 이외의 다른 규범의 관계에 있어서는 견해가 나뉜다.

① 취업규칙과 근로계약

근로계약과 취업규칙 사이에 유리조건우선원칙이 적용되는지에 대해 임금피크제 등의 제도도입과 관련하여 논란이 있다. 이와 관련하여 유리조건우선원칙에 따라 근로계약이 적용된다는 판결[1]을 둘러싸고 취업규칙의 적법한 변경이 있으면 임금피크제 등의 도입을 인정하는 유리조건우선원칙적용부정론[2]과 판결의 취지를 받아들여 취업규칙의 적법한 변경이 있더라도 근로계약이 우선 적용된다는 유리조건우선원칙적용긍정론[3]이 있다. 개인적으로는, 유리조건우선원칙의 기본 법리를 감안하여, 후자를 지지한다. 다만, 이 경우에 근로계약이 해당 근로조

---

1) 대판 2017.12.13, 2017다261387. 취업규칙은 근로계약과의 관계에서 최저기준을 설정하는 효력 보유 ; 대판 2019.11.14, 2018다200709. 임금피크제를 도입하여 연봉액을 삭감토록 적법하게 변경된 취업규칙에도 불구하고 개별동의를 받지 못하면 근로계약이 우선 적용되어 연봉액 삭감 불가 ; 대판 2020.4.9, 2019다297083. 취업규칙이 근로자에게 보다 유리하다는 등의 특별한 사정이 없는 이상, 근로계약이 우선 적용.

2) 방준식, "취업규칙불이익변경과 근로계약의 효력", 「노동법률」 제344호, ㈜중앙경제, 2020.1, 39쪽. <근거> 해당 판례는 취업규칙불이익변경에 대해 집단적동의를 요구하는 근기법 제94조제1항의 단서에 반하는 것으로 집단적자치원리에 반함. ; 박종희, "취업규칙과 근로계약간의 유리한 조건 우선의 원칙과 근로조건의 집단적 결정 법리와의 관계", 「안암법학」 제56권, 안암법학회, 2018.5, 270~277쪽. 취업규칙불이익변경을 위한 집단적동의에는 근로계약변경에 대한 개별적 동의가 포함되어 있음.

3) 김기선, "취업규칙불이익변경과 근로계약", 「노동법포럼」 제29호, 노동법이론실무학회, 2020.2, 32쪽. <근거> 유리조건적용원칙 기본원리에 충실 ; 노동법실무연구회 『근로기준법주해Ⅲ』, 제2판, 박영사, 2020, 148~149쪽, 유리조건적용원칙의 기본원리에 충실.

건을 포함해서 포괄적으로 취업규칙에 위임한 상태가 아니어야 하며, 취업규칙의 내용에 반하는 내용이 근로계약에 포함되어 있어야 한다.

② 단체협약과 그 밖의 규범

유리조건우선원칙이 단체협약과 법령 외의 다른 규범과의 관계에도 적용되는지에 대해 '유리한 조건을 정한 근로계약이나 취업규칙은 유효하다'고 보는 긍정설[1)]과 '취업규칙·근로계약 등이 더 유리해도 단체협약을 따라야 한다'고 보는 부정설[2)]로 견해가 나뉜다. 개인적으로는 부정설이 타당하다고 생각한다. 각설의 근거는 다음과 같다.

긍정	ⓐ 단체협약은 근로자를 보호하기 위해 근로조건의 최저기준을 정함. ⓑ 계약자유원칙과 사적자치원칙에 따라 개별근로자의 근로조건을 보호하여야 함.
부정	ⓐ 단체협약의 강행적효력을 규정한 법문이 '…기준에 미달'이 아닌 '…기준에 위반(노조법 §33)' 또는 '… 어긋나서는 아니된다(근기법 §96)'고 표현된 점. ⓑ 기업별노조에서는 단체협약이 표준적·정형적 기준인 점. ⓒ 노동조합에의 가입이 근로자 스스로 계약자유를 제한한 것인 점. ⓓ 조합원의 개별교섭을 인정하면 노동조합의 세력이 약화될 수 있는 점. ⓔ 단체협약보다 유리한 근로계약을 맺는 행위가 부당노동행위에 해당할 수 있는 점.

3·나. 해소의 원칙

같은 순위를 갖는 규범 사이의 효력관계를 해소의 원칙이라 한다.

법률을 대상으로 보면 일반법과 특별법이 충돌할 경우에는 특별법우선원칙이 적용되고, 구법과 신법이 충돌할 경우에는 신법우선원칙이 적용된다.

1) 김형배, 『노동법』, 제20판, 101~102쪽.
2) 임종률, 『노동법』, 제9판, 148쪽; 김유성, 『노동법Ⅱ』, 169쪽; 대판 2002.12.27, 2002두9063(한국노동법학회, 『노동판례백선』, 104쪽. 유리조건우선원칙 부정 법리를 이끈 대표적 판결); 근로기준팀-5542, 2006.10.10.

제 2 장 노동기본권

헌법에 규정된 근로권(§32)과 노동3권(§33)을 노동기본권이라 한다. 노동기본권은 근로자가 국가에 대해 갖는 주관적공권이다.

제1절 근로의 권리와 의무

1. 근로권

1·가. 헌법규정

헌법(§32①)은 "모든 국민은 근로의 권리를 가진다"고 규정함으로써 근로권을 천명하고 있다.

1·나. 주 체

헌법은 근로권의 주체를 모든 국민으로 규정하고 있다. 해당조항(헌법 §32)에 규정되어 있는 "국민"과 "근로자"는 실업자를 포함해 일할 능력이 있는 모든 국민을 의미한다.[1] 근로권은 국내적이고 사회정책적인 권리이다. 외국인은, 개별법의 균등처우규정에 따라 권리를 향유할 수는 있으나,[2] 근로권의 수혜대상이 아니고 국

---

1) 김유성, 『노동법Ⅰ』, 20쪽 ; 주체가 근로자라는 설(박홍규, 『노동법론』, 209쪽)과 보유주체는 국민이고 행사주체는 실업자를 포함한 근로자라는 설(이상윤, 『노동법』, 제6판, 57~58쪽)이 있다.

2) 근기법(§6)은 국적, 노조법(§9)은 인종, 외고법(§22)은 외국인을 각각 명시하면서 차별을 금지하고 있다. 고정법(§7)도 균등처우원칙을 밝히고 있으나 국적·외국인·인종을 대상으로 열거하고 있지 않다.

가를 상대로 취업을 요구할 권리를 갖지 못한다.[1)]

근로권은 일신전속적인 권리이므로, 법인은 근로권의 주체가 아니다.[2)]

1·다. 성 격

(1) 의 의

근로권은 국가에 대해 일할 기회를 요구할 권리를 의미한다. 요구의 내용과 정도에 대해서는 견해가 나뉜다. 이를 그림으로 정리하면 다음과 같다.

- 자유권설
- 생존권설
  - 입법방침규정설
  - 법적권리설
    - 구체적권리설
    - 추상적권리설

(2) 자유권설과 생존권설

자유권설에 따르면, 국가는 개인의 취업을 방해하거나 강요할 수 없으며, 그러한 입법·행정행위는 위헌 또는 무효이다. 근로권은 현대의 복지국가를 배경으로 탄생했으므로 자유권에만 해당된다고 보기 어렵다. 생존권설에 따르면 국가는 적극적으로 근로권의 실현을 위해 노력할 의무를 진다.

(3) 생존권설의 나뉨

생존권설은 입법방침(program)규정설과 법적권리설로 나뉜다.

입법방침규정설은 "근로권은 직접적으로 행정이나 사법을 구속하지 않고 입법자에게 방침을 제시하는 정도"로 국가에 의무를 부과한다는 견해이다.[3)] 근로권은, 헌법에 명확히 규정되어 있으므로, 법적권리라는데 대해 이론이 없다.[4)]

(4) 법적권리설의 나뉨

법적권리설은 국가가 국민에게 근로의 기회를 제공하지 않을 때 국민이 국가에게 무엇을 요구할 수 있는지에 따라, 구체적권리설과 추상적권리설로 나뉜다.

구체적권리설[5)]은 국민이 개별적으로 국가에 대해 근로의 기회를 청구할 수 있는 구체적인 청구권을 가진다는 설이다. 이 설에 따르면 국민은 국가에게 일

---

1) 김철수, 『헌법학개론』, 776쪽 ; 헌재 2016.3.31, 2014헌마367 ; 대판 2010.4.8, 2009두21055.
2) 김철수, 『헌법학개론』, 776쪽.
3) 과거에 존재했던 견해(김치선, 『노동법강의』, 141쪽 ; 김기범, 『한국헌법』, 234쪽)이다.
4) 헌재 1991.7.22, 89헌가106. 등
5) 김철수, 『헌법학개론』, 776쪽 ; 박홍규, 『노동법Ⅱ』, 72쪽. ; 김유성, 『노동법Ⅰ』, 19쪽.

자리를 요구하거나 이에 갈음해 생활비의 지급을 요구할 수 있다.

추상적권리설[1]은 구체적인 청구권을 인정하지 않는다. 근로의 기회를 제공할 국가의 의무는 간접적이고 보충적이며, 법률상 채무가 아니다. 자본주의사회에서는 국가가 기업에게 고용을 강제할 수는 없다.

(5) 소 결

헌법(§32① 단서)은 국가에게 사회적·경제적 방법으로 고용증진을 위해 노력할 의무를 부과하고 있다. 이러한 점을 감안하면 직장존속보장청구권[2]처럼 일자리를 보장하거나 생활비의 지급을 직접 요구할 수 있는 구체적권리가 인정되기 어렵다고 생각한다. 국민은 추상적권리인 근로권에 기초하여 국가에 대해 입법이나 정책을 강구하도록 요구할 수 있고, 헌법소원 등을 통해 이를 재판상으로 다툴 수 있다.

1·라. 내 용

헌법은 근로권을 실현하기 위해 국가에게 입법적 또는 정책적 의무를 부과하고 있다. 첫째, 국가는 사회적·경제적 방법으로 고용증진을 위해 노력해야 한다(헌법 §32 ①단서). '사회적·경제적 방법'이라 함은 일자리를 늘리고, 직업능력을 키우고, 고용정보를 제공하며, 구직자와 구인자를 연결해 주는 노동시장정책[3]을 포함한다. 둘째, 국가는 실업자에게 생계비를 지급하는 제도를 마련할 의무를 진다.[4] 셋째, 국가는 '적정임금보장'을 위해 노력하고 최저임금제를 시행하며(헌법 §32 ①단서),[5] '인간의 존엄성을 보장하도록 근로조건의 기준을 법률로 정해야' 한다(헌법 §32③).[6] 넷째, 국가는 여성에 대해 보호와 차별금지(헌법 §32④), 연소자를 위해 특별보호(헌법 §32⑤), '국가유공자·상이군경 및 전몰군경의 유가족'에 대해 우선적인 고용기회(헌법 §32⑥)를 제공하기 위한 정책을 마련해야 한다.[7] 근로권에는 일할 자리뿐만 아니라 '일할 환경 또는 일할 조건'에 관한 권리가 포함된다.[8]

---

1) 임종률, 『노동법』, 제9판, 13쪽 ; 김형배, 『노동법』, 제20판, 124쪽 ; 이상윤, 『노동법』, 제6판, 55쪽 ; 최초로 근로권을 규정한 독일의 바이마르헌법은 '근로의 기회를 주는 것' 외에 '근로의 기회를 갖지 못한 경우에 생계비를 지급하는 것'을 그 내용으로 하고 있다.

2) <부정> 헌재 2002.11.28, 2001헌바50.

3) 고정법, 직능법, 직안법, 고보법 등 노동시장관계법

4) 고보법에 구직활동을 하는 자에게만 급여가 지급되는 구직급여제도 마련.

5) 최임법 제정·시행.

6) 근기법, 근퇴법, 임채법, 산안법, 산재법, 선원법 등.

7) 근기법 제5장, 고평법, 「국가유공자등예우및지원에관한법률」, 장고법, 연령법, 기단법, 파견법 등.

8) 헌재 2007.8.30, 2004헌마670.

1·마. 사인에 대한 효력

근로권은 국가에 대해 효력을 갖는다. 근로권이 사인(私人)에게도 효력을 갖는지에 대해서는 설이 나뉜다. 부정설은 헌법이 국민과의 개별적인 관계를 직접 규정하지 않은 데서 그 근거를 찾는다. 긍정설은 생존권으로의 의의와 연혁을 근거로 삼는다.[1] 해고제한은 근로권 보호의 차원에서 이루어지는 것으로 볼 수 있다.[2] 여성과 연소자에 대한 헌법규정이 사인에게 직접 효력을 미치는지 아니면 간접적으로 효력을 미치는지에 대해 의견이 나뉘는데 전자의 견해를 지지한다.[3]

1·바. 근로권 제한

근로권은 헌법 제37조제2항에 따라 국가안전보장, 질서유지 또는 공공복리를 위해 필요한 경우에 한해 법률로 제한될 수 있다.[4]

2. 근로의무

헌법 제32조제2항은 모든 국민에게 근로의무를 부과하고 있다. 국가는 근로의무의 내용과 조건을 민주주의원칙에 따라 법률로 정한다.

자본주의사회에서는 일하지 않는 것도 자유라는 이유로 근로의무를 도덕적의무라고 보는 견해[5]가 있다. 이에 대해 직업선택자유, 강제노역금지 등 헌법의 원칙에 위배되지 않는 범위 안에서 법률에 따라 근로의무를 부과할 수 있는 법적의무라고 보는 견해[6]가 있다. 도덕적의무설도 근로의무가 법률에 규정되면 법적의무로 봄[7]으로써 두 견해의 차이는 크지 않다. 근로의무는 근로권의 전제조건 또는 반사적 대응으로 나타난다. 국가가 부여한 의무를 이행하지 않는 국민은 근로권을 실현시키기 위해 주어지는 혜택을 누릴 수 없다. 고보법은 구직급여를 지급함에 있어 실업자에게 구직활동을 의무로 부과하고 있다.

---

1) 김철수, 『헌법학개론』, 778쪽 ; 권영성, 『헌법학원론』, 665쪽
2) 이상윤, 『노동법』, 제6판, 59쪽 ; 반대설(박상필, 『한국노동법』, 86쪽)도 소개하고 있다.
3) 이상윤, 『노동법』, 제6판, 59쪽 ; 직접효과설, 권영성, 『헌법학원론』, 665쪽 ; 간접효과설, 허영, 『한국헌법론』, 475~476쪽.
4) 권영성, 『헌법학원론』, 666쪽.
5) 권영성, 『헌법학원론』, 707쪽.
6) 김철수, 『헌법학개론』, 927쪽.
7) 권영성, 『헌법학원론』, 707쪽.

제2절 노 동 3 권

1. 의 의

1·가. 헌법규정

근로자는 근로조건의 향상을 위해 자주적인 단결권·단체교섭권 및 단체행동권을 가진다(헌법 §33①). 헌법은 1948년의 제헌헌법에서부터 '결사의 자유(헌법 §21①)'와는 별도로 노동3권을 단결권, 단체교섭권 및 단체행동권으로 명시해 오고 있다.

헌법에 노동3권을 명시하는 입법은 독일과 일본에서 발견된다.[1]

1·나. 취 지

노동3권의 취지는 근로자들이 사용자와 실질적인 대등성을 확보해 근로조건의 결정이나 지위의 향상에 있어 노사자치주의의 실현을 도모하고, 집단의 힘으로 사용자와 대등하게 교섭해 단체협약을 체결함으로써 생존권을 보장받는 것이다.

1·다. 노동3권 보장 연혁

노동3권 특히 단결권은 자본주의 사회 아래에서 근로자들이 스스로 생존권을 지키고자 하는 자구책의 일환으로 탄생하였다. 노동3권에 대한 국가의 정책은 영국,[2] 독일,[3] 미국[4] 등 국가별로 내용과 시기에 있어 조금씩 다른 차이를 보이

---

1) 독일의 헌법인 「기본법(GG)」은 단결의 자유를 규정만을 규정하고 있는데(§9③), 단체교섭권과 단체행동권은 단결의 자유 속에 당연히 포함되는 것으로 해석하고 있다(김형배, 『노동법』, 제20판, 742쪽). 일본 「헌법」은 단결할 권리 및 단체교섭 기타의 단체행동을 할 권리를 보장하고 있으며(§28), 미국은 법률인 「전국노동관계법」(NLRA : Wagner Act)에 노동3권을 규정하고 있다(§7).

2) 1800년에 「단결금지법」에서 노조를 불법단체로 규정했다. 사적자치원칙에서 보면 노조는 독점적지위를 갖게 되어 불법행위책임을 지게 되고 형사적으로 공모(共謀)가 성립한다. 1824년에 「단결금지법」이 폐지되었다. 생존권보장이라는 적극적 보호차원에서, 형사면책은 1871년의 「노동조합법」을 통해, 민사면책은 1906년의 「노동쟁의법」을 통해 인정되었다. 한편 1980·1982·1988년의 「고용법」, 1988년의 「노동조합법」 등 일련의 입법을 통해 제2차적 쟁의행위를 금지하고, Closed Shop을 제한하며, 조합내의 투표절차를 엄격히 하고 조합원개인의 권리를 보장하기 위해 법적규제가 도입되었다.

3) 「프러시아산업조례」(1845)에서 공모이론을 적용시키다가 1919년의 바이마르헌법을 통해 조합활동에 대해 민·형사면책이 인정되기에 이르렀다.

4) 미국은 1890년에 제조업자나 상인의 불공정거래를 방지하기 위한 독점금지법인 「셔먼법」(Sherman Act ; Anti-Trust Act)을 제정해 노조의 단결을 독점적행위로 금지했다. 1914년에는 「클레이턴법」(Clayton Act)이 제정되

기는 하나 다음과 같이 공통된 흐름을 가지고 변화하고 있다.[1)]

금 지	시민적 자유를 옹호하는 입장에서 노조결성을 형벌로 금지하고, 파업이나 피케팅에 대해 불법행위책임을 물어 손해배상책임을 부과
방 임	근로자의 정치적 힘이 커지고 노조를 공인하는 쪽으로 인식이 바뀌면서, 국가가 단결과 활동에 대해 민·형사면책 인정
조 성	경제공황과 세계대전을 배경으로 노동3권을 법적으로 보장하고, 부당노동행 구제제도를 마련하는 등 조합활동을 적극적으로 지원·조장
규 제	노조의 권한남용을 막고 근로자개인의 노동3권을 옹호하기 위해 조합활동을 법적으로 규제

2. 법적 성격

노동3권은 20세기에 자본주의 체제의 모순을 해결하기 위한 과정에서 자연법이 요구하는 기본권의 일환으로 성립되었다. 노동3권은 두 가지 성격을 갖는다.

첫째, 형사면책을 인정하는 것처럼[2)] "국가가 근로자의 단결권을 존중하고 이를 위해 부당한 침해를 하지 않는다"는 자유권적기본권에 해당한다.

둘째, 민사면책을 인정하고 부당노동행위를 제한하는 것처럼 "근로자의 권리행사의 실질적조건을 형성하고 유지하기 위해 국가가 적극적으로 노력해야 한다"는 생존권적기본권에 해당한다.

노동3권의 성격에 대해서는 '자유권적기본권인 동시에 생존권적기본권이라고

어 "인간의 노동은 상품이 아니다"라고 선언하고 단체교섭을 인정하는 한편, 법률에 규정된 경우를 제외하고는 노동분쟁에 대해 제한·금지명령을 하지 못하도록 규정했다. 이 법은 노동기본권에 대해 선언적인 수준에 머물렀다는 한계가 있다. 1932년의 「노리스라가르디아법」(Norris LaGuardia Act ; Anti-Injunction Act)은 노동분쟁에 대해 독점금지법을 적용함에 있어 가처분요건을 엄격하게 하고, 법원이 파업중지명령을 제한하는 등 노동기본권 제한요건을 완화했다. 루스벨트정부시기인 1935년에는 근로자들의 구매력을 향상시켜 공황을 극복하고자 「와그너법」(Wagner Act ; National Labor Relations Act)이 제정되었다. 이 법은 단결권, 단체교섭권, 단체행동권을 인정함으로써 노동기본권을 법률적보호의 차원으로 올리고, 부당노동행위를 규정했으며, 배타적교섭대표제를 도입하고, 클로즈드숍을 인정했다. 1945년에는 매카시즘 등 사회적분위기에 따라 보수화의 길을 걷게 되는데 1947년에 「태프트하틀리법」(Taft-Hartley Act ; Labor Management Relations Act)이 제정되어 근로자의 부당노동행위를 신설하고, 클로즈드 숍을 부인하고, 유니온 숍(Union Shop)도 일정한 경우에만 인정하며, 냉각기간제도를 도입하고, 노동조합의 세력다툼파업 및 2차적파업을 금지했으며, 국민의 안전과 건강을 위협하는 대규모파업에 대한 중지절차를 마련했다. 1959년에는 「랜드럼그리핀법」(Landrum Griffin Act ; Labor Management Reporting and Disclosure Act)이 제정되어 조합민주주의를 확립할 목적으로 노조내부의 민주적 절차를 확대하며, 조합원개인의 권리보호수단을 마련하고, 조합재정에 대한 국가적 감시체계를 정비했다. 이 법은 "노조방침에 위반되는 사용자와 거래하지 않는다"는 협정(hot cargo)을 금지했다.

1) 菅野和夫, 『勞働法』, 第七版補正二版, 439~440쪽.

2) 권영성, 『헌법학원론』, 668쪽. 노동3권의 자유권적 효과라 부르고 있다.

보는' 혼합권설[1]이 지배적이다. 노동3권은 근로자와 사용자라는 구체적 인격체의 실질적평등을 실현하기 위해 보장된다. 국가는 자유권적인 측면에서 노동3권 행사에 대해 부당하게 지배·간섭하지 않아야 하고, 생존권적인 측면에서 그 행사를 보장하고 실질적 실천기반을 마련해야 한다.

3. 주 체

노동3권의 주체는 근로자이다. 노조법에서 근로자라 함은 "직업의 종류를 불문하고 임금·급료 기타 이에 준하는 수입에 따라 생활하는 자(노조법 §2 i)"로서 근기법상 근로자뿐 아니라 실업중인 자를 포함한다(같은편, 제3장 제3절, 2·나).

사용자는 노동3권의 주체가 될 수 없고 근로자의 권리행사에 대한 상대방으로서의 지위를 갖는다.[2] 사용자의 단체가입권한, 단체교섭권한 및 직장폐쇄권한은 헌법상 노동3권에서 비롯된 것이 아니다. 근로제공자와 급여지급자가 동일한 자영업자, 개인택시운전자, 자영농어민 등은 노동3권을 가질 수 없다.

4. 내 용

4·가. 단결권

(1) 의 의

① 정 의

근로자는 사용자, 정부, 정당 등으로부터 독립해 자주적으로 단결권을 행사할 수 있다.[3] 근로자가 자주적으로 단결할 수 있는 권리, 즉 노동조합을 조직하거나 이에 가입(노조법 §5)해 활동할 수 있는 권리를 단결권이라고 한다. '노동조합에 가입하는 것'에는 노동조합선택의 자유가 포함된다. 노동조합은 기업별·산업별·직종별 등 조직형태에 제한을 받지 않으며, 쟁의단이나 우발적집단(*ad-hoc organization*)처럼

---

1) 김유성, 『노동법Ⅱ』, 23쪽 ; 권영성, 『헌법학원론』, 668쪽 ; 임종률, 『노동법』, 제9판, 16쪽 ; 김형배, 『노동법』, 제20판, 133쪽 ; 이상윤, 『노동법』, 제6판, 70쪽 등 ; 종래의 헌법재판소(헌재 1991.7.22, 89헌가106)와 대법원(대판 1991.5.15, 90도357)은 생존권이나 사회권적기본권의 성격을 강조해왔으나, 그 후의 헌법재판소{헌재 1998.2.27, 94헌바13·26, 95헌바44(병합) ; 헌재 2009.2.26, 2007헌바27}의 결정은 혼합권설(사회적 보호기능을 담당하는 자유권 또는 사회권적성격을 띤 자유권)의 견해를 보이고 있다.

2) 임종률, 『노동법』, 제9판, 18~19쪽 ; 단결권에 단체교섭권과 단체행동권이 포함된다는 단결권중심설에 따르면 이들에게도 단체행동권이 인정된다.

3) 다른 2권리에 비해 자유권적 성격이 강하다.

일시적 단결체의 활동도 단결권에 포함된다.[1)]

② 요 건

단결권의 목적은 근로조건의 향상이다. 친목행위, 공제사업, 정치활동 등은 그 자체만으로는 단결권의 행사로 인정되지 않으나 근로조건을 향상시킬 목적과 함께 행사된다면 단결권의 행사로 볼 여지가 있다.

③ '결사의 자유'와 구분

단결권은 자유권인 '결사의 자유'와 구별된다. 국가는 단결권에 대해 자유권 보장의 차원에서 간섭하지 않아야 하고, 생존권 보장의 차원에서 입법적이거나 행정적인 조치를 강구해야 한다. 단결권의 효력은 제3자 즉, 사인에게도 미친다.

'결사의 자유'는 그 주체가 모든 국민이나, 노동3권은 근로자이다. '결사의 자유'는 소극적 자유를 인정하나, 단결권은 소극적 자유를 부정하거나 제한한다.

④ 국제기준

단결권보장을 위한 국제규범으로는 ILO협약 제87호(결사의자유및 단결권의보호에관한협약), 제98호(단결권및단체교섭권에대한 원칙의적용에관한협약), 제151호(공공부문에있어서의단결권보호와 고용조건결정절차에관한협약)를 들 수 있다. 제87호 협약은 국가에 대해, 제98호 협약은 사용자에 대해 각각 단결권을 보장하고 있다.

(2) 단결권의 주체

헌법이나 노조법은 단결권의 주체를 근로자라고 표현하고 있지만 단체가 포함된다는데 대해 이론이 없다.[2)] 단결권은 행사주체에 따라 개인의 단결권인 개별적단결권과 단체의 단결권인 집단적단결권으로 나뉜다. 개별적단결권은 "근로자가 자유로이 노동조합을 조직하거나 이에 가입할 수 있는(노조법 §5) 권리"이다. 차별대우금지(노조법 §9), '조합원의 권리와 의무(노조법 §22)' 및 부당노동행위(노조법 §81) 관련 규정이 개별적단결권을 뒷받침하고 있다.

집단적단결권은 근로자단체가 조직을 유지하고 확대하며 상급단체에 가입 또는 탈퇴할 수 있는 권리이다.[3)] 개별적단결권과 집단적단결권은 통제권의 행사나 조직강제(단결강제)를 둘러싸고 대립되기도 한다.

---

1) 임종률, 『노동법』, 제9판, 19쪽.
2) 김유성, 『노동법Ⅱ』, 28쪽.
3) 대판 1992.12.22, 91누6726.

(3) 소극적단결권과 조직강제

① 소극적단결권

단결권은 '단결할 수 있는 권리'인 적극적단결권을 말한다.[1] 소극적단결권은 헌법상 단결권에 포함되지 않는다.[2] 노동3권체계 안에서 적극적단결권과 소극적단결권을 양립시키면 논리적모순이 발생하기 때문이다. 근로자는 '결사의 자유(헌법 §21)'와 '인간으로서의 존엄과 가치(헌법 §10)에 근거를 둔 일반행동의 자유'에 따라 노동조합에 가입하지 않거나 탈퇴할 권리를 갖는다.[3] '결사의 자유'는 시민적자유권이다. 사회권 또는 생존권이라는 형성적권리로 보장되는 적극적단결권이 '단결하지 않을 소극적권리'보다 중시된다.[4] '노동조합에 가입하지 않거나 탈퇴할 권리'는 적극적단결권의 본질과 내용을 침해치 않는 범위 안에서 인정된다.

② 조직강제의 보장과 한계

조직강제 또는 단결강제는 헌법에 따라 보호를 받는다. 어떠한 노동조합에든지 가입하도록 하는 일반적조직강제는 합헌으로 인정된다.[5] 특정한 노동조합에 가입하도록 하는 제한적조직강제에 대해서는 위헌설[6]과 합헌설[7]로 견해가 나뉜다. 조직강제의 필요성이 인정되더라도 노동조합을 선택할 수 있는 단결선택자유를 박탈할 수 없으므로 위헌설에 찬성한다. 노동기본권의 규정형식과 규정내용은 나라마다 다르며,[8] 조직강제를 인정하는 정도는 입법정책적인 문제이다.

③ 조직강제수단

대표적인 조직강제수단으로 Shop제도와 내부통제[9]가 있다. Shop제도는 단체협약의 채무적부분으로서 조직강제의 정도에 따라 여러 가지로 구분된다.[10]

---

1) <소극적단결권에 대해 긍정설과 부정설로 나누는 설명> 긍정설은 독일의 통설로서 조직강제조항에 대해 소극적단결권을 침해하는 사인간의 합의로 위헌·무효로 본다. 부정설은 헌법상 노동3권과 관련해 소극적단결권을 부정한다. 그러나 양설 모두 소극적단결권을 완전한 부정이나 완전한 긍정은 아니어서 구분실익이 작다.

2) 임종률, 『노동법』, 제9판, 20쪽 ; 헌재 1999.11.25, 98헌마141.

3) 헌재 1998.10.29, 97헌마345 ; 헌재 2003.10.31, 99헌바76, 2000헌마505(병합) ; 김유성, 『노동법Ⅱ』, 29쪽.

4) 헌재 2005.11.24, 2002헌바95·96, 2003헌바9(병합) ; 김형배, 『노동법』, 제20판, 150쪽.

5) 김유성, 『노동법Ⅱ』, 29쪽 ; 헌재 2005.11.24, 2002헌바95·96, 2003헌바9(병합).

6) 이병태, 『최신노동법』, 제9판, 82쪽.

7) 김유성, 『노동법Ⅱ』, 30쪽. 그 효력을 일률적으로 부정하지는 않음.

8) <예> 사용자의 단결권을 인정하는 독일기본법, 근로자 부당노동행위를 인정하는 미국의 태프트하틀리법.

9) 조합의 규약이나 방침 등에 위반한 조합원에 대해 가하는 노동조합의 제재.

10) 菅野和夫, 『勞働法』, 第七版補正二版, 459~460쪽. Closed Shop을 조직강제(Cumpulsory Membership)로 나머지는 조합보장(Union Security)으로 분류한다. Open Shop을 제외한 Shop제도는 최소한의 자유권적기본권을 침해하므로 효력에 대해 의문이 제기된다. 연대금지급조항이나 조합원우대조항(격차조항)도 균등처우원칙에 위배된다는 견해가 유력하다(이철수·김홍영, 『노동법강의』, 50쪽).

Closed Shop 제도	사용자는 조합원만을 고용하고 자격상실 근로자를 해고하는 제도[1]
Union Shop 제도	채용될 때 조합원이 아니어도 일정기간 안에 노동조합에 가입해야 함
조합원자격유지 조항 (*maintenance of membership*)	근로자는 임의로 노동조합에 가입할 수 있으나, 조합원이 되면 일정기간 동안 또는 계속 머물러 있어야 하며, 자격을 잃으면 해고됨
조합원우대 조항 (*preferential shop*)	근로조건, 승진·해고 등에서 조합원에게 우선적 특권을 부여하거나, 조합원과 비조합원 간에 격차를 두는 격차조항으로 운영
연대금지급 조항 (*agency shop*)	조합비에 상응하는 연대금의 납부를 조건으로 비조합원에게 단체협약상 이익 부여
Open Shop 제도	사용자는 노동조합으로부터 구속을 받지 않음

④ 우리나라의 조직강제제도

노조법(§81 ①ii)은 특정한 노동조합의 조합원이 될 것을 고용조건으로 하는 제한적 조직강제를 원칙적으로 금지하면서, 근로자의 2/3 이상을 대표하는 지배적인 노동조합에게 예외로 Union Shop을 인정한다.[2]

Union Shop 협정을 체결한 사용자는 노동조합을 탈퇴한 근로자를 해고할 의무를 진다.[3] 다만, '노동조합으로부터 제명된 근로자'나 '탈퇴해 새 노동조합을 조직하거나 다른 노동조합에 가입한 근로자'[4]에 대해서는 해고를 포함해서 불이익취급을 할 수 없다. 이는 '일반행동의 자유'에 기초해 최소한의 소극적단결권을 인정하고,[5] 단결선택자유를 보장하기 위해서이다.

4·나. 단체교섭권

(1) 의 의

단체교섭권이란 근로자가 단결해 근로조건 기타 '근로자대우에 관한 사항'과 낭사사의 권리·의무에 관한 사항에 대해 사용자와 자주적이고 집단적으로 교섭할 수 있는 권리이다.

(2) 주 체

단체교섭권의 주체는 개별근로자가 아니라 근로자의 단결체이다.

---

1) 기업별노조에 적용되기 어려움.
2) 헌재 2005.11.24, 2002헌바95·96, 2003헌바9(병합). 법률규정에 따라 엄격하게 범위를 제한하고, 제명시 불이익처분을 금지함으로써 근로자개인의 단결권을 침해한 것은 아님.
3) 판례(대판 2002.10.25, 2002두1625)도 해고의 적법성 인정.
4) 복수노조가 허용됨에 따라 단결선택자유를 보장하기 위해 규정.
5) 노조선택자유라는 관점에서 제기되는 위헌소지를 완화하는 역할을 함.

단체협약의 유일교섭조항은 단체교섭권의 본질적인 내용을 침해하므로 위헌의 소지가 있다. 복수노조에 있어 교섭창구단일화를 위한 교섭대표제도는 인정된다.

(3) 내 용

단체교섭권에는 단체로 교섭하는 사실행위뿐 아니라 타결내용을 단체협약으로 체결할 권한도 포함된다. 단체교섭권을 주면서 단체협약체결권을 주지 않는 입법은 위헌이다.[1] 사용자는 근로자측의 요구에 대해 합의할 의무는 없으며 정당하지 않은 요구에 대해 교섭을 거부할 수 있다.

4·다. 단체행동권

(1) 의 의

단체행동권이란 근로자가 근로조건의 유지·개선 등에 관해 자신의 요구를 관철하기 위해 사용자에 대해 집단적으로 행동할 수 있는 권리를 말한다.

(2) 주 체

헌법상 단체행동권의 주체는 근로자의 단결체이다.

(3) 내 용

단체행동권은 쟁의권과 노동조합활동권으로 구성된다. 이 두 권리의 차이는 업무를 저해하는 행위인지이다. 쟁의권은 근로자가 자신의 주장을 관철할 목적으로 업무의 정상적인 운영을 저해하는 파업·태업 등의 쟁의행위를 할 수 있는 권리이다. 노동조합활동권은 단체교섭이나 쟁의행위에 속하지 않는 집회의 개최 및 참가, 리본·머리띠·완장 등의 착용, 유인물배포, 집회, 벽보부착, 연설 등을 통해 사용자에 대해 요구·시위·청원·선전 등의 활동을 할 수 있는 대외적 권리이다.[2] 이 권리의 성격에 대해서는 단결권설[3]과 단체행동권설[4]로 나뉜다. 조합활동도 자신의 요구를 관철하기 위한 집단행동이라는 점에서 후자가 타당해 보인다.[5] 후자는 전자에 비해 정당성의 범위를 좁게 본다.

---

1) 헌재 1998.2.27, 94헌바13·26, 95헌바44(병합).

2) 정당성이 요구된다. 단체협약 등에 허용규정이 있어야 하고, 사용자의 승낙이 없다면 근로시간 외에 행해야 하며, 필요한 최소한도내에서 사업장의 일부를 이용 또는 점거하는데 그쳐야 한다(대판 1993.9.28, 91다30620).

3) 임종률, 『노동법』, 제9판, 20쪽 ; 대판 2006.5.26, 2004다62597. 전국교직원노조사건, '족벌재단퇴진'이 적힌 조끼 등의 착용은 근로조건향상과 관련이 없어 이를 제한해도 단결권행사를 제한하는 것이 아니다.

4) 김유성, 『노동법Ⅱ』, 31쪽 ; 대판 1990.5.15, 90도357. "…단체행동권으로서의 쟁의권과 조합활동권이 있음은… 분명할 뿐 아니라…"라는 표현을 발견할 수 있다.

5) 노조법(§4)은 형사면책 대상으로 단체교섭과 쟁의행위 외에 '기타의 행위'를 규정하고 있다. 조합활동은 '기타

4·라. 노동3권의 관계

(1) 의 의

헌법이 병렬적으로 열거하고 있는 노동3권은 별개의 독립된 권리가 아니고 유기적으로 밀접하게 관련된 일체의 권리로 작용하며,[1] 생존권보호를 위해 어느 하나라도 결여되면 안된다.[2] 병렬적으로 규정된 노동3권이 어떠한 권리를 중심으로 연계되는지에 대해 단체교섭중심설과 단결권중심설로 의견이 나뉜다.

(2) 단체교섭중심설

단체교섭중심설은 단체교섭을 목적적 권리로 보고 단결권과 단체행동권을 수단적 권리로 본다. 근로자의 단결권은 단체교섭을 위한 전 단계이고, 단체행동권은 단체교섭을 보장받기 위해 필요한 권리이다.[3] 이 설은 근로조건개선이 단체협약에 의존한다는 전제 아래 노동3권의 정당성범위를 좁게 해석한다.[4] 독일, 일본 및 한국에서 다수설적인 견해이다.[5]

(3) 단결권중심설

단결권중심설은 단결권을 목적적 권리로 보고 단체교섭권과 단체행동권을 수단적 권리로 본다. 이 설은 국가가 성장과 분배를 위해 규제와 조정을 할 수 있다(헌법 §119)는 이유로, 국가를 대상으로 하는 단결활동을 인정된다. 이 설은 노동3권의 정당성을 따질 때 '사용자의 처분가능성'과 '근로조건 관련여부'에 대해 덜 엄격하며 근로자의 생활이익과 관련된 사항이면 인정한다. 이 설도 노동3권행사의 목적에 대해 소득세제도처럼 간접적이 아니라 최저임금제도나 노동3권제한처럼

의 행위'에 포함된다. 쟁의권에 준해 형시면책을 받을 수 있는 조합활동이 있을 수 있다는 점에서 다수설인 단체행동권설이 타당하다. 민사면책조항에는 단체교섭과 쟁의행위만을 대상으로 명시되어 있으나 노동조합활동권도 대상에 포함되는 것으로 해석된다.

1) 김형배, 『노동법』, 제20판, 132쪽. 이러한 논리를 단체교섭이나 '단체협약의 체결'을 전제로 하지 않는 단결권이나 단체행동권은 무의미하다는 결론으로 연결시키고 있다. ; 임종률, 『노동법』, 제9판, 15쪽. 이러한 이유로 노동3권 대신 단결활동권이라는 표현을 쓰고 있다.

2) 김유성, 『노동법Ⅱ』, 32쪽. 노동3권의 관계설정은 입법재량에 속하는 것이므로 유기적관련성이나 일체성은 '어느 하나의 권리가 다른 권리에 따라 정당성이 규정된다'는 적극적의미로 이해할 수 없다고 보고 있다. 단체교섭권과 단결권이 분리되고 있는 예로 복수노조제도에 있어 배타적교섭권을 인정하는 것을 예로 들고 있다.

3) 김형배, 『노동법』, 제20판, 132쪽.

4) 단체교섭이나 단체행동은 근로조건과 관련되어야 하고, 사용자를 상대방으로 하며, 사용자에게 처분권한이 있어야 하고, 정치파업이나 동정파업의 정당성을 인정받기가 상대적으로 어렵다. ; 대판 1990.5.15, 90도357. 단체교섭권이 중핵적 권리이고 단체행동권에 필요최소한의 제한이 가해져도 노동3권의 본질적 침해가 아님.

5) 이상윤, 『노동법』, 제6판, 68쪽.

직접적이어야 하고, 방법도 시위형파업처럼 제한적이어야 한다고 본다.[1)]

(4) 검 토

노동3권을 보장하는 목적(노조법 §1)인 '근로조건 유지·개선'과 '경제·사회적 지위 향상'에 대해 처분권이 없는 사용자에게 손해를 입히는 방식으로 진행되는 노동3권의 행사에 정당성을 부여하는 것은 바람직해 보이지 않는다.

노동3권은 근로자와 사용자의 실질적 대등성을 확보해 노사자치주의를 실현하는데 취지가 있기 때문이다. 단체교섭중심설을 취해도 단체교섭의 전제조건인 단결권은 보호된다.[2)]

5. 효 력

노조법은 정당한 노동3권의 행사를 보장하기 위해 민·형사면책제도(노조법 §3 및 §4)와 부당노동행위제도(노조법 §81)를 도입하고 있다. 성립배경을 감안할 때 국가와 국민과의 관계를 설정한 것이지 국민간의 관계를 직접 설정한 것이 아니라는 이유로, 노동3권에 대해 사인 간의 효력을 부정하는 견해가 있어 왔다. 최근에는 그러한 견해를 찾아보기 힘들고 사인 간에도 직접[3)] 적용된다는 것이 통설이다.

6. 노동3권의 제한

6·가. 의 의

노동3권은 절대적권리가 아니다. 권리의 성격에서 비롯되는 내면적 한계를 가지고 있으며, 헌법의 일반적유보조항이 적용되고, 권리의 주체나 근로 또는 사업의 성질에 따라 제한되며, 헌법의 다른 기본권과 조화를 이루어야 한다.

노동3권은 헌법에 명시된 기본권이다. 그 제한은 필요최소한에 그쳐야 하고, 노동3권이 부인되거나 본질이 침해될 수 없다.[4)] 과잉제한[5)]은 허용되지 않는다.

---

1) 김유성, 『노동법Ⅱ』, 35쪽.
2) 설립 중인 노동조합에 참여하는 근로자의 권리도 단결권의 보호를 받을 수 있다.
3) 민법 제103조(반사회질서의 법률행위)의 신의성실원칙이 간접 적용되는 데 반해, 헌법의 평등권이나 노동3권은 침해를 전제로 하므로 직접 적용된다고 해석된다. 헌법규정을 근거로 침해의 위법을 다툴 수 있다.
4) 김철수, 『헌법학개론』, 799쪽.
5) 헌재 1990.9.3. 89헌가 95. <과잉금지판단지표> 목적의 정당성, 방법의 적절성, 피해의 최소성, 법익의 균형성

6·나. 내면적 제한

노동3권은 주체, 목적, 수단, 절차 등의 면에서 정당하게 행사될 때 법적보호를 받을 수 있다. 헌법 제33조제1항은 노동3권이 '근로조건의 향상을 위해' 자주적으로 행사되어야 한다고 규정하고 있다. '노동3권은 근로조건의 향상을 위해 행사되어야 한다'는 제한은 헌법에 따라 창설된 것이 아니고, 노동3권에 내재하는 본질적인 한계이다.

6·다. 일반적 유보

노동3권도 다른 기본권처럼 국가안전보장, 질서유지 또는 '공공복리를 위해'[1] 필요한 경우[2]에 한해 법률[3]로써 제한받을 수 있으며, 제한에 있어서도 자유와 권리의 본질적인 내용을 침해할 수 없다(헌법 §37②). 비상시에 대통령의 긴급재정경제처분·명령(헌법 §76, §77)과 비상계엄선포에 의한 제한(계엄법 §9)에 대해서는 의견이 나뉘나 긍정설이 다수설이다.[4]

6·라. 근로성질에 따른 제한

(1) 공무원(제3편 제7장, 제1절)

① 의 의

공무원인 근로자는 법률이 정하는 자에 한해 단결권·단체교섭권 및 단체행동권을 가진다(헌법 §33②). '사실상 노무에 종사하는 공무원'을 제외한 공무원의 노동3권은 「국가공무원법」(§66 ①)과 「지방공무원법」(§58 ①)에 따라 제한되어 왔다. 그러던 중 2005년에 「공무원의노동조합설립및운영등에관한법률」(공노법)이 제정되어 단결권과 단체교섭권을 인정하게 되었다. 공노법은 2021년에 ILO협약을 비준하기 위한 목적으로 개정되어 가입범위에서 직급제한을 삭제하면서 소방공무원·교육공무원의 가입을 허용하고 퇴직공무원의 가입을 허용하며 직무특성에 따른 가입제한조문을 정비하였다.

---

1) 노동3권 자체가 공공복리에 합치되는 것이므로 공공복리를 이유로 노동3권을 제한한다는 것은 불합리하다는 견해가 있으나 가능하다는 것이 통설이다(김철수, 『헌법학개론』, 798쪽).

2) 기업경쟁력강화, 수출증대 등은 이에 해당되지 않는다. 그러나 노조법(§1)이 목적으로 명시하고 있는 산업평화유지와 국민경제발전은 제한사유가 될 수 있다.

3) 조합원투표에 의하지 않은 쟁의행위의 금지, 폭력행위 등의 금지, 중재·긴급조정시의 쟁의행위금지 등 집단적노사관계법의 규정을 말한다.

4) 권영성, 『헌법학원론』, 683쪽.

공무원에게는 단체행동권이 인정되지 않으며 단결권과 단체교섭권의 제한범위도 상대적으로 넓다.

② **제한이유**

공무원의 노동3권을 제한하는 근거로는 첫째, 공무원임용행위가 공법상계약의 성질을 갖는 점. 둘째, 공무원은 국민전체에 대한 봉사자(헌법 §7)라는 점. 셋째, 업무가 공공성을 갖는 점. 넷째, 근로조건의 결정이 법률이나 예산에 의존하는 점. 다섯째, 공무원의 보수는 근로의 대가이기도 하나 직무의 효율적인 수행을 확보한다는 의미도 가지는 점. 여섯째, 공무원에게는 일반근로자에게 인정되지 않는 권리와 의무가 인정되는 점이 거론된다.[1]

③ **내 용**

공무원의 노동조합 조직과 가입에 대해서는 따로 법률로 정하며(노조법 §5). 공노법에 규정된 것을 제외하고는 노조법이 적용된다. 공노법 규정은 다음과 같다.

권리종류	단체행동권 제외(§11)
노조설립	‘시·군·구’ 및 ‘시·도 교육청’ 이상 단위(§5)
노조가입	공무원 또는 공무원이었던 자(규약으로 정함), 일부 업무종사자 제외(§6①②)
교섭주체	사용자대표를 정부교섭대표라는 개념으로 한정(§8①)
교섭대상	국가 또는 지자체가 그 권한으로 행하는 정책결정사항 제외(§8①단서)
교섭방법	복수노조창구단일화가 된 때에 교섭에 응할 사용자의 의무 발생(§9④)
단체협약	법령 또는 조례 등에 위반하는 단체협약 부인 효력(§10①)
노동쟁의	조정과 중재와 관련해 중노위에 공무원노동관계조정위원회 설치(§14①)
조정중재	양쪽이 신청한 경우와 공노위전원회의가 회부결정을 한 경우 중재(§13)
노사협의	공무원직장협의회(공무원직장협의회의설립·운영에관한법률, 1999시행)

(2) 교 원(제3편 제7장, 제2절)

① **의 의**

교원의 노동3권에 대해서는 헌법상 직접적인 제한규정은 없으나, 교원지위법정주의에 근거를 두고, 「국가공무원법」(§66①)과 「사립학교법」(§55)에 따라 전면적으로 제한되어 왔다. 그러던 중 1999년에 「교원의노동조합설립및운영등에관한법률」(교노법)이 제정되면서 교원에게 노동3권 중 단체행동권을 제외한 단결권·단체교섭 및

1) 권영성, 『헌법학원론』, 680쪽 ; 이철수·김홍영, 『노동법강의』, 52쪽 ; 헌재 1993.3.11, 88헌마5 ; 헌재 1992.4.28, 90헌바27~34·36~42·44~46, 92헌바15(병합).

단체협약체결권을 인정하게 되었다.

② **제한의 논리와 한계**

교원의 노동3권을 제한하는 것은 교원의 교육자측면과 근로자측면을 모두 고려한 결과이다. 헌법재판소는 교노법이 제정되기 전에 이러한 관점을 가지고 교원에게 노동3권을 부여치 않는 「사립학교법」의 해당 규정을 합헌으로 결정[1]하였다. 합헌결정의 논리는, 교노법이 제정된 이후로도 단체행동권제한이나 교노법 적용대상제한의 근거로 작용하여 왔으나, 부분적으로 설득력을 잃어가고 있다.

헌법재판소는 교원의 범위를 초·중등교교원으로 한정한 교노법의 해당 조항에 대해 헌법합치로 보다가[2] 헌법불합치로 그 결정을 바꾸었다.[3] 이에 따라 2020년에 교노법이 개정되어 교원의 범위가 유아교육교원과 고등교육교원으로까지 확대되었다. 다만, 강사는 교노법상 '「고등교육법」에 따른 교원'에서 제외되어 있어 공노법 또는 노조법 적용대상이다.

교노법은 2021년에 개정되어 ILO협약비준을 위해 단결권의 주체에 교원뿐 아니라 '교원이었던 자로서 규약으로 정한 자'도 포함되도록 하였다.

헌법재판소[4]는 교원의 정당가입이나 선거운동을 금지한 「정당법」의 해당 규정을 합헌으로 보았으나, '그 밖의 정치단체 가입 금지'에 대해서는 공무원의 경우와는 달리 위헌으로 결정하였다.

③ **내 용**

교원의 노동조합 조직과 가입에 대해서는 따로 법률로 정한다(노조법 §5). 교노법에 규정된 것을 제외하고는 노조법이 적용된다.

권리종류	단체행동권 제외(§8)
노조가입	초·중등교육법, 유아교육법 및 고등교육법(강사제외)상 교원과 '교원이었던 자(규약으로 정함)'(§2)
노조설립	초·중등교육과 유아교육은 특별시·광역시·도·특별자치시·도(시·도) 또는 전국 단위(§4①) / 고등교육은 개별학교단위로도 가능(§4②)
교섭주체	<사측교섭제한(§6①)> 초·중등교육과 유아교육은 교육부장관, 시·도 교육감 또는 사립학교 설립·경영자 / 고등교육은 시·도지사, 국·공립학교장, 사립학교 설립·경영자

1) 헌재 1991.7.22, 89헌가106.
2) 헌재 2015.5.28, 2013헌마671·2014헌가21.
3) 헌재 2018.8.30, 201589헌가38.
4) 헌재 2020.4.23, 2018헌마551.

교섭대상	교원정책 · 교육과정 · 교육기관의 관리운영 등 학습권 관련 사항 제외(§6①)
교섭방법	교섭통보, 교섭요구사실공고, 창구단일화, 단체교섭개시, 사전준비 등 절차 규정(§6④~⑨)
단체협약	법령 또는 조례 등에 위반하는 단체협약 부인 효력(§7①)
노동쟁의	조정과 중재와 관련해 중노위에 교원노동관계조정위원회 설치(교노법 §11①)
조정중재	쌍방신청 또는 일방의 조정안 거부시 직권 · 고용장관 요청으로 중노위위원장 중재회부 결정(§10)

6·마. 사업성질에 따른 제한

(1) 방위산업체종사자

국가안보에 미치는 영향을 고려해 우리 헌법은 "법률이 정하는 주요방위산업체[1]에 종사하는 근로자의 단체행동권은 법률이 정하는 바에 따라 이를 제한하거나 인정하지 않을 수 있다(헌법 §33③)"는 조항을 두고 있다. 「방위사업법」에 따라 지정된 주요 방위산업체에 종사하는 근로자 중 전력, 용수 및 '주로 방산물자를 생산하는 업무에 종사하는 자'[2]는 쟁의행위를 할 수 없다(노조법 §41②).

(2) 공익사업종사자

공익사업의 조정기간은 일반사업의 조정기간인 10일보다 긴 15일이며, 필수공익사업에 대해서는 필수유지업무제도가 적용되어 부분적으로 쟁의행위의 제한을 받게 된다. 공익사업의 경우에는 긴급조정이 가능하며, 공표일부터 30일이 경과하지 않으면 쟁의행위를 재개할 수 없다(노조법 §77).

---

1) 헌재 1998.2.27, 95헌바10. '「주요방위산업체」에 종사하는 근로자'로 한정한 것은 남북이 대치하고 있는 상황에서 주요방산업체의 원활한 가동은 국가의 안전보장에 필수불가결한 요소이고 단체행동으로 인한 생산차질이 국가의 안전보장에 대한 위해와 직결된다는 점에서 그 단체행동권의 제한 또는 금지는 불가피하더라도 그 피해는 최소한의 것이 되어야 한다는 기본권의 최소제한원칙을 반영한 것이다.

2) 방산물자의 완성에 필요한 제조 · 가공 · 조립 · 정비 · 재생 · 개량 · 성능검사 · 열처리 · 도장 · 가스취급 등의 업무에 종사하는 자를 말한다(노조령 §20).

제 3 장
노동법의 적용

제1절 사업 또는 사업장

1. 의 의

노동법을 적용함에 있어 '사업 또는 사업장'(사업(장))의 개념이 사용된다.[1] 근기법의 근로자개념 · 근로자수와 노조법의 교섭단위 · 필수유지업무 등이 그렇다.

근기법은 상시근로자가 5명 이상인 사업(장)에 적용되고, '상시근로자가 4명 이하인 사업(장)에는 일부조항이 적용된다(근기법 §11②, 근기령 §7).

2. 사업(장)의 판단

2·가. 업으로서의 계속성

사업(장)으로 인정받기 위해서는 사회통념상 유기적인 관계를 가지고 업(業)으로서 계속적으로 행해질 것이 요청된다.[2] 개인이 자기 집을 고치기 위해 목수를 고용하거나 정원사가 정원을 손질하는 1회적 · 일시적 사업은, 업으로서 계속하려는 의도가 없는 한,[3] 적용대상이 아니다.[4]

---

1) 노동법실무연구회, 『근로기준법주해 I』, 554쪽. 사업과 사업장을 대체로 구별하지 않고 하나의 동일한 개념으로 파악하는 것이 일반적이지만, 사업은 방문판매나 중개업과 같이 노무제공이 반드시 일정한 장소에서 이루어질 것을 요구하지 않는다는 점에서 장소적인 개념을 포함하고 있는 사업장과 구별될 수 있다.

2) 김형배, 『노동법』, 제20판, 329쪽 ; 이상윤, 『노동법』, 제6판, 88쪽.

3) 김유성, 『노동법 I』, 49쪽 ; 임종률, 『노동법』, 제9판, 317쪽 ; 대판 1994.10.25, 94다21979.

4) 대판 1987.4.14, 87도153 ; 근기 68207-3601, 2000.11.6.

2·나. 노동관계법 적용사업

(1) 비영리사업

영리성을 갖는 경우는 물론이고, 정부투자·출연기관·학교·교육단체, 사회단체처럼 비영리적이며 공공성을 갖는 경우에도 노동관계법의 적용대상이 되는 사업(장)으로 인정될 수 있다.

(2) 설립·청산중인 사업

설립·청산중인 회사도 근기법이 적용되는 사업에 포함된다. 회사는 해산된 후에도 청산의 목적범위 안에서 존속하는 것으로 본다(상법 §245).

2·다. 특정사업에 대한 판단

(1) 종교사업

순수한 종교의식이나 포교를 하는 종교단체는 노동관계법의 적용대상사업(장)이 아니고, 종교업무는 노동관계법의 적용대상이 아니다. 종교단체가 운전기사나 유치원교사를 채용하는 등 사업의 일환으로 행하는 업무는 노동관계법의 적용대상이 될 수 있다.[1]

(2) 위법사업

무허가사업처럼 정책적·행정적 목적으로 규제를 받는 사업이더라도 관련법에 따라 제재를 받는 문제는 별론으로 하고 노동관계법의 적용대상이다.

범죄사업[2]에 협력한 자는 공동정범 또는 종범으로서의 책임을 지며 노동관계법의 보호대상이 아니다.

(3) 외국관련사업

① 국제사법상 준거법

당사자가 준거법을 선택해도 준거법을 선택치 않은 경우에 적용되는 준거법소속국가의 강행규정에 의해 근로자에게 부여되는 보호를 박탈할 수 없다(국제사법 §28①).

당사자가 준거법을 선택하지 않은 경우, 근로계약은 근로자가 일상적으로 노무를 제공하는 국가의 법에 의하며, 근로자가 일상적으로 어느 한 국가 안에서

---

1) 대판 1992.2.14, 91누8098.

2) <예> 마약사업, 도굴, 매춘 등 ; 정당한 사업으로 오인할 수 있는 객관적 이유가 인정되거나, 사용자가 사업목적과 관계없는 범죄행위를 강요한 경우, 원래의 사업목적에 해당하는 부문은 노동관계법 적용대상이다.

노무를 제공하지 않는 경우에는 사용자가 근로자를 고용한 영업소가 있는 국가의 법에 의하며(국제사법 §28②), 근로자가 행한 소의 제기도 같다(국제사법 §28③).

② **준거법의 구체적 적용**

㈎ **국내사업**

국내의 외국인사업도 법령 또는 조약상 속인주의를 인정하는 특별한 규정이 없는 한 속지주의원칙에 따라 국내법이 적용된다. 국내의 외국법인이나,[1] 외국인을 고용하고 있는 국내사업에게 한국의 노동관계법이 적용된다.

㈏ **국외사업**

외국에 있는 우리나라의 현지법인은 소재국에서 법인격을 부여받은 권리의 주체이기 때문에 그 나라의 법을 적용받는 것이 원칙이다. 다만, 분쟁이 발생한 경우 어느 준거법을 택할 것인지는 당사자합의가 있으면 이에 따른다. 합의가 없으면 근로계약이나 소송행위에 나타난 태도를 기초로 당사자의 묵시적의사[2]를 추정한다.[3] 본사에 종속되어 있는 해외지사는 근기법의 적용대상이다.[4]

2·라. 지사의 독자적 사업장성

본사와 같은 법인 아래 있는[5] 여러 사업이 '각각 근기법의 적용단위가 되는지' 아니면 '이들 중 일부 또는 전부를 묶어 하나의 사업으로 보아 근기법이 적용되는지'는 개개 사업의 독립성[6] 여부에 따라 판단된다.

본사·지사 등이 같은 장소에 있으면 1개의 사업으로 보는 것이 원칙이나, 근로형태가 현저히 다른 지사는 주된 부문과 분리해 취급된다. 본사·지사 등이 다른 장소에 있으면 별개사업으로 보는 것이 원칙이나, 업무처리능력에 있어 독립성이 없는 지사는 직근상위조직과 같은 하나의 사업으로 취급된다.[7]

2·마. 특별법 적용사업

특별법에서 근로조건과 관련된 사항을 명시하고 있으면 관련부분에 한해 근기

1) 대판 1992.7.28, 91다41897.
2) 묵시적의사를 추정할 수 없으면 당사자의 국적·주소 등 생활본거지, 법인설립준거법, 근로제공장소, 근로내용 등을 볼 때 근로계약체결 당시에 당사자가 준거법을 지정한다면 선택할 것으로 판단되는 가정적의사 추정.
3) 서울고판 2010.1.28, 2009누19764.
4) 법무 810-14152, 1968.9.4.
5) <예> 외주업체와 같은 장소에서 공동작업을 수행해도 법인이 다르면 별개사업이다(근기-390, 2004.1.19).
6) 독립성은 '한국표준산업분류상 산업이 다른지', '서로 다른 단체협약이나 취업규칙을 적용받는지' 및 '인사·노무관리, 재무·회계 등이 명확하게 독립적으로 운영되는지'를 기준으로 판단된다(근로기준팀-8048, 2007.11.29).
7) 임종률, 『노동법』, 제9판, 318쪽.

법의 적용이 배제될 수 있다. 특별법우선원칙은 통일형식의 성문법규인 법률이 모순·저촉되는 경우에 적용된다. 어떠한 법이 근기법의 특별법으로 인정되기 위해서는 입법목적, 규제사항 등이 근로조건 결정에 관한 것이어야 한다.

노동법에 대한 대표적인 특별법으로는 공무원관련법을 들 수 있다.[1] 선원법 적용대상[2] 중 선박승무자,[3] 「사립학교법」을 적용받는 교원의 일부 근로조건,[4] 「청원경찰법」에 규정되어 있는 근로조건[5] 등은 이러한 기준을 충족한다. 「국민건강보험법」[6]은 특별법으로 인정되지 않는다.

2·바. 가족관계 성격의 사업

(1) 동거의 친족

국가가 사적영역인 가족관계에 개입하는 것은 바람직하지 못하다. 가족관계는 사용종속관계를 인정받기 어렵고, 근로자와 사용자의 구별이 곤란하다. 근기법은 동거의 친족만을 고용하는 사업장을 적용대상에서 제외하고 있다(근기법 §11① 단서).

친족이라 함은 8촌 이내의 혈족, 4촌 이내의 인척과 배우자를 말하며(민법 §777), 동거라 함은 세대를 같이 하면서 생활을 공동으로 하는 것을 의미한다. 친족이라도 동거하지 않으면 '동거의 친족'으로 볼 수 없다. 하나의 사업(장)에 동거의 친족이 아닌 근로자가 1명이라도 있으면 근기법의 일부 또는 전부가 적용된다.[7]

(2) 가사사용인

① 법적근거

근기법은 가사사용인을 근기법의 적용대상에서 제외하고 있다(근기법 §11① 단서).

---

1) 대판 1987.2.24, 86다카1355. 공무원이 근로자라는 사실 인정. 관련법이 특별법임을 이유로 근기법 적용 배제.

2) 선원의 직무, 근로조건, 직업안정, 직업훈련 등에 대해 선원법 적용. 「선원법」의 적용대상은 대한민국선박, 대한민국국적취득을 조건으로 용선한 외국선박과 국내항만을 항해하는 외국선박선원·소유자. '총톤수 5톤미만의 선박으로서 선박', '호수·강 또는 항내만을 항행하는 선박(「선박의입항및출항등에관한법률」의 예선 제외)', '총톤수 20톤미만인 어선으로서 해양수산부령으로 정하는 선박', '「선박법」에 따른 부선(「해운법」에 따라 해상화물운송사업을 하기 위해 등록한 부선 제외)' 등 소규모 선박은 선원법적용대상서 제외되며 근기법 적용(선원법 §3).

3) 선박미승무 육상근로자는 선원법 미적용(근기 68207-1742, 1995.10.23).

4) 「사립학교법」은 교원의 자격, 임면, 복무, 신분보장, 징계 등에 대해 규정하고 있으므로, 이러한 한도 내에서 근기법의 적용이 배제되나(근기 01254-9246, 1991.6.27 등), 감급제한(근기 68207-397, 1996.3.18.) 등 다른 근로조건에 관해서는 근기법이 적용된다(대판 1979.9.25, 78다2312 ; 대판 1997.7.22, 96다38995).

5) 청원경찰 근로조건에 관해서는 청원경찰법령이 우선 적용되고 '근로시간, 휴게, 휴일, 연차유급휴가' 등 이 법에 규정되지 않은 사항에 대해 근기법 적용(임금근로시간정책팀-2689, 2006.9.11 ; 대판 1996.6.28, 95다24074).

6) 대판 1996.5.10, 95다2227 ; 근기 68207-1550, 1993.7.15.

7) 법무 811-19400, 1978.9.7 ; 법무 811-9087, 1980.4.15

② **가사사용인의 개념**

가사사용인이라 함은 가정부, 간병인 등과 같이 개인의 집안일에 사용되는 자로서 작업의 종류, 성질 등을 감안해 근로실태에 따라 판단되며, 근로계약당사자가 누구인지는 관련이 없다.[1]

③ **적용제외 근거**

가사사용인에게 근기법을 적용하지 않는 이유는 사업으로 보기 어렵다거나,[2] 사생활을 보호[3]한다거나, 감독이 곤란하다거나,[4] 가사근로를 가족관계로 보거나,[5] 가정집의 고용주를 사용자로 보기 어렵고 가사사용인을 근로자로 보기 어렵다는 점 등을 들 수 있다. 그러나 이러한 논리는 비판의 여지를 안고 있다.[6]

④ **제도개선**

가사사용인에 대해 사적이고 은밀한 특성을 감안하더라도 기본적이고 인권보호적인 근로조건을 보호하는 것이 국제기준[7]에 맞는다.[8]

제2절 근 로 자 수

1. 적용기준

근기법은 '상시근로자가 5명이상인 사업(장)에 적용되고(근기법 §11①), '상시근로자가 4명

---

1) <사례> 회사와 근로계약을 체결한 후 사장집에서 집안일을 돌보는 자(일본 노동성 기발 제150호, 1988.3.14) ; 병원·여관에 숙박하면서 간호·여관업무와 가사를 같이 하는 경우, 어느 것이 본래의 업무인지로 판단(일본 노동성 기수 제886호, 1949.4.13).

2) 김유성, 『노동법 I』, 50쪽 ; 근기 68207—2409, 2001.7.27.

3) 임종률, 『노동법』, 제9판, 318쪽.

4) 김유성, 『노동법 I』, 50쪽 ; 管野和夫, 「勞働法」, 第七版補正二版, 82頁 ; 이상윤, 『노동법』, 제6판, 92쪽.

5) 박홍규, 『고용법·근로조건법』, 268쪽.

6) 김유성, 『노동법 I』, 50쪽 ; 근기 68207—2409, 2001.7.27.

7) Jose' Maria Ramirez-Machado, "Domestic work, condition of work and employment : A legal perspective", Conditions of Work and Employment Programme, INTERNATIONAL LABOR OFFICE-GENEVA, 1쪽. 조사대상인 65개국 중에서 56개국은, 보호수준이 제한적이기는 하나, 노동법 또는 특별법으로 가사근로자 보호.

8) <논리적 근거> 사생활보호와 근로감독은 배타적이라고만 보기 어렵고, 사생활을 침해하지 않으면서 행정감독을 할 수 있는 방안이 가능하다. 임금을 목적으로 가사라는 근로를 제공하는 관계는 가족관계와 구분된다. 가사사용근로는 유기적관계를 가지고 업으로서 계속 행해지므로 사업의 개념에 포함되고, 고용주도 근기법상 사용자로 인정될 수 있다.

이하[1]인 사업(장)'에는 일부조항이 적용된다(근기법§11② 근기령§7).

4명 이하 적용	총칙(§1~§13), 근로계약(§15, §17, §18, §19①, §20~§22, §23②, §26, §34~§42), 임금(§43~§45, §47~§49), 주휴일(§55①), 휴게(§54), 근로시간적용제외(§63), 최저연령·취직인허(§64), 사용금지(§65①③), 연소자(§66~§69), 출산휴가(§74), 기타 여성과 소년 조항(§70②③, §71, §72, §74) 재해보상(§78~§92), 퇴직급여(근퇴법) 등
4명 이하 미적용	'정당한 이유 없는 해고금지 및 경영해고제한', 휴업수당, 근로시간, 연차유급휴가, 생리휴가, 취업규칙, 기숙사, 근로계약기간(기단법) 등

2. 타당성

근로자수를 기준으로 근기법의 적용을 달리하는 것에 대해 비판적 견해가 있다. 근기법이 '근로자의 기본적인 생활보장(근기법 §1)'을 위해 '근로조건의 최저기준(근기법 §3)'을 정하는 법이며, 헌법상 평등권의 보장에도 어긋난다는 이유에서이다. 그러나 헌법재판소는 '근로감독의 한계', '영세사업장의 현실' 및 '확대적용을 위한 지속적 노력'을 이유로 합헌[2]으로 판단한다.

3. 상시근로자수 판단

3·가. 개 념

상시라 함은 사회통념에 따라 객관적으로 판단되어야 하므로 근로자수가 때때로 5명 미만이라도 상태적으로 보아 5명 이상이면 근기법이 적용된다.[3]

3·나. 대상근로자

상시근로자수는 고용형태를 불문하고 하나의 사업(장)에서 상태적으로 근로하는 모든 근로자(근기법 §2① i)를 포함해 산정된다(근기령 §7의2④ i). 근기령은 직접 고용된 근로자만 상시근로자수에 포함하고, 파견근로자(파견법 §2 v)를 상시근로자수에서 제외한다. 근로자수를 판단할 때 동거의 친족은 상시근로자수에 포함된다(근기령 §7의2④ ii).

3·다. 상시근로자수 계산

근기법령은 상시근로자수를 산정함에 있어 계량적방법을 규정하고 있다(근기령 §7의2①).

1) 4명은 넘지만 5명 이상은 아닌 경우가 있으므로 고평법·산안법·산재법처럼 "5명 미만"이라는 표현 사용.
2) 헌재 1999.9.16, 98헌마310 ; 헌재 2019.4.11, 2013헌바112.
3) 대판 1995.3.14, 93다42238 ; 대판 1997.11.28, 97다28971 ; 대판 2000.3.14, 99도1243.

$$\frac{\text{일정사업기간내에 사용한 근로자의 연인원수}}{\text{일정사업기간내의 사업장 가동일수}} = \text{상시고용근로자수}$$

상시근로자수를 계산하는데 있어 일정사업기간은 산정사유발생일전 1개월로 하며, 사업성립 후 1개월미만인 경우에는 그 기간으로 한다. 이와 같이 계산한 결과 적용대상에 해당되지 않아도 산정기간에 속하는 일(日)별로 근로자수를 판단할 때 법적용기준에 미달한 일수가 1/2 미만인 경우에는 적용대상으로 보고, 적용대상에 해당되더라도 법적용기준에 미달한 일수가 1/2 이상인 경우에는 적용대상으로 보지 않는다(근기령 §7의2②). 근기령(§7의2 ③)은 연차유급휴가(근기법 §60~§62 다만, §60② 제외)에 대해 월 단위로 산정한 상시근로자수가 1년간 계속 5명 이상일 것을 요구하고 있다.

4. 국가기관

근기법령은 국가, 특별시·광역시·도, 시·군·구, 읍·면·동 그 밖에 이에 준하는 것에 대해서도 적용된다(근기법 §12). 국가·지자체가 공무원관계법을 적용 받지 않는 근로자를 1명이라도 고용하면, 근기법의 모든 조항이 적용된다.[1]

제3절 노동법적용 인적대상

노동관계법은 근로자와 사용자의 개념을 명시해 권리와 의무의 주체를 명시하고 있다. 노동관계법 조항은 근로자와 사용자로 인정되어야 적용된다.

1. 근로자

1·가. 근기법상 근로자

(1) 법적근거

근로자라 함은 '직업의 종류와 관계없이 임금을 목적으로 사업(장)에 근로를 제

1) 대판 1987.6.9, 85다카2473.

공하는 자'이다(근기법 §2① i). 노동관계법은 목적에 따라 근로자 개념을 다르게 규정한다. 첫째, 근기법은 종속성을 많이 강조한다. 그리고 여러 노동관계법[1]이 이를 인용한다. 둘째, 노조법은 종속성을 덜 강조한다. 셋째, 직능법과 고평법은 구직자와 근기법상 근로자를 포함한다. 넷째, 일부 노동관계법은 근로자라는 용어를 쓰면서 정의규정을 두고 있지 않다.[2]

(2) 직업의 종류 불문

근로자여부를 판단함에 있어 '직업의 종류'를 불문한다. 노동유형(육체노동 사무노동), 고용형태(상용·일용 임시·아르바이트), 근로형태(직종 직급), 고용주체(정부사업 민간사업)는 근로자여부의 판단기준이 되지 않는다. 근로자여부는 계약형식이 아닌 사실관계로 판단된다.

(3) 사용종속관계

① 의 의

㈎ 개 념

근기법(§2 ① i)이 근로자의 개념을 정의하면서 사용하고 있는 '근로를 제공하는 자'라는 표현은 '사용종속관계 아래서 근로를 제공하는 자'로 이해된다. 근로관계는 고용관계와 달리 종속적노동을 전제로 하고 있기 때문이다.

㈏ 경제적종속성과 인적종속성

사용종속관계는 경제적종속성뿐 아니라 인적종속성까지 포함하는 개념이다.

경제적종속성	노동력 전체를 다른 한 쪽의 처분에 맡김으로써 소득을 의존하는 관계[3]
인적종속성	노동력의 제공이 경영조직 속에서 지배관계 아래서 이루어지는 관계[4]

특수형태근로종사자(유사 근로자)에 대해 인적종속성이 없다는 이유로 근로자성을 부인하는 판례가 많다.

② 사용종속관계 판단요소

㈎ 판례법리

사용종속성에 대해 판례는 판단요소를 다음과 같이 열거해 오고 있다.[5]

---

1) 산재법, 산안법, 근퇴법, 임채법, 건고법, 장고법, 최임법, 근참법 및 복지법.

2) 고보법, 파견법, 직안법 및 「근로자의날제정에관한법률」.

3) <농민이나 자영업자> 경제적종속성마저 부정, 근로자에 해당되지 않음.

4) 김형배, 『노동법』 제20판, 42~46쪽 등 참조.

5) <과거 판례> 대판 1994.12.9, 94다22859 ; 대판 1996.4.26, 95다20348 ; 대판 1996.7.30, 96도732 등 / <변경 판례> 대판 2006.12.7, 2004다29736 [학원강사의 근로자성 인정. 근기법상 근로자성 판단을 위한 기존의 입장을

◈ 업무수행 내용과 방법
① 사용자의 업무내용결정 ② 근무 시간·장소 구속 ③ 취업규칙·인사규정 등 적용
④ 업무수행과정에서 사용자로부터 상당한 지휘·감독
◈ 독자적 사업자성
⑤ 근로제공관계 계속성 ⑥ 사용자에 대한 전속성 유무와 그 정도
⑦ 노무제공자가 스스로 비품·원자재나 작업도구 등을 소유하거나 제3자를 고용해 업무를 대행(비대체성)케 하는 등 독립해 자신의 계산으로 사업을 영위할 수 있는 가능성
⑧ 노무제공을 통한 이윤창출과 손실초래 등 위험 부담
◈ 보수의 성격과 내용
⑨ 보수의 근로대상적 성격 ⑩ 기본급·고정급 적용 ⑪ 근로소득세원천징수 등 보수 관련
◈ 다른 사정
⑫ 사회보장 등 다른 법령의 근로자 지위 인정 ⑬ 당사자의 경제·사회적조건 등

판례는 이러한 판단기준 중 '기본급이나 고정급 적용', 근로소득세 원천징수, '다른 법령의 근로자 인정' 등의 사정은 사용자가 경제적으로 우월한 지위를 이용해 임의로 정할 여지가 크므로, 그러한 점들이 인정되지 않는다는 것만으로 근로자성을 쉽게 부정해서는 안된다고 부기[1]하고 있다.

㈏ 그 밖의 판단요소

사용종속관계의 판단요소는 이 외에도 채용, 근로자관리, 교육, 징계, 근로계약체결, 법정근로조건적용 등이 있을 수 있으며, 판례도 '당사자의 경제·사회적 조건 등'이라는 사항을 열거해 이를 뒷받침하고 있다.

③ 판단요소 적용방법

사용종속관계를 판단하는 이러한 기준은 배타적이거나 절대적이 아니어서 이들을 종합적으로 고려해 사용종속관계가 있는지를 판단할 수밖에 없으며, 어느 기준을 중점적으로 사용할 것인가는 근로형태와 사실관계에 따라 달라진다.

(4) 임금목적

근로자성을 인정받으려면 임금을 목적으로 해야 한다. '임금을 목적으로 한다'는 것은 받은 금품이 임금인지보다는 제공된 근로가 그에 상응하는 소득을 얻기 위한 행동인지를 의미한다. 자원봉사나 순수하게 훈련을 목적으로 하는 경우에는 근로자성이 부정되나 명칭과 달리 실제로는 근로제공이라면 그렇지 않다.

유지하면서 단서의 추가를 통해 취약성을 보정하였다(한국노동법학회, 『노동판례백선』, 25쪽)] ; 대판 2010.4.15, 2009다99396 ; 대판 2011.7.14, 2009다37923 등.

1) 대판 2006.12.7, 2004다29736.

1·나. 노조법상 근로자

(1) 법적근거

노조법적용대상이 되는 근로자란 '직업의 종류를 불문하고 임금·급료 기타 이에 준하는 수입에 따라 생활하는 자(노조법 §2 i)'를 말한다.

(2) 일반적 판단기준

① 직업의 종류 불문

근로자여부를 판단함에 있어 직업의 종류, 근로형태 등은 기준이 되지 않는다.

② 실질관계 바탕

노조법이 직접 명시하고 있지는 않지만, 근로자여부는 계약형식이 고용·도급·위임·무명 등 어느 형태이든 상관없이 노무 또는 근로의 실질관계를 바탕으로 판단한다. 실질관계판단요소는 사용자와 노무제공자 사이에 지휘·감독관계의 여부, 보수의 노무대가성 여부, 노무의 성질과 내용 등으로 제시된다.[1)]

③ 입법목적 고려

노조법은 '노무공급자들 사이의 단결권 등을 보장해 줄 필요성이 있는가'라는 관점에서 집단적노사관계를 규율할 목적으로 제정되었다. 근기법은 '현실적으로 근로를 제공하는 자에 대하여 국가의 관리·감독에 의한 직접보호의 필요성이 있는가'라는 관점에서 개별적 노사관계를 규율할 목적으로 제정되었다.[2)]

④ 이원적 판단

노조법이 명시되어 있지 않음에도 불구하고, 실업자를 둘러싸고 근로자여부의 판단기준이 초기업노조와 기업별노조 사이에 다르게 적용되는 법리가 형성되어 왔다. 그러나 '2021년 개정노조법'에 의해 근로자개념은 양자에게 같이 적용되며, 기업별노조에도 규약에 따라 종사근로자인 조합원과 비종사근로자인 조합원이 있을 수 있다(제3편,제1장 제2절,2·나,(2),⑤).

(3) 사용종속관계

① 사용종속관계 적용원칙

노조법은 근로자의 개념에 사용종속관계를 명시하고 있지 않다. 그럼에도 불

---

1) 대판 1993.5.25, 90누1731. 유성관광개발 골프장캐디 노조법상 근로자 인정. 노조법상 근로자의 판단기준을 정한 최초의 대법원 판결(한국노동법학회, 『노동판례백선』, 251쪽) ; 대판 2014.2.13, 2011다78804.

2) 대판 2004.2.27, 2001두8568.여성노조사건.

구하고 판례[1]는 노조법상 근로자를 "타인과의 사용종속관계 아래에서 노무에 종사하고 그 대가로 임금 등을 받아 생활하는 자"로 정의함으로써 사용종속관계를 판단기준으로 본다. 자기계산으로 생업을 영위하는 농민이나 자영업자는 경제적종속성마저도 없으므로 근로자에 해당하지 않으며, 통계적인 개념이기는 하지만 비경제활동인구도 근로의 의사가 없으므로 근로자에 해당되지 않는다.

② 사용종속관계 구성요소

판례법리는 사용종속관계에 대해 근기법상 근로자와 마찬가지로 경제적종속성뿐 아니라 인적종속성을 요건으로 보다가, 인적종속성이 약하더라도 경제적・조직적종속성이 강하면 노조법상 근로자성을 인정하는[2] 변화를 보여주고 있다.

③ 사용종속관계판단 완화

노조법은 근로자에 대해 '… 임금・급료 기타 이에 준하는 수입 … 생활하는 자(노조법 §2 i)'라는 표현을 사용하고 있다. "생활하는 자"라는 표현은 근기법의 "근로를 제공하는 자"라는 표현에 비해 사용종속성을 덜 고려할 수 있는 근거가 된다.

법적근거가 다름에도 불구하고 노조법상 근로자성에 대해 근기법상 근로자성에 적용되는 '사용종속관계 판단기준'이 오랫동안 적용되어 왔다. 그러던 중 '근로자 정의 조항'에 있어 양법의 차이를 지적하면서 '기타 이에 준하는 수입'에 대해 적극적으로 해석함으로써 다른 판단가능성을 모색[3]하게 되었다. 이러한 모색은, 양법의 관련조항을 적용함에 있어 입법목적이 고려되어야 한다는 전제조건을 제시하고,[4] 노조법에서의 판단기준이 근기법이 제시하는 정도의 수준을 요구하지 않는다는 공감대를 형성하면서,[5] 노조법에서의 판단기준을 근기법과 다르게 제시하다가,[6] 특정사업자와의 관계를 중심으로 다음과 같은 판단기준을 내용으로 하는 판례법리[7]로 발전하고 있다.

---

1) 대판 1970.7.21, 69누152. 일이 완성된 결과 자체에 중점이 주어지는 업무는 사용종속성이 약해 노조법상근로자성 부인 ; 대판 1992.5.26, 90누9438. 농수산물도매시장의 지정도매인으로 지정되어 건해산물을 수탁판매하는 사업 관련. 노조법상근로자 부정 ; 대판 1993.05.25, 90누1731 ; 대판 2006.5.11, 2005다20910 ; 대판 2015.6.25, 2007두4995. 불법취업외국인관련.

2) 대판 2019.2.14, 2016두41361 등 다수.

3) 대판 1993.5.25, 90누1731. 유성관광개발 캐디사건.

4) 대판 2004.2.27, 2001두8568.여성노조사건.

5) 대판 2006.12.7, 2004다29736 등 많은 판례.

6) 대판 2014.2.13, 2011다78804. 88cc 캐디에 대해 근기법상근로자 부정, 노조법상근로자 인정.

7) 대판 2018.6.15, 2014두12604. 학습지교사. 근기법상 근로자 부정, 노조법상 근로자 인정 ; 대판 2018.10.12, 2015두38092. 한국방송공사 방송연기자 관련. 전속성과 소득의존성이 강하지 않음에도 노조법상근로자성과 교섭단위분리 인정 ; 대판 2019.2.14, 2016두41361. 철도매점운영자의 노조법상 근로자성 및 전국철도노동조합의 노동

소득의존성	노무제공자의 소득이 특정사업자에게 주로 의존하고 있는지
계약일방성	노무를 제공 받는 특정 사업자가 보수를 비롯하여 노무제공자와 체결하는 계약내용을 일방적으로 결정하는지
노무필수성	노무제공자가 특정사업자의 사업수행에 필수적노무를 제공함으로써 특정사업자의 사업을 통해서 시장에 접근하는지
관계전속성	노무제공자와 특정사업자의 법률관계가 상당한 정도로 지속적·전속적인지
지휘감독성	사용자와 노무제공자 사이에 어느 정도 지휘·감독관계가 존재하는지
노무대가성	노무제공자가 특정 사업자로부터 받는 임금·급료 등 수입이 노무 제공의 대가인지 등을 종합적으로 고려하여 판단.

후속판결들은 이러한 판단기준을 인용하면서 관계전속성과 소득의존성이 강하지 않은 일시적·간헐적 사용종속관계의 경우에도 인정한다거나,[1] 노조법이 고용 이외의 계약유형을 전제하지 않는다고 강조하는[2] 등 판례법리를 발전시켜나가고 있다.

(4) 임금 · 급료 기타 이에 준하는 수입

노조법은 노조법상 근로자에 대해 '임금·급료 기타 이에 준하는 수입에 의하여 생활하는 자'일 것을 요구한다. '임금'이라 함은 사용종속관계 아래서 제공하는 근로에 대해 사용자가 지급하는 금품을 말한다.[3] '급료'는 임금과 같은 개념으로도 볼 수 있다. 임금·급료는 근기법의 근로자정의에도 인용되고 있다. '기타 이에 준하는 수입'은 사업주가 아닌 개인에게 일시적으로 근로를 제공하거나 사용종속관계의 근로와 유사한 노무를 공급하는 대가로 얻는 수입을 말한다.

(5) 그에 의하여 생활하는 자

근로자는 임금 등의 수입에 의하여 생활하고 있거나 생활하려는 자이다. 따라서 실업자는 근기법과 달리, 노조법상으로 근로자에 포함될 수 있다.[4]

조합성 인정. 경제적·조직적 종속성 강조 ; 대판 2019.6.13, 2016두41361. 자동차판매대리점 카마스터의 노조법상 근로자성 인정 ; 서울행판 2019.6.13, 2018구합 50888. 택배기사의 노조법상근로자성 인정 ; 부산지판 2019.11.14, 2019가합100867. 대리기사의 노조법상 근로자성 인정.

1) 대판 2018.10.12. 2015두38092 ; 부산지판 2019.11.14, 2019가합100867. <인정> 대리기사 관련.

2) 대판 2019.2.14. 2016두41361. 철도매점운영자의 노조법상 근로자성을 인정하면서 이들이 가입되어 있는 전국철도노동조합의 노조법상 노동조합성을 인정. 경제적·조직적 종속성 강조.

3) 대판 1993.5.25, 90누1731.

4) 임종률, 『노동법』, 제9판, 30쪽 ; 김유성, 『노동법Ⅱ』, 56쪽 ; 대판 2004.2.27, 2001두8568. 여성노조사건. 실업자도 노조법상 근로자가 될 수 있음을 최초로 인정. 실업자포함이유로 한 노조설립신고반려처분은 위법(한국노동법학회, 『노동판례백선』, 255쪽. 실업자나 구직자의 노동3권을 최초로 인정한 대법판결).

2. 사용자

2·가. 근기법상 사용자

(1) 의 의

① 개 념

사용자라 함은 '사업주 또는 사업경영담당자, 그 밖에 근로자에 관한 사항에 대해 사업주를 위해 행위하는 자(근기법 §2①ii)'이다.

② 특 징

근기법상 사용자개념은 몇 가지 특징을 가지고 있다. 첫째, 지위와 관계없이 업무성격에 따라 판단된다. 둘째, 근로계약당사자와 근기법이행자[1]가 포함된다.[2] 셋째, 근기법이행자로서의 사용자개념은 범위가 넓고 권한의 범위 안에서 책임이 중복될 수 있다. 넷째, 사업주로부터 위임을 받아 근기법이행의 의무를 지는 근로자는 권한의 범위 안에서 사용자가 되며, 보호대상으로서의 근로자가 되는 이중적 지위를 가진다.

(2) 유 형

① 사업주

사업주라 함은 명칭과 관계없이[3] 사업을 책임지고 경영하는 주체로서 근로계약 당사자이다. 개인기업에서는 사업주개인, 법인 경우에는 법인자체를 말한다.

② 사업경영담당자

사업경영담당자라 함은 사업경영일반에 대해 권한을 가지고 책임을 지는 자로서, 사업주로부터 사업경영의 전부 또는 일부에 대해 포괄위임을 받고 대외적으로 사업을 대표하거나 대리하는 자를 말한다.[4] 주식회사의 대표이사, 합명회사 및 합자회사의 업무집행사원, 유한회사의 이사와 정리회사의 공동관리인,[5] 지배

---

1) 대판 2008.4.10, 2007도1199. 근기법이행자로서의 사용자를 사업경영담당자 등으로 확대한 이유는 근기법의 실효성을 확보하기 위한 정책적 배려(한국노동법학회, 『노동판례백선』, 26쪽).

2) <부인> 근기 68207-1921, 1993.9.1. 항운노조조합장 ; 근기 68207-1743, 1994.10.19. 근로자공급사업대표자.

3) 대표이사 등의 직책이 없지만 회사의 실제경영자(대판 1989.4.25, 87도2129)도 사업주로 인정받는다.

4) 명칭과 관계없이 업무대표권과 업무집행권을 가지면 사업경영담당자로 인정되며, 근로자성 부정. 대표이사가 아닌 이사의 경우에도 같음. 등기임원은 원칙적으로는 근로자로 인정되지 않으나(대판 2003.9.26, 2002다6468 ; 대판 2001.2.23, 2000다61312) 실질관계를 판단해 근로자로 인정(대판 1992.5.12, 91누11490 ; 대판 2003.9.26, 2002다64681 ; 대판 2009.8.20, 2009두1440)될 수도 있음.

5) 대판 1984.4.10, 83도1850 ; 대판 1986.6.24, 86도830 ; 대판 2001.1.19, 99다72422 등.

인(상법 §10) 등이 이에 해당한다.

③ 근로자에 관한 사항에 대해 사업주를 위해 행위하는 자

'근로자에 관한 사항'이라 함은 인사·임금·복지·노무관리 등과 관련하여 근로조건을 결정하거나 업무명령을 내리거나 지휘감독을 함에 있어 사업주로부터 일정한 권한과 책임을 부여받은 자를 말한다.[1] 권한과 책임은 업무성격과 근무실태로 판단한다. 부장·과장 등의 지위에 있으면 권한과 책임을 가질 가능성이 크나, 형식적 명칭에 구애되지 않는다.[2] 개인사업주가 미성년자 또는 피성년후견인이면 그 법정대리인은 사업경영담당자에 해당된다.

2·나. 노조법상 사용자

(1) 개 념

사용자라 함은 '사업주, 사업의 경영담당자 또는 그 사업의 근로자에 관한 사항에 대해 사업주를 위해 행동하는 자'를 말한다(노조법 §2ii). 각각의 개념은 근기법에서의 개념과 같다.

(2) 특 징

법조문상으로 보면 노조법과 근기법의 사용자개념은 같다. 다만, 근기법상 사용자는 근기법준수의무자이나 노조법상 사용자는 노동조합의 상대방, 단체교섭·단체협약의 당사자와 부당노동행위금지의 수규자에 해당하는 지위를 갖는다.[3]

(3) 유사개념

집단적노사관계에서는 근로계약당사자가 아니라도 '사용자개념 확대법리'가 적용되어 단체교섭당사자, 부당노동행위금지수규자 등 노동3권의 사용자측 당사자가 될 수 있다. 또한 노동조합의 요건과 관련하여 '사용자의 이익을 위하여 행위하는 자'라는 개념도 사용된다.

(4) 사용자단체

사용자단체라 함은 "노동관계에 관해 구성원인 사용자를 조정 또는 규제할 수

---

1) 대판 1997.11.11, 88누6924.

2) '사업주를 위해'라 함은 반드시 '사업주이익을 위해'로 해석되지 않는다. 따라서 그 행위자가 권한을 남용해 자신의 이익을 위해 행위하면 위법책임을 질 수 있다.

3) 대판 2008.9.11, 2006다40935. 국가의 행정관청이 사법상 근로계약을 체결한 경우 그 근로계약의 권리·의무는 행정주체인 국가에 귀속되므로 국가는 그러한 근로계약관계에 있어서 노조법 제2조제2호에 정한 사업주로서 단체교섭당사자 지위에 있는 사용자에 해당(한국노동법학회, 『노동판례백선』, 259쪽).

있는 권한을 가진 단체"를 말한다(노조법 §2iii). 노조법상 사용자단체는 단체교섭, 단체협약체결 및 노동쟁의의 당사자가 될 수 있다. 사용자단체에 대해서는 그 설립이나 구성이 의무화되어 있지 않다. 사용자단체가 되기 위해서는 '노동관계에 관해 그 구성원인 사용자에 대해 조정 또는 규제할 수 있는 권한'을 가져야 한다. 이를 위해는 노동조합과 단체교섭을 하고 단체협약을 체결하는 것을 목적으로 하고 구성원인 각 사용자에 대해 통제력이 있어야 한다.[1] 구체적으로는 정관이나 규약에 구성원인 사용자를 위해 단체교섭을 하고 단체협약을 체결할 수 있도록 규정되어 있거나 단체교섭권을 각 사용자로부터 이양받아야 한다.[2]

1) 대판 1992.2.25, 90누9049 ; 대판 1999.6.22, 98두137 ; 대판 1986.12.23, 85누856.

2) <긍정> 대판 1992.2.25, 90누9409. 대형기선저인망수산업협동조합사건 ; <부정> 대판 1999.6.22, 98두137. 사단법인한국음식업중앙회사건 ; <부정> 대판 1986.12.23, 85누856. 원예협동조합사건 ; <긍정> 보건의료산업사용자협의회. 2009 ; <긍정> 금속산업사용자협의회. 2008.

제 4 장

노동법의 이행

제1절 근로기준법의 이행

1. 법정근로조건의 효력

근기법의 근로조건은 강행규정이다. 사용자는 근로조건을 근기법에 규정된 수준 이상으로 보장해야 하며 근로자도 근기법상 권리를 포기할 수 없다.

2. 실효성 확보수단

2·가. 민사적 실효성

근기법은 일정한 근로조건을 정해 그 기준에 달하지 못하는 근로조건을 정한 근로계약 등을 무효로 함으로써(근기법 §15) 민사적 실효성을 확보하고 있다. 민사적효력의 확보는 민사소송법 및 민사집행법으로 보장된다.

2·나. 형사적 실효성

(1) 형사법적 성격

근기법은 벌칙을 통해 사용자로 하여금 법정근로조건을 준수하도록 강제한다. 벌칙은 예방효과를 가지나 권리구제에는 한계를 갖는다.

형사처벌을 위한 법 위반사실 확정에는 고의성이 요구된다.[1] 법령에 의한 행위, 업무로 인한 행위 기타 사회상규에 위배되지 않는 행위는 벌하지 않는다(형법 §20).[2]

---

1) 대판 2018.1.25, 2015도1681.

(2) 양벌주의

사업주의 대리인, 사용인, 그 밖의 종업원이 해당사업의 근로자에 관한 사항에 대해 벌칙(근기법 §107, §109 ~§111, §113, §114)에 해당하는 위반행위를 하면 그 행위자를 벌하는 외에 그 사업주에게도 해당조문의 벌금형이 과해진다. 다만, 사업주가 그 위반행위를 방지하기 위해 해당업무에 관해 상당한 주의와 감독을 게을리 하지 않은 경우에는 그렇지 않다(근기법 §115). 사업주가 법위반자의 위반행위를 알고도 시정에 필요한 조치를 취하지 않거나, 교사한 경우에는 사업주도 행위자로서 처벌을 받을 수 있다.

2·다. 행정지도

사용자에 대한 형사제재만으로는 근로자의 권리가 회복되지 않는다. 민사절차에 따른 구제는 복잡하고 시간이 많이 걸려 그 실효성이 반감될 수 있다. 따라서 벌칙을 배경으로 한 행정적인 감독이 요청된다. 행정지도나 행정지시는 그 자체로 법률적인 효과가 생기지 않으므로 행정처분으로 볼 수 없으며 행정소송의 대상이 되지 않는다.[1]

2·라. 권한위임

고용장관의 일부 권한은 지방고용노동관서장에게 위임되어 있다(근기법 §106). 인·허가, 신고 등 구체적 집행은 지방고용노동관서에서 행해지는 것이 보편적이다(근기령 §59).

3. 근로감독관

3·가. 자 격

근로조건의 기준을 확보하기 위해 고용노동부 및 그 소속기관에 근로감독관을 둔다(근기법 §101).

3·나. 역 할

근로감독관은 근기법이나 그 밖의 노동관계법령 위반의 죄에 관해 「사법경찰관리의직무를행할자와그직무범위에관한법률(사법경찰관리법 §6의2)」에 따라 사법경찰관의 직무를 수행한다(근기법 §102⑤). 사법경찰관직무의 대상인 노동관계법령은 근기법, 산안법 등

---

2) 대판 2001.2.23, 2000도4415. ↘ 45쪽

1) 대판 1996.3.22, 96누433 ; 대판 1995.11.21, 95누9099.

개별적근로관계법 뿐 아니라 집단적노사관계법도 포함한다.[1]

3·다. 권 한

(1) 현장조사 · 자료요구 · 심문 · 검진

근로감독관은 사업장, 기숙사 그 밖의 부속건물을 현장조사하고 장부와 서류의 제출을 요구할 수 있으며 사용자와 근로자에 대해 심문할 수 있고, '의사자격을 갖는 근로감독관' 또는 '근로감독관의 위촉을 받은 의사'는 근로자를 대상으로 검진할 수 있다. '현장조사 · 검진을 행하는 자'는 신분증명서와 일시 · 장소 · 범위가 명기된 고용장관의 지령서를 제시해야 한다(근기법§102, §116①iii 5백만원 과태료).

(2) 보고 · 출석 요구

사용자 또는 근로자는 근기법의 시행과 관련해 근로감독관의 요구가 있으면 지체없이 필요한 사항에 대해 보고하거나 출석해야 한다(근기법§13, §116①i 5백만원 과태료).

(3) 사법(司法)권한

근기법이나 그 밖의 노동관계법령에 따른 현장조사, 서류제출, 심문 등의 수사는 검사와 근로감독관이 전담해 수행(근로감독관의직무에 관한범죄의수사)한다(근기법 §105). 사용자가 근기법을 위반하면 근로감독관이 수사한 후 검사에게 입건 · 송치하여, 검사가 기소하고, 법관이 판결한다.

3·라. 의 무

근로감독관은 그 업무를 성실히 수행할 의무를 지며, 근기법을 위반한 사실을 고의로 묵과하면 벌칙의 적용을 받는다(근기법§108 3년징역·5년자격정지). 근로감독관은 직무기간 중이나 그 후에 직무상 알게 된 비밀을 엄수해야 한다(근기법§103, §114i 5백만원 벌금).

4. 서류 비치 · 보관 의무

4·가. 비 치

(1) 근로기준법령 및 취업규칙

사용자는 근기법령의 주요 내용과 취업규칙을 '근로자가 자유롭게 열람할 수

---

1) 사법경찰관리법(§6의2①), 해당노동법 열거 ;「선원법」에 따른 선원근로감독관은 관할구역에서 발생하는 선박소유자와 선원의「선원법」또는 근기법위반 범죄에 관해 사법경찰관직무 수행(사법경찰관리법 §6의2③).

있는 장소에' 항상 게시하거나 갖추어 두어 근로자에게 널리 알려야 한다(근기법 §14①, §116①ii 5백만원 과태료). 사용자는 '기숙사에 관한 규정'과 '기숙사규칙'을 기숙사에 게시하거나 갖추어 두어 기숙하는 근로자에게 널리 알려야 한다(근기법 §14②, §116①ii 5백만원 과태료).

'자유롭게 열람할 수 있는 장소'로는 휴게실, 노동조합사무실 등을 생각할 수 있다. 근로자가 자유롭게 열람할 수 있으면 노무관리부서의 사무실이나 다른 장소도 인정된다. 또한 전자메일을 통해 전체 근로자에게 통보하거나, 홈페이지·인트라넷에 게시한 후 근로자에게 사용권한을 주는 방법도 인정된다. 단체협약은, 노·사 당사자가 서명 후 각각 보관하므로, 비치·게시의 대상이 아니다.

(2) 연소근로자

사용자는 18세미만자에 대해 '가족관계기록사항에 관한 증명서'와 '친권자 또는 후견인의 동의서'를 사업장에 갖추어 두어야 한다(근기법 §66, §116①ii 5백만원 과태료)

4·나. 작성·보관

사용자는 근로자명부와 대통령령이 정하는 근로계약관련 중요서류를 3년간 보존해야 한다(근기법 §42, §116①ii 5백만원 과태료). 보존기간(근기법 §42)계산기산점은 따로 명시되어 있으며(근기령 §22②), 전자문서를 이용한 작성·보관도 가능하다(전자문서및전자거래기본법§5).

(1) 근로자명부

사용자는 단시간근로자, 수습근로자 등을 포함한 모든 근로자에 대해 근로자명부(근기령 §20)를 작성해야 한다. 다만, 대통령령으로 정하는 일용근로자에 대해서는 근로자명부를 작성하지 않을 수 있다(근기법 §41①단서).[1]

(2) 기타 중요한 서류

"대통령령(근기령 §22)으로 정하는 근로계약 관련 중요서류(근기법 §42)"는 임금대장과 기타 서류[2]로 구분된다. 사용자는 '사업장별로 임금대장을 작성하고' 임금·가족수당 계산기초, 임금액, 대통령령(근기령 §27)으로 정하는 사항을 임금을 지급할 때마다 적어야 한다(근기법 §48). 임금대장은 근로자개인별로 작성해야 한다.

---

1) 모든 상용근로자(단시간·수습 등 불문)가 대상이다.

2) 근로계약서, 임금의 결정·지급방법과 임금계산기초서류 등(근기령 §22①) ; 재해보상관련중요서류를 재해보상이 끝나지 않거나 재해보상청구권이 시효(3년)로 소멸되기 전에 폐기해서는 안된다(근기법 §91).

(3) 3년 이상 보존할 서류

퇴직금중간정산서류는 퇴직 후 5년이 되는 날까지 보존해야 한다(근퇴령 §3②). 석면해체·제거작업에 관한 서류 중 해당 근로자의 인적사항 등(산안칙 §241⑥)은 30년동안 보존해야 한다(산안법 §164⑥). 사용자는 재해보상중요서류를 '재해보상이 끝나지 않거나, 재해보상청구권이 3년의 시효기간이 소멸되기 전'에 폐기할 수 없다(근기법 §91, §116① 5백만원 과태료).

5. 권리실현 보장

근로자는 사용자의 근기법령 위반 사실에 대해 고용장관이나 근로감독관에게 통보할 수 있으며, 사용자는 통보를 이유로 근로자에게 해고나 그 밖에 불리한 처우를 하지 못한다(근기법 §104, §110 i 2년 징역·2천만원 벌금). 민원신청을 받은 행정기관의 장은 다른 법령에 특별한 규정이 있는 경우를 제외하고는 그 접수를 보류하거나 거부할 수 없으며, 접수된 민원서류를 부당하게 되돌려 보내서는 안된다(민원처리에 관한법률 §9).

제2절 다른 노동법의 이행

근기법 외의 다른 노동법도 민사적 효력, 형사적 효력, 행정적 구제, 행정벌, 행정기관의 관여 등을 통해 법적실효성을 확보하고 있다.

제 2 편

개별적근로관계

제 1 장

근로관계의 기초

제1절 근로조건 보장과 준수

1. 최저근로조건 보장

근기법은 근로조건의 기준을 정함으로써 근로자의 기본적 생활을 보장, 향상시키는데 목적이 있다(근기법 §1). '근로조건의 기준'은 최저기준을 의미하므로 이 기준을 이유로 해서 기존의 근로조건을 낮추는 것은 금지된다(근기법 §3).

근기법(§2)은 근로조건의 기준을 명확히 하기 위해 '근로자, 사용자, 근로계약, 평균임금, 단시간근로, 임금 및 소정근로시간의 개념을 직접 규정하고 있다.

근로조건이라 함은 "사용자와 근로자 사이의 근로관계에서 임금·근로시간·후생·해고 기타 근로자의 대우에 관한 조건"을 말하며, 채용기준은 근로조건에 관한 기준이 아니다. 근기법 제3조 위반에 대해서는 벌칙이 없다.

2. 근로조건의 결정과 적용

2·가. 근로조건대등결정원칙

근로조건은 근로자와 사용자가 동등한 지위에서 자유의사에 따라 결정하여야 한다(근기법 §4). 근기법 제4조 위반에 대해서는 벌칙이 없다.

근기법 제4조를 위반해 사용자가 일방적으로 근로조건을 낮추면 그 부분에 한해 무효가 되고, 낮추기 전의 근로조건이 해당근로자의 근로조건이 된다.

2·나. 근로조건과 근로자참여

(1) 근로자의 개별참여

① 개별참여의 유형

개별적근로관계법은 연장·휴일·야간근로, 법정휴가 등 개별근로조건을 향유하는데 있어 근로자 개인이 동의, 합의, 청구, 명시적청구, 요구 등의 다양한 방법으로 참여하는 것을 조건으로 규정하고 있다.

<근로자 본인의 개별적 참여 방법에 대한 규정 형태>

참여방법	해 당 근 로 조 건
동 의	여성(§70①) 과 연소자·산후1년미만자의 야간·휴일근로(§70② i, ii) 등
합 의	연장근로(§53), 연소자 연장근로(§69) 등
청 구	사용증명서발급(§39), 연차휴가(§60⑤), 생리휴가(§73), 출산전후휴가분할사용(§74②), 유사산휴가(§74③) 등
명시적 청구	임신중인자의 야간·휴일근로(§70② iii) 등
요 구	임신중인자의 쉬운 업무 전환(§74⑤)

② 개별참여의 주체와 내용

㈎ 당사자

㉮ 당사자합의 적용

'당사자 간에 합의하면 1주간에 12시간을 한도로 법정기준근로시간(근기법 §50)을 연장할 수 있다'(근기법 §53①). 연소자연장근로에 대해서도 "당사자 사이의 합의"가 요건이다(근기법 §69). 당사자합의는 강행규정이다.[1] 근로조건의 개별적 결정에 있어 요구되는 합의에 대해서는 이러한 요건이 원용될 수 있다.

㉯ 당사자합의 방법

당사자합의는 개별근로자와 사용자의 개별합의를 의미한다.[2] 집단적합의는 개별근로자의 합의권을 제한치 않는 범위 안에서 인정되며, 사용자의 연장근로지시에 대해 반대한 근로자에게 연장근로를 시킬 수 없다.[3]

당사자합의는 연장근로를 할 때마다 하는 것이 아니고 근로계약 등으로 미리 정해 포괄적으로 합의할 수 있다.[4] 포괄적 합의의 경우, 근로자의 거부권이 유

1) <사례> 근로기준정책과-1911. 2015.5.6. 공익적목적으로 통상적으로 수행해 온 업무라도 동의 필요.
2) 김유성, 『노동법 I』, 161쪽 ; 임종률, 『노동법』, 제9판, 410쪽 ; 이상윤, 『노동법』, 제6판, 234쪽.
3) 대판 1993.12.21, 93누5796.
4) 대판 1995.2.10, 94다19228.

보되어 있는 것으로 본다.[1]

연장근로가 관행화되어 있어도 당사자간에 합의가 성립된 것으로는 볼 수 없으므로[2] 연장근로를 거부한 근로자에 대하여 불이익을 줄 수 없다.

㈐ **당사자합의 형식**

당사자합의의 형식·내용·시기에 대해 법에 정함이 없다. 따라서 특별한 규정이 없는 한 구두합의도 그 효력이 인정된다.[3]

㈑ **당사자합의 결여**

사용자의 명시적 또는 묵시적인 지시나 동의가 없는데도 성과나 실적을 올리기 위해 행한 임의연장근로는 인정되지 않을 수 있다.[4] 다만, 이 경우에도 객관적으로 불가피한 사정이 인정된다면 연장근로로 인정될 수 있다.[5]

㈒ **당사자합의 효력**

당사자합의는 당사자로 하여금 합의내용을 이행할 의무를 포함한다.

통상적으로 해오던 연장근로를 집단적으로 거부하는 행위를 쟁의행위로 보는 판결례[6]가 있으나, 당사자합의가 개별요건이므로, 이에 찬성하기 어렵다.

㈏ **특정근로자**

동의·합의·요구·청구·명시적청구 등의 개별참여방식에 대해서는 "18세미만", "임산부", "여성근로자" 등 참여주체를 특정하는 것이 일반적이다. '연소자·임산부의 휴일·야간근로'는 근로자개인의 동의 외에 집단참여로서 근로자대표와의 협의가 동시에 요구된다(근기법 §70③).

(2) 근로자의 집단참여

① 집단참여의 유형

집단노사관계법은 전형적인 근로자집단참여제도이다. 개별적근로관계법도 개별적인 제도별로 참여주체와 참여방법을 달리하면서 다양하게 근로자의견수렴제도를 설계하고 있다.

---

1) 김유성, 『노동법Ⅰ』, 162쪽.
2) 대판 1979.3.13, 76도3657.
3) 김유성, 『노동법Ⅰ』, 162쪽 ; 임종률, 『노동법』, 제9판, 410쪽.
4) 근기-4380, 2005.8.22. 성과수당을 더 받기 위해 스스로 연장근로를 한 경우 시간외수당 지급 의무 없음.
5) 서울중앙지판 2014.1.7, 2013가소5258885. 연장근로신청을 포기하는 분위기에 있는 직장 관련 사건.
6) 대판 1991.10.22, 91도600.

< 개별적근로관계에서의 근로자의견수렴제도 >

법령	근 로 조 건	참여주체	참여방법
근기법	취업규칙제도(§94)	근로자집단 (과반수노조·근로자과반수)	의견청취 동의
	유연근로시간제도[1]	근로자대표 (과반수노조·근로자과반수대표)	서면합의
	경영해고(§24), 연소·임산부 휴일·야간근로(§70③)		협 의
	기숙사규칙제도(§99)	기숙근로자과반수대표	동 의
산안법	안전보건관리규정 작성·변경(§26)	근로자대표 (과반수노조·근로자과반수대표)	동 의
	공정안전보고서작성·변경(§44②), 안전보건개선계획수립(§49②)		의견청취
	작업환경측정(§125④), 건강진단(§132①) 안전보건진단(§47③)		참 석
연령법	임금피크제 지원요건(§14②)		동 의
파견법	파견근로자사용(§5④)		협 의
	파견사용금지기간 단축(령 §4)		동 의
근퇴법	퇴직급여제도 종류 선택·변경(§4③)	근로자대표 (과반수노조·근로자과반수)	동 의
	퇴직연금제도 도입(§13·§19) 퇴직급여제도 내용변경(§4④)		의견청취 동의
고평법	동일가치노동기준(§8)	노사협의회근로자위원	의견청취

② 집단참여의 구조

㈎ 복수주체 참여

'복수의 주체로 구성되는 참여제도'로는 근로자집단제도와 근로자대표제도를 들 수 있다. 두 제도 모두 과반수노조에게 우선적이고 배타적인 지위를 부여하고, 근로자과반수 또는 근로자과반수대표에게 과반수노조가 없을 때에 한해서 즉 보완적인 지위를 부여한다.

㉮ 근로자집단

취업규칙(근기법 §94)과 관련하여 '근로자의 과반수로 조직된 노동조합이 있는 경우에는 그 노동조합(과반수 노조), 과반수노조가 없는 경우에는 근로자과반수'가 집단참여의 주체로 명시(근로자대표제도와대비하여 근로자집단제도라고부르고자함)되어 있다.

---

1) 사업장밖간주근로시간합의제(§58②), 재량간주근로시간제(§58③), 3월이내단위탄력적근로시간제(§51②), 3월초과단위탄력적근로시간제(§51의2), 선택적근로시간제(§52), 근로시간·휴게시간 특례(§59), 연차유급휴가대체(§62), 보상휴가제(§57).

㉯ 근로자대표

근로자참여와 관련하여 경영해고제한규정(근기법 §24)은 '사업장에 과반수노조가 있는 경우에는 그 노동조합(과반수노조가 없는 경우에는 근로자과반수 대표자를 말한다. 이하 "근로자대표"라 한다)'이라는 표현(근로자집단제도와 대비하여 근로자대표제도라고 부르고자 함)이 사용된다. '근퇴법의 퇴직연금도입 · 변경제도'는 근로자대표라는 명칭을 쓰면서 근로자집단제도의 형태를 취하고 있다.

㈏ 단일주체 참여

기숙사규칙을 작성하거나 변경할 때 기숙근로자과반수대표의 동의가 요구된다 근기법(§99). 고평법(§4)은 사업주는 동일가치노동기준을 정할 때 노사협의회근로자의원의 의견을 청취하여야 한다.

③ 집단참여주체의 지위와 자격

㈎ 참여주체 지위

참여주체의 지위는, 대표권행사대상으로 고지된 근로조건에 대해서만 인정되므로, 일시적이다. 과반수노조와 근로자과반수는 해당시점에 과반수요건이 충족되어야 한다.[1] 임기를 정한 근로자대표라도 해당 근로조건에 대한 대표권행사 목적을 인정하는 선발과정이 다시 있어야 한다.

㈏ 참여주체의 자격

㉮ 과반수 확보

'복수의 주체로 구성되는 참여제도'인 근로자집단제도와 근로자대표제도에서 배타적이고 우선적인 지위를 갖는 과반수노조뿐 아니라 근로자과반수와 근로자과반수대표 모두 과반수의 확보를 전제로 한다.

㉯ 모집단 산정단위

과반수판단을 위한 모집단은 사업(장) 단위로 선정되어야 한다. 동일사업(장)의 일부부서에만 해당제도를 적용하려는 경우에도 사업(장) 단위로 판단되어야 한다.[2]

㉰ 모집단 산정범위

과반수여부를 판단하기 위해서는 모집단의 범위가 정해져야 한다. 근로자대표제도를 대상으로 한 해석에 따르면[3] 과반수노조를 판단하거나 근로자대표를 선

---

1) 근로기준정책과-2872. 2015.7.1.

2) 근로자대표 관련, **고용노동부, 『유연근로시간제 가이드』**, 2018.6, 10쪽 ; 지사, 공장 등에 대해서는 독립성을 기준으로 별개의 사업(장) 여부를 판단한다. 하나의 법인 내에 있는 여러 개의 사업(장) 이 유기적인 관계를 가지고 업(業)으로서 계속적으로 행해지면 하나의 사업으로 본다. 하나의 법인 내에 있는 여러 개의 사업(장) 이 장소적으로 서로 분리되어 있고, 인사노무 · 재정 및 회계 등이 분리되어 독자적으로 사업경영이 이루어지며, 별개의 단체협약과 취업규칙을 적용하고 있다면 이를 별개의 사업(장)으로 본다.

출함에 있어 투표에 참여하는 근로자의 범위는 다음과 같이 산정된다.

근로자 대표를 선출하는 근로자의 범위	=	근기법 제2조 제1항 제1호 근로자	−	근기법 제2조 제1항 제2호 사용자

㈑ 근로조건부분적용과 모집단

근로조건이 일부 근로자에게만 적용될 때 참여주체의 과반수성 충족을 판단하기 위한 모집단에 대해 전체근로자인지 아니면 해당근로자인지에 대해 견해가 나뉠 수 있다. 근로자집단제도 즉 취업규칙불이익변경과 관련하여 전체근로자집단동의설과 해당근로자집단동의설이 대립되어 오다가, 실무차원에서 해당근로자집단동의설로 정리되었다. 판례[1]는 복수의 근로자집단이 하나의 근로조건체계를 적용받고 있는 상황에서 다른 근로자집단에게도 장래에 변경된 취업규칙의 적용이 예상되는 경우에는 전체근로자집단이 동의의 주체가 되며, 장래에 적용이 예상되는 집단이 없다면[2] 해당근로자집단만이 동의의 주체가 된다고 본다.

근로자대표제도 즉, 유연근로시간제도 등에 있어서는 실무적으로 대립되는 의견이 보이나 취업규칙불이익변경에 관한 판례법리가 적용되는 것이 타당하다.

④ 집단참여주체별 권한과 위임

㈎ 과반수노동조합

㉮ 지 위

취업규칙변경, 유연근로시간제, 경영해고 등에 있어 과반수노조는 배타적·우선적으로 참여주체지위를 인정받는다.[3] 과반수미만노조는 참여주체로 인정받지 못한다. 노조법상 교섭대표노조라도 과반수요건을 충족치 못하면 참여주체가 되지 못한다.[4]

㉯ 권한행사

과반수노조의 권한은 노조대표나 그 권한을 위임받은 자에 의해 실현되며, '의

---

3) 고용노동부, 『유연근로시간제 가이드』, 2018.6, 6쪽·9쪽. ↘ 57쪽

1) 대판 2009.5.28, 2009두2238. 3급이상과 3급미만의 정년이 다른 상황에서 전자를 하향조정한 사례.; 대판 2009.11.12, 2009다49377. 조합원자격이 인정되지 않는 연구직책임급만의 정년단축에 대해, 다른 근로자집단이 연구직 책임급의 근로자집단과 동일한 근로조건 체계 내에 있고, 앞으로 정년단축규정의 적용이 예상되므로 전체 근로자집단이 동의주체라고 지적; 대판 2015.8.13, 2012다43522. 노조가입자격이 없는 1·2급 간부사원들이 종전에 3~5급 담당 업무를 맡을 수도 있게 되어 강등과 유사한 결과를 초래하는 보직부여기준안 관련.

2) 승진이나 전보처럼 하나의 집단 안에서 지위가 달라지는 경우를 말하며, 정규직과 비정규직처럼 집단간 이동이 일반적이지 않으면 이에 해당되지 않을 것이다.

3) 취업규칙 관련. 대판 1997.5.16, 96다2507; 대판 2008.2.29, 2007다85997 등.

4) 법제처 14-0346, 2014.8.21.

견서 또는 동의서'에 서명함으로써 효력이 발생한다.[1] 단체협약 또는 노동조합 규약 등에 의하여 대표권이 제한되었다고 볼만한 특별한 사정이 없는 한,[2] 근로자나 조합원 과반수의 동의를 받을 필요는 없다.[3]

㈏ 근로자과반수

㉮ 지 위

근로자과반수는 취업규칙변경 즉, 근로자집단제도에 있어 과반수노조가 없을 때 참여주체가 되는 보완적 지위를 갖는다.

㉯ 권한행사

(a) 동 의

취업규칙의 불이익변경이어서 동의를 받아야 할 때에는 근로자들의 집단적의 사결정방식 또는 회의방식[4]으로 과반수동의를 받는 것이 원칙이다.[5] 이와 관련하여 "근로자들이 주지할 수 있도록 적당한 방법에 의한 공고 및 설명절차가 존재해야 한다."는 추가요건을 요구하는 판결[6]이 발견된다. 근로자수가 많아 한 장소에 모아 놓고 회의를 진행하는 것이 어려우면 사업(장) 의 기구별 또는 단위 부서별로 '사용자의 개입이나 간섭'[7]이 배제된 상태에서 찬반의견을 집약한 후 이를 취합하는 방식도 허용된다.[8] 근로자수가 많다는 이유로 이사회의 심의나 의결로 대체할 수 없다.[9] 취업규칙변경내용을 공람케 하고 서명을 받는 방법에 대하여는 학설[10]과 대부분의 판례[11]가 이를 부정하지만, 사용자의 개입이나 간섭이 배제된다는 것이 객관적으로 입증되면 가능하다는 행정해석[12]과 일부 판례[13]도 발견된다. 개인적으로는 긍정적견해에 찬성한다.

'사용자측의 간섭·개입'이라 함은 근로자들의 자율적이고 집단적의사결정을 저해할 만큼 명시·묵시적방법으로 동의를 강요하는 경우를 의미한다. 변경되는

---

1) 취업규칙관련, 대판 1997.5.16, 96다2507. 노사협의회 근로자위원 전원과 노조분회장의 동의로 대체될 수 없음.
2) 취업규칙관련, 대판 1997.5.16, 96다2507 ; 취업규칙관련, 대판 2000.9.29, 99두10902.
3) 대판 1997.5.16, 96다2507 ; 대판 2000.9.29, 99다45376 ; 대판 2003.6.13, 2002다65097 ; 근로개선정책과-4819, 2013.8.16.
4) 반드시 무기명방식을 요구하는 것은 아니다(근로기준정책과-5332, 2015.10.29).
5) 대판 1977.9.28, 77다681 ; 대판 1989.5.9, 88다카4277 ; 대판 1991.9.24, 91다17542 ; 대판 1992.11.10, 92다30566.
6) 대판 2017.5.31, 2017다209129.
7) 대판 2005.3.11, 2004다54909 외 다수.
8) 대판 1992.2.25, 91다25055 ; 대판 2004.5.14, 2002다23185 ; 대판 2010.1.28, 2009다32522 등.
9) 대판 1995.7.11, 93다26168.
10) 임종률, 『노동법』 제9판, 342쪽 ; 이상윤, 『노동법』 제6판, 361쪽.
11) 대판 1977.7.26, 77다355 ; 대판 1991.3.27, 91다3031 ; 대판 1992.11.10, 92다30566 ; 대판 1994.6.24, 92다28556.
12) 근기 01254-12348, 1991.8.28 ; 근로기준정책과-5332, 2015.10.29.
13) 대판 2003.11.14, 2001다18322.

취업규칙의 내용을 설명하고 홍보하는 행위는 이에 해당하지 않는다.[1)]

(b) 의견청취

의견청취에 대해서는 집단적 회의방법, 근로자에게 취업규칙(안)을 돌리고 서명을 받는 방법 등 과반수의 의견을 들었음을 객관적으로 증명할 수 있는 적절한 방법이 인정되며,[2)] 사내회보 등에 취업규칙 변경내용을 게재하고 의견을 제출토록 하더라도, 근로자과반수에게 배포되는 등 근로자과반수가 읽을 수 있도록 제도적으로 보장되면 의견을 들은 것으로 해석된다.[3)]

㈐ **근로자과반수대표**

㉮ 지 위

근로자과반수대표는 과반수노조가 없을 때 참여주체가 되는 보완적지위를 갖는다. 근로자과반수대표자는 대표권을 행사하게 될 근로조건에 한정하여 인정되는 일시적지위를 가지므로, 필요가 있을 때마다 선출되어야 한다.

㉯ 권한행사

근로자과반수대표는 1명 또는 복수로 선정될 수 있으나, 복수인 경우라도 각자에 대해 과반수성이 확보되어야 한다. 1명의 근로자과반수대표가 선정된 경우, 선정된 대표가 대표권을 행사한다. 복수의 근로자대표가 선정된 경우, 근로자대표들이 정한 대표권행사방법에 따라 서면합의를 하여야 한다.[4)]

㉰ 선발주체

근로자대표제는 근로자에게 불리하다고 생각되는 제도도입에 활용되며, 선정비용을 발생시킨다. 따라서 근로자보다는 사용자가 이를 주도하게 되어, 대표성에 의문이 제기되는 근본적인 문제점을 안고 있다.

㉱ 선발근거

근로자과반수대표는 선출방법, 지위, 임기, 권한, 의무 등은 물론이고 정의규정마저 두지 않은 채로 여러 군데에서 활용되고 있다.

경영해고와 관련하여 과반수를 확보하지 못한 대표자의 대표권을 인정하는 판례법리[5)]가 형성되고 있다. 이러한 접근은 경영해고에 있어 참여방법이 합의가 아닌 협의이기 때문인 것으로 보인다. 그러나 이는 해당조문에 명백하게 반하며,

1) 대판 2003.11.14, 2001다18322(**한국노동법학회**, **『노동판례백선』**, 92쪽) ; 대판 2005.3.11, 2004다54909.

2) 임종률, 『노동법』 제9판, 340쪽 ; 근로기준팀-8936, 2007.12.26.

3) 근기 01254-12348, 1991.8.28. 사내회보 등에 변경내용을 게재하고 의견수령. 이른바 근로조건변경예고제.

4) 근기 68207-630, 1997.5.13.

5) 대판 2004.10.15, 2001두1154, 1161, 1178 ; 대판 2012.5.24, 2010두15964,

특히 유연근로시간제 등의 서면합의와 관련해서는 적용될 여지가 없다.

㈒ 선발방법

근로자과반수대표선발은 반드시 직접 투표에 의하지 않아도 되나, 후보출마 등에 사용자의 간섭이 배제되어야 하고,[1] 근로자들에게 자유로운 의사표현이 보장되어야 하며, 유연근로시간제도서면합의 등 대표권의 행사목적을 주지시키고, 근로자과반수의 의사를 모으는 방법으로 선출될 것이 요청된다.[2] 이러한 조건을 충족시킨다면 투표, 회람 등 선정방법에는 특별한 제한이 없다. 이와 관련하여 '투표가 의무적이지는 않지만, 사용자가 임명하면 안된다'는 견해[3]가 발견된다.

㈑ **노사협의회 및 유사기관의 역할 대행**

㉮ 민간부문

(a) 근로자집단

취업규칙제도에 있어 근로자참여주체인 근로자집단의 지위에 관한 규정은 강행규정이다. 따라서 과반수노조나 근로자과반수를 법적지위가 명확하게 다른 노사협의회, 노사협의회 근로자위원,[4] 이사회[5] 등으로 대체될 수 없다.

(b) 근로자대표

ⓐ 노사협의회 의결

경영해고와 관련하여 노사협의회와 협의를 인정하는 판결[6]이 발견된다.

근로자대표와 서면합의는 유연근로시간제의 도입의 필수요건이므로 노사협의회의 의결만으로는 유연근로시간제를 도입할 수 없으며, 별도의 서면합의하거나 취업규칙을 변경하여야 한다고 해석[7]하는 것이 타당하다.

ⓑ 노사협의회 근로자위원

노사협의회근로자위원을 유연근로시간제의 근로자대표 자격을 인정한 하급심판결[8]이 발견된다. 행정해석은 부인과 인정을 반복하다가 '과반수의사를 대표하는 자'[9]로 선정된 경우에만 인정하고 있다.[10]

---

1) 근기 68207-630, 1997.5.13. 사용자가 지명한 후보자에 대해 회람을 돌려 근로자 동의를 구한 사례.
2) 근로기준정책과-2872. 2015.7.1 ; **고용노동부, 『유연근로시간제 가이드』**, 2018.6, 8쪽.
3) 임종률, 『노동법』 제9판, 405쪽 등.
4) 대판 1994.6.24, 92다28556 ; 서울행판 2002.12.13, 2002구합12519.
5) 대판 1991.2.26, 90다15662 ; 대판 1995.7.11, 93다26168 등.
6) 대판 2001.10.26, 2000두3016. 정리회사삼보지질(주)사건.
7) **고용노동부, 『유연근로시간제 가이드』**, 2018.6, 10쪽.
8) 서울행판 2002.12.13, 2002구합12519. 취업규칙변경에 있어서는 부정.
9) 노사협의회, 근로자위원 등에 대한 근참법상 선출 규정은 근로자과반수대표성을 담보하지 못한다.
10) **고용노동부, 『유연근로시간제가이드』**, 2018.6, 8쪽.

㈏ 공공부문

정부투자기관과 관련된 법에 '직원의 보수를 이사회가 정한다'라는 규정이 있더라도 이는 직원의 기득권이나 기득이익을 박탈하는 결의를 할 수 있다는 취지가 아니므로 근기법 제94조가 적용된다는 판결[1]이 있었다. 그러나 후속판례[2]는 공기업에 대해 공적성격을 감안하여 이사회의 의결 등 의사결정과정을 거치지 않은 경우에 그 효력을 부정하고 있다. 이러한 해석은 근로자대표제도에도 확대하여 적용될 여지가 있다. 그러나 규정목적이 달라 노동법의 특별법으로 인정되기 어려운 법을 근거로 취업규칙의 효력을 제한하는 법리는 타당하지 않다.

㈐ 권한 위임

판례[3]나 행정해석[4]은 참여주체의 권한위임을 인정한다. 과반수노조에 대해서는 노조법의 법리에 따라 위임을 인정할 여지가 있다. 그러나 근로자과반수와 근로자대표에 대해서는 해당법조문이 참여주체를 구체적으로 명시하고 있어 위임이 가능한지에 대해 의문의 여지가 있다. 동의, 협의 및 의견청취는 해당 근로조건을 근로자들에게 주지시키려는 목적도 갖는다는 점도 위임의 타당성을 의심하게 한다. 수임자는 위임사항에 포함되지 않는 한 재위임을 할 수 없다.

⑤ 집단참여수단의 내용과 효력

㈎ 집단참여수단의 내용

㉮ 서면합의

유연근로시간제 등에서 요구되는 서면합의에 대해 법규정은 없지만, 당사자가 서면으로 작성하여 권한 있는 서명 또는 날인을 하여야 한다.[5] 기재사항, 합의내용은 제도에 따라 다르다. 사용자는 유연근로시간제 서면합의서류를 합의한 날로부터 3년간 보존하여야 한다(근기법 §42, §116①ii 5백만원 과태료). 사용자와 근로자대표 사이에 서면합의가 유효하게 성립히면 유연근로시간제 등의 시행과정에서 개별근로자의 동의는 필요치 않다. 노동조합으로부터 위임을 받은 자와의 서면합의는 유연근로시간제도 등의 근거가 된다. 서면합의에 있어 소급적용은 인정되지 않는다.[6]

---

1) 대판 1991.2.26, 90다15662.
2) 대판 2011.4.28, 2010다86235 ; 대판 2015.1.29, 2012다32690. 한국산업인력공단사건.
3) <과반수노조 관련> 대판 1984.11.13, 84다카414. 조합운영위원회 위임 관련 ; 대판 1992.2.25, 91다25055 ; 대판 1993.1.15, 92다39778 ; 대판 1993.8.24, 93다17898).
4) 근기 68207-2144, 1999.9.1. 근로자과반수 의사로 위임받은 근로자위원은 동의권 보유
5) 근기 68207-630, 1997.5.13.
6) 근로기준정책과-3842. 2015.8.20. 근로시간 및 휴게시간의 특례 적용 관련.

㉯ **취업규칙제도 동의·의견청취**

취업규칙제도의 동의와 의견청취도 형식과 요건에 대해서도 법규정은 없지만, 과반수노조의 경우에는 당사자가 동의서 또는 의견서를 작성하여 서명 또는 날인토록 하고,[1] 근로자과반수의 경우에는 사용자가 작성 또는 변경되는 내용을 적은 취업규칙변경서에 근로자의 찬반의사표시를 한 서면을 첨부해야 한다.

취업규칙상의 근로조건보다 불리하게 단체협약을 체결하면 취업규칙의 유리한 근로조건을 배제하고 개정된 단체협약이 우선 적용된다는 합의가 포함된 것이라고 보는 판결과 해석이 있다.[2] 노동위원회의 조정서나 중재재정도 단체협약과 동일한 효력을 가지므로(노조법 §61, §70) 동의로 볼 수 있다.[3]

⑷ **집단참여수단의 효력**

참여주체의 의견제시형태는 성격과 효력을 기준으로 분류하면 서면합의와 동의, 명시적청구 및 합의를 하나의 그룹으로 보고 협의와 의견청취를 다른 그룹으로 볼 수 있다.

㉮ **합의·동의·명시적청구**

서면합의, 동의, 명시적청구가 효력요건이라는데 대해서는 이론이 없다.

㉯ **의견청취·협의**

취업규칙이나 경영해고의 법리에서처럼 법령에서 요구하는 의견청취·협의 등에 대해서는 효력요건이 부정되는 것이 일반적이다.

(a) 취업규칙과 의견청취

ⓐ 효력요건 여부

취업규칙(같은편, 제2장 제2절, 4)에 있어서 의견청취가 효력요건인지에 대해 견해가 나뉜다.

첫째, 효력규정설[4]은 의견청취의무를 효력요건으로 본다. 의견청취가 근로자를 보호하기 위한 강행절차라는 점과 같은 조문의 본문과 단서의 효력을 달리 보는 것은 모순이라는 점이 논리적 근거이다. 둘째, 단속규정설[5]은 의견청취의

1) 대판 2003.6.13, 2002다65097 외 다수.

2) 대판 2002.12.27, 2002두9063 ; <사례> 근로개선정책과-64, 2014.1.3. 취업규칙상 병가가 유급으로 규정되어 있다가 단협으로 무급으로 변경한 경우, 단협의 기준이 적용된다.

3) 이상윤, 『노동법』, 제6판, 359쪽. 조정·중재에까지 동의의 효력을 부여하는 것에 대해 비판의 여지는 있다.

4) 이병태, 『최신노동법』, 제9판, 928쪽.

5) 김유성, 『노동법 I』, 205쪽 ; 임종률, 『노동법』, 제9판, 341쪽 ; 이상윤, 『노동법』, 제6판, 357쪽 ; 김형배, 『노동법』, 제20판, 283쪽 ; 대판 1989.5.9, 88다카4277 ; 대판 1991.4.9, 90나22624 ; 대판 2004.2.12, 2001다63599 ; 근기 1455-2895, 1982.2.1.

무를 위반하더라도 취업규칙은 유효하다는 견해이다. 사용자가 의견청취의 내용에 구속되지 않는다는 데서 논리적근거를 찾는다. 단속규정설이 통설에 가까운 다수설이다. 이 설에 따르면, 상위규범에 위배되지 않는 한 의견청취를 하지 않은 취업규칙의 효력도 인정된다. 취업규칙을 신고할 때 의견서를 제출하지 않으면 벌금(근기법§114 i 5백만원이하)에 처해질 수 있다.

ⓑ 반대와 거부

의견청취는 동의나 합의를 의미하지는 않으며 의견에 구속을 받는 것도 아니다. 따라서 반대의 의사표시가 더 많아도 적법하게 의견을 청취하면 의견청취의 효력은 유지된다.[1] 노동조합이나 근로자가 의견서에 서명을 하지 않은 경우 그러한 취지와 사유를 첨부하여 신고하면, 의견을 청취한 사실이 객관적으로 증명될 수 있는 한, 그 신고는 수리된다.[2]

(b) 경영해고와 협의

경영해고제한제도에 있어 "…근로자대표와 해고를 하고자 하는 날의 50일전까지 통보하고 성실하게 협의"하도록 한 규정에 대해 판례는 사전통보기간미준수, 과반수노조 및 협의자체를 효력요건으로 보지 않는다(같은편, 제5장 제2절, 2·다, (5)). 그러나 경영해고협의조항은 법정요건으로 기술된 점, 징계해고절차의 효력과 형평, 경영해고로부터의 보호 필요성, 다른 기준과 연결된 유기적 절차라는 점 등을 감안할 때 효력요건이라고 생각한다.

⑥ 집단참여제도간의 관계

㈎ 서면합의와 취업규칙

근로자대표서면합의가 취업규칙을 변경할 수 있는지에 대해 다른 의견[3]이 있으나, 부정적견해[4]가 타당하다. 근로자대표는 취업규칙의 작성·변경에 있어 의견청취나 동의의 주체가 되지 못한다. 취입규칙이 근로자대표서면합의를 대체할 수 있는지에 대해 부정적견해[5]가 있으나 긍정적으로 보는 것이 타당하다.

㈏ 집단참여와 단체협약

근로자과반수가 체결한 단체협약은 집단참여주체의 동의나 서면합의를 변경하

1) 근기 01254-9222, 1991.6.27.

2) 근기 68207-790, 1996.6.11 ; 일본 노동성, 기발 제735호, 1950.10.30.

3) 도재형, 앞의 논문(2011.3), 97쪽.

4) 管野和夫, 『勞働法』 第八版, 292頁 ; 厚生勞働省勞働基準局編, 「勞働基準法解釋總覽」 第13版, 322頁 ; 이승욱, "근로기준법상 서면합의의 효력", 「노동법연구」 제7호, 서울대학교 노동법연구회, 1998.5, 105쪽.

5) 근로조건지도과 - 1167, 2008.4.29 ; **고용노동부**, 『**유연근로시간제 가이드**』, 2018.6, 34쪽.

는 효력을 갖는다.[1] 반대로 집단참여주체의 동의나 서면합의가 단체협약을 변경하는 효력을 갖는지에 대해 긍정설[2]과 부정설[3]이 대립된다. 단체협약체결권은 헌법이 보장한 노동3권행사이다. 반면에 근로자의견결정권은 사용자의견에 대한 수동의사표시이며, 단체행동권을 보장받지 못한다. 부정설이 타당하다.

(3) 근로자참여제도의 평가

개별적근로관계에 있어 근로자참여제도는 체계성·통일성·명확성을 갖추지 못하고 있다. 근로자참여제도의 현행 참여방법을 유사한 성질별로 구분하여 각각의 적용대상, 절차와 효력을 분명히 하되 하나의 제도로 통합하는 것이 바람직하다. 구체적으로는 노사협의회제도의 과반수대표성을 강화하고 적용범위를 확대하면서 노사협정제도를 신설하고 그 의견수렴방법을 서면합의사항과 협의사항으로 나누어 정비하여 관련 제도를 흡수·통합하는 방안도 검토할 만하다.

3. 근로조건준수

근로자와 사용자는 각자가 단체협약, 취업규칙과 근로계약을 지키고 성실하게 이행할 의무가 있다(근기법 §5). 단체협약 중 임금·복리후생비·퇴직급여 등 근로조건 관련사항과 쟁의행위에 관한 사항을 위반한 자에 대해서는 1천만원이하의 벌금에 처해질 수 있다(노조법 §92 ii). 취업규칙이나 근로계약을 위반한 것 자체로는 벌칙이 적용되지 않으나 위반한 내용이 법정근로조건인 경우에는 해당 조항에 대한 벌칙이 적용된다.

---

1) 이상윤, 『노동법』 제6판, 359쪽.

2) 박종희, "근로기준법상 근로자대표와 사용자가 체결한 서면합의의 효력", 「안암법학」 제8호, 안암법학회, 1998, 318쪽. 서면합의에 대해 단체협약과 같은 효력 인정. ; 도재형, "근로기준법상 근로자대표 및 서면합의제도", 「노동법학」 제37호, 한국노동법학회, 2011.3, 114~121쪽.

3) 이달휴, "근로기준법에서의 근로자대표제", 「노동법학」 제8호, 한국노동법학회, 1998.12, 383~384쪽. 노동조합과 비교해서 언급. ; 도재형, "근로기준법상 근로자대표 및 서면합의제도", 「노동법학」 제37호, 한국노동법학회, 2011.3, 121쪽. 서면합의 관련 ; 이승욱, "근로기준법상 서면합의의 효력", 「노동법연구」 제7호, 서울대학교 노동법연구회, 1998.5, 105쪽. 서면합의는 단체협약에 근거 필요.

제2절 균등처우와 차별금지

1. 차별금지제도 개관

1·가. 의 의

헌법(§11)은 '법 앞의 평등' 이념을 선언하면서 '성별·종교 또는 사회적 신분에 따라 경제적·사회적·문화적 생활의 모든 영역에서 차별을 받지 않는다'고 규정하고 있다. 노동관계법은 차별금지규정을 다양한 형태로 규정하고 있다.

1·나. 차별금지제도의 구조

(1) 차별금지영역

차별금지영역은 개별법에 따라 근로계약기간 동안의 근로조건, 채용 그리고 채용·근로조건 즉 고용전반으로 각각 다르다.

근로조건	채 용	고용전반
근기법, 기단법, 파견법, 외고법 등	직안법	고평법, 연령법, 장차법, 인권위법 등

노조법은 '조합원지위의 취득·유지'와 '조합운영참여'를 영역으로 정하고 있다.

(2) 차별금지사유

차별금지사유는 법의 성격에 따라 다르다. 근로자 일반을 대상으로 하는 법은 여러 사유에 대해 종합적으로 차별금지사유를 규정하고 있다.

헌 법(§11)	성별, 종교, 사회적신분
근기법(§6)	성별, 국적, 신앙, 사회적신분
노조법(§9)	인종, 종교, 성별, 연령, 신체적조건, 고용형태, 정당 또는 사회적신분
직안법(§2)	성별, 연령, 종교, 신체적조건, 사회적신분, 혼인여부
고정법(§7)	성별, 신앙, 연령, 신체조건, 사회적신분, 출신지역·학교, 혼인·임신, 병력, 학력
인권위법(§2)	성별, 종교, 장애, 나이, 사회적신분, 출신지역, 출신국가, 출신민족, 신체조건, 혼인여부, 임신, 출산, 가족형태와 상황, 인종, 피부색, 사상이나 정치적 의견, 형의 효력이 실효된 전과, 성적지향, 학력, 병력 등

특정 근로자를 대상으로 하는 법은 그 특정사유를 차별금지사유로 삼는다.

고평법(§2)	장차법(§4)	연령법(§4의4)	외고법(§22)	기단법(§8)	파견법(§21)
성별, 혼인, 가족지위, 임신·출산 등	장 애	연 령	외국인	기간제 및 단시간근로	파견근로

(3) 차별범위

① 의 의

차별의 개념은 직접차별과 간접차별로 구분된다. 직접차별은 차별사유를 직접적인 원인으로 삼아 행해지는 차별이다. 간접차별은 차별사유를 직접적인 원인으로 삼지 않았으나 차별의 결과가 해당 차별사유에서 비롯된 차별이다.

② 성 격

직접차별은 차별의 원인 또는 사유 자체를 중시하고, 간접차별은 차별의 결과를 중시한다.

③ 간접차별의 요건

사업주가 채용 또는 근로조건에 대해 중립적기준을 비교대상집단에게 동일하게 적용해도, 그 조건을 충족시킬 수 있는 특정집단이 다른 집단에 비하여 현저히 적고, 그로 인하여 특정집단에 '불리한 결과(*disparate impact*)'를 초래하며,[1] 그 기준이 정당한 것임을 증명할 수 없는 경우(고평법 §2 i)에는 이를 간접차별 즉, 차별로 본다.

④ 간접차별금지의 목적

간접차별을 금지하는 목적은 차별의 근본적인 원인 즉, 편견과 관습의 변화를 개선하여 실질적인 평등을 달성하려는데 있다. 외형상으로는 차별로 보기 어려우나 소수집단에게 불리한 결과를 가져오는 기준이나 근로조건의 격차는, 과거부터 누적된 차별에서 비롯된 것으로서, 그 자체로 차별이 될 수 있기 때문이다.

⑤ 간접차별금지의 적용

간접차별은 성차별과 관련하여 여성전용직종법리(같은편, 같은장, 같은절 3·나,(3),④,(다),(나))를 극복하면서 1999년에 고평법에 도입되기 시작하여 인권위법, 장차법, 연령법에 규정되어 있다.[2]

---

1) 특정집단이 어느 정도 포함되어야 간접차별로 볼 것인지에 정립된 견해가 없다. 현재로서는 거의 모두가 특정집단이고 다른 집단이 상징적으로 극히 일부 포함되어 있는 정도가 이에 해당한다. 미국의 고용평등위원회(EEOC)는 차별로 인정하는 통계적불균형의 정도를 4/5규칙으로 정하고 있다.

2) 고평법은 1995년에 차별의 정의규정을 신설할 때 직접차별과 간접차별을 구분하지 않았으나, 1999년에 간접차별개념을 추가하였다.

기단법과 파견법, 이른바 비정규직관련법은 간접차별에 대해 규정하고 있지 않다. 그밖에 다른 법들은 차별에 관한 정의규정을 두고 있지 않다.

(4) 차별금지효과

노동법은 형벌 또는 구제를 차별금지제도의 실효성을 확보하는 방법으로 택하고 있다. 형벌은 차별을 예방하는 효과를 갖는다. 구제는 원상회복 또는 권리실현을 목적으로 한다. 일부 개별법은 권고·공표를 수단으로 활용한다. 나머지 개별법은 실효성과 관련된 규정을 두고 있지 않다.

형 벌	근기법·고평법	징역·벌금
구 제	기단법·파견법	노동위원회 구제, 고용노동부 과태료
	장차법	국가인권위원회 구제, 법무부 과태료
	연령법	국가인권위원회 구제, 고용노동부 과태료
권 고	인권위법	차별판단·시정권고·공표

(5) 차별입증책임

고평법 및 비정규직관련법은 사용자의 입증책임을 명시하고 있고, 장차법은 피해자와 가해자에게 입증책임을 배분하고 있다.

1·다. 차별금지제도의 평가

노동법에 있어 차별금지제도는 개별법에 산재되어 중복되고, 차별사유를 체계성 없이 나열하고 있으며, 실효성확보방법을 산만하게 설계하고, 입증책임을 원칙 없이 규정하고 있다. 이러한 이유로 기본법인 차별금지법을 제정하자는 견해도 제시된다.

2. 근기법의 균등처우

2·가. 법적근거

사용자는 남녀의 성, 국적·신앙 또는 사회적 신분을 이유로 근로조건에 대한 차별적처우를 하지 못한다(근기법 §6). 차별적처우란 사용자가 근로자를 임금 및 그 밖의 근로조건 등에서 합리적인 이유없이 불리하게 처우하는 것을 의미하고, 합리적인 이유가 없는 경우란 해당 근로자가 제공하는 근로의 내용을 종합적으로 고려하여 달리 처우할 필요성이 인정되지 않거나 달리 처우하는 경

우에도 그 방법·정도 등이 적정하지 않은 경우를 의미한다.[1)]

2·나. 차별금지사유

(1) 성 별

근기법은 남녀의 성을 이유로 한 차별적 대우를 금지하고 있다. 성별을 이유로 한 차별에 대해 고평법이 특별히 규정하고 있다.

(2) 국 적

국적이라 함은 국적법상 지위를 말하며 생물학적·인류학적 접근에서 사용되는 인종과 다른 개념이다. 국적차별금지의 대상은 외국국적자, 이중국적자 및 무국적자를 포함한다.[2)]

(3) 신 앙

사용자는 신앙유무, 정치적신조 등 신념을 이유로 차별적 처우를 하지 못한다. 차별금지사유는 신앙이나 신념이지 표현행위는 아니므로 유인물배포, 종교의식 등은 제한될 수 있다. 종교·정치적인 신념과 밀접한 관계에 있는 경향사업(*Tendenzbetrieb* 傾向事業)이라면, 신앙이나 신념을 이유로 한 차별이 허용된다.[3)] 경향사업으로 인정되기 위해서는 해당 기업 또는 사업이 수행하는 목적이 헌법상 기본권으로서 보호대상이 되어야 하며, 해당 사업은 그러한 목적을 '직접' 또는 '주로' 수행해야 한다.[4)]

(4) 사회적신분

사회적신분이라 함은, 사회에서 차지하는 계속적이거나 상대적인 지위로서, 선천적신분과 후천적신분을 포함한다. 사무직·생산직 등 근로형태, 직위·직급 등 종사상 지위, 기능·자격·능률·성실성 등 업무능력 또는 업무태도에 따른 차별은 사회적신분이 아니다.

2·다. 차별금지영역

근기법이 차별을 금지하고 있는 영역은 근로조건이다. 채용의 기준이나 조건은 근로관계 성립전 단계에 속하는 사용자의 행위로서 근로조건이 아니므로 차

---

1) 대판 2019.3.14, 2015두46321.
2) 박상필, 『근로기준법강의』, 86쪽.
3) 김형배, 『노동법』, 제20판, 646쪽 ; 이상윤, 『노동법』, 제6판, 120쪽. 신학교직원 관련(긍정) ; 임종률, 『노동법』, 제9판, 354쪽. 회교국가를 상대하는 무역회사나 여행사(부정).
4) 김형배·박지순, 『노동법강의』 제9판, 80쪽.

별적처우가 금지되는 영역이 아니다.[1)]

2·라. 차별금지범위

근기법은 간접차별조항을 두고 있지 않다. 근기법은 차별사유를 직접적인 이유로 하여 이루어지는 직접차별을 차별금지 대상으로 삼는다.

2.마. 차별판단기준

금지되는 차별은 '합리적이유'가 없는 차별이다. 성별·국적·신앙·사회적신분만을 이유로 한 차별이 금지되고, 그 외에 합리적이유가 있어 행해진 차별은 근기법에 위반되지 않는다.

2·바. 차별금지효과

근기법은 균등처우위반에 대해 벌칙으로 실효성을 확보한다(근기법§114 i 500만원 벌금). 벌칙에 의한 실효성확보는 예방효과는 강하나 구제의 효과는 약하다.

3. 성차별금지제도

3·가. 법적근거

(1) 연 혁

성차별금지는 근기법 제6조에 균등처우규정뿐 아니라 특별법의 적용을 받는다. 헌법 제11조의 평등 규정을 구체화하여 1987년에 「남녀고용평등법」이 제정되었다. 「남녀고용평등법」은 개정과정을 거치다가 2007년에 「남녀고용평등과일·가정양립지원에관한법률」(고평법)로 이름이 바뀌었다.

(2) 목 적

고평법은 헌법의 평등이념에 따라 고용에서 있어 남녀고용평등을 실현함과 아울러 일과 가정의 양립을 지원함으로써 모든 국민의 삶의 질 향상에 이바지하는 것을 목적으로 한다(고평법 §1).

(3) 적용범위

고평법은 근로자를 사용하는 모든 사업(장)에 적용된다(고평법 §3). 동거친족만으로 이루어지는 사업(장)과 가사사용인에 대해 법의 전부가 적용되지 않는다(고평령 §2①).

---

1) 대판 1992.8.14, 92다1995 ; 김형배, 『노동법』, 제20판, 646쪽.

3·나. 차별적처우의 금지

(1) 차별의 범위

① 직접차별

사업주가 근로자에게 성별, 혼인 또는 가족상의 지위, 임신 또는 출산 등의 사유로 합리적인 이유 없이 채용 또는 근로의 조건을 달리하거나 기타 불리한 조치를 취하는 경우(고평법 §2 i) 이를 직접차별로 본다.

② 간접차별

사업주가 일정한 조건을 동일하게 적용해도, 그 조건을 충족시킬 수 있는 남성 또는 여성이 다른 한 성에 비해 현저히 적어, 특정성에 불리한 결과를 초래하며, 그 조건이 정당한 것임을 증명할 수 없는 경우(고평법 §2 i)를 간접차별로 본다.

(2) 차별적처우 판단기준

① 합리적이유

합리적이유가 없는 성차별은 금지된다. 합리적이유를 판단함에 있어서는 사업의 목적, 직무의 성질·양태, 작업조건 등이 구체적·종합적으로 고려되어야 한다. 합리적이유의 존재여부를 판단함에 있어 해당 사업주에게 의견진술기회를 주어야 한다(고용부예규 제117호 §2②).

② 차별이 되지 않는 행위

직무의 성격에 비추어 특정성이 불가피하게 요구되는 진정직업능력,[1)] 근로여성의 임신·출산·수유 등 모성보호조치, 고평법 또는 다른 법률에 따른 적극적 고용개선조치 등은 차별로 보지 않는다(고평법 §2 i).

③ 입증책임

남녀고용평등과 관련한 분쟁해결과정에서 합리적이유 등 차별여부를 입증할 책임은 사업주에게 있다(고평법 §30).

(3) 차별금지 사유와 영역

① 모집·채용 평등

㈎ 법적근거

사업주는 근로자를 모집하거나 채용할 때 남녀를 차별하면 안 되며(고평법 §7①, §37④ i 5백만원 벌금),

1) <예> 남성역할 배우·모델·가수처럼 표현의 진실성이 요청되는 업무 등.

여성근로자를 모집·채용할 때 직무수행에 필요하지 않은 용모·키·체중 등의 신체적조건, 미혼조건 그 밖에 고용노동부령으로 정하는 조건을 제시하거나 요구하면 안된다(고평법 §7②, §37④ i 5백만원벌금).

㈏ **차별양태**

모집·채용의 차별은 여성응모기회배제, 남녀분리모집, 성별채용인원배정 등 직접차별의 모습으로 나타날 수 있다. 몸무게·키, 군가산점 부여[1] 등은 외형상 성을 이유로 한 것은 아니나 여성이 그 조건을 충족시키기 어렵고 실제로 여성에게 불이익을 주므로 간접차별에 해당된다.

㈐ **차별이 되지 않는 행위**

㉮ 법령제한

갱내근로금지직종(근기법 §65, §72)에 남성만을 채용하는 것은 차별적처우가 아니다. 임산부에게 금지된 직종(근기법 §65 근기령 §40)과 임산부에 대해 야간 및 시간외근로제한(근기법 §70, §71)을 이유로 한 채용상 차별은 위법이다.

㉯ 여성만 모집·채용

여성만을 모집·채용하는 행위는 차별적처우로 볼 수 없다. 특정 직종에 여성만을 채용함을 이유로 다른 직종에 여성의 응시를 제한하거나 남성채용과 여성채용을 반복하면서 실질적으로 여성을 불리하게 처우할 수 없다.

② **임금·복지후생 평등**

㈎ **의 의**

여성이라는 이유만으로 임금·기타 금품에 있어 남녀를 차별하면 근기법(§6) 위반이다. 고평법은 이를 구체화하여 동일가치노동동일임금지급(고평법 §8①, §37② i 3년징역·3천만원벌금)과 복리후생차별금지(고평법 §9, §37④ ii 5백만원벌금)의 원칙을 천명하고 있다.

㈏ **동일가치노동동일임금원칙**

㉮ 법적근거

사업주는 동일 사업내의 동일가치노동에 대해 동일임금을 지급해야 한다(고평법 §8①).

㉯ 동일가치노동의 판단

동일가치노동이란 '직무수행에서 요구되는 기술, 노력, 책임 및 작업조건 등의

---

1) 헌재 1999.12.23, 98헌마363. 다른 집단의 균등기회 박탈 불가. 여성과 장애인의 사회진출기회 박탈, 정책수단으로서의 적합성과 합리성 상실. 추구 공익은 입법정책적 법익에 불과하고 침해되는 것은 차별금지라는 헌법적가치이므로 법익균형성을 현저히 상실한 제도.

기준'(고평법 §8②)[1]에서 볼 때 비교되는 남녀 사이에 동일하거나 거의 같은 노동 또는 두 업무가 다소 다르더라도 직무평가 등의 방법에 따라 본질적으로 동일한 가치가 있는 노동을 말한다.[2] 사업주는 동일가치노동기준을 정할 때 노사협의회의 '근로자를 대표하는 위원'의 의견을 들어야 한다(고평법 §8②).

㉰ 적용범위

동일가치노동동일임금원칙은 비교되는 남녀의 노동이 모두 하나의 사업 내에서 이루어지는 경우에 적용된다. 임금차별을 목적으로 사업주가 설립한 별개의 사업은 동일한 사업으로 본다(고평법 §8③).

㉱ 차별양태

노동가치가 같음에도 불구하고 남녀 사이에 기본급이나 호봉산정의 기준을 달리하거나,[3] 다른 보수표를 적용하는 것은 동일가치노동동일임금원칙에 위반되는[4] 직접차별이다. 특정업무에 주로 배치하거나 하지 않음으로써, 여성이 낮은 임금인상률을 적용받으면 간접차별이 될 수 있다.

㈐ 임금외금품과 복지후생 차별금지

㉮ 법적근거

사업주는 임금 외에 근로자생활을 보조하기 위한 금품지급 또는 자금융자 등 복리후생에 있어서 남녀를 차별해서는 안된다(고평법 §9).

㉯ 차별양태

근로의 질·양 등과 관계없이 주택수당, 가족수당, 통근수당, 김장수당 등과 같은 생활보조적·후생적금품을 지급함에 있어 성을 이유로 차별하면 직접차별이다. 가족관계확인등록부상 세대주처럼 성별을 직접 지칭하지 않더라도 결과적으로

---

1) 대판 2011.4.28, 2011다6832. 동일가치노동동일임금원칙위반. 4요건 고려. 학력·경력·근속년수 차이 없음.

2) 대판 2003.3.14, 2002도3883(**한국노동법학회**, **『노동판례백선』**, 32쪽. 동일가치노동의 의미와 판단기준을 다룬 최초의 대법원 판결). 동일가치노동동일임금원칙위반. 연속공정에 배치되어 협동체로서 같이 근무. 위험도나 작업환경에 차이 없음. 작업조건이 다르지 않음. 모두 일용직이어서 책임에 차이가 없음, 기술과 노력면에서 임금차별을 정당시할 차이가 없음 ; 구체적 판단기준은 다음과 같음(고용노동부예규 제117호(2016.9.5).

<동일가치노동기준>

▲기 술 : 자격증, 습득된 경험 등 업무수행 능력 또는 솜씨의 객관적 수준
▲노 력 : 업무수행에 필요한 물리적 힘 및 정신적 부담
▲책 임 : 업무에 내재된 의무의 성격·범위, 사업주가 해당 직무에 의존하는 정도
▲작업조건 : 소음, 열, 기타 물리적·화학적 위험의 정도 등 해당업무종사근로자가 통상적으로 처하는 작업환경(해당근로자의 학력·경력·근속연수 등을 종합 고려)

3) 대판 2003.3.14, 2002도3883. 남성근로자가 다소 무거운 물건을 취급하는 정도의 차이 부인.

4) 서울지판 1998.1.8, 96가합32886.

특정성에 불리하면 간접차별에 해당될 수 있다.

㈑ **합리적 차별**

남녀 근로자간의 노동이 외형상 비슷하더라도 그 근로자들 사이에 학력, 경력, 근속년수, 직급 등에 차이가 있어 임금이 다르다면 이를 차별대우로 볼 수 없다. 직위, 직급, 직종, 직렬 등이 달라 업무의 성질, 내용, 책임정도·작업조건 등이 다르면 이를 동일가치노동이라고 보기 어렵다.

㈒ **효 과**

임금 및 금품에 대해 차별적취급(고평법 §8,§9)을 한 부분은 무효이고 근로자는 사용자에게 차액지급을 청구할 수 있다(근기법 §15).[1]

③ **교육·배치·승진 평등**

㈎ **법적근거**

사업주는 교육·배치 및 승진에 있어서 남녀를 차별하면 안된다(고평법 §10,37④iii 5백만원 벌금). 신입사원·관리감독자 등 대상, 직무·교양·직업 등 내용, 국내·국외 등 장소와 관계없이 남성과 여성에게 같은 교육훈련기회가 주어져야 한다.

㈏ **차별판단기준**

업무배치에 있어 차별적처우인지는 차별에 대한 일반적인 판단기준을 따라야 하나, 근로자의 동의여부가 중시되며 관행도 합리성이 있는 한 인정될 수 있다.

㈐ **차별사유별 차별양태**

㉮ **배 치**

차별대우가 금지되는 배치란 사업주가 근로자에게 직무내용과 수행장소를 정해 특정업무에 종사하도록 하는 것을 말한다. 특정분야의 성별구분배치, 여성에 한정된 순환근무배제 등은 차별대우가 된다.

㉯ **승 진**

승진이란 사업주가 근로자를 상위의 직급 또는 직위에 임명하는 것을 말한다. 여성에게 승진시험 기회박탈 또는 여성에게 불리한 조건·절차 부과, 승진한계차별적용, 승진예정인원의 성별할당 등은 위법이다.

㉰ **직군별구분관리**[2]

업무를 2개 이상의 직렬이나 직군으로 나누어 채용조건, 대우, 권한과 의무의

---

1) 대판 2011.4.28, 2011다6632. 동일가치노동동일임금원칙 관련.

2) 1991.10. 일본 노동성 부인국이 지방감독서에 보낸 지침 「コース別 雇用管理の望ましいあろえ方」를 참조.

정도를 각기 달리해 노무관리를 하는 코스별관리제도는 코스선택기회가 자유롭게 주어지고 코스운영의 전체 과정에서 성차별이 없으면 인사·경영권의 행사로 인정된다.[1)]

④ **정년·퇴직·해고 평등**

㈎ **법적근거**

사업주는 정년·퇴직 및 해고에 있어서 남녀를 차별하면 안 되고, 혼인·임신 또는 출산을 퇴직사유로 예정하는 근로계약을 체결하면 안된다(고평법 §11, §37① 5년징역·3천만원벌금).

㈏ **차별의 판단**

합리적 이유 없이 성차별적인 정년을 규정하거나, 혼인·임신·출산을 퇴직사유로 정한 근로계약·취업규칙·단체협약 등은 무효이다.

㈐ **차별의 양태**

㉮ **혼인·임신·출산 등을 이유로 한 해고**

혼인·임신·출산 등을 이유로 자동퇴직토록 하는 계약은 무효이다.

㉯ **정년차별**

남녀의 정년을 달리 정하는 것은 직접차별이다. 직종 간에 정년차이를 두면서 정년이 낮은 직종에 종사하는 자의 대부분이 여성인 경우에 대해, 여성전용직종으로 설명하는 판례[2)]도 발견되나, 간접차별법리로 접근하는 것이 타당하다.[3)]

㉰ **결혼퇴직제, 독신조항**

결혼퇴직제나 독신조항은 '일과 가정의 양립을 통한 인간의 존엄성 확보'라는 차원에서 선량한 풍속(민법 §103)에 위배되는 것으로서 무효이다. 사내부부 중 1인을 퇴직토록 한 것은 부당한 해고이고,[4)] 반사회적행위(민법 §103)로서 위헌이며, 결과적으로 여성이 많이 해고되면 간접차별이 될 수 있다.

㉱ **경영해고 대상 선정**

경영해고에 있어 징계사유, 절차 등에 있어 여성을 남성에 비해 불리하게 대

---

1) 부소 01710-83, 1993.3.18.

2) 대판 1988.12.27, 85다카657. 일반직은 53세, 전화교환직은 43세가 정년인 사례. 간호직, 타자직, 대학의 조무직·사무보조원, 제조업체의 포장직, 기타 여성 대다수가 여성인 직종의 정년이 다른 직종보다 낮게 책정되면 노동과학적인 증거를 제시치 못하면 성차별이 될 수 있다. 여성전용직종이라는 용어를 사용하면서 마치 교환원 직종이 여성만이 취업할 수 있거나 여성에게 적합한 직종이라는 고정된 관념에 기초한 판결이라는 비판을 받을 소지가 있다(한국노동법학회, 『노동판례백선』, 36쪽). ; 대판 1999.9.7, 97누9178. 교환직은 53세 다른 직렬은 58세로 정년을 정한데 대해 합리성 인정.

3) 부소 01254-110, 1992.3.20 ; 부소 68254-147, 1994.5.3.

4) 대판 2002.7.26, 2002다19292. 종용을 수용치 않으면 배우자에게 불이익을 준다는 압박에 따라 사직서 제출.

우해 해고하는 것은 직접차별이다.

3·다. 권리구제와 적극조치

(1) 권리구제

근로자로부터 고충(고평법 §7~§13,§13의2,§14,§14의2,§18④ §18의2,§19,§19의2~§19의6,§21, §22의2)의 신고를 받은 사업주는 근참법에 따라 설치된 노사협의회에 고충처리를 위임하는 등 자율적해결을 위해 노력해야 한다(고평법 §25). 사용자의 불평등대우로 근로자가 권리의 침해를 받은 경우에는 근로감독관 또는 사법기관에 고소·고발 등을 통해 권리의 구제를 받을 수 있다. 고용장관은 해당사업장에 소속된 근로자 중에서 노·사가 추천하는 자를 명예고용평등감독관으로 위촉할 수 있다.

(2) 적극적고용개선조치

여성·소수민족 등에 대해 구조화되고 관행화된 차별을 개선하기 위해 사업주에게 차별개선목표를 부여하고 달성하도록 하는 조치를 적극적고용개선조치(*affirmative action*)라 한다. 목표달성방법은 두 가지로 나뉜다. 첫째, 목표를 달성할 때까지 차별개선대상자들만 고용토록 하고 이를 위반하면 처벌하는 강행적방법이 있다. 둘째, 사업주로 하여금 시정계획을 제출토록 하고 이를 이행하면 행정적·재정적 지원을 하는 조장적방법이 있다. 고평법(§17의3~§17의9)은 조장적방법을 택하고 있다.

4. 비정규직 차별금지(같은편, 제7장 제1절,5)

5. 연령차별금지(제4편, 제2장 제2절,1·나)

6. 장애인 차별금지(제4편, 제2장 제2절,1·다)

제3절 노동인권보호

1. 강제근로금지

1·가. 법적근거

근기법(근기법§7, §107 5년징역·5천만원 벌금)은 헌법(§12 ①)의 강제노역금지규정을 실현코자 "사용자는 폭행, 협박, 감금, 정신상 또는 신체상의 자유를 부당하게 구속하는 수단으로써 근로자의 자유의사에 어긋나는 근로를 강요하지 못한다"고 규정하고 있다.

1·나. 제도취지

전근대적노사관계 아래에서는 사용자가 근로자를 강제적으로 기숙하게 하면서 노역에 종사시키는 폐습이 있었다. 봉건적 노동관행을 타파하고 노동인격의 존엄성을 보장하기 위해 ILO는 1930년도에 「강제노동에 관한 협약(제29호)」과 1975년도에 「강제노동의 폐지에 관한 협약(제105호)」을 채택했다.[1)]

1·다. 제도적용

강제근로금지의 이행주체는 사용자로 명시되어 있다. 따라서 이를 위반하는 죄는 일종의 신분범으로서 가해자와 피해자 사이에 근로관계가 결여되어 있으면 해당 조항이 적용되지 않는다.

1·라. 금지대상수단

(1) 폭 행

폭행은 원칙적으로 형법 제260조(2년징역·5백만원 벌금, 구류·과료)에 규정된 폭행, 즉, '사람의 신체에 대해 불법적인 힘을 행사하는 것'을 의미한다.

(2) 협 박

협박은 형법 제283조에 규정된 협박을 의미하며, 근로자에게 공포심을 갖게

---

1) 제29호에 대해서는 비준이 진행 중(2021년 2월 현재 국회본회의 통과)이고, 제105조에 대해서는 형벌체계 때문에 비준하지 못하고 있다.

할 목적으로 본인 또는 친족의 생명·신체·자유·명예 또는 재산에 대해 직접 또는 제3자를 통해 해악을 끼칠 것을 알리는 행위를 말한다.

(3) 감 금

감금은 형법 제276조에서 규정된 감금을 의미하며, 정해진 장소에서 탈출할 수 없는 상태에 둠으로써 신체의 자유를 구속하는 것을 말한다.[1)]

(4) 정신·신체의 자유 구속

강제근로를 금지하는 취지는 근로자의 의사에 어긋나는 근로를 금지하고자 하는데 있으므로 폭행·협박·감금 등 형법에 규정된 수단 외에 이에 준하는 정신적 또는 신체적 구속에 의한 근로는 모두 금지되어야 한다.[2)]

2. 폭행금지

2·가. 법적근거

사용자는 사고발생이나 어떠한 이유로도 근로자에게 폭행을 하지 못한다(근기법§8,§107 5년 징역·5천만원 벌금). 사고발생이란 사업장에서 발생한 사고를 말하며 고의여부나 발생 원인에 대해서는 묻지 않는다.[3)]

2·나 제도취지

이 제도는 봉건적노사관계 아래서 근로자가 업무와 관련해 보복적·징계적인 가혹행위를 당하는 것을 방지해 노동인격을 존중하고자 하는데 목적이 있다.

2·다. 형법과 비교

업무명령에 따르지 않는다는 이유로 폭행을 하는 것처럼 근로관계에서 발생한 폭행은 근기법 제8조 위반이다. 근기법 제8조에서 말하는 폭행의 의미는 형법상 폭행과 같다. 근기법상 폭행죄는 형법과 달리 반의사불벌죄가 적용되지 않는다.

2·라. 금지대상

폭행은 신체훼손을 가져오는 물리적 행동에 한정되지 않는다. 긍정사례로는 몸

---

1) <예시 및 사례> '작업장 문을 잠근 행위'나 생활용품보관행위를 들 수 있으며, '업무특성상 필요한 감금(근기 1455-36726, 1981.12.12. 시험문제출제관련)'은 위법이 아니다.

2) <예시> 금품청산지연위협, 사용증명서발급지연위협, '근무 중 비리 등에 대한 위협' 등.

3) 김형배, 「근로기준법」, 제8판, 90쪽 ; 박상필, 『근로기준법강의』, 95쪽.

수색[1]이 있고, 부정사례로는 업무감시행위[2]가 발견된다. 사업장밖 또는 근무시간외더라도, 사용자의 지휘명령 아래서 이루어지는 업무 또는 행사에서 이루어진 폭행에 대해 사용자가 상당한 주의를 하지 않으면 배상책임을 질 수 있다.[3]

3. 중간착취배제

3·가. 법적근거

누구든지 법률에 따르지 않고는 영리로 다른 사람의 취업에 개입하거나 중간인으로서 이익을 취득하지 못한다(근기법§9, §107 5년징역·5천만원벌금).

3·나. 개 념

중간착취란 취업과정이나 취업기간 중에 노·사의 중간에 개입해 이익을 얻는 것을 말한다. 취업을 소개 또는 알선해 주는 조건으로 소개료·수수료 등의 이익을 취하거나, 지위를 이용해 임금 일부를 착취하는 것을 예로 들 수 있다.

3·다. 주 체

제3자, 개인, 단체, 공무원, 사용자, 외국인 등 누구든지[4] 중간착취를 할 수 없다. 법인이 업(業)으로서 타인의 취업에 개입해 이익을 취하면 해당 법인을 위해 개입행위를 한 종업원이 처벌되고, 법인에게도 양벌규정이 적용되어 방지를 위해 상당한 주의나 감독을 하지 않으면 벌금형이 처해질 수 있다(근기법 §107).

3·라. 요 건

금지행위는 '영리로 타인의 취업에 개입'하는 행위와 '중간인으로서의 이익을 취득'하는 행위이다.[5]

(1) 영리로 타인의 취업에 개입

'영리로 타인의 취업에 개입'하는 행위는 제3자가 영리로 타인의 취업을 소개·알선하는 등 근로관계의 성립 또는 갱신에 영향을 주는 행위를 말한다.[6] 단

1) 형법 제260조에 위반되나 검사의 방법, 정도에 있어 합리적인 이유가 있는 범위 내에서 단협, 취업규칙 등에 규정해 제도적으로 실시할 수 있다(일본 최고재판소 1968.8.2) ; 노정근 1455.9-3828, 1968.8.8. 버스안내양 관련.
2) 근기 68207-2452, 1993.11.24. 운수회사에서 손님으로 가장해 행한 암행감시. 보복적·징계적 가혹행위 부정.
3) 대판 1989.2.28, 88다카8682. 배구대회. 현장소장주관. 노무담당대리진행. 심판판정시비. 폭행.
4) 대판 2008.9.25, 2006도7660.
5) 김유성, 『노동법 I』, 45쪽.
6) 대판 2007.8.23, 2007도3192.

순히 돈을 건네받은 것만을 가지고 '영리로' 한 행위로 판단하지 않은 판결[1]이 발견된다. 타인의 취업에 개입하는 것은 고용계약에 한하지 않고 근로관계에 제3자가 인과관계를 가지고 관여하는 것을 말한다. 근기법은 일본노동기준법[2]과 달리 "업으로서 행하는"이라는 요건을 부과하고 있지 않으므로, 우연히 이루어지거나 1회적인 것이라도 이익을 목적으로 하면 위법이다.[3]

(2) 중간인으로서 이익취득

'중간인으로서의 이익을 취득'하는 행위라 함은 근로계약관계가 존속하는 중에 근로제공과 관련해 사용자 또는 근로자로부터 법률에 근거가 없는 이익을 취득하는 것을 말한다.[4]

이익이라 함은 보상금, 수수료, 소개료, 중개료 보수 기타 금품 등 명칭을 묻지 않으며 유・무형의 경제적 가치 모두를 포함한다.

3·마. 양 태

중간착취로 인정된 사례로는 '덕대계약 하청인의 중간이득'[5]을 들 수 있으며, 부정사례로는 노조전임자보수지급[6]이 발견된다.

3·바. 법적예외

중간착취는 법률에 의하지 않는 경우에 성립한다. 합법적인 국내・외 무・유료직업소개사업(직안법 §18, §19), 근로자공급사업(직안법 §33①), 파견사업은 중간착취로 볼 수 없다. 민법에 의한 도급・업무위탁 등은, 위장도급이나 위장위탁이 아닌 한, 근기법(§9) 위반의 문제가 발생하지 않는다.

4. 공민권행사의 보장

4·가. 의 의

근로자도 헌법상 국민으로서의 권리와 의무를 가지므로 공민권행사 또는 '공의직무집행'을 위해 직장을 떠날 수 있도록 제도적으로 보장하는 것이 필요하다.

---

1) 대판 2007.8.23, 2007도3192. 노조사무국장경력자의 청탁. 취업사례금 수령, 영리목적 부정.
2) 업으로서 행하지 못하므로 반복・계속의사필요(일본 노동성 기발 제381호, 1948.3.2).
3) 임종률, 『노동법』, 제9판, 363쪽 ; 김유성, 『노동법 I 』, 46쪽.
4) 대판 2007.8.23, 2007도3192 ; 대판 2007.7.26, 2007도3193.
5) 근기 1455.9-4661, 1972.6.6.
6) 근기 1455-6942, 1971.6.30. 근로시간면제제도 도입 전 사례. 전임자보수를 노조임원이 일괄분배.

4·나. 법적근거

사용자는 근로자가 근로시간 중에 선거권, 그 밖에 공민권의 행사 또는 공의 직무를 집행하기 위해 필요한 시간을 청구하면 거부하지 못한다. 다만, 그 권리 행사나 공의직무를 수행하는 데에 지장이 없으면 청구한 시간을 변경할 수 있다(근기법 §10, §110 i 2년징역·2천만원벌금). 이 규정은 일용직[1]을 포함한 모든 근로자에게 적용된다.

4·다. 해당업무

공민권은 법령에 근거한 공직의 선거권, 피선거권, 국민투표권 등과 같이 국민으로서 국가 또는 지방자치의 공무에 참가하는 근로자[2]의 권리이다. '공의직무'는 법령에 근거를 두고 직무자체가 공적인 성격[3]을 갖는 업무이다.[4]

4·라. 보장내용

(1) 시간보장

① 필요시간

근로자가 근로시간 중이라도 공민권행사 등을 위해 '필요한 시간'을 청구하는 경우에 사용자는 이를 거부할 수 없다. 필요한 시간은 부대시간을 포함한다.[5]

소정근로시간 이외에 수행이 가능하거나, 부여치 않아도 공무집행에 지장을 가져오지 않으면 그 시간이 부여되지 않을 수 있다.[6] 공의직무수행을 위한 시간이 부여되면 되고 휴일로 할 법적의무는 없다.

② 시간변경

공민권행사나 공의직무집행에 지장이 없는 한 근로자가 청구한 시각을 변경하는 것은 허용된다(근기법 §10).

(2) 임금지급

근기법(§10)은 공민권행사 등을 위해 필요한 시간을 부여하도록 명시하고 있으나 임금지급에 대해 규정하지 않고 있다. 임금지급여부는 단체협약·취업규칙 등

---

1) 근기 68207-2159, 2002.6.8.

2) <부정사례> 다른 후보자를 위한 선거운동(김형배, 「근로기준법」, 제8판, 94쪽).

3) <부정사례> 노동조합업무(근기 1455-323, 1971.1.13.).

4) <긍정사례> '법령에 따라 설치된 심의회 또는 위원회 업무', '법령에 따른 증인 업무', '「공직선거법」에 의한 입회인 업무', '국회·지방의회의 출석)', 「향토예비군설치법」·「민방위기본법」 등의 훈련.

5) <예> 서울민지판 1993.1.19, 91가합19495. 왕복시간, 사전준비시간, 사후정리시간 등.

6) 근기 01254-9404, 1991.6.28.

으로 결정하는 것이 원칙이다. 다른 법령에 임금지급근거가 있는 공민권에 대해서는 임금이 지급되어야 하며,[1] 공민권행사 또는 '공의직무집행'을 위한 시간대와 소정근로시간대가 맞물리는 부분이 임금지급대상이다. 공민권과 공의직무는 국민 개개인이 국가에 대해 갖는 권리이면서 의무이기 때문이다.

4·마. 보장효과

적법한 공민권행사에 따른 직장이탈을 이유로 채무불이행 또는 징계대상이 되지 않음은 물론이고 출근율계산에서 불리한 처우를 하지 못한다.[2] 「예비군법」이나 「민방위기본법」에 규정된 "불리한 처우금지"도 같은 의미이다. 의무이행을 위해 휴직하거나 근로하지 못한 기간 중에 임금을 지급받지 못한 기간이 있을 경우에는 그 기간은 평균임금산정기간에서 제외된다(근기령 §2①vii).

제4절 근로권과 근로환경 보호

1. 직장내괴롭힘 금지

1·가. 의 의

(1) 배 경

근로관계에서 발생하는 직장내괴롭힘은 헌법이 보장하는 인격권·행복추구권(§10)과[3] 근로권(§32)을 보장하고, 산안법(§5)이 규정하는 재해예방차원에서 금지된다.

(2) 법적근거

근기법(제6장의2 §76의2~3)은 직장내괴롭힘을 노동법적 보호영역으로 흡수하면서 직장내괴롭힘을 금지하되, 처벌·제재규정은 별도로 두지 않고, 사업장사정에 맞게 취업규칙 등을 통해 실현토록 하고 있다. 직장내괴롭힘에 대해 산재법(§37)은 업무상재

---

1) <예> 「공직선거법」 제6조. 휴무 또는 휴업 간주 금지 ; 「예비군법」. 휴무 또는 불이익처우금지 ; 「민방위기본법」. 휴무 또는 불이익처우금지 ; 「비상대비자원관리법시행령」. 임금상당액, 여비 등 지급.

2) 근기 01254-9404, 1991.6.28 ; 근기 1451-30552, 1983.12.12.

3) 대판 1996.4.23, 95다6823.

해로 명시하고, 산안법(§4)은 정부의 예방의무를 규정하고 있다.

1·나. 정 의

(1) 개 념

직장내괴롭힘이란 "직장에서의 지위 또는 관계 등의 우위를 이용하여 업무상 적정범위를 넘어 다른 근로자에게 신체적·정신적고통을 주거나 업무환경을 악화시키는 행위"를 말한다(근기법 §76의2).

(2) 성립 요건

① 판단 요소

㈎ 지위·관계의 우위성

직장내괴롭힘이 성립하려면 우위성[1]이 인정되는 행위여야 한다. 우위성은 '지위의 우위'[2]와 '관계의 우위'[3]로 나뉘며 복합적으로 작용할 수 있다. '지위의 우위'는 상대적으로 직장내괴롭힘으로 인정될 개연성을 높여 준다.[4]

㈏ 업무적정범위 초과

직장내괴롭힘이 성립하려면 해당행위가 구체적 또는 포괄적으로[5] 업무관련성을 가져야 하고, 적정업무범위를 넘어서는 행위여야 한다. 적정범위는 사회통념상 업무상필요성과 그 상당성으로 판단된다.[6]

㈐ 신체적·정신적 고통 또는 업무환경악화

직장내괴롭힘이 성립하려면, 행위자의도와 관계없이, 피해자가 신체적·정신적 고통을 받거나 근무환경을 악화시키는 행위여야 한다. 근무환경악화라 함은 피해자가 능력을 발휘하는 데 '상당한 정도의 지장'[7]을 가져 오는 것이다.

② 적용방법

판단요소를 구성하는 핵심요건을 모두 충족한 행위는, 장소적으로 사업장내가 아니라도,[8] 직장내괴롭힘으로 인정될 수 있다. 직장내괴롭힘은 '피해자와 처지가

---

1) 피해자가 저항·거절하기 어려울 높은 개연성이 인정되어야 하며, 행위자가 이를 이용할 때 성립.
2) 지휘명령관계에서 상위에 있는 지위. 직접적지휘명령관계에 있지 않아도 '직급체계상 상위'를 이용하면 인정.
3) <예시>'개인 대 집단'과 같은 수적 측면, 연령·학벌·성별·출신·지역·인종 등 인적속성, 근속연수 등.
4) <유추 해석> 대판 2008.7.10, 2007두22498. 성희롱 관련.
5) 직접 업무수행 중에서 발생하지 않더라도 '업무수행 편승·빙자'에 의한 것도 포함.
6) <예시 :고용노동부, "직장내괴롭힘 판단 및 예방·대응 매뉴얼", 2019.2. 13쪽.> ⓐ 폭행 또는 협박행위, ⓑ 폭언·욕설·험담 등 언어적행위, ⓒ 반복적 개인심부름, ⓓ집단 따돌림 등.
7) <예> 근무공간을 통상적이지 않은 곳(면벽근무 등)으로 지정.
8) 출장지 등 업무수행과정, 회식이나 기업행사 등이라도 사용자의 지휘명령범위에서 이루어진 것이라면 해당

같은 일반적·평균적인 사람의 입장'과 '당사자관계, 행위의 장소·상황·내용·정도·계속성(일시·일회적행위 부정적요소) 등 구체적사정'을 종합적으로 고려'하여[1] 판단된다.

1·다. 금 지

사용자 또는 근로자는 다른 근로자에게 직장내괴롭힘을 하여서는 안된다.

파견사업에 있어서는 파견사업주 및 사용사업주 모두가 사용자에 포함된다.[2]

(1) 가해자

'사용자 또는 근로자'에 해당되지 않는 자에 의한 직장내괴롭힘도 개념상 성립할 수 있으나, 금지의무의 수규자는 '사용자 또는 근로자'로 제한되어 있다. 사업주가 아닌 사용자도 수규자이다. 고객, 동일 사업(장)에 파견되어 있는 도급회사의 근로자 등은 수규자가 아니다.

(2) 피해자

직장내괴롭힘이 금지되는 피해자는 "다른 근로자"이다. 무급인턴, 자원봉사, 자활급여수급자, '하도급근로자 및 특수형태근로종사자'[3] 등 동일사업(장)에 근로하더라도 해당 사업(장)근로자가 아닌 경우에는 보호대상이 되지 못한다.

1·라. 신 고

(1) 주 체

누구든지 직장내괴롭힘발생사실을 알게 된 경우 사용자에게 신고할 수 있다(근기법 §76의3①). 신고 주체는 피해자가족, 노동조합, 거래처 등을 포함한 "누구든지"이다.

(2) 불이익금지

사용자는 직장내괴롭힘 발생 사실을 신고한 근로자 및 피해근로자등에게 해고나 그 밖의 불리한 처우를 하여서는 안된다(근기법 §76의3⑥, §109① 3년이하징역·3천만원이하벌금).

1·마. 보호 내용

사용자는 직장내괴롭힘에 대한 조사 및 조치 의무를 진다. 금지에서와 마찬가지로 파견사업주 및 사용사업주 모두가 사용자라고 해석[4]된다.

가능. '사적 공간에서 발생한 경우', '사내메신저 SNS 등 온라인 상에서 발생한 경우'에 도 해당 가능.

1) 직장내성희롱 유추(같은장, 같은절, 3·사. (3), ③, ㈐ / 대판 2018.4.12, 2017두74702 등).

2) 고용노동부, "직장내 괴롭힘 판단 및 예방·대응 매뉴얼", 2019.2. 8쪽.

3) <같은 의견> 고용노동부, "직장내 괴롭힘 판단 및 예방·대응 매뉴얼", 2019.2. 10쪽. 자율적규율 권장.

4) 대판 2013.11.28, 2011다60247. 사용사업주도 보호의무와 안전배려의무를 부담.

(1) 조 사

사용자는, 신고를 접수하거나 직장내괴롭힘 발생 사실을 인지한 경우, 지체없이 사실확인조사를 하여야 한다(근기법 §76의3②). 사용자는 조사기간 동안 피해를 입은 근로자 또는 피해를 입었다고 주장하는 근로자(피해근로자등)'를 보호하기 위하여 필요한 경우 피해근로자등에 대하여 근무장소변경, 유급휴가명령 등 적절한 조치를 하여야 한다. 사용자는 피해근로자등의 의사에 반하는 조치를 하면 안된다(근기법 §76의3③).

(2) 조 치

사용자는 조사결과 직장내괴롭힘 발생 사실이 확인된 때에는 피해근로자가 요청하면 근무장소변경, 배치전환, 유급휴가명령 등 적절한 조치를 하여야 한다(근기법 §76의3④). 사용자는 조사 결과 직장내괴롭힘 발생사실이 확인된 때에는 지체없이 행위자에 대하여 징계, 근무장소변경 등 필요한 조치를 하여야 한다. 사용자는 징계 등의 조치를 하기 전에 그 조치에 대해 피해근로자의 의견을 들어야 한다(근기법 §76의3⑤).

(3) 효 력

조사의무나 조치의무를 이행하지 않은 사용자에 대해 과태료,[1] 이행강제금 등 벌칙이 규정되어 있지 않다. 신고자 또는 피해자는 근기법 해당조항을 근거로 하여 법적의무이행을 구하는 가처분신청 즉 민사상 쟁송을 할 수 있다.

직장내괴롭힘에 대해서는 근기법의 해당규정 외에 민사법(불법행위책임 채무불이행책임), 형사법(폭행죄,상해죄,중상해죄,특수폭력죄 협박죄,명예훼손죄,모욕죄,강요죄등), 근기법(폭행금지,부당해고·징계·전보,임신·출산여성사용금지·야간휴일근로제한등), 노조법(부당노동행위), 고평법(직장내성희롱 모성보호), 차별금지법(인권위법 장차법,고평법등), 산재법(업무관련성 인정)에 의해 보호를 받을 수 있다. 이러한 보호는 일반법리에 기초를 두고 있어 은밀성·간접성 등 직장내괴롭힘의 특수성을 감안할 때 그 효과가 크지 않다.

1·바. 노무관리

'직장내괴롭힘의 예방·발생시 조치 등에 관한 사항'은 취업규칙 기재사항이다(근기법 §93). 기재내용은 구체적으로 명시되어 있지 않다.

1·사. 근기법외의 노동법적 보호

산안법(§4)은 그 목적을 달성하기 위한 정부책무에 '직장내괴롭힘 예방을 위한

1) 2021년 3월 현재 국회상임위원회 통과. 사용자 및 사용자의 사촌이내 친척의 경우 과태료 1,000만원 이하. 조사·조치·비밀누설 과태료 500만원 이하.

조치기준 마련, 지도 및 지원'을 추가하고 있다.

산재법(§37)은 근기법에 따른 직장내괴롭힘 등으로 인한 업무상 정신적 스트레스가 원인이 되어 발생한 질병을 업무상재해로 명시하고 있다.

2. 직장내성희롱 금지

2·가. 의 의

(1) 취 지

직장내성희롱은 직장내괴롭힘의 일종으로서 헌법의 근로권 보장을 위해 고평법에 개념, 요건, 효과 등이 규정되어 있다.

(2) 개 념

직장내성희롱이라 함은 사업주, 상급자 또는 근로자가 직장 내의 지위를 이용하거나 업무와 관련해 다른 근로자에게 성적언동 등으로 성적인 굴욕감 또는 혐오감을 느끼게 하거나 성적언동 그 밖의 요구에 따르지 않은 이유로 불이익을 주는 것을 말한다(고평법 §2ii).

2·나. 성희롱당사자

사업주나 상급자·동료·하급자 등 직장내근무자는 물론이고, 거래처관계자·고객[1]·협력업체근로자·파견근로자·구직자도 직장내성희롱의 가해자가 될 수 있다(고평법 §12,14의2). 직장내성희롱의 피해자는 남녀 모두일 수 있다.

2·다. 성희롱 성립요건

(1) 지위이용·업무관련

'지위를 이용하거나 업무 등과 관련하여'는 '포괄적인 업무관련성'을 나타낸 것으로서 업무수행의 기회이거나 업무수행에 편승한 경우 뿐 아니라 권한을 남용하거나 업무수행을 빙자하여 성적언동을 한 경우를 포함한다.[2]

지위를 이용하는 경우에는 상대적으로 성희롱성립요건이 쉽게 인정될 수 있다.[3] 출장, 회식 등 사업장밖에서도 직장내성희롱이 발생할 수 있다.

---

1) 2007.12.21 개정고평법(법률 제8781호)이 '고객 등' 업무와 밀접한 관련이 있는 자를 행위자로 인정하고 있다.

2) 대판 2008.7.10, 2007두22498.

3) 대판 2008.7.10, 2007두22498. 성희롱을 방지하여야 할 지위에 있는 자가 우월한 지위를 이용하여 성희롱을

(2) 성희롱행위의 존재

직장내성희롱은 성적행동에 의하거나 또는 이를 조건으로 해 성립하며, 성적 동기나 의도가 있어야 하는 것은 아니다.[1]

성희롱여부는 사회통념상 합리적인 사람을 기준으로 볼 때 성적인 수치심이나 혐오감을 일으키고 선량한 도덕관념에 반한다는 객관적사정'[2]과[3] 피해자의 성격이나 성향을 기준으로 볼 때 수치심이나 굴욕감을 느낀다는 주관적사정이 함께 고려되어야 한다(고평칙§2 [별표1]).[4]

성희롱의 대상이 되는 성적행동은 유형별로 구분된다(고평칙§2 [별표1]).[5] 상대방이 원하지 않는 성적인 언어나 행동이 반복되거나, 한 번의 성적언동이라도 심한 경우에는 직장내성희롱이 될 수 있다.[6]

(3) 고용상불이익 · 고용환경악화

성희롱행위는 고용상의 불이익을 주는 조건형성희롱은 물론이고 성적인 굴욕감 또는 혐오감을 느끼게 하여 고용환경을 악화시키는 환경형성희롱을 포함한다.

(4) 입증책임

성희롱은 불법행위의 한 유형이다. 피해자가 불법행위의 성립여부를 가리면 족하고 업무능력저하, 고용상불이익 등을 입증해야 하는 것은 아니다.[7]

하였다면 명시적 · 묵시적 고용상의 불이익을 두려워하여 성희롱을 감내할 가능성이 크다는 점이 감안된다.

1) 대판 2007.6.14, 2005두6461.

2) 대판 2007.6.14, 2005두6461 ; 대판 2008.7.10, 2007두22498 등.

3) 피해자의 의사, 성별 · 연령, 행위자와 피해자의 관계, 행위에 이르게 된 경위, 행위의 양태, 객관적 상황과 시대의 성적도덕관념 등을 종합 · 고려해 결정된다(대판 2002.4.26, 2001도2417 ; 대판 2002.8.23, 2002도2680).

4) 행위자에게 성적 동기나 의도가 있어야 하는 것은 아니지만, 당사자의 관계, 행위가 행해진 장소 및 상황, 행위에 대한 상대방의 명시적 또는 추정적인 반응의 내용, 행위의 내용 및 정도, 행위가 일회적 또는 단기간인지 계속적인지 등 구체적사정을 참작해 볼 때, 객관적으로 같은 처지에 있는 일반적이고도 평균적인 사람으로 하여금 성적인 굴욕감이나 혐오감을 느낄 수 있게 하는 행위가 있고, 그로 인하여 행위의 상대방이 성적인 굴욕감이나 혐오감을 느꼈음이 인정되어야 한다(대판 2007.6.14, 2005두6461) ; 대판 2020.12.24, 2020도7981. 피해자가 수치심을 느꼈다는 이유로 여직원에게 헤드락을 건 대표이사에게 강제 추행 인정.

5) <육체적행위> 신체적 접촉행위(대판 2004.4.16, 2004도52) ; <언어적행위> 음란한 농담, 외모에 대한 성적인 비유나 평가, 성적인 사실관계를 묻거나 성적인 내용의 정보를 의도적으로 유포하는 행위, 성적관계를 강요하거나 회유하는 행위, 회식자리에서 무리하게 옆에 앉혀 술을 따르도록 하는 행위 등 ; <시각적행위> 음란한 사진 · 그림 · 낙서 · 출판물 등을 게시하거나 보여주는 행위, 성과 관련된 자신의 특정신체부위를 고의적으로 노출하거나 만지는 행위 등.

6) 대판 2007.6.14, 2005두6461. 부정, 교감이 여교사에 대해 교장에게 술을 따를 것을 두 차례 권한 언행 ; 대판 2008.7.10, 2007두22498.

7) 대판 1998.2.10, 95다39533(한국노동법학회, 『노동판례백선』, 248쪽. 성희롱의 불법행위를 인정한 최초의 대법원 판결이며, 성희롱 성립에 관한 판단기준과 종사자의 성희롱에 대한 사용자책임 법리를 최초로 제시).

2·라. 성희롱 예방과 조치

(1) 예방교육

사업주는 매년 직접 또는 위탁(고평법 §13의2)의 방법으로 성희롱예방교육을 실시하고, 교육내용을 근로자가 자유롭게 열람할 수 있는 장소에 항상 게시하거나 갖추어 두어 근로자에게 널리 알려야 한다(고평법§13①③ §39②,5백만원과태료). 성희롱예방교육의 내용·방법 및 횟수 등에 관하여 필요한 사항은 대통령령(고평령 §3①)으로 정한다(고평법 §13⑤). 사업주 및 근로자는 성희롱예방교육을 받아야 한다(고평법§13② 벌칙없음). 파견사업에 있어서는 사용사업주에게 예방교육의무가 있다(고평법 §34).

(2) 신고와 조사

① 신 고

누구든지 직장내성희롱 발생 사실을 알게 된 경우 그 사실을 해당 사업주에게 신고할 수 있다(고평법 §14①).

② 조 사

사업주는 신고를 받거나 직장내성희롱 발생 사실을 알게 된 경우에는 지체없이 사실확인을 위한 조사를 하여야 한다. 사업주는 직장내성희롱과 관련하여 피해를 입은 근로자 또는 피해를 입었다고 주장하는 근로자(피해근로자등)가 조사과정에서 성적 수치심 등을 느끼지 않도록 하여야 한다(고평법§14②,§39② i 의4 5백만원과태료). 사업주는 조사기간 동안 피해근로자등에 대하여 필요한 경우, 근무장소변경·유급휴가명령 등 적절한 조치를 해야 하며 피해근로자등의 의사에 반하는 조치를 하면 안된다(고평법 §14③).

(3) 조 치

사업주는, 조사결과에 따라 직장내성희롱발생사실이 확인되면, 피해근로자요청에 따라 근무장소변경·배치전환·유급휴가명령 등 적절한 조치를 하여야 한다(고평법§14④, §39② i 의5,5백만원과태료). 아울러 사업주는 지체없이 직장내성희롱행위를 한 사람에 대하여 징계,[1] 근무장소변경 등 필요한 조치를 하여야 하며, 이 경우 조치를 하기 전에 '직장내성희롱 피해 근로자'의 의견을 들어야 한다(고평법§14⑤, §39② i 의6,5백만원과태료).

고객 등 업무와 밀접한 관련이 있는 자가 업무수행과정에서 성적언동 등을 통

---

1) 대판 2008.7.10, 2007두22498.

하여 근로자에게 성적인 굴욕감 또는 혐오감을 느끼게 하여 해당근로자가 고충의 해소를 요청할 경우, 근무장소변경 · 배치전환 · 유급휴가명령 등 적절한 조치를 하여야 한다(고평법 §14의2①).

(4) 처 벌

① 행위자

사업주가 행위자인 경우에는 1천만원이하의 과태료에 처해질 수 있다(고평법 §39①).

노동법은 사업주가 아닌 소속 근로자가 행한 직장내성희롱행위에 대해 행위자를 처벌하는 규정을 두고 있지 않다. 피해자는 가해자에 대해 민법상 불법행위 책임을 물을 수 있다. 가해자는 형법에 의해 처벌을 받을 수 있다.

② 사업주

노동법은 소속 사업(장) 근로자의 성희롱행위와 관련하여 그 자체만으로 사업주를 처벌하는 규정을 두고 있지 않다. 사업주는 공식적인 회식자리 등 사용자의 지휘 · 명령의 범위에서 이루어진 성희롱행위를 예방하지 못한데 대해, 민법상 손해배상책임을 질 수 있으나,[1] 그러한 범위를 벗어나서 이루어진 행위에 대해서는 그렇지 않다.[2]

2·마. 불이익금지 및 비밀유지

(1) 직장내성희롱 불이익금지

사업주는 '직장내성희롱피해자', '성희롱발생주장자' 및 '성희롱발생사실신고자'에 대해 불리한 처우를 하면 안된다(고평법 §14⑥, §37② ii 3년 징역·3천만원 벌금).[3]

사업주는 고객 등으로부터의 '성희롱피해주장'이나 '성적요구불응'을 이유로 해고나 그 밖의 불이익한 조치를 취하면 안된다(고평법 §14의2②, §39② ii 5백만원 과태료).

(2) 직장내성희롱 비밀유지

'직장내성희롱 발생사실 조사자', '조사내용을 보고 받은 사람' 또는 '조사과정 참여자'는 조사과정에서 알게 된 비밀을 피해근로자등의 의사에 반하여 다른 사람에게 누설하면 안된다. 다만, 조사 관련 내용을 사업주에게 보고하거나 관계기

---

1) 서울지판 2002.10.26, 2000가합57462. 호텔롯데 성희롱손해배상사건.
2) 대판 1998.2.10, 95나39533. 여성조교성희롱 손해배상소송사건 관련. 피용자의 다른 피용자에 대한 성희롱행위가 사무집행과 관련이 없고, 행위가 은밀히 이루어지기 때문에 사업주가 알거나 알 수 있었다고 볼 수 없다.
3) 대판 2016다202947, 2017.12.22. 사업주에 대해 민법 제750조의 불법행위 성립.

관의요청에 따라 정보를 제공하는 경우는 그렇지 않다(고평법§14⑦,§39② i 의7 5백만원과태료).

3. 고객응대근로 보호

3·가. 의 의

행복추구권(§10)과 근로권(§32)을 보장하는 차원에서, 산안법(§41)은 이른바 감정노동이라고 불리는 고객응대근로를 제공하는 근로자를 보호하기 위해 '고객의 폭언 등으로 인한 건강장해 예방조치'를 규정하고 있다.

3·나. 보호대상

예방조치의 대상은 고객응대근로자 즉 주로 고객을 직접 대면하거나 「정보통신망 이용촉진 및 정보보호 등에 관한 법률」에 따른 정보통신망을 통하여 상대하면서 상품을 판매하거나 서비스를 제공하는 업무에 종사하는 근로자이다.

3·다. 금지행위

금지되는 행위는 고객의 폭언, 폭행, 그 밖에 적정 범위를 벗어난 신체적·정신적 고통을 유발하는 행위(폭언등)로 인한 건강장해이다.

3·라. 조치사항

(1) 예방조치

사업주는 고객응대근로자에 대해 '폭언등'으로 인한 건강장해를 예방하기 위하여 '고용노동부령에 따라'[1] 필요한 조치를 하여야 한다(산안법§41① 산안칙§41).

(2) 필요조치

사업주는 고객의 "폭언 등"으로 인하여 고객응대근로자에게 건강장해가 발생하거나 발생할 현저한 우려가 있는 경우에는 '업무의 일시적 중단 또는 전환' 등 대통령령(산안령 §41)으로 정하는 조치[2]를 하여야 하며(산안법§41②,§175④iii 1천만원과태료), 고객응대근로자는 사업주에게 해당조치를 요구할 수 있고 요구를 이유로 해고나 그 밖에 불리

1) 폭언 등을 하지 않도록 요청하는 문구 게시 또는 음성 안내', '고객과의 문제 상황 발생 시 대처방법 등을 포함하는 고객응대업무매뉴얼 마련', '매뉴얼의 내용 및 건강장해 예방 교육', '그 밖의 건강장해 예방을 위하여 필요한 조치 등

2) '업무의 일시적중단 또는 전환', '휴게시간 연장', '관련 치료 및 상담 지원' 그리고 '관할 수사기관 또는 법원에 증거물·증거서류를 제출하는 등 고소, 고발 또는 손해배상청구 등.

한 처우를 하여서는 안된다(산안법§41③,§170 i 1년징역·1천만원벌금).

(3) 산업재해

산재법은 고객폭언 등으로 인한 업무상 정신적 스트레스가 원인이 되어 발생한 질병을 업무상재해로 명시하고 있다.

제2장
근로관계의 근거와 존속

제1절 근 로 계 약

1. 의 의

근로관계는 근로계약을 기초로 형성된다. 근로계약은 규제방법과 이념에 있어서 고용계약과 대비된다. 민법에 기초를 둔 고용계약은 일방이 노무제공을 약정하고 상대방이 보수지급을 약정하는 대가적교환관계(민법 §655) 또는 채권적쌍무계약으로서 당사자의 자유로운 의사에 따라 체결되는 평등한 인격자간의 권리·의무관계이다. 근기법에 기초를 둔 근로계약이란 근로자가 사용자에게 근로를 제공하고 사용자는 이에 대해 임금을 지급하는 것을 목적으로 체결된 계약을 말한다(근기법 §2①iv). 근로계약도 근로제공과 임금지급이라는 쌍무계약에 기초를 두고 있다. 둘의 관계에 대해 견해가 나뉜다. 먼저, 대부분의 고용관계는 근로관계의 성질을 가지나 반드시 일치하지는 않는다는 준별설[1]이 있다. 다음으로, 둘 사이에는 당사자를 '당사자의 일방과 상대방' 및 '근로자와 사용자'로 정한 것 외에는 목적이나 형식에 있어 차이가 없다는 동일설[2]이 있다. 근로관계에 속하지 않는 고용관계가 존재한다는 점에서 준별설이 타당하다.

---

1) 김형배, 『노동법』, 제20판, 208쪽. '필요할 때 진료를 맡는 기업의사'는 종속성이 없는 자유노무자. 수행업무를 고용관계로 볼 것인지 근로관계로 볼 것인지는 상대적임 ; 김유성, 『노동법Ⅰ』, 55쪽. 규율대상 측면에서는 구별의 실익이 없으나 규제방법과 이념에서 차이 ; 임종률, 『노동법』, 제9판, 328쪽. 동거친족·가사사용인사용은 고용계약.

2) 이병태, 『최신노동법』, 제9판, 573쪽.

2. 근로계약의 체결

2·가. 근로계약과 근로관계

근기법의 적용을 받기 위해서는 명시적 또는 묵시적인 근로계약체결이 필요하다.[1] 근로계약성립의 시기와 요건을 정하지 않은 경우, 근로계약체결과 근로관계성립의 관계에 대해 계약설과 편입설로 학설이 나뉜다.

계약설[2]	근로관계성립은 근로계약의 유효한 체결이 필요하고 그것으로 충분
편입설	근로관계가 성립하기 위해서는 근로계약 외에 근로자의 작업개시 또는 경영체계로의 편입이라는 사실적인 요소가 필요

편입설은 경영체계로 편입되기 전까지의 기간에 대한 법률관계를 명확히 설명하기 어렵다. 근로관계성립에 대해 정함이 없다면 계약설에 따라야 한다.

근로계약의 체결에 의하여 당사자 사이에는 근로제공과 임금지급 등을 중심으로 각종 권리와 의무를 내용으로 하는 근로관계가 발생한다.

2·나. 근로계약 체결 당사자

근로계약체결당사자는 고용하려는 자인 구인자와 근로하려는 자인 구직자이다. '고용하려는 자'는 사업주가 됨이 원칙이다. 채용행위는 노무관리자에게 위임될 수 있으며, 효과는 사업주에게 귀속된다. '근로하려는 자'는 본인이어야 하며 대리관계는 부인된다. 헌법과 근기법은 연소자근로를 특별히 보호한다(제4편, 제2장 제2절, 1·나, (1)).

2·다. 근로계약 체결 과정

(1) 의 의

① 체결과정

근로계약은 채용을 통해 이루어진다. 채용은 모집·응모·심사·채용의 순서로 이루어지며 청약과 승낙에 따라 근로계약이 성립된다. 승낙의 효력은 문서인 경우에는 발송할 때 발생하고, 말의 경우에는 즉시 발생한다. 사용자가 채용을 승낙하면서 근로계약의 효력발생시기를 정할 수 있다.

---

1) 대판 1972.11.14, 72다895 ; 대판 1980.4.22, 79다1566.
2) 김형배, 『노동법』, 제20판, 213쪽.

② **채용원칙**

채용은 법령을 위반하거나 '선량한 풍속 기타 사회질서'(민법 §103)에 반할 수 없다.[1] 채용에 있어서의 차별은 근기법의 적용대상이 아니다.

(2) 채용절차

① **법적제한**

채용은 기업의 자유의사에 따라 이루어진다. 30명이상사업(장)의 채용절차는 「채용절차의공정화에관한법률」(채용절차법)의 적용을 받는다.

② **채용광고**

구인자는 채용을 가장해 아이디어를 수집하거나 사업장을 홍보하기 위한 목적 등으로 거짓의 채용광고를 낼 수 없고(채용절차법 §4①, §16 5년징역·2천만원벌금), 정당한 사유 없이 채용광고내용을 구직자에게 불리하게 변경하거나 채용후에 채용광고에서 제시한 근로조건을 구직자에게 불리하게 변경할 수 없으며, 구직자에게 채용서류 및 이와 관련한 저작권 등의 지식재산권을 자신에게 귀속하도록 강요할 수 없다(채용절차법 §4②③④, §17②, 5백만원과태료).

③ **채용서류**

㈎ **내 용**

구인자는 채용에 필요한 응시원서 · 이력서 · 자기소개서 즉, 기초심사자료(채용절차법 §2iii)의 제출여부 및 내용을 자유의사로 정한다. 구직자는 구인자에게 제출하는 채용서류를 거짓으로 작성할 수 없다(채용절차법 §6). 구인자는 채용시험을 서류심사와 필기 · 면접시험 등으로 구분해 실시하는 경우, 서류심사에 합격한 구직자에 한정해 입증자료 및 심층심사자료를 제출하게 하도록 노력해야 한다(채용절차법 §13).

㈏ **처 리**

구인자는 채용서류를 사업장 또는 '구인자로부터 위탁받은 채용업무종사자'의 홈페이지 또는 전자우편으로 받도록 노력해야 한다(채용절차법 §7①).

구인자는 구직자에게 '전자우편 등으로 받은 채용서류가 접수된 사실', 채용일정, 채용심사지연사실, 채용여부 등을 지체없이 홈페이지게시 · 휴대전화문자전송 · 전자우편 · 팩스 · 전화 등으로 알려야 한다(채용절차법 §7②, §8, §10).

---

1) 대판 2020.8.27, 2016다248998. 단체협약의 '산재사망 근로자 직계가족을 대상으로 하는 산재유족특별채용조항'에 대해 협약자치원칙과 사회질서부응을 이유로 들어 효력 인정

④ 채용비용

구인자는 구직자에게 채용서류제출비용외의 채용심사비용을을 부담시키지 못 한다(채용절차법§9.사업장및직종상 불가피하면고용장관승인후일부부담가능). 고용장관은 채용심사비용과 관련해 시정을 명할 수 있고, 구인자는 이행결과를 지체없이 보고해야 한다(채용절차법 §12, §17③iii 3백만원과태료).

⑤ 후속조치

구인자는 채용여부가 확정된 이후 구직자(확정채용 대상자제외)가 채용서류의 반환을 청구(서면·전자등청구방법 노동부령으로정함)하는 경우에는 본인확인후 반환해야 한다(채용절차법 §11①). 구인자는 반환청구에 대비해 일정기간동안 채용서류를 보관해야 한다(천재지변·구인자귀책없는 멸실의무이행간주)(채용절차법§11③,§17③ i 3백만원과태료). 구인자는 '반환청구기간이 지난 경우' 및 '채용서류를 반환치 않은 경우'에는 「개인정보보호법」에 따라 채용서류를 파기해야 한다. 구인자가 채용서류반환소요비용을 부담하나, 대통령령으로 정한 경우, 구직자가 부담하게 할 수 있다. 구인자는 관련규정을 채용여부가 확정되기 전에 구직자에게 알려야 한다(채용절차법§11⑥,§17③ii 3백만원과태료).

2·라. 근로계약형식과 근로조건명시

(1) 근로계약형식

사용종속관계 아래서 근로가 개시되면, 서면계약이 체결되어 있지 않아도, 구두계약이나 관행·관습에 따라 근로관계가 성립된다.[1] 근기법을 포함한 개별적 근로관계법은 전체가 아닌 일부 근로조건에 대해 서면명시를 요구하고 있다.

구 분	근 거	대 상	내 용	벌 칙
임 금	근기법 §17	• 구성항목 • 계산방법 • 지급방법	체결의 경우 명시·교부 (변경의 경우 요구시교부)	벌금 5백만원
근로시간 등		• 소정근로시간(§2①viii) • 휴일(§55) • 연차휴가(§60)		
연소자	근기법 §67③	• 일반명시사항(§17)	명시·교부	벌금 5백만원
해 고	근기법 §27	• 시기·사유	통 지	(효력규정)
기간제 근로	기단법 §17	• 계약기간 • 근로시간·휴게 • 휴일·휴가 • 장소, 종사업무 • 임금구성항목, 계산방법, 지불방법	명 시	과태료 5백만원
단시간 근로		• 기간제여부 • 근로일, 근로일별 근로시간	명 시	

1) 대판 2006.12.7, 2006도300 ; 근기 1451-4133, 1984.5.9.

구 분	근 거	대 상	내 용	벌 칙
파견근로	파견법 §26	• 근로자파견계약 • 파견대가	알려줌 명시(요구시)	과태료 1천만원 과태료 3백만원
건설 근로자	건고법 §6	• 사업주(장)사항 • 시간 · 임금 · 고용 • 퇴직공제가입 • 장소, 종사업무	명시 · 교부 (요구시)	

(2) 근로조건명시

① 의 의

근기법 제17조는 근로계약을 체결 또는 변경할 때 임금, 근로시간, 휴일, 휴가 및 그 밖에 근로조건에 대한 명시의무, 서면명시, 의무교부 및 요구교부에 대해 규정하고 있다. 근로조건명시제도의 취지는 사용자가 구체적근로조건을 제시하지 않은 상태에서 근로를 수령하는 것을 방지하고, 분쟁을 쉽게 해결하기 위함이다.

② 명시의무

㈎ 일반명시

사용자는 근로계약을 체결할 때 근로자에 대해 임금, 소정근로시간(근기법 §2①viii), 휴일(근기법 §55), 연차유급휴가(근기법 §60) 및 '대통령령으로 정하는 근로조건'을 명시해야 한다(근기법 §17①본문). 근기령(§8)은 '취업장소와 종사업무', '기숙사규칙이 정한 사항'과 '근기법 제93조(취업규칙의 작성·신고)의 제1호부터 제13호가 정한 사항'을 명시사항으로 규정하고 있다. 취업규칙명시사항에 '해당 사업(장)의 근로자 전체에 적용될 사항(근기법 §93 x iii)'이 포함되어 있어, 실질적으로는 모든 근로조건이 일반명시대상이다. 명시의무는 근로계약 체결 후 명시사항을 변경하는 경우에도 적용된다(근기법 §17①단서).

㈏ 서면명시

일반명시사항 중 '임금의 구성항목 · 계산방법 · 지급방법', 소정근로시간(근기법 §2①viii), 주휴일(근기법 §55) 및 연차유급휴가(근기법 §60)은 서면명시사항이다(근기법 §17②본문).

③ 교부의무

㈎ 의무교부

사용자는 서면명시사항이 명시된 서면을 근로자에게 교부해야 한다(근기법 §17②본문).

㈏ 요구교부

단체협약 또는 취업규칙에 따라 서면명시사항이 변경되는 경우, 근로자의 요구가 있으면 그 근로자에게 변경된 사항이 명시된 서면을 교부해야 한다(근기법 §17②단서).

④ **명시 · 교부 방법**

㈎ **명시방법**

서면명시는 근로계약서를 작성하는 것이 원칙이다. 서면에는 전자문서가 포함된다(근기법 §17②). 「전자문서및전자거래기본법」은 전자문서의 개념, 서면간주요건, 송수신간주시기, 송신철회 등에 대해 규정하고 있다. "전자문서"란 정보처리시스템에 의하여 전자적 형태로 작성 · 변환되거나 송신 · 수신 또는 저장된 정보를 말한다(§2 i). 따라서 이메일, 회사내부사이트,[1] 전자근로계약[2] 등도 서면으로 인정될 수 있다.[3]

㈏ **교부방법**

사용자는 근로계약서를 교부하거나, 회사가 증명하는 문서를 제공하거나, 전자문서수신요건에 해당하면[4] 교부의무를 이행한 것으로 볼 수 있다. 회사홈페이지 등재나 문건열람은 부인된다.

⑤ **위반효과**

사용자가 명시의무 · 서면명시의무 · 교부의무를 지키지 않으면 5백만원이하의 벌금에 처해질 수 있다(근기법 §114 i). 이 조항은 단속규정이므로 벌칙적용은 별론으로 하고 근로계약자체가 무효로 되지 않는다.[5]

(3) 명시된 근로조건과 근로자구제

사용자가 근로자를 모집할 때 유리한 조건을 제시하고 실제로는 불리한 근로조건으로 근로를 시키는 폐단을 없애기 위해 근기법 제19조는 '근로자의 손해배상청구권 · 계약즉시해지권'과 '사용자의 귀향여비지급의무'를 규정하고 있다.

① **손해배상청구권**

명시된 근로조건이 사실과 다른 경우에 근로자는 명시된 근로조건의 이행을 요구할 수 있고(민법 §390), 법원에 채무불이행으로 인한 '손해배상을 청구할 수 있다'. 손해배상청구에는 비용과 시간이 많이 든다. 근기법은 근로자가 노동위원회를

---

1) 근로기준팀-812, 2005.10.28. 사용자가 개인별 연봉계약서의 비밀을 유지하기 위하여, 연봉액을 합의할 때 연봉과 관련된 근로조건은 별도의 연봉확인절차를 따르도록 근로계약서를 작성한 후, 근로자가 지정한 인터넷사이트에서 개인별 연봉확인서를 서면으로 출력하여 보관하도록 하여도 서면명시로 인정된다.

2) 근로기준정책과-6384, 2016.10.12 ; 근로기준정책과-5455, 2016.9.1, 「전자근로계약서 활성화를 위한 가이드라인」.

3) 근기법령 및 취업규칙 게시 · 비치도 비슷한 방법을 활용할 수 있다. ; '제1장, 제5절, 4·가' 참조.

4) 전자문서는 수신자가 전자문서를 수신할 정보처리시스템을 지정한 경우에는 지정된 정보처리시스템에 입력된 때(다만, 지정되지 않은 정보처리시스템에 입력된 경우에는 수신자가 이를 검색 또는 출력한 때)에, 지정하지 않은 경우에는 수신자가 관리하는 정부처리시스템에 입력된 때에 수신된 것으로 추정한다(「전자문서및전자거래기본법) §6②).

5) 김유성, 『노동법 I 』, 64쪽.

통해 사용자에게 손해배상을 청구할 수 있는 절차를 마련하고 있다(근기법 §19). 노동위원회의 손해배상판정에 대해 강제집행이나 다른 실효성이 확보되어 있지 않다. 손해배상청구권소멸시효기간은 3년이라고 해석된다.[1]

② 근로계약 즉시해지권과 귀향여비

명시된 근로조건이 사실과 다른 경우 근로자는 근로관계를 즉시 해제 또는 해지할 수 있으며, 취업을 목적으로 거주를 변경하면 귀향여비를 지급해야 한다. 근로자의 즉시해지권[2]은 사회통념상 상당기간이 경과하면 소멸한다.[3] 귀향여비를 지급하지 않으면 금품청산위반(근기법 §36)이 된다.

3. 근로계약기간

3·가. 기간의 정함이 없는 근로계약

근로자와 사용자는 자유의사에 따라 근로계약기간을 정하지 않을 수 있다. 이러한 계약은 기간의 정함이 없는 근로계약이라 불린다. 근로계약기간이 정해져 있지 않으면서 정년이 설정되어 있는 계약 역시 부관이 붙어 있는 기간의 정함이 없는 근로계약이라고 볼 수 있다.

3·나. 기간의 정함이 있는 근로계약(같은편, 제7장 제1절, 3)

4. 과도적근로관계

4·가. 의 의

(1) 배 경

경제규모가 커지고 경쟁이 치열해지면서 기업은 바로 근로를 제공할 수 없거나 노동력의 질을 충분히 알지 못하는 사람을 미리 확보하게 된다. 사용자가 이러한 사람을 채용함으로써 받는 부담을 피하기 위해 정식고용이전단계의 고용기간을 두는 근로관계가 과도적근로관계이다.

(2) 법적근거

최임법(§5 ②)은 수습근로자에 대해 낮은 최저임금을 적용하는 것과 근기령(§2 i)은

1) 대판 1997.10.10, 97누5732.
2) 계약해제는 장래에 대한 것이므로 '해지(민법 §550)'라는 용어가 더 적합.
3) 대판 1997.10.10, 97누5732.

평균임금에서 제외되는 것을 규정하고 있고, 그 밖의 것에 대해서는 해석에 맡기고 있다. 여기서 수습이라 함은 과도적근로관계 전체를 일컫는다.

(3) 유 형

과도적근로관계는 수습(修習)·시용(試用)·채용내정(採用內定)으로 구분되는데, 견습·훈련·인턴(같은편, 제7장 제2절, 4) 등 여러 이름으로 행해지며, 성립요건과 법적성격은 이름과 관계없이 계약내용에 따라 판단된다.

4·나. 개념 및 요건

(1) 수 습

수습은 정식채용 즉, 확정적으로 근로계약을 체결한 후에 작업능력이나 적응능력을 키워주기 위한 근로형태이다.[1] 수습계약은 근로계약을 체결하면서 당사자합의로 필요에 따라 설정될 수 있다.

(2) 시 용

① 개 념

확정적근로계약을 체결하기 전에 시험적으로 사용하는 기간을 시용기간, 이 기간 중의 근로관계를 시용근로관계, 이러한 계약을 시용근로계약이라고 부른다.

② 성립 요건

㈎ 제도 설정

시용은 현실적으로 사용종속관계 아래에서 근로가 제공되는 고용형태이므로 취업규칙이 적용된다. 시용계약에 낮은 근로조건을 정하더라도 취업규칙에 근거가 없으면 상위규범에 위반된 근로조건이 되어 무효로 될 수 있다.[2]

㈏ 사용 목적

시용계약은 시용목적 즉, 실험적사용목적이 명확해야 한다. 대상기간의 근로에 대해 평가를 하지 않으면 시용계약으로 인정받기 어렵다.

㈐ 실험 대상

시용은 자질·성격·능력·성실성·근무태도 등 업무적격성과 인격적격성을 결정하는 단계이다. 시용계약이 성립하려면 실험내용과 본채용 판단기준이 있어야 한다. 판단기준은 사회통념상 객관적이고 합리적어야 한다.[3]

---

1) 김형배, 『노동법』, 제20판, 271쪽.
2) 10명이상사업(장)에 해당되는 설명.
3) 서울민지판 1991.5.31, 01254-10093. ; '회사사정에 따라 해고'거나 '사원으로서 적당하지 못하다고 인정되면 해

㈑ 기 타

시용기간이 없거나, 지나치게 길거나, 연장 또는 갱신이 처음부터 예정되어 있으면 시용으로 인정되지 않을 수 있다.

(3) 채용내정

① 개 념

노동력을 미리 확보하기 위해 일정한 요건이 충족되면[1] 채용할 것을 약정하는 불확정적인 근로관계를 채용내정이라고 한다. 채용내정은 본채용 때까지 사용종속관계가 없는 점에서 시용과 구분된다.

② 요 건

채용내정통지가 근로계약을 완성시키는 '승낙의 의사표시'인가 아니면 '근로계약체결의 예정'인가는 통지의 문언과 그 의미, 단체협약·취업규칙 등의 채용절차에 관한 규정, 관행 그 밖에 구체적인 사정을 종합적으로 고려해 판단한다.[2]

채용내정계약은 당사자간에 구속력 있는 약속이어야 한다. 호혜적인 의미를 갖는 것에 불과한 것은 채용내정계약에 해당되지 않는다.[3]

4·다. 법적성격

(1) 수 습

수습계약은 따로 존재하는 것이 아니고 정식근로계약으로서 본 근로계약과 같이 하나의 근로계약을 형성한다.

(2) 시 용

시용계약은 사용종속관계를 전제함으로써 근로계약으로 인정되는데,[4] 그 법적성격에 관해서는 다음과 같이 견해가 나뉠 수 있다.

정지조건설	'근로자로서 적격하다'는 평가를 효력발생조건으로 정식 채용
해제조건설	'정규근로자로서 적절치 못하다'는 평가를 해제조건으로 정식 채용
해지권유보설	'정식근로자로서 적절치 못하다는 평가를 이유로 근로계약을 해지할 수 있는 사용자의 권리 유보

고' 등 자의적인 단서 조항은 부관으로서의 효력이 부정되어 확정적 본계약 체결 간주.

1) <졸업예정자> 졸업 ; <해외유학자 또는 중도입사자> 논문제출이나 프로젝트완성.

2) 일본 최고재판소 1969.7.20.

3) 김윤수, 앞의 논문(1987), 148쪽.

4) 김윤수, "채용내정과 시용기간의 법률관계", 「근로관계 소송상의 제문제(상)」, 재판자료 제39집, 법원행정처, 1987, 168쪽

판례[1]는 해지권유보설의 입장을 취한다.

(3) 채용내정

① 근로계약 성립 여부

채용내정계약에 대해 근로계약이 성립한 것인지를 둘러싸고 견해가 나뉜다.

근로계약 체결과정설	근로계약 체결과정으로서 근로자와 사용자 어느 쪽도 구속하지 않으며, 정식채용 전까지 민법 적용
예약설	일정한 조건이 충족되면 새로이 근로계약을 체결해야 한다는 내용의 예약으로서 정식채용 전까지 민법의 적용을 받아 손해배상청구 문제 발생
근로계약 성립설	조건이나 기한 등의 부관이 붙어 있는 근로계약

정식채용거부에 따라 근로자가 받게 될 불이익이 해고에 비할 만큼 중대하므로 통설적 견해[2]인 근로계약성립설이 타당하다.

② 계약의 성격과 효력

채용내정을 근로계약이 성립한 것으로 보면 계약의 성격과 효력을 둘러싸고 다음과 같이 견해가 나뉘는데, 시기부해약권유보계약설이 타당해 보인다.

정지조건부 계약설[3]	졸업하는 것 등을 정지조건으로 해 근로계약 성립	정식채용 때까지 효력이 발생치 않고 있는 점을 설명하기 어려움
해제조건부 계약설[4]	졸업하지 않는 것 등을 해제조건으로 하여 근로계약 성립	조건의 달성으로 계약이 효력을 잃는데, 시기를 늦추어 채용될 수 있으므로 당사자의 의사에 부합되지 않음
시기부 해약권유보 계약설	근로계약의 효력발생 또는 근로개시에 관해 시기(始期)가 붙어 있는 계약이 성립	조건을 충족시키지 못할 때는 해약할 수 있는 취지의 합의가 포함되어 있다는 설로 당사자의 의사에 부합

4·라. 기 간

(1) 공 통

과도적근로관계의 기간은 당사자합의로 정할 사항이다. 채용목적, 업무성격 등을 감안해 사회통념을 넘어서는 긴 기간 동안 과도적근로관계로 신분을 불안하

---

1) 대판 2001.2.23, 99두10889.
2) 김형배, 『노동법』, 제20판, 268쪽 ; 임종률, 『노동법』, 제9판, 371쪽 ; 김유성, 『노동법 I 』, 74쪽.
3) 오사카지방재판소 1976.7.10.
4) 김형배, 『노동법』, 제20판, 267쪽 ; 김유성, 『노동법 I 』, 74쪽 ; 임종률, 『노동법』, 제9판, 371쪽 ; 대판 2000.11.28, 2000다51476.

게 하고 부당하게 차별하는 근로계약은 반사회적인 계약(민법 §103)으로서 그 효력이 부정될 수 있다. 과도적근로관계의 기간이 없거나, 지나치게 길거나, 연장 또는 갱신이 처음부터 예정되어 있으면 시용으로 인정되지 않을 수 있다.

(2) 시 용

① 기간 명시

시용기간은 근로자로서의 적격성을 판단하는 기간이다. 따라서 그 기간이 명시되어야 한다. 취업규칙 등에 따로 정함이 없다면 사용자의 지휘·감독 아래에 놓인 때부터 시용기간이 시작된다.[1] 신분을 오랜 기간 동안 불확실한 상태로 두는 것은 선량한 풍속, 기타 사회질서에 위반된다(민법 §103). 사회통념상 적격성의 판단에 필요한 기간을 초과한 시용계약은 무효로 볼 수 있다.

② 연장과 중단

시용기간연장은 원칙적으로 허용되지 않는다. 그러나 연장기간 중에 근로자의 근무태도가 개선될 것을 기대하고, 정식근로자로 고용하기 위한 배려로서 시용근로자에게 불리하지 않다면[2] 허용될 수 있다. 근로자의 귀책사유가 있으면 시용계약이 중도에 해지될 수 있으며, 이는 근기법상 해고로 볼 수 있다.

③ 기간 종료

시용기간종료에도 불구하고 사용자가 부적격사유를 제시하지 않은 상태에서 근로자가 사실상 취업을 계속하면, 해약권이 소멸하고[3] 근로관계는 해약권의 유보가 없는 보통의 근로관계로 전환되어[4] 정식근로자로 채용된 것으로 본다.[5]

4·마. 근로조건

(1) 수습과 시용

① 법정 근로조건

수습과 시용에 대해서는 근기법이 전면적으로 적용된다. 근로계약기간이 1년

---

1) 김수복, 『채용에서 퇴직까지의 노사문제』, 38쪽.

2) 근로자에게 불리하지 않은 경우로는 ⓐ 근로자 동의, ⓑ 시용계약체결 당시 예견할 수 없는 사정(장기질병, 휴업, 근무성적평가에 중대한 의혹이 있는 경우), ⓒ 근로자에게 재기회를 주는 경우, ⓓ 취업규칙 등에 구체적 연장기준이 있는 경우 등을 들 수 있다(김윤수, 앞의 논문(1987), 175쪽).

3) 임종률, 『노동법』, 제9판, 375쪽.

4) 김유성, 『노동법Ⅰ』, 74쪽.

5) 김형배, 『노동법』, 제20판, 274쪽.

이상인 근로자로서 3개월 이내의 수습근로기간에 대해서는 낮은 최저임금이 적용된다(최임법 §5②). 수습기간은 평균임금산정기간에 포함되지 않는다(근기령 §2 i). 여기서 수습근로자라 함은 수습 및 시용을 말한다. 수습기간과 시용기간은 근속기간에 포함된다.[1]

② 약정 근로조건

수습근로자와 시용근로자의 임금 등 근로조건은 법정기준 이상이어야 하며 근로계약 등을 통해 정식근로자보다 낮게 결정될 수 있다. 법정기준 이상의 근로조건에 대해 차등을 둘 수 있으나, 채용목적·근로형태·업무실적 등을 고려하여 차별의 정도가 큰 경우에는 반사회적계약(민법 §103)으로서 효력이 부정될 수 있다.

(2) 채용내정

채용내정기간은 근로제공의무의 이행시기가 도래하지 않은 것으로 볼 수 있다. 따라서 근로제공과 관련된 근로조건들은 적용이 되지 않으며 제6조(균등한 처우), 제17조(근로조건의 명시), 제20조(위약예정의 금지), 제23조(해고등의 제한), 제26조(해고의 예고) 등 근로제공을 전제로 하지 않는 규정은 적용 또는 준용된다. 근속기간은 본채용때부터 기산된다.

4·바. 근로관계종료

(1) 해 고

수습기간 중에 작업능력배양을 위해 근무규칙을 엄격히 정한 해고기준은 사회통념상 합리성을 벗어나지 않는 한 인정된다.[2] 시용기간 중에도 마찬가지이다.

(2) 본채용거부

① 정당성

시용에 있어 '본채용거부'는 해고에 해당한다. 시용계약이 실험적 사용기간 중의 계약인 점, 해지권유보계약인 점, '자질·성격·능력 등의 관찰을 통해 본채용 여부를 결정하려는 점' 등을 고려해 해고의 '정당한 사유'의 범위가 일반해고보다 상대적으로 넓으나 그 경우에도 객관적으로 합리적이유가 존재하여 사회통념상 상당성이 있어야 한다.[3]

---

1) 같은취지 ; 김형배, 「근로기준법」, 제8판, 118쪽 ; 임종률, 『노동법』, 제9판, 375쪽.
2) 서울고판 1986.6.2, 86나516.
3) 대판 1987.9.8, 87다카555 ; 대판 2008.12.11, 2006두13220 ; '임종률, 『노동법』, 제9판, 374쪽.

② 절 차

수습과 시용도 3개월 미만이면 해고예고조항의 적용을 받지 않는다(근기법 §26 i). 사용자가 본채용을 거부하려면 해당 근로자가 대처할 수 있도록 '구체적·실질적인 거부사유를 서면으로 통지'해야 한다.[1] 본채용거부는 해고에 해당되므로 해고서면통지 조항이 적용되기 때문이다(같은편, 제5장 제2절, 3·나).

시용근로자에 대해 징계절차를 적용하지 않는 예외 규정을 둘 수 있다.

(3) 채용내정취소 및 정식채용거부

① 성 격

채용내정에 있어 정식채용의 거부 및 취소는 해고(근기법 §23)로 해석된다.[2] 해당 근로자는 부당한 거부 또는 취소에 대해 손해배상을 청구할 수 있으며,[3] 부당해고 구제를 신청하고 근로자지위확인의 소(訴)를 구할 수 있다.[4] 정식채용일자가 도래하면 근로자는 임금청구권을 갖는다.[5]

② 정당성 판단기준

'정식채용거부에 대한 정당성의 범위'와 '정식근로자의 해고에 대한 정당성 범위'가 다르지 않다는 견해[6]가 있으나, 시용과 같은 이유로, 정식근로자의 경우보다 정당성의 범위가 넓다고 해석함이 옳다.[7] 채용내정취소는 해약권유보의 취지와 목적에 비추어 합리적이고 사회통념상 상당성이 인정되어야 한다.[8]

③ 거부·취소 절차

본채용거부 및 채용내정취소에 있어 해고예고(근기법 §26)를 부정하는 견해[9]가 있다. 그러나 해고예고제도가 사실상의 근로제공을 전제로 하는 것이라는 근거가 없으므로, 채용내정기간이 3개월을 넘는다면 제도의 취지와 목적에 비추어 볼 때 졸업불능의 확정처럼 특별한 경우 외에는 예고를 하는 것이 타당하다.

1) 대판 2015.11.27, 2015두48136.
2) 김형배, 『노동법』, 제20판, 269쪽 ; 김유성, 『노동법 I』, 72쪽.
3) 대판 1993.9.10, 92다42897.
4) 김윤수, 앞의 논문(1987), 158~159쪽.
5) 대판 2002.12.10, 2000다25910.
6) 김윤수, 앞의 논문(1987), 158~159쪽.
7) 서울고판 2004.4.28, 91나41468.
8) 일본 최고재판소 1979.7.20.
9) 김수복, 『채용에서 퇴직까지의 노사문제』, 30쪽.

5. 근로계약의 효력

5·가. 당사자의 의무

(1) 근로자의 의무

① 근로제공의무

(가) 개 요

근로계약이 체결되면 근로자는 사용자에게 근로를 제공할 의무를 진다.

근로제공의무라 함은 '근로가 실현되어야 함'이 아니고 '노동력을 사용자가 처분할 수 있는 상태에 두는 것'을 말한다.[1)]

(나) 근로자의 의무불이행

근로자에게 책임 있는 사유 때문에 근로제공의무가 이행되지 못하면 사용자는 임금을 지급하지 않을 수 있으며, 해고 등의 징계를 할 수 있고, 고의나 과실을 전제로 채무불이행으로 인한 손해배상을 청구할 수 있다(민법 §390).

(다) 사용자의 의무불이행

사용자에게 책임 있는 사유(원료부족 기계고장등)로 근로가 제공되지 못하면, 사용자의 수령지체가 성립되어 근로자의 근로제공의무는 면해진다. 채권자귀책사유나[2)] '채권자의 수령지체 중에 쌍방의 책임없는 사유'로 이행불능이 되면, 근로자는 계속 근로했을 경우에 받을 수 있는 임금전액지급을 청구할 수 있다(민법 §538).

(라) 당사자 모두에게 책임 없는 의무불이행

근로자가 과실 없이 회사 밖에서 개인적으로 사고를 당한 것처럼 당사자 모두에게 책임 없는 사유로 인해 근로를 제공하지 못하면 근로제공의무와 임금지급의무가 면제된다(민법 §537).[3)]

② 부수적 의무

(가) 개 요

근로자는 사용자에 대해 근로제공의무 외에 작위의무와 부작위의무를 진다. 근로계약 등에 규정된 내용이 법령에 반하거나 사회통념상 합리성이 없어 위법·부당한 사항이 아닌 한 근로자는 이를 지켜야 한다. 근로계약 등에 규정이

---

1) 김형배, 『노동법』, 제20판, 298쪽.

2) 근기법상으로는 휴업수당 지급대상이다.

3) 채무자는 채무자위험부담주의에 따라 상대방의 채무이행을 청구할 수 없다.

없더라도 민법상 신의성실원칙에 기초하여 충실의무가 발생함으로써, 근로자는 작위의무 또는 부작위의무를 진다.

㈏ **비밀유지의무**

㉮ 비밀유지의무의 내용

근로자는 근로를 제공하면서 알게 된 영업비밀을 재직기간이나 퇴직 후에 제3자에게 누설하지 않을 의무를 진다.[1] 영업비밀은 비공지성,[2] 경제성, 비밀유지성, 정보성을 요건으로 한다. 판로관계·신용관계·고객관계·기술 등 영업 또는 경영상의 모든 사항이 비밀에 해당할 수 있다. 이미 일반화된 사실, 법령위반 행위 등은 비밀의 대상이 아니다. 신용·명예관련비밀은 '제3자에게 공표해야 할 정당한 이익'과 '사용자가 침해받을 이익'을 비교형량해서 보호여부를 판단한다.[3]

㉯ 영업비밀의 법적보호

영업비밀은 「부정경쟁방지및영업비밀보호에관한법률」에 의해 보호된다.

영업비밀보유자는 영업비밀침해자에 대해 법원에 '침해행위에 제공된 물건과 설비의 제거'와 '침해행위금지 또는 예방을 위하여 필요한 조치'를 청구할 수 있다(부정경쟁방지및영업비밀보호에관한법률 §10).[4] 비밀보호요건은 2가지로 관점에서 판단된다. 첫째, 영업비밀보유자와 관련하여 영업비밀인 정보의 내용, 정보취득에 소요된 기간과 비용, 영업비밀유지에 기울인 노력과 방법, 침해자나 경쟁자가 개발이나 역설계와 같은 합법적방법으로 정보를 취득하는데 필요한 시간이 고려되어야 한다. 둘째, 침해자가 종업원이면 근무기간, 담당업무, 직책, '영업비밀에의 접근 정도', '영업비밀보호에 관한 내규나 약정', '직업선택 및 영업활동의 자유', '특허권 등의 보호기간과의 비교'[5] 등이 합리적으로 고려되어야 한다.[6]

㈐ **경업금지**

㉮ 개 념

영업비밀준수약정의 일부인 경업(競業)금지약정은 근로자가 경쟁업체에 취업하거

1) 대판 2003.7.16, 2002마4380.
2) 서울중앙지판 2015.10.2, 2014가합48335. 직원 모두 공유 가능 고객정보, 로그인절차 필요, 영업비밀에 해당.
3) 대판 1986.9.23, 86도1205. 퇴직하면서, 이미 공개된 외국회사의 선전용자료 사본 1부를 가지고 나오더라도, 이 자료가 회사의 기술분야에 관계되고 국내에서 쉽게 구할 수 없으며, 회사가 이 자료를 업무수행에만 사용토록 허용해 왔으므로 소유권의 대상이 되는 주관적 가치뿐 아니라 경제적 가치도 있어 절도죄에 해당한다.
4) 대판 2003.7.16, 2002마4380. 전직한 회사에서 영업비밀과 관련된 업무에 종사하는 것 금지 가능.
5) 영업비밀이 보호되는 시간적범위는 침해행위자가 공정한 경쟁자보다 유리한 출발, 시간절약이라는 부당한 이익을 취하지 못하게 함으로써 공정하고 자유로운 경쟁을 보장하는데 필요한 시간이 된다.
6) 대판 1998.2.13, 97다24528 ; 대판 2003.7.16, 2002마4380. 연구개발업무에서 실질적으로 이탈한 후 1년이 지났다는 이유로 부정적인 견해를 밝히고 있다.

나 경쟁업체를 설립·운영하는 등의 행위를 하지 않을 것을 내용으로 한다.[1)]

영업비밀과 관련하여 구체적인 전직금지약정이 없어도 사용자의 전직금지청구는 인정된다.[2)]

㈏ 성립요건

'퇴직 후 일정기간 근속기간 중에 취득한 비밀이 사용되는 다른 기업에 근무할 수 없으며 이를 위반하면 손해배상을 한다'는 내용의 계약이 유효한지는 공개정도와 비밀가치를 고려한 비밀보호실익, 업무성질, 계약대상자범위, 비밀담당자처우나 부가적 보상·급부,[3)] 근로관계종료의 귀책을 종합적으로 고려하여 판단해야 하고, 이러한 계약이 유효해도 동종업무 취업금지의 범위 및 기간, 손해배상정도 등에 있어 사회통념상 합리성이 있어야 한다.[4)]

㈐ 판단방법

경업금지약정은 직업선택자유와 근로권을 제한할 우려가 있고, 퇴직 후의 전업금지는 근로자의 생계와 직접 관련되므로 그 효력을 엄격하게 판단해야 하며,[5)] 유효성에 대한 입증책임은 사용자에게 있다.[6)]

㈑ 효 과

근로관계종료 후 근로자가 의무를 이행치 않은데 대한 사용자의 제재는 민법에 따라 처리된다.

㈑ **겸업금지**(같은편, 제5장, 제2절 2·가, (4), ①, ㈒, ㈐)

근로자는 부업으로 제2의 직장을 가질 수 있다. 그러나 2중 취업행위가 소속회사와의 근로계약을 이행하기 어렵게 하거나, 경쟁회사에 취업함으로써 소속회사에 불리함을 초래하는 것을 막기 위해 취업규칙·근로계약 등에 정해[7)] 사회통념상 합리적인 범위 안에서 제한을 가할 수 있다.

㈒ **청렴의무**(같은편, 제5장, 제2절 2·가, (4), ①, ㈒, ㈏)

근로자는 업무와 관련해 뇌물을 받거나 횡령을 하지 않을 의무를 진다.

---

1) 대판 2010.3.11, 2009다82244. 경업금지약정의 유효성에 관한 판단은 보호할 가치가 있는 사용자의 이익, 근로자의 퇴직 전 지위, 경업제한의 기간·지역 및 대상직종, 근로자에 대한 대가의 제공유무, 근로자의 퇴직경위, 공공이익 및 기타사정 등을 종합적으로 고려해야 한다(**한국노동법학회**, 『**노동판례백선**』, 42쪽).

2) 대판 2003.7.16, 2002마4380.

3) 서울중앙지판 2008.1.10, 2007가합86803 ; 서울동부지판 2010.11.3, 2010가합161.

4) 근기 01254-1732, 1992.10.17 ; 서울고판 2012.5.16, 2011라1853.

5) 대판 2003.7.16, 2002마4380.

6) 대판 2016.10.27, 2015다221903·2015다221910.

7) 근로기준팀-5759, 2007.8.3.

㈓ **신의성실의무**

근로자는 작업과정에서 발견된 기계설비의 흠을 사용자에게 알리는 등의 신의성실원칙상 의무를 진다.[1)]

③ **근로자의 불법행위책임**

근로자가 작업을 수행하면서 자신의 귀책으로 사용자나 제3자에게 손해를 끼치면, 불법행위책임을 질 수 있다.[2)] 업무수행과정에서 근로자귀책으로 손해를 입은 제3자는 사용자에게 손해배상을 청구할 수 있다. 사용자는 제3자에게 행한 손해배상과 관련하여 신의칙상 상당하다고 인정되는 한도 안에서 근로자에 대해 손해배상을 청구하거나 구상권을 행사할 수 있다.[3)]

(2) 사용자의 의무

① **임금지급의무**

사용자는 근로자에게 제공된 근로의 대가인 임금을 지급해야 한다. 근로계약은 근로와 임금의 쌍무적교환관계이다. 임금지급의무는 사용자의 주된 의무이다.

② **부수적 의무**

㈎ **근로계약 이행의무**

사용자는 근로계약 등 규정된 내용을 이행할 의무를 진다. 이러한 의무를 이행하지 않으면 근기법에 위반될 수 있다.

㈏ **법령준수의무**

사업주, 사업경영담당자와 '근로자에 관한 사항에 대해 사업주를 위해 행위하는 자' 중 누가 처벌대상이 될지는 권한과 책임, 위임정도 등에 따라 달라진다.[4)] 권한과 책임의 한계가 명확하지 않거나, 권한의 위임이 완전하지 않다면 사업주가 종합적인 지휘·감독권에 기초해 책임을 진다.

㈐ **배려의무**[5)]

사용자는 근로자에 대해 신의칙에 따라 안전, 균등 등의 배려의무를 진다.

근로관계에서 비롯된 재해는 사용자의 급부의무·부수의무위반으로서, 민법상

1) 임종률, 『노동법』, 제9판, 331쪽
2) 김형배, 『노동법』, 제20판, 313쪽.
3) 대판 2009.11.26, 2009다59350.
4) 대판 1983.10.11, 83도2272 ; 대판 1997.11.11, 97도813.
5) 근로계약에서 수반되는 신의성실원칙에서 도출되는 부수의무로 간주하는 견해가 판례와 학계의 다수설적 견해이다(대판 2006.9.28, 2004다44506 ; 김형배, 임종률 등).

손해배상의 대상이 된다.

㈑ **신의성실의무**

사용자는 근로자고충을 처리하거나, 직장내괴롭힘에 대해 예방과 조치를 하는 등의 신의성실원칙상 의무를 진다.

5·나. 위반효과

사용자가 근로계약을 이행치 않으면 그 내용에 따라 민·형사책임을 질 수 있다. 근로자가 근로계약을 이행치 않으면 손해배상 등 민사책임을 질 수 있다.

6. 제한되는 근로계약

6·가. 위약금·손해배상액 예정 금지

(1) 법적근거

사용자는 근로계약불이행에 대한 위약금(違約金) 또는 손해배상액을 예정하는 계약을[1] 체결하지 못한다(근기법 §20, §114 i 5백만원벌금). 사용자가 근로자에 대해 위약금 등을 예정하는 것은 금지되나 그 반대의 경우는 금지되지 않는다.

(2) 제도 취지

'위약금·손해배상액 예정 금지'는 근로자가 실제 손해액과 다르게 부당한 배상을 강요받고, 강제근로의 위험에 처해지는 것을 예방하기 위한 규정이다.[2]

(3) 금지대상

① **위약금 예정**

위약금예정은 채무불이행의 경우에 채무자가 채권자에게 일정액을 지불할 것을 미리 약성하는 금액으로서, 계약당사자간의 계약내용에 따라 그 금액과 성질이 결정된다.[3]

② **손해배상액 예정**

손해배상액예정은 채무를 이행치 않을 때 배상해야 할 손해액을 실제 손해와 관계없이 미리 정하는 것으로서 손해입증과 손해액산정절차를 생략하고자 하는

---

1) 민법 제398조는 당사자의 채무불이행에 대한 손해배상액예정 또는 위약금약정을 허용하고 있다.
2) 대판 2004.4.28, 2001다53875.
3) 박상필, 『근로기준법강의』, 132쪽.

데 목적이 있다.

(4) 금지범위

위약예정·손해배상예정금지는 실제손해액과 관계없이 일정액을 근로자에게 배상케 하거나 임금·퇴직금과 상계하는 것을 금지하는 것이다. 근로자의 불법행위 등으로 손해가 발생할 때 사용자가 근로자에 대해 민사절차에 따라 손해배상을 실제로 청구하거나,[1] 근로자의 불법행위로 사용자가 제3자에게 부담한 손해배상에 대해 구상권을 행사하는[2] 취지를 근로계약으로 정할 수 있다.

(5) 위반의 양태

① 긍 정

'보증금예치 및 미수금대납', '부정수입적발시 임금 미지급',[3] '퇴직예고미이행시 임금 미지급', '약정근로기간 이전 퇴직시 손해배상금 특정'[4] 등 금품을 미리 예치하거나, 금액을 미리 확정하거나, 임금·퇴직금을 지급하지 않는 계약은 '위약금·손해배상액예정'이 된다.

② 부 정

㈎ 상여금의 결근일수 비례 삭감

상여금은 출근성적에 따라 지급액이 달라지도록 정할 수 있으므로, 결근에 대해 일정액을 공제하고 상여금을 지급하도록 하는 약정은 위법이 아니다.

㈏ 연수후 의무근무와 경비반환

㉮ 순수한 연수

해외연수·국내위탁교육과 관련하여 의무근무기간 전에 퇴직하면 임금이나 퇴직금을 환수한다는 약정은 근기법 제20조에 위반된다. 임금의 환수·상계와 관계없이 실소요연수비용을 배상한다는 약정은 위약금·손해배상액예정이 아니며, 연수·교육에 대한 선택의 자유가 주어져 있는 한 민법 제103조 또는 제104조에도 위반되지 않는다.[5] 의무근로기간은 근로계약기간이 아니라 경비반환채무면제기간으로서 경비반환문제는 민법원리에 따라 판단된다.[6]

---

1) 근기 01254-7071, 1987.5.1.
2) 대판 1994.12.13, 94다17246.
3) 근기 1455-20480, 1982.7.23.
4) 대판 2008.10.23, 2006다37274(한국노동법학회, 『노동판례백선』, 38쪽).
5) 대판 1978.2.28, 77다2479. 장학금 관련. 대판 1987.7.8, 80다590 ; 대판 1996.12.20, 95다52222·52239 ; 등 다수.
6) 대판 2008.10.23, 2006다37274.

㉯ 근로성격 연수

연수가 근로를 제공하는 것이라면 퇴직시경비반환약정은 손해배상예정이나 위약예의 금지대상에 해당할 수 있으며,[1] 나아가서 근로를 제공한 이상 반환의무를 지지 않을 수 있다.

㉰ 반환경비 산정

경비반환채무액은 단체협약, 취업규칙 등의 규정에 따라 산정한다. 국내[2]·외[3] 연수기간동안의 기본임금은 파견에 소요되는 경비에 포함되지 않는다.

㈐ 전속근무 인센티브

근로계약을 체결하면서 전문직 확보를 위해 인센티브 명목으로 일회적으로 지급하는 금품(이른바 샤이닝보너스)이 이전 직장에서의 이직에 대한 보상 또는 근로계약 체결에 대한 대가인지, 아니면 의무근무기간동안 이직금지 내지 전속근무 약속에 대한 대가 및 임금선급으로서의 성격도 가지는지는 여러 요인을 종합적으로 고려하여 판단한다. 샤이닝보너스가 이직 보상 또는 근로계약체결대가로서의 성격에 그치면 근로계약이 체결된 이상 약정근무기간을 준수하지 않아도 샤이닝보너스가 예정하는 대가적 반대급부는 이행된 것이다.[4]

(6) 효 과

위약금예정·손해배상예정의 계약은 무효이며 손해를 입은 사용자는 그 한도 안에서 근로자에게 실제손해액에 대한 배상청구를 할 수 있다.

6·나. 전차금상계금지

(1) 법적근거

사용자는 전차금(前借金)이나 그 밖에 근로할 것을 조건으로 하는 전대(前貸)채권과 임금을 상계하지 못한다(근기법 §21, §114 i 5백만원 벌금).

(2) 제도취지

전차금상계금지조항은 근로자의 신분이 부당하게 구속되고, 근로자로 하여금

1) 대판 1996.12.6, 95다24944·24951 ; 근기 68207-3229, 2000.10.18.

사례	연수경비반환약정에 대해 근로로 보고 위약예정금지 적용(대판 2003.10.23, 2003다7388)
근거	ⓐ 연수가 단기간이고 빈번, ⓑ 연수기간 중 교육프로그램·훈련과정 미설정, ⓒ 연수기간 대부분을 제품개발에 필수불가결한 정보수집·견본확보·시장조사에 사용

2) 대판 1996.12.6, 95다24944·24951.
3) 대판 1996.12.4, 95다13103 ; 대판 1996.12.6, 95다13104 ; 대판 1996.12.20, 95다52222·52239.
4) 대판 2015.6.11, 2012다55518.

불리한 근로조건을 감수하게 하는 것을 방지하기 위해 마련되었다. 이 제도는 퇴직의 자유를 보호함으로써 전근대적인 인신구속성 근로계약의 폐단을 방지하고 근로계약을 담보로 하는 고리대금업을 금지하려는데 의의가 있다.[1)]

(3) 금지대상

전차금은 근로자가 근로계약을 체결할 때 또는 그 후 근로를 제공할 것을 조건으로 해 사용자로부터 빌려 앞으로의 임금으로 갚을 것을 약속한 금전이다.

'근로할 것을 조건으로 하는 전대채권'이란 전차금 외에 전차금에 추가해서 근로자, 친권자 등에게 지급되는 금전으로서 전차금과 같은 목적을 갖는다.[2)]

(4) 금지범위

근로자가 필요한 경비를 전차금 등으로 충당하는 것 자체가 아니고 임금과 상계[3)]하는 것이 금지된다. 상계라 함은 채권자와 채무자가 같은 종류의 채권을 갖는 경우, 청구·집행·이행에 따르는 불편을 해소하기 위해 대등한 금액의 범위 안에서 서로 소멸케 하는 것으로서 근로자에게도 필요성이 인정된다. 모든 전차금상계가 위법은 아니며, 대여원인·금액·금리유무 등을 종합적으로 검토해 신분을 구속하는 강제노동위험이 있는지를 기준으로 법위반여부를 판단한다.

(5) 위반이 아닌 상계

위법한 전차금상계로 볼 수 없는 사례로는 가불, 주택자금융자지원과 상계, '국외취업자의 항공료와 상계,'[4)] '임금에서 사납금미달액공제'[5)] 등을 들 수 있다.

(6) 효 과

위법한 전차금상계의 계약 또는 의사표시는 사법상 무효이며, 임금전액(근기법 §43)이 지급되어야 한다. 사용자는 전차금을 직접 청구하거나 압류처럼 임금상계 이외의 방법으로 반환받을 수 있다.[6)]

6·다. 강제저축과 저축금관리

(1) 법적근거

사용자는 근로계약에 덧붙여 강제저축 또는 저축금관리를 규정하는 계약을 체

1) 노동법실무연구회, 『근로기준법주해 II』, 60쪽.
2) 박상필, 『근로기준법강의』, 136쪽.
3) 김유성, 『노동법 I』, 69쪽 ; 임종률, 『노동법』, 제9판, 390쪽.
4) 해지 01254-1790, 1987.2.5.
5) 근기 68207-2289, 1993.11.6.
6) 김유성, 『노동법 I』, 69쪽.

결하지 못하며(근기법 §22①, §110 i 2년 징역·2천만원 벌금), 근로자의 위탁으로 관리하는 경우에도 일정한 의무를 이행해야 한다(근기법 §22②, §114 i 5백만원 벌금).

(2) 제도취지

강제저축과 저축금관리를 제한하는 이유는 사용자가 강제로 저축케 하고 그 반환을 어렵게 하면 근로자를 사업장에 구속시키는 결과를 가져오고, 저축금이 경영자금으로 이용되면 반환이 어렵게 되어 금품미청산이 우려되기 때문이다.

(3) 성립요건

'근로계약에 덧붙여'라 함은 근로계약의 체결 또는 유지의 조건을 말한다. 근로계약에 명시한 경우는 물론이고, 취업조건으로 하는 경우도 포함된다.

(4) 금지대상

① 강제저축

강제저축계약이라 함은 사용자 자신이 근로자와 계약하는 것과 은행·우체국·공제조합 등 제3자와 저축계약을 하도록 하는 것도 포함된다. 근로자가 자발적으로 저축의사를 가진 경우, 사용자가 자기 거래은행에 저축하도록 권유하는 것은 근로자의사에 반해 강제하는 것이 아니다.

② 저축금관리계약

저축금관리계약은 사용자가 관리하는 사내예금, 사용자가 근로자명의로 금융기관에 예금하고 통장과 인감을 보관하는 행위와 예금인출을 금지·제한하는 행위를 포함한다.

(5) 저축금위탁관리

근로계약에 덧붙이지 않고 근로자의 자유의사에 의한 저축금을 위탁받아 관리하는 계약은 인정된다. 이 경우 사실상 강제저축으로 작용되지 않도록 사용자가 '저축의 종류, 기간 및 금융기관을 근로자가 결정하고 근로자 본인의 이름으로 저축할 것'과 '근로자가 저축증서 등 관련 자료의 열람 또는 반환을 요구할 때에는 즉시 이에 따를 것'이 요청된다(근기법 §22②).

(6) 효 과

강제저축 또는 저축금관리에 관한 근기법 규정을 위반하면 벌칙이 적용된다.

근로자의 위탁없이 저축금을 관리하게 된 경우, 즉시 저축금액 및 이자를 근로자에게 반납해야 하며 위탁에 의해 관리해도 보관 및 반환방법이 정해져 있지 않다면 근로자의 요구에 따라 언제든지 저축금액 및 이자를 반환해야 한다.

7. 간접고용관계(같은편, 제7장 제1절, 4)

제2절 취 업 규 칙

1. 의 의

1·가. 개 념

취업규칙은 사용자가 사업(장)에 적용될 복무규율 또는 근로조건에 관한 일반적인 기준을 집단적·통일적·획일적·공통적으로 정한 경영규범·사회규범이다.

1·나. 법적근거

근기법은 취업규칙의 작성·신고(근기법 §93), 작성·변경에 있어 근로자참여(근기법 §94), 효력(근기법 §96, §97), 게시·비치(근기법 §14)에 대해 규정하고 있다.

1·다. 역 할

노동조합이 없는 사업장에서는 취업규칙이 법령 외에 근로관계를 규율하는 유일한 집단적 규범이다. 노동조합이 조직되어 있더라도 단체협약에 세부적인 내용을 모두 규정할 수 없으므로 취업규칙은 중요한 규범으로 작용한다.

1·라. 존재형식

취업규칙은 사규·내규·규정 등 명칭과 관계없이 복무규율과 근로조건에 관해 정형화된 준칙이므로,[1] 하나의 사업에 하나가 존재하는 것이 바람직하나 근로조건, 근로형태, 작업장소 등에 따라 복수의 형태로 존재할 수 있다.[2]

1) 대판 1994.5.10, 93다30181 ; 대판 2004.2.12, 2001다63599.
2) 대판 1992.2.28, 91다30828 ; 대판 2007.9.6, 2006다83246 등.

2. 법적성격

취업규칙은 근로계약이나 단체협약과 달리 사용자에 의해 일방적 또는 편무적으로 정해진다. 취업규칙의 성격에 대해 법규범설과 계약설로 견해가 나뉜다.

법규범설은 취업규칙이 일종의 법규범으로서 근로자와 사용자를 구속한다는 견해이다.[1] 법규범성의 근거를 어디에서 찾느냐에 대해 견해가 나뉜다.

경영권설[2] (소유권설)	국가가 기업의 소유권을 법적으로 보장하기 때문에 법규범이 됨	공장시설 관리·운영이 아닌 근로조건에 대한 사용자의 일방적 결정권을 정당화하기 어려움
관습법설 (사회자주법설)	사업장이라고 하는 조직이 스스로 만든 자치법으로서 민법 제1조에 따라 법규범이 됨	처음 만들어진 취업규칙의 법규범성을 설명하기 어려움
수권설[3] (효력부여설)	취업규칙은 자체적으로 법규범성을 가지지 않는 사회규범이지만 근기법 제5조(근로조건 준수), 제93조(취업규칙 작성·신고), 제97조(위반 효력) 등의 규정이 당사자를 구속할 힘을 주어 법규범으로 작용	근기법 규정에 비교적 충실한 견해

계약설[4]은 당사자가 취업규칙을 법적으로 따르는 것은 근로계약을 체결할 때 서로 동의하여 계약이 성립되기 때문이라는 설이다. 계약설을 주장함에 있어 그 이론적 배경에 대해 견해가 나뉜다.

순수계약설	취업규칙의 내용은 당사자합의를 통해 근로계약의 내용이 됨	취업규칙을 제시만 하면 근로자가 그 내용을 몰라도 법적효력이 인정되는 점을 설명하기 어려움
사실규범설	법규범이 아니고 근로계약에 특별히 약정함으로써 사실규범으로 작용	사적계약이 규범을 창출한다는 주장이 자연스럽지 못힘
사실적관습설[5]	사용자와 근로자 사이에 '근로계약의 내용은 취업규칙에 의한다'고 하는 사실적 관습이 존재하기 때문에 취업규칙의 내용이 근로계약의 내용이 됨	근로자가 반대하는 경우에도 법적효력이 부여되는 점 설명 곤란

1) 대판 1977.12.27, 77다1378 ; 대판 2003.3.14, 2002다69631.
2) 일본 최고재판소 결정 1952.7.4 ; 대판 1977.7.26, 77다355.
3) 심태식, 『노동법개론』, 392쪽
4) 계약설은 취업규칙에 어떠한 효력을 부여할 것인지는 입법정책적 사항으로서 취업규칙의 법적성격이 무엇인지와 다르다는 점을 배경으로 전개된다(김유성, 『노동법 I 』, 200쪽).

근기법(§97)은 "취업규칙에서 정한 기준에 미달하는 근로조건을 정한 근로계약은 그 부분에 관하여 무효로 한다"고 규정함으로써 취업규칙이 근로계약에 대해 규범적효력을 갖는다는 점을 명시하고 있다.[1] 법규범설 중 수권설이 타당하다.

3. 작성 · 신고 · 심사

3·가. 작성 · 신고 의무자

'상시 10명 이상의 근로자를 사용하는 사업(장)'(10인이상 사업(장))의 사용자는 취업규칙을 작성하고 신고할 의무를 진다. 하나의 사업이 복수의 사업장으로 구성되어 있는 경우, 각 사업장이 회계 · 인사노무 등에 있어 독립성을 가지고 있는지에 따라 의무자가 달라질 수 있다.

3·나. 기재사항

근기법(§93)은 취업규칙의 기재사항[2]을 명시하고 있다. 기재사항이 누락된 취업규칙은 벌칙의 적용대상이나 효력이 부정되지는 않는다.[3] 기재되지 않은 부분에 대해서는 법령, 단체협약, 근로계약 등이 적용된다. 기재사항 중 법적으로 의무화되어 있지 않은 임의적근로조건[4]에 대해서는 해당 사업(장)에서 시행될 경우에만 기재의무가 있다.[5] 기재사항은 근로조건 명시(근기법 §17)대상이다

3·다. 취업규칙 신고

10인이상사업(장)의 사용자는 근기법에 정한 사항에 관한 취업규칙을 작성하여 고용장관에게 신고해야 한다(근기법 §93). 복수의 취업규칙은 전체가 하나의 취업규칙으로서 모두 신고대상이다.[6] 취업규칙의 작성 · 신고의무를 이행하지 않으면 5백만

---

5) 김형배, 『노동법』, 제20판, 279~280쪽. ↘ 116쪽

1) 일본의 근로계약법은 취업규칙이 동의하는 근로자에 대해서만 적용하고, 사회통념상 합리성이 있는 경우에는 동의하지 않는 근로자에게도 적용된다고 규정하고 있으며 규범성을 부여하는 규정을 두고 있지 않다(§10).

2) ① 업무시작 · 종료시각, 휴게시간, 휴일, 휴가 및 교대근로, ② 임금의 결정 · 계산 · 지급방법, 임금의 산정기간 · 지급시기 및 승급, ③ 가족수당계산 · 지급방법, ④ 퇴직, ⑤ 퇴직급여, 상여 및 최저임금, ⑥ 식비, 작업용품 등⑦ 교육시설, ⑧ 출산전후휴가 · 육아휴직 등 모성보호 및 일 · 가정 양립지원, ⑨ 안전보건, ⑨의2. 성별 · 연령 또는 신체조건 등에 따른 사업장 환경개선, ⑩ 업무상과 업무 외의 재해부조, ⑪ 직장내괴롭힘 예방 및 발생시 조치 등에 관한 사항, ⑫ 표창과 제재, ⑬ 그 밖에 해당 '사업(장)'의 근로자 전체에 적용될 사항.

3) 김유성, 『노동법 I』, 203쪽 ; 근로기준과-1118, 2009.4.24.

4) 교대근로, 승급, 가족수당, 상여금, 식비 · 작업용품, 교육시설, 사업장환경개선, 업무외재해부조, 표창.

5) 근기 01254-8855, 1991.6.2 ; 일본은 이를 입법적으로 해결하고 있다 ; 우리도 입법적 개선이 요청된다.

6) 근기 01254-8855, 1991.6.21 ; 대판 1992.2.28, 91다30828 ; 대판 1994.3.11, 93다27413 ; 대판 1996.2.27, 95누15698.

원 이하의 과태료가 부과된다(근기법 §116①ii). 신고의무를 이행하지 않은 취업규칙의 효력에 대해서는 무효설[1]도 제기된 적이 있으나, 유효설[2]이 지배적이다.

3·라. 취업규칙 심사

고용장관은 법령·단체협약에 어긋나는 취업규칙의 변경을 명할 수 있다(근기법 §96②). 일정한 기한 내에 심사결과에 따른 변경·보고 명령을 이행치 않으면 5백만원 이하의 벌금이 부과될 수 있다(근기법 §114ii).

4. 작성·변경과 근로자참여

4·가. 근로자참여제도의 의의

(1) 근로자참여제도의 목적

취업규칙에 대해 사용자가 작성·변경권을 갖는 편무성과 일방성을 보완하기 위해 근로자참여제도가 마련되어 있다. 근로자참여제도의 목적은 노사대등결정원칙에 기초하여, 근로자의 기득권을 보호하려는데 있다.

(2) 근로자참여제도의 법적근거

근기법(§94·§114 벌금5백만원)은 취업규칙을 작성하거나 변경할 때 '근로자의 과반수로 조직된 노동조합이 있는 경우에는 그 노동조합'(과반수 노조), '근로자의 과반수로 조직된 노동조합이 없는 경우에는 근로자의 과반수'(근로자 과반수)의 의견을 듣도록 하고 불리하게 변경할 때는 동의를 받도록 하고 있다.[3] 다시 말해서 근기법은 취업규칙을 작성·변경함에 있어 과반수노조(제2편, 제1장, 제1절 2·나,(2),④,(가))에게 배타적지위를 인정하고 근로자과반수(제2편, 제1장, 제1절 2·나,(2),④,(나))에게 보완적지위를 인정하는 형식으로 참여주체가 되는 근로자집단(제2편, 제1장, 제1절 2·나,(2),②,(가),㉮)의 의견청취 또는 동의를 요건으로 하고 있다.

(3) 근로자참여의 주체 및 권한

근로자참여의 주체인 근로자집단 즉 '과반수노조와 근로자과반수의 지위·자격·권한행사방법·권한위임, 유사집단의 자격, 참여수단으로서의 의견청취·동

---

1) 이병태, 『최신노동법』, 제9판, 929쪽.

2) 대판 2004.2.12, 2001다63599. 단속규정임 ; 근기 68207-790, 1996.6.11 ; 김유성, 『노동법 I』, 213쪽 ; 이상윤, 『노동법』, 제6판, 366쪽 ; 임종률, 『노동법』, 제9판, 347쪽 ; 김형배, 『노동법』, 제20판, 281쪽.

3) 집단적근로조건으로 작용하는 관행에 대해서도 이에 준하는 조치가 요청된다(근기 68207-1873, 2000.6.20).

의의 방법·효력, 취업규칙과 서면합의·단체협약의 관계 등 자세한 내용에 대해 "근로조건의 결정과 원칙"의 "근로자의 집단참여" 부분에서 소개(제2편, 제1장 제1절, 2·나, (2))하였다.

4·나. 근로자참여제도의 구조

(1) 불이익변경법리 적용

근기법은 취업규칙의 작성·변경과 관련하여, 작성이나 근로자에게 불리하지 않은 변경에 대해서는 의견청취, 불리한 변경에 대해서는 동의를 요건으로 함으로써, 불이익변경법리를 형성하고 있다. 규정신설이나 미정부분규정은 불이익변경이 아닌 작성이라고 보는 판결[1]이 있으나, 취업규칙 전체를 기존의 취업규칙으로 본다면 신설이나 미규정부분의 보충은 변경에 해당된다는 지적이 가능하다.

(2) 불이익변경 판단기준

① 주관적기준과 객관적기준

불이익변경 판단기준에 대해 근로자의 주관에 따라 판단하는 주관적기준설[2]과 사회통념상 합리성[3]이 있는지에 따라 판단하는 객관적기준설[4]로 견해가 나뉜다. 입법론은 별론으로 하고,[5] 현행규정체계만 본다면 후자가 타당하다.

② 개별적판단과 종합적판단

㈎ 근로조건 기준

근로조건의 저하와 개선이 섞여 있을 때 고려방법에 대해 다음과 같이 견해가 나뉜다. 소극적종합고려설을 지지한다.

개별적 판단설[6]	어느 한 근로조건이라도 불리하면 불이익변경	전체적으로 유리한 데 동의를 받지 않았다는 이유로 무효화되면 근로자에게 불리

1) 대판 1994.6.24, 92다28556. 15년까지의 지급률만 규정하고 있던 종전의 퇴직금규정을 30년까지의 지급률로 수정함에 있어, 종전지급률 인하부분은 동의 필요, 16년 후의 지급률은 취업규칙작성이므로 의견청취로 충분.

2) 이병태, 『최신노동법』, 제9판, 932~933쪽. 사회적합리성설과 근로자불이익설로 나눈 후 후자 지지.

3) 변경취지와 경위, 불리한 정도, 변경필요정도, 교섭경위, 동종사업에 대한 일반상황, 업무성질, 취업규칙의 전체적체제 등 제반 사정을 종합해 판단(대판 1997.5.16, 96다2507 ; 대판 2002.6.11, 2001다16722 등).

4) 임종률, 『노동법』, 제9판, 343쪽 ; 이상윤, 『노동법』, 제6판, 358쪽 ; 대판 1988.5.10, 87다카2853 ; 대판 1989.5.9, 88다카4277 ; 대판 2010.1.28, 2009다32522·32539 등 많은 판례.

5) 객관적기준설은 불이익변경과 동의라는 2중적판단구조 때문에 합리성이라는 추상적기준에 의존하게 되고, 제3자의 주관에 좌우된다.

6) 김지형, 『노동법해설』, 청출어람, 1993년, 314쪽 ; 임종률, 『노동법』, 제13판, 357쪽.

적극적 종합고려설[1]	"퇴직금과 근로시간"처럼 비교가 가능하지 않은 부분을 포함해서 종합적 고려	불이익여부를 판단할 수 없음에도 동의 면제, 취업규칙변경법리의 본질 침해
소극적 종합고려설[2]	대가관계 · 연계성 · 비교가능성이 있는 근로조건으로 한정하여 종합적 고려[3]	연계성을 기준으로 함으로써 합리적 접근

(나) 적용대상 기준

취업규칙의 변경이 일부 근로자에게 유리하고 다른 근로자에게 불리하면 불이익변경에 준해 해석한다.[4]

③ 사회통념상합리성과 불이익변경

근로조건을 신설하거나 변경하는 취업규칙의 규정이 사회통념상 합리성을 갖는다면 불이익변경으로 보지 않는다고 해석된다.[5] 합리성 법리는 복무규율과 근로조건으로 나누어 설명될 수 있다. 인사 · 노무 · 조직,[6] 징계 · 변상제도[7] 등의 복무규율사항은 그 합리성이 넓게 인정된다. 근로조건과 관련하여 근로자들의 기득권 침해가 없거나,[8] 제도의 본질을 해치지 않거나,[9] 합법화 · 합리화[10]하는 것

1) 대판 1984.11.13, 84다카414.

2) 김유성, 『노동법 I』, 206쪽 ; 대판 2001.4.24, 99다9370 ; 대판 1992.2.28, 91다30828 ; 대판 1987.2.24, 84다카1409 ; 대판 1997.8.26. 96다1726 ; 대판 1995.3.10, 94다18072 ; 법무 811-19135, 1980.2.2.

3) <사례> 퇴직금계산의 기초임금과 퇴직금지급률(대판 1995.3.10, 94다18072).

4) 대판 1993.12.28, 92다50416 ; 대판 1993.5.14, 93다1893. 대한지적공사사건(한국노동법학회, 『노동판례백선』, 85쪽. 불이익변경 여부의 인적판단기준에 관한 일반적 기준을 제시) ; 대판 1995.3.10, 94다18072 ; 대판 1995.3.10, 94다18072 ; 대판 1997.8.26, 96다1726 ; 대판 1997.8.26, 96다1726 ; 대판 2009.5.28, 2009두2238(한국노동법학회, 『노동판례백선』, 89쪽. 불이익변경에서 동의주체인 집단의 범위를 판단하는 기준을 제시한 판례이다).

5) 대판 1978.9.12, 78다1046 ; 대판 1989.5.9, 88다카4277.

6) <인정사례> ① 연수, 교육, 승진, 평가, 시험, 인사고과 등(근기 01254-11010, 1987.7.9), ② 인사 · 노무관리 사항(근기 68207-352, 2003.3.26. 경영 · 인사권), ③ 기구 · 직급별 정원조정 · 직제개편(근로조건지도과-1153, 2008.4.29. 경영권) ; <부정사례> 직제변경으로 일부 근로자의 직급이 하향되거나 기존직급보다 낮게 신설된 직급에 이전 직급의 자를 배치(근로조건지도과-1153, 2008.4.29).

7) <인정사례> ① 기존제도 구체화[징계종류 · 사유 세복화(대판 1999.6.22, 98두6647 ; 대판 1988.5.10, 87다기2853), 변상절차세부화(근기 01254-10917, 1991.7.27), 해고조항근거로 통상해고기준 · 저성과개선프로그램마련(대판 2012.5.29, 2011두4760)], ② 합리적제도신설[자의적이지 않은 징계규정신설(대판 1989.5.9, 88다카4277), 해임과 정직 사이에 강등 신설(근로기준과-47, 2010.7.8)].

8) 불이익을 받는 사람이 현실적으로 없고, 특정근로자에게 불이익을 주려는 목적이 없을 것이 요구된다. ; <사례> ① '수당을 신설하면서 퇴직금산정기초에서 제외(긍정 ; 대판 1991.4.9, 90다16245 ; 대판 1997.8.26, 96다1726). ② 교대근로로 변경(부정 ; 근기 68207-935, 2003.7.23).

9) <사례> ① '고정상여금을 결근일수비율로 삭감 변경'(긍정, 대판 1991.8.13, 91다3642 ; 명백한 근로조건 저하), ② 합리적인 정년 신설[긍정, 대판 1978.9.12, 78다1046 ; 정년단축과 비교(부정, 근로기준과-4310, 2004.8.17) ; 연령차별금지 대상은 아니나 연령차별금지 정신에 반함 ; 명백한 근로조건 저하 ; 반대취지판례(대판 1997.5.16, 96다2507) ; 신규입사자에게만 적용하면 긍정(대판 1994.5.24, 93다46841 ; 근로기준팀-194, 2006.1.10 등)].

10) <사례> ① 정년연장(긍정, 근기 01254-16545, 1991.11.5, 승진적체 반발이 문제의 발단), ② 3조3교대제에서 4조3교대제로 변경(긍정, 근기 68207-1732, 1994.11.4. 통상임금액 유지 조건), ③ 주간근무로 전환(긍정, 야간수당 감소, 근기 68207-691, 2003.6.11), ④ 연장근로폐지(긍정, 근기 68207-286, 2003.3.13), ⑤ 포괄임금제폐지(긍

은 불이익변경으로 인정되지 않을 수 있다.

(3) 불이익변경 판단시점과 입증책임

취업규칙의 변경이 불리한지를 판단하는 기준시점은 규칙변경이 이루어진 시점이다.[1] 불이익변경에 대한 입증책임은 주장하는 자에게 있다.[2]

4·다. 불이익변경법리의 예외

(1) 동의의 효력

① 효력범위

동의는 효력요건이다. 근로자집단의 동의를 받으면, 반대하는 개인에게도 변경의 효력이 미친다.[3] 근로자집단의 동의를 받지 못하면 유리한 부분을 포함하여[4] 변경된 부분 전체가[5] 개인적으로 동의한 근로자에게까지[6] 무효이다.

② 이의제기

근로자의 동의 없이 취업규칙을 불리하게 변경한데 대해 근로자가 이의를 제기함에 있어 시효는 없다.[7]

③ 규범간의 관계

적법한 절차를 거쳐 취업규칙이 불이익하게 변경된 경우, 단체협약의 규범적 효력에 의해 그 효력이 제한될 수 있고, 유리조건우선원칙 때문에 근로계약 또는 단체협약이 우선 적용될 수도 있다(제1편, 제1장 제4절, 3·가)

(2) 동의의 예외

① 사정변경

취업규칙을 변경함에 있어서 집단적동의를 얻지 못해도 그 후의 사정변경에 따라 근로자들이 이미 획득한 이익을 침해하지 않게 되면, 개정된 취업규칙이 기존 근로자들에게 적용된다.[8]

정, 근로개선정책과-369, 2011.3.18).

1) 대판 1993.9.14, 92다45490 ; 대판 1994.11.18, 93다18938 ; 대판 1997.8.26, 96다1726 ; 대판 2001.4.24, 99다9370.

2) 서울고판 1978.4.6, 77나2947.

3) 대판 2008.2.29, 2007다85997.

4) 대판 1995.3.10, 94다18072.

5) 대판 1997.8.26, 96다1726.

6) 대판 1977.7.26, 77다355 ; 대판 1991.3.27, 91다3031 ; 대판 1991.9.24, 91다17542 ; 대판 1992.12.8, 91다38174.

7) 대판 1991.9.24, 91다17542. 10여년이 경과한 후 이의를 제기해도 금반언의 법리에 반하지 않는다. ; 시효가 없다는 것은 퇴직금규정과 같이 채권으로 발생하지 않은 경우에 해당, 이미 성립된 임금채권은 3년시효 적용.

8) 대판 1997.8.26, 96다1726. 퇴직금산정기초에 기타수당추가 · 지급비율저하, 기타수당증액으로 산정액 증가.

② 신규입사자

동의를 받지 못한 불이익변경이 신규 및 재입사[1] 근로자에 대해 효력이 있는지를 둘러싸고 견해가 나뉜다. 상대적유효설이 다수설적인 견해이나 개인적으로는 절대적무효설을 지지한다.

상대적유효설[2]	근로자집단의 동의 없이 불리하게 변경된 취업규칙이 신규근로자에게 효력이 있음[3]
절대적무효설[4]	근로자의 동의 없이 불리하게 변경된 취업규칙이 신규입사자를 포함한 모든 근로자에게 효력이 없음[5]

상대적유효설을 취해도, 단체협약의 내용이 종전 취업규칙의 내용과 같다면 불리하게 변경된 취업규칙은 단체협약에 반하므로 신규입사자에게 무효일 수 있다.[6] 상대적유효설에 따르면 근로자집단의 동의를 받아 신규입사자를 불리하게 취급하는 취업규칙 변경은 인정된다.

③ 사회통념상합리성과 동의 면제

근로조건이 명백하게 불리해지더라도 사회통념상 합리성이 있으면 동의를 받지 않아도 된다는 판례법리가 일본[7]에서 형성되었다. 우리나라에서도 동의 여부를 판단함에 있어 사회통념상 합리성이라는 개념이 활용되어 오다가,[8] 원칙적판

---

1) 대판 1993.1.15, 92다39778 ; 대판 1996.10.15, 95다53188.

2) 임종률, 『노동법』, 제9판, 346쪽 ; 이상윤, 『노동법』, 제6판, 363쪽 ; 김형배, 『노동법』, 제20판, 290~291쪽.

3) 대판(전) 1992.12.22, 91다45165, 첫째, 취업규칙 작성·변경권이 사용자에게 있음, 둘째, 기존근로자의 기득권 침해가 없음, 셋째, 신규근로자가 변경된 취업규칙을 수용하고 입사. 변경된 취업규칙이 법규범적효력을 갖고 종전의 취업규칙은 기존근로자의 기득권을 보장하는 범위 내에서만 효력이 있으므로 하나의 사업에 2개의 취업규칙을 둔 것이 아니고, 변경된 취업규칙의 퇴직금제도가 기존근로자의 기득이익을 침해하므로 그 부분에 한해 효력이 없어 그들에게는 종전제도를 적용하는 것이므로 '퇴직금제도차등금지조항'에도 미위반.

4) 대판(전) 1992.12.22, 91다45165 중 소수의견 ; 한국노동법학회, 『노동판례백선』, 97쪽. 종전의 판례를 변경해야 할 특별한 사회적·경제적 사정이나 상위법률의 개정 등과 같은 규범적 정당화 사유가 없음에도 이를 임의적으로 변경함으로써 판결에 의한 성문법의 개정의 효과를 가져오므로 사법권한계 일탈.

5) 첫째, 집단적동의를 얻지 않은 취업규칙은 개인적으로 동의한 근로자에 대해서도 효력이 발생치 않는다는 논리와 모순 둘째, 동의를 얻지 못하면 종전취업규칙이 계속 유효하고 변경된 취업규칙은 미성립 셋째, 신규근로자에게만 적용하려면 경과규정을 두거나 그 취지규정 필요.

6) 비슷한 취지, 이상윤, 『노동법』, 제6판, 363쪽.

7) 「노동기준법」에 취업규칙의 작성·변경 절차로 의견청취 조항(제90조)만을 둔 상태에서, 편무성의 단점을 해소하기 위한 판례법리가 「勞働契約法」(제7조, 제10조, 제11조)에 반영되었다. 우리나라는 불이익변경에 대해 동의를 효력요건으로 법에 명시하고 있고, 합리성법리를 적용할 법적근거를 두고 있지 않다.

8) <사례> ① 계열사 근로조건 통일, 대판 2000.9.29, 99다45376. 부정, ② 기업합병 근로조건 통일, 대판 2001.1.5, 99다70846(한국노동법학회, 『노동판례백선』, 99쪽), ③ 정부방침·공익·공기업 ; <부정의견> 「정부투자관리기본법」은 근기법의 특별법으로 볼 수 없으므로 이사회 결의 및 주무장관 승인에 따라 퇴직급여규정을 개정해도 근로자에게 불리하다면 동의를 받아야 한다는 판결이 일반적이며(대판 1992.6.23, 91다30835 ; 대판 1992.7.12, 91나43512 ; 대판 1994.10.14, 94다25322 등 많은 판례), 1980년도에 '국보위'는 정부투자·출연기관의 퇴직금제도

단과 부가적판단으로 구성된 판례법리가 형성되었다.[1)]

㈎ **원칙적 판단**

취업규칙변경이 당시 상황을 근거로 판단할 때 필요성 및 내용이 근로자가 입게 될 불리함을 고려해도 변경조항의 법적규범성이 인정될 정도로 사회통념상 합리성이 있다면, 집단적동의가 없다는 이유만으로 그 적용이 부정될 수 없다.

㈏ **부가적 판단**

사회통념상 합리성은 취업규칙변경이 근로자에게 불리한 정도, 변경필요성의 내용과 정도, 변경된 취업규칙 내용의 상당성, 변경에 대신해서 행한 조치를 포함한 다른 근로조건 개선상황, 노동조합 등과의 교섭경위 및 노동조합이나 다른 근로자 반응, 같은 사례에 관한 일반적 정황 등을 종합적으로 고려해 판단한다.

사회통념합리성이 있는지는 개정 당시의 상황을 대상으로 판단한다.[2)]

㈐ **한 계**

사회통념상합리성법리에 대해 근기법규정을 배제하는 효과가 있으므로 엄격히 해석해야 한다는 판결[3)]이 발견된다. 이 법리는 동의조항이 없는 일본의 취업규칙제도[4)]에 관한 판례법리가 수용된 것으로 타당성에 대해 의문의 여지가 있다.

④ 소급추인

권한 있는 근로자집단으로부터 소급해 추인을 받은 경우, 동의없이 불리하게 변경된 취업규칙의 효력이 인정된다.[5)] 개인적찬성만으로는 소급추인이 인정되지 않는다.[6)] 추인 전에 퇴직한 근로자들에게는, 별도규정이 없는 한, 소급추인의 효력이 없다.[7)]

를 하향조정하는 조치를 취했는데 이후 대법원은 노조의 동의절차가 있었던 한국전력, 남해화학, 국정교과서(주) 및 4개 국책은행을 제외한 다른 기관들의 취업규칙은 무효라고 판결 ; <긍정의견> 대판 2002.6.11, 2001다16722. 긍정, 노사협의회를 통해 특별상여금을 평균임금에서 제외한 사건 ; ④ 기득권 침해, 대판 2004.7.22, 2002다57362. 부정, 기관 통합 필요성이 인정되어도 개정된 정년에 다다른 근로자에 대한 배려가 없고, 법규범성을 인정할 만한 사회통념상의 합리성 없음, ⑤ 사회통념상 합리성, 대판 2005.11.10, 2005다21494. 부정.

1) 대판 2009.6.11, 2007도3037. 긍정.

2) 대판 1993.9.14, 92다45490.

3) 대판 2010.1.28, 2009다32362. ; 대판 2015.8.13, 2012다43522. 부정.

4) 계약설에 입각하여 개인적으로 동의하는 근로자에 대해서만 취업규칙이 적용되나, 사회통념상 합리성이 있으면 반대하는 근로자에게도 적용된다는 법리가 판례를 중심으로 발전해오다가 노동계약법에 명시되었다.

5) 대판 1993.1.15, 92다39778 ; 대판 1993.3.23, 92다52115 ; 대판 1993.5.11, 92다49294 ; 대판 1994.5.24, 93다46841 ; 대판 1997.2.11, 95다55009. 취업규칙개정 이후에 설립된 과반수노조의 경우와 이해관계가 있는 개정 당시의 근로자들이 없는 경우에도 소급효를 인정 ; <비판> 퇴직급여채권이 발생치 않았다는 이유로 이미 근로한 기간에 대한 기준까지 낮추는 것처럼 기득의 권리를 침해함으로써 위법소지가 있음.

6) 대판 1993.1.15, 92다39778 ; 대판 1997.8.22, 96다6967 등 다수.

7) 대판 2004.7.22, 2002다57362.

5. 주지의무

5·가. 법적근거

사용자는 근기법과 근기령의 요지와 취업규칙을 근로자가 자유롭게 열람할 수 있는 장소에 게시하거나 갖추어 근로자에게 널리 알려야 한다(근기법 §14①, §116①ii 5백만원 과태료).

5·나. 주지방법

근기법이 요구하는 주지방법은 '근로자가 자유롭게 열람할 수 있는 장소에 게시하거나 갖추는 것'이다. 구체적으로는 새로운 규범인 것을 근로자 일반으로 하여금 알게 하는 절차가 요구된다.

5·다. 위반효력

주지의무를 위반한 취업규칙의 효력에 대해, 벌칙의 적용은 별론으로 하고, 의견이 나뉘는데 해석론적인 관점에서는 유효설이 타당하다고 생각한다.[1]

무효설[2]	관련규정은 취업규칙의 법규범적효력을 부여키 위한 전제로서 근로조건의 내용을 명확히 알게 하기 위한 것이므로 적절한 방법으로 주지하지 않으면 효력이 없음.
유효설[3]	관련규정은 단속규정으로서 게시 또는 비치를 하지 않더라도 취업규칙의 내용이 무효로 되지 않음.

6. 기숙사규칙

6·가. 법적근거

근기법은 기숙사제도를 통해 근로자를 부당하게 구속하는 것을 예방하고 근로자의 건강·안전·풍기를 해치지 않도록 기숙근로자의 사생활의 자유, 기숙사생활의 자치·질서 및 안전·위생에 관해 규정하고 있다.

6·나. 사생활자유보장

사용자는 사업(장)의 부속 기숙사에 기숙하는 근로자의 사생활의 자유를 침해하지 못하며, 기숙사생활의 자치에 필요한 임원선거에 간섭하지 못한다(근기법 §98).

---

1) 일본의 취업규칙제도는 불이익변경에 대해 개별적 동의를 요구하고, 이에 대한 예외로 합리적변경법리를 채택하면서 주지를 합리성과 함께 취업규칙의 기본적인 효력요건으로 인정한다(菅野和夫, 『勞働法』, 第10版, 139頁 ; 日本 勞働契約法 第7條). 우리나라의 경우, 근로자집단의 의견청취나 동의가 주지의 기능을 한다.

2) 대판 2004.2.12, 2001다63599 ; 김유성, 『노동법 I』, 213쪽 ; 임종률, 『노동법』, 제13판, 362쪽. 수정된 견해임 ; 김형배, 『노동법』, 제24판, 304쪽. 수정된 견해임.

3) 이상윤, 『노동법』, 제6판, 367쪽 ; 대판 2004.2.12, 2001다63599.

6·다. 기숙사규칙 작성·변경

사업의 부속기숙사에 근로자를 기숙시키는 사용자는 기상, 취침, 외출·외박, 행사·식사, 안전·보건, 건설물·설비관리와 '기숙근로자 전체에게 적용될 사항'에 대해 기숙사규칙을 작성해야 한다(근기법 §99①). 기숙사규칙의 작성 또는 변경에 관해서는 기숙근로자과반수를 대표하는 자의 동의를 받아야 한다(근기법 §99②).

6·라. 기숙사설비와 안전

기숙사는 '구조와 설비', '설치 장소', '주거 환경 조성', '면적', '그 밖에 근로자의 안전하고 쾌적한 주거를 위하여 필요한 사항'에 관하여 '대통령령으로 정하는 기준'[1]을 충족해야 한다(근기법§100, 2019.1.15 개정 2019.7.16 시행). 사용자는 부속기숙사에 대해 근로자의 건강유지, 사생활보호 등을 위한 조치를 마련해야 한다(근기법§100의2, 2019.1.15 개정 2019.7.16 시행).

6·마. 위반효과

임원선거간섭금지, 기숙사규칙 작성·변경과 근로자동의, 기숙사규칙준수 등에 대한 조치를 위반하면 5백만원이하의 과태료를 부과할 수 있다(근기법 §116①ii).

제3절 계속근로기간과 출근율

1. 계속근로기간

1·가. 의 의

(1) 활 용

근퇴법(§8①)은 퇴직급여를 산정함에 있어 계속근로기간을 기준으로 삼고 있고, 근기법(§60)은 연차유급휴가제도와 관련하여 '계속하여 근로한 기간이 1년 미만인 근로자'라는 표현을 사용하고 있다.

---

1) 설치장소는 소음이나 진동이 심한 장소 등을 피하여야 한다(근기령 §56). 기숙사침실의 넓이는 1인당 2.5제곱미터 이상으로 한다(근기령 §58). 사용자는 남성과 여성을 기숙사의 같은 방에 거주하게 하여서는 안된다(근기령 §57 i). 교대조 근무보호를 위해 취업시간을 달리하는 2개조 이상의 근로자들을 같은 침실에 기숙하게 하여서는 안된다(근기령 §57 ii).

(2) 개 념

계속근로기간의 개념에 대해서는 사업기준으로 '계속하여 근로를 제공한 기간'이라는 견해와 '근로계약을 체결하여 해지될 때까지의 기간'이라는 견해로 나뉜다. 행정해석[1]과 판례[2]는 후자의 견해를 원칙으로 하면서 특정기간에 대해 예외를 인정하고 있다. 계속근로기간은 사업(장)의 동일 사용자에게 고용되어 사용된 기간으로 판단한다.[3]

1·나. 계속근로기간 산정

(1) 기산일

계속근로년수의 기산일은 초일불산입(初日不算入)원칙(민법 §157)에도 불구하고 입사일, 근로계약체결일 등 출근의무가 있는 날이 된다.[4] 계속근로기간을 산정함에 있어 입사일이 아닌 날로 약정할 수 있으나, 근로자에게 불리한 결과를 초래하면 안된다. 기산일에 근로를 제공하지 않더라도 기산일부터 계속근로기간에 포함한다.

(2) 마감일

계속근로기간의 마감일은 근로관계의 자동소멸, 임의퇴직, 합의퇴직, 정년퇴직, 경영해고, 징계해고 등 근로계약이 끝나는 날 즉, 퇴직일이 된다.[5] 퇴직일을 마지막 근로일로 해석하는 것이라면 그 날은 근로가 제공되지 않더라도 계속근로기간에 포함된다.[6] 반면에 퇴직일에 근로를 제공하지 않는 것으로 해석된다면 계속근로기간에서 제외된다.[7]

1·다. 특정기간 합산

(1) 해외근로

해외근로를 선택하면서 사직서를 제출하고 퇴직금을 수령한 후 해외근로를 마치고 다시 입사하면, 이후 퇴직금은 재입사시부터 기산한다.[8] 그러나 사직서제

1) 임금 68207-735, 2001.10.26 ; 퇴직연금복지과-756, 2016.2.23.
2) 대판 1995.7.11, 93다26168.
3) <사례> 고용차별개선과-82, 2011.3.9. 동일법인 내에서 별도의 사업자등록이 된 시설을 이동하며 근무하였더라도 사용자가 동일한 경우에는 계속근로기간으로 산정한다.
4) 근기 01254-2433, 1991.2.21.
5) 대판 1972.4.11, 71다1033. 평균임금산정기산점이 퇴직일전날이 되는 것(근기 1455-35037, 1987.12.31)과 비교됨.
6) 근기 68201-3970, 2000.12.23. 사유발생일을 평균임금산정기간에 포함시키지 않는 것과 균형을 맞춘 해석이다.
7) 근로개선정책과-1115, 2013.2.12. 7월부터 12월까지가 생일인 자에 대해서는 12월31일을 정년으로 한다는 규정에 대해, 정년일 즉, 12월31일에는 근로일로 볼 수 없으므로 실제로 근로를 하지 않으면 1월1일부터 기산하는 마지막 해에 대해 연차유급휴가미사용수당이 발생하지 않는다

출 및 퇴직금수령행위가 없으면 계속근로로 보아야 하며 해외근로나 해외교육 중에 또는 직후에 퇴직해도 이에 준한다. 해외유학기간이 근로자로서의 본연의 직무에 관련되면 계속근로년수에 통산된다.[1]

(2) 비정규근로

'비정규직과 비정규직의 반복 갱신'[2] 또는 '비정규직과 정규직 전환'도 계속근로년수로 합산된다.[3]

(3) 법적근거가 다른 신분

① 공무원

근기법 적용을 받던 국가기관, 지방자치단체 등의 일용직·임시직근로자가 공무원의 신분을 갖는 고용직·기능직으로 임명되어 「공무원연금법」의 적용을 받으면 이 두 기간은 단절된다.[4]

② 사원과 임원

근기법의 적용을 받는 사원으로 계속 근무하다가 상법상 이사나 감사 등으로 승진한 경우에는 그 두 기간을 단절시켜 각각 계속근로년수를 계산한다.[5]

(4) 훈련·수습·시용

'고용근로자에 대한 직업훈련기간'은 근로제공시간이 되므로 원칙적으로 계속근로년수에 합산된다.[6] 다만, 채용이 전제되어 있지 않은 양성훈련은 근로관계가 성립되어 있지 않으므로 산정기간에서 제외된다.[7] 수습기간, 시용기간도 계속근로년수에 합산한다.[8]

(5) 휴업·휴직

① 사용자귀책

업무상질병·부상 등 업무상재해로 인한 휴업기간[9]과 사용자귀책사유로 인한

---

8) 대판 1996.9.10, 96다6141. ↘ 126쪽

1) 김지형, 『노동법해설』, 220쪽.

2) <사례> 근로기준과-535. 2011.2.7. 연차휴가관련.

3) 대판 1995.7.11, 93다26168 ; <사례> 고용차별개선과-530, 2012.3.15. 지자체에서 노인일자리사업전담인력 근로자로 2008.12~2010.3 기간 동안 1년 4개월 근무 후 경로당 순회프로그램관리자로 2010.4~2012.3 기간 동안 근무한 경우 계속근로기간으로 합산된다.

4) 대판 1981.1.13, 80다2395 ; 대판 1978.6.2, 78다425 ; 법무 811-29455, 1979.12.14.

5) 근기 01254-2931, 1987.2.24 ; 법무 811-25183, 1980.9.25.

6) 근기 01254-4856, 1990.4.4.

7) 근기 01254-14029, 1987.8.31.

8) 근기 01254-21592, 1985.11.29.

휴업기간[1]은 근로관계가 정지·해지되었다고 보기 어려우므로 계속근로년수에 포함한다. 근로의 특성상 근로를 제공하지 않는 방학기간 등도 마찬가지이다.[2]

② **근로자귀책**

'개인적인 사유로 휴업한 기간'에 대해서는 의견이 나뉜다. 긍정설[3]에 따르면 근로계약이 유지되고 있는 중이면 그 기간 모두를 계속근로년수에 합산한다. 이에 반해, 근로자에게 책임 있는 휴직에 대해 실질적근로관계가 근로자귀책 때문에 일시적으로 정지된다는 점을 감안하여, 계속근로년수에서 제외해야 한다는 부정설[4]이 있다. 부정설이 다수의견이라고 볼 수 있다.

③ **군복무기간**

군복무기간 중 근로자의 신분에 대해서는 「병역법」에 규정되어 있는데 사용자로 하여금 그 기간을 휴직처리하도록 하고 있다. 그러나 계속근로에 대해서는 특별한 규정을 두고 있지 않아 산입되지 않는 것으로 해석된다.[5]

(6) 쟁의행위 · 노조전임 · 결근

근로관계를 해지한 사실이 없이 근로계약관계가 유지되면 계속근로년수에 포함된다.[6] 노동조합전임기간은[7] 근로제공기간이 아니나 근로계약이 유지되므로 계속근로년수에 합산된다. 사용자의 승인을 받은 결근기간도 근로계약이 유지되면 계속근로기간에 포함된다.[8] 무단결근에 대해서는 근로자가 근로계약을 부정한 효과가 있으므로 계속근로기간에 합산되지 않는다고 해석[9]된다.

(7) 부당해고 · 징계

근로자에 대한 해고가 무효로 확인된 경우에는 부당해고기간도, 근로제공여부를 기준으로 판단하는 출근율과는 달리, 계속근로기간에 합산한다.[10] 대기발령,[11]

---

9) 근기 01254-5206, 1987.3.14 ; 근로기준과-528, 2011.1.31. ↘ 127쪽
1) 근로기준팀-5819, 2007.8.7. 휴업기간 중에 다른 회사에 취업하여 4대보험에 가입하더라도 마찬가지이다.
2) 대판 2018.4.24, 2015두44165.
3) 노동청예규 제1호, 1963.12.5.
4) 김지형, 『노동법해설』, 218쪽 ; 대판 1991.6.28, 90다14560.
5) 대판 1993.1.15, 92다41896.
6) 임금 32240-1034, 1989.10.19.
7) 근기 1455-20260, 1981.7.11.
8) 근기 1451-25560, 1983.10.11.
9) 퇴직연금복지과-2345, 2015.7.16.
10) 임금복지과-250, 2010.3.22 ; 퇴직연금복지과-208, 2015.2.12.
11) 대판 2003.7.25, 2001다12669 ; 근기 1455-322, 1971.1.13. 사용자귀책으로 인한 휴업에 준해서 해석.

정직 등 징계기간도 근로계약이 살아 있으므로 계속근로기간에 합산한다.

(8) 기업변동

인사이동 및 '기업의 양수·양도·합병·분리 등에 있어 고용승계가 인정된 경우'에는 계속근로기간으로 합산한다.

2. 출근율

2·가. 의 의

근기법(§60)과 근기령(§30)은 각각 출근율을 연차유급휴가와 주휴일의 부여 요건으로 명시하고 있다. 출근율은 근로의무가 있는 날에 대해 실제로 근로를 제공하기 위해 사업장에 출근한 날의 비율을 말한다.

2·나. 출근율 산정기초

(1) 소정근로일 기준

출근율은 소정근로일을 기준으로 계산한다. 소정근로일이라 함은 법령의 범위 안에서 당사자가 근로하기로 정한 날을 말한다.

(2) 소정근로일 변형

① 일용근로

일용근로자도, 근기법이 적용되므로, 1주·1년 등을 넘어 근로한 경우에는 주휴일·연차유급휴가를 부여받을 권리를 가진다. 이 때 역일을 기준으로 1주, 1년 등의 출근율을 산정한다는 견해[1]와 통상근로자의 소정근로일을 기준으로 하여 출근율을 계산하되 근로를 제공하기로 약정하지 않은 기간은 소정근로일수에서 제외한다는 견해[2]가 대립되는데, 전자가 타당하다고 생각한다(제2편, 제7장 제2절, 2·나).

② 유연근로시간제

선택적근로시간제(근기법 §52), 재량간주근로시간제(근기법 §58③) 또는 사업장밖간주근로시간제(근기법 §58①②)를 도입하면서 출·퇴근을 모두 근로자의 재량에 맡기더라도 전체를 출근으로 본다는 약정이 없는 한 실제로 근로한 시간이 있는 날을 출근으로 본다.

---

1) 근로개선정책과-3091, 2014.5.28.
2) 근로개선정책과-1870, 2012.3.20.

2·다. 출근율과 근로미제공일

(1) 소정근로일수에서 제외

① 대상기간

출근율을 계산할 때 소정근로일수계산에서 제외되는 날이 있다. '법령 또는 약정에 의한 휴무 또는 휴직',[1] 사용자의 귀책사유로 인한 휴업기간,[2] 적법한 쟁의행위기간,[3] 노조전임기간,[4] 가족돌봄휴직기간(고평법)과 기타 이상의 기간에 준하여 해석할 수 있는 날 또는 기간[5]이 여기에 해당한다. 직장폐쇄기간에 대해서는 '직장폐쇄의 적법성과 '노동조합 쟁의행위의 적법성'에 따라 달리 판단[6]된다.[7]

② 비례계산

연차유급휴가일수를 부여함에 있어 후자 즉 "특별한 사유로 근로제공의무가 정지되는 날 또는 기간"에 대해 비례계산이 인정된다.[8] 이러한 기간에 대한 연차유급휴가일수는 '소정근로일수에서 제외되는 기간을 제외한 나머지 소정근로일수' 즉, 실질소정근로일수에 대한 출근율에 따라 산출된 일수에 「'해당사업장 일반근로자의 연간 소정근로일수'에 대한 '해당근로자의 연간 나머지 소정근로일수' 비율」을 곱하여 산정한다.

---

1) 주휴일, 근로자의날, 약정휴일 등 ; 법제처 20-0289, 2020.7.24. <공정> 병역법에 따른 병역의무이행을 위한 휴직.

2) 임금 32240-673, 1990.1.16 ; 근로개선정책과-2672, 2011.8.23. 발주물량 부족으로 자택에 대기한 근로자에 대해 대기기간을 뺀 나머지 날로 출근율을 판단하고, 연차휴가일수는 연간소정근로일수 비례로 산정.

3) 대판 2013.12.26, 2011다4629.

4) 대판 2019.2.14, 2015다66052. 노조전임자는 휴직근로자와 유사하나(대판 2003.9.2, 2003다4815 · 4822 · 4839 등), 단결권보장을 고려하면 결근한 것으로 볼 수 없고, 출근간주규정이 없으므로 출근으로 의제할 수도 없다.

5) 근로개선정책과-3370, 2014.6.13.

6) 위법한 직장폐쇄가 없었더라도 쟁의행위에 참가하여 근로를 제공하지 않았을 것임이 명백한지는 쟁의행위에 이른 경위 · 원인, 직장폐쇄사유와의 관계, 쟁의행위에서 해당근로자의 지위 · 역할, 실제 이루어진 쟁의행위에 참가한 근로자수 등 제반사정을 참작하여 신중하게 판단하고, 그 증명책임은 사용자에게 있다(대판 2014.3.13, 2011다95519 ; 대판 2012.9.27, 2010다99279 ; 대판 2013.12.26, 2011다4629 등 참조).

7) 대판 2019.2.14, 2015다66052. 다음과 같이 표로 나타낼 수 있다.

직장폐쇄	노동조합의 쟁의행위		출근율 산정
적 법	적법 (대판 2017.7.11, 2013도7896)		소정근로일제외
	위 법		소정근로일포함(결근처리)
위 법	직장폐쇄가 없더라면 명백히 쟁의행위를 하지 않음.		소정근로일포함(출근인정)
	직장폐쇄가 없었어도 명백히 쟁의행위를 함.	적 법	소정근로일제외
		위 법	소정근로일포함(결근처리)

8) 대판 2013.12.26, 2011다4629 ; 대판 2019.2.14, 2015다66052 ; 노동부지침, 「연차휴가 등의 부여시 소정근로일 및 출근여부 판단기준」; 제정 근기 68207-709, 1997.5.30 ; 개정 임금근로시간정책팀-3228, 2007.10.25 ; 근로개선정책과-3190, 2013.5.30.

(2) 출근간주

소정근로일에 출근하지 않았으나 법령에 의해 그 날 또는 그 기간을 출근한 것으로 보도록 하는 규정이 있거나, 휴무일로 보지 않도록 한 규정이 있거나, 그 성질상 결근한 것으로 처리할 수 없는 날 또는 기간에 대해서는 소정근로일수에 포함하여 계산하되 출근한 것으로 본다. 업무상재해휴업기간(근기법 §60⑥ i),[1] 출산휴가 및 유산·사산휴가(근기법 §60⑥ ii), 육아휴직기간(근기법§ 60⑥iii), 예비군훈련기간(예비군법 §10), 민방위훈련·동원기간(민방위기본법 §27), 공민권행사휴무일(공직선거법 §6③), 연차유급휴가,[2] 생리휴가, 부당해고기간,[3] 기타 이에 준하여 해석할 수 있는 날이 여기에 해당한다.

(3) 특수기간 처리

① 결근 · 지각 · 조퇴 · 외출

사용자의 휴일근로명령을 이행하지 않아도 이를 결근으로 처리하여 연차유급휴가나 주휴일 부여에 영향을 미칠 수 없다.[4] 단체협약·취업규칙 등의 규정에 따라 주휴일을 어느 특정일과 대체하면 당초의 주휴일에 결근한 경우에는 출근율계산에 있어 결근으로 처리된다.[5] 취업규칙 등에 '일정 횟수 이상의 지각 등을 1회의 결근'이라고 규정해도 이를 결근으로 처리하면 안된다.[6]

② 대기발령 · 정직 · 출근정지

㈎ 사용자귀책

회사가 노무관리상 이유로 대기발령한 기간은 '사용자의 귀책사유로 인한 휴업'처럼 소정근로일에서 제외한다.[7]

㈏ 근로자귀책

㉮ 통상적 휴직

부상, 구속수감 등 근로자귀책사유로 정직·휴직한 날에 대해서는 특약이 없는 한 결근일과 같이 취급하여 출근율을 산정한다.[8]

---

1) 대판 2017.5.17, 2014다232296·2014다232302.
2) 근기 68207-2410, 2000.8.11. 격일제근로의 월차유급휴가(2003년 근기법개정 전) 사용일을 출근 간주.
3) 대판 2014.3.13. 2011다95519.
4) 근기 1455-15761, 1981.5.21.
5) 근기 01254-450, 1990.1.11.
6) 근기 1451-21279, 1984.10.27.
7) 근기 1455-322, 1971.1.13.
8) 근기 01254-1774, 1987.2.5.

㉯ 징계성 정직

징계성 정직・직위해제기간도 결근일과 같이 취급하여 출근율을 산정해도 위법이 아니라는 해석[1]이 있다. 이 경우 근로자로서는 징계를 받은 상태에서 다시 휴일・휴가에 있어 불이익을 받는다. 따라서 근로자의 의사와 관계없이 사용자가 근로제공의무를 부여치 않았으므로 인사명령 자체를 사용자귀책으로 보고 출근율을 계산할 때 소정근로일에서 제외하는 것이 타당해 보인다.

2·라. 출근율 계산방법

(1) 휴직・복직과 기산점

출근율산정대상기간의 기산일은 근로자의 채용일, 입사일, 근로계약체결일 등이다.[2] 취업규칙 등으로 전근로자에 대해 일률적으로 기산일을 정해도[3] 근로자에게 불리하지 않는 한,[4] 위법은 아니다.

(2) 월만근일수

"매월의 만근일수를 정하여 이를 휴일・휴가부여를 위한 출근율산정기준으로 삼는 합의는 근로자에게 불리함이 없는 한 무효로 볼 수는 없으나, 다툼이 있으면 소정근로일을 정하지 않았으므로 달력상의 1주・1년을 대상으로 실근로여부를 따져서 판단해야 한다"는 것이 행정해석[5]의 입장이다.

(3) 주・월・년 전체 제외

주휴일이나 연차유급휴가의 성질에 비추어 볼 때, 주・월・년의 전부가 소정근로일수에서 제외되거나 출근으로 간주되는 날이면 이를 부여하지 않아도 된다는 것이 행정지침의 태도이다. 그러나 판례는 업무상재해기간,[6] 부당해고기간[7] 등을 출근으로 간주하면서 그 기간이 1년 전체에 걸치거나 소정근로일수 전부를 차지해도 마찬가지라고 해석함으로써 행정치침을 부분적으로 배척하고 있다.

---

1) 대판 2008.10.9, 2008다41666 ; 근로기준과-3296, 2009.9.1. 반대취지의 해석(근기 68207-987, 1997.7.25. 운전원의 승무정지 관련 해석 ; 근기 68207-402, 2002.1.29)이 있었으나 그 입장을 바꾼 것으로 보인다.

2) 근기 01254-121, 1993.1.27.

3) 근기 01254-121, 1993.1.27.

4) 기준 1455.9-9771, 1989.9.17.

5) 근기 01254-5396, 1987.4.2 ; 근기 01254-265, 1989.1.7.

6) 대판 2017.5.17, 2014다232296・2014다232302.

7) 대판 2014.3.13, 2011다95519.

제 3 장
근로관계의 내용

제1절 근로시간과 휴식

1. 근로시간

1·가. 법정기준근로시간

(1) 의 의

① 법정기준근로시간 연혁

㈎ 국 제

노동운동의 역사는 근로시간단축에서 비롯되었다. 근로시간단축의 역사는 1일 근로시간의 단축으로부터 시작되었다. 1일8시간근로제는 1866년 제1회 인터내셔널대회에서 국제노동운동의 강령으로 채택된 후, 이를 관철하기 위한 범세계적인 노력의 결과로, 1919년의 ILO 제1호협약(공업적 사업에 있어 근로시간을 1일 8시간 및 1주 48시간으로 제한하는 협약)을 통해 세계적인 표준으로 자리잡게 되었다.

이후 근로시간단축은 주당근로시간 단축에 초점이 맞추어진다. 1930년대에 공황을 겪으면서 대규모의 실업이 발생하자 일자리를 만들기 위해 1주40시간근로제의 도입이 거론됨에 따라, ILO는 1935년에 제47호협약(근로시간을 1주 40시간으로 단축할 것에 관한 협약)을 통해 1주40시간근로제를 채택했다. 이 협약은 체결 당시에 가맹국의 비준을 거의 받지 못했다. ILO는 1962년에 제116호권고(근로시간 단축에 관한 권고)를 통해 1주40시간근로제를 '달성해야 할 사회적기준'이라고 선언하면서 생활수준의 저하 없는 근로시간의 단축을 유도하게 된다. 그 결과 제47호협약의 비준국이 늘어나면서 1주40시간근로제가 국제적인 기준으로 자리를 잡게 되었다.

㈏ **우리나라**

'1953년 제정 근기법'은 1일8시간근로제와 1주48시간근로제를 규정했다.

1989년에는 1주44시간근로제가 도입되었으나, 실근로시간의 단축효과는 크지 않았다. 이후 1998년에 경제위기를 맞아 일자리나누기 차원에서 근로시간단축에 대한 논의가 시작되어 궁극적으로는 일과 생활의 조화라는 새로운 패러다임을 아래 2004년에 1주40시간근로제가 도입되었다.

② 법정기준근로시간 개념

근기법은 1일과 1주를 단위로 하여 근로시간을 제한하고 있는데 이를 법정기준근로시간이라고 한다.

③ 법정기준근로시간 취지

법정기준근로시간을 규정하는 이유는 긴 시간 근로로 발생하는 피로를 회복시켜 노동력을 보전하고 인간다운 생활을 영위할 수 있도록 하기 위함이다.

④ 법정기준근로시간 의미

법정기준근로시간은 그 시간을 초과해서 근로시킬 수 없는 절대적금지조항으로 보기 어려우며, 법정초과근로시간의 판단 기준으로 작용한다.

(2) 법정기준근로시간 내용

근기법은 법정기준근로시간에 대해 일반규정을 두면서 연소자에 대해 취학 등을 보호하기 위해 특별규정을 두고 있고, 산안법도 유해위험작업에 대해 연장근로를 인정치 않는 절대적 한도를 내용으로 하는 특별규정을 두고 있다.

<table>
<tr><td colspan="2">일반규정</td><td>1일8시간, 1주40시간(근기법 §50)</td></tr>
<tr><td rowspan="2">특별규정</td><td>15세 이상 18세미만 연소자
(고용장관의 취직인허증을 가지고 취업한 15세미만자 포함)[1]</td><td>1일7시간, 1주35시간(근기법 §69)</td></tr>
<tr><td>유해위험작업(잠수・잠함작업)(산안령 §99)</td><td>1일6시간, 1주34시간(산안법 §139)</td></tr>
</table>

1) 김유성, 『노동법 I』, 147쪽 ; 임종률, 『노동법』, 제9판, 400쪽.

(3) 법정기준근로시간의 운용

① 1일 및 1주의 의미

㈎ 1일

1일은 0시부터 24시까지를 의미하는 것이 원칙이다. 취업규칙 등에 업무시작시각이 정해져 있으면 그 시각으로부터 24시간을 1일로 본다.[1] 연속된 근로는 하나의 근로로 본다.[2]

㈏ 1주

1주라 함은 휴일을 포함한 7일을 의미하며, 이러한 개념은 기업규모별로 단계적으로[3] 적용된다(근기법§2①vii 부칙§1②).

1주일의 계산은 취업규칙 등에서 정한 특정한 날을 기산일로 한다.[4]

② 소정근로시간과의 관계

소정근로시간이라 함은 법정기준근로시간(근기법§50.69본문에 따른근로시간)의 범위에서 근로자와 사용자가 근로하기로 정한 시간을 말한다.

③ 1주5일근로제와의 관계

근기법은 주휴일을 1일 이상으로 규정하고 있다. 1주40시간근로제 및 1일8시간근로제는 1주5일근로제를 의미하지 않는다. 1일의 소정근로시간이 8시간미만으로 운용될 수 있으므로 5일은 7시간, 1일은 5시간을 근로할 수 있기 때문이다.

1·나. 근로시간계산

(1) 개 념

근로시간은 '사용자의 지휘·감독 아래 있는 시간 즉, 경제적 목적에 사용하느냐와 관계없이 노동력을 사용자의 처분 아래에 둔 실구속시간'이다.[5]

(2) 기산점과 마감점

소정근로시간의 기산점과 마감점은 업무의 시작시각과 종료시각이다. 업무의 시작시각과 종료시각은 취업규칙기재사항이다(근기법 §93 i).

---

1) 김유성, 『노동법 I 』, 146쪽 ; 임종률, 『노동법』, 제9판, 399쪽.
2) 김형배, 『노동법』, 제20판, 409쪽 ; 이상윤, 『노동법』, 제6판, 233쪽 ; 근기 68207-402, 2003.3.31.
3) 상시 5명이상 50명미만 사업(장)은 2021.7.1부터 시행.
4) 근기 68207-2855, 2000.9.19.
5) 김형배, 『노동법』, 제20판, 405쪽 ; 김유성, 『노동법 I 』, 140쪽 ; 이상윤, 『노동법』, 제6판, 228쪽 ; 대판 1992.10.9, 91다14406.

(3) 계산방법

근로시간은 근무실태부, 근로시간계산기 등에 따라 관리된다. 근무상황부에 기재된 시각이 업무시작시각전 또는 업무마감시각후인 경우, 그 시간이 실구속시간인지에 따라 근로시간에 포함여부가 결정된다. 근무상황부를 작성하지 않아도 사용자의 지휘·명령에 따른 근로는 근로시간이다.[1)]

(4) 주변업무

① 부속시간

입·출갱시간[2)]처럼 중심업무와 전부를 이루는 작업에 소요되는 시간은 근로시간이다. 부속시간[3)]도 사용자의 지휘·명령 아래서 이루어지면 실구속시간으로 근로시간에 포함된다. 부속시간과 관련하여 근로시간을 계산함에 있어 업무성을 보완적 기준으로 제시하는 견해[4)]도 있다. 이 견해에 따르면, 부수적업무 중 '옷을 갈아입는 시간', '작업 후 목욕시간' 등은 근로시간이 아니다. 개인적으로는 법적근거가 없고 업무성의 판단기준이 명확치 않아 이 견해를 지지하지 않는다.

② 교육·행사시간

사용자의 지시에 따라 이루어지는 교육시간은 불참자에게 불이익이 주어지는 등 거부할 수 없으면 근로시간이다.[5)] 야유회·회식처럼 업무외행사가 소정근로시간 중에 행해지면 근로시간으로 볼 수 있으며 불참자에 대해 결근으로 처리될 수 있다. 이러한 행사가 소정근로시간 밖에 또는 휴일에 실시되면 참석이 의무화되어 있는가에 따라 근로시간에 포함여부가 결정된다.[6)] 다만, 실질적인 불이익이 없이 행해진 단순한 언행만으로 의무성이 인정되지는 않는다.[7)]

---

1) 대판 1992.1.8, 90다카21633.

2) 김유성, 『노동법Ⅰ』, 142쪽 ; 임종률, 『노동법』, 제9판, 421쪽 ; 대판 1992.2.25, 91다18125 등.

3) 업무준비행위(대판 1993.9.28, 93다3363), 업무정리행위(대판 1993.3.9, 92다22770), 작업도구 준비·점검·정비(대판 1993.9.28, 93다3363 ; 대판 1993.5.27, 92다24509), 보안교육·작업지시·작업조 편성 등을 위한 작업전 회의(대판 1993.3.9, 92다22770), 교대시간, 작업종료후 정돈시간(대판 1993.3.9, 92다22770), 출장 중 야간 또는 휴일처럼 근로시간 외의 시간에 이동시간(근기 68207-2650, 2002.8.5. 사용자의 지시에 따라 시간계획상 불가피하면 야간·휴일근로에 해당) 등.

4) 임종률, 『노동법』, 제9판, 419~420쪽.

5) 법무 811-11278, 1978.5.31 ; 근기 1455-12429, 1970.12.29 ; 근무평정에서 가산점을 주는 등 유인을 제공하는 것은 교육참가를 강제한 것으로 볼 수 없다. 사용자의 지시는 없으나 법령에 따라 업무수행을 위해 불가피한 교육(예, 운전직근로자의 운전면허 소양교육)은 근로자의 과실에서 비롯된 것이 아니면 근로시간이다.

6) 근기 1455-7105, 1973.7.12.

7) 고용노동부, 『근로시간 판단기준』, 2018.7, 7쪽.

(5) 대기시간

근로를 제공하지 않더라도 작업을 위하여 사용자의 지휘·감독 아래에 있는 대기시간은 근로시간이다(근기법 §50③).[1)]

1·다. 휴게시간

(1) 의 의

① 법적근거

사용자는 근로시간이 4시간인 경우에는 30분 이상,[2)] 8시간인 경우에는 1시간 이상의 휴게시간을 근로시간 도중에 주어야 한다(근기법 §54①, §110 i 2년 징역·2천만원 벌금).

휴게시간에 관한 사항은 취업규칙기재사항(근기법 §93 i)이다.

② 개 념

휴게시간은 대기시간, 점심시간, 수면·휴식시간 등 이름과 관계없이 근로자가 사용자의 지휘·감독으로부터 벗어나 자유로이 사용할 수 있는 시간이다.

③ 목 적

휴게제도는 근로자로 하여금 노동력을 재생산해 근로의욕을 확보·유지토록 하는데 그 목적이 있다.

(2) 휴게시간 길이

법정휴게시간은 '근로시간이 4시간인 경우에는 30분 이상', '8시간인 경우에는 1시간 이상'이다. 취업규칙 등에 정해 휴게시간을 법정기준 이상으로 길게 하는 것은 위법이 아니다. 지나치게 긴 휴게시간은 근로자의 시간을 낭비하게 하고 연장근로를 회피하기 위한 탈법수단으로 활용될 위험이 있다. 기후·작업조건·업무성격 등을 고려해 사회통념상 타당성이 있어야 하고, 근로자보호를 위한 조치가 수반되어야 한다.[3)]

---

1) <예> 일이 없어 대기하는 시간[대판 1965.2.4, 64누162(출근후 작업지시대기시간) ; 대판 1992.4.14, 91다20548(장시간근로를 명한 부당한 배차지시 관련. 한국노동법학회, 『노동판례백선』, 76쪽. 대상판결은 대기시간이 근로시간인지 아닌지를 판단한 시금석에 해당) ; 대판 1993.5.27, 92다24509(운전직근로자의 운전 중 일시 휴식) ; 대판 2006.11.23, 2006다41990(아파트 경비원의 식사 및 수면시간)], 단속적근로의 대기시간(대판 1993.9.28, 93다3363), 손님이나 일감을 기다리는 것이 본래의 업무인 대기시간(대판 1992.4.14, 91다20548. 운전기사의 배차시간), 전화를 받거나 물품 또는 작업진행의 감시의무가 부여된 대기시간 등.

2) <일본> 6시간 초과시 적어도 45분, 8시간 초과시 적어도 1시간(「노동기준법」 §34).

3) 취업규칙 등에 정해져 있어야 하고, 자유이용이 보장되어야 하며, 실질적휴식조치가 마련되어야 하고, 2중출근의 경우 그 비용이 지급되어야 한다(법무 811-5124, 1979.3.2 ; 근기 01254-1344, 1992.8.11).

(3) 휴게시간 배치

① 근로시간 도중

휴게시간은 '근로시간 도중'에 주어져야 한다(근기법 §54①). 근로가 시작되기 전 또는 근로가 끝난 후에 부여하는 것은 위법이다.[1)]

② 일시부여와 분할부여

휴게시간의 목적은 피로회복, 작업능률증진, 재해발생예방, 식사 기타 사회적·문화적 욕구의 실현 등이다. 휴게시간은 일시에 부여되는 것이 바람직하다. 그러나 분할부여도 작업성질, 근로여건 등에 비추어 사회통념상 합리성이 있고 휴게제도의 취지를 벗어나지 않으면 인정된다.[2)] 다만, 지나치게 세분화된 휴게시간은 인정되지 않을 수 있다.[3)] 유해·위험작업에 대해서는 종사하는 근로자에게 필요한 안전조치 및 보건조치 외에 작업과 휴식의 적정한 배분 및 근로시간과 관련된 근로조건의 개선을 통해 근로자의 건강보호를 위한 조치를 해야 한다(산안법 §139②).

(4) 휴게시간 부여방법

① 자유이용

근로자는 휴게시간을 자유롭게 이용할 수 있다(근기법 §54②). 근로자의 자유이용권한은 절대적이 아니며 다음 작업계속을 위해 '필요최소한의 범위 내'에서[4)] 제약을 받을 수 있다. 근로자의 행동이 사용자의 지휘·감독 아래 놓이는 정도로 제한되면 휴게시간은 근로시간으로 인정될 수 있다.[5)]

② 일률부여와 분산부여

휴게시간을 전체근로자에게 일제히 부여하느냐 아니면 근로자집단별로 나누어 부여할 수 있느냐에 대해서는 근기법에 규정이 없다.[6)] 작업의 성질상 작업부서 또는 담당업무별로 시간대에 차등을 두어 휴게시간을 부여할 수 있다.

---

1) 단시간근로에서 4시간을 근로하는 날에도 휴게시간을 근로시간 도중에 부여해 총구속시간이 4시간 30분이 되도록 해야 하느냐는 문제가 발생한다. 휴게시간의 취지가 근로자의 피로회복에 있으므로 노·사가 업무의 성질 등을 고려해 서로 합의한 후 4시간만 근무하고 퇴근하더라도 이를 인정하는 것이 타당할 것이다.

2) 근기 01254-884, 1992.6.25.

3) 김형배, 『노동법』, 제20판, 442쪽 ; 박상필, 『근로기준법강의』, 306쪽 ; 휴게시간 전체를 10분 또는 20분 단위로 분할해 부여함으로써 점심시간이 부여되지 않는 등 충분한 휴식이 보장되지 않으면 위법이다.

4) 법무 811-28862, 1980.5.15. 질서유지를 위해 장소와 방법에 대해 제한 가능.

5) 대판 1993.5.27, 92다24509.

6) 일본의 「노동기준법」(§34②)은 행정관청의 허가를 받은 경우를 제외하고는 일제히 부여토록 규정.

③ **규칙부여와 불규칙부여**

근기법은 사용자가 근로자에게 미리 정해진 시각에 휴게를 주도록 의무화하지는 않고 있다. 휴게의 목적이 피로회복을 통한 노동력재생산에 있다는 점을 감안할 때, 동일한 시간 또는 규칙적으로 부여하거나,[1] 최소한 근로자가 미리 휴게시각을 알 수 있도록 하는 것이 바람직하다.

(5) 근로시간 포함여부

근기법은 휴게시간이 근로시간에 포함되지 않음을 명확히 하고 있다.[2] 근로자가 자유롭게 이용할 수 있는 대기시간은 휴게시간이다.[3]

1·라. 연장근로

근기법은 연장근로제도를 통상연장근로(§53①), 특별연장근로(§53④)와 유연근로시간제 연장근로(§53②)로 구분하여 설계하고 있다.

(1) 통상연장근로

① **연장근로 내용**

근기법은 연장근로의 요건과 한도에 대해 일반규정을 두고(근기법 §53①), '연소자'(근기법 §69단서), '출산후 1년이 지나지 않은 여성'(근기법 §71)과 '임신 중인 여성(근기법 §74)'에 대해 별도의 규정을 두고 있다. 산안법은 잠수·잠함작업(산안법 §139)에 대해 연장근로를 금지하고 있다.

② **연장근로 요건**

근기법은 연장근로요건으로 당사자합의를 규정하고 있다. '연소자'와 '출산후 1년이 지나지 않은 여성'에 대해서도 당사자합의가 요구된다.

당사자합의에 대한 적용·방법·형식·효력 등 자세한 내용은 "근로조건 대등

---

1) 서울남부지판 2013.8.30, 2011가합17312, 불규칙부여를 인정.

2) 휴게시간을 근로시간에 포함하지 않는 것은 일반적인 입법례이고, ILO의 제30호 협약(상업 및 사무소에서의 근로시간에 관한 협약, 1930)도 '본 협약에서 근로시간이라 함은 사용자의 지휘에 종속되어 있는 시간을 말한다. 근로자가 사용자의 지휘에 종속되어 있지 않은 휴게시간은 포함되지 않는다(§2).'고 규정하고 있으며, 제51호협약(공공사업에 있어 근로시간 단축에 관한 협약, 1936)도 같은 취지로 규정하고 있다.

3) <예> 교대제근로시간 사이의 대기시간(대판 1992.7.28, 92다14007), 규칙적 업무 사이의 대기시간(법무 811-28862, 1980.5.15), 시간측정이 명확한 원격지근로의 휴식·숙박시간(법무 811-28862, 1980.5.15. 시외버스 관련) ; 대판 2019.10.17, 2014두3020·303799(병합). 근로계약에서 정한 휴식시간이나 수면시간이 근로시간에 속하는지 휴게시간에 속하는지는 특정 업종이나 업무의 종류에 따라 일률적으로 판단할 것이 아니다. 이는 근로계약의 내용이나 해당 사업장에 적용되는 취업규칙과 단체협약의 규정, 근로자가 제공하는 업무의 내용과 해당 사업장에서의 구체적 업무 방식, 휴게 중인 근로자에 대한 사용자의 간섭이나 감독 여부, 자유롭게 이용할 수 있는 휴게장소의 구비 여부, 그 밖에 근로자의 실질적 휴식을 방해하거나 사용자의 지휘·감독을 인정할 만한 사정이 있는지와 그 정도 등 여러 사정을 종합하여 개별 사안에 따라 구체적으로 판단한다.

결정"의 "근로자의 근로조건 개별참여" 부분에서 소개(제2편, 제1장 제1절, 2·나, (1))하였다.

③ 연장근로 제한

㈎ 제한내용

근기법은 연장근로한도에 대한 일반제한규정을 두면서 근로자성격에 따른 특별히 제한규정을 두고 있고, 산안법도 유해위험작업에 대해 특별제한규정을 두고 있다. 성인의 연장근로에 대해서는 1주에 12시간을 초과하지 않는다면 1일의 제한은 없다. 연소자와 '출산후 1년이 경과되지 않은 여성근로자'에 대해서는 1일 제한이 규정되어 있다.

일반적 제한		1주 12시간(근기법 §53①)[1]
특별 제한	18세 미만 연소자	1일 1시간, 1주 5시간(근기법 §69)
	출산후 1년이 경과되지 않은 여성근로자	(단체협약 불구) 1일2시간 · 1주6시간 · 1년150시간(근기법 §71)
	임신 중인 근로자	불가(근기법 §74⑤) (근로자 요구가 있으면, 쉬운 종류의 근로로 전환)
	유해위험작업(잠수 · 잠함)	불가(산안법 §139)

㈏ 휴일근로와의 관계

"1주"란 "휴일을 포함한 7일"을 의미하므로 연장근로제한시간에 휴일근로시간이 포함된다(같은편, 같은장, 같은절, 2·나, (5)).[2] 영세사업(장)(30인 미만)에 대해서는 휴일근로시간이 연장근로한도에 포함된 후에도 한시적으로(근기법§53③, 부칙§1③및4, 2021.7.1 ~ 2022.12.31) 1주 8시간을 더하여 20시간까지 연장근로가 허용된다(연소근로자 적용제외).

④ 연장근로시간 계산(같은편, 같은장 같은절, 1·나)

연장근로시간은 실구속시간을 대상으로 계산한다. 주중에 결근이 있으면 그 시간을 빼고 1주단위의 연장근로시간을 계산한다. 특정한 날의 근로가 1일 8시간을 넘으면, 초과된 시간은 연장근로가 된다.

⑤ 연장근로 보상

㈎ 금전적보상

㉮ 가산임금 지급

연장근로(근기법 §53 §59, §69단서)에 대해서는 통상임금의 50% 이상을 가산해 지급해야 한다

1) 탄력적근로시간제와 선택적근로시간제에 있어서도 마찬가지이다.
2) 30인 미만 사업(장)은 2021.7.1부터 시행.

(근기법 §56). 연장근로가산수당지급의무는 강행규정이므로, 근로자도 이를 포기할 수 없다. 연장근로시간근로 자체에 대해, 근기법이 유급이라는 표현만 사용하고 있다. 이 때 유급은 근로의 대가로 통상임금의 100% 이상이 지급되어야 하는 것으로 해석된다. 따라서 전체적으로 통상임금의 150%가 지급되어야 한다.

㉯ 법내초과근로

연장근로는 법정기준근로시간을 초과한 근로시간이다. 소정근로시간을 초과하나 법정기준근로시간 이하인 시간은 법내초과근로로서 가산수당지급대상이 되는 법정연장근로(근기법 §53①)가 아니다.[1)]

단시간근로의 초과근로에 대해서는 법내초과근로법리가 적용되지 않고 통상임금의 50% 이상을 가산수당이 지급되어야 한다(기단법 §6③).

㉰ 보상의 경합

1일 법정기준근로시간을 초과하는 연장근로와 1주 법정기준근로시간을 초과하는 연장근로에 대해 중복해서 연장근로임금과 가산수당이 지급되지 않으며, 많은 쪽을 기준으로 해서 지급된다.[2)]

㉱ 위법 연장근로

주당 12시간을 초과하는 연장근로에 대해서도 사용자는 법 위반(근기법 §53)으로 처벌을 받는 문제는 별론으로 하고 연장근로가산수당을 지급해야 한다.

㈏ 연장근로 적치

연장근로시간에 대해서는 당사자간 합의로 적치해 추후에 휴가로 사용하는 보상휴가제(근기법 §57)가 인정된다(같은편, 같은장 같은절, 2·다, (2)).

(2) 특별연장근로

① 의 의

사용자는 특별한 사정이 있으면 고용장관인가와 근로자동의를 받아 '당사자합의로 근로할 수 있는 연장근로한도시간(근기법 §53①②)'을 초과할 수 있다(근기법 §53④본문). 이 제도를 특별연장근로제도(특별연장근로인가제도, 인가연장근로제도, 응급연장근로제도)라고 한다.

사용자는 특별연장근로를 하는 근로자의 건강보호를 위하여 건강검진실시, 휴식시간부여 등 고용장관이 정하는 적절한 조치를 하여야 한다(근기법§53⑦, §110 i 2년징역·2천만원벌금).

---

1) 김유성, 『노동법 I』, 160쪽 ; 김형배, 『노동법』, 제20판, 429쪽 ; 대판 1998.6.26, 97다14200.
2) 근기 01254-3558, 1988.3.9.

② **실체적 요건**

'특별한 사정'은 '천재·사변 기타 이에 준하는 재해'로 한정하여 협소하게 해석[1]되어 오다가, 근기칙(§9①)에 그 사유가 아래처럼 규정되었으며, 이를 기초로 고용부지침(특별연장근로인가제도운영지침)에 자세한 기준이 제시되어 있다.

재 난	「재난및안전관리기본법」에 따른 '재난 또는 이에 준하는 사고'의 발생에 대한 수습과 예방'을 위한 '긴급조치'
인명보호	'인명보호 및 안전확보 등'을 위한 '긴급조치'
돌발사항	'시설·설비의 갑작스런 장애·고장 등 돌발상황발생' 수습을 위한 '긴급조치'
업무증가	'통상적인 경우에 비해 업무량이 대폭 증가'하고, 이를 '단기간내에 처리'하지 않으면 사업에 '중대한 지장'이나 손해 초래
연구개발	「소재·부품전문기업등의육성에관한특별조치법」(§2 i, i 의2)에 따른 '소재·부품과 소재·부품생산설비의 연구개발' 및 '그 밖에 연구개발을 하는 경우'로서 고용장관이 '국가경쟁력강화 및 국민경제발전에 필요'하다고 '인정'하는 경우

③ **절차적 요건**

㈎ **고용장관 인가·승인**

㉮ **법적근거**

특별사정으로 인한 연장근로'는 사전에 고용장관인가를 받아야 한다. 다만, 사태가 급박하여 고용장관인가를 받을 시간이 없으면 사후에 지체없이 고용장관승인을 얻어야 한다(근기법§53④ §110,5백만원벌금). 고용장관은, 근로시간연장이 부당하면, 연장근로시간에 상당하는 휴게·휴일을 줄 것을 명할 수 있다(근기법§53⑤,§110.명령불이행 2년징역·2천만원벌금).

㉯ **인가·승인 내용**

인가 또는 승인은 특별사정에 대처하기 위하여 필요한 최소한으로 하고, 사용자의 적절한 건강보호조치를 요구한나(근기칙 §9④). 고용부지침은 연징근로의 기긴과 시간을 제한하고 근로자건강보호조치를 취하도록 하고 있다.

㉰ **인가·승인 절차**

사용자가 '근로시간연장인가 또는 승인신청서'에 '근로자동의서' 사본을 첨부해 관할 지방고용관서장에게 제출하면, 지방고용관서장은 심사하여 반려하거나 '근로시간연장 인가서 또는 승인서'를 교부한다(근기칙 §9②③).

---

1) 김형배, 『노동법』, 제20판, 427쪽 ; 박상필, 『근로기준법강의』, 277쪽.

㈏ **근로자 동의**

특별연장근로의 경우에도 해당근로자의 동의가 필요하다. 동의방법은 개별적 동의가 원칙이고, 특별연장근로를 원하지 않음을 이유로 불이익을 줄 수 없다.

④ **특별연장근로의 효과**

특별연장근로제도 아래에서는 1주52시간을 초과해 근로하는 것이 가능하다. 특별연장근로에 관한 규정은 탄력적근로시간제와 선택적근로시간제에도 적용된다. 특별연장근로에 대해서도 연장근로가산수당이 지급되어야 한다(근기법 §56). 연장근로, 휴게·휴일부여, 휴일근로 등에 대해서는 일반법리가 적용된다.

⑤ **적용제외**

연장근로가 금지되어 있는 '임신 중 여성'과 '잠수·잠함 작업'은 특별연장근로의 적용대상이 아니다. '18세미만근로자'와 '출산후 1년이 경과하지 않은 여성'에게는 동의가 있더라도 특별연장근로가 적용되지 않는 것으로 해석된다.[1)]

(3) 유연근로시간제 연장근로

근기법(§53 ②)은 탄력적근로시간제(같은편, 같은장 같은절, 3·다)와 선택적근로시간제(같은편, 같은장 같은절, 3·라)에 있어서의 연장근로에 관한 근거를 마련하고 있다. 그 밖의 유연근로시간제에 대해서는 연장근로에 관한 규정이 없으므로, 연장근로를 전제로 하는 제도설정은 인정되지 않는 것이 원칙이다. 그러나 '사업장밖근로시간간주제'(근기법 §58)의 경우, 법리적으로 연장근로가 발생할 수 있다(같은편, 같은장 같은절, 3·나, (2)).

1·마. 야간근로

(1) 야간근로 판단

근기법은 오후 10시부터 오전 6시까지의 근로를 야간근로로 본다(근기법 §56, §70). 근로의 전부는 물론이고 일부라도 이러한 시간대에 이루어지면 야간근로가 된다. 야간근로시간대에 이루어지는 통상근로, 연장근로 및 휴일근로도 야간근로이다.

(2) 야간근로 보상

야간근로에 대해서는 통상임금의 50/100 이상을 가산해 임금을 지급해야 한다(근기법 §56). 연장·휴일근로와 야간근로가 중복될 경우, 가산수당이 중복해서 지급되

---

1) 박상필, 『근로기준법강의』, 295쪽 ; 재난뿐 아니라 업무증가에까지 적용됨을 감안하여 제33판부터 견해 수정.

어야 한다. 근로시간·휴게·휴일적용제외근로자(근기법 §63)에 대해서도 야간근로가산수당은 지급되어야 한다.

(3) 야간근로 제한

연소자 및 성인여성의 야간근로는 제한을 받는다(근기법 §70). 성인남성에 대해 야간근로를 제한하는 법적 규정은 없다.

① 여성근로자

사용자는 18세이상여성근로자에 대해 본인의 동의가 있어야 야간근로를 시킬 수 있다. 동의방법은 개별적동의이다. 집단적방법으로 노·사가 합의해도, 반대하는 근로자에 대해 야간근로를 시킬 수 없다.

② 연소·출산·임신 근로자

사용자는 연소자동의가 있는 경우, 출산여성동의가 있는 경우, 그리고 임신여성이 명시적으로 청구하는 경우에 고용장관인가를 얻어 각각 야간근로를 시킬 수 있다. 동의방법에 대해서는 당사자합의(제2편, 제1장 제1절, 2·나, (1))법리를 따른다.

임신여성에 대해 묵시적동의는 인정되지 않는다. 사용자는 인가를 받기 전에 건강 및 모성보호를 위해 시행 여부·방법 등에 관해 그 사업(장)의 근로자대표와 성실히 협의해야 한다(근기법§70③ §114 i 벌금5백만). 협의조항을 효력조항으로 보기는 어렵다.

2. 휴 식

2·가. 휴식제도의 구조

(1) 의 의

장시간근로는 근로자 개인에게 육체적이고 정신적인 피로를 쌓이게 하여 건강을 해치고 가정생활을 파괴하는 요인이 되고, 사용자에게는 근로자의 노동력이 회복되지 않음에 따라 생산성이 낮아지는 요인이 되며, 국가에게는 국민의 생활을 피폐하게 하여 사회불안이 조성되는 요인이 된다. 노동법은 근로시간의 제한과 함께 휴식제도를 근로조건의 중요한 영역으로 발전시켰다.

휴식제도는 주휴일이나 연차유급휴가를 중심으로 하는 일반휴식제도와 출산휴가와 육아휴직을 중심으로 하는 모성보호 및 일·가정 양립을 위한 특별휴식제도로 구분된다.

(2) 법정과 약정

① 개 요

휴식은 법정휴식과 약정휴식으로 나뉠 수 있다. 약정휴식이 부여되어도 법정휴식의 부여의무가 면제되지 않는다.[1)]

<table>
<tr><th colspan="2">구 분</th><th>법 정</th><th>약 정</th></tr>
<tr><td>휴일</td><td>일반휴식</td><td>• 주휴일 및 법정유급공휴일(근기법 §55)
• 근로자의 날(근로자의날제정에관한법률)</td><td>• 회사창립일, 기타 휴무일</td></tr>
<tr><td rowspan="2">휴가</td><td>일반휴식</td><td>• 연차유급휴가(근기법 §60)</td><td rowspan="3">• 경조휴가 등</td></tr>
<tr><td>모성보호 등</td><td>• 생리휴가(근기법 §73)
• 출산휴가(근기법 §74)
• 태아검진시간(근기법 §74의2)[2)]
• 배우자출산휴가(고평법 §18의2)
• 난임치료휴가(고평법 §18의3①)</td></tr>
<tr><td>휴직</td><td>모성보호 등</td><td>• 육아휴직(고평법 §19)
• 가족돌봄휴직(고평법 §22의2)</td></tr>
<tr><td colspan="2">특 징</td><td>• 의무부여, 법정기준 이상은 노·사 자율
• 유급과 무급 법정</td><td>• 부여여부, 부여조건, 부여일수, 유급여부를 노·사가 결정</td></tr>
</table>

② 법정휴식 적용 제한

법정휴식제도는 근기법적용 대상인 근로자전체가 부여대상이다. 다만, 근기법상 근로시간규정이 적용되지 않는 근로자가 있고, 그 성격상 휴식제도를 적용하는데 한계가 있는 근로자가 있다.

㈎ 법 령

㉮ 근기법 미적용

근기법이 적용되지 않는 사업(장)이거나 근기법상 근로자가 아니면 법정휴식이 적용되지 않는다. 4명이하사업(장)에 대해서는 연차유급휴가와 생리휴가가 적용되지 않는다(근기법§11②, 근기령§7).

㉯ 근로시간 미적용

농림·수산·축산업종사자, 고용장관의 승인을 받은 감시·단속적 근로자, 관

1) 법외 유급휴일·휴가를 주고 있더라도 법정유급휴가와 상계할 수 없다(대판 1995.6.29, 94다18553).

2) 휴식제도라고 보기보다는 불가피한 경우에 근로제공의 의무가 면제될 수 있는 근로계약법리에 따른 근로의 무면제라고 볼 수 있다. 이를 유급으로 하는 것은 정책적개입이다. 휴가도 그 성격이 근로의무면제라는 점을 고려하여 편의상 휴가로 분류될 수 있다. 휴가는 일단위로 주어지는 것이 원칙이나, 공무원의 경우에는 시간단위도 인정되고 있다.

리 · 감독자 및 기밀취급자에게는 주휴일이 부여되지 않을 수 있다(근기법 §63).

㈐ 초단시간근로

4주동안(근로기간이 4주 미만이면 그 기간)을 평균해 1주 동안의 소정근로시간이 15시간미만인 초단시간근로자(근기법 §18③)에 대해 주휴일과 연차유급휴가에 관한 규정이 적용되지 않는다.

㈏ 근로자지위

소정근로일이 없이 1일 단위로 근로계약이 체결되는 일용직근로자(제2편, 제7장 제2절)에게는 법정휴일 · 휴가가 적용되지 않는 것이 원칙이나, 상당기간 계속 근로해왔거나, 계속근로가 예정되어 있다면 법정휴식부여대상이 될 수 있다.

(3) 유급과 무급

① 개 요

법정휴식은 유급휴식과 무급휴식으로 나뉜다.[1] 유급의 재원은 입법정책적으로 결정되는데, 사용자부담, 고용보험급여, 두 재원의 혼합 형식으로 나타난다.

사용자 부담	주휴일 및 공휴일, 근로자의 날, 연차휴가, 배우자출산휴가
사용자부담+고용보험	출산휴가
고용보험	육아휴직(일부보상)
무 급	생리휴가, 가족돌봄휴직

약정휴식에 대해서는 부여여부, 유급여부, 유급수준 등을 당사자가 정한다.

② 유급산정

근기법은 일부휴식제도에 대해 유급으로 부여한다고만 규정하고 있다. 유급은 통상적으로 근로하면 주어지는 임금이다. 유급1일에 대해 8시간분통상임금을 지급하는 것이 원칙이다.[2] 다만, 1주소정근로시간수를 1주소정근로일수로 나눈 시간에 해당하는 금액으로 산정해도 이를 위법으로 보기는 어렵다.

(4) 보상과 보장

① 양자의 구분

휴식은 보상휴식과 보장휴식으로 나뉜다. 보상휴식은 출근율에 따라 휴가부여

1) 연차유급휴가제도는 유급으로 하며, 주휴일은 무급으로 하고, 모성보호 및 건강보호는 유급으로 하되 그 비용을 국가재정 또는 사회보험으로 처리하는 것이 국제적인 기준이다(ILO협약 제103호(제35차 총회, 1952), 「모성보호에 관한 협약」, 제4조 참조).

2) 대판 1991.1.15, 90다카25734 ; 대판 1990.12.26, 90다카13465 ; 1997.3.27 등 ; 1일 법정기준근로시간이 8시간인 점, 보편적으로 근로하는 날에 받는 임금이라는 점, 계산의 간편성 및 근로자보호가 논리적 근거이다.

여부 및 수준이 결정되므로 공로보상적 성격을 갖는다. 주휴일과 연차유급휴가가 그렇다. 보장휴식은 출근율과 관계없이 일정요건이 충족되면 부여된다. '근로자의 날'·공휴일과 '모성보호 및 일·가정양립지원을 위한 휴가'가 그렇다.

② 보상휴식의 출근율계산

근기법은 주휴일에 대해 개근을 요건으로 하고, 연차유급휴가에 대해 출근율에 따라 부여내용을 달리하고 있다. 출근율산정방법, 소정근로일이 없는 근로자의 출근율, 근무일이 아닌 날의 처리 등에 대한 설명은 "근로관계의 근거와 존속"의 "출근율" 부분에서 소개(제2편, 제2장 제3절, 2)되었다.

2·나. 휴일제도

(1) 휴일의 개념

① 개념 정의

휴일의 개념에 대해서는 '취업규칙·근로계약 등에 따라 근로의 의무가 없는 것으로 정해진 날'이라고 정의할 수 있다. 휴일은 '소정근로일이 아닌 날'이다.

② 유사 개념

㈎ 휴무일

'소정근로일이 아닌 날'에 대해 견해가 나뉜다. 첫째, 모두 휴일로 보는 견해[1]가 있다. 둘째, 휴일과 '휴일 아닌 날'로 구분하고 후자를 휴무일이라고 보는 견해가 있다.[2] 휴일과 휴무일에 대해 소정근로일이 아니라는 점에서 성격이 같은데도 노동법적인 효과를 달리 취급하는 것은 합리적이지 못하다.[3]

㈏ 휴업일과 휴가

소정근로일로 정해진 상태에서 근로를 제공하지 않는 날은 휴일이 아니다. 휴업일,[4] 결근일 등이 그렇다. 휴가는 근로자신청이나 일정조건충족으로 소정근로일의 근로제공의무를 면제받은 날이므로 근로의무가 없는 휴일과 구분된다.

(2) 휴일제도의 체계

① 규정 체계

근기법 등은 휴일에 대해, 개념을 정의하지 않은 상태에서, 많은 규정에서 휴

1) 임종률, 『노동법』, 제9판, 418쪽·579쪽.
2) 김형배, 『노동법』, 제20판, 444~445쪽.
3) 柳屋孝安, 「休憩·休日·變形勞働時間制」, 86頁.
4) 임종률, 『노동법』, 제9판, 417쪽 ; 管野和夫, 「勞働法」, 第七版補正二版, 239頁.

일이라는 용어를 사용하고 있다. 이러한 현실은 근기법의 휴일에 관한 규정들이 주휴일뿐 아니라 약정휴일에까지 적용되는지 의문을 제기하게 한다.

② **약정휴일법리**

약정휴일은 제도설정이 의무화되어 있지 않다. 부여여부, 대상일, 임금지급, 부여요건 등은 자율결정사항[1]이다. 근기법 중 "근기법 제55조의 휴일"이라고 명시한 조항은 약정휴일에 적용되지 않고, 휴일이라고 표현하고 있는 조항은 법적근거가 명확치는 않지만 원칙적으로 약정휴일에도 적용된다.

(3) 법정휴일제도의 내용

① **주휴일**

㈎ **의 의**

㉮ **법적근거**

사용자는 근로자에게 1주일에 평균 1회 이상의 유급휴일을 보장하여야 한다(근기법 §55①, §110 i 2년징역·2천만원벌금). 유급휴일은 1주 동안의 소정근로일을 개근한 자에게 부여되어야 한다(근기령 §30).

㉯ **취 지**

주휴일은 근로자로 하여금 근로제공의무에서 벗어나 축적된 피로를 풀고 건강을 확보해서 노동재생산을 꾀하고 생산성을 높이며, 일과 가족 또는 생활을 양립시킴으로써 문화적 생활을 할 수 있게 함으로써 헌법에 규정된 행복추구권을 보장하기 위한 제도이다.

㈏ **부여대상**

주휴일의 부여대상은 근로형태와 관계없이 근기법상 모든 근로자이다. '근로시간·휴일·휴게 적용제외 대상자'와 초단시간근로자는 적용대상이 아니다.

㈐ **부여요건**

㉮ **개 근**

근기령 제30조는 근기법 제55조의 주휴일에 대해, 모법의 위임이 없는 상태에서, "1주 동안의 소정근로일을 개근한 자에게 주어야 한다"고 명시하고 있다. 주휴일의 성격을 보상휴식으로 보는 것이다. 판례[2]나 학설[3]이 이를 자연스럽게 받

---

1) 근기 1451-10675, 1983.4.26.

2) 대판 1979.10.16, 79다1489.

3) 임종률, 『노동법』, 제9판, 418쪽. 판례를 각주로 소개함으로써 소극적 수용의 입장을 보이고 있다. ; 김형배, 『노

아들이고 있으나, 비판의 여지가 있다.[1] 개근여부판단을 위한 출근율계산방법에 대해서는 이미 앞(제2편, 제2장 제3절, 2)에서 설명하였다.

㉯ 유 급

(ㄱ) 휴일과 임금

휴일과 관련된 임금은 다음과 같이 3가지로 나누어 설명될 수 있다.

유급휴일수당	유급휴일에 근로를 제공하지 않아도 지급되는 수당
휴일근로임금	휴일근로의 대가
휴일근로가산수당	휴일근로에 대해 가산해 지급하는 수당(근기법 §56)

(ㄴ) 유급휴일수당 산정

유급휴일수당에 있어 '유급'의 지급기준은 통상임금이 되고, 지급수준은 8시간분 또는 주당소정근로시간을 소정근로일로 나눈 금액이 될 수 있다.

(ㄷ) 단시간근로자의 유급휴일수당

단시간근로자의 근로조건은 통상근로자의 근로시간을 기준으로 산정한 비율에 따라 결정되어야 한다(근기법 §18①). 단시간근로자의 유급휴일수당에 대해서도 비례원칙이 적용된다. 비례원칙은 소정근로시간이 적은 유사근로에도 적용된다.[2]

(ㄹ) 주중결근자와 유급휴일수당

결근자에게는 주휴일이 부여되지 않는 것이 아니고, 무급으로 부여된다.[3] 주중결근과 주휴일근로는 상계되지 않는다.[4] 주중결근자의 주휴일근로에 대해서도 휴일근로임금과 가산수당은 지급되어야 한다.

(ㅁ) 유급처리에 대한 평가

주휴일이 유급으로 설계된 것에 대해, 진보적이라는 평가[5]도 있다. 임금수준은 주휴일이 유급이라는 사실을 전제로 결정된다. 따라서 주휴일의 유급처리가 임금

동법』, 제20판, 443쪽 ; 김유성, 『노동법 I』, 178쪽 ; 박홍규, 『고용법 · 근로조건법』, 제2판, 362쪽. "의문이 있다"는 정도로 가볍게 취급하고 있다.

1) 첫째, 모법의 위임 없이 근기령이 권리를 제한하고 있다. 둘째, 국제적으로 발견하기 어려운 입법례(대만 · 태국)이다. 셋째, 근기령 제30조는 소정근로일을 기초로 개근여부를 판단한다. 그러나 근기법령은 소정근로일에 대한 정의규정을 두고 있지 않아 계산에 있어 혼란이 있을 수 있다. 넷째, 주중결근자에게는 주휴일이 부여되지 않아도 되는 것으로 해석되어 주휴일에 출근해야 한다는 논리도 성립한다. 근기법의 패러다임이 '일과 가정 또는 일과 생활의 양립'으로 전환되고 있는 점을 감안할 때 주휴일의 성격을 보장휴가로 전환해 개근 요건을 폐지할 필요가 있다. 개근에 관한 논의의 실익은 주휴일이 유급으로 부여되는 점에 있다.

2) 근기 68207-83, 1996.1.19. 부분전임 노조간부 관련.

3) 대판 2004.6.25, 2002두2857 ; 근지 1455.9-459, 1970.1.16 ; 김형배, 『노동법』, 제20판, 443쪽.

4) 근기 01254-9370, 1987.6.10.

5) 김형배, 『노동법』, 제20판, 443쪽.

을 높이는 효과는 의심스러우며 결근자처리, 유급휴일수당산정, 통상임금산정, 휴무일처리, 단시간근로처리 등에 있어 혼란이 야기될 수 있다.

㈑ **부여방법**

㉮ 부여시간

사용자는 근로자에게 1주일에 평균 1회 이상의 유급휴일을 보장하여야 한다(근기법 §55①). "1회의 유급휴일"이라 함은 '1회의 일(日)' 즉, 0시부터 24시까지가 원칙이다.[1] 행정해석[2]은 국제적 예[3]를 따라 '계속 24시간의 휴식'도 인정한다.

㉯ 휴일배치

휴일배치는 취업규칙 등으로 정할 사항이나, 정함이 없어도 사용자에 의해 결정될 수 있다.[4] 주휴일은 일요일일 필요는 없으나 특정일을 정하거나 최소한 근로자가 예측할 수 있도록 규칙적으로 주어지는 것이 바람직하다.[5]

㉰ 2일이상 휴무

근로의무가 없는 날이 2일 이상이면 그 중 1일을 주휴일로 지정하고 유급으로 처리함으로써 주휴일부여의무를 이행할 수 있다.

㉱ 휴일중복

주휴일과 다른 유급휴일이 중복될 경우, 익일휴무제·대체휴무제 등의 적용을 받지 않는 한, 근로자에게 유리한 하나의 휴일만 인정된다.[6] 휴일 사이에 끼어 있는 근로일과 휴일을 교체하는 경우도 자율결정의 영역이다.

㉲ 주휴일적치

주휴일 적치사용은 주휴일제도의 취지에 맞지 않으므로 인정되지 않는다.[7]

② **근로자의날**

㈎ **법적근거**

「근로자의날제정에관한법률」은 매년 5월1일을 근로자의날로 명시하고 있다. 이 법의 적용대상은 근기법의 그것과 같다.

---

1) 김형배, 『노동법』, 제20판, 443쪽 ; 임종률, 『노동법』, 제9판, 417쪽.
2) 기준 1455.9-6327, 1969.6.7.
3) ILO협약, 「공업부문에 있어 주휴의 적용에 관한 협약(제14호)」, 1921, 제2조 ; 일본의 해석(下井隆史, 「勞働基準法」, 第4版, 303頁) ; 영국(The Working Time Regulation §11).
4) 김유성, 『노동법 I』, 181쪽.
5) 근기 1451-12305, 1984.5.28 ; 근기 01254-233, 1992.2.15.
6) 근기 68207-1423, 2003.11.1. 주휴일과 '근로자의날' 중복 관련.
7) 근기 68207-806, 1994.5.16.

㈏ **연 혁**

근로자의날은 노동절 또는 '근로자 감사의 날'로 불리기도 하며,[1] 8시간근로제를 지향하는 노동운동과정에서 탄생했다.[2] 우리나라에서는 명칭과 날짜를 둘러싼 갈등을 거쳐 5월1일을 근로자의날로 정하는 절충적 입법이 이루어졌다.[3]

㈐ **성 격**

근로자의날은 근기법에 의한 유급휴일이다(근로자의날 제정에관한법률). 그럼에도 불구하고 행정해석[4]이나 판례는 근기법 중 휴일이라는 표현이 들어가 있는 조항 중 근로자의날에 적용되는 조항[5]과 적용되지 않는 조항[6]을 열거하는 접근을 하고 있다. 이처럼 주휴일과 달리 취급하는 것은 타당해 보이지 않는다.

③ **공휴일**

㈎ **개 념**

공휴일은 대통령령인 「관공서의 공휴일에 관한 규정」에 규정된 날을 말한다.

---

1) Europe Year Book, 1980. 「각국의 노동절 기념현황」

날 짜	명 칭	국 가
5월 1일	May Day	영국, 스웨덴, 핀란드
	Labour Day	프랑스, 이탈리아, 독일, 체코, 러시아, 중국, 브라질, 아르헨티나, 칠레, 멕시코, 말레이시아, 태국
5월 1일~2일	Labour Day	불가리아
9월 첫째 월요일	Labour Day	미국, 캐나다
10월 23일	Labour Day	뉴질랜드
11월 23일	근로자 감사의 날	일본, 벨기에, 오스트리아
규정 없음		호주, 대만

2) 파리국제노동자대회(제1인터내셔날, 1866)는 1일8시간근로제를 국제노동운동의 강령으로 채택했다. 이후 미국노동조합총연맹이 1886년 초에 '8시간근로제도 실시 결의안'을 통과시킨 후, 같은해 5월1일을 기해 35만여명이 참여하는 총파업에 돌입했다. 시카고의 맥코믹사업장도 이 파업에 참여했는데 5월3일에 경찰의 총격으로 6명이 사망하는 사고가 발생했다. 이에 항의하여 시카고 헤이마켓광장에서 수천명의 근로자와 가족들이 시위를 벌이던 중 경찰진영에서 원인모를 폭파사건이 발생하고 이에 대응해 경찰이 무차별발포를 함에 따라 지금까지도 숫자가 알려지지 않은 많은 시민이 사망했다. 프랑스혁명 100주년기념일에 1일8시간근로제 쟁취를 목적으로 열린 파리국제노동자대회(제2인터내셔날, 1889, 20개국, 391명 참석)는 헤이마켓사건을 기려 매년 5월1일을 May Day로 결정해 오늘에 이르고 있다(신은종, 「쉘위댄스?」, 생능출판사, 2007, 75~77쪽).

3) 1922년에 결성된 조선노동연맹회가 이듬해 5월1일에 'May Day' 행사를 시작한 후, 일본의 강압으로 이를 산발적으로 이어왔다. 1946년에 대한독립촉성노동총연맹이 결성된 후 1957년까지 5월1일에 기념행사를 계속하게 된다. 1959년부터는 대한노총창립일인 3월10일을 노동절로 기념해 오다가 1963년4월17일에 「근로자의날제정에 관한법률」이 제정되어 명칭만 근로자의날로 바뀌었으며, 1994년3월9일에 날짜를 5월1일로 바뀌었다.

4) 임금근로시간정책팀-3356, 「근로자의날 관련 근로기준법 적용지침」, 2007.11.13. 우선 적용대상으로는 제55조의 '부여의무 및 유급', 제56조의 '휴일근로 임금 및 가산수당(대판 1991.5.14, 90다14089)', 제57조의 보상휴가제 등을 들고 있다. 반면에 제63조의 '근로시간·휴일·휴게 적용제외', 휴일근로가산수당(근기 01254-6550, 1991.5.9), 당사자합의에 의한 '휴일의 대체'는 적용대상이 아니라고 본다.

5) 제55조의 '부여의무 및 유급', 제56조의 '휴일근로 임금 및 가산수당(대판 1991.5.14, 90다14089)', 제57조의 보상휴가제 등.

6) '근로시간·휴일·휴게 적용제외', 휴일근로가산수당(근기 01254-6550, 1991.5.9), 당사자합의에 의한 '휴일의 대체 등.

이 규정은 목적(§1), 공휴일 해당일(§2)[1] 그리고 대체공휴일(§3)[2]을 규정하고 있다.

㈏ **약정휴일로서의 공휴일**

공휴일은 국가가 국민과 더불어 기념하는 공적성격을 갖는다. 그렇더라도 공휴일을 법정휴일로 의무화하는 것은 근로조건자율결정원칙을 침해한다는 비판이 가능하다. 공휴일을 법정휴일로 하면서 무급으로 하면 근로권을 침해하게 되고, 유급으로 하게 되면 사용자의 재산권을 침해하는 결과를 초래하게 되기 때문이다. 이러한 이유로 공휴일제도는 공휴일이 관공서가 쉬는 날로서 관공서가 아닌 사업장에서는 취업규칙 등에 명시함으로써 비로소 휴일이 되는 약정휴일제도로 출발하였다.

㈐ **법정휴일로서의 공휴일**

㉮ **약정휴일에 대한 비판**

공휴일을 약정휴일로 설계한 것은, 국가가 국민축일을 공공부분에만 적용한다는 점에서, 비판의 여지를 남긴다.[3]

㉯ **법정휴일로 전환**

(a) 법적근거

'2018년 개정 근기법'(§55②)은 "사용자는 근로자에게 대통령령으로 정하는 휴일을 유급으로 보장하면서, '근로자대표와 서면합의'(자세한 내용은 제2편 제1장, 제1절,2·나,(2))로 '특정한 근로일로 대체'(휴일대체법리참조 같은장,같은절,2·나,(6))할 수 있도록 함으로써 공휴일을 법정휴일로 변경할 수 있는 근거를 마련하였다. 관련규정은 기업규모를 감안하여 단계적으로[4] 적용된다.

(b) 내 용

「관공서의공휴일에관한규정」에 규정된 공휴일은 법정유급휴일이다(근기령 §30② 제1호(일요일) 제외). 법정유급공휴일에 대해서는 법정휴일에 대한 일반법리가 적용된다. 아울러 사용

---

1) '일요일'과 '기타 정부에서 수시로 정하는 날'을 빼면 15일이다.

• 일요일	• 국경일(「국경일에관한법률」) : 3·1절, 광복절, 개천절, 한글날
• 민속일 : 설날 · 그 전날 · 다음날, 추석 · 그 전날 · 다음날, 1월1일	
• 탄신일 : 부처님오신날, 기독탄신일(X-mas)	• 기념일 : 어린이날, 현충일
• 기타 정부에서 수시 지정하는 날(국회의원선거일 등)	

2)"설날 전날, 설날, 설날 다음날" 또는 "추석 전날, 추석, 추석 다음날"이 다른 공휴일과 겹칠 경우 해당공휴일 다음의 첫 번째 비공휴일을 공휴일로 한다. 어린이날이 토요일이나 다른 공휴일과 겹칠 경우 해당공휴일 다음의 첫 번째 비공휴일을 공휴일로 한다.

3) <형평원칙 위배> 참여하는 축일의 성격이 강하다. 약정휴일로 처리됨에 따라 공무원이나 공기업 및 대기업의 근로자는 유급으로 전체를 쉴 수 있는 반면에 영세기업은 일부만을 쉴 수 있다.

4) <2022년1월1일> 상시 5명 이상 30명 미만 사용 사업(장).

자가 법정유급공휴일제도를 위반하면 벌칙이 적용된다(근기법§110 2년징역·2천만원벌금).

(c) 공휴일대체

사용자는 '근로자대표와 서면합의'(자세한 내용은 제2편 제1장, 제1절, 2·나, (2))로 법정유급공휴일을 특정한 근로일로 대체할 수 있다. 법정유급공휴일을 대상으로 하는 휴일대체법정제도가 도입된 것이다. 휴일대체제도에 대해서는 뒤에서 다시 설명한다(같은편, 같은장 같은절, 2·나, (6)).

(4) 휴일근로

① 요 건

(가) 근로자 동의

근기법은 18세이상여성의 휴일근로에 대해 동의를 요건으로 규정하고 있다(근기법 §70①). 남성에게는 이러한 요건이 규정되어 있지 않다. 그럼에도 불구하고 주휴일은 '소정근로일이 아닌 날'이므로, 근로를 시키려면 근로자동의가 필요하다.[1]

휴일근로를 시킬 수 있는 근거를 규정하지 않은 상태에서 휴일근로가산수당을 지급하도록 규정하고 벌칙을 부과하는 입법구조에 대해 의문이 제기된다. 첫째, 가산수당만 주면 휴일근로를 시킬 수 있는지, 둘째, 가산수당지급과 함께 대체휴일을 주어야 하는 것인지, 셋째, 앞의 경우에 있어 각각 벌칙이 적용되는지 명확치 않다. 이에 대해 가산수당이 지급되면 적법하다고 볼 수밖에 없다.[2]

(나) 연소자 및 모성 보호

사용자는 임산부와 연소자를 휴일에 근로시키지 못한다(근기법 §70②). 다만, 연소자의 동의가 있는 경우", "출산후1년미만여성의 동의가 있는 경우" 및 "임신여성이 명시적으로 청구하는 경우"에 고용장관인가와 '근로자대표와의 협의'(자세한 내용은 제2편 제1장, 제1절, 2·나, (2))를 요건으로 휴일근로가 가능하다.[3]

② 보 상

(가) 휴일근로임금

근기법은 휴일근로가산수당에 대해 규정하면서 휴일근로대가인 휴일근로임금에 대해 규정을 두고 있지 않다. 그러나 해당시간에 대한 근로는 근로의 댓가로서 통상임금이 지급되어야 한다.

---

1) 김유성, 『노동법 I』, 181쪽.
2) 임종률, 『노동법』, 제9판, 419쪽 ; 박홍규, 『고용법·근로조건법』, 제2판, 364쪽.
3) 동의와 명시적청구의 법적효과를 달리할 법적근거가 없다. ; 동의가 확실한 요건으로 작용하면 인가나 협의는 불필요한 규제라는 비판을 받을 수 있다.

(나) **휴일근로가산수당**

㉮ 휴일근로시간과 가산수당

근기법(근기법§56②, §109 3년징역·3천만원벌금)은 "8시간이내의 휴일근로는 통상임금의 50/100 이상"을, "8시간을 초과한 휴일근로는 통상임금의 100/100 이상"을 가산하여 근로자에게 지급하도록 규정하고 있다.

㉯ 가산수당의 중복

휴일근로와 연장근로는 겹치더라도 중복하여 가산되지 않는다. 야간근로가 휴일근로나 연장근로 또는 두 가지 모두와 겹치는 경우에는 야간근로가산수당도 같이 지급되어야 한다.

(다) **약정휴일과 휴무일 근로**

㉮ 약정휴일근로 보상

유급이든 무급이든 약정휴일에 대해 가산수당을 지급해야 한다고 보는 것이 일반적 견해[1]이다.[2] 약정휴일에 대해서는 휴일근로가산수당까지 포함해서 모든 것을 당사자의 약정에 맡기는 것이 타당해 보인다.[3]

㉯ 휴무일근로 보상

주5일근로제로 운영하는 경우, 근로의무가 없는 2일 중 1일은 주휴일이 된다. 휴일근로가산수당과 관련하여, '주휴일이 아닌 1일'에 대해 약정휴일로 지정된 경우에만 지급되고, 그렇지 않으면 휴무일로서 지급되지 않을 수 있다는 지배적인 견해[4]가 있다. '소정근로일이 아닌 날'은 휴일 즉, 약정휴일로 보아야 하므로, 당사자가 약정휴일로 정하는지 아닌지는 중요치 않다.[5] '주휴일이 아닌 1일'에 대해서는 약정휴일법리를 적용하는 것이 타당해 보인다.

(5) 휴일대체제도

① 개 념

휴일대체제도란 '특정휴일을 근로일로 하고 대신 통상근로일을 휴일로 대체할

---

1) 대판 1991.5.14, 90다14089 ; 근기 01254-9009, 1989.6.8 ; 근기 01254-2320, 1988.2.13 ; 김형배, 『노동법』, 제20판, 445쪽. 휴무일에 대해서는 가산수당을 지급할 필요가 없다.

2) <논리적 근거> 연장근로에 대해 "제53조 · 제59조 및 제69조단서에 따라 연장된 시간의 근로"로, 야간근로에 대해 "오후 10시~오전 6시 사이의 근로"로 제한하면서 휴일에 대해 제한을 두지 않은 근기법 제56조.

3) <논리적 근거> ⓐ 약정휴일에 가산수당 없이 휴일근로임금(통상임금 100%)만 받고 일하겠다는 근로자의 의사존중, ⓑ 약정휴일은 소정근로일로 해도 되는 날을 휴일로 정한 날, ⓒ 근기법이 휴일에 대해 정의규정을 두지 않아서 휴일이라는 표현이 주휴일을 의미하는지 모든 휴일을 의미하는지 불명확.

4) 김형배, 『노동법』, 제20판, 445쪽 ; 노동부, "개정 근로기준법 시행지침", 2003.12.1, 3쪽.

5) 김홍영, "주중 법정공휴일과 주간근로시간제한-한국피죤사건 판례평석", 「노동법연구」, 제3호, 서울대학교 노동법연구회, 1993.

수 있는 제도'이다.[1)]

② 유 형

㈎ 휴일대체법정제도

'2018년의 개정 근기법'(§55②)은 "사용자는 근로자에게 대통령령으로 정하는 휴일을 유급으로 보장하여야 한다. 다만, '근로자대표와 서면합의'(자세한 내용은 제2편 제1장, 제1절, 2·나,(2))로 특정한 근로일과 대체할 수 있다."고 규정함으로써 "주휴일 외의 대통령령으로 정하는 휴일" 즉 공휴일에 대해 휴일대체제도를 규정하고 있다.

㈏ 휴일대체약정제도

주휴일이나 그 밖의 휴일의 대체에 대해서는 근기법에 규정이 없어, 제도운영에 대해 해석에 맡겨져 왔으며, 반드시 새로이 규정된 '공휴일에 대한 휴일대체제도'가 적용된다고 볼 수도 없다.

③ 대 상

휴일대체법정제도의 대상은 법정휴일인 공휴일이다.

휴일대체약정제도의 대상은 법정휴일인 공휴일 외의 모든 휴일 즉 주휴일을 비롯한 '다른 법정휴일'과 약정휴일 모두이다. 근로자의날에 대해 부정하는 해석[2)]이 있으나 주휴일과 구분할 이유가 없다.

④ 요 건

㈎ 노사합의

휴일대체법정제도의 경우에는 집단적으로 법정공휴일인 공휴일을 대체하는 것이므로 '근로자대표와의 서면합의'(자세한 내용은 제2편 제1장, 제1절, 2·나,(2))가 필요하며, 이 경우 근로자의 개별적 동의가 필요하지 않다. 다만, 서면합의가 없는 경우에도 휴일대체약정제도의 법리가 적용되는지에 대해 논란의 여지가 있다. 개인적으로는 가능하다고 생각한다. 휴일대체약정제도가 성립하기 위해서는 '취업규칙 등의 규정'이나 '근로자의 동의(당사자 합의준용. 제2편 제1장, 제1절, 2·나,(1))'가 있어야 한다.[3)]

㈏ 사전고지

휴일대체법정제도의 경우에는 사전고지와 관련된 사항에 대해 서면합의에 따른다. 서면합의에 규정되어 있지 않다면 휴일대체약정제도의 법리가 적용될 수

---

1) 대판 2000.9.22, 99다7367 ; 대판 2008.11.13, 2007다590 ; 김형배, 『노동법』, 제20판, 444쪽.
2) 임금근로시간정책팀-3356, 「근로자의날 관련 근로기준법 적용지침」, 2007.11.13.
3) 대판 2000.9.22, 99다7367 ; 대판 2008.11.13, 2007다590 ; 김형배, 『노동법』, 제20판, 443쪽 ; 이상윤, 『노동법』, 제6판, 243쪽 ; 管野和夫, 「勞働法」, 第七版補正二版, 256頁.

있다. 휴일대체약정제도의 경우, 사용자는 그 사유를 밝히면서 사전에 서면 또는 구두로 해당 근로자에게 휴일대체사실을 통보해야 한다. 행정해석과 일부 학설은[1] '24시간 이전에 알려줄 것'을 요구한다. 다만, 이를 지키지 않았다고 해서 효력을 부정할 법적근거가 없다.

⑤ 변경휴일

휴일대체법정제도의 경우에는 변경휴일에 대해 서면합의에 따른다. 서면합의에 규정되어 있지 않다면 휴일대체약정제도의 법리가 적용될 수 있다.

휴일대체약정제도와 관련하여, 변형휴일제가 인정되고 있는 일본에서는 대체된 휴일이 4주간 이내에 근로자가 소화할 수 있도록 배려해야 하는 것으로 본다.[2] 근기법(§55)은 '1주일 평균 1회 이상'의 휴일을 주도록 규정하고 있다. 변경된 휴일은, 명시된 효력요건은 아니지만, 당초의 휴일로부터 6일 이내 또는 다음 주휴일 전에 부여되어야 한다.

⑥ 효 과

휴일이 대체되면 당초의 휴일은 근로일이 되며, 그날 근로를 하지 않으면 결근으로 처리될 수 있다.[3] 대체된 휴일에 근로하면 휴일근로가 된다.[4] 요건이 충족되지 않으면 대체휴일을 부여해도 당초의 휴일이 휴일로 남는다.[5]

(6) 휴일규정 적용제외

농림·수산·축산업종사자, 감시·단속적 근로자, 관리·감독자 및 기밀취급자에게는 '근로시간, 휴게 및 휴일에 관한 규정'이 적용되지 않는다(같은편, 같은장, 같은절, 3·바).

2·다. 휴가제도

(1) 연차유급휴가

① 의 의

연차유급휴가는 출근율을 전제로 1년 또는 1월 단위로 근로자에게 부여되는 휴가이다. 이 제도의 취지는 근로자에게 정신적·육체적 휴양을 제공해, 노동재생산을 도모하고, 문화생활을 보장하며, 일과 가정을 양립시킬 수 있도록 여가를 부여하는데 있다. 연차유급휴가는 법정휴가이고 유급휴가이며 보상휴가이다.

---

1) 법무 811-18759, 1978.4.8 ; 근기 68207-806, 1994.5.16.
2) 菅野和夫, 「勞働法」, 第七版補正二版, 256頁.
3) 근기 1455-22853, 1982.8.18.
4) 근기 68207-806, 1994.5.16.
5) 여원 68204-342, 2001.8.22.

② 적용대상

연차유급휴가는 법정휴가로서 근기법적용대상근로자에게 부여되나, '상시 근로자가 4명 이하인 사업(장)'과 '4주동안(근로기간이 4주 미만이면 그 기간)을 평균해 1주동안의 소정근로시간이 15시간미만인 초단시간근로자(근기법 §18③)'에는 적용되지 않는다.

③ 연차휴가부여일수

㈎ 휴가일수 결정

연차유급휴가제도는 일정한 요건을 전제로 하여 기본휴가와 가산휴가로 구성되는 연단위휴가를 원칙으로 하고, 연단위휴가의 요건을 충족하지 못하는 경우에 보완적으로 부여되는 월단위휴가로 구성된다.

연단위 휴가	기본휴가	계속근로기간이 1년 이상으로서 1년간 80% 이상 출근한 근로자에게 15일의 유급휴가 부여 의무(근기법 §60①)
	가산휴가	3년 이상 계속해서 근로한 근로자에게는 기본휴가에 최초 1년을 초과하는 계속근로연수 매 2년에 대해 1일을 가산한 유급휴가를, 총 휴가일수는 25일을 한도로 하여 부여 의무(근기법 §60④)
월단위 휴가	1년미만 근속	1개월간 개근한 근로자에게 1일의 유급휴가 부여 의무(근기법 §60②), 1년미만근속의 경우, 1년 이상 근속후에는 정상적으로 연차휴가 발생
	1년이상 근속 8할미만 출근	

㈏ 출근율과 계속근로연수 계산

'출근율과 계속근로연수'(같은편, 제2장 제3절)의 계산은 그 일반법리에 따른다.

연차유급휴가 부여를 위한 출근율 계산은 입사일을 기준으로 산정함이 원칙이며, 노무관리를 위해 회계년도 등을 기준으로 전근로자에게 일률적으로 부여할 수도 있으나, 근로자에게 불리하지 않아야 한다.

㈐ 휴가일수 조정

기본휴가부여를 위한 출근율을 미달하면, 가산휴가가 적용되지 않는다.[1]

단시간근로나 근로면제일이 많은 경우에는 비례원칙이 적용된다.[2]

④ 연차휴가부여시기

㈎ 시기지정권

연차유급휴가는 근로자가 지정한 시기에 주어져야 한다(근기법 §60⑤).[3] 시기지정권은 취업규칙 등이 정한 방법에 따라 행사된다. 규정이 없으면 서면 또는 구두의 적

1) 근기 01254-1488, 1989.1.28.
2) 수원지판 2013.3.22, 2011가합26325.
3) 대판 1997.3.25, 96다4930.

절한 방법도 인정된다.[1] 시기지정의 시작일과 종료일은 특정되어야 한다. 시기지정권은 절대적이지 않다. 시기지정권을 행사하고 사용자의 승인 없이 바로 휴가를 사용하면 무단결근으로 처리될 수 있다.[2]

㈏ 시기변경권

사용자는 '사업운영에 막대한 지장'이 있는 경우에 시기변경권을 행사할 수 있다(근기법 §60⑤). 시기변경권은 합리적으로 행사되어야 한다. 시기변경권은 취업규칙에 정한 승인절차 등에 따라 행사되며,[3] 정함이 없으면 구두·서면의 적절한 방법으로 의사표시도 인정된다. 사용자는 근로자가 시기변경권에 반해 사용한 휴가를 결근으로 처리할 수 있으며,[4] 징계사유로 삼을 수 있다.[5] '회사운영에 막대한 지장'이 없으면, 시기변경권이 행사될 수 없다. 그 입증책임은 사용자에게 있다.

⑤ 연차휴가청구권 행사

㈎ 법적근거

연차유급휴가는 1년간 행사하지 않으면 소멸된다. 사용자귀책사유로 사용하지 못한 경우에는 그렇지 않다(근기법 §60⑦). '1년미만근로에 대한 월단위연차휴가(근기법 §60②)'에 있어서 "1년간"이라 함은 '최초 1년의 근로가 끝날 때까지'를 말한다(근기법 §60⑦본문).

㈏ 근로자귀책사유

연차유급휴가의 소멸사유는 근로자의 귀책사유로 휴가청구권을 행사하지 않은 사실이다. 근로자귀책사유는 휴가를 청구했는지로 판단된다. 휴가청구권소멸시효는 근로자가 휴가를 청구할 지위를 얻게 된 다음 날부터 진행된다.[6]

㈐ 사용자귀책사유

사용자귀책사유라 함은 사용자가 시기변경권을 행사한 것을 말한다. 사용자의 귀책사유로 사용되지 않은 휴가청구권은 발생일로부터 '1년' 또는 '1년미만근로자의 최초 1년의 근로가 끝날 때'가 지나더라도 소멸되지 않고 '근로자의 희망에 따라'[7] 이월되거나 휴가미사용수당청구권으로 대체[8]될 수 있다.[9]

---

1) 대판 1992.4.10, 92누404. 부상 근로자 전화신청사건, 긍정.
2) 대판 1997.3.25, 96다4930.
3) 대판 1992.6.23, 92다7542.
4) 기준 1455.9-7666, 1968.8.14.
5) 서울고판 2013.5.31, 2012누28522. 휴가청구가 반려되었음에도 결근하고 불법파업에 참가한 사례.
6) 대판 1972.11.28, 72다1758 ; 대판 1973.9.6, 73다305.
7) 사용자가 어느 하나를 강요할 수 없다(근로조건지도과-1046, 2009.2.20 ; 근로개선정책과-4449, 2013.7.30).
8) 근기 01254-15753, 1985.8.28 ; 근기 68207-62, 1994.1.8.
9) 근로기준정책과-3079. 2015.7.13.

⑥ 연차유급휴가와 임금

㈎ 휴가사용과 임금

연차유급휴가는 유급으로 부여된다. 근로자가 휴가를 사용함으로써 근로를 제공치 못해도 지급되는 임금 즉, 연차유급휴가수당이 평균임금[1] 또는 통상임금[2]으로 지급되어야 한다(§60⑤). 연차유급휴가수당은 유급휴가를 주기 전이나 준 직후의 임금지급일에 지급해야 한다(근기령 §33).

㈏ 연차유급휴가미사용수당

㉮ 개 념

연차유급휴가를 1년간 사용치 못해 휴가청구권이 소멸해도, 임금청구권은 소멸하지 않는데 이에 따라 지급되는 보상을 연차유급휴가미사용수당(미사용수당)이라고 한다. ILO협약(제52호, 제132호로 개정)은 고용종료로 인해 연차유급휴가를 사용하지 못하는 경우에 보상을 의무화하고 있다.[3]

㉯ 발생사유

연차유급휴가미사용수당의 발생사유는 휴가를 사용치 않은 경우와 근로자에게 유리하게 합의한 경우로 나뉠 수 있다.

구분	내용
휴가 미사용	ⓐ 적법한 사용촉진조치가 행사되지 않은 상태에서, 근로자가 1년간 청구권을 행사하지 않고 금전대체 희망 ⓑ 사용자귀책으로 청구권이 1년간 행사되지 못한 후 근로자의 금전대체 희망 ⓒ 퇴직·해고 등 근로관계종료로 청구권 소멸[4] ⓓ 업무상재해로 1년 이내에 연차휴가 사용 곤란[5]
유리한 합의	ⓐ 법정일수를 초과하여 부여되는 연차휴가 ⓑ 회계년도 기준으로 산정한 휴가일수가 입사시점을 기준으로 산정한 휴가일수에 미달한 경우 그 차액분[6]

---

1) 항상 통상임금보다 많으므로 의미가 없다.

2) 대판 2019.10.18, 2018다239110. 연차휴가기간에 근로자가 근로를 제공하지 않더라도 근로를 제공한 것으로 보아 지급되어야 하는 연차휴가수당은 취업규칙 등에서 산정기준을 정하지 않았다면, 그 성질상 통상임금을 기초로 하여 산정하여야 한다.

3) 독일의 「연방휴가법」, 영국의 「근로시간규정」 등도 같다.

4) 대판 2005.5.27, 2003다48556 ; 대판 2017.5.17, 2014다232296, 2014다232302. 근로관계존속을 전제로 하는 휴가청구권은 소멸되나, 그렇지 않은 임금청구권은 존속. ; <사례> 근로개선정책과-2379, 2012.4.25. 연차유급휴가 사용촉진시기 도래와 상관없이 미사용 연차휴가일수에 해당하는 수당을 지급해야 한다.

5) 대판 2017.5.17, 2014다232296, 2014다232302. 해당수당 청구를 제한하는 내용의 단협이나 취업규칙은 근기법에 미달하는 근로조건을 정한 것으로서 무효. : <반대해석> 임금근로시간정책팀-3228, 2007.10.25.

6) 근로개선정책과-5352, 2011.12.19.

㈐ 지급근거

미사용수당은 판례로 정립된 개념이다. 휴가청구권이 소멸되지 않은 상태에서 대체수당을 지급하는 휴가매수계약은 무효이다.[1] 사전매수가 아니고 금전보상요건을 충족하고 보상수준이 적정수준이면 미사용수당의 효력이 인정된다.[2]

㈑ 지급기준

수당은 사용하지 못한 휴가일수에 해당하는 통상임금이며, 가산수당을 지급할 사용자의 법적의무는 없다.[3] 미사용수당은 휴가청구권이 있는 마지막 달의 임금지급일의 임금을 기준으로 산정된다.[4] 미사용수당청구권은 휴가청구권이 소멸된 다음날에 발생한다.

㈒ 지급방법

미사용수당지급은 임금지급 및 금품청산법리에 따른다. 미사용수당청구권의 소멸시효는 휴가사용권이 소멸한 때로부터 3년인 것으로 해석된다(근기법 §49).[5]

⑦ 연차휴가사용촉진

㈎ 의 의

㉮ 법적근거

사용자가 연차유급휴가(근기법 §60①③④)의 사용을 촉진하기 위해 소정의 조치를 했음에도 불구하고 근로자가 휴가를 사용하지 않아 소멸된 경우, 사용자는 그 사용하지 않은 휴가에 대해 보상할 의무가 없고, '사용자의 귀책사유(근기법 §60⑦단서)'에 해당되지 않는다(근기법 §61). 이 경우 근로자의 휴가청구권이 바로 소멸된다.

㉯ 취 지

연차유급휴가미사용수당은 휴가제도가 본래의 취지를 살리지 못하고 금전보상수단으로 이용되게 하는 원인이 된다. 휴가사용촉진제도는 이러한 문제점을 개선하기 위한 제도이다.

㉰ 성 격

휴가사용촉진조치는 사용자의 의무사항이 아니고 권한에 속하는 사항이다. 따라서 조치를 취하지 않으면 이 제도의 혜택이 사용자에게 주어지지 않는다.[6] 이

1) 대판 1995.6.29, 94다18553. 정근수당으로 갈음 금지 ; 근기 68207-1666, 2000.5.31. 경영상 어려움을 이유로 휴가 반납. 부정.

2) 대판 1991.1.15, 90다카25734.

3) 대판 1990.12.26, 90다카12493 ; 대판 1991.6.28, 90다카14758.

4) 근기 01254-3999, 1990.3.19.

5) 박상필, 『근로기준법강의』, 331쪽 ; 근기 01254-6801, 1987.4.28 ; 대판 1995.6.29, 94다18553.

조치는 사업장의 전체 또는 일부에 적용할 수 있으며, 근로자의 개별적인 또는 집단적인 동의는 필요하지 않다.[1)]

㈏ **촉진조치 대상**

휴가사용촉진조치의 대상은 가산휴가(근기법 §60④)를 포함한 근기법상 모든 연단위 및 월단위 연차유급휴가이다(근기법 §61).

㈐ **촉진조치 내용**

㉮ 1년이상근로(근기법 §61①)

1년이상근로에 따른 연단위 및 월단위 연차휴가의 사용촉진조치는 두 단계로 나뉜다. 첫째, 휴가청구권이 발생한지 1년이 지나기 6개월 전을 기준으로 해 10일 이내에 사용자가 근로자별로 사용하지 않은 휴가일수를 알려주고, 근로자가 사용시기를 정해 사용자에게 통보하도록 서면으로 촉구해야 한다. 둘째, 근로자가 촉구를 받은 때부터 10일 이내에 사용하지 않은 휴가의 전부 또는 일부의 사용시기를 정해 사용자에게 통보하지 않으면 휴가청구권이 발생한지 1년이 지나기 2월전까지 사용자가 사용시기를 정해 근로자에게 서면으로 통보해야 한다.

㉯ 1년미만근로(근기법 §61②)

1년미만근로에 대한 월단위연차휴가의 사용촉진조치도 두 단계로 나뉜다. 첫째, 최초1년의 근로기간이 끝나기 3개월전을 기준으로 10일이내에 사용자는 근로자별로 사용하지 않은 휴가일수를 알려주고 그 사용시기를 통보토록 서면으로 촉구해야 한다. 다만, 사용자가 서면촉구한 후 발생한 휴가에 대해서는 최초1년의 근로기간이 끝나기 1개월전을 기준으로 5일이내에 촉구해야 한다. 둘째, 근로자가 촉구를 받은 때부터 10일 이내에 사용하지 않은 휴가의 전부 또는 일부의 사용시기를 정하여 사용자에게 통보하지 않으면 최초1년의 근로기간이 끝나기 1개월전까지 사용자가 해당휴가의 사용시기를 정하여 근로자에게 서면으로 통보해야 한다. 다만, 첫째 단계의 단서에 따라 촉구한 휴가에 대해서는 최초1년의 근로기간이 끝나기 10일전까지 서면으로 통보해야 한다.

㈑ **촉진조치 효과**

휴가사용촉진조치에도 불구하고 근로자가 자신의 귀책사유로 휴가를 사용하지 않으면 휴가청구권은 소멸하며, 사용자는 미사용수당을 지급하지 않을 수 있다.

---

6) 근기-161, 2004.1.7. ↘ 160쪽

1) 근기-407, 2004.1.26.

지정된 휴가일에 근로자가 출근한 경우, 사용자는 노무수령거부의사를 명확히 표시해야 한다.[1] 명확한 노무수령거부의사에도 불구하고 근로를 제공한 근로자에게는 연차유급휴가미사용수당을 지급할 의무가 없다.[2]

⑧ **연차유급휴가 대체**

㈎ **법적근거**

사용자는 '근로자대표와의 서면합의'(자세한 내용은 제2편 제1장, 제1절, 2·나,(2))에 따라 연차유급휴가일(근기법 §60)에 갈음해 특정한 근로일에 근로자를 휴무시킬 수 있다(근기법 §62).

㈏ **서면합의**

연차휴가대체사용제도를 도입하려면 '사용자와 근로자대표의 서면합의'(자세한 내용은 제2편 제1장, 제1절, 2·나,(2))가 필요하다.

㈐ **운용방법**

연차휴가대체사용제도는 명절전후나 '휴일과 휴일 사이의 근무일'을 휴일로 하거나, 동계휴가·하계휴가처럼 집단적휴가를 부여하거나, 특정일을 기념하기 위해 휴식을 부여할 때에 활용될 수 있다. 휴무로 결정되어 근로자가 쉬는 날은 연차유급휴가일수에 산입된다. 대체휴가일은 근로일로 한정된다.[3]

㈑ **잔여휴가 사용**

연차유급휴가일수는 개별근로자의 소정근로일 개근여부, 근속연수 등에 따라 다르다. 근로자는 자신의 전체 연차유급휴가일수에서 대체되어 사용한 휴가일수를 빼고 남은 휴가일수에 대해 시기지정권을 행사할 수 있다.

⑨ **연차유급휴가제도 준수**

㈎ **불리한 처우금지**

연차유급휴가 사용을 이유로 상여금·정근수당·개근수당 등의 산정을 불리하게 하는 것은 연차유급휴가 부여의무에 위반된다.

㈏ **위반의 효과**

연차유급휴가조항(근기법 §60 ①②④⑤)을 위반하면 2년이하징역 또는 2천만원이하벌금에 처해질 수 있다(근기법 §110 i). 연차휴가수당을 지급치 않으면 연차유급휴가부여(근기법 §60) 위반으로 해석[4]된다. 미사용수당을 지급치 않으면 임금미지급(근기법 §43)이 된다.

---

1) 대판 2020.2.27, 2019다279283. 노무수령거부의 의사표시를 명확히 하지 않으면 수당지급.

2) 임금근로시간정책팀-285, 2005.10.21. 거부의 의사표시가 없으면 휴가일근로를 승낙한 것으로 간주.

3) 대판 2019.10.18, 2018다239110.

4) 근기 01254-1869, 1992.11.27.

(2) 보상휴가제

① 의 의

사용자는 '근로자대표와의 서면합의'(자세한 내용은 제2편 제1장, 제1절, 2·나,(2))에 따라 연장근로·야간근로 및 휴일근로에 대해 임금 및 가산임금'(근기법§56 §51의3,§52② ii)을 갈음하여 휴가를 줄 수 있다(근기법§57 보상휴가제).

② 도입요건

보상휴가제를 도입하려면 '사용자와 근로자대표의 서면합의'(자세한 내용은 제2편 제1장, 제1절, 2·나,(2))가 필요하다. 근기법은 보상휴가제를 도입할 수 있는 근거만 규정하고 있으므로 노·사가 자율적으로 서면합의에 세부사항을 반영할 수 있다.[1]

③ 보상휴가 대상

보상휴가제의 대상(근기법§56 §51의3,§52② ii)은 연장·휴일의 임금·가산임금, 야간근로가산임금, '근로기간이 단위기간보다 짧은 탄력적근로시간제 정산에 따른 임금 및 가산임금', '3개월이하단위정산 선택적근로시간제에 있어서의 1개월단위 정산에 따른 임금 및 가산임금'에 해당하는 근로시간이 된다. 연장·야간·휴일근로에 대한 임금 및 가산수당과 이에 갈음해 부여하는 휴가는 같은 가치를 가져야 한다.

④ 휴가부여방법

보상휴가는 소정근로시간 중에 부여되어야 한다. 부여되는 휴가는 유급으로 처리되어야 한다.

⑤ 휴가미사용과 임금지급

보상휴가제는 임금지급에 갈음해 휴가를 부여하는 제도이다. 근로자가 대상기간 동안 휴가를 사용하지 않으면 해당임금이 지급되어야 한다.[2] 보상휴가에 대해서는 휴가사용촉진조치가 적용되지 않는다.

(3) 약정휴가

당사자는 약정휴가의 부여조건, 부여방법, 미사용보상 등을 정할 수 있다. 합의가 없다면 휴가대체 등이 인정되지 않는다. 약정휴가는 결혼, 상례 등 특별한 목적이 있을 때 부여되므로 시기변경권이 인정되지 않는 것이 원칙이다.[3]

---

1) 부여방식(근로자 청구 또는 일방적 지정), 부여범위(휴가청구권과 임금청구권 중 포함범위), 적용기간 등.
2) 근로기준과-779, 2004.12.10.
3) 근기 68207-1452, 1994.9.14.

3. 유연근로시간제도

3·가. 의 의

(1) 연 혁

'1953년 제정 근기법'은 법정기준근로시간을 기초로 연장근로를 제한하는 엄격한 근로시간제도를 설계했다. 그 후 산업과 직종의 구조가 복잡해지고 지식·정보화가 빠르게 진행되면서 근로시간구속을 적게 받는 근로형태가 널리 활용되기에 이르렀다. 이에 따라 근로시간제도를 유연화해야 한다는 요구가 꾸준히 제기되었고, 1990년대 후반에 경제위기를 맞아 관련법개정이 추진되었다.

'1997년 재제정 근기법'은 간주근로시간제, 탄력적근로시간제, 선택적근로시간제 등을 도입하고 업종별 변형근로시간제를 '공익성사업에 대한 근로시간특례'로 변경했다. 이러한 변경은 1953년부터 규정되어 있던 '근로시간, 휴일 및 휴게적용제외제도'와 함께 유연근로시간제도의 내용을 구성한다.

(2) 근로자대표와 서면합의

근기법은 사용자가 간주근로시간제, 탄력적근로시간제, 선택적근로시간제 등 유연근로시간제도를 도입하고자 하는 경우, 일정사항에 대해 '근로자대표와의 서면합의'(자세한 내용은 제2편 제1장, 제1절, 2·나,(2))를 하도록 규정하고 있다.

3·나. 간주근로시간제

(1) 재량간주근로시간제

① 개 념

재량간주근로시간제는 구체적 지시를 하기 곤란한 업무에 대해, 사용자가 업무수행방법·시간배분결정 등을 근로자의 재량에 맡기고, 근로자대표와 서면합의로 정한 시간을 근로한 것으로 간주하는 제도이다(근기법 §58③).

② 운용방법

재량간주근로시간제는 완전재량간주근로시간제와 부분재량간주근로시간제로 나눌 수 있다. 전자는 업무의 시작시각과 종료시각 그리고 소정근로시간을 정하지 않고 재량에 맡긴다. 후자는 업무의 시작시각과 종료시각 중 하나를 정해 놓거나 일부시간대에는 의무적으로 근로하게 하고 나머지 시간대에 대해서만 재량간주근로시간제로 운영된다.

③ **대상업무**

근기법은 재량간주근로시간제의 대상업무를 시행령에 위임하고 있다.

대상업무는 "신상품·신기술의 연구개발, 인문사회과학·자연과학분야의 연구업무", "정보처리시스템의 설계 또는 분석업무", "신문·방송 또는 출판 사업에서 기사의 취재·편성 또는 편집업무", "의복·실내장식·공업제품·광고 등의 디자인 또는 고안업무", "방송프로그램·영화 등의 제작사업에서의 프로듀서나 감독업무"와 그 밖에 고용장관이 정하는 업무[1]이다(근기령 §31).

④ **적용요건**

㈎ **서면합의**

재량간주근로시간제를 도입하기 위해서는 '사용자와 근로자대표의 서면합의'(자세한 내용은 제2편 제1장, 제1절, 2·나,(2))가 있어야 한다. 합의서에는 대상업무,[2] '사용자가 업무의 수행수단 및 시간배분 등에 관해 근로자에게 구체적 지시를 하지 않는다는 내용', '근로시간산정은 서면합의로 정하는 바에 따른다는 내용'을 명시해야 한다(근기법 §58③).

서면합의내용에 대한 당사자재량은 넓게 인정될 수 있다. 당사자는 "구체적인 지시"에 해당하는 내용을 그야말로 구체화해서 명시할 수 있다. 따라서 근로시간대를 설정하고 나머지 시간에 대해 재량근로를 인정하는 부분재량근로시간제를 합의해도 위법으로 볼 근거가 없다. 법정사항은 아니지만 '근로시간으로 간주되는 시간', 서면합의유효기간, '제도의 적용과 중지' 등도 명시하는 것이 필요하다.

㈏ **필수요건으로서의 재량성**

㉮ **총 괄**

(a) 법적근거

재량간주근로시간제는 "사용자가 업무의 수행수단 및 시간배분 등에 관하여 근로자에게 구체적인 지시를 하지 않는다(근기법 §58③ii)"는 전제 아래 성립하므로, 이와 관련된 근로자의 재량성은 제도성립을 위한 필수요건이다.

---

1) 고용노동부고시 제2019-36호(2019.7.31). 회계·법률사건·납세·법무·노무관리·특허·감정평가·금융투자분석·투자자산운용 등의 사무에 있어 타인의 위임·위촉을 받아 상담·조언·감정 또는 대행을 하는 업무. 소관법령에 따라 공인회계사·변호사·세무사·법무사·공인노무사·변리사·부동산감정평가사·금융투자분석사·투자자산운용사 등 면허·자격(증)을 소지하고, 타인의 위임·위촉을 받아 상담·조언·감정·대행을 하는 업무(보조업무를 하거나, 소관법령 등에 따른 자격·면허·자격증 등이 없으면 미포함).

2) 법령의 대상업무(근기령 §31) 중에서 노·사가 정하되, 추후에 이견이 없도록 자세히 명시 필요.

(b) 판단방법

재량성여부는 근로자 개인을 기준으로 판단된다.[1]

제도의 취지를 훼손할 정도의 구체적지시가 있으면, 재량성이 부정된다. 구체적으로는 지시의 업무성질, 업무수행수단・근로시간배분관련성, 지시의 주기・반복성・구체성, 재량제한정도・합리성, 재량권의 실질적행사가능성, 근로자대표와의 합의내용 등을 종합적으로 고려하여 판단된다.[2]

㉯ 업무수행수단

(a) 기본원칙

ⓐ 구체적・상시적 지시

업무수행수단에 대한 구체적・상시적업무지시는 서면합의에 내용・범위를 명시하거나 개별근로자의 동의를 얻더라도 제도의 취지에 반하는 것으로 허용되지 않는다.[3]

ⓑ 통제와 재량

업무수행수단의 재량성이 침해받았다고 하려면 사용자의 지시・명령이 전제되어야 한다. 보고의무불이행에 대해 징계 등의 불이익조치는 재량침해의 증거가 된다.[4] 근로자 스스로의 재량에 따른 보고・회의 등은 인정된다.[5]

ⓒ 최소허용원칙

업무수행수단에 대한 사용자의 통제가 인정되더라도, 그 범위는 최소한에 그쳐야 한다. 업무성격에 비추어 지나치게 보고주기가 짧거나, 회의・출장・행사참석이 빈번한 것은 재량권을 실질적으로 제한한 것이다.

(b) 업무보고

재량근로제하에서도 일정주기마다 또는 단위과제종료시마다 진행경과 등을 보고하도록 하거나, 필요할 때 내용・목표・기한변경 등 업무의 기본내용에 대한 지시를 하는 것은 가능하다.[6]

(c) 회의・출장

업무진행상황을 확인・정보공유・조정・협의하기 위해 서면합의로 회의의 주

1) 고용노동부, 『재량간주근로시간제 운영가이드』, 7쪽.
2) 고용노동부, 『재량간주근로시간제 운영가이드』, 6쪽.
3) 고용노동부, 『재량간주근로시간제 운영가이드』, 7쪽.
4) 고용노동부, 『재량간주근로시간제 운영가이드』, 8쪽.
5) 고용노동부, 『재량간주근로시간제 운영가이드』, 9쪽.
6) 고용노동부, 『재량간주근로시간제 운영가이드』, 8쪽・12쪽.

기 · 횟수 · 일정 등을 정할 수 있고,[1] 서면합의에 없더라도 근로자가 일정조정을 할 수 있도록 한 상태에서 업무목표달성을 위해 필요한 회의에 참석토록 할 수 있다[2]. 업무완성 · 긴급업무에 필요한 출장 · 외부회의 · 행사참석도 그렇다.[3]

(d) 복무관리

'소정근로일의 출근의무부여 · 확인', '장시간근로차단 등 건강보호나 연차휴가 계산 등을 위한 출 · 퇴근시각기록(시각선택은 자율)', '업무일지작성(단위과제완성후 보고전제) 등 질서유지와 시설 · 보안관리에 관한 지시 · 감독은 인정된다.[4]

㈐ **근로시간 배분**

근로자가 시간배분에 관하여 구체적인 지시를 받지 않아야 재량근로에 해당된다. 시간배분의 모습은 다양하게 나타날 수 있다.

(a) 소요시간관리

단위과제에 대한 시간배분에 대해 소요예상시간을 입력받아 관리하는 것은 인정될 수 있다. 업무단위과제의 구체성 · 세부성을 고려할 때, 진행상황체크 · 일정변경 등 재량성을 침해할 정도의 간섭 · 지시는 인정되지 않는다.[5]

(b) 업무주기 · 업무기한

업무부여주기에 대해서는 업무의 종류 · 성격, 업무수행방법에 관한 재량수준 등을 종합적으로 고려한다. 1주단위 이상의 주기는 인정되나, 1일 · 시간단위주기는, 언론의 취재 · 편집 같은 특수성이 없는 한, 재량침해여지가 있다.[6]

(c) 출근의무 · 출퇴근시각 · 근무시간대

근로장소를 지정하여 출근의무를 부여하는 것과 출근일을 정하는 것은 인정된다. 출 · 퇴근시각의 엄격한 적용 · 관리는 시간배분재량을 침해하는 것이나, 질서유지 · 안전확보 등을 위해 불가피하면 한시적으로 인정된다.[7]

(d) 근로총량제한

근로자의 출 · 퇴근기록을 토대로 서면합의로 건강권보호 목적으로 시간총량을 제한하는 내용을 정하는 것은 가능하다.[8]

---

1) **고용노동부, 『재량간주근로시간제 운영가이드』**, 8~9쪽.
2) **고용노동부, 『재량간주근로시간제 운영가이드』**, 8~9쪽.
3) **고용노동부, 『재량간주근로시간제 운영가이드』**, 8쪽 · 12쪽.
4) **고용노동부, 『재량간주근로시간제 운영가이드』**, 9쪽.
5) **고용노동부, 『재량간주근로시간제 운영가이드』**, 10쪽.
6) **고용노동부, 『재량간주근로시간제 운영가이드』**, 10쪽.
7) **고용노동부, 『재량간주근로시간제 운영가이드』**, 11쪽.
8) **고용노동부, 『재량간주근로시간제 운영가이드』**, 15쪽.

⑤ 효 과

㈎ 근로시간 · 연장근로

재량간주근로시간제가 적법하게 도입되면, 대상근로자에 대해 서면합의로 정한 근로시간을 근로한 것으로 간주한다.

㈏ 연장근로

서면합의로 정한 간주근로시간은 법정근로시간 이내여야 하며, 근로자가 근로시간배분을 길게 하더라도, 연장근로는 발생하지 않는다. 사용자의 지시·명령은 연장근로가 아닌 제도효력에 관한 문제이다. 간주근로시간이 법정연장근로시간한도 내에서 정해질 수 있으며, 법정기준근로시간을 초과한 부분은 연장근로로서 가산수당이 지급되어야 한다는 해석[1]이 발견된다. 간주근로시간을 법정기준근로시간보다 길게 정하는 것은 연장근로를 상태화시킴을 의미하고 장시간근로를 강요하므로 위법이다. 이 경우 해당 간주근로시간에 대해 임금 및 가산수당이 지급되어야 하나, 이는 재량간주근로시간제가 연장근로를 인정한 결과가 아니며, 위법한 운영의 결과로 법정기준근로시간제가 적용된 것으로 보아야 한다.

㈐ 휴게 · 휴일 · 휴가

근로자재량에 의해 시간을 변경할 수 있다는 전제 아래, 휴게시간이 별도로 부여되어야 한다는 견해[2]가 있다. 업무수행방법과 근로시간의 배분이 근로자에게 맡겨져 있는 상태라는 점을 고려하면 받아들이기 어려운 견해이다.

재량간주근로시간제를 도입해도 유급주휴일, 유급연차휴가 등 법정휴일·휴가는 물론이고[3] 약정휴일·휴가도 부여되어야 한다. 부분재량간주근로시간제에 대해서는 소정근로일을 대상으로 출근율이 계산되고, 출근의무를 지정하지 않은 완전재량간주근로시간에 대해서는 사업장의 소정근로일 전체가 출근일이 된다.

㈑ 휴일근로 · 야간근로

재량간주근로시간제를 도입하더라도 휴일·야간근로에 대한 법적규제가 적용된다.[4] 노사합의로 정한 근로시간대에 휴일·야간이 포함되기만 해도 휴일·야간근로가 성립된다는 해석[5]이 발견된다. 그러나 근로시간대로 설정된 휴일은 근기법상 휴일이 아니다. 야간시간이 근로시간대에 설정되어 있더라도 근로시간배

---

1) 김유성, 『노동법 I』, 145쪽 ; 官野和夫, 『勞働法』 第10版, 2013. 379頁 ; **고용노동부, 『재량간주근로시간제 운영가이드』**, 3쪽 · 14쪽.

2) 官野和夫, 『勞働法』 第10版, 2013, 379頁 ; **고용노동부, 『재량간주근로시간제 운영가이드』**, 3쪽.

3) 官野和夫, 『勞働法』 第10版, 2013. 379頁 참조.

4) 官野和夫, 『勞働法』 第10版, 2013, 379頁 ; 임종률, 『노동법』, 제9판, 437쪽 ; 김형배, 『노동법』, 제23판, 467쪽.

5) **고용노동부, 『재량간주근로시간제 운영가이드』**, 3쪽.

분이 근로자의 자율에 맡겨져 있으므로 당연히 야간근로가 될 수는 없으며, 그 시간대에 근로를 제공한 경우에 야간근로가 성립한다. 근로시간대에 휴일·야간근로가 포함되지 않았다면, 사용자의 요청·지시·허가·승인·동의가 있는 경우에 휴일·야간근로가 성립하며 이와 관련된 법리가 적용된다.

⑥ **한 계**

㈎ **취약근로자**

재량간주근로시간제를 도입하더라도 임산부, 연소자 및 출산근로자에 대해 시간외근로제한 등 근기법 규정은 적용된다.

㈏ **근로조건저하·불이익취급**

서면합의로 정한 간주근로시간이 해당 사업장의 1일 또는 1주의 소정근로시간보다 적게 하여 기존임금을 삭감하거나, 유급휴일의 적용을 하지 않으면 재량간주근로시간제를 이유로 한 근로조건저하로 근기법 제3조 위반이 될 수 있다.

㈐ **위법한 제도 설계 및 운영**

재량간주근로시간제가 법적요건을 갖추지 못하면 무효이다. 서면합의에 명시된 사항이 지켜지지 않거나,[1] 구체적지시가 상시적이고 반복적으로 이루어지는 등 운용에 있어 제도의 본질을 침해하여 법적요건을 갖추지 못한 것이 그렇다. 재량간주근로시간제가 효력을 잃으면, 법정기준근로시간제도(근기법 §50)가 적용된다.

(2) 사업장밖간주근로시간제

① **의 의**

근기법은 출장 등 기타 사유로 사업장밖에서 근로를 함으로써 근로시간의 측정이 곤란한 근로시간계산의 특례를 인정하고 있다(근기법 §58①②).

② **대상근로**

'당초에 사업장 밖에서 근로하도록 되어 있는 상태적인 사업장밖근로', '상태적인 사업장밖근로와 사업장내근로가 혼합된 근로', '출장 등 사업장내 근로가 원칙이나 일시적인 필요가 있어 사업장밖에서 수행하는 근로' 모두가 적용대상이다.

③ **유 형**

㈎ **소정근로시간간주제**

'출장, 그 밖의 사유로 근로시간의 전부 또는 일부를 사업장밖에서 근로해 근로시간을 산정키 어려운 경우'에는 소정근로시간을 근로한 것으로 본다(근기법 §58①본문).

---

1) 근로개선정책과-6390, 2012.11-28.

소정근로시간간주제는 근로시간을 산정하기 어려운 경우에 한정해 인정된다. 근로시간을 산정할 수 있을 경우[1]에는 산정된 근로시간을 근로한 것으로 본다.

통상적으로 소정근로시간을 초과하는 것이 명백한데도 소정근로시간을 근로한 것으로 간주하는 것은 불합리하다.

㈏ **통상필요근로시간간주제**

업무를 수행하기 위해 통상적으로 소정근로시간을 초과해 근로할 필요가 있으면 통상적으로 필요한 시간을 근로한 것으로 본다(근기법 §58①단서).

"업무를 수행하기 위해 통상적으로 필요로 하는 시간"은 통상의 상태에서 그 업무를 수행키 위해 객관적으로 필요한 시간이다. 개인별로 필요한 시간이 다르면 '평균적인 근로자가 통상적으로 필요한 근로시간'으로 간주할 수 있다.

통상필요근로시간간주제는 객관성과 통상성을 둘러싼 이견, 사용자의 일방적 시행 등으로 노·사간에 다툼의 소지가 많다.

㈐ **간주근로시간합의제**

'사용자와 근로자대표의 서면합의'·(자세한 내용은 제2편 제1장, 제1절, 2·나,(2))로 정한 시간을 업무수행에 통상 필요한 시간으로 볼 수 있다(근기법 §58②). 합의내용(근기법 §58②)은 "간주되는 근로시간"이다.[2] 합의시간 중 법정기준근로시간을 초과한 부분은 연장근로이다.

④ **효 과**

사업장밖근로에 대해서는 휴게시간을 부여한 것으로 간주한다. 유급주휴일, 유급연차휴가 등 휴일·휴가는 출근율에 따라 부여되어야 한다. 휴일근로나 야간근로가 발생한 경우에는 가산수당을 지급해야 한다.[3] 야간근로는 사업장의 소정근로시간대가 어떻게 정해져 있느냐에 따라 해당여부가 결정된다.

3·다. 탄력적근로시간제

(1) 의 의

① 개 념

탄력적근로시간제란 일정기간을 평균해 법정기준근로시간을 초과하지 않으면

---

1) 김형배, 『노동법』, 제20판, 435~436쪽 ; 김유성, 『노동법 I』, 144쪽 ; ⓐ 사용자지시에 따라 명백히 소정근로시간의 기산점 이전 또는 마감점 이후에 근로한 경우 또는 회의, 면담 등 명확한 시간측정이 가능한 상태, ⓑ 팀을 만들어 사업장밖근로에 종사하는 경우로서 그 구성원 중에 근로시간관리자가 있는 경우, ⓒ 사업장밖업무종사자가 통신수단을 통해 근로시간에 대해 수시로 사용자의 지시를 받으면서 근로하는 경우 등.

2) 노·사간의 마찰을 최소화하기 위해 대상업무, 유효기간 등 자세한 내용을 명시해 놓는 것이 필요.

3) 일본 노동성 기발 제181호, 1994.3.31.

특정한 날 또는 특정한 주에 가산수당 없이 법정기준근로시간을 초과하여 근로할 수 있는 제도이다.

② **적 용**

탄력적근로시간제는 사업(장)의 전체근로자에게 대해 적용되거나 직종·부서·업무·근로형태 등에 따라 일부근로자에게 적용될 수 있다.

'15세이상 18세미만 연소근로자'와 임신중인 여성근로자에 대하여는 탄력적근로시간제가 적용되지 않는다(근기법§51③ §51의2⑥). 취직인허증을 보유한 15세미만근로자에 대해서도 마찬가지로 해석한다.

(2) 탄력적근로시간제의 유형

① **2주이내 단위 탄력적근로시간제**

2주이내탄력적근로시간제(2주이내 단위)라 함은 2주이내단위기간을 정한 후 1주평균근로시간이 법정기준근로시간을 초과하지 않는 상태에서 연장근로가산수당 없이 특정일과 특정주에 법정기준근로시간을 초과하여 근로시킬 수 있는 제도이다(근기법 §51①). 한 주는 4일근무 다른 한 주는 6일근무의 형태로 활용될 수 있다.

② **3개월이내 단위 탄력적근로시간제**

3개월이내탄력적근로시간제(3개월이내 단위)라 함은 3개월이내단위기간을 정한 후, 그 기간 동안의 1주평균근로시간이 법정기준근로시간을 초과하지 않는 상태에서 연장근로가산수당 없이 특정일과 특정주에 법정기준근로시간을 초과하여 근로시킬 수 있는 제도(근기법 §51②본문)이다. 분기말에 업무량이 많으면 3개월째에 근로시간을 집중시키고, 월말에 일이 많으면 마지막주에 근로시간을 집중시키는 방식으로 근로시간표를 작성할 수 있다.

③ **3개월초과 6개월이내 단위 탄력적근로시간제**

3개월초과6개월이내탄력적근로시간제(3개월 초과단위)라 함은 3개월초과 6개월이내의 단위기간을 정한 후, 그 기간 동안의 1주평균근로시간이 법정기준근로시간을 초과하지 않는 상태에서 연장근로가산수당 없이 특정일과 특정주에 법정기준근로시간을 초과하여 근로시킬 수 있는 제도(근기법 §51의2)이다. 반기단위별로 일의 양이 다르거나 불규칙할 경우 그에 따라 필요한 때에 근로시간을 집중시키는 방식으로 근로시간표를 작성할 수 있다.

(3) 탄력적근로시간제의 요건

① 2주이내 단위

㈎ 근거규정과 근로자참여

㉮ 취업규칙 등에 규정

2주이내단위는 취업규칙에 정해 도입되어야 하며 이 요건을 충족시키지 못하면 연장근로수당지급의 문제가 발생된다.[1] 상시10명미만의 근로자를 사용하는 사용자는 '취업규칙에 준하는 것'으로 규정해야 한다.[2]

㉯ 의견수렴

취업규칙에 정할 때 근로자집단의 참여방법에 대해 동의필요설[3]과 의견청취충분설[4]로 견해가 나뉜다. 2주이내단위가 그 자체로 불이익변경이라고 보기 어려우므로,[5] 후자가 타당해 보인다.

㈏ 대상근로자

2주이내단위는 대상근로자를 특정하거나 아니면 전체근로자를 대상으로 제한 없이 도입할 수 있다.

㈐ 근로일별근로시간

2주이내단위는 근로일별근로시간을 사전에 명시토록 법에 명시되어 있지 않다. 그러나 사용자는 취업규칙에 업무의 시작과 종료시각을 명시해야 하므로(근기법 §93 i ,§17, 근기령 §8), 근로일별근로시간이 사전에 명시되어야 하며, 업무사정에 따라 임의로 근로시간이 변경될 수 없다.

㈑ 유효기간

2주이내단위는 유효기간을 정하도록 법령에 의무화되어 있지 않다.

② 3개월이내 단위

㈎ 근로자대표와 서면합의

3개월이내단위는 대상기간이 길어 2주이내단위보다 엄격한 제한을 받는다. 이 제도는 '근로자대표와 서면합의'(자세한 내용은 제2편 제1장, 제1절, 2·나,(2))을 요건으로 한다(근기법 §51②).

---

1) 근기 68207-2997, 2000.9.29.

2) 탄력적근로시간제운영규정 등의 별도규정을 생각할 수 있는데 작성 · 변경 · 효력 등은 취업규칙과 같으며, 서면으로 작성해 해당근로자에 주지시켜야 한다(임종률, 『노동법』, 제9판, 402쪽 ; 김형배, 『노동법』, 제20판, 414쪽).

3) 김형배, 『노동법』, 제20판, 414쪽 ; 비슷한 취지, 김유성, 『노동법 I 』, 150쪽.

4) 임종률, 『노동법』, 제9판, 403쪽 참조.

5) <논리적 근거> 특정주에 48시간 초과 금지, '3개월 이내 단위'에 대해서는 서면합의를 요건으로 하면서 '2주 이내 단위'에 대해 언급이 없는 점, 임금보전의무, 근로시간의 배열을 통한 휴일 증대 등.

(나) **서면합의 포함 내용**

㉮ 대상근로자 범위

합의내용에 대상근로자범위가 지정되어야 한다. 구체적으로 대상업무, 대상직종 등을 정한 후 이에 속하는 근로자를 대상으로 할 수 있다.

㉯ 단위기간

1일근로시간과 1주근로시간의 평균을 내는 단위기간이 3개월이내로 정해져야 한 한다.

㉰ 근로일별근로시간

근로자가 자신의 근로를 미리 예상할 수 있도록 합의내용에 근로일 및 당해 근로일별근로시간을 명확히 정해야 한다. 이는 그날그날의 작업량에 따라 근로시간이 변경됨으로써 미리 예상하지 못하는 근로를 방지하는데 목적이 있다. 구체적으로는 근무표를 공표·게시하는 것이 필요하다.[1]

㉱ 유효기간

서면합의에 합의의 유효기간이 정해져 있어야 한다(근기령 §28①). 유효기간을 어떻게 정할 것인가는 전적으로 서면합의사항이며, 유효기간 내에서는 횟수 제한 없이 제도를 실시할 수 있다.

③ **3개월초과 단위**

(가) **근로자대표와 서면합의**

사용자는, 3개월초과단위를 도입하려면, '근로자대표와 서면합의'(자세한 내용은 제2편 제1장, 제1절, 2·나,(2))를 해야 한다(근기법 §51의2)' 이 제도는 대상기간이 가장 길어 그 제한도 가장 엄격하다. 노사합의는 사용자와 근로자대표가 서면으로 작성하여야 한다.

(나) **서면합의 포함 내용**

㉮ 대상근로자 범위

3개월초과단위는 합의내용에 대상근로자범위를 지정하여 그들에게만 적용된다.

㉯ 단위기간

1일근로시간과 1주근로시간의 평균을 내는 단위기간을 3개월을 초과하고 6개월 이내의 일정한 기간으로 정해야 한다.

㉰ 단위기간의 주별 근로시간

서면합의에는 단위기간의 주별근로시간이 포함되어야 한다. 사용자는 각 주의

---

1) 근기 68207-199, 2010.7.20.

근로일이 시작되기 2주전까지 근로자에게 해당주의 근로일별근로시간을 통보하여야 한다(근기법 §51의2③). 사용자는, 서면합의 당시에 예측하지 못한 천재지변, 기계고장, 업무량급증 등 불가피한 사유가 발생하면, 단위기간내에서 평균하여 1주간의 근로시간이 유지되는 범위에서 근로자대표와의 협의를 거쳐 "단위기간의 주별근로시간"을 변경할 수 있으며, 이 경우 해당근로자에게 변경된 근로일이 개시되기 전에 변경된 근로일별근로시간을 통보하여야 한다(근기법 §51의2④).

㉣ 유효기간

서면합의에 합의의 유효기간을 정해야 한다(근기령 §28의2①). 유효기간에 대한 구체적인 운용방법은 3개월이내단위와 같다.

(4) 탄력적근로시간제의 근로시간 제한

① 근로시간제한의 내용과 효과

3개월이내와 3개월초과단위에 있어 특정주근로시간은 52시간을, 특정일근로시간은 12시간을 초과할 수 없다(근기법§51②단서 §51의2단서). 2주이내단위의 경우, 특정주의 근로시간은 48시간을 초과할 수 없으며(근기법 §51①단서), 특정일에 대한 근로시간제한은 없다.

특정주나 특정일에 법적 한도를 초과하는 소정근로시간이 정해진 경우에는 위법한 탄력근로시간제가 된다.

② 3개월초과단위의 연속휴식시간제도

사용자는 3개월초과단위 탄력적근로기간제에 따라 근로자를 근로시킬 경우에 근로일종료 후 다음 근로일개시 전까지 연속하여 11시간 이상의 휴식시간을 주어야 한다(근기법§51의2②본문 §110.2년징역·2천만원벌금)(같은편, 같은장, 같은절 3·마, (4), ② 참조). '천재지변 등 불가피한 경우(근기령 §28의2②)'[1]에는 연속휴식시간에 대해 근로자대표와의 서면합의가 있으면 이에 따른다(근기법 §51의2②단서).

(5) 탄력적근로시간제와 초과근로

① 연장근로

㈎ 법적근거

근기법(§53②)은 '당사자합의(자세한 내용은 제2편 제1장, 제1절, 2·나,(1))로 1주간에 12시간을 한도로 제51조

---

1) ⓐ 「재난및안전관리기본법」에 따른 재난 또는 이에 준하는 사고("재난등")가 발생하여 이를 수습하기 위한 조치가 필요하거나 "재난등"을 예방하기 위하여 긴급한 조치가 필요한 경우, ⓑ 인명을 보호하거나 안전을 확보하기 위하여 긴급한 조치가 필요한 경우, ⓒ 그 밖에 이 들에 준하는 사유가 발생한 경우.

(탄력적 근로시간)의 근로시간을 연장할 수 있다고 규정하고 있다. '제51조의 근로시간'이라 함은 단위기간동안을 평균하여 계산한 법정기준근로시간 즉 1주40시간을 말한다. 탄력적근로시간제에 대해서도 연장근로시간한도·휴일근로처리, 연장근로시간계산, 연장근로가산수당 등 통상연장근로법리와 특별연장근로법리가 적용된다.

㈏ **단위기간정산 연장근로**

탄력적근로시간제에 있어 연장근로는 단위기간 동안의 총근로시간에서 단위기간 동안의 총법정기준근로시간을 뺀 시간이 된다.[1]

㈐ **특정주·특정일 근로한도 초과**

2주이내단위·3개월이내단위 및 3개월초과단위에 있어 특정일 또는 특정주의 근로시간한도에 대해 절대적으로 그 시간을 넘을 수 없다는 절대적금지설[2]과 그 시간을 넘으면 별도로 연장근로가 발생한다는 상대적금지설[3]로 견해가 나뉜다. 개인적으로는 입법론이라면 별론의 문제이지만 해석론적으로는 후자가 타당하다고 생각한다.[4] 이 경우 평균주당근로시간이 법정기준근로시간 이내여서 단위기간정산연장근로가 발생치 않더라도, 2주이내단위의 경우에는 특정주에 48시간을 넘는 시간은 연장근로가 되고, 3개월이내단위와 3개월초과단위의 경우에는 특정주에 52시간을 넘는 시간이나 특정일에 12시간을 넘는 근로시간은 연장근로가 된다.

단위기간과 관계없이 특정주·특정일의 제한시간을 초과한 연장근로에 대한 보상은 임금정기지급일에 지급되어야 한다. 정산기간에 도달하면, 지급금액은 단위기간을 정산해 발생한 연장근로를 기준으로 다시 정산될 수 있다.

② **휴일·야간근로**

탄력적근로시간제를 도입하더라도 법정휴일 및 약정휴일을 부여해야 하며, 야간근로나 휴일근로에 대해 가산수당이 지급되어야 한다.

---

1) 단위기간을 기준으로 해서 총근로시간에서 소정근로시간을 뺀 시간이 연장근로이나, 소정근로시간을 법정기준보다 적게 잡은 부분은 법내초과근로로서 가산수당이 적용되지 않으므로 이를 다시 뺀 결과와 같다.

2) 김형배, 『노동법』, 제21판, 435~436쪽. 근기법 제51조와 제53조는 취지를 달리하므로 총근로시간한도는 52시간이며, 탄력적근로시간에 다시 연장근로를 12시간한도로 할 수 있는 것은 특정주의 근로시간이 52시간 미만인 경우에 적용된다고 목적론적으로 해석.

3) 근기 68207-1039, 2000.5.29 ; 임종률, 『노동법』, 제9판, 405쪽 ; 김유성, 『노동법』, 163쪽. 입법적 개선 필요.

4) <논리적 근거> 근기법 제53조에 따라 당사자간 합의가 있는 경우, 1주간에 12시간을 한도로 제51조의 근로시간을 연장할 수 있다. 여기서 "제51조의 근로시간"이라 함은 특정한 주나 특정한 날의 한도시간으로 해석되며, 특정한 주나 특정한 날의 한도시간까지는 연장근로로 인정치 않는 시간을 의미한다.

(6) 임금보전과 임금정산

① 탄력적근로시간제 도입과 임금보전

㈎ 2주이내단위 및 3개월이내단위

사용자는 2주이내단위 및 3개월이내단위 탄력적근로시간제에 따라 근로자를 근로시킬 경우에는 기존의 임금수준이 낮아지지 않도록 임금보전방안을 강구하여야 한다(근기법 §51④).

임금보전의 방법·시기·절차에 대해서는 특별한 제한이 없고 임금항목조정, 복지혜택확충, 소정근로시간단축 등 근로자가 수용할 수 있는 방법이면 된다. 임금보전의무는 위반에 대해 벌칙규정이 없고, '강구하여야 한다'고 표현되어 있어 훈시성격을 갖는다. 고용장관은 보전방안의 내용을 제출하도록 명하거나 직접 확인할 수 있다(근기령 §28②). 제출명령이나 확인의 불응을 제재할 수단은 없다.

㈏ 3개월초과단위

사용자는 3개월초과단위에 따라 근로자를 근로시킬 경우에는 기존의 임금수준이 낮아지지 않도록 임금항목을 조정 또는 신설하거나 가산임금 지급 등의 임금보전방안을 마련하여 고용장관에게 신고하여야 하며, 근로자대표와의 서면합의로 임금보전방안을 마련한 경우에는 그렇지 않다(근기법§51의2⑤, §116① 5백만원과태료).

3개월초과단위는 사용자에게 신고의무를 부과하고 있다. 임금보전방안은 예시된 방법에 준하여야 하나 이를 강행규정으로 보기 어려워, 수준이나 내용이 사용자의 결정에 맡겨져 있다고 보아야 한다.

② 근로기간이 단위기간보다 짧은 임금정산

근로자가 근로한 기간이 단위기간(근기법 §51 §51의2)보다 짧은 경우에는 그 단위기간 중에 해당 근로자가 근로한 기간을 평균하여 1주40시간을 초과하여 근로한 시간 전부에 대하여는 법정가산임금(근기법 §56①)이 지급되어야 한다(근기법§51의3, §109① 3년징역·3천만원벌금). 임금정산의무위반의 벌칙에 대하여는 반의사불벌죄가 적용되며 근로자의사에 반하여 공소를 제기할 수 없다(근기법 §109②).

3·라. 선택적근로시간제

(1) 의 의

① 개 념

선택적근로시간제(*Flexible Working Hours*)는 일정기간단위로 정해진 총근로시간의 범위 내에서 업무의 시작 및 종료시각 그리고 1일근로시간을 근로자가 자율적으로 결정할 수 있는 제도이다.[1]

② 취 지

선택적근로시간제는 근로자에게 출·퇴근의 편의를 제공하는 등 일과 생활을 양립시킬 기회를 제공하고, 사용자에게 작업시간을 효율적으로 활용하게 한다.

③ 법적근거

사용자는 취업규칙에 따라 업무의 시작 및 종료 시각을 근로자의 결정에 맡기기로 한 근로자에 대해 근로자대표와의 서면 합의에 따라 일정사항을 정하면 1개월(신상품·신기술연구 개발업무는3개월) 이내의 정산기간을 평균해 1주간의 근로시간이 법정기준근로시간을 초과하지 않는 범위에서 특정주 및 특정일에 법정기준근로시간을 초과해 근로하게 할 수 있다(근기법 §52).

④ 적 용

선택적근로시간제는 연소자에게는 적용되지 않는다. 취직인허증을 보유한 15세미만의 근로자에게도 마찬가지이다. 임신여성 등에 대한 제한규정은 없다.

(2) 선택적근로시간제 도입요건

① 취업규칙

선택적근로시간제는 취업규칙(10명 미만의 사업에서는 이에 준하는 것)에 정해 업무의 시작 및 종료시각[2]을 근로자의 결정에 맡기기로 한 근로자[3]에게 적용된다.

② 노사합의

선택적근로시간제를 도입하기 위해서는 '사용자와 근로자대표의 서면합의'(자세한 내용은 제2편 제1장, 제1절, 2·나,(2))가 필요하다(근기법 §52). 서면합의에 기재될 법정사항은 다음과 같다.

---

1) <비교> 자유출퇴근제는 업무의 시작시각이 설정되면 소정근로시간에 따라 업무의 종료시각이 자동적으로 결정되므로 업무시작시각만 근로자의 재량에 맡기는 제도이다.

2) 시작시각 또는 종료시각 한 쪽만을 근로자의 결정에 맡기는 것으로는 불충분하다.

3) 전문직, 사무관리직, 주부근로자, 외판·수금 등 외근직, 연구·조사직, 도급제가 가미된 임금근로자 등이 대상업무가 될 수 있으나 사업장이 필요에 따라 적절히 정할 수 있다.

	법령 명시 사항	비 고
법	<대상근로자 범위> 연소근로자 제외	
	<정산기간>[1] 1개월이내 / 신상품·신기술연구개발업무 3개월이내	
	정산기간 중 총근로시간[2]	규정근로시간
	반드시 근로해야 할 시간대를 정한 경우, 그 시작 및 종료 시각	의무적근로시간대
	근로자가 그의 결정에 따라 근로할 수 있는 시간대를 정한 경우, 그 시작 및 종료 시각	선택적근로시간대[3]
령	<표준근로시간> 유급휴가 등의 계산기준으로 사용자와 근로자대표가 합의하여 정한 1일 근로시간	

(3) 선택적근로시간제 운용

① 부분선택적근로시간제

부분선택적근로시간제의 근로시간대는 근로자가 의무적으로 근로해야 하는 의무적근로시간대(Core Time)와 근로자의 재량에 맡겨진 선택적근로시간대(Periods of Optional Attendance)로 구성된다. 근로자는 의무적근로시간대에 사용자로부터 시간적 구속을 받으며 구체적 업무지시를 받는다. 선택적근로시간대에는 업무지시는 주어지지만 시간적 구속은 부여되지 않는다. 부분선택적근로시간제를 도식화하면 다음과 같다.

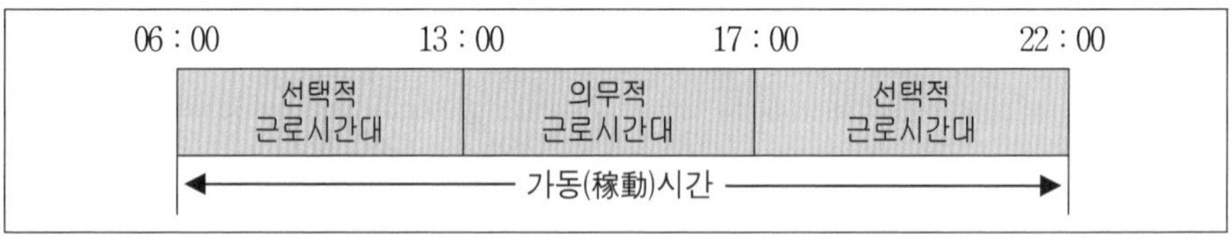

② 완전선택적근로시간제

완전선택적근로시간제는 업무의 시작시각과 종료시각은 물론이고 근로시간배분을 완전히 근로자에 맡기며, 선택적근로시간대로만 구성된다.[4]

(4) 선택적근로시간제 효과

① 잉여시간과 부족시간

선택적근로시간제는 정산기간 중의 평균 총근로의무시간이 법정기준근로시간

---

1) 근로자가 근로해야 할 총 시간을 의미하며 실제근로시간과 비교해 정산하는 기준이 된다.

2) 단위기간을 정산한 평균근로시간이 법정기준근로시간이내여야 한다.

3) 선택적근로시간대가 극단적으로 짧은 경우, 의무적근로시간대와 표준근로시간이 거의 일치하는 경우 등에 있어서는 업무시작·종료시각을 근로자 결정에 맡긴 것으로 되지 않는다(일본 노동성 기발 제181호, 1994.3.31).

4) 고용노동부, 『유연한 근로시간제 도입 매뉴얼』, 55쪽.

을 초과하지 않을 것을 전제로 하고 있다. 실근로시간이 노사합의로 정한 '정산기간 중의 총근로의무시간수' 즉, 규정근로시간을 초과하는 부분은 잉여시간(Credit Hour)이 되고 규정근로시간에 미달되는 부분은 부족시간(Debit Hour)이 된다. 2개 이상의 정산기간을 대상으로 한 부족근로시간과 잉여근로시간의 상계는 인정되지 않는다.[1] 부족근로시간이 발생한 경우에는 그에 따른 임금삭감[2]이 가능하다.

② 다른 근로조건과의 관계

㈎ 연장근로

㉮ 법적근거

근기법(§53②)은 당사자합의(자세한 내용은 제2편 제1장, 제1절, 2·나,(1))로 정산기간을 평균하여 1주간에 12시간을 초과하지 않는 범위에서 제52조의 근로시간을 연장할 수 있다고 규정하고 있다. '제52조의 근로시간'이라 함은 '정산기간 중의 총근로의무시간수' 즉 규정근로시간을 말하며 이를 초과한 시간은 잉여근로시간을 말한다. 선택적근로시간제에 대해서도 통상적인 연장근로법리가 적용된다.

㉯ 발생요건

잉여근로시간에 대해 시간외근로가 성립한다는 설명이 발견된다.[3] 이러한 견해는 연장근로의 전제조건인 당사자합의를 고려하지 않은 해석이다. 잉여근로시간 중 사용자가 요청·지시·승인·동의한 경우로서 법정근로시간을 초과한 부분에 대해 가산수당지급의무가 발생한다.[4] 묵시적동의 등은 연장근로의 일반법리에 따른다.

㉰ 3개월이내정산단위의 연장근로 중간정산 특례

선택적근로시간제의 연장근로는 정산기간 동안의 근로시간을 기초로 산정된다. 그러나 3개월이내정산단위를 시행하고 있는 사용자는, 선택적근로시간제의 연장근로가산수당산정 근거규정(근기법 §56①)을 적용하지 않고, 1개월마다 정산하여 1주평균 근로시간이 법정기준인 40시간을 초과한 시간에 대해 통상임금의 50/100 이상을 가산한 임금이 근로자에게 지급되어야 한다(근기법§52② ii 본문, §109 3년징역·3천만원벌금/반의사불벌).

---

1) 고용노동부, 『유연한 근로시간제 도입 매뉴얼』, 68쪽. 연장근로가 발생한 경우라도 이는 임금전액불지급원칙에 따라 정산기간 임금에 포함된다.

2) 고용노동부, 『유연한 근로시간제 도입 매뉴얼』, 68쪽.

3) 김형배, 앞의 책, 448쪽.

4) 고용노동부, 『유연한 근로시간제 도입 매뉴얼』, 66~67쪽.

㈏ **야간근로**

의무적근로시간대는 물론이고 선택적근로시간대가 야간근로시간대에 걸쳐 있는 경우에 제공된 야간근로는 사용자가 용인한 근로이므로 가산수당이 지급되어야 한다. 의무적근로시간대나 선택적근로시간대에 걸치지 않은 야간근로에 대해서는 사용자의 요청·지시·승인·동의가 있어야 가산수당이 지급된다.[1]

㈐ **휴일·휴가**

선택적근로시간제를 도입하더라도 출근율에 따라 법정 휴일과 휴가를 부여해야 한다. 휴일·휴가수당은 표준근로시간에 해당하는 임금을 기초로 계산된다. 휴일근로는 사용자의 요청·지시·승인·동의가 있어야 성립한다.[2]

(5) 3개월이내정산단위와 연속휴식시간제도

신상품·신기술연구개발업무를 대상으로 하여 정산기간이 3개월이내인 선택적근로시간제에 대해, 연속휴식시간제도가 적용된다. 사용자는 근로일 종료 후 다음 근로일 시작 전까지 근로자에게 연속하여 11시간 이상의 휴식시간을 주어야 한다(근기법 §52② i 본문). 연속휴식시간이 되는 '근로일의 시작과 종료'는 선택적근로시간대와 의무적근로시간대의 근로를 모두 고려하여 판단되어야 한다. 연속휴식시간부여의무를 위반한 근로에 대해서는 벌칙(근기법§110 2년징역·2천만원벌금)이 적용되는 외에, 연장근로에 해당되면 가산수당이 지급되어야 한다. '천재지변 등 대통령령으로 정하는 불가피한 경우'[3]에는 연속휴식시간에 대해 근로자대표와의 서면합의가 있으면 이에 따르며(근기법 §52② i 단서), 서면합의에 따른다 함은 연속휴식시간제도를 적용하지 않을 수 있음을 의미한다.

3·마. 공익성사업에 대한 근로시간특례

(1) 의 의

① 취 지

공익성이 강한 사업에 대해 법정근로시간제한을 적용하는 것은 일반 공중의 생활에 불편과 지장을 가져오거나 사업목적의 달성을 어렵게 한다. 이러한 이유로 공익성사업에 대한 근로시간특례가 인정된다.

---

1) **고용노동부, 『유연근로시간제 가이드』**, 2018.6, 48쪽.

2) **고용노동부, 『유연근로시간제 가이드』**, 2018.6, 48쪽.

3) <근기령 §29②> ⓐ 「재난및안전관리기본법」에 따른 재난 또는 이에 준하는 사고("재난등")가 발생하여 이를 수습하기 위한 조치가 필요하거나 "재난등"의 발생이 예상되어 이를 예방하기 위하여 긴급한 조치가 필요한 경우, ⓑ 인명을 보호하거나 안전을 확보하기 위하여 긴급한 조치가 필요한 경우 ⓒ 그 밖에 이 들에 준하는 사유가 발생한 경우.

② **법적근거**

사용자가 대상사업에 대해 '근로자대표와 서면합의'(자세한 내용은 제2편 제1장, 제1절, 2·나,(2))를 한 경우, 연장근로제한시간인 주당12시간(근기법 §53①)을 초과해 연장근로하게 하거나, 휴게시간(근기법 §54)을 변경할 수 있다(근기법 §59).

(2) 대상사업

특례대상사업은 '통계청장이 고시하는 산업에 관한 표준의 중분류 또는 소분류'(통계법 §22①) 중 '육상운송 및 파이프라인 운송업(노선여객자동차운송사업(「여객자동차운수사업법」§3① i)제외)', 수상운송업, 항공운송업, 기타 운송관련 서비스업, 보건업이다(근기법 §59).

(3) 특례요건

근기법은 근로시간특례제도의 인정요건으로 '사용자와 근로자대표의 서면합의'(자세한 내용은 제2편 제1장, 제1절, 2·나,(2))라는 절차적요건을 규정하고 있다. 근기법은 서면합의내용에 대해 규정하지 않고 있다. 당사자는 '근기법제59조 규정에 따라 근로시간 및 휴게시간의 특례를 인정한다'라고 포괄적으로 합의할 수 있다.

(4) 특례내용

① **연장근로**

㈎ **한도배제**

사용자는 근로시간특례적용(근기법 §59) 근로자에 대해 연장근로제한시간인 주당12시간을 초과하여 근로시킬 수 있다.

㈏ **실제 연장근로**

'연장근로한도를 초과할 수 있는 것'과 '실제로 연장근로를 시킬 수 있는 것'은 별개의 문제이다. 전자에 대해서는, 서면합의가 있으면, 개별근로자의 동의는 요구되지 않는다.[1] 그러나 후자에 대해서는 서면합의와 별개로 연장근로의 일반적인 요건인 '당사자합의'(자세한 내용은 제2편 제1장, 제1절, 2·나,(1))가 필요하다.[2]

② **연속휴식시간제도**

사용자는 근로일 종료 후 다음 근로일 개시 전까지 근로자에게 연속하여 11시

1) <같은 의견> 임종률, 『노동법』, 제9판, 414쪽 ; 근기법 개정(법률 제5885호, 1999.2.8)으로 서면합의내용을 행정관청에 신고해야 한다는 규정이 삭제되어 별도의 신고의무는 없다.

2) <같은 의견> 김형배, 『노동법』, 제20판, 440~441.

간이상의 휴식시간"을 주어야 한다(근기법§59②,§110 2년징역·2천만원벌금). 여기서 근로일은 소정근로일로 봄이 타당하다. 따라서 연장근로를 하더라도 특정 소정근로일의 근로가 종료된 후 다음 소정근로일의 근로가 시작될 때까지 11시간의 휴식시간이 보장되어야 한다. 따라서 공익사업근로시간특례에 있어 근로시간[1]과 휴게시간의 합계는 1일 13시간 이내여야 한다.[2]

③ 휴게시간 변경

특례를 적용받게 되면 휴게시간 부여방법 즉, 4시간 근로에 30분 이상, 8시간 근로에 1시간 이상의 휴게시간을 부여하는 제한을 변경해 운용할 수 있다. 사용자는 휴게시간을 주지 않거나 단축시킬 수 없다.

④ 적용되는 근로조건

특례를 적용해도 연장근로임금 및 가산수당(근기법 §56), 야간근로, 휴일·휴가 등 근기법의 다른 규정들은 적용된다.

(5) 적용의 한계

근로시간특례제도는 연장한도가 배제되는 대상근로시간을 '근기법 제53조제1항에 규정된 연장근로시간'으로 한정하고 있어서 '연소자(근기법 §69)·출산여성(근기법 §71)·임신여성(근기법 §71, §74)·유해위험작업근로자(산안법 §139)'와 '탄력적근로시간제·선택적근로시간제(근기법 §53②)'에 대해 적용되지 않는다.

3·바. 근로시간·휴일·휴게적용제외

(1) 의 의

근기법은 근로시간·휴일·휴게의 적용이 적절치 않은 업종·직종·근로형태에 대해 관련조항의 적용을 배제할 수 있도록 규정하고 있다(근기법 §63). 근로시간·휴일·휴게적용제외규정에도 불구하고, 근로계약 등에 연장근로가산수당을 지급하기로 정하면 이를 준수하여야 한다.[3]

(2) 적용제외규정

해당근로자에 대해 근로시간·휴게·휴일규정(근기법 제4장·제5장)이 적용되지 않는다.[4] '근

1) 8시간근로에 대해 휴식시간을 1시간을 초과해서 준다면, 13시간에서 남은 시간이 4시간미만이므로 따로 휴게시간을 주지 않아도 되므로, 1일근로가능시간은 12시간미만이 된다.
2) 제4판에서 견해를 바꾼다.
3) 대판 2009.12.10, 2009다51158.

로자의 날',[1] 약정휴일 등 근기법 제4장 및 제5장에 규정되지 않은 근로시간·휴일·휴게조항은 적용된다. 근기법 제4장과 제5장 중 근로시간·휴일·휴게와 관련이 없는 조항 즉, 야간근로가산임금(근기법 §56), 연소자와 임산부의 야간근로금지규정(근기법 §70), 연차유급휴가(근기법 §60), 생리휴가(근기법 §73) 및 출산휴가(근기법 §74)는 적용된다.

(3) 대상근로자

① 농림·수산업종사자

농림사업과 축산·양잠 및 수산사업 등은[2] 기후·기상 등 자연조건에 크게 영향을 받는다. 이러한 업무종사자에 대해서는 근로시간·휴게·휴일조항이 적용되지 않는다(근기법 §63 i 및 ii). 농림·수산업종사자라도 배송업무나 경리업무처럼 기후·기상 등 자연조건에 크게 영향을 받지 않으면 적용제외대상이 아니다.[3]

② 감시·단속적근로자

감시(監視)·단속(斷續)적근로(근기법 §63iii)는 일반근로자와 비교해 노동강도가 낮고 신체적 피로나 정신적 긴장이 적다. 감시적근로종사자는 감시적업무를 주로 하면서 상태적으로 정신적·육체적피로가 적은 업무종사자이다(근기칙 §10②).[4] 단속적근로종사자라 함은 근로가 간헐적·단속적으로 이루어져 휴게시간 또는 대기시간이 많은 업무종사자를 말한다(근기칙 §10③).[5] 감시·단속근로를 일반근로와 구분하는 것은 쉽지 않으므로 고용장관승인을 받도록 하고 있다. 승인은 효력요건이다.

③ 관리·감독, 기밀취급자

㈎ 취 지

'관리·감독적지위에 있는 자나 기밀의 사무를 취급하는 자'(근기법 §63iv 근기령 §34)는 경영자

---

4) 기준근로시간(§50), 탄력적근로시간제(§51), 선택적근로시간제(§52), 연장근로제한(§53), 휴게(§54), 주휴일·법정휴일(§55), 근로시간 등의 특례(§59), 연소자의 근로시간(§69), 산후 1년이 지나지 않은 여성근로자의 연장근로(§71), 연장근로 및 휴일근로에 대한 가산임금(§56) 등을 예로 들 수 있다. ↘ 182쪽

1) 근기 68207-930, 1994.6.9. 근로자의 날은「근로자의날제정에관한법률」에 근기법에 의한 휴일이라고 규정되어 있어 이론의 여지는 있다.

2) '토지의 경작·개간, 식물의 식재·재배·채취 사업, 그 밖의 농림사업(제63조 제1호)' 및 '동물의 사육, 수산 동식물의 채취·포획·양식사업·그 밖의 축산, 양잠, 수산 사업(제63조 제2호)'.

3) <사례> 수협위판장부두근로자(법무 811-20710, 1978.9.21), 엽연초생산지도사(법무 811-15657, 1980.6.30) 등.

4) <예> '계수기감수원·보일러공·수위(근기 01254-10378, 1987.6.27), '경비원(사노 320, 1953.10.14) 및 경비계장(대판 1993.7.27, 1992다46462)', 청원경찰(근기 1455-35312, 1981.11.27) 등.

5) <긍정 예> 건물시설관리를 위해 휴일 및 야간에 대기하는 자(근기 01254-14337, 1987.9.5), 생산업체의 고압보일러실에 근무하는 자(법무 811-14769, 1980.6.20), 주한미군부대의 소방원 및 경비원(법무 811-10511, 1979.5.4 ; 근기 68207-3297, 2000.10.25), 해외사업장에서 요리·이발·경비·운전종사자(법무 811-13801, 1979.6.11).
<부정 예> 승강기안내양(법무 811-6502, 1976.4.15) 등.

와 일체의 관계 아래에서 활동을 하고 있으므로 경영상 필요에 따라 근로시간·휴게·휴일 규정을 적용치 않을 필요성이 인정된다.

(나) 관리·감독자

법령은 관리·감독의 지위에 있는 자의 판단기준을 제시하지 않고 있다. 행정해석[1] 및 판례[2]는 '근로조건 또는 노무관리방침의 결정에 참여하거나 노무관리상의 지휘권한을 가지는지', '자기의 근로에 대해 자유재량권을 가지고 출·퇴근 등에 엄격한 제한을 받지 않는지' 및 '지위에 따른 특별수당을 받고 있는지 여부'를 기준으로 제시하면서 사실관계를 고려해 판단해야 한다는 입장을 보이고 있다. 관리·감독자인지를 판단하기 위해서는 이러한 기준을 복합적으로 고려해 경영자와 일체성이 있는지를 따져야 한다.[3] 다만, 특별수당은 보조적 판단기준으로 해석[4]된다.

(다) 기밀사무취급자

기밀사무취급자라 함은 반드시 기업의 비밀서류 등을 취급하는 자를 가리키는 것이 아니라, 비서 기타 그 직무가 경영자 또는 감독·관리적 지위에 있는 자의 활동과 일체불가분의 관계에 있으며 출·퇴근 등에 엄격한 제한을 받지 않는 자를 말한다. 기밀취급자에 대해서는 직무수당이 지급되는 것이 일반적이다.

3·사. 교대제근로

(1) 의 의

교대제근로란 근로자를 2 이상의 조로 나누어 근로시키는 제도를 말한다.

교대제근로가 활용되는 이유로는 사업의 공공서비스성,[5] 생산기술 또는 업무의 성격[6] 및 경영효율 등 경제적이유[7]를 들 수 있다.[8]

(2) 유 형

교대제의 유형은 교대조의 수와 교대순번에 따라 나뉜다.

---

1) 근기 01254-5562, 1987.4.6 ; 근로기준과-4983, 2004.9.17 ; 임금근로시간정책팀-2698, 2006.9.12.

2) 대판 1989.2.28, 88다카2974.

3) <사례> 대판 1988.4.25, 86다카1124. 대규모 건설회사의 관리과장과 현장소장.

4) <사례> 근로기준정책과-41, 2011.3.3. 지위에 따른 특별수당을 지급받지 않더라도 일반 직원과 달리 출·퇴근 등에 있어서 엄격한 제한을 받지 않으려면 관리·감독업무에 종사하는 자로 볼 수 있다.

5) 전기, 가스, 수도, 운수, 통신, 병원 등 야간에도 유지가 필요한 사업.

6) 철강, 석유정제, 합성화학 등 생산과정이 연속된 흐름을 구성하고 있는 작업.

7) <목적> 생산설비를 완전 가동, 설비투자에 대한 상각을 짧은 기간에 달성, 경쟁력 확보.

8) 김형배, 『노동법』, 제20판, 412쪽.

2조격일제	2개교대조, 각조가 격일로 근무와 휴무 반복
2조2교대제	2개교대조, 근무순번을 규칙적으로 바꾸면서, 1일 전후반 근무
3조2교대제	3개교대조, 근무순번을 규칙적으로 바꾸면서, 1일 2개조조근무 1개조휴무
3조3교대제	3개교대조, 근무순번을 규칙적으로 바꾸면서, 1일 3개조 근무
4조3교대제	4개교대조, 근무순번을 규칙적으로 바꾸면서, 1일 3개조근무 1개조휴무

(3) 적법성 판단

① 제도화

"교대근로에 관한 사항"은 취업규칙의 작성·신고에 있어 필수적기재사항으로 규정되어 있다(근기법 §93 i).

② 법정근로조건 준수

㈎ 주휴일

주휴일은 전근로자에게 일률적으로 특정한 날을 지정해 부여하는 것이 원칙이나 교대조별로 각기 다른 날짜를 부여할 수 있다.

㈏ 근로시간

교대제에서도 법정기준근로시간은 적용된다. 사용자는 임신여성과 잠수잠함작업에 대해 연장근로를 시킬 수 없고, 출산여성의 연장근로시간에 대해 1일2시간·1주6시간·1년150시간을 초과할 수 없으며, 연소자에 대해 1일1시간·1주5시간을 초과할 수 없다.

㈐ 휴게 및 휴가

교대제근로라도 법정휴게시간이 부여되어야 한다. 법정휴가와 약정휴가 또한 비교대제근로자와 동일하게 부여되어야 한다.

㈑ 야간근로

교대제근로라 해도 야간근로에 대해서는 가산임금이 지급되어야 한다. 연소자와 임산부의 야간근로에 대해서는 본인동의 또는 명시적청구가 필요하며 고용장관인가가 있어야 한다(근기법 §70②).

(4) 연중무휴 가동

① 적법한 제도

7일24시간연속가동을 위해서는 충분한 교대조와 적절한 교대순번을 고려해 교대제가 설계되어야 한다. 법정근로조건을 준수하기 위해서는 2조격일제, 2조2교대제, 3조2교대제는 물론이고 3조3교대제도 위법의 소지를 안고 있으며 4조3교대조 이상의 교대조 편성이 요청된다.

② 3조3교대제의 적법성

㈎ 근로 및 교대형태

3조3교대제는, 주5일근로는 물론이고 주6일근로의 경우에도, 7일24시간 연중무효 가동에 있어 적절하지 않다. 순환근무를 위해서는 교대조별로 주휴일을 다르게 하고 1개조가 쉬는 날에 다른 1개조가 1일8시간을 연장근로하거나, 다른 2개조가 2일4시간씩을 연장근로하는 것이 필요하다. 3개교대조가 똑같은 시간을 근로하는 것으로 가정해 작성한 주6일근로 근무순환표는 다음과 같다.

		1일	2일	3일	4일	5일	6일	7일
1주	제1조	0~8 (7.5)	0~12 (11)	0~8 (7.5)	0~12 (11)	0~8 (7.5)	휴 일 (0)	0~8 (7.5)
	제2조	8~16	12~24	8~16	휴 일	8~16	0~12	8~16
	제3조	16~24	휴 일	16~24	12~24	16~24	12~24	16~24
2주	제1조	16~24	12~24	16~24	12~24	16~24	휴 일	16~24
	제2조	0~8	0~12	0~8	휴 일	0~8	0~12	0~8
	제3조	8~16	휴 일	8~16	0~12	8~16	12~24	8~16
3주	제1조	8~16	0~12	8~16	12~24	8~16	휴 일	8~16
	제2조	16~24	12~24	16~24	휴 일	16~24	0~12	16~24
	제3조	0~8	휴 일	0~8	0~12	0~8	12~24	0~8

㈏ 연중무휴가동의 적법성

1일의 실근로시간을 살펴보면 쉬는 조가 없는 날에는 각 조가 8시간을 가동하게 되는데 30분의 휴게시간을 감안하면 근로시간은 7.5시간이다.

쉬는 조가 있는 날에 2개조가 12시간을 가동하는데, 1시간의 휴게시간을 감안하면, 근로시간은 11시간이다. 주당 총근로시간은 52시간으로, 1주 단위 연장근로는 12시간이다. 따라서 근무순환표 작성이 가능해 보인다. 그러나 1주단위 연장근로를 12시간씩 상태적으로 운용하는 것은 당사자합의가 있더라도 위법의 소지를 안고 있다. 법정휴가를 가는 근로자의 근로를 대체해 추가로 연장근로를 하는 경우에는 연장근로한도가 초과된다.

4. 단시간근로제도(같은편, 제7장 제1절, 2)

제2절 임　　금

1. 임금의 의의

1·가. 임금의 역할

근로관계가 성립되면 근로자는 근로를 제공하고 사용자는 임금을 지급할 의무가 발생한다. 임금은 근로계약에 있어 주된 근로조건으로서, 근로자생활과 직결되는 핵심적인 근로조건이다.

1·나. 임금의 정의

(1) 법적근거

임금은 "사용자가 근로의 대가로 근로자에게 임금, 봉급, 그 밖에 어떠한 명칭으로든지 지급하는 일체의 금품"이다(근기법 §2① v).

(2) 형식적 구성 요소

① 명칭불문성

임금에 해당하는지는 그 명칭과 관계없이 실질적 내용으로 판단된다. 정보비, 복지후생비 등 명칭만을 가지고 임금이 아니라고 판단해서는 안된다.

② 당사자성

임금은 사용자가 근로자에게 지급하는 금품이다. 지급금품이 임금으로 인정되려면 지급객체가 근로자여야 하고,[1] 지급주체가 사용자여야 한다.[2]

(3) 실체적 구성요소

① 법적근거

임금정의규정은 '근로의 대가'를 구성요소로 명시하고 있다. 근기법은 "근로란

1) 대판 1988.6.14, 87다카2268. 부정, 임원 ; 대판 1977.10.1, 77도2507. 부정, 훈련생.

2) 대판 1993.12.24, 91다36192. 긍정, 택시기사의 초과운송수입금 ; 봉사료, 원칙적 부정, 일정률 또는 일정금액으로 정해 관리·분배하면 긍정(김형배, 『노동법』, 제21판, 352쪽 ; 임종률, 『노동법』, 제11판, 386쪽 ; 근기 01254-20594, 1985.11.14 ; 대판 1992.4.28, 91누8104) ; 단협에 따라 사용자로부터 매월 기금형식으로 지급받은 돈을 조합원들에게 운전자보험금이라는 명목으로 분배, 부정(대판 2002.7.23, 2000다29370).

정신노동과 육체노동을 말한다(근기법 §2①iii)"고 규정하고 있을 뿐, 근로의 대가에 대한 판단기준을 해석에 맡기고 있다.

② 임금의 성격

㈎ 근로관계대가설

근로계약을 매개로 맺어지는 근로관계의 대가로 지급되는 금품은 '근로의 질이나 양과 관련이 있는지'를 따지지 않고 임금이라는 견해[1]이다.

㈏ 근로대가설

근기법은 임금의 성격과 관련해 '근로관계의 대가'라는 표현을 쓰지 않고 '근로의 대가'라는 표현을 씀으로서 근로대가설의 입장을 보이고 있다. 근로대가설은 '근로의 질이나 양과 관련이 있는지'를 임금성 판단의 기준으로 삼는다.

③ 근로대가성 판단

㈎ 지급형태에 따른 근로대가성 판단

㉮ 지급 확정성

(a) 적극적 요소

임금으로 인정되려면 단체협약·취업규칙·근로계약·관행·사용자방침 등에 따라 사용자에게 지급의무가 지워져서 지급이 확정되어 있는 금품이어야 한다.[2]

(b) 소극적 요소

ⓐ 은혜성·호의성

은혜적·의례적·호의적 금품은 지급확정성을 갖추지 못하므로 임금성이 부인된다.[3] 은혜적 금품이라도 사용자가 지급기준과 지급비율을 정해 지급하는 것이 관행화되어 있으면 지급확정성이 인정될 수 있다.[4]

ⓑ 우연성·특수성·임시성

지급의무발생이 개별근로자의 특수하고 우연한 사정에 따라 좌우되는 경우에는 지급확정성이 부정되며,[5] 고정적 조건에 의해 지급되어야 된다. 고정적 조건

1) 片岡曻, "賞与の法的性格と賞与請求權の保護", 「法學論叢」(京都大學) 116卷1-6号, 京都大學法學會, 1985.3, 11頁. 임금이 노동관계의 대상으로 보는 것이 학계의 일치된 견해라고 설명하고 있다.

2) 대판(전) 1999.5.12, 97다1580.

3) <사례> 결혼축의금·조위금·상병위로금(임종률, 『노동법』, 제11판, 386쪽), 위문금품(대판 1976.1.27, 74다1588), 판매촉진특별포상금(임금 68207-272, 2000.7.25), QC활동공로금·회사창립포상금(대판 1976.1.27, 74다1588) 등.

4) 대판 2003.2.11, 2002재다388. 개인포상금 관련 ; 대판 2006.2.23, 2005다54029. 선물비 관련 ; 대판 2014.5.29, 2012다116871. 지엠대우사건.

5) 대판 1995.5.12, 94다55934. 직원들에게 교통비 명목으로 3만원씩 지급하면서, 임원과 부장 중 차량보유 운전자에 한해 각각 30만원 및 20만원을 비용지출 여부와 관계없이 매월 지급한 금품의 임금성 부정. ; 대판 2002.5.31, 2000다18127 ; 대판 2011.3.10, 2010다77514.

과 관련하여 일률적 · 계속적 · 정기적이라는 용어가 쓰이기도 하나[1] 통상임금에서 사용되는 의미로 보기 어려우며 지급확정성을 판단하는 수준에서 의미를 갖는다. 학비보조금[2] 또는 능력개발비[3] 등을 예로 들 수 있다.

근기령(§2②)은 '임시로 지급된 임금과 수당'[4]은 평균임금산정을 위한 임금총액에 산입하지 않는다고 규정하고 있다. 일시적으로[5] 지급되면, 근로대가성을 인정받기 어렵다.

㈏ 환가가능성

근기령(§2②)은 '통화 외의 것으로 지급된 임금으로서 고용장관이 정하는 것 외의 것은 임금총액에 산입하지 않는다'고 규정하고 있다.

취업규칙 등의 규정에 따라 지급되는 현물급여로서 일률적이고 환가가 가능한[6] 부분은 임금에 포함된다.[7]

㈐ 지배 · 관리 · 처분가능성

임금에 해당되기 위해서는 근로자가 얻은 총수입 중 사용자가 관리 또는 지배가 가능한 부분이어야 하는 것으로 해석된다.[8]

법령에 따라 원천징수를 하는 경우에는 공제전 금액이 임금총액이다.[9]

(나) 지급목적에 따른 근로대가성 판단

㉮ 실비변상성

실비변상적금품은 경영활동을 함에 있어 사용자가 부담할 경영비용으로서 근로의 대가로 보지 않는 것이 원칙이다.[10] 보안장비 · 작업복구입비, 작업용품대금, 출장비, 여비, 판공비, 기밀비, 정보비, 교제비, 교재비 등을 예로 들 수 있다.[11]

---

1) 대판(전) 1999.5.12, 97다5015. 사용자가 근로의 대상으로 근로자에게 지급하는 일체의 금품으로서, 근로자에게 계속적, 정기적으로 지급되며 그 지급에 관하여 단체협약, 취업규칙, 급여규정, 근로계약, 노동관행 등에 의하여 사용자에게 그 지급의무가 지워져 있고, 또한 일정 요건에 해당하는 근로자에게 일률적으로 지급하는 것이라면 그 명칭 여하를 불문하고 평균임금의 산정대상이 되는 임금이라고 보아야 한다.

2) 대판 1991.2.26, 90다15662.

3) 법무 811-27107, 1980.8.30 ; 임금 68207-145, 1994.3.15.

4) 일시적 · 돌발적 사유로 인해 지급됨으로써 그 지급사유의 발생이 불확정적인 것(대판 1978.12.31, 78다2007 ; 대판 1981.10.13, 81다697). '풍수해에 대한 재해수당', '돌발적인 물가상승에 대비한 인플레이션수당' 등.

5) 대판 1996.5.28, 95다36817. 승무원의 해외체류기간에만 지급되는 식비

6) 근기 01254-5077, 1987.3.30 ; 근로조건지도과-3100, 2008.8.8.

7) 노동부예규 제30호, 「평균임금 산정에 포함되는 임금의 범위 예시와 확인요령」, 1981.5.7.

8) 판례는 운송수입금 중 사납급초과금품에 대해 성과급적 임금으로 보다가(대판 1988.3.22, 87다카570 ; 대판 1993.12.24, 91다36192 등), 발생여부나 금액범위가 일정치 않으므로 관리가능성이나 지배가능성도 없다는 이유로 임금이 아니라고 태도를 변경했다(대판 1999.4.23, 98다18568 ; 대판 2002.8.23, 2002다4399).

9) 근로조건지도과-598, 2008.4.1.

10) 임종률, 『노동법』, 제11판, 386쪽 ; 근기 1455-37763, 1981.12.22.

㈏ 손해보상성 및 사회보험성

손해보상성 및 사회보험성은 '근로의 대가'를 판단하는데 부정적 요소로 작용한다. 근기법의 금품청산규정(근기법 §36)은 보상금을 임금과 구분해 명시하고 있다. 해고예고수당(근기법 §26), 재해보상(근기법 §78~§84), 휴업수당(근기법 §46) 등은 임금이 아니다.[1] 다만, 손해보험성보험, 국민연금 등의 근로자부담금을 사용자가 대신 지급해주는 것을 임금으로 인정하는 판례법리가 형성되어 있다.[2]

㈐ 복리후생성

임금이분설[3]의 폐기로[4] 임금일원설[5]에 따라 복리후생적금품이라는 이유만으로 일괄적으로 임금성을 부인하는 견해는 설득력을 잃었으나, 순수한 의미의 복리후생비는 근로의 대가로 보기 어렵다. 진성가족수당에 대해서는 근로의 양이나 질과 관계가 없으며, 근로의 대가로 볼 근거가 없다.[6]

㈑ 성과급성

성과에 따라 변동하는 금품은 지급확정성이 부족해 근로대가성을 인정받기 어렵다.[7] 최근에는 성과급적 금품이라도 매월 지급되거나,[8] 전년도실적을 기초로 하거나 최저지급률 또는 지급의 하한선 부분[9]에 대해 임금성이 인정되고 있으며, 경영평가성과금을 임금으로 보는 판례가 형성되고 있다.[10]

2. 법정기준임금

2·가. 의 의

근기법은 평균임금과 통상임금으로 나누어 법정 임금 또는 보상금을 산정함에 있어 어느 하나를 적용하는 법정기준임금체계를 갖추고 있다.

---

11) 해외근로자의 추가임금에 대해서는 실비변상성을 인정하는 판결(대판 1990.11.9, 90다카4683)과 이를 부정하고 통상임금으로까지 보는 판결대판 2020.6.11, 2018다249308이 있다. ↘ 189쪽

1) 임종률, 『노동법』, 제11판, 386쪽.

2) 대판 2003.2.11, 2002다50828 ; 대판 2006.6.23, 2005다54029 등 다수.

3) 근로의 질과 양에 대응해 교환적으로 지급되는 교환적금품과 그렇지 않은 보장적금품으로 구분하는 견해.

4) 대판(전) 1995.12.21, 94다26721.

5) 임종률, 『노동법』, 제11판, 387쪽.

6) 대판 2003.10.9, 2003다30777.

7) 대판 1992.4.14, 91다5587 ; 대판 1998.1.20, 97다18936 ; 대판 2006.5.26, 2003다54322 · 54339 등 다수.

8) 대판 2011.7.14, 2011다231491. 차량판매영업사원 관련 사례.

9) 대판 2013.12.26, 2011다4629.

10) 대판 2018.12.13, 2018다231536 ; 대판 2018.10.12, 2015두36157,

<통상임금과 평균임금 적용 규정>

통 상 임 금	평 균 임 금
• 해고예고수당(근기법 §26) • 연장 · 휴일 · 야간근로가산수당(근기법 §56) • 연장 · 휴일근로에 대한 임금 • 기타 법에 유급으로 표시된 보상	• 퇴직급여(근기법 §34, 근퇴법 §8) • 각종 재해보상(근기법 §78~§85) • 감급제한(근기법 §95)
• 휴업수당(근기법 §46)	• 연차유급휴가수당[1](근기법 §60)

이러한 분류는 근퇴법, 산재법 등 다른 법에도 적용이 되고 있다.

2·나. 평균임금

(1) 의 의

① 법적근거

근기법은 평균임금에 대해 개념(§2①vi)을 규정하고, 근기령에 '평균임금 계산에서 제외되는 기간과 임금(§2)', '일용근로자의 평균임금(§3)', '특별한 경우의 평균임금(§4)', '평균임금조정(§5)'을 각각 규정하고 있다.

② 평균임금의 적용

평균임금만을 적용하는 근로조건은 퇴직급여, 재해보상과 감급제한이다. 양 기준임금을 같이 적용하는 근로조건으로 휴업수당과 연차유급휴가수당이 있다.

③ 평균임금의 정의

평균임금은 실제로 제공된 근로에 대해 실제로 지급받은 임금을 의미하며 일급개념으로 산출된다. 평균임금이라 함은 이를 산정해야 할 사유가 발생한 날 이전 3개월 동안에 그 근로자에게 지급된 임금의 총액을 그 기간의 총일수로 나눈 금액을 말한다(근기법 §2①vi). 산재법(§5)은 근기법상 평균임금 개념을 적용한다.

〈평균임금 계산식〉

$$\text{평균임금} = \frac{\text{사유가 발생한 날이전 3개월동안의 임금총액}}{\text{사유가 발생한 날이전 3개월동안의 총일수}}$$

(2) 평균임금 산정사유 발생일

사유발생일(근기법 §2①vi)은, 퇴직금의 경우 근로관계종료일이고, 재해보상의 경우 사고

1) 2가지 중 어느 임금을 적용하더라도 법 위반이 아니므로 통상임금이 그 기준이 되는 것이 일반적이다.

발생일 또는 진단에 따른 질병발생확정일이며(근기령 §52), 기산일에 포함되지 않는다.[1)]

(3) 평균임금 포함금품과 제외금품

① 임금총액

근기법(§2 ①vi)은 평균임금을 산정함에 있어 그 대상이 되는 임금을 "임금의 총액"이라고 명시하고 있는데 이는 근기법상 임금(근기법 §2① v)과 같은 의미이다. 근로자가 받는 금품이 평균임금산정의 대상이 되려면 임금의 범위에 포함되어야 한다(같은절 1·나).

② 지급된 금품

평균임금은 '근로자에게 지급된 임금총액'을 기초로 산정된다. '지급된 임금총액'에는 근로자에게 실제로 지급된 임금뿐만 아니라 당연히 지급되었어야 하는 임금 중 지급되지 않은 임금도 포함된다.[2)]

③ 평균임금 합의

평균임금에 포함되는 임금을 제외하더라도 지급일수를 법정 이상으로 정해 결과적으로 법정퇴직금보다 많은 퇴직금을 지급받는다면 그 합의의 효력이 인정된다.[3)]

④ 제외임금

임시로 지급된 임금, 수당과 통화 외의 것으로 지급된 임금으로서 고용장관이 정하는 이외의 것은 평균임금산정을 위한 임금총액에 산입되지 않는다(근기령 §2②).[4)]

㈎ 임시지급 임금

"임시로 지급된 임금 및 수당(근기령 §2②)"은 일시적·돌발적 사유로 인해 지급됨으로써 그 지급사유의 발생이 불확정적인 것을 말한다.[5)] 임시로 지급된 임금으로는 '풍수해에 대한 재해수당', '돌발적인 물가상승에 대비한 인플레이션수당' 등을 예로 들 수 있다. '해외근로지의 추가임금'에 대해서는 부정적[6)] 견해와 긍정적[7)] 견해로 나뉜다. 일·숙직비는 임시로 지급된 임금으로 보기 어렵다.

---

1) 대판 1989.4.11, 87다카2901 ; 대판 1996.7.9, 95누5469.
2) 대판 1978.12.13, 78다2007 ; 대판 1981.10.13, 81다69.
3) 대판 1991.12.13, 91다32657 ; 대판 1987.2.10, 85다카187.
4) 모법에 위임근거가 없다.
5) 대판 1978.12.13, 78다2007 ; 대판 1981.10.13, 81다697.
6) 대판 2020.6.11, 2018다249308. <통상임금인정> 직급별로 매월 일정금액 지급되는 해외수당.
7) 대판 1990.11.9, 90다카4683. 해외근무급여 중 같은 직급, 호봉의 국내직원의 급여보다 많은 부분은 근로의 대상이 아니라 실비변상적이거나 해외근무라는 특수조건에 따라 임시로 지급받은 임금..

㈏ 통화 이외 금품

"통화 외의 것으로 지급된 임금(근기령 §2②)"은 평균임금산정을 위한 임금총액에서 제외된다. 현물로 지급되는 것 중 "법령·단체협약 또는 취업규칙의 규정에 의하여 지급되는 현물급여(급식 등)"는 평균임금의 범위에 포함된다.[1] 이 경우 단체협약·취업규칙 등에 정하여 전체근로자에게 일률적으로 지급되면서[2] 명백히 통화로 환가할 수 있어야 한다[3]는 조건이 추가된다.

(4) 평균임금 산정기간

① 총일수의 계산

평균임금산정의 대상기간이 되는 "3개월[4] 동안"은 90일을 말하는 것이 아니고 기산일로부터 소급해 역월상 3개월 동안에 포함된 일수를 말한다.[5] 취업 후 3개월 미만인 경우에는 그 기간만을 대상으로 평균임금을 산정한다(근기법 §2①vi).

② 평균임금 제외기간

평균임금을 산정함에 있어 일부기간에 대해 그 기간과 그 기간 중에 지급된 임금은 평균임금산정기준이 되는 기간과 임금의 총액에서 각각 뺀다.[6] 평균임금이 부당하게 낮아지는 결과를 피하기 위함이다.

<근기령 §2①. 모법위임 없음>

ⓐ 수습사용기간　　ⓑ 사용자귀책사유 휴업기간
ⓒ 출산전후휴가기간　　ⓓ 업무상부상·질병 요양기간
ⓔ 육아휴직기간　　ⓕ 노조법에 따른 쟁의행위기간[7]
ⓖ 병역법·예비군법·민방위기본법에 따른 의무이행을 위해 휴직하거나 근로하지 못한 기간(그 기간 중 임금을 지급받으면 그렇지 않다)
ⓗ 업무외부상·질병, 그 밖의 사유로 사용자의 승인을 받아 휴업한[8] 기간[9]

---

1) 노동부예규 제30호(1981.5.7).「평균임금산정에 포함되는 임금의 범위 예시와 확인요령」.
2) 근기 01254-5082, 1987.3.27.
3) 근기 01254-5077, 1987.3.30 ; 근로조건지도과-3100, 2008.8.8. 5개월에 걸쳐 매월 지급된 사건.
4) 결근일 포함(임금복지과-2531, 2010.12.27).
5) 산정례(11월 5일에 산정사유 발생) : 92일=31일(11.4~10.5)+30일(10.4~9.5)+31일(9.4~8.5).
6) 직위해제(대판 1994.4.12, 92다20309), 대기발령, 감봉(기준 1455-696, 1971.1.22)과 같은 징계기간도 평균임금산정대상기간에 포함된다는 해석이 있다. 부당한 징계는 물론이고(임금 68207-562, 2003.7.16). 부당하지 않은 징계도 산정기간에서 제외돼야 한다(<논리적 근거> 징계효과소급, 남용우려, 징계결정사업주귀책, 2중불이익 등 ; 대판 1999.11.12, 98다49335).
7) 대판 2009.5.28, 2006다17287. 대판 2019.6.13, 2015다65561, 직장폐쇄기간. 적법하면 쟁의행위기간에 해당. 위법 직장폐쇄로 사용자가 임금지급의무를 부담하는 경우라면, 쟁의행위기간으로 볼 수 없음.
8) 법무 811-7963, 1980.2.8. 소정근로일을 완전히 근로하지 못한 날은 그 정도를 불문하고 휴업일로 간주한다.
9) 임금 68207-132, 2003.2.27. 휴직기간이 3개월을 초과하면 휴직첫날을 사유발생일로 보고 이전 3개월이 대상.

<고평법 §19의3④ ; §22의2⑥>	
ⓕ 육아기근로시간단축기간	ⓖ 가족돌봄휴직기간

③ 3개월초과기간 임금

3개월을 넘어 지급되는 상여금, 정근수당 등에 대해 사유발생일전 12개월 중에 지급받은 전액을 12개월로 나누어 3개월분을 평균임금계산에 포함시킨다.[1] 연차유급휴가미사용수당에 대해 12개월기준산정의 견해[2]가 있는 반면에 연차유급휴가를 받게 된 원인이 된 '퇴직하기 전 해 1년간'의 일부가 평균임금산정기간인 3개월간에 포함되어야 평균임금산정대상이 된다는 견해[3]가 있다. 개인적으로는 첫째 의견을 지지한다.

(5) 평균임금 산정특례

① 일용직

'일용근로자의 평균임금은 고용장관이 사업이나 직업에 따라 정하는 금액으로 한다(근기령 §3, 고보법 §45②)'는 특례가 볍령에 규정되어 있지만, 고용장관은 이를 정하지 않고 있다. 산재법은 해당 일용근로자의 일당에 1개월간 실제근로일수 등을 고려해 고용장관이 고시하는 통상근로계수를 곱해 산정한 금액을 평균임금으로 한다(산재법 §36⑤, 산재령 §24①).

② 기타 특별한 경우

근기법(근기법 §2①vi, 근기령 §2, §3)에 따라 평균임금을 산정할 수 없는 경우[4]에는 고용장관이 정하는 바에 따른다(근기령 §4). 구체적으로는 '제외기간이 3개월 이상',[5] '첫근로일에 산정사유발생',[6] '공동작업 일괄임금',[7] '불명확한 일부 임금총액'[8]이 규정되어 있으며 '의도적 조작'[9]도 같은 차원에서 해석될 수 있다.

---

1) 노동부예규 제39호, 1981.6.5.「평균임금산정상의 상여금취급요령」; 대판 1989.4.11, 87다카2901 등 다수.
2) 대판 1969.3.4, 68다2152 ; 임금근로시간정책팀-3295, 2007.11.5,「연차유급휴가청구권 · 미사용수당 관련지침」.
3) 대판 1990.12.21, 90다카24496 ; 대판 1992.4.14, 91다5587 ; 대판 2011.10.13, 2009다86246) 등 다수,
4) 기술적으로 불가능한 경우와 근기법에 따라 평균임금을 산정하는 것이 현저히 부적당한 경우 포함.
5) 평균임금계산제외기간이 3개월이상인 경우에는 제외기간의 최초일을 평균임금산정사유가 발생한 날로 보아 평균임금을 산정하되, 그 날을 기준으로 통상임금액이 100분의 5 이상 변동이 있으면 그 변동비율만큼 평균임금액이 조정된다(근기령 §5 준용).
6) 근로제공의 초일(수습기간 종료후초일을 포함)에 평균임금산정사유가 발생한 경우에는 그 근로자에게 지급하기로 한 임금의 1일 평균액으로 평균임금을 추산한다.
7) 공동작업에 있어 개별근로자에 대한 배분방법에 대해 미리 정함이 없으면 근로자의 경력, 생산실적, 실근로일수, 기술 · 기능, 책임, 배분에 관한 관행 등을 감안해 근로자 1인당 임금액을 추산한다.
8) 지급된 임금의 일부를 확인할 수 없는 기간이 포함된 경우, 잔여기간에 지급된 임금총액을 잔여기간의 총일수로 나눈 금액을 평균임금으로 본다. 이 방법으로 평균임금을 산정할 수 없으면 지방고용노동관서장이 여러 사항을 감안해 결정한 금액을 해당근로자의 평균임금으로 본다.

(6) 평균임금 조정

① 근기법상 조정

재해근로자소속사업(장)의 '동종근로자 통상임금의 1명당 1개월평균액'이 재해발생월에 지급된 평균액보다 5/100 이상 변동되면, 그 비율에 따라 평균임금이 조정된다.

② 산재법상 조정

평균임금산정사유발생일부터 1년이 지난 이후에는 매년 '전체 근로자 임금 평균액'[1]의 증감률에 따라 평균임금이 증감한다. 근로자연령이 국민연금수급연령에 도달한 이후에는 소비자물가변동률에 따라 평균임금이 증감한다(산재법 §36③).

2·다. 통상임금

(1) 의 의

① 통상임금 개념

근기령(§6①)은 통상임금을 '근로자에게 정기적이고 일률적으로 소정근로 또는 총근로에 대해 지급하기로 정한 시간급금액, 일급금액, 주급금액, 월급금액 또는 도급금액'이라고 규정하고 있다. 모법의 위임이 없어 근기령의 해당 규정에 대해 강행적효력을 인정하기 어렵다는 견해가, 헌법재판소의 합헌 결정에도 불구하고,[2] 제기되고 있다.

② 통상임금 적용

근기법은 평균임금의 정의(§2), 해고예고수당(§26), 연장·휴일·야간근로가산수당(§56), 휴업수당(§46), 연차유급휴가수당(§60) 등에 대해 통상임금을 적용하고 있다. 휴업수당과 연차유급휴가수당에 대해서는 평균임금과 선택적[3] 또는 순차적[4]으로 적용할 수

9) 평균임금이 '특별한 사유로 현저히 적거나 많아 예외적인 경우'도 근기령의 '평균임금을 산정할 수 없는 경우(근기령 §4)'에 해당한다. 그러나 고용장관은 이에 대해 따로 정하지 않고 있다. 판례는 택시운전 사납금에 있어 그 기간을 제외한 직전 3개월을 기준으로 평균임금을 산정토록 하고 있다(대판 1995.2.28, 94다8631. 현저히 많은 경우 ; 대판 1998.1.20, 97다18936. 법리는 받아들이되 현저히 많은 것이 아니어서 해당사건에 미적용 ; 대판 1999.11.12, 98다49357. 현저히 적은 경우). ↘ 194쪽

1) 「통계법」에 따라 고용장관이 작성하는 사업체노동력조사.

2) 헌재 2014.8.28, 2013헌바172·2013헌바317(병합).

3) 연차유급휴가수당은 통상임금 또는 평균임금으로 지급토록 되어 있어 2가지 중 어느 임금으로도 주더라도 법위반이 아니다. 따라서 통상임금이 그 기준이 되는 것이 일반적이다.

4) 평균임금의 70%에 해당하는 금액이 통상임금을 초과하면 통상임금을 휴업수당으로 지급할 수 있다.

있다. 근기법에 규정된 '유급'은 통상임금을 의미한다.[1] 다른 법들도 통상임금을 적용토록 하는 규정을 두고 있다.[2]

(2) 통상임금 포함금품

① 통상임금 판단기준

㈎ 전제적 구성요소

㉮ 임금해당성

근로자가 받는 금품이 통상임금이 되려면 임금의 범위에 포함되어야 한다.

㉯ 형식불문성

통상임금 여부는 명칭이나 그 형식이 아닌[3] 실질적관계에 따라 판단된다.

㈏ 기본적 구성요소

㉮ 소정근로성

통상임금은 소정근로의 대가이다(근기령 §6①). 통상임금은 "근로계약에 따른 소정근로시간에 통상적으로 제공하는 근로의 가치를 금전적으로 평가한 것"으로 설명된다. 근기령은 통상임금산정기초로 소정근로와 총근로를 같이 나열하고 있는데, 총근로는 도급근로에 한정해서 적용된다.

㉯ 지급예정성

통상임금은 사전적성격을 가지며, '지급하기로 정한' 임금만을 포함한다는 점에서 실제로 지급한 임금으로 산정되는 평균임금과 다르다.

㈐ 구체적 요소

㉮ 정기성

통상임금으로 인정되기 위해서는 정기성의 요건이 충족되어야 한다(근기령 §6①). 정기성이라 함은 미리 정해진 시기에 계속 지급되는 것을 말한다. 1임금지급주기 즉, 1개월을 초과하는지는 정기성을 판단하는 기준이 되지 못한다.[4]

㉯ 일률성

통상임금은 일률성의 요건이 충족되어야 한다(근기령 §6①). 일률성이란 근로자들 사이에 같은 기준이 적용되는 것을 말하며 모든 근로자에게 지급되는 것뿐만 아니라,

1) 「통상임금산정지침」(고용노동부예규 제47호, 2012.9.25) 제6조.
2) 단시간근로자의 초과근로 제한(기단법 §6), 출산전후휴가지원(고평법 §18 및 고보법 §76) 등 다수.
3) 대판(전) 2013.12.18, 2012다89399(한국노동법학회, 『노동판례백선』, 56쪽).
4) 대판(전) 2013.12.18, 2012다89399. 정기상여금, 체력단련비 등 관련 ; 임종률, 『노동법』, 제11판, 392쪽 ; 김형배, 『노동법』, 제21판, 376쪽.

'일정한 조건 또는 기준에 달한 모든 근로자'에게 지급되는 것도 포함한다.[1)]

㈐ 고정성

(a) 의 의

통상임금으로 인정되기 위해서는 지급되는 임금이 고정성요건을 충족해야 한다. 고정성은 근기령에 규정되어 있지 않은 상태에서 과거의 판례와 행정지침이 설정한 요건이다. 고정성이라 함은 '제공된 근로에 대해 그 업적, 성과 기타 추가조건과 관계없이 지급될 것이 사전에 확정되어 있는 성질'을 말한다.

(b) 적 용

고정성에 대해서는 근속여부 · 근로여부 · 근무성적 · 재직여부 등이 쟁점이다.

ⓐ 근속여부

근속기간에 따라 지급액이 달라지는 임금은 충족여부가 사전에 확정되어 있어 추가조건의 성취여부와 관계가 없으므로 고정성이 인정된다.[2)]

ⓑ 근로여부

'일정근무일수 충족'이라는 기준은 고정성을 판단함에 있어 부정적으로 작용한다. 개근, 일정근무일수,[3)] 일정출근율[4)] 등에 따라 지급여부가 결정되면 고정성이 부정된다. 일정일수를 단계화해 지급액을 달리 책정하면 초과근로를 제공할 당시에 충족여부가 사전에 확정되지 않으므로 고정성이 부정된다.

'일정근무일수 연동' 기준은 고정성을 판단함에 있어 긍정적으로 작용한다. 매 근무일마다 일정액을 지급키로 한 임금과[5)] 소정근로일이 정해진 상태에서 실근무일수에 따라 일할계산해 지급키로 한 임금에 대해 고정성이 인정된다.

두 기준이 섞여 있을 경우에는, 소정근로를 제공하면 적어도 일정액 이상의 임금이 지급될 것이 확정되어 있는 최소한도의 범위에서 고정성이 인정된다.

ⓒ 업무성적

실제 근무성적에 따라 지급여부나 지급액이 달라지는 성과급과 같은 임금은 고정성이 부정된다. 다만, 최소한도로 보장되는 부분이나, 전년도 근무실적을 평가해 해당년도 지급액이 정해지는 업적연봉은 사전확정성을 확보한 것이 되어 고정성이 인정된다.[6)]

---

1) 대판 2005.9.9, 2004다41217 ; 대판 2007.6.15, 2006다13070 등 다수.
2) 대판 2014.5.29, 2012다116871. 지엠대우사건,
3) 대판 2014.8.20, 2013다10017.
4) 대판 2005.9.9, 2004다41217.
5) 대판 2014.8.20, 2013다10017.
6) 대판(전) 2013.12.18, 2012다89399 ; 대판 2015.11.27, 2012다10980.

ⓓ 재직여부

특정시점에 재직 중인 근로자에게만 지급하는 임금에 대해 고정성을 부인하는 판례법리가 형성되어 있다.[1]

② 통상임금 합의

㈎ 효력부인

당사자가 합의하여 통상임금에 포함되는 성격의 임금을 통상임금에서 제외하면 각종 법정수당 등이 가산율 또는 지급일수 외에 별도의 최저기준이 없으므로, 법정근로조건에 미치지 못하는 계약(근기법 §15①)이 되어 무효라고 해석된다.[2]

㈏ 효력 인정

㉮ 판례변화와 신의성실

전원합의체판결은 통상임금범위에 관한 논란이 정리되지 않은 시점에서 '법률해석의 불명확성'과 '판례와 정부지침의 괴리'에 따른 시장의 혼란을 고려하여 판결시점전의 소급분 법정수당지급을 부정하는 근거를 마련했다.[3] 이 판결은 '정의와 형평 관념'이라는 일반적요건과 '중대한 경영상 어려움에 따른 기업존립위협'이라는 특별한 사정[4]을 고려하는 신의칙법리를 마련하여 정기상여금에 대해[5]이 통상임금에 포함하지 않는 '이 판결 전의[6] 노사합의'를 인정[7]한다. 그러나 신의칙법리는 후속판례에 의해 엄격하게 해석되고 있다.[8]

---

1) 대판(전) 2013.12.18, 2012다89399.

2) 대판(전) 2013.12.18, 2012다89399. 평균임금과 대비된다.

3) 대판(전) 2013.12.18, 2012다89399 ; 대판 2014.5.29, 2012다116871. 신의칙긍정. 한국지엠사건.

4) 첫째, 정기상여금이어야 하며, 둘째, 노사합의과정에서 정기상여금은 통상임금에 해당하지 않는다는 신뢰가 있어야 하고, 셋째, 정기상여금을 통상임금에서 제외키로 한 합의를 전제로 임금수준이 결정되어야 하며, 넷째, 사용자에게 예측 못한 재정부담을 지워 중대한 경영상 어려움을 초래하거나 기업존립을 위태롭게 해야 한다.

5) 신의칙은 정기상여금에만 적용되며 기타 수당은 금액이 크더라도 그 대상이 아니다. 정기상여금은 목적이나 취지를 따로 명시함이 없이 지급된다. 명절상여금, 김장상여금 등 특정 목적이 부여된 경우에는 그 대상이 아니다. ; 대판 2019.6.13, 2015다69846, ○○고속(주)사건. 신의칙부정. 근속수당 등 정기상여금외금품에 미적용.

6) 2013.12.18자 대법원보도자료. 신의칙법리는 이 판결 이후의 합의에 미적용

7) 대판 2014.5.29, 2012다116871. <긍정> 한국지엠사건 ; 대판 2014.5.29, 2012다116871. <긍정> ○○자동차 사건. ; 대판 2020.7.9, 2015다71917. <긍정> 한국○○주식회사 사건. ; 대판 2020.6.25, 2015다61415. <긍정> ○○항공 주식회사 사건.

8) 대판 2018.2.27, 2016다10131. 다스사건. <부정> 대판 2019.2.14, 2015다217287. 시영운수사건. <부정> 추가법정수당이 매출액의 2~4%(인건비의 5~10%)에 불과, 이익잉여금이 3억원초과, 5년연속 영업이익 흑자, 버스준공영제로 사업안정. '중대한 경영상 어려움'이나 '기업존립위태' 단정 곤란 ; 대판 2019.4.23, 2016다37167 · 2016다37174(병합). 한진중공업사건. <부정> 대판 2019.5.10, 2015다75179. 한국○○발전주식회사사건. 신의칙부정. ; 대판 2020.2.13, 2019다21262. <부정> 한국○○기계주식회사사건. ; 대판 2020.6.25, 2020다220867. <부정> D주식회사사건. ; 대판 2020.8.20, 2019다14110·14127·14134·14141. <부정> 기아자동차사건.

㈏ 법정외 기준 적용

근기법상 기준이 적용되지 않는 수당에 대해, 근기법상의 개념이나 범위와 다른 통상임금을 적용하는 합의는 유효하다.[1]

(3) 통상임금 환산

통상임금은 시간급으로 산정됨이 원칙이다. 통상임금을 계산기초로 사용하는 근로조건 즉, 연장·야간·휴일근로가 시간단위로 산정되기 때문이다.

근기령(§6)은 '일급·주급·월급·도급 등'과 '2 이상의 방법으로 구성된 임금'의 시간급환산방법을 규정하고 있다. 시간급환산은 각각의 '임금산정기간에 대해 지급하기로 한 금액'을 '그 기간의 통상임금산정기준시간수'로 나누어 계산한다.

주급의 경우 그 금액을 1주의통상임금산정기준시간수로 나눈 금액이 시간급통상임금이다. 주급금액이란 1주를 단위로 하여 지급하기로 정해진 통상임금을 말한다. '1주의통상임금산정기준시간수'는 '1주의 소정근로시간'과 '소정근로시간외에 유급으로 처리되는 시간'을 합산한 시간이다.

월급의 경우, 그 금액을 월의통상임금산정기준시간수로 나눈 금액이 시간급통상임금이다. 월급금액이란 1월을 단위로 하여 지급하기로 정하여진 통상임금을 말한다. 월의통상임금산정기준시간수는 1주의통상임금산정기준시간수에 '1년 동안의 평균 주의 수'를 곱한 시간을 12로 나눈 시간이다. '1년간의 평균주수'는 365일을 7일로 나누어 산정한다. 법정기준근로시간을 소정근로시간으로 하고 주휴일외에 휴일이 없다고 가정하면, 통상임금산정기준시간수는 다음과 같다.

〈월의통상임금 산정기준시간수 계산례〉

(40시간 + 8시간) × 365일 / 7일 ÷ 12월 ≒ 209시간

3. 임금결정

3·가. 임금결정방법

근로자와 사용자는 동등한 지위에서 자유의사에 따라 근로조건을 결정해야 한다(근기법 §4). 임금수준은 근로자의 생계비, 생산성, 기업의 지급능력, 국민경제여건 등을 감안해 합리적인 수준에서 결정되어야 한다.

1) 대판 2018.9.28, 2016다212869·212876·212883·212890. 4/3교대조 추가 휴무일 수당 관련.

3·나. 도급근로자 임금보장

사용자는 도급이나 그 밖에 이에 준하는 제도로 사용하는 근로자에게 근로시간에 따라 일정액의 임금을 보장해야 한다(근기법 §47, §114 i 5백만원 벌금). 근기법의 적용을 받지 않는 민법상 도급은 근기법 제47조 적용대상이 아니다.

3·다. 최저임금제도

(1) 의 의

① 개 념

최저임금제도란 국가가 임금의 최저수준을 정하고 사용자에게 그 지급을 법적으로 강제하는 제도이다.[1] 최저임금은 사용자가 지급해야 할 임금의 최저수준을 정한 것일 뿐이지 임금인상률이나 인상방법을 정하는 기준은 아니다.[2]

② 연 혁

'국가는 최저임금제를 실시해야 한다'고 규정한 헌법 제32조제1항을 기초로 1986년에 「최저임금법」(최임법)이 제정되어 개정을 거치면서 시행되고 있다.

③ 적용범위

최임법은 '근기법상 근로자를 사용하는(최임법 §2)' 모든 사업(장)에 적용된다. 동거하는 친족만을 사용하는 사업과 가사사용인에게는 적용하지 않으며(최임법 §3①), 「선원법」의 적용을 받는 선원과 선원을 사용하는 선박소유자에게는 적용하지 않는다(최임법 §3②). 최임법의 근로자, 사용자, 임금은 근기법의 정의를 따른다(최임법 §2).

(2) 최저임금 결정체계

① 결정주체

최저임금결정방법은 결정권이 어디에 있느냐에 따라 법정방식, 행정기관결정방식, 위원회권고방식, 위원회결정방식의 4가지로 나뉜다.[3] 우리나라는 위원회제도(최임법 §12)를 택하고 있으며, 최저임금의 결정을 위해, 최저임금위원회(최임위)를 설치하여 운영하고 있다. 최임위는 근로자위원, 사용자위원 및 공익위원 각 9명으로 구성된다(최임법 §14①). 고용장관의 제청에 따라 대통령이 위원을 위촉하고(최임령 §12①), 위원회는

---

1) 정병석 · 김헌수, 『최저임금법』, 21쪽.

2) 임금 32240-21342, 1989.12.26.

3) Gerald Starr, 「Minimum wage fixing」, ILO(Geneva, 1981), 61~72쪽.

공익위원 중에서 위원장과 부위원장을 선출한다(최임법 §15②).

② 결정절차

㈎ 심의요청 및 심의

고용장관은 최임위에 매년 3월31일까지 최저임금에 관한 심의를 요청해야 한다(최임령 §7). 최임위는 요청을 받은 날로부터 90일 이내에 최저임금안을 고용장관에게 제출해야 한다(최임법 §8②). 회의는 재적위원과반수의 출석과 출석위원과반수의 찬성으로 의결한다(최임법 §17③).

㈏ 최저임금안 고시와 이의수렴

고용장관은 최임위로부터 최저임금안을 제출받아 고시하고 이 날로부터 10일간 노·사의 이의를 제기 받는다(최임법 §9). 이의를 제기할 수 있는 근로자대표는 총연합단체인 노동조합대표자 및 산업별연합단체인 노동조합대표자이고, 사용자대표는 전국적규모의 사용자단체로서 고용장관이 지정하는 단체의 대표자이다(최임령 §10).

㈐ 최저임금의 결정·재심의

고용장관은 매년 8월5일까지 최저임금을 결정해야 한다.

최임위가 심의해 제출한 최저임금안에 대해 노·사대표로부터 받은 이의가 이유 있으면 고용장관은 최저임금안을 제출받은 날로부터 20일 이내에 그 이유를 밝혀 최임위에 10일 이상의 기간을 정해 재심의를 요청할 수 있다. 최임위가 재적위원과반수의 출석과 출석위원 2/3 이상의 찬성으로 당초의 최저임금안을 재의결한 경우에 고용장관은 그에 따라 최저임금을 결정해야 한다(최임법 §8,§9).

㈑ 최저임금의 결정·고시

노·사의 이의에 대해 이유가 없어 바로 최저임금을 결정하거나 재심의결과에 따라 다시 결정하면, 고용장관은 지체없이 그 내용을 고시[1]해야 한다(최임법 §10①).

(3) 최저임금 결정방법

① 결정범위

최저임금제도는 모든 산업의 근로자에게 적용되는 일반적최저임금제도와 특정한 산업근로자에게만 적용되는 산업별최저임금제도로 나뉜다(최임법 §5). 최저임금은 사업의 종류별로 구분해 정할 수 있으나(최임법 §4), 현실적으로는 전산업에 하나의

---

1) 헌재 2019.12.27, 2017헌마1366. 최저임금고시 중 월환산부분은 국민의 권리·의무에 직접 영향을 미치지 않으므로 헌법소원 대상이 되는 '공권력의 행사'에 포함되지 않음.

최저임금이 결정되고 있다.

② **결정기준**

최임법 제4조는 근로자생계비, 유사근로자임금, 노동생산성 및 소득분배율 등[1]을 고려하여 최저임금을 정하도록 규정하고 있다. "고려하여"라고 표현되어 있으므로 이러한 기준에 구속을 받는 것이 아니고 이를 참고하면 된다.

③ **결정단위**

최저임금액은 시간·일·주 또는 월단위로 정하며 일·주 또는 월을 단위로 해 최저임금액을 정할 때에는 시간급으로도 표시해야 한다(최임법 §5①).

④ **낮은 최저임금(Sub-minimum wage)**

"1년 이상의 기간을 정하여 근로계약을 체결하고 수습 중에 있는 근로자"로서 "수습을 시작한 날부터 3개월 이내인 자"에게는 최저임금액의 90%가 최저임금으로 적용되나, 단순노무업무로 고용장관이 정하여 고시[2]한 직종에 종사하는 근로자는 제외된다(최임법 §5② 최임령 §3).

⑤ **도급제근로자 최저임금**

임금이 통상적으로 도급제나 비슷한 형태로 정해진 경우에 근로시간을 파악하기 어렵거나(최임법 §5③), "시간·일·주 또는 월급으로 하고 시간급으로 표시(최임법 §5①)"하는 것이 적합치 않다고 인정되면 해당근로자의 생산고 또는 업적의 일정단위에 따라 최저임금액을 정할 수 있다(최임령 §4). 이 최저임금이 정해져 있지 않으면, 부작위에 대한 책임문제는 별론으로 하고, 고시된 시간급최저임금이 적용된다.

(4) 최저임금 적용

① **개 요**

사업장에서 지급되는 임금의 최저임금위반여부를 판단하려면 지급임금에서 최저임금포함임금을 가려서, 시간급으로 환산해, 고시된 최저임금과 비교한다.

② **최저임금 포함금품**

㈎ **포함 기준**

최임법(§6④)은 "매월1회이상 정기적으로 지급하는 임금을 산입한다"고 명시하고

---

1) 일반적 임금수준, 다른 사회집단의 생활수준, 기업 지급능력, 취업상황, 경제정세 등이 고려될 수 있다.
2) 고용노동부고시 제2018-23호(2018.3.19.제정, 2018.3.20.시행). 한국표준직업분류 상 대분류 9(단순노무종사자).

있다.[1] 주휴수당은 산입되는 것으로 해석된다.[2] 최임법의 같은 조항은 비교대상임금에 산입되지 않는 임금의 범위를 다음과 같이 열거하고 있다.

㉮ 소정근로시간 · 일 외에 지급되는 임금

소정근로시간(근기법§2①viii) 또는 소정근로일에 대해 지급하는 임금 외의 임금으로서 '고용노동부령이 정하는 임금'은 매월 1회 이상 정기적으로 지급되더라도 최저임금에 산입되지 않는다(최임법§6④ i). '고용노동부령(최임칙§2①)이 정하는 임금'은 '연장근로 또는 휴일근로에 대한 임금 및 연장 · 야간 · 휴일근로에 대한 가산임금[3]', '유급휴가미사용수당(근기법§60),'[4] '유급으로 처리되는 휴일(주휴일(근기법§55①)제외)에 대한 임금'[5] 및 명칭에 관계없이 이에 준하는 것으로 인정되는 임금이다.

㉯ 상여금 그 밖에 이에 준하는 것

상여금, 그 밖에 이에 준하는 것으로서 매월1회 이상 지급하는 임금이 아닌 임금은 최저임금산입임금에 해당되지 않는다.[6] 상여금, "그 밖에 이에 준하는 것으로서 고용노동부령으로 정하는 임금"의 월지급액 중 시간급최저임금액을 기준으로 산정된 '월환산액의 일정비율'에 해당하는 금액은 '매월1회이상 정기적으로 지급되더라도'[7] 최저임금에 산입되지 않는다(최임법§6④ii).

최저임금산입임금에서 제외되는 '월 환산액의 일정비율'은 다음과 같다(최임법 부칙§2①).

2020년	2021년	2022년	2023년	2024년
100분의 20	100분의 15	100분의 10	100분의 5	100분의 0

"월 환산액"은 '해당연도 시간급최저임금액'에 최저임금 위반여부를 판단하기 위해 월급을 시간급으로 환산할 때 사용되는 '1개월의 최저임금 산정 기준시간 수'를 곱하여 산정된다(최임령§5의2). 특례가 인정되는 "이에 준하는 것" 즉 상여금에 준하는 것은 "1개월을 초과하는 기간에 걸친 해당사유에 따라 산정하는 상여금, 장려가급, 능률수당 또는 근속수당"과 " 1개월을 초과하는 기간의 출근성적에 따

1) 대판 2007.1.11, 2006다64245. 근속기간에 따라 일률적으로 정해진 근속수당.
2) 대판 2007.1.11, 2006다64245.
3) 대판 2017.12.22, 2014다82354.
4) 휴가를 가더라도 지급되는 연차유급휴가수당은 포함임금이다(임금 32240-19950, 1989.11.29).
5) <같은 취지> 대판 2018.10.12. 2018도6486. 하급심 판결 인정.
6) 대판 2017.12.22, 2014다82354. 명절상여금 관련
7) 상여금 등의 임금이 매월 일정액으로 지급되는 경우, 산입을 긍정하는 노동부해석(임금 32240-21666, 1989.12.29)이 법제처해석(법제처 15-0501, 2015.9.30)에 의해 배척([근거] 상여금은 지급시기가 아닌 산정기간을 기준으로 함)배척되었는데 개정 최임법이 전자를 인정.

라 지급하는 정근수당"을 말한다(최임칙 §2②).

㉰ **생활보조 또는 복리후생**

(a) 특 례

식비, 숙박비, 교통비 등 생활보조 또는 복리후생을 위한 성질의 임금으로서 "통화 이외의 것으로 지급하는 임금"과 "통화로 지급하는 임금의 월 지급액 중 시간급최저임금액을 기준으로 산정된 '월 환산액의 일정비율'에 해당하는 금액은 매월 1회 이상 정기적으로 지급되어도 최저임금에 산입되지 않는다(최임법 §6④iii).

최저임금산입임금에서 제외되는 '월 환산액의 일정비율'은 다음과 같다(최임법 부칙§2②).

2020년	2021년	2022년	2023년	2024년
100분의 5	100분의 3	100분의 2	100분의 1	100분의 0

"월 환산액"은 해당연도시간급최저임금액에 최저임금위반여부를 판단하기 위해 월급을 시간급으로 환산할 때 사용되는 '1개월의 최저임금산정기준시간수'를 곱하여 산정된다(최임령 §5의2).

(b) 해당 금품

최임법은 생활보조 또는 복리후생금품에 대해서, 상여금 등과는 달리, 고용노동부령에 위임하지 않고 해석에 맡기고 있다.

㈏ **임금지급주기 변경**

최임법(최임법 §6의2)은 최저임금산입임금을 "매월 1회 이상 정기적으로 지급하는 임금"으로 한정하면서, 최저임금산입임금에 해당하도록 "1개월을 초과하는 주기로 지급하는 임금을 임금총액의 변동 없이 매월 지급하는 것으로 취업규칙을 변경하려는 경우"에 근로자집단의 의견청취를 요구한다. 의견청취를 하지 않은 변경에 대해 벌칙(최임법 §28 5백만원벌금)이 적용되나, 변경효력이 부인되지 않는다.

㈐ **초과운송수입금**

택시운송사업(여객자동차운수사업법 §3 동시행령 §3, ii, 다)에서 운전업무에 종사하는 근로자의 최저임금산입임금은 생산고에 따른 임금을 제외한 대통령령으로 정하는 임금으로 한다(최임법 §6⑤ 최임령 §5의3).[1] 이들에 대해서는 단체협약, 취업규칙, 근로계약에 정해진 지급조건과 지급률에 따

1) 대판(全) 2019.4.18, 2016다2451. 강행법규 잠탈의도의 노사합의 효력. 정액사납금제하에서 생산고에 따른 임금을 제외한 고정급이 최저임금에 미달하는 것을 회피할 의도로 사용자가 소정근로시간을 기준으로 산정되는 시간당고정급의 외형상 액수를 증가시키기 위해 택시운전근로자 노동조합과 사이에 실제 근무형태나 운행시간의 변경 없이 소정근로시간만을 단축하기로 합의한 경우, 이러한 합의는 강행법규인 최저임금법상 특례조항 등의 적용을 잠탈하기 위한 탈법행위로서 무효이다.

라 매월 1회 이상 지급하는 임금[1] 중 생산고에 따른 임금을 제외한 임금이 산입된다. 이 중에서 "소정근로시간 또는 소정근로일에 대해 지급하는 임금외의 임금"과 "근로자의 생활보조와 복리후생을 위해 지급하는 임금"[2]은 제외된다(최임령 §5의3). 이와 관련하여 생활보조 및 복리후생에 대해서는 일반근로자에 대한 규정이 적용된다.

③ 고시된 최저임금과 비교

㈎ 시간급 · 일급

비교대상임금이 시간급이면 시간급최저임금과 비교하고, 일급이면 그 금액을 '1일소정근로시간수로 나눈 시간급금액'을 시간급최저임금과 비교한다(최임령 §5① i).

㈏ 주급 및 월급

㉮ 법적근거

(a) 주 급

주 단위로 정해진 임금인 경우, 그 금액을 '1주의 최저임금 적용기준 시간 수'(1주 동안의 소정근로시간수와 근기법 제55조제1항에 따라 유급으로 처리되는 시간수를 합산한 시간수)로 나눈 금액과 비교한다(최임령 §5① ii).

(b) 월 급

비교대상임금이 월급인 경우, 그 금액을 '1개월의 최저임금 적용기준 시간 수'(주급환산을 위한 '1주의 최저임금 적용기준 시간수'에 1년 동안의 평균의 주의 수를 곱한 시간을 12로 나눈 시간수)로 나눈 금액과 비교한다(최임령 §5①iii).[3]

㉯ 휴일의 처리

(a) 주휴일

주급이나 월급을 시간급으로 환산함에 있어 주휴수당과 주휴일해당시간[4]이 모두 계산에 포함된다.

(b) 주휴일외 휴일

'유급으로 처리되는 휴일(근기법 §55① 주휴일 제외)에 대한 임금'은 최저임금제외임금이다. 따라

---

1) <사례> 근로개선정책과-1526, 2011.6.2. 급여명세서 상 '기본급, 근속수당, 승무수당, 상여금'이 단체협약 등에 그 지급조건과 지급률을 정하여 매월 1회 이상 지급되고 있는 경우라면 최저임금 산입범위에 포함.

2) 대판 2015.2.26, 2012두22003. <긍정> 일반택시운수종사자에게 현금으로 지급되는 부가가치세 경감세액.

3) 예로 들어 계산하면 다음과 같다.

> 소정근로시간이 1주40시간, 주휴일 1일만 유급휴일, 월급 185만원, 2021 최저임금기준
> • 월평균소정근로시간수
> [{(주당 소정근로시간 40시간 + 주휴일 8시간) × (52주)} + (1일 8시간)] ÷ 12월 ≒ 209시간
> • 시간당임금 : 185만원 ÷ 209시간 ≒ 8,851원
> • 시간당 임금 > 시간급최저임금(2021.1.1~2021.12.31 : 8,720원)
> • 최저임금위반 아님.

4) 일반적으로 8시간이라고 해석되나 40시간을 6일로 나눈 시간으로 보더라도 위법으로 보기 어렵다.

서 주급이나 월급을 시간급으로 환산함에 있어 분자에서 해당금액이, 분모에서 해당시간이 각각 제외한다. '주휴일 외의 유급휴일'에는 약정휴일뿐 아니라 근기 법령에 따른 법정휴일 즉 공휴일도 포함된다.

㈐ **도 급**

비교대상임금이 생산고에 따른 임금지급제 그 밖에 '도급제로 정해진 임금'은 그 임금산정기간(임금 마감 일이 있는 경우 임금 마감시간)의 임금총액을 그 임금산정기간 동안 총근로시간수로 나눈 금액을 시간급최저임금과 비교한다.

㈑ **혼합급**

지급임금이 시간급제·일급제·월급제·도급제 등으로 혼합된 경우에는 각각 시간급최저임금을 계산해 합한 금액을 시간급최저임금과 비교한다(최임령 §5③).

(5) 적용제외

'정신 또는 신체장애로 근로능력이 현저히 낮은 사람'에 대해서는 고용장관의 인가를 받아 최저임금적용이 제외(최임법 §7)된다. 인가기간은 1년을 초과할 수 없다.

(6) 최저임금의 효력

① 최저임금 이상의 임금지급

사용자는 최저임금의 적용을 받는 근로자에게 최저임금액 이상의 임금을 지급해야 한다(최임법 §6①, §28① 3년 징역·2천만원벌금). 최저임금미달금액을 임금으로 정한 부분은 무효로 하며, 무효로 된 부분은 법정최저임금액을 지급키로 한 것으로 본다(최임법 §6③).[1)]

② 임금수준 저하금지

사용자는 최저임금을 이유로 종전임금수준을 낮추어서는 안된다(최임법 §6②, §28① 3년징역·2천만원벌금). 이 때 비교임금은 최저임금에 산입되지 않는 임금까지 포함한 임금총액이다.[2)]

③ 도급근로자 최저임금 보호

수급인이 도급인의 책임 있는 사유로 근로자에게 최저임금액에 미치지 못하는 임금을 지급한 경우, 도급인은 해당 수급인과 연대하여 책임을 진다(최임법 §6⑦⑧). 연대책임을 이행하도록 하는 근로감독관의 시정지시를 이행하지 않은 경우, 벌칙

---

1) 대판 2007.1.11, 2006다64245. 최저임금미포 임금으로 최저임금미달분을 보전하는 약정은 무효이다(한국노동법학회, 『노동판례백선』, 61쪽. 임금수준은 계약당사자간 자유롭게 정할 수 있는 것이 원칙이지만 법정최저임금수준보장의 취지와 목적에 반하는 것이므로 무효가 됨을 명확히 한 것이다).

2) 임금 32240-365, 1989.3.13.

(2년이하징역또는 1천만원이하벌금)이 적용된다(최임법 §28②). 2차례 이상의 도급으로 사업을 행하는 경우에는 도급인과 수급인의 관계는 직상수급인과 하수급인 관계로 본다(최임법 §6⑨).

④ 최저임금 효력발생시기

결정·고시된 최저임금은 다음년도 1월1일부터 12월31일까지 적용된다(최임법 §10②).

3·라. 휴업수당제도

(1) 의 의

① 법적근거

사용자의 귀책사유로 휴업하는 경우에 사용자는 휴업기간 동안 그 근로자에게 평균임금의 70/100 이상의 수당을 지급해야 한다(근기법 §46①본문). 휴업수당제도는 근로자의 귀책사유나 사용자에 대한 불가항력이 없는데도 근로를 제공할 수 없게 될 때 근로자의 생활을 보장하려는데 그 목적이 있다.

② 도입배경

근로자는 사용자의 책임으로 근로를 제공하지 못하면, 임금을 청구(민법 §538①)할 수는 있으나,[1] 고의·과실이 인정되어야 하고, 시간과 비용이 많이 든다. 근기법은 사용자가 고의·과실과 관계없이 휴업에 따른 위험을 부담해, 임금의 일정비율에 해당하는 금액을 근로자에게 지급하게 하고, 벌칙으로 이행을 담보케 한다.[2]

(2) 휴업수당 지급요건

① 휴 업

휴업이란 근로자가 근로계약상의 근로를 제공하려고 함에도 불구하고 그 의사에 반해 그 제공이 불가능하거나 사용자가 수령을 거부한 경우를 말한다.[3]

휴업수당은 사업장 전체가 휴업하는 경우는 물론 사업장의 일부가 휴업하는 경우와 특정근로자에 대해 사용자가 취업을 거부하는 경우에도 적용된다.[4]

② 사용자귀책사유

사용자귀책사유(근기법 §46①)는 민법 제538조와 달리 고의·과실 또는 이와 동등시되는 사유를 요건으로 하지 않으며,[5] 세력범위설 또는 지배영역설에 따라 원칙적으

1) 사용자가 근로제공을 받을 수 없거나 받지 않은 때에는 채권자지체책임을 진다(민법 §400).
2) 임종률, 『노동법』, 제9판, 386쪽.
3) 대판 1991.12.13, 90다18999 ; 대판 1991.6.28, 90다카25277.
4) 김유성, 『노동법Ⅰ』, 103쪽.
5) 김유성, 『노동법Ⅰ』, 103쪽 ; 임종률, 『노동법』, 제9판, 387쪽.

로 사용자의 세력범위 안에서 생긴 경영장애이다.[1)]

천재·지변은 사용자가 지배·관리하기 어려운 경우[2)]와 사용자가 지배·관리할 수 있는 경우로[3)] 나뉜다. 후자는 사용자귀책사유에 해당된다.

(3) 휴업수당 지급내용

① 수 준

㈎ 원 칙

휴업수당은 평균임금의 70/100 이상이어야 한다(근기법 §46①본문). 평균임금의 70/100에 해당하는 금액이 통상임금을 초과하는 경우에는 통상임금을 휴업수당으로 지급할 수 있다(근기법 §46①단서).

㈏ 임금 일부지급

근로자가 휴업기간 중에 임금의 일부를 지급받은 경우, 휴업기간에 해당하는 평균임금에서 지급된 임금을 뺀 나머지 금액에 70/100을 곱해 휴업수당을 산정한다(근기령 §26).

② 휴업수당 적용 완화

㈎ 내용 및 신청주체

사용자귀책사유가 있더라도 부득이한 사유로 사업을 계속하는 것이 불가능해 노동위원회의 승인을 받은 경우, 사용자는 평균임금의 70/100 또는 통상임금 이하의 휴업수당을 지급할 수 있다(근기법 §46②). 노동조합은 사실상 이해관계가 있거나, 관계인(노위법 §23①)에 해당되어도 재심신청인으로서의 자격을 갖지 못한다.[4)]

㈏ 신청절차 및 제척기간

지노위처분에 불복할 경우, 처분이 있음을 알게 된 날부터 90일 이내에, 처분이 있었던 날부터 180일 이내에 중노위에 재심을 신청할 수 있다. 노동위원회의 승인 또는 재심처분은 수당지급의무를 직접 발생시키는 것이므로 행정처분이며 행정소송의 대상이 된다.[5)] 행정소송은 중노위 재심을 거치지 않아도 가능하다.

---

1) <사례> 판매부진과 자금난(대판 1963.2.21, 62다912), 원자재부족(임종률, 『노동법』, 제9판, 387쪽), 공장이전(기준 1455.9-2428, 1970.2), 도급업체 공사중단으로 인한 수급업체 공사중단(대판 1970.5.26, 70다523·524), 불황과 생산량감축(대판 1969.3.4, 68다1972), 전력회사의 전력공급중단, 갱안에서의 붕괴사고(근기 1455-28040, 1982.10.18), 사용자가 일방적으로 무급휴일로 정한 예비군훈련일(근기 01254-15894, 1987.9.30) 등.

2) 돌발적으로 내리는 눈·비(해지 125-12623, 1984.6.1).

3) 사회통념상 요구되는 대피 또는 방제시설을 게을리 해 발생한 사고(법무 811-3396, 1980.2.13) 등.

4) 대판 1993.11.9, 93누1671.

5) 대판 1963.12.12, 63다540 ; 대판 1968.9.17, 68누151.

㈐ '부득이한 사유'의 판단

'부득이한 사유'는 해당 사업의 외부사정에 기인한 사유를 말한다.[1] '부득이한 사유로 사업계속이 불가능한지'는 사용자가 '선량한 관리자로서 최선을 다했는지'와 '불가항력적인 것으로 사회통념상 인정될 수 있는지'에 따라 판단된다.[2] 입증책임은 휴업수당지급의 책임을 면하고자 하는 사용자에게 있다.[3]

㈑ 휴업수당 감액수준

관련조항(근기법 §46②)을 문리적으로 해석할 때 노동위원회의 휴업수당액결정권은 인정될 수 없으며, 노동위원회의 승인을 받은 경우 사용자가 평균임금의 70/100 또는 통상임금 이하에서 적정수준을 결정할 수 있다. '지급할 수 있다'고 표현되어 있어 노동위원회의 승인을 받으면, 사용자가 휴업수당을 지급하지 않더라도 법위반이 아닌 것으로 해석된다.[4]

(4) 휴업수당 지급방법

휴업수당은 근기법의 취지상 그 지급방법에 대해 임금지급규정(근기법 §43)을 준용받으므로 특별한 약정이 없는 한 통화로 직접 근로자에게 전액을 매월 1회 이상 일정한 기일에 지급해야 한다. 휴업수당청구권의 시효는 3년이다(근기법 §49).

(5) 휴업수당의 효력

① 벌 칙

휴업수당(근기법 §46)을 지급하지 않은 사용자에게는 3년이하징역 또는 3천만원이하 벌금에 처해진다(근기법 §109①).

② 휴업수당과 손해배상

근로자가 휴업수당을 받더라도 민법상 사용자의 고의·과실이 인정되면 민사상 임금전액을 청구할 권리를 갖는다(민법 §538①). 휴업수당지급의 한도 내에서는 민법상 청구권이 성립하지 않는다.

③ 중간수입공제

임금전액을 받은(민법 §538①) 채무자는 자기채무를 면함으로써 이익을 얻은 때에는

1) 임종률, 『노동법』, 제9판, 389쪽 ; 김형배, 『노동법』, 제20판, 373쪽.
2) <인정된 사례> 법규 기준에 미달한데 대해 사용자가 치유 노력을 다한 경우(중노위 1990.2.28), 불법쟁의행위로 작업이 중단된 경우(대판 2000.11.24, 99두4280) 등 ; <부정된 사례> 예방조치가 불완전한 화재(경남지노위 1984.6.15), 폭설 등에 대한 예방대책 미흡(충북지노위 1985.12.10), 정밀검사소홀(중노위 1983.6.9) 등.
3) 대판 1970.2.24, 69다1568.
4) 김형배, 『노동법』, 제20판, 373쪽 ; 임종률, 『노동법』, 제9판, 389쪽 ; 대판 2000.11.24, 99두4280.

이를 채권자에게 상환해야 한다(민법 §538②). 휴업수당은 민법의 청구권과 다른 근거로 근로자의 생존을 보호하기 위한 것으로서 중간수입공제가 적용될 여지는 없다.[1]

④ **휴업수당과 다른 근로조건**

부당해고에 따른 복직은 휴업수당지급사유가 아니다.[2]

소정근로일의 일부를 휴업한 경우에는 휴업한 날을 제외한 소정근로일의 개근 여부에 따라서 유급주휴일이 발생하고, 소정근로일을 전부 휴업한 경우에는 유급주휴일해당일도 휴업기간에 포함해 휴업수당이 지급된다.[3]

3·마. 포괄임금제

(1) 의 의

① **배 경**

사용자는 근로자에 대해 기본임금을 결정하고 이를 기초로 연장, 휴일, 야간근로 등에 대한 임금 또는 가산수당을 산정해 지급함이 원칙이다. 사업장에서는 임금산정방법을 탄력적으로 운용하려는 관행이 형성되어 왔으며, 판례법리가 포괄임금제라는 용어를 사용하면서 이러한 관행을 인정하고 있다.

② **판례법리**

포괄임금제는 근로시간·근로형태·업무성질 등을 참작해, 계산편의·근무의욕을 고취하는 뜻에서, 근로자의 승낙 하에, 기본임금을 산정치 않은 채 제수당을 합한 금액을 월급여액이나 일당임금으로 정하거나 매월 일정액을 제수당으로 지급하는 내용의 임금지급계약으로서, 단체협약이나 취업규칙에 비추어 근로자에게 불이익이 없고 제반사정에 비추어 정당하다고 인정될 때에 유효하다.[4]

(2) 인정범위

포괄임금제에 대해 '근로시간 측정이 어려운 업무'에 한정해 인정된다는 엄격해석론[5]과 "계산의 편의와 직원의 근무의욕을 고취"하기 위해 대상업무의 제한을 받지 않고 당사자가 자유로이 약정할 수 있다는 확대해석론[6]이 있다.

---

1) 김유성, 『노동법』, 105쪽 ; 임종률, 『노동법』, 제9판, 388쪽 ; 대판 1993.11.9, 93다37915.

2) 대판 1986.10.14, 86도611.

3) 근기 68207-1138, 1998.6.5.

4) 대판 1997.4.25, 95다4056. 같은 취지의 수많은 판례.

5) 대판 2010.5.13, 2008다60529(한국노동법학회, 『노동판례백선』, 69쪽. 포괄임금제의 인정범위를 명확히 하여 그 남용을 방지토록 하고 있다고 평가할 수 있다) ; 대판 2016.9.8, 2014도8873 ; 대판 2020.6.25, 2015다8803.

6) 대판 1998.3.24, 96다24699 ; 대판 1990.11.27, 90다카6934 ; 대판 1991.4.23, 89다카32118 ; 대판 2016.10.13, 2016도1060.

(3) 정 산

포괄임금제는 "근로자에게 불이익이 없고 제반사정에 비추어 정당하다고 인정"되면 유효하다. 근로자에게 불이익이 없는지는 '포괄임금'과 '근기법에 따른 산정금액'을 비교하는 정산에 의해 판단될 수 있다. 정산긍정설은 정산을 해서 포괄임금이 '근기법에 따른 산정금액'보다 많은 경우에만 포괄임금제에 대한 당사자 약정이 유효하다고 본다. 이 설은 확대해석론에서 논리적근거를 찾는다. 확대해석론이 인정하는 포괄임금제는 정산가능형포괄임금제라고 볼 수 있다. 정산부정설은 정산을 하지 않더라도 포괄임금제에 대한 당사자 약정이 유효하다고 본다. 엄격해석론이 인정하는 포괄임금제는 정산곤란형포괄임금제라고 볼 수 있다. 근로시간의 측정이 어려우면 정산 역시 어렵기 때문이다.

(4) 포괄대상 임금항목

포괄대상임금항목에 대해 대부분의 판례는 제수당이라는 표현을 사용하면서 수당이름을 열거치 않거나,[1] '연장·야간·휴일근로수당 등'이라고 열거[2]하고 있다. 연장근로임금·가산수당과 야간근로가산수당이 포괄될 수 있음을 부정하는 견해는 발견하기 어렵다. 휴일근로수당[3]이나 휴가미사용수당[4]을 포괄대상으로 보는 견해가 있다. 이러한 견해들은 '휴일이나 휴가를 언제든지 사용하도록 보장한다'는 전제를 달고 있다. 개인적으로는 이 견해를 지지하지 않는다. 휴일·휴가제도의 본질을 해치고 법정유연근로시간제도를 무의미하게 하기 때문이다.

(5) 제도 도입절차

① 근로자 승낙

판례법리는 포괄임금제에 대해 근로계약과 근로자승낙을 요구한다. 그러나 묵시적동의를 인정하는 견해나[5] 동의가 있는지를 살피지 않고 제도를 인정한 판례[6]

1) 대판 1987.8.18, 87다카474 등 수 많은 판례.
2) 대판 2005.6.9, 2005도1089 등 다수 판례.
3) 임종률, 『노동법』, 제9판, 428쪽 ; 김형배, 『노동법』, 제20판, 399쪽 ; 이상윤, 『노동법』, 제6판, 244쪽 ; 임금근로시간정책팀-3444, 2007.11.22. 「연봉제 관련 노동관계법의 적용기준」.
4) 포괄 긍정 판례(대판 1974.5.28, 73다1258 ; 대판 1998.3.24, 96다24699 등)와 포괄부정판례(대판 1995.7.28, 94다54542 ; 대판 1998.3.24, 96다24699 등)가 혼재되어 있다.
5) 대판 2005.6.9, 2005도1089 등 다수 ; 문형배, "포괄임금계약과 근로기준법 제61조 : 대법 1999.5.28. 선고 99다2881판결", 「판례연구」 제11집, 부산판례연구회, 2000.1, 718쪽 ; 신수길, "포괄임금제에 위한 임금지급계약이 유효하기 위한 요건", 「대법판례해설」 통권 제32호, 법원도서관, 1999 상반기, 193쪽 ; 이원재, "포괄임금제에 의한 임금계약의 효력", 「노동판례비평」, 1997, 민주사회를 위한 변호사모임, 1998.8, 155쪽.
6) 대판 1983.9.13, 82다카49 ; 대판 1983.10.25, 83도1050 ; 대판 1991.4.9, 90나22624.

도 발견된다. 확대해석론에 따르면, 법적근거 없이 법정근로조건의 탄력적운용을 넓게 인정하므로, 명시적동의가 요청된다.[1] 엄격해석론에 따르면, 근로시간산정이 어려울 때 적용하는 것인데 동의를 엄격히 해석하면 산정방법이 없게 되므로, 관행이나 묵시적동의가 인정될 수 있다.

② 규범과의 관계

포괄임금제는 가산수당제도의 예외로 작용함을 감안할 때 취업규칙 등에 반할 수 없다.[2] 취업규칙 등에 기본급을 정해 놓고 가산수당을 지급토록 규정되어 있다면, 포괄임금제는 무효이다.

(6) 제도의 한계

포괄임금제를 인정받아도 법정근로조건의 적용이 배제되지 않는다. 따라서 연장근로가 1주에 12시간을 초과하면 정액지급액이 1주단위로 볼 때 12시간분의 연장근로 해당금액을 초과하면 위법이다.

3·바. 임금변동

(1) 의 의

임금변동은 임금을 인상·동결·삭감하는 임금결정액변동과 임금지급액변동으로 구분될 수 있다.

(2) 임금결정액 변동

① 원 칙

임금결정액의 조정은 근로조건자율결정의 원칙에 따라 노사당사자가 자율적인 의사에 따라 결정된다. 임금조정은 집단적의사결정방식에 따라 단체협약이나 취업규칙의 변경으로 이루어진다.

② 임금삭감

임금삭감이라 함은 동일한 내용의 근로제공에 대해 장래의 일정한 시점 이후부터 종전보다 임금을 낮추어 지급하는 것을 말한다. 임금삭감은 최저임금, 법정

---

1) 박주현, "포괄산정근로계약(포괄역산임금계약)과 근로시간", 「노동법연구」 제2권 제1호, 서울대학교 노동법연구회, 1992.2, 306쪽 ; 대판 2016.8.24, 2014다5098·2014다5104 버스운송사업 관련. 포괄임금제에 관하여 명시적으로 합의하였다고 인정할 증거가 없고 단협에 임금지급에 관해 세부항목을 나뉘어 규정된 상태라면, 근로형태나 업무의 성격상 연장·야간·휴일근로가 당연히 예상되고, 여러 해 동안 이의 없이 연장가산수당이 포함되지 않은 급여를 지급받아도 포괄임금제 부인 ; 대판 2016.10.13, 2016도1060. '근기법에 따른다'라고 규정.

2) 대판 1992.2.28, 91다30828 ; 대판 1997.7.22, 96다3899 ; 박주현, 앞의 논문, 307쪽.

수당 등 법정기준을 위반하는 방법으로 행할 수 없다.

③ **청구권발생전 임금반납**

청구권이 발생하지 않은 임금에 대해 단체협약개정의 형식으로 행한 반납을 인정한 판례[1]가 발견된다. 이러한 반납은 임금결정액변동이다. 적법하게 변경한 취업규칙에 의한 반납도 임금결정액변동이다.

(3) 임금지급액 변동

① **임금반납의 의의**

근로자에게는 제공한 근로에 상응해 결정된 임금이 지급되어야 한다.

근기법은 임금지급원칙을 밝히고 이를 위반하는 사용자에 대해 벌칙을 적용하고 있다. 퇴직금이나 임금의 청구권을 포기하거나 민사소송을 제기하지 않겠다는 특약은 효력이 없다.[2]

② **임금반납의 개념**

임금반납이라 함은 이미 제공한 근로에 대해 발생된 임금이나 앞으로의 근로에 대해 이미 발생한 청구권을 포기하기로 약정하고 해당임금을 지급받지 않는 것을 말한다.

③ **임금반납의 취지**

근로자가 사업장의 어려움을 인식하고 자구책의 일환으로 임금반납을 결의하여 이행할 경우가 있다. 이러한 행위는 경영을 정상화해서 사업폐지나 경영해고를 예방함으로써 고용안정을 도모하는 것으로서 반드시 부정할 일은 아니다.[3] 다만, 정당성판단은 지급청구권발생여부, 반납결정형식 등에 따라 달라진다.

④ **임금반납의 대상**

임금반납의 대상은 청구권이 발생한 후에 지급될 임금이다.

⑤ **반납약정의 정당성**

㈎ **원 칙**

법정근로조건은 강행규정이므로 근로자도 이를 포기할 수 없으나, 지급청구권이 발생한 임금은 사적재산이므로 근로자에게 처분의 권한에 맡겨져 있으므로, 근로자는 진정한 의사로 이를 포기할 수 있다.[4]

---

1) 대판 2000.9.29, 99다67536(한국노동법학회, 『노동판례백선』, 307쪽).
2) 대판 1998.3.27, 97다49732(한국노동법학회, 『노동판례백선』, 20쪽).
3) 서울지판 2003.4.16, 2002나20291. 정기상여금의 반납과 관련된 사례.

(나) 요 건

임금지급청구권이 발생한 상태에서 임금을 반납하는 행위가 적법하게 인정되기 위해서는 몇 가지 전제조건을 충족시켜야 한다.

첫째, 근기법상 임금전액지급원칙(§43)에 따라 임금전액에 대한 처분권은 근로자 개인에게 있다. 반납결정은 개별근로자와 사용자간의 명시적인 계약에 따라야 하며[1] 취업규칙, 단체협약 등 집단적 의사결정방식은 인정되지 않는다.[2]

둘째, 근로자의 반납결정은 사용자의 간섭을 받지 않고 자율적으로 이루어져야 한다.[3] 반납에 동의하지 않는다 해서 불이익을 준다면 이는 무효이다. 반납결정이 자율적의사인지 여부로 분쟁이 발생할 경우 입증책임은 사용자에게 있다.

셋째, 퇴직금반납처럼 계속근로가 전제되지 않은 상태에서의 반납은 근로자의 자발적의사결정으로 인정되기 어려우므로 법정근로조건의 포기에 해당된다.[4]

넷째, 반납의사표시는 명시적[5]이고 구체적이어야 한다. 반납하는 임금의 수준, 대상기간 등이 명확해야 한다. 포괄적으로 임금지급청구권을 반납하는 계약은 법정근로조건의 포기를 의미하므로 무효일 가능성이 크다.

다섯째, 임금지급청구권을 반납함으로써 최저임금미달임금을 받는 경우에는 최저임금액 이상의 임금을 지급토록 한 규정(최임법 §6)에 위반될 수 있다.

⑥ 임금반납의 효과

채무면제 또는 채권포기의 의사표시에 따라 채권은 소멸되며, 의사표시에 흠이 없는 한 다시 채권을 청구할 수 없다(민법 §506). 임금지급청구권의 반납은 단독행위로서 채권포기에 해당하므로, 당사자 간의 특약이 없는 한, 취업규칙의 규범적효력(근기법 §97)의 위반이 아니므로[6] 사용자의 반환책임은 발생하지 않는다.[7]

⑦ 다른 근로조건

(가) 임금반납과 평균임금

반납임금은 근로자의 소득으로 귀속된 임금이 근로자의 자발적 의사에 따라

---

4) 대판 2002.4.12, 2001다41384 ; 김유성, 『노동법 I』, 95쪽. ↘ 213쪽

1) 근로계약서형식을 취해야 하는 것은 아니므로, 회람형식으로 '상여금 반납 결의문'에 서명하는 방식 인정(대판 2003.4.11, 2002다71832).

2) 노동부 근로기준국, "임금 반납·삭감·동결 등에 관한 해석기준", 2009.3 ; 대판 2000.9.29, 99다67536.

3) 서울지판 2003.4.16, 2002나20291.

4) 대판 2002.7.26, 2000다27671.

5) 대판 1999.6.11, 98다22185.

6) 서울지판 2003.4.16, 2002나20291.

7) 노동부 근로기준국, "임금 반납·삭감·동결 등에 관한 해석기준", 2009.3.

사용자에게 전달된 금품이다. 반납된 임금은, 기왕의 근로에 대한 임금채권으로서 평균임금의 산정에 포함된다.[1)]

㈏ **무급휴가와 임금반납**

경영이 호전될 때까지 무급휴가를 시행하기로 단체협약 등을 체결할 수 있다.[2)] 이러한 단체협약은 근로계약의 본질을 침해하는 것으로서, 개별근로자와 사용자의 명시적합의가 전제되어야 한다. 단체협약의 규정에 따라 무급휴가를 결정하더라도, 동의의 의사표시를 확실히 하지 않은 근로자에게는 휴업수당(근기법 §46)이 지급되어야 한다.

4. 임금지급

4·가. 임금지급원칙

(1) 법적근거

임금은 "근로의 대가"로 정의되므로 근로제공이 있으면 임금이 지급되어야 한다. 단체협약·취업규칙·근로계약뿐 아니라 노동관행도 임금지급의무의 근거가 될 수 있다.[3)] 임금은 근로자에게 직접·전액을 통화로 매월 1회 이상 일정한 날짜를 정해 지급되어야 한다(근기법 §43). 임금지급원칙은 직접지급원칙, 전액지급원칙, 통화지급원칙, 정기지급원칙으로 정리될 수 있다.

(2) 직접지급원칙

① 본인에게 지급

㈎ **내 용**

임금은 근로자 본인에게 지급되어야 한다(근기법 §43①). 직접지급원칙은 임금이 확실하게 근로자에게 들어가게 해 생활을 보호하고자 하는데 그 취지가 있다. 직접지급원칙은 통화지급원칙이나 전액지급원칙과는 달리 법령 또는 단체협약에 의한 예외를 인정치 않는다. 노동조합이라도 임금을 수령할 권리가 없다.[4)]

㈏ **효 과**

근로자의 희망에 따라 지정된 은행의 요구불예금구좌에 입금하는 것은 본인에

1) 대판 2001.4.10, 99다39531. IMF 금융위기 관련 사건.
2) 대판 2003.9.5, 2001다14665.
3) 서울행판 2004.4.7, 99구22911 ; 근로기준과-1444, 2005.3.10.
4) 기준 1455.9-6482, 1969.6.11.

게 직접 지급하는 것과 같은 효과를 갖는다.[1] 근로자가 병이 걸리거나 불가피한 사정이 있어 배우자가 인감을 가지고 임금을 수령하는 것처럼 사자(使者)에게 임금을 지급하는 것은 직접지급원칙에 위배되지 않는다.[2]

② 제3자에게 지급

㈎ 위임 · 대리

근로자의 친권자 또는 기타 법정대리인에게 지급하는 것, 근로자의 위임을 받은 임의대리인에게 지급하는 것은 모두 직접지급원칙에 위반되고 근로자가 제3자에게 임금수령권한을 행사하게 하는 위임 · 대리 등의 법률행위는 무효이다.

㈏ 임금채권 양도 · 압류

임금채권의 양도를 금지하는 법률은 없다. 양도라는 실체적권리는 인정되나, 그 추심권은 여전히 근로자에게 있고 양수인이라도 사용자에 대해 직접 임금지급을 청구할 수 없다.[3]

③ 적용 제외

선원법적용자에게는 직접지급원칙이 적용되지 않는다(선원법 §52③).

(3) 전액지급원칙

① 법적근거

임금은 전액이 근로자에게 지급되어야 한다(근기법 §43①). 이 조항의 취지는 근로자의 생활을 보호하고 퇴직의 자유를 구속치 않도록 하기 위함이다.

② 공제인정

임금공제는 법령 또는 단체협약에 특별한 규정이 있어야 한다. 소득세, 지방세, 국민건강보험, 국민연금, 고용보험 등과 관련된 법령에 따른 공제는 인정된다.[4] 단체협약으로는 노동조합비일괄공제(*check off system*)나 소비조합구매대금, 사택료, 대부금 등의 공제조항을 둘 수 있다. 취업규칙 · 근로계약에 임금의 일부를 공제할 수 있도록 정하는 것은 인정되지 않는다. 다만, 아래서 설명하는 것처럼 임금상계는 소정의 요건 아래에서 인정된다.

---

1) 근기 01254-18305, 1985.10.7.
2) 김형배, 『노동법』, 제20판, 354쪽.
3) 대판(전) 1988.12.13, 87다카2803(한국노동법학회, 『노동판례백선』, 65쪽. 임금이 확실하게 근로자 본인에게 확보되어 자유로운 처분 아래 놓이도록 하여 근로자생활을 보호하는 것을 근기법조항의 취지로 이해 · 해석).
4) 근기법의 경우로는 감급의 제재에 관한 규정을 들 수 있다.

③ **임금상계**

사용자는 근로자에 대해 가지는 채권을 가지고 일방적으로 근로자의 임금채권을 상계할 수 없다.[1] 해당근로자의 동의가 있으면 임금채권상계가 인정된다.[2] 그 동의는 자유의사에 따라 이루어진 것이라고 인정할 만한 합리적 이유가 객관적으로 존재해야 하며, 그 판단은 엄격하고 신중해야 한다.[3]

위약예정금(근기법 §20) 공제, 전차금 또는 전대채권(근기법 §21) 상계, 강제저축(근기법 §22) 등 금지된 계약은 전액지급의 원칙에도 위배된다.

④ **임금채권 포기**(같은편, 같은장 같은절, 3.바, (3))

이미 발생한 임금채권에 대해서는 포기의 의사표시가 인정되며, 이 경우 명시적이고, 개별적[4]인 동의·수권이 요청된다.[5] 지급청구권이 발생하기 전에 임금채권을 포기하는 약정은 효력이 없다.[6]

⑤ **임금채권 미발생**

㈎ **결근·징계**

결근, 출근정지, 징계로 임금이 삭감된 경우에는 임금채권자체가 발생하지 않으므로 이로 인해 임금액이 적어지는 것은 전액지급원칙에 위배되지 않는다.

㈏ **과·오납**

'초과해서 지급된 임금'은 부당이득반환청구권을 자동채권으로 해서 '퇴직후 미청산임금이나 퇴직금' 또는 '다음 임금지급기의 임금'의 해당부분과 상계될 수 있다.[7] 착오로 일부수당이 적게 지급되고 다른 수당은 많이 지급되면 초과지급액은 과소지급액에 충당된 것으로 판단한다.[8]

(4) 통화지급원칙

① **법적근거**

임금은 법령, 단체협약에 특별한 규정이 있는 경우를 제외하고는 국내법에 따

---

1) <사례> 대판 1976.9.28, 75다1768.
2) 김유성, 『노동법 I』, 94쪽 ; <사례> 가불임금(임금 68207-104, 2000.5.23).
3) 대판 2001.10.23, 2001다25184.
4) 대판 2000.9.29, 99다67536.
5) 김유성, 『노동법 I』, 95쪽.
6) 대판 1998.3.27, 97다49732.
7) 대판(전) 1995.12.21, 94다26721 등 다수 ; 임금 32240-9945, 1990.7.15. 노동쟁의 관련.
8) 대판 1983.12.14, 93다43859.

라 강제통용력이 있는 통화로 지급되어야 한다. 이 규정은 현물급여(Truck-system)를 금지해 근로자의 자유와 실질임금 확보를 보장하는데 그 목적이 있다.

② **통화지급 인정**

은행이 지급을 보증하는 자기앞수표는 금지된다는 견해[1]와 근로자 동의가 있으면 가능하다는 견해[2]가 있으나 현금과 같이 통용되므로 무방하다.[3]

③ **통화지급 위반**

지급이 보증되지 않는 당좌수표 등은 통화지급원칙에 위반된다. 임금을 주식이나 어음으로 지급하는 것은 통화지급원칙에 위배된다. 성과지급수단으로 지급된 주식은 임금이 아니므로 위법이 아니다. 통화는 국내법에 따라 강제통용력이 있는 화폐여야 하므로 외국통화를 포함하지 않는다.[4]

④ **적용 제외**

법령 또는 단체협약에 별도의 규정이 있으면 '통화이외의 것'으로 지급할 수 있다. 법령으로 규정한 예는 발견하기 어렵다. 단체협약으로 정한 경우에는 임금을 현물·주식·상품교환권 등으로 지급할 수 있다.

(5) 정기지급원칙

① **의 의**

임금은 매월 1회 이상 일정한 날짜를 정해 지급해야 한다(근기법 §43②). 근기법은 취업규칙에 임금지급시기를 명시토록 하고 있다(근기법 §93ii). 정기지급원칙은 사용자로 하여금 매월 일정기일에 근로의 대가를 지급하게 강제함으로써 근로자생활을 안정시키는데 그 입법취지가 있다.[5]

② **내 용**

매월이라 함은 매월 1일부터 말일까지 즉, 역일상의 1월을 의미한다. 일정한 기일이라 함은 주기적으로 도래하는 특정일을 의미한다. 결정된 임금지급기일에 임금을 지급하지 않은 이상 그 후에 그 임금의 일부 또는 전부를 지급해도 임금미지급책임을 면할 수 없다.[6] 연봉제근로계약을 체결하더라도 해당년도의 연봉

1) 박상필, 『근로기준법강의』, 223쪽.
2) 임종률, 『노동법』, 제9판, 391쪽.
3) 김형배, 『노동법』, 제20판, 357쪽 ; 김유성, 『노동법 I』, 92쪽.
4) 김유성, 『노동법 I』, 91쪽.
5) 대판 1985.10.8, 85도1262 ; 대판 2001.2.23, 2001도204 등.
6) 대판 1985.10.8, 85도1566 ; 대판 2003.4.11, 2002도4323.

액은 월할하여 일정한 기일에 매월 1회 이상 지급되어야 한다.[1]

③ **예 외**

임시로 지급하는 임금·수당 등은 정기지급원칙의 적용을 받지 않는다(근기법 §43②, 근기령 §23).[2]

④ **임금지급기일 변경**

임금지급기일의 변경은 근로자의 동의를 받아야 하는 것이 원칙이다.[3] 그러나 지급기일을 변경하는 달에 임금이 늦게 지급되지 않도록 정산하는 등 근로자에게 불리하지 않다고 사회통념상 인정되면 동의가 없어도 위법으로 보기 어렵다.

4·나. 임금비상지급

(1) 법적근거

사용자는 근로자가 출산, 질병, 재해, 그 밖에 대통령령으로 정하는 비상한 경우의 비용에 충당하기 위해 임금지급을 청구하면 지급기일 전이라도 이미 제공한 근로에 대한 임금을 지급해야 한다(근기법 §45, §113 1천만원 벌금).

(2) 지급요건

'비상한 경우'는 출산·질병 또는 재해를 당한 경우, 혼인 또는 사망한 경우, 부득이한 사유로 1주일 이상 귀향하게 되는 경우를 말한다. '비상한 경우'의 주체는 근로자 또는 그의 수입에 따라 생계를 유지하는 자이다. 친족뿐 아니라 동거인이라도 근로자가 부양의무를 지고 있다면 비상시 지급이 인정된다.

(3) 지급대상

지급대상임금은 단체협약·취업규칙 등에 별도로 정하지 않는 한 이미 제공된 근로에 대한 대가만 지급하면 되고 장래의 근로에 대한 대가는 포함되지 않는다.

(4) 지급방법

근로자의 청구가 있으면 사용자는 지체없이 이를 지급해야 하며, 금품청산관련조항(근기법 §36)은 적용되지 않는다.

---

1) 김유성, 『노동법 I』, 96쪽.

2) ⓐ 1개월을 초과하는 기간의 출근성적에 따라 지급하는 정근수당, ⓑ 1개월을 초과하는 일정기간을 계속해 근무한 경우에 지급되는 근속수당, ⓒ 1개월을 초과하는 기간에 걸친 사유에 따라 산정되는 장려금·능률수당·상여금(상여금 지급기간의 말일까지 지급하면 되나 상여금 지급기간이 있는 해당 월의 일정한 기일에 지급하는 것이 관행화되어 있으면 이에 따름), ⓓ 그 밖에 부정기적으로 지급되는 모든 수당 등.

3) 근기 1455.9-12287, 1971.11.

4·다. 도급근로자 임금지급보장

(1) 일반도급사업

① 상급수급인 연대책임의 법적근거

사업이 여러 차례의 도급에 따라 행해지는 경우에 하수급인이 직상수급인의 귀책사유로 근로자에게 임금을 지급하지 못하면 직상수급인은 하수급인과 연대하여 임금지급책임을 지고, 직상수급인의 귀책사유가 그 상위수급인의 귀책사유에 따라 발생한 경우에는 그 상위수급인도 연대하여 책임을 진다(근기법 §44①).

② 상급수급인 연대책임의 취지

연대책임의 취지는 '하수급인은 도급인 또는 상수급인에 대한 종속도가 높으며 영세성을 면치 못해 임금미지급 위험이 상대적으로 크다'는 데 있다.

③ 상급수급인 연대책임의 요건

근기법의 상수급인연대책임제도는 도급인과 수급인 사이의 '구체적인 지휘·감독'를 전제로 하지 않는다. 도급인이 수급인에 대해 업무진행·방법을 지휘·감독하면 양자관계는 실질적으로 근로관계와 다르지 않으므로 도급인은 하수급인이 제3자에게 행한 불법행위 등에 대해 직접 사용자책임을 질 수 있다(민법 §756, §757).

④ 상급수급인 연대책임의 사유

도급의 횟수와 관계없이 직상수급인은 하수급인 근로자의 임금지급에 대해 연대책임을 진다(근기법 §44①).[1] 직상수급인귀책사유와 하수급인근로자에 대한 임금지급 사이에 인과관계가 있을 것이 요청되는데 귀책사유는 다음과 같다(근기령§24 근기법§44②).

> ⓐ 정당한 사유 없이 도급계약에서 정한 도급금액지급일에 도급금액을 지급하지 않은 경우
> ⓑ 정당한 사유 없이 도급계약에서 정한 원자재공급을 늦게 하거나 공급을 하지 않은 경우
> ⓒ 정당한 사유 없이 도급계약의 조건을 이행하지 않아 하수급인이 도급사업을 정상적으로 수행하지 못한 경우

⑤ 상급수급인 연대책임의 면제

상급수급인은 귀책사유에 대해 정당한 사유가 있으면 연대책임을 면할 수 있다. '정당한 사유'가 있는지는 직상수급인에게 입증책임이 있다. '정당한 사유'가 있는지의 판단기준에 대해 '고의·과실이 있는 경우인지'와 '그의 세력범위에 속

---

1) 김형배, 『노동법』, 제20판, 377쪽 ; 직상수급인이 상시5명미만근로자를 사용해도 마찬가지이다.

하는 위험부담까지 포함하는지'로 견해가 나뉠 수 있는데, 전자가 타당하다.[1)]

⑥ 상급수급인 연대책임의 대상

'정당한 사유'는 하수급인의 계약의무불이행 등과 같은 내부적요인과 발주자와의 관계나 천재지변 등과 같이 외부적요인으로 나누어 볼 수 있다. 이 조항을 둔 목적이 '직상수급인이 하수급인에 대한 의무불이행으로 인해 임금을 지급하지 못하는 것을 방지하기 위함'이라는 점에서 내부적요인에 한정된다.

⑦ 상급수급인 연대책임의 방법

직상수급인과 하수급인은 근로자의 임금에 대해 연대채무관계에 있으므로 근로자는 그 중 한 사람에게 또는 두 사람에 대해 동시에 또는 순차적으로 임금채무의 전부나 일부의 이행을 청구할 수 있다.

⑧ 상급수급인과 하수급인의 법률관계

직상수급인이 자신의 귀책사유로 인해 근로자에게 임금을 지급하더라도 하수급인에 대해 그 임금상당액의 구상채권을 취득함에 그치고 하수급인에게 지급할 공사대금채무가 그 임금범위안에서 당연히 소멸되는 것이 아니다. 그 구상채권도 직상수급인이 근로자에게 그 임금상당액을 지급할 때 발생한다.[2)]

(2) 건설도급사업

① 의 의

근기법은 건설업에 대해 임금지급에 있어 직상수급인의 책임을 강하게 요구하고 있다. 이는 건설하도급관계에서 발생하는 임금지급방식을 개선해 건설근로자의 권리를 보장할 수 있도록 하고, 「건설산업기본법」(건산법)을 위반한 불법하도급으로 인해 발생하는 건설일용근로자임금미지급 문제를 해결하기 위해서이다.

② 건설업공사도급의 연대책임

건설업에서 공사도급(건산법 §2xi)이 2차례 이상 이루어진 경우에, 건산법에 따른 건설사업자가 아닌 하수급인(예; 건설 현장십장)이 그가 사용한 근로자에게 '해당건설공사에서 발생한 임금'[3)]을 지급하지 못한 경우에는 그 직상수급인(귀책사유는 따지지 않음)은 하수급인과 연대하여 하수급인이 사용한 근로자의 임금을 지급할 책임(근기법 §43, §36)을 진다(근기법 §44의2①).[4)]

---

1) 김형배, 『노동법』, 제20판, 379쪽.

2) 대판 1988.4.12, 87다카1886.

3) 퇴직금미지급에 대해서는 근퇴법에 벌칙이 규정되어 있어 연대책임에 포함되지 않는다.

4) 직상수급인이 건산법(§2vii)에 따른 건설업자가 아니면, 그 상위수급인 중에서 최하위의 같은 호에 따른 건설

③ 건설업공사도급의 임금특례

㈎ 직상수급인 지급

㉮ 내 용

직상수급인은 일정요건이 충족되면 하도급대금채무의 부담범위에서 하수급인이 사용한 근로자가 청구하면 하수급인이 지급해야 하는 임금으로서 해당 건설공사에서 발생한 임금해당금액을 근로자에게 직접 지급해야 한다(근기법 §44의3①).

㉯ 요 건

'직상수급인 직접지급의무 발생요건'은 3가지이다(근기법 §44의3①). 첫째, 직상수급인과 하수급인(재하도급 받은 하수급인 포함) 사이에 합의가 있는 경우이다. 둘째, 하수급인에 대한 '확정된 지급명령'(민집법 §56iii), 임금채권증명집행증서송달(민집법 §56iv), '확정된 이행권고결정'(소심법 §5의7) 등 그 소속 근로자의 집행권원이 있는 경우이다. 셋째, 하수급인이 그 소속 근로자에 대해 임금채무가 있음을 직상수급인에게 알려 주고, 하수급인이 파산 등으로 임금을 지급할 수 없음을 직상수급인이 인정하는 경우이다.

㈏ 원수급인 지급

㉮ 내 용(근기법 §44의3②)

발주자의 수급인 즉 원수급인으로부터 공사도급이 2차례 이상 이루어진 경우, 일정요건이 충족되면, 하수급인근로자는 하수급인이 지급할 임금해당액의 지급을 원수급인에게 직접 요구할 수 있다.

㉯ 요 건

원수급인 직접지급의 의무가 발생하기 위해서는 하수급인에 대한 '확정된 지급명령'(민집법 §56iii), '임금채권증명 집행증서송달'(민집법 §56iv), '확정된 이행권고결정'(소심법 §5의7) 등 그 소속 근로자의 집행권원이 있는 경우이다.

㉰ 금 액

근로자는 하수급인이 지급해야 하는 임금으로 해당건설공사에서 발생한 임금해당금액의 지급을 원수급인에게 직접 요구할 수 있다.

㉱ 원수급인의 의무

원수급인은 근로자가 채권자대위권(민법 §404)을 행사할 수 있는 금액범위에서 이에 따른다(근기법 §44의3②후단).

업자를 직상수급인으로 봄(근기법 §44의2②). 연대책임을 진 직상수급인은 하수급인에게 구상권 행사 가능.

㈐ 임금지급과 채무상계

직상수급인 또는 원수급인이 하수급인근로자의 임금에 해당하는 금액을 지급하면, 하수급인에 대한 하도급대금채무는 그 범위에서 소멸한 것으로 본다(근기법 §44의3③).

(3) 위반의 효과

도급근로자임금지급보장조항(근기법 §44 §44의2)을 위반한 자에 대해서는 3년이하징역 또는 3천만원이하벌금에 처한다(근기법 §109①). 직상수급인연대책임(근기법 §44)과는 별도로 하수급인에게는 임금미지급책임(근기법 §43)이 적용된다.

4·라. 임금미지급책임

(1) 임금미지급에 대한 제재

① 벌칙 및 반의사불벌

사용자가 임금지급방법에 관한 규정을 위반하면 임금미지급의 죄가 성립한다. 임금지급의무나 금품청산의무를 이행하지 않으면 3년이하징역 또는 3천만원이하벌금에 처해질 수 있다(근기법 §109①). 임금미지급죄가 성립해도 피해자가 명시적인 의사표시를 하면 이에 반해 공소를 제기할 수 없다(근기법 §109②).

② 지연이자

㈎ 내 용

사용자가 금품청산(근기법 §36)규정에 따라 지급해야 하는 임금 및 퇴직급여일시금(근퇴법 §2 v)의 전부 또는 일부를 지급사유발생일부터 14일 이내에 지급하지 않으면 근로자에게 지연이자를 지급해야 한다(근기법 §37①). 지연이자는 지연일수에 해당하는 미지급임금에 지연이자율을 곱해 계산된다. 지연이자율은 연 40/100 이내의 범위에서 대통령령[1]으로 정해진다.

㈏ 성 격

지연이자는 발생요인이 근로관계에서 비롯된 것으로 보기 어려우므로 근기법상 임금이나 청산대상금품으로 보기 어렵다. 지연이자를 지급치 않은데 대해 벌칙이 부과되지는 없으나, 민사상청구권은 인정된다.

㈐ 예 외

사용자가 천재·사변 그 밖의 '대통령령이 정하는 사유'[2]에 따라 임금지급을

---

1) 연 100분의 20(근기령 §17)이다.

2) 근기령 제18조 ; '파산·화의·도산(임채령 §4)' 등.

지연하는 경우에는 사유존속기간에 대해 지연이자제도를 적용하지 않는다. 적용제외사유에 대한 입증책임은 사용자에게 있다.

㈑ **한 계**

지연이자제도(근기법 §37)는 재직중인 기간의 임금미지급에는 적용되지 않으며, 퇴직후라도 보상금이나 그 밖의 금품에는 적용되지 않는다. 적용대상기간은 근로자가 사망 또는 퇴직해 지급사유가 발생한 날을 기준으로 해 14일이 지난 다음 날부터 해당금품을 청산한 날까지의 기간이다.

③ 명단공개 및 신용평가

㈎ **체불사업주 명단공개**

고용장관은 근기법 제36조(금품 청산), 제43조(임금 지급), 제51조의3(탄력적근로시간제,근로기간이 단위기간보다짧은경우임금정산), 제52조제2항제2호(1개월초과단위선택적근로시간제 법정주당근로시간초과가산임금), 제56조(연장·야간 및휴일근로)에 따른 임금, 보상금, 수당, 그 밖에 전부의 금품(임금 등)을 지급하지 않은 사업주(체불 사업주)(법인의경우 대표자를포함)의 인적사항 등을 공개[1)]할 수 있다(근기법 §43의2).[2)]

㈏ **체불사업주 신용평가자료 제공**

고용장관은 「신용정보의 이용 및 보호에 관한 법률」(§25② i)에 따른 종합신용정보집중기관이 요구하면 임금체불을 예방하기 위해 필요하다고 인정하는 경우에 '체불사업주의 인적사항과 체불액 등에 관한 자료(임금등 체불자료)'를 제공할 수 있다(근기법 §43의3).

(2) 임금미지급책임 주체

사업주는 임금미지급에 대해 책임을 진다. 사업경영담당자도 포괄적으로 위임을 받고 대외적으로 사업을 대표하거나 대리하면 임금지급책임자이다.[3)] 실질적으로 회사를 경영한 이사 등도 임금미지급책임을 진다.[4)]

(3) 임금미지급책임 성립요건

① 사용자 고의

임금을 지급하지 않는데 대해 고의가 없다면 임금지급의무위반의 형사죄(근기법 §109)

1) 공개대상은 명단공개기준일 이전 3년 이내 임금 등을 체불하여 2회 이상 유죄가 확정된 자로서 명단공개기준일 이전 1년 이내 임금 등의 체불총액이 3천만원 이상인 경우이다.

2) 고용장관은, 체불사업주에게 3개월 이상의 기간을 정하여 소명기회 부여 필요. 체불사업주의 인적사항 등에 대한 공개여부를 심의하기 위해 고용부에 임금체불정보심의위원회를 둠.

3) 대판 1988.11.22, 88도1162 등.

4) 대판 1990.10.12, 90도1791.

가 성립하지 않는다.[1] 고의가 없다는데 대한 입증책임은 사용자가 진다.

② **최선의 노력**

성의와 노력을 다해도 임금미지급을 방지할 수 없던 불가피성[2]이 사회통념상 인정될 정도로 사용자에게 적법행위를 기대할 수 없는 특수한 사정이 있으면 임금미지급(근기법 §43)의 형사범죄책임이 조각될 수 있다[3].

5. 임금 · 퇴직급여채권 보호

5·가. 임금채권우선변제제도

(1) 의 의

근로자가 임금채권을 확보하기 위해 사용자의 재산에 대해 저당권, 질권 등의 약정담보물권을 설정하는 경우는 현실적으로 거의 없다. 이 경우 사용자가 도산해 임금지급능력을 상실했을 때 채권자평등원칙에 따른 임금채권추심이 사실상 불가능하다. 이러한 취지에서 근기법과 근퇴법은 임금 · 재해보상금 · 퇴직금 등에 대해 우선변제제도 및 최우선변제제도를 규정하고 있다.

(2) 우선변제 내용

① **우선변제와 최우선변제**

'임금, 재해보상금 그 밖에 근로관계로 인한 채권'과 '퇴직금'은 사용자의 총재산에 대해 '질권 · 저당권 또는 담보권(동산·채권등의 담보에관한법률)에 우선하는 조세 · 공과금'과 '질권 · 저당권 또는 담보권(동산·채권등의 담보에관한법률)에 따라 담보된 채권' 외에는 '조세 · 공과금' 및 다른 채권에 우선해 변제되어야 한다(근기법 §38① 근퇴법 §12①). '최종 3개월분 임금'과 재해보상금 및 '최종 3년간 퇴직금'은 최우선적으로 변제된다(근기법 §38② 근퇴법 §12②).[4]

② **임금채권과 다른 채권의 우선순위**

최우선변제 및 우선변제 조항과 관련된 법령을 종합적으로 고려해 임금채권과

---

1) 대판 1986.6.26, 98도1260. <고의성부정> ; 대판 2007.3.29, 2007도97. <고의성부정> ; 대판 2007.6.28, 2007도1579 ; 대판 2007.8.23, 2007도4171. <고의성인정> ; 대판 2011.10.13, 2009도8248. <고의성부정> ; 대판 2011.10.27, 2010도14693 ; 대판 2018.1.25, 2015도1681,

2) 자금사정 등으로 도저히 지급기일 안에 임금을 지급할 수 없는 등의 사정.

3) 대판 1988.2.9, 87도2509 ; 대판 2001.2.23, 2001도204 등 수 많은 판례.

4) 구 근기법(1997.3.13. 법률 제5309호) 제37조 제2항의 '퇴직금전액의 최우선변제규정'은 질권자 또는 저당권자의 우선변제수령권의 본질적 내용을 침해할 소지가 커 헌법상 과잉금지원칙에 위배된다는 이유로 헌법불합치 결정을 받았다(헌재 1997.8.21, 94헌바19 · 97헌가11 · 95헌바34).

다른 채권의 우선순위를 정리하면 다음과 같다.

ⓐ 최종 3개월분의 임금, 최종 3년간의 퇴직금 및 재해보상금(최우선변제)
ⓑ 질권·저당권[1] 또는 담보권(동산·채권등의담보에관한법률)에 우선하는 조세·공과금(「국세기본법」 §35 및 같은법시행령 §18)
ⓒ 질권·저당권 또는 담보권(동산·채권등의담보에관한법률)에 따라 담보된 채권
ⓓ 임금 기타 근로관계로 인한 채권(우선변제)
ⓔ 조세·공과금
ⓕ 기타 채권

임금채권우선변제제도는 압류처분의 효력을 배제하지 못한다.[2]

(3) 우선변제 대상

① 임 금

우선변제대상 임금은 지급받지 못한 임금(근기법 §2① v)이다. 최종 3월분임금은 사유발생일전 3개월 사이의 근로에 대한 임금채권 중 지급되지 않은 금품이다.[3]

② 재해보상금

재해보상금은, 최우선변제대상으로서, 사용자의 재산을 청산해야 할 당시에 입은 업무상재해에 대한 각종 보상이다. 현실적으로는 산재법이 적용되지 않는 재해보상이 그 대상이다.

③ 퇴직급여

우선변제대상인 재해보상금은 근로관계가 끝난 날을 기준으로 해 산정된 퇴직금으로서 누진퇴직금을 포함한다. 최종 3년간의 근로에 해당하는 퇴직금은 최우선변제대상이다(근퇴법 §12②).

④ 기타수당 및 근로관계채권

'기타 근로관계로 인한 채권'이라 함은 근로자와 사용자 사이의 채권적인 성격을 갖는 금전적 청구권을 말하며 휴업수당[4]은 물론이고 보증금청구권, 적립금청구권, 저축금청구권, 예치·보관금품 반환청구권 등을 포함한다.

(4) 우선변제 재원

'사용자의 총재산'이라 함은 근로계약당사자로서 임금채무를 1차적으로 부담하

---

1) 대판 2011.12.8, 2011다68777.
2) 대판 1994.12.9, 93다61611.
3) 대판 2008.6.26, 2006다1930(한국노동법학회, 『노동판례백선』, 71쪽. 최종3월분임금의 해석을 둘러싸고 총액제한과 기간제한으로 입장 대립, 재산권·거래안전보호와 임금채권우선보호를 조화시켜 기한제한 선택).
4) 임금 68207-81, 1993.2.15.

는 사업주의 총재산을 의미한다.[1)]

(5) 우선변제 확보

① 행사범위

최우선변제는 법정담보물권에 해당하는 것으로서 사용자의 부동산에 설정된 근저당권의 실행으로 진행되는 임의경매절차에서도 권리를 주장할 수 있다.[2)]

② 변제확보

채무변제는 재산에 대해 강제집행을 신청한 후 사용자의 재산을 압류해 환가처분하고 배당지급을 받는 순서로 진행된다. 근로자는 사전절차에 참가함이 없이 바로 배당을 요구할 수 있다.

5·나. 임금채권보장제도

(1) 개 념

임금채권보장제도는, 퇴직근로자가 기업도산 등으로 임금·퇴직금을 지급받지 못한 경우, 기금서 일정범위의 미지급임금·퇴직금을 지급하고 사업주에 대해 임금·퇴직금청구권을 대위해 행사하는 제도이다.

(2) 필요성

기업도산 등으로 사업주의 변제능력이 부족하면 임금채권우선변제제도만으로는 실효성이 없다. 변제를 받기 위해서는 법원의 경매절차를 거쳐야 하므로 청산이 지연된다. 이런 한계를 극복코자 임금채권보장제도가 설계되어 있다.

(3) 법적근거

임금채권보장제도는 1998년에 제정된 「임금채권보장법(임채법)」에 근거를 두고 시행되고 있다. 임채법은 경기변동과 산업구조 변화 등으로 사업을 계속하는 것이 불가능하거나 기업의 경영이 불안정하여, 임금 등을 지급받지 못하고 퇴직한 근로자 등에게 그 지급을 보장하는 조치를 마련함으로써 근로자의 생활안정에 이바지하는 것을 목적으로 한다(임채법 §1).

(4) 적용범위

임채법의 적용대상은 산재법의 당연적용대상사업장 즉, 모든 사업(장)이 된다.

---

1) 대판 1996.2.9, 95다719.
2) 대판 1990.7.10, 89다카13155.

임채법은 국가와 지자체가 직접 수행하는 사업에는 적용되지 않는다(임채법 §3). 임채법에서의 "근로자"는 근기법상 근로자를, "사업주"는 근로자를 사용해 사업을 하는 자를, "임금 등"은 근기법의 임금·퇴직금·휴업수당을, "보수"란 징수법에 따른 보수를 각각 말한다(임채법 §2).

(5) 임금채권보장사업

① 체불임금지급

고용장관은 사업주 파산 등의 경우에 퇴직근로자가 지급받지 못한 임금 등의 지급을 청구하면, 제3자변제에 관한 민법 제469조[1] 규정에도 불구하고, 그 근로자의 미지급임금 등을 사업주를 대신해 지급한다(임채법 §7①).

② 체당금지급사유(임채법 §7①)

사업주를 대신해 지급하는 임금 등(체당금)[2]의 지급사유는 사업주가 회생법에 따라 파산선고를 받거나 회생절차개시의 결정을 받은 경우, 고용장관이 대통령령으로 정한 요건과 절차에 따라 미지급 임금 등을 지급할 능력이 없다고 인정하는 경우와 그 밖에 사업주가 근로자에게 미지급 임금 등을 지급하라는 법적인 판결, 명령, 조정 또는 결정 등이 있는 경우이다.[3]

③ 체당금지급요건

체당금의 지급대상이 되는 근로자와 사업주의 기준은 대통령령으로 정한다(근퇴법 §7④).

근로자가 체당금을 지급받기 위한 사업주요건(임채령 §8)은 '산재보험의 당연적용사업이 된 후 6개월 이상의 기간 동안 해당사업을 행하고 있을 것'과 '체당금지급사유인 파산선고 등을 받았거나 도산 등 사실인정을 받을 것'이다.

④ 체당금지급액

파산선고 등 체당금지급사유가 발생한 사업에서 퇴직근로자가 기금을 통해 지급을 보장받는 임금채권범위는 "최종 3개월분의 임금(근기법 §38② i)", "최종 3년간의 퇴직급여(근퇴법 §12②)" 및 "휴업수당(근기법 §46)·출산전후휴가급여(근기법 §74④)[4]"(최종 3개월분에 한함)이다(임채법 §7②본문). 체당

---

1) ① 채무의 변제는 제삼자도 할 수 있다. 그러나 채무의 성질 또는 당사자의 의사표시로 제삼자의 변제를 허용하지 않는 때에는 그렇지 않다. ② 이해관계없는 제삼자는 채무자의 의사에 반하여 변제하지 못한다.

2) 체당(替當)이란 "뒤에 상환받기로 하고 타인의 채무를 대신 변제"함을 의미한다.

3) ㉠ 「민사집행법」에 따른 확정된 종국판결, 확정된 지급명령, '소송상화해·청구인낙(認諾) 등 확정판결과 같은 효력을 가지는 것', ㉡ 「민사조정법」에 따라 성립된 조정, '확정된 조정을 갈음하는 결정', ㉢ 「소액사건심판법」에 따른 확정된 이행권고 결정.

4) 2021.6.9 시행.

금의 상한액은 근로자의 퇴직당시의 연령 등을 고려하여 따로 정할 수 있으며 체당금이 적은 경우에는 지급하지 않을 수 있다(임채법 §7②단서). 근로자가 같은 기간에 대해 파산·회생·고용장관인정에 따라 체당금을 지급받은 때에는 법적판결 등에 따른 체당금이 지급되지 않고, 법적판결 등에 따라 체당금을 지급받으면 해당금액을 공제하고 파산·회생·고용장관인정에 따른 체당금이 지급된다(근퇴법 §7③).

⑤ 대위권행사 및 부정수급자 처벌

고용장관은 근로자에게 체당금을 지급했을 때에는 지급금액의 한도에서 해당사업주에 대해 미지급임금 등을 청구할 수 있는 근로자의 권리를 대위하며, '임금채권 및 퇴직급여 등 채권우선변제권'은 대위되는 권리에 존속한다(임채법 §8).

⑥ 임금채권보장법상 융자

고용장관은 일시적인 경영상 어려움 등으로 임금 등을 지급치 못한 경우, 사업주신청에 따라 체불임금지급 등의 비용을 사업주에게 융자할 수 있다(임채법 §7의2①). 고용장관은 사업주로부터 임금 등을 지급받지 못한 근로자(퇴직자 포함)의 생활안정을 위하여 그 신청에 따라 생계비를 융자할 수 있다(임채법 §7의2②).

(6) 임금채권보장제도의 재정

① 임금채권보장기금 조성

고용장관은 임금채권보장사업에 충당하기 위해 임금채권보장기금(기금)을 설치한다(임채법 §17). 기금은 사업주의 변제금(임채법 §8), 사업주부담금(임채법 §9,10),[1] 차입금(임채법 §18②), 기금운용수익금, 그 밖의 수입금으로 구성된다(임채법 §18①). 고용장관은 기금의 부담으로 금융기관이나 다른 기금 등으로부터 차입할 수 있다(임채법 §18②).

② 임금채권보장기금 용도

기금은 체당금의 지급과 잘못 납부한 금액 등의 반환, 공인노무사 조력비용지원(임채법 §7⑥), 체불임금 등의 지급을 위한 사업주 융자(임채법 §7의2), 업무를 위탁받은 자에 대한 출연(임채법 §27), 차입금·이자상환, 임금체불예방·청산 등 임금채권보장제도연구, 대한법률구조공단출연(체불근로자법률구조 사업지원에 한정), 그 밖에 임금채권보장사업과 기금관리·운용에 사용된다.

---

1) 고용장관은 체당금지급 소요비용을 충당하기 위해 사업주로부터 종사근로자의 보수총액에, 1천분의 2의 범위에서 위원회의 심의를 거쳐 고용장관이 정하는 부담금비율을 곱해, 산정된 금액을 사업주부담금으로 징수.

③ **임금채권보장기금 관리**

임금채권보장기금의 관리·운용에 관한 중요사항을 심의하기 위하여 고용부에 동수의 근로자대표, 사용자대표 및 공익대표로 구성되는 임금채권보장기금심의위원회를 둔다(임채법 §6). 기금의 회계연도는 정부의 회계연도에 따른다(임채법 §21).

(7) 수급권 보호

① **체당금 수급계좌**

고용장관은 퇴직근로자의 신청이 있으면 체당금을 근로자명의로 지정된 계좌(체당금 수급계좌)로 입금해야 하고 금융기관은 체당금만이 이 계좌에 입금되도록 관리하여야 한다(임채법 §11).

② **수급권 행사**(임채법 §11의2)

체당금을 지급받을 권리는 양도 또는 압류되거나 담보로 제공될 수 없다. 체당금수령은 대통령령에 따라 위임될 수 있다. 미성년자인 근로자는 독자적으로 체당금의 지급을 청구할 수 있다. 체당금수급계좌예금채권은 압류할 수 없다.

③ **소멸시효**

부담금이나 징수금을 징수하거나 체당금·부담금을 반환받을 권리는 3년간 행사하지 않으면 시효로 소멸한다. 소멸시효에 관하여는 임채법에 규정된 것 외에는 민법에 따르고, 소멸시효중단 등에 대해 징수법을 준용한다(임채법 §26).

(8) 임금채권보장제도의 사무

① **국가지원**

국가는 매 회계연도 예산의 범위에서 임금채권보장 사무집행비용의 일부를 일반회계에서 부담해야 한다(임채법 §5).

② **공인노무사 조력**

고용노동부령의 기준에 해당하는 근로자가 체당금을 청구하는 경우 공인노무사로부터 체당금청구서작성, 사실확인 등에 관한 지원을 받을 수 있다(임채법 §7⑤⑥).[1)]

③ **재산목록 제출**

고용장관은 근로자에게 체당금을 지급하려는 경우에는 해당 사업주에게 재산관계를 구체적으로 밝힌 재산목록의 제출을 명할 수 있다(임채법 §13).

---

1) 고용장관은 공인노무사로부터 지원에 드는 비용의 전부 또는 일부를 지원할 수 있다.

④ **부당이득 환수**

고용장관은 거짓·부정한 방법으로 체당금이나 융자금을 받으려 한 자에게 전부 또는 일부를 지급하지 않을 수 있고, 지급받은 자에 대해서는 환수[1]하여야 하며(임채법 §14), 관련 사실을 지방고용노동관서 또는 수사기관에 신고하거나 고발한 자에게는 포상금을 지급할 수 있다(임채법 §15).

⑤ **신고사건 처리**

사업주가 이 법 또는 이 법에 따른 명령을 위반하는 사실이 있으면 근로자는 그 사실을 근로감독관에게 신고하여 시정을 위한 조치를 요구할 수 있다(임채법 §25).

⑥ **부정수급 금지**

거짓·부정한 방법으로 체당금 또는 융자를 받거나 다른 사람으로 하여금 받게 한 자', '정당한 사유 없이 재산목록제출을 거부하거나 거짓재산목록을 제출한 자에 대해 3년이하징역 또는 3천만원이하벌금에 처한다(임채법 §28).

5·다. 임금채권 소멸시효

(1) 소멸시효

임금채권(근기법 §49)과 퇴직급여채권(근퇴법 §10)의 소멸시효는 3년이다,[2] 소멸시효기간은 그 채권을 행사할 수 있는 때로부터 진행한다(민법 §166①). 임금은 임금정기지급일, 연차유급휴가미사용수당은 '청구권이 발생한 때',[3] 퇴직금은 퇴직일이 기산일이다.

(2) 시효중단

소멸시효중단사유는 재판상청구, 압류 또는 가압류·가처분, 승인을 들 수 있다(민법 §168).[4] 노동위원회구제명령에 대해 사용자가 제기한 행정소송에서 근로자가 보조참가를 해 다툰 경우, 소멸시효는 중단된다.[5] 단순한 문의로 시효가 중단되지 않는다.[6] 고발이나 고소는 재판상청구로 인정되지 않아 시효중단효력으로 인정되지 않는다.[7]

---

1) 그 밖에 잘못 지급된 체당금 또는 융자금이 있는 경우도 그렇다.
2) 임원 퇴직금은 근퇴법의 퇴직금이 아니고 직무집행보수(상법 제388조)로서 그 소멸시효기간은 5년이다.
3) 대판 1980.5.13, 79다2332.
4) 최고(민법 §174)도 시효중단효과가 있으나 6개월 내에 재판상청구, 파산절차참가, 화해를 위한 소환, 임의출석, 압류 또는 가처분을 하지 않으면 소급해 그 효력이 없어진다.
5) 대판 2012.2.9, 2011다20034.
6) 근기 1455-37097, 1981.12.24.
7) 대판 1999.3.12, 98다18124.

제3절 모성보호와 일·가정양립

1. 의 의

노동법이 추구해 온 가치인 '가혹한 노동의 개선'은 임금보호, 근로시간단축, 고용차별금지 등을 통해 어느 정도 달성됨에 따라, 모성보호와 일·가정양립에 관심이 모아지고 있다. 모성보호와 일·가정양립은 헌법의 근로권(헌법 §32) 과 행복추구권(헌법 §10)의 조화를 추구하면서, '균형 있는 국민경제발전'과 '기본적생활보장'(근기법 §1)을 목적으로 한다.

2. 모성보호

2·가. 여성보호와 모성보호의 관계

(1) 법적근거

여자의 근로는 특별한 보호를 받는다(헌법 §32④). '1953년 제정 근기법'은 유해·위험작업을 대상으로 취업제한업종을 열거하고, 연장·야간·휴일근로를 제한했다.

(2) 철학의 변화

여성에 대한 특별보호는 '신체적으로 약하다'는 전제 아래에서 출발한다. 과학과 기술이 발전함에 따라 이러한 전제는 힘을 잃게 되었다. 수혜적인 특별보호는 평등과 배치되고, 고용에 부정적인 영향을 미친다. 이에 따라 노동법은 여성보호를 모성보호로 전환시키는 변화를 보이고 있다. 모성보호는 근기법과 고평법의 개정을 통해 출산휴가제도의 보완·정비의 모습으로 나타나고 있다.

2·나. 취업제한과 근로조건

'2001년 개정 근기법'은 여성에 대한 취업제한, 근로시간제한과 생리휴가로 이루어지는 특별보호에 관한 많은 조항을 모성보호에 관한 조항으로 전환시켰다.

(1) 취업제한

① 유 지

근기법은 갱내근로금지를 여성보호조항으로 유지하고 있다. 사용자는 여성과 연소자를 갱내에서 근로시키지 못한다(근기법 §72, §109① 3년징역·3천만원벌금).

② 변 경

근기법은 유해·위험작업사용금지업무를 대폭 축소하고 모성보호 목적으로 변경하였다. 사용자는 임신여성[1]이나 출산여성[2]을 도덕상 또는 보건상 유해·위험한 사업에 사용하지 못한다. '임산부가 아닌 18세이상여성'에 대해서도 임신 또는 출산에 유해·위험한 업무[3]에 사용하지 못한다(근기법§65, 근기령§40[별표4] §109①, 3년징역·3천만원벌금).

(2) 근로시간

① 연장근로

임신여성에 대해서는 동의(당사자합의 참고 제2편, 제1장, 제1절, 2·나,(1)), 신청여부와 관계없이 시간외근로를 시킬 수 없다(근기법 §74⑤). 출산여성의 연장근로시간은 1일2시간, 1주6시간, 1년150시간을 초과할 수 없다(근기법 §71).

② 야간·휴일근로

사용자는 본인동의와 고용장관인가를 얻어야 출산여성과 연소자로 하여금 야간근로와 휴일근로에 종사를 시킬 수 있다(근기법 §70②). 임신여성의 경우에는 동의형식이 명시적청구이어야 한다. 연소자와 임신여성에 대해 휴일·야간근로를 시키고자 하는 사용자는 고용장관인가 전에 시행여부와 방법 등에 관해 해당 사업(장)의 근로자대표(자세한 내용은 제2편 제1장, 제1절, 2·나,(2))와 성실하게 협의하여야 한다(근기법 §70③, §114 i 5백만원벌금).

(3) 생리휴가

① 의 의

사용자는 여성근로자가 청구하면 월 1일의 생리휴가를 주어야 한다(근기법 §73, §114 i 5백만원 벌금). 생리휴가제도는 그 성격에 대해 여성보호와 모성보호 중 어느 쪽에 무게

1) 둥근톱사용 목재가공, 정전작업, 터널작업, 잠수작업, 한랭작업, 납·수은·크롬·비소·벤젠 등 취급업무, 방사선관련작업, 간염바이러스 오염 우려 업무, 지속적으로 굽히거나 쭈그려 하는 작업, 연속 5kg·단속 10kg 이상의 중량물 취급 등

2) 2-브로모프로판취급·노출, 납·비소취급업무(모유수유를 않는 자로서 서면으로 취업의사를 밝힌 경우 제외)

3) 2-브로모프로판취급·노출업무(의학적으로 임신불가여성 제외)

중심을 둘 것인지에 따라 보호의 정도를 달리하는 변화를 겪어 왔다.

② **부여대상**

생리휴가의 부여대상은 근로형태, 출근성적 등과 관계없이 근기법적용대상인 여성근로자이다. 생리휴가는 연령과 관계없이 사실상 생리여부에 따라 부여된다. 생리사실입증책임은 휴가부여의무면제를 주장하는 사용자에게 있다.[1]

③ **부여방법**

생리휴가는 생리를 하는 여성근로자가 직접 청구하면 부여된다. 청구방법은 서면이나 구두 모두 인정되며, 취업규칙 등으로 정해진다. 생리휴가청구권은 사회통념상 신의성실원칙에 적합하게 행사되어야 한다.[2] 생리휴가에 대해 임금지급의무가 없으며, 사용하지 않은데 대한 보상도 없다.

④ **대체 및 불리한 처우금지**

생리휴가를 다른 휴일이나 휴가로 대체시킬 수 없다. 사용자는 정당하게 생리휴가를 사용한 것을 이유로 근로자에게 불이익을 줄 수 없다.

2·다. 출산보호

모성보호는 임신과 출산에 대한 보호뿐 아니라 출산의 실패에 따른 산모의 건강보호, 산모보호를 위한 배우자의 역할 등을 대상으로 한다.

(1) 태아검진시간

① **배 경**

규칙적으로 산모와 태아의 건강상태를 확인해 건강한 아이를 낳을 수 있도록 보호하는 것은 국가뿐 아니라 사회 전체의 책무이다. 근기법은 2008년에 태아검진시간제도를 도입했다. 저출산문제와 임신여성에게 생리휴가가 주어지지 않는 형평의 문제가 제도의 도입배경이다.

② **내 용**

사용자는 임신여성이「모자보건법」제10조에 따른 임산부정기건강진단을 받는데 필요한 시간을 청구하면 허용해야 하며, 태아건강진단시간을 이유로 임금을 삭감하면 안된다(근기법 §74의2). 정기건강진단기준은 임신28주까지는 4주마다 1회, 29주부

---

1) 근기 01254-1552, 1989.11.1.
2) <사례> 미리 통보하지 않고, 생리휴가를 사용했다고 통보하는 것은 권리남용으로 무단결근(근기 01254-5692, 1990.5.10) ; 단협 등에 '결근일은 생리휴가를 사용한 것으로 본다'는 취지의 규정이 위법은 아니나, 무단결근까지 생리휴가로 간주한다는 취지가 아닌 한 사전통보는 필요(대판 1991.3.27, 90다15631).

터 36주까지는 2주마다 1회, 37주 이후에는 1주마다 1회이다. 임산부가 「장애인복지법」에 따른 장애인인 경우, 만35세 이상인 경우, 다태아를 임신한 경우 또는 의사가 고위험임신으로 판단한 경우에는 기준 이상으로 건강진단을 실시할 수 있다(모자보건칙 §5① [별표1]).

(2) 임신여성 보호

① 쉬운업무전환과 해고제한

사용자는 임신여성의 요구가 있으면 쉬운 종류의 근로로 전환시켜야 한다(근기법 §74⑤, §110 i 2년징역·2천만원 벌금). '쉬운 종류의 업무'란 해당근로자가 청구한 업무이며, 사회통념상 합리성에 의해 판단된다. 출산전후휴가기간과 그 후 30일은 해고가 금지된다.

② 임신기근로시간단축제

사용자는 임신 12주 이내와 36주 이후의 여성근로자가 1일 2시간의 근로시간 단축을 신청하는 경우 임금삭감 없이 이를 허용해야 한다(근기법 §74⑦~⑨, §116 미허용시 과태료 5백만원).

③ 난임치료휴가

사업주는 근로자가 인공수정·체외수정 등 난임치료를 받기 위하여 휴가(난임치료휴가)를 청구하는 경우에 연간 3일 이내의 휴가를 주어야 하며, 최초 1일은 유급으로 한다(고평법 §18의3①, §39②iii의2 5백만원과태료). 청구시기에 주는 것이 정상적인 사업운영에 중대한 지장을 초래하는 경우에는 근로자와 협의하여 그 시기를 변경할 수 있다. 사업주는 난임치료휴가를 이유로 해고, 징계 등 불리한 처우를 하여서는 안된다(고평법 §18의3②). 신청방법 및 절차 등은 대통령령으로 정한다.

(3) 출산휴가제도

① 의 의

㈎ 배 경

근기법은 출산전후휴가제도와 유산·사산휴가제도로 구성되는 출산휴가제도를 설계하고 있다. ILO협약 제103호는 12주의 출산휴가가 부여되도록 하고, 이 중 6주 이상이 출산후휴가로 보장되도록 규정하고 있다.

㈏ 성 격

출산휴가는 기업규모, 근로자의 종류, 근로형태 등과 관계없이 여성근로자에게 임신 및 출산이라는 사실에 기초해서 주어진다. 따라서 입양은 대상이 아니다. 출산휴가는 출근성적과 관계없는 보장적휴가이다.

㈐ 목 적

출산의 개념에는 정상분만뿐 아니라 유산·사산도 포함된다.

출산휴가제도는 산모뿐 아니라 태아 및 출생아의 건강을 보호하는 것을 목적으로 하고, 그 적용범위는 출산후뿐 아니라 출산전을 포함한다. 유·사산휴가제도는 산모의 건강을 보호하는 것을 목적하며, 그 적용범위는 유·사산 이후이다.

㈑ 유 형

출산휴가제도는 출산전후휴가제도와 유·사산휴가제도로 구성된다.

출산전후휴가제도는 출산전휴가제도와 출산후휴가제도로 구성된다. 출산전휴가는 '일반사유 출산전휴가'와 '특정사유 출산전휴가'로 구분된다.

② 출산휴가의 기간

㈎ 출산전후휴가

사용자는 임신여성에게 출산전과 출산후를 통해 90일의 출산전후휴가를 주어야 하며, 한 번에 2 이상의 자녀 즉, 다태아를 임신한 경우에는 출산전과 출산후를 통해 120일의 출산전후휴가를 주어야 한다(근기법 §74①, §110 i 2년징역·2천만원 벌금).

㈏ 유·사산휴가

사용자는 임신여성이 유산 또는 사산한 경우로서 그 근로자 청구하면 대통령령에 따라 유산 또는 사산 휴가를 주어야 한다(근기법 §74③, 2년징역·2천만원벌금). 다만, 불법인공임신중절수술(모자법 14①)에 의한 유산은 그렇지 않다(근기법 §74③단서). 유산 또는 사산한 근로자에게는 임신기간별로 유산·사산일로부터 일정기간이 휴가로 부여된다(근기령 §43③).

임신기간	11주이내	12~15주	16~21주	22~27주	28주 이상
유사산일기준	5일까지	10일까지	30일까지	60일까지	90일까지

이 기간은 근로자가 사용할 수 있는 최장기간이므로 유산·사산 직후에 신청하지 않으면 기간이 그만큼 단축된다.

③ 출산휴가 구성

㈎ 출산전휴가

㉮ 출산전후휴가

(a) 일반사유 출산전휴가

근기법은 출산전후휴가를 90일로 규정하면서 출산후휴가를 45일 이상으로 제한하고 있어, 출산전휴가를 간접적으로 인정하고 있다.

(b) 특정사유 출산전후휴가

사용자는 임신여성이 유산경험 등의 사유(근기령 §43①)[1]로 출산전후휴가를 청구하면, 출산전 어느 때라도 휴가를 나누어 사용할 수 있도록 해야 한다(근기법 §74②, §110 i 2년징역·2천만원벌금).

㉯ **유산·사산휴가**

유산이나 사산은 미리 예정된 것이 아니므로 근로자로서는 출산전후휴가 중 정상분만을 전제로 하면서 출산전휴가를 사용할 수 있을 것이다.

(나) **출산후휴가**

㉮ **출산전후휴가**

출산후휴가는 45일(다태아 60일) 이상이 보장되어야 한다(근기법 §74①②후단, §110 i 2년징역·2천만원벌금). 이 규정은 강행규정이다. 출산전휴가가 45일(다태아 60일) 이상 사용되더라도, 출산후에 45일(다태아 60일) 이상이 보장되어야 한다. 90일(다태아 120일)을 초과하는 날수에 해당하는 출산전휴가는 무급휴가로 처리[2]될 수 있으며, 고보법상 출산전후휴가급여의 대상이 아니다.

㉯ **유산·사산휴가**

근로자가 정상분만을 전제로 출산전휴가를 이미 사용했더라도 법정 유산·사산휴가일은 모두 부여되어야 한다. 출산전휴가 중 유산·사산휴가일 한도를 초과한 부분은 무급으로 처리될 수 있다.

④ **출산휴가 배치**

(가) **출산전후휴가**

'특정사유출산전휴가'는, 출산전 어느 때라도 나누어 사용될 수 있으므로, 출산후휴가와 단절해서 부여될 수 있으며, 단절기간이 2회 이상일 수 있다.

'일반사유 출산전휴가'의 부여여부나 단절여부는 당사자가 자율적으로 정한다.

(나) **유산·사산휴가**

유산·사산휴가는 1년에 2회 이상이더라도 부여되어야 한다. 출산전휴가는 출산전후휴가제도 차원에서 부여될 수 있으므로 그 해석이 적용된다.

⑤ **출산휴가 보장**

(가) **출산전후휴가**

출산전후휴가는 사용자의 불합리한 거부권이나 시기변경권이 인정되지 않고

---

1) 유산·사산경험이 있는 경우, 출산전후휴가를 청구할 당시 연령이 만40세 이상인 경우, 임신근로자가 유산·사산의 위험이 있다는 의료기관진단서를 제출한 경우.

2) 근기 10254-4937, 1991.4.9 ; 법무 811-6870, 1979.3.21.

위반에 대해 벌칙이 부과되는 강행규정으로 설계되어 있다.

출산후휴가와 '특정사유 출산전휴가'는 강행적효력을 갖는다.

일반출산전휴가는 출산후휴가의 반사적작용으로 인정되고, 의무적으로 부여되어야 하는 것은 아니며, 당사자합의로 결정되므로 강행적효력을 갖지 않는다.

㈏ 유산 · 사산휴가

유산·사산휴가는, 근기법이 "주어야 한다"고 규정하면서 위반에 대해 벌칙을 부과하고 있어, 강행적효력을 갖는다.

⑥ 출산휴가 부여

㈎ 출산휴가 요건

근기법은 출산휴가에 대해 '출산전후휴가를 주어야 한다'고만 규정하고 있다.

출산후휴가에 대해서는 청구가 요건이 아니므로 사후통보도 인정된다.

출산전휴가는 근로자의 청구를 요건으로 한다. '특정사유 출산전휴가'는 강행규정인데 반해, '일반사유 출산전휴가'는 부여 자체에 대해 직접 명시되어 있지 않아 부여 여부 및 방법이 사용자의 재량에 맡겨져 있다.

유산·사산휴가제도는 청구를 요건으로 한다.

㈏ 휴가일수계산

출산전후휴가기간 중에 휴일이 포함되어도, 그 기간은 연장되지 않고 역일상 90일(다태아 120일)이 되며, 특약이 없는 한 따로 휴일이 부여되지 않는다.[1] 유산·사산휴가제도에 대해서는 출산전후휴가제도의 해석이 준용된다.

㈐ 출산휴가 보상

출산전후휴가와 유산·사산휴가에 대한 보상은 사용자와 고용보험이 부담한다.

사용자는 출산전후휴가 90일 중 최초 60일(다태아 75일)분을 유급으로 부여하되, 고평법(§18)의 근거 규정에 따라 '출산전후휴가급여 등'(출산휴가급여)이 지급된 경우에는 그 금액의 한도에서 지급의 책임을 면한다(근기법 §74④, §110 i 2년징역·2천만원벌금).

고보법상 출산휴가급여는 법정일수에 대해 휴가시작일 기준 통상임금으로 지급되나, 상한액과 하한액이 정해져 있으며(고보법76② 고보령§101), 우선지원대상기업(고보법§19② 고보령§12)이 아닌 기업에게는 60일(다태아 75일) 초과분에만 지급된다(고보법 §76①).

㈑ 다태아의 출산과 유 · 사산

다태아임신후 유·사산이 발생한 경우, 두 유형의 휴가를 조정한 휴가가 부여

1) 근기 01254-12061, 1987.7.28 ; 근기 68207-2385, 2000.8.10.

된다.[1)]

㈒ **직무복귀**

사업주는 출산전후휴가가 종료된 후에 해당근로자를 휴가 전과 동일한 업무 또는 동등한 수준의 임금을 지급하는 직무에 복귀시켜야 한다(근기법§74⑥,§114 5백만원벌금). 동등 수준의 임금을 지급하면서 다른 업무를 부여할 때에는 노동강도, 책임정도 등이 휴가전의 업무와 비교할 때 합리적수준이어야 한다.

(4) 배우자출산휴가

① **의 의**

'출산에 대해 남녀가 공동으로 책임져야 한다'는 사회·문화적요구를 충족시키고, 일과 가정을 양립시키며, 저출산의 문제를 해소하고자 '2007년 개정 고평법'이 아버지출산휴가제도(*Paternity leave*)라고도 불리는 배우자출산휴가제도를 도입했다.

② **내 용**

사업주는 '근로자가 배우자의 출산을 이유로 휴가를 청구하는 경우에 10일의 유급휴가를 주어야 하고(고평법 §18의2①, §39②iii 5백만원과태료)', 고용보험에 따른 출산전후휴가급여등이 지급된 경우[2)]에는 그 금액의 한도에서 임금지급책임을 면하며(고평법 §18의2②), '배우자출산휴가를 이유로 근로자를 해고하거나 그 밖의 불리한 처우를 하면 안된다(고평법 §18의2⑤, §37②2 3년징역3천만원벌금)'. 근로자는 배우자출산휴가를 1회에 한정하여 나누어 사용할 수 있으며. 배우자의 출산일부터 90일이 지나면 청구할 수 없다(고평법 §18의2③④).

3. 일·가정양립

일·가정양립지원제도는 수유시간제도, 육아휴직제도, 육아기근로시간단축제도, 가족돌봄휴직제도, 근로시간단축청구제도, 국가·사용자지원 등으로 구성된다. 일·가정양립지원제도는 노동법 속에서 독립된 영역을 형성하면서 발전하고 있다.[3)]

---

1) 여성고용정책과-3216. 2015.10.15. <1명 사산+1명 출산> 사산 시점부터 새로이 유·사산휴가를 부여해야 하며, 따라서 분만시점을 기준으로 해당 임신주차의 유·사산휴가와 남은 출산전후휴가 중 긴 기간을 부여, <1명 유산·사산+1명 출산> 해당 임신주차의 유·사산 휴가를 부여하고 출산에 대해서는 단태아 기준 출산전후휴가 부여, <2명 유산 또는 사산> 해당 임신주차의 유·사산 휴가 부여, <시기를 다르게 2명 유산> 각각 임신주차에 해당하는 유·사산휴가 부여(단, 유산일을 기준하여 부여하되 휴일부여기간이 중복될 경우 첫번째 유·사산휴가는 즉시 종료하고 두번째 유·사산휴가 부여).

2) 중소기업(우선지원대상기업), 유급5일분에 대해 배우자출산휴가급여(통상임금 100%, 월상한 200만 원) 지급.

3) 미국의 「가족 및 의료휴가법(Families and Medical Leave Act)」, 일본의 「육아휴업, 개호휴업 등 육아 또는 가족개호를 행하는 노동자 복지에 관한 법률」등 많은 국가에서 이러한 법령을 마련해 시행하고 있다. 최근에

3·가. 수유시간

사용자는 생후1년미만유아를 가진 여성근로자가 청구하면 1일2회 각각 30분이상의 유급수유시간을 주어야 한다(§75, §110 i 2년징역·2천만원벌금)[1] 유아라 함은 입양도 포함하며, 기혼·미혼을 불문한다.[2] 당사자합의(자세한 내용은 제2편 제1장, 제1절, 2·나,(1))가 있으면 1일 1회 1시간의 육아시간도 부여될 수 있다.[3]

3·나. 육아보호제도

(1) 제도 도입

① 육아휴직제

근로자가 육아를 이유로 퇴직하거나 불이익을 당하는 것을 방지하고 경력단절을 예방하여 일과 가정을 양립시키고 후세대를 건강하게 양육함으로써 모든 국민의 삶의 질 향상에 이바지(고평법 §1)하고자, 1987년에 제정된 「남녀고용평등법」에 육아휴직제가 도입되었다.

② 육아기근로시간단축제

전일제 육아휴직제는 임금상실을 초래하고, 복직에 대한 불안감을 초래하며, 복직 후 적응에 대한 부담감을 안겨준다. 부정적요인을 완화하면서 육아시간을 확보해 일과 가정을 양립할 수 있도록 2007년에 육아기근로시간단축제도가 고평법에 육아휴직의 보완수단으로서 권장조항으로 마련된 후, 의무사항으로 전환되고, 육아휴직과 관계없이 부여되는 독립된 제도로 발전하고 있다.

(2) 육아보호 내용

① 부여의무

㈎ 육아휴직제

사업주는 '만 8세 이하 또는 초등학교 2학년 이하의 자녀'(입양자녀 포함)가 있는 근로자가 그 자녀의 양육을 위해 휴직을 신청하는 경우 이를 허용해야 한다(고평법 §19①, 5백만원 벌금, §37④iv 양벌주의). 육아휴직에 대해서는 사용자의 시기변경권이 인정되지 않는다.

는 영국이 2006년부터 「일·가족 양립법(Work and Families Act)」이 시행하고 있다.

1) ILO는 1919년도에 채택한 「산전·산후 여성고용에 관한 협약(제3호)」; 1925년에 모성보호협약(제103호)으로 개정되고, 2000년에는 모성보호협약(제183호)으로 개정되었다. 제3조에 '유아에게 수유를 하기 위해 근로시간중에 1일 2회 30분을 부여해야 한다'고 규정하고 있으며 이는 각국의 일반적인 입법례이다.

2) 김형배, 『노동법』, 제20판, 483쪽.

3) 여원 68240-249, 2000.8.5.

㈏ **육아기근로시간단축제**

사업주는 근로자가 만 8세 이하 또는 초등학교 2학년 이하의 자녀를 양육하기 위하여 근로시간단축을 신청하는 경우에, '주당 15시간 이상 35시간 이내(고평법 §19의2③)'[1]에서 이를 허용해야 한다(고평법§19의2①, §39②vi 5백만원과태료).

② **적용제한**

㈎ **공 통**

'육아휴직을 개시하고자 하는 날 이전에 해당사업에서의 계속근로기간이 6개월미만인 근로자'와 '동일한 영유아에 대해 배우자가 고평법 또는 다른 법령에 따라 육아휴직중인 근로자'에게는 육아휴직이 인정되지 않는다(고평법§19① 고평령§10). 육아기근로시간단축도 마찬가지로 해석될 수 있다.

㈏ **육아기근로시간단축제**

대체인력채용이 불가능한 경우, 정상적 사업운영에 지장을 초래하는 경우 등 대통령령(고평령 §15의2)으로 정하는 경우에는 예외가 인정된다. 사업주가 육아기근로시간단축을 허용하지 않는 경우에는 해당근로자에게 그 사유를 서면으로 통보하고 육아휴직을 사용하게 하거나 그 밖의 조치를 통해 지원할 수 있는지를 해당근로자와 협의하여야 한다(고평법§19의2②, §39②iv 5백만원과태료). 시기변경도 협의대상이 될 수 있다.

(3) 육아보호 신청

① **신청주체**

신청권자는 육아휴직청구일 현재 대상자녀를 가진 여성 및 남성 근로자이며, 출산부모뿐 아니라 입양 및 대리부모까지를 포함하고, 법률상혼인관계뿐 아니라 사실상 혼인관계로 인한 자녀의 경우에도 인정된다.

② **육아목적**

육아보호를 위해서는, 육아 목적이 인정되어야 한다.[2] 영유아사망, 입양취소, 부상·질병, 신체·정신장해, 이혼 등의 사유로 어린애를 키울 수 없는 자는 신청주체가 될 수 없다.

---

1) '1일 2~5시간(단축 후 근로시간: 주 15~30시간)'에서 '1일 1~5시간(단축 후 근로시간 : 주 15~35시간)'으로 완화되어 육아기에 하루 1시간씩 근로시간을 단축하는 것도 가능 ; 1일1시간 단축분에 대해 임금감소분(육아기근로시간단축급여인상. 통상임금의 80→100%, 월상한 150→200만원)지원(2019.10.1).

2) 대판 2017.8.23, 2015두51651. 대상자녀를 국내에 두고 해외에 체류한 경우, 양육의사, 체류장소 및 기한, 체류목적·경위, 육아휴직 전후의 양육형태와 방법 및 정도 등 여러 사정을 종합하여 사회통념에 따라 판단한다.

(4) 육아보호 방법

① 보호기간

㈎ 법적근거

육아휴직기간은 1년 이내로 한다(고평법 §19②). 육아기근로시간단축의 기간은 1년 이내로 하되, 법정육아휴직기간 한도 즉 1년 중 사용하지 않은 기간이 있으면 그 기간을 가산한 기간 이내로 한다(고평법 §19의2④).[1] 근로자는 총기간 2년의 범위 안에서 육아휴직과 육아기근로시간단축 중 선택해 사용할 수 있다.

㈏ 청구기간

법정육아보호청구기간은 2년 이내에서 근로자가 필요로 하는 기간이며 이 중 육아휴직은 1년 이내이고 육아기근로시간단축은 2년 이내에서 육아휴직사용기간을 제외한 기간 이내이다. 사용자는 청구기간을 모두 허용해야 하며 일부만 허용할 수는 없다. 육아보호는 출산후휴가에 이어서 사용하지 않아도 되나(노동부예규 제300호), 제도의 취지상 출산전으로 소급하여 사용될 수는 없다.[2]

㈐ 분할사용

육아휴직의 분할은 2회로 한정되며, 육아기근로시간단축은 횟수가 제한되지 않으나 1회의 기간은 '3개월 이상(계약기간 만료로 3개월 이상 사용할 수 없는 기간제근로는 남은 근로계약기간)이어야 한다(고평법 §19의4).

② 보호종료

육아휴직 또는 육아기근로시간단축은 근로자의 신청에 따라 사업주로부터 허용받은 기간이 지나거나, 출산전후휴가(근기법 §74), 새육아휴직, 새육아기근로시간단축 등의 개시일 전날에 종료된다(고평령 §14④ §15의3④).

(5) 육아보호 보장

① 고용보장

㈎ 해고 및 불리한 처우금지

사업주는 근로자에게 육아휴직 또는 육아기근로시간단축을 이유로 해고나 그 밖의 불리한 처우를 해서는 안된다(고평법§19③,§19의2⑤,§37②iii, iv 3년징역·3천만원 벌금, 양벌주의). 육아휴직기간 중에 사업을 계속할 수 없는 경우가 아니면 그 근로자를 해고할 수 없다.

---

1) 육아휴직 1년을 사용해도 육아기근로시간단축 1년 사용 가능 ; <예시 ; 총기간 기준> ① 육아휴직 1년+근로시간단축 1년, ② 육아휴직 6개월+근로시간단축 1년6개월, ③ 육아휴직미사용+근로시간단축 2년 등.

2) 부소 01254-16806, 1990.12.5.

㈏ 직무복귀

사업주는 육아휴직 또는 육아기근로시간 단축 근로자에 대해 휴직 또는 단축을 마친 후 그 전과 같은 업무 또는 같은 수준의 임금을 지급하는 직무에 복귀시켜야 한다(고평법§19④,§19의2⑥,§37④iv, v 5백만원벌금, 양벌주의).

㈐ 근속기간

육아휴직기간은 승진·승급·퇴직금 또는 연차유급휴가일수가산 등의 기초가 되는 근속기간에 포함된다(고평법 §19④). 육아기근로시간단축도 마찬가지이다.

육아휴직기간은, 당사자합의(자세한 내용은 제2편 제1장, 제1절, 2·나,(1))가 없으면, 기간제사용기간(기단법 §4) 또는 근로자파견기간(파견법 §6)에 산입되지 않는다(고평법 §19⑤). 육아기근로시간단축의 경우에는 이를 적용하는 것이 법리상 타당해보이지 않는다.

② 근로조건 보호

㈎ 공통사항

육아기근로시간단축기간은 평균임금산정기간에서 제외된다(고평법 §19의3④). 육아휴직에 대해서도 마찬가지로 해석된다. 육아휴직기간 도중에 산정사유가 발생하면 육아휴직일 이전 3개월간의 임금총액을 그 기간의 총일수로 나누어 산정하며, 육아휴직을 끝내고 복직한 후 3개월이 되지 않는 상태에서 산정사유가 발생하면 발생일로부터 복직한 날까지만 따져서 평균임금을 산정한다.[1]

㈏ 육아휴직

육아휴직기간에 대해 임금을 지급할 사용자의 법적의무는 없다. 국가는 육아휴직자의 생계비용과 사업주의 고용유지비용의 일부를 지원할 수 있다(고평법 §20). 출산전후휴가기간 90일(다태아 120일)과 중복되지 않는 30일 이상의 육아휴직을 부여받은 근로자가 일정조건(고보법 §70)[2]을 갖추면 육아휴직급여(고보령 §95)가 고용보험에서 지급된다. 고용보험피보험자인 근로자가 사업주로부터 육아휴직을 이유로 금품을 지급받은 경우에는 육아휴직급여가 감액되어 지급될 수 있다(고보법 §73②).

㈐ 육아기근로시간단축

㉮ 원 칙

육아기근로시간단축을 한 근로자의 근로조건은 사업주와 그 근로자 간에 서면

---

1) 부소 68247-112, 1993.4.10.

2) ⓐ 육아휴직개시일 이전에 피보험단위기간이 통산해 180일이상일 것, ⓑ 동일한 자녀에 대해서 피보험자인 배우자가 육아휴직(30일 미만은 제외)을 부여받지 않고 있을 것, ⓒ 육아휴직개시일 이후 1개월부터 종료일 이후 12개월 이내에 신청할 것(다만, 동기간 내에 대통령령이 정하는 사유로 육아휴직급여를 신청할 수 없었던 자는 그 사유종료 후 30일 이내에 신청).

으로 정하되(고평법§19의3②,§39② v 5백만원과태료), 근로시간에 비례하여 적용하는 경우 외에는 육아기 근로시간단축을 이유로 불리하게 하여서는 안된다(고평법§19의3①,§37② v 3년징역·3천만원벌금, 양벌주의). 해당근로는 기단법에 따른 단시간근로로 해석[1]된다.

㉯ 임 금

지급기준이 되는 임금범위가 통상임금인지 평균임금인지를 불문하고 기본급·수당·각종급여가 단축전의 그 것과 비교하여 근로시간에 비례하여 적용하는 것 외에 결과적으로 불리한 처우를 받으면 안된다.

㉰ 초과근로

사업주는 단축된 근로시간 외에 연장근로를 요구할 수 없으며(고평법§37③ 1천만원벌금), 그 근로자가 명시적으로 청구하는 경우에는 사업주는 주 12시간 이내에서 연장근로를 시킬 수 있다(고평법 §19의3③). 직접적인 규정이 없으나, 단시간근로법리에 따라 단축된 근로시간을 초과하는 연장근로에 대해 통상임금의 50/100 이상이 가산된 연장근로수당이 지급되어야 한다.

㉱ 연차유급휴가

육아기근로시간단축기간 동안의 연차유급휴가일수 계산은 단시간근로에서의 산정방법을 적용한다.[2] 산식은 "연차유급휴가일수×(단시간근로자의 소정근로시간/통상근로자의 소정근로시간)×8시간"으로 정리되며, 이 때 단시간근로자 또는 통상근로자의 소정근로시간은 1주간의 소정근로시간으로 한다.[3]

육아기근로시간단축기간 동안 연차유급휴가는 '1일' 단위로 소정근로일에 부여되어야 하고, 그 단축기간 동안의 소정근로시간만큼 사용한 것으로 하여야 한다.

3·다. 가족돌봄휴업 및 근로시간단축청구

(1) 가족돌봄휴업

① 의 의

㈎ 법적근거

사업주는 근로자가 조부모, 부모, 배우자, 자녀, 배우자의 부모, 손자녀(이하 가족)의 질병, 사고, 노령으로 인하여 그 가족을 돌보기 위한 가족돌봄휴직 또는 가족돌

1) 여성고용정책과-42, 2015.3.24.
2) 근로개선정책과-4216, 2013.7.18.
3) <통상근로와 육아기근로시간단축근로 혼재> [통상근로기간 동안 연차유급휴가(1]5일×통상근로월/12월)×8시간]+[육아기단축기간 동안 연차유급휴가<15일×(단시간근로자의 소정근로시간/통상근로자의 소정근로시간)×(단축기간 근로월/12월)×8시간>].

봄휴가를 신청하는 경우 이를 허용하여야 한다(고평법§22의2①②, §39②vii, viii 5백만원과태료).

㈏ **취 지**

가족돌봄휴업은 근로자가 가족생활을 돌봄으로써 일과 가정 그리고 일과 생활을 양립시켜 헌법의 행복추구권을 실현하기 위해 마련된 제도로서 가족돌봄휴직과 가족돌봄휴가로 구성된다.

② **휴업기간**

가족돌봄휴직기간은 연간 최장 90일로 하며 이를 나누어 사용할 수 있으나 1회의 기간은 30일 이상이어야 하고, 가족돌봄휴가기간은 연간 최장 10일로 하되 일단위로 사용할 수 있어야 하며 사용기간은 가족돌봄휴직기간에 포함된다(고평법 §22의2④).

③ **근로조건 및 근로환경**

가족돌봄휴업에 대해 임금을 지급할 사용자의 의무는 없다. 가족돌봄휴업기간은 근속기간에 포함되나, 평균임금산정기간에서는 제외된다(고평법 §22의2⑤⑥).

사업주는 근로자에게 필요한 심리상담서비스를 제공하도록 노력하여야 하고, 고용장관은 필요한 지원을 할 수 있다(고평법 §22의2⑦⑧).

④ **적용특례**

㈎ **가족돌봄휴직**

대체인력채용이 불가능한 경우, 정상적인 사업운영에 중대한 지장을 초래하는 경우, 본인 외에도 조부모의 직계비속 또는 손자녀의 직계존속이 있는 경우 등 대통령령(고평령 §16의3)으로 정하는 경우에는 가족돌봄휴직을 허용하지 않을 수 있다(고평법 §22의2①단서). 가족돌봄휴직을 허용하지 않는 경우에는 해당근로자에게 서면으로 통보하고 업무를 시작하고 마치는 시간을 조정하거나, 연장근로를 제한하거나, 근로시간을 단축하든지 탄력적으로 운영하여 근로시간을 조정하거나, 사업장사정에 맞는 지원조치를 하도록 노력해야 한다(고평법 §22의2③).

㈏ **가족돌봄휴가**

사업주는 근로자가 가족(조부모·손자녀의경우근로자외에도직계비·존속이있는등대통령령으로정하는경우는제외)의 질병, 사고, 노령 또는 자녀의 양육으로 인하여 긴급하게 그 가족을 돌보기 위한 가족돌봄휴가를 신청하는 경우 이를 허용하여야 한다. 다만, 근로자가 청구한 시기에 주는 것이 정상적인 사업운영에 중대한 지장을 초래하는 경우에는 근로자와 협의하여 그 시기를 변경할 수 있다(고평법 §22의2②). 가족돌봄휴가는 가족돌봄휴직과 달리 대통령령에 의한 예외가 설정되어 있지 않다.

⑤ **보 장**

사업주는 가족돌봄휴직 또는 가족돌봄휴가를 이유로 해당근로자를 해고하거나 근로조건을 악화시키는 등 불리한 처우를 하면 안된다(고평법§22의2⑤,§37②vi 3년징역·3천만원벌금, 양벌주의).

(2) 근로시간단축청구제도

① **의 의**

㈎ **법적근거**

사업주는 근로자가 '질병·사고·노령 가족 돌봄', '자신의 질병·사고로 인한 부상 등에 따른 건강 돌봄', '55세이상으로서 은퇴 준비', 학업중 하나의 사유로 근로시간단축을 신청하는 경우에 이를 허용해야 한다(고평법 §22의3①)(30인미만은 2022.2.1 시행). 해당근로는 육아기근로시간단축처럼 기단법에 따른 단시간근로로 봄이 타당하다.

㈏ **취 지**

가족돌봄 등을 위한 근로시간단축은 일과 생활을 양립시켜 헌법의 행복추구권을 실현하기 위해 마련된 제도로서, 가족돌봄 외에 은퇴준비·학업에까지 적용됨으로써 능력개발기회를 보장하여 자기발전의 도모를 보장하는 제도이다.

② **부여내용**

사업주가 근로시간단축을 허용하는 경우 단축후근로시간은 주당 15시간 이상이어야 하고 30시간을 넘어서는 안된다(고평법 §22의3③). 근로시간단축기간은 1년 이내로 한다. 다만, '가족돌봄, 건강돌봄, 은퇴준비로서 합리적이유가 있는 경우에 추가로 2년 범위 안에서 연장될 수 있다(고평법 §22의3④).

③ **근로조건**

단축되어 근로를 제공하지 않은 시간에 대해 임금을 지급할 사용자의 의무는 없다. 근로시간단축근로자의 근로조건(근로시간단축후 근로시간포함)은 사업주와 근로자간에 서면으로 정하며(고평법 §22의4②), 근로시간에 비례하여 적용하는 경우 외에는 '근로시간단축'을 이유로 그 근로조건을 불리하게 할 수 없다(고평법§22의4①,§37②8viii 3년징역·3천만원벌금, 양벌주의). 사용자는 단축된 근로시간외의 연장근로를 요구할 수 없으며(고평법§37③ 1천만원벌금), 그 근로자가 명시적으로 청구하는 경우에는 주 12시간 이내에서 연장근로를 시킬 수 있다(고평법 §22의4③). 근로시간단축기간은 법정 평균임금산정기간에서 제외된다(고평법 §22의4④). 해당 규정의 내용이 육아기근로시간단축에서의 그 것과 같으므로, 임금결정단위 및 연장근로가산수당도 육아기근로시간단축처럼 해석함이 타당하다.

④ **적용예외**

사업주는 대체인력채용이 불가능한 경우, 정상적인 사업운영에 중대한 지장을 초래하는 경우 등 대통령령으로 정하는 경우에는 근로시간단축청구를 허용하지 않을 수 있다(고평법 §22의3①단서). 사업주가 근로시간단축을 허용하지 않는 경우에는 해당 근로자에게 그 사유를 서면으로 통보하고 휴직을 사용하게 하거나 그 밖의 조치를 통하여 지원할 수 있는지를 해당근로자와 협의하여야 한다(고평법 §22의3②).

⑤ **보 장**

사업주는 근로시간단축을 이유로 해당근로자에게 해고나 그 밖의 불리한 처우를 하여서는 안된다(고평법§22의3⑤,§37②vii 3년징역·3천만원벌금, 양벌주의). 사업주는 근로자의 근로시간 단축기간이 끝난 후에 그 근로자를 근로시간 단축 전과 같은 업무 또는 같은 수준의 임금을 지급하는 직무에 복귀시켜야 한다(고평법 §22의3⑥).

3·라. 일 · 가정양립 지원 의무

(1) 사업주 의무

사업주는 소속근로자에 대해 자녀양육지원을 위해 필요한 조치[1]를 취하도록 노력해야 하고(고평법 §19의5①) 고용장관은 사업주에 대해 필요한 지원을 할 수 있다(고평법 §19의5②). 사업주는 소속근로자의 출산휴가 및 육아휴직에 대해 직장복귀적응을 지원해야 한다(고평법 §19의6). 사업주는 「영유아보육법」에 따라 직장어린이집을 설치 · 운영해야 하고(고평법 §21①②), 고용장관은 이에 필요한 지원 및 지도를 해야 한다(고평법 §21③).

(2) 국가의 의무

국가는 육아휴직이나 육아기근로시간단축과 관련하여 근로자의 생계비용과 사업주의 고용유지비용을 지원할 수 있으며(고평법 §20①), 일 · 가정양립 조치를 취한 사업주에게 세제 · 재정지원을 할 수 있다(고평법 §20②). 국가 · 지자체는 여성근로자를 위한 교육 · 육아 · 주택 등 공공복지시설을 설치할 수 있다(고평법 §22).

---

1) 만8세이하 또는 초등학교 2학년 자녀의 양육을 지원하기 위해 업무를 시작하고 마치는 시간을 조정하거나, 연장근로를 제한하거나, 근로시간을 단축하든지 탄력적으로 운영하거나, 육아를 지원하기 위해 필요한 조치.

제4절 건강보호 및 복지증진

1. 산업안전

1·가. 총 설

(1) 목 적

산안법은 산업안전·보건기준을 확립하고 책임소재를 명확하게 하여 산업재해를 예방하고 쾌적한 작업환경을 조성함으로써 근로자의 안전과 보건을 유지·증진함을 목적으로 한다(산안법 §1). 산업재해란 노무제공자가 업무에 관계되는 건설물·설비·원재료·가스·증기·분진 등에 의하거나 작업 또는 그 밖의 업무로 인하여 사망 또는 부상하거나 질병에 걸리는 것을 말한다(산안법 §2 i).

(2) 적용 범위

산안법은 모든 사업에 적용한다. 다만, 유해·위험의 정도, 사업의 종류, 사업장의 상시근로자수(건설공사의경우 건설공사금액) 등을 고려하여 대통령령(산안령§2① [별표1])[1]으로 정하는 종류의 사업(장)에는 전부 또는 일부를 적용하지 않을 수 있다(산안법 §3).

(3) 적용 대상

① 개 념

근로자라 함은 근기법상 근로자를 말한다(산안법 §2iii). 근로자대표라 함은 "근로자의 과반수로 조직된 노동조합이 있는 경우에는 그 노동조합을, 근로자의 과반수로 조직된 노동조합이 없는 경우에는 근로자의 과반수를 대표하는 자"를 말한다(산안법 §2 v). 사업주라 함은 "근로자를 사용하여 사업을 하는 자"를 말한다(산안법 §2iv). 파견근로에 대해서는 사용사업주가 사업주책임을 지며 일부조항은 양자가 진다(파견법 §35).

② 권리·의무

사업주는 산업재해예방기준, 작업환경조성 및 정보제공을 이행함으로써 근로자

---

1) 상시근로자 5명 미만 사업, 사무직 근로자만 사용하는 사업, 일부 서비스업 등을 대상으로 상세히 명시.

의 안전과 건강을 유지·증진시키고 국가의 산업재해예방시책에 따라야 한다(산안법 §5①). 근로자는 산안법령기준 등 산업재해예방사항을 지켜야 하며, 사업주·근로감독관·공단 등 관계자가 실시하는 산업재해방지조치에 따라야 한다(산안법 §6).

근로자대표는 사업주에게 '소정의 사항'[1]을 통지하여 줄 것을 요청할 수 있고, 사업주는 이에 성실히 따라야 한다(산안법 §35, §175⑥ 3백만원과태료).

1·나. 산업재해예방 규범과 체계

(1) 안전 · 보건 관리체계

① 개 요

기업은 스스로 안전보건관리체계를 확립하여야 한다. 안전·보건관리체계는 사업주, 이사회, 안전보건관리책임자, 안전·보건관리자, 관리감독자 및 산업보건의가 지휘·명령·지도·조언을 통해 연계되는 형태로 이루어진다.

② 기획 · 결정

㈎ 이사회

주식회사(상법 §170) 대표이사는 대통령령에 따라 매년 회사의 '안전 및 보건에 관한 계획'을 수립하여 이사회에 보고하고 승인을 받아(산안법§14①, §175④.미보고, 승인미수령, 1천만원과태료), 성실하게 이행해야 한다(산안법 §14②).

㈏ 산업안전보건위원회

'소정(대통령령)의 사업'의 사업주는 중요한 안전보건사항을 심의·의결키 위해(산안법 §24②)' 동수의 근로자위원과 사용자위원으로 구성되는 산업안전보건위원회를 설치·운영해야 한다(산안법 §24①, §175⑤ 5백만원과태료).

③ 관리 · 운영

㈎ 안전보건관리책임자

사업주는 사업을 실질적으로 총괄하는 사람을 안전보건관리책임자로 배치하여 '안전보건업무'를 총괄하여 관리토록 하고(산안법 §15①, §175⑤, 산안령 §14 5백만원과태료), 안전관리자와 보건관리자를 지휘·감독케 해야 한다(산안법 §15②).

㈏ 관리감독자

사업주는 생산관련업무와 소속직원을 직접 지휘·감독하는 직위에 있는 "관리

---

1) ㉠ 산업안전보건위원회 또는 노사협의체 의결사항, ㉡ 안전보건진단결과, ㉢ 안전보건개선계획 수립·시행, ㉣ 도급인이행사항, ㉤ 물질안전보건자료(2021.1.16 시행), ㉥ 작업환경측정, ㉦ 고용노동부령으로 정하는 사항.

감독자"에게 산업안전보건업무(산안령 §15)를 수행(관리감독자가있으면건설기술진흥법에따른 안전관리책임자·안전관리담당자를둔것으로봄)토록 해야 한다(산안법 §16①,§175⑤ 5백만원과태료).

④ **지도·조언**

㈎ **수행주체**

㉮ 직접수행

(a) 안전관리자 및 보건관리자

사업주는 안전관리자와 보건관리자를 두어 안전과 보건에 관한 기술적사항에 대해 사업주 또는 관리책임자를 보좌하고 관리감독자에 대해 지도·조언업무를 수행케 해야 한다(산안법 §17①②,§175⑤ 5백만원과태료).

(b) 안전보건관리담당자

사업주는 사업장에 안전보건에 관하여 사업주를 보좌하고 관리감독자에게 지도·조언하는 업무를 수행하는 안전보건관리담당자를 두어야 하고(산안법 §19①,§175⑤ 5백만원과태료), 안전관리자 또는 보건관리자가 있거나 이를 두어야 하는 경우에는 그렇지 않다.

㉯ 위탁수행

(a) 위탁 대상·내용

일정규모이하사업장의 사업주는 안전관리전문기관에게 안전관리자의 업무를, 보건관리전문기관에게 보건관리자의 업무를 각각 위탁할 수 있으며(산안법 §17,§18), 안전보건관리담당자의 업무에 대해서도 마찬가지이다(산안법 §19④).

(b) 안전관리전문기관·보건관리전문기관

안전관리전문기관·보건관리전문기관이 되려는 자는 '인력·시설·장비 등의 요건과 절차'(대통령령)를 갖추어, 고용장관 지정을 받아야 한다(산안법 §21①③).

㈏ **조치의무**

사업주·안전보건관리책임자·관리감독자는 안전관리자, 보건관리자, 안전보건관리담당자 그리고 '안전관리전문기관·보건관리전문기관(해당업무를 위탁받은경우에한함)'이 '안전보건관리책임자의 관리업무(산안법 §15)' 중 안전보건에 관한 기술적사항에 관하여 지도·조언하는 경우에는 이에 상응하는 적절한 조치를 하여야 한다(산안법 §20).

⑤ **건강관리·산재예방**

㈎ **산업보건의**

사업주는 근로자의 건강관리나 그 밖에 보건관리자의 업무를 지도하기 위하여 사업장에 산업보건의를 두어야 한다(의료법상의사를 보건관리자로둔경우예외)(산안법 §22①,§175⑤ 5백만원과태료).

㈏ 명예산업안전감독관

고용장관은 산업재해예방활동에 대한 참여와 지원을 촉진하기 위하여 근로자, 근로자단체, 사업주단체 및 산업재해예방 관련 전문단체에 소속된 사람 중에서 명예산업안전감독관을 위촉할 수 있다(산안법 §23①).

(2) 산업재해예방 규범

① 안전보건관리규정

사업주는 안전보건관리규정을 작성하여야 한다(산안법 §25①,§175⑤ 5백만원과태료,고용노동부령). 안전보건관리규정은 단체협약 및 취업규칙에 반할 수 없다(산안법 §25②). 작성·변경에는 '산업안전보건위원회의 심의·의결'(위원회미설치사업장 근로자대표동의)이 있어야 한다(산안법 §26,§175⑤ 5백만원과태료).

② 법령요지 주지·통지

사업주는 산안법령의 요지와 안전보건관리규정을 각 사업장의 근로자가 쉽게 볼 수 있는 장소에 게시하거나 갖추어 두어 근로자에게 널리 알려야 한다(산안법§34,§175⑤ 5백만원과태료).

(3) 안전·보건교육

① 대상 및 내용

㈎ 일반근로자

사업주는 근로자(안전보건교육이수 건설일용제외)에 대해, 정기안전보건교육과 채용·업무변경안전보건교육을 해야 한다(산안법 §29①②,§175⑤ 5백만원과태료.고용노동부령). 사업주는 '유해위험작업 채용·작업내용 변경'의 경우에 유해위험작업안전보건교육을 추가로 해야 한다(산안법§29③,§175② 3천만원과태료). 사업주는 안전보건교육을 안전보건교육기관(산안법§33 고용장관등록)에 위탁할 수 있다(산안법 §29④).

㈏ 건설근로자

건설업의 사업주는 건설일용근로자를 채용할 때, 그 사업주에게 채용되기 전에 안전보건교육을 이수한 경우를 제외하고는, 안전보건교육기관(산안법 §33)이 실시하는 기초안전보건교육을 이수하도록 하여야 한다(산안법 §31,§175⑤ 5백만원과태료.고용노동부령).

㈐ 안전보건관리인원

사업주는 안전보건관리책임자·안전관리자·보건관리자·안전보건관리담당자를 대상으로(산안법 §32①,§175⑤ 5백만원과태료), 안전관리전문기관·보건관리전문기관 등 안전보건관련기관의 장은 안전·보건업무종사자를 대상으로 하여, 안전보건교육기관(산안법 §33)이 실시하는 직무관련안전보건교육을 이수하도록 해야 한다(산안법§32①,§175⑥ 3백만원과태료.고용노동부령).

② **안전보건교육기관**

안전보건교육(산안법,§29,31①본문 §32①각호이외의부분본문)을 하려는 자는 '인력 등의 요건(대통령령)'을 갖추어 고용장관에게 등록해야 하며, 중요사항(대통령령)을 변경할 때에도 같다(산안법 §33①③).

1·다. 유해·위험 방지조치

(1) 위험성평가와 안전보건표지부착

사업주는 근로자를 참여시킨 가운데 건설물·기계·기구·설비·원재료·가스·증기·분진·작업행동 등 유해·위험 요인을 찾아내어 부상·질병으로 이어질 수 있는 위험성의 크기가 허용가능한 범위인지를 평가(고용장관고시)하여 필요조치를 하고 결과를 기록·보존(고용노동부령)하여야 한다(산안법 §36).

사업주는 유해·위험한 장소·시설·물질에 대한 경고, 비상시에 대처하기 위한 지시·안내, 안전보건의식고취사항 등을 그림·기호 및 글자 등으로 나타낸 안전보건표지를 근로자가 쉽게 알아 볼 수 있도록 설치·부착(고용노동부령)해야 하고, 외국인근로자를 사용하는 경우에는 모국어로 작성해야 한다(산안법§37,§175⑤ 5백만원과태료).

(2) 안전보건조치

① **조치내용**

㈎ **안전조치**(산안법§38,§168 5년징역·5천만원벌금)(사망사고, 산안법§167.7년징역·1억원벌금.형확정후 5년내 재범시 형의1/2가중, 200시간수강명령)

사업주는 다음과 같은 위험으로 인한 산업재해를 예방하기 위해 필요한 조치(고용노동부령)를 하여야 한다.

- 기계·기구 그 밖의 설비에 의한 위험, 폭발성·인화성·발화성물질 등에 의한 물직 위험, 전기·열 그 밖의 에너지
- 굴착·채석·벌목·하역·운송·조작·운반·해체·중량물취급 그 밖의 작업을 할 때 불량한 작업방법 등
- '소정의 위험 또는 우려가 있는 장소'에서 작업을 할 때 발생할 수 있는 붕괴·낙하 등

㈏ **보건조치**(산안법§39,§168 5년징역·5천만원벌금)(사망사고,산안법§167.7년징역·1억원벌금.형확정후 5년내 재범시 형의1/2가중, 200시간수강명령)

사업주는 방사선·유해광선·고온·저온 등 '소정의 건강장해(고용노동부령)'를 예방하기 위해 필요한 보건조치를 하여야 한다.

② 조치시행

㈎ 사업주

㉮ 시행방법

사업주가 이행해야 할 조치는 전문·기술적이고, 공법변화 등에 따라 변동성이 있으며, 건설·화학·전기·기계 등 광범위한 분야에 걸쳐있기 때문에 법률에 일일이 규정하는 것은 불가능하다.[1] 따라서 하위규범에 위임하되, 형사제재에 필요한 구체성과 명확성을 확보하여 죄형법정주의원칙이 실현되도록 작위의무에 대한 행위목록이 규정되어 있다.

㉯ 위반요건

안전보건조치위반죄는 사업주가 산업안전보건기준규칙에 있는 안전조치를 취하지 않은 채 작업을 지시하거나, 그와 같은 사실을 알면서도 방치하는 경우에 한하여 성립하며, 안전조치없이 작업이 이루어진 사실만으로 성립하지 않는다.[2] 안전보건조치위반죄는 재해발생여부와 관계없이 예방조치를 취하지 않으면 성립한다.[3] 사업주는 안전장비지급뿐 아니라 착용·사용의 관리·감독의무를 진다.[4]

㉰ 민형사책임

안전보건조치는 산안법 외에 민법이나 형법을 통해서도 실현될 수 있다.[5]

사업주는 신의성실원칙에 따라 근로자에 대해 생명·신체·건강을 해치는 일이 없도록 인적·물적 환경을 정비하는 배려의무와 손해배상책임을 질 수도 있다.[6] 사용사업주[7]·파견사업주[8]와 도급인[9]·시공자[10]에 대해서도 그렇다.

---

1) 정진우, 『산업안전보건법』, 136쪽.

2) 대판 2006,4.28, 2005도3700 ; 대판 2008,8.11, 2007도7987 ; 대판 2009,4.25, 2008도5707 ; 대판 2009.5.28, 2008도7030 ; 대판 2010.9.9, 2008도7834 ; 대판 2011.9.29, 2009도12515 ; 대판 2010.11.25, 2009도11906 ; 대판 2014.8.28, 2013도3242 등.

3) 대판 2014.5.29, 2014도3542.

4) 서울서부지판 2012.4.4, 2011고단1935. 안전모를 지급하였으나 착용하지 않은 사례.

5) 사업주의 부작위는 때에 따라 산안법령위반은 아닐지라도 업무상과실치사상죄 또는 안전배려의무위반에 해당(전형배, "안전배려의무의 내용과 과제", 「노동법학」 제55호(한국노동법학회, 2015.9), 43쪽).

6) 대판 2006.9.28, 2004다44506.

7) 대판 2013.11.28, 2011다60247.

8) 수원지판 2008.7.11, 2008나6950. <근거> 근로자를 관리·감독할 지위에 있지 않으나, 재해예방에 관한 산안법 제5조를 적용함에 있어 사용자 내지 사업주로 보도록 되어 있는 점과 사용자책임에 관한 민법 제756조의 취지 등 ; 인천지판 2016.5.31, 2015가단213185. 파견된 회사 및 파견사업주 모두에게 손해배상책임이 있다.

9) 수급인업무와 관련하여 안전조치를 취할 주의의무가 없으나, 법령에 의하여 관리·감독의무 등이 부여되어 있거나 시공이나 개별작업에 관해 구체적으로 지시·감독하는 등의 사정이 있으면 주의의무가 있다(대판 1996.1.26, 95도2263 ; 대판 2010.12.23, 2010도1448).

10) 대판 1996.7.26, 95다45156. ;.대판 1992.10.27, 91다30866 건축주겸 시공자의 책임 인정.

㈏ **근로자**

근로자는 사업주가 한 안전조치(산안법 §38③) · 보건조치(산안법 §39)사항(고용노동부령)을 지켜야 한다(산안법 §40, §175⑥ 3백만원과태료).

(3) 안전보건예방 보고

① 유해위험방지계획서

㈎ **고용장관 심사**

사업주는 기계 · 설비 · 건설물 설치 · 변경 등 '소정의 경우'에, '산안법령에 따른 명령에서 정하는 유해위험방지사항'을 적은 유해위험방지계획서(이하 계획서)를 작성하여 고용장관에게 제출하고 심사를 받아야 한다(고용노동부령)(산안법 §42①). 공정안전보고서(산안법 §44①)를 고용장관에게 제출한 경우에는 계획서를 제출한 것으로 본다(산안법 §42③). 고용장관은 심사결과를 사업주에게 서면으로 알려 주어야 하며, 해당작업 · 건설공사를 중지하거나 계획서변경을 명할 수 있다(산안법 §42④, §168후단 5년징역·5천만원벌금).

㈏ **자체심사**

소정(대통령령)의 크기 · 높이 등에 해당하는 건설공사착공사업주 중 산업재해발생률 등이 일정수준(고용노동부령)에 달하는 사업주는 계획서를 스스로 심사하고, 심사결과서를 작성하여 고용장관에게 제출하고(산안법 §42①, §175④ 1천만원과태료), 이 경우 건설안전자격보유자(고용노동부령)의 의견을 들어야 한다(산안법 §42②, §175⑥ 3백만원과태료).

㈐ **보 관**

고용장관심사 · 자체심사사업주는 유해위험방지계획서와 심사결과서를 사업장에 갖추어 두어야 한다(산안법 §42⑤, §175④ 1천만원과태료). 자체심사의 경우 건설공사공법변경 등으로 필요가 있으면 변경하여 갖추어 두어야 한다(산안법 §42⑥, §175④ 1천만원과태료).

㈑ **이 행**

고용장관심사사업주는 계획서이행에 관해 고용장관확인을 받아야 한다(산안법 §43① 3백만원과태료 §175⑥). 자체심사사업주는 계획서이행을 스스로 확인해야 하며, 건설공사 중에 근로자가 사망한 경우에는 계획서이행에 대해 고용장관확인을 받아야 한다(산안법 §43②). 고용장관은 계획서대로 조치가 되지 않은 경우, 시설 등의 개선 · 사용중지 · 작업중지 등 필요조치를 명할 수 있다(산안법 §43③④).

② 공정안전보고서

㈎ 작성 · 제출

사업장에 유해위험한설비(대통령령)가 있는 경우, 사업주는 누출 · 화재 · 폭발 등으로 근로자나 인근지역에 피해를 줄 수 있는 중대산업사고(대통령령)를 예방하기 위하여, 산업안전보건위원회의(미설치사업장은 근로자대표의견청취) 심의를 거쳐(산안법§44②,§175⑤ 5백만원과태료), 공정안전보고서(이하 보고서)를 작성하고 고용장관에게 제출하여 심사를 받아야 한다(산안법§44, §175④ ①전단위반,1천만원과태료).

㈏ 심사 · 보관

고용장관은 보고서를 심사하여 그 결과를 사업주에게 서면으로 알려 주어야 하고 필요하면 변경을 명할 수 있으며(산안법§45①,§169. 명령위반 3년징역·3천만원벌금), 사업주는 심사를 받은 보고서를 사업장에 갖추어 두어야 한다(산안법§45②,§175④ 1천만원과태료).

㈐ 가동중지

사업주는 보고서내용이 중대산업사고를 예방하기 위해 적합하다고 통보받기 전에는 관련된 유해위험설비를 가동할 수 없다(산안법§44①후단단서,§169 3년징역·3천만원벌금).

㈑ 이 행

사업주는 심사를 받은 내용에 대해 변경사유가 발생한 경우에 지체없이 보완하여야 하며(산안법 §46③), 사업주와 근로자는 그 내용을 지켜야 한다(산안법§46①, §175④ 1천만원과태료). 사업주는 심사내용이행에 대해 고용장관확인을 받아야 한다(산안법§46②, §175⑥ 3백만원과태료). 고용장관은 이행상태를 정기적으로 평가할 수 있고, 보완상태가 불량한 사업주에게 보고서를 변경거나(산안법 §46④), 다시 제출하도록 명할 수 있다(산안법§46⑤,§169. 명령위반 3년징역·3천만원벌금).

(4) 안전보건진단과 안전보건개선계획

① 안전보건진단

"안전보건진단"이란 산업재해를 예방하기 위하여 잠재적 위험성을 발견하고 그 개선대책을 수립할 목적으로 조사 · 평가하는 것을 말한다(산안법 §2xii).

고용장관은 추락 · 붕괴, 화재 · 폭발, 유해 · 위험물질누출 등 산업재해발생위험이 현저히 높은 사업장의 사업주에게 안전보건진단기관(산안법 §48)의 안전보건진단을 받을 것을 명할 수 있다(산안법§47①,§175④ 명령위반,1천만원과태료). 사업주는 안전보건진단기관에 안전보건진단을 의뢰하여(산안법 §47②), 진단에 협조해야 하며 정당사유 없이 거부 · 방해 · 기피해서는 안되고 요구가 있을 때에는 근로자대표를 참여시켜야 한다(산안법§47③,§175③ 1천5백만원과태료). 안전보건진단기관은 결과보고서를 사업주 및 고용장관에게 제출해야 한다(산안법 §47④).

안전보건진단기관은 인력·시설 및 장비 등의 요건(대통령령)을 갖추어 고용장관지정을 받아야 한다(산안법 §48①). 고용장관은 안전보건진단기관을 평가하고 그 결과를 공개할 수 있다(산안법 §48②). 안전보건진단기관지정의 취소·업무정지에 대해 '안전관리전문기관·보건관리전문기관 조항(산안법 §21④⑤)'이 준용된다(산안법 §48④).

② 안전보건개선계획

고용장관은 '소정(높은산업재해율등)의 사업주'에게, 산업안전보건위원회의(미설치사업장은 근로자대표의견청취) 심의를 거쳐(산안법§49②,§175⑤ 5백만원과태료), 사업장·시설 등에 관한 안전보건개선계획을 수립하여 시행할 것을 명할 수 있으며(산안법§49①,§175④ 명령위반,1천만원과태료), 일부사업장(대통령령)에 대해서는 안전보건진단(산안법 §47)을 받아 안전보건개선계획을 수립·시행할 것을 명할 수 있다.

명령을 받은 사업주는 안전보건개선계획서를 작성하여 고용장관에게 제출해야 한다(산안법 §50①). 고용장관은 심사결과를 서면으로 알려 주어야 하며, 보완을 명할 수 있다(산안법 §50②). 사업주와 근로자는 심사·보완내용을 준수해야 한다(산안법§50③,§175⑤ 5백만원과태료).

(5) 작업중지

사업주는 산업재해가 발생할 급박한 위험이 있으면 즉시 작업을 중지시키고 근로자를 작업장소에서 대피시키는 등 안전보건조치를 해야 한다(산안법§51, §168 5년징역·5천만원벌금).

근로자는 산업재해가 발생할 급박한 위험이 있으면 작업을 중지하고 대피할 수 있으며, 지체없이 '관리감독자 등'에게 보고하여 필요조치를 취하도록 해야 한다. 사업주는 근로자가 그렇게 믿을 만한 합리적이유가 있을 때에는 해당근로자에 대하여 해고나 그 밖의 불리한 처우를 하지 못한다(산안법 §52).

고용장관은 사업주가 '기계·설비 등'에 대하여 안전보건조치(고용노동부령)를 하지 않아 현저한 유해·위험이 초래될 우려가 있다고 판단되면, 사용중지·대체·제거 또는 시설개선 등의 조치(고용노동부령)를 명할 수 있으며(산안법§53①,§169 명령위반.3년징역·3천만원벌금), 사업주는 시정조치완료때까지 명령사항을 사업장내에 근로자가 쉽게 볼 수 있는 장소에 게시해야 한다(산안법§53②,§175⑤ 5백만원과태료). 고용장관은 해당 '기계·설비등'과 관련된 작업 전부 또는 일부의 중지를 명할 수 있으며(산안법§53③,§168 명령위반.5년징역·5천만원벌금), 시정조치를 완료한 사업주는 그 해제를 요청할 수 있다(산안법 §53④⑤).

(6) 중대재해

① 산안법

중대재해란 산업재해 중 사망 등 재해정도가 심하거나 다수의 재해자가 발생한 경우로서 '고용노동부령으로 정하는' 재해를 말한다(산안법 §2ii).

사업주는, 중대재해가 발생하면, 즉시 해당작업을 중지시키고 근로자를 대피시키는 등 안전보건조치를 해야 한다(산안법 §54①, §168 5년징역·5천만원벌금). 사업주는 중대재해발생사실을 지체없이 고용장관에게 보고하고, '천재지변 등 부득이한 사유가 발생한 경우'에는 사유가 소멸되면 지체없이 보고해야 한다(산안법 §54②, §175② 중대재해미보고등, 3천만원과태료).

고용장관은 중대재해가 발생하였을 때 재발위험이 있으며 작업중지를 명할 수 있다(산안법 §55①, §168 명령위반 5년징역·5천만원벌금). 고용장관은 붕괴, 화재·폭발, 유해위험물질누출 등으로 인한 중대재해가 주변으로 확산될 수 있다고 판단되면 작업을 중지시킬 수 있다(산안법 §55②). 사업주가 작업중지해제를 요청한 경우, 고용장관은 작업중지해제전문가로 구성된 심의위원회의 심의를 거쳐 작업중지를 해제해야 한다(산안법 §55③④).

고용장관은 중대재해가 발생하였을 때 발생원인을 조사할 수 있으며(산안법 §56①), 사업주에게 안전보건개선계획의 수립·시행 등의 조치를 명할 수 있고(산안법 §56②), 누구든지 재해발생현장을 훼손하거나 원인조사를 방해해서는 안된다(산안법 §56③, §170 1년징역·1천만원벌금).

사업주는 산업재해발생사실을 은폐하면 안 되고(산안법 §57①, §170 1년징역·1천만원벌금), 재해발생원인 등을 기록하여 보존해야 하며(산안법 §57②), 일정재해(고용노동부령)'에 대해 발생개요·원인·보고시기·재발방지계획 등을 고용장관에게 보고해야 한다(산안법 §57③, §175③. 미보고 거짓보고, 1천5백만원과태료).

② 중대재해법

㈎ 규정 체계

「중대재해처벌 등에 관한 법률」(중대재해법, 2021.1.26. 제정 2022.1.27. 시행)(개인사업자, 50인미만사업 50억원미만공사, 2024.1.27. 시행)은 중대재해를 "중대산업재해(제2장)"와 "중대시민재해(제3장)"로 구분하고, 각각에 대해 사업주 및 경영책임자등의 의무를 부과하고, 의무를 위반하여 그러한 재해에 이르게 한 데 대한 벌칙 등을 규정하고 있다. 여기서는 중대산업재해에 대한 주요 내용을 간략히 소개한다.

㈏ 중대산업재해 개념

"중대산업재해"라 함은 산업재해(산안법 §2 i) 중에서 "사망자가 1명 이상" 또는 "동일한 사고로 6개월 이상 치료가 필요한 부상자가 2명 이상" 또는 "동일한 유해요인으로 급성중독 등 대통령령으로 정하는 직업성 질병자가 1년 이내에 3명 이상" 발생한 재해를 말한다(중대재해법 §2ii). 중대산업재해규정(제2장)은 '5명 미만 사업(장)의 사업주(개인사업주에 한함) 또는 경영책임자등'에게 적용되지 않는다(중대재해법 §3).

(다) 안전 · 보건 확보의무의 내용

사업주 또는 경영책임자등은 사업주나 법인 또는 기관이, "실질적으로 지배 · 운영 · 관리하는 사업(장)에서 종사자의 안전 · 보건상 유해 또는 위험을 방지하기 위하여 사업(장)의 특성 및 규모 등을 고려하여 아래의 조치를 해야 하며"(중대재해법 §4), "제3자에게 도급 · 용역 · 위탁 등을 행한 경우로서 그 시설 · 장비 · 장소 등에 대하여 실질적으로 지배 · 운영 · 관리하는 책임이 있는 경우에 제3자의 종사자에게 중대산업재해가 발생하지 않도록 같은 조치를 해야 한다"(중대재해법 §5).

ⓐ 재해예방에 필요한 인력 및 예산 등 안전보건관리체계의 구축 및 그 이행(구체적인 내용은 대통령령으로 정함)
ⓑ 재해 발생 시 재발방지 대책의 수립 및 그 이행
ⓒ 중앙행정기관 · 지방자치단체가 관계 법령에 따라 개선, 시정 등을 명한 사항의 이행,
ⓓ 안전 · 보건 관계 법령에 따른 의무이행에 필요한 관리(구체적인 내용은 대통령령으로 정함)

(라) 안전 · 보건 확보의무의 위반

안전 · 보건확보의무(중대재해법 §4, §5)를 위반하여 "사망자가 1명 이상"에 해당하는 중대산업재해에 이르게 한 사업주 또는 경영책임자등은 1년 이상의 징역 또는 10억원 이하의 벌금에 처하며, 징역과 벌금을 병과할 수 있다(중대재해법 §6①). 이 경우 행위자를 벌하는 외에 예방을 위해 상당한 주의와 감독을 게을리 한 법인 또는 기관에 '10억원 이하의 벌금' 형을 과하는 양벌주의가 적용된다(중대재해법 §7).

안전 · 보건확보의무(중대재해법 §4, §5)를 위반하여 "동일한 사고로 6개월 이상 치료가 필요한 부상자가 2명 이상" 또는 "동일한 유해요인으로 급성중독 등 대통령령으로 정하는 직업성 질병자가 1년 이내에 3명 이상"에 해당하는 중대산업재해에 이르게 한 사업주 또는 경영책임자등은 7년 이하의 징역 또는 1억원 이하의 벌금에 처한다(중대재해법 §6②). 이 경우 행위자를 벌하는 외에 예방을 위해 상당한 주의와 감독을 게을리 한 법인 또는 기관에 '10억원 이하의 벌금' 형을 과하는 양벌주의가 적용된다(중대재해법 §7).

중대산업재해의 죄로 형을 선고받고 그 형이 확정된 후 5년 이내에 다시 중대

산업재해의 죄를 저지른 자는 각각에서 정한 형의 1/2까지 가중한다(중대재해법 §6③).

중대산업재해가 발생한 법인 또는 기관의 경영책임자등은 대통령령으로 정하는 바에 따라 안전보건교육을 이수하여야 한다(중대재해법 §8 미이행시5천만원과태료).

사업주 또는 경영책임자등이 고의 또는 중대한 과실로 의무를 위반하여 중대재해를 발생하게 한 경우, 해당업무에 관하여 상당한 주의와 감독을 게을리한 사업주·법인 또는 기관은 손해를 입은 사람에 대하여 손해액의 5배를 넘지 않는 범위에서 배상책임을 진다(중대재해법 §15).

1·라. 취약부분의 산업재해예방 특례

(1) 도급사업 산업재해예방 특례

① 개 념

"도급"이란 명칭에 관계없이 물건의 제조·건설·수리 또는 서비스의 제공, 그 밖의 업무를 타인에게 맡기는 계약을 말한다(산안법 §2vi). "도급인"이란 "도급"하는 사업주를 말하며 건설공사발주자는 제외한다(산안법 §2vii). "수급인"이란 "도급인"으로부터 "도급"받은 사업주를 말한다(산안법 §2viii). "관계수급인"이란 "도급"이 여러 단계에 걸쳐 체결된 경우에 각 단계별로 "도급"받은 사업주 전부를 말한다(산안법 §2ix).

② 도급제한

㈎ **금지와 승인**

㉮ **도급금지**

사업주는 '안전·보건 유해·위험작업'인 '도금작업', '수은·납·카드뮴의 제련·주입·가공·가열 작업' 및 '허가대상물질(산안법 §118①)의 제조·사용 작업'에 대해, 도급하여 자신의 사업장에서 수급인근로자가 작업을 하도록 하면 안된다(산안법 §58①).

'일시·간헐작업도급'과 '수급인보유기술이 전문적이고 도급인의 사업운영에 필수불가결한 경우'로서 안전보건평가를 거쳐 고용장관승인(승인사항중고용부령사항 변경시다시승인필요)(유효기간 3년이내)을 받거나 연장(유효기간만료일후 다시3년이내)된 경우에 예외가 인정된다(산안법 §58②③④⑤).

㉯ **도급승인**

사업주는 '안전보건에 유해·위험한 작업' 중 급성독성·피부부식성이 있는 물질취급 등의 작업(대통령령)을 도급하려는 경우, 안전보건평가를 거쳐 고용장관승인(유효기간3년범위/만료일후3년범위연장고용장관승인가능/연장시고용장관이 실시하는안전·보건평가필요/승인사항중고용부령사항변경시다시승인필요)을 받아야 한다(산안법 §59).

㈐ 안전보건평가 관리

도급금지예외승인과 도급승인에 있어 안전보건평가(산안법§58③⑤, §59②에 의해 준용되는 경우 포함)업무를 위탁(산안법 §165②)받은 자의 거짓·부정한 업무수행에 대해 벌칙(산안법§169 3년징역·3천만원벌금)이 적용된다.

㈏ **하도급금지와 도급요건**

'수급인보유기술이 전문적이고 사업운영에 필수불가결한 경우'에 대한 도급금지예외승인(산안법 §58②ii), 도급승인(산안법 §59) 그리고 '도급금지예외승인(산안법 §58)과 도급승인(산안법 §59)에 따른 연장·변경승인'을 받은 작업의 수급인은 그 작업을 하도급할 수 없다(산안법 §60). 사업주는 산업재해예방조치능력을 갖춘 사업주에게 도급해야 한다(산안법 §61).

③ **안전보건조치 특례**

㈎ **안전보건총괄책임자**

'소정(대통령령)의 사업종류·규모'의 해당사업 도급인은, 수급인근로자가 도급인사업장에서 작업을 하는 경우, 안전보건관리책임자를 '도급인근로자와 수급인근로자의 산업재해예방업무'를 총괄하여 관리하는 안전보건총괄책임자로 지정하여야 하며, 안전보건관리책임자를 두지 않아도 되는 사업장에서는 사업총괄관리자를 안전보건총괄책임자로 지정해야 한다(안전보건총괄책임자를 지정하면 건설기술진흥법에 따른 안전총괄책임자를 둔 것으로 봄)(산안법§62①②, §175⑤ 5백만원과태료).

㈏ **도급인의 안전보건조치**

도급인은, 수급인근로자가 도급인사업장에서 작업을 하는 경우, 도급인근로자와 수급인근로자의 산업재해예방을 위해 안전보건시설설치 등 필요한 안전보건조치를 해야 하되(산안법§63본문, §168 3년징역·3천만원 벌금)(사망사고, §167. 7년징역·1억원벌금. 형확정후 5년내 재범시 형의 1/2 가중, 200시간 수강명령), 보호구착용지시 등 수급인근로자의 작업행동에 관한 직접적인 조치는 제외한다(산안법 §63단서).

㈐ **수급인근로자 산재예방조치**

도급인은 수급인근로자가 도급인사업장에서 작업을 하는 경우 '도급인과 수급인을 구성원으로 하는 안전보건협의체구성운영', 직장순회점검 등 '소정의 조치'를 취해야 하며, 도급인근로자 및 수급인근로자와 함께 정기 또는 수시로 안전보건점검을 해야 한다(산안법§64, §172 5백만원이하벌금).

㈑ **안전보건 정보제공**

화할물질설비개조·분해·해체작업, 질식·붕괴위험작업 등 '소정의 작업'의 도급자는 수급인근로자의 해당작업 시작전에 수급인에게 안전·보건정보문서를 제공해야 한다(산안법§65①, §170 1년징역·1천만원벌금). 도급인이 이 의무를 이행하지 않은 경우, 수급인이 요청할 수 있으며 그래도 제공되지 않으면 이행지체책임 없이 해당도급작업을 하지 않을 수 있다(산안법 §65②④). 도급인은 수급인이 제공받은 안전보건정보에 따라 조치를 하였는지를 확인하여야 한다(산안법 §65③).

㈑ **관계수급인 시정조치**

도급인은, '수급근로자가 도급인의 사업장에서 작업을 하는 경우'와 '수급인에 대한 도급인의 정보제공의무대상작업을 도급하는 경우(산안법 §65①)'에 수급인 또는 수급인근로자가 도급작업과 관련하여 산안법령에 따른 명령을 위반하면 관계수급인에게 시정조치를 요구할 수 있으며, 관계수급인은 이에 따라야 한다(산안법§66,§175⑤ 5백만원과태료).

(2) 건설업 산업재해예방 특례

① 개 념

"건설공사발주자"란 건설공사도급자로서 건설공사시공을 주도하여 총괄·관리하지 않는 사람을 말하며 '도급건설공사를 다시 도급하는 사람'을 제외한다(산안법 §2 x). "건설공사"란 건설공사(건설산업기본법, §2), 전기공사(전기공사업법, §2), 정보통신공사(정보통신공사업법, §2), 소방시설공사(소방시설공사업법), 문화재수리공사(문화재수리등에관한법률) 중 어느 하나에 해당하는 공사이다(산안법 §2xi).

② 발주자의 산업예방조치

㈎ **조치사항**

'소정(대통령령)의 건설공사' 발주자는 건설공사의 단계별로 산업재해예방조치를 해야 한다(산안법§67①,§175④ 1천만원과태료). 첫째, 계획단계에서는 중점적으로 관리해야 할 유해·위험요인과 감소방안을 포함한 기본안전보건대장을 작성해야 한다. 둘째, 설계단계에서는 기본안전보건대장을 설계자에게 제공하여 설계자로 하여금 유해·위험요인감소방안을 포함한 설계안전보건대장을 작성하게 하고 확인해야 한다. 셋째, 시공단계에서는 발주자로부터 도급받은 최초수급인에게 설계안전보건대장을 제공하고, 이를 반영한 공사안전보건대장을 작성하게 해야 한다.

㈏ **안전보건조정자**

복수의 건설공사를 도급한 건설공사발주자는 작업혼재로 인한 산업재해를 예방하기 위하여 공사현장에 안전보건조정자를 두어야 한다(산안법§68,§175⑤ 5백만원과태료).

③ 공사과정 변경조치

㈎ **공사변경 금지**

건설공사발주자 또는 건설공사도급인(건설공사발주자로부터해당건설공사를최초로도급받은 수급인또는건설공사의시공을주도하여총괄·관리하는자)은 설계도서 등에 따른 공사기간을 단축하면 안 되며, 공사비절약을 위해 위험한 공법을 사용하거나 정당한 사유 없이 공법을 변경해서는 안된다(산안법§69, §171 1천만원벌금).

㈏ **공사기간 연장**

건설공사발주자는, '천재지변 등 불가항력'이나 '건설공사발주자의 책임있는 공사중단'의 사유로 공사가 지연되어, 건설공사도급인이 산업재해예방을 이유로 요청하는 경우에는 특별한 사유가 없으면 공사기간을 연장해야 한다(산안법§70①, §175④ 1천만원과태료).

건설공사수급인은 위와 같은 사유로 공사가 지연되면 산업재해예방을 위해 건설공사도급인에게 공사기간연장을 요청할 수 있으며(산안법 §70②전단), 건설공사도급인은 특별사유가 없으면 공사기간을 연장하거나 건설공사발주자에게 기간연장을 요청해야 한다(산안법§70②후단, §175④ 1천만원과태료).

㈐ **설계변경 요청**

건설공사도급인은 '가설구조물 붕괴 등'(대통령령)으로 산업재해발생위험이 있다고 판단되면, '건축·토목분야전문가 등'(대통령령)의 의견을 들어 건설공사발주자에게 설계변경을 요청할 수 있다(설계포함 발주제외)(산안법 §71①). 건설공사수급인도 마찬가지로 건설공사도급인에게 설계변경을 요청할 수 있으며(산안법 §71③전단), 건설공사도급인은 요청내용이 기술적으로 적용이 불가능하지 않으면 설계를 변경하거나 건설공사발주자에게 설계변경을 요청해야 한다(산안법§71③후단, §175④ 1천만원과태료). '고용장관의 유해위험방지계획서심사후 공사중지·계획서변경명령을 받은'(산안법 §42④) 건설공사도급인은 건설공사발주자에게 설계변경을 요청할 수 있으며(산안법 §71②), 건설공사발주자는 요청내용이 기술적으로 불가능하지 않으면 반영해야 한다(산안법§71④, §175④ 1천만원과태료).

④ **산재예방 관리체계**

㈎ **산업안전보건관리비**

'건설공사발주의 도급계약'과 '건설공사도급인(건설공사발주자로부터건설공사를 최초로도급받은수급인은제외)의 건설공사 사업계획'에는 고용장관고시에 따라 산업재해예방을 위한 산업안전보건관리비를 도급금액 또는 사업비에 계상해야 한다(산안법§72①, §175④ 1천만원과태료). 고용장관은 '사업의 규모별·종류별 계상기준' 등 필요사항을 정할 수 있으며(산안법 §72②), 건설공사도급인은 이에 따라 산업안전보건관리비를 사용하고 사용명세서를 작성·보존해야 한다(산안법§72③, §175④ 1천만원과태료). 건설공사도급인 또는 '선박의 건조·수리를 최초로 도급받은 수급인'은 사업계획을 수립할 때 산업안전보건관리비를 사업비에 계상(고용장 관고시)하여(산안법 §72④) 산업재해예방

목적으로 사용해야 한다(산안법§72⑤,§175④ 1천만원과태료).

㈏ **산업재해 예방 · 지도**

㉮ **건설공사도급인의 의무**

'소정의 건설공사도급인'(대통령령)은 해당 건설공사를 하는 동안에 건설재해예방전문지도기관에서 건설산업재해예방지도를 받아야 한다(산안법§73①,§175⑥ 3백만원과태료).

㉯ **건설재해예방전문지도기관**

건설재해예방전문지도기관은 인력 · 시설 및 장비 등의 요건(대통령령)을 갖추어 고용장관지정을 받아야 한다(산안법§74①②). 고용장관은 건설재해예방전문지도기관에 대해 '평가하고 결과를 공개할 수 있다(산안법§74③). 기관지정의 취소 · 업무정지에 대해 '안전관리전문기관 · 보건관리전문기관조항'을 준용한다(산안법§74④).

㈐ **안전보건 노사협의체**

'소정의 건설공사'(대통령령)의 건설공사도급인은 건설공사현장에 근로자위원과 사용자위원이 같은 수로 구성되는 안전보건노사협의체를 구성 · 운영할 수 있다(산안법§75①).

건설공사도급인이 노사협의체를 구성 · 운영하면 산업안전보건위원회(산안법§24)와 안전보건협의체(산안법§64① i 같은장,같은절,(2),③)를 구성 · 운영하는 것으로 보며, '산업안전보건위원회의 심의사항'(산안법§24②)에 대하여 법규범에 맞게 심의 · 의결하고, '의결되지 않은 사항'의 처리방법은 대통령령으로 정한다(산안법§75②③). 노사협의체는 '산업재해 예방 · 대피방법 등'(고용노동부령)에 대해 협의하여야 하며(산안법§75④⑤), 위원에게 불리한 처우를 해서는 안되고(산안법§75⑦,§24⑤⑥ '산업안전보건위원회'준용), 건설공사도급인 · 도급인근로자 · 수급인근로자는 심의 · 의결사항을 성실히 이행해야 한다(산안법§75⑥,§175⑤ 5백만원과태료).

㈑ **기계기구 안전조치**

건설공사도급인은 자신의 사업장에서, '타워크레인 등 기계 · 기구 · 설비'(대통령령)가 설치 · 작동되거나 설치 · 해체 · 조립작업이 이루어지는 경우에 필요한 안전보건조치를 해야 한다(산안법 §76,§169 3년징역·3천만원벌금).

(3) 고용형태별 특례

① 특수형태근로종사자 산업재해예방

특수형태근로종사자라 함은 "계약형식에 관계없이 근로자와 유사하게 노무를 제공하여 업무상재해로부터 보호할 필요가 있음에도 근기법 등이 적용되지 않는

자로서 첫째, 특정직종(대통령령)에 종사하고, 둘째, 주로 하나의 사업에 노무를 상시적으로 제공하고 보수를 받아 생활하며, 셋째, 노무를 제공할 때 타인을 사용하지 않는 자"를 말한다(산안법 §77①). 특수형태근로종사자로부터 노무를 제공받는 자는 특수형태근로종사자의 산업재해예방을 위하여 필요한 안전보건조치를 하여야 한다(산안법 §77①, §175④ 1천만원과태료). '소정(대통령령)의 특수형태근로종사자'로부터 노무를 제공받는 자는 안전보건교육을 실시하여야 한다(산안법 §77②, §175⑤ 5백만원과태료). 정부는 특수형태근로종사자의 '안전보건 유지·증진 비용'의 일부 또는 전부를 지원할 수 있다(산안법 §77③).

② **배달종사자 산업재해예방**

이동통신단말장치(이동통신단말장치유통구조개선에관한법률 §2iv)로 물건의 수거·배달 등을 중개하는 자는 그 중개를 통하여 이륜자동차(자동차관리법 §3① v)로 물건을 수거·배달 등을 하는 자의 산업재해예방을 위해 필요한 안전보건조치를 해야 한다(산안법 §78, §175④ 1천만원과태료).

'소정(대통령령)의 가맹본부'는 가맹점사업자에게 가맹점의 설비·기계·원자재·상품 등을 공급하는 경우에 가맹점안전보건프로그램 마련하여 시행하고, 해당 설비·기계·원자재·상품 등 대해 안전보건정보를 제공해야 한다(산안법 §79, §175② 3천만원과태료).

1·마. 유해·위험 기계·기구제한

(1) 방호조치와 유해·위험방지조치

① **기계기구 방호조치**

누구든지 동력으로 작동하는 '소정(대통령령)의 기계·기구'에 대해 '유해·위험 방지를 위한 방호조치'(고용노동부령)를 하지 않고 양도·대여·설치·사용에 제공·양도·대여의 목적으로 진열하면 안된다(산안법 §80①, §170 1년징역·1천만원벌금). 사업주와 근로자는 '방호조치(산안법 §80①②) 해체 등'(고용노동부령)의 경우에 필요한 안전보건조치를 해야 한다(산안법 §80①②④, §170 1년징역·1천만원벌금). 사업주는 방호조치가 정상기능을 발휘하도록 늘 점검·정비해야 한다(산안법 §80③). 산안법은 명령규정형식을 취하며 위반자는 부작위범인데, 방호조치조항은 금지규정이고 위반자는 작위범이다.[1] 방호조치의무자는, 사업주로 한정되지 않는다.[2]

② **기계기구대여자 조치**

'기계·기구 설비 및 건축물 등'(산안령 §27② [별표8])을 타인에게 대여하거나 대여받는 사

---

1) 정진우, 『산업안전보건법』, 242쪽.
2) 대판 2006.1.12, 2004도8875.

람은 필요한 안전보건조치를 취해야 한다(산안법§81, §169 3년징역·3천만원벌금).

③ **타워크레인 설치·해체 등록**

'타워크레인을 설치·해체하려는 사람'은 '인력·시설·장비 등의 요건(대통령령)을 갖추어' 고용장관에게 등록하여야 하며(산안법§82①, §175④ 1천만원과태료), 등록사항 중 중요사항(대통령령)을 변경할 때에도 같다(산안법§82①③). 사업주는 등록자로 하여금 '타워크레인 설치·해체작업'을 하도록 하여야 한다(산안법§82②, §169 3년징역·3천만원벌금). 등록의 취소·업무정지에 대해서는 '안전관리전문기관·보건관리전문기관조항'을 준용한다(산안법§82④).

(2) 안전인증

① **고 시**

고용장관은 '유해·위험한 기계·기구·설비 및 방호장치·보호구(안정인증대상 기계·기구등)'의 안전성을 평가하기 위해 '그 안전에 관한 성능', '제조자의 기술 능력·생산체계' 등에 관해 '유해·위험기계등의 종류별규격 및 형식별로' 안전인증기준을 정해 고시하여야 한다(산안법§83).

② **인 증**

'소정(대통령령)의 안전인증대상기계 등"을 제조·수입하는 사람은 고용장관이 실시하는 안전인증을 받아(산안법§84①, §169 3년징역·3천만원벌금), '제품명 등 소정(고용노동부령)의 사항을 기록 보존하여야 하며(산안법§84⑤)', '연구·개발목적 등 소정의 경우'에 인증의 전부 또는 일부가 면제(산안법§84②)될 수 있다. '안전인증대상기계등이 아닌 유해·위험기계등을 제조·수입하는 자'가 유해·위험기계등의 안전에 관한 성능 등을 평가받으려면 고용장관에게 신청하여 안전인증기준에 따라 안전인증을 받을 수 있다(산안법§84③). 고용장관은 '안전인증(산안법§84①③)을 받은 사람'이 안전인증기준을 지키고 있는지를 '소정(3년이하범위내 고용노동부령)의 주기마다' 확인해야 하고, 안전인증일부를 면제(산안법§84②)받은 경우에는 '확인의 전부 또는 일부를 생략할 수 있다(산안법§84④). 고용장관은 안전인증대상기계등의 제조·수입·판매자에게 해당 안전인증대상기계등의 제조·수입·판매자료를 공단에 제출하게 할 수 있다(산안법§84⑥, §175⑥ 제출명령미이행, 3백만원과태료). 안전인증(산안법§84①③)업무를 위탁(산안법§165②)받은 사람으로서 그 업무를 거짓·부정한 방법으로 수행한 사람은 처벌(산안법§169 3년징역·3천만원벌금)된다.

③ 표 시

'안전인증을 받은 사람'은 해당 '유해·위험한 기계·기구·설비 등'이나 이를 담은 용기 또는 포장에 안전인증표시를 해야 한다(산안법§85①, §175④ 1천만원과태료). '안전인증을 받지 못한 유해·위험한 기계·기구·설비 등'에 대해서는 안전인증표시 또는 유사표시를 하거나 안전인증광고를 할 수 없으며(산안법 §85②), '안전인증을 받은 유해·위험한 기계·기구·설비 등'의 제조·수입·양도·대여자는 안전인증표시를 임의로 변경·제거하면(산안법 §85③) 안된다(산안법§170 1년징역·1천만원벌금). 고용장관은 '허위안전인증 표시·광고(산안법 §85②)' 또는 '안전인증취소·안전인증표시사용금지명령을 받은 경우(산안법 §86①)'에 해당하면 안전인증표시나 유사표시의 제거를 명해야 한다(산안법§85④, §170. 명령위반 1년징역·1천만원벌금).

④ 취 소

고용장관은 '거짓·부정한 방법'으로 받은 안전인증을 취소해야 하며, '안전성능 등이 안전인증기준에 맞지 않게 된 경우'나 '정당한 사유없이 안전인증확인을 거부·기피·방해하는 경우(산안법 §84④)'에는 안전인증을 취소하거나 안전인증표시사용을 금지(6개월이내기간 산안법§84④)하거나 기준에 맞게 개선하도록 명할 수 있다(산안법 §86①). 고용장관은 취소사실을 관보 등에 공고하고, 취소된 사람은 안전인증취소일부터 1년 이내에는 해당유해·위험기계등에 대해 인증을 신청할 수 없다(산안법 §86②③).

⑤ 제조·수입·사용 등 금지

누구든지 '안전인증(산안법 §84①)을 받지 않은 경우(§84②에따라 면제된경우제외)', '안전인증기준에 맞지 않게 된 경우' 및 '안전인증이 취소되거나 안전인증표시사용금지명령을 받은 경우(산안법 §86①)'에는 제조·수입·양도·대여·사용하거나 양도·대여목적으로 진열할 수 없으며, 이를 어기면 고용장관이 수거·파기할 것을 명할 수 있다(산안법§87, §169 3년징역·3천만원벌금).

⑥ 안전인증기관

고용장관은 안전인증확인업무(산안법 §84)를 위탁받아 수행할 기관을 안전인증기관으로 지정할 수 있으며, 안전인증기관으로 지정받으려는 사람은 '인력 등의 요건(대통령령)'을 갖추어 고용장관에게 신청해야 한다(산안법 §88①②). 고용장관은 안전인증기관에 대하여 평가하고 결과를 공개할 수 있다(산안법 §88③④). 취소·업무정지에 대해 '안전관리전문기관·보건관리전문기관조항'이 준용된다(산안법 §88⑤).

(3) 자율안전확인

① 신 고

안전인증대상기계등이 아닌 '유해·위험기계등'으로서 소정(대통령령)의 "자율안전확인대상기계등"을 제조·수입하는 사람은 자율안전확인대상기계등의 안전성능이 "자율안전기준(고용노동장관고시)"에 맞는지 "자율안전확인"을 하여, 고용장관에게 신고(신고사항변경포함)(산안법§89② 내용검토적법하면수리)해야 한다(산안법§89①, §171 1천만원벌금). 자율안전확인대상자는 자율안전기준에 맞는 것임을 증명하는 서류를 보존해야 하며(산안법 §89③), 연구·개발목적 등 '소정의 경우'에는 신고가 면제될 수 있다(산안법 §89①).

② 표 시

자율안전확인신고자는 "자율안전확인대상기계등"이나 이를 담은 용기·포장에 "자율안전확인표시"를 해야 한다(산안법§90①, §175⑤ 5백만원과태료). 신고된 것이 아니면 자율안전확인표시 또는 유사표시를 하거나 자율안전확인광고를 할 수 없으며, 신고된 "자율안전확인대상기계등"을 제조·수입·양도·대여하는 자는 "자율안전확인표시"를 임의로 변경·제거해서는 안된다(산안법§90②③, §171 1천만원벌금).

③ 사용금지·개선명령

고용장관은 신고된 자율안전확인대상기계등의 안전성능이 자율안전기준에 맞지 않게 된 경우, 자율안전확인표시사용을 금지(6개월 이내)하거나 자율안전기준에 맞게 개선하도록 명할 수 있으며, 금지사실을 관보 등에 공고해야 한다(산안법 §91).

④ 제거명령

고용장관은 '위법(산안법 §90②)한 자율안전확인표시나 유사표시', '거짓·부정한 방법의 자율안전확인신고(산안법 §89①)', '자율안전확인표시 사용금지명령(산안법 §91①)'의 경우에는 자율안전확인표시나 유사표시를 제거할 것을 명하여야 한다(산안법§90④, §171 명령위반, 1천만원벌금).

⑤ 활용금지

"자율안전확인대상기계등"은 자율안전확인신고미이행 등 '소정의 사유'에 해당되면 제조·수입·양도·대여·사용되거나 양도·대여의 목적으로 진열될 수 없으며, 이를 어기면 고용장관은 수거·파기를 명할 수 있다(산안법 §92, §170 1년징역·1천만원벌금).

1·바. 안전검사

(1) 의무검사

① 검사의무

프레스 등 '소정(산안령 §28의6)의 유해·위험 기계·기구'(안전검사 대상기계등)를 사용하는 사업주(근로자미사용 사업주포함)(소유자와사용자가 다르면소유주)는 안전성능이 검사기준(고용장 관고시)에 맞는지에 대해 안전검사(고용장관실시 안전검사기관지정가능)를 받아야 하며(산안법 §93①, §175④ 1천만원벌금)(산안법 §169, 위탁받은자(§169②)가 거짓 부정으로 해당업무수행, 1년징역·1천만원벌금), 다른 법령에 따라 안전성검사·인증을 받은 경우로서 '고용노동부령으로 정하는 경우'에는 안전검사가 면제될 수 있다(산안법 §93②). 사업주는 안전검사합격증명서(고용장관발급 산안법§94①)를 "안전검사대상기계등"에 붙여야 하고(산안법 §94②, §175⑤ 마부착, 5백만원과태료), 안전검사를 받지 않거나(면제된 경우제외) 불합격한 "안전검사대상기계등"을 사용할 수 없다(산안법§95, §175④ 1천만원과태료).

② 안전검사기관

고용장관은 '안전검사업무수탁기관'을 "안전검사기관"으로 지정할 수 있으며, 지정받으려는 자는 '인력 등의 요건(대통 령령)'을 갖추어 고용장관에게 신청해야 한다(산안법 §96①②④). 고용장관은 "안전검사기관"을 평가하고 결과를 공개할 수 있다(산안법 §96③). 취소와 업무정지에 대해서는 '안전관리전문기관 또는 보건관리전문기관'에 관한 조항을 준용한다(산안법 §96⑤). 안전검사기관은 사용금지대상인 "안전검사를 받지 않거나 불합격한 "안전검사대상기계등"을 발견하면, 고용장관에게 보고해야 한다(산안법 §97).

(2) 자율검사

① 검사의무 및 인정취소

안점검사의무이행대상자는 근로자대표와 협의하여(근로자 미사용제외) '소정의 자격자'를 통해 "자율검사프로그램"(고용장 관인정)에 따라 안전검사(유효기간 2년)를 받을 수 있으며(자율안전검사 기관에위탁가능)(산안법 §169, 거짓부정업무수행 1년징역·1천만원벌금), 감사결과를 기록·보존해야 한다(산안법§98 ①②③⑥⑦). 고용장관은 "자율검사프로그램"에 대해 '거짓·부정한 방법으로 인정받은 경우'에는 인정을 취소해야 하고, '인정후 검사미실시'·'인정내용과 다른검사'·'유자격자(산안법 §98①) 또는 지정검사기관이 아닌 검사'에 대해 인정을 취소하거나 다시 검사를 하도록 하는 등 개선을 명할 수 있으며(산안법 §99①), 인정이 취소된 "안전검사대상기계등"은 사용될 수 없다(산안법 §99②, §175④ 1천만원과태료).

② 자율안전검사기관

자율안전검사기관이 되려는 자는 '인력·시설 및 장비 등의 요건(대통령령)'을 갖추어 고용장관지정을 받아야 하며(산안법 §100①③), 고용장관은 자율안전검사기관에 대해 평가하고 결과를 공개할 수 있다(산안법 §100②). 취소·업무정지에 대해 '안전관리전문기관·보건관리전문기관조항(산안법 §21④⑤)'이 준용된다(산안법 §100④).

1·사. 유해·위험기계등 조사·지원

(1) 성능시험 등

고용장관은 안전인증대상기계등 또는 자율안전확인대상기계등의 안전성능저하로 근로자에게 피해를 주거나 줄 우려가 크다고 인정하는 경우, '유해·위험기계등 제조 사업장'에서 제조과정을 조사할 수 있으며, 제조·수입·양도·대여하거나 양도·대여목적으로 진열된 '유해·위험기계등'을 수거하여 안전인증기준·자율안전기준에 대한 성능시험을 할 수 있다(산안법§101, §170. 조사수거성능시험거부등. 1년 징역·1천만원벌금).

(2) 제조사업 등 지원

고용장관은 '안전인증대상 기계·기구' 또는 '자율안전확인대상 기계·기구' 또는 '산업재해가 많이 발생하는 유해·위험기계등' 안전성향상을 위해 지원이 필요한 것을 제조하는 자와 '작업환경개선시설 설계·시공자'로서 '고용장관에게 등록한 자(산안법 §102②)'에 대해 예산범위 안에서 지원할 수 있다(산안법 §102①).

고용장관은 '거짓·부정한 방법으로 등록한 경우'에는 등록을 취소하고, '등록요건에 적합하지 않게 된 경우'나 '안전인증이 취소된 경우'에는 등록취소 또는 지원제한(1년 범위)을 할 수 있으며(산안법 §102③), 등록취소의 경우에는 추후(2년이내 기간동안)에 등록이 제한할 수 있다(산안법 §102⑤).

고용장관은 '소정의 경우'에 지원금액 또는 지원상응금액을 환수할 수 있으며, 지원금액상당액수 이하의 금액을 추가로 환수(거짓부정 지원한정)할 수 있다(산안법 §102④).

(3) 안전관련정보 종합관리

고용장관은 사업장의 '유해·위험기계등보유현황'·안전검사이력 등 안전에 관한 종합정보망을 구축·운영하여 종합관리하고, 안전인증기관·안전검사기관에 정보를 제공하며, 사용자에게 필요자료를 요청(사용자, 특별이유 없으면 거부불가)할 수 있다(산안법 §103).

1·아. 유해·위험물질에 대한 조치

(1) 유해인자 관리와 허용

고용장관은 건강장해를 일으키는 화학물질·물리적인자 등 “유해인자”의 유해성·위험성 분류기준을 마련하여야 한다(산안법 §104). 고용장관은 유해인자가 건강에 미치는 유해성·위험성을 평가하고 그 결과를 관보 등에 공표하고(산안법 §105①), 평가결과 등을 고려하여 유해성·위험성 수준별로 유해인자를 구분하여 관리해야 한다(산안법 §105②). 고용장관은 ‘유해성·위험성 평가결과(산안법 §105①) 등’(고용노동부령)을 고려하여 유해인자의 노출기준을 정하여 고시해야 한다(산안법 §106).

사업주는 발암성물질 등 중대건강장해를 유발할 우려가 있는 유해인자(대통령령)에 대해 작업장내 노출농도를 허용기준(고용노동부령) 이하로 유지해야 한다(산안법 §107①, §175④ 1천만원과태료). 기술적한계·천재지변 등 ‘소정의 경우’에는 예외가 인정되나, 이 경우에도 사용자는 유해인자노출동도를 허용기준 이하로 유지되도록 노력해야 한다(산안법 §107②).

(2) 화학물질 유해·위험성조사

① 신규화학물질

원소 등 ‘소정(산안령 §32)의 화학물질’외의 화학물질(신규화학물질)을 제조·수입하고자 하는 “신규화학물질제조자등”은, 소비자생활용수입 등 ‘소정의 예외’를 제외하고는, ‘신규화학물질유해·위험성 조사보고서를 고용장관에게 제출해야 한다(산안법 §108①, §175⑥ 3백만원과태료).

“신규화학물질제조자등”은 유해·위험성조사(산안법 §108①)의 결과에 따라 건강장해방지조치를 해야 한다(산안법 §108②, §171 1천만원벌금). 고용장관은 유해·위험성보고서가 제출되면 신규화학물질의 명칭·유해·위험성과 조치사항 등을 공표하고 관계부처에 통보하여야 한다(산안법 §108③). 고용장관은 신규화학물질제조자 등에게 ‘시설·설비의 설치·정비’, 보호구비치 등의 조치를 명할 수 있다(산안법 §108④, §171 1천만원벌금). 신규화학물질제조자 등이 신규화학물질을 양도·제공하는 경우, ‘건강장해방지조치사항(산안법 §108④)’ 기록서류를 함께 제공해야 한다(산안법 §108⑤, §175⑥ 3백만원과태료).

② 기존화학물질

고용장관은 근로자건강장해를 예방하기 위해 필요하면 “암 또는 중대건강장해를 일으킬 우려가 있는 화학물질의 제조·수입자와 사용사업주”에게 ‘화학물질의 유해성·위험성조사와 결과제출' 또는 '유해인자의 유해성·위험성 평가(산안법 §39③)에 필요한 자료 제출'을 명할 수 있다(산안법 §108①, §175⑥ 미제출, 3백만원과태료). '화학물질의 유해성·위험성 조사명령(산안법 §109①)'을 받은 사람은 화학물질로 인한 근로자건강장해가 우려되는 경우, 시설·설비의 설치·개선 등 필요조치를 하여야 한다(산안법 §109②, §171 미조치, 1천만원벌금).

고용장관은 제출된 '화학물질의 유해성·위험성 조사 결과 및 자료(산안법 §109①)'를 검토한 후, 해당화학물질을 '구분관리(산안법 §105②)'하거나 해당화학물질을 제조·수입·사용하는 사업주에게, 시설·설비의 설치·개선 등 필요조치를 하도록 명할 수 있다(산안법§109③, §171 명령위반, 1천만원벌금).

(3) 물질안전보건자료

① 자료 작성·제출

㈎ 작성·제출 의무

㉮ 유해인자 분류기준 해당

화학물질 또는 이를 포함한 혼합물로서 '건강장해 유해인자 분류기준(산안법 §104)'에 해당하는 것으로서 물질안전보건자료대상물질"(방사성물질·농약등 산안령§32의2소정물질제외)의 제조·수입자는, '제품명 등 소정의 기재사항'을 적은 "물질안전보건자료(*MSDS*; *Material Safety Data Sheet*)"를 고용장관에게 제출해야 하며(산안법§110①,175⑤ 미제출. 5백만원과태료), '소정(고용노동부령)의 기재사항'이 변경된 경우에는 이를 반영하여 제출해야 한다(산안법 §110③, 175⑤ 미제출. 5백만원이하과태료).

영업비밀과 관련되어(산안법§112①⑤,175⑤ 거짓작성. 5백만원과태료) '화학물질의 명칭 및 포함량(산안법 §110①ii)'을 물질안전보건자료에 적지 않으려는 사람은, '소정(고용장관고시)의 예외적 경우'를 제외하고, 고용장관비공개승인(유효기간5년 연장가능)을 받아 '대체가능한 다른 명칭·포함량(대체자료)'으로 적을 수 있다(산안법 §112, 175⑤. 미승인 대체자료기록, 5백만원과태료).

의사 등 '소정의 사람이나 기관'은, '중대건강장해 등 소정(고용노동부령)의 경우'에, '물질안전보건자료대상물질 제조·수입자'에게 '대체자료(산안법 §112①)로 적힌 화학물질의 명칭·포함량정보를 제공할 것을 요구할 수 있으며, 해당자는 정보를 제공(고용장관 고시에따름)하여야 한다(산안법 §112⑩, 175⑤ 미제공, 5백만원과태료).

㉯ 유해인자 분류기준 미해당

물질안전보건자료대상물질 제조·수입자는, '소정의 경우'를 제외하고는, 물질안전보건자료대상물질을 구성하는 화학물질 중 '건강장해 유해인자 분류기준(산안법 §104)'

에 해당하지 않는 화학물질의 명칭·포함량을 고용장관에게 별도로 제출하여야 한다(산안법 §110②, 175⑤ 미제출, 5백만원과태료).

㈏ 국외제조자 특례

국외제조자는 '고용노동부령 요건 충족자'를 선임자로 하여 '물질안전보건자료대상물질 수입자'를 갈음한 후 '물질안전보건자료 작성·제출(산안법 §110①③)', '화학물질의 명칭·포함량·확인서류 제출(산안법 §110②)', 및 '대체자료 기재승인·유효기간연장·이의신청(산안법 §112①~⑨)'의 업무를 수행(산안법 175⑤. 거짓업무수행, 5백만원과태료)하도록 할 수 있다(산안법 §113①, 175⑤ 미제출, 5백만원과태료).

② 자료제공

'물질안전보건자료대상물질 양도·제공자'는 대상물질을 '제공받는 자'에게 제공하여야 한다(산안법 §111①, §117⑤ 5백만원과태료). '물질안전보건자료대상물질 제조·수입자'는 대상물질을 '양도·제공받은 자'에게 '변경(산안법 §110③)된 물질안전보건자료를 제공해야 한다(산안법 §111②, §117⑥ 3백만원과태료). '물질안전보건자료대상물질 양도·제공자(제조·수입자 제외)'는, '변경(산안법 §110③)된 물질안전보건자료'를 제공받은 경우, 대상물질을 '양도·제공받은 사람'에게 제공하여야 한다(산안법 §111③, §117⑥ 3백만원과태료). 고용장관은 물질안전보건자료관련자료를 근로자 및 사업주에게 제공할 수 있다(산안법 §116).

③ 게시·교육

물질안전보건자료대상물질을 취급하려는 사업주는, 작성하였거나(산안법 §110①③) 제공받은(산안법 §112①②③) 물질안전보건자료를 '대상물질 취급 작업장' 내에 '취급 근로자'가 쉽게 볼 수 있는 장소에 게시하거나 갖추어 두어야 하고(산안법 §114①, §117⑤ 5백만원과태료), 작업공정별로 '물질안전보건자료대상물질 관리 요령'을 게시하여야 하며(산안법 §114②), '취급 근로자'의 안전보건을 위하여 교육하는 등의 조치를 하여야 한다(산안법 §114③, §175⑥ 3백만원과태료).

④ 경고표시

'물질안전보건자료대상물질 양도·제공자'는 용기 및 포장에 경고표시를 하여야 하고(산안법 §115①, §175⑥ 3백만원과태료), '용기 및 포장 외의 방법'으로 양도·제공하는 경우에는 고용장관고시에 따라 경고표시기재항목을 적은 자료를 제공해야 한다(산안법 §115①). 사업주는 사업장에서 사용하는 물질안전보건자료대상물질을 담은 용기에 경고표시를 해야 한다(산안법 §115②, §175⑥ 3백만원과태료).

(4) 유해 · 위험물질 취급 제한

① 금지물질

누구든지, '직업성 암을 유발하는 것으로 확인되어 건강에 특히 해롭다고 인정되는 물질' 또는 '유해 · 위험성이 평가된 유해인자(산안법 §105①)나 유해 · 위험성이 조사된 화학물질(산안법 §109) 중 건강장해우려물질'로서 '소정(산안령 §29)의 제조등금지물질' 해당물질을 제조 · 수입 · 양도 · 제공 · 사용할 수 없다(< 예외 > 시험·연구·검사목적 고용장관승인, 판매허가받은자)(산안법 §117①, §168 5년 징역·5천만원 벌금).

② 허가물질

'직업성 암을 유발하는 물질' 또는 '유해 · 위험성이 평가된 유해인자(산안법 §105①)나 유해 · 위험성이 조사된 건강장해우려화학물질(산안법 §109)'로서, '디클로로벤지딘 등 대체물질이 개발되지 않은 소정(산안령 §29)의 허가대상물질'의 제조 · 사용자는 고용장관허가를 받아야 한다(허가사항 변경도같음)(산안법 118①, §168 5년징역·5천만원벌금). "허가대상물질제조 · 사용자"는 제조 · 사용설비를 허가기준에 적합하도록 유지해야 하며 제조 · 사용해야 한다(산안법 §118③, §169 3년 징역·3천만원 벌금), 고용장관은 허가기준에 적합하도록 수리 · 개조 · 이전하게 하거나 제조 · 사용할 것을 명할 수 있다(산안법 §118④, §169. 명령위반 3년 징역·3천만원 벌금). 고용장관은 거짓 · 부정한 방법으로 받은 허가를 취소하고 그 밖의 '소정의 사유'에 해당하면 허가를 취소하거나 영업정지(6개월 이내)를 명령할 수 있다(산안법 §118⑤, §168. 명령위반 5년 징역·5천만원 벌금).

③ 석면조사 특례

㈎ 조사 · 기록

㉮ 조사이행

건축물이나 설비를 철거 · 해체하는 경우, '소유주 또는 임차인 등(건축물·설비 소유주등)'은 '석면포함 여부'와 '포함된 자재의 종류 · 위치 · 면적'에 관한 '일반석면조사'를 한 후 그 결과를 기록 · 보존해야 한다(산안법 §119①, §175⑥. 미조사 철거해체. 3백만원과태료). 소정규모(대통령령) 이상의 "건축물 · 설비소유주등(산안법 §119①)"은 석면조사기관(산안법 §120)에 '석면포함여부', '석면이 포함된 자재의 종류 · 위치 · 면적' 그리고 '해당 건축물이나 설비에 포함된 석면의 종류 · 포함량'에 관한 '기관석면조사'를 행한 후(산안법 §119②, §175①. 미조치 철거해체, 5천만원과태료) 그 결과를 기록 · 보존하여야 한다(산안법 §119②). 고용장관은 건축물 · 설비소유주등이 일반석면조사 또는 기관석면조사를 하지 않고 건축물 · 설비를 철거 · 해체하는 경우, 각 각 해당조사의 이행이나 이행명령결과보고 때까지 작업중지를 명령할 수 있다(산안법 §118④, §169. 명령위반 3년징역·3천만원벌금).

㉯ 석면조사기관

석면조사기관이 되려는 자는 인력·시설 및 장비 등의 요건(대통령령)을 갖추어 고용장관의 지정을 받아야 한다(산안법 §120①). 고용장관은 기관석면조사결과에 대한 정확성·정밀도를 확보하기 위하여 석면조사기관의 석면조사능력을 확인하고, 석면조사기관을 지도·교육할 수 있다(산안법 §120②). 고용장관은 석면조사기관에 대해 평가하고 그 결과를 공개(석면조사능력확인 결과(같은조제2항)포함)할 수 있다(산안법 §120③). 취소·업무정지에 대해 '안전관리전문기관·보건관리전문기관 조항'이 준용된다.

㈏ 해체·제거

㉮ 등 록

석면해체·제거업자가 되려는 자는 인력·시설·장비 등의 요건(대통령령)을 갖추어 고용장관에게 등록해야 하며(산안법 §121①), 취소·업무정지에 대해 '안전관리전문기관·보건관리전문기관'에 관한 조항이 준용된다(산안법 §121④). 고용장관은 석면해체·제거업자의 '석면해체·제거작업 안전성'을 평가하고 결과를 공개할 수 있다(산안법 §121②).

㉯ 작 업

기관석면조사대상인 건축물·설비에 '소정(대통령령)의 포함량과 면적' 이상의 석면이 포함되어 있는 경우, "건축물·설비소유주등"은 석면해체·제거업자로 하여금 그 석면을 해체·제거하도록 해야 한다(산안법 §122①, §168 5년 징역·5천만원 벌금). 건축물·설비소유주등이 인력·장비 등에서 석면해체·제거업자와 동등한 능력을 갖추고 있는 등 소정(대통령령)사유에 해당하면 스스로 석면을 해체·제거할 수 있다(산안법 §122①단서). '기관석면조사 실시기관'은 해당 석면해체·제거를 하면 안된다(산안법 §122②, §117⑤ 5백만원과태료). '석면해체·제거업자'와 '자격 있는 건축물·설비소유주등'은 해체·제거작업 전에 고용장관에게 신고하고(산안법 §122③, §175⑥ 미신고, 3백만원과태료), 석면해체·제거작업서류를 보존해야 한다(산안법 §122③).

석면해체·제거업자는 석면해체·제거작업기준(고용노동부령)을 준수(산안법 §123①, §169 3년 징역·3천만원 벌금)해야 하며, 근로자는 석면해체·제거업자가 행한 조치사항(고용노동부령)'을 준수(산안법 §123②, §175⑥ 3백만원과태료)해야 한다. 석면해체·제거업자는 석면해체·제거작업(산안법 §122①)이 완료된 후 해당작업장의 공기 중 석면농도가 소정(고용노동부령)기준 이하가 되도록 하고(산안법 §124①, §117⑤ 5백만원과태료), 증명자료를 고용장관에게 제출해야 한다(산안법 §124①, §175⑥ 3백만원과태료). 건축물·설비소유주등은 석면해체·제거작업 완료 후에도 법정석면농도기준을 초과한 경우 해당 건축물이나 설비를 철거하거나 해체해서는 안된다(산안법 §124③, §175① 5천만원과태료).

1·자. 근로자 보건관리

(1) 작업환경측정

① 개 념

"작업환경측정"이란 작업환경 실태를 파악하기 위하여 해당 근로자 또는 작업장에 대하여 사업주가 측정계획을 수립한 후 시료를 채취하고 분석·평가하는 것을 말한다(산안법 §2 x iii).

② 측정의무

사업주는 인체유해작업장중 '소정(산안칙§93① 별표11의4)의 작업장'에 대하여 유자격자(고용노동부령)로 하여금 작업환경측정을 하도록 하여야 한다(산안법§125①, §175④ 1천만원과태료). 도급인사업장에서 작업하는 수급인과 수급인근로자에 대해 도급인이 해당조치를 해야 한다(산안법 §125②).

③ 측정방법

사업주(도급인포함 같은조, §127도같음)는 작업환경측정(산안법 §125①)을 '지정(산안법 §126)된 작업환경측정기관'에 위탁할 수 있으며, 필요한 때에는 작업환경측정 중 시료분석만을 위탁할 수 있다(산안법 §125③). 사업주는 작업환경측정시, 요구가 있으면, 근로자대표(관계수급인근로자대표포함 이하§125에서같음.)를 참석시켜야 한다(산안법§125④,§175⑤ 5백만원과태료).

④ 측정결과 보고

사업주는 작업환경측정결과를 기록·보존하고 고용장관에게 보고하여야 하며(산안법§125⑤,§175⑥ 3백만원과태료), 작업환경측정을 위탁받은 작업환경측정기관이 작업환경측정결과를 고용장관에게 제출한 경우에는 보고한 것으로 본다(산안법 §125⑤).

⑤ 측정결과 조치

사업주는 작업환경측정결과를 해당작업장 근로자(관계수급인 및 관계수급인근로자포함 §127 및 해당 벌칙조항 같음.)에게 알려야 하며(산안법§125⑥,§175⑤ 5백만원과태료), '시설·설비의 설치·개선' 또는 건강진단실시 등의 조치를 하여야 한다(산안법§125⑥, §171 미조치.1천만원벌금) 사업주는 산업안전보건위원회 또는 근로자대표가 요구하면 작업환경측정결과에 대한 설명회 등을 개최해야 하고(산안법§125⑦,§117⑤ 5백만원이하과태료), 위탁의 경우에는 작업환경측정기관으로 하여금 설명하도록 할 수 있다(산안법 §125⑦).

⑥ 작업환경측정기관

작업환경측정기관이 되려는 자는 '인력 등의 요건(대통령령)'을 갖추어 고용장관의 지정을 받아야 한다(산안법 §126①). 고용장관은 측정·분석 결과에 대한 정확성과 정밀도를 확보하기 위하여 작업환경측정기관의 측정·분석능력을 확인하고(고용장 관고시), 작업환경측정기관을 지도·교육할 수 있다(산안법 §126②). 고용장관은 작업환경측정의 수준을 향상시키기 위하여 필요한 경우 작업환경측정기관을 평가하고 그 결과(같은조 제2항에 따른 측정·분석능력 확인결과 포함)를 공개할 수 있다(산안법 §126③). 취소·업무정지에 대해서는 '안전관리전문기관·보건관리전문기관 조항'이 준용된다(산안법 §100④).

⑦ 작업환경측정 지원

고용장관은 작업환경측정결과(산안법 §125①②)에 대하여 신뢰성을 평가할 수 있으며, 사업주와 근로자는 이에 적극적으로 협조하여야 한다(산안법 §127).

고용장관은 작업장의 유해인자로부터 근로자의 건강을 보호하고 작업환경관리방법 등에 관한 전문연구를 촉진하기 위하여 유해인자별·업종별 작업환경전문연구기관을 지정하여 예산의 범위에서 필요한 지원을 할 수 있다(산안법 §128).

(2) 건강진단

① 진단 종류

㈎ 일반건강진단

사업주는 상시 사용하는 근로자의 건강관리를 위하여, "건강진단기관"(산안법§126②, 또는 건강검진 특수건강진단기관(산안법§135①) 기본법§3ii에 따른 건강검진기관)에서, "일반건강진단"을 실시하여야 하고(산안법§129①, §175④ 1천만원과태료), 사업주가 실시하는 소정(고용노동부령)의 건강진단을 받은 근로자에 대하여는 일반건강진단을 실시한 것으로 본다(산안법 §129①).

㈏ 특수건강진단 등

㉮ 진단의무

ⓐ 특수건강진단

사업주는 '아래의 근로자'에 대한 건강관리를 위해 "특수건강진단"을 실시해야 하고(산안법§130①, §175④ 1천만원과태료), 사업주가 실시하는 소정(고용노동부령)의 건강진단을 받은 근로자에 대하여는 해당유해인자에 대한 특수건강진단을 실시한 것으로 본다(산안법 §130①).

ⓐ 유해인자(고용노동부령)에 노출되는 "특수건강진단대상업무" 종사 근로자 ⓑ 특수·수시·임시건강진단 결과 직업병소견으로 판정받아 작업을 전환하거나 작업장소를 변경하여 특수건강진단대상업무에서 제외된 사람으로서 해당유해인자건강진단이 필요하다는 의사소견이 있는 근로자

(b) **배치건강진단**

사업주는 "특수건강진단대상업무"에 종사할 근로자의 배치예정업무에 대한 적합성평가를 위해 "배치전건강진단"을 실시해야 하고(산안법§130②, §175④ 1천만원과태료), 소정(고용노동부령)의 근로자에 대해서는 배치전건강진단을 실시하지 않을 수 있다(산안법 §130②).

(c) **수시건강진단**

사업주는 "특수건강진단대상업무"에 따른 유해인자로 인한 것이라고 의심되는 건강장해증상을 보이거나 의학적소견이 있는 근로자 중 보건관리자 등이 사업주에게 건강진단실시를 건의하는 근로자 등 '소정(고용노동부령)의 근로자'에 대해 "수시건강진단"을 실시해야 한다(산안법§130③, §175④ 1천만원과태료).

㈏ **특수건강진단 기관 및 연구**

의료기관(의료법 §3)이 특수건강진단 · 배치전건강진단 · 수시건강진단을 수행하려는 경우, 요건(대통령령)을 갖추어 고용장관에게 신청하여 "특수건강진단기관"으로 지정받아야 한다(산안법 §135①②). 고용장관은 특수건강진단기관의 진단 · 분석결과의 정확성 · 정밀도를 확보하기 위해, 진단 · 분석결과능력을 확인하고, 지도 · 교육할 수 있다(산안법 §135③). 고용장관은 특수건강진단기관을 평가하고 그 결과(진단·분석능력확인 결과(§135③)포함)를 공개할 수 있다(산안법 §135④). 취소와 업무정지에 대해서는 '안전관리전문기관 또는 보건관리전문기관'에 관한 조항을 준용한다(산안법 §100④).

고용장관은 작업장의 유해인자에 관한 전문연구를 촉진하기 위해, 지정 기준 · 절차 등을 정한 고용장관고시에 따라(산안법 §136②), 유해인자별 특수건강진단 전문연구기관을 지정하여 예산의 범위에서 필요한 지원을 할 수 있다(산안법 §136①).

㈐ **임시건강진단 등**

고용장관은 같은 유해인자에 '노출되는 근로자들에게 유사질병증상이 발생한 경우' 등의 경우(고용노동부령)'에는 근로자건강을 보호하기 위해, 사업주에게 특정근로자에 대한 "임시건강진단"의 실시(산안법§131②항목등 고용노동부령에따름)나 작업전환, 그 밖에 필요한 조치를 명할 수 있다(산안법§131①, §169.명령 미이행.3년징역·3천만원벌금).

② **관련자의 의무**

㈎ **사업주**

사업주는 건강진단(산안법 §129 ~ §131)을 실시하는 경우 근로자대표가 요구하면 그를 참석시켜야 하고(산안법§132①, §175⑤ 5백만원과태료), 산업안전보건위원회 또는 근로자대표가 요구하면 직접 또는 '건강진단을 한 건강진단기관'에 건강진단결과에 대해 설명하도록 하여야 하며, 건강진단결과를 본인의 동의 없이 공개해서는 안된다(산안법§132②,§175⑤ 5백만원과태료).

사업주는 법정(산안법 §129 ~ §131)건강진단의 결과를 근로자의 건강보호·유지 외의 목적으로 사용해서는 안된다(산안법§132③,§175⑥ 3백만원과태료). 사업주는 '건강진단규정(산안법 §129 ~ §131)' 또는 다른 법령에 따른 건강진단의 결과 근로자건강을 유지하기 위해 필요하면 작업장소변경, 작업전환, 근로시간단축, 야간근로제한, '작업환경측정 또는 시설·설비 설치·개선' 등 적절한 조치(고용노동부령)를 해야 한다(산안법§132④,§171 1천만원벌금). 대상사업주(고용노동부령)는 조치결과를 고용장관에게 제출해야 한다(산안법§132⑤,§175⑥ 3백만원과태료).

㈏ 근로자

근로자는 '건강진단규정(산안법 §129 ~ §131)'에 따라 사업주가 실시하는 건강진단을 받아야 하며(산안법§133,§175⑥ 3백만원과태료), '사업주가 지정하지 않은 건강진단기관으로부터 상응하는 건강진단을 받아 증명서류를 제출하는 경우'에는 사업주실시건강진단을 받은 것으로 본다(산안법 §133).

㈐ 건강진단기관

건강진단기관은 '건강진단규정(산안법 §129 ~ §131)'에 따라 실시한 건강진단결과를 근로자와 사업주에게 통보하고 고용장관에게 보고해야 한다(산안법§134①,§175⑥.미보고 거짓보고,3백만원과태료). '일반건강진단으로 간주되는 건강진단(산안법 §129①)'을 실시한 기관은, 요청이 있는 경우, 그 결과를 사업주에게 통보하여야 한다(산안법§134②,§175⑥.미통보 거짓통보,3백만원과태료).

(3) 근로자건강 관리·보호

① 건강관리카드

고용장관은 건강장해발생우려업무에 종사하였거나 종사하는 사람(고용노동부령의 요건을갖춘자)의 직업병조기발견·지속적건강관리를 위하여 건강관리카드(양도대여금지(산안법§137③) 5백만원과태료(§175⑤))를 발급하여야 한다(산안법 §137①). 요양급여(산재법 §41)를 신청하는 경우, 건강관리카드를 제출함으로써 재해에 관한 의학적소견을 적은 서류제출을 대신할 수 있다(산안법 §137②). '건강관리카드를 발급받은 사람(산안법 §137①)' 중 '건강관리카드발급업무에 종사하지 않는 사람'은 특수건강진단에 준하는 건강진단을 받을 수 있다(산안법 §137④).

② 역학조사

고용장관은 직업성질환의 진단·예방·발생원인규명을 위하여 필요하다고 인정할 때에는 근로자질환과 작업장유해요인의 상관관계에 관한 "역학조사"를 할 수 있으며, 이 경우 사업주·근로자대표 또는 '그 밖에 사람(고용노동부령)'이 요구할 때에는 역학조사에 참석하게 할 수 있다. 사업주 및 근로자는 역학조사에 적극 협조해야 하며, 정당한 사유 없이 역학조사를 거부·방해·기피해서는 안된다(산안법§141②,§175③ 1천5백만원과태료). 누구든지 '역학조사 참석이 허용된 사람(산안법 §141①후단)'은 역학조사참석을 거부·방해하면 안되며(산안법§141③,§175③ 1천5백만원과태료), 참석과정에서 알게 된 비밀을 누설하거나 도용해서는 안된다(산안법§141④,§170 1년징역·1천만원벌금). 고용장관은 역학조사를 위해 '필요한 자료'를 관련기관에 요청할 수 있으며, 해당기관은 이에 따라야 한다(산안법 §141⑤).

③ 유해위험작업 취업 및 근로시간 제한

사업주는 감염병·정신질환 또는 '근로로 인하여 병세가 크게 악화될 우려가 있는 소정의 질병'(고용노동부령)에 걸린 사람에게는 의사진단에 따라 근로를 금지하거나 제한해야 하고, 건강을 회복하였을 때에는 지체없이 근로를 할 수 있게 하여야 한다(산안법§138,§171 1천만원벌금).

사업주는 소정의 유해·위험작업(고용노동부령)에 대해 '필요한 자격·면허·경험·기능(산안법§140③ 고용노동부령으로 정함)을 가진 근로자'가 아닌 사람에게 작업을 하게 하면 안된다(산안법§140, §169 3년징역·3천만원벌금). 고용장관은 자격·면허취득(산안법 §140①)·기능습득을 위하여 교육기관을 지정할 수 있다(산안법 §140②). 취소·업무정지에 대해서는 '안전관리·보건관리전문기관 조항'이 준용된다(산안법 §140④).

사업주는 유해·위험작업으로서 '높은 기압(잠함·잠수 작업등)'에서 하는 작업 등 '대통령령(산안령 §32의8)으로 정하는 작업'에 종사하는 근로자에게는 1일 6시간, 1주 34시간을 초과하여 근로하게 해서는 안된다(산안법§139①, §169 3년징역·3천만원벌금).

사업주는 유해·위험작업(산안령 §32의8③)근로자에게 필요한 안전보건조치 외에 작업과 휴식의 적정배분 및 근로시간과 관련된 근로조건개선을 통하여 건강보호조치를 하여야 한다(산안법 §139②).

1·차. 산업안전보건규정 이행

(1) 산업안전·보건지도사

시험(고용장관 시행)에 합격하여 자격을 획득한 후 '소정(고용노동부령)의 연수교육(1년 범위)(산안법 §146)'을 받고 결격사유(산안법 §145③)가 없어 고용장관에게 등록(산안법 §145⑤)한 산업안전지도사와 산업보건지도사는 개인사무소·법인형태로 직무를 수행할 수 있다(산안법 §145①,§175⑤. 미등록 업무수행. 5백만원과태료).

고용장관은 '소정의 경우'에는 지도사등록을 취소해야 하고, '다른 소정의 경우에는 등록을 취소하거나 2년이내기간을 정하여 업무정지를 명할 수 있다(산안법 §154). 등록(산안법 §145①)지도사가 아닌 사람은 산업안전지도사·산업보건지도사 또는 유사명칭을 사용해서는 안된다(산안법 §149,§175⑥ 3백만원이하과태료).

지도사는 다른 사람에게 자기의 성명이나 사무소명칭을 사용하여 지도사직무를 수행하게 하거나 자격증·등록증을 대여해서는 안된다(산안법 §153). 지도사업무는 산업안전지도업무(산안법 §142①)와 산업보건지도업무(산안법 §142②)로 구분된다(산안법 §142③).

지도사는 직무수행에 필요하면 사업주에게 관계 장부 및 서류의 열람을 신청할 수 있으며, 사업주는 정당한 사유 없이 이를 거부해서는 안된다(산안법 §152). 지도사는 직무와 관련하여 작성·확인한 서류에 기명·날인하거나 서명해야 한다(산안법 §150).

지도사는 직무수행과 관련하여 고의 또는 과실로 의뢰인에게 손해를 입힌 경우에 손해배상책임이 있고, 등록지도사는 손해배상책임을 보장하기 위해 보증보험에 가입하거나 필요한 조치를 하여야 한다(산안법 §148). 지도사에게는 '소정의 위법행위'가 금지된다(산안법 §151). 고용장관은 공단으로 하여금 지도사와 관련된 '소정의 업무'를 하게 할 수 있다(산안법 §147).

(2) 안전보건규정 실효성

① 근로감독

근로감독관은 사업장·사무소·석면해체제거업자 사무소·지도사사무소 등에 출입하여 관계자에게 질문하며(산안법 §155①,§175⑥ 불응. 3백만원과태료), 장부·서류·물건의 검사 및 안전·보건점검을 하며 관계서류제출을 요구하고(산안법 §155①,§175④. 거부 방해기피자. 1천만원과태료), 기계·설비검사와 제품·원재료·기구무상수거를 할 수 있으며(산안법§155②,§175④. 거부 방해기피자. 1천만원과태료)(사업주등에 결과서면통보), 관계인에게 보고·또는 출석을 명할 수 있다(산안법§155③§175⑤. 불응. 5백만원과태료).

근로자는 산안법령위반사실을 고용장관 또는 근로감독관에게 신고할 수 있으며(산안법 §157①), 사업주는 신고를 이유로 해당근로자에 대해 해고나 그 밖의 불리한 처우를 하면 안되고(산안법§157③,§168 5년징역·5천만원벌금), 의사·치과의사·한의사(의료법 §2)'는 3일 이상의 입원치료가 필요한 부상·질병이 환자업무와 관련성이 있다고 판단되면 치료과정에서 알게 된 정보를 고용장관에게 신고(의료법 §19①불구)할 수 있다(산안법 §157②).

② 벌 칙

(가) 벌칙과 가중

산안법(제12장 §167~§175)은 실효성확보를 위해 '징역 또는 벌금', 벌금 및 과태료 규정을 두고 있다. '중대사망사고인 경우(산안법 §167①)'에는 형이 확정된 후 5년 이내에 다시 같은 죄를 범하면 그 형의 1/2을 가중되는 가중규정을 두고 있다(산안법 §167②). 사업주책임은 해당사업에서 지배범위내위험에 한정되고, 근로자가 위험작업을 하던 중 산업재해를 입은 것만으로 형사책임을 지울 수 없다.[1] 산안법위반책임을 묻기 위해서는 법위반행위자의 고의가 필요하다.

(나) 양벌규정

산안법(§173)은 법인대표자나 '법인 또는 개인'의 대리인·사용인 그리고 그 밖의 종업원이 '법인 또는 개인의 업무관련 벌금이상의 벌칙(§167~§172)'에 해당하는 위반행위를 한 경우, 방지를 위해 상당한 주의와 감독을 게을리한 경우가 아니라면, 행위자를 벌하는 외에 '법인 또는 개인'에게 벌금을 부과하는 양벌규정을 두고 있다. '법인의 중대사망사고인 경우(산안법 §167①)'에는 10억원이 부과되고, '법인의 다른 사고'나 '개인의 경우'에는 해당 조문의 벌금형이 과해진다.

(다) 수강명령 병과

법원은 안전조치(산안법 §38①②③)·보건조치(산안법 §39①)·도급인안전보건조치(산안법 §63)를 위반한 근로자사망사고에 대해 유죄판결(선고유예 제외)을 선고하거나 약식명령을 고지하는 경우, 200시간 범위에서 산업재해예방수강명령(산안법 §174③)을 병과할 수 있다(산안법 §174①).

(라) 상상적 경합관계

산업재해에 대해 산안법위반죄와 형법상 업무상과실치사상죄가 성립될 수 있다. 안전보건규칙에 규정된 안전조치의무를 위반하면, 두 개의 죄가 동시에 성립하며 하나의 행위가 복수의 죄에 해당하는 상상적경합관계에 있게 된다. 상상적경합관계 아래에서는 가장 중한 죄의 형벌이 적용된다.

산안법규에 규정되어 있지 않은 안전보건조치를 소홀히 하면 업무상과실치사상죄가 성립한다.

---

1) 대판 2007.3.29, 2006도8874.

③ 행정처분 · 관리

㈎ 행정처분

㉮ 영업정지

고용장관은 '소정의 산업재해'에 대해 관계행정기관장에게 영업정지나 그 밖의 제재를 할 것을, 공공기관장(공공기관의운영에관한법률§4)에게 시행사업을 발주할 때 필요한 제한을 할 것을 각각 요청(정당한이유가없으면따르고 조치결과통보. 산안법§159②)할 수 있다(산안법 §159①). 이 경우, 이용자에게 심한 불편을 주거나 공익을 해칠 우려가 있다고 인정되면, 업무정지처분을 대신하여 10억원이하의 과징금을 부과할 수 있다(산안법 §160①)(미납시,고용장관,국세체납 처분예에따라징수§160③).

㉯ 도급사업 과징금

고용장관은 사업주가 '유해위험도급금지(산안법 §58①)'과 '유해위험도급승인(산안법 §58②,§59①)'을 위반하여 도급하거나, '승인받은 도급작업 재하도급금지(산안법 §60)'를 위반하면 '소정의 사정을 고려하여(산안법 §161②)' 10억원이하의 과징금을 부과 · 징수할 수 있다(산안법 §161①).

㈏ 행정관리

㉮ 공단직원 조사

고용장관은 공단이 위탁(산안법 §165②)받은 업무를 수행하기 위해 필요하면 직원에게 사업장에 출입하여 산업재해예방에 필요한 검사 · 지도 등을 하게 하거나, 역학조사를 위해 질문하거나 서류제출을 요구하게 할 수 있다(산안법§156①,§175⑥ 불응,3백만원과태료).

㉯ 산재예방 보조 · 지원

정부는 사업주, 사업주단체, 근로자단체, 산업재해예방관련 전문단체, 연구기관 등이 하는 산업재해예방사업 중 소정(대통령령)사업에 드는 경비를 예산범위에서 보조하거나 지원(보조 · 지원)할 수 있다(산안법 §158①). 고용장관은 '소정의 경우'에 보조 · 지원의 전부를, '다른 소정의 경우'에는 전부 또는 일부를 취소해야 한다(산안법 §158②).

㈐ 사무처리

㉮ 비밀유지

'소정의 산업안전보건 관련자'는 근로자건강장해를 예방하기 위하여 고용장관이 필요하다고 인정하는 경우, 업무상 알게 된 비밀을 누설하거나 도용하면 안 된다(산안법§162,§170 1년징역·1천만원벌금).

㉯ 서류보존

산안법(§164,§175⑥ 3백만원과태료)은 사업주로 하여금 2년 · 3년 · 5년 · 30년 등의 기간이나 작업종료처럼 시점을 제시하면서 보존해야 할 서류를 열거하고 연장을 인정하며, 서류를 대신하여 전산입력자료를 보존할 수 있도록 규정하고 있다.

㉰ 위임 · 위탁

고용장관의 권한은 지방고용관서장에게 위임될 수 있다(산안법 §165①). 고용장관은 산안법에 따른 업무 중 일부(41개 업무열거)를 공단 또는 비영리법인 또는 관계전문기관에 위탁할 수 있으며(산안법 §165②)(일부내용 2021.1.16시행), 위탁받은 비영리법인 또는 관계전문기관의 임직원은 「형법(§129 ~ §132)」을 적용할 때에는 공무원으로 본다(산안법 §165③).

㉱ 수수료

산안법(§166 ①)은 수수료를 내야 하는 사람을 업무수행유형별(14개)로 구분하여 명시하고 있다. 공단은 고용장관승인을 받아 공단업무수행으로 인한 수익자로 하여금(일부내용 2021.1.16시행) 업무수행비용을 부담하게 할 수 있다(산안법 §166②).

㉲ 청문 · 처분기준

산안법(§163)은 취소와 관련하여 사전에 청문을 거쳐야 할 업무와 취소 · 정지 · 사용금지 · 시정명령의 기준을 명시하고 있다(일부내용 2021.1.16시행).

2. 산업재해보상

2·가. 의 의

(1) 배 경

① 무과실책임원칙과 근로기준법

시민법은 산업재해(산재)에 대해 개인적책임이론의 테두리에서 과실책임원칙을 바탕으로 손해를 배상하는 체계를 취해 왔다. 이러한 체계 아래에서는 재해근로자에게 '사용자과실의 입증', '비용과 시간' 등의 부담을 초래한다. 노동법은 시민법원리를 수정해 산업재해에 대해 무과실책임원칙을 적용한다. 근기법은 업무와 재해의 인과관계를 기초로 사용자가 근로자의 재해에 대해 보상토록 하고 있다. 근기법의 재해보상규정은 강행규정이다.

② 산업재해보상제도의 성격

㈎ 위험분산

무과실책임원칙에 입각한 사용자의 직접보상제도에도 불구하고 사용자가 재원을 마련치 못하거나, 재해근로자에 대해 손해배상청구를 포기하도록 유도하는 경우 신속하고 공정한 보상이 보장되지 않는다. 이러한 문제점을 해결하기 위해 국가가 평소에 사용자로부터 돈을 받아 기금을 조성해 재해보상을 하는 사회보험제도가 도입되었다. 우리나라에서는 1963년에 「산업재해보상보험법」(산재법)이 제정된 후 지속적인 개정을 거쳐 시행되고 있다.

㈏ 생활보장적 책임보험

산재보험제도는 근기법상의 재해보상책임을 담보하기 위한 사업주책임보험의 성격과 근로자에 대한 생활보장적성격을 가지고 있다. 산재보험제도는 무과실책임원칙을 기초로 함으로써, 불법행위로 인한 손해배상제도와 그 취지나 목적을 달리 하고, 급여지급에 대해 과실책임원칙이나 과실상계이론을 적용하지 않는다.

③ 산업재해보상제도의 관계

㈎ 근기법과 산재법

산재법에서의 근로자, 임금, 사용자, 통상임금 및 평균임금에 대해 근기법의 개념을 사용한다(산재법 §5). 양법의 업무상재해판단기준은 원칙적으로 같다.

수급권자가 산재법에 따라 보험급여를 받았거나 받을 수 있으면 보험가입자는 동일한 사유에 대해 근기법에 따른 재해보상책임이 면제된다(산재법 §80①).[1] 수급권자는 산재급여미지급이 확정되기 전까지는 물론이고 확정되어도[2], "3일이하의 요양을 요하는 재해"를 제외하고는, 사용자에게 근기법의 재해보상책임을 물을 수 없다.

㈏ 징수관련법

산재보험제도 중 보험료와 보험관계는 「고용보험및산업재해보상보험의보험료징수등에관한법률(징수법)」의 규율을 받는다(산재법 §4, §7).

㈐ 민법 등과의 관계

보상을 받을 자가 '동일한 사유'[3]에 대해 민법이나 그 밖의 법령에 따라 재해보상에 상당한 금품을 받으면 그 가액을 한도로 사용자는 보상책임을 면한다(근기법 §87). 수급권자가 '동일한 사유'로 산재법의 보험급여를 받으면 보험가입자는 그 금액을 한도로 민법이나 그 밖의 법령에 따른 손해배상책임이 면제된다(산재법 §80②).

---

1) 대판 2013.8.22, 2013다25118.

2) 대판 1977.4.12, 76다2920. 근기법상 보상요건을 충족시키기 어렵다.

3) 산재보험급여의 손해와 근기법이나 민법 그리고 그 밖의 법령에 따라 보전되는 손해가 같은 성질을 띠는 것이어서 산재보험급여와 손해배상 또는 손실보상이 상호보완적 관계에 있는 경우를 의미한다(대판 2015.1.25, 2014두724).

④ 제3자에 의한 재해

㈎ 사업장내 다른 근로자

업무상재해가 사업장내 다른 근로자의 고의나 과실에 따라 발생하면, 사용자는 재해보상책임 외에 민법(§756)상 사용자책임을 지고, 다른 근로자는 불법행위책임(민법 §750)을 진다. 다른 근로자와 사용자의 손해배상책임은 부진정연대책임의 관계를 갖는다.[1)]

㈏ 사업장외 제3자

재해가 사업장의 근로자가 아닌 제3자에 의해 발생하면, 사용자는 재해보상책임을 지고, 제3자는 불법행위책임을 진다.[2)] 이 때 사용자 또는 공단은 제3자의 배상액 범위 내에서 재해보상책임 또는 보험급여책임을 면하고, 제3자는 재해보상 또는 산재보험금액의 범위 내에서 손해배상책임을 면한다.

㈐ 산재보상 손해배상대위

공단은 제3자[3)]의 행위에 따른 재해로 보험급여를 지급한 경우에는 급여액의 한도 안에서 급여를 받은 자의 제3자에 대한 손해배상청구권을 대위한다(산재법 §87①).[4)] 근기법에는 이와 같은 규정이 없으나 사용자의 대위권이 인정된다고 해석된다.[5)]

수급권자가 제3자로부터 동일한 사유로 산재법의 보험급여에 상당하는 손해배상을 받으면 공단은 그 배상액의 환산금액(대통령령)의 한도 안에서 보험급여를 지급하지 않는다(산재법 §87②). 수급권자 및 보험가입자는 제3자의 행위로 재해가 발생하면 지체없이 공단에 신고해야 한다(산재법 §87③).

(2) 산업재해보상제도의 목적

산재법은 산재보험 사업을 시행해 근로자의 업무상재해를 신속하고 공정하게 보상하며, 재해근로자의 재활 및 사회 복귀를 촉진하기 위해 이에 필요한 보험시설을 설치·운영하고, 재해예방과 근로자의 복지증진사업을 시행해 근로자 보호에 이바지하는 것을 목적으로 한다(산재법 §1).

---

1) 다른 근로자는 사용자의 이행보조자의 지위에 있어 그 근로자의 고의 과실은 사용자의 고의 과실이 되어 사용자가 채무불이행에 따른 손해배상책임을 진다. ; 임종률, 『노동법』, 제21판, 479쪽.

2) 김형배, 『노동법』, 제20판, 523쪽.

3) 피해근로자에 대해 불법행위책임이나 「자동차손해배상보장법」, 민법 또는 「국가배상법」의 규정에 따라 손해배상책임을 지는 자(대판 1988.3.8, 85다카2285 ; 대판 2004. 12.24, 2003다33691 ; 대판 2008.4.10, 2006다32910 등).

4) 대판 1979.12.26, 79다1668.

5) 대판 1966.10.18, 66다1727.

(3) 산재보상 적용범위

근기법의 재해보상규정은 근로자수와 관계없이 근기법이 적용되는 모든 사업(장)에 적용된다. 산재법은 당연가입과 임의가입으로 나누어 설명할 수 있다.

① 당연가입

산재법은 모든 사업(장)에 적용되나, 사업의 위험률, 규모 및 장소 등을 고려해 대통령령(산재령 §2)으로 정한 사업[1]에 적용되지 않을 수 있다(산재법 §6).[2]

적용대상사업은 의무적으로 산재보험에 가입해야 한다(징수법 §5③). 당연가입사업장의 요건에 해당하는 날 즉, 사업이 시작된 날에 당연히 보험관계가 성립한다(징수법 §7ii). 그날 이후에 재해를 당한 근로자는, 사용자의 보험관계성립신고 여부와 관계없이, 산재법에 따라 재해보상을 받을 수 있다.

② 임의가입 및 특례가입

㈎ 개 요

당연가입사업이 아니라도 공단승인을 받아 보험에 가입할 수 있다(징수법 §5④⑤). 임의가입대상사업장도 당연가입사업장과 똑같이 산재법이 적용된다. 보험관계성립일은 가입신청서제출일의 다음날이 된다. 보험료체납기간 중 발생한 업무상재해에 대해서는 일반적인 경우와 달리 보험급여가 지급되지 않는다(산재법 §124④ 산재령 §124).

㈏ 중소기업사업주 산재보험

300명 미만의 사업(장)의 사업주(근로자(특수형태근로종사자 제외)를 사용하는 자 포함)는 공단승인을 받아 보험에 가입할 수 있다(산재법 §124① 산재령 §122①). 따라서 1인자영업자도 본인이 원하는 경우 업종에 제한받지 않고 산재보험에 가입할 수 있다.

㈐ 특수형태근로종사자 산재보험

㉮ 정 의

특수형태근로종사자라 함은 "계약형식에 관계없이 근로자와 유사하게 노무를 제공함에도 근기법 등이 적용되지 않아 업무상의 재해로부터 보호할 필요가 있

---

1) 적용제외사업.

- 「공무원재해보상법」 또는 「군인연금법」에 따라 재해보상이 되는 사업
- 「선원법」, 「어선원및어선재해보상보험법」 또는 「사립학교교직원연금법」에 따라 재해보상이 되는 사업
- 가구내 고용활동
- 농업, 임업(벌목업 제외), 어업 및 수렵업 중 법인아닌 자의 사업으로서 상시근로자수가 5명미만인 사업

2) 헌재 2003.7.24, 2002헌바51 합헌 ; 헌재(전) 2018.1.25, 2016헌바466. 합헌, 대통령령 위임 관련.

는 자로서 '주로 하나의 사업에 그 운영에 필요한 노무를 상시적으로 제공하고 보수를 받아 생활'하고 '노무를 제공함에 있어서 타인을 사용하지 않는' 자"를 말한다(산재법 §125①).

㉯ 적용대상

특수형태근로종사자 중 '대통령령(산재령 §125)으로 정하는 직종'[1]에 종사하는 자의 노무를 제공받는 사업은 산재법의 적용을 받는 사업으로 본다(산재법 §125①). 특수형태근로종사자가 '소정의 사유'[2]에 해당하는 경우에는 특수형태근로종사자 또는 사업주는 징수법으로 정하는 바에 따라 공단에 이 법의 적용제외를 신청할 수 있으며(산재법 §125④),[3] 이 경우 해당자를 근로자로 보지 않는다(산재법 §125②).

㉰ 적용방법

특수형태근로종사자의 업무상재해인정기준은 '일반근로자의 업무상재해인정기준(산재령 §27~§36)'을 준용한다(산재령 §127). 특수형태근로종사자에 대한 보험급여의 산정기준이 되는 평균임금은 고용장관이 고시하는 금액으로 한다(산재법 §125⑧).

㉱ **현장실습생 산재보험**

산재법이 적용되는 사업에서 현장실습을 하고 있는 학생 및 직업훈련생 중 고용장관이 정하는 현장실습생은 근로자로 보며, 실습과 관련해 입은 재해는 업무상재해로 보아 보험급여(산재법 §36①)를 지급한다(산재법 §123①②).

㉲ **자활급여수급자 산재보험**

근로자(산재법 §5ii 근기법 §2①i)가 아닌 자로서 자활급여수급자(국민기초생활 보장법 §15) 중 고용장관이 정해 고시하는 사업에 종사하는 자는 산재법의 적용을 받는 근로자로 본다(산재법 §126①). 자활급여수급자의 보험료산정 및 보험급여기초가 되는 임금액은 자활급여수급자가 해당 자활급여사업에 참여해 받는 자활급여로 한다(산재법 §126②).

---

1) ⓐ 보험설계사, 우체국보험모집인, ⓑ 건설기계운전자, ⓒ 학습지 및 교육교구 방문강사, ⓓ 골프장캐디, ⓔ 택배원, ⓕ 퀵서비스원. ⓖ 대출모집인, ⓗ 신용카드회원모집인, ⓘ 대리운전자, ⓙ 방문판매원, 후원방문판매원, ⓚ 제품방문점검원, ⓛ 가전제품설치 및 수리원, ⓜ 수출입컨테이너운송자, 시멘트운송자, 철강재운송자, 위험물질운송자, ⓝ 소프트웨어 기술자.

2) ⓐ 특수형태근로종사자가 부상・질병, 임신・출산・육아로 1개월 이상 휴업하는 경우, ⓑ 사업주의 귀책사유에 따라 특수형태근로종사자가 1개월 이상 휴업하는 경우, ⓒ 앞의 사유에 준하는 사유로서 대통령령으로 정하는 경우.

3) 신청한 날의 다음 날부터 산재법을 적용하지 않는다.(산재법 §125⑤). 나아가서 다시 산재법의 적용을 받기 위하여 공단에 신청하는 경우에는 다음 보험연도부터 적용, 이 경우 특수형태근로종사자 또는 사업주는 징수법으로 정하는 바에 따라 공단에 적용제외 사유의 소멸 사실을 알려야 함.(산재법 §125⑥).

㈓ 국외사업 산재보험

국외근무기간에 발생한 근로자의 재해에 대해서는 보험회사가 자기의 계산으로 「보험업법」에 따른 사업 방법에 따라 보험사업을 영위할 수 있다(산재법 §121①②).

보험가입자(징수법 §5③④)가 해외파견자에 대해 공단에 보험가입신청을 해 승인을 받으면 산재법을 적용할 수 있다(산재법 §122①). 해외파견자의 보험급여의 기초가 되는 임금액은 그 사업의 같은 직종 근로자 임금액 및 그 밖의 사정을 고려해 고용장관이 정해 고시하는 금액으로 한다(산재법 §122②).

2·나. 산재보상제도 관장 · 관리

산재보험사업(보험사업)은 고용장관이 관장하며, 보험사업보험연도는 정부회계연도에 따른다(산재법 §2).[1]

산재보험 및 산재예방에 관한 중요사항을 심의하게 하기 위해 고용부에 각각 동수의 노사공대표로 구성되는 산재보험및예방심의위원회(위원회)를 둔다(산재법 §8).

고용장관의 위탁을 받아 산재법의 사업을 효율적으로 수행하기 위한 법인인 근로복지공단(공단)을 둔다(산재법 §10~§12, §14, §15).[2]

2·다. 업무상재해 인정

(1) 의 의

근기법상 재해보상은 부상·질병·장해·사망 등의 재해가 업무상사유에 따라 발생한 경우에만 지급된다(근기법 §78①). 산재법의 보험급여는 근로자의 업무상재해를 대상으로 한다.

(2) 요 건

① 업무관련

근기법과 산재법(산재법 §5 i)은 업무상사유를 업무상재해의 요건으로 한다. 업무는

1) 고용장관은 근로자복지증진사업을 하며, 그 사업을 위탁할 수 있으며 비용일부를 보조할 수 있다(산재법 §92). 고용장관은 보험가입자에 대해 장해급여 또는 진폐보상연금수급자를 고용하도록 권고할 수 있다(산재법 §94). 고용장관은 조사·연구 사업 등을 할 수 있으며, 그 업무의 일부를 대행하게 할 수 있다(산재법 §9).

2) 공단이 아닌 자는 근로복지공단 또는 이와 비슷한 명칭을 사용하지 못한다(산재법 §34). 공단은 정부회계연도를 따르고, 보험사업회계를 다른 회계와 구분해 계리해야하며, 고용장관승인을 받아 회계규정을 정해야 한다(산재법 §26). 공단은 고용장관승인을 받아 자금을 차입할 수 있고, 회계연도마다 지출이 수입을 초과하게 되면 책임준비금(산재법 §99)의 범위에서 고용장관승인을 받아 '산재보험 및 예방기금'에서 이입해 충당할 수 있다. 공단은 회계연도말에 결산잉여금이 있으면 공단의 회계별로 구분해 손실금을 보전하고 나머지는 적립해야 한다(산재법 §28). 공단은 산재법에 따른 사업에 출자·출연할 수 있다(산재법 §32).

근로계약에 따른 업무뿐 아니라 부속업무, 교육, 대기, 행사,[1] 출장, 거래처접대[2] 등 업무와 직·간접적으로 관련이 있는 주변업무도 포함한다. 자유롭게 이용할 수 있는 휴게처럼 업무에 해당되지 않아도 '사업주의 지배·관리'가 인정되면 업무상사유가 부정되지 않는다(산재법 §37① i 마).[3]

② 상당인과관계

㈎ 법적근거

업무상사유가 인정되기 위해서는 '업무와 재해 사이에 상당인과관계'가 있어야 한다(산재법 §37①단서).

㈏ 구성내용

상당인과관계는 업무수행성과 업무기인성을 보다 넓게 인정한다.

업무수행성은 '사용자의 지배 또는 관리 아래 업무를 수행하는 것'을 중요한 판단기준으로 삼는다. 그러나 출장처럼 지배 아래 있지만 관리를 받지 않는 행위,[4] 업무수행과 혼합되어 이루어지는 개인행위[5]도 업무수행성이 인정될 수 있다. 업무수행성이 인정되면 업무상사유가 인정되나 업무수행성이 없다 해서 업무상사유가 모두 부정되는 것은 아니다. 업무수행성을 인정받지 못해도 업무기인성이 있으면, 업무상사유가 인정될 수 있다.

업무기인성이라 함은 재해가 업무에서 기인해 발생하는 것을 말한다. 업무기인성은 업무수행 중에 일어난 것으로 한정되지 않으며, 근로자의 과실이 있어도 중과실이 아니면 인정될 수 있다. 직업병이나 과로사는 사업장밖이나 업무시간 외라는 사실에 구애받지 않으며[6] '퇴사 후 치료과정에서 질병이 악화된 경우'[7]나 '입사 전의 질병이 입사 후에 악화된 경우'[8]에도 인정된다. 그러나 업무수행 중에 발생한 재해라도 그 사유가 분명치 않으면 업무기인성을 추정할 수 없다.[9]

㈐ 판단방법

업무상재해로 인정되려면 의학적으로 인과관계가 입증되어야 한다. 상당인과

1) 임종률, 『노동법』, 제9판, 450쪽.
2) 대판 2004.11.11, 2004두6709.
3) '사업장안의 통상적 행위'라는 점을 이유로 드는 견해(임종률, 『노동법』, 제9판, 450쪽)도 있다.
4) 대판 1993.11.9, 93다23107 ; 대판 1992.11.24, 92누11046.
5) 대판 1991.11.8, 91누3314.
6) 대판 1994.12.2, 94누10122.
7) 대판 1999.3.9, 98두18206.
8) 대판 1998.12.8, 98두12642 ; 대판 2007.4.15, 2006두4912.
9) 대판 1998.12.8, 98두13287.

관계에 관해서는 이를 주장하는 측이 입증해야 한다.[1] 해당업무에 종사하지 않으면 해당재해가 발생치 않거나, 해당업무에 종사하면 재해가 발생할 수 있다고 인정되면 업무상재해가 인정될 수 있다. 인과관계는 의학적·자연과학적으로 명백히 입증되어야 하는 것은 아니며 규범적 관점에서 따져 제반 사정을 고려할 때 업무와 질병 사이에 상당인과관계가 있다고 추단되는 경우에도 인정된다. 취업 당시에 건강상태, 작업장에 발병물질이 있는지와 그 근무기간, 다른 근로자에 대한 이환여부 등을 종합적으로 고려해 상당인과관계가 있다고 추단되면 그 입증이 있는 것으로 본다.[2] 업무과중 등으로 기초질병이나 기존질병을 자연적인 진행속도 이상으로 급격하게 악화시키면 업무상재해로 인정될 수 있다.[3]

상당인과관계는 평균인이 아닌 해당근로자의 건강과 신체조건을 기준으로 판단된다.[4]

'업무상의 과로·스트레스' 또는 '업무상사고'가 기존질병의 주된 발생원인에 겹쳐서 질병을 발현, 유발 또는 악화[5]시키면 인과관계가 인정된다. 근로자가 사적행동으로 상병을 악화시키는 행동을 하면 상당인과관계가 부정될 수 있다.[6]

③ **배척요건**

근로자의 고의·자해행위나 범죄행위 또는 그것이 원인이 되어 발생한 부상·질병·장해 또는 사망은 업무상재해로 보지 않는다(산재법 §37②본문). 다만, 그 부상·질병·장해·사망이 정상적인식능력 등이 뚜렷하게 저하된 상태에서 한 행위로 발생한 경우로서 일정사유(산재령 §36)[7]가 있으면 업무상재해로 본다(산재법 §37②단서). 사적행위,[8] '순리에 의한 경로이탈' 등도 업무상재해로 인정되지 않는 것이 원칙이다.

---

1) 대판 1989.7.25, 88누10947 ; 대판 2010.8.19, 2010두5141 등 많은 판례 ; 다른의견, 김형배, 『노동법』, 제21판, 508쪽. 반증사유에 대해 사용자가 입증책임을 진다.

2) 대판 1992.5.12, 92누1002 ; 대판 1993.10.12, 93누9408 등 많은 판례.

3) 대판 1991.11.8, 91누5433 ; 대판 2004.9.3, 2003두12912 등 많은 판례.

4) 대판 1991.11.8, 91누5433 ; 대판 2001.7.27, 2000두4538 ; 대판 1998.12.8, 98두12642 ; 대판 2012.2.9, 2011두25661 등 많은 판례.

5) <사례> 결핵·늑막염, 당뇨 및 뇌·혈관계질환, 우울장애, 퇴행성질환 등 평소에 정상적인 근무가 가능한 기초질환 또는 기존질병이 직무의 과중 등이 원인이 되어 자연적인 진행 속도 이상으로 악화(대판 1992.4.14, 91누10015 ; 대판 1993.2.9, 92누16492).

6) 청주지판 2010.4.1, 2009구합2165. 상병의 위험인자 보유, 고령에 흡연, 상병과 업무 사이에 인과관계 부정.

7) 1. 업무상사유로 발생한 정신질환으로 치료를 받았거나 받고 있는 사람이 정신적 이상 상태에서 자해행위를 한 경우, 2. 업무상재해로 요양 중인 사람이 그 업무상의 재해로 인한 정신적 이상 상태에서 자해행위를 한 경우, 3. 그 밖에 업무상사유로 인한 정신적 이상 상태에서 자해행위를 한 것이 의학적으로 인정되는 경우.

8) 대판 2004.11.11, 2004두6709. 고객접대 후 자신의 아파트주차장에 차를 세워 놓고 자다가 사망한 사건.

(3) 인정기준

① 업무상사고

산재법(산재법 §37①)은 업무수행, 시설물결함, 행사, 휴게, 그 밖의 업무와 관련하여 발생한 사고에 해당하는 사유로 인해 부상 또는 사망하면 업무상재해로 본다.

㈎ 업무수행

근로자가 근로계약에 따른 업무나 그에 따르는 행위를 하던 중 발생한 사고는 '업무수행 중의 사고'로서 업무상사고(산재법 §37① i 가)로 본다.

㉮ 인 정

산재령(§27①)은 첫째, 근로계약에 따른 업무수행행위 둘째, 업무수행과정에서의 용변 등 생리적 필요행위 셋째, 업무의 준비·마무리 등 필요적 부수행위[1] 넷째, 천재지변·화재 등 사업장내에서 발생한 돌발적 사고에 따른 긴급피난·구조행위 등 사회통념상 예견되는 행위를 업무상사고에 포함하고 있다.

근로자가 사업주의 지시를 받아 출장[2]처럼 사업장밖[3]에서 업무를 수행하던 중에 발생한 사고는 '업무상사고(산재법 §37①.1.가)'로 본다. 다만, 사업주의 구체적지시를 위반한 행위, 근로자의 사적행위 또는 정상적 출장경로를 벗어났을 때 발생한 사고는 '업무상사고(산재법 §37① i 가)'로 보지 않는다(산재령 §27②).

업무의 성질상 업무수행장소가 정해져 있지 않은 근로자가 최초로 업무수행장소에 도착하여 업무를 시작한 때부터 최후로 업무를 완수한 후 퇴근하기 전까지 업무와 관련하여 발생한 사고는 '업무상사고(산재법 §37① i 가)'로 본다(산재령 §27③).

㉯ 부 정

업무수행중사고라도 임의대리근무[4]나 음주행위와 같은 업무이탈행위, 자해행위, 회사설비임의사용,[5] 개인행위,[6] 출장경로이탈행위[7] 등은 업무상사고로 인정되지 않으나, 필요적·합리적 행위로 인정되면[8] 업무상재해가 된다.

---

1) 대판 2009.10.15, 2009두10246. 근무시간전 체력단련운동 중 사망한 사례 ; 대판 2009.5.14, 2009두157. 토목공사 현장에서 작업 전에 몸을 녹이기 위해 불을 피우다 불이 몸에 옮겨 붙어 사망한 사례.

2) 자가용 출장을 사업주가 묵시적·명시적으로 인정한 사례(보상 1458.7-17830, 1982.6.23).

3) 대판 1986.9.23, 86누176. 사업장밖재해는 작업장내재해와 비교할 때 업무기인성과 업무수행성이 약하나 사업주의 지배·관리 아래에 있는 등 상당인과관계가 인정되면 업무수행 중 사고로 볼 수 있다.

4) 보상 1458.7-23447, 1984.12.5. 운전기사가 승객(친구)에게 대리로 운전시킨 사례.

5) 보상 1458.7-8073, 1983.3.29. 작업종료 후 차량을 회사의 차고에 보관해야 함에도 집으로 가져간 사례.

6) 재보 68607-40, 1994.1.12. 시내버스 운행도중 담배를 사러 갔다 오다가 당한 교통사고.

7) 대판 1986.12.24, 84누403 ; 대판 2002.9.4, 2002두5290.

㈏ 시설물결함

사업주가 제공한 시설물, 장비 또는 차량 등(시설물등)의 결함이나 사업주의 관리 소홀로 발생한 사고는 업무상사고(산재법 §37① i 나)로 본다. 이 경우 작업시간 외에 발생한 사고라도 마찬가지로 해석한다. 생산시설뿐 아니라 구내도로, 구내식당, 근로자 숙소,[1] 등 부대시설도 사업주의 관리대상이라면 시설물로 본다.

'사업주가 제공한 시설물등을 사업주의 구체적지시를 위반하여 이용한 행위로 발생한 사고[2]와 그 시설물등의 관리 또는 이용권이 근로자의 전속적 권한에 속하는 경우에 그 관리 또는 이용 중에 발생한 사고는 업무상사고(산재법 §37① i 나)로 보지 않는다(산재령 §28②). 업무이탈행위, 자해행위, 사적행위는 지시위반행위로 볼 수 있다. 다만, 사적행위가 시설물의 설치·관리 결함과 경합이 될 때는 업무상재해로 인정될 수 있다.[3]

㈐ 행 사

'운동경기·야유회·등산대회 등 각종 행사'(행사)에 근로자가 참가하는 것이 사회통념상 노무관리 또는 사업운영상 필요하다고 인정되는 경우로서 대통령령(산재령 §30)이 정한 경우에[4] 근로자가 그 행사에 참가(행사참가를위한 준비·연습포함)하여 발생한 사고는 업무상사고로 본다.[5]

㈑ 휴 게

휴게시간 중에 사업주의 지배·관리 아래에 있다고 볼 수 있는 행위로 발생한 사고는 원칙적으로 업무상사고이다. 사업장내에서 사회통념상 휴게시간 중에 할 수 있는 행위로 인한 사고가 업무상재해로 인정되려면 취업규칙을 위반하거나 고의·자해·범죄행위나 그것이 원인이 되어 사상한 경우가 아니어야 한다.

---

8) <사례> 노직산 848, 1966.2.28. 정비공이 운전사 의뢰로 고장차를 정비한 후 완전한 수리를 위해 필요한 장소까지 무면허운전을 한 행위. ↘ 291쪽

1) 서울행판 2009.11.24, 2009구단7458 ; 회사가 임차해 제공한 숙소에서 화재로 화상을 입은 사건. 긍정.

2) 보상 1254-16604, 1985.9.10. 오토바이 금지명령 위반.

3) <사례> 재보 01254-8288, 1986.5.22 ; 재보 32546-5116, 1988.4.6. 정박 중인 포설선에서 작업완료 후 음주를 하고 취침하러 가던 중 갑판 위에서 소변을 보다 선체의 유동으로 실족·실종된 사건.

4) 사업주가 행사참가 근로자에 대해 행사참가시간을 근무시간으로 인정하는 경우, 사업주가 그 근로자에게 행사에 참가하도록 지시한 경우, 사전에 사업주의 승인을 받아 행사에 참가한 경우, 앞의 3가지에 준하는 경우로서 사업주가 그 근로자의 행사참가를 통상적·관례적으로 인정한 경우(산재령 §30).

5) 주최자·목적·내용·참가인원·강제성 여부·운영방법·비용부담 등의 사정에 비추어 전반적으로 사용자의 지배·관리가 인정되어야 하고, 근로자가 순리적 경로를 일탈하지 않은 상태여야 한다(대판 1992.10.9, 92누11107. 회식관련 ; 대판 1995.5.26, 94다60509 ; 대판 2008.10.9, 2008두9812).

(마) 그 밖의 업무상사고

㉮ 돌발사태

사회통념상 근로자가 사업장내에서 할 수 있다고 인정되는 행위를 하던 중 천재지변이나 돌발적인 사태로 발생한 사고는 사적행위·업무이탈 등 업무와 관계없이 발생한 것이 명백한 경우를 제외하고는 업무상사고로 본다(산재령 §31).

㉯ 요양중 사고

업무상 부상 또는 질병으로 요양급여를 받고 있는 근로자에게 "요양급여와 관련해 발생한 의료사고", "요양 중인 산재보험의료기관(산재보험의료기관이아닌의료기관에서 응급진료등을받는경우에는그의료기관) 내에서 업무상 부상 또는 질병의 요양과 관련해 발생한 사고"와 "업무상 부상 또는 질병의 치료를 위하여 거주지 또는 근무지에서 요양 중인 산재보험 의료기관으로 통원하는 과정에서 발생한 사고"는 업무상사고로 본다(산재령 §32).

㉰ 제3자가해행위

(a) 사 고

제3자의 행위로 근로자에게 사고가 발생한 경우, 담당업무가 사회통념상 제3자의 가해행위를 유발할 수 있는 성질의 업무라고 인정되면 업무상사고로 본다(산재령 §33). 동료근로자의 업무수행 중 부주의로 인한 재해는 고의가 없는 한 노무관리 또는 안전관리의 소홀에서 기인한 것으로 '업무수행 중의 사고'로 인정된다.[1]

(b) 폭 력

타인의 폭력에 의한 재해가 업무상재해인지는 사업장안의 인간관계 또는 직무에 내재하거나 통상 수반하는 위험이 현실화되어 발생한 것으로서, 업무와 상당인과관계가 있는지, 폭력행위가 사적관계에서 기인하거나 직무한도를 넘어 상대방을 자극하거나 도발함으로써[2] 발생했는지 등을 고려해 판단한다.[3]

동료근로자에 의한 가해행위는 마치 사업장 내 기계기구 등의 위험과 같이 사업장이 갖는 하나의 위험으로 볼 수 있으며, 그 위험이 현실화해 발생한 사고도 업무상재해로 인정될 수 있다. 동료근로자는 보험가입자인 사업주와 함께 직·간접적으로 재해근로자와 산재보험관계를 가지는 사람으로서 산재법에 규정된 제3자에서 제외되므로, 사업주에 대한 공단의 구상권은 부인되며 사업주를 달리하

---

1) 노직산-5912, 1966.11.23.
2) 대판 1995.1.24, 94누8587 ; 대판 2011.7.28, 2008다12408.
3) 대판 1995.1.24, 94누858 ; 대판 2008.2.14, 2006두9696. 회장 아들 결혼식 답례 회식에서 총무부장이 직원을 구타한데 대해 직무한도를 벗어난 것으로 보았다. ; 대판 2008.8.21, 2008두7953.

는 하나의 사업장의 경우에도 마찬가지이다.[1)]

㉣ 그 밖의 사유

(a) 자 살

업무로 인한 질병, 업무상 과로나 스트레스로 악화된 질병 등으로 심신상실·정신착란·정신장애 상태에 빠져 자살에 이른 것이라고 추단할 수 있으면 상당인과관계가 인정된다. 상당인과관계는 평균인이 아니라 해당자의 건강과 신체조건을 기준으로 해서 판단되므로 내성적이고 소심한 성격 등 개인적인 취약성이 우울증에 영향을 미쳤더라도, 상당인과관계가 인정될 수 있다. 상당인과관계가 인정되어도 자살에 이를 수밖에 없었는지는 사회평균인 입장에서 판단한다.[2)]

(b) 조합활동 및 쟁의행위

노조전임자의 업무는 사업주의 노조관리업무를 대신하는 성격을 가지므로 특별한 사정이 없는 한 업무상재해로 인정된다.[3)] 노사분규 중 근로자간 충돌, 현수막설치 등에 따라 발생한 재해처럼 사업주의 지배·관리를 떠난 업무일탈행위로 인한 재해는 업무상재해로 인정되지 않는다.

② **업무상질병**

㈎ **개 요**

산재법(산재법 §37①ii)은 첫째, 업무수행 정에서 물리적인자·화학물질·분진·병원체·'신체에 부담을 주는 업무' 등 근로자의 건강에 장해를 일으킬 수 있는 요인을 취급하거나 그에 노출되어 발생한 질병 둘째, 업무상부상이 원인이 되어 발생한 질병 셋째, 근기법(§76의2)에 따른 직장내괴롭힘·고객폭언 등으로 인한 업무상 정신적 스트레스가 원인이 되어 발생한 질병 넷째, 그 밖에 업무와 관련하여 발생한 질병을 업무상질병으로 명시하고 있다.

㈏ **유해·위험 요인**

근로자가 근기법상 업무상질병(근기령 §44①[별표5])의 범위에 속하는 질병에 걸린 경우(임신근로자의유산·사산·조산포함), 다음 요건 모두에 해당하면 업무상질병(산재법 §37①ii)으로 본다(산재령 §34①). 첫째, 근로자가 업무수행과정에서 유해·위험요인을 취급하거나 유해·위험요인에 노출된 경력이 있어야 한다. 둘째, 유해·위험요인을 취급하거나 유해·위험요인에 노출되는 업무시간, 그 업무에 종사한 기간 및 업무환경 등에 비추어 볼 때 근

1) 대판 2011.7.28, 2008다12408.
2) 대판 2012. 3.15, 2011두24644.
3) 대판 1998.12.8, 98두14006.

로자의 질병을 유발할 수 있다고 인정되어야 한다. 셋째, 근로자가 유해·위험요인에 노출되거나 유해·위험요인을 취급한 것이 원인이 되어 그 질병이 발생했다고 의학적으로 인정되어야 한다.

㈐ 업무상부상과의 관계

업무상부상을 입은 근로자에게 발생한 질병이 부상과 질병 사이의 인과관계가 의학적으로 인정되고, 기초질환 또는 기존질병으로서 자연발생적으로 나타난 증상이 아니면 업무상질병(산재법 §37①ii)으로 본다(산재령 §34②).[1]

㈑ 질병별 판단기준

산재령(§34③ [별표3])은 각종 질병에 대해 업무상질병 해당 요건과 내용을 구체적으로 제시하고 있다.[2] 뇌·심혈관계질환은 뇌경색·심근경색증 등 뇌·심혈관계질병이 자연발생적으로 악화되어 발병한 경우가 아니라면, '소정의 요건'[3] 중 하나를 충족하면 업무상질병으로 본다(산재령§34③ [별표3]).[4] 근골격계질환은 증상, 의학적소견, 검사소견, 진단명 등을 확인해 판단한다(산재령§34③ [별표3]).[5]

㈒ 고려사항

공단은 근로자의 업무상 질병 또는 업무상 질병에 따른 사망의 인정여부를 판정할 때, 근로자의 성별, 연령, 건강 정도 및 체질 등을 고려하여야 한다(산재령 §34③).

---

1) 부산지판 2010.11.3, 2009구단4603.

2) 뇌혈관질환 또는 심장질환, 물리적요인으로 인한 질병, 이상기압으로 인한 질병, 소음성난청, 근골격계질병, 진동증상, 화학물질 중독·속발증, 염화비닐 증상·속발증, 타르 중독·속발증, 망간 또는 그 화합물 중독·속발증, 납·납합금 또는 그 화합물 중독·속발증, 수은·아말감 또는 그 화합물 중독·속발증, 크롬 또는 그 화합물 중독·속발증, 카드뮴 또는 그 화합물 중독·속발증, 벤젠 중독·속발증, 탄화수소 및 방향족 화합물 중 유기용제 중독·속발증, 트리클로로에틸렌 중독·속발증, 디이소시아네이트 중독·속발증, 이황화탄소 중독·속발증, 석면으로 인한 질병, 세균·바이러스 등의 병원체로 인한 질병, 직업성 피부질환, 간질환.

3) 첫째, 업무와 관련한 '돌발적이고 예측 곤란한 정도'의 긴장·흥분·공포·놀람 등과 급격한 업무환경변화로 뚜렷한 생리적 변화가 그렇다(대판 2003.11.14, 2003두5501). 둘째, 업무의 양·시간·강도·책임 및 환경변화 등으로 발병전 단기간 동안 업무상 부담이 증가해 뇌·심혈관의 기능에 뚜렷한 영향을 줄 수 있는 육체적·정신적 과로를 유발한 경우가 그렇다 [발병전 1주일 이내의 업무량이나 업무시간이 일상보다 30% 이상 증가되거나 업무의 강도·책임 및 환경 등이 일반인이 적응하기 어려운 정도로 바뀐 경우를 기준으로 들 수 있다(고용노동부 고시 2008-43호)]. 셋째, 업무의 양·시간·강도·책임 및 환경변화 등에 따른 만성적이고 과중한 업무로 뇌·심혈관의 기능에 뚜렷한 영향을 줄 수 있는 육체적·정신적 과로를 유발한 경우가 그렇다[발병 전 3개월 이상 연속적으로 일상적인 업무에 비해 과중한 육체적·정신적 부담을 발생시켰다고 인정되는 업무적 요인이 객관적으로 확인되는 상태를 기준으로 들 수 있다(고용노동부 고시 2008-43호)] ; 대판 2004.3.26, 2003두12844 ; 대판 2001두9578, 2002.2.27 ; 대판 2001두3082, 2001.7.2 ; 대판 2001.11.9, 2000두9823 ; 대판 2019.4.11, 2018두40515. 등.

4) 대판 1996.9.10, 96누6806 ; 대판 1993.2.12, 92누16553.

5) 신체부담업무로서 반복 동작이 많은 업무, 무리한 힘을 가해야 하는 업무, 부적절한 자세 유지업무, 진동작업, 그 밖에 신체부위에 부담이 되는 상태에서 하는 업무 중 어느 하나에 종사한 경력이 있는 근로자에게 팔·다리·허리 부근의 근골격계질환이 발생·악화된 경우에는 업무상질병으로 보며, 업무와 관련이 없는 다른 원인으로 발병한 경우에는 업무상질병으로 보지 않는다.

③ 출 · 퇴근재해

출퇴근이라 함은 "취업과 관련하여 주거와 취업장소 사이의 이동 또는 한 취업장소에서 다른 취업장소로의 이동"을 말한다(산재법 §5iii).

"사업주가 제공한 교통수단이나 그에 준하는 교통수단을 이용하는 등 사업주의 지배관리하에서 출퇴근하는중 발생한 사고(산재법 §37①iii가)"[1]는 업무상재해로 인정된다(산재법 §37①.3.가). 근로자가 출퇴근하던 중에 발생한 사고가 "사업주가 출퇴근용으로 제공한 교통수단이나 사업주가 제공한 것으로 볼 수 있는 교통수단을 이용하던 중에 발생"하고 "출퇴근용으로 이용한 교통수단의 관리 또는 이용권이 근로자측의 전속적 권한"에 속하지 않으면 출퇴근 재해로 본다(산재령 §35①).

산재법(§37① iii나)은 "그 밖에 통상적인 경로와 방법으로 출퇴근하는 중 발생한 사고"를 업무상재해로 명시하고 있다. 이러한 사고 중에서 출퇴근 경로 일탈 또는 중단이 있는 경우에는 해당 일탈 · 중단 중의 사고 및 그 후의 이동 중의 사고에 대하여는 출퇴근재해로 보지 않는다. 다만, 일탈 또는 중단이 일상생활에 필요한 행위로서 '대통령령(산재령 §35②)으로 정하는 사유'[2]가 있는 경우에는 출퇴근 재해로 본다(산재령 §37③). 출퇴근경로 · 방법이 일정하지 않은 직종으로 '대통령령으로 정하는 경우(산재령 §35의2)'[3]에는 "그 밖에 통상적경로 · 방법으로 출퇴근하는 중 발생한 사고"에 따른 출퇴근재해를 적용하지 않는다(산재령 §37④).

산재법은 출퇴근재해에 대해 '사업주가 제공한 교통수단이나 그에 준하는 교통수단을 이용하는 등 사업주의 지배관리하에서 출퇴근하는 중 발생한 사고'와 '. 그 밖에 통상적인 경로와 방법으로 출퇴근하는 중 발생한 사고'를 업무상재해로 명시하고 있다(산재법 §37①iii).

---

1) 대판(전) 2007.9.28, 2005두12572 등 수 많은 판례 ; 출 · 퇴근재해를 이러한 행위로만 제한하는 산재법 조항이 위헌(헌재 2016.9.29, 2014헌바254)으로 판결되어 개정(2017.10.24.개정, 2018.1.1.시행).

2) ⓐ 일상생활에 필요한 용품을 구입하는 행위, ⓑ 학교(「고등교육법」 §2) 또는 직업교육훈련기관(「직업교육훈련촉진법」 §2)에 따른 에서 직업능력개발향상에 기여할 수 있는 교육이나 훈련 등을 받는 행위, ⓒ 선거권이나 국민투표권의 행사, ⓓ 근로자가 사실상 보호하고 있는 아동 또는 장애인을 보육기관 또는 교육기관에 데려주거나 해당 기관으로부터 데려오는 행위, ⓔ 의료기관 또는 보건소에서 질병의 치료나 예방을 목적으로 진료를 받는 행위, ⓕ 근로자의 돌봄이 필요한 가족 중 의료기관 등에서 요양 중인 가족을 돌보는 행위, ⓖ ⓐ부터 ⓕ까지의 규정에 준하는 행위로서 고용장관이 일상생활에 필요한 행위라고 인정하는 행위.

3) ⓐ 수요응답형 여객자동차운송사업(「여객자동차운수사업법」 §3①iii), ⓑ 개인택시운송사업(「여객자동차운수사업법」 §3①ii 라), ⓒ 배송업무(산재법 §122①ii 라)에 종사하는 사람(산재법 §124에 따라 자기 또는 유족을 보험급여를 받을 수 있는 자로 하여 보험에 가입한 사람으로서 근로자를 사용하지 아니하는 사람을 말한다)이 본인의 주거지에 업무에 사용하는 자동차 등의 차고지를 보유하고 있는 경우.

2·라. 산재보상급여 내용

(1) 법적근거

근기법상 재해보상인 요양보상, 휴업보상, 장해보상, 유족보상 및 장례비에 대해서는 근로자의 청구에 따라 사업주가 지급한다. 산재보험의 보험급여인 요양급여, 휴업급여, 장해급여, 간병급여, 유족급여, 상병보상연금, 장례비 및 직업재활급여에 대해서는 수급권자의 청구에 따라 공단이 지급한다(산재법 §36①②).

산재법은 진폐근로자에 대해 별도의 재해보상체계[1]를 마련하고 있다. 진폐에 따른 보험급여의 종류는 요양급여, 간병급여, 장례비, 직업재활급여, 진폐보상연금 및 진폐유족연금으로 한다(산재법 §36①).

(2) 요양보상과 요양급여

① 개 요

근로자가 업무상 부상 또는 질병에 걸리면 사용자는 그 비용으로 필요한 요양을 하거나 필요한 요양비를 부담해야 한다(근기법 §78). 요양급여는 근로자가 업무상의 사유로 부상을 당하거나 질병에 걸린 경우에 그 근로자에게 지급한다(산재법 §40①).

② 요양급여의 내용

㈎ 본원적 요양

산재법의 요양급여는 요양비 전액이다. 요양급여는 산재보험의료기관(산재법 §43①)에서 요양하는 방법으로 지급된다(산재법 §40②). 필요한 요양범위는 '진찰 및 검사', '약제 또는 진료재료와 의지(義肢) 그 밖의 보조기의 지급', '처치·수술·그 밖의 치료', 재활치료, 입원, 간호·간병, 이송, '그 밖에 고용노동부령으로 정하는 사항'이다(산재법 §40④). 부득이한 경우에는 요양을 갈음해 요양비를 지급할 수 있다(산재법 §40②단서, 산재령 §38①).

㈏ 부수적 요양

한방치료 및 온천치료, 격리병실, 당뇨병, 요양 중 골절상, 추가상병, 다른 상병의 속발증, 합병증 성형수술 및 안경사용, 가발비, 치과보철, 의족 등도 요양의 범위로 인정될 수 있다.

---

1) 진폐판정절차를 급여청구, 진폐진단, 진폐심사회의심사, 진폐판정 및 보험급여결정으로 단순화하고, 진폐판정기준, 요양대상인정기준, 진폐장해등급기준 등을 대통령령으로 정한다(산재법 §91의5~8).

③ 요양급여의 지급방법

㈎ 지급시기

요양보상(금여)은 매월 1회 이상 지급해야 한다(근기령 §46).

㈏ 요양기관

근기법은 요양기관을 별도로 정하고 있지 않다. 따라서 요양기관은 사용자가 정하는 것이 원칙이나 사회통념상 "필요한 요양(근기법 §78)"이 불가능한 요양기관에 요양토록 하는 것은 요양보상 의무에 위반된다. 산재법상 요양은 공단이 총괄적으로 관리하는 산재보험의료기관(산재법 §43②)[1]에서 한다.

㈐ 요양신청

㉮ 주체 및 절차

근기법상 요양보상 및 재요양보상 신청권자는 재해근로자가 되며, 요양신청은 사업주에게 한다. 산재법상 요양급여(산재법 §40①)(진폐 제외)를 받으려는 자는 소속사업장, 재해발생경위, 의학적소견 등을 적은 서류를 첨부해 공단에 요양급여신청을 해야 한다(산재법 §41①). 산재보험의료기관은 환자인 근로자의 동의를 받아 요양급여신청을 대행할 수 있다(산재법 §41②).

㉯ 건강보험 우선적용

피보험자는 산재법상 요양급여결정 전에, 국민건강보험에서 요양급여(국민건강 보험법 §41) 또는 의료급여(의료급여 법 §7)를 받을 수 있다(산재법 §42①). 업무상재해로 결정되면 공단이 요양급여에 해당하는 금액을 공단에 청구할 수 있다(산재법 §90②). 건강보험요양급여 등을 받은 자가 본인의 일부부담금을 산재보험의료기관에 납부한 후에 산재법상 요양급여수급권자로 결정되면 일부부담금 중 산재법상 요양급여에 해당하는 금액을 공단에 청구할 수 있다(산새법 §42②).

㈑ 요양기간

요양환자의 상병이 완치되었거나, 계속해 치료해도 의학적효과를 기대할 수 없게 되고, 증상이 고정상태에 이르렀다는 의학적소견이 있으면 치료를 종결할

---

1) 「의료법」(§3)의 의료기관과 「지역보건법」(§7)에 따른 보건소로서 인력·시설·장비 및 진료과목 및 산재보험의료기관의 지역별분포를 고려해 고용노동부령 기준에 해당하는 의료기관 또는 보건소 중 공단이 지정하거나 지정을 취소한다. 공단소속의료기관과 '「의료법」(§3의4)의 상급종합병원은 당연지정기관이다. ; 헌재 2011.6.30, 2008헌마595. 종합전문요양기관을 당연히 산재보험의료기관으로 정한 규정은 직업수행의 자유와 평등권을 침해하지 않는다.

수 있으며, 재발하거나 악화되면 재요양을 받을 수 있다(산재법 §51).

㈒ **요양급여의 한계 및 공제금지**

부상 또는 질병이 3일 이내의 요양으로 치유될 수 있으면 요양급여를 지급하지 않는다(산재법 §40③). 이 경우 근기법에 따라 사용자가 요양보상을 한다.

(3) 휴업보상과 휴업급여

① 휴업보상

사용자는 요양 중에 있는 근로자에게 평균임금의 60%의 휴업보상을 해야 한다(근기법 §79①). 휴업보상을 받을 기간에 그 보상을 받을 자가 임금의 일부를 지급받은 경우에는 사용자는 평균임금에서 그 지급받은 금액을 뺀 금액의 60%의 휴업보상을 해야 한다(근기법 §79②). 휴업보상은 매월 1회 이상 지급해야 한다(근기령 §46).

② 휴업급여

㈎ **내 용**

㉮ **원 칙**

산재법상 휴업급여는 업무상 사유로 부상을 당하거나 질병에 걸린 근로자에게 요양으로 취업하지 못한 기간에 대해 지급되며, 1일 지급액은 평균임금의 70%상당 금액이고, 취업 못한 기간이 3일 이내이면 지급되지 않는다(산재법 §52).

㉯ **부분휴업급여**

부분휴업급여제도는 가벼운 부상 등에 대해 취업과 요양을 병행할 수 있는 제도이다. 공단은 요양·재요양 근로자가 요양기간 중 취업한 해당일 또는 해당시간에 대해 '평균임금에서 수령임금을 뺀 금액의 90/100'에 상당하는 금액을 지급할 수 있다.

㉰ **특 례**

(a) 저소득층

1일당 휴업급여지급액(산재법 §52)이 최저보상기준금액의 80/100 이하이면 그 근로자에 대해서는 '평균임금의 90/100'(최저보상기준금액의100분의80보다많은경우 최저보상기준금액의100분의80에상당하는금액)을 1일당 휴업급여 지급액(최저임금액보다 적으면그최저임금액)으로 한다(산재법 §54).

(b) 고령자

휴업급여를 받는 근로자가 61세가 되면 이후의 휴업급여는 따로 산정(산재법 §55 [별표1]) 한 금액을 지급한다(산재법 §55).

(c) 재요양기간

재요양을 받는 자에 대해서는 재요양 당시의 임금을 기준으로 산정한 평균임금의 70/100에 상당하는 금액을 1일당 휴업급여지급액으로 한다(산재법 §56①). 이 때 1일당 휴업급여지급액이 최저임금액보다 적거나 재요양 당시 평균임금산정의 대상이 되는 임금이 없으면 최저임금액을 1일당 휴업급여지급액으로 한다(산재법 §56②).

㈏ **대 상**

의수장착물리치료기간, 가정요양필요기간, 요양불승인취소기간, 요양결정통지전기간 등은 휴업급여지급대상기간이다. 간염치료기간, 요양중지기간 등은 대상기간이 아니다.

㈐ **지 급**

휴업급여는 요양으로 인해 취업할 수 없다는 의학적소견이 있을 경우에 해당기간에 대해 지급된다. 재요양이 필요하다는 의학적소견이 있더라도 실제로 재요양을 개시한 날로부터 휴업급여가 지급된다.

휴업급여를 받고자 하는 자는 사업주, 의료기관, 청구인의 확인·날인 후 신청서를 관할 공단에 제출한다. 2회분 청구부터는 사업주확인을 생략할 수 있다.

통원치료기간 중에 자신의 사업에 필요한 업무를 수행했다면 사업소득 발생유무를 불문하고 보험급여액의 2배에 해당하는 금액이 부당이득금으로 징수된다.

(4) 장해보상과 장해급여

① 장해의 의미

장해라 함은 치유, 즉, 부상 또는 질병이 존재하더라도 치료에 따라서 더 이상의 효과를 거둘 수 없는 상태에서 남아 있는 정신적·육체적 훼손상태를 말한다.

② 보상내용

㈎ **장해보상**

근기법상으로, 사용자는 근로자가 업무상 부상 또는 질병에 걸리고, 완치된 후 신체에 장해가 있으면 사용자는 그 장해정도에 따라 평균임금에 따로[1] 정한 일수를 곱해 얻은 금액의 장해보상을 '부상 또는 질병이 완치된 후 지체없이' 행해야 한다(근기법 §80① [별표]).

---

1) '신체장해등급과 재해보상표'를 두어 신체장해의 등급을 14등급으로 나누고 있으며, 그 등급에 해당하는 장해의 구체적인 내용과 함께 그 등급에 따라 제1급 즉, 평균임금의 1,340일분에서부터 제14급 즉, 평균임금의 50일분의 일시금을 장해보상으로 지급하도록 규정하고 있다.

(나) 장해급여

산재법상으로, 장해급여는 근로자가 업무상의 사유로 부상을 당하거나 질병에 걸려 치유된 후 신체 등에 장해가 있는 경우에 그 근로자에게 지급된다(산재법 §57①). 장해급여는 장해등급(산재법 §57② [별표2])에 따라 장해보상연금 또는 장해보상일시금으로 하되, 그 장해등급의 기준(산재령 §53① [별표6])은 따로 정한다(산재법 §57②).

㉮ 장해보상연금

장해보상연금은 장애등급이 7급 이상인 근로자가 공단에 청구할 수 있다(산재법 §57② [별표2]). '노동력을 완전히 상실한 장해등급(산재령 §53⑤)'[1]의 근로자에게는 장해보상연금만 지급된다(산재법 §57③).

장해보상연금 또는 진폐보상연금의 수급권자가 사망한 경우, 대한민국 국민이었던 수급권자가 국적을 상실하고 외국에서 거주하고 있거나 외국에서 거주하기 위하여 출국하는 경우, 대한민국 국민이 아닌 수급권자가 외국에서 거주하기 위하여 출국하는 경우의 어느 하나에 해당하면 그 수급권이 소멸한다.

㉯ 장해보상일시금

쟁해보상일시금은 '장해등급이 7급에서 4급인 자로 일시금을 선택한 자', '장해등급이 7급 이하인 자(산재법 §57② [별표2])', '장해급여청구사유가 발생할 당시에 대한민국국민이 아닌 자로서 외국에서 거주하고 있는 자(산재법 §57③)'에게 지급된다.

③ 장해판정

(가) 장해중복

㉮ 복수 장해

하나의 재해로 인한 장해로서 장해등급기준(산재령 §53①[별표6] 근기령 §47①[별표6])에 해당하는 장해가 2 이상 있는 경우에는 그 중 심한 장해에 해당하는 장해등급을 그 근로자의 장해등급으로 하되, 제13급 이상의 장해가 2 이상 있는 경우에는 '조정된 장해등급'[2]을 그 근로자의 장해등급으로 한다(산재령 §53② 근기령 §47②).

㉯ 같은 부위 가중

근기법과 산재법은 같은 부위에 장해가 더 심해진 경우의 보상이나 급여에 대

1) 제1급부터 제3급까지의 장해등급(산재령 §53① [별표6])을 말한다.

2) 조정된 장해등급은 다음과 같다. ⓐ 제5급 이상에 해당하는 신체장해가 2 이상 있는 경우에는 3개 등급 상향조정, ⓑ 제8급 이상에 해당하는 신체장해가 2 이상 있는 경우에는 2개 등급 상향조정, ⓒ 제13급 이상에 해당하는 신체장해가 2 이상 있는 경우에는 1개 등급 상향조정.

해 규정하고 있다.

(a) 장해보상

정도가 더 심해진 장해등급에 해당하는 장해보상일수에서 기존의 장해등급에 해당하는 장해보상일수를 뺀 일수에 보상청구사유가 발생할 당시의 평균임금을 곱해 산정한 금액이 장해보상이다(근기법 §80②).

(b) 장해급여(산재령 §53④)

'심해진 장해에 해당하는 장해보상일시금지급일수 또는 장해보상연금지급일수'에서 '기존 장해에 해당하는 장해보상일시금지급일수 또는 장해보상연금지급일수'를 뺀 일수에 '급여청구사유가 발생할 당시의 평균임금'을 곱해 산정한 금액이 각각 장해급여일시금 또는 장해보상연금이다.

(나) 장해등급 재판정

공단은 장해보상연금 또는 진폐보상연금 수급권자 중 그 장해 상태가 호전되거나 악화된 자에 대해 수급권자의 신청 또는 직권으로 장해등급 등을 재판정할 수 있다(산재법 §59①).

(다) 재요양에 따른 장해급여

장해보상연금수급권자가 재요양을 받는 경우에도 그 연금지급을 정지하지 않는다(산재법 §60①). 재요양을 받고 치유된 후 장해상태가 종전에 비해 호전되거나 악화된 경우에는 그 호전 또는 악화된 장해상태에 해당하는 장해등급에 따라 장해급여를 지급한다(산재법 §60②).

④ 장해특별급여

보험가입자의 고의 또는 과실로 발생한 업무상재해로 근로자가 '제1급~제3급(산재령 §73①)'으로 정하는 장해등급 또는 진폐장해등급에 해당하는 장해를 입은 경우에, 근로자와 보험가입자의 합의에 따라, 수급권자가 민법에 따른 손해배상청구를 갈음해 장해특별급여를 청구할 수 있다(산재법 §78①). 이 경우 공단은 대통령령으로 정하는 바에 따라 그 급여액 모두를 보험가입자로부터 징수한다(산재법 §78③).

⑤ 일시금과 연금전환

장해보상일시금을 받다가 장해보상연금으로 전환하는 것은 인정되지 않는다. 다만, 심사·소송 등의 결과 장해등급이 다시 연금에 해당될 경우에는 연금으로 지급하는 것이 인정된다. 장해보상연금을 받다가 도중에 전환한 장해보상일시금은 「연금차액일시금규정」을 준용해 지급할 수 있다.

(5) 간병급여

간병급여는 요양급여수령자(산재법 §40) 중 간병급여지급대상자(산재령 §59①)[1]에게 '실제로 간병을 받은 날에 대해(산재령 §59②)' 지급된다(산재법 §61 산재령 §59⑥). 수시간병급여는 상시간병급여의 2/3에 해당하는 금액으로 한다(산재령 §59③[별표7] 간병급여지급대상). 재요양(산재법 §51)기간 중에 간병급여가 지급되지 않는다(산재령 §59⑤).

(6) 유족보상과 유족급여

① 내 용

㈎ 유족보상

근로자가 업무상 사망하거나 '사망한 것으로 추정될 경우'에는 사용자는 '근로자가 사망한 후 지체없이(근기령 §51②)' 그 유족에 대해 평균임금의 1,000일분을 유족보상으로 지급해야 한다(근기법 §82①).

㈏ 유족급여

유족급여는 근로자가 업무상사유로 사망한 경우에 유족에게 지급된다(산재법 §62①). 유족급여는 '유족보상연금이나 유족보상일시금(산재법 §62② [별표3])'으로 하되, 유족보상일시금(평균임금의 1,300일분)은 근로자가 사망할 당시 연금수급자격자가 없거나 외국에 거주하는 등 연금지급이 곤란한 경우에 예외적으로 지급된다(산재법 §62②). 수급권자가 원하면 유족보상일시금(산재법 §62② [별표3])의 50%에 상당하는 금액이 일시금으로 지급되고 유족보상연금은 50%를 감액해 지급된다(산재법 §62③).

② 수급권자

㈎ 원 칙

㉮ 유족보상

유족보상을 받는 유족의 제1순위는 근로자가 사망할 때 그가 부양하고 있던 배우자(사실혼 관계에 있는 자를 포함)·자녀·부모·손 및 조부모이고, 제2순위는 제1순위에 해당하지 않는 배우자·자녀·부모·손 및 조부모이며, 제3순위는 근로자가 사망할 때 그가 부양하고 있던 형제자매이며, 제4순위는 제3순위에 해당하지 않는 형제자매이다(근기법 §82② 근기령 §48).

---

1) 지급대상 및 지급기준은 산재령 제59조제1항 [별표7]에 명시되어 있다. 장해 1, 2급의 중증장해자가 대상자이다.

㉯ 유족급여

(a) 연 금

유족보상연금수급자격자는 근로자가 사망할 당시 생계를 같이 하고 있던 유족 중 배우자, 부모 또는 조부모로서 각각 60세이상인 자, 자녀로서 25세미만자, 손자녀로서 19세미만자, 형제자매로서 19세미만이거나 60세이상인 자, 그 밖에 해당하지 않는 자녀·부모·손자녀·조부모 또는 형제자매로서 제2급 이상 장애인(장애인복지법 §2)이다(산재법 §63①).[1] 태아는 출생한 때부터 장래에 향해 생계를 같이 하고 있던 유족으로 본다(산재법 §63②). 권리의 순위는 배우자·자녀·부모·손자녀·조부모 및 형제자매의 순서로 한다(산재법 §63③). 수급자격자에게 사망, 재혼, 친족관계종료, 연령도달, 장애상태해소, 출국 등 일정한 사유가 발생하면 그 자격을 잃는다(산재법 §64①).

(b) 일시금

일시금을 받을 유족의 순의는 다음과 같다. 제1순위자는 근로자가 사망할 당시 그 근로자와 생계를 같이 하고 있던 배우자·자녀·부모·손자녀 및 조부모 순이다. 제2순위자는 근로자가 사망할 당시 그 근로자와 생계를 같이 하고 있지 않던 배우자·자녀·부모·손자녀 및 조부모 또는 근로자가 사망할 당시 근로자와 생계를 같이 하고 있던 형제자매 순이다. 제3순위자는 그 밖의 형제자매이다.

㈏ 양부모와 친부모

양부모를 선순위로 하고, 실부모를 후순위로 한다. 조부모는 양부모의 부모를 선순위로 하고, 실부모의 부모를 후순위로 하되, 부모의 양부모를 선순위로 하고 부모의 실부모를 후순위로 한다(근기령 §48② 산재법 §65②).

㈐ 유언, 동순위자 및 유족사망

재해근로자가 유언 또는 '사용자에 대한 예고'로서 유족을 지정했을 경우에는 이에 따른다(근기령 §48③ 산재법 §65④). 같은 순위의 자가 2명 이상일 때에는 그 인원수에 따라 보상 또는 급여를 똑같이 나눈다(근기령 §49 산재법 §65①후단). 유족이 사망하거나(근기령 §50 산재법 §65③) 유족보상연금수급자격자가 그 자격을 잃은(산재법 §64②) 경우에는 같은 순위자가 있으면 그 사람에게 지급하고 같은 순위자가 없으면 다음 순위자에게 지급한다.

---

1) 유족보상연금수급권자가 2명 이상 있을 때에는 그 중의 1명을 유족보상연금의 청구와 수령에 관한 대표자로 선임할 수 있으며, 선임하거나 그 선임된 대표자를 해임한 경우에는 지체없이 그 선임 또는 해임을 증명할 수 있는 서류를 첨부해 공단에 신고해야 한다(산재령 §60).

③ 장해보상과 유족보상 중복

장해보상을 받은 후 같은 재해가 원인이 되어 사망했을 때에도 유족보상은 장해보상과 그 목적을 달리하므로 전액이 지급되어야 한다.[1)]

④ 유족특별급여

보험가입자의 고의 또는 과실로 발생한 업무상의 재해로 근로자가 사망한 경우에 수급권자가 민법에 따른 손해배상청구를 갈음해 유족특별급여를 청구하면 유족급여(산재법 §62) 또는 진폐유족연금(산재법 §91의4) 외에 유족특별급여(산재령 §74①)를 지급할 수 있다(산재법 §79①). 공단은 그 급여액의 모두를 보험가입자로부터 징수한다(산재법 §79②).

⑤ 유족보상연금 개정

공단은 '근로자의 사망 당시 태아였던 자녀가 출생한 경우', '유족보상연금 수급자격자가 자격을 잃은 경우(산재법 §64①)', '지급정지가 해제된 경우(산재법 §62③)', 및 '유족보상연금 수급자격자가 행방불명이 된 경우'에는 유족보상연금 수급권자의 청구에 의하거나 직권으로 사유가 발생한 달분부터 유족보상연금금액을 조정한다(산재령 §63).

(7) 상병보상연금

요양급여수령자가 요양 또는 재요양을 시작한 지 2년이 지난 날 이후에 그 부상이나 질병이 치유되지 않은 상태에서, 그 중증요양상태등급의 정도가 일정한 중증요양상태등급등급기준(산재령 §65① [별표8])에 해당하면 휴업급여 대신 상병보상연금이 그 근로자의 청구에 따라 지급된다(산재법 §66, §69).

(8) 장례비

근기법(§83)에 따르면, 근로자가 업무상으로 사망한 경우, 사용자는 '지체없이(근기령 §51②)' 평균임금의 90일분의 장례비를 지급해야 한다.

산재법에 따르면, 장례비는 근로자가 업무상 사유로 사망한 경우에 지급하되, 평균임금의 120일분에 상당하는 금액을 장제(葬祭)를 지낸 유족에게 지급한다(산재법 §71①). 장례비의 최고금액 또는 최저금액은 고용장관이 매년 고시한다(산재법 §71②).

(9) 직업재활급여

산재근로자가 재활할 수 있도록 산재보험급여의 종류에 직업재활급여가 명시되어 있다(산재법 §36①viii). 직업재활급여는 2가지로 구성되어 있다(산재법 §72①). 첫째, 장해급여자

1) 법무 810-7616, 1982.4.10.

또는 진폐보상연금수급권자 중 취업을 위한 훈련대상자에 대하여 직업훈련비용 및 직업훈련수당을 지급한다. 둘째, 업무상재해 발생당시의 사업장에 복귀한 장해급여자에 대해 고용을 유지하거나 직장적응훈련(직장복귀 전실시포함) 또는 재활운동을 실시하는 사업주에게 직장복귀지원금, 직장적응훈련·재활운동비용을 지급한다.

2·마. 산재보상급여 지급

(1) 보험급여의 계산

재해보상과 보험급여는 평균임금을 기초로 지급수준이 결정된다. 보험급여(장례비 제외)를 산정할 때 평균임금이 '상시 5명이상 사업체 전체근로자의 임금평균액'의 1.8배(최고보상 기준금액)를 초과하거나, 1/2(최저보상 기준금액)보다 적으면 그 최고보상기준금액이나 최저보상기준금액(시간급최저임금에8을 곱한금액보다적으면그최저임금액)을 각각 그 근로자의 평균임금으로 한다.[1] 최고보상기준금액은 휴업급여·장해급여·유족급여 및 상병보상연금에 적용하고, 최저보상기준금액은 장해급여 및 유족급여에 적용한다. 휴업급여와 상병보상연금은 최저보상기준금액을 적용하지 않고(산재법 §36⑦) 최저임금기준으로 산정한다(산재법 §54②).

(2) 보험급여 지급요건

보험급여는 받을 수 있는 수급권자의 청구에 따라 지급된다(산재법 §36②).

(3) 보험급여 지급시기

① 원 칙

근기법상으로는, 사용자는 재해보상을 지체없이 해야 한다. 사용자는 지급능력이 있는 것을 증명하고, 보상받을 자의 동의를 얻은 경우에 있어서는 장해보상(근기법 §80), 유족보상(근기법 §82) 또는 일시보상(근기법 §84)의 규정에 의한 보상금을 1년에 걸쳐 분할보상(근기법 §85) 할 수 있다. 산재법상으로, 보험급여는 지급결정일로부터 14일내에 지급되어야 하며(산재법 §82) 분할보상이 인정되지 않는다.

② 일시지급

㈎ 재해보상

근기법상으로, 요양보상을 받는 근로자가 요양개시후 2년을 경과해도 부상 또는 질병이 완치되지 않는 경우에는 사용자는 그 근로자에게 평균임금 1,340일분의 일시보상을 행해 그 후의 모든 근기법에 의한 보상책임을 면할 수 있다(근기법 §84).

---

1) 매년 고용장관이 고시하며(산재법 §36⑧), 적용기간은 보험연도의 1.1~12.31까지로 한다(산재령 §26).

산재법상으로 요양을 시작한 후 3년이 지난 날 이후에 상병보상연금을 받고 있다면 근기법상 일시보상을 지급한 것으로 본다(산재법 §80④).

㈏ **보험급여**

대한민국 국민이 아닌 근로자가 업무상재해에 따른 부상 또는 질병으로 요양 중 치유되기 전에 출국하기 위해 보험급여의 일시지급을 신청하는 경우에는 출국하기 위해 요양을 중단하는 날 이후에 청구사유가 발생할 것으로 예상되는 보험급여를 한꺼번에 지급할 수 있다(산재법 §76①).

③ **연금지급시기**

장해보상연금이나 유족보상연금의 지급은 그 지급사유가 발생한 달의 다음 달 초일부터 시작되며, 지급받을 권리가 소멸한 달의 말일에 끝난다(산재법 §70①). 연금은 12등분해 매달 25일에 그 달 치의 금액을 지급한다(산재법 §70④).

(4) 미지급보험급여 지급

수급권자가 사망한 경우 지급되어야 할 보험급여로서 지급되지 않은 부분이나, 수급권자가 사망 전에 보험급여를 청구치 않은 부분은 유족(유족급여는그급여를 받을수있는다른유족)의 청구에 따라 지급된다(산재법 §81).

(5) 산재보상급여 지급제한

① **근기법**

근로자가 중대한 과실로 인해 업무상 부상 또는 질병에 걸리고 또한 사용자가 과실에 대해 노동위원회의 인정을 받으면 휴업보상이나 장해보상을 하지 않아도 무방하다(근기법 §81). '중대한 과실'이라 함은 고의에 가까울 정도로 무거운 과실을 말하는 것으로 법령·취업규칙 등의 위반여부에 따르게 되나 구체적인 상황을 종합적으로 감안해 판단한다. 제한되는 보상은 휴업보상과 장해보상에 한하므로 요양보상·유족보상·장례비의 지급책임은 면제되지 않는다.

② **산재법**

공단은 근로자가 '소정의 사유'[1]에 해당되면 보험급여의 전부 또는 일부를 지급하지 않을 수 있으며, 이러한 결정을 지체없이 관계 보험가입자와 근로자에게

---

1) ⓐ 요양근로자가 정당한 사유 없이 요양지시를 위반해 부상·질병 또는 장해 상태를 악화시키거나 치유를 방해한 경우, ⓑ 장해보상연금(진폐보상연금) 수급권자가 장해등급(진폐장해등급) 재판정 전에 자해 등 고의로 장해 상태를 악화시킨 경우.

알려야 한다(산재법 §83). 요양 중인 근로자가 정당한 사유 없이 요양에 관한 지시를 위반해 부상·질병 또는 장해의 상태를 악화시키거나 치유를 방해한 경우(산재법 §83① i), 지급을 제한하기로 결정한 날 이후에 지급사유가 발생하는 휴업급여 또는 상병보상연금의 20일분(지급사유가 발생한 기간이 20일 미만이면 그 기간 해당분)에 상당하는 금액이 지급되지 않는다(산재령 §78①). 장해보상연금 또는 진폐보상연금 수급권자가 장해등급 또는 진폐장해등급 재판정(산재법 §59) 전에 자해 등 고의로 장해상태를 악화시킨 경우(산재법 §83① ii), 장해상태가 심해진 경우에도 종전의 장해등급에 해당하는 장해보상연금이 지급된다(산재령 §78② i).

(6) 보험급여 일시중지

공단은 보험급여를 받고자 하는 자가 '소정의 사유'[1]에 해당되면 보험급여의 지급을 일시 중지할 수 있다(산재법 §120).

(7) 산재보상 부당이득징수

① 보험급여수급자

공단은 보험급여를 받은 자가 '소정의 사유'에 해당하면 그 급여액에 해당하는 금액[2] 또는 그 급여액의 2배[3]에 해당하는 금액을 징수해야 하며, 공단이 '국민건강보험공단등에 청구해 받은 금액(산재법 §90②)'은 징수금액에서 제외한다(산재법 §84①②).

② 산재보험 의료기관 및 약국

공단은 산재보험의료기관이나 약국(산재법 §46①)이 '소정의 사유'에 해당하면 그 진료비나 약제비에 해당하는 금액[4] 또는 그 2배(자신신고는 해당금액)[5]에 해당하는 금액을 징수한다(산재법 §84③).

③ 보험급여 충당

공단은 부당이득을 받은 자(산재법 §84①③), 연대책임이 있는 보험가입자 또는 산재보험

---

1) ⓐ 요양 중인 근로자가 공단의 전원 요양 지시를 정당한 사유 없이 따르지 않는 경우, ⓑ 공단이 직권으로 실시하는 장해등급 또는 진폐장해등급 재판정 요구에 응하지 않는 경우, ⓒ 보고·서류제출 또는 신고를 하지 않는 경우, ⓓ 질문이나 조사에 응하지 않는 경우, ⓔ 진찰 요구에 따르지 않는 경우.

2) ⓐ 수급권자 또는 수급권이 있었던 자가 신고의무를 이행하지 않아 부당하게 보험급여를 지급받은 경우, ⓑ 그 밖에 잘못 지급된 보험급여가 있는 경우.

3) 거짓이나 그 밖의 부정한 방법으로 보험급여를 받은 경우 ; 이 경우 보험급여의 지급이 보험가입자·산재보험 의료기관 또는 직업훈련기관의 거짓된 신고, 진단 또는 증명으로 인한 것이면 그 보험가입자·산재보험 의료기관 또는 직업훈련기관도 연대하여 책임을 진다(산재법 §84②).

4) ⓐ 요양급여의 산정기준을 위반해 부당하게 진료비나 약제비를 지급받은 경우, ⓑ 그 밖에 진료비나 약제비를 잘못 지급받은 경우.

5) 거짓이나 그 밖의 부정한 방법으로 보험급여를 받은 경우.

의료기관(산재법 §84②)에 지급할 보험급여·진료비 또는 약제비가 있으면 이를 부당이득에 따라 징수할 금액에 충당할 수 있다(산재법 §86). 부당이득징수권의 소멸시효는 공단이 그러한 권한을 알았는지에 관계없이 보험급여를 지급한 날부터 3년간이다.

2·바. 진폐보험급여 특례

(1) 재해인정

근로자가 진폐에 걸릴 우려가 있는 작업으로서 암석, 금속이나 유리섬유 등을 취급하는 작업 등의 분진작업에 종사해 진폐에 걸리면 업무상질병(산재법 §37① ii 다)으로 본다(산재법 §91의2).

(2) 진폐연금

진폐보상연금은 업무상질병인 진폐에 걸린 진폐근로자에게 지급하고(산재법 §91의3), 진폐유족연금은 진폐근로자가 진폐로 사망하면 유족에게 지급한다(산재법 §91의4).

(3) 요양급여청구

분진작업에 종사하고 있거나 종사했던 근로자가 업무상 질병인 진폐로 요양급여 또는 진폐보상연금을 받으려면 공단에 청구해야 한다(산재법 §91의5).

(4) 진폐진단

공단은 건강진단기관(진폐근로자 보호법§15)에 진폐판정진단을 의뢰하고, 건강진단기관은 진단결과를 공단에 제출해야 하며, 공단은 그 비용을 지급한다(산재법 §91의6, §91의7).

(5) 진폐판정·급여결정

공단은 진단결과를 받으면 진폐심사회의의 심사를 거쳐 진폐병형, 합병증의 유무 및 종류, 심폐기능의 정도 등을 판정해야 하고 판정결과에 따라 요양급여 지급여부, 진폐장해등급과 진폐보상연금지급여부 등을 결정해야 한다(산재법 §91의8).

(6) 요양급여지급

공단은 요양급여를 지급키로 결정된 진폐근로자에 대해 "진폐요양 의료기관"에서 요양을 하게하고, 고용장관은 진폐요양의료기관이 활용할 수 있도록 전문가 자문 등을 거쳐 입원과 통원의 처리기준, 표준적 진료기준 등을 정해 고시할 수 있다(산재법 §91의9).

(7) 사망인정 및 사망원인 확인

공단은 분진작업에 종사하거나 종사했던 근로자가 진폐, 합병증이나 그 밖에 진폐와 관련된 사유로 사망했다고 인정되면 업무상재해로 본다(산재법 §91의10, §91의11).

2·사. 근로복지사업

고용장관은 근로자의 복지증진사업을 할 수 있으며, 공단 또는 재해근로자의 복지증진을 위해 설립된 법인 중 고용장관의 지정을 받은 법인(지정법인)이 이러한 사업을 하게 하거나 보험시설의 운영을 위탁할 수 있다(산재법 §92). 공단은 업무상질병(산재법 §37①ii)에 대해 요양신청을 한 경우로서 요양급여결정기간 등을 고려해 대통령령으로 정하는 사람에 대해 건강보험 요양급여비용의 본인일부부담금(건보법 §44)에 대한 대부사업을 할 수 있다(산재법 §93). 고용장관은 보험가입자에 대해 장해급여 또는 진폐보상연금을 받은 사람을 적성에 맞는 업무에 고용하도록 권고할 수 있다(산재법 §94).

2·아. 산재보상 재정

(1) 비용부담

국가는 회계연도마다 예산의 범위에서 보험사업 사무집행비용을 일반회계에서 부담해야 하며, 회계연도마다 보험사업비용 일부를 지원할 수 있다(산재법 §3).

보험료나 그 밖의 징수금, 보험관계의 성립·소멸 등에 관해서는 「고용보험및산업재해보상보험의보험료징수등에관한법률」(징수법)에 따른다(산재법 §4, §7).

(2) 산재보험 및 예방기금

① 기금의 설치·조성

고용장관은 보험사업, 신업재해 예방 시업에 필요한 재원을 확보하고, 보험급여에 충당하기 위해 산재보험및예방기금(기금)을 설치한다(산재법 §95①).

기금은 보험료, 기금운용수익금, 적립금, 결산상 잉여금, 정부 또는 정부 아닌 자의 출연금 및 기부금, 차입금, 그 밖의 수입금을 재원으로 하여 조성된다(산재법 §95②).

정부는 산재예방사업을 수행하기 위해 회계연도마다 기금지출예산 총액의 3/100의 범위에서 출연금으로 세출예산에 계상해야 한다(산재법 §95③).

② 기금의 용도

기금은 법정용도[1]에 사용되며, 고용장관은 회계연도마다 기금의 지출예산총액의 8/100 이상을 재해예방[1]의 용도로 계상해야 하고, 국민건강보험공단출연금액은 징수업무차지비율 등을 기준으로 산정한다(산재법 §96).

③ 기금의 관리

고용장관은 '소정의 방법'[2]에 따라 기금을 관리·운용해야 하고, 그 수익이 대통령령으로 정하는 수준 이상이 되도록 해야 하며, 「국가회계법(§11)」에 따라 회계처리를 하고, 관리·운용의 일부를 공단 또는 한국산업안전보건공단에 위탁할 수 있다(산재법 §97).

④ 기금의 회계

고용장관은 보험급여에 충당하기 위해 책임준비금을 적립하고, 회계연도마다 책임준비금을 산정해 적립금보유액이 책임준비금액을 초과하면 장래의 보험급여 지급재원으로 사용하고, 부족하면 보험료수입으로 적립해야 한다(산재법 §99). 기금의 결산상 잉여금이 생기면 이를 적립금으로 적립해야 하며, 기금의 결산상 손실금이 생기면 적립금을 사용할 수 있다(산재법 §100). 기금의 경비를 지급하기 위해 기금부담으로 차입할 수 있고, 기금에서 지급할 현금이 부족하면 기금부담으로 일시차입을 할 수 있으며 일시차입금은 그 회계연도 안에 상환해야 한다(산재법 §101).

2·자. 산재보상 권리보호

(1) 수급권의 보호와 대위

① 수급권 보호

㈎ 소멸부정과 양도금지

근기법은 보상을 받을 권리는 퇴직해도 변경되지 않고, 양도나 압류의 대상이 아니라고 명시하고 있다(근기법 §86).

산재법의 보험급여수급권은 퇴직해도 소멸되지 않으며, 양도 또는 압류하거나 담보로 제공할 수 없으며, 보험급여수급계좌예금(대통령령으로 정하는액수이하금액)은 압류할 수 없다(산재법 §88).

---

1) ⓐ 보험급여의 지급 및 반환금의 반환, ⓑ 차입금 및 이자의 상환, ⓒ 공단에의 출연, ⓓ 「산업안전보건법」 제61조의3에 따른 용도, ⓔ 재해근로자의 복지 증진, ⓕ 한국산업안전보건공단에 대한 출연, ⓖ 보험료징수법 제4조에 따른 업무를 위탁받은 자에의 출연, ⓗ 그 밖에 보험사업 및 기금의 관리와 운용. ↘ 310쪽

1) 용도 중 ⓓ 「산업안전보건법」 제61조의3에 따른 용도, ⓕ 한국산업안전보건공단에 대한 출연.

2) ⓐ 금융기관 또는 체신관서에의 예입 및 금전신탁, ⓑ 재정자금에의 예탁, ⓒ 투자신탁 등의 수익증권 매입, ⓓ 국가·지자체 또는 금융기관이 직접 발행하거나 채무이행을 보증하는 유가증권의 매입 등.

㈏ **공과금면제**

보험급여로서 지급된 금품에 대해서는 국가나 지자체의 공과금이 부과되지 않는다(산재법 §91).

㈐ **소멸시효**

'근기법상 재해보상' 및 '산재법상 권리'[1]는 3년(유족급여,장의비,진폐보상연금및진폐유족연금은5년)간 행사하지 않으면 시효로 인해 소멸하며, 관련법에 규정된 것 외에는 민법에 따른다(근기법 §92 산재법 §112). 산재법상 보험급여청구권의 소멸시효는 보험급여청구권자의 청구(산재법 §36②)로 중단되며, 업무상재해(산재법 §5 i) 판단을 필요로 하는 최초의 청구인 경우에는 시효중단효력은 다른 보험급여(산재법 §36①)에도 미친다(산재법 §113). 근기법상 고용장관의 심사·중재는 재판상청구로 보게 되므로(근기법 §88⑤) 소멸시효중단사유가 된다. 근기법상 노동위원회의 심사·중재에 대해서는 고용장관의 심사·중재와 같이 해석된다.[2]

㈑ **서류보존**

사용자는 재해보상에 관한 중요한 서류를 재해보상이 끝나지 않거나 재해보상청구권이 시효로 소멸(근기법 §92)되기 전에 폐기하면 안된다(근기법 §91).

② **산재보상 수급권대위**

보험가입자(보험료징수법§2⑤의 하수급인포함)가 소속 근로자의 업무상재해에 관해 산재법에 따른 지급사유와 동일한 사유로 민법이나 그 밖의 법령에 따라 보험급여 상당금품을 보험급여에 대체해 지급한 것으로 인정되는 경우에 그 수급권자의 보험급여수급권을 대위한다(산재법 §89).

(2) 도급과 사업주책임

사업이 여러 차례의 도급에 따라 행해지는 경우의 재해보상에 대해서는 그 원수급인을 사용자로 본다(근기법 §90①). 원수급인이 보상책임을 지는 범위는 하수급인이 고용한 자이며 하수급인은 포함되지 않는다.[3]

(3) 산재보상 이의제기

① **근로기준법**

업무상 질병·부상 또는 사망인정, 요양방법, 보상금액결정, 그 밖에 보상실시

---

1) ⓐ 보험급여수급권, ⓑ 산재보험의료기관 권리, ⓒ 약국 권리, ⓓ 보험가입자 권리, ⓔ 국민건강보험공단 권리.
2) 김형배, 『노동법』, 제20판, 515쪽.
3) 근기 01254-1263, 1993.6.16.

에 관해 이의가 있는 자는 고용장관에게 심사나 사건의 중재를 청구할 수 있다. 고용장관은 직권으로 심사 또는 사건의 중재를 할 수 있다.

고용장관이 1개월 이내에 심사나 중재를 하지 않거나, 고용장관의 심사와 중재에 대해 보상청구자가 불복하는 경우에는 노동위원회에 심사나 중재를 청구할 수 있다(근기법 §89). 고용장관과 노동위원회의 심사·중재는 법적구속력이 없고, 권고적성격을 가지며 행정처분이 아니라고 해석된다.[1] 심사·중재청구가 진행 중이더라도 근로자는 권리구제를 요구하는 진정, 고소, 고발 등을 제기할 수 있다.

② 산재보험법

㈎ 심사청구

'보험급여 결정 등'에 대해 불복하는 자는 해당결정 등을 한 공단의 소속기관을 거쳐 공단에 심사청구를 제기해야 하며, 심사청구는 보험급여결정 등이 있음을 안 날로부터 90일 이내에 해야 한다(산재법 §103①②③). 심사청구를 심의하기 위해 공단에 관계전문가 등으로 구성되는 산재보험심사위원회(심사 위원회)를 둔다. 심사위원회 위원의 제척·기피·회피에 관해서는 산재보험재심사위원회에 관한 규정(산재법 §108)을 준용한다(산재법 §104). 심사청구서를 받은 공단의 소속기관은 5일 이내에 의견서를 첨부해 공단에 보내야 한다(산재법 §103④). 공단은 심사청구서를 받은 날부터 60일 이내에 심사위원회의 심리를 포함한 심의를 거쳐 결정을 해야 한다(산재법 §105①③④⑤). 심사청구기간이 지난 후에 제기된 심사청구 등의 사유(대통령령)에 해당하는 경우에는 심사위원회의 심의를 거치지 않을 수 있다(산재법 §105②). 보험급여결정 등에 대해서는 재심사청구를 할 수는 있으나 행정심판을 제기할 수 없다(산재법 §103⑤).

㈏ 재심사청구

심사청구결정에 불복(업무상질병판정위원회의 급여결정불복은직접가능)하는 자는 재심사청구를 할 수 있다(산재법 §106①).

재심사청구를 심리·재결하기 위해 고용부에 '같은 수의 근로자대표 및 사용자대표를 포함해', 결격사유가 없으면서, '소정의 자격'을 갖춘 90명 이내의 위원으로 구성되는 산재보험재심사위원회(재심 위원회)를 둔다(산재법 §107).

위원(관련직원에게준용)은 '소정의 사유'에 해당하는 경우에 사건의 심리·재결에서 제척되고, 당사자는 위원에게 심리·재결의 공정을 기대하기 어려운 사정이 있는 경우에는 기피신청을 할 수 있으며, 위원은 두 사유에 해당되면 스스로 그 사건의

---

1) 김형배, 「근로기준법」, 421쪽 ; 대판 1982.12.14, 82누448 ; 대판 1966.6.21, 66누52.

심리·재결을 회피할 수 있다(산재법 §108). 재심사청구는 심사청구에 대한 결정이 있음을(심사청구를 거치지 않고 재심사청구를 하는 경우에는 보험급여결정이 있음을) 안 날로부터 90일 이내에 공단의 소속기관을 거쳐 산재보험재심사위원회에 제기해야 한다(산재법 §109②③). 재심사청구에 대한 심리·재결에 관해서는 심사청구의 심리·결정에 관한 규정(산재법 §105①③④⑤ 청구기간경과시 미심의조항 제외)을 준용하며, 산재보험재심사위원회의 재결은 공단을 기속한다(산재법 §109).

(다) **지위승계**

심사청구인 또는 재심사청구인이 사망한 경우 그 심사청구인이 보험급여의 수급권자이면 유족(산재법 §62①또는§81)이, 그 외의 자인 때에는 상속인 또는 심사청구의 대상인 원처분 등에 관계되는 권리 또는 이익을 승계한 자가 각각 심사청구인의 지위를 승계한다(산재법 §111).

(라) **효 과**

심사청구(산재법 §103) 및 재심사청구(산재법 §106)의 제기는 시효중단에 관해 재판상청구(민법 §168)로 보고(산재법 §111①), 재심사청구에 대한 재결은 「행정소송법」 제18조를 적용할 때 행정심판에 대한 재결로 보고(산재법 §111②), 심사청구 및 재심사청구에 관해 산재법에서 정하고 있지 않은 사항에 대해서는 「행정심판법」에 따른다(산재법 §111③).

재해근로자 또는 그 유족은 근기법과 산재법에 따라 보상을 받는 것과는 별개로 민사소송을 제기할 수 있다.[1)]

2·차. 산재보상 사무관리

(1) 보고 및 신고

① 일반보고

공단은 보험사무대행기관(징수법 §33)에게 보고 또는 관계 서류의 제출을 요구할 수 있다(산재법 §114①). 장해보상연금, 유족보상연금, 진폐보상연금 또는 진폐유족연금을 받을 권리가 있는 자는 보험급여 지급에 필요한 사항으로서 공단에 신고해야 한다(산재법 §114②). 수급권자 및 수급권이 있었던 자는 수급권의 변동과 관련된 사항을 공단에 신고해야 한다(산재법 §114③). 수급권자가 사망하면 신고의무자는 1개월 이내에 그 사실을 공단에 신고해야 한다(산재법 §114④).

1) 대판 1971.8.31, 71다1194 ; 대판 1970.9.29, 70다1590.

② **출국신고**

대한민국국민인 장해보상연금수급권자, 유족보상연금수급권자, 유족보상연금·진폐유족연금수급자격자 등이 외국에서 거주하기 위해 출국하는 경우에는 공단에 신고해야 하고(산재법 §115①), 외국에 거주하는 기간 동안에 수급권 또는 수급자격과 관련된 사항을 매년 1회 이상 공단에 신고해야 한다(산재법 §115②).

(2) 사업주조력

보험급여를 받을 사람이 사고로 보험급여의 청구 등의 절차를 행하기 곤란하면 사업주는 이를 도와야 한다(산재법 §116①). 사업주는 보험급여를 받을 사람이 요구하면 보험급여를 받는 데에 필요한 증명을 해야 하나, 사업주의 행방불명이나 부득이한 사유로 불가능하면 그 증명을 생략할 수 있다(산재법 §116②③).

(3) 조 사

공단은 사업장과 보험사무대행기관의 사무소에 출입해 관계인에게 질문을 하게 하거나 관계서류를 조사하게 할 수 있다(산재법 §117).

공단은 보험급여를 받는 근로자를 진료한 산재보험의료기관(의사 포함)에 대해 해당 진료에 관한 보고·서류제출·물건제출을 요구하거나 소속 직원으로 하여금 질문·조사를 하게 할 수 있다(산재법 §118).

3. 근로복지

3·가. 총 괄

(1) 근로복지제도의 의의

근로복지제도는 「근로복지기본법」(복지법)에 기초를 두고 형성된다. 근로복지라 함은 "근로자 및 그 가족의 생활을 안정시키고 향상시키기 위해 국가·기업 및 노동조합이 행하는 '임금·근로시간 등 기본적인 근로조건을 제외한 부가적인 근로조건(복지법 §3)'이나 부조활동을 말한다.

(2) 근로복지기본법의 목적

복지법은 근로복지정책의 수립 및 복지사업의 수행에 필요한 사항을 규정함으로써 근로자의 삶의 질을 향상시키고 국민경제의 균형 있는 발전에 이바지함을 목적으로 한다(§1).

3·나. 근로복지정책

(1) 주 체

복지법은 국가, 지자체, 비영리법인, 사업주(근로자를사용하여 사업을행하는자), 노동조합 및 근로자에게 근로복지증진을 위한 의무를 규정하고 있다. 노동조합 및 근로자는 근로의욕증진을 통하여 생산성향상에 노력하고 근로복지정책에 협력하여야 한다.

(2) 원 칙

근로복지정책은 근로자지위향상, 차별금지 및 취약근로자우대를 기본원칙으로 한다. 근로복지정책을 수립·시행할 때에는 근로자가 성별, 나이, 신체적조건, 고용형태, 신앙 또는 사회적신분 등에 따른 차별을 받지 않도록 배려하고 지원해야 한다(복지법 §3②). 근로자의 복지향상을 위한 지원을 할 때에는 중소·영세기업 근로자, 기간제근로자, 단시간근로자, 파견근로자, '하수급인이 고용하는 근로자', 저소득근로자 및 장기근속근로자를 우대해야 한다(복지법 §3③).

(3) 추진체계 및 방법

고용장관은 중앙행정기관장과 협의하여 '근로복지증진에 관한 기본계획(기본계획)'을 5년마다 수립해야 한다(복지법 §9). 기본계획, 근로복지사업재원조성 및 '그 밖에 위원장이 근로복지정책에 관해 회의에 부치는 사항'에 대해 고용정책심의회(고정법 §10)심의를 거쳐야 한다(복지법 §8). 고용장관은 근로복지종합정보시스템을 구축해 근로자지원프로그램 및 선택적복지제도의 운영을 지원할 수 있다(복지법 §14). 국가 또는 지자체는 '금융회사 등(융자업무취급기관)'으로 하여금 근로자를 우대하는 융자업무를 취급하게 할 수 있으며(복지법 §12), 주거안정·생활안정·재산형성, 근로복지시설 및 근로복지진흥기금의 설치·운영, 우리사주제도 및 사내근로복지기금제도의 활성화 등 근로자의 복지증진을 위해 세제상의 지원을 할 수 있다(복지법 §13).

(4) 재 원

고용장관은 근로복지사업에 필요한 재원을 확보하기 위해 '국가·지자체출연금 등'으로 조성되는 근로복지진흥기금을 설치한다(복지법 §87).

근로복지공단(공단)은 국가의 회계연도에 따라(복지법 §89) 독립회계(복지법 §90)로 근로복지진흥기금을 관리 · 운용하며, 복지법이 정한 용도에 이 기금을 사용한다.

3·다. 공공근로복지

복지법은 공공근로복지사업을 주거안정,[1] 생활안정 · 재산형성,[2] 신용보증지원[3]과 근로복지시설지원으로 구분하여 규정하고 있다.

3·라. 기업근로복지

(1) 우리사주제도

① 의 의

우리사주제도란 회사가 경영방침으로 특별한 편의를 제공해 근로자로 하여금 자기회사의 주식(우리사주)을 취득하게 하고 이를 장기간 보유하게 하는 제도이다. 이 제도는 근로자로 하여금 우리사주조합을 통해 해당 우리사주제도 실시회사의 주식을 취득 · 보유하게 함으로써 근로자의 경제 · 사회적 지위향상과 노사협력증진을 도모함을 목적으로 한다(복지법 §32).

② 유사개념

우리사주제도는 기업이 근로자의 우리사주보유를 지원한다는 점에서 ESOP(*Employee Stock Ownership Plan*)제도와 유사하다. 우리사주제도는 성과급형태로 운영되나, ESOP제도는 확정갹출형기업연금제도의 일종이다. 스톡옵션제도는 자사주를 통해 근로자복지를 증진한다는 점에서 우리사주제도와 유사하나 특정 임직원을 대상으로 장래에 일정가격으로 우리사주를 매입할 권리를 부여하는 제도라는 점에서, 근로자들에게 복지수단으로 자사주를 배당하고 보유케 하는 우리사주제도와 구분된다.

③ 우리사주조합 설립 · 운영

㈎ **성 격**

우리사주조합(조합)의 설립은 임의사항이다. 근로자가 사업주는 자율적으로 협의하여 조합을 설립할 수 있다. 조합의 단체적성격은 비법인사단으로 복지법이 규정한 것을 제외하고는 민법상 사단법인에 관한 규정을 준용한다(복지법 §33②).

---

1) 근로자주택공급사업(§15), 근로자주택자금융자사업(§16), 주택구입자금융자사업(§17),근로자이주지원사업(§18).

2) 생활안정자금지원사업(§19), 학자금지원사업(§20) 및 근로자우대저축(§21)

3) 실업자나 산업재해근로자처럼 담보능력이 약한 근로자가 금융회사 등에서 생활안정자금 · 학자금 등의 융자를 받음으로써 부담하는 금전채무에 대해, 공단이 그 금전채무를 보증하는 사업(§22①).

(나) 우리사주조합 설립

조합은 설립준비위원회를 통해 설립된다. 설립준비위원회는 우리사주제도실시회사(회사), 지배관계회사, 수급관계회사 등의 조합가입자격이 있는 전체 근로자 1/5 이상의 동의를 얻어 구성된다. 근로자의 조합가입은 권리이지 의무는 아니다. 우리사주조합원(조합원)은 자유로이 조합에서 탈퇴하거나 그 지위가 변동될 수 있다. 탈퇴조합원에 대해서는 2년을 초과하지 않는 범위에서 규약(복지법 §35② i)에서 정하는 기간 동안 재가입을 제한할 수 있다(복지법 §34③).

(다) 우리사주조합 운영

㉮ 의결기관

조합은 전체 조합원의 의사를 반영해 민주적으로 운영되어야 한다(복지법 §35①). 조합의 최고의사결정기구는 조합원총회(총회)이다. 규약제정·변경, 우리사주조합기금조성, 예산·결산, 임원선출 및 '그 밖에 조합의 운영에 관해 중요한 사항'은 총회의 의결을 거쳐야 한다(복지법 §35②). 조합은 규약으로 총회를 갈음할 대의원회를 둘 수 있으나 규약제정·변경은 반드시 총회의 의결을 거쳐야 한다(복지법 §35③).

조합대표자는 총회 또는 대의원회를 개최해야 한다(복지법 §35④). 조합대표자 등 임원과 대의원은 조합원의 직접·비밀·무기명투표로 선출된다(복지법 §35⑤).

㉯ 운영기관

회사와 조합은 조합에 대한 지원내용, 지원조건 등을 협의하기 위해 각각을 대표하는 같은 수의 위원으로 우리사주운영위원회를 둘 수 있다(복지법 §35⑥). 조합대표자는 조합원이 열람할 수 있도록 장부와 서류를 작성해 그 주된 사무소에 갖추어 두고, 이를 10년간 보존해야 한다(복지법 §35⑦).

(라) 우리사주조합 해산

조합은 파산·사업폐지·합병·분할·분할합병 등 일정사유가 발생하면 해산하며, 청산인은 해산 사유를 명시해 고용장관에게 보고해야 하고, 조합채무를 청산하고 남은 재산은 규약에 따라 조합원에게 귀속된다(복지법 §47).

④ 우리사주조합 기금

조합은 자사주취득을 위해 우리사주조합기금(조합기금)을 조성할 수 있다. 조합기금의 재원은 회사나 주주가 출연한 금전과 물품, 조합원이 출연한 금전, 차입금(복지법 §42①), 조합계정보유주식 배당금(복지법 §37), 조합기금에서 발생하는 수익금이다(복지법 §36①). 조합은 조합기금을 금융회사 등에 보관·예치하는 방법으로 관리해야 한다(복지법 §36②). 조합기금은 우리사주취득과 '차입금(복지법 §42①) 상환 및 이자지급'에 사용되어야 한다(복지법 §36③).

⑤ 우리사주 취득과 관리

㈎ 취 득

주권상장(코스닥 제외)법인 또는 상장예정법인이 주권을 모집·매출하는 경우에 조합원은 주식총수의 20/100 범위에서 우선배정권을 가지며, 법인이 모집·매출·유상증자를 하는 경우에 주식총수의 20/100 범위에서 조합원에게 우선 배정할 수 있다(복지법 §38). 우리사주제도 실시회사(지배관계회사 수급관계회사포함)의 사용자는 조합원의사에 반해 우리사주의 취득·보유를 강요할 수 없다. 회사는 정관에 따라 주주총회결의로 우선매수선택권제공기간 이내에 '미리 정한 가격(행사 가격)'으로 신주를 인수하거나 회사보유주식을 매수할 수 있는 권리(우리사주 매수선택권)를 부여하거나(복지법 §39), 취소(복지법 §40)할 수 있다.

㈏ 관 리

조합은 회사주식의 직접매입 또는 신주배정 등을 통해 취득한 우리사주를 조합원계정과 조합계정으로 구분해 배정하고, 재원별계정처리방법에 따라 관리해야 한다(복지법 §37). 조합은 취득한 우리사주를 일정한 기간 동안 대통령령으로 정하는 수탁기관에 예탁해야 하며, 조합 또는 조합원은 특별사유(금융·경제생활필요 대통령령)가 없으면 예탁된 우리사주를 양도하거나 담보로 제공할 수 없다(복지법 §43).

㈐ 인출과 처분

예탁기간 중이라도 조합이 해산되거나 조합원이 사망한 경우 등의 사유가 발생하면 우리사주의 인출이 가능하며, 이 경우 규약에 따라 조합, 다른 조합원 순서로 우선해 매입하도록 할 수 있다(복지법 §44). 국가는 비상장법인의 조합원이 우리사주를 불가피하게 처분하려는 경우 환금을 보장하기 위해 주식거래 등에 관해 필요한 조치를 하도록 노력해야 하며, 회사는 조합원 또는 퇴직조합원의 우리사주를 자기계산으로 취득해 제한된 방법으로 처분할 수 있다(복지법 §45). 조합대표자는 조합원의사표시에 대해 주주총회의안에 대한 의결권을 행사해야 하며, 조합원이 의결권행사의 위임을 요청하면 해당조합원의 주식보유분에 대한 의결권행사를 위임해야 한다(복지법 §46).

⑥ 국가의 지원

국가는 우리사주제도의 활성화를 위해 조합원의 우리사주보유, 회사 등의 조합에 대한 지원, 비상장법인의 우리사주에 대한 환금성보장 등에 필요한 지원을 할 수 있다(복지법 §48). 국가는 회사도산 등으로 인해 해당회사의 근로자가 조합을 통해 회사를 인수할 경우 그 주식취득에 필요한 자금 등을 지원할 수 있다(복지법 §49).

(2) 사내근로복지기금제도

① 의 의

사내근로복지기금제도란 임금 기타 근로조건에 부가해 근로자의 실질소득을 증대시키고 근로의욕과 노사공동체의식을 고취시키기 위해 기업이익의 일부를 기금으로 출연해 근로자의 복지에 사용하게 함으로써 '근로자의 생활안정과 복지증진에 이바지하게 하는 제도(복지법 §50)'이다. 사용자는 사내근로복지기금(기금)의 설립 및 출연을 이유로 근로조건을 저하시킬 수 없다(복지법 §51).

② 성 격

사내근로복지기금제도의 성격은 이윤분배성,[1] 독립성,[2] 영속성,[3] 점증성[4] 및 유동성[5]으로 정리될 수 있다.

③ 기금의 설치

㈎ 임의설치

모든 사업장이 기금을 반드시 설치해야 하는 것은 아니며 설치를 원하는 모든 사업(장)이 설치대상이 된다. 하나의 사업에 여러 사업장이 있더라도 기금을 통합해 운영하는 것이 원칙이나, 지역·업종 등을 달리하고 손익계산 등 결산서의 별도작성이 가능할 경우에는 별개기금을 설치할 수 있다. 기금을 설치하는 사업장 및 근로자에 대해서는 세제혜택을 주고, 기금의 운영·관리를 효율적으로 할 수 있도록 법이 지원하고 있다. 기금은 사업(장)단위로 설치하게 되므로 계열사처럼 2개 이상의 기업을 포괄하는 기금은 인정되지 않는다.

---

1) 기업의 이익을 대상으로 노사가 협의하여 결정한 금액으로 기금을 조성함으로써 근로복지제도이면서 간접적인 이윤분배제도 또는 일종의 근로자이윤참가제도로 볼 수 있다.
2) 기업의 경영조직이 아닌 별도의 운영기구에 따라 관리되고, 기금은 영업재산과 별개로 운용된다.
3) 합병 또는 분할·분할합병으로만 해산되며, 일반법인의 해산사유인 '고유목적의 달성 또는 달성불능', '인가관청의 설립허가취소' 등을 이유로 해산할 수 없다.
4) 수익금으로 복지사업을 실시함을 원칙으로 하면서 기금원금사용을 제한하고, 원금을 해치거나 손실우려가 있는 증식방법을 지양한다.
5) 부동산소유를 제한하고 금융기관에 예입·예탁 등을 원칙으로 하면서 필요한 용도에 따라 시의적절하고 원활히 활용할 수 있다.

㈏ 설치방법

기금은 법인(기금법인)으로 설립된다(복지법 §52①). 기금법인에 관해 복지법에 규정한 것을 제외하고는 민법 중 재단법인에 관한 규정을 준용한다(복지법 §80). 사내근로복지기금법인이 아닌 자는 그 명칭 중에 사내근로복지기금법인 또는 그 밖에 이와 유사한 명칭을 사용하지 못한다(복지법 §79). 기금법인을 설립하려는 사업(장)의 사업주는 기금법인설립준비위원회(준비위원회)를 구성해 설립사무와 설립 당시의 이사·감사선임사무를 담당하게 해야 한다(복지법 §52①②).

준비위원회의 구성방법은 근로복지기금협의회(복지법 §55)를 준용한다(복지법 §52③). 준비위원회는 기금법인정관을 작성해 설립인가를 받아야 한다(복지법 §52④). 고용장관은 기재사항을 빠트린 경우, 제도목적에 위반한 경우(복지법 §50), 근로조건을 저하하는 경우(복지법 §51) 및 이사 등의 신분에 결격이 있는 경우(복지법 §62)를 제외하고는 설립인가를 해야 한다. 준비위원회가 설립인가증을 받은 날부터 3주 이내에 기금법인의 주된 사무소의 소재지에서 기금법인의 설립등기를 해야 하며 기금법인은 설립등기를 함으로써 성립한다(복지법 §52⑦). 준비위원회는 법인이 성립됨과 동시에 최초로 구성된 사내근로복지기금협의회(복지법 §55)로 보며, 준비위원회는 기금법인설립등기를 한 후 지체없이 기금법인이사에게 사무를 인계해야 한다(복지법 §52⑩). 정관을 변경하려면 고용장관인가를 받아야 한다(복지법 §53).

④ 기금의 기관

기금법인은 기관으로 사내근로복지기금협의회(협의회), 이사, 감사 등의 조직을 둔다(복지법 §54). 협의회의 위원, 이사 및 감사는 그 직무수행과 관련해 알게 된 비밀을 누설해서는 안 되며, 기금사업과 관련해 겸직 또는 자기거래를 할 수 없다(복지법 §78).

㈎ 사내근로복지기금협의회

협의회는 근로자가 선출하는 근로자위원과 사업의 대표자와 그 대표자가 위촉하는 사용자위원을 동수로 해, 2명이상 10명이하의 위원으로 구성한다(복지법 §55①②③). 노사협의회가 구성되어 있는 사업의 경우에는 노사협의회의 위원이 협의회위원이 될 수 있다(복지법 §55④). 협의회는 기금운영·관리에 관한 최고의사결정기관으로 기금운영을 위해 법령에 위배되지 않는 범위 내에서 필요사항을 정할 수 있다. 협의회 주요기능은 기금조성을 위한 출연금액결정, 이사 및 감사의 선임과 해임, 사업계획서 및 감사보고서승인, 정관변경, 회사내 다른 근로복지제도와의 통합운영여부

결정, 기금의 합병·분할 등이며 운영사항은 대통령령으로 정한다(복지법 §56). 기금법인은 협의회의 회의록을 작성해 출석위원 전원의 서명 또는 날인을 받아야 하며, 작성일로부터 10년간 이를 보관해야 한다(복지법 §57).

㈏ 이사 및 감사

기금법인에 근로자와 사용자를 대표하는 같은 수의 각 3명 이내의 이사와 각 1명의 감사를 둔다(복지법 §58①). 이사는 정관에 따라 기금법인을 대표하며 기금법인의 사무집행을 과반수로 결정하고(복지법 §58②③), 감사는 기금법인의 사무 및 회계에 관한 감사를 한다(복지법 §58④). 협의회의 위원·이사의 임기는 각각 3년, 감사의 임기는 2년으로 하되, 궐위되었을 때에는 전임자임기의 남은 기간을 후임자임기로 하고, 임기가 만료된 경우라도 후임자가 선출될 때까지 그 직무를 담당한다(복지법 §59). 협의회의 위원·이사 및 감사는 비상근·무보수로 하되 기금법인의 업무수행에 필요한 시간에 대해서는 근로한 것으로 보며, 사용자는 기금법인직무수행을 이유로 불이익한 처우를 하면 안된다(복지법 §60).

⑤ 기금조성·관리

㈎ 조 성

사업주는 직전 사업연도의 법인세 또는 소득세차감전 순이익의 100분의 5를 기준으로 협의회가 협의·결정하는 금액을 기금의 재원으로 출연할 수 있다(복지법 §61①). 출연금액결정을 비롯한 기금법인운영은 기금협의회의 협의·결정사항이지 단체교섭사항은 아니다.[1] 사업주 또는 '사업주 외의 자'는 순이익기준 출연 외에 유가증권, 현금, 그 밖에 대통령령으로 정하는 재산을 출연할 수 있다(복지법 §61②). 이러한 출연은 기금협의회의 협의대상이 아니다.

㈏ 운 용

기금법인은 기금을 '금융회사 등에의 예입 및 금전신탁', '투자신탁 등의 수익증권매입', '국가·지자체·금융회사 등이 직접 발행하거나 채무이행을 보증하는 유가증권매입', '기금이 회사주식을 출연받아 보유하게 된 경우에 대통령령으로 정하는 한도 내에서 그 보유주식수에 따라 그 회사주식의 유상증자참여' 및 '기금운용을 위해 대통령령으로 정하는 사업'을 행하는 방법으로 운용한다(복지법 §63). 기금법인은 업무수행상 필요한 경우를 제외하고는 부동산을 소유할 수 없다(복지법 §67).

---

1) 임금 68207-123, 1993.3.9.

(다) 관 리

기금의 회계년도는, 정관으로 달리 정한 경우를 제외하고는, 사업주의 회계년도에 따른다(복지법 §64①). 기금법인은 자금차입을 할 수 없으며(복지법 §64②), 매 회계년도의 결산 결과 기금의 손실금이 발생하면 다음 회계년도로 이월하며, 잉여금이 발생하면 이월손실금을 보전한 후 기금에 전입하고(복지법 §64③), 그 밖에 필요한 사항은 대통령령으로 정한다(복지법 §64④). 기금법인은 대통령령에 따라 사업보고서·대차대조표·손익계산서·감사보고서를 작성해 작성일로부터 5년간 이를 보관(전자문서로 작성·보관가능)해야 하고(복지법 §65), 서류 및 협의회회의록을 공개해 항상 근로자가 열람할 수 있게 해야 한다(복지법 §66). 고용장관은 사용자 또는 기금법인이 '협의회위원·이사·감사에 대한 불이익처우(복지법 §60②)'와 회계(복지법 §64) 및 '서류 및 회의록 공개(복지법 §66)'를 위반하면 상당한 기간을 정해 시정을 명할 수 있다(복지법 §69).

⑥ 기금사업

(가) 기금사업의 내용

기금사업은 근로자주택구입자금보조, '우리사주주식구입자금지원 등 근로자재산형성', '장학금, 재난구호금지급 그 밖에 근로자생활보조', '모성보호 및 일·가정생활양립 비용지원', '기금법인운영 경비지급', '근로자복지시설(고용노동부령)에 대한 출자·출연 또는 구입·설치·운영', '해당사업수급업체의 소속근로자 및 해당사업파견근로자 복리후생증진', '사용자가 임금 및 그 밖의 법령에 따라 근로자에게 지급의무가 있는 사업과 대통령령으로 정하는 사업'이다(복지법 §62①).

(나) 기금사업의 재원

기금법인의 사업은 '출연재산(복지법 §61) 및 협의회가 출연재산으로 편입할 것을 의결한 재산(복지법§61 기본재산)'으로 행하는 사업과 증식된 수익금으로 행하는 사업으로 나누어 설명할 수 있다. 기금법인은 기금사업을 수익금으로 시행할 수 있다(복지법 §62①). 기금법인은 기본재산 중에서 대통령령에 따라 산정되는 금액을 기금사업에 사용할 수 있으며. 이 경우 선택적복지제도(복지법 §82③), '도급 및 파견근로자 복리후생증진' 및 '중소기업의 사내근로복지기금사업인 경우에는 대통령령으로 정하는 범위에서 정관으로 정하는 바에 따라 그 산정되는 금액을 높일 수 있다(복지법 §62②). 근로자의 생활안정 및 재산형성지원을 위해 필요하다고 인정되어 대통령령으로 정하는 경우에는 근로자에게 필요한 자금을 기본재산 중에서 대부할 수 있다(복지법 §62③).

㈐ 다른 복지제도와의 관계

사용자는 기금법인설치를 이유로 근로복지제도·시설의 운영을 중단·감축할 수 없고, 다른 법률에 따라 설치·운영할 의무가 있는 것을 제외하고는 협의회의 협의·결정에 따라 기금법인에 통합해 운영할 수 있다(복지법 §68).

⑦ 세제지원

기업에 대해 '출연기금 전액손비인정', 이자소득세면제 및 증여세면제의 혜택이 있고, 근로자에 대해 '장학금에 대한 소득세비과세', '주택취득 또는 임차자금 보조시 증여세비과세' 및 '소액의 부조금에 대한 증여세비과세'의 혜택이 있다.

기금은 일반적으로 법인세법상 비영리법인의 과세가 적용된다. 그러므로 수익사업 또는 수입에서 생긴 소득에 대해서만 법인세의 납세의무가 있다.

⑧ 기금법인의 변동

기금법인은 '해당 회사 사업폐지', 기금법인합병(복지법 §72), 기금법인분할·분할합병(복지법 §75)의 사유로 해산한다(복지법 §70).

㈎ 사업폐지

사업폐지로 해산한 기금법인의 재산은, 첫째로 사업주가 지급하지 않은 임금·퇴직금·'그 밖에 근로자에게 지급할 의무가 있는 금품'을 지급하는 데에 우선 사용해야 하며 둘째로, 50/100을 초과하지 않는 범위에서 소속 근로자의 생활안정자금으로 지원할 수 있으며 셋째로, 잔여재산은 정관에서 지정한 사람에게 귀속하고 넷째로, 정관에서 지정한 사람이 없으면 근로복지진흥기금(복지법 §87)에 귀속한다(복지법 §71).

㈏ 합병·분할·분할합병

기금법인은 사업의 합병·양수 등에 따라 합병할 수 있으며, 합병을 위해서는 일정한 내용이 포함된 합병계약서를 작성해 협의회의 의결을 거쳐야 한다(복지법 §72).

기금법인은 사업의 분할·분할합병 등에 따라 '분할 또는 분할합병(분할 등)'을 할 수 있으며, 이를 위해서는 분할계획서 또는 분할합병계획서를 작성해 협의회의 의결을 거쳐야 한다(복지법 §75). 기금법인의 합병·분할 등은 설립되는 기금법인의 설립등기 또는 존속하는 기금법인의 변경등기를 함으로써 그 효력(복지법 §74)이 생기며, 설립되거나 존속하는 기금법인은 소멸(분할등의경우는 "분할")되는 기금법인의 권리·의무를 승계(분할등의경우는 "계약서에따라")한다(복지법 §74, §77).

(3) 근로자복지지원사업

국가 또는 지자체는 선택적복지제도, 근로자지원프로그램, 성과배분, 발명·제안 등에 대한 보상을 활성화하기 위해 필요한 지원을 할 수 있다(복지법 §86).

① 선택적복지제도

사업주는 근로자가 여러 가지 복지항목 중에서 자신의 선호와 필요에 따라 자율적으로 선택해 복지혜택을 받는 제도(선택적 복지제도)를 설정해 실시할 수 있다(복지법 §81①). 사업주는 공평하게 복지혜택을 받을 수 있도록 하되 근로자의 직급·근속년수·부양가족 등을 고려해 합리적 기준에 따라 수혜수준을 달리할 수 있다(복지법 §81②). 사업주는 근로자의 사망·장해·질병 등에 관한 기본적 생활보장항목과 건전한 여가·문화·체육활동 등을 지원할 수 있는 개인별 추가선택항목을 균형 있게 반영할 수 있도록 노력해야 한다(복지법 §82①). 사업주는 근로자가 복지항목을 선택하고 사용하는 데 불편이 없도록 전산관리서비스를 직접 또는 제3자에게 위탁하여 제공될 수 있도록 노력하여야 한다(복지법 §82②). 선택적복지제도는 사내근로복지기금사업을 하는 데 활용할 수 있다(복지법 §82③).

② 근로자지원프로그램

사업주는 근로자의 업무수행 또는 일상생활에서 발생하는 스트레스, 개인의 고충 등 업무저해요인의 해결을 지원해 근로자를 보호하고, 생산성향상을 위한 전문가상담 등 일련의 서비스를 제공하는 근로자지원프로그램을 시행하도록 노력해야 하며, 근로자의 비밀이 침해받지 않도록 익명성을 보장해야 한다(복지법 §83).

③ 성과배분

사업주는 해당사업의 근로자와 협의하여 정한 해당연도이익 등의 경영목표가 초과 달성된 경우 그 초과된 성과를 근로자에게 지급하거나 근로자의 복지증진을 위해 사용하도록 노력해야 한다(복지법 §84).

④ 발명·제안보상

사업주는 해당사업의 근로자가 직무와 관련해 발명 또는 제안하거나 새로운 지식·정보·기술을 개발해 회사의 생산성·매출액 등의 증가에 이바지한 경우 이에 따라 적절한 보상을 하도록 노력해야 하며, 구체적인 보상기준은 노사협의회(근 참법) 등을 통해 정한다(복지법 §85).

제 4 장

근로관계의 변동

제1절 근로관계이동

1. 기업내인사이동

1·가. 의 의

기업내인사이동은 같은 기업 안에서 직종, 직급, 직무, 근로장소 등을 변경하는 행위이다. 기업내인사이동은 전직, 전보, 배치전환, 출장, 작업지원 등 다양한 형태로 존재한다.

1·나. 법적근거

근기법(§17)은 근로조건대등결정원칙(§4)에 기초해서 사용자로 하여금 근로계약을 체결할 때 근로의 종류, 형태 및 장소를 명시토록 하고 있다. 근기법(§23)은 전직에 대해 정당한 이유를 요건으로 하고 있다. 따라서 인사명령은 신의성실 또는 권리남용금지의 원칙을 적용받는다.

1·다. 인사명령권의 성격

전직이나 전보는 근로의 종류·내용·장소 등에 변경을 가져오므로 근로자에게 불리한 처분이 될 수 있으나, 원칙적으로 사용자권한에 속해 업무상 필요한 범위 안에서 상당한 재량이 인정된다. 재량의 근거에 관해서는 견해가 나뉜다.

(1) 경영권설

인사권행사는 경영권 또는 소유권에서 유래하는 사실행위로 유효·무효를 따질 수 없다는 설이다. 이 설에 따르면 사용자의 인사명령조치는 근로의 내용을 지정 또는 변경하는 것으로 해석되며, 사용자의 재량에 속하는 행위로서 법적판단의 대상이 되지 않는다.[1] 오늘날에는 이러한 주장을 찾아보기 어렵다.

(2) 근로계약설

근로의 종류·형태·장소에 대한 근로계약상 합의를 기초로 인사이동명령이 법적구속력을 가지며 근로계약상 합의로 볼 수 있는 내용이 없다면 이는 계약의 신청에 불과하므로 근로자가 별도로 동의해야 효력이 생긴다는 설이다.[2]

(3) 포괄적합의설

근로계약은 노동력의 사용을 포괄적으로 사용자에게 위임하므로, 사용자는 그 권리를 남용하지 않는 범위 안에서 따로 합의되지 않은 사항을 결정할 수 있는 노무지휘권을 가지며, 그러한 결정은 일방적 의사에 따라 효력을 발생시키는 형성행위라는 설이다. 이 설은 인사이동명령을 법률행위로서 민사소송의 대상으로 본 점과 권리남용법리를 요건으로 한데 의의가 있다.[3] 이 설에 찬성한다.

1·라. 인사이동의 규범적제한

(1) 근로계약

① 근로조건명시

사용자는 근로자를 채용할 때 종사업무와 근로장소를 명시(근기법§17 근기령§8① i)해야 한다. 이 경우 일방적 인사이동은 제한되며 근로자 동의가 요청된다.[4] 근로장소가 특정되이도 사업장소멸[5]처럼 사회통념상 불가피성이 있으면 예외가 인정될 수 있다.

② 업무내용

근로계약에 업무내용을 명백히 밝힌 경우[6]이거나, 간호원·보일러공·기사·

---

1) 도쿄지방재판소 1952.2.7.
2) 백현기, "업무명령권의 근거와 한계", 「근로관계소송상의 제문제(상)」, 재판자료 제39집, 법원행정처, 1987, 186~195쪽.
3) 백현기, 앞의 논문("업무명령권의 근거와 한계"), 1987, 186~195쪽.
4) 대판 1992.1.21, 91누5204 ; 대판 1997.7.22, 97다18172 등 많은 판례.
5) 대판 1997.7.22, 97다18172. 사업부문이 다른 회사로 통합된 자동차정비요원 관련. 다만, 서울서 17년간 근무했다는 사실만으로는 장소를 특정한 것으로 보지 않았다.
6) 서울행판 2013.9.13, 2013구합52346. 근로계약상 주차지도 업무, 주차사업 업무로 전보명령, 정당성 부인.

전화교환원[1] 등과 같이 특정된 기능·기술을 고려하여 특정업무에 고용되거나, 기술직·영업직·사무직·기술직 등과 같이 직종이 특정되어 있다면 그 범위를 넘어선 인사이동에 대해 본인동의가 필요하다.

③ **근로장소**

근로계약 등에 근로장소를 특정한 경우, 이에 반하는 인사이동은 근로자의 동의가 요청된다.[2] 근로계약에 근로장소를 명시하지 않더라도 특정지역채용, 주부의 단시간근로, 학생아르바이트 등 생활근거와 작업장소를 미리 상정한 것으로 인정되는 경우에는 특정성이 인정된다. 포괄적동의조항이 있거나, 전국을 대상으로 채용한 것처럼 채용과정에 포괄적동의가 내재되어 있으면 인사이동에 넓은 재량이 인정된다.

(2) 법 령

취업금지직종이나 균등처우관련조항을 위반하거나 부당노동행위로 인정되는 인사이동은 효력이 없다. 정당한 전직·전보·승진에 대해 노조활동을 이유로 불응하면 징계사유가 된다.[3]

1·마. 인사이동의 정당성

(1) 총 설

기업내인사이동은 근기법 제23조 또는 민법 제103조에 위반하거나 권리남용에 해당하는 등 특별한 사정이 없는 한 당연히 무효라고 할 수 없으며, 실체적 정당성과 절차적 정당성을 충족하는지에 따라 결정된다.[4]

(2) 실체적 정당성

① **업무상필요성**

사용자가 인사이동 조치를 행하는 이유는 업무상필요 때문이다. 업무상필요성[5]과 그 정도는 '기업의 합리적 운영에 기여정도', '업무동일성의 정도' 등에 따라 판단하며 보복의 목적은 권리남용으로 정당성이 없다.[6]

---

1) 대판 1994.2.8, 92다893. 8년간 근로한 전화교환원을 하우스키핑내 오더테이커로 동의없이 전보. 정당성 부인.
2) 대판 1992.1.21, 91누5204 ; 대판 1992.5.22, 91다22100.
3) 대판 1986.7.8, 85누170.
4) 대판 1989.2.28, 86다카2567 ; 대판 2009.4.23, 2007두20157 등 수 많은 판례.
5) 대판 1992.1.21, 91누5204. 노동력배치와 인사교류를 통한 근로의욕증대·업무운영원활화 및 경영능률증진.
6) 대판 1991.5.28, 90다8046.

'다른 사람으로 대체가능성'은, 적격자 선택에 있어 사용자의 재량을 배제할 수는 없으므로, 절대적기준이 아니며 차별의사가 전제되어야 한다.

② 생활상불리함

인사이동은 근로자에 대해 생활상불이익을 초래할 수 있다. 생활상불리함은 부부별거, 간호, 소득감소 등 물질적·시간적 요소로 판단된다.[1)]

③ 비교형량

실체적정당성은 업무상필요성과 생활상불리함의 존재여부와 비교형량을 통해 후자가 전자에 비해 어느 정도 고려되었는지에 따라 판단된다. 대체인사가 가능해도 생활근거를 빼앗는 정도의 희생이 아니면 권리남용으로 보기 어렵다.[2)]

(3) 절차적 정당성

① 규범적 제한

인사이동의 규범적제한으로서 근로계약이나 법령에게 요구되는 동의나 금지는 효력요건으로 볼 수 있다.

② 신의칙상 협의

사용자는 인사이동을 위해 노동조합 또는 당사자와의 협의 등 신의칙상 요구되는 절차를 거쳐야 한다. 협의를 거치지 않은 것만으로 인사이동이 무효가 되는 것은 아니라고 해석된다.[3)] 실체적 정당성이 약한 인사이동의 경우 당사자와의 협의는 절차적 정당성을 강화시켜 전체적 정당성에 영향을 미친다.[4)]

③ 동의·협의조항

인사이동에 관해서 노동조합과 협의 또는 동의 조항이 있으면, 이는 지켜져야 한다. 협의조항은 효력조항으로 인정되지 않는다.

동의조항은 효력조항으로서의 구속력을 가진다. 인사이동의 실체적정당성이 인정됨에도 근로자측이 동의 또는 협의에 응하지 않으면 권리남용으로 간주될 수도 있다. 절차조항을 준수하더라도 실체적 이유가 정당해야 한다.

---

1) 대판 2006.1.27, 2005두16772.

2) 도쿄지방재판소 1978.2.15.

3) 대판 1995.10.13, 94다52928(한국노동법학회, 『노동판례백선』, 107쪽) ; 대판 1997.7.22, 97다18165).

4) 대판 1995.8.11, 95다10778. ; 대판 1991.7.12, 91다12752. 노조 또는 근로자와의 협의를 신의칙상 절차로 보고 지방전보 한 달 전부터 대상자에게 알리고 필요성을 역설한 것을 정당성보강의 요소로 봄.

(4) 종합적 고려

인사이동은 전체적으로 실체적 정당성과 절차적 정당성을 갖추면서 생활상불리함의 해소 노력,[1] 절차와 방법의 타당성, 실행시기·방법, 근로자 설득노력, 다른 근로자와의 형평 등이 사회통념에 따라 종합적으로 고려되어야 한다.[2]

2. 기업간인사이동

2·가. 기업간인사이동 유형

기업간의 인사이동은 근로자가 원래 기업에서 그 신분을 유지하면서 다른 기업의 지휘·감독을 받아 근로를 제공하는 전출(轉出)과 원래기업과의 고용관계를 끊고 새로운 기업에 고용되는 전적(轉籍)이 있다.

(1) 전 출

전출(出向이라 하기도 함)은 원래기업과 고용관계를 유지하는 것을 전제로 첫째, 원래의 기업에서 휴직하고 다른 기업에서 근로하는 전형적 모습 둘째, 다른 기업에의 장기출장 또는 파견 셋째, 다른 기업(자회사)로의 배치전환으로 나뉜다.[3]

전출은 '근로자와 원래기업'의 근로의무면제(휴직)합의와, '원래기업과 전출대상기업' 사이에 근로조건을 정한 근로계약이 있어야 성립한다.

(2) 전 적

전적은 '원래기업과의 고용관계가 종료된다'는 점에서 다른 인사이동과 구분된다. 전적도 명시 또는 묵시적인 재고용약속이 있다면 전출과 구별하기 어렵고, 정년까지의 전출처럼 실질적으로 전적에 가까운 전출도 있을 수 있다.

2·나. 기업간인사이동 요건

(1) 전 출

전출은 근로계약의 유지를 전제로 한다. 대상기업·기간·조건·방법 등을 구체적으로 단체협약·취업규칙·근로계약 등에 규정한 후 객관적이고 합리적인 기준에 따라 내린 전출명령은, 이를 제한할 특별한 사유가 없고 근로조건의 저

---

1) 대판 1991.7.12, 91다12752. 통근차량·교통비 등 생활상불리함을 해소하기 위한 노력을 긍정적 요인으로 봄.
2) 대판 2006.1.27, 2005두16772.
3) 백현기, 앞의 논문("업무명령권의 근거와 한계"), 1987, 208쪽.

하가 없으며 신의성실원칙에 합당하고 권리남용이 아니면, 무효로 볼 수 없다.

(2) 전 적

① 개별적동의

㈎ 원 칙

법인격을 가진 기업 사이에는, 경영자가 같아도 다른 기업을 대상으로 하는 인사명령권이 성립하지 않으며, 근로자의 동의가 없으면 부인된다.[1] 계열기업간 전적에도 근로자의 동의가 필요하다.[2] 전적은 원래기업과의 근로관계를 합의해지하고 전적대상기업과 새 근로계약을 체결하는 것으로서 업무지휘권의 주체가 변경되어 근로자가 불이익을 받을 수 있기 때문이다.[3] 근로자의 동의 또는 합의는 진의여야 하며,[4] 근로자에게 현저히 불리하면 진의가 부정될 수 있다.

㈏ 포괄적동의

사전에 회사의 '인사이동명령에 따른다'는 서약서를 제출하는 것처럼 포괄적인 사전동의는 추상성, 근로자만 제출하는 편무성, 회사양식에 서명·날인하는 획일성, 입사시에 제출하는 시기적제한성 등을 감안할 때 효력이 없다.[5]

② 집단적동의

단체협약·취업규칙에 '사용자가 기업간인사이동을 할 수 있다'는 취지를 규정해 놓아도, 근로자의 개별적동의를 받지 않고, 사용자가 일방적으로 기업간인사이동명령을 할 수 없는 것이 원칙이다.[6]

③ 관행 및 관습

관행에 따른 전적은 인정되지 않는다.[7] 근로자동의를 받지 않고 전적시키는 관행이 기업내에서 일반적으로 받아들여져 사실상제도로 확립되는 등 근로계약의 내용을 이루면 인정된다는 판결[8]이 있으나 반아들이기 어렵다.

---

1) 대판 1993.1.26, 92누8200 ; 대판 1984.6.26, 84다카90.
2) 대판 1993.1.26, 92다11695.
3) 대판 1996.5.10, 95다42270 ; 대판 1996.12.23, 95다29970 ; 대판 1997.7.8, 96다38438 ; 대판 2000.12.22, 99다21806 ; 대판 2003.10.23, 2003다38597.
4) 대판 1993.1.26, 92누8200 ; 대판 1984.6.26, 84다카90.
5) 대판 1993.1.26, 92다11695 (한국노동법학회, 『노동판례백선』, 125쪽. 전적기업특정 및 근로조건명시라는 요건은 근로조건명시원칙에 따라 사전적·포괄적 동의의 범위를 일정부분 제한하는 최소한의 안전장치임).
6) 대판 1993.1.26, 92다11695 ; 대판 1996.4.26, 95누1972.
7) 대판 1993.1.26, 92누8200.
8) 대판 1996.12.23, 95다29970 ; 대판 1996.5.10, 95다42270 ; 대판 1993.1.26, 92누8200.

2·다. 기업간인사이동후 근로관계

(1) 전 출

전출은 원래기업과 근로관계를 유지하고 있는 상태에서 실질적으로는 전출대상기업의 지휘·명령을 받아 근로를 제공하므로 근로자파견으로 볼 수 있다. 사용자책임의 범위 등에 대해서는 근로자파견법리를 따른다. 파견을 근로자파견사업 자체를 주된 목적으로 하는 사업적파견과 파견법이 적용되지 않는 비사업적 파견을 구분하여 후자를 전출로 처리하는 해석[1]이 발견된다.

(2) 전 적

① 근로조건

전적을 하면 원래기업과 근로관계가 종료되고, 전적대상기업과 새로운 근로계약관계가 시작된다. 근로자와 전적대상기업이 합의해서 근로조건을 정한다.

② 계속근로

계속근로관계는 '원래회사와 전적대상회사', '근로자와 전적대상회사' 및 '근로자와 원래회사'의 계약에 따라 좌우된다. 근로자가 원하지 않으면 계속근로가 중단되고 이전 회사에서 퇴직금을 정산하게 된다.[2] 당사자합의가 불분명한 경우에는 자발적인 퇴직금수령여부 등 계속근로단절법리를 따른다.

③ 복귀예정

전적을 하되 장차 복귀가 예정되고 원래기업이 계속해 임금차액을 보전하며 계속근로기간도 통산되는 특별한 전적의 경우에는 원래의 기업이 근기법상 사용자책임을 질 수도 있다.

---

1) 차별개선과-2172, 2008.11.17. ; 서울중앙지판 2018.11.26, 2017가합559607.

2) 근기 1455-14802, 1982.5.28 ; 대판 1996.5.10, 95다42270 ; 대판 1996.12.23, 95다29970 ; 대판 1997.7.8, 96다38438 ; 대판 2000.12.22, 99다21806 ; 대판 2003.10.23, 2003다38597.

제2절 근로관계이전

1. 의 의

1·가. 기업 변동

기업은 경쟁력을 갖추기 위해 M&A[1]나 사업의 분리를 통해 변화한다. 이러한 변화는 고용승계를 통해 근로관계를 이전시키거나 경영해고를 통해 근로관계를 종료시킴으로써 근로관계의 변동을 초래한다.

1·나. 근로자 양도금지

사용자는 근로자의 동의 없이 그 권리를 제3자에게 양도하지 못한다(민법 §657①). 사용자와 근로자의 인적결합관계인 근로관계에 있어 사용자가 변경됨에 따라 그의 일방적인 의사만으로 근로관계가 타인에게 이전되는 것은 부당하다.

2. 사업의 양도 · 양수

2·가. 개 념

사업양도 · 양수라 함은 "사업이 일정한 영업목적에 따라 조직화된 총체 즉, 인적 · 물적조직의 동일성을 유지하면서 일체로서 이전되는 것"[2]을 말한다. 사업양도 · 양수는 자산매입[3], 물적시설양도 · 양수와 그 개념이 다르다.

2·나. 성 격

사업은 자본 · 노동 등이 결합해 유기적조직체를 이루고 있고, 근로관계도 유기체적조직을 중심으로 계속적 · 집단적으로 형성해간다. 근로관계에서 비롯된 근로자와의 인적관계는 사용자보다는 기업의 관계로 바뀌게 된다.

사업의 양도 · 양수에 따른 사용자변동은 근로자신분에 변화를 가져온다. 소유

---

1) M&A는 Merger와 Acquisition의 약칭. 법적개념이 아니며 학문적으로 정립된 개념도 아니지만, 통상적으로 기업의 경영지배권획득을 목적으로 행해지는 매매행위를 지칭.

2) 대판 1991.8.9, 91다15225 ; 대판 1995.6.28, 93다33173 ; 대판 1994.11.18, 93다18938.

3) 대판 1989.12.26, 88다카10128.

권절대원칙이나 계약자유원칙에서 적용되는 "근로자에 대한 권리의 양도금지"는 노동관계법적 차원에서 다른 해석이 모색되어 왔다.[1)]

2·다. 근로관계승계 원칙

(1) 당연승계설

사업을 양도할 때에도 합병과 마찬가지로 양도·양수당사자의 약정에 관계없이 종래의 근로관계가 전체로서 법률상 당연히 양수인에게 포괄적으로 승계된다는 견해이다.[2)]

(2) 특약필요설

근로관계승계를 위해서는 양도·양수 당사자 사이에 명시적 또는 묵시적 합의가 있어야 한다는 견해이다.[3)]

(3) 원칙승계설

당사자 사이에 반대의 특약이 없는 한 사업양도의 합의 속에 원칙적으로 근로관계를 포괄적으로 승계하기로 하는 합의가 포함된 것으로 추정되고, 특약을 통해 승계를 배제하는 경우, 이에 대한 합리적 이유가 있어야 한다는 견해이다.[4)]

(4) 소 결

사업은 인적 또는 물적 조직의 유기적 일체로 파악되는 점, 사업이 동일성을 유지하고 포괄적으로 승계된 경우에는 조직적일체성이 인정되는 점, 인적유기체인 근로자들의 실업을 예방해야 하는 점을 감안해 원칙승계설이 타당하다.

2·라. 근로관계승계 조건

(1) 동의 또는 합의

근로자의 동의는 근로관계승계 요건이 아니다. 사업을 양수할 때 근로자를 승

---

1) 독일에서 활발하게 논의되었는데 당초에는 관계당사자(양도인·양수인·근로자)의 특별한 의사표시가 있어야 한다는 것이 지배적인 견해였다. 이러한 견해는 사업양도에 따라 양수인은 근로관계에 편입되는 것이기 때문에 특약이 없더라도 기존의 근로관계가 당연히 이전된다는 근로관계자동인수설에 따라 대체되어 갔다. 이후 독일은 1972년의 개정 「사업장조직법」과 민법 제613조2에 이 설을 반영했다.

2) 임종률, 『노동법』, 제9판, 491쪽 ; 다수의 노동법학자들이지지 ; <논리적 근거> 사업양도는 실질적으로는 합병과 다르지 않은 점, 기업의 사회적책임론, 근로자의 인수를 부인하는 것은 실질적으로 해고라는 점 등

3) 일부 상법학자들이지지 ; <논리적 근거> 사적자치원칙 및 영업자유, 근로관계가 이전될 법적근거가 없는 점, 양도인이나 일부 근로자가 인수를 희망하지 않으면 이러한 의사가 반영될 수 없는 점 등

4) 김형배, 『노동법』, 제20판, 577쪽 ; <논리적 근거> 근로관계가 기업이나 사업과 결합해 객관화되어 있기 때문에 사업주가 변경돼도 기능유지와 존립을 위해 근로관계도 계속 유지되도록 할 필요가 있는 점, 근로자 승계 배제특약은 해고문제로 귀착되므로 해고제한법리에 비추어 제한되어야 한다는 점 등

계한다는 양도자와 양수자의 합의가 있으면 근로관계는 승계된다. 그렇더라도 양도자와 양수자의 합의는 근로관계승계 요건이 아니다.

(2) 사업의 동질성

양도자와 양수자의 합의가 없어도 사업의 동질성이 인정되면 근로관계가 원칙적으로 승계되는 것으로 해석[1]된다. 사업동질성이 인정됨에도 불구하고 양도·양수인간에 근로자의 전부 또는 일부를 승계하지 않기로 명시적으로 약정한 경우, 합리적인 이유가 없다면, 이는 해고에 해당한다.[2] 근로관계승계에 있어 양수인이 개인이냐 법인이냐, 단수냐 복수냐 등을 따지지 않으며 채권단이 사업을 인수해도 동일성이 유지되면 원칙적으로 승계가 인정된다.

2·마. 근로관계승계의 범위

사업이 전부 양도된 경우 뿐 아니라 일부가 양도되더라도 사업의 동질성이 인정되는 한, 근로관계는 당사자의 의사와 관계없이 양수인에게 이전되는 것이 원칙이다.[3] 승계범위는 '동일성을 유지하고 포괄적으로 승계되는 부분'이다.[4]

2·바. 근로관계승계의 효과

(1) 양수인과 양도인 관계

새 경영자가 사업을 승계해 경영하는 것은 소유자 내지 경영자가 교체되는 것으로, 재산상 문제는 옛 사용자와 새 사용자 사이의 민사문제에 불과하다.

(2) 양수인 의무

① 권리·의무 인수

양수인은 양도·양수 당시의 근로관계에서 발생하는 양도인의 권리·의무를 인수한다. 이미 발생한 미지급임금채무와 청구권이 발생치 않은 퇴직금의 지급의무도 승계된다.

② 계속근로인정

계속근로기간의 산정에 있어 양도의 전후기간은 통산된다. 영업양도는 퇴직금 중간정산사유(근퇴령 §3)에 해당되지 않는다. 근로자로서는 자발적의사로 퇴직금을 수

---

1) 대판 1991.8.9, 91다15225 ; 법무 811-27236, 1978.8.11.

2) 대판 1994.6.28, 93다33173 ; 대판 2002.3.29, 2000두8455(한국노동법학회, 『노동판례백선』, 181쪽) 등 다수.

3) 대판 1991.8.9, 91다15225 ; 대판 1994.11.18, 93다18938.

4) 김형배, 『노동법』, 제20판, 581쪽 ; 근기 68207-1471, 1994.9.16, <승계범위> 일부양도로 발생되는 근로관계.

령하고 퇴직후 재입사거나 근로관계승계에 따라 퇴직금을 중간정산하지 않고 근로관계를 유지할 수 있다.

③ **승계원칙 적용예외**

근기법적용제외자에 대해서는 승계가 인정되지 않는다. '해고의 효력을 다투는 자'에 대해서도 승계를 부정하는 판결[1]이 발견된다.

(3) 근로자의 해지

근로관계이전을 원치 않는 근로자는 양도자와의 근로계약을 해지하거나 유지할 수 있다. 양도인의 근로자는 양수기업 취업을 희망하는 의사표시를 승계취업이 확정되기 전에 철회할 수 있다.[2] 양도인은 경영해고요건에 해당되면 잔류를 희망한 근로자를 해고할 수 있다.[3]

(4) 근로조건조정

근로관계가 승계되면 노동조합, 단체협약, 취업규칙 및 근로계약도 승계되므로 양도전 사업장의 근로조건이 유지[4]되며 양수인이 일방적으로 근로조건을 근로자에게 불리하도록 변경할 수 없다.[5]

3. 사업의 합병 · 흡수

3·가. 의 의

사업합병은 2개 이상의 회사가 계약에 따라 청산절차를 거치지 않고 상법상의 특별규정에 따라 합해져 1개의 회사로 되는 것이 일반적 형태이다. 합병되면 새로운 회사는 소멸회사의 권리 · 의무를 포괄적으로 승계한다(상법§235, §530②, §603).

3·나. 근로관계승계와 계속근로

(1) 승계원칙과 배제특약

2개 이상의 사업이 동일성을 유지하면서 하나의 사업으로 합병되면 근로관계

1) 대판 1993.5.25, 91다41750
2) 대판 2002.3.29, 2000두8455.
3) 대판 2000.10.13, 98다11437.
4) 대판 1994.3.8, 93다1589.
5) 대판 1977.7.26, 77다355. 근로자동의가 있으면 호봉책정 등 임금결정이 별개로 이루어질 수 있다. ; 대판 1995.12.26, 95다41659(한국노동법학회, 『노동판례백선』, 184쪽. 기업변동결과로 퇴직금제도가 병존하게 된 것은 퇴직금을 설정한 것에 해당되지 않으며, 이는 불가피한 상황으로서 차등제도설정금지원칙을 위반이 아님).

가 승계됨이 원칙이다. 기존의 근로조건 중 일부 또는 전부를 승계치 않는 합의는 효력이 없다.[1]

(2) 합병과정과 근로자보호

합병으로 불이익을 받는 채권자는 이의진술기회를 가지며(상법 §232, §530②, §603), 합병무효의 소를 제기할 수 있다. 근로자도 기존회사에 대해 임금채권을 가지고 있다면 그 범위 내에서 권한행사가 가능하다.

(3) 근로계약기간 합산

합병으로 근로관계가 승계되면 근로계약기간은 합산된다. 다만, 사회통념이나 신의성실원칙에 반하지 않으며 근로자에게 불리하게 할 목적이 없고, 근로자들의 자유의사에 따른 동의가 있다면, 계속근로관계의 단절이 가능하다.[2]

3·다. 근로조건의 승계와 조정

계속근로로 인정된 상태에서 흡수·통합하는 경우에는 합병 전 기업의 근로조건이 합병 후 기업에 승계되는 것이 원칙이다. 적법한 절차를 거쳐 종전 취업규칙의 개정,[3] 새 취업규칙의 제정 등을 통해 근로조건을 일원화하기 전까지 특약이 없는 한 종전기업의 근로조건이 적용되는 것이 원칙이다.[4]

4. 사업의 분리·독립

4·가. 의 의

(1) 개 념

사업의 특정부문을 떼어내서 독립시키는 것을 '사업의 분리·독립', '사업의 분할' 또는 '자회사의 설립'이라고 한다. '사업의 분리·독립'의 방법은 여러 가지가 있으나 상법상의 분할 또는 분할합병이 일반적이다(상법 §530의2).

(2) 성 격

상법상의 분할은 합병이나 영업양도와 다른 성격을 가진다. 분할은 그 법적

---

1) 대판 1991.11.12, 91다12806.
2) 대판 1991.12.10, 91다12035. 통정한 허위의 의사표시가 아니라고 판시.
3) 대판 1993.10.12, 93다18365.
4) 근기 68207-3230, 2000.10.19.

효과가 분할계획서 등에 기재한 내용에 한정하여 부분적으로 포괄승계되는 법적 성격을 갖는다. 포괄승계가 되는 점에서는 합병과 분할이 유사하다. 영업양도가 특정승계임에 비하여 분할은 부분적인 포괄승계이다.[1]

상법은 분할에 따른 근로관계승계에 대해 규정하지 않고 있다. 따라서 영업의 분할이나 사업의 분리는 노동법적 관점에서 다루어진다.

4·나. 근로관계 승계의 요건

분할계획서에 근로관계승계가 기재되어 있는 경우, 근로자의 의사에 관계없이 당연히 근로관계가 분할회사로 승계되는 것인지에 대해 견해가 나뉜다.

(1) 동의권설

근로관계가 승계되기 위해서는 개별근로자의 수권이나 동의가 필요하다는 견해[2]가 있다.[3] 이 견해는 근로자의 동의 없이 근로관계가 승계되는 관행이 근로계약의 내용을 이루고 있다는 등의 특별한 사정이 있다면 이는 동의를 받은 것으로 본다.[4]

(2) 거부권설

근로관계가 승계되기 위해서는 개별근로자의 수권이나 동의가 필요 없지만 근로자에게 승계거부권이 있다는 견해[5]가 있다. 이 견해에 따르면 기업의 일부가 분리·독립함으로써 새 회사가 설립되어도 인적·물적조직이 서로 동일성이 유지되면, 법인체로서의 권리의무가 포괄적으로 승계되지 않더라도 해고제한을 회피하기 위한 것이라는 등의 특별한 사정이 없는 한 승계에 대해 이의를 제기했는지 여부와 상관없이, 근로관계가 포괄적으로 이전된다.[6] 이 견해는 분할하는 회사가 분할계획서에 대한 주주총회의 승인을 얻기 전에 미리 노동조합과 근로

---

1) 이세리, "회사분할과 근로관계의 승계", 「노동법포럼」 제6호, 노동법이론실무학회, 2011.4, 212면.
2) 이승욱, "기업변동에 따른 경영상 해고의 정당성", 「노동법학」 8호, 1998, 411쪽.
3) <논리적 근거> 분할되는 회사가 법인격을 달리함으로써 사용자의 지위에 변동이 발생하므로 일방적인 근로관계승계는 스스로 선택하지 않은 사용자와 근로관계를 맺음으로써 자기결정원칙에 반하고 인간의 존엄성을 해치며 직업선택의 자유에 반하고 강제근로의 위험이 있다.
4) 서울고판 2006.9.22, 2006나33021 판결.(대판 2007.1.25, 2006다66968 심리불속행)
5) 권혁, 임상훈, 강대섭, 『기업조직재편 등 노동시장 환경변화에 따른 노사관계법적 정책과제 연구』, 고용노동부 연구용역, 부산대학교 산학협력단, 2012, 72쪽.
6) 대판 1987.2.24, 84다카1409. ○○방직주식회사 퇴직금사건 ; 대판 1991.9.27, 91나4300 ; 대판 2009.9.24, 2009두9796(심리불속행). 대우자동차판매주식회사 부당전직사건. ; 대판 2013.12.12, 2011두4282.현대에이치앤에스 법인사업부문 분할사건. ; 근기 68207-3051, 2000.10.4. ; 권혁, 임상훈, 강대섭, 『기업조직재편 등 노동시장 환경변화에 따른 노사관계법적 정책과제 연구』, 고용노동부 연구용역, 부산대학교 산학협력단, 2012, 72쪽.

자들에게 회사 분할의 배경, 목적 및 시기, 승계되는 근로관계의 범위와 내용, 신설회사의 개요 및 업무 내용 등을 설명하고 이해와 협력을 구하는 절차를 거쳤다면 그 승계되는 사업에 관한 근로관계는 해당 근로자의 동의를 받지 못한 경우라도 신설회사에 승계되는 것이 원칙이라고 본다.[1] 이 견해는 근로관계존속보호와 자기결정원칙의 조화를 근로자에게 거부권을 인정하는 방법으로 해결[2]한다.

(3) 검 토

분할은, 근로자의 동의를 요건으로 하게 되면, 실질적으로 실현되기 어렵다. 따라서 분할이라는 경영행위를 인정하고 근로자에게 근로관계에 대한 자기결정권을 보장한다는 두 개의 목적을 달성하기 위해서는 거부권설이 타당하다.

4·다. 근로관계 승계의 효과

(1) 계속근로기간 합산

① 원 칙

근로관계가 승계되면 계속근로기간산정에 있어 양기간은 합산되며, 새 회사는 해당근로자를 정당한 이유 없이 해고하지 못한다.

② 근로관계승계 유보 약정

노동조합이 "분할회사가 해당근로자를 계속 고용치 못할 사정이 발생하면 별도의 근로계약 체결 없이 바로 원래회사에 고용된다"는 약정을 원래회사와 체결하면, 이는 단체협약이 아니라 단순한 사법상계약이다. 이 경우, 3기간(분할전원래회사 근로한기간, 분할후새회사에서 근로한기간, 복귀하여 원래회사에서 근로한기간) 모두가 계속근로로 합산된다. 사업이 분리될 때 기업의 인적·물적조직이 일부라도 동일성을 유지하면 그 범위 내에서 고용승계가 인정되어야 하나, 동일성을 유지한다고 인정하기 어려우면 고용승계 역시 부인될 수 있다.[3]

(2) 계속근로기간 단절

사업을 분리하면서 근로자에게 자유의사로 근로관계단절여부를 선택할 수 있

---

1) 대판 2013.12.12, 2011두4282. 현대에이치앤에스 법인사업부문 분할 사건.

2) <근거> 인사권에 대한 사용자의 재량권, 경영해고절차를 거치지 않고 특정사업부문 폐지하는 분할의 효과, 모회사의 사용자가 신설된 회사의 사용자가 되는 경우 사용자변경의 차이가 적어 전속성 존재,

3) 근기 68207-2437, 1993.11.23.

는 기회를 준 상태에서, 퇴직금을 받고 다시 입사하는 형식을 취하면 임금에 관한 권리·의무 등 옛 회사의 근로관계가 새 회사로 포괄승계되지 않는다.[1]

(3) 근로관계 승계 부정

① 근로관계 이전 거부

근로자가 거부하면 근로관계는 이전되지 않고 모회사와의 사이에 남는다.

② 형식적 분리·독립

모회사가 자회사의 주식을 독점하고 있고 자회사의 대표기관 등이 모회사의 지휘·명령을 받고 있어 그 독립성이 인정되지 않으면 자회사는 모회사의 한 사업부문으로서 독립적인 사업으로 볼 수 없으므로 근로관계이전의 문제는 처음부터 발생치 않는다. 모회사가 일부근로자를 해고하거나 차별대우할 목적으로 자회사를 설립한 경우에도 자회사의 법인격은 부인된다.

5. 그 밖의 근로관계 이전

단순한 명칭·조직변경,[2] 계열회사간 사업이관,[3] 주식매매, 외부용역, 경매처분·공개입찰,[4] 법령에 의한 사업주체 변경,[5] 임대·위탁변경[6] 등의 경우에는 근로관계가 이전되지 않는다.

---

1) 대판 1991.12.13, 91다32657. 상당수의 근로자가 종전의 근로관계를 승계하면서 새 회사의 직원이 되는 방법을 택했음에도 근로관계단절을 선택한 근로자에 대해 계속근로관계를 부인하고 있다.
2) 서울민지판 1991.2.21, 90가합56543.
3) 대판 1997.6.27, 96다49674.
4) 대판 1988.2.9, 87도2509 ; 대판 2000.3.10, 98두4146.
5) 대판 1998.10.23, 98다33932 ; 대판 2001.1.5, 2000두2686. 은마아파트사건.
6) 근기 68207-1405, 2000.5.9 ; 근로개선정책과-3838, 2011.10.31.

제 5 장 근로관계종료와 징벌

제1절 의 의

1. 근로관계종료

근로관계는 의사표시와 관계없이 이루어지는 자동소멸, 근로자측의 의사표시에 따라 행해지는 퇴직 및 '사용자측의 의사표시에 따라 행해지는' 해고의 형태로 종료된다.

자동소멸은 근로계약이 당사자의 의사표시나, 사전에 정해진 조건과 관계없이 자동적으로 해지되는 근로관계종료 유형이다.

퇴직은 그 당시에 근로자가 의사표시를 하는 의사표시형 퇴직과 일정한 사유가 충족되면 근로관계가 종료되는 사유충족형 퇴직으로 구분될 수 있다. 근로자의 의사표시를 사용자가 응낙하면 합의퇴직이고 그렇지 못하면 임의퇴직이다. 사유충족형퇴직은 일정한 사유가 사전에 합의되어 있으므로 합의퇴직이다.

해고는 사용자측 원인으로 인한 해고와 근로자측 원인으로 인한 해고로 나뉜다. 사용자측 원인에 의한 해고에 대해서는 경영해고라는 용어를 사용하는 것이 타당하다.[1] 근로자측 원인에 의한 해고 전체에 대해서는 일반해고라는 용어를 사용하는 것이,[2] 다른 의미로 쓰는 견해가 있지만,[3] 타당해 보인다.[4]

---

1) 일본에서 사용되는 정리해고라는 용어(管野和夫, 『勞働法』, 第10版, 566頁)는 부정적이고 과격한 의미를 내포하고 있다.

2) 강희원, "해고법의 체계를 위하여", 「노동법학」, 제10호, 한국노동법학회, 2000.8, 25쪽.

3) 임종률, 『노동법』, 제13판, 524쪽.

일반해고는 과거의 비위행위나 기업질서위반행위에 대한 제재인 징계해고와 근로계약의무를 이행하지 못한 채무불이행 상태로 인해 장래에도 근로관계를 계속 유지하는 것이 가능하지 않아 행해지는 통상해고[1]로 구분[2]된다.

통상해고는 근로자의 고의·과실이 전제되지 않은 사유에서 비롯된 '일신상사유 해고'와 근로자의 고의·과실이 전제되는 사유에서 비롯된 '행태상사유 해고'로 구분된다.[3] 행태상사유는 징계해고의 사유이기도 하다.

근로관계종료는 다음과 같이 표로 정리될 수 있다.

<table>
<tr><td rowspan="8">근로
관계
종료</td><td colspan="4">자 동 소 멸</td><td>근로자사망, 사업장소멸</td></tr>
<tr><td rowspan="3">퇴 직</td><td rowspan="2">의사표시형</td><td colspan="2">임 의</td><td>사직원미수리</td></tr>
<tr><td colspan="2" rowspan="2">합 의</td><td>사직원수리</td></tr>
<tr><td>사유충족형</td><td>계약기간만료, 정년, 당연퇴직</td></tr>
<tr><td rowspan="4">해 고</td><td colspan="3">경영상</td><td>경영사정, 집단해고</td></tr>
<tr><td rowspan="3">일 반</td><td>징 계</td><td rowspan="2">행 태</td><td>질서위반비리</td></tr>
<tr><td rowspan="2">통 상</td><td>근무태만</td></tr>
<tr><td>일 신</td><td>업무저성과</td></tr>
</table>

2. 징 벌

근기법(§23①)은 "사용자는 근로자에게 정당한 이유 없이 해고, 휴직, 정직, 전직, 감봉, 그 밖의 징벌을 하지 못한다"고 규정함으로써 징계와 해고를 징벌이라는 개념에 포함시키고 있다.

해고는 근로관계의 종료인 반면에 다른 징벌은 근로관계를 유지하면서 주어지는 불이익이다. 두 유형의 징벌에 대해 정당성이 인정되는 사유, 절차적 요건, 구제 등을 적용함에 있어 다르게 취급할 필요성이 인정된다. 그럼에도 불구하고 두 유형의 징벌을 '정당한 이유'라는 추상적 개념을 매개로 하나의 틀에 묶어 놓은 입법형태는 체계적인 법리를 형성하는데 걸림돌이 되고 있다.

---

4) 여러 학자들이 사용하는 용어 사이에 가능한 한 충돌이 적도록 하면서 해고제도를 체계화하기 위함이다. ; 명칭을 따로 정하고 있는 사례가 거의 발견되지 않는다. ↘ 343쪽

1) 일반해고라는 용어를 쓰는 학자(임종률, 『노동법』, 제13판, 524쪽)도 있다. ; 일본에서는 보통해고(菅野和夫, 『労働法』, 第10版, 564~565頁)라는 용어가 사용된다. ; 징계절차(대판 1994.10.25, 94다25889 등)나 해고예고를 적용하지 않는 해고의 의미로 사용되기도 하나, 이 경우 즉시해고라는 용어가 의미를 더 명확하게 전달해준다.

2) 권혁, "해고 유형론에 소고", 「법학연구」, 제51권 제1호, 부산대 법학연구소, 2010.2, 719쪽 ; 박종희, "현행해고보호제도의 체계적 이해와 해석에 관한 연구", 「안암법학」, 제144호, 안암법학회, 2014.5, 460쪽.

3) 박종희, 앞의 논문, 448쪽.

제2절 해고와 징벌

1. 해고와 징벌의 일반 원칙

1·가. 법적근거

사용자는 근로자에게 정당한 이유 없이 해고, 휴직, 정직, 전직, 감봉, 그 밖의 징벌(부당해고등)을 하지 못한다(근기법 §23①).

1·나. 해고와 징벌의 요건

해의 제한과 관련해 법적 규정을 두지 않았던 일본에서는 해고자유설, 정당사유설, 해고권남용설 등 여러 이론이 제기되어 왔다.[1] 근기법(§23①)은 "정당한 이유" 없이 해고 등 징계를 할 수 없다고 규정하고 있어 정당사유설의 입장을 명확히 하고 있다. '정당한 이유'라 함은 '여러 사정'[2]을 종합적으로 고려해 사회통념상 근로계약을 계속시킬 수 없을 정도로 근로자에게 책임 있는 사유를 말한다.[3]

근기법이 명시하고 있는 "정당한 이유"가 주관적이고 추상적이라는 비판에 대해 헌법재판소는 헌법상 명확성의 원칙에 반하지 않는다고 본다.[4]

1·다. 해고와 징벌의 사유

해고와 징벌의 사유는 사용자측사유와 근로자측사유로 나뉠 수 있다.

전자는 경영해고의 사유가 되며, 해고 이외의 징벌에는 적용되지 않는다.

후자는 일신상사유와 행태상사유로 나뉠 수 있다.[5]

---

1) 최고재판소 판례로 정립된 해고남용설이 2003년 개정 노동기준법에 반영되었고, 그 후 2007년 제정 노동계약법에 "해고는 객관적으로 합리적인 이유를 결여하고 사회통념상 상당하다고 인정되지 않는 경우에는 그 권리를 남용한 것으로 무효이다"라고 규정하기에 이르렀다.

2) 사업 목적·성격, 사업장여건, 근로자지위, 직무 내용, 비위행위의 동기·경위, 기업질서, 과거의 근무태도 등.

3) 대판 1991.3.27, 90다카25420 ; 대판 2009.5.28. 2007두979 등 다수.

4) 헌재 2005.3.31, 2003헌바12. <논리> 법적자문을 고려한 예견가능성이 있고 집행자의 자의가 배제될 정도로 의미가 확립되어 있음.

5) 독일의 「해고제한법」 제1조 제2항은 해고를 일신상사유해고, 행태상사유해고 및 경영해고로 구분해 그 효과를 달리하도록 규정하고 있다. 일신상사유 해고는 고의·과실·의도가 없을 것을 요구하면서 해고의 효과를 다른 유형의 해고와 달리한다. 행태상사유는 근로자의 고의·과실·의도가 개입되어 근로계약상의 의무를 위

(1) 일신상사유

일신상사유는 고의·과실이 전제되지 않은 근로자측 귀책사유이다.

업무저성과, 직무능력부족, 질병, 자격과 기능, 수감 및 복역, 고령, 노동허가 미취득, 경향사업 등 근로자가 근로계약을 이행함에 있어 장애가 되는 사유가 일신상사유에 해당된다. 일신상사유해고는 통상해고에 해당하고 징계해고에는 해당되지 않는 것이 원칙이다.

(2) 행태상사유

행태상사유는 고의·과실이 전제된 근로자측 귀책사유이다. 무단결근, 근무태만, 임무소홀, 직장규율문란, 불법집단행동, 회사명예실추, 비밀누설, 횡령 등 근로계약상 의무를 위반하는 행위는 행태상사유에 해당된다. 행태상사유해고는 징계해고에 해당되는 것이 원칙이다. 그러나 근무태만 등의 행태상사유가 업무저성과로 이어지는 경우 통상해고의 사유가 될 수 있다. 징계해고와 통상해고는 법리에 있어서 차이가 있다. 행태상사유를 해고사유로 삼음에 있어 어느 법리를 따를 것인지가 고려되어야 하며 양자를 가중하는 접근은 합리적이지 못하다.

1·라. 해고제한법리

(1) 최후수단

해고는 근로자와 가족의 생활근거를 박탈해 생존권을 위협할 수 있다. 해고는 불가피하게 행할 수밖에 없는 최후수단의 성격을 갖는다. 해고에 이를 정도의 "정당한 이유"는 "근로관계를 계속 유지할 수 없을 정도의 이유"여야 한다.[1]

(2) 비교형량

해고를 함에 있어서는 근로자가 직장을 상실함으로써 받게 되는 손해와 근로관계를 종료시킴으로써 얻게 되는 사용자의 이익에 대해 신중하고 포괄적인 비교형량이 이루어져야 한다.[2]

반하는 것으로서, 일신상사유와 명백히 구분된다.

1) 헌재 2005.3.31, 2003헌바12.

2) 헌재 2005.3.31, 2003헌바12. 사용자와 관련해서 사업기능유지, 재산손해·위험발생 방지, 위신추락, 다른 근로자 보호 등이 고려되어야 하며, 근로자와 관련해서 의무위반종류·중요성·빈도, 종래행태와 관련성, 사용자의 공동과실책임, 근무연한, 연령, 부양의무범위, 해직시점에서 노동시장상황, 전직가능성 등이 고려되어야 한다.

1·마. 해고 협의·합의조항(제3편, 제3장 제3절, 1·가, (3), ②)

(1) 협의조항

징계, 해고 및 고용조정에 있어 노동조합과 사전에 협의토록 한 규정은 인사권이나 징계권을 전반적으로 제한하려는 승인이나 동의 조항과는 달리, 사용자가 인사처분을 함에 있어 신중과 공정을 기할 수 있도록 노동조합에게 의견을 제시할 수 있는 기회를 주기 위한 것으로 제시된 의견을 참고자료로 고려케 하는 정도에 지나지 않는다. 이를 이행치 않더라도 해고 자체를 무효로 볼 수 없다.[1]

(2) 합의조항

징계, 해고 및 고용조정에 있어 노동조합과 합의·승인·동의를 징계절차로 정해 놓은 경우에 이를 거치지 않은 해고는 원칙적으로 무효[2]이다.

사전합의권은 신의성실원칙에 입각해 합리적으로 행사되어야 한다. 징계사유가 명백하고, 사용자가 성실하고 진지한 노력을 다했는데도 노동조합이 합리적 이유 없이 합의에 응하지 않는 행위는 권리남용이나 동의권포기가 된다.[3]

1·바. 해고와 징벌의 효력과 입증

(1) 효력발생

해고의 효력은 서면통지에 명시된 기일에 발생한다. 기일이 명시되지 않은 해고의 통지는 효력이 없다. 해고가 아닌 다른 징계의 효력은 별도로 기일을 정하지 않았다면 '징계의 통지와 사유설명서'가 도달했을 때 발생하며, 구두의 경우에는 즉시 발생한다.

(2) 입증책임

근기법 제23조제1항은 강행법규로서 이에 위반한 해고 기타 사용자의 처분은 무효이므로 사용자가 징계의 정당성과 적정성, 절차의 구비, 징계절차의 적법성에 관한 입증책임을 지며 근로자는 징계사유부존재에 관해 입증책임이 있다.[4]

---

1) 대판 1992.6.9, 91다41477 ; 대판 2011.7.28, 2008두11693 등 다수.
2) 대판 1993.8.24, 92다34926 ; 대판 2007.9.6, 2005두8788(한국노동법학회, 『노동판례백선』, 155쪽) ; 대판 2012.6.28, 2010다38007 등 다수.
3) 대판 1993.7.13, 92다50263 ; 대판 2010.7.15, 2007두15797 등 다수.
4) 김소영, "해고사유에 관한 연구", 고려대 박사학위논문, 1991, 173쪽.

2. 해고와 징벌의 유형별 정당성

2·가. 징계해고와 징벌

(1) 의 의

근기법은 "부당해고고 등" 즉, '정당한 이유' 없는 '징벌 및 징계해고'를 금지(근기법 §23①)하고, 감급제재를 제한(근기법 §95)하며, 취업규칙에 제재에 관한 사항(근기법 §93xi)을 규정토록 함으로써 징계제도를 예정하고 있다.

(2) 징계권의 성격

징벌은 사업장질서를 정립하고 유지할 목적으로 그 위반자에 대해 가해지는 질서벌의 성격을 가지며, 신분제재의 형태로 나타난다. 이러한 권리(징계권)의 행사는 법률규정에 따라 부여되거나 정당화할만한 특별관계가 전제되어야 한다.[1] 징계권의 법적성격에 대해서는 의견이 나뉜다.

① 고유권설

고유권설[2]은 징계권의 근거를 경영권에 둔다. 이 설은 기업질서의 형성과 유지 및 그 위반에 대한 제재를 사용자의 고유권한으로 본다. 사용자는 취업규칙이나 단체협약에 규정이 없어도 징계권을 행사할 수 있다는 것이다. 근로권이 사회권적기본권으로 보장되는 오늘날에는 고유권설이 받아들여지지 않는다.

② 계약설

계약설은 사용자의 고유한 징계권은 존재하지 않는다고 보고 징계권의 근거를 노사합의에서 구한다. 노사합의는 취업규칙의 징계규정과 근로계약의 내용으로 실현된다.[3] 취업규칙의 징계관련 규정에 사유와 요건이 구체적으로 규정되어 있는 경우, 그 범위 내에서만 징계가 가능하다. 계약설은 종속적인 지위를 갖는 근로자에게 불리한 결과를 초래하고, 사적제재에 대해 국가가 강하게 개입하는 현실을 설명하는데 한계가 있다.

③ 법규범설

법규범설[4]은 근로관계를 규율하는 법규범에서 징계권의 근거를 구한다. 근기

---

1) 김형배, 『노동법』, 제23판, 584쪽.
2) 이상윤, 『노동법』, 제13판, 425쪽,
3) 菅野和夫, 「勞働法」, 第九版, 419頁.

법은 취업규칙의 법규범성을 인정한다. 징계를 하기 위해서는 취업규칙에 징계 규정이 있어야 하며, 노사합의를 매개로 하지는 않는다. 이 설은 취업규칙의 편무성에 따라 사용자의 징계권이 자의적으로 행사될 수 있다는 한계를 가진다.

④ 공동규범설

공동규범설은 징계권의 근거를 기업의 공동질서 위반에 대한 제재를 규정한 노사공동규범에서 구한다.[1] 징계제도는 단체협약·노사협정과 같이 노사가 공동으로 참여하는 제도에 따라 설정되어야 하고, 이러한 설정은 구성원들이 스스로 그들의 행위를 규율하는 것이다. 단체협약의 경우에는 일반적 구속력확장의 요건을 갖추지 않으면 조합원들에 대해서만 규범적 효력을 갖기 때문에 공동규범의 입장은 현실과 조화되기 어렵다.

⑤ 소 결

근기법은 취업규칙기재사항으로 "제재에 관한 규정"을 명시하고 있고, "부당해고 등"에 해당하는 징벌을 나열하고 정당성을 효력요건으로 제시한다. 이러한 규정형식은 근기법이 법규범을 통해 사용자의 징계권을 인정함을 보여준다.

취업규칙 등에 규정된 해고사유는 근기법에 위배되지 않고 사회통념상 합리성이 인정되는 한 정당한 이유로 인정된다.[2] 따라서 법규범설이 타당해보이나, 이 설을 취업규칙 등에 규정되어 있지 않은 사유로 징계를 할 수 없다는 취지로 받아들일 수는 없다. 취업규칙 작성의무가 없는 사업장도 있고, 불완전한 작성이 있을 수 있기 때문이다.

(3) 징벌의 내용

① 의 의

근기법 제23조는 징벌의 유형을 해고, 근로를 제공하고 임금도 지급되나 근로의 장소나 업무내용을 바꾸는 전보·전직, 근로를 제공하되 임금의 일부를 지급치 않는 감봉·감급, 그리고 기타 징벌로 나열하고 있다.

---

4) 박홍규, 「고용법·근로기준법」, 제2판, 302쪽 ; 임종률, "근로자 징계의 법리", 「법학논총」, 제5집, 숭실대 법학연구소, 1989.12, 160쪽 ; 판례(대판 1994.6.14, 93다26151 ; 대판 1999.3.26, 98두4672 ; 대판 2000.9.29, 99두10902 등)는 징계권을 사용자의 "기업질서정립 및 유지권한"에 두고, 사용자의 독자적인 작성권이 인정되는 취업규칙에 따라 징계규정을 구체화한다고 이해한다. ↘ 348쪽

1) 김형배, 『노동법』, 제23판, 586쪽 ; 박지순, "징계제도의 법적 구조 및 개별 쟁점의 재검토", 「노동법포럼」, 제1권 제1호, 노동법이론실무학회, 2008.10, 238~241쪽 ; 독일의 경영협정은 「사업장조직법」 제87조제1항에 근거를 두고 법률과 단체협약에 반하지 않는 한 해당 사업장의 모든 종업원에 대해 규범적 효력을 가지고 있다.

2) 대판 1987.1.14, 86다카1875 ; 대판 1992.4.24, 91다17931 등 다수.

징계의 종류와 양정은 취업규칙 등으로 정할 사항이다.

② 해 고

징계해고는 사용자의 일방적의사표시로 이루어지는 근로관계종료인 해고 중에서 근로자측의 귀책사유로 인한 일반해고에 해당되며 그 중에서도 과거의 비위행위나 기업질서위반행위에 대한 제재에 대해 이루어지는 해고이다. 징계해고는 사용자측의 귀책사유로 인한 경영해고나 근로계약의무를 이행하지 못한 채무불이행상태로 인해 장래에도 근로관계를 계속 유지하는 것이 가능하지 않아 행해지는 통상해고와 그 성격이 다르다.

③ 정 직

정직은 해고와 함께 전형적인 중징계이다. 정직기간 중에는 원칙적으로 근로가 제공되지 않고 임금도 지급되지 않는다.

④ 인사이동

전보·전직, 휴직은 인사배치의 성격이 강하다(같은편 제4장, 제1절). 따라서 징계의 법리가 적용되기 보다는 근로관계의 변동 즉 인사이동의 법리가 적용되는 것이 원칙이다. 전보·전직은 근로를 제공하고 임금도 지급되나 근로의 장소나 업무내용을 바꾸는 인사조치이다. 휴직은 근로를 제공치 않으며 임금도 지급되지 않는 것이 원칙이다. 다만 보복수단으로 이루어진다면 징계의 성격을 가지며, 권리구제에 있어 정당성법리가 적용된다.[1]

⑤ 감 봉

근기법(§95, §114 i 5백만원 벌금)은 "취업규칙에서 근로자에 대해 감급제재를 정할 경우에 그 감액은 1회의 금액이 평균임금 1일분의 1/2을, 총액이 1임금지급기 임금총액의 1/10을 초과하지 못한다"고 규정함으로써 감급의 최고한도액을 설정하고 있다.[2] 금지되는 감급을 정리하면 다음과 같다.

ⓐ 1회의 사범이 1일분의 반액을 초과하는 경우 ⓑ 1회의 사범이 1임금지급기에 있어서의 임금총액의 10분의 1을 초과하는 경우 ⓒ 여러 번의 사범이 1임금지급기에 발생한 경우로서 각각의 사범에 대한 감급의 합계액이 1임금지급기에 있어서의 임금총액의 10분의 1을 초과하는 경우 ⓓ 1회의 사범에 대해 여러 개월에 걸쳐 나누어 감급을 하더라도 그 금액을 모두 합한 금액이 1임금지급기에 있어서의 임금총액의 10분의 1을 초과하는 경우

1) 대판 2005.2.18, 2003다63029(한국노동법학회, 『노동판례백선』, 116쪽. 징계로서의 휴직명령, 정당이유 필요).
2) 임금전액지급원칙의 예외로서 '법령에 특별한 규정이 있는 경우'에 해당한다.

⑥ 직위해제 · 대기발령

(가) 개 념

직위해제나 대기발령은 직위나 직책을 박탈하여 업무로부터 격리시키는 인사관리이다. 직위해제나 대기발령은 직급은 유지되므로 직위나 직책이 박탈됨으로써 상실하는 수당 외에 다른 근로조건의 저하를 수반하지 않는다.

(나) 성 격

직위해제나 대기발령은 인사권의 행사로서 인사배치전 대기와 교육 또는 업무능력개발을 위해 활용되는 것이 원칙이다. '징계 전 업무격리' 또는 '통상해고에 있어 개선기회'를 위한 직위해제나 대기발령도 직권면직으로 이어지더라도 그 자체로는 징벌 또는 징계로 보기 어려우며[1] 인사권행사로 볼 수 있다. 직위해제나 대기발령이 그 자체로서 징벌의 성격을 가지지 않으나 징계나 고용관계종료 수단으로서 악용될 경우에는 징벌로서의 불이익에 해당될 수 있다.

(다) 유 형

㉮ 인사관리

인사배치전 대기와 교육 또는 업무능력개발을 위한 직위해제나 대기발령에 대해서는 사용자의 재량사항으로서 합리적이유가 넓게 인정된다. 그러나 이러한 경우에도 권리를 남용하여 합리적인 이유가 없으면 부당징벌에 해당될 수 있다.

㉯ 징계수단

직위해제나 대기발령이 징벌수단으로 남용된다면 정당한 이유가 요구된다. 이 경우 부당징벌에 대한 구제는 직위부여라는 사용자의 작위의무가 된다. 징계에 앞서 그 사유 때문에 업무와 격리를 시키기 위한 직위해제나 대기발령은 징계가 아닌 인사권의 행사로서 그 정당성이 널리 인정된다.

㉰ 통상해고에 있어 개선기회

직위해제나 대기발령은 통상해고 전에 개선기회를 부여하기 위한 수단으로서 해고회피수단의 성격을 갖는다(같은장, 같은절 2·나,(6),②).

(라) 정당성

㉮ 원칙적 효력

인사권의 행사로 인정되는 직위해제나 대기발령은 사용자의 고유권한으로 재량이 인정되어 권리남용이 없는 한 위법이 아니고, 협의절차를 거치지 않아도 무

---

1) 대판 2005.11.25, 2003두8210 ; 대판 2002.7.26, 2000두9113. 규정이 없는 한 징계절차 불필요.

효로 볼 수 없다고 해석된다.[1]

㈏ 정당한 사유

직위해제나 대기발령도 정당한 사유가 요구된다. 사용자는 인사관리의 필요성이 있는 점, 권리남용이 아닌 점, 징벌의 사유와 내용의 합리성, 징벌전 업무격리라면 그 필요성, 통상해고에 있어 기회제공이라면 그 사유가 되는 업무저성과의 존재를 입증해야 한다.[2] 합리성이 없는 장기대기발령은 무효이다.[3]

㈐ **당연퇴직과의 관계**

직위해제나 대기발령이 통상해고나 당연퇴직으로 이어질 경우 통상해고나 당연퇴직의 사유가 정해당야 한다(같은편, 같은장 제3절, 4).

⑦ 기타 징벌

기타 징벌로는 강등·강위, 경고, 주의 등이 있다.

(4) 징계의 실체적·절차적 정당성

① 실체적 정당성

㈎ **판단근거**

㉮ 근거규정

취업규칙 등에 규정된 해고사유는 신의칙에 위반되지 않고 권리남용에 해당되지 않아 사회통념상 합리성을 가지고 있고 근기법에 위배되지 않으면 해고의 근거가 될 수 있다.[4] 해고사유에 대해 취업규칙 등에 열거조항[5]이나 배타적배제조항[6]이 있다면 준수되어야 하나, 사회통념상 근로관계를 유지할 수 없다고 인정되는 경우가 있을 수 있으므로 절대적이지 않다.

㉯ 사유해당

비위행위가 징계사유에 해당되는지를 판단함에 있어 징계의결서나 징계처분서에 기재된 징계규정의 징계근거뿐 아니라 징계위원회에서 징계사유로 삼았는지 여부도 고려되어야 한다.[7]

---

1) 대판 2002.12.26, 2000두8011. ; 대판 2007.11.30, 2005두13247 등 다수.
2) 서울행판 1999.11.2, 99구10178.
3) 대판 2007.2.23, 2005다3991(한국노동법학회, 『노동판례백선』, 113쪽. 대기발령에 대해 막연히 사용자에게 상당수준의 재량이 있다는 인식에서 벗어나 최소한 일정한계가 있음을 확인시켜준 판결).
4) 대판 1989.9.26, 89다카5475 ; 대판 1992.3.13, 91다39559 등
5) 대판 1993.1.15, 92누13035 ; 대판 1995.2.14, 94누5069 등 다수.
6) 대판 1993.1.15, 92누13035 ; 대판 1993.4.27, 92다48697 ; 대판 1995.2.14, 94누5069 등 다수.
7) 대판 1996.9.20, 95누15742 ; 대판 2008.9.11, 2007두10174 등 다수.

㈏ 판단방법

㉮ 종합판단

해고가 정당하기 위해서는 근로자에게 사회통념상 고용관계를 계속할 수 없을 정도로 책임 있는 사유가 있어야 한다. 그러한 사유인지는 징계 목적, 사업의 목적·성격·종류, 사업장 여건, 근로자의 지위·직종, 업무의 내용·특성, 비위행위의 동기·경위·내용·성격, 위계질서문란을 포함한 기업질서에 미칠 영향, 과거의 근무태도 등 여러 사정을 종합적으로 검토해 판단한다.[1]

㉯ 복합사유

복수의 사유가 있으면 전체를 살펴 징계의 정당성이 판단된다.[2] 해고처분이 적정한지는 여러 사유를 하나씩 떼어서 판단할 것이 아니라, 전체를 살펴서 사회통념상 근로관계를 유지할 수 없을 정도로 근로자에게 책임이 있는지를 판단한다.[3] 일부사유가 부당해고도 나머지 사유가 근로관계를 유지할 수 없는 정도라면 그에 따른 해고는 효력이 있다.[4]

㉰ 과도적근로관계와 해고

시용·수습·채용내정 후 정식채용거부는 유보된 해약권의 행사로서 해고에 해당하므로 사회통념상 합리적인 이유가 있어야 한다. 다만, 합리적인 이유의 범위는 정상근로자보다 넓다.[5]

㈐ 징벌수준

㉮ 징계양정

징계의 양정은 사회통념상 타당해야 한다.[6] 비위행위가 징계사유에 고용관계를 유지하는 것이 현저히 부당 또는 불공평하다고 인정될 정도에 이르러야 해고의 정당성이 인정된다.[7] 근로자의 비위행위가 징계사유에는 해당되나 해고사유에까지는 이르지 않는다면 해고조치는 무효이다.[8] 취업규칙 등에 여러 등급으로 규정된 징계처분 중 어느 것을 택할지는 징계권자의 재량에 속하는 사항이나,[9]

---

1) 대판 1996.9.20, 95누15742 ; 대판 2006.11.23, 2006다48069 등 다수.
2) 대판 1991.11.22, 91다6740 ; 대판 1997.12.9, 97누9161 등 다수.
3) 대판 1991.11.22, 91다6740 ; 대판 1997.12.9, 97누9161 등 다수.
4) 대판 1992.4.24, 91다17931 ; 2004.11.12, 2002두11813 등 다수.
5) 대판 1992.8.18, 92다15710 ; 대판 2001.2.23, 99두10889.
6) 대판 1992.7.14, 91다32329 ; 대판 2002.9.24, 2002두4860 등 다수.
7) 대판 1992.5.12, 91다27518.
8) 대판 1992.7.14, 91다32329.
9) 대판 1991.10.25, 90다20428 ; 대판 1993.3.12, 92누12933 ; 대판 2008.1.31, 2005두8269. 등 다수.

징계사유와 징계처분의 사이에 사회통념상 상당하다고 인정되는 균형이 요구되고, 가벼운 사유에 대해 무거운 제재를 과하는 것은 징계권남용으로 무효이다.[1)]

㉯ **근무태도와 양정**

(a) 참작자료

피징계자의 평소소행과 근무성적, 징계사유 전후에 저지른 비위행위 사실 등은 징계사유로 삼지 않더라도 징계양정의 참작자료로 삼을 수 있다.[2)]

(b) 양정감경

취업규칙 등에 표창이나 수상의 경력이 대해 징계양정을 경감하도록 규정되어 있으면 이는 인정된다. 그러한 규정이 없거나 사용자의 재량사항으로 규정되어 있으면, 근로자가 이를 권리로 주장할 수 없다. 경감의 효력이 미치는 횟수는 따로 규정이 없다면 1회에 한정된다.[3)]

(c) 양정가중

징계전력이 있으면 징계양정이 가중되는 규정을 무효라고 할 수는 없다. 다만, 가중 정도・기간・대상징계 등이 사회통념상 현저히 타당성을 잃으면 효력이 부정될 수 있다.[4)] 하위양정에 속하는 복수의 비위행위는 징계양정을 가중하는 근거가 될 수 있다.[5)] 나아가서 '정직 3회는 해고'처럼 하위양정이 일정 횟수 이상일 경우 양정을 높이는 가중규정도 가능하다.[6)] 가중적용기간을 노사가 협의하여 명시하는 것이 일반적이나 명시하지 않아도 가중조항의 효력이 부인되지 않는다.

㉰ **공평성과 양정**

합리적인 사유 없이 같은 정도의 비위행위에 대하여 일반적으로 적용하여 온 기준과 어긋나게 공평을 잃은 과중한 징계처분을 행하는 것은 위법하다.[7)]

㈑ **징벌시기**

㉮ **자의성 배제**

징계권자가 알거나 알 수 있었던 때로부터 시간이 많이 흐른 다음에야 문제로 삼은 징계는 신의칙에서 벗어나므로 재량권을 일탈하여 정당성이 부정된다.[8)] 징

1) 대판 1991.10.25, 90다20428 ; 대판 1993.3.12, 92누12933 ; 대판 2008.1.31, 2005두8269 등 다수.
2) 대판 1999.9.3, 97누2528・2535 ; 대판 2002.5.28, 2001두10455 ; 대판 2003.7.8, 2001두8018 등 다수.
3) 대판 2004.4.29, 2003누12754.
4) 대판 2014.2.13, 2013두19714.
5) 대판 1992.11.24, 92다7061.
6) 서울행판 2010.7.23, 2010구합2807.
7) 대판 1999.9.3, 97누2528・2535 ; 대판 2014.11.27, 2011다41420.
8) 대판 2003.9.26, 2003두6634. 8개월이 지나서야 해고사유로 삼은 동료 폭행사건 관련.

계사유로 삼을 수 있는 기간을 정해 놓으면 그 기간이 징계시효가 되며, 따로 정함이 없으면 기산점은 징계사유가 발생한 때이다.[1)]

㈏ 일사부재리 및 2중징계

(a) 원 칙

하나의 사유에 대해 2번 이상의 징계처분을 하는 것은 이중징계로서 위법이다.[2)] 후행처분에서 새로이 추가된 징계사유가 합리성을 인정받지 못하거나 선행처분의 징계양정에 영향을 미치지 못할 정도이면 이를 근거로 한 징계는 이중징계가 될 수 있다.[3)]

(b) 요 건

이중징계에 해당하려면 선행처분과 후행처분이 징계처분이어야 하고,[4)] 선행처분이 취소됨이 없이 유효하게 확정되어야 하며, 선행처분과 후행처분의 징계혐의사실이 동일해야 한다.[5)]

(c) 단계적 처리

해고 전에 대기발령・직위해제 등을 행하는 단계적처리는 사회통념상 타당하며 이중징계로 보기 어렵다.

(d) 재징계

ⓐ 자발적 재징계

사용자는 자체의 재심절차에서 징계의 절차・사유 또는 양정의 부당성이 인정되면 노동위원회의 판정이나 법원의 판결을 기다리지 않고 스스로 소급하여 취소한 후 새로운 사유를 추가하여 징계절차를 다시 밟거나, 절차를 갖추거나, 징계양정을 조정하여 다시 징계할 수 있다.[6)]

ⓑ 징계진행과 추가비위

징계절차가 진행되는 사이에 원래의 징계사유와 관련된 추가적인 비위사실이 밝혀지면 이는 징계양정을 다시 정하는 근거가 될 수 있다. 그러나 추가적인 비위사실이 새로운 징계사유에 해당하면 재징계사유가 된다.[7)] 재징계와 원징계의

1) 대판 2008.7.10, 2008두2484.
2) 근기 68207-1005, 1994.6.20.
3) 서울행판 2012.5.4, 2012구합270.
4) 대판 2011.7.28, 2008두11693.
5) 대판 2000.9.29, 99두10902.
6) 대판 1994.9.30, 93다26496
7) 대판 1996.4.23, 96다2378.

사유가 대부분 같더라도 일사부재리원칙 또는 신의칙에 위배되지 않는다.[1)]

ⓒ 판정 · 판결 후 재징계

노동위원회 판정이나 법원 판결 후의 재징계가 정당한지는 그 사유에 따라 다르게 판단할 수 있다. 먼저 절차위반이나 양정과다인 경우에는 이를 보완하여 재징계하더라도 일사부재리원칙에 위배되지 않는다.[2)] 다음으로 '다른 사유가 추가'되거나 '같은 사유라도 추가적인 비위행위'가 있어야 하고, 추가된 해고사유나 비위행위가 이전의 해고사유나 비위행위와 본질적으로 다르고 중대한 경우에 한하여[3)] 허용된다. 이 경우 기존의 비위행위나 징계사유도 추가요건과 함께 징계양정을 결정하는데 고려될 수 있다.[4)]

㈒ 징벌사유

징계해고가 되는 근로자의 귀책사유에 대하여는 근무태도불량, 범법행위, 2중취업행위와 경력사칭으로 나누어 설명할 수 있다.

㉮ 근무태도불량

(a) 원 칙

근무태도불량은 행태상사유로서 근로제공의무위반의 채무불이행이므로 업무저성과에 따른 통상해고의 사유[5)]도 될 수 있으나 직장질서위반이므로 징계해고의 사유로 삼는 것도 가능하다.[6)]

(b) 무단결근

무단결근은 노 · 사간의 신뢰관계를 깨는 대표적인 행위이다. 규정에 반해 결근계를 제출치 않으면, 불가피한 사정이 없는 한, 무단결근이다.[7)] 조합활동을 이유로 한 일방적 결근,[8)] 부당한 휴가사용[9)] 등도 무단결근이다.

해고사유가 되는 무단결근일수는 취업규칙 등으로 정할 사항이다. 3일 이상 계속 무단결근,[10)] 일정기간동안 상당한 횟수의 무단결근,[11)] 업무에 심각한 영향을

---

1) 서울고판 2009.3.20, 2008누20088.
2) 대판 1981.5.26, 80다2945 ; 서울행판 2013.10.25, 2013구합4651.
3) 서울고판 2013.12.5, 2013누18430.
4) 서울고판 2007.10.10, 2006누9285.
5) 김형배, 『노동법』, 제20판, 554쪽.
6) 임종률, 『노동법』, 제9판, 482쪽.
7) 대판 1989.9.29, 88다카19804 ; 대판 1990.4.27, 89다카5451.
8) 대판 1992.2.11, 91다5976.
9) 대판 1991.3.27, 90다15631.
10) 대판 1991.3.27, 90다15631.
11) 대판 1990.4.27, 89다카5451. 7개월간 3회에 걸쳐 약 10일간 무단결근한 사례.

미친 1회의 무단결근[1] 등의 사례가 발견된다. 출근통지서, 무단결근금지통보서 등에 응하지 않은 사실은 해고의 정당성을 강화시킨다.[2]

무단결근을 이유로 해고할 때는 결근행위의 시기·양태·원인·결과·관행[3] 등[4] 구체적인 사정을 고려하여야 한다. 무단결근의 원인이 '사용자가 근로의 수령을 부당하게 거절'한 데서 비롯되거나,[5] '사용자의 부당행위[6]·계약위반[7]·무효행위'[8]이거나, '정당한 휴직신청에 대해 사용자가 거부한 행위'[9]라면 그러한 사정을 감안하여 징계여부 및 징계정도를 판단하여야 한다.

(c) 업무명령 거부

ⓐ 의 의

사용자의 업무지시에 대해 정당한 사유 없이 불복하여 직장규율을 문란케 함으로써 노·사관계의 신뢰를 상실케 하는 것은 해고의 정당한 사유에 해당된다.

ⓑ 배치전환거부 및 근무이탈

사용자의 정당한 전직·전근명령에 따르지 않는 경우에는 해고 등 징계사유가 될 수 있다. 승무직 근로자에 대한 배차지시[10]처럼 통상적인 업무수행명령을 정당한 이유 없이 이행하지 않거나, 적법한 절차나 요건을 충족하지 못한 상태에서 휴가를 사용하면 사업장이탈이 되어 해고 또는 기타 징계의 정당한 사유가 될 수 있다.[11]

ⓒ 소지품검사·몸수색

소지품검사나 몸수색은 그 성질상 인권침해의 위험성이 있으므로 위법의 가능성이 높다. 다만, 취업규칙 등으로 제도화되어 있고 그 방법이나 정도가 사회통념상 합리적이라면, 거절행위는 해고사유가 된다.[12]

ⓓ 시말서

시말서제출거부행위는 징계사유이며,[13] 반복적인 거부나 중대한 비리와 관련되

---

1) 대판 1994.9.13, 94누576. 정시운행이 요구되는 고속여객자동차운송업무의 특수성 및 공익성 고려.
2) 서울고판 2003.7.11, 2002누8499.
3) 대판 2009.1.15, 2008두16094
4) 대판 2009.1.15, 2008두16094. 업무에 지장이 없었던 점, 노조활동과 관련된 점 등 고려
5) 대판 1991.3.22, 90다18944 ; 대판 2000.9.5, 99두10650.
6) 서울민지판 1991.5.23, 90가합3839. 부당하게 제명된 노조간부가 원직복귀명령을 거부하고 무단결근.
7) 서울행판 2010.7.23, 2009구합39780.
8) 서울고판 1983.12.7, 82나303.
9) 대판 1997.7.22, 95다53096.
10) 대판 1997.11.28, 97다33119.
11) 대판 1986.7.8, 85다카159.
12) 일본 최고재판소 1968.8.2 ; 노정근 1455.9-3828, 1968.8.8

면 해고사유이다.[1] 시말서제출명령이 사건경위를 보고하는 데 그치지 않고 잘못을 인정토록 한다거나 사죄문 또는 반성문을 의미하는 것이라면, 양심의 자유를 침해하는 것으로 효력이 없고, 부당하다.[2]

(d) 근무태만 · 직무해태

ⓐ 의 의

근무태만 · 직무해태는 그로 인해 근무성적이 불량한 업무저성과의 문제로 귀결되며 이는 통상해고의 법리를 따른다. 다만, 근무태만 · 직무해태 업무저성과와 연계하지 않고 불성실행위, 임무소홀, 지휘통솔책임미이행 등 업무명령거부 차원에서 징계사유가 될 수 있다

ⓑ 불성실행위

불성실한 행위가 안전을 해치거나 재산상 피해를 가져오며, 지침이나 지시에 반하여 이루어지면 징계사유가 될 수 있다. 손실의 정도가 크거나, 안전을 해치거나,[3] 행정처분 · 공익침해 등의 결과를 가져오면 징계양정이 높아질 수 있다.[4] 징계양정은 업무성질, '회사에 공헌도', '금품유용여부 및 상급자지시',[5] '객관적 해명자료 유무'[6] 등 구체적사정이 고려되어야 한다.[7]

ⓒ 임무소홀

합리적이유 없이 담당업무와 배반[8]되는 행동을 하거나 필요조치를 취하지 않은 것이 객관적으로 인정되고, 그러한 행위가 재산손해 또는 사업운영지장을 가져오면, 징계[9] 또는 해고의 정당성이 인정된다. 다만, 업무배반행위가 불가항력이거나 근로자가 최선의 노력을 다하면 그렇지 않다.[10]

ⓓ 지휘통솔책임

지휘통솔책임자는 직원의 범법 · 부당행위에 대해, 지휘통솔자의 책임 밖에서 이루어진 점이 객관적으로 인정되지 않으면, 징계책임을 질 수 있다.[11] 구체적인

---

13) 대판 1991.12.24, 90다12991 ; 대판 1995.3.3, 94누11767. ↘ 357쪽

1) 대판 2006.2.24, 2005두11630. 시말서요구를 3번 거부.

2) 대판 2010.1.14, 2009두6605(**한국노동법학회**, 『**노동판례백선**』, 148쪽. 무분별한 시말서 제출요구의 관행, 잘못된 시말서 관련 규정 내용이나 의식을 바로 잡는 계기를 마련해준 의미있는 판결).

3) 대판 1977.3.22, 74다1403. 베어링 제조회사 사건. 고도의 정밀성작업

4) 서울행판 2001.11.2, 2001구12641. 구미버스주식회사 사건. 무단결행. 과징금처분

5) 서울고판 2005.1.12, 2004누8899.

6) 대판 1992.4.24, 91다17931.

7) 대판 1991.10.25, 90다20428. <부정> 16년간 성실근무. 명절 연휴기간 자원 숙직. 교대시간 바로 전 음주수면.

8) 대판 1968.11.5, 68다1619. 대학의 총무과장이 불법집회를 저지못하고 주동학생에게 강당열쇠를 내준 행위

9) 서울고판 2010.9.8, 2010누5402. 대출에 대한 관리소홀로 손해를 발생시킨 지점장에 대한 감봉처분

10) 서울고판 2004.10.21, 2003누16398.

11) 대판 1989.1.17, 87다카1999 ; 대판 2002.11.26, 2002두5948. '피바다' 관련 기사를 이유로 국방홍보원장 해고.

판단기준으로는 검사·감독권한 유무,[1] 제도상 한계 유무,[2] '중대사고 여부',[3] '그 밖에 취업규칙 등의 규정내용' 등을 들 수 있다.

(e) 직장규율문란

회사규정을 위반하여 규율을 문란하게 하는 행위는 징계사유에 해당된다. 출근부부정기입,[4] '고속버스운전사의 음주·도박',[5] '택시운전사의 음주권장행위',[6] '폭발물취급지역에서의 흡연',[7] '음주운전 및 무면허운전으로 형사처벌'[8] 등과 같이 업무수행자질을 의심케 하거나 위험을 수반하는 행위는 해고에까지 이르는 징계사유가 될 수 있다. 다만, 징계양정은 비위행위가담정도, 각자의 근무에 미치는 영향, 근로자들 사이의 형평성 등을 감안해서 결정되어야 한다. '업무에 지장이 없는 일시적·우발적행위', '업무수행과 관련이 없는 가벼운 잘못'[9] 등이 그러한 예이다. 욕설·폭언·위협·녹취 등이 반복되거나 직장규율을 해칠 정도로 심한 경우[10]에는 해고사유가 될 수 있다.

(f) 고소·고발·자료유출

ⓐ 고소·고발·진정

근로자가 근거가 있는 자료도 없이 허위사실을 기재하거나 왜곡하여 대표자, 관리자, 동료 등을 수사기관 등에 고소·고발·진정을 하는 행위는 징계사유가 될 수 있다. 다만, 범죄에 해당한다고 의심할 만한 행위에 대해 처벌을 구하고자 고소·고발·진정 등을 하는 것은 합리적인 근거가 있는 한, 수사기관이 불기소처분을 하였다는 이유만으로 징계사유에 해당하지 않는다. 고소·고발 등이 징계사유에 해당하는지는 고소·고발 등의 내용과 진위, 고소·고발 등에 이르게 된 경위와 목적, 횟수 등에 따라 신중하게 판단해야 한다.[11]

근로자가 업무와 관련하여 직장 내의 의혹이나 문제점에 대해 상사에게 사실

---

1) 대판 1986.9.23, 86다카679. 부정을 적발 또는 감시하는 것이 본사 업무. 영업소장의 지휘·통솔책임 부정
2) 대판 1971.8.31, 71다1400. 기말결산 전에는 결재자로서 부하직원의 부정행위를 밝혀낼 수 없는 상황
3) 대판 1993.11.9, 93다37915. 규정의 문언 중시.
4) 일본 최고재판소 1967.3.2.
5) 대판 1983.11.22, 83다카1243.
6) 일본 최고재판소 1978.11.30.
7) 대판 1991.8.27, 91다20418.
8) 서울고판 2010.9.16, 2010누10404.
9) 대판 1985.3.26, 84누711. 교사 전근 축하회의 우연한 도박. 직무집행과는 직접 관련이 없는 비위, 단 한 번.
10) 대판 2011.3.24, 2010다21962. 투서 압력, 상급자들 대화 녹음, 주총개최 방해.
11) 대판 2020.8.20, 2018두34480. 사용자를 수사기관 등에 고소·고발·진정한 내용에 과장되거나 왜곡된 부분이 있더라도, 대체로 사실에 기초하고 있고 단결권 침해를 방지하거나 근로조건에 관한 법령을 준수하도록 할 목적이라면 정당한 활동범위에 속하므로, 불이익을 줄 수 없다.

을 가려 주라고 하면서 개선을 요구하거나, 수사기관 등에 고소·고발·진정 등을 하는 것은 당연한 일이며 적법한 권리 행사이다. 따라서 근로자의 권익을 위한 것으로서 인격적 비난이 없고,[1] 진정서제출의 동기와 경위가 적절하다면, 고의로 직장질서를 문란케 한 것이라고 볼 수 없다.

상습적진정을 근거 없이 남발하여 직장화합을 해친다거나 뚜렷한 자료도 없이 사용자를 고소·고발한다면 징계사유가 될 수 있다.[2] 객관적사실관계에 의해 허위가능성을 인식하면서 행한 주장까지 용인되지는 않는다.[3] 명백히 사실과 다르거나[4] 뚜렷한 자료가 없거나,[5] 명확한 근거나 확신이 없는 상태이거나,[6] 인사권행사 또는 고도의 경영정책적 판단인 경우에는 징계사유가 될 수 있다.[7] 노사합의·본인묵인이 있었던 사안[8]에 대해, 비록 행정지도·절차 등에 위반하는 경우일지라도, 회사내부에서 해결하려는 노력이 없이 사용자를 고소·고발하거나 진정서를 제출하는 행위도 그렇다.

ⓑ 자료유출

직원들의 이메일 계정에 불법으로 접속하고 그곳에 저장되어 있던 문서파일을 무단으로 열람하고 다운로드하는 행위는 해고사유가 될 수 있다.[9] 업무상 절차를 준수하지 않고 국가기관에 장기간 지속하여 사업장의 자료를 무단으로 제공하면 해고사유가 될 수 있다.[10] 사업장내부정보를 정당한 권한이 없는 상태에서 외부로 유출하면 해고사유가 될 수 있다.[11]

ⓒ 내부사정공개

근로자는 사용자의 이익을 배려해야 할 근로계약상 성실의무를 지므로 직장내부사실을 공표하여 비밀, 명예, 신용 등을 훼손하는 것은 징계사유가 된다. 징계의 정당성은 공표된 내용과 진위, 행위에 이르게 된 경위·목적, 공표방법 등

---

1) 서울행판 2001.10.25, 2001구10355,
2) 대판 1995.3.3, 94누11767 ; 서울고판 2004.10.1, 2004나4330.
3) 대판 2000.7.4, 2000도1908.
4) 서울행판 2003.9.30, 2003구합8494. 사납금을 인상함에 있어 노조와 합의하였음에도 불구하고 사용자가 일방적으로 근로자의 궁박을 이용하였다고 고발한 사건.
5) 대판 1995.3.3, 94누11767.
6) 서울행판 2003.11.6, 2003구합12578. 임금산정방식의 잘못을 이유로 문제를 제기한 사건.
7) 서울행판 2001.2.2, 2000구14466. <정당 해고>. 제3자에 대한 정당한 인사권 행사 또는 고도의 경영정책적 판단사항임에도 구체적 근거 없이 대기발령의 부당성을 지적하는 수준을 넘어서서 노동부 등에 탄원.
8) 서울행판 2001.2.9, 2000구18451. 운송수입전액관리제 사건.
9) 대판 2016.9.15, 2015다24409.
10) 서울행판 2012.3.23, 2011구합37787.
11) 서울행판 2012.3.8, 2011구합26855.

을 고려하여 판단된다.[1] 노사협의회 등을 활용하여 제도적개선을 시도하지 않고 바로 언론 등에 공개하면 징계사유가 될 수 있다.[2] 다만, 공개내용이 진실한 것이거나 상당한 근거가 있다면, 해고사유에까지 이르지 않을 수 있다.

(g) 명예훼손

ⓐ 원 칙

명예훼손은 범법행위에 한정되지 않으며 회사존립, 사업운영에 있어 법률상 보호받아야 할 사회적평가를 현저히 훼손하는 경우를 지칭한다. 명예훼손행위는 공공의 이해에 관한 사항으로서 그 목적이 공공의 이익을 위한 것인 때에는 진실한 사실이라는 증명이 있으면 위법성이 없고, 그 증명이 없더라도 '행위자가 진실이라고 믿을 만한 상당한 이유가 있는 경우'[3]에는 위법성이 없다.[4] 징계여부와 정도는 '명예훼손의 업무관련성', 빈도 등으로 판단되며 '징계에 따른 근로자의 불이익'과 '회사에 대한 명예훼손의 정도'가 균형을 이루어야 한다.

ⓑ 비 방

사실과 다르거나 과장된 내용으로 공개석상에서 회사를 비방한 행위는 해고사유가 된다.[5]

ⓒ 파산・민사

근로자가 당사자로서 또는 보증인으로서 민사상책임을 지거나 민사관계법에 의해 회사가 제3채무자가 되어 채권압류 등이 행해지는 경우[6] 등은 그 자체만으로 회사명예를 실추한 것으로 보기 어렵다. 임금채권압류의 금액이 크며, 채권자가 수시로 회사를 찾아오거나 문의를 함으로써 정상적인 근로를 저해하고, 근로자가 이에 대해 납득할만한 해명을 하지 못하면 징계대상이 될 수 있다.

ⓓ 공익침해

부동산투기행위 등과 같이 사생활에서의 비행에 해당하더라도 공공성을 추구

---

1) 대판 1999.9.3, 97누2528.
2) 서울행판 2005.1.27, 2004구합15147.
3) 대판 2015.7.9, 2014다76434.
4) 적시된 사실의 내용, 진실이라고 믿게 된 근거나 자료의 확실성과 신빙성, 사실확인의 용이성, 피해자의 피해 정도 등 여러 사정을 종합하여, 행위자가 적시 내용의 진위 여부를 확인하기 위하여 적절하고도 충분한 조사를 다하였는지, 그 진실성이 객관적이고도 합리적인 자료나 근거에 의하여 뒷받침되는지를 참작하여 판단한다.
5) 대판 1995.3.3, 94누11767 ; <예. 해고인정> '개인적분쟁에 따른 인사조치를 노조탄압이라고 외부단체에 왜곡・진정하는 행위'(서울민지판 1991.1.31, 90가합23354), 'TV에 출연하여 수은중독환자에 대해 회사의 조치와 다른 내용을 진술하고 결탁・위협・협박 등의 과장된 표현으로 비난한 행위(도쿄지방재판소 1974.7.30.)', '노조대회에서 회사와 노조상부단체 간에 부정한 금전관계가 있다고 한 허위발언(나고야지방재판소 1974.12.11.)', '개인목적으로 행한 상급자 뒷조사(서울행판 2003.6.10, 2003구합1196)', '회사의 홈페이지에 상당기간 경영진을 비방하는 글을 올리고 중단명령에 응하지 않는 행위(서울행판 2006.9.8, 2006구합1982)' 등
6) 서울민지판 1984.4.12, 83가합6546. 업무와 관련하여 사용자가 근로자의 채권자에 대해 제3채무자가 된 사건.

하는 기업의 평판을 훼손할 우려가 있으면 해고를 포함한 징계의 사유가 될 수도 있다.[1)]

(h) 집회・유인물

ⓐ 집 회

근로자가 집회에 참가해도 집회결사자유에 관한 사항이기 때문에 이를 이유로 징계할 수 없는 것이 원칙이다. 그러나 회사의 허가없이 근로시간을 이용하거나 형벌법규위반행위로 유죄판결을 받은 것[2)]처럼 업무명령위반, 근로제공의무미이행, 노동력배치곤란 등을 초래하면 징계가 가능하다.

ⓑ 유인물

유인물배포행위의 정당성은 허가여부만이 아니고 내용, 배포방법 등 제반사정을 고려하여 판단한다. 예컨대 휴게시간 중에 유인물을 배포하면 다른 근로자에게 나쁜 영향을 미치거나, 휴게시간의 자유로운 이용을 방해하거나, 직장질서를 문란하게 하는 것이 아닌 한 허가를 얻지 않은 이유만으로 징계사유가 되지 않는다.[3)] 유인물이 허위사실[4)]이나 회사비방내용을 담고 있으면 징계사유가 된다.[5)] 유인물의 내용이 전체적으로 보아 진실되고 허위사실이나 과장정도가 적을 뿐만 아니라, 배포목적이 타인의 권리나 이익을 침해하려는 것이 아니고 근로자복지를 위한 것이면 징계의 정당성이 부인되거나 징계양정이 과도한 것으로 판단될 수 있다.[6)] 유인물배포행위의 정당성은 유인물의 매수, 배포의 시기・대상, 배포방법・시설관리권침해여부,[7)] 업무에의 영향 등을 기준으로 판단한다.[8)] 배포방법의 정당성은 취업규칙 등의 표현에 따라 판단한다.[9)]

(i) 영업비밀누설(같은편, 제2장, 제1절 5·가, (1), ②, (나))

ⓐ 원 칙

신의칙상 의무를 이행하지 않는 것이 노사관계에 있어 신뢰를 크게 해친 것으로 인정될 때에는 징계의 정당한 사유가 될 수 있다.

---

1) 대판 1994.12.13, 93누23275.
2) 대판 1993.2.29, 92다22206(**한국노동법학회**, **『노동판례백선』**, 280쪽).
3) 대판 1991.11.12, 91누4164.
4) 대판 1996.9.10, 95누16738.
5) 대판 1992.6.23, 92누4253. 시설관리권을 침해하고 직장질서를 문란케 할 구체적인 위험성 지적.
6) 대판 1997.12.23, 96누11778.
7) 대판 1992.6.23, 92누4253.
8) 대판 1997.12.23, 96누11778.
9) 대판 1993.10.12, 93다1957. 배포・게시 금지만 단협 등에 규정했다면 소지, 운반, 작성 등 준비행위 미포함.

ⓑ 비밀누설

영업비밀을 누설하는 행위는 징계사유이다.[1] 관계법에 따라 또는 행정관청·노동위원회·법원 등의 지시에 의해 자료를 제출한 것은 그 동기를 회사가 제공한 것이므로 비밀누설로 볼 수 없다.[2]

ⓒ 정보침해

임의로 다른 근로자의 컴퓨터에 접근하여 필요한 정보를 동의 없이 자신의 컴퓨터로 변환하여 저장하려고 한 전산책임자의 행위,[3] 업무 목적 외에 개인정보 열람[4] 등은 해고사유에 해당한다.

㈏ 범법행위

(a) 원 칙

범법행위가 근로제공을 불가능케 하는 행위, 노동력평가와 관계있는 행위, 기업의 존속을 직접적으로 손상케 하는 행위, 노동력배치 등 작업질서에 직접적인 영향을 미치는 행위, 회사의 명예와 신용을 상당히 실추시키거나 거래관계에 나쁜 영향을 미친 행위 등과 같이 업무와 관련성이 있는 행위라면 징계사유에 해당된다.[5] 이러한 행위가 기업밖 또는 취업시간외에 이루어지더라도 같이 해석된다.[6] 범법행위로는 사법기관의 판결이나 소추 외에 폭행, 횡령, 교통사고, 풍기문란 등을 예로 들 수 있다.

(b) 유죄판결과 혐의해고

ⓐ 유죄판결

'금고 이상의 형을 받은 경우'처럼 유죄판결을 단체협약 등에 해고 또는 당연면직사유로 규정하는 경우는 흔히 발견되며, 판례도 그 정당성을 인정하고 있다.[7] 유죄판결을 정당한 해고사유로 인정하는 이유는 근로제공의무를 이행할 수 없는 상태가 장기화되어 근로계약의 목적이 달성될 수 없게 되거나, 회사의 명예나 신용이 크게 실추되거나, 거래관계에 나쁜 영향을 끼치거나, 사용자와 근로자의 신뢰관계가 상실됨으로써 근로관계유지가 기대될 수 없기 때문이다.[8]

---

1) <예. 해고인정> '노조지위향상 목적으로 업무수행 중에 알게 된 회사기밀을 누설한 행위(도쿄고등재판소 1980.2.18.)', '전신전화공사직원이 업무상 청취한 통화내용을 누설한 행위(오사카고등재판소 1967.12.25)'

2) 서울행판 2001.10.19, 2001구20017.

3) 서울행판 2009.11.5, 2008구합22396.

4) 대판 1994.12.23, 93누23275.

5) 대판 2016.10.13, 2016두44834.

6) 서울행판 2001.2.16, 2000구28939.

7) 대판 1993.5.11, 92다20712 ; 대판 1999.9.3, 98두18848 등 다수.

8) 대판 1997.7.25, 97다7066 ; 대판 1997.9.26, 97누1600.

해고사유가 되는 유죄판결의 범위, 시기 등은 취업규칙 등의 정함에 따른다. 예컨대 유죄확정을 해고요건으로 규정하면 항소심의 진행 중에는 그 요건을 갖추지 못한 것으로 해석되고,[1] '1심에서의 유죄판결'을 해고요건으로 하면 유죄판결이 확정되지 않더라도 해고할 수 있으나[2] 상급심의 무죄판결이 있으면 복직시켜야 한다. '유죄판결을 받은 때'라는 규정을 '실형을 받을 때'처럼 제한하여 해석할 이유는 없다.[3] 따라서 집행유예나 선고유예도 유죄의 범위에 포함된다.[4]

ⓑ 혐의해고

범법사실에 대해 사법적으로 확인되지 않고, 수사나 재판의 과정에서 혐의를 받고 있는 사실만으로 근로관계를 종료하는 혐의해고는 해고보호원칙과 계약자유원칙의 합리적조화라는 큰 틀에서 판단되어야 한다.[5] 혐의해고에 대한 부정적인 견해를 피력하는 판례가 발견된다. 형사소추 때문에 생산활동에 지장을 가져왔으며 회사명예가 실추되어도, 이는 형사사법권의 발동에 따른 반사적 결과로서 해고사유가 될 수 없으며,[6] 휴직 등으로 처리하는 것이 타당하다[7]는 것이다.

재판중인 사안이라도 유죄판결이 아닌 다른 징계사유를 적용하여 징계를 할 수 있다. 근로자의 잘못이 가볍더라도 근로관계유지에 지장을 초래한다면 그 자체로 해고사유가 될 수 있다.[8] 이러한 징계는 무죄추정원칙(헌법§27④ 형소법§275의2)에 저촉되지 않으며 무죄입증기회를 박탈한 것으로 보지 않는다.[9]

혐의해고의 정당성은 '해고사유의 적격성', '정당성에 대한 사법적 판단시점'과 '무혐의 확정 해고대상자 보호'를 종합적으로 고려하여 그 타당성을 판단하는 것이 바람직하다.

(c) 폭 행

폭행은 복무질서를 교란시키거나, 동료 사원간의 융화단결을 해치거나, 회사의 명예와 신용을 해치게 되므로 징계 및 해고사유가 될 수 있다. 폭행이 회사의

---

1) 대판 1997.7.25, 97다7066.
2) 대판 1993.2.29, 92다22206.
3) 대판 1994.1.25, 93다39270.
4) 헌재 2002.8.29, 2001헌마788. 금고 이상의 형의 선고유예를 받은 공무원의 당연퇴직을 규정한 「지방공무원법」 제61조 및 제31조제5호는 기본권을 과도하게 제한한 것으로 헌법에 위반된다.
5) 권혁, "범죄 혐의를 이유로 한 해고의 정당성 -독일에서의 논의를 중심으로-", 「노동법학」 제44호, 한국노동법학회, 2012.12, 71쪽.
6) 대판 1991.5.14, 91다2663.
7) 대판 2005.2.18, 2004다63029.
8) 대판 1957.12.9, 4290민상495. 10일의 구류선고를 받은 사건.
9) 대판 1986.6.10, 85누407 ; 대판 2003.6.13, 2003두1042.

복무질서를 파괴한 것으로 인정된다면 화해가 이루어져도 해고사유가 될 수 있다.[1] 폭행을 이유로 징계를 함에 있어 동기·경위,[2] '폭행의 대상·정도',[3] '업무의 자질·능력을 부인할 정도인지'[4] 등을 감안하여 적정한 정도를 넘지 않아야 한다. 업무의 성격, 회사가 하는 일[5] 등을 종합적으로 고려할 때 회사 밖에서 이루어진 폭행이라도 회사의 품위를 손상하고 신용을 실추시킨 행위라고 인정되면 해고사유가 될 수 있다.

(d) 횡령·배임·뇌물수령·공금유용

업무와 관련하여 뇌물 또는 사례금을 받거나 부당한 이득을 취하면 징계사유가 되며 업무성격, 업무와 관련정도, 부당이득의 성격 등을 고려하여 해고사유가 될 수 있다. 영업수익인 요금을 근로자가 받고, 그 감시가 제한적으로 밖에 이루어질 수 없는 상황이면, 횡령행위는 금액이 어떠하든 신뢰에 치명적인 손상을 주므로 해고사유가 된다.[6] 금융업무[7]나 카지노영업[8]에 대해서도 비슷한 예를 발견할 수 있다. 부양가족을 부정하게 신고하여 원천징수회피 등 경제적이득을 얻는 경우도 횡령의 일종으로 볼 수 있다.[9] 횡령, 뇌물수령 등에 따른 돈의 일부를 회사를 위해 판촉비로 사용하거나 배상하더라도 징계책임이 성립한다.[10]

(e) 교통사고

운전직근로자가 중대한 과실 또는 고의로 일으킨 교통사고는 징계사유에 해당되며, 인명 또는 재산상의 피해[11]로 그 규모가 크거나 반복되면 해고사유에 해당될 수도 있다. 사고로 인해 운전면허정지, 자동차운전관련법규에 의한 승무금지조치를 받은 경우 이는 특별한 사정이 없는 한 무거운 사고로 인정된다.[12]

운전직근로자의 가벼운 교통사고는 직업의 성격상 있을 수 있는 일로서 징계사유이기는 하나 해고사유까지는 되지 않는다.[13] 운전 등과 관련하여 행정조치를

---

1) 도쿄지방재판소 1961.11.14.
2) 대판 1992.2.11, 91다25109. 상사가 먼저 폭행, 근로자가 더 큰 상해, 해당근로자 징계양정과다
3) 대판 1992.3.13, 91다39559. 연상 노조위원장 심한 폭행
4) 대판 1991.7.12, 90다9353. 간호사가 노사분규 중 이를 말리는 환자에게 상해를 입힌 사례
5) 센다이지방재판소 1979.4.23. 해고인정, 공기업 근로자가 기업 밖에서 흉기사용, 공무집행방해 등 유죄판결.
6) 서울고판 2009.8.21, 2008누34179. 운송수입금 중 일부 횡령, 입금을 거부한 시용 근로자 사건.
7) 대판 2015.11.26, 2015두46550.
8) 대판 2003.5.30, 2002구합32476. 특성상 청렴성, 법규준수 등이 요구. 사내복지기금을 유용
9) 대판 1990.11.23, 90다카21589
10) 대판 1990.11.23, 90다카21589. 우유협동조합 지방영업소 관련.
11) 사례, 서울행판 2006.8.22, 2006구합15578. 해고 인정, 졸음운전과 과속으로 '피해액 500만원 이상인 사고'.
12) 법무 811-10759, 1981.4.8. 연 3회 이상의 인명사고 유발로 자동차운전사업법에 따라 승무금지조치.
13) 대구고판 1983.3.29, 82나1287. <해고부정> 1년간 4번의 교통사고. 20만원 미만인 가벼운 사고

받더라도 그 사안이 중대하지 않으면 가벼운 사고에 준하여 판단한다.[1] 가벼운 사고라도 상습적이어서 업무능력부족자나 근로계약의무이행곤란자로 인정되면 해고도 가능하다. 상습적인지는 회사의 관례, 운수업의 특수성, 동료근로자와의 형평, 사고가 일어난 경위와 배경 등을 종합적으로 고려하여 판단한다. 가벼운 사고라도 안전을 요하는 업무에 대해서는 징계정당성의 범위가 넓을 수 있다.[2]

(f) 풍기문란

풍기문란행위는 친고죄에 해당되지만 인력의 적절한 배치, 기업경영질서위반, 회사의 명예나 사회적 평가 실추, 사업목적 달성 저해와 관계된다는 점이 인정되면 징계 또는 해고의 사유가 될 수 있다.[3]

㉰ **2중취업**(같은편, 제2장, 제1절 5·가,(1),②,㉱)

(a) 원 칙

2중취업행위는 직업선택의 자유와 기업질서유지가 조화를 이룰 수 있는 범위에서 허용된다.

(b) 타회사응모

'다른 회사에 응모하는 행위' 또는 '합격통지서를 받은 사실'은 근로계약상의 근로제공의무를 불능 또는 곤란케 한 것도 아니고, 이러한 행위를 금지하는 것은 전직의 자유를 제한하는 것이다. 따라서 해고의 정당성이 인정되기 위해서는 그러한 행위로 인해 작업능률저하, 회사규율문란, 비밀누설 등 경영에 큰 영향을 미친다는 점이 입증되어야 한다.[4]

(c) 겸 업

겸업을 전면적으로 금지하는 것은 합리성을 인정받기 어렵다.[5] 겸업은 원래의 근로에 영향을 미치거나, 경영질서를 해치거나, 기업의 신용·체면을 손상할 수 있으므로 회사의 승낙을 얻도록 취업규칙에 정할 수 있다.[6]

㉱ **경력사칭**

(a) 원 칙

경력사칭은 경력뿐 아니라 학력, 전과 등의 은폐를 포함한다. 학력이나 경력을

---

1) 서울고판 1991.1.23, 90구10977. <해고부정> 택시기사가 적성검사미필로 면허정지처분. 단기회복가능
2) 대판 1993.7.13, 92다56933. <긍정> "1년에 3회 이상 교통사고는 해고"라고 규정한 고속버스회사 사건.
3) 대판 1987.5.26, 86구765. 고소기간경과. 미성년안내원강간. ; 대판 1993.10.22, 93누14240. 학교교사불륜. 물의.
4) 노정근 1455-2636, 1966.6.9.
5) 김소영, 「해고사유에 관한 연구」, 고려대 박사학위논문, 1991, 152쪽.
6) 도쿄지방재판소 1982.11.19.

기재한 이력서는 노동력평가의 자료일 뿐만 아니라, 기업의 질서·규범에 정착하고 적응할 수 있는 인격을 판단하는 자료로서 그 허위기재를 징계해고사유로 규정하는 취업규칙 등은 사회통념상 현저히 부당하다는 등의 특별한 사정이 없는 한 유효하다[1]

(b) 판단근거

ⓐ 가정적 의사

경력과 관련하여 여러 사정을 종합적으로 검토하여 미리 알았다면 채용치 않거나[2] 같은 조건으로 계약을 체결치 않았을 가정적인과관계가 인정되면 해고사유가 된다.[3] 검토사항은 허위기재로 취업한 경위·목적·의도, 사업장 및 업무의 종류나 성격,[4] 허위기재 또는 은폐한 내용이 전체경력에서 차지하는 비중이나 중요성,[5] 허위·사칭의 정도[6] 및 착오기재 여부,[7] 모집·공고 또는 면접시 학력·경력을 채용요건으로 하였는지 즉 이력서 외에 각서[8]나 증명서[9] 등을 첨부토록 하였는지 등 이다.

ⓑ 고용이후 사정

허위기재가 해고사유에 해당하려면 가정적인과관계가 있어야 할뿐 아니라 고용된 이후 근로자가 제공한 근로의 내용이나 사용자가 행한 조치를 종합적으로 고려하여 사회통념상 현저히 부당하지 않아야 한다.[10] 둘째, 은폐 등을 알고도 계속 고용하거나 각서를 받은 후 근로하게 하는 등의 추인으로 볼 수 있는 행위가 볼 수 있었는지를 검토한다.[11] 같은 업무를 담당하는 다른 근로자의 학력 및 허위기재사실 여부와[12] 해고에 이르기까지의 근로 내용과 기간이 그렇다. 셋째,

---

1) 대판 1985.4.9, 83다카220 ; 대판 2012.7.5, 2009두16763 등 다수.
2) 대판 1988.2.9, 87누818.
3) 대판 1986.10.28, 85누851 ; 대판 1985.4.9, 83다카2202. ; 대판 1992.10.27, 92다31095 ; 대판 1993.10.8, 93다30921 ; 대판 1999.12.21, 99다53685 ; 대판 2004.2.27, 2003두14338 ; 대판 2004.1.16, 2003두5198) ; 대판 2012.7.5, 2009두16763(**한국노동법학회**, 『**노동판례백선**』, 161쪽).
4) 대판 1991.4.9, 90다카27402. 여성근로자가 많은 회사에 입사하면서 강간치상죄 사실 은폐.
5) 대판 1994.8.12, 93누21521. 해고인정. 이력서에 학력 및 중요 경력 등을 고의 누락,
6) 대판 1989.5.9, 88다카4918 ; 대판 1986.10.28, 85누851.
7) 대판 1990.12.7, 90다카23912 ; 대판 1997.5.28, 95다45903 ; 대판 1999.3.26, 98두4672 ; 대판 2000.6.23, 98다54960 ; 대판 2003.5.16, 2002다2552.)
8) 대판 2003.5.16, 2002다25525. <해고인정> 채용시 생산직을 고졸 이하로 제한. 입사시 처벌감수각서제출, 사범대학 3학년까지 수학 후 제적되었음에도 고졸로 기재한 것은 이를 알았다면 고용하지 않았을 것으로 보았다.
9) 대판 1989.3.14, 87다카3196. <해고인정> 고등공민학교졸업자의 졸업증명서 위조. 중졸로 입사하여 8년 은폐.
10) 대판 2012.7.5, 2009두16763(**한국노동법학회**, 『**노동판례백선**』, 161쪽) 등
11) 대판 1988.12.13, 86다204 ; 대판 1994.1.28, 92다45230. 사실확인 후 1년3개월이 지난 후 징계 부당.
12) 대판 2004.2.27, 2003두14338. .

허위사실이 근로제공에 지장을 초래하였는지를 검토한다.[1)]

② **절차적 정당성**

㈎ **의 의**

근기법은 징계위원회를 구성하거나, 혐의자를 출석시키거나, 변명기회를 주는 절차에 대해 정하고 있지 않다. 절차적 요건에 대해서는 단체협약, 취업규칙 등의 규정에 따른다.

㈏ **적 용**

징계절차의 적용이나 배제 요건에 대해서는 취업규칙 등으로 정하는 것이 원칙이다. 징계절차의 적용을 배제하는 규정이 있다면 징계절차가 적용되지 않는다.[2)] 당연퇴직[3)]·직권면직,[4)] 통상해고, 대기발령·직위해제,[5)] 수습 등에 대해 징계절차를 적용치 않도록 하는 규정은 유효하다.

㈐ **요 건**

징계절차에 명시된 요건이나 사유는 공정하고 합리적이어야 하며 포괄적·추상적으로 정해 놓고 사용자가 자의로 해석하는 것은 무효이다.[6)]

㈑ **징계절차와 징계사유**

징계권자가 선택한 징계사유는 징계위원회가 징계과정에서 거론한 징계사유여야 한다.[7)] 징계과정에서 거론되었는지는 징계처분통고서 또는 징계의결서에 기재된 징계사유를 대상으로 해서 판단한다.[8)]

㈒ **징계절차의 내용**

㉮ **원 칙**

징계위원회의 구성,[9)] 위원자격,[10)] 회의, 운용,[11)] 재심, 변명기회부여 등에 관한 규정은 강행규정으로서 준수되어야 한다.

---

1) 대판 2012.7.5, 2009두16763.

2) 대판 1994.10.25, 94다25899. 비위행위가 징계해고 및 통상해고 사유에 모두 해당하면, 통상해고방법을 취해도 징계절차를 생략할 수 없다.

3) 대판 1993.10.26, 92다54210(한국노동법학회, 『노동판례백선』, 119쪽) ; 대판 1995.3.24, 94다42082. 유죄판결관련 ; 대판 1994.1.25, 93다52006 ; 대판 2000.6.23, 99두4235.

4) 대판 2009.3.26, 2008다62724 ; 대판 2000.6.23, 99두4235. 직무수행능력 관련.

5) 대판 1997.11.25, 96누13231 ; 대판 2006.11.23, 2006두11644.

6) 대판 1990.12.7, 90다6095.

7) 대판 1988.12.13, 86다카1035 ; 대판 1993.7.13, 93다21125 ; 대판 1998.3.27, 96누8994.

8) 대판 1996.9.20, 95누15742 ; 대판 2008.9.11, 2007두10174 등.

9) 대판 1994.4.12, 94다3612. 위원구성위반.

10) 대판 1997.3.25, 96다43416. 노조대표 징계위원회 참여관련 단협 위반.

11) 대판 1991.11.26, 91다22070. 징계위 출석 사전통보기간 위반.

④ 소명기회

취업규칙 등에 규정된 변명기회를 주지 않은 징계는 무효인 것이 원칙이다.[1] 취업규칙 등에 변명권이나 고지의무가 명시되어 있지 않으면 변명기회를 주지 않거나,[2] 징계혐의사실을 고지하지 않아도[3] 절차위반이 아니다. '변명기회를 줄 수 있다'는 임의규정의 경우, 변명기회를 주지 않더라도 징계가 무효로 되지는 않는다.[4] '변명기회를 준다' 함은 징계혐의사실을 징계대상자에게 고지하고 그에 대하여 진술할 기회를 부여하면 족하며, 개개의 혐의사항에 대해 충분히 소명하지 못해도 변명기회를 주지 않았다고 주장할 수는 없다.[5]

징계규정에서 징계위원회에 출석하여 소명할 기회를 부여하고 있으면, 출석통보의 시기와 방법에 관한 특별한 규정이 없더라도 소명자료를 준비할 만한 상당한 기간을 두고 개최 일시와 장소를 통보하여야 한다.[6]

㉰ 징계위원회 권한

징계위원회는 징계의결요구서에서 제시된 징계사유를 근거로 징계를 결정해야 하며, 이를 근본적으로 수정하거나 징계사유를 추가[7]하여 징계의결을 할 수 없다.[8]

㈥ 재 심

㉮ 원 칙

취업규칙 등에 재심절차가 보장되어 있다면 근로자가 신청하는 경우에 반드시 재심을 거쳐야 한다.[9] 재심절차의 목적은 징계사유 또는 징계양정에 관해 다시 판단할 기회를 제공하는데 있다.

④ 진술기회

재심의 경우, 따로 규정이 없으면 진술기회를 부여하지 않을 수 있다.[10] 다만, 초심과 재심을 같은 인사위원회에서 담당한다면 진술기회를 부여한다는 규정은 재심절차에도 적용된다.[11]

---

1) 대판 1992.9.22, 91다36123 ; 대판 1981.6.9, 80다1769.
2) 대판 1992.4.14, 91다4775 ; 대판 1998.11.27, 97누14132.
3) 대판 2004.1.29, 2001다6800.
4) 대판 1995.3.10, 94다14650 ; 대판 1993.7.13, 92다43579.
5) 대판 1995.7.14, 94누11491 ; 대판 2002.12.26, 2002다57201 ; 대판 2020.6.25, 2016두56042.
6) 대판 2004.6.25, 2003두15317(**한국노동법학회**, **『노동판례백선』**, 153쪽).
7) 대판 2019.6.13, 2015다65561.
8) 대판 2012.1.27, 2010다100919.
9) 대판 1994.1.14, 93다968 ; 대판 1997.9.30, 97다10956 · 10963 ; 대판 1998.12.8, 98다31172 ; 대판 2010.5.27, 2010두1743 등
10) 대판 1995.7.14, 94누11491.
11) 대판 2006.12.22, 2004두12902 · 2015두36126.

㈐ 징계위원회 구성

규정이 없다면, 재판절차와는 달리 재심위원회가 초심위원회 위원이 아닌 자로 구성되어야 하는 것은 아니나,[1] 따로 규정이 없다면 초심의 규정이 그대로 적용된다.[2]

㈑ 재심대상

재심에는 초심에서 논의한 사유만 대상으로 해야 하고 추가된 징계사유는 초심부터 다시 심의해야 한다.[3]

㈒ 재심개최 기한

취업규칙 등에 정해진 재심청구나 재심개최의 기한은 징계절차를 빨리 확정함으로써 근로자의 불안정한 신분상태를 해소하려는데 목적이 있어 단순한 훈시규정에 그친다고 할 수는 없지만 강행규정이 아니므로 상당한 기간에 심의가 이루어지면 심의기간 경과만을 이유로 재심결정이 무효로 되는 것은 아니다.[4]

㈓ 재심절차 효과

재심절차는 초심절차와 연계되어 하나의 절차를 이루는 것으로[5] 그 정당성도 징계과정 전부에 관해 판단해야 한다.[6] 따라서 취업규칙 등에 규정된 재심절차를 이행하지 않거나, 재심의 효력을 인정할 수 없는 징계처분은 절차적 정의에 반하므로 무효이다.[7]

㈔ **징계절차의 효력**

㉮ 효력요건

단체협약·취업규칙 등에 규정된 징계절차는, 징계권의 공정한 행사를 확보하고 징계제도를 합리적으로 운영하기 위한 것으로서, 징계의 효력요건이다. 규정이 없으면, 절차를 밟지 않은 징계도 그 사유가 정당하면 효력이 있다.[8]

---

1) 서울행판 2009.6.10, 2008구합14630.

2) 서울고판 2007.10.19, 2007누12295. 단협에 노조대표자 참석을 요건으로 하는 일반규정이 있는 상황에서, '징계결정에 이의가 제기되면 해당 조합원 및 관할 대의원이 참석한 가운데 징계위원회를 열어야 한다'는 취지의 재심규정이 있더라도 노조대표자 참석이 필요.

3) 대판 1996.6.14, 95누6410.

4) 대판 2005.11.25, 2003두8210.

5) 대판 1981.6.9, 80다1769.

6) 대판 1995.1.24, 93다29662 ; 대판 2006.12.12, 2004두12902 ; 대판 2009.2.12, 2008다70336.

7) 대판 1994.1.14, 93다968 ; 대판 1997.9.30, 97다10956·10963 ; 대판 1998.12.8, 98다31172 ; 대판 2002.12.26, 2002다57201 ; 대판 2010.5.27, 2010두1743 등.

8) 대판 1979.1.30, 78다304 ; 대판 1986.7.8, 85다375 ; 대판 1998.11.27, 97누14132 ; 대판 2008.9.25, 2006두18423 ; 대판2012.1.27, 2010다100919. 소명기회 관련 등 다수.

㈏ 입증책임

해고무효확인소송에서 해고절차의 적법성에 관한 주장의 입증책임은 사용자가 부담한다. 법원이 절차의 적법성에 대한 사용자의 주장을 증거에 따라 배척하면서 근로자가 주장하지 않은 절차상 흠을 인정해도 변론주의에 반하는 위법으로 보지 않는다.[1]

㈐ 절차위반과 재징계

징계절차를 위반해 무효로 된 징계에 대해 다시 정당하게 징계절차를 거쳐 징계를 하는 것은 가능하다.[2]

㈗ 징계절차의 흠 치유

사용자가 통보시간 등의 절차규정을 위반해도 근로자가 징계위원회에 출석해 변명기회를 가지거나,[3] 징계위원회에 참석시키지 않더라도 실질적으로 충분한 변명기회가 주어졌다고 인정될 정도로 의사를 개진했고 이러한 의사가 징계위원회에 전달되었다면[4] 절차위반의 흠이 치유될 수도 있다. 변명기회가 부여되어도[5] 징계위원회의 구성처럼 중대한 절차위반이 있다면 흠이 치유되지 않는다.

2·나. 통상해고

(1) 개 념

통상해고는 근로계약을 이행하지 못하는 채무불이행 상태로 인해 장래에도 근로관계를 계속 유지하는 것이 가능하지 않아 행해지는 해고이다.

(2) 성 격

통상해고는 사용자의 일방적인 의사표시로 이루어지는 근로관계종료인 해고 중에서 근로자측의 귀책사유로 인한 일반해고에 해당된다. 통상해고는 사용자측의 귀책사유로 인한 경영해고나 과거의 비위행위나 기업질서위반행위에 대한 제재에 대해 이루어지는 징계해고와 그 성격이 다르다.

(3) 통상해고의 사유

① 일신상사유

통상해고를 징계해고와 구분하는 이유는 고의·과실이 전제되지 않은 근로자

---

1) 대판 1991.7.12, 90다9353.
2) 대판 1995.12.5, 95다36138 ; 근기 01254-10526, 1991.7.23.
3) 대판 1992.11.13, 92다11220 ; 대판 1995.3.3, 94누11767 등 많은 판례.
4) 대판 1991.12.24, 90다14393.
5) 대판 2008.8.21, 2008두7724. 사립학교법 및 학교정관에 반해 서면결의방식을 취한 사건.

귀책에서 비롯되는 근로관계종료를 제한하려는데 있다. 통상해고는 일신상사유를 대상으로 하는 것이 원칙이다. 일신상사유에 대해서는 그 자체보다는 그 결과로 나타나는 업무저성과를 대상으로 해고의 문제가 다루어진다.

② 행태상사유

행태상사유는 고의·과실이 전제된 근로자측 귀책사유이므로, 그 행태가 기업질서를 해치면 징계대상이 될 수 있다. 징계대상이 될 정도는 아니지만 근로계약이행에 지장을 줄 정도의 행태상사유가 있을 수 있다. 행태상사유의 결과로 나타나는 업무저성과를 대상으로 통상해고의 문제가 다루어질 수 있다.

(4) 통상해고의 근거

근기법 제23조에 규정된 '정당한 이유'에 관한 법리는 통상해고를 포함한 모든 해고에 대해 적용된다. 일신상사유 특히 업무저성과를 이유로 한 해고는, 민법[1] 이나 근기법[2]의 법리에서 볼 때 의문이 제기될 수는 있으나, 계약의 본질에서 그 근거가 인정될 수 있다.[3]

(5) 실체적요건으로서의 업무저성과 판단

① 의 의

통상해고가 정당하려면 실체적 요건으로서 원인이 된 사유가 존재해야 한다. 그러한 사유는 평가를 통해 확인된다. 평가는 근기법 제23조가 요구하는 '정당한 이유'에 해당할 정도의 사회통념상 합리성을 갖추어야 한다.

② 평가제도

통상해고의 사유가 인정되기 위해서는 해당자의 업무수행결과에 대한 근무평가 또는 인사평가가 선행되어야 한다. 평가는 제도적으로 마련되어 있을 때 정당성이 강화된다. 단체협약, 취업규칙 등에 평가의 기준과 방법, 평가결과의 처리 등이 포함된 평가제도는 통상해고의 정당성을 보강해준다.

③ 평가대상업무

근무평가는 근로계약상 부과된 채무행위를 대상으로 한다. 채용 당시에 조건으로 한 능력, 자격, 기술 등은 평가대상이다. 일반적으로는 업무수행정도도 평

---

1) 민법 제658조 제2항은 약정한 노무가 특수한 기능을 요하는 경우에 노무자가 그 기능이 없는 때에 사용자가 그 계약을 해지할 수 있도록 규정하고 있다. 그 밖에 업무저성과를 이유로 해지하는 규정이 없다.

2) 일신상사유를 '징벌 등'으로 볼 수 있을지 의문이 제기될 수 있다.

3) 제공되는 노무 또는 근로가, 계약관계를 더 이상 유지할 수 없는 정도로 불완전하게 제공된다면, 고용계약과 근로계약을 이행하지 못한 것이 되고 민법상 채무불이행이 성립될 수 있다.

가대상으로 인정되고 있다.[1] 업무저성과자를 판단함에 있어서는 개별평가가 원칙이며 일반적이다. 집단평가는 성과를 책임지는 관리·감독자에 대해 적용되며 일반근로자에 대해서는 협력을 전제로 하는 성과를 평가할 때 적용될 수 있다.

④ 평가기준

평가제도는 평가항목, 평가방법 등이 포함된 평가기준을 갖추어야 한다. 업무저성과가 해고사유로 인정받기 위해서는 평가기준이 합리적이어야 한다.

㈎ 객관성과 주관성

평가기준은 설정 및 적용에 있어 객관적이어야 하며, 주관적·편파적이면 정당성을 약화시킨다. 계량적이고 정량적인 평가가 가능치 않은 업무에 대해서는, 근무평정제도처럼 비계량적·정성적·주관적 평가기준도 다른 합리성을 갖추면 인정된다.[2] 계량적이고 정량적인 평가기준을 설계하는 것이 가능함에도 불구하고 비계량적이고 정성적인 방법을 사용하고 있다면 그 정당성이 약화된다.

㈏ 구체성과 추상성

평가기준이 구체적이면 정당성이 강화된다. 평가기준의 구체성은 절대적 기준은 아니나 합리성을 강화시켜주는 요소이다.

㈐ 명확성과 모호성

평가기준은 근무성적평정표나 평정의견서만으로 업무수행능력부족과 업무수행 차질의 정도를 파악할 수 있도록 명확해야 한다.[3] 업무능력과 관련 없는 평가요소만으로 구성되어 있거나,[4] 그 비중이 부당하게 큰[5] 평가기준은 불합리하다.[6]

㈑ 절대성과 상대성

상대평가[7]뿐 아니라 절대평가를 활용하는 것이 평가의 정당성을 높인다. 상위등급에는 일정비율을 할당했지만 가장 낮은 등급에 대해 절대평가에 따른 임의분포방식을 취하면 평가의 정당성이 인정된다.[8]

---

1) 東京高判, 1984.3.30. フォード自動車사건, 勞民集 35卷 2号, 140頁.
2) 대판 2013.1.24, 2012두21710 등 다수.
3) 대판 2006.2.24, 2002다62432.
4) 서울남부지판 2010.5.14, 2009가합21769. 정부출연 연구기관의 연구원에게 경영설명회 불참 내지 국민의례 거부 등을 근무실적 평가기준으로 삼은 것은 부당하다.
5) 서울행판 2006.1.27, 2005구합23879. 영업직원에 대한 평가에 있어, 영업실적이 19%에 불과하고, 다면평가 40%, 인사평점 40%를 반영한 것은 불합리하다.
6) 서울행판 2006.1.27, 2005구합23879 ; 서울행판 2006.1.27, 2005구합23879.
7) 서울행판 2006.1.27, 2005구합23879. <부정> 상대평가결과 연속 최하등급(D)을 받은 사실만으로 해고. ; 대판 2006.2.24, 2002다62432. <부정> .시용관련. 지점별로 하위등급 해당자 수를 할당 본채용 거절.
8) 서울행판 2004.12.28, 2003구합39306.

(마) 공정성과 편파성

평가기준은 공정해야 하며 편파적이면 정당성이 부인된다. 다면평가, 상급자평가 등 평가수단을 다양화한 경우, 평가의 정당성이 강화된다.[1] 피평가자의 업무와 관계가 밀접한 평가자의 의견이 많이 반영되어야 하고, 관계가 적은 일부 평가자에 따라 결과가 좌우되면 권한남용이 될 수 있다.[2]

⑤ 업무저성과자 관리대상 선정

(가) 저성과 정도와 지속성

해고에까지 이르는 관리대상자로 인정받으려면 고용관계유지가 곤란한 수준의 업무저성과가 상당기간 지속적으로 나타나야 한다. 업무저성과 강도가 세면 지속성에 대한 요구가 약하고 반대로 강도가 약하면 지속성에 대한 요구가 강한 것으로 나타난다.[3]

(나) 절대평가와 할당

구성원의 일정비율을 저성과자로 규정하는 상대적평가방법은 인정받기 어려우며, 절대적평가를 통해 "직위와 보수에 비추어 일반적으로 기대되는 최저한의 실적에도 못미치는 정도"라고 판단되어야 관리대상이 될 수 있다.[4]

(다) 근로자참여

해고에까지 이르는 관리대상자로 결정함에 있어 공정성[5]과 투명성[6]이 요구된다. 제도의 설정과 운용에 있어, 근로자 참여를 보장하는 것은 정당성을 강화하는 요인이 된다.[7] 해당근로자에 대한 평가 결과 설명·협의,[8] 노동조합과 설명·협의[9] 등은 정당성 판단에 영향을 미친다.

---

1) 서울행판 2006.5.4, 2005구합36271.
2) 대판 2011.7.28, 2009두2665.
3) 대판 1987.4.14, 86다카1875. <인정> 1년간 미수금회수실적이 없고, 다음해에도 동종업무 직원의 10%에도 미달 ; 중노위 2005.6.9, 2004부해844 <인정> 연속 3년간 최하위 등급 ; 서울행판 2009.2.3, 2008구합38551. <인정> 4년간 6,300명 중 최하위 평정 ; 서울행판 1999.11.2, 99구10178 <인정> 협조성부족, 직무수행능력 부족 등 불량근무태도가 4년 지속 ; 서울행판 2003.1.24, 2002구합16306 <인정> 6년 동안 인사고과가 하락하고, 단순업무에서 동일한 실수를 반복.
4) 대판 1991.3.27, 90다카25420.
5) 대판 2012.5.29, 2011두4760. 심사주체를 달리하는 2회 이상의 다단계 심사방법을 택하면 공정성 강화.
6) 업무저성과개선프로그램, 역량향상프로그램 등 취업규칙의 성격을 갖는 업무저성과관리제도가 미리 마련되어 있고, 그러한 제도가 공정하게 집행되어야 한다.
7) 서울행판 2004.12.24, 2004구합18047 ; 서울행판 2011.9.9, 2010구합41673 등.
8) 대판 2011.7.28, 2009두2665.
9) 대판 2009.4.23, 2007두20157.

(6) 절차적 요건으로서의 고용유지노력

① 배 경

통상해고는 최후수단이어야 하는 점, 사회통념상 상당성이 있고 권리남용이 없어야 하는 점, 근로자의 과실이나 고의에서 비롯된 것이 아닌 점 등을 고려해 신의칙상 배려의무를 충족해야 한다. 배려의무는 개선기회부여와 해고회피노력을 내용으로 하는 고용유지조치에 의해 실현될 수 있다. 고용유지조치는 객관성, 명확성, 합리성 및 공정성을 확보해야 하며 진정성과 근로자참여가 요구된다.[1]

② 개선기회 부여

㈎ 자율적개선기회로서의 지시 · 주의 · 경고

업무저성과자에 대해 행해지는 지시[2] · 주의 · 경고[3] 등의 선행 조치는 업무저성과 관리 전체에 대한 정당성을 강화시켜 준다.

㈏ 타율적개선기회로서의 교육 · 능력개발

㉮ 필요성

관리대상자로 선정된 업무저성과자에 대해, 교육이나 능력개발기회가 제공되어야 해고의 정당성이 강화된다. 구체적으로는 기업규모, 채용조건, 업무성격 등이 종합적으로 고려되어야 한다.

㉯ 교육내용

제공된 교육의 타당성은 지원체계의 제도적 구축 여부, 실제지원 여부, 지원기간,[4] 지원내용,[5] 실효성[6] 등을 종합적으로 고려해 판단된다.

㉰ 교육평가

교육결과의 평가는 교육이수내용 평가와 업무부여후 근무성적평가로 구분된다. 업무능력개선여부는 업무부여 후의 근무성적평가에 따라 판단되는 것이 바람직하나, 교육이수내용의 평가라도 그 타당성이 부정되지 않는다.[7]

---

1) 대판 1987.4.14, 86다카1875.
2) 서울행판 2011.9.9. 2010구합41673.
3) 대판 1987.4.14, 86다카1875. 3번의 경고를 정당성 판단 요건으로 보았다.
4) 서울고판 2011.11.9, 2011누8538. <부인>근무분야와 무관한 자격증을 따기 위해 5개월을 부여한.
5) 서울고판 2011.11.9, 2011누8538. <부인> 10년 넘게 시설관리과에서 근무한 근로자에게, 실 근무분야와 무관한 소방설비기사 자격증 실패를 이유로 직권면직.
6) 청주지판 2013.1.8, 2011나3412. 114 <부인>안내원에게 기술직업무를 수행 지시. 업무수행실적이나 연차휴가 등을 지나치게 엄격히 관리.
7) 대판 2012.5.29, 2011두4760. 무단불참에 대해 행한 정직처분, 업무수행보고서 제출 미이행을 해고사유로 인정.

㉱ 진정성

관리대상자 중 개선가능성이 확인된 인원을 복귀[1]시킨 실적이 상당해야,[2] 개선기회프로그램의 진정성이 인정될 수 있다. 이를 위해서는 부여된 목표가 어렵지 않아야 한다.

③ **해고회피조치**

통상해고는 징계해고에 비해 보다 더 최후수단으로 이루어질 것이 요청된다. 통상해고에 앞서 배치전환, 전보·전직, 휴직 등을 통해 해고를 피하려는 노력이 필요하다. 해고회피의 가능성과 수단은 기업에 따라 다르다. 조직실태나 인사관리에 있어 해고회피조치를 취할 수 있음에도 불구하고 이를 시행하지 않고 행한 통상해고는 그 정당성을 인정받기 어렵다.

④ **업무저성과에 대한 해고 결정**

업무저성과관리대상자에 대해 적절한 개선기회를 제공했음에도 가까운 장래에 개선될 가능성이 없고, 해고회피조치의 가능성이 없거나 근로자가 이를 받아들이지 않으면 통상해고가 인정된다. 이 경우에도 해고가 최후수단이 되도록 신중한 조치가 요청된다. 자발적인 희망퇴직,[3] 전직지원컨설팅 서비스 등의 배려가 수반된다면 업무저성과관리프로그램에 의한 해고의 정당성이 보강된다.

2·다. 경영해고

(1) 의 의

① **개 념**

경영해고는 "경영상의 필요에 따라, 기업의 유지와 존속을 전제로, 일정한 요건 아래, 근로자를 해고하는 것"이라고 정의할 수 있다. 사업폐지를 위한 청산과정에서[4] 근로자를 해고하는 것은 경영해고가 아니다.[5]

② **취 지**

자본주의경제체제에서 기업유지는 국민의 생활을 보장해 주는 기본적인 조건

---

1) 서울행판 2003.11.13, 2003구합16105. 2급 사무국장을 대기발령한 후, 3급 무보직으로 복직시켰다가 해당 근로자의 요청으로 2급 무보직으로 다시 발령, 봉급도 같은 기준으로 지급한 데 대해 정당성 인정.
2) 서울행판 2011.9.9, 2010구합41673. 29명 중 8명은 복귀하고 나머지는 희망퇴직 등을 한 데 대해 정당성 인정.
3) 서울행판 2011.9.9, 2010구합41673. <인정> 탈락자 18명 중 17명 희망퇴직. 거부자 1명 해고.
4) 회생법의 파산을 의미하므로, 회생법의 회생절차는 이에 해당되지 않는다.
5) 대판 2001.11.13, 2001다27957 ; 대판 2003.4.25, 2003다7005 ; 대판 2004.2.27, 2003두902(한국노동법학회, 『노동판례백선』, 190쪽) ; 대판 2004.3.12, 2003다44363.

이다. 기업유지는 전체 근로자의 고용안정과 복지증진을 위한 것이다. 기업경영이 어려움에 직면할 때 기업의 인적·물적인 규모를 효율적인 방향으로 조정하는 것은 경제원리 또는 법원리에 부합된다.

③ **성 격**

경영해고는 사용자측의 사정에 따라 이루어지는 비귀책성, 해고대상자가 특정되지 않는 단계에서 해고안이 제시되는 불특정성, 해고자가 복수인 집단성의 특징을 가진다.

④ **법적근거**

경영해고가 정당하기 위해서는 '긴박한 경영상의 필요성', 해고회피노력, '해고대상자선정에 있어 합리적이고 공정한 기준' 및 '근로자측에 50일전 통보 및 성실한 협의'가 있어야 한다(근기법 §24).

(2) 긴박한 경영상 필요성

① **법적근거**

사용자가 경영해고를 하려면 '긴박한 경영상의 필요성'이 있어야 한다(근기법 §24①). 근기법은 '긴박한 경영상 필요성'에 대해 '사업의 양도·인수·합병(근기법 §24①후단)'만을 직접 명시하고 있다.

② **고도의 경영위기**

판례는 '긴박한 경영상의 필요성'에 대해 '고도의 경영위기'를 기준으로 제시하면서 근로자를 해고하지 않으면 도산할 위기에 있거나,[1] 경영악화로 사업을 계속할 수 없거나, 기업재정상 곤란한 처지에 놓일 개연성이 있거나,[2] 사업을 폐지[3]하는 경우가 여기에 포함되는 것으로 해석해왔다.[4]

③ **객관적 합리성**

'긴박한 경영상의 필요성'은 '고도의 경영위기'가 없더라도 객관적합리성이 있으면 인정되는 것으로 변화했다. 먼저, 장래에 올 수도 있는 위기에 미리 대처하기 위한 경우로서 인원삭감의 객관적 합리성이 있으면 '긴박한 경영상의 필요성'

1) 대판 1995.12.5, 95누15783. 외부자금지원이 없으면 급료마저 지급할 수 없는 상황에서 자금지원 중단 통고.
2) 대판 1992.5.12, 90누9421. 자본금이 8억원인 회사가 계속적인 노사분규로 1년 동안 4억원의 적자.
3) 대판 1987.12.12, 87다카2011 ; 대판 1997.9.5, 96누8031 ; 대판 1990.1.12, 88다카34094. 한강개발사업 완료 ; 대판 2002.7.9, 2001다29452(한국노동법학회, 『노동판례백선』, 137쪽).
4) 대판 1989.5.23, 87다카213 등.

이 인정된다. 다음으로, 생산성향상·작업형태변경 또는 신기술도입 등 기술적 이유가 있거나, 기술혁신에 따라 산업의 구조적 변화가 요청되어 인원삭감이 실제로 이루어지고 있으면서 그 필요성이 충분히 있고,[1] 객관적합리성이 있으면 '긴박한 경영상의 필요성'이 인정될 수 있다.[2] '긴박한 경영상의 필요성'이 있는지를 판단할 때에는 어느 사업부문이 다른 사업부문과 인적·물적·장소적으로 분리·독립되어 있고 재무 및 회계가 분리되어 있으며, 경영여건도 서로 달리하는 예외적인 경우가 아니라면 사업부문 내지 사업소의 수치만을 기준으로 할 것이 아니라 법인 전체의 경영사정을 종합적으로 검토하여 결정한다.[3]

(3) 해고회피노력

① 법적근거

경영해고는 긴박한 경영상의 필요성이 인정되더라도 상당한 기간 동안 '해고회피노력(근기법 §24②)'을 전제로 하여 최후의 수단으로 이루어져야 한다.

② 해고회피수단

해고회피노력으로 인정될 수 있는 조치는 회사사정에 따라 다르고 일반화시키기 어려우나 몇 가지 유형으로 정리할 수 있다.[4]

- 경영방침개선[5]·작업방식합리화, 경영진교체 등 경영애로 타개 노력
- 사무실규모, 임원급여, 일반관리비, 임금·상여금·복지 등[6] 경비절감 노력
- '직제신설·신규채용 중지'[7]나 '임시직·유기계약자 재계약 정지'[8]와 같은 자연감원과 '파견근로자 복귀'나 '하도급 해약' 등 외부노동력의존도 감축
- 연장[9]·휴일근로축소, 근로시간단축, 휴가의 집단적 조기사용 등 인력사용 감축
- 교육·훈련, 전근·전직[10]·배치전환[11]·사외파견, 전직훈련·직종전환, 일시휴업[12]·휴직 등 인력의 적재적소배치, 능력개발, 인력활용중단[13]
- 계열사·수급회사·합작기업사[14]·외부용역업체[15] 등에 근로자를 파견·전적·취업알선
- 희망퇴직·명예퇴직[16](불응이유로 불이익을 줄 수 없음)[17]

---

1) 대판 2013.6.13, 2011다60193 ; 대판 2014.11.13, 2012다14517 및 대판 2014.11.13, 2014다20875.
2) 대판 2002.7.9, 2001다29452 ; 대판 2003.9.26, 2001두10776·10783 ; 대판 2004.1.15, 2003두11339 ; 대판 2012.2.23, 2009두15401 ; 대판 2012.2.23, 2010다3629.
3) 대판 2015.5.28, 2021두25873.
4) 대판 2014.11.13, 2014다20875.
5) 대판 1993.11.23, 92다12285 ; 대판 2004.1.15, 2003두11339. 흑자목표 설정, 부정.
6) 대판 1995.11.24, 94누10931. 접대비 등의 삭감이 없음을 들어 해고회피노력 부인.
7) 대판 1993.12.28, 92다34858 ; 대판 1969.3.31, 69다135 ; 대판 1992.12.22, 92다14779 ; 대판 1987.4.28, 86다카1873 ; 대판 1997.9.5, 96누8031. 신규채용중단을 해고회피노력으로 인정.
8) 대판 2012.2.9, 2010두22290.
9) 대판 1990.3.13, 89다카24445.

③ **해고회피방법**

해고회피수단을 활용함에 있어 근로자이익이 적게 침해되는 조치를 먼저하고 다음 단계의 조치가 모색되어야 한다는 단계적적용론을 주장하는 견해[1]가 있다. 단계적적용론은 여러 수단이 정형화되어 있지 않고 근로자에 따라 어떠한 수단이 이익을 더 침해하는지가 달라서 절대적 기준으로 인정받기 어렵다.

근로조건을 저하시키는 해고회피방안은 근로자측의 동의를 필요로 한다. 동의를 구하기 위해 노력한 정도는 해고회피노력의 판단기준이 될 수 있다.

최종목표를 상회하여 감원한 상황에서 추가로 경영해고하였다면, 해고회피노력을 다했다고 보기 어렵다.[2]

(4) 합리적이고 공정한 대상자 선정

① **법적근거**

해고대상자선정은 합리적이고 공정한 기준에 따라 이루어져야 하고, 남녀의 성을 이유로 차별하면 안된다(근기법 §24②).

② **판단 원칙**

사회통념상 합리성이 인정되는 한 취업규칙, 관례 등에 따른 해고대상자 선정기준은 인정된다. 선정기준 역시 확정적·고정적이지 않고 경영위기의 강도, 해고를 하려는 경영상이유, 정리할 사업부문의 내용과 근로자 구성, 사회경제상황 등에 따라 달라질 수 있다.[3] 선정기준에 대해 근로자측과 합의한 결과는 존중된다.[4] 해고대상자선정기준의 적용은 객관적이고 명확해야 한다.[5]

③ **판단기준**

선정기준은 근속기간, 가족상황, 건강·장애 등 생활보호와 근로능력, 근무태도,

---

10) 대판 1990.3.13, 89다카24445 ; 대판 1992.12.22, 92다14779 ; 대판 1991.9.24, 91다13533.
11) 대판 1997.9.5, 96누8031.
12) 대판 1992.12.22, 92다14779.
13) 대판 1992.12.22, 92다14779.
14) 대판 1996.10.29, 96다22198. 사업부문폐지로 합작기업으로의 전적을 권유, 인정.
15) 대판 1996.8.23, 96다19796 ; 대판 1992. 3.10, 91다27334.
16) 대판 1992.12.22, 92다14779.
17) 대판 2004.1.15, 2003두11339. ↘ 378쪽
1) 김형배, 『노동법』, 제20판, 661쪽.
2) 대판 2017.6.29, 2016두52194.
3) 대판 2002.7.9, 2000두9373.
4) 대판 2002.7.9, 2001다29452 ; 대판 2003.9.26, 2001두10776 및 10783 병합 ; 대판 2003.11.13, 2003두4119.
5) 대판 2012.12.13, 2012두18530.

자질, 능률성·적응성 등 기업이익을 종합적으로 고려해[1] 적절히 조화시켜야 한다. 사회적보호를 덜 필요로 하는 근로자부터 해고해야 하고 사용자측의 이해관계와 관련된 사정들은 부차적으로 고려되어야 정당성이 강화된다.[2] 입사연도가 늦은 자 또는 단기근속자[3]를 우선 해고하는 기준은 장래의 공헌도가 높은 저임금근로자를 대상자로 하는 것으로서, 기업측으로서는 인원정리의 목적에 반한다. 그러나 현재의 공헌도가 낮은 점, 재취업기회가 상대적으로 높은 점 등을 우선적으로 고려함으로써 공정성을 갖는다.[4]

(5) 근로자측과 성실한 협의

① 법적근거

사용자는 경영해고를 피하기 위한 방법과 해고의 기준 등에 관하여 그 사업 또는 사업장의 근로자대표에게 해고를 하려는 날의 50일전까지 통보하고 성실하게 협의하여야 한다(근기법 §24③).

② 협의대상

근로자대표는 사업(장)에 근로자의 과반수로 조직된 노동조합이 있는 경우에는 그 노동조합, 근로자의 과반수로 조직된 노동조합이 없는 경우에는 근로자의 과반수를 대표하는 자를 말한다(같은편, 제1장, 제1절 2·나, (2), ②, ㈎, ㈏). 개별근로자들과 별도의 협의는 필요치 않다.[5]

③ 협의내용

㈎ 통 보

50일전까지라 함은 해고하고자 하는 날의 전날부터 역산해 50일째 되는 날의 전날까지이다. 통보내용에 대해 근기법은 해고회피방법, 해고기준 등으로 명시하고 있는데, 이 밖에 경영해고필요성이 포함되어야 한다.

근로자대표에 대한 50일전통보조항과 개별근로자에 대한 30일전해고예고는 별개의 사안이므로 경영해고를 할 때 해당근로자에게 적어도 해고일 30일전까지 해고예고를 하거나 30일분 이상의 통상임금을 해고예고수당으로 지급해야 한다.

---

1) 대판 1987.5.12, 85누690. 평소근무성적, 상벌관계, 경력, 기능의 숙련도 등 ; 대판 2002.7.26, 2000두4910 ; 대판 2011.9.8, 2009두14682. 표창·자격, '보훈가족 및 장애인' 등에 가점하고, 징계사실·취업규칙위반·재취업가능·고과·개별생활능력을 감점 ; 대판 2013.6.13, 2011다60193.

2) '서울지판 1995.12.15, 94가합10586' 및 '중노위 1997.6.12, 97부해21' 이러한 요소 미고려, 정당성 부인.

3) 대판 1993.12.28, 92다34858. 장기근속 우선 대상, 정당성 부정.

4) 대판 1987.4.28, 86다카1873.

5) 대판 1992.8.14, 92다16973.

(나) **성실한 협의**

성실한 협의를 했는가는 협의자리 마련, 경영·회계 자료 제시여부와 그 시간적 여유, 필요성·규모·시기·재고용 등에 대한 논의, 근로자측이 제시한 합리적 의견 수용, 협의회수, 협의태도 등을 종합적으로 고려해 판단한다.

④ **협의의 효과**

(가) **협의조항의 효력**

판례는 사전통보기간미준수와[1] 과반수미충족[2]은 물론이고 협의자체[3]를 효력요건으로 보지 않는 경향을 보여준다. 근로자대표와 합의하면 50일이 경과치 않아도 해고가 가능하다.

(나) **고용안정협약**

고용안정협약[4]이 체결된 상태에서 행해지는 경영해고의 효력에 대해 의견이 나뉜다. 개인적으로는 제한적신의칙설에 찬성한다.

긍정설	경영해고 자체가 긴급피난이론에 근거한 것이므로 법률상 요건에만 합치되면 경영해고가 가능하다.
부정설	고용안정협약 자체를 존중해야 하므로 경영해고가 불가능하다.
신의칙설	경영상 긴박한 이유가 명백하게 존재하고 법률상 요구되는 요건 충족을 위해 노력을 기울이면 경영해고가 가능하다.
제한적 신의칙설[5]	고용안정협약은 준수되어야 하나, 체결 당시에 예상치 못한 사정변경이 있고, 이러한 변경이 '긴박한 경영상 이유'로 인정될 만하면 경영해고가 가능하다.

(6) 집단해고와 신고·허가

사용자는 '1개월 동안에 근기령 제10조제1항에서 정한 일정한 규모 이상의 인원'[6]을 해고하려면 최초로 해고하려는 날의 30일 전까지 고용장관에게 신고해야 한다(근기법§24④, 근기령§10①).[7] 신고의무는 대량해고에 대해 행정적으로 감독·지도를 하고 고용안정을 지원하기 위한 것이다. 신고는 경영해고의 효력요건이 아니다.[8]

---

1) 대판 2003.11.13, 2003두4119 ; 대판 2004.10.15, 2001두1154·1161·1178.

2) 대판 2006.1.26, 2003다69393.

3) 대판 2002.6.28, 2000두4606.

4) "인위적인 인원감축을 실시하지 않는다", "회사는 3자인수, 분할, 매각, 합병과 같은 중대한 경영상의 결정사항이 있을 때 고용승계 및 단체협약승계를 보장한다" 등.

5) 대판 2014.3.27, 2011두20406.

6) ⓐ 상시 근로자수가 99명 이하인 '사업(장)' : 10명 이상, ⓑ 상시 근로자수가 100명 이상 999명 이하인 '사업(장)' : 상시 근로자수의 10% 이상, ⓒ 상시 근로자수가 1000명 이상 '사업(장)' : 100명 이상.

7) 벌칙이 없다. 고정법 제33조(대량고용변동신고 등)는 300만원의 과태료를 부과할 수 있도록 규정하고 있다.

(7) 우선재고용

경영해고는 근로자귀책이 없이 경영상 어려움을 이유로 이루어진다. 따라서 경영사정이 호전되면 해당 근로자를 다시 고용하는 것이 합리적이다.[1]

근기법 제25조는 경영해고를 한 사용자로 하여금 "해고한 날부터 3년 이내에 해고된 근로자가 해고 당시 담당하던 업무와 같은 업무를 할 근로자를 채용하려고 할 경우 해고된 근로자가 원하면 그 근로자를 우선적으로 고용해야 한다"고 규정함으로써 우선재고용제도를 도입하고 있다.

우선재고용제도는 의무조항으로 규정되어 있으나 불이행에 대한 벌칙 규정을 갖추지 못하고 있다. 해당근로자는 이 규정에 따라 발생한 취업청구권을 근거로 고용의무확인 또는 이행의 소를 제기할 수 있으며, 사용자가 재고용의무를 게을리 하면 채무불이행책임을 부담할 수 있다.[2]

3. 해고의 절차와 시기에 관한 법적 제한

3·가. 해고예고

(1) 법적근거

사용자는 근로자를 해고(경영상해고 포함)하려면 적어도 30일 전에 예고해야 하고, 30일 전에 예고를 하지 않으면, 30일분 이상의 통상임금을 지급해야 한다(근기법 §26). 이러한 2가지 의무(해고예고와 해고예고수당)는 선택적이다.[3] 해고예고제도는 근로자가 갑자기 직장을 잃게 되어 생활이 곤란해지는 것을 예방하기 위한 제도이다.

(2) 적용과 예외

① 적 용

해고예고는 모든 해고에 대해 적용된다. 부당해고라도 해고예고위반의 책임이 면제되지 않는다.

② 예외로서의 즉시해고

㈎ 취 지

근로관계를 도저히 유지할 수 없는 이유가 있음에도 해고예고를 하는 것은 사

---

8) 임종률, 『노동법』, 제9판, 511쪽. ↘ 381쪽

1) 경영해고를 한 후 단기간 안에 신규채용을 하면 해고회피노력 위반이 되어 해고 자체가 무효로 될 수 있다.

2) 김형배, 『노동법』, 22판, 700쪽.

3) 법무 810-20213, 1967.12.4.

회통념상 타당치 않다. 근기법(§26 단서)은 해고예고예외로서 즉시해고사유를 규정하고 있다.[1)]

㈏ 요 건

㉮ 근로기간

'근로자가 계속 근로한 기간이 3개월 미만인 경우'에는 해고예고제도가 적용되지 않는다(근기법 §26 i).

㉯ 천재·사변 기타 부득이한 사유

불가항력적인 상황에서까지 사용자에게 해고예고를 강요하는 것은 형평에 어긋나므로 천재·사변 기타 부득이한 사유로 사업계속이 불가능한 경우에는 해고예고의 예외사유가 된다(근기법 §26 ii).

'부득이한 사유'란 중요한 건물, 설비, 기재 등의 소실과 같은 돌발적이고 불가항력적인 경우를 말하며 불황이나 경영난은 포함되지 않는다. '사업을 계속하는 것이 불가능한 경우'라 함은 기업의 부도·도산[2)] 또는 '그 밖에 사업의 전부 또는 대부분을 계속하는 것이 불가능한 경우'로 사회통념상 사업주로서 취할 수 있는 조치를 다한 경우가 이에 해당되며, 입증책임은 사용자에게 있다.[3)]

㉰ 근로자귀책사유

근로자가 고의로 사업에 막대한 지장을 초래하거나 재산상의 손해를 끼친 경우로서 고용노동부령(근기칙 §4)[4)]이 정하는 사유에 해당하면 해고예고를 하지 않을 수 있다(근기법 §26 iii). 근로자귀책사유는 해고정당성의 근거가 되는 귀책사유보다 더 무거운 것이어야 한다.[5)] 근로자귀책사유는 근로자의 고의를 요건으로 한다. 고의에 대한 입증책임은 해고예고예외를 주장하는 사용자에게 있다.

---

1) ILO도 1982년도의 「고용종료에 관한 협약」에 근로자의 '심각한 잘못'을 해고예고예외사유로 명시하고 있다..

2) 근기 68207-2320, 2000.8.2.

3) 대판 1970.2.24, 69다1568.

4) ⓐ 납품업체로부터 금품이나 향응을 제공받고 불량품을 납품받아 생산에 차질을 가져온 경우, ⓑ 영업용 차량을 임의로 타인에게 대리운전하게 하여 교통사고를 일으킨 경우, ⓒ 사업의 기밀이나 그 밖의 정보를 경쟁관계에 있는 다른 사업자 등에게 제공하여 사업에 지장을 가져온 경우, ⓓ 허위사실을 날조하여 유포하거나 불법집단행동을 주도하여 사업에 막대한 지장을 가져온 경우, ⓔ 영업용 차량 운송수입금을 부당하게 착복하는 등 직책을 이용하여 공금을 착복·장기유용·횡령 또는 배임한 경우, ⓕ 제품 또는 원료 등을 몰래 훔치거나 불법반출한 경우, ⓖ 인사·경리·회계담당 직원이 근로자의 근무상황실적을 조작하거나 허위서류 등을 작성하여 사업에 손해를 끼친 경우, ⓗ 사업장의 기물을 고의로 파손하여 생산에 막대한 지장을 가져온 경우, ⓘ 그 밖에 사회통념상 고의로 사업에 막대한 지장을 가져오거나 재산상 손해를 끼쳤다고 인정되는 경우를 들 수 있다. 제시된 귀책사유 중 ⓘ는 포괄적인 성격을 갖는 것으로서 일차적으로는 사용자가 해당여부를 판단하게 되나 최종적으로는 사법기관이 해당여부를 판단하게 된다.

5) 대판 1993.9.24, 93누4199. '단순한 폭언·폭행', 업무지시불이행 등은 해고사유가 될 수는 있으나 즉시해고사유로는 인정되지 않는다. ; 서울서부지판 2010.9.16, 2007가합12807. 업무상배임행위 즉시해고 인정.

(3) 해고예고의 방법

해고예고는 해고할 날을 역일로 명시해야 하며 불확정기한이나 조건을 붙이면 효력이 없다. 불특정다수인에게 감원을 주지시킨 것만으로 해고예고가 될 수 없으며 개별근로자에게 구체적으로 해고예고를 해야 한다.[1] 해고예고에 대해서도 서면통지의무가 적용된다.

(4) 해고예고의 철회

해고예고는 사용자가 일방적으로 행하는 근로계약해지의 의사표시이므로 철회가 인정되지 않는다(민법 §543). 근로자의 동의를 얻은 철회는 근로자의 법률상 지위를 불안정하게 하는 것을 예방함으로써 철회금지의 취지에 어긋나지 않는다.

(5) 해고예고의 효력

① 형사책임

사용자가 근기법 제26조에 규정된 해고예고의무를 이행하지 않은 경우, 2년이하징역 또는 2천만원이하벌금에 처해질 수 있다(근기법 §110 i).

② 해고의 정당성과의 관계

해고예고를 하거나 해고예고수당을 지급해도 부당해고가 정해당지지 않는다.[2]

예고를 하지 않은 해고의 효력에 대해 의견이 나뉜다. 첫째, 유효설[3]에 따르면 해당조문은 단속규정이므로 해고의 효력은 인정된다. 둘째, 무효설[4]에 따르면 해당조문은 강행규정으로 이에 위반된 해고는 효력이 없다. 셋째로, 선택권설[5]에 따르면 근로자가 무효임을 주장하거나 유효임을 전제로 해고예고수당의 지급을 청구할 수 있다. 넷째, 상대적무효설[6]에 따르면 예고가 없는 해고는 무효이지만 해고예고수당을 지급하는 등 요건을 구비하면 효력이 발생한다. 해당조문은 절차규정이고 수당을 지급함으로써 책임을 면할 수 있는 점을 감안할 때 절차의 흠을 치유하면 효력이 발생하는 상대적무효설이 타당하다.

---

1) 근기 01254-13736, 1988.9.7.

2) 대판 1990.10.24, 89다카166 ; 대판 1971.8.31, 71다1400 ; 대판 1992.3.31, 91누6184.

3) 대판 1970.3.31, 69누75 ; 대판 1980.12.9, 80다1616 ; 대판 1993.9.24, 93누4199 ; 대판 1993.12.17, 93다39492 ; 대판 1994.6.14, 93누20115 ; 김유성, 『노동법 I 』, 315 ~316쪽 ; 이상윤, 『노동법』, 제6판, 440쪽.

4) 김형배, 『노동법』, 제20판, 635쪽.

5) 임종률, 『노동법』, 제9판, 515~516쪽.

6) 하경효, "해고예고규정 위반 및 노조와 합의없이 행한 징계면직의 효력 -대판 1994.3.22, 93다28553. 해고무효 확정 등-", 「경영계」, 제198호, 한국경영자총협회, 1994.7, 56쪽 ; 일본 최고재판소 1960.3.11.

(6) 해고예고기간 중 근로관계

해고예고기간 중에도 근로관계는 존속되므로 근로자는 근로제공의무를 갖는다. 해고예고기간이 30일에서 일부라도 부족하면, 30일 전에 예고를 하지 않은 것이어서, 30일분 이상의 통상임금이 지급되어야 한다는 행정해석[1]이 발견된다. 그러나 30일 중 일정기간은 해고예고기간으로 처리하고 나머지 기간은 해고예고수당으로 지급될 수 있는 것으로 해석함이 타당하다.[2]

3·나. 해고의 서면통지

(1) 의 의

해고는 사유와 시기가 서면으로 통지되어야 효력이 발생한다(근기법 §27). 서면통지제도의 목적은 해고를 신중하게 결정토록 하고, 해고의 존재여부·시기·사유 등을 명확히 해 분쟁의 해결을 쉽게 하며, 근로자의 방어권을 보장[3]하는 데 있다.

(2) 적용범위

① 적용대상 해고

서면통지제도는 시용에 있어 본채용 거절,[4] 효력이 부정되는 퇴직, 갱신기대권이 인정되는 기간제근로계약 갱신 거절,[5] 해고로 평가되는 당연퇴직, 징계절차를 거치지 않도록 규정되어 있는 직권해직[6] 등을 포함한 모든 해고에 적용된다.

② 해고예고와의 관계

해고사유와 해고시기를 명시해 서면으로 해고를 예고한 경우, 근기법에 따른 서면통지를 한 것으로 본다(근기법 §27③). 해고예고수당을 지급하거나, 경영해고에 있어 근로자대표와 협의해도 서면통지는 필요하다.

(3) 서면통지 주체

서면통지는 해고를 결정할 지위에 있는 자의 의사표시로 이루어져야 한다. 서면통지의 입증책임은 사용자에게 있다.[7]

---

1) 근기 68207-1346, 2003.10.20.
2) 민주사회를 위한 변호사모임 노동위원회, 「변호사가 풀어 주는 노동법 I」, 제3판, 2006, 263쪽.
3) 대판 2011.10.27, 2011다42324.
4) 서울행판 2010.10.1, 2010구합6823.
5) 서울행판 2011.6.17, 2010구합45937.
6) 서울행판 2008.12.4, 2010구합19628.
7) 서울행판 2010.10.15, 2010구합1965. 직원 중 일부가 출근하지 말라는 취지로 말해도 해고된 것이 아니다.

(4) 서면통지 방법

서면통지는 근로자가 통지내용을 알 수 있는 상태로 행해져야 한다.[1] 서면통지 형식은 사용자의 기명 또는 날인이 포함된 문서를 직접 또는 등기우편으로 송부하는 것이 원칙이다.[2] '징계위원회 결과 통보서'는 서면통지로 인정될 수 있다.

(5) 서면통지 형식

서면은 사용자의 서명 또는 날인이 있어야 유효하다는 견해[3]가 있으나, 명문 규정이 없다. 전송이나 복사는 서면으로 인정되지 않는 것이 원칙[4]이다. 전자서명이 포함된 전자문서나, 원본이 합리적인 수단과 기간에 따라 근로자에게 도달될 것을 전제로 한 팩스를 서면으로 인정하는 견해가 있다.[5]

'휴대폰 문자메시지'[6]나 '이메일 같은 단순한 전자문서'[7]는 서면으로 인정되지 않으나, 전자결재체계를 완비해 전자문서로 모든 업무의 기안·결재·시행 과정이 관리되거나,[8] 장소적·기술적으로 이메일 외에 마땅한 연락수단이 없는 것처럼 특수한 사정이 있다면 이를 인정하는 해석[9]이 발견된다. 권한 있는 사용자의 인감이 날인된 징계결과통보서를 복사한 파일을 첨부했고, 근로자가 그 이메일을 수신한 경우 예외적으로 인정된다고 본 판례[10]가 있다.

(6) 서면통지시기

서면통지시기는 따로 정해져 있지 않으므로 해고일에 하거나 그 전에 미리 할 수 있다. 서면에 기재된 시기보다 늦게 통지가 도달하면 기재된 시점이 해고시기에 효력이 발생된다고 것이 판례의 태도이다.[11] 그러나 해고는 상대방 있는 단독행위이므로 의사표시가 상대방에게 도달한 때 효력이 발생한다(민법 §111)는 점, 노동위

---

1) 대판 2012.6.28, 2012두6957. 인정. 수령거부, 징계위 개최사실과 징계사유 인식, 실업급여 신청 ; 대판 2012.8.13, 2012두11126. 인정. 근로자요청에 따라 사내게시판에 징계처분장을 공고, 교부하려 하자 수령 거부.
2) 서울행판 2010.6.18, 2010구합11269.
3) 김형배, 『노동법』, 제20판, 632쪽.
4) 대판 2011.10.27, 2011다42324.
5) 김형배, 『노동법』, 제22판, 636쪽.
6) 서울행판 2010.4.16, 2009구합31878.
7) 서울행판 2010.6.18, 2010구합11269 ; 서울행판 2012.10.11, 2012구합14446.
8) 서울행판 2010.6.18, 2010구합11269 인정사례 ; 서울행판, 2013.9.12, 2012구합36941. 부정사례.
9) 서울중앙지판 2009.9.11, 2008가합42794.
10) 대판 2015.9.10, 2015두41401.
11) 대판 2012.1.27, 2011두17843. 심리불속행. 징계위서 2009.6.3에 해임의결하고, 같은달 27일에 징계처분사유서와 징계의결서를 첨부해 인사발령통지를 발송하고, 근로자가 7.1에 수령했는데 인사발령통지서에 기재된 2009.6.27을 해고시기로 보고 서면통지규정을 이행했다고 보았다.

원회의 구제신청에 대해 제척기간이 설정되어 있어 근로자의 방어권을 보호해야 한다는 점 등을 고려해 도달시점에 효력이 발생한다고 봄이 타당하다.

(7) 서면통지 내용

① 해고사유

서면통지에는 진정한[1] 해고사유가 기재되어야 한다. 해고사유가 어느 정도 자세히 규정되어야 하는지에 대해 견해가 나뉜다. 완화해석론은 근로자가 징계사유를 구체적으로 알 수 있고 방어권행사에 장애가 없다면 간략하게 또는 추상적으로 기재했거나, 근거규정만 기재하거나, 방어권행사에 지장이 없어서 기재치 않더라도[2] 위반으로 보지 않는다. 엄격해석론은 '해당자가 징계위원회에 참석해 징계사유를 잘 알아도 징계과정에서 새 사유가 추가될 수 있으므로 구체적인 기재가 필요하다'고 본다.[3] 근로자방어권은 노동위원회나 법원에서도 보호받아야 한다는 점에서 엄격해석론이 타당하다. 다만, 구체적으로는 무단결근, 폭력, 회사명예실추 등과 같이 넓게 명시해도 그 의미가 명확하고 근로자의 입장에서 해고사유를 인식할 수 있는 정도라면 인정될 수 있다.

② 해고시기

해고시기는 해고효력을 발생시키고자 하는 시기로서, 구체적[4]인 날짜로 서면에 기재되어야 하며, 기재되어 있지 않거나 구체적이지 못하면 해고의 효력이 인정되지 않는다.

(8) 서면통지 효과

해고의 서면통지규정은 강행규정으로서, 이에 위반된 해고는 사유나 절차를 살펴 볼 필요 없이[5] 무효이다.[6] 구두해고는 해고의 실체를 가지나 사법상 무효인 것으로 해석되므로, 노동위원의 구제명령 대상이다.[7] 사용자는 다시 서면통지를 함으로써 해고의 정당성을 다툴 수 있다.

---

1) 서울행판 2010.6.3, 2009구합52844. <위반> 사유가 업무상횡령인데 근로자배려를 위해 경영악화로 기재.
2) 서울고판 2009.3.27, 2008누28013 ; 대판 2015.7.9, 2014다76434.
3) 대판 2011.10.27, 2011다42324(**한국노동법학회, 『노동판례백선』, 164쪽**). 실질적 사유가 되는 구체적 사실 또는 비위내용을 기재해야 하며 취업규칙의 조문만 나열하는 것으로는 불충분.
4) 대판 2011.10.27, 2011다42434.
5) 서울행판 2013.7.3, 2013구합1966.
6) 서울행판 2013.6.1, 2012구합42120.
7) 서울고판 2009.7.29, 2009누1619 ; 서울고판 2010.1.28, 2009누19764 ; 임종률, 『노동법』, 제11판, 532쪽.

3·다. 특정사유에 있어 해고시기 제한

(1) 법적근거

사용자는 '근로자가 업무상 부상 또는 질병의 요양을 위해 휴업한 기간과 그 후 30일 동안' 또는 '출산전후의 여성이 이 법에 따라 휴업한 기간과 그 후 30일 동안'은 해고하지 못한다(근기법 §23②, §107 5년 징역·5천만원 벌금). 사업주는 육아휴직 동안 그 근로자를 해고하지 못한다(고평법 §19③, §37②iii 3년 징역·3천만원 벌금).

(2) 내 용

① 출산전후휴가기간 및 육아휴직기간

'출산전후휴가기간과 그 후 30일간' 및 '육아휴직기간 중'의 해고[1]는 근로자의 사후승인이 있어도 무효이다.[2] 근로계약기간종료, 정년 등 퇴직사유가 발생하면 해당 휴가와 근로관계는 종료된다.[3] 육아휴직기간은 당사자가 따로 합의하지 않는 한 기간제 또는 파견 사용기간에 포함되지 않는다.

② 업무상부상 · 질병기간

㈎ 의 의

'업무상부상·질병의 요양을 위한 휴업기간과 그 후 30일 동안' 해고를 금지[4]하는 이유는 노동력상실 및 그 회복기간 동안 실직의 위협으로부터 벗어나 재기할 수 있도록 해주기 위해서이다. 그러므로 '정상적으로 출근하고 있는 경우' 또는 '요양을 위한 휴업의 필요성이 인정되지 않는 경우'에는 적용되지 않는다.[5]

㈏ 요양 중 해고금지의 예외

업무상 부상 또는 질병기간이더라도 일시보상(근기법 §84)[6](산재법 §80④)[7]을 한 경우에는 정당한 사유가 있으면 해고할 수 있다(근기법 §23②단서).

(3) 해고금지의 예외

해고시기가 제한되는 3가지 사유가 있어도, '사업을 계속할 수 없는 경우'에는

1) 통상해고 뿐 아니라 경영해고에도 적용(근로기준팀-51, 2008.1.3).
2) 대판 1984.4.10, 84도387.
3) 평정 68240-116, 2003.3.31.
4) 서울고판 2009.12.17, 2009누13193. 대기발령 후 우울기분장애의 업무상질병기간 중 해고는 무효.
5) 대판 1991.8.27, 91누3321 ; 대판 2011.11.10, 2009다63205.
6) 요양보상수령근로자가 요양을 시작한지 2년이 지나도 부상·질병이 완치되지 않으면 사용자는 평균임금 1,340일분의 일시보상을 해 그 후의 근기법상 보상책임을 면한다.
7) 요양급여수령근로자가 요양시작 후 3년이 지난 날 이후에 상병보상연금을 지급받으면 일시보상 지급으로 본다.

예외가 인정된다(근기법 §23② 단서, 고평법 §19③ 단서). 일시휴업, 경영악화 등 경영이유는 '사업을 계속할 수 없는 경우'로 인정받기 어렵다.

(4) 해고예고와의 관계

해고금지기간(근기법 §23②) 중에는 해고예고도 금지된다는 견해[1]가 있으나 찬성하지 않는다.[2] 해고예고기간 중에 해고금지사유가 발생하면 예고기간이 진행되는지에 대해 해고예고기간이 진행되지 않고 해고금지기간이 지난 후 나머지 예고기간이 진행된다는 부정적 견해와[3] 해고예고기간은 진행되나 예고기간이 지나더라도 해고금지기간이 지난 후 해고의 효과가 발생한다는 긍정적 견해가[4] 있는데 후자가 타당해 보인다. 해고금지기간은 해고를 금지하는 것이지 그 예고를 금지하는 것은 아니기 때문이다.

제3절 해고 외의 근로관계종료

1. 사 직

1·가. 의 의

사직은 근로자가 주도해 근로관계를 종료시키는 법률행위이다. 사직은 해고와 달리 근로자의 의사나 동의에 따라 이루어진다는 점에서 퇴직으로 분류될 수 있다. 사직에 대해서는 근기법에 규정이 없다.

1·나. 주 체

사직의 의사표시는 본인이 하는 것이 원칙이므로 제3자의 의사표시는 효력이 없다. 이러한 의사표시를 본인이 전달한 것으로 볼 수 있으면 그렇지 않다.[5]

---

1) 김형배, 『노동법』, 제20판, 630쪽.

2) 이상윤, 『노동법』, 제6판, 433쪽 ; 임종률, 『노동법』, 제9판, 513쪽 ; 근기-5784, 2004.8.18 ; 근로기준팀-51, 2008.1.3. 육아휴직관련.

3) 노정근 1455-18121, 1963.2.23.

4) 근기 01254-5080, 1987.3.30.

5) 서울행판 2009.8.20, 2009구합1075. 해고된 자의 형이 사직서 제출, 본인이 퇴직금을 이의 없이 수령, 몇 차례

1·다. 요 건

사직의 의사표시는 자발적인 의사에 따라 이루어져야 한다. 사직원이 자발적으로 제출되면 정당한 퇴직사유가 될 수 있으며,[1] 해고로 볼 수 없다.[2]

1·라. 방 법

사직이나 그 승낙의 의사표시는 서면으로 하는 것이 일반적이지만 구두로 해도 유효하다.[3] 날짜를 지정해 사직의 의사표시를 해도 인정되며, 승낙의 의사표시가 있으면 그 날짜에 근로계약이 해지된다.[4] 사직의 의사표시를 하고 지정된 사직일전에 근로자가 출근치 않으면 무단결근으로 처리될 수 있다.

1·마. 유 형

사직의사표시는 사용자승낙을 전제로 근로관계를 종료시키고자 하는 의사표시와 일방적으로 근로관계종료를 통보하는 의사표시로 구분할 수 있다. 서면으로 하는 경우 전자는 사직원이 되고, 후자는 사직서가 된다.

1·바. 효 력

(1) 원 칙

사직의 의사표시는 단순한 농담만을 기재한 것으로 인정되는 등의 특별한 사정이 없는 한 근로계약관계를 해지하고자 하는 의사표시가 된다.[5]

(2) 진의 아닌 '사직의 의사표시'

① 판단기준

의사표시는 본인이 진의 아님을 알고 한 것이라도 효력이 있으나, '상대방이 진의 아님을 알았거나 알 수 있었을 경우'[6]에는 무효이다(민법 §107). 진의라 함은 '사직원을 내는 행위'에 대한 진의면 충분하고 '진정으로 퇴직을 원하는지'에 대한 진의까지 의미하지 않는다. 마음속으로 바라지는 않았으나 그 상황에서 최선이

에 걸쳐 노조사무실을 방문하고 내용증명우편으로 독촉한 끝에 전별금 수령, 합의해지인정.

1) 대판 1991.2.12, 90다9513.

2) 대판 1995.11.14, 95누1422.

3) 서울행판 2002.8.8, 2002구합2338.

4) 서울고판 2003.8.22, 2002누14104.

5) 대판 1996.7.30, 95누7765 ; 대판 2003.4.25, 2001두6081.

6) 대판 2010.1.14, 2009두15951. 부서전체가 근신하는 모습을 보이기 위해 형식상 제출한 사직원을 수리한 사례.

라고 판단해 의사표시를 하면 진의라고 본다.[1)]

② **명예퇴직**

명예퇴직·의원면직·희망퇴직을 위해 제출한 사직원은 진의의 의사표시로 해석된다.[2)] 강요에 의한 사직의 의사표시,[3)] 일괄적인 사직종용,[4)] 일방적 의원면직 처리는 해고이므로 정당한 이유가 없으면 무효이다.[5)]

③ **형식적 사직**

사직원제출이 사무처리과정상 형식적으로 이루어진 것이면 해고의 추인이나 부당해고에 대한 불복의 포기로 볼 수 없어 이를 이유로 한 해고는 무효이다.[6)]

1·사. 철회와 취소

(1) 철 회

① **사직원**

사직원이 수리되면 사용자의 동의가 없는 한 이를 철회할 수 없다. 승낙의 의사표시가 근로자에게 도달[7)]되어 근로계약종료의 효과가 발생하기 전에는, 사용자에게 예측할 수 없는 손해를 주는 등 신의칙에 반한다고 인정되는 특별한 사정이 없으면, 근로자는 사직의사표시를 철회할 수 있다.[8)] 철회의 의사표시는 본인이 하는 것이 원칙이다.[9)] 사용자에게도 철회가 인정된다.[10)]

② **사직서**

사직의 의사표시가 합의해지의 청약이 아니고 일방적인 해지통고라면, 그러한 의사표시 즉, 사직서가 사용자에게 도달한 후에는 사용자의 동의 없이 철회할 수

---

1) 대판 1996.12.20, 95누16059 ; 대판 2003.4.25, 2002다11458 등 수 많은 판례.
2) 대판 2003.4.22, 2002다11458 ; 본인이 경영해고의 대상자에 선정될 수 있다거나, 퇴직을 거부하면 징계해고에 회부될 수 있는 등의 불리함을 감안해 스스로의 판단에 따라 퇴직금을 우대해주는 명예퇴직으로 처리되기를 희망해 제출한 사직원은 강요에 의한 사직원으로 볼 수 없으며 유효한 근로계약의 해지로 본다(대판 2000.4.25, 99다34475(한국노동법학회, 『노동판례백선』, 129쪽. 진의의사표시와 비진의의사표시의 경계를 긋는 보다 구체적기준 필요) ; 대판 2005.9.9, 2005다34407 등).
3) 대판 1992.3.13, 91누10046 ; 대판 2001.1.19, 2000다51919·51926. 희망퇴직 실시과정에서 회사의 상황을 다소 과장하거나 퇴직권유에 응하지 않으면 불이익을 입을 수 있다는 취지의 설명만으로는 강박행위 미성립.
4) 대판 1992.7.10, 92다3809.
5) 대판 1992.5.26, 92다3670 ; 대판1992.9.1, 92다26260 ; 대판 1993.1.26, 91다38686 ; 대판 2001.1.19, 2000다51919·51926.
6) 대판 1990.3.13, 89다카24445. 퇴직금·해고수당 등 수령 불구 해고 추인 부정.
7) 의사형성만으로는 근로계약종료효과 미발생[대판 2000.9.5, 99두8657(한국노동법학회, 『노동판례백선』, 131쪽)].
8) 대판 1992.4.10, 91다43138 ; 대판 1994.8.9, 94다14629 ; 대판 2000.9.5, 99두8657.
9) <사례> 서울고판 2000.11.16, 2000누5694. 배우자가 한 철회. 배우자의 탄원서 송부후 근로자가 송별회 참석.
10) 대판 2002.8.23, 2000다60890. 명예퇴직예정일 이전에 중대한 비리가 발견되면 철회 후 징계해고 가능.

없다고 해석된다.[1]

(2) 취 소

사용자의 사기·강박이나, 제3자의 사기·강박으로서 사용자가 그 사실을 알았거나 알 수 있었을 경우에 한해 사직의 의사표시를 취소할 수 있다(민법 §110①②). 그러나 현실적으로는 사기·강박의 사실[2]과 사직의 인과관계를 입증하는 것은 쉽지 않으므로 '진의 아닌 의사표시' 및 해고의 문제로 귀착될 수 있다.

1·아. 효 과

(1) 근로계약종료의 효력발생

① 합의해지

사직의사표시가 '합의해지의 의사표시'이건 '일방적 해지통보'이건 간에 합의해지의 효력은 승낙의 의사표시가 근로자에게 도달한 때부터 발생한다. 도달의 입증책임은 사용자에게 있다. 인사명령을 통한 승낙은 근로자가 공람을 했거나, 근로자에게 도달했다는 것을 사용자가 입증해야 효력이 있다.

② 임의해지

㈎ 의 의

근로계약은 당사자 상호간의 신뢰관계를 기초로 존속한다. 당사자의 한 쪽이 계약상의 의무를 위반함으로써 신뢰관계가 파괴되어 계약관계를 유지하기 어려운 정도에 이르면 다른 한쪽은 계약을 해지할 수 있다.[3] 사용자가 사직의 의사표시를 승낙하지 않은 상태에서 근로자가 근로를 제공하지 않으면 임의해지가 된다. 민법은 사용자가 승낙하지 않은 사직의 의사표시에 대해 고용계약기간에 따라 효력을 달리 규정하고 있다.

㈏ 기간의 정함이 없는 근로계약

㉮ 근로자의 계약해지권

고용기간의 약정이 없는 때에는 당사자는 언제든지 계약해지의 통고를 할 수 있으며(민법 §660①), 계약위반에 따른 손해배상의 문제는 발생치 않는다.

근로자가 사직원을 제출하면 민법 원리에 따라 근로관계종료일을 판단한다.

---

1) 김형배, 『노동법』, 제20판, 612쪽 ; 대판 2000.9.5, 99두8657.
2) <강박> 사직서를 제출하지 않으면 사생활의 비리 폭로 등 ; <사기> 경고적 의미라고 하고는 수리.
3) 대판 2002.11.26, 2002두5948 ; 대판 2010.8.19, 2010두4971.

사용자가 근로자의 퇴직의사표시를 수리하거나, 취업규칙[1] 등으로 계약종료시기에 관한 특약을 하면 각각 그 때 계약해지의 효력이 발생한다. 그렇지 않다면, 퇴직의 의사표시를 통고받은 날로부터 1개월이 지나야 계약해지의 효력이 발생한다(민법 §660②). 임금을 정기적으로 지급하고 있으면 퇴직의사를 통고받은 당기 후의 1임금지급기를 지나는 때에 계약해지효력이 발생한다(민법 §660③).

㈏ 사용자의 계약해지권

민법 규정에도 불구하고 사용자는 정당한 이유 없이 근로자를 해고하지 못하므로(근기법 §23), 일방적인 계약해지권을 가질 수 없다.

㈐ 기간의 정함이 있는 근로계약

근로계약기간 중에 사용자가 정당한 이유 없이 일방적으로 계약을 해지하면 이는 부당해고(근기법 §23)가 되며 근로자가 일방적으로 근로계약을 해지하면 계약불이행으로 손해배상책임(민법 §661)을 질 수 있다. 다만, 근로자는 3년을 경과한 후 언제든지 근로계약해지의 통고를 할 수 있다. 계약해지효력시점은 당사자결정에 따르며, 정함이 없으면 해지통고후 3개월의 경과로 계약해지효력이 발생한다(민법 §659).

(2) 퇴직금수령과 사직

① 이의제기

근로자가 퇴직금·보상금·해고예고수당 등을 받은 사실은 이의를 제기하지 않거나, 해고효력을 다투고 있지 않거나, 이의유보라고 볼 만한 사정이 없으면 해고처분승복의 근거가 된다.[2] 이의제기는 행정관청에 고소·고발, 해고무효확인소송제기 등을 의미한다.[3] 추가로 지급되는 퇴직위로금을 수령한 것은, 강박 등에 의한 것이 아닌 한, 이의를 제기하지 않기로 한 약정으로 해석될 수 있다.[4]

다른 업체에 취업해도 마찬가지로 해석된다.[5]

② 해고무효소송

근로자가 이의를 유보함이 없이 퇴직금 등을 수령한 후 별다른 사유 없이 '상

1) 대판 1997.7.8, 96누5087.
2) 대판 1989.5.23, 87다카2132 ; 대판 1992.4.14, 92다1478 등 다수 ; 특히 각서·영수증 등을 제출하거나 공탁금을 조건 없이 청구해 수령하면 인정(대판 1989.9.29, 88다카19804 ; 대판 2000.4.25, 99다34475 등 많은 판례).
3) 대판 1993.3.9, 92다29429.
4) 서울민지판 1990.10.18, 89가합56525.
5) 대판 1987.4.28, 86다카1873.

당한 기간[1]이 지난 뒤에 해고무효확인청구소송을 제기하는 것[2]은 신의성실원칙이나 금반언원칙(실효의 원칙)상 허용되지 않는다.[3]

2. 근로계약기간 만료(같은편,제7장 제1절,3·라,(1))

3. 정 년

3·가. 법정정년제도의 구조

연령법은 의무조항으로 임금체계개편의무, 효력조항으로 법정정년간주, 지원조항으로 고용지원금과 컨설팅지원을 각각 규정하고 있다.

법정정년 준수의무	의무규정	사업주는 근로자의 정년을 60세 이상으로 정해야 한다(§19①).
	효력규정	근로자의 정년을 60세 미만으로 정한 경우에는 정년을 60세로 정한 것으로 본다(§19②).
임금체계 개편의무	의무규정	정년을 연장하는 사업(장)의 사업주와 근로자의 과반수로 조직된 노동조합(근로자의 과반수로 조직된 노동조합이 없는 경우에는근로자의 과반수를 대표하는 자를 말한다)은 사업(장)의 여건에 따라 임금체계개편 등 필요한 조치를 해야 한다(§19의2①).
고용지원금 컨설팅지원제도	지원규정	임금체계개편의무와 관련해 사업주와 근로자 지원(§19의2②③).

3·나. 법정정년제도의 성격

법정정년제도는 정년의 수준을 60세 이상으로 강제하고 있다. '60세 미만 정년'은 당사자가 '60세 정년'을 정한 것으로 간주된다. '60세 초과 정년'은 당사자의 결정에 따르는 약정정년제도이다. 법정정년제도 중 연령법이 정하지 않은 사항에 대해서는 약정정년제도의 법리가 적용된다. 정년제는 노동력의 합리적 활용을

---

1) 대판 1993.12.28, 92다34858. 사회통념상 이의를 제기할 수 있었던 충분한 기간이거나 권리행사가 없으리라고 기대할 만한 기간 ; <사례> '여러 달 경과(대판 1991.10.25, 90다20428)', '퇴직관련 공탁금을 조건 없이 수령한 후 8개월 경과(대판 1989.9.29, 88다카19804)', '퇴직금을 이의 없이 수령한 후 1년 7개월 경과(대판 1991.4.12, 90다8084)', '이의 없이 퇴직금수령 후 다른 생업에 종사하다가 2년10개월이 지난 후 이의제기(대판 1996.11.26, 95다49004)', '해고후 3년이 지난 뒤 조건없이 회사의 퇴직관련 공탁금 수령(대판 1990.11.23, 90다카25512)', '해고 후 9년이 지난 뒤 조건 없이 보상금을 수령한 후 11개월경과(대판 1993.2.9, 91다36666)' 등.

2) 퇴직금 등을 수령하면서 해고예고수당과 같은 일부금품을 수령치 않은 사실만 가지고 이의유보로 보기는 어렵다(대판 1991.4.12, 90다8084).

3) 대판 1991.10.25, 90다20428 ; 대판 1996.3.8, 95다51847 등 수 많은 판례.

제약하고, 연령을 이유로 근로권을 제한하는 차별적제도이다.[1] 다만, 연령법은 정년제를 차별로 보지 않는 예외규정을 두고 있다(연령법 §4의5iii).

3·다. 법정정년제도 적용

연령법은 시행시기를 제외하고는 사업장규모를 적용범위로 삼고 있지 않다. 그러나 5명미만사업(장)에게는 근기법의 부당해고금지조항이 적용되지 않는다. 그러한 사업(장)의 법정정년은 민법의 보호대상이 된다.[2]

3·라. 법정정년 준수의무

(1) 정년의 개념

정년제도를 정년퇴직제와 정년해고제로 나누어 그 차이를 분석하면서 개념을 명확히 하는 접근이 일본과 우리나라의 일부 학자에 따라 받아들여지고 있다.[3]

정년퇴직	정년에 도달하게 되면 사용자의 의사표시 없이 자동적으로 근로계약관계가 종료되는 제도	민법의 고용관계종료법리 적용
정년해고	사용자가 정년에 도달한 근로자를 해고함으로써 고용관계를 소멸시키는 제도	근기법의 해고법리 적용

정년을 퇴직사유로 규정하면 정년퇴직제가 되고, 해고사유로 규정하면 정년해고제가 된다. 규정이 없으면, 정년퇴직제로 이해하는 것이 타당해 보인다.[4]

(2) 정년의 수준

① 정년결정

㈎ 정년연령

약정정년제도 아래에서는 '강행법규에 위반되지 않는 한 당사자가 직종, 근로형태, 직무수행능력 등을 참작해 당사자가 자율적으로 정년을 정한다'는 정년자율결정원칙이 일반적으로 받아들여진다. 법정정년제도에 대해서도 60세를 하한선으로 하는 것 외에는 종전법리가 적용된다.

---

1) 이상윤, 『노동법』, 제6판, 452~453쪽. ; 김형배, 「근로기준법」, 제8판, 316쪽.
2) 징계해고 등이 정년보다 보호를 덜 받는 결과를 초래한다.
3) 管野和夫, 「勞働法」, 第十版, 534頁 ; 김형배, 『노동법』, 제22판, 727쪽.
4) 김형배, 『노동법』, 제20판, 700쪽 ; 박상필, 『근로기준법강의』, 143쪽 ; 이상윤, 『노동법』, 제6판, 452쪽 ; 임종률, 『노동법』, 제11판, 539쪽 ; 강희원, "정년제에 대한 법적 재고", 「경희법학」, 제47권 제4호, 경희대학교 법학연구소, 2012.12, 687~688쪽 ; 대판 1989.6.27, 88누9680 등 다수 ; 근기 01254-5124, 1990.4.11 등 다수.

㈏ 차등정년

법정정년을 초과하는 약정정년제도 아래에서 정년은 자율결정원칙의 적용을 받는다. 직위 · 직종 · 직급[1] · 직렬[2] 등에 따라 정년에 차등을 두는 것은 사회통념상 합리성이 있는 한 인정된다. 차등정년이 균등처우규정(근기법 §6)이나 성차별금지규정(고평법 §11)을 위반하면 무효이고 벌칙이 적용된다.

㈐ 직급정년

근로자가 일정기간 내에 승진하지 못하면 퇴직케 하는 직급정년제도는 정년제도가 아닌 해고제도로서 정당한 사유가 없으면 부당해고라고 해석된다.[3] 직급정년제도를 규정하고 있어도 연령만을 이유로 근로관계를 종료할 수 없으며, 상위 직급으로 승진하지 못한 사유는 해고사유로서 정당성을 인정받아야 한다.

② 정년신설

정년이 없는 사업(장)이 정년을 신설하는 것은 근로조건저하로 취업규칙변경법리가 적용되어야 하며, 연령법을 이유로 신설하는 것은 근기법 제3조의 취지에 반한다.

③ 정년단축

정년을 단축하는 것은 근로조건을 불이익하게 변경하는 것이므로 취업규칙변경법리의 적용을 받는다.[4]

(3) 정년의 규정형식

연령법은 정년의 존재형식을 '근로계약, 취업규칙, 단체협약 등[5]'으로 상정하고 있다(연령법 §4의5iii).

(4) 정년제도와 근로관계종료

① 근로관계자동종료의 성격

정년은 종기 또는 최종기한으로서 근로관계가 종료되는 사유와 시기를 공식적으로 확인해주는 관념의 통지이다. 따라서 정년은 해고처분과 같은 형성적 행위가 아니며,[6] 사전예고 · 해고예고 등 특별한 조치 없이 정년도달만으로 근로관계

---

1) 근기 01254-1565, 1992.9.17.
2) 대판 1996.8.23, 94누13589.
3) 근기 01254-1565, 1992.9.17.
4) 근로기준과-4310, 2004.8.17.
5) 노동관행은 근로계약에 준해서 정년의 규정형식이 될 수 있을 것이다.
6) 대판 1997.10.24, 97누1686 ; 대판 1997.11.11, 97누1990 ; 대판 2008.2.29, 2007다85997.

가 자동으로 종료된다.[1] 사전예고, 업무상재해·출산전후휴가·육아휴직·부당노동행위와의 관계 등 기간제근로에서의 근로계약기간만료법리는 정년퇴직에도 적용되는 것이 원칙이다.

② 연령계산과 근로관계종료시점

정년도달연령은 입사서류에 표기된 생년월일을 기준으로 판단하며 특별사유가 없으면 정정할 수 없는 것이 원칙이다. 근로자가 정정된 가족관계등록부상의 생년월일을 기준으로 정년보장을 요구하는 것은 신의칙에 반하지 않으며, '정정할 수 있다'는 규정이 있으면 더욱 그렇다.[2] 정년인 1년의 기간 중에서 어느 날이 퇴직일인지에 대해 당사자결정에 따르나,[3] 정함이 없다면 관행에 따르고 관행도 없다면 정년도달일이 퇴직일이다. 정년은 종기부기한으로 볼 수 있기 때문이다.

(5) 정년초과근로

① 묵시적계속근로

정년이 형해화되어 지켜지지 않으면 묵시적으로 정년이 없는 근로계약을 체결한 것으로 간주되어 사용자는 특별사정이 없는 한 정년초과사실만으로 근로자를 해고할 수 없다.[4] 정년초과사실을 알고도 근로자를 채용하거나,[5] 사용자의 묵시적 동의 아래 정년을 초과해 근로하는 경우[6]가 그렇다.[7] 특별사정이라 함은 사무상착오나 불가피한 사정을 말하며, 그 입증책임은 사용자에게 있다.

② 정년연장

정년연장은 그 기간을 명확히 해야 하며 그렇지 않으면 정년이 없는 근로계약을 체결한 것으로 간주될 수 있다. 정년연장은 근로자의 동의를 받지 않더라도 가능하다.[8] 정년연장만을 이유로 당사자의 합의 없이 근속기간을 단절시키거나 기존의 근로조건을 저하시킬 수 없다.[9]

---

1) 대판 1995.4.11, 94다4011 ; 대판 2007.10.25, 2007두2067.
2) 대판 2009.3.26, 2008두21300 ; 근로기준팀-1242, 2005.11.18.
3) 정년도달일, 정년도달월말일, 정년도달분기말일, 정년도달반기말일, 정년도달년말일(대판 2003.3.14, 2002두69631), 정년종료일 등으로 정할 수 있다. ;「국가공무원법」 제74조는 정년도달일이 1월에서 6월 사이면 6.30에, 7월에서 12월 사이면 12.31에 각각 당연퇴직토록 규정하고 있다.
4) 대판 2003.12.12, 2002두12809.
5) 근기 68207-658, 1994.4.18.
6) 대판 2003.12.12, 2002두12809.
7) 서울행판 2009.12.4, 2009구합19748 ; 근기 1455.9-6420, 1971.6.18.
8) 근기 01254-16545, 1991.11.15.
9) 근기 01254-10789, 1987.7.6. 호봉을 낮춘 사례.

③ **재고용**

연령법(§21)은 정년퇴직자에 대해 적합한 직종에 재고용할 것을 권장하고 있으며, 계속근로기간산정과 임금결정을 별도로 할 수 있도록 규정하고 있다. 재고용은 기간제계약과 무기계약 모두 가능하다.

④ **계속근로기대권**

정년연장이나 재고용 여부는 사용자의 권한으로서 근로자에게 요구권이 없는 것이 원칙이다.[1] 정년의 경우에도 갱신기대권이 인정되지만 계약기간과 비교할 때 사용자의 재량이 상대적으로 폭 넓게 인정된다[2]고 본 노동위원회의 재결례[3]가 발견된다. 정년의 반복적인 연장은 형식적인 정년이 되어 정년이 없는 근로계약을 체결한 것으로 간주될 수 있다.[4]

(6) 법정정년준수의무의 효력

법정정년제도는 강행적효력(연령법 §19①)과 보충적효력(연령법 §19②)으로 구성되는 규범적효력을 갖는다. 따라서 임금체계개편의무와 관계없이 법정정년은 그 효력을 갖는다.

3·마. 임금체계개편의무

(1) 임금체계개편의 개념과 내용

법정정년제도는 정년을 법정 이상으로 설정하게 함으로써 기업에게 부담으로 작용한다. 연령법은 부담을 완화할 목적으로 '임금체계개편 등[5] 필요한 조치를 취할 의무'를 규정하고 있다.

(2) 임금체계개편의무의 효력

임금체계개편의무조항은 법정정년준수의무조항과는 달리 강행적효력이나 보충적효력을 인정할만한 근거가 없고 벌칙도 없어서 규범적효력을 인정받지 못하며 선언적인 성격을 갖는다.

---

1) 대판 1989.3.28, 88누4812 ; 대판 1994.5.24, 94누873 ; 대판 1997.7.22, 95다6691 ; 대판 1998.2.13, 96다52236.

2) 근로자에게 가혹하다든가 다른 근로자와 형평에 어긋난다는 이유만으로 정년연장 또는 재고용에 대한 사용자의 거부가 정당성을 상실하지는 않으며, 취업규칙 등의 규정이나 취지에 따라 정당성을 판단하게 된다(대판 1996.10.29, 95누15926 ; 대판 2008.2.29, 2007다85997).

3) 중노위 중앙2018부해520·537, 2018부노71, 2018.7.20.

4) 서울행판 2006.5.12, 2005구합33074.

5) '임금체계 등'의 개념은 연령법에 명시되어 있지 않다. 취업규칙기재사항으로 명시되어 있는 "임금의 결정·계산·지급방법"은 임금체계를 대신할 수 있는 개념이다. ; 노동법적 관점에서 볼 때 직무급제, 임금피크제, 성과급제, 연봉제 등도 임금결정방법으로서 넓은 의미의 임금체계에 해당된다. 직무재설계, 교육훈련, 능력개발 등도 임금에 영향을 미치는 것이라면 임금체계개편의무를 이행하는 수단으로 인정될 수 있다.

(3) 의무이행의 주체와 형식

연령법 제19조의2제1항은 임금체계개편의무의 이행주체를 사업주와 근로자대표로 제시하고 있다. 그렇다 하더라도 취업규칙 등도 그 수단이 될 수 있다.

단체협약은 당사자가 합의하여 서면으로 체결되므로 그 이행방법이 명확하다.

취업규칙을 통한 임금피크제 등 임금체계개편은, 법정정년 이상인 정년을 연장하면서 이루어지는 것이 아니라면, 불이익변경에 해당되어 취업규칙변경법리의 적용을 받는다. 불이익변경에 대해서도 '사회통념상 합리성 법리'가 적용될 수 있으나 엄격히 해석될 것이 요청된다. 근로자대표는 사업주와 함께 임금체계개편의무이행주체로 연령법에 열거되어 있다. 의무이행방법은 합의여야 한다.

3·바. 법정정년제도의 정착과 발전

연령법은 법정정년제도의 시행을 위해 고용지원금과 컨설팅지원에 대해 규정하고 있다.

4. 당연퇴직

4·가. 개 념

당연퇴직은 일정한 사유를 징계해고사유와 달리 취급할 이유가 있어 그 사유의 발생만으로 사유발생일 또는 정해진 날에 근로관계가 종료하는 것을 말한다. 당연퇴직은 직권면직과 그 성격과 효과가 같다.

4·나. 성 격

당연퇴직은 당사자가 일정사유를 정해 해고결정과정을 생략한 채 근로관계를 종료하기로 한 약정으로서 합의퇴직에 해당한다.

4·다. 사 유

당연퇴직은 일신상사유뿐 아니라 행태상사유를 근거로 해서도 성립할 수 있다. 당연퇴직사유는 사용자의 주관이 적게 개입되고 객관적요소가 많이 포함될수록 정당성이 강화된다.

4·라. 해고와 비교

(1) 징계해고와의 차이

당사자는 당연퇴직규정을 두어 해당사유에 대해 징계절차를 적용치 않을 수 있다.[1] 당연퇴직은 당사자의 합의를 판례가 인정하고 있는 개념이다. 징계해고 사유를 당연퇴직사유에 포함시켜 징계절차를 거치지 않을 수 있다고 해석된다.[2]

(2) 통상해고(같은편, 같은장 제2절, 2·나, (6))와의 차이

당연퇴직은 통상해고사유에 대해서도 인정된다.[3] 양자는 징계절차를 거치지 않는다는 점에서 공통점을 갖는다. 통상해고는 근로계약을 이행할 수 없는 상황이 지속되고 장래에도 개선될 여지가 없을 때 인정된다.

4·마. 효 과

당연퇴직은 합의퇴직이기는 하나, 그 사유가 근로계약기간이나 정년처럼 객관적이고 명백하지 않으므로, 그 규정이 처분문서의 성격을 갖지 못한다. 판례도 당연퇴직에 대해 징계절차배제를 넓게 인정하나, 사유에 대해서는 사회통념상합리성을 요구한다.[4]

당연퇴직사유에 대해 당사자가 인정하면 합의퇴직이 되나, 근로자측이 인정치 않으면 징계해고 또는 통상해고[5]의 정당성 문제로 귀착된다.

5. 근로관계 자동소멸

근로관계는 당사자에게 전속되므로 근로자가 사망하면 근로관계가 종료되며 상속인에게 승계되지 않는다. 폐업은 사업의 물적요소가 없어지는 것으로서 특별한 조치를 취함이 없이 근로관계가 자동적으로 소멸된다.[6] 사업폐지를 위한 청산과정에서의 해고는, 위장폐업[7]이 아니고 정당한 이유가 있는 한, 경영권의

1) 대판 1994.1.25, 93다52006 ; 대판 2000.6.23, 99두4235.
2) 대판 1995.3.24, 94다42082. "형사상 범죄로 유죄판결을 받았을 때"를 당연퇴직사유로 규정 사례 ; 서울행판 2006.8.22, 2006구합3770. 경력허위기재를 퇴직사유로 규정.
3) 대판 2000.6.23, 99두4235. 직무수행능력이 부족하면 직권면직할 수 있다고 규정 ; 대판 1995.4.11, 94다401. '휴직기간만료 후 소정기간 내에 휴직사유가 해소되어도 정당한 이유 즉, 불가피한 사유 없이 복직원 또는 휴직연장원을 제출하지 않으면 자동퇴직으로 간주한다'는 단협규정 인정.
4) 대판 1996.10.29, 96다21065 ; 대판 1995.7.14, 95다1767.
5) <사례 ; 대기발령 후 당연퇴직> 대판 2005.11.25, 2005두9217. 대기발령이 정해당야 하고, 대기발령사유가 일정기간 경과 후에도 존재하고 있어야 하며, 대기발령이후의 사정을 평가해 정당성 판단 필요.
6) 서울고판 2002.12.11, 2002누10607. 파산관재인이 직무수행의 일환으로 행하는 근로계약해지는 정당한 해고사유 ; 근기 01254-17779, 1991.12.10. 폐업으로 기업의 물적기반이 없어진 상태에서 사업주가 도피했다면 폐업시점 이후의 휴업수당, 임금지급, 계속근로연수산정 등의 문제는 발생하지 않음.
7) 위장폐업이란 기업이 진실한 기업폐지의사 없이, 조합활동을 와해시키기 위한 수단으로 기업을 해산하고 구성원을 해고한 다음 새 기업을 설립하는 등의 방법으로 기업실체가 존속하면서 조합원을 배제한 채 기업활동을 계속하는 것으로서, 위장폐업에 의한 부당해고는 근로자에 대한 관계에서 불법행위를 구성한다.[대판 2011.3.10, 2010다13282(한국노동법학회, 『노동판례백선』, 195쪽)].

행사로서 유효하다.[1] 근로관계자동소멸사유는 해고의 정당한 이유에 해당되며, 해고예고도 필요치 않으나[2] 법인해산, 폐업 등에 대해서는 해고예고가 필요하다.

제4절 부당한 해고와 징벌의 구제

1. 구제제도의 구조

징계·해고제한제도는 형사처벌, 행정적구제 및 민사적구제에 의해 실효성이 확보된다.

1·가. 이중구조의 형성

(1) 특정사유 금지

균등처우규정, 남녀고용평등규정, '출산휴가기간 등 절대적해고금지규정'과 '근로감독관에게 신고·통보를 이유로 한 해고금지규정'을 위반한 해고·징계는 '특정사유를 이유로 한 징계·해고금지(특정사유 해고금지)'이다. 이러한 해고·징벌은 형사처벌·노동위원회구제·해고무효확인소송의 구제를 모두 받을 수 있다.

(2) 일반사유 금지

'근로자귀책 징계·해고금지'나 '부당한 경영해고금지' 등은 일반적사유를 이유로 한 해고금지(일반사유 해고금지)이다. 일반사유해고금지를 위반한 해고·징벌에 대해서는 노동위원회구제·해고무효확인소송만이 인정된다.

1·나. 이원적구조의 처리

특정사유 금지의 경우에는 근로자가 근로감독관에 고소를 함과 동시에 노동위원회에 구제를 신청할 경우 양 기관이 다른 결론을 내면 모순이 발생한다.[3]

---

1) 대판 1963.6.11, 93다7457 ; 대판 2001.11.13, 2001다27975 ; 대판 2004.3.12, 2003다4436.

2) 대판 1995.4.11, 94다4011 ; 대판 2007.10.25, 2007두2067 ; 대판 2008.2.29, 2007다85997.

3) 근기 68201-663, 1997.5.20, 「부당해고 등 민원사건 처리지침」. 지방고용노동관서에 접수된 신고사건은 지노위에 구제신청을 권유하고 그 결과에 따라 처리하되 근로자가 권유를 받아들이지 않으면 직접 처리.

2. 구제이익과 소의 이익

2·가. 개 념

구제이익이란 노동위원회로부터 구제명령을 받기 위한 구체적인 이익을 말하며, '소(訴)의 이익'이란 중노위의 재심판정에서 명령이나 처분의 취소를 구할 법률상의 이익을 말한다. 객관적으로 보아 구제명령실현이 불가능하면 구제이익이 인정되지 않는다.[1] 구제이익이 없으면, 노동위원회는 구제신청을 각하한다(노위칙 §60①vi).

2·나. 판단방법

판단시점은 구제이익의 경우 판정시이고,[2] '소의 이익'의 경우 사실심변론종결시이다. 판단은 구제이익의 존재를 적극적으로 밝히는 방식이 아니고, 구제이익을 소멸케 하는 특별한 사유가 없는 한 존재를 긍정하는 소극적방법에 따른다.

2·다. 구제이익 등의 소멸사유

노동위원회구제신청과 '해고무효확인의 소'는 근로계약상의 지위회복을 목적으로 한다. 노동위원회에의 구제신청이 민사소송제소권을 박탈하는 것은 아니다.[3] 그러나 신청이나 소의 목적이 달성되었거나 달성이 가능하지 않은 사유가 발생하면 구제이익이나 '소의 이익'이 소멸 또는 달성된 것으로 본다.

< 구제이익 인정사례와 부인사례 >

부인	ⓐ 사직,[4] ⓑ 대기발령이나 직위해제가 같은 사유로 이어지는 다른 징계에 의해 효력상실,[5] ⓒ 실질적폐업[6] 등 사업체소멸,[7] ⓓ 권리구제실현(부당해고결과회복[8]·복직)[9], ⓔ 권리구제의 실현방법에 대해 당사자 합의,[10] ⓕ 해당사건과 관련한 별개소송에서 패소판결 확정,[11] ⓖ 다른 소송을 취하하는 내용의 재판상 화해조서 작성(취하서가 제출되지 않은 상태 포함),[12] ⓗ 구제신청포기,[13] ⓘ 근로자가 불이익취급에 동의 또는 승인,[14] ⓙ 근로자의 복직 거부,[15] ⓚ 사용자의 근로관계지속 의사에 대해 근로자의 근로관계회복 거부

1) 대판 1995.12.5, 95누12347.
2) 대판 1990.2.27, 89누6501.
3) 대판 1991.7.12, 90다9353(한국노동법학회, 『노동판례백선』, 169쪽. 개별적권리분쟁에 관한 노동위원회의 심판권과 법원의 민사재판권의 관계에 대한 원칙을 제시하였다).
4) 대판 2009.12.10, 2008두22136. 해고효력을 다투던 중 사직서 제출 ; 중노위 2010부해152, 2010.4.23. 인사명령에 반발하여 사직.
5) 서울행판 2006.2.24, 2005구합27819. 대기발령 후 다른 직위로 전보 ; 대전지판 2009.7.24, 2008가합2184. '인사규정에 의해 승진·승급에 제한이 가해지는 등 특별한 사정이 없는 한'이라는 전제를 달고 있다. ; 서울행판

인정	ⓐ 위장폐업을 다투는 사업체 소멸,[1] ⓑ 복직할 직제 폐지,[2] ⓒ 부당해고와 부당노동행위 구제신청 중 하나만 인용되고 다른 하나는 기각 또는 각하,[3] ⓓ 해당사건과 관련한 별개 소송 진행,[4] ⓔ 계속근로기대권이 인정되는 근로계약기간만료,[5] ⓕ 근로계약기간만료·정년도달 등 원직복직이 불가능한 경우.

2·라. 기대이익별 구제이익

(1) 원직복직이 불가능한 임금상당액지급과 금전보상

부당해고구제신청을 하여 해고의 효력을 다투던 중 정년도달·근로계약만료 등의 사유로 원직복직이 불가능하게 된 경우라도 '해고기간중의 임금상당액 지급'이나 '금전보상(근기법 §30③)'을 구하는 소의 이익 또는 구제이익은 인정된다.[6]

(2) 명예회복·손해배상과 소의 이익

명예회복,[7] 출근인정에 따른 이익, 손해배상근거를 마련할 목적 등은 구제이익으로 인정되지 않는다.[8] 임금상당액 상당의 금품지급을 넘어서 근로관계 도중의 처우나 해고와 관련하여 발생한 위자료 등 손해배상을 구하기 위해서는 민사

2006.2.24, 2005구합27819. 대기발령 후 다른 직위로 전보.

6) 대판 2012.7.26, 2012두3484 ; 서울행판 2012.10.23, 2012구합10000. 폐업신고 전에 한 달간 실질적으로 사업을 영위하지 않았다.

7) 대판 1990.2.27, 89누6501 ; 대판 2012.6.28, 2012두4036. 폐업 ; 중노위 2011부해515, 2011.8.16. 파산선고.

8) 대판 2002.2.8, 2000두7186.

9) 서울행판 2013.5.21, 2012구합42779. 복직을 명함으로써 해고를 철회 또는 취소하였다고 봄이 타당하므로 구제신청의 목적을 달성하였으므로 더는 구제절차를 유지할 이익이 없다.

10) 서울고판 2003.10.2, 2002누13637.

11) 대판 1996.4.23, 95누6151 ; 대판 1998.2.27, 96누12498 ; 대판 2000.3.10, 98두11380 ; 대판 2012.5.24, 2010두15964.

12) 대판 1983.3.22, 82누354 ; 대판 2005.6.10, 2005다14861.

13) 대판 1990.2.27, 89누7337. 2회 이상 출석통지를 받고 응하지 않거나, 출석통지서가 소재불명으로 2회 이상 반송된 경우 신청의사를 포기한 것으로 인정 ; 서울행판 2005.6.3, 2004구합39976.

14) 대판 1998.2.27, 97누18202.

15) 중노위 2011부해385, 2011.7.5. 사용자가 권고사직 철회 후 복직을 요구한데 대해 근로자가 출근을 하지 않음 ; 중노위 2010부해169, 2010.4.28. 해고 후 복직명령에 대해 불응하고 구제신청. ↘ 402쪽

1) 서울고판 2007.11.27, 2007누6009 ; 서울행판 2006.5.19, 2005구합30181.

2) 서울행판 2007.4.26, 2006구합26158.

3) 대판 1998.5.8, 97누7448.

4) 서울고판 2007.6.22, 2006누31763.

5) 기간제근로에 대해 계속근로기대권을 심리한 후, 구제이익을 따져야 한다. 근로계약 갱신기대권에 있어 기대권이 존재하는 사실만으로도 구제이익을 인정할 것인지에 대해서는 의견이 나뉠 수 있으나 긍정해야 한다. 긍정할 경우 부당해고기간은 계속근로기간 산정에서 제외하고 무기계약화 되는지 여부를 판단해야 한다.

6) 대판(전) 2020.2.20, 2019두52386.

7) 대판 1995.12.5, 95누12347.

8) 서울행판 2010.7.2, 2009구합56624 등.

상 불법행위에 따른 손해배상을 청구하는 소를 제기해야 한다.[1]

2·마. 해고외징벌과 구제이익 및 소의 이익

(1) 정 직

'임금이 지급되지 않는 정직에 대한 확인의 소'[2]처럼 정직기간이 경과한 징벌 즉 과거의 법률관계라도 현재의 권리 또는 법률상 지위에 영향을 미치고 있고 현재의 권리 또는 법률상 지위에 대한 위험이나 불안을 제거하기 위하여 확인판결을 받는 것이 유효한 수단이라면 확인의 이익이 있다.

(2) 전 보

전보명령 후 해고되었더라도 해고효력을 둘러싼 법률적 다툼이 있어 해고의 정당성 여부가 확정되지 않고, 전보명령에 따른 무단결근처럼 전보명령의 적법성 여부가 해고사유와 직접 관련이 있다면 그 전보명령은 구제이익이 있다.[3]

(3) 직위해제 및 대기발령

직위해제처분에 따른 효과로 승진·승급에 제한을 가하는 등의 법률상 불이익을 규정하고 있는 경우에는 구제이익이 인정된다.[4]

3. 노동위원회구제제도

3·가. 신 청

(1) 대상기관

근로자는 사용자의 부당해고 등에 대해 노동위원회에 구제를 신청할 수 있다(근기법 §28①). 관할 노동위원회를 잘못 판단해 접수된 신청에 대해서는 노위칙의 규정에 따라 이송해야 하며, 신청을 각하하면 위법한 처분이다.[5]

(2) 신청기한

① 제척기간

구제신청은 부당해고 등이 있었던 날부터 3개월 이내에 해야 한다(근기법 §28②).[6] "3

1) 서울행판 2010.10.15, 2010구합1965 ; 서울행판 2010.7.2, 2010구합3565. ; 서울행판 2010.7.2, 2009구합56624.
2) 대판 2010.10.14, 2010다36407.
3) 대판 1995.2.17, 94누7959.
4) 대판 2010.7.29, 2007두18406.
5) 대판 2012.10.11, 2010두18215.

개월 이내"는 제척기간이다. '부당해고 등이 있었던 날'이라 함은 '해고사유와 시기의 서면통지일(근기법 §27)'로 보는 견해와 '실질적으로 출근하지 못하도록 된 날'이라는 견해로 나뉠 수 있다. 사용자가 구두로 해고를 통고한 후 근로자가 출근하지 못하는 상황을 민사절차에만 맡길 수 없으므로 후자가 타당하다.

② 해고무효확인소송과 비교

법원의 민사소송에 대해서는 제소기간의 제한이 없이, 해석론적으로 '제반사정에 비추어 해고의 효력을 더 이상 다투지 않을 것이라는 신뢰가 유발되면 신의칙상 효력을 다툴 수 없다'는 실효의 원칙이 적용된다.[1]

③ 신청 주체·객체

신청인은 불리한 처분을 받은 해당 근로자이고 노동조합은 그 자격이 없다.[2]
피신청인은 근기법상 자격이 있는 사용자 중 당사자능력이 있는 사업주이다.
집행기관에 대한 구제명령은 사업주에 대해 행해진 것으로 본다.[3]

(3) 신청대상

근기법(근기법 §28①)은 노동위원회에 구제신청을 할 수 있는 대상을 "부당해고 등"으로 규정하고 있다. 임금을 못 받았거나 휴가를 가지 못했다거나 하는 불이익은 신청대상이 아니다.

3·나. 심 사

노동위원회는 구제신청을 받으면 지체없이 필요한 조사를 해야 하며 관계당사자를 심문해야 한다. 노동위원회는 당사자의 신청이나 직권으로 증인을 출석하게 할 수 있으며, 노동위원회는 당사자에게 증거제출과 증인에 대한 반대심문을 할 수 있는 충분한 기회를 주어야 한다(근기법 §29).

3·다. 구제방법

노동위원회는 심문을 마친 후, 부당해고 등이 성립한다고 판정하면 사용자에게 구제명령을 해야 하며 성립하지 않는다고 판정하면 구제신청을 기각하는 결정을 해야 한다(근기법 §30①). 구제명령과 기각결정은 신청인과 그 사용자에게 각각 서

---

6) 헌재(전) 2012.2.23, 2011헌마233 합헌. ↘ 404쪽
1) 대판 1994.9.30, 94다9092(한국노동법학회, 『노동판례백선』, 7~8쪽).
2) 대판 1992.11.13, 92누11114.
3) 대판 1999.4.9, 97누19731 ; 대판 2006.2.24, 2005두5673.

면으로 통지해야 한다(근기법 §30②).

3·라. 구제내용

(1) 원직복직

원직복직은 구제명령의 가장 기본적인 내용이다. 노동위원회구제와 '해고무효 확인의 소'는 근로관계의 존속을 확인하고 회복하려는데 목적이 있다. 반드시 '해고 전의 원직'을 회복하고자 하는 소송은 소의 이익이 없는 것으로 해석된다.[1] 해고기간 중에 이미 이루어진 인사질서, 경영필요, 작업환경변화 등을 고려해 합당한 일을 시키면, 정당하게 복직시킨 것으로 본다.[2]

(2) 임금상당액지급

① **내 용**

부당해고로 인해 근로를 제공하지 못해 임금을 받지 못한데 대해, '해고기간 동안 정상적으로 근무했다면 받을 수 있었던 임금상당액'[3] 즉 '근로자는 계속 근로했을 경우에 그 반대급부로 받을 수 있는 임금 전부'의 지급을 청구(민법 §538①)할 수 있다.[4] '임금의 전부'는 평균임금에 해당하는 금액이다.[5] 임금상당액의 지급 주체는 해당 근로자가 속한 사업(장)의 사업주이다. 부당해고가 무효로 확인되더라도 휴업수당(근기법 §46)의 지급사유는 되지 않는다.[6] 구제명령이나 법원의 판단대상인 임금상당액은 임금이 아니며, 근로를 제공하지 못한데 대한 보상이다.

② **중간수입공제**

근로자가 해고기간 중에 다른 사업장에 취업하는 등 수입이 있는 활동을 한 경우에는 임금상당액에서 중간수입을 공제할 수 있다. 공제는 휴업수당(근기법 §46)을 넘는 부분에 대해서만 인정된다.[7]

(3) 금전보상

근로자가 원직복직을 원치 않으면서 금전보상을 신청하면 노동위원회가 사용

---

1) 대판 1991.2.22, 90다카27389.
2) 대판 1997.5.16, 96다47074.
3) 대판 2010.10.28, 2010두12682. 구제명령의 이행이 불가능할 정도로 불특정해 위법·무효'라고 볼 수는 없다.
4) 대판 1989.5.23, 87다카2132.
5) 대판 1993.1.19, 92다30337 ; 대판 1993.12.21, 93다11463.
6) 대판 1986.10.14, 86도611.
7) 대판 1991.6.28, 90다카25277(한국노동법학회, 『노동판례백선』, 171쪽) ; 대판 1991.12.13, 90다18999 ; 대판 1993.11.9, 93다37915 ; 대판 1996.4.23, 94다446.

자로 하여금 그 근로자에게 '해고기간 중의 임금상당액 이상'의 금품을 지급하도록 명할 수 있는데(근기법 §30③) 이를 금전보상제[1]라 한다. 지급대상금품은 '해고기간 중의 임금상당액'과 위로금이 된다. 위로금의 규모는 노동위원회의 결정에 따르는데 '근로자의 귀책사유'나 '해고의 부당성'의 정도에 따라 달라질 수 있다.

3·마. 구제명령의 확정과 효력

(1) 재 심

지노위의 구제명령이나 기각결정에 불복하는 당사자는 명령서나 결정서를 통지받은 날부터 10일 이내에 중노위에 재심을 신청할 수 있다(근기법 §31①).

(2) 행정소송

당사자는 중노위의 재심판정에 대해 판정서를 송달받은 날부터 15일 이내에 행소법의 규정에 따라 소를 제기할 수 있다(근기법 §31②).

(3) 효 력

당사자가 재심이나 행정소송을 제척기간 내에 제기하지 않으면 해당 구제명령, 기각결정 또는 재심판정은 확정된다(근기법 §31③). 노동위원회의 구제명령, 기각결정 또는 재심판정은 재심신청이나 행정소송제기에 따라 효력이 정지되지 않는다(근기법 §32).

재심판정이나 행정소송에 따라 구제명령이 번복되면 최초의 해고일까지 소급해 근로관계의 해지가 가능하다.[2]

3·바. 구제명령이행

(1) 이행강제금

① 부과금액 · 방법

노동위원회는 구제명령을 받은 후 이행기한까지 이행하지 않은 사용자에 대해 구제명령대상 근로자 1인당 2천만원 이하의 이행강제금을 부과한다(근기법 §33①). 이행강제금은 최초의 구제명령을 한 날을 기준으로 해 2년 동안 매년 2회의 범위에서 구제명령이 이행될 때까지 반복해 부과 · 징수할 수 있으며, 2년을 초과하여 부과·징수하지 못한다(근기법 §33⑤).

---

1) ILO 협약(「사용자 주도에 의한 고용종료에 관한 협약」, 제158호). 복직명령과 적절한 보상금 지급 등 보장.
2) 근기 68207-1130, 1994.7.14.

② **부과절차**

이행강제금의 부과절차는 다음과 같이 정리할 수 있다. 노동위원회는 재심신청이나 행정소송이 제기되더라도 이행강제금부과절차를 진행할 수 있다.

첫째, 노동위원회는 30일 이내의 이행기한을 정해 당사자에게 구제명령을 통보한다(근기령 §11). 근로자는, 사용자가 구제명령을 이행하지 않은 경우에, 이행기한이 경과한 때부터 15일 이내에 그 사실을 노동위원회에 통지할 수 있다(근기법 §33⑧).

둘째, 노동위원회는 이행강제금을 부과하기 30일 전까지 이행강제금을 부과·징수한다는 뜻을 사용자에게 미리 문서로 알려주어야 한다(근기법 §33②). 이 때 노동위원회는 사용자에게 10일 이상의 기간을 정해 구술 또는 서면(전자문서 포함)으로 의견진술기회를 주어야 한다(근기령 §12③).

셋째, 예고기간이 지나면 납부기한을 정해 이행강제금을 부과한다. 이행강제금을 부과할 때에는 이행강제금액수, 부과사유, 납부기한, 수납기관, 이의제기방법 및 이의제기기관 등을 명시한 문서로 해야 한다(근기법 §33③).

넷째, 노동위원회는 구제명령을 받은 자가 구제명령을 이행하면 새로운 이행강제금을 부과하지 아니하되, 구제명령을 이행하기 전에 이미 부과된 이행강제금을 징수하여야 한다(근기법 §33⑥).

다섯째, 납부기한이 지나면 독촉 등 필요한 절차를 거친 후 압류·매각·청산으로 이루어지는 국세체납처분의 예에 따라 강제징수할 수 있다(근기법 §33⑦).

③ **부과중지·반환**

노동위원회는 중노위의 재심판정이나 법원의 확정판결에 따라 구제명령이 취소되면 새로운 이행강제금의 부과·징수를 즉시 중지하고 사용자의 신청 또는 직권으로 이미 징수한 이행강제금에 대해 '납부일로부터 환급일까지' 고용노동부령으로 정하는 이율을 곱한 금액을 가산해 반환해야 한다(근기령 §15).

(2) 처 벌

'제척기간 동안에 재심신청이나 행정소송을 제기하지 않아 확정된 구제명령'이나 '행정소송을 제기해 확정된 구제명령' 또는 '구제명령을 내용으로 하는 재심판정'을 이행하지 않은 자에 대해서는 1년이하징역 또는 1천만원이하벌금에 처한다(근기법 §111). '구제명령불이행의 죄'는 노동위원회의 고발이 있어야 공소를 제기할 수 있으며, 검사는 위반행위를 노동위원회에 통보해 고발을 요청할 수 있다(근기법 §112).

(3) 재징계 및 취소

최초의 징계처분이 양정과다로 무효라고 판결된 후, 가벼운 징계처분을 해도 기판력에 저촉되거나 일사부재리원칙에 어긋난다고 할 수 없다.[1] 부당해고구제신청을 한 상태에서 사용자가 해고처분을 취소하고 복직을 명한 경우 근로자는 출근해야 한다.[2]

1) 대판 1981.5.26, 80다2945.
2) 서울행판 2003.9.5, 2003구합5471.

제 6 장

근로관계종료후의 관계

제1절 근로관계종료와 재직근로기준

1. 개 요

퇴직 · 해고 등으로 인해 근로관계가 끝난 근로자에게는 해당 사업(장)의 근로조건이 적용되지 않는다. 그러나 근로관계종료 전에 원인행위가 있으면, 종료 후에 그러한 근로조건이 적용될 것인지의 문제가 남는다. 임금인상의 소급적용, 상여금의 처리 등을 그 예로 들 수 있다.

2. 임금인상 소급적용

임금협상이 임금협정만료일 이후에 마무리되어 임금인상시점을 새 협정체결일 전으로 소급하는 경우, 단체협약 등에 특별히 정함이 없다면, 소급기준일이 재직기간중이더라도 임금인상소급효는 재직근로자에게 한정되며. 소급기준일 이후 새 협정의 체결일 전에 퇴직한 근로자에게 미치지 않는다.[1]

3. 근로관계종료와 상여금

3·가. 고정적 · 정기적 상여금

상여금지급일 도래 전에 퇴직한 근로자도 근로제공기간에 해당하는 고정적 ·

1) 대판 1992.7.24, 91다34073 ; 임금 32240-9468, 1989.6.26 ; 임금 68207-166, 1994.3.4 ; 대판 2000.6.9, 98다13747.

정기적 상여금을 청구할 수 있다.[1] 다만, 상여금지급대상자를 “재직중인 자에 한정한다”고 규정한 취업규칙 등은 유효하다.[2]

3-나. 성과상여금 · 특별상여금

‘성과급을 그 지급일에 재직하고 있는 자에 한해 지급한다.’는 규정이 있으면, 지급일 전에 퇴직한 근로자에게 성과급이 적용되지 않는다.[3] 재직지급규정이 없으면 퇴직자에게 성과급을 지급할 사용자의 의무는 없다. 다만, 재직기간 중에 이미 완성한 성과가 있고 그 성과를 명백히 계산할 수 있으면 근로자의 금품청구권이 인정된다는 견해[4]가 있다.

4. 부당해고와 취업규칙 변경

취업규칙을 변경할 당시에 해고된 근로자를 제외한 재직근로자를 기준으로 근로자집단의 동의를 받은 불이익변경은 효력을 가지며, 복직된 근로자에게도 변경된 취업규칙의 임금이나 다른 근로조건이 적용된다.[5]

제2절 근로관계종료후 사후처리

1. 개 요

근로관계가 끝나면 근로자는 물건 · 서류를 반납해야 하고 비밀을 누설하지 않을 부작위의무(不作爲義務)를 진다. 아울러 근로관계가 끝난 후에도 근로관계로 인해 발생한 권리 즉, 임금청구권, 재해보상청구권 등의 권리를 갖는다.[6] 근기법은 금

1) 대판 1981.11.24, 81다카174 ; 법무 811-33935, 1980.12.22 ; 임금 68220-137, 1993.3.15.
2) 임금 68207-351, 1994.6.13.
3) 대판 2004.5.14, 2001다76328.
4) 대판 2004.5.14, 2001다76328
5) 근로개선지도과-4414, 2011.6.17.
6) 김형배, 『노동법』, 제20판, 704쪽 ; 박상필, 『근로기준법강의』, 184~185쪽.

품청산, 귀향여비, 사용증명서와 취업방해금지에 대해 규정하고 있다.

2. 금품청산

2·가. 취 지

근로자가 사망 또는 퇴직한 경우, 사용자는 그 지급사유가 발생한 때부터 14일 이내에 임금, 보상금 그 밖에 일체의 금품[1]을 지급해야 하며 특별한 사정이 있을 경우에는 당사자 사이의 합의에 따라 기일을 연장할 수 있다(근기법 §36).

2·나. 청구권자와 청산의무자

청구권자는 근로자 본인이다. 채권자, 노동조합대표[2] 등은 청구권자에 포함되지 않는다. 근로자가 사망한 경우 청구권자는 그의 상속인이다. 상속인의 범위는 민법의 일반원리에 따른다. 청산의무자는 사업주이며 실제경영자로서 책임과 권한을 행사한 것이라면 책임을 면할 수는 없다.[3]

2·다. 청산금품

청산되어야 할 금품은 임금, 상여금, 퇴직금,[4] 재해보상금 기타 모든 금품이다. 임금은 이미 제공된 근로의 대가인 임금을 의미한다.

2·라. 청산시기

금품은 지급사유가 발생한 때로부터 14일 이내에 청산되어야 한다. '지급사유가 발생한 때'라 함은 근로자의 근로관계가 종료된 때를 말한다. 14일의 계산은 근무할 수 있는 날과 관계없이 역일에 따라 계산한다. 특별한 사정이 있는 경우에는 당사자합의에 따라 기일을 연장할 수 있다. 연장기간에 대해서는 제한이 없다. '특별한 사정'이라 함은 근로자가 받아들일 수 있는 사용자의 사정이다.

2·마. 반의사불벌과 지연이자제(같은편, 제3장 제2절, 4·라, (1))

1) 연말정산환급금도 포함된다(대판 2011.5.26, 2009도2357).
2) 노정근 1455-1016, 1966.3.7.
3) 대판 1989.4.25, 87도2129.
4) 임금 68207-5, 1994.1.4. 자진퇴직자에게 지급하는 명예퇴직금도 포함.

3. 귀향여비

3·가. 법적근거

사용자는 근로조건이 명시된 근로조건과 달라 근로자가 계약을 해제하는 경우 취업을 목적으로 거주를 변경하는 근로자에게 귀향여비를 지급하여야 한다(근기법 §19).

3·나. 지급요건

귀향여비는 근로조건이 명시된 근로조건과 다를 경우에 적용된다.

사용자는 근로자가 취업을 목적으로 거주를 변경할 때 귀향여비를 지급할 의무를 진다. 거주는 주소(민법 §18)뿐 아니라 거소(민법 §19)까지도 포함되는 것으로 해석된다.

3·다. 귀향여비의 범위

귀향여비에는 교통비, 식비, 숙박이 필요할 경우 숙박비, 가재도구 등의 운송비 등 귀향에 필요한 일체의 경비는 물론 동거의 가족이 거주를 옮기게 되는 경우에는 그 비용까지 포함된다.

3·라. 귀향여비청구권 행사기간

근기법은 근로자가 계약해제 후 언제까지 귀향여비를 청구할 수 있는지에 대해 밝히지 않고 있다. 금품청산 관련 규정을 유추·적용해 근로계약 해제 후 14일이내로 해석하는 것이 타당하다.

3·마. 귀향여비 지급시기

귀향여비도 청산되어야 할 금품(근기법 §36)이다.[1] 따라서 지급사유 발생일로부터 14일 이내에 지급해야 하며 당사자가 합의한 경우에는 그 기일을 연장할 수 있다.

4. 사용증명서교부

4·가. 법적근거

사용자는 근로자가 퇴직한 후라도 사용기간, 업무종류, 지위와 임금 그 밖에 필요한 사항에 관한 증명서를 청구하면 사실대로 적은 증명서를 즉시 내주어야

1) 귀향여비(근기법 §19②) 위반에 대해서는 벌칙이 없다. 그러나 귀향여비를 지급하지 않으면 금품청산 위반(근기법 §36)으로 벌칙(근기법 §109①)을 받게 됨은 물론이고 근로자에게 사법(私法)적인 청구권이 발생한다.

한다(근기법§39①, §116①ii 5백만원 과태료).

4·나. 청구시기

근로자는 퇴직후에는 물론이고 재직 중에도 사용증명서를 신청할 수 있다.[1]

사용증명서는 근로자의 재취업 자료로 필요한 것이다. 따라서 법적 시비를 가리기 위한 확인 조회에 해당되는 것까지 교부할 필요는 없다.[2]

4·다. 기재사항

사용증명서 기재사항은 '사용기간, 업무종류, 지위와 임금 그 밖에 필요한 사항' 중 근로자가 청구하는 사항이다.[3] 사실과 다른 내용은 기재대상이 아니다.

4·라. 기재금지사항

사용증명서는 재취업함에 있어서 자료로 활용될 수 있으므로, 사용자는 근로자가 요구치 않은 사항을 기재할 수 없다(근기법 §39②).

4·마. 사용증명서 형식

사용증명서는 근로자의 요구사항이 반영되도록 적절한 방법으로 작성하면 된다. 근로자가 근로계약서, 임금협정서, 임금대장, 원천징수영수증 등의 사본을 요구할 경우 이에 응할 사용자의 법적의무는 없다.[4]

4·바. 청구권 제한

사용증명서를 청구할 수 있는 자는 계속해 30일 이상 근무한 근로자로 하되, 청구할 수 있는 기한은 퇴직 후 3년 이내이다(근기령 §19).

4·사. 사용증명서 교부시기

사용증명서는 즉시 교부되어야 한다. 즉시라 함은 사무의 번잡, 자료정리, 기입사항, 사용목적, 근로자가 요청하는 기한 등을 고려해 사회통념상 인정될 수 있는 범위 내에서 가능한 한 빠른 시간을 말한다.

---

1) 근기 68207-2459, 2002.7.15 ; 임종률, 『노동법』, 제9판, 325쪽.
2) 근기 01254-3069, 1987.2.25 ; 근기 01254-1870, 1992.11.17.
3) 근기 1451-10674, 1983.4.26.
4) 근기 01254-6942, 1987.4.30.

5. 취업방해금지

5·가. 의 의

누구든지 근로자의 취업을 방해할 목적으로 비밀기호 또는 명부를 작성·사용하거나 통신을 해서는 안된다(근기법 §40, §107 5년 징역·5천만원 벌금). 근로자가 사용자 또는 제3자에 따라 조직적으로 취업을 방해받지 않도록 보장하기 위해서이다.

5·나. 주 체

취업방해의 주체는 특정한 신분이나 지위·자격 등에 관계없이 모든 사람이 된다. 따라서 사용자와 근로자는 물론 공무원을 비롯한 제3자도 포함된다.[1)]

5·다. 요 건

(1) 주관적 목적

취업방해금지 위반의 죄는 목적범이며 작성·사용·통신행위라는 객관적 구성요건 이외에 행위자의 주관적인 취업방해목적을 필요로 한다. 직접적으로 취업방해효과가 나타난 경우뿐 아니라 객관적으로 입증되는 경우도 목적에 포함된다.

(2) 객관적 구성요건

비밀기호는 타인이 알아보기 어렵도록 표시한 것을 말하고 명부는 1명 이상의 성명이 기재된 문서를 의미한다. 취업관련 사실뿐 아니라 사회적신분, 노동조합활동상황 등에 관한 기록도 포함되며 기재내용의 허위여부와 관련이 없다.

(3) 위반행위의 존재

① 작 성

작성은 비밀기호·명부를 만드는 행위이며, 사용은 취업방해의 결과가 나타나도록 하는 행위로서 계획적이고 조직적으로 보관하고 있는 상태를 포함한다.

② 사 용

관련조항이 "작성·사용"으로 표시되어 있고, 취업을 방해하는 것을 금지하기 위한 것이므로 작성한 후 사용까지 한 행위가 있어야 한다. 사용자가 비밀기호·명부를 작성하고 해당자를 채용치 않는 행위는 채용권행사로 볼 수 있다.[2)] 타

1) 근기 68207-828, 2003.7.4.
2) 근기 68207-1621, 1994.10.11. 직접 채용을 위해 경력을 조회한 행위는 취업방해가 아니라고 보고 있다.

인의 채용자료로 제공하는 등 취업방해 목적이 인정되면 위법이다.

③ **통 신**

통신은 비밀기호 또는 명부를 타인에게 우편, 전신, 전화 등의 수단으로 주고 받는 행위로서 취업방해를 목적으로 행한 행위 전체를 말한다.

제3절 근로관계종료후 생활보장

1. 의 의

근로자를 대상으로 하는 퇴직후생활보호제도로는 퇴직급여제도, 국민연금제도 및 실업급여제도로 3원화되어 있으며, 건설일용근로자를 위한 건설근로자퇴직공제도가 있고, 「선원법」에 의헤 선원에게 적용되는 퇴직급여제도가 있다.

특수직역을 위한 퇴직후생활보호제도로는 공무원연금, 사립학교교직원연금, 군인연금 등이 있다.

2. 퇴직급여제도

2·가. 법적근거

(1) 근로자퇴직급여보장법의 목적

근퇴법의 목적은 근로자퇴직급여제도의 설정 및 운영에 필요한 사항을 정함으로써 근로자의 안정적인 노후생활의 보장에 이바지하는데 있다(근퇴법 §1).

(2) 근로자퇴직급여보장법의 성격

근퇴법은 근기법을 모법으로 하는 특별법의 성격을 갖는다(근기법 §43). 근퇴법(§2)은 근로자, 사용자, 임금 및 평균임금의 개념에 대해 근기법의 개념(§2)을 사용한다. 근퇴법은 임금지급(근기법 §43), 임금시효(근기법 §49), 임금채권우선변제(근기법 §38) 등에 상응하는 규정을 따로 명시함으로써 퇴직금이 임금과 다름을 명확히 하고 있다.

(3) 근로자퇴직급여보장법 적용

① 적용대상

근퇴법은 규모와 관계없이[1] 근로자를 사용하는 모든 사업(장)에 적용된다(근퇴법 §3). 근퇴법의 적용대상은 근로자, 사용자 및 퇴직연금사업자(근퇴법 §2)이다.

② 적용제외

근퇴법은 근기법이 적용되지 않는 사업(장)이나, 근기법상 근로자나 사용자가 아닌 자에게 적용되지 않는다. 근퇴법은 동거친족만을 사용하는 사업 및 '가구 내 고용활동'에 대해서는 적용이 제외된다(근퇴법 §3). '계속근로기간이 1년미만인 근로자'와 '4주간을 평균해 1주간의 소정근로시간이 15시간미만인 초단시간근로자'에게는 퇴직급여제도의 설정의무가 면제된다(근퇴법 §4①단서).

2·나. 퇴직급여제도의 구성

(1) 의 의

퇴직급여제도란 퇴직금제도와 퇴직연금제도를 말한다(근퇴법 §2vi). 근퇴법(§2 vii)은 확정급여형퇴직연금제도, 확정기여형퇴직연금제도 및 개인형퇴직연금제도를 퇴직연금제도로 명시하고 있다.

(2) 퇴직금제도

① 개 념

퇴직금제도는 사용자가 근로자에게 계속근로를 전제로 해 일정한 금액을 퇴직 후에 지급하는 제도이다.

② 퇴직금제도의 법적성격

㈎ 공로보상설

퇴직금은 계속근로에 대한 보답으로 사용자가 증여하는 것이라는 설[2]이다. 퇴직금제도가 법제화된 권리라는 점을 설명하기 어렵다.

㈏ 생활보장설

퇴직금은 사회보장이 불완전한 상태에서, 퇴직 후 생활보장을 위해 기업이 사회성을 기반으로 해서 근로자에게 지급하는 급부라는 설[3]이다. 퇴직금지급액이

---

1) 헌재 2012헌바186, 2013.9.26 합헌.
2) 日經連, 電算退職金問題に對する意見書, 1949.6.18.
3) 青木,「勞働基準法 講義」, 136頁.

임금수준·근속기간 등에 따라 다르다는 점을 설명하기 어렵다.

㈐ **임금후불설**

퇴직금은 근로자가 재직 중에 적립한 임금을 사후에 지급하는 후불임금이라는 설이다.

㈑ **검 토**

퇴직금의 성격에 대해 임금후불설로 보는 학설[1]과 판례[2]가 주를 이루면서, 생활보장적성격과 공로보상적성격이 함께 포함되어 있다는 판결[3]도 발견된다. 신설사업에서 퇴직연금제도의 설립이 의무화됨으로써, 퇴직금제도는 퇴직연금제도의 보충적인 제도로 남게 되었다. 이는 퇴직금제도의 법적성격이 임금후불에서 생활보장으로 변하고 있음을 의미한다.

(3) 퇴직연금제도

① **확정급여형퇴직연금**(Defined Benefit Retirement Pension)

확정급여형퇴직연금이란 연금급여가 사전에 확정되고, 사용자가 부담할 금액은 적립금운용결과에 따라 변동되는 연금제도이다. 제도내용은 다음과 같다.

첫째, 연금급여를 일시금기준으로 할 때 법정퇴직금과 같은 금액이 되도록 확정한다. 둘째, 사용자는 연금지급에 대비해 노사가 퇴직연금규약으로 정한 금융기관에 대통령령으로 정한 수준 이상의 적립금을 전체근로자의 명의로 적립한다. 사용자는 임금인상률, 퇴직률, 기금운용수익률 등 연금액산정기초가 변하는데 따른 위험부담과 수급자에 대한 최종지급책임 등 관리부담을 진다. 셋째, 금융기관은 사용자와의 계약에 따라 자율적으로 적립금을 운용한다.

확정급여형은 경영이 안정적이고 영속적인 기업, 수급자에 대한 관리능력이 있는 대기업 등에 적합하다.

② **확정기여형퇴직연금**(Defined Contribution Retirement Pension)

확정기여형퇴직연금은 사용자부담금이 사전에 확정되고 근로자가 받을 퇴직급여는 적립금운용실적에 따라 변동되는 연금제도이다. 제도내용은 다음과 같다.

첫째, 사용자가 연간 임금총액의 1/12 이상의 금액을 노사가 퇴직연금규약을 통해 선정한 금융기관의 근로자개인별계좌에 적립한다. 둘째, 근로자는 금융기관이 선정·제시하는 운용방법을 선택해 적립금을 운용한다. 셋째, 금융기관은 근

1) 김형배, 『노동법』, 제20판, 710쪽.
2) 대판 1969.1.21, 68다2130 ; 대판 1976.9.28, 75다1768 등 다수.
3) 대판 1995.12.12, 94다36186(한국노동법학회, 『노동판례백선』, 201쪽) 등.

로자의 지시에 따라 적립금을 운용해 근로자에게 연금 또는 일시금을 지급한다.

적립금이 근로자개인의 명의여서 기업이 도산해도 수급권이 100% 보장되며, 직장을 옮겨도 연결이나 통산이 쉬우나, 투자결과에 따라 연금액이 달라질 수 있다. 확정기여형은 기업수명이 짧거나 경영이 불안한 기업, 퇴직연금관리능력이 약한 중소기업, 직장이동이 빈번한 근로자 등에게 적합하다.

③ 개인형퇴직연금제도

개인형퇴직연금제도란 가입자의 선택에 따라 가입자가 납입한 일시금이나 사용자 또는 가입자가 납입한 부담금을 적립·운용하기 위하여 설정한 퇴직연금제도이다. 이 제도는 급여수준이나 부담금수준을 확정하지 않는다. 이 제도는 '근로자의 직장이동'이나 '법정급여 이상의 급여'를 보장하기 위한 제도로서 자영업자도 임의적용대상이다. 개인형퇴직연금제도는 다른 퇴직연금제도의 보완적 기능을 수행한다.

2·다. 퇴직급여제도의 설정과 변경

(1) 퇴직급여제도 설정

① 설정의무

사용자는 퇴직하는 근로자에게 급여를 지급하기 위해 퇴직급여제도 중 하나 이상의 제도를 설정해야 한다(근퇴법 §4①본문). 퇴직급여제도 중 어느 제도를 택할 것인지는 노사가 합의하여 결정하며, 근로자의 요구에 따라 중도에 다른 제도로 전환할 수 있도록 설계할 수 있다.

② 퇴직연금제도 설정

신설사업의 사용자는 근로자대표의 의견을 들어 사업성립(합병·분할 제외) 후 1년 이내에 확정급여형퇴직연금제도나 확정기여형퇴직연금제도를 설정해야 한다(근퇴법 §5).

사용자가 가입자에 대해 확정급여형퇴직연금제도 및 확정기여형퇴직연금제도를 함께 설정할 수 있다.

③ 퇴직금제도 설정

근퇴법은 퇴직금제도를 퇴직연금제도의 보완적 수단으로 명시하고 있다. 퇴직급여설정의무(근퇴법 §4①본문)나 신설사업퇴직연금설정의무(근퇴법 §5)를 이행치 않거나, 10인미만사업(장)이 개인형퇴직연금제도(근퇴법 §25①)를 설정치 않으면 퇴직금제도(근퇴법 §8①)를 설정한 것으로 본다(근퇴법 §11). 퇴직연금제도가 폐지된 이후 또는 중단기간에 대해 법정퇴직금제도를 적용한다(근퇴법 §38①).

(2) 퇴직급여제도 변경

퇴직급여제도를 설정하거나 다른 종류로 변경하려는 경우에는 근로자의 과반수가 가입한 노동조합(과반수 노조)이 있는 경우에는 그 노동조합, 과반수노조가 없는 경우에는 근로자과반수(근로자 대표)(경영상해고등에서의 "근로자대표"와 다른 개념)의 동의(노사 합의)를 받아야 한다(근퇴법§4③, §46 i 5백만원 벌금).

2·라. 퇴직급여제도 차등금지

(1) 원 칙

퇴직급여제도를 설정함에 있어 하나의 사업에서 급여 및 부담금 산정방법의 적용 등에 관해 차등을 두어서는 안된다(근퇴법 §4②, §45 i 2년 징역·1천만원 벌금). 하나의 사업장의 근로자를 나누어 퇴직금제도, 확정기여형퇴직연금제도 및 확정급여형퇴직연금제도를 동시에 시행해도 선택의 기회만 주어지면 차별적제도의 설정으로 볼 수 없다.

(2) 퇴직연금제도

확정급여형퇴직연금제도나 확정기여형퇴직급여제도가 여러 개의 상품 중 하나를 선택할 수 있도록 하는 것은 차등제도설정이 아니다. 확정급여형퇴직연금제의 급여나 확정기여형퇴직연금제도의 부담금에 대해 차등을 둘 수 없다.

(3) 퇴직금제도

퇴직급여제도차등금지조항(근퇴법 §4②, §45 i 2년징역·1천만원벌금)은 퇴직금제도내의 차등에 적용된다. 퇴직금제도내에서 '근속기간에 따른 지급률 · 지급액 차이'는 차등제도가 아니다.[1] 하나의 사업내에서 직종, 직급, 정년연장, 입사시기 등 근로자특성을 이유로 누진율을 달리하거나 일정연한을 더해 주는 것처럼 지급조건을 달리할 수 없다.[2]

2·마. 퇴직급여제도의 운영

(1) 퇴직금제도

① 퇴직금 산정

㈎ 법적근거

퇴직금제도를 설정하고자 하는 사용자는 계속근로기간 1년에 대해 30일분 이

---

1) 임금 68207-707, 1993.11.17.

2) 대판 1993.2.12, 91다19265. TV시청료 위탁징수원 사례 ; 대판 1992.4.14, 91다34530. 사원과 노무원의 차등에 관한 사례 ; 대판 2002.6.28, 2001다77970. 입사시기 차등 ; 근기 01254-9416, 1987.6.10..

상의 평균임금을 퇴직금으로 퇴직근로자에게 지급할 수 있는 제도를 설정해야 한다(근퇴법 §8①). 사용자는 퇴직금단수제보다 높은 기준으로 지급되는 퇴직금누진제를 설정할 수 있다.

(나) **산정기초가 임금**

퇴직금은 '퇴직 당시를 기준으로 산정된'[1] 평균임금을 기초로 계산된다. 평균임금포함임금을 평균임금에서 제외하더라도 지급일수를 많이 책정함으로써 법정퇴직금보다 많은 퇴직금을 지급받게 하면 그 합의는 효력이 있다.[2]

(다) **산정기초가 단위기간**

근퇴법은 퇴직금산정단위기간을 1년으로 명시하고 있다.[3] 근로기간이 1년미만인 근로자에게는 퇴직급여제도가 적용되지 않는다. 전체적으로 1년 이상 근로한 경우 1년에 못미치는 날짜에 대해 비례적으로 계산된 퇴직금이 지급된다.[4]

(라) **계속근로기간 판단**

계속근로기간은 원칙적으로 근로계약을 체결하여 해지될 때까지의 기간을 말하며, 그 산정방법과 관련하여 해석이 다양하다. 구체적인 내용은 '근로관계존속' 중 '계속근로기간(제2편, 제2장 제2절, 1)'에 소개되어 있다.

② **퇴직금 지급**

(가) **지급 시기와 내용**

퇴직금청구권은, 적법한 중간정산이 없는 한, 퇴직일부터 발생한다.[5] 사용자는 퇴직사유발생일로부터 14일 이내에 퇴직금을 지급해야 한다(근퇴법 §9, §44 i 3년징역·2천만원벌금).[6]

근퇴법은 그 밖에 임금제도를 원용한 제도를 규정하고 있다. 퇴직금청구권시효를 3년으로 규정하고(근퇴법 §10), 임금채권우선변제조항과 최우선변제조항(근기법 §38) 중 퇴직금부분을 가져와서 규정하고 있다(근퇴법 §12). 퇴직금제도에 대해서는 위약예정금지(근기법 §20), 전차금상계(근기법 §21), 임금채권압류세한 등이 원용된다.

(나) **퇴직금 중간정산**

㉮ 의 의

퇴직금중간정산제도는 퇴직금지급청구권이 퇴직일에 발생함으로써 기업은 퇴

1) 대판 2004.1.16, 2003다49276.
2) 대판 1991.12.13, 91다32657 ; 대판 1987.2.10, 85다카187 ; 임금 32240-6512, 1991.5.8.
3) 헌재 2011.7.28, 2009헌마4088. 전원일치의견. 합헌.
4) 대판 1987.9.22, 86다카1651.
5) 퇴직금청구권포기, 민사소송제기포기의 부제소특약은 강행법규인 근퇴법위반(대판 2002.8.23, 2001다41568).
6) 특별한 사정이 있으면 당사자가 합의하여 지급기일을 연장할 수 있다.

직금의 누적이 부담이 되고 근로자로서는 생활안정자금이 필요할 때 이를 활용하기 어려운 문제점을 개선하는데 목적이 있다.

㉯ 요 건

(a) 실체적요건

사용자는 일정한 사유로 근로자가 요구하는 경우에는 계속근로기간에 대한 퇴직금을 미리 정산해 지급할 수 있다. 근퇴령(§3①)은 주택구입, 요양, 파산선고·회생절차개시결정, 임금피크제, 소정근로시간변경, '근로시간단축(2018.3.20 근기법개정)에 따른 퇴직급여감소' 및 기타[1] 사항을 중간정산사유로 명시하고 있다. 연봉계약, 퇴직급여제도변경 등은 정산사유가 아니다.

(b) 절차적요건

퇴직금정산제도는 사용자가 들어주어야 하는 의무적제도가 아니며 근로자의 요구와 사용자의 승낙이 필요하다.

㉰ 내 용

중간정산의 단위기간이나 빈도는 당사자가 결정할 사항이다. 근로자가 정산을 요구하는 시점에 발생한 퇴직금의 전액이나 일부가 정산대상이다. 일부정산분은 중간정산시점에 퇴직금청구권이 발생하고 소멸시효도 이때부터 기산되나, 나머지 부분은 최종 퇴직시점에 그러한 효과가 나타난다.

㉱ 효 과

계속근로기간은 특약이 없는 한 정산시점부터 새로이 계산한다(근퇴법 §8②).

적법하게 퇴직금을 정산하더라도 연차유급휴가가산이나 승진, 승급, 호봉, 상여금 등 근로년수와 관계되는 다른 근로조건의 계속근로년수가 단절되지 않는다. 월급이나 일급에 퇴직금을 포함시켜 지급받기로 하는 약정은 퇴직금청구권을 사전에 포기하는 것으로서 강행법규에 위반되어 무효이다.[2]

(2) 퇴직연금제도

① 퇴직연금규약 작성·신고

확정급여형퇴직연금제도 또는 확정기여형퇴직연금제도를 설정하고자 하는 사

---

1) 천재지변 등으로 피해를 입는 등 고용장관이 정해 고시하는 사유와 요건에 해당하는 경우.

2) 대판 1998.3.24, 96다246996 ; 대판 2007.11.16, 2007도3725 ; 퇴직금이 월급에 포함되어 있다는 포괄약정 부인 ; 대판 2007.8.23, 2007도4171 등 수 많은 판례 ; 대판(전)2010.5.20, 2007다90760(한국노동법학회, 『노동판례백선』, 202~203쪽). 퇴직금분할약정에 따른 금원은 부당이득이므로 반환되어야 하고 이를 퇴직금채권과 상계할 수 있지만, 사용자가 부당이득반환채권을 가지고 상계할 수 있는 범위는 퇴직금채권의 1/2을 초과하는 부분.

용자는 근로자대표의 동의를 얻거나(근퇴법§4③ 퇴직급여제도설정·변경), 의견을 들어(근퇴법§5 신설사업퇴직급여제도설정) 각각 확정급여형퇴직연금규약 또는 확정기여형퇴직연금규약을 작성해 고용장관에게 신고해야 한다(근퇴법 §13,§19).

② 퇴직연금사업자 선정

사용자는 퇴직연금규약이 작성되어 도입방향이 결정되면 퇴직연금제도를 맡아서 운영해 줄 퇴직연금사업자(근퇴법§26 은행·보험사등)를 선정해서, 퇴직연금제도를 설정하거나 가입할 자를 모집하는 업무 등을 위탁할 수 있다(근퇴법 §31).

③ 퇴직연금 관리계약

사용자 또는 가입자는 퇴직연금규약에서 정한 퇴직연금사업자와 운용관리업무계약(근퇴법§28 적립금운용방법등) 및 자산관리업무계약(근퇴법§29 급여지급등)을 체결해야 한다.

④ 부담금 납부

연금관리제도가 시행되면, 사용자는 부담금을 매년 1회 이상 정기적으로 납부해야 한다. 확정급여액의 경우, 사용자는 기준책임준비금에 일정한 비율을 곱한 최소적립금 이상의 금액을 의무적립금으로 퇴직연금사업자에게 납부해서 적립해야 한다(근퇴법 §16①). 확정기여형의 경우, 사용자는 가입자의 연간임금총액의 1/12 이상에 해당하는 부담금을 가입자의 확정기여형퇴직연금제도 계정에 현금으로 납입해야 한다(근퇴법 §20①).

⑤ 적립금 관리 및 운용

퇴직연금사업자는 적립금을 받으면 이를 선량한 관리자의 주의의무를 가지고 관리해야 한다(근퇴법 §30①). 퇴직연금사업자는 매년 1회 이상 적립금액 및 운용수익률 등을 고용노동부령에 따라 가입자에게 알려야 한다(근퇴법 §18).

㈎ 확정급여형

퇴직연금사업자는 퇴직연금제도의 적립금을 운용하기에 적합한 운용상품을 선정해 사용자에게 제시해야 한다. 사용자는 퇴직연금사업자에게 운용상품을 선택해 운용을 지시하고, 퇴직연금사업자가 사용자의 지시대로 상품을 구입한다.

㈏ 확정기여형

가입자는 적립금운용방법을 선택할 수 있고, 반기마다 1회 이상 적립금운용방법을 변경할 수 있다(근퇴법 §21①). 퇴직연금사업자는 위험과 수익구조가 다른 3가지 이상의 적립금운용방법을 반기마다 1회 이상 제시해야 하며, 운용방법별 이익·손실가능성 등 선정에 필요한 정보를 제공해야 한다(근퇴법 §21②③).

⑥ 급여지급

㈎ 지급의무

확정급여형 및 확정기여형의 급여종류는 연금 또는 일시금이다(근퇴법 §19②). 연금은 55세 이상으로서 가입기간이 10년 이상인 가입자에게 지급하고, 지급기간은 5년 이상이어야 한다. 일시금은 연금수급 요건을 갖추지 못하거나 일시금 수급을 원하는 가입자에게 지급한다(근퇴법 §17①).

확정급여	일시금	근속년수×30일분 평균임금 이상(근퇴법 §15)	사용자에게 퇴직급여 청산의무 부과
	연금	일시금을 분할해 규약으로 정한 기간 지급	
확정기여	일시금	근로자별로 적립해 운용한 결과로 결정	부담금납부로 사용자의 급여지급책임 완성
	연금	일시금을 분할해 규약으로 정한 기간 지급	

㈏ 지급시기

근로자가 근기법 적용대상이 아닌 신분으로 변하면 퇴직절차에 따라 급여를 수령할 수 있다. 사용자는 지급사유가 발생한 날부터 14일 이내에 퇴직연금사업자로 하여금 적립금의 범위에서 지급의무가 있는 급여 전액을 지급하도록 해야 한다(근퇴법 §17①). 퇴직연금사업자의 지급이 근퇴법에 정한 수준에 미달하면 사용자가 근로자에게 14일 이내에 그 차액을 지급할 의무를 부담한다(근퇴법 §17③, §44 ii 3년징역·2천만원벌금). 퇴직급여청산법리는 금품청산법리를 따른다.

㈐ 지급방법

확정급여형 및 확정기여형의 급여지급방법은 같다(근퇴법 §19②). 퇴직급여청산에 따른 급여지급은 가입자가 지정한 개인형퇴직연금제도의 계정으로 이전하는 방법으로 하되, 55세 이후에 퇴직하여 급여를 받는 경우 등(대통령령)은 예외로 한다(근퇴법 §17④).

㈑ 퇴직급여 우선변제

"퇴직급여 등(근퇴법 §15)"은 사용자의 총재산에 대해 질권 또는 저당권에 따라 담보된 채권을 제외하고는 조세·공과금 및 다른 채권에 우선해 변제되어야 한다. 다만, 질권 또는 저당권에 우선하는 조세·공과금에 대해서는 그렇지 않다(근퇴법 §12①). 최종 3년간의 "퇴직급여 등"은 사용자의 총재산에 대해 질권 또는 저당권에 따라 담보된 채권, 조세·공과금 및 다른 채권에 우선해 변제되어야 한다(근퇴법 §12②). "퇴직급여 등"에 대한 우선변제제도의 법리는 임금채권우선변제제도의 법리를 따른다.

㈒ 중도인출 · 제도중단

㉮ 중도인출

확정기여형에 있어서는 근로자가 연금수급자격을 갖추지 못하고 중도에 퇴직한 경우에는 탈퇴일시금을 받을 수 있다. 확정기여형퇴직연금제도에 가입한 근로자는 장기실직, 주택구입 등(근퇴령§14 근퇴령§2①)의 사유가 발생하면 적립금을 중도인출할 수 있다(근퇴법 §22). 확정급여형은 성격상 중도인출이 불가능하다.

㉯ 퇴직연금제도 폐지 · 중단

퇴직연금제도가 폐지되거나 운영이 중단된 경우, 폐지된 이후 또는 중단된 기간에 대해 퇴직금제도(근퇴법 §8①)를 적용한다(근퇴법 §38①).

㈓ 수급권 양도 및 담보

퇴직연금제도의 급여를 받을 권리는 양도하거나 담보로 제공할 수 없다(근퇴법 §7①). 주택구입 등 대통령령(근퇴령 §8)이 정하는 사유와 요건을 갖춘 경우에는 일정한도(근퇴령 §2) 내에서 담보로 제공할 수 있으며, 퇴직연금사업자는 제공된 급여를 담보로 한 대출이 이루어지도록 협조해야 한다(근퇴법 §7).

⑦ 개인형퇴직연금제도

㈎ 개인형퇴직연금제도의 설정 원칙

퇴직연금사업자는 가입자의 선택에 따라 가입자가 납입한 일시금이나 사용자 또는 가입자가 납입한 부담금을 적립·운용하기 위해 급여수준이나 부담금수준이 확정되어 있지 않은 개인형퇴직연금제도를 운용할 수 있다(근퇴법 §24①). 퇴직연금사업자는 개인형퇴직연금제도의 운영주체가 된다.

㈏ 개인형퇴직연금 설정 자격

개인형퇴직연금을 설정할 수 있는 자는 '퇴직급여제도의 일시금을 수령한 사람', '확정급여형퇴직연금제도 또는 확정기여형퇴직연금제도의 가입자로서 자기의 부담으로 개인형퇴직연금제도를 추가로 설정하려는 사람', '자영업자 등 안정적인 노후소득확보가 필요한 사람으로서 대통령령으로 정하는 사람(근퇴법 부칙§6)'이다(근퇴법 §24②).

㈐ 개인형퇴직연금제도 운용

개인형퇴직연금제도는 퇴직연금사업자와 개인형퇴직연금제도설정자(설정자) 사이의 위탁계약으로 이루어진다. 설정자는 자기부담으로 개인형퇴직연금제도의 부담금을 납입하되(근퇴법 §24③), 대일정한도(근퇴령 §17)를 초과해 부담금을 납부할 수 없다. 개인형퇴직연금제도의 적립금운용방법 및 운용정보제공은 확정기여형퇴직연금(근퇴법 §21)을 준용한다(근퇴법 §24④). 개인퇴직계좌의 급여종류별 수급요건, 중도인출은 대통령령(근퇴령 §18)[1]으로 정한다(근퇴법 §24⑤).

㈑ **10명 미만 사업장 특례**

10명미만사업(장)의 사용자가 개별 근로자의 동의 또는 요구에 따라 개인형퇴직연금제도를 설정하면 해당 근로자에 대해 퇴직급여제도가 설정된 것으로 본다(근퇴법 §25①). 사용자가 퇴직연금사업자를 선정하는 경우에 개별 근로자의 동의를 받아야 하며, 근로자가 퇴직연금사업자를 선정할 수 있다(근퇴법 §25② i). 사용자는 가입자별로 매년 1회 이상 정기적으로 연간 임금총액의 1/12 이상에 해당하는 부담금을 현금으로 가입자의 개인형퇴직연금제도 계정에 납입해야 한다(근퇴법 §25② ii, iv).

⑧ **퇴직연금제도 관리**

㈎ **사업주체의 책무**

㉮ **사용자**

퇴직연금제도(개인형퇴직연금제외)를 설정한 사용자는 매년 1회 이상 가입자에게 해당 사업의 퇴직연금제도운영상황 등 대통령령(근퇴령 §32)이 정하는 교육을 실시해야 한다. 사용자는 퇴직연금사업자에게 교육을 위탁할 수 있다(근퇴법§32②, §48① i 1천만과태료).

㉯ **퇴직연금사업자**

퇴직연금사업자는 운용관리업무 · 자산관리업무의 수행계약체결거부행위, 특정한 퇴직연금사업자와 계약을 체결할 것을 강요하는 행위, 사용자 또는 가입자의 이익을 침해할 우려가 있는 일정행위(근퇴령 §34)를 하면 안된다(근퇴법 §33③, §44iv 3년징역·2천만원벌금).

㉰ **정 부**

정부는 '사용자 및 퇴직연금사업자에 대한 감독권'과 '금융거래정보 · 자료요청권'을 갖는다(근퇴법§35~§37, 금융정보누설 등 5년징역·3천만원벌금). 고용장관은 '금융위원회 등 관련 기관에 대한 자료제출요청권(근퇴법 §39)'과 '사용자 · 퇴직연금사업자에 대한 보고 · 서류제출 · 관계인 출석요구권 및 질문 · 조사권'을 갖는다(근퇴법 §40).

㈏ **양벌규정**

'법인의 대표자'나 '법인 또는 개인의 대리인 · 사용인 · 종업원'이 그 법인 또는

---

1) 연금은 55세 이상인 가입자에게 지급하고 연금지급기간은 5년 이상이어야 한다. 일시금은 55세 이상으로서 원하는 가입자에게 지급된다. 확정기여형퇴직연금제도와 같은 사유가 있으면 적립금을 중도에 인출할 수 있다.

개인의 업무에 관해 벌칙에 해당하는 위반행위를 한 때에는 그 행위자를 벌하는 외에 그 법인이나 개인에 대해서도 해당조문의 벌금을 과한다.

3. 건설근로자퇴직공제제도

3·가. 연 혁

건설일용근로자에게도 근퇴법이 적용되는 것은 당연하다. 그러나 계속근로여부 판단 때문에 법정퇴직금제도를 적용시키기 어려워 제도의 혜택을 받지 못하는 경우도 있다. 이러한 문제를 해결하기 위해 1996년에 「건설근로자의고용개선등에 관한법률(건고법)」이 제정되고, 1998년부터 건설근로자퇴직공제제도가 시행되고 있다.

3·나. 개 념

건설근로자퇴직공제제도는 건설업에 종사하는 일용근로자가 건설업에서 퇴직하게 되는 경우, 사업주가 납부한 공제부금에 월 단위 복리로 산정한 이자를 합산해 해당 근로자에게 퇴직공제금을 지급하는 것을 내용으로 하는 제도이다.

3·다. 건설근로자공제회 설립

건설업관련 공제조합 및 사업주단체 중 일정기준에 해당하는 자는 퇴직공제사업 등 건설근로자퇴직공제사업(공제사업)을 공동으로 실시해야 한다(건고법 §8, 건고령 §5). 공제사업 실시자는 고용장관인가를 받아 민법 중 재단법인규정이 준용되는 법인형태의 건설근로자공제회(공제회)를 설립해야 한다(건고법 §9).

3·라. 퇴직공제 가입

자동적으로 퇴직공제가입자가 되는 의무가입대상공사(건고법§10, 건고령§6, 건산법§87, 건산령§83) 이외에 모든 건설공사로서 '새로이 발주되어 계약이 체결되는 공사'와 '시공 중에 있는 공사'는 임의가입대상이 될 수 있다. 공제제도가입대상사업주는 '건설관계법령에 따라 면허·허가·등록 등을 받은 사람'이다. 공제제도에 가입할 수 있는 근로자는 '1일소정근로시간이 4시간미만이고 1주소정근로시간이 15시간미만인 사람', '기간의 정함이 없이 고용된 상용근로자'와 '1년이상의 기간을 정해 고용된 사람'를 제외한 건설업근로자이다. 의무가입대상공사는 건설공사의 사업개시일부터 당연히 퇴직공제가입대상이 된다. 임의가입대상공사는 퇴직공제제도의 수시가입대상이다.

3·마. 공제제도 운영

사업주가 공제회의 가입대상이 되면, 매월 15일까지 근로자의 근로내역을 공제회에 신고하고, 근로내역만큼의 공제부금을 공제회에 납부해야 한다(건고법 §13). 건설업에서 1년(252 근로일)이상 근로한 피공제자가 퇴직·사망하거나 60세에 이르는 경우에 퇴직공제금지급사유가 발생한다. 퇴직이란 피공제자가 건설업을 떠나는 것으로 고용관계가 종료되는 것을 의미하는 것이 아니다.[1] 거짓·부정한 방법으로 퇴직공제금을 지급받은 사람과 거짓 보고나 거짓 증명으로 퇴직공제금을 지급받게 한 사람에게는 1년 이하의 징역 또는 300만원 이하의 벌금에 처해질 수 있다(건고법 §24).

3·바. 퇴직공제 탈퇴

임의가입사업주는 피공제자의 3/4 이상의 동의를 얻거나 공제부금을 계속납부하는 것이 곤란한 경우로서(건고법 §18) 회생법에 따른 파산선고를 받은 경우, 사업주에 대해 회생법에 따른 회생절차개시의 결정이 있는 경우, 그 밖에 공제부금을 계속해서 납부하는 것이 현저하게 곤란해 고용장관승인을 받은 경우에는 퇴직공제에서 탈퇴할 수 있다.

---

1) 지급을 청구할 수 있는 사유는 ⓐ 피공제자 자신이 독립하여 새로운 사업을 시작한 경우, ⓑ 건설업 이외의 사업에 고용된 경우, ⓒ 기간의 정함이 없는 상용근로자로 고용된 경우, ⓓ 부상 또는 질병으로 건설업에 종사하지 못하게 된 경우, ⓔ 피공제자가 사망한 경우, ⓕ 피공제자의 연령이 60세에 이른 경우, ⓖ 기타 건설업에 종사할 수 없는 사유가 있거나 종사할 의사가 없음을 입증하는 경우이다.

제 7 장
근로보호의 특수영역

제1절 비정규직 근로

1. 의 의

1·가. 개 념

비정규직근로는 법정용어가 아니며, 넓고 다양한 의미로 활용되고 있다. OECD는 유기계약근로자(temporary worker), 단시간근로자(part-time worker) 및 파견근로자(temporary agency worker) 정도를 비정규직으로 파악한다.[1] 우리나라에서는 통계적 관점에서 비정규직근로의 범주를 마련하려는 시도가 있었다.[2]

1·나. 노동법적 보호

파견근로자와 기간제근로자 및 단시간근로자를 대상으로 하는 비정규직보호관련법들이 2006년에 제정(기단법) 또는 개정(파견법)되어서 2007년부터 시행되고 있다. 이 법들은 기간제근로와 파견근로에 대해 사용을 제한하고, 단시간근로의 근로조건

---

1) EU는 1997년에 단시간근로지침, 1999년에 기간제근로지침 그리고 2008년에 파견근로지침을 제정했다.

2) 노사정위원회는 2001년에 비정규직근로범위를 정하고 경제활동인구조사 부가조사를 통해 비정규직통계를 작성하기로 합의했다. 경제활동인구조사는 2유형으로 나뉜다. 첫째, 매월 실시하는 본조사는 고용계약기간이 1년 이상이면 상용직, 1월 이상 1년 미만이면 임시직, 1월 미만이면 일용직으로 분류한다. 고용기간을 정하지 않은 경우에는 퇴직금, 상여금 등을 지급받고 회사의 인사규정에 따라 채용되는 경우에만 상용직으로 분류하고 나머지는 임시·일용직으로 분류한다. 둘째, 부가조사는 비정규직근로를 고용형태에 따라 한시적근로자, 시간제근로자, 비전형근로자로 분류한다. 한시적근로자는 근로계약기간을 정한 자 또는 정하지 않았으나 비자발적 사유로 계속근무를 기대할 수 없는 자이다. 단시간근로자는 근로시간이 짧은 자이다. 비전형근로자는 다시 파견근로자, 용역근로자, 특수고용 종사자, 가정내근로자 및 일일근로자로 구분된다.

을 보장하며, 기간제근로사용기간을 제한하면서 차별을 금지한다. 단시간근로, 기간제근로 및 파견근로는 중복해 적용될 수 있는 개념이다.

2. 단시간근로

2·가. 법적근거

단시간근로에 대해서는 근기법과 「기간제 및 단시간근로자 보호 등에 관한 법률(기단법)」에 나누어 규정되어 있다.

근 기 법	기 단 법
• 개념과 유형 • 적용이 제외되는 근로조건 • 근로시간비례원칙 • 근로조건 결정 기준(근기령 위임)	• 초과근로의 요건과 한도 • 차별금지

기단법은 기간제근로자 및 단시간근로자에 대한 불합리한 차별을 시정하고 기간제근로자 및 단시간근로자의 근로조건보호를 강화함으로써 노동시장의 건전한 발전에 이바지함을 목적으로 한다(기단법 §1).

2·나. 개념 및 유형

(1) 단시간근로

단시간근로자는 '1주소정근로시간이 그 사업장에서 같은 종류의 업무에 종사하는 통상근로자의 1주소정근로시간에 비해 짧은 근로자(근기법 §2①ix)'이다.

(2) 초단시간근로

초단시간근로자란 '4주동안을 평균해 1주동안의 소정근로시간이 15시간미만인 근로자'를 말한다. 근로기간이 4주미만인 경우, 그 주간을 평균한다. 근로기간이 몇주 몇일이면, 몇일은 계산대상에서 제외된다.

2·다. 근로조건 적용 원칙

(1) 근로조건명시

사용자가 단시간근로자와 근로계약을 체결할 때에는 근로계약기간, 근로시간·휴게, 임금의 구성항목·계산방법·지불방법, 휴일·휴가, 취업장소·종사업무과 '근로일 및 근로일별근로시간'에 대해 서면으로 명시해야 한다(기단법 §17 및 §24② ii 5백만원 과태료).

(2) 비례적용원칙

단시간근로자의 근로조건은 그 사업장의 같은 종류의 업무에 종사하는 통상근로자의 근로시간을 기준으로 산정한 비율에 따라 결정되어야 한다(근기법 §18①). 식사제공, 통근버스이용 등 그 성격상 통상근로자와 같은 수준으로 제공되는 근로조건이 있을 수 있다. 통상근로자의 근로조건을 적용했음에도 소정근로일 또는 소정근로시간수가 적어 이를 향유치 못하는 경우를 법위반으로 볼 수는 없다.

2·라. 개별조건 적용 특례(근기령 §9① [별표2])

(1) 취업규칙의 작성 · 변경

사용자는 단시간근로자에게 적용되는 취업규칙을 통상근로자에게 적용되는 취업규칙과 별도로 작성하거나, 통상근로자와 공동으로 적용되는 취업규칙에 단시간근로자에 대한 별도규정을 둘 수 있다.

(2) 소정근로시간

단시간근로자의 1일소정근로시간수는 4주간의 소정근로시간을 그 기간의 총일수로 나눈 시간수로 한다. 4주평균 1일소정근로시간은 4주간의 소정근로시간을 4주간의 총일수로 나눈 것을 말하며, 4주간의 총일수란 해당 사업장의 통상근로자의 4주간의 총소정근로일수를 의미한다.

(3) 임금산정

단시간근로자의 임금산정단위는 시간급을 원칙으로 한다. 단시간근로자의 일급통상임금은 시간급에 4주평균 1일소정근로시간을 곱한 금액으로 한다.

(4) 초과근로

단시간근로자에 대해 소정근로일이 아닌 날에 근로시키거나 소정근로시간을 초과해 근로시키려면 근로계약서 · 취업규칙 등에 내용 및 정도를 명시해야 하며(근기령 §9①), 근로자동의를 받아야 하고, 휴일근로시간을 포함하여, 1주에 12시간을 초과해 근로하게 할 수 없다(기단법 §6①, §22 1천만원 벌금). 근로자는 동의하지 않은 초과근로명령을 거부할 수 있으며(기단법 §6②), 사용자는 이에 대해 불리한 처우를 하지 못한다(기단법 §16, §21 2년 징역·1천만원 벌금). 초과근로에 대해 통상임금의 50% 이상이 가산된다(기단법 §6③).

(5) 휴일 · 휴가

① 주휴일

사용자는 단시간근로자에 대해 유급주휴일(근기법 §55)을 주어야 한다. 유급임금은 일급통상임금이 된다.

② 연차유급휴가

유급휴가임금은 시간급을 기준으로 해야 하며, 시간단위로 산정되는 연차유급휴가를 적치해 사용할 수 있다. 연차유급휴가는 소정근로일에 사용할 수 있도록 해야 한다. 유급휴가일수는 다음의 방식(근기령§9① [별표 2])으로 계산한 시간단위로 하며, 1시간미만은 1시간으로 본다.

$$\text{통상근로자의 연차휴가일수} \times \frac{\text{단시간근로자의 소정근로시간}}{\text{통상근로자의 소정근로시간}} \times 8\text{시간}$$

③ 생리휴가

사용자는 여성인 단시간근로자가 청구하면 월1일의 생리휴가를 주어야 한다(근기법 §73). 생리휴가는 일단위로 부여되며 생리일 중 근로자가 신청한 1일이다.

④ 출산휴가

단시간근로자의 출산휴가(근기법 §74)는 일단위로 부여되며 휴가기간 90일의 산정은 달력에 따라 산정하되 90일 중에 들어 있는 소정근로일이 실제 유급의 대상이 된다. 유급임금은 출산휴가일수에 일급통상임금을 곱한 금액이다. 휴가부여방법 등은 통상근로자와 같다.

2·마. 초단시간근로 특례

초단시간근로자에게는 퇴직급여제도(근퇴법 §4① 단서), 주휴일제도(근기법 §55)와 연차유급휴가제도(근기법 §60)가 적용되지 않는다(근기법 §18③). 단시간과 초단시간이 혼재된 경우, 퇴직급여는 4주단위별로 기준을 충족한 기간이 1년 이상이면 적용된다.[1] 연차유급휴가도 마찬가지이나[2] 월단위연차휴가는 1개월 이상이면 적용된다.

2·바. 단시간근로자 차별금지(같은편, 같은장 같은절, 5)

1) 임금68207-735, 2001.10.26 ; 근로복지과-2484, 2013.7.17.
2) 근로조건지도과-4262, 2008.10.6 ; 근로기준정책과-4361, 2015.9.10.

3. 기간제근로

3·가. 의 의

(1) 개 념

근로자와 사용자는 자유의사에 따라 법령의 범위 안에서 근로계약기간을 정할 수 있다. 근로계약기간이 정해져 있는 근로계약은 '기간의 정함이 있는 근로계약'이라고 불린다. 이러한 계약을 체결한 근로자는 임시직, 촉탁직, 계약직 등 그 명칭과 관계없이 기간제근로자이다.

(2) 기간제근로 관련 법률

근기법에는 근로계약기간에 대한 규정이 없다.[1] 기간제근로는 「기간제 및 단시간근로자 보호 등에 관한 법률(기단법 2006제정)」의 규율을 받는다. 기단법은 5명이상사업(장)에 적용되며 상시 4명이하사업(장)에게는[2] 일부규정이 적용된다(기단령 §2 [별표1]).[3] 국가 및 지방자치단체에 대하여는 상시 사용하는 근로자수에 관계없이 기단법이 적용된다. 근로자개념, 사용자개념 및 적용대상은 근기법과 같다. 단시간근로자도 근로계약기간을 정하면 기간제근로자이다.[4]

(3) 기간제근로 보호수단

기간제근로자를 보호하는 방식은 입법정책적인 문제이다. ILO는 경영해고를 함에 있어 단기고용계약의 갱신에 대한 보호조치가 취해져야 한다는 규정[5]을 두고 있다. 유럽연합(EU)은 사유제한, 기간제한 및 횟수제한 중 하나 이상의 조치를 국내법으로 정하도록 규정하고 있다. 우리나라는 기간제한을 주로 하면서 사유제한을 가미하고 있다.

---

1) 2007.6까지는 1년으로 제한(근기법 §16) ; 대판(전) 1996.8.29, 95다5783. 1년초과 인정. 근로조건조정기간.

2) 기간제근로자가 아닌 자와 기간제근로자 합산.

3) <적용> 기간제근로자 근로조건서면명시사항 중 근로계약기간, 휴게, 임금구성항목 · 계산방법 · 지불방법, 휴일, 취업장소 · 종사업무. 목적, 정의, '기간의 정함이 없는 근로자로의 전환 노력', '단시간근로자에 대해 통상근로자로의 전환 노력', 감독기관통고에 따른 불리한 처우금지, 감독기관통고, 권한위임, 국가등의 취업촉진노력, 벌칙, 양벌규정, '서면명시의무위반 과태료부과' 등 ; <비적용> 기간제근로자 근로조건서면명시사항 중 근로시간, 휴가, 근로일별근로시간. 근로계약기간제한, 차별금지 등 기단령에 적용으로 명시되지 않은 사항.

4) 비정규직대책팀-591, 2007.2.22 등.

5) 제158호, 「사용자 주도에 의한 고용종료에 의한 협약」, 1982년.

3·나. 기간제근로 사용제한

(1) 법적근거

사용자는 2년을 넘지 않는 범위 내에서 기간제근로자를 사용할 수 있다(기단법 §4①본문).[1] 2년초과사용금지조항은 강행규정이므로 근로자가 반대해도 적용된다.[2]

(2) 2년초과금지 내용

① 2년초과 효과

2년초과근로계약을 체결하거나 단기계약을 반복적으로 체결해 계속근로기간이 2년을 초과하면, 그 기간제근로자를 '기간의 정함이 없는 근로계약'을 체결한 근로자로 본다(기단법 §4②). 계속근로기간 판단방법에 대해서는 앞(제2편, 제2장 제3절, 1)에 소개되었다.

② 복수기간 합산

2년초과를 따짐에 있어 근로계약존속기간은 합산된다. 한 근로자에 대해 계속 2년을 사용치 않거나, 같은 사업장이라도 명백히 사용자책임이 다르거나, 위·수탁계약에 따라 사용자가 변경되는 경우[3]에는 근로계약기간이 합산되지 않는다. 기간제·파견 근로자의 육아휴직기간은 사용기간(기단법§4 파견법§6)에 산입되지 않는다(고평법 §19⑤).

(3) 2년초과금지 예외

기간제근로자를 2년 이상 사용해도 그 근로자를 '기간의 정함이 없는 근로계약'을 체결한 근로자로 보지 않는 예외가 있다(기단법§4① 단서 기단령§3).

- 사업완료나 특정한 업무완성에 필요한 기간을 정한 경우[4]
- 휴직·파견 등 결원근로자의 업무복귀 때까지 대신하는 근로자
- 학업·직업훈련이수자[5]
- 고령자(55세 이상, 연령법 §2 i)
- 전문적 지식·기술의 활용이 필요한 경우(기단령 §3①)[6]
- 정부의 복지정책·실업대책 등에 따라 제공되는 일자리(기단령 §3②)[7]

---

1) 헌재 2013.10.24, 2010헌마219·2010헌마265(병합). 2년초과금지 조항 합헌.

2) 비정규직대책팀-1248, 2007.4.17.

3) 대판 1991.8.9, 91다1522. 위·수탁계약이 사업의 양도·양수에 해당하면 근로관계는 승계됨.

4) <인정> 건설공사·연구프로젝트·용역·위탁 등 유기사업, <부인> '회사가 필요로 하는 동안만 근무'(존속기간측정 불투명, 만료가 주관적사정에 의존, 존속기간약정 부인(서울민지판 1990.2.21, 88가합21171) ; <부인 '1년단위 예산책정' 등을 이유로 '1년단위 근로계약'을 반복 체결(비정규직대책팀-3018, 2007.7.26).

5) 근로를 제공하는 '인턴이나 수습기간' 즉, 채용예정자에 대해서는 예외가 인정되지 않음.

6) '박사학위를 받은 자'와 의사·변호사·기술사·건축사·공인노무사·공인회계사·변호사 등 전문성과 직업능력이 높은 전문직종으로서 해당분야에 종사하는 자를 말한다. '박사학위를 받은 자'는 대학의 시간강사 뿐 아니

합리적 사유가 있는 경우로서 대통령령(기단령 §3③)이 정하는 경우	• 다른 법령에서 사용기간을 달리 또는 별도로 정하는 경우,[1] • 군사적전문지식 종사·강의업, 국가안전보장·국방·외교·통일 업무 • 대학조교 및 비전임교원[2] • 고소득 관리·전문가[3] • 4주 평균 주당 15시간 미만인 단시간근로자(근기법 §18③) • 기타 전문적 업무종사자[4]

(4) 무기계약근로 전환 노력

사용자는 기간의 정함이 없는 근로계약을 체결하고자 하는 경우에는 해당 사업(장)의 동종 또는 유사한 업무에 종사하는 기간제근로자를 우선적으로 고용하도록 노력해야 한다(기단법 §5 벌칙없음).

3·다. 기간제근로자의 근로조건

(1) 명 시

사용자는 기간제근로자와 근로계약을 체결할 때 근로계약기간, 근로시간·휴게, 임금의 구성항목·계산방법·지불방법, 휴일·휴가 및 '취업의 장소와 종사해야 할 업무에 관한 사항'을 서면으로 명시해야 한다(기단법 §17, §24② ii 5백만원과태료). 서면명시의무에 교부나 설명의 의무는 포함되지 않는다.

기간제근로에 대해서도 근기법, 고보법 등 노동관계법이 적용된다.

(2) 무기계약 간주시 근로조건

무기계약으로 간주되면 근로조건은 취업규칙 등에 따르나 기존의 근로조건을 저하시킬 수 없다.[5] 이러한 근로자에 대해서는 원칙적으로 해당사업(장)내 동종

라 일반회사의 경우에도 적용되며 박사과정수료자나 석사 제외.

7) ⓐ 고정법·고보법 등에 따라 직업능력개발, 취업촉진 및 사회적서비스를 위한 일자리제공, ⓑ 제대군인의 고용증진·생활안정을 위해 군에서 제공하는 일자리, ⓒ국가보훈대상자에 대한 복지증진·생활안정을 위해 보훈도우미 등 복지지원인력을 운영하는 경우'가 열거. ; 사업의 배경·목적·성격, 사업의 한시성·지속가능성 등 고려해 종합판단(대판 2012.12.26, 2012두18585) 상시·지속적 업무로서 전형적인 공공행정서비스로 판단되거나(고용차별개선과-90, 2012.5.3), 정부위탁을 받아 수행하는 업무는 제외(비정규직대책팀-1856, 2007.5.21). ↘ 436쪽

1) '고용허가제 적용 외국인근로자', '「출입국관리법」에 체류기간이 정해진 외국인근로자', '법원의 계약직 속기사', 「교육공무원법」·「사립학교법」·「사립학교교직원연금법」 등에 사용기간에 관한 규정이 있는 기간제교원 등.

2) 학교와 대학원대학의 조교·겸임교원·명예교수·시간강사·초빙교원 등 비전임교원(고등교육법령)의 업무.

3) 한국표준직업분류의 대분류 1(전문가)과 대분류2(전문가 및 관련 종사자)의 직업에 종사하는 자 중 근로소득(최근 2년간 연간평균근로소득)이 최근 조사된 임금구조기본통계의 한국표준직업분류 대분류2(전문가)의 상위 25% 이상에 해당하는 경우.

4) 「국민체육진흥법」의 선수와 체육지도자 업무, 소정(국공립연구기관 등)의 연구기관에서 연구업무에 직접 종사하는 경우 또는 실험·조사 등을 수행하는 등 연구업무에 직접 관여해 지원업무에 종사하는 경우 등.

5) 비정규직대책팀-2917, 2007.7.18. 정규직과 차별을 유지해도 자체로 위법은 아니다.

또는 유사한 업무에 종사하는 '기간의 정함이 없는 근로자'에게 적용되는 취업규칙 등이 동일하게 적용된다. 근로계약은 당사자가 상위규범을 위반하지 않는 범위 내에서 합의하여 결정할 수 있다.[1] 직급이나 직종을 한정해서 적용되는 근로조건은 전환근로자가 그러한 직급이나 직종에 해당되면 적용된다. 해당직급이 없으면 최저수준이 보장되어야 한다.

3·라. 기간제근로관계 종료

(1) 근로계약기간 만료

근로계약기간은 이를 정한 근로계약서가 갖는 처분문서의 성격,[2] 근로조건자율결정원칙(근기법 §4) 등을 감안해 근로계약존속기간으로 해석된다. 근로계약기간이 만료되면 근로관계는 의사표시[3]·해고예고[4] 등의 조치가 없이 종료되는 것이 원칙이다.[5] 업무상재해·출산전후휴가·육아휴직처럼 해고금지기간중이거나, 실질적이유가 부당노동행위에 해당되어도[6] 마찬가지이다. 육아휴직기간은, 당사자의 합산합의가 없으면, 기간제사용기간·근로자파견기간에 산입되지 않는다(고평법 §19⑤).

(2) 계속근로기대법리

① 의 의

근로계약기간이 만료되더라도, 근로자가 근로관계종료를 부인하면서 계속근로를 기대하는 분쟁이 발생할 수 있다. 계속근로기대법리는 기간제근로계약성립부정법리, 단절기간부정법리, 자동갱신법리, 갱신기대권법리 및 형식적근로계약기간법리로 나누어 볼 수 있다.

② 기간제근로계약 성립 부정

근로계약기간을 명시한 근거가 분명치 않은 상태에서 근로계약기간이 만료된 경우, 근로자는 무기근로계약이 체결된 것이라고 주장할 수 있다. 기간제근로계약이 성립되는지는 근로계약서에 근로계약기간이 정해져 있는지에 따라 판단한다. 근로계약서에 직접 명시되어 있지 않았으면 구두계약·관행, 취업규칙·단체협약,

---

1) 대판 2019.12.24, 2015다254873.
2) 행정처분서, 판결문, 유가증권, 차용증서 등 법률행위가 그 자체로 이루어지는 문서(대판 1997.5.30, 97다2986).
3) 대판 2005.2.17, 2004두13295 등.
4) 대판 1997.7.25, 96누10331 등.
5) 임종률, 『노동법』, 제9판, 575쪽 ; 김형배, 『노동법』, 제20판, 1160쪽 ; 菅野和夫, 「勞働法」, 第七版補正二版, 403頁 ; 대판 1989.6.27, 88누9680 ; 대판 1991.6.25, 91다1134 ; 대판 2006.2.24, 2005두5673 등 다수.
6) 서울행판 2002.7.30, 2001구46392.

교육 등 여러 정황으로 근로계약기간의 존재를 판단한다.[1)]

③ **단절기간 부정**

기간제근로계약의 근로계약기간이 만료된 후 단절기간을 두고 근로계약을 반복적으로 다시 체결하는 경우, 단절기간을 둔 합리적인 이유가 없다면 계속근로기대관계가 성립할 수 있다.[2)]

④ **자동갱신**

근로계약기간이 종료된 후, '상당한 기간'[3)] 동안 근로자가 계속해 근로를 제공하고, 사용자가 묵시적으로 동의하거나 이의를 제기하지 않은 때는 근로계약이 '전(前) 고용과 동일한 조건'으로 자동적으로 갱신된 것으로 보아야 한다(민법 §662①).

⑤ **형식적 근로계약기간**

기간제근로계약이 반복적으로 갱신됨으로써 '기간의 정함'이 형식에 지나지 않는다면 사실상 무기근로계약으로 전환된다는 법리가 판례를 중심으로 형성되어 왔다.[4)] 형식적근로계약기간법리가 적용되어 무기근로계약으로 전환될 경우, 갱신거부에 대해 해고제한법리가 적용된다.[5)]

⑥ **갱신기대권**

㈎ **법리형성**

근로계약기간 만료만으로 근로관계가 종료된다는 원칙론에도 불구하고, '일정한 요건'을 충족하면 근로자의 갱신기대권이 형성되며, 이 경우 '합리적인 이유'가 있어야 근로계약의 갱신을 거부할 수 있다는 판례법리[6)]가 형성되고 있다.

㈏ **갱신기대권 성립요건**

판례법리에서 제시되고 있는 갱신기대권의 요건은 2가지로 정리할 수 있다. 첫째, 법령·취업규칙·근로계약 등에 계약갱신근거규정을 두거나 또는 계약갱신의 절차·사유 등을 정하고 있으면 요건이 충족된다. 둘째, 규정이 없어도 근로계약의 동기 및 경위, 계약갱신기준 등 갱신의 요건이나 절차 설정여부, 수행업무

---

1) 서울행판 2008.1.18, 2007구합19638.
2) 고용차별개선정책과-682, 2009.7.14.
3) '사무처리에 있어 착오', '계절산업의 관행' 등 이의를 제기하지 않은 이유와 '사용자가 근로제공을 수령한 태도'를 살펴 사회통념상 합리성이 있다고 인정되는 기간이어야 한다.
4) 대판 1994.1.11, 93다17843. 갱신거부를 부당해고로 본 최초 판례 ; 대판 1995.7.11, 93다26168 ; 대판 1995.7.11, 95다9280 ; 대판 2006.2.24, 2005두5673 ; 대판 2011.4.14, 2009다35040. 10년간 근로계약 계속, 무기계약 인정.
5) 대판 1994.1.11, 93다17843.
6) 대판 2005.7.8, 2002두8640 ; 대판 2011.4.14, 2007두1729 ; 대판 2011.11.10, 2010두7628 등 다수.

내용 등 근로관계의 여러 사정을 고려할 때 갱신에 대한 신뢰관계가 형성되면 갱신기대권이 인정된다.[1] 다른 근로자들의 계약갱신사례도 신뢰관계형성의 요건으로 인정된다.[2]

(다) 계약갱신의 정당성

갱신기대권이 성립하면, 갱신거부를 위해서는 거부의 사유나 절차에 있어 '합리적인 이유'가 있어야 하며 미리 마련된 기준에 따라 합리적이고 공정한 평가를 거쳐 갱신여부가 판단되어야 한다.[3]

(라) 갱신기대권의 효과

㉮ 갱신인정의 효과

갱신기대권이 발생하면, 형식적근로계약기간법리처럼 무기근로계약으로 전환되는 것이 아니고, 종전의 근로계약이 갱신된다.[4] 갱신기대권이 반복되어도, 전체기간이 2년을 초과하지 않으면, 무기계약으로 전환되지 않는다.

㉯ 갱신거부의 효과

근로계약기간의 갱신거부행위에 대해서는 해고로 보는 견해와 '재채용 또는 재고용의 거부'로 보는 견해가 있을 수 있다. 근로계약 갱신이라는 개념만으로 보면 후자의 견해가 타당해 보이나, 학설과 판례 그리고 노동위원회 재결은 전자의 견해를 따른다.

㉰ 무기계약 전환

갱신기대권이 '무기계약 전환기준'인 2년을 초과하여 인정될 수 있는지에 대해 의견이 나뉜다. 부정설[5]은 기간제근로계약 자체만으로는 2년을 초과하는 재계약이 체결될 수 있으리라는 기대권을 인정하지 않는다. 긍정설은 근로계약기간 제한 규정을 이유로 그 전에 형성된 갱신기대권이 제한된다고 볼 수 없으며,[6] 나아가서 기간제근로자의 갱신에 대한 정당한 기대권 형성이 제한되는 것도 아니라[7]고 본다. 기간제한의 목적이 기간제근로계약의 남용을 방지하고 근로자의 지

1) 대판 2011.4.14, 2007두1729(한국노동법학회, 『노동판례백선』, 145쪽. <의의> 첫번째 갱신시점에 갱신을 거절한 사안으로 이전에 반복갱신을 해 온 사실이 없더라도 갱신기대권 인정).

2) 서울행판 2008.6.20, 2007구합39595.

3) 대판 2015.1.15, 2007두1729. ○○○생명보험 사건.

4) 日本 最高裁 1986.12.4. 1221号, 日立メディコ事件, 勞働判例 486号, 6頁. 계약거부가 무효로 된 경우, "종전의 노동계약이 갱신되어 같은 법률관계가 된다."고 기술하고 있다. ; 서울고판 2012.11.29, 2012누22463.

5) 대판 2011.11.24, 2011두23061.

6) 대판 2014.2.13, 2011두12528 ; 대판 2016.11.10, 2014두45765.

7) 대판 2016.11.10, 2014두45765.

위를 보장하는데 있으므로 후자가 타당해 보인다.

당사자가 근로조건자율결정원칙(근기법 §4)에 따라 자율적인 의사로 합의하여 근로계약을 갱신[1]하는 것은 당연히 인정된다.

3·마. 기간제근로자차별금지(같은편, 같은장 같은절, 5)

4. 간접고용관계와 파견근로

4·가. 간접고용관계

(1) 의 의

근로계약은 근로제공자와 근로를 제공받는 자 사이의 쌍무계약이다. 이러한 계약 아래에서는 전자는 후자에게 근로를 제공하고 후자는 전자에게 임금을 지급함으로써 당사자의 책임과 의무의 관계가 명확하다. 그러나 산업사회의 구조가 복잡해지면서, 노무관리효율화와 경영합리화를 위해서 또는 근기법의 적용을 피하기 위해서 하나의 사업이 도급, 위임, 파견 등 근로자와 사용자 사이에 제3자가 개입되는 계약형태가 늘고 있다.

(2) 양 태

① 도급 · 위임

도급은 당사자 일방이 어느 일을 완성할 것을 약속하고 상대방이 그 일의 결과에 대해 보수를 지급할 것을 내용으로 하는 계약(민법 §664)으로서 '도급인과 수급인의 도급계약'과 '수급인과 근로자의 고용관계'로 구성된다.[2]

위임은 당사자의 일방이 상대방에 대해 사무처리를 위탁하고 상대방이 이를 승낙함으로써 성립하는 계약이다(민법 §680). 도급이나 위임은 용역의 형태로 나타나기도 한다. 용역의 거래대상은 상품이 아닌 서비스이다. 순수한 도급·위임·용역은 도급인 또는 위임인이 수급인 또는 수임인의 근로자에 대해 사용자 책임을 지지 않는 것이 원칙이다.

---

1) 임금인상을 이유로 기존의 근로계약서를 변경해도 이는 근로계약 갱신보다는 '변경된 임금 등 근로조건'에 대한 권리의무관계를 명확히 하기 위해 근로계약서를 변경·작성한 것이다(차별개선과-496, 2008.5.6).

2) 이를 그림으로 나타내면 다음과 같다.

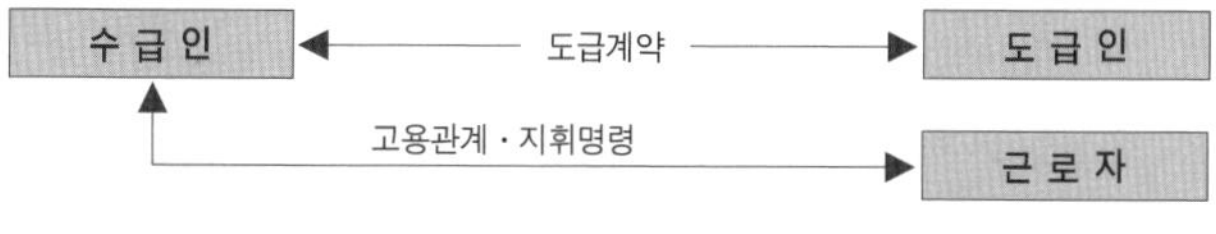

② 근로자파견

㈎ 개 념

근로자파견이라 함은 자기가 고용하고 있는 근로자를 다른 기업에 파견해 그의 지휘·명령을 받아 근로하게 하는 제도로서 파견사업주, 사용사업주와 근로자의 3자관계를 기초로 성립한다.[1] 이를 구체적으로 설명하면 다음과 같다.[2]

첫째, 파견사업주와 근로자의 관계는 고용관계이다. 둘째, 파견사업주와 사용사업주 사이에는 근로자파견계약이 체결되고 이 계약을 토대로 파견사업주가 사용사업주에게 근로자를 파견한다. 셋째, 사용사업주는 근로자파견계약에 따라 파견사업주로부터 위탁받은 권한에 따라 파견근로자를 지휘·명령한다.

㈏ 유사개념과 비교

㉮ 직업소개(제4편,제2장 제1절,1·라,(1))

구직자와 구인자를 연결해 주는 서비스를 제공하고 수수료를 받는 직업소개는 직업소개자와 구직자 사이에 고용관계가 발생치 않으므로 파견근로와 구분된다.[3]

㉯ 근로자공급사업(제4편,제2장 제1절,1·라,(4))

공급계약에 따라 근로자를 타인에게 사용하게 하는 근로자공급사업(직안법 §2의2vii)은 공급사업자와 근로자 사이에 고용계약이 성립되어 있을 것이 요구되지 않으며 계약상 또는 사실상 지배관계가 있다는 점이 근로자파견사업과 다르다.[4] 파견법 시행 전에는 근로자파견사업이 근로자공급사업의 한 유형으로 해석되었다.

---

1) 파견은 상용형과 모집·등록형으로 구분된다. 상용형은 파견사업주가 근로자를 계속 고용하고 있으면서 사용사업주에게 파견하는 유형이고, 모집·등록형은 사용사업주의 수요가 있을 때마다 모집해 파견하거나 미리 등록을 받아 두고 있다가 수요가 있을 때 이들을 파견하는 형식이다. 한국의 법체계는 두 유형에 대해 구별을 하지 않고 있다.

2) 이를 그림으로 나타내면 다음과 같다.

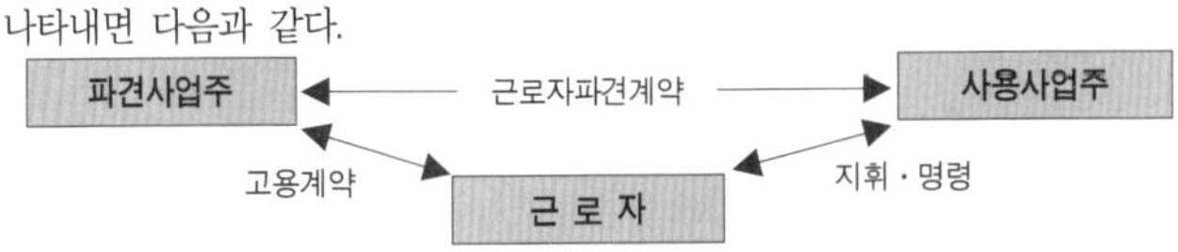

3) 이를 그림으로 나타내면 다음과 같다.

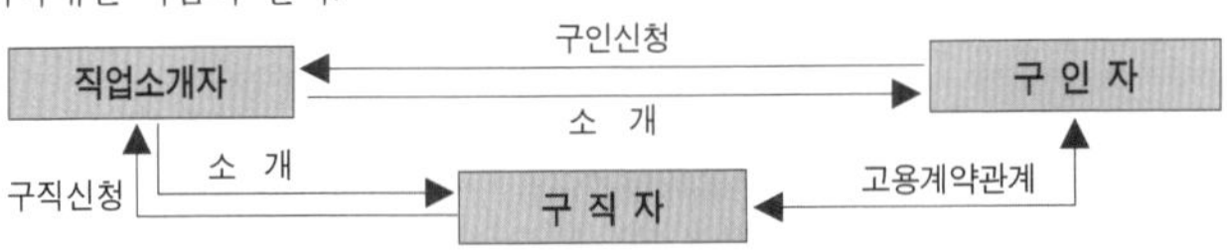

4) 이를 그림으로 나타내면 다음과 같다.

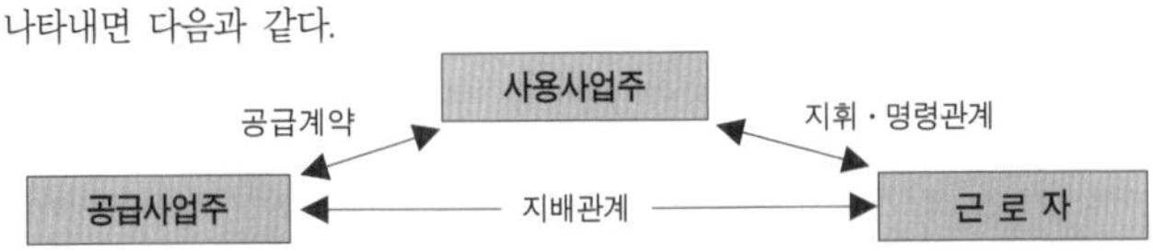

㉰ 전 출

소속 근로자에 대해 근로관계를 종료시키지 않고 휴직 등의 형식을 취하면서 제3자에게 고용되도록 하는 전출은 근로자파견과 구분된다. 전출은 전출사업주와 사용사업주간의 전출계약, 전출사업주와 근로자의 고용관계, 사용사업주와 근로자의 고용관계에 기초를 둔다.[1]

③ 유사도급과 실질관계

㈎ 유사도급의 개념

도급, 위임 등이 진성계약이라면 도급인이나 위임인에게 노동법상 사용자책임의 문제가 발생치 않는다. 그러나 겉으로는 도급 또는 위임의 형식을 빌리면서 수급인 또는 수임인의 근로자에 대해 실질적으로 지휘·명령권을 행사하는 일이 있다. 이렇게 변형된 도급계약관계를 여기서는 유사도급이라고 부르고자 한다.

㈏ 실질관계의 내용

유사도급의 실질관계는 수급인의 위치에 있는 사람에게 '사업의 실체성'과 '노무관리의 독립성'이 있는지로 판단한다. 첫째, 수급인이 '사업의 실체성'과 '노무관리의 독립성'을 모두 가지고 있다면 이는 순수도급 또는 진성도급에 해당된다. 둘째, 수급인이 '사업의 실체성'을 가지고 있지 않다면[2] 수급인 및 그에 소속된 자와 도급인 사이에 직접고용관계가 성립한다. 셋째, 수급인이 갖는 '사업의 실체성은 있으나 '노무관리의 독립성'이 인정되지 않으면 근로자파견[3]이 된다.

㈐ 실질관계의 판단

㉮ 직접고용관계

(a) 원 칙

유사도급에서 수급인의 위치에 있는 사람이 사업으로서의 실체가 없으면 도급인의 중간관리자, 사업부서 또는 노무대행기관에 해당할 수 있다.[4] 수급인과 수급인근로자는 도급인의 근로자가 되고 도급인이 노동관계법상 책임을 진다.[5]

---

1) 이를 그림으로 나타내면 다음과 같다.

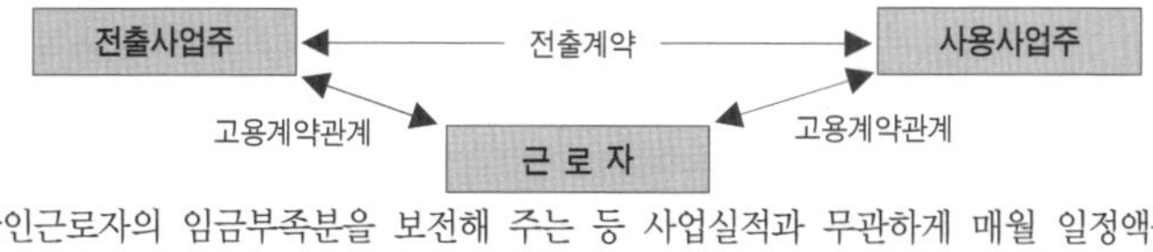

2) 도급인이 수급인근로자의 임금부족분을 보전해 주는 등 사업실적과 무관하게 매월 일정액을 보장하는 것은 수급인의 실체 인정에 부정적 영향을 미침(대판 2002.11.26, 2002도649. 경기화학소사장사건).

3) 실체성의 정도가 고용관계에 이르지 않으면 직업소개·근로자공급이 될 수 있다.

4) 대판 1999.11.12, 97누19946 ; 대판 2008.7.10, 2005다75088. 현대미포조선사건.

ⓑ **묵시적근로계약관계**

수급인이 사업주로서의 실체가 없을 때 도급인과 수급인이행보조자인 수급인 근로자 사이의 관계를 직접고용관계로 보는 판례법리[1]가 형성되고 있다. '수급인의 위치에 있는 원고용주'에게 고용되어 '제3자인 도급인의 위치에 있는 사람'의 사업장에서 근로를 제공하는 자를 제3자의 근로자라고 할 수 있으려면, 원고용주가 사업주로서의 독립성이 없어 제3자의 노무대행기관과 동일시 할 수 있는 등 그 존재가 형식적 · 명목적인 것에 지나지 않고, 사실상 그 피고용인이 제3자와 종속적관계에 있으며, 실질적으로 임금을 지급하는 자도 제3자이고, 근로제공의 상대방도 제3자이어서 해당 피고용인과 제3자간에 묵시적근로계약관계가 성립되어 있다고 평가될 수 있어야 한다.

㉯ **파견관계**

원고용주의 근로자로 하여금 제3자를 위한 업무를 수행하도록 하는 경우 계약의 명칭이나 형식에 구애되지 않아야 된다는 실질판단원칙을 밝히면서, 파견계약임을 보여주는 지표를 'ⓐ 업무상 상당한 지휘·명령',[2] 'ⓑ 제3자사업에의 실질적 편입',[3] 'ⓒ 인사 · 노무 결정권한',[4] 'ⓓ 계약목적의 한정업무이행성, 업무구별성, 전문성 · 기술성'과,[5] 'ⓔ 계약목적달성을 위한 기업조직 · 설비의 보유'로[6] 제시하고, 이들 징표를 종합적으로 고려하여 도급근로인지 파견근로인지를 판단해야 한다는 판례법리[7]가 형성되어 있다

---

5) 대판 1978.1.17, 77다1239 ; 대판 1983.11.22, 83다카1153 ; 대판 1986.8.19, 83다카657. ↘ 443쪽

1) 대판 1979.7.10, 78다1530 ; 대판 1999.7.12, 99마628 ; 대판 1999.11.12, 97누19946 ; 대판 2002.11.26, 2002도649. 경기화학소사장사건. 원심유지, 묵시적근로관계인정 ; 대판 2003.9.23, 2003두3420. SK-인사이트코리아사건. 원심일부 부정, 묵시적근로계약관계인정 ; 대판 2008.7.10, 2005다75088. 현대미포조선사건. 묵시적근로계약관계인정(한국노동법학회, 『노동판례백선』, 212쪽. 묵시적근로계약법리를 최초로 대규모공장의 사내하도급관계에 적용하였다) ; 대판 2008.10.23, 2006두5700. SK와이번스사건, 파견인정 ; 대판 2010.7.22, 2008두4367. 현대자동차사건, 파견인징(한국노동법학회, 『노동판례백선』, 216쪽. 파견이 원칙적으로 금지된 제조업의 직접생산공정업무에 종사한 사내협력업체 근로자를 원청회사의 근로자로 인정하는 길을 열어 주었다).

2) 제3자가 당해 근로자에 대해 직 · 간접적으로 업무수행 자체에 관한 구속력 있는 지시를 하는 등 상당한 지휘 · 명령을 하는지.

3) 당해 근로자가 제3자 소속 근로자와 하나의 작업집단으로 구성되어 직접 공동작업을 하는 등 제3자의 사업에 실질적으로 편입되었다고 볼 수 있는지 ; 제조업 간접생산 공정에서 원청 근로자들과 사내도급 협력업체 근로자들이 한시적으로 일부분 혼재 근무했더라도 협력업체가 업무 수행 및 노무관리를 독자적으로 했다면 근로자파견에 해당하지 않음(대판 2017.1.25, 2014다211619).

4) 원고용주가 작업에 투입될 근로자의 선발이나 근로자수, 교육 · 훈련, 작업 · 휴게시간, 휴가, 근무태도점검 등에 관한 결정권한을 독자적으로 행사하는지.

5) 계약의 목적이 구체적으로 범위가 한정된 업무의 이행으로 확정되고 당해 근로자가 맡은 업무가 제3자 소속 근로자의 업무와 구별되며 그러한 업무에 전문성 · 기술성이 있는지.

6) 원고용주가 계약의 목적을 달성하기 위해 필요한 독립적 기업조직이나 설비를 갖추고 있는지.

7) 대판 2015.2,26, 2010다93707. 남해화학사건. 파견인정 ; 대판2015,2,26, 2010다106436. 현대자동차사건, 파견인

도급과 파견의 판단기준과 관련해 '수급인의 사업주 실체성'[1)]과 '근로자파견 해당성'[2)]을 기초로 자세한 판단기준으로 제시하는 행정지침[3)]도 발견된다.

4·나. 근로자파견제도

(1) 법적근거

근로자파견제도는 1998년에 제정된 「파견근로자 보호 등에 관한 법률」(파견법)에 의해 도입되었다. 파견법은 2007년에 차별금지제도를 도입하는 등 여러 차례 개정을 거쳐 시행되고 있다.

(2) 근로자파견 제한

① 파견요건

㈎ 대상업무

근로자파견대상업무를 정하는 방법은 전체적으로 파견을 허용하면서 그 성격에 맞지 않는 업종이나 업무를 제외하는 금지업무열거방식(*Negative list*)과 전체적으로 파견을 허용하지 않으면서 업무성격을 감안해 예외적으로 허용하는 대상업무열거방식(*Positive list*)이 있다.

정 ; 대판 2015,2,26, 2011다78316. 한국철도공사 KTX여승무원사건. 파견부정 ; 대판 2015.2.26, 2012다96922. 한국철도공사 KTX여승무원사건. 파견부정.

1) ⓐ **채용·해고 등의 결정권**(소속근로자에 대한 근로조건과 인사·노무관련사항 결정), ⓑ **소요자금 조달 및 지급에 대한 책임**(사업수행에 필요한 자금을 수급인책임으로 조달·지급), ⓒ **법령상 사업주로서의 책임**(세금·공과금납부, 임금·수당지급 및 근로소득세원천징수·연말정산 수행, 4대보험가입·납부·상실신고, 별도회계·결산, 취업규칙과 같은 독자적인 내부규정의 마련·시행, 단체교섭 등), ⓓ **기계, 설비, 기자재의 자기 책임과 부담**(도급인 등이 지급하는 기계나 설비, 기자재의 내역과 유무상 여부를 확인하고, 무상으로 제공할 경우 그 필요성 및 정당성을 확인), ⓔ **전문적 기술·경험과 관련된 기획 책임과 권한**(수급인이 사업영위에 필요한 전문기술·경험을 가지고 독자적으로 사업을 기획하고 경영상 의사결정권을 행사하는 정도)

2) ⓐ **업무상 상당한 지휘·명령**(도급인이 수급인소속근로자에 대해 직·간접적으로 '업무수행을 위한 구체적 사항'에 관해 구속력 있는 지시를 하고, 수급인소속근로자가 이에 구속되는지 / 노무제공방식에 대한 지시가 아니라 도급계약상 일의 완성에 필요한 지시는 파견의 징표에 해당안됨 /업무의 성격, 과업지시서, 업무시스템 등으로 판단), ⓑ **도급인등의 사업에의 실질적 편입**(수급인소속근로자가 도급인소속근로자와 하나의 작업집단으로 구성되어 공동 작업을 하거나, 도급인이 수급인소속근로자에게 계약외의 업무도 수행하도록 하거나, 도급인소속근로자의 결원을 수급인소속근로자로 대체 여부 / 같은 공간에서 같은 업무를 공동작업을 통해 수행하는 경우 근로자파견에 해당할 개연성이 높으나, 같은 공간에서 근무하는지의 여부만으로 실질적 편입 인정여부를 판단할 수 없으며, 같은 공간에서 근무하지 않는다는 이유만으로 근로자파견에 해당하지 않는다고 단정할 수도 없음), ⓒ **인사노무관련결정·관리 권한 행사**(독자적행사 여부), ⓓ **계약목적의 한정업무확정, 업무구별, 전문성·기술성**(수급인소속근로자 수행업무의 내용·범위·기한 등이 구체적으로 확정되어 있는지, 도급인소속근로자의 업무와 구별되고 전문성·기술성이 있는지 등을 판단.), ⓔ **계약목적 달성을 위한 기업조직·설비 보유**(기업조직의 독립성, 설비·장비·전문성 보유 여부 / 실체성에서는 수급인이 독립된 사업주로서 사업을 독자적으로 영위할 수 있는지 판단, 근로자파견여부에서는 수급인이 실체자체는 인정되지만 스스로의 책임하에 특정된 일을 완성하거나 업무를 처리하기 위해 필요한 능력을 갖추고 있는지를 검토)

3) 고용노동부, 「'근로자파견'의 판단기준에 관한 지침」, 2019.12.30.

파견법은 근로자파견대상업무를 '제조업의 직접생산공정업무를 제외하고 전문지식·기술·경험 또는 업무성질 등을 고려해 적합한 업무로서 대통령령으로 정하는 업무(파견법 §5① 파견령 §2① [별표1])'[1]로 규정함으로써 대상업무열거방식을 택하고 있다.

(나) 특별사유

제조업생산공정을 포함해 파견대상업무가 아니라도 '출산·질병·부상 등으로 결원이 생긴 경우'와 '일시적·간헐적으로 인력을 확보할 필요가 있는 경우'에는 특별한 사유로 인정되어 파견근로가 허용된다(파견법 §5②).[2] 이 경우 근로자대표(제2편, 제2장, 제1절 2·나,(2),②,(가),(나))와 사전에 성실하게 협의하여야 한다(파견법 §5④).

(다) 절대파견금지업무

건설현장업무,[3] 근로자공급사업허가(직안법 §33)를 받은 지역의 하역업무,[4] 선원업무(선원법 §2 i)와 '대통령령으로 정하는 업무'[5]는 근로자보호, 공익보호, 제도남용방지 등을 위하여 근로자파견과 파견근로자사용이 절대적으로 금지된다(파견법 §③). 출산·질병 등 결원에 따른 파견근로이거나 일시적·간헐적인 업무라도 마찬가지이다.

파견법은 '소정의 보건·위생관련업무'[6]에 취업시킬 목적으로 근로자파견을 한 자에 대해 중벌을 가하고 있다(파견법§42① 5년징역·5천만원벌금).

---

1) <한국표준직업분류(통계청고시 제2000-2호) 기준> 컴퓨터관련전문가(120) ; 행정·경영·재정전문가[16. 행정전문가(161)제외] ; 특허전문가(17131) ; 기록보관원·사서·관련전문가[181. 사서(18120) 제외] ; 번역가·통역가(1822) ; 창작·공연예술가(183) ; 영화·연극·방송관련전문가(184) ; 컴퓨터관련준전문가(220) ; 기타 전기공학기술공(23219) ; 통신기술공(23221) ; 제도기술종사자·캐드포함(234) ; 광학·전자장비기술종사자보조[235. 임상병리사(23531)·방사선사(23532)·기타의료장비기사(23539)제외] ; 정규교육외교육준전문가(252), 기타교육준전문가(253) ; 예술·연예·경기준전문가(28) ; 관리준전문가(291), 사무지원종사자(317) ; 도서·우편·관련 사무종사자(318) ;수금·관련사무종사자(3213) ; 전화교환·번호안내사무종사자(3222, 해당사업 핵심업무인 경우 제외) ; 고객관련사무종사자(323) ; 개인보호·관련종사자(411) ; 음식조리종사자(421. 관광진흥법 §3의 경우 제외) ; 여행안내종사자(432) ; 주유원(51206) ; 기타 소매업체판매원(51209) ; 전화통신판매종사자(521) ; 자동차운전종사자(842) ; 건물청소종사자(9112) ; 수위·경비원(91221, 경비업법 §2 i 의 경우 제외 ; 주차장관리원(91225) ; 배달·운반·검침관련 종사자(913).

2) 휴가, 교육·훈련, 장기출장, 노조전임 등에 따른 업무공백은 사전에 예측이 가능하고 기존직원의 업무대행이 가능한 통상적인 인력운용이므로 두 가지 모두에 해당되지 않는다(고용평등정책과-835, 2010.10.21).

3) 토목·건축·산업설비·조경 등 시설물을 설치·유지·보수하는 공사, 기계설비 기타 구조물의 설치·해체공사 등의 현장에서 직접 이들 작업에 종사하는 업무. 운전업무나 비서·타자원과 같이 건설공사와 관련된 업무라도 작업에 직접 종사하지 않으면 해당 없음(고관 68460-312, 2002.4.12 ; 비정규직대책팀-1154, 2004.6.28).

4) 항만운송사업법(§3 i), 한국철도공사법(§9① i), 농수산물유통및가격안정에관한법률(§40), 물류정책기본법(§9① i)의 하역(荷役)업무.

5) 분진작업(진폐의예방과진폐근로자의보호등에관한법률 §2iii), 건강관리수첩(산안법 §44) 교부대상, 간호조무사(의료법 §80), 의료기사(의료기사등에관한법률 §3), 운전업무(여객자동차운수사업법 §2iii), 화물자동차운송사업의 운전업무(「화물자동차운수사업법」 §2iii).

6) 성매매행위(성매매알선등행위의처벌에관한법률 (§2① i .미수범처벌), 부정식품제조·의약품제조·유독물제조·의료행위(보건범죄단속에관한특별조치법 §2①, §3①, §4①, §5), 위해식품판매·병든동물고기판매(식품위생법 §4, §5), 그 밖에 이들과 관련된 업무 중 대통령령으로 정한 업무.

② **파견기간**

㈎ **제 한**

파견기간은 1년 이내로 제한된다(파견법 §6①). 파견근로자, 사용사업주 및 파견사업주가 합의하면 파견기간은 연장될 수 있다. 1회의 연장기간은 1년을 초과하지 못하며, 총파견기간은 2년을 초과하지 못한다(파견법 §6②). 연장횟수의 제한은 없다.

결원보충파견근로의 파견기간은 그 사유의 해소에 필요한 기간이다(파견법 §6④ i).

일시적·간헐적파견근로의 파견기간은 3개월이내이며, 파견근로자·사용사업주·파견사업주가 합의하면 1회에 한해 3개월범위 안에서 연장될 수 있다(파견법 §6④ ii).

㈏ **예 외**

만 55세 이상인 고령자에 대해서는 2년을 초과해 근로자파견기간을 연장할 수 있으며(파견법 §6③), 파견사업주·사용사업주·파견근로자가 합의하면 파견기간은 횟수 및 총 파견기간의 제한 없이 연장될 수 있다. 파견근로계약의 단위기간은 1년을 초과하지 못한다. 육아휴직기간은, 사용자와 근로자가 합의한 경우가 아니라면, 근로자파견기간(파견법 §6)에 산입되지 않는다(고평법 §19⑤).

③ **파견제한**

파견사업주는 쟁의행위중인 사업장에 쟁의행위로 중단된 업무의 수행을 위하여 근로자를 파견하여서는 안 되고, 경영해고후 2년이 경과하기 전에는 해당 업무에 파견근로자를 사용하여서는 안 되며 근로자대표(제2편, 제2장, 제1절 2·나,(2),②,㈎,㈏)의 동의가 있는 때에는 그 기간을 6월을 경과하기 전으로 한다(파견법 §16).

(3) 파견사업 영위

① **허 가**

근로자파견사업을 하고자 하는 자는 고용장관의 허가를 받아야 한다(파견법 §7). 근로자파견사업은 파견을 업으로 하는 사업이다. '업으로 한다'란 일정한 목적을 가지고 동종의 행위를 계속 반복적으로 수행하는 것을 말한다.

근로자파견사업의 허가를 받으려는 자는 그 인적요건(파견법 §8)[1]이 결격사유에 해

---

1) ⓐ 미성년자·금치산자·한정치산자 또는 파산선고를 받고 복권되지 않은 자, 금고 이상의 형(집행유예 제외)의 선고를 받고 그 집행이 종료되거나 집행을 받지 않기로 확정된 후 2년이 경과되지 않은 자, ⓑ 파견법·직안법·근기법·선원법을 위반해 벌금 이상의 형(집행유예 제외)의 선고를 받고 그 집행이 종료되거나 집행을 받지 않기로 확정된 후 3년이 경과되지 않은 자, ⓒ 금고 이상의 형의 집행유예선고를 받고 그 유예기간 중에 있는 자, ⓓ 파견사업허가가 취소후 3년이 경과되지 않은 자 등.

당되지 않아야 하고, 물적요건(파견령 §3)[1]으로 해당 사업을 적정하게 수행할 수 있는 자산 및 시설 등을 갖추어야 한다. 파견사업은 특정한 소수의 사용사업주를 대상으로 근로자파견을 행하는 것이 아니어야 하고(파견법 §9), 식품접객업, 숙박업, 결혼상담업 및 중매업을 겸업할 수 없다(파견법 §14).

근로자파견사업의 허가의 유효기간은 3년으로 한다. 파견사업주는 자기의 명의로 타인에게 근로자파견사업을 행하게 할 수 없다.

② 근로자파견계약

㈎ 체 결

파견근로자의 근로조건은 파견사업주와 사용사업주의 근로자파견계약에 따라 결정된다. 근로자파견계약은 서면으로 체결해야 한다. 파견법(§20)은 근로자파견계약에 명시사항을 열거하고 있다.[2] 근로자파견계약당사자는 파견근로자별로 계약서를 작성하되, 계약내용이 동일하면 하나의 계약서로 작성할 수 있다(파견칙 §11①).

㈏ 해 지

사용사업주는 파견근로자의 성별·종교·사회적 신분이나 파견근로자의 정당한 노동조합활동 등을 이유로 근로자파견계약을 해지하여서는 안 되며, 파견사업주는 사용사업주가 파견근로에 관하여 기단법령·근기법령·산안법령에 위반하는 경우에 근로자파견을 정지하거나 근로자파견계약을 해지할 수 있다(파견법 §22).

③ 파견사업주 의무

파견법은 파견근로자의 권익을 보호하고 향상시키며 행정관청으로 하여금 이를 관리·감독할 수 있도록 파견사업주에게 여러 의무를 부과하고 있다.

- 파견근로자를 고용하거나 전환하고자 할 때 해당 근로자에게 그 취지를 알려주어야 하며(파견법§24, 벌칙없음), 전환의 경우에는 그 근로자의 동의를 얻어야 한다(파견법§24, 동의를 받지 않으면 파견명령 무효, 파견사업주가 직접고용의 책임).
- 미리 해당 파견근로자에게 사용사업주와 체결한 근로자파견계약의 내용을 서면으로 알려주어야 한다(파견법 §26①,§46③ 1천만원과태료).
- 파견근로자는 근로자파견계약에 명시된 근로자파견대가에 관해 내역을 제시하도록 요구할 수 있고, 파견사업주는 이에 대해 지체없이 서면으로 제시해야 한다(파견법§26③, §46⑤2의2 3백만원과태료).

1) ⓐ 상시 5인 이상의 근로자(파견근로자 제외)를 사용하는 '사업(장)'으로서 고용보험·국민연금·산재보험 및 국민건강보험에 가입, ⓑ 1억원 이상의 자본금(개인→ 자산평가액), ⓒ 전용면적 20㎡ 이상의 사무실.

2) 파견근로자수, 종사업무, 파견사유, 사업장명칭·소재지, 근로장소, '파견근로자를 직접 지휘·명령할 자', '근로자파견기간 및 파견근로개시일', '시업 및 종업의 시각과 휴게시간', '휴일·휴가', '연장·야간·휴일근로', '안전 및 보건', '근로자파견 대가'.

- 파견근로자의 희망과 능력에 적합한 취업 및 교육훈련기회 확보, 근로조건향상, 고용안정을 기하기 위해 필요한 조치를 강구하여 파견근로자의 복지증진에 노력해야 한다(파견법 §23).
- 파견근로자의 적정한 고용관리를 위해 사업소별로 1명이상의 파견사업관리책임자를 선임해야 하고 파견사업관리대장을 작성해 근로자파견의 종료일부터 3년간 보존해야 한다.
- 근로자파견을 할 경우에는 파견근로자의 성명・성별・연령・학력・자격 기타 직업능력에 관한 사항을 사용사업주에게 통지하여야 한다.

④ 사용사업주 의무

파견법은 사용사업주에 대해 파견근로를 남용하지 않고, 사용하고 있는 파견근로자를 보호할 수 있도록 여러 의무를 부과하고 있다.

- 근로자파견계약에 위반되지 않도록 필요한 조치 강구(파견법§30 벌칙없음),
- 파견근로자 고충을 파견사업주에게 통지해 신속하고 적절하게 처리(파견법§31 벌칙없음),
- 적절한 파견근로를 위해 사용사업관리책임자를 사업소별로 1인 이상 선임(파견법§32①, 파견칙§16① 벌칙없음)
- 사용사업관리대장 작성, 근로자파견종료일부터 3년간 보존(파견법§33,§46⑤iii 3백만원과태료)
- 근로자파견계약을 체결할 때 파견근로차별금지(파견법 §21①)를 준수하기 위해 필요한 정보를 파견사업주에게 서면으로 제공(파견법 §20②).

⑤ 의무불이행에 대한 제재

각종 보고, 신고, 통지, 송부, 명령위반과 검사기피에 대해서는 3백만원 이하의 과태료가 유형과 불이행횟수에 따라 차등해 부과된다(파견법§46⑤ 파견령§7).

(4) 불법파견과 직접고용

① 직접고용 대상

사용사업주가 파견법을 위반해 파견근로자를 사용하면, 벌칙(파견법§46② 3천만원과태료)을 적용받는 한편, 자신의 사업(장)에 그 근로자를 직접고용의무를 진다(파견법 §6의2).

즉시발생	건설공사현장업무 등 절대적금지업무에 파견근로자 사용
	파견대상업무외의 업무로서 '결원보충 파견근로'나 '일시적・간헐적 파견근로'가 아님에도 파견근로자 사용
	파견대상업무외의 업무로서 '결원보충 파견근로'나 '일시적・간헐적 파견근로'의 기간제한 위반
	고용장관의 허가 없이 파견사업을 행하는 자로부터 근로자파견의 역무를 제공받은 경우
계속고용 2년 초과	파견대상업무로서 파견기간 2년 초과

② 직접고용 방법

㈎ 요건과 시기

파견법의 사유가 충족되면 사용자의 직접고용의무가 바로 발생되며, '행정관청 적발'이나 '소송제기'처럼 별도의 행동이나 조치가 있어야 하는 것은 아니다.

㈏ 직접고용 형태

직접고용의 형태에 관해서는 제한이 없으므로 '기간의 정함이 없는 근로계약'은 물론이고 기간제로 고용이 가능하다.[1] 해당파견근로자 사용기간, 종사업무의 상시성, 동종근로자 채용관행 등을 고려할 때 사회통념상 합리성이 부인될 정도로 짧은 계약기간은 그 효력이 부정될 수도 있다.

㈐ 직접고용 근로조건

직접고용에 있어 사용사업주는 자신의 근로자 중 해당 파견근로자와 동종 또는 유사업무를 수행하는 근로자가 있는 경우에는 그 근로자에게 적용되는 취업규칙 등에서 정한 근로조건으로 해당파견근로자의 근로조건을 정해야 한다(파견법 §6의2③). 그러한 근로자가 없으면, 근로조건은 해당파견근로자의 기존 근로조건수준이 저하되지 않도록 정해져야 한다(파견법 §6의2③). 임금규정 등에 정한 최저기준이 해당 파견근로자의 기존 근로조건보다 높으면 그 기준이 적용된다.

③ 직접고용의 예외

해당 파견근로자가 명시적인 반대의사를 표시하면 사용사업주의 직접고용의무가 발생하지 않으나(파견법 §6의2②), 벌칙은 면제되지 않는다. 파견근로자를 직접 고용하는 것이 불가능하거나 실효성이 없는 경우(파견법 §6의2② 파견령 §2의2)[2]에는 사용사업주가 직접고용의무를 지지 않는다.

④ 의무불이행 제재

직접고용의무가 발생했으나 이를 이행하지 않은 사용사업주에 대해서는 3천만원 이하의 범위 내에서 미이행횟수에 따라 차등해 과태료가 부과된다(파견법 §46② 파견령 §7).

⑤ 직접고용 노력의무

사용사업주는 파견근로자를 사용하고 있는 업무에 근로자를 직접 고용하고자 하는 경우에는 해당 파견근로자를 우선적으로 고용하도록 노력해야 한다(파견법 §6의2④ 벌칙없음).

---

1) 비정규직대책팀-1504, 2007.5.3.

2) '미지급임금 등의 지급사유(임채법 §7①)에 해당하는 경우'와 '천재・사변 그 밖의 부득이한 사유로 사업계속이 불가능한 경우'를 제시하고 있다.

(5) 노동법 준수 책임

① 법적근거

파견근로자에 대한 사용자책임은 원칙적으로 고용주인 파견사업주에게 있다. 그러나 근로자파견은 고용과 사용의 분리라는 특수성으로 인해 파견사업주에게 사용자책임을 물을 수 없는 경우가 있고, 사용사업주에게도 공동책임을 부담시키는 것이 적절한 경우가 있다.

② 특례적용 근로자

'근기법(파견법 §34) 및 산안법(파견법 §35)의 적용에 관한 특례'의 적용을 받는 근로자는 '파견업체에 고용되어 사용업체에 파견 중인 근로자'를 말한다.

③ 근기법 책임

파견근로자에 대한 근기법상 사용자책임은 '파견사업주만을 사용자로 보는 경우', '사용사업주만을 사용자로 보는 경우', '양자를 모두 사용자로 보는 경우'로 나뉜다.

㈎ 파견사업주

파견사업주는 파견근로자를 고용하는 자이므로 근기법의 대부분의 조항에 대해 사용자책임을 진다. 제2장(근로계약), 제3장(임금), 제4장(근로시간 및 휴식) 중 임금부분, 제5장(여성과 소년)중 근로계약·임금부분, 제8장(재해보상)이 그렇다(파견법 §34①). 정당한 사유 없이 근로자파견계약을 해지하거나 근로자파견대가를 지급하지 않는 등 사용사업주귀책사유로 인해 임금이 지급되지 못한 때에는 양자가 연대하여 책임을 진다(파견법 §34②).

㈏ 사용사업주

출퇴근시간, 휴게, 연장근로, 휴일근로 등에 관해 파견근로자를 지휘·명령하는 자는 사용사업주이다. 제4장의 '근로시간과 휴식' 중에서 제50조(근로시간)부터 제55조(휴일), 제58조(근로시간 계산의 특례), 제59조(근로시간 및 휴게시간의 특례), 제62조(유급휴가의 대체), 제63조(적용의 제외)가 그렇다. 제5장의 '여성과 소년' 중 제69조(근로시간), 제70조(야업금지), 제71조(시간외근로), 제72조(갱내근로금지), 제73조(생리휴가), 제74조(산전후휴가), 제75조(육아시간)도 그렇다. 휴일 또는 휴가에 대한 유급임금이나 연장근로에 대한 임금 및 수당은 파견사업주가 사용자책임을 진다.

㈐ 공동책임

근기법 제1장 총칙 중 균등처우, 강제근로금지, 폭행금지, 중간착취배제, 공민권행사보장, 보고출석의무 등의 규정, 제7장 기능습득, 제9장 취업규칙, 제10장 기숙사, 제11장 근로감독관 등 및 제12장 벌칙 규정에 관해서는 파견사업주 및 사용사업주를 사용자로 본다(파견법 §34①).

④ **산안법 책임**

사용사업주는 파견근로자에 대해 산안법상 사업주책임을 진다(파견법 §35①).[1] 산안법 제5조(사업주 등 의무), 제43조제5항(작업장소의 변경, 작업의 전환 및 근로시간단축의 경우에 한한다), 제43조제6항단서(개별근로자의 건강진단결과공개), 제52조제2항(신고를 이유로 한 불리한 처우금지)의 적용에 있어서는 파견사업주 및 사용사업주 모두에게 사업주책임이 있다(파견법 §35②).

⑤ **사회보험료부담**

파견법에 명시되어 있지 않지만 고용보험, 국민건강보험, 국민연금, 산재보험 등 사회보험비용의 부담은 원칙적으로 파견사업주가 책임진다. 고용보험에는 단일 보험료율이 적용되나, 산재보험에는 사업장단위로 다른 보험료율이 적용된다.

(6) 파견근로 차별금지(같은편, 같은장 같은절, 5)

5. 비정규직 차별금지

5·가. 배 경

정규직근로자와 비정규직근로자 사이에 근로조건을 차별하지 못하게 하는 것은 두 가지 의미를 갖는다. 첫째, 사회적정의를 실현함과 동시에 비정규직의 근로조건을 향상시킬 수 있다. 둘째, 비용절약만을 이유로 비정규직근로자를 사용하려는 유인을 최소화해서 그 남용을 막을 수 있다. 기단법과 파견법은 기간제근로자, 단시간근로자 및 파견근로자에 대한 차별금지제도를 규정하고 있다.

5·나. 법적근거 및 적용범위

(1) 법적근거

사용자는 비정규직근로자임을 이유로 사업(장)에서, 동종 또는 유사한 업무에 종사하는 정규직근로자에 비해, 차별적처우를 하지 못한다(기단법 §8 파견법 §21①).

(2) 적용범위

① **적용 사업**

비정규직근로자차별금지제도는 5명이상사업(장)에 적용된다.[2]

---

1) 대판 2013.11.28, 2011다60247.

2) 그 밖의 사항은 근기법령의 적용범위와 같다(동거친족 및 가사사용인 적용 제외, 국가 및 지자체는 근로자수

② 적용 근로자

비정규직근로자임을 이유로 하는 차별이 금지된다. 비정규직관련법의 차별금지제도는 기간제, 단시간제 및 파견근로자에게 적용된다. 불법파견에 대해서도 차별금지제도가 적용된다.[1]

③ 적용 사용자

차별금지의무의 주체는 근기법상 사용자이다.[2] 파견법은 파견사업주와 사용사업주를 차별금지의무주체로 같이 명시하고 있다.

5·다. 비교의 방법과 대상

(1) 비교대상근로자

① 원 칙

비정규직근로자가 차별적처우를 받는지를 판단하려면 비교대상근로자가 있어야 한다. 동일직군 내에 비교대상이 없으면, 해당 사업(장) 다른 직군의 동종 또는 유사업무에 종사하는 정규직근로자가 비교대상근로자이다.

② 비정규직유형별 비교대상

비교대상근로자는 비정규직 유형에 따라 다르다(기단법 §8, 파견법 §21①). 첫째, 기간제근로자[3]의 비교대상은 무기계약근로자이다. 둘째, 단시간근로자의 비교대상은 통상근로자이다. 셋째, 파견근로자의 비교대상은 '사용사업주의 근로자'[4]이다.

(2) 해당사업(장)

기단법은 비교대상을 해당사업(장)안의 근로자로 한정한다. 파견법은 비교대상을 찾는 범위를 사용사업주[5]의 사업[6]으로 규정하고 있다. 해당사업(장)안에서 비교대상을 찾는다 함은 반드시 비교대상근로자가 해당사업(장)안에서 실제로 근로를 하고 있어야 함을 의미하지 않으나, 직제에 존재하지 않는 근로자를 비교대상근로자로 삼을 수는 없다.[7]

관계없이 전면 적용, 상시 근로자수 판단시 기간제 및 단시간 근로자를 포함하고 파견근로자를 제외 등).

1) 노동부, 「기간제·단시간·파견근로자를 위한 차별시정제도를 알려드립니다」, 2009.3, 40쪽.

2) 행정관청 등과 근로계약을 체결한 경우 차별시정주체로서의 사용자는 대한민국.

3) '2년 기간제한 예외' 근로 포함 ; 무기계약전환에 대해 차별금지조항 미적용 (비정규직대책팀-2713, 2007.7.6).

4) 정규직근로자뿐 아니라 기간제근로자나 단시간근로자도 포함.

5) 파견사업주와 관련 있는 다른 사업으로 확대할 수 없다.

6) 사업장은 미해당. 하나의 사업장에 여러 사업부문이 있다면 해당사업부문 안에서 비교대상을 구해야 한다.

7) 대판 2019.9.26. 2016두47857.

(3) 동종 또는 유사 업무

비교대상이 되는 정규직근로자의 범위는 동종업무[1]뿐만 아니라 유사업무[2]에 종사하는 자를 포함[3]한다. 동종 또는 유사한 업무는 부서 또는 직군이 아니고 사업(장) 전체를 고려해 파악한다.[4] 채용절차나 업무범위, 난이도 등에 다소 차이가 있더라도, 업무내용·작업조건 등 핵심요소에 있어서 본질적 차이가 없다면, 동종 또는 유사한 업무로 해석된다.[5]

5·라. 차별적처우의 판단

(1) 차별금지 영역

금지되는 차별적처우라 함은 임금, 정기적으로 지급되는 상여금(정기상여금, 명절상여금 등), 경영성과에 따른 성과금, 근로조건 및 복리후생 등에 관한 사항에 있어서 합리적인 이유 없이 불리하게 처우하는 것을 말한다(기단법 §2iii, 파견법 §2vii).[6]

(2) 차별판단 방법

차별여부는 단체협약, 취업규칙, 근로계약 및 관행을 중심으로 근로조건이 어떻게 달리 적용되는가를 판단한다. 파견근로자의 경우에는 근로자파견계약과 고용계약을 같이 판단한다.

(3) 차별판단기준

① 합리적 이유

차별이 성립하려면 비교대상을 구별하고 배제하는 제도나 행위 즉, 불리한 처우가 있어야 한다. 불리한 처우 중 '합리적이유가 없는 경우'[7]에 위법한 차별이

---

1) 그 직종 내에서 '직무나 작업내용(동일가치노동동일임금원칙에서 요구하는 정도 즉 직무분석의 대상처럼 엄격하게 해석할 것이 아니고 시회통념에 따라 합리적으로 판단한다)이 같은 업무.

2) 직종이 다르더라도 업무의 성격이 동일하거나 비슷하고, 업무조건의 차이가 있더라도 규칙적이고 일관된 것이 아니며, 양쪽의 근로자를 서로 교체해가면서 수행을 하거나 할 수 있는 업무.

3) 대판 2014.11.27, 2011두5391. 근로계약 등에 명시된 형식적 업무분장이 아니고 실제 수행업무가 기준이다.

4) 비정규직대책팀-2786, 2007.7.10. ; 파견근로자는 사업 전체에서 찾는다.

5) <사례> 대판 2014.11.27, 2011두5391. 조리직렬기능군무원이 행정업무를 일부 수행하고 교육과 훈련에 참가하기는 하나 이는 부수적인 정도에 불과하고 주된 업무의 내용에 본질적 차이가 없어 민간조리원 비정규직과 동종·유사 업무이다. ; "현저하지 않은 질적인 차이"는 합리적이유가 있음을 뒷받침하는 사정이 될 수 있을 뿐이다(서울행판 2008.10.24, 2008구합6622). : <반대 사례> 대판 2015.10.29, 2013다1051. 비정규직에서 무기계약직으로 전환되는 대상자와 공개경쟁시험을 통해 채용된 일반직 등 정규직 근로자들은 그 채용절차의 차이로 본질적으로 동일한 비교집단이 아니다.

6) 교육, 배치전환, 퇴직, 해고 등은 원칙적으로 차별금지영약이 아니다. 다만, 교육은 비정규직을 고용한 목적과 계약의 내용을 고려해 제한적으로 차별금지영역이 될 수 있다.

7) 대판 2012.3.29, 2011두2132(한국노동법학회, 『노동판례백선』, 223쪽) ; 개별 사안에서 문제된 불리한 처우의 내

된다. 차별사유가 능력·자격·책임 등이 아닌 비정규직근로라는 고용형태여야 차별이 성립한다. 단시간근로의 경우, 비례원칙이 합리성판단기준으로 작용한다.

② 차별의사

차별의 판단에 있어서 사용자의 주관적 차별의사는 요구되지 않으며, '비정규직근로자라는 사실'과 차별 사이에 객관적인과관계가 있으면 충분하다.[1)]

③ 차별범위

비정규직관련법은 간접차별법리를 적용할 규정을 두고 있지 않다.[2)]

5·마. 비정규직차별구제제도

(1) 구제기관

차별적처우에 대해서는 노동위원회를 통한 구제제도가 마련되어 있다(기단법 §9~§15의2). 행정절차 또는 준사법절차에 해당하는 구제제도를 택한 이유는 근로자가 비용부담 없이 빠르게 권리를 구제받을 수 있도록 하기 위해서이다. 차별시정의 신청, 조사, 조정, 중재에 대한 절차, 방법 등 필요한 사항은 중노위가 정한다.

(2) 신청주체

① 근로자

차별구제 신청주체는 원칙적으로 기간제근로자, 단시간근로자 및 파견근로자이다(기단법 §9①). 불법파견근로자도 신청자격을 갖는다.

② 행정관청

㈎ 법적근거

기단법(§15의2)과 파견법(§21의2)은 행정관청이 근로자를 대신하여 구제신청을 할 수 있는 제도를 마련하고 있다. 행정관청구제신청제도를 둔 이유는 비정규직근로자가 스스로 차별을 판단하기 쉽지 않으며, 불이익을 우려하여 신청에 소극적일 수 있기 때문이다.

용과 사용자가 불리한 처우의 사유로 삼은 사정을 기준으로 기간제근로자의 고용형태, 업무의 내용과 범위, 권한과 책임, 임금, 정기상여금, 그 밖의 근로조건, 복리후생 등의 결정요소 등을 종합적으로 고려해 판단한다.

1) 차별시정과정에서 사용자에게 입증책임을 부과한 이유도 여기서 찾을 수 있다.

2) 근로조건을 정함에 있어 통일적인 기준을 설정했음에도 비정규직근로자가 이를 충족하지 못해 그 수혜를 받지 못하면, 합리성이 인정된다. 근속수당산정, 퇴직금누진율적용, 호봉산정, 승진소요기간 등의 기준을 2년을 초과하는 단위로 정하는 경우를 생각할 수 있다.

㈏ **시정요구**

고용장관은 기단법(§8) 또는 파견법(§21①)을 위반해 차별적처우를 한 사용자 또는 파견·사용사업주에게 그 시정을 요구할 수 있으며, 시정요구에 응하지 않을 경우에는 차별적처우내용을 명시해 노동위원회에 통보해야 하고, 통보사실을 해당 사용자 및 근로자에게 통지해야 한다.

㈐ **시정심리**

노동위원회는 통보를 받은 후 지체없이 차별적처우가 있는지 여부를 심리해야 하며, 이 때 해당 사용자 및 근로자에게 의견진술기회를 부여해야 한다. 노동위원회의 심리, 시정절차, 확정된 시정명령 불이행 등에 대한 과태료 부과 등에 관해 근로자가 신청한 사건의 그 것을 준용한다.

(3) 피신청인

구제신청의 상대방은 각각의 비정규직을 고용하는 사업주가 되며 파견근로의 경우에는 파견사업주 또는 사용사업주가 된다.

(4) 신청시기

① **제척기간**

노동위원회에 차별시정은 차별적처우가 있은 날(계속되는 차별적 처우는 그 종료일)부터 6개월 이내에 신청할 수 있다(기단법 §9①). 6개월은 제척기간으로서 그 기간이 지나면 구제신청은 각하된다. 제척기간을 판단하는 기준인 '처우가 있은 날'은 차별적계약체결일, 근로제공일 및 청구권발생일을 생각할 수 있는데 청구권발생일이 타당해 보인다.

② **계속되는 차별**

'계속되는 차별적처우'에 대해서는 그 종료일로부터[1] 6개월 이내에 신청할 수 있다. '계속되는 차별적처우'라 함은 개별적이고 구체적인 차별행위가 계속되는 것 즉, 계속적·정기적으로 적용되는 근로조건의 차별을 의미한다.

(5) 입증책임

차별금지분쟁에 있어서 입증책임은 사용자가 부담한다(기단법 §9④). 입증책임이 사용자에게 있어도 근로자는 신청할 때 차별적처우내용을 구체적으로 명시해야 하며(기단법 §9②), 쟁송과정에서 주장을 뒷받침할 증거자료를 충실히 제시할 필요가 있다.

---

1) 대판 2011.12.22, 2010두3237. 계속되는 임금차별은 최근의 임금지급일이 기산점.

(6) 구제절차

① 조사 · 심문

노동위원회는 구제신청을 받으면 지체없이 필요한 조사와 관계당사자에 대한 심문을 해야 한다. 심문할 때에는 관계당사자의 신청 또는 직권으로 증인을 출석하게 해 필요한 사항을 질문할 수 있으며, 관계당사자에게 증거의 제출과 증인에 대한 반대심문을 할 수 있는 충분한 기회를 주어야 한다.

② 조정과 중재

㈎ 절 차

노동위원회는 심문과정에서 쌍방 또는 일방의 신청이나 직권에 따라 조정절차를 개시할 수 있다. 노동위원회는, 당사자가 사전합의에 근거해 신청하면, 중재를 할 수 있다. 조정 또는 중재의 신청은 신청일부터 14일 이내에 해야 하며, 노동위원회는 조정이나 중재의 신청을 받은 날로부터 60일 이내에 조정안을 제시하거나 중재결정을 해야 한다.

㈏ 효 력

당사자쌍방이 조정안을 수락하면 조정조서를, 중재결정을 하면 중재결정서를 작성해 각각 관여위원이 서명 · 날인을 해야 한다. 조정결과와 중재결정은 재판상화해와 동일한 효력을 갖는다.[1)]

③ 판정

㈎ 판정 내용

노동위원회는 조사와 심문을 거친 후 차별적처우에 해당된다고 판정한 때에는 사용자에게 시정명령을 발해야 하고, 차별적처우에 해당하지 않는다고 판정한 때에는 그 시정신청을 기각하는 결정을 해야 한다.

㈏ 판정 방법

노동위원회의 판정은 서면으로 그 이유를 구체적으로 명시해 관계당사자에게 각각 교부되어야 한다. 시정명령을 발하는 때에는 시정명령의 내용 및 이행기한 등이 구체적으로 기재되어야 한다(기단법 §12②).

㈐ 이의제기와 명령확정

노동위원회의 결정이나 명령에 대한 이의제기 및 확정절차는 부당노동행위 및

---

1) 재판상화해는 확정판결과 동일한 효력을 가지므로(민소법 §220) 향후 소송에서 이에 저촉되는 내용으로 다툴 수 없고(기판력), 관할법원에서 집행문을 부여받아 부동산압류, 동산인도 등 강제집행이 가능하다(집행력).

부당해고구제신청과 같은 방법으로 법령에 규정되어 있다(기단법 §14).

(7) 구제명령의 내용

차별의 유형이나 내용은 개별적인 사안별로 다를 수 있다. 조정·중재 또는 차별시정명령은 그에 맞게 다양한 방법으로 이루어져야 한다. 노동위원회의 조정·중재 또는 시정명령의 내용에는 차별적행위중지, 임금 등 근로조건의 개선(취업규칙, 단체협약등 제도개선 명령 포함) 및 적절한 배상 등이 포함될 수 있다(기단법 §13①, 파견법 §21③).

(8) 구제명령의 실효성

① 시정명령 실현

㈎ 신고와 이행상황요구

사용자가 확정된 시정명령을 이행하지 않은 경우, 시정을 신청한 근로자는 이를 고용장관에게 신고할 수 있으며, 고용장관은 확정된 시정명령에 대해 사용자에게 이행상황을 제출할 것을 요구할 수 있다(기단법 §15①, §24② i 불응시 5백만원 과태료).

㈏ 과태료

고용장관은 확정된 시정명령을 정당한 이유 없이 이행하지 않은 사용자에게 해당 근로자 1인당 1억원 이하의 과태료를 부과할 수 있다. 과태료는 시정명령의 유형에 따라 달라질 수 있다(기단령 §6 [별표3]).

㈐ 손해배상청구

사용자가 노동위원회 또는 법원의 시정명령에도 불구하고 차별부분을 시정하지 않으면, 근로자는 민사상 손해배상책임을 물을 수 있다.

② 시정명령 효력확대

고용장관은 확정된 차별시정명령의 효력이 직접 미치는 근로자 이외의 기간제·단시간·파견 근로자에 대해 차별적인 처우 여부 등을 조사하고 그 시정을 요구할 수 있다(기단법 §15의3, 파견법 §21의3).

③ 중대차별 징벌

노동위원회는 기간제·단시간·파견 근로자에 대한 명백한 고의가 인정되거나 반복되는 차별적처우에 대해, 해당 손해금액의 3배 이내에서 금전배상을 명할 수 있다(기단법 §13②, 파견법 §21③). 징벌적금전배상명령제도는 차별적처우의 예방·억제 및 차별시정제도의 활성화 등을 목적으로 한다.

5·바. 불리한 처우금지

기간제 및 단시간근로자가 그들의 권리를 실현하기 위해 합법적인 행위[1]를 한데 대해 사용자는 불리한 처우를 하지 못한다(기단법 §16, §21 2년징역·1천만원벌금). 이 규정은 벌칙과 함께 파견근로자에게 준용된다(파견법§21 §43의2).

6. 법적보호 소외 영역

6·가. 특수형태근로종사자

특수형태근로는 독자적인 작업장을 보유치 않은 상태에서 비독립적형태로 업무를 수행하면서 근로제공방법, 근로시간 등을 독자적으로 결정하고, 고객을 찾아 상품이나 서비스를 제공하며 일한만큼 소득을 얻는 근무형태라고 정의될 수 있다. 판례는 특수형태근로를 경제적종속성은 있으나 인적종속성은 인정되지 않는 근로형태로 판단한다. 골프장캐디[2]나 학습지교사[3]에 대해 근기법상 근로자성은 부정하나 노조법상 근로자성을 인정하는 판례가 발견된다. 보험모집인,[4] 레미콘자차기사[5] 등에 대해서는 노조법상 근로자성까지 부인된다. 판례법리는 경제적종속성과 인적종속성의 개념으로 특수고용형태근로자의 근로자성을 판단하고 있지만 일관성이 있다고 보기 어렵다. 특별보호방안이 요청된다.[6]

6·나. 용역근로 및 유사도급·사내하청(같은편, 제7장, 제1절 4·가, (2), ②, ㈏)

용역근로는 청소·경비 등 용역업체에 고용되어 그 지휘 아래서 용역계약을 맺은 다른 업체에서 근무하는 근로이다. 용역계약이 위장·유사 도급계약이 아닌 한 해당근로자는 용역업체근로자로 인정된다. 도급형식을 띤 간접고용인 유

---

1) 단시간근로자가 사용자의 부당한 초과근로요구를 거부한 행위, 차별적처우에 대한 시정신청과 노동위원회의 조사 및 심문, 재심신청 또는 행정소송제기, 시정명령 미이행 사용자 신고, 법령위반사실을 통고한 행위.

2) 대판 2014.2.13, 2011다78804 ; 대판 2014.2.27, 2010두29284 ; 대판 2014.3.27, 2011두23139.

3) 대판 2018.6.15, 2014두12598·2014두12604 ; 노조 01254-282, 1999.12.17, 노조법관련 인정, 회원모집 및 회비수금 사항의 보고 등을 위해 출근, 업무일지를 작성하여 결재, 관리능력부족을 이유로 과목의 일부 회수, 규정이나 지시사항을 위반하면 위탁계약이 해지, 회비수금실적 및 회원모집실적에 따른 수수료는 노무대가성이 있는 수입으로 볼 수 있음(2000.11.20. 서울지방고용노동청, 구몬·아이템플 학습지교사로 구성된 전국학습지산업노동조합에 대해 설립신고증 교부).

4) 대판 2000.1.28, 98두9219 ; 대판 1990.5.22, 88다카28112 등 많은 판례.

5) 대판 2006.5.11, 2005다20910. 노조법관련 ; 대판 2006.9.8, 2003두3871. 노조법관련.

6) 경제법적 보호방안, 근로자개념 확대방안, 중간영역 인정방안 등이 있다(2007 입법시도, 회기종료로 폐기).

사도급과 사내하청은 수급인근로자가 순수도급관계로 수급인에게 고용된 것인지, 도급기업에 직접 고용된 건인지 또는 파견관계에 있는 것인지에 대해 판례를 중심으로 한 해석론에서 다루어지고 있다.

6·다. 가정내근로

가정내근로는 재택근무·가내하청 등 가정내에서 이루어지는 근무형태이다. 해당근로자는, 사용종속관계가 없는 한, 노동법상 근로자가 아니다. 그러나 최근 들어 가정내근로도 영상이나 IT기술의 발달로 시간적구속이 이루어지는 등 사용종속관계가 형성되고 있어 노동법적 보호영역에 편입되고 있다.

6·라. 가사근로자(제1편, 제3장 제2절, 3·가, (2))

근기법은 가사근로자에 대해 근기법이 적용되지 않음을 명시하고 있다. 사회서비스 분야에서 일자리가 창출되면서, 가사사용인의 활용영역이 넓어지고 있음에도 법적보호에서 소외되고 있다.

제2절 근로형태와 취약근로

1. 상용근로[1)]

일정기간 동안[2)] 또는 기간의 정함이 없이 고용이 보장되는 근로형태이다. 당사자가 소정근로일이나, 소정근로시간을 정한다. 그 날과 그 시간에 대해서는 근로제공의무와 임금지급의무가 발생하고, 결근하면 징계대상이 된다.

상용근로자는 소정근로시간의 길이에 따라 통상근로자와 단시간근로자로 구분된다. 단시간근로는 특별법으로 보호되는 영역이다.

---

1) 법정 용어가 아니므로 여러 가지 의미로 쓰인다. 여기서는 일용근로자의 반대 개념으로 사용했다.
2) 통계적으로는 고용계약기간이 1년 이상인 근로자이다.

2. 일용근로 · 일일근로

2·가. 양자를 구분하는 접근

일용근로자와 일일근로자를 구분하는 접근이 발견된다. 일용근로자는 고용계약기간이 1월 미만인 근로자이며, 일일근로자는 근로계약기간을 정하지 않고, 일거리가 있을 때 근로를 제공하는 근로자이다. 이러한 개념은 통계청의 경제활동인구조사에서 비롯되었으며, 노동시장[1] 및 사회보험[2] 관련법에서 많이 활용된다.

2·나. 양자를 같이 보는 접근

(1) 개 념

근기법은 일용근로자에 대해 정의 규정을 두고 있지 않다. 해석론으로 보면 일용근로자라 함은 "그 때 그 때의 필요에 따라 사용하는 근로자"[3]로서 "근로계약을 1일 단위로 체결하고 그 날의 근로가 끝나면 사용종속관계도 끝나 계속고용이 보장되지 않는 자"[4]이다. 산재보험에서는 "1일단위로 고용되거나 근로일에 따라 일당 형식의 임금을 지급받는 근로자"를 일용근로자 본다(산재령 §23).

(2) 지 위

형식적으로 일용근로자라 하더라도 출근을 하지 않으면 불이익을 받는 등 근무태도관리에 대해 사용자의 지시를 받으면 상용근로자이다. 일용근로자라도 계약기간이 정해져 있다면 그 기간 중에 업무의 특수성 때문에 근로를 제공하지 못한 날이 있더라도 근로자신분을 유지할 수 있으며,[5] 원칙적으로 근기법이 적용된다.[6] 형식적으로 일용근로자로 되어 있더라도 일용관계가 중단되지 않고 계

1) 노동부, 「일용근로자 고용보험 업무편람」, 2004, 2쪽 ; 고보법(§2vi)은 "1개월 미만 동안 고용되는 자"를 일용근로자로 규정하고 있다. 임금의 산정 · 지급이 일일단위로 이루어져도 이러한 기준을 충족하지 않으면 일용근로자로 보지 않는다.

2) 노동부, 「일용근로자 고용보험 업무편람」, 2004, 2쪽 ; 「국민건강보험법」(§6② i)도 "1월 미만의 기간 동안 고용되는 일용근로자"를 직장가입자에서 제외시키고 있다.

3) 대판 1987.4.14, 87도153.

4) 같은취지, 근기 1451-12200, 1983.5.12.

5) 대판 2009.5.14, 2009두157. 기간만료가 아닌 일시적 공사중지로는 기본적근로관계가 소멸하지 않는다.

6) 대판 1979.1.30, 78다2089 ; 근기 1455-1697, 1983.1.21 ; 일일단위로 근로계약이 체결되므로 그날그날 근로관계가 종료되나, 일용근로관계가 반복되거나 사실상 상용화되면 긴 기간근로를 전제로 하는 법정근로조건도 적용된다. 일용근로관계가 1주일 이상 계속되면 주휴일이 발생하고, 1년 이상 계속 근로하면 연차유급휴가와 퇴직금 관련 규정이 적용되며, 산전 · 후휴가(여원 68240-508, 2001.11.16)나 생리휴가 등의 관련조항도 적용된다.

속되면 상용근로자로 보게 되며 그에 상응하여 근기법이 적용된다.[1] 상용근로자로 간주되는지는 '근로계약형식과 구체적고용실태'[2], 계속근로기간, 업무지시의 내용 및 방법, 사업시행기간, 출근관리방법, 계속근로기대권, 임금계산방법 등 여러 사정을 살펴 사회통념상 합리성에 따라 판단될 수 있다. 상용근로자로 간주된다 함은 고용이 보장됨을 의미하는 것이 아니고, 근로조건의 적용에 있어 상용근로자에 준해서 해석함을 의미한다.

(3) 대 우

고용장관은 사업이나 직업에 따라 일용근로자의 평균임금을 정하고(근기령 §3), 사용기간이 30일미만인 일용근로자에 대해서는 근로자명부작성의 예외가 인정되며(근기령 §21) 임금대장기재사항의 예외도 인정된다(근기령 §27②). 근기법령에 규정은 없지만 소정근로일이 정해지지 않은 일용근로자는 해고·휴업수당,[3] 휴일·휴가,[4] 퇴직금[5](제2편 제6장, 제3절) 등에 있어 상용근로자와 다르게 취급될 수 있다.

---

1) 대판 1976.9.14.선고 76다1812. 퇴직금 ; 대판 1986.8.19, 83다카657. 퇴직금 관련 ; 대판(전) 1995.7.11, 93다26168 ; 대판 2006.4.28, 2004다66995·67004. 퇴직금 관련.

2) 근기 68207-1631. 1996.12.11.

3) 순수 일용근로자에 대해서는 부당해고금지·휴업수당·퇴직금 관련 조항은 원칙적으로 적용되지 않는다. 일용관계가 중단되지 않고 계속되어 상용근로자로 간주되는 일용근로자라 하더라도 근로계약이 1일 단위로 체결되고 "그 때 그 때의 필요에 의해 사용되는 근로자"라는 점은 변함이 없으므로 고용보장을 전제로 하는 부당해고금지, 휴업수당 등은 적용되지 않는다. 계약기간이 정해진 일용근로관계도 그 기간 동안 그 때 그 때 필요할 때 1일 단위로 근로관계를 맺겠다는 의미이므로 마찬가지로 해석될 수 있다.

4) <보장적 휴일·휴가> 근로자의 날 또는 공휴일과 같은 법정휴일은 일용근로자에게도 적용된다. 다만, 법정휴일 전 날에 근로관계가 종료되고 근로가 계속 이어지지 않는다면 법정휴일이 적용되지 않으나(근로기준팀-8048, 2007.11.29. '건설일용근로자 보호지침'), 법정휴일 전 날과 다음 날에 근로를 제공하였다면 법정공휴일이 인정되어야 할 것이다. ; <보장적 휴일·휴가> 주휴일이나 '월 단위 또는 년 단위 연차유급휴가'는 근로의 의무가 있는 즉 장래의 근로를 예정하는 소정근로일을 전제로 성립하므로 그 성격상 적용되기 어렵다. 그러나 근로를 제공한 결과를 볼 때 1주나 1월을 개근하였거나 '1년간 8할 이상'을 근로하였다면 해당 휴일이나 휴가의 발생을 부정할 수 없다(근기 1455-1697, 1983.1.21.). 이 때 개근이나 출근율을 판단하는 기준은 '해당기간 동안에 법정휴일을 제외한 전체 일수'와 '비교대상인 상용근로자의 소정근로일'이 제시될 수 있는데 전자가 타당하다. 후자는 상용근로자의 소정근로일이나 그 결정요소인 유급휴일 또는 휴무일이 일용근로자에게 적용되지 않는다는 점에서 적절치 않다. 전자는 매일 매일 출근여부를 근로자가 정하므로 대상기간 중에서 법정휴일을 뺀 나머지 날이 근로할 수 있도록 정해져 있는 날이기 때문이다.

5) 일용근로관계는 그 성격상 퇴직금지급요건인 '1년 이상의 계속근로기간'을 충족하기 어렵다. 이러한 이유로 퇴직금과 관련하여 건설일용근로자에 대한 건설근로자퇴직공제제도(제2편, 제6장, 제3절, 3)가 도입되어 있다. 일용근로관계에 대해서도 계속성과 연속성이 상당하게 인정되면 퇴직금이 지급되어야 한다. 계속성은 일용근로관계가 1년 이상 계속되었는지로 판단한다. 일용근로자가 1월 또는 1년중 출근하지 않은 날이 상당기간 계속되거나 이러한 날들이 단속적으로 포함되어 있는 경우에는 계속 근무하였다고 보기 어렵다. 계속성과 관련하여서는 월 평균 25일 이상 근무하여야만 되는 것이 아니고 최소한 1개월에 4~5일에서 15일 정도까지 계속해서 근무하였다면 요건을 충족한다고 본 판결{대판 1979.1.30, 78다2089 ; 대판(전) 1995.7.11, 93다26168}이 발견된다. 연속성은 단절기간의 성격이 감안되어야 한다. 일용직근로관계가 공사진행에 따라 중단·재개되는 등 연속성이 떨어지는 것은 상근직이 아닌 특수성에 기인한다(대판 2009.5.14, 2009두157). 따라서 공사중단·재개나 계절적요인에 따른 공백기간은 제외하고 연속성이 판단되어야 한다.

3. 임시근로

임시근로자는 근로계약기간이 짧은[1] 기간제근로자이다. 업무가 한시적이거나, 다른 근로자의 휴가·교육 등 일시적 업무공백을 메우기 위해 고용된 자로 소정근로시간과 소정근로일이 정해져 있다. 임시근로자에게도 근기법이 적용되고 계약기간 동안 고용이 보장된다.

4. 아르바이트 및 인턴사원

아르바이트근로자는, 학생의 부업처럼 여가시간을 활용하여 취업하는 자로 이해될 수 있으며, 근기법상 근로자이다.[2] 계약형태에 따라 일용근로자, 임시직(기간제)근로자, 상용근로자(통상근로자 단시간근로자)가 될 수 있으며 그에 따라 법정근로조건의 적용이 달라진다. 인턴은 훈련형, 전환용 및 채용형으로 구분된다. 인턴사원이라도 순수한 훈련이 아니고 실질적으로 근로를 제공한다면 근로자로 인정된다. 근로자로 인정될 경우, 인턴후 정식채용이 예정되어 있으면 과도기적근로관계법리의 적용을 받고, 정식채용이 예정되어 있지 않거나 '노력한다'는 것처럼 임의절차로 규정되어 있다면 해당기간 동안 기간제근로법리의 적용[3]을 받는다.

1) 통계적으로는 1개월 이상 1년 미만.
2) 근기 1451-19712, 1984.9.22.
3) 서울고판 2016.9.28, 2015누54706.

제 3 편

집단적노동관계

제 1 장 노 동 조 합

제1절 의 의

1. 법적 근거

「노동조합및노동관계조정법」은 노동조합의 설립과 운영, 단체교섭과 단체협약, 노동쟁의의 조정, 쟁의행위 및 부당노동행위금지를 내용으로 하고 있으며 집단적노사관계의 기초가 되는 법이다. 집단적노사관계법으로는 이외에도 「교원의노동조합설립및운영등에관한법률」과 「공무원의노동조합설립및운영등에관한법률」을 들 수 있다. 집단적노사관계법체계는 1953년에 제정된 「노동조합법」과 「노동쟁의조정법」으로부터 비롯되어 여러 차례의 개정을 거친 후 1997년에 제정된 「노동조합및노동관계조정법」(노조법)으로 통합되어 개정을 거치고 있다.

2. 입법 목적

노조법은 헌법에 규정된 노동3권을 보장해 근로조건의 유지·개선과 근로자의 경제적·사회적 지위의 향상을 도모하고, 노동관계를 공정하게 조정해 노동쟁의를 예방·해결함으로써 산업평화의 유지와 국민경제의 발전에 이바지함을 목적으로 한다(노조법 §1). 노조법은 노동3권을 근거로 노사자치주의를 실현하고자 하는 법이다.

3. 노동조합의 조직형태

노동조합의 조직형태는 구성원자격과 결합방식에 따라 유형화된다.

첫째, 구성원자격을 기준으로 보면 직종별노동조합(직종별노조)(Craft Union)[1] · 산업별노동조합(산업별노조)(Industrial Union)[2] · 기업별노동조합(기업별노조)(Enterprise Union)[3] · 일반노동조합(일반노조)(General Union)[4] 및 지역별노동조합(지역별노조)[5]으로 구분된다. 기업별노조와 산업별노조를 구분하는 실익은 단체교섭이나 조합활동에 있어 지침의 결정 및 집행, 재정, 조합운영 등에 있어 주도권을 하부조직이 갖느냐 아니면 상부조직이 갖느냐에 있다.[6]

---

1) 인쇄공 · 목수 등 동일직종에 속하는 근로자들이 기업과 산업을 초월해 횡적으로 결합한 노동조합으로서 특정 사용자와의 사용종속관계를 전제로 하지 않는다. 직종별노조는 가장 일찍 발달한 조직형태로서 유럽의 숙련근로자들이 조직한 중세의 수공업길드에서부터 유래를 찾을 수 있다. 장점으로는 첫째, 교섭의 대상과 내용이 명확하고, 둘째, 공제활동까지 할 수 있으며, 셋째, 조직의 단결력이 견고해 자주성이 강하고, 넷째, 실업자도 가입할 수 있어 자기 직종에서 강한 활동력을 갖는다. 단점으로는 첫째, 유대가 강한 대신 배타적 · 독선적일 수 있어 미숙련근로자를 포함한 근로자 전체의 경제적 · 사회적지위를 향상시키는데 한계가 있고, 둘째, 조합원과 사용자의 관계가 희박해 개별사업장 실정에 맞는 교섭이 어렵다.

2) 동종산업에 종사하는 근로자에 따라 직종과 기업을 넘어서 횡적으로 조직된다. 산업별노조는 산업혁명이 진행됨에 따라 대량으로 노동시장에 진출하게 된 미숙련근로자의 권익을 보호하기 위해 탄생했다. 장점으로는 먼저, 근로조건을 산업별로 통일적으로 개선할 수 있고, 다음으로 미숙련근로자의 권익을 잘 보호할 수 있다. 단점으로는 첫째, 내부조직이 방대해 전체 조합원의 의사를 반영하기 어려워 단결력이 형식화될 우려가 있고, 둘째, 직종별 · 기업별특수성을 반영하기 어려워 산업의 내부에서 직종 사이에 대립과 반목이 일어날 수 있다. : 1953년의 제정 「노동조합법」은 노동조합조직형태에 관해 규정을 두지 않아 자유설립주의의 입장을 명확히 했다. 1963년에는 산업별노조를 의무화했으나, 1973년에는 산업별노조규정이 삭제되었고, 1980년에는 기업별노조를 의무화했으며, 1987년에는 기업별노조의무규정을 삭제해 조직형태를 자유롭게 선택할 수 있도록 했다.

3) 직종이나 산업의 구별 없이 하나의 기업을 조직단위로 해 조직한 노동조합이다. 장점으로는 첫째, 기업특수성을 잘 반영하여 근로조건을 통일적 · 종합적으로 결정할 수 있고, 둘째, 조합결성이 쉽고 참여의식이 강하며, 셋째, 기업애로사항을 노사협력으로 해결하기 쉽고 사용자와의 관계가 긴밀해 노사협조가 잘 이루어진다. 단점으로는 첫째, 사용자의 의사가 강하게 개입되어 노동조합의 자주성이 침해받기 쉽고, 둘째, 특정 노동조합이 기업내 조직을 독점할 수 있으며, 사업장분규가 상대적으로 잦고, 셋째, 기업내부의 직종 사이에 반목과 대립이 크며, 넷째, 조합원보다는 종업원이라는 의식이 상해 기업을 초월한 협력체계를 만들기 어렵다.

4) 직종별 · 산업별 · 기업별로 노동조합을 만들기 어려운 근로자들이 직종 · 산업 · 기업을 초월해 조직한 노동조합이다. 19세기 말에 직종별노조에 가입하지 못한 교통 · 운수 · 건설 등의 분야의 미숙련근로자를 중심으로 결성하기 시작했다. 일반노조는 특정의 직종, 산업, 기업 등에 속하지 않는 자도 가입할 수 있어 조직의 폭이 넓다. 그러나 근로형태차이 때문에 조합원들의 연대의식이 약하고, 행동통일이 쉽지 않으며, 단체교섭이나 단체협약에서 직종이나 기업의 특수성을 감안하기 어렵다.

5) 일정지역내의 동일한 산업 또는 직종의 단위로 노동조합을 조직하는 것을 말한다. 지역별노조는 해당 노조의 특성과 설립취지, 상권 · 시장, 단체교섭가능범위, 경제생활영역, 근로자분포 등의 요소를 고려해 자율적으로 조직범위를 정할 수 있다. 노동조합을 지역별로 조직하고 지역의 범위를 정하는 것은 노동조합이 선택할 문제이고, 대응할 사용자와 사용자단체가 없다는 사정이 설립장애사유가 될 수 없다(대판 1993.2.23, 92누7122.).

6) 유럽은 산업별노조를 중심으로 하면서 개별기업에 대해 종업원대표제를 의무화하는 이원구조를 갖는다(菅野和夫, 『勞働法』, 第七版補正二版, 441쪽). 미국은 기업수준에서 단체교섭이 이루어지는 일원구조를 갖는다. 일본과 한국은 기업별노조를 주된 조직형태로 발전시켜왔다. 기업별노조도 종업원대표제의 요소를 받아들여 미국은 기업별로 고충처리제도를, 한국은 노사협의제도를 도입하게 되었다.

결합방식을 기준으로 보면 단위노동조합(단위노조)[1]과 연합단체노동조합(연합단체 노조)[2]으로 구분된다. 기업을 초월해 조직된 노동조합은 초기업단위노동조합(초기업 노조)으로 불린다. 노조법령은 노동조합의 정의 규정(노조법 §2iv)과 함께 연합단체노조의 정의(노조법 §10②)[3] · 권한(노조령 §8①)[4] · 의무(노조령 §8②)[5]에 대해 직접 규정하고 있다.

구성원자격 기준과 결합방식 기준은 배타적이지 않다. 즉, 산업별단위노조, 산업별연합단체노조, 기업별단위노조 등 다양한 형태로 나타날 수 있다.

제2절 노동조합의 설립

1. 노동조합설립의 원칙

1·가. 법적근거

근로자(노조법 §2 i 제1편, 제3장, 제3절, 2·나)는 자유로이 노동조합을 조직하거나 이에 가입할 수 있다. 공무원과 교원에 대해서는 따로 법률로 정한다(노조법 §5). 공무원과 교원은 각각 공노법과 교노법에 따라, 단결권과 단체교섭권이 보장된다(제1편, 제2장, 제2절, 6·라 같은편, 제7장, 제1절 및 제2절).

1·나. 자유설립주의

근로자는 노동조합의 설립여부, 유형, 가입여부 등을 자주적으로 결정할 수 있다. 노조법(§5)은 노동조합의 형태에 대해 제한을 두지 않고 있다.

---

1) 근로자가 개인적으로 가입하고 독자적인 규약과 기관을 가지고 활동하는 조직형태이다. 지역 또는 기업별로 지부나 분회를 산하조직으로 두는 전국단위의 노동조합을 단일조합이라고도 한다.

2) 산업별 · 기업별노조들이 독립된 지위를 가지면서 결성한 노동조합이다. 연합단체의 조직대상 범위를 입법적으로 한정하는 것은 노동조합의 설립 및 가입 자유의 원칙에 반한다(조용만 · 문무기 · 이승욱 · 김홍영, 「국제노동기준과 한국의 노사관계 -결사의 자유 및 노사자치 확립을 위한 법제도 개선방안-」, 한국노동연구원, 2003, 44쪽) ; 연합단체노조는 단순한 협의 · 연락기관인 협의체조직(지역협의회 등)과는 구별된다. 단위노조는 연합단체에 가입할 것인지를 자유로이 결정할 수 있다{노조설립신고대상(노조법 §10)과 규약기재사항(노조법 §11) 중 '소속연합단체가 있는 경우에는 그 명칭'이라는 표현을 보면 명확하다(대판 1992.12.22, 91누6726)}.

3) 연합단체노조란 '동종산업의 단위노조를 구성원으로 하는 산업별연합단체'와 '산업별연합단체 또는 전국규모의 산업별노조를 구성원으로 하는 총연합단체'를 말한다.

4) 연합단체노조에 가입한 노동조합은 상급 노동조합의 규약이 정하는 의무를 성실하게 이행해야 한다.

5) 총연합단체 노조 또는 산업별연합단체 노조는 소속 노동조합 활동에 대해 협조 · 지원 또는 지도할 수 있다.

자본주의 초기에는 노동조합의 설립에 대해 허가주의가 일반적이었다. 지금은 등록・신고 등 공인을 해주거나, 실체를 갖춘 활동만으로 설립이 인정된다. 신고나 등록처럼 행정절차를 요구하는 것은 별론으로 하고 노동조합설립에 대해 근로자의 자유로운 의사에 따르는 것이 헌법과 노조법의 기본정신이다.

1·다. 복수노동조합

(1) 의 의

'근로자의 단결선택의 자유를 보장'하고, '노동조합의 자유설립주의 이념을 구현'하며, '노사자치주의를 보장'한다는 관점에서 복수노조를 보장하는 것은 헌법과 노조법의 정신에 부합된다.[1]

(2) 연 혁

노동조합자유설립주의규정(노조법 §5)에도 불구하고, 「노동조합법」은 1963년에 복수노조금지조항을 신설하고, 1987년에 금지의 정도를 강화했다. '1997년 제정 노조법'은 복수노조금지조항을 폐지하면서 유예규정을 두었다. 2001년과 2006년에 유예조치가 반복적으로 이루어져서 13년간 유예기간을 유지하다가, 2010년에 유예조항이 폐지되고 2011년에 복수노조가 허용되었다.

(3) 효 과

복수노조허용은 자유설립주의를 확대시켰고, 집단적노사관계의 구조를 변화시켰다. 교섭대표노동조합(교섭대표노조)은 단체교섭,[2] 노동쟁의,[3] 쟁의행위,[4] 공정대표의무,[5]

---

1) 국제노동기준(ILO, 「Freedom of Association ; Digest of decisions and principles of the Freedom of Association Committee of the Governing Body of the ILO, 5th ed」, 2006, p.720 및 p.722. '자신의 선택에 따라 단체를 설립할 근로자의 권리'를 ① 단체의 구조와 구성에 대한 선택, ② 특정 기업・직업・활동부문에서 하나 이상의 단체 설립, ③ 연합단체와 총연합단체의 설립에 관한 결정을 자유롭게 행할 권리로 본다. 따라서 근로자는 원하는 경우 지부 또는 기업수준에서 동시에 노조에 가입할 수 있다.

2) 당사자와 관련해 단체교섭권 및 단체협약체결권의 주체(노조법 §29§②), 위임주체(노조법 §29③④, §29의5) 신의성실교섭과 '단체교섭의 거부・해태금지'의 주체(노조법 §29③④, §29의5)를 교섭대표노조로 명확히 규정 교섭절차와 관련해 교섭요구기한을 신설하고, 교섭창구단일화와 예외에 대해 규정하고 있다.

3) 노동쟁의조정신청주체는 교섭대표노조이다(노조법 §29③④, §29의5).

4) 첫째, 'wild cat strike'의 판단기초가 되는 노동조합은 교섭대표노조이다(노조법 §29③④, §29의5). 둘째, 교섭대표노조는 쟁의행위에 있어 조합원에 대한 지도감독책임을 진다(노조법 §38③, §29의5). 셋째, 교섭대표노조는 필수유지업무근로자에 대한 지명권을 갖는다(노조법 §38③, §29의5). 넷째, 교섭대표노조는 쟁의행위기간 중에 임금지급목적의 쟁의행위를 할 수 없다(노조법 §38③, §29의5). 다섯째, 교섭대표노조의 쟁의행위는 직장폐쇄에 있어 방어적인지를 판단하는 기준이 된다(노조법 §46①, §29의5). 여섯째, 노조법에 명시되지 않은 사항이지만 교섭대표노조는 쟁의행위의 찬반투표관리의 주체가 된다.

5) 부당노동행위와 관련해서는 객체가 되며, 단체교섭거부・해태의 상대방이 된다(노조법 §81③, §29의5).

노동행정참여[1]에 있어 주체로 등장하였다(노조법 §29의5). 근로자는 단결선택자유에 따라 2개 이상의 노동조합에 가입할 수 있다(노조령 §14의7⑥).

2. 노동조합의 설립요건

2·가. 의 의

노조법은 노동조합이 자주성을 확보하도록 실질적요건을 정의규정에 설정해 놓고, 형식적요건으로 설립신고제도를 도입하고 있다. 실질적요건은 다시 정의규정의 본문에 해당되어야 하는 적극적요건과 단서의 결격사유에 해당되지 않아야 하는 소극적요건으로 나뉜다.

2·나. 실질적요건

(1) 적극적요건

① 법적근거

노동조합이라 함은 근로자가 주체가 되어 자주적으로 단결해 근로조건의 유지·개선 기타 근로자의 경제적·사회적 지위의 향상을 도모함을 목적으로 조직하는 단체 또는 그 연합단체를 말한다(노조법 §2iv본문).

② 주 체

노동조합은 근로자가 주체가 되어야 한다. 근로자라 함은 노조법(§2 i)상 근로자로서 실업자를 포함한다.[2]

③ 자주성

노동조합은 근로자가 '자주적으로 단결해' 조직한 단체이다. 자주적이라 함은 외부의 지배·간섭을 받지 않고 스스로 노동조합을 결성하고 관리·운영하는 것을 말한다. 외부라 함은 사용자뿐 아니라 국가·정치단체 등을 모두 포함한다.

④ 목적성

노동조합은 '근로조건의 유지·개선 기타 근로자의 경제적·사회적 지위[3]의

---

1) 교섭대표노조는 조정위원회의 사용자위원 추천권을 가지며(노조법 §81③, §29의5), 특별조정위원회의 공익위원을 순차적으로 배제하는 권한을 갖는다(노조법 §81③, §29의5).

2) 김유성, 『노동법Ⅱ』, 55쪽 ; 임종률, 『노동법』, 제9판, 42쪽.

3) 경제적·사회적지위는 근로조건뿐 아니라 인사관리, 복리후생, 사회보장 등이라도 근로조건과 관계가 있는 조건을 말한다.

향상을 도모'함을 목적으로 해야 한다.[1] 노동조합은 정당, 공제단체, 시민운동단체 등과 다르다.

⑤ **단체성**

노동조합으로 인정되려면 '단체 또는 연합단체'여야 한다. 단체라 함은 규약, 기관, 재정 등을 갖추고 계속적으로 활동하는 인적결합체를 말한다. 조합원수는 복수여야 한다. 조합원수가 1인인 경우에는, 일시적인 상태를 제외하고, 노동조합으로 인정되지 않을 수 있다. 쟁의단과 같은 일시적단결체는 계속적이지 못하므로 노동조합에 해당되지 않는다.

(2) 소극적요건

① **법적근거**

노조법은 노동조합으로 보지 않는 소극적요건을 직접 명시하고 있다(노조법 §2iv 단서).

② **사용자 및 그 이익 대표자 참가**

㈎ **의 의**

'사용자 또는 항상 그의 이익을 대표해 행동하는 자의 참가를 허용하는 경우'는 노동조합의 결격사유이다. 이들은 조합원으로서의 업무를 성실하게 수행하기 어렵고, 노동조합의 자주성을 훼손할 우려가 있기 때문이다.

㈏ **해당업무**

'항상 사용자의 이익을 대표하는 자'는, 형식적인 지위·직명이 아니고 경영실태·담당업무·직무권한 등에 비추어 볼 때, 인사·노무관리 등 근로관계의 결정에 직접 참여하거나, 근로관계에 대한 기밀사항을 취급할 권한이 있는 사람을 말한다.[2] 해당업무는 단체협약에 규정될 수 있다.[3] 이 개념은 사용자개념 중 '근

---

1) 노동조합의 기능은 본질적기능인 경제적기능과 부수적기능인 공제적·정치적기능으로 분류된다. 경제적기능은 근로조건의 유지·개선을 통해 근로자지위를 향상시킨다. 노동조합은 직종을 중심으로 공제조합을 만드는 데서 출발했다. 이러한 전통 때문에 노동조합은 근로자들의 복지기금을 마련하는 등 공제적기능을 수행한다. 정치적기능은 법령의 제·개정, 정책개선 등을 위해 활동하는 기능을 말한다. 근로조건이 제도적으로는 국가의 입법이나 정책에 따라 결정된다는 점을 감안할 때 노동조합의 정치적기능을 부정할 수만은 없다. 따라서 공제적기능과 정치적기능이 부수적기능에 그치는 한 노동조합의 요건을 충족한 것으로 볼 수 있다.

2) 사용자에게 전속된 비서·전용운전사, 감독적 지위에 있는 감사담당부서 직원, 회사재산보호·출입자감시·순찰업무를 하는 수위처럼 경찰적업무를 담당하는 자, 예산·회계·경리 담당자, 노사협의회 사용자위원·업무지원자·직상급자, 사용자에게 전속되어 업무를 보조하는 '인사의 기획·실행·비밀취급자' 등 ; 대판 2011. 9.8, 2008두13873(**한국노동법학회, 『노동판례백선』**, 263쪽). 직급·직책에 의하여 일률적으로 결정되어서는 안되고, 업무내용이 단순히 보조적·조언적인 것에 불과하여 업무수행과 조합원 활동사이에 실질적인 충동이 발생할 여지가 없는 자는 여기에 해당하지 않음.

3) 대판 2004.1.29, 2001다6800.

로조건에 관한 사항에 대해 사업주를 위해 행위하는 자'보다 그 범위가 넓다.

㈐ **결격사유 해당여부 판단**

노동조합설립의 결격사유를 판단함에 있어서는 자주성이 현실적으로 침해되었거나 침해될 우려가 있는지로 판단해야 한다.

③ **경비원조**

재정의 자주성을 유지하기 위해 '경비의 주된 부분을 사용자로부터 원조받는 경우'가 노동조합의 결격사유로 명시되어 있다. 경비라 함은 노동조합운영에 소요되는 모든 비용이 포함된다. '주된 부분'이라 함은 대부분이라는 뜻이므로 일부를 원조받는 것은 무방하다.

④ **공제 · 수양 기타 복리사업 목적**

'근로자의 근로조건 유지 · 개선'이라는 '주된 목적활동'에서 벗어나 '공제 · 수양 기타 복지사업만을 목적'으로 하는 조직은 노동조합이라고 할 수 없다. 부수적으로 하는 공제 · 수양 기타 복리사업은 결격사유가 되지 않는다.

⑤ **근로자 아닌 자의 가입**

㈎ **의 의**

'근로자가 아닌 자의 가입'은, 노동조합의 적극적요건 중 주체에 결함이 있어 노동조합의 자주성을 저해할 우려가 있기 때문에, 노조법에 소극적요건으로 명시되어 있다.

㈏ **노조법상 근로자의 범위**

실업자 · 구직자 · 해고자도 노조법상 근로자로 인정될 수 있다. 노동조합의 가입범위는 규약에 의해 정해진다. 실업자 · 구직자 · 해고자가 초기업노조에 가입할 수 있음은 당연하며,[1] 기업별노조의 경우에도 규약으로 이들의 가입이 허용될 수 있다.

㈐ **조합원의 지위와 권리**

노조법은 기업별노사관계의 특수성을 감안하여 '종사근로자인 조합원'(종사 조합원), '종사간주근로자인 조합원'(종사간주 조합원)과 '종사근로자가 아닌 조합원'(비종사 조합원)에 대한 규정을 마련하고 있다. 조합원의 지위와 권리 특히 조합활동에 대해서는 이들과 함

1) 대판 2004.2.27, 2001두8568. 가입범위를 "서울지역 미조직 여성근로자, 임시직 · 계약직 · 파견 · 시간제 등 비정규직 여성노동자, 구직중인 여성노동자"로 정한 서울여성노동조합사건.

께 '종사근로자와 조합원이 아니면서 단체교섭을 수임받은 자'(비종사 조합원)를 비교대상으로 삼아 설명할 수 있다. 조합활동(같은편, 같은장 제4절, 2·가, (1))과 출입통제(같은편, 같은장 제4절, 3·나, (2), ③)에 대해서는 뒤에서 따로 설명한다.

㉮ **종사조합원 및 종사간주조합원**

㈀ 법적 지위

종사조합원이라 함은 종사근로자인 조합원을 말한다. '종사근로자'라 함은 사업(장)에 종사하는 근로자를 말한다(노조법 §5②). 종사라 함은 사업(장)의 사용자에 대해 사용종속관계를 갖는 관계이다. 따라서 해당사업(장)의 사용자에게 고용된 근로자가 아닌 '하수급자의 근로자' 등은 종사근로자에 해당되지 않는다.

종사근로자인 조합원이 해고되어 노동위원회에 부당노동행위의 구제신청을 한 경우에는 중노위의 재심판정이 있을 때까지는 종사근로자로 본다(노조법 §5③). '종사근로자간주'는 중노위재심판정까지'로 한정된다.[1] 노동조합의 설립 또는 운영과 관련이 없는 자가 근기법상의 근로자지위를 주장하기 위하여 해고의 효력을 다투는 경우[2]나 근참법상의 근로자위원자격과 관련해서는 해당규정이 원용되지 않는다.[3] 종사간주조합원은 노조법에서 종사근로자와 같은 지위를 갖는다. '종사근로자간주규정'의 목적은 노동조합의 설립 및 존속을 보호하고 사용자의 부당한 인사권의 행사에 의하여 조합활동이 방해받지 않도록 하기 위함이다. 따라서 종사근로자로 간주되는 범위는 조합원자격에 그치고, '개별적근로관계',[4] '근로관계상의 근로자지위' 또는 '공법상지위'에까지 확대되지 않는다.[5]

㈁ 고유 권한

기업별노조의 임원(노조법 §23①)과 대의원(노조법 §17③)은 종사조합원과 종사간주조합원 중에서 선출된다. 다른 노동조합이나 사용자에게 영향을 주는 공적의사결정인 근로시간면제한도(노조법 §24②) · 교섭창구단일화(노조법 §29의2⑩) · 쟁의행위찬반투표(노조법 §41①)에 있어서 조

1) 노조 68107-231, 2003.5.21. 행정소송 제기에도 불구하고 중노위판정의 효력은 유지된다.
2) 노조 68107-231, 2003.5.21.
3) 이상윤, 『노동법』, 제6판, 524쪽.
4) 대판 1991.11.8, 91도326 ; 대판 1993.6.8, 92다42354. 대우전자사건, 사원아파트 퇴거거부사건 ; 대판 1994.9.30, 93다26496 ; 대판 2004.3.12, 2003두11834. ; 사법상의 지위를 확보하는 구제를 받으려면 해고무효 또는 종업원지위확인을 구하는 민사소송을 청구해야 한다(대판 1976.2.11, 75마496 ; 대판 1996.4.23, 75다53102).
5) 김유성, 『노동법Ⅱ』, 65쪽 ; 대판 1990.3.13, 89도2399. 풍산금속사건, 산업체근무특례보충역 입영처분 관련. 해고무효재결 · 판결이 나면 입영처분이 취소(대판 1990.5.8, 90누1342)되나 임의로 복귀시키면 취소되지 않는다(대판 1990.5.11, 90누1335).

합원수의 산정은 종사조합원과 종사간주조합원을 대상으로 한다.

㉯ 비종사조합원

기업별노조에 있어 종사근로자가 아닌 조합원 즉 비종사조합원은 규약에 의해 조합원의 지위와 권리를 가진다. 다만, 조합활동과의 관계에 있어서는 종사조합원에게만 인정되는 지위와 권리를 향유할 수 없으며, "효율적 사업운영에 지장을 주지 않는 범위"에서만 사업장 내의 활동이 가능하다(노조법 §5②).

종사간주조합원에 해당되지 않는 '해고된 종사자'는, 규약에 해고자가 가입범위에 포함된 상태에서 실제로 노동조합에 가입하면, 비종사조합원으로서 조합활동을 할 수 있다.

㉰ 비종사비조합원

종사근로자간주를 받지 못한 해고자라 하더라도 비종사근로자로서 조합원이 될 수 있으며, 조합원이 아니라도 단체교섭의 위임(노조법 §29③)을 받아 교섭담당자로 나서거나 쟁의행위를 지원하는 행위는 인정된다.

⑥ 정치활동목적

근로자의 '근로조건 유지·개선'과 '경제적·사회적 지위향상'을 도모한다는 목적성을 확보하기 위해 '주로 정치활동을 목적으로 하는 경우'가 노동조합의 소극적요건으로 규정되어 있다. 주된 목적을 달성하기 위해 의견표명이나 후보자초청대담·토론회개최 등 부수적인 정치활동을 하는 것은 무방하나, 정치자금의 기부는 「정치자금법」에 따라 금지된다(§31, §45, 5년징역 1천만원벌금).

주로 정치활동을 목적으로 하는 경우에 해당되는지는 실질적인 활동을 기준으로 판단하며, 규약 등에 나타난 표현만으로 판단하지는 않는다.[1]

(3) 적극적요건과 소극적요건의 관계

적극적요건에 해당하지 않으면 실질적요건을 충족하지 못한다. 소극적요건 중 한 항목에 문제가 있더라도 실질적요건을 바로 부정하지 말고 '적극적요건을 충족해 전체적으로 보아 자주성과 민주성을 확보하고 있는지' 그리고 '노동조합의 자주성과 민주성을 부정할 정도로 심각한지'가 종합적으로 고려되어야 한다.[2]

---

1) 서울행판 2010.10.28, 2010구합257941. <정치활동 부정> 규약·규정집 강령에 "우리 국토를 강점한 미군을 조속히 철수시키며 자주·평화·민족대단결의 원칙에 기초해 통일조국을 건설하기 위해 투쟁한다"고 기재.

2) <같은 의견> 하경효, 『노동법사례연습』, 32쪽.

2·다. 형식적요건

(1) 법적근거

노동조합을 설립하고자 하는 자는 설립신고서에 기재사항을 기재한 후 조합규약을 첨부해 행정관청에 설립신고를 하고, 행정관청은 이를 심사해 결함이 없다고 판단되면 접수한 때로부터 3일 이내에 신고증을 교부하고, 신고증이 교부되면 설립신고서가 접수된 때에 노동조합이 설립된 것으로 본다(노조법 §10, §11, §12).

(2) 설립 신고 · 심사제도의 채택

노동조합을 설립하기 위해서는 실질적요건 즉, 대외적자주성과 대내적민주성을 갖추고, 행정관청에 신고해야 한다(노조법 §10). 설립신고 · 심사제도의 취지는 행정당국으로 하여금 '노동조합이 조직체계를 효율적으로 정비 · 관리해 자주성과 민주성을 갖출 수 있도록 보호 · 육성하고 지도 · 감독하기 위한 노동정책적 고려에서 마련된 것'으로[1] 입법의 목적과 수단이 정당하다고 인정된다.[2]

(3) 설립 신고 · 심사제도의 내용

① 설립신고

㈎ 법적근거

노동조합을 설립하고자 하는 자는 설립신고서에 기재할 사항을 기재한 후 조합규약을 첨부해 행정관청에 설립신고를 해야 한다(노조법 §12).

㈏ 신고주체

신고주체는 단위노동조합 및 노동조합연합단체이다. 노조령(§7)은 "근로조건의 결정권이 있는 독립된 사업(장)에 조직된 노동단체는 지부 · 분회[3] 등 명칭에 불구하고 노동조합의 설립신고를 할 수 있다"고 규정하고 있다.

㈐ 신고기관

설립신고는 행정관청에 한다. 행정관청이라 함은 고용장관 · 특별시장 · 광역시장 · 도지사 · 특별자치도지사 또는 시장 · 군수 · 구청장을 말한다(노조법 §10①).

'연합단체인 노동조합'과 '2 이상의 특별시 · 광역시 · 특별자치시 · 도 · 특별자치

---

1) 대판 1993.2.12, 91누12028 ; 대판 1997.10.14, 96누9829 등.
2) 헌재 2008.7.31, 2004헌바9(한국노동법학회, 『노동판례백선』, 267쪽).
3) 노동조합의 내부기관인 '지부 · 분회 등'을 예시하는 것에 대해, '기업별 산하조직을 강화하도록 유도'한다거나 '자유설립주의를 침해'한다는 비판(임종률, 『노동법』, 제9판, 52쪽 ; 김형배, 『노동법』, 제20판, 761쪽)이 있다.

도에 걸치는[1] 단위노동조합'은 고용장관에게, '2 이상의 시·군·구에 걸치는 단위노동조합'은 특별시장·광역시장·도지사에게, '그 외의 노동조합'은 특별자치시장·특별자치도지사·시장·군수·구청장에게 제출해야 한다(노조법 §10①).

'2 이상의 행정관청에 걸쳐 있다'함은 초기업노조의 경우에는 규약상 조직범위(조직대상, 조합원범위 등)가 2 이상의 행정관청 관할에 걸쳐 있음을 의미하고, 기업별노조에서는 사업(장)이 2 이상의 행정관청의 관할을 받으며, 실제로 조합원이 2 이상의 행정관청 관할에 분포된 경우를 말한다. 다만, 소규모의 연락소나 출장소에 파견되어 근무하는 경우에는 2 이상의 행정관청으로 보지 않는다.

㈑ **제출서류**

노동조합을 설립하려는 자는 규약[2]이 첨부된 노동조합설립신고서를 제출해야 한다(노조법 §10①). 설립신고서에는 명칭, 주된 사무소의 소재지, 조합원수, 임원의 성명과 주소, 소속된 연합단체가 있는 경우에는 그 명칭을 기재해야 한다.

② 심사 및 처리

㈎ **법적근거**

행정관청은 노동조합의 설립신고를 심사해 노동조합설립에 결함이 없다고 판단되면 접수한 때로부터 3일 이내에 신고증을 교부하고, 신고증이 교부되면 설립신고서가 접수된 때에 노동조합이 설립된 것으로 본다(노조법 §12).

㈏ **설립심사**

㉮ 심사방법

행정관청은 노동조합의 실질적요건 중 적극적 요건과 함께 소극적요건을 그리고 규약을 통해 민주성을 심사한다. 노동조합은 스스로 자주성과 민주성을 법이 마련한 절차(노조법 §10~§12)인 심사제도에 따라 확인 또는 증명해야 한다.

㉯ 심사범위

설립신고·심사제도는 설립신고증을 받아야 노조법상 노동조합을 인정하는 등 인가주의적 요소를 내포하고 있어 자유설립주의(노조법 §5)와 충돌한다. 이러한 이유로 심사범위에 대해 견해가 나뉜다.

---

1) 초기업노조의 경우에는 규약상 조직범위, 기업별노조의 경우에는 사업(장)의 분포로 판단된다.
2) 연합단체인 노동조합에 있어서는 '소속된 연합단체의 명칭'이 기재사항으로 열거되어 있지 않다.

전체적 형식심사설	행정관청은 설립신고서와 규약을 기준으로 해 '필요한 내용의 기재여부' 및 서류구비여부를 심사하는 등 요식행위에 그쳐야 하며, 실제로 노동조합이 그 규약대로 운영되느냐는 심사할 수 없다.
	행정관청은 '설립요건을 실제로 충족시키는지', 즉, 민주성 및 자주성을 갖추고 있는지를 실제로 파악해야 한다.[1)]
부분적 실질심사설	소극적요건을 실질 심사한다는 견해[2)]와 기재사항누락이나 규약의 위법성을 실질 심사한다는 견해로 나뉜다.
혼합설	자주성과 민주성으로 나누어 형식적심사와 실질적심사를 달리 적용하나 통일되어 있지 않고 내용이 각각 다르다.[3)]

해석론적으로만 보면 노조법은 행정관청에게 형식적심사만을 하도록 하는 근거를 두지 않고 있다. 전체적실질심사설이 타당해 보인다. 이 경우 '최소한의 원칙', 과잉금지원칙 및 '자주권의 본질적 침해금지원칙'이 적용된다.

㈐ **심사결과**

㉮ 설립신고증 교부

행정관청은 노동조합이 요건을 충족하고 있으면 3일 이내에 설립신고증을 교부해야 하며, 그 사실을 지체없이 관할 노동위원회와 해당 사업(장)의 사용자나 사용자단체에게 통보해야 한다(노조령 §9③).

㉯ 보 완

행정관청은 규약미첨부, 기재사항의 누락·허위, 임원선거·규약제정의 법정절차(노조법 §16②,③,④ 또는 §23①) 위반에 대해 20일 이내의 기간을 정해 보완을 요구하고(노조령 §9①), 보완된 결과를 접수한 날로부터 3일 이내에 설립신고증을 교부해야 한다(노조법 §12②).

㉰ 반 려

(ㄱ) 설립신고

행정관청은 소극적요건에 해당하거나, 보완요구를 이행하지 않은 설립신고를 반려한다(노조법 §12③). 반려라 함은 노조법에 의한 노동조합으로 보지 않음을 통보하는 것이다.

(ㄴ) 법외조합 통보(같은편,같은장,같은절 2,다,(6),①)

㉱ 불 복

노동조합설립신고서를 반려받은 단체는 사회활동을 하는 실체이므로 행정소송

1) 이상윤, 『노동법』, 제6판, 532쪽 ; 대판 1979.12.11, 76누189.
2) 김형배, 『노동법』, 제20판, 765쪽. 기재사항누락·선거·규약위법성은 형식적심사, 소극적요건은 실질적심사.
3) 임종률, 『노동법』, 제9판, 57쪽. 선거·규약제정위법성은 실질적심사, 소극적요건은 형식적심사 대상.

의 당사자적격이 있다.[1] 사용자는 설립신고증을 교부받은 노동조합의 부당노동행위구제신청 등 법적절차에 참여해 노동조합의 무자격을 주장할 수 있을 뿐 노동조합설립신고서의 수리처분 자체를 다툴 당사자적격은 없다.[2]

(4) 설립신고 · 심사제도의 성격

노동조합 자유설립주의와 충돌하는 설립신고·심사제도의 법적성격이 무엇인지에 대해 허가주의, 신고주의 및 준칙주의로 의견이 나뉜다.[3]

① 허가주의

노조법에 규정된 신고 및 심사를 국가로부터 노동조합의 자격을 인정·보호받기 위한 허가행위로 본다. 이 견해에 따르면 노동조합이 행정관청으로부터 신고증을 교부받지 못하면 노동법과 헌법의 권리를 인정받지 못한다. 헌법상 권리까지 부정하는 허가주의의 견해는 발견되지 않는다.

② 신고주의

신고주의[4]는 신고를 노동조합이 자주적조직으로 결성되었음을 행정관청에 통지하는 행위로 본다.[5] 신고가 '노동조합의 성립을 확인·공표하는 행위'인데 '신고증을 교부받아야 노동조합이 설립되는 점'을 설명하기 어렵다.

③ 준칙주의

준칙주의[6]는 신고라는 요건을 갖추면 노동조합의 자격을 인정한다는 견해이다. 따라서 설립신고반려요건(노조법 §12③)이 없는 한 신고증이 교부되어야 한다. 이 견해가 타당해 보인다.

(5) 설립신고 · 심사제도의 효과

① 설립 요건을 갖춘 노동조합

㈎ 법적권리 보장

노조법이 규정하고 있는 '이 법에 의한 노동조합'이라 함은 실질적요건(노조법 §2iv)과 형식적요건을 갖춘 노동조합을 말한다.[7] 이러한 노동조합은 법내조합[8]이라고 불

1) 대판 1979.12.11, 76누189.
2) 대판 1997.10.14, 96누9829.
3) 이상윤, 『노동법』, 제6판, 529쪽.
4) 김형배, 『노동법』, 제20판, 763쪽. 자유설립주의를 원칙으로 하고 신고제도를 가미하고 있다고만 설명한다.
5) 김유성, 『노동법Ⅱ』, 72쪽.
6) 임종률, 『노동법』, 제9판, 51쪽 ; 이상윤, 『노동법』, 제6판, 530쪽.
7) 헌재 2008.7.21, 2004헌바9.

린다. 법내조합에 대해서는 헌법과 노동법상 보호가 모두 적용된다.

㈏ 노동조합 설립시기

노동조합은 '신고증을 교부받은 경우(노조법 §12④)'에 신고서가 접수된 때로 소급해 설립된 것으로 본다. 신고증을 교부받지 못하면 노조법상 노동조합이 설립된 것으로 간주되지 않는다. 소급의 효과에 대해서는 의견이 나뉜다.

㉮ 신고증교부정지조건부접수시설

이 견해는 신고증교부를 정지조건으로 해 신고서를 접수한 때에 노동조합이 성립한다고 본다.[1] 즉, 신고증교부시까지는 노동조합이 성립하지 않으나 신고증이 교부되면 소급해 그 효과가 발생한다.

㉯ 신고증불교부해제조건부접수시설

이 견해는 신고증이 교부되지 않는 것을 해제조건으로 해 노동조합이 성립한다고 본다.[2] 즉, 신고서를 접수한 때부터 노동조합이 성립하나 신고증이 반려되면 소급해 취소된다.

㉰ 의 견

이러한 논의는 설립을 심사 중인 노동조합의 지위와 관련해 실익이 있다. 사용자의 부당노동행위에 대한 처벌 등을 감안할 때 신고증교부정지조건부접수시설이 타당해 보인다.

② 설립요건을 갖추지 못한 단체

㈎ 노동조합이 아닌 단체

노동조합이 아닌 단체라 함은 설립신고증을 받든 받지 않던 간에, 노동조합의 실질적요건 중 적극적요건을 갖추지 못한 단체를 말한다. 이 단체에 대해서는 노조법은 물론이고 헌법상으로도 노동3권에 관한 규정이 적용되지 않는다.[3]

㈏ 법외조합

㉮ 개 념

법외조합이라 함은 노동조합의 실질적요건 중 적극적요건을 갖추었으나, 노동조합설립신고서를 제출하지 않거나 노동조합설립신고서가 반려되어 설립신고증

---

8) 임종률, 『노동법』, 제9판, 59쪽. ↘ 479쪽

1) 김형배, 『노동법』, 제20판, 767쪽.

2) 이상윤, 『노동법』, 제6판, 535쪽 ; 이영희, 『노동법』, 165쪽.

3) 임종률, 『노동법』, 제9판, 62쪽 ; 이상윤, 『노동법』, 제6판, 537쪽 ; 이철수 · 김홍영, 『노동법강의』, 399쪽 등 ; 대판 1996.6.28, 93도855. 삼성중공업노조사건, 제3자개입금지조항 관련 ; 대판 1997.2.11, 91누2125.

을 받지 못한 단체를 말한다.[1)]

㉯ **성 격**

법외조합은 '노조법에 따라 설립된 노동조합'은 아니지만 실질적요건 중 적극적요건을 갖추었으므로 노동조합의 성격을 갖는다.

㉰ **법외조합이 보호받는 영역**

(a) 설립신고제도의 취지

헌법 제33조제1항은 노조법보다 넓게 노동기본권을 인정하고 있는 것으로 해석된다.[2)] '이 법에 따라 설립된 노동조합(노조법 §7①)'이라는 개념은 법에 정한 요건을 갖추도록 하기 위해 일정한 불이익을 부과하려는 취지이지 노동기본권을 박탈하려는 취지는 아니다.

(b) 헌법상 권리의 보호

법외조합은 노조법은 물론이고 헌법의 보호를 받을 수 없다는 부정적 견해[3)]가 있으나 긍정적 견해가 강력하다. 긍정적 견해에 따르면 법외조합에게는 민사상면책(노조법 §3)과 형사상면책(노조법 §4)이 인정된다. 단체교섭 및 단체협약체결권한(노조법 §29①),[4)] 쟁의행위[5)] 역시 인정되며 노조법의 일부조항의 적용을 제외하고 일상적인 단체활동도 가능하다.

㉱ **법외조합이 보호받지 못하는 영역**

(a) 법에 명시적으로 제외되는 사항

노동관계법은 법외조합에 적용되지 않는 보호를 직·간접적으로 명시하고 있다.

첫째, 법외조합은 노동위원회에 노동쟁의조정을 신청할 수 없으며(노조법 §7①) 조정전치의무(노조법 §45) 등 조정절차에 관한 조항들이 적용되지 않는다. 법외조합이라도 사적조정·중재(노조법 §52)를 받을 수 있으므로 조정전치의무를 이행할 수 있다. 둘째, 법외조합은 노동위원회에 부당노동행위의 구제를 신청할 수 없으며, 근로자가 개

---

1) 임종률, 『노동법』, 제9판, 60~63쪽. '법외조합', 헌법상 조합' 또는 자주조합이라는 이라는 표현을 쓰면서 적극적요건까지 결여하면 무자격노조 또는 비자주조합이라고 한다. ; 김유성, 『노동법Ⅱ』, 59쪽. 헌법상단결체라는 표현을 쓰고 있다. ; 김형배, 『노동법』, 제20판, 770쪽. '노조법상의 노동조합이 아닌 단체'라는 표현을 쓰고 있다. 그 개념도 자주성을 갖추었으나 설립신고절차를 완료하지 못한 단체로 좁게 본다.

2) 김유성, 『노동법Ⅱ』, 59쪽 ; 임종률, 『노동법』, 제9판, 60~63쪽 ; 김형배, 『노동법』, 제20판, 770쪽 ; 이철수·김홍영, 『노동법강의』, 399쪽 등 ; 헌재 2008.7.31, 2004헌바9. 명칭을 사용할 수 없다고 해서 단결권이나 단체교섭의 본질적부분이 침해된다고 볼 수 없다.

3) 이상윤, 『노동법』, 제6판, 537쪽 ; 행정해석의 견해.

4) 대판 2001.2.23, 2000도4299(한국노동법학회, 『노동판례백선』, 287쪽). 독자적 규약과 집행기관을 가진 경우 단체협약체결권한 보유.

5) 대판 2004.9.24, 2004도4641.

인자격으로 불공정고용계약과 불이익취급(노조법 §81① i, ii, v)의 구제신청을 할 수 있을 뿐이다(노조법 §7①). 셋째, 법외조합은 노동조합이라는 명칭을 사용할 수 없다(노조법§7③, §93 i 5백만원벌금). 헌법재판소는 이 조항을 합헌으로 본다.[1] 넷째, 법외조합은 법인이 될 수 없다. 법인이 되기 위해서는 설립신고증을 첨부해 등기를 해야 하기 때문이다(노조법 §6①② 및 노조령 §2, §4). 다섯째, 법외조합은 근로자공급사업(직안법 §33)의 허가를 받을 자격이 없다. 허가대상을 '노조법에 의한 노동조합'으로 한정하고 있기 때문이다.

(b) 성격상 적용이 제외되는 사항

노동법에 규정된 성질이나 취지를 감안할 때 법외조합에 적용되기 어려운 보호가 있다. 첫째, 행정기관의 공인을 전제로 한 권리·보호에 관한 규정은 적용되기 어렵다. 조세면제(노조법 §8), 노동위원회위원추천(노위법 §6), '쟁의행위기간 중 구속제한(노조법 §39)'은 적용되지 않는다. 둘째, 자주성과 민주성이 모두 충족된 법내조합을 전제로 해 사인간의 관계에 확대되어 적용되는 권리나 보호는 수혜받기가 어렵다. 대체근로제한(노조법 §43①)은 적용되지 않으며, 법외조합의 단체협약이 사업장단위[2] 및 지역적단위의 단체협약효력확장(노조법 §35, §36)의 대상이 되지 않는다.

(6) 설립신고 · 심사의 사후관리

① 설립신고증 철회와 법외조합 통보

설립신고증을 교부한 후 설립신고서반려사유(노조법§12③ i 노조법 §2iv 각목)가 발생한 경우, 행정관청은 30일의 기간을 정해 시정을 요구하고, 그 기간 내에 이행하지 않으면 해당 노조에게 "이 법에 의한 노동조합으로 보지 않음"을 통보해야 한다(노조령 §9②).[3]

이 규정은 활동 중인 노동조합이 실질적요건을 상실하면 법외조합으로 통보하는 근거로 활용되어 왔다. 그러나 이러한 통보가 형성적효력을 가짐에도 불구하고 구체적·명시적인 위임이 없어 법률유보원칙에 반하므로 해당규정이 무효라고 본 대법원전원합의체 판결[4]이 있다.

② 변경신고 및 통보

노조법은 노동조합의 설립신고와 관련해 변경신고[5]와 정기통보[6]를 규정하고

---

1) 헌재 2008.7.31, 2004헌바9.

2) 임종률, 『노동법』, 제9판, 63쪽. 실질적요건을 충족한다면 효력이 있다.

3) 행정관청은 지체없이 그 사실을 관할노동위원회와 해당 '사업(장)'의 사용자나 사용자단체에게 통보해야 한다(노조령 §9③).

4) 대판(전) 2020.9.3, 2016두32992.

있다. 신고나 통보는 사실관계의 변화를 확인하는 것으로 노동조합의 지위에 영향을 미치지 않는다.

③ 신고증의 재교부

설립신고증을 못쓰게 되거나 잃어버려 신고증을 재교부받고자 하는 노동조합은 재교부신청서를 행정관청에게 제출한다(노조칙 §4).

제3절 노동조합의 운영

1. 원 칙

노동조합을 운영함에 있어 자주성, 민주성 및 평등성이 보장되어야 한다.

노동조합의 의사는 조합원들의 총체적 의사에 따라 자주적으로 결정되어야 하고, 그에 따라 노동조합이 운영되어야 한다. 조합원은 노동조합의 모든 문제에 균등하게 참여할 권리를 갖는다(노조법 §22). 조합원은 법 앞에 평등하므로(헌법 §11①) 어떠한 경우에도 인종·종교·성별·연령·신체적조건·고용형태·정당 또는 신분에 따라 차별대우를 받지 않는다(노조법 §9).

2. 노동조합규약

2·가. 의 의

노동조합규약(규약)은 노동조합의 조직과 운영에 관한 사항을 정한 기본규범이다. 노조법은 노동조합의 자주성, 민주성 및 평등성을 확보하기 위해 규약을 의무적으로 제정토록 하고 기재사항, 변경절차, 행정감독 등에 대해 규정하고 있다.

---

5) 노동조합은 설립 신고(노조법 §10①)된 사항 중 명칭, 주된 사무소의 소재지, 대표자의 성명 및 소속된 연합단체의 명칭에 변경이 있는 때에는 그 날부터 30일 이내에 행정관청에게 변경신고서를 제출해야 한다(노조법 §13①, §96②, 과태료 3백만원).

6) 노동조합은 신고서 기재사항 중 전년도에 변경된 규약 내용, 전년도에 변경된 임원 성명 그리고 전년도 12월 31일 현재의 조합원수를 매년 1월31일까지 행정관청에게 통보해야 한다(노조법 §13② 본문, §96②, 과태료 3백만원). 다만, 변경신고제도에 따라 신고된 사항은 제외된다(노조법 §13② 단서). ↘ 482쪽

2·나. 성 격

규약은, 노동조합의 조직과 운영을 규율하는 자치법규로서, 조합원의 권리의무를 정하는 법원(法源)이며, 내부통제권의 근거가 된다.

2·다. 기재사항

노조법(§11)은 15개 항목을 규약의 필요적기재사항으로 명시하고 있다.[1)]

명칭, 목적과 사업, 주된 사무소 소재지, 조합원에 관한 사항(연합단체인 노동조합에 있어서는 그 구성단체에 관한 사항), 소속된 연합단체가 있는 경우 그 명칭, 대의원회를 두는 경우 대의원회, 회의, 대표자와 임원에 관한 사항 , 조합비 기타 회계, 규약변경, 해산, 쟁의행위 찬반투표 결과 공개, 투표자명부 및 투표용지 등 보존·열람, 대표자와 임원 탄핵, '임원 및 대의원 선거절차' 및 '규율과 통제'

규약에서는 개요만 정하고 총회 또는 집행위원회의 결정에 따른다고 위임할 수 있다.[2)] 노동조합은 임의적기재사항을 규약에 기재할 수 있다.[3)]

2·라. 제정·변경

규약을 제정하거나 변경하려면, 총회에서 '조합원의 직접·비밀·무기명 투표'에 따라 '재적조합원과반수의 출석과 출석조합원 2/3 이상의 찬성'으로 의결을 거쳐야 한다(노조법 §16②④).

2·마. 행정관청의 감독

행정관청은 노동조합 설립신고·심사에 있어 규약심사권,(노조법 §10~§12) 매년 노동조합이 제출하는 변경사항 통보에 대해 규약심의권을 갖는다(노조법 §13). 행정관청은 규약이 노동관계법령에 위반되면 노동위원회의 의결을 얻어 시정명령을 할 수 있고, 노동조합은 시행명령을 받은 후 30일 이내에 이를 이행해야 한다(노조법 §21). 노동조합은 노동위원회의 의결에 대해 재심이나 행정소송을 제기할 수 없다.[4)]

---

1) ILO도 필요적 기재사항을 자유롭게 내부 규칙을 작성할 수 있는 권리와 배치되지 않는 것으로 보며(ILO, 「Freedom of Association ; Digest of decisions and principles of the Freedom of Association Committee of the Governing Body of the ILO, 5th ed」, 2006, 379쪽), 일본 노동조합법 제5조도 규약의 필요적 기재사항을 상세히 규정하고 있다. ; 기업별 노조를 전제로 한 규정이라는 비판(이승욱, "노동조합설립신고제도의 문제점과 대안의 모색", 「노동정책연구」, 제10권제1호, 한국노동연구원, 2010, 167쪽)이 있다.

2) 임종률, 『노동법』, 제9판, 54쪽.

3) 필요적기재사항과 임의적기재사항은 효력에 있어 차이가 없다. 임의적기재사항으로는 법인격취득(노조법§6①), 대의원회설치(노조법§17①), 조합비미납조합원권리제한(노조법§22), 소집공고기간단축(노조법§19} 등이 있다.

4) 서울행판 2010.10.28, 2010구합30680. <근거> 지노위의결 자체만으로는 바로 노조법상 의무 미발생.

3. 조합원의 지위

3·가. 취 득

(1) 의 의

근로자는 자유로이 노동조합을 조직하거나 가입(노조법 §5)함으로써 조합원의 지위를 취득한다. 미성년자인 근로자는 단독으로 이러한 행위를 할 수 있다.[1)]

(2) 노동조합결성

노동조합의 결성행위는 근로자들이 방향을 같이 하는 두 개 이상의 의사표시를 합치시켜 공동의 목적을 달성하고자 하는 합동행위이다.

(3) 노동조합가입

① 원 칙

노동조합에 가입하는 행위는 근로자의 신청과 노동조합의 승낙이라는 의사표시의 합치로 성립되는 계약행위이다. 노동조합은 법령에 위반되지 않는 범위 내에서 해당 노동조합에 가입할 수 있는 자격과 절차를 규약으로 정할 수 있다.[2)]

② 근로자 권리

(가) 적극적 권리

근로자는 노동조합에 가입할 권리를 가진다. 노동조합은 자격을 갖춘 근로자의 가입을 부당하게 거절하지 못한다.[3)] 정당한 이유 없이 가입이 거절된 경우에는 의사표시가 노동조합에 도달한 때에 그 효력이 발생하며, 불법행위에 따른 손해배상책임이 성립할 수 있다.

(나) 소극적 권리

근로자는 노동조합에 가입하지 않을 권리를 가진다.

Union Shop협정 아래에서는 신규로 채용된 근로자가 조합에 가입하지 않으면 해고 등의 불이익처분이 가해질 수 있다.

---

1) 조합원의 권리와 의무는 조합원에게 일신전속적으로 귀속되고, 노조의 성격상 민법상 행위무능력자제도가 적용되지 않으므로, 법정대리인이 행위무능력자인 미성년자를 대리해 조합의 결성·가입행위를 할 수 없다.

2) 대판 1996.10.29, 96다28899 ; ILO의 '결사의 자유와 단결권 보호에 관한 협약'(제87호, 1948)

3) 대판 1996.10.29, 96다28899. 대의원회나 총회에서 각 2/3 이상의 찬성을 얻어야만 된다는 제약은 권리남용.

③ 가입 제한

㈎ 법령 · 규약상 무자격자

법률상 가입 자격이 없는 자의 가입은 허용되지 않는다. 조합원이 승진 · 전보 · 전직 등에 따라 규약에서의 '자격이 없는 자'로 전환되면 자격이 상실된다.

㈏ 단체협약의 조합원범위조항

단체협약의 조합원범위조항이 유효한지에 대해 의견이 나뉜다. 무효설은 노동조합이 조합원범위를 규약에 자주적으로 정할 사항이지 협약사항이 아니라는 이유로,[1] 단체협약으로 노동조합가입을 제한하는 것을 단결권침해로 본다.[2] 유효설은 규약에 노조가입범위를 정하는 것이 원칙이나 노동조합에 가입할 수 없는 사용자나 그 이해대변인의 범위에 대한 다툼에 대비해 단체협약으로 조합원의 범위를 규약의 범위와 다르게 정할 수 있다고 본다.[3] 단체협약의 조합원범위조항은 노동조합의 자주성을 해치지 않는 한 효력을 부정하기 어려우며, 규약과 배치되는 것은 노동조합내부의 통제권 문제이다.

(4) 노동조합과 조합원과의 관계

조합원과 노동조합과의 관계에 대해, 규약을 계약내용으로 하는 계약관계라는 계약설과 조합원이 '법적실체를 갖는 사단'인 노동조합에 가입하고 규약에 따르는 관계라는 사단설[4]로 나뉜다. 노동조합은 헌법에 따라 보장된 노동법상 사단으로 사법상 사단보다 큰 통제력을 갖는다.[5]

3·나. 상 실

조합원지위는 근로자신분종료, 조합원자격미달, 탈퇴, 제명 및 조합해산에 따라 상실된다.

(1) 근로자신분 종료

조합원이 사망하거나 노조법상 근로자 신분에서 벗어나게 되면 조합원지위를

---

1) 대판 2003.12.26, 2001두10264. 대우자동차판매(주)사건.
2) 노동조합과-419, 2004.2.18. 단체협약에 불구하고 규약상 조직범위에 포함되는 근로자가입을 거부할 수 없다.
3) 대판 2003.6.27, 2002다23611 ; 대판 2003.12.26, 2001두10264 ; 대판 2004.1.29, 2001다5142 등 ; <더 강한 의견> 대판 2004.1.29, 2001다6800. 대상이 아닌 자가 노동조합활동을 하면서 노사관계질서를 깨뜨린 것은 징계사유.
4) 노동조합은 민법상 사단으로서의 결합체이다. 조합원개인은 단체에 흡수되고 단체가 조합원개인으로부터 독립되어 독자적인 권리 · 의무의 주체가 된다.
5) 이상윤, 『노동법』, 제6판, 546쪽.

상실하는 것은 당연하다.

(2) 조합원 자격미달

노동조합은 법령에 위반하거나 반사회질서에 해당하지 않는 한 조합원의 자격 또는 범위를 규약으로 정할 수 있다. 조합원이 법령 또는 규약에서 정한 자격에 미달하게 된 경우에는 원칙적으로 조합원지위를 상실한다.

(3) 탈 퇴

① 탈퇴의 자유

탈퇴란 조합원이 자발적의사로 그 지위를 종료시키는 법률행위를 말한다. 승인을 받게 하는 것처럼 조합원의 탈퇴자유를 제한하는 규약의 규정이, 탈퇴의 자유를 본질적으로 침해하면, 헌법상 보장된 단결선택자유에 반하는 것으로서 무효이다. 노동조합이 탈퇴를 제한함으로써 근로자에게 손해가 발생하면 불법행위에 따른 손해배상책임이 성립할 수 있다.

② 탈퇴의 효과

탈퇴의 효과는 의사표시가 노동조합에 도달한 때 발생하는 것이 원칙이다(민법 §111①). 다만, 규약에서 정해진 탈퇴의 절차나 요건이 정당하다면, 이를 충족할 때 효력이 발생한다. 탈퇴한 조합원에게는 노동조합재산에 대한 분할청구권이 인정되지 않는다. Union Shop협정 아래에서는 새로운 노동조합의 결성이나 가입과 관계없이 조합을 탈퇴하면 해고 등의 불이익처분이 가해질 수 있다.

③ 탈퇴의 철회

탈퇴의사의 철회나 재가입을 거부하는 것은 단결권의 정신에 반하며, 특히 Union Shop협정에 있어 재가입거부는 해고로 연결되므로, 해고권남용으로 효력이 부인될 수 있다.[1)]

(4) 제 명

조합원은 제명으로 자격을 잃을 수 있다. 제명은 조합원의 단결권을 침해할 우려가 있으므로 구체적인 사유와 절차가 규약에 명시되어 있어야 한다. 제명은 총회의 의결사항이다. 의결을 위해서는 재적조합원 과반수의 출석과 직접·비밀·무기명 투표를 통해 출석조합원 과반수(임원은 2/3이상)의 찬성이 있어야 한다.

---

1) 대판 1995.2.28, 94다15363.

(5) 조합해산

조합이 해산하여 청산절차를 거쳐 소멸하면 조합원지위는 당연히 상실된다. 해산절차를 진행하는 동안 청산목적의 범위 안에서 권리의무관계가 존속한다.

4. 조합원의 권리와 의무

4·가. 조합원의 권리

(1) 균등참여권

조합원은 어떠한 경우에도 인종, 종교, 성별, 연령, 신체적조건, 고용형태, 정당 또는 신분에 따라 차별대우를 받지 않는다(노조법 §9). 이 규정은 가입 후의 차별대우를 금지하는 것이고, 가입의 차별을 금지하는 것[1]으로까지 해석할 수 없다. 조합원은 균등하게 노동조합의 모든 문제에 참여할 권리와 의무를 갖는다(노조법 §22).

(2) 개별적권리

조합원은 총회 출석 · 의결권과 대의원 선출권 (노조법 §16②,§17), 선거권 · 피선거권, 임원 선출 · 해임권, 임시총회 소집요구권, 결산결과와 운영상황 공개요구권(노조법 §26), 회계감사에 대한 의견제시권, 조합시설 · 기금 이용권을 갖는다.

4·나. 조합원의 의무

(1) 조합비 납입의무

조합원은 조합활동의 재정적기반이 되는 조합비를 의무적으로 납부해야 한다. 노동조합은 그 규약으로 조합비를 납부하지 않은 조합원의 권리를 제한하거나(노조법 §22후단), 해당 조합원을 제명할 수 있다.

(2) 조합통제 복종의무

조합원은 노동조합단결을 강화하고, 통일된 의사를 형성하는 등 노동조합의 목적을 달성하기 위해 노동조합의 통제에 복종할 의무를 진다. 결정과정에서 반대한 조합원도 노동조합결의에 따라야 한다.

---

1) 김형배, 『노동법』, 제20판, 762쪽.

5. 노동조합의 기구

5·가. 의사결정기관

(1) 의 의

노동조합의 최고의사결정기관으로서 총회와 대의원회가 있다. 노조법은 총회와 대의원회의 구성, 위원임기, 회의, 의결방법 등에 대해 규정하고 있다.

(2) 설치 및 구성

① 총 회

총회 설치는 법정사항이다. 총회는 모든 조합원이 참여해 자주성과 민주성을 바탕으로 기본적이고 중요한 사항을 결정하는 기관이다.

② 대의원회

㈎ 의 의

노동조합은 규약(노조법 §11)으로 총회에 갈음할 대의원회를 둘 수 있다(노조법 §17①). 노동조합대규모화, 사업장분산, 조합업무전문성 등을 감안할 때 간접참가가 더 효율적일 수 있기 때문이다.

㈏ 권 한

㉮ 설치와 심의

대의원회 설치는 의무사항이 아니다. 규약에 정해 총회를 두지 않고 대의원회만 두는 것도 허용된다. 대의원회의결사항·설치요건·의결절차 등에 대해서는 총회에 관한 규정을 준용한다(노조법 §17⑤). 대의원회는 규약에 따라 총회의 전권사항으로 정해진 사항을 제외하고는 무엇이든지 심의·의결할 수 있다.[1]

㉯ 총회와의 관계

총회와 대의원회를 같이 두고 있다면 둘 사이의 관계를 명확히 해야 한다.

민주성의 확보라는 관점에서 볼 때, 대의원회는 총회의 운영이 어려운 경우에 보완적으로 인정되는 것이 바람직하다. 규약에 총회와 대의원회의 구성을 함께 규정하고 있으나, 권한배분규정이 없다면 총회가 우선적 지위를 가진다.[2]

---

1) 서울행판 2013.1.31. 구합20975.

2) 박종희, "노동조합 대의원회의 법적 지위, 권한과 선출상의 제 문제", 「노동법학」, 제10호, 한국노동법학회, 2000, 339~340쪽.

㈐ 대의원 선출

대의원은 조합원의 직접·비밀·무기명투표에 따라 선출되어야 한다(노조법 §17②). 이 규정은 조합민주주의의 실현을 위한 강행규정이다.[1] 의결정족수는 규약에 따르고, 정함이 없다면 출석조합원의 다수득표자로 선출할 수 있다.

하나의 사업(장)을 대상으로 조직된 노동조합의 대의원은 그 사업(장)에 종사하는 조합원 중에서 선출되어야 한다(노조법 §17③).

㈑ 대의원 신분

대의원은 규약에 따라 조합원을 대표해 조합의 최고의결기관을 구성한다. 대의원임기는 규약으로 정하되 3년을 초과할 수 없다(노조법 §17④). 대의원은 업무집행권을 갖지 않으므로 임원과 달리 불신임대상이 되지 않으나, 조합원징계규정이 적용된다.

㈒ 연합단체노조 대의원회

연합단체는 단위노조를 그 구성원으로 하고 있고, 연합단체의 대의원회는 단위노조의 총회와 같은 성격을 지닌 고유한 최고 의사결정기관이다.[2] 연합단체의 경우에는 대의원회를 총회로 의제하는 규정을 두는 것이 타당해 보인다.

(3) 회의 소집

① 소집권자

㈎ 규약으로 정한 소집권자

총회소집권자는 원칙적으로 노조대표자이다. 노조대표자의 유고 즉, 궐위 또는 직무를 수행할 수 없는 객관적사정이 있는 경우에는 규약에서 정한 순서에 따른 직무대행자가 소집권자가 된다.

㈏ 행정관청의 소집권자 지명

'노조대표자가 소집을 기피하는 경우'나 '노조대표자가 사퇴하고 직무대행자마저 없어 회의소집권자가 없는 경우'로서 규약에 따로 소집권자를 정해 놓지 않았다면, 행정관청으로부터 회의소집권자를 지명[3]받아야 한다. 지명행위에 따라 소집권자가 된 자는 지명할 때 명시한 회의만을 소집할 수 있다.[4]

---

1) 대판 2000.1.4, 91다41439.
2) 대판 1995.11.24, 94다23982.
3) 지명행위나 지명거부행위는 행정처분이 아니다(대판 1987.11.24, 87누761 ; 대판 1989.11.28, 89누3892).
4) 서울지판 1995.10.5, 95가합6067. 임시대의원대회 소집권자로 지명된 자가 총회를 소집해 행한 결의는 무효.

㉮ 소집권자의 소집기피

행정관청은 노조대표자가 조합원 등이 요구한 정당한 회의(노조법 §18②)소집을 고의로 기피하거나 이를 해태해, 조합원 또는 대의원의 1/3 이상이 소집권자의 지명을 요구한 때에는 접수일로부터 15일 이내에 노동위원회의 의결을 요청하고, 노동위원회의 의결이 있는 때에는 지체없이 회의소집권자를 지명해야 하며(노조법§18③, 노조칙§9), 노조대표자에게 그 사실을 서면으로 통보해야 한다(노조령 §11①).

㉯ 소집권자 유고

행정관청은 노동조합에 총회 또는 대의원회의 소집권자가 없는 경우에, 조합원 또는 대의원의 1/3 이상이 회의에 부의할 사항을 제시하고 소집권자의 지명을 요구한 때에는, 15일 이내에 회의의 소집권자를 지명해야 하고(노조법§18④ 노조칙§9) 노조대표자에게 그 사실을 서면으로 통보해야 한다(노조령 §11).

② 소집요건

총회는 정기총회(대의원회)와 임시총회(대의원회)로 구분된다. 노동조합은 매년 1회 이상 총회를 개최해야 한다(노조법 §15①). 노조대표자는 필요하다고 인정할 때에는 임시총회 또는 임시대의원회를 소집할 수 있다(노조법 §18①). 노조대표자는 조합원 또는 대의원(연합단체노조는 그 구성단체)의 1/3 이상이 회의에 부의할 사항을 제시하고, 회의소집을 요구한 때에는 지체없이 임시총회 또는 임시대의원회를 소집해야 한다(노조법 §18②). 노조대표자는 그 밖에 규약에 정한 일정한 요건에 해당하면 임시총회를 소집해야 한다.

③ 소집방법 및 절차

총회 또는 대의원회는 회의개최일 7일전까지 그 회의에 부의할 사항을 공고하고 규약에 정한 방법에 따라 소집해야 한다(노조법 §19본문). 다만, 노동조합이 동일한 사업장내의 근로자로 구성된 경우에는 규약으로 공고기간을 단축할 수 있다(노조법 §19단서). 공고기간을 위반한 회의는 원칙적으로 그 효력이 부인된다.

(4) 회의 진행

① 회의 주재

노조대표자는 총회 또는 대의원회의 의장이 된다(노조법 §15, §17). 대의원회의 경우에는 대의원이 아닌 대표자에게 회의주재·진행권이 있으나 규약에 규정이 있더라도 표결권은 없다.

② 의결방법

총회는 재적조합원의 과반수출석과 출석조합원의 과반수찬성으로 의결해야 하나, 규약의 제정·변경, 임원의 해임, 합병·분할·해산 및 조직형태의 변경에 관한 사항에 대해서는 재적조합원의 과반수출석과 출석조합원 2/3 이상의 찬성이 있어야 한다(노조법 §16②). 총회의 의결방법에 관한 규정은 강행규정이다.

규약제정·변경, 임원선거·해임, 조합원제명 및 대의원선출은 조합원의 직접·비밀·무기명 투표로 해야 한다(노조법 §16④). 그 밖의 안건에 대해서는 규약에 따라 거수·기립, 위임·대리, 서면표결 등도 허용된다. 대의원회의 경우에는 위임이 인정되지 않는다. 노동조합이 특정조합원에 관한 사항을 의결할 경우, 그 조합원은 표결권이 없다(노조법 §20).

③ 의결사항

법정사항[1]에 대해서는 총회의결을 거쳐야 한다(노조법 §16①). 회의는 원소집권자가 소집할 때 공고한 부의사항(노조법 §19본문)만 심의·의결할 수 있다. 긴급동의규정이 규약에 있다면, 부의안건으로 공고되지 않은 사항에 대해서도 심의·의결할 수 있다.[2]

5·나. 집행기관

(1) 구 성

집행기관은 대외적으로 노동조합을 대표하고 노동조합의사를 표시하며, 대내적으로 의결기관이 의결한 사항을 집행한다. 집행기관[3]의 범위, 유고인 임원의 직무대행 등에 대해서는 규약으로 정한다.

(2) 선출과 해임

① 선 출

㈎ 선거권과 피선거권

조합민주주의원칙에 따라 모든 조합원이 평등한 자격으로 임원선출에 참여할 수 있는 절차가 보장되어야 한다. 모든 조합원은 피선거권을 갖는다.[4] 다만, 규약으로 '다른 조합원 추천', 조합원경력 등의 요건을 설정해도 다른 출마자나 소

---

1) 규약 제정과 변경, 임원 선거와 해임, 단체협약, 예산·결산, 기금 설치·관리·처분, 연합단체 설립·가입·탈퇴, 합병·분할·해산, 조직형태 변경, 기타 의결대상으로 정해진 중요한 사항.

2) 공공노사관계팀-1336, 2007.6.26

3) <예시> 위원장, 부위원장, 사무국장, 회계감사 등

4) 대판 1992.3.31, 91다14413. 해고의 효력을 다투는 자도 노조법의 요건을 충족하면 피선거권을 갖는다.

수조합원의 권리를 침해하지 않거나 경력요구기간을 업무수행에 합리적인 기간으로 정하면 피선거권을 침해한 것이 아니다.[1]

(나) **선출자격**

노동조합의 임원의 자격은 규약으로 정하되, 하나의 사업(장)을 대상으로 조직된 노동조합의 임원은 그 사업(장)에 종사하는 조합원 즉 종사조합원 중에서 선출되도록 정해야 한다(노조법 §23①).[2] 해고되어 중노위 재심판정까지의 과정에서 부당노동행위구제신청을 한 종사간주조합원은 임원으로 선출될 수 있다. 초기업노조의 임원에 대해서는 노조법의 규정이 없으므로 노동조합이 자율적으로 정한다. 임원은 2 이상의 전임임원을 겸할 수 있다.

(다) **선출절차**

선출절차는 규약에 따르되(노조법 §11 x iv), 총회(대의원회)에서 조합원의 직접·비밀·무기명투표(노조법 §16④)에 따라, 재적조합원과반수의 출석과 출석조합원과반수의 찬성(노조법 §16②)으로 선출되어야 한다. 출석조합원과반수의 찬성이 없으면, 규약에 따라 결선투표를 실시해 다수의 찬성을 얻은 자가 임원으로 선출될 수 있다(노조법 §16③).

② 해 임

임원을 해임하기 위해서는 재적조합원과반수의 출석과 출석조합원 2/3 이상의 찬성이 있어야 하며, 직접·비밀·무기명투표에 따라야 한다(노조법 §16②④). 임원탄핵에 관해서는 규약에 사유와 절차를 명시해야 한다. 의결기관에 대해서는 규약에 따르되 별도규정이 없으면 해당임원을 선출한 기관의 결정에 따라야 한다.

③ 임 기

(가) **법정임기**

임원의 임기는 규약으로 정하되 3년을 초과할 수 없다(노조법 §23②). 규약 등에서 임기개시일에 관해 별도로 정하지 않으면 전임임원의 임기만료일 다음날부터 임기가 개시된다. 연임은 규약에 따른다.

(나) **임기제도의 운용**

보궐선거에 따라 선출된 임원의 임기는 전임자의 잔여기간으로 한다.

임기가 만료되면 후임대표자의 선출여부와 관계없이 임원자격은 상실된다. 임

---

1) 이상윤, 『노동법』, 제6판, 561쪽 ; 김유성, 『노동법Ⅱ』, 89쪽 ; 대판 1992.3.21, 91다14413.

2) 기업별노조에 해당되며, 초기업노조나 연합단체노조는 해당되지 않음.

기가 만료된 전임대표자는 민법상 '위임종료시의 긴급처리'(§691) 규정을 준용해, 후임대표자선출을 위한 회의소집 및 의장역할 수행,[1] 후임대표자가 선출될 때까지 규약에 따라 기본적인 사무관리 등의 업무를 처리할 수 있다.

(3) 권 한

노조대표자는 총회의장수임(노조법 §15②), 임시총회·임시대의원회소집(노조법 §18①②단서), 회계감사실시지시(노조법 §25①), 결산결과·운영상황공표(노조법 §26), 해산신고(노조법 §28②), 단체교섭·단체협약체결(노조법 §29①), 노사협의회근로자위원수임(근참법 §6②) 등의 권한을 갖고 있다.

(4) 조 직

집행기관에 사무국·조직부·재정부·쟁의부·교육부 등 하부기관을 두거나 특별기관으로 선거관리위원회·탄핵위원회·투쟁위원회 등을 두기도 한다.

5·다. 감사기관

노동조합은 설립목적에 위배되지 않도록 집행기관의 업무집행상황을 감사하는 감사기관을 둔다. 노조법은 감사기관에 관해 명시적인 규정을 두고 있지 않으나 회계감사를 의무화하고 있다(같은편,같은장 같은절,9·나,(2)).

6. 노동조합의 재정

6·가. 법적근거

노조법은 노동조합재정에 대해 '규약에 조합비 기타 회계에 관한 사항 기재(§11 ix)', '재정에 관한 장부와 서류의 작성비치(§14① v 노조칙 §8)', '예산·결산에 관한 사항과 기금의 설치·관리 또는 처분에 관한 사항의 총회의결(§16 iv, v)', '회계감사원의 회계감사(§25 ①)', '결산결과와 운영상황 공표(§26)', '행정관청의 결산결과와 운영상황의 보고 요구(§27)' 등을 규정하고 있다.

6·나. 조합재정자치원칙

(1) 의 의

노동조합의 수입은 조합비, 기부금 및 사업수입금으로 구성된다. 노동조합은

---

1) 대판(전) 2007.7.19, 2006두19297.

국가, 사용자 등 제3자로부터 간섭을 받지 않고 조직 및 활동에 필요한 재원을 확보·관리·사용할 수 있어야 하는데 이를 조합재정자치원칙이라고 한다. 조합재정자치원칙은 자주성과 민주성을 기초로 성립한다.

(2) 자주성

노동조합에 대한 사용자의 재정지원은 금지된다. '경비의 주된 부분을 사용자로부터 원조받는 경우'는 노동조합설립에 있어 소극적요건이다(노조법 §2ⅳ나목). 사용자의 운영비원조는 부당노동행위에 해당될 수도 있다(노조법 §81①ⅳ본문). 다만, 근로시간면제제도에 따라 활동하는 것'은 무방하며, '근로자후생자금 또는 경제상불행 기타 재액방지·구제 등을 위한 기금기부'와 '최소한 규모의 노조사무소제공' 그리고 '그 밖에 이에 준하여 노동조합의 자주적인 운영 또는 활동을 침해할 위험이 없는 범위에서의 운영비 원조행위'도 가능하다(노조법§81①ⅳ단서, 같은편, 제7장, 제2절, 4·다). 근로시간면제한도를 초과하는 급여의 지급은 부당노동행위이며, 해당 단체협약규정이나 사용자동의는 무효이다(노조법§24④ §81①).

(3) 민주성

노동조합은 '조합비 기타 회계에 관한 사항'을 규약으로 정하고(노조법 §11ⅸ), '예산·결산에 관한 사항' 및 '기금의 설치·관리 또는 처분에 관한 사항'에 대해서는 총회(대의원회)의 의결(노조법 §16①ⅳ, ⅴ)을 거쳐 스스로 결정한다. 노동조합은 재정에 관한 장부와 서류를 작성해 그 주된 사무소에 비치해야 하고(노조법 §14①ⅴ), 회계감사를 실시하고 그 결과를 공개해야 하며(노조법 §25), 결산결과와 운영상황을 행정관청에 보고(노조법 §27)해야 한다.

6·다. 조합비

(1) 의 의

조합비는 노동조합재정의 기본이 된다. 조합비는 조합비, 회비, 파업기금 등 명칭과 정기적이든 일시적이든 부과형태를 불문하고 조합원으로부터 징수하는 모든 금품이다. 노동조합은 조합비납부의무를 지키지 않은 조합원의 권리를 규약의 규정에 따라 제한할 수 있다(노조법 §22).

(2) 조합비의 수준

조합비의 수준은 규약(노조법 §11ⅸ)을 통해 노동조합이 자체적으로 결정할 사항이다. 조합비를 받는 방법에 대해서는 특별한 제한이 없다.

(3) 조합비일괄공제제도

① 의 의

조합비일괄공제제도(check-off)란 사용자가 조합원인 근로자의 임금에서 조합비를 일괄적으로 공제해 이를 노동조합에게 넘겨주는 편의제공의 약정을 말한다. 조합비일괄공제제도는 물적단결강제수단이다.

② 요 건

㈎ 단체협약 규정

임금은 근로자에게 그 전액을 지급해야 한다. 다만, 법령 또는 단체협약에 특별한 규정이 있는 경우에는 임금의 일부를 공제할 수 있다(근기법 §43①). 조합비일괄공제제도는 단체협약에 규정되어 있어야 한다.[1]

㈏ 근로자 동의

조합비일괄공제제도가 임금전액지급원칙에 위반되지 않더라도, 공제를 반대하는 근로자를 구속할 수 없다. 사용자는 동의를 받지 못한 근로자의 의사에 반해 임금에서 조합비를 공제할 수 없다.

㈐ 규약 또는 총회 결의

조합비에 관한 사항은 규약의 기재사항(노조법 §11ix)이다. 규약에 기재되어 있으면 근로자의 동의는 필요치 않으나,[2] 규약에 기재되어 있지 않다면 적어도 총회 결의[3]나 근로자의 명시적이거나 묵시적인 동의[4]가 필요하다.[5]

③ 조합비 공제중단

㈎ 사용자의 중지

조합비일괄공제제도는 경비원조의 성격을 갖지만 단결권강화를 보장한다는 점에서 부당노동행위로 보지 않는다. 시행되고 있는 조합비공제를 사용자가 일방적으로 중지하면 부당노동행위가 성립될 수 있다.[6]

---

1) 조합비공제제도는 근로자이익을 위한 제도로서 근기법이 적용되지 않으므로 관행이나 묵시적·명시적 합의에 따라서도 가능하다는 적용부정설과 근기법규정은 강행규정이므로 적용된다는 적용긍정설로 의견이 나뉠 수 있으나 적용긍정설이 통설이다(이상윤, 『노동법』, 제6판, 654~565쪽).

2) 임금 1249, 2004.4.10 ; 노조 01254-22724, 1985.12.18 ; 임종률, 『노동법』, 제9판, 87쪽 ; 이철수·김홍영, 『노동법강의』, 421쪽 ; 이상윤, 『노동법』, 제6판, 565쪽에서 비슷한 의견을 제시하고 있다.

3) 노조 01254-772, 1997.9.10.

4) 대판 1960.11.27, 4293민상326.

5) 노동조합과-506, 2004.2.26.

6) 김형배, 『노동법』, 제20판, 1068쪽.

㈏ 조합원의 신청

조합비일괄공제제도가 유효하게 성립되면, 조합원의 중지요청권은 인정되지 않는다는 견해가 일반적이다.[1] 이에 대해 근로자가 동의를 철회하면 조합비를 공제할 수 없다는 견해[2]가 소수설적인 견해지만 타당해 보인다.

④ 효 과

사용자는 노동조합의 불법행위로 인한 손해배상청구권과 노동조합에 인도할 조합비를 상계할 수 없다.

(4) 조합원자격 상실과 조합비

사용자는 노동조합을 탈퇴하거나, 제명되는 등 조합원자격을 상실한 근로자의 임금을 공제하면 안된다.[3] 납부된 조합비에 대해서는 규약 등에 따른다. 별도로 정함이 없다면 그동안 권리와 이익을 향유했으므로 환급을 요구할 수 없다.[4]

6·라. 조 세

노동조합에 대해서는 그 사업체를 제외하고는 '세법이 정하는 바에 따라' 조세를 부과하지 않는다(노조법 §8).[5] 수익사업이더라도 계속적·반복적이 아니면 면세혜택이 부여된다. 직원에 지급되는 급여는 면세대상이 아니다.

6·마. 조합재산 소유형태

법인인 노동조합은 민법 중 사단법인에 관한 규정이 적용되므로(노조법 §6③), 재산은 노동조합의 단독소유에 속한다. 법인이 아닌 노동조합은 민법상으로 '권리능력 없는 사단'으로 보아, 재산은 구성원 전체의 소유인 총유(總有 민법 §275)에 속한다.[6]

6·바. 회계감사 · 운영상황 공개(같은편, 같은장 같은절, 9·나,(2))

6·사. 결산결과와 운영상황 보고(같은편, 같은장 같은절, 9·다,(5))

---

1) <통설적 견해> 김유성, 『노동법Ⅱ』, 114쪽 ; 이상윤, 『노동법』, 제6판, 566쪽 등.

2) 노조 01254-1122, 1995.10.23.

3) 노조 01254-10877, 1986.7.3.

4) 노조 01254-1577, 1994.12.15.

5) 이상윤, 『노동법』, 제6판, 567쪽. '복리후생용으로 구입한 자가용을 조합원의 출·퇴근목적으로 사용'하거나 '노동조합이 운영하는 소비조합에서 조합원을 위해 물품을 원가로 구입해 그 가격으로 판매하는 것'은 수익사업이 아니므로 면세혜택이 주어진다.

6) 조합원은 노조 재산에 대해 지분권 또는 분할청구권을 갖지 못한다. 따라서 노동조합채무에 대해 조합원은 개인적책임을 지지 않고, 조합재산만 책임재산이 된다.

7. 노동조합의 내부통제

7·가. 통제권의 의의

노동조합은 그 목적을 달성하고 특히 단결력을 확보하기 위해 규약·방침·지시 등에 위반한 조합원에 대해 제재처분을 가하는 등 통제권을 행사할 수 있는데 이를 노동조합의 내부통제라고 한다.

7·나. 통제권의 근거

(1) 법적근거

노조법은 규약의 필요적 기재사항으로 "대표자와 임원의 규약 위반에 대한 탄핵에 관한 사항"과 "규율과 통제에 관한 사항"을 각각 규정하고 있다(노조법 §11).

규정이 없는 경우에도 관행 또는 조합민주주의원칙에 따라 통제권이 인정된다.

(2) 이론적근거

노동조합통제권의 근거에 대해 학설은 규약준거설[1]과 조합가입의사설[2]로 나뉘는 계약설,[3] 단체고유권설[4] 그리고 순수단결권설[5]과 절충단결권설[6]로 나뉘는 단결권설로 분류할 수 있다. 단결권설이 다수설이다. 각 견해는 노동조합의 통제권을 인정하면서, 그 근거에 대해 달리 설명하는 것이어서 논의의 실익이 크지 않다[7].

7·다. 통제권의 내용

노동조합통제권은 합법적이고 정당한 경우에 인정된다. 노동조합통제권은 부당한 분파활동, 지시위반, 노동조합이나 임원에 대한 부당한 비판,[8] 조합비체납

---

1) 조합원이 합의한 규약에서 통제권의 근거를 찾는 견해로서, 노조를 독립된 법적실체로 보지 않고 조합원 상호간의 계약으로 보는 영미법계의 태도이다.

2) 규약의 준수와 그에 기초한 제재도 감수하겠다는 조합원 각자의 합의가 근거라고 본다.

3) 노조의 통제권은 조합원 각자의 계약에서 비롯한 것이라는 입장이다.

4) 노조를 하나의 독립된 단체로서 인정하고 그 한도내에서 단체의 존립과 고유의 목적활동을 위한 통제권이 당연히 인정되어야 한다는 견해이다.

5) 노조가 갖는 사단으로서의 법적성격을 완전히 부정하고, 순전히 헌법상 규정된 단결권보장에 의거해 통제권 법리를 구성하려는 견해이다. ; 김유성, 『노동법Ⅱ』, 90쪽.

6) 노조가 단체라는 법적성격을 받아들이면서 헌법상 단결권보장에 근거해 다른 단체에 비해 강한 통제력이 요청된다고 보는 견해이다.

7) 임종률, 『노동법』, 제9판, 89~90쪽.

8) 조합원에게 언론·비판의 자유가 인정되나. 사실을 왜곡하거나 허위사실을 유포하면 통제권의 대상이다.

등 단결유지를 저해하는 행동에 대해 행사될 수 있다.

7·라. 통제권의 한계

(1) 일반 원칙

노동조합통제권은 조합원에 대해 일반국민으로서 가지는 헌법상 기본적 권리의 본질적내용이나 다른 헌법적가치를 침해치 않아야 할 내재적한계를 갖는다.[1)]

(2) 방어권과 불이익금지

노동조합의 통제권은 조합민주주의 원칙을 구현할 수 있도록 행사절차에 있어 공정성 및 투명성을 확보해야 한다. 이를 위해서는 조합원의 합리적인 방어권과 불이익취급금지가 제도개선 차원에서 요청된다.

(3) 제재의 정당성

① 제재의 정도

제재처분은 경고, 견책, 제재금부과, 권리정지, 제명 등이 있다. 조합원의 위반행위는 제재의 내용과 비교해 상당성을 가져야 한다.

규약에서 조합비체납 또는 '노동조합의 정상적인 업무를 방해하는 행위' 등을 조합원제명사유로 정하는 것은 타당하다.

② 제재처분의 절차

제명처분은 총회(대의원회)에서 직접·비밀·무기명투표에 따라 일반조합원은 재적조합원 과반수출석과 출석조합원 과반수찬성으로, 임원은 재적조합원 과반수출석과 출석조합원 2/3 이상의 찬성으로 결정되어야 한다.

피징계자에게 표결권이 없으나(노조법 §20), 변명권은 보장되어야 한다.[2)]

7·마. 통제권과 사법심사

노동조합의 통제처분이 위법하면 행정관청의 시정명령(노조법 §21②)에 따라 구제될 수 있으며, 조합원은 통제처분의 무효를 주장하는 소송을 제기할 수 있다.

구제절차는 행정적구제절차가 아닌 민사소송절차에 따른다.[3)]

---

1) 정치활동은 국민의 기본권행사에 해당하므로, 원칙적으로 노동조합의 통제대상이 아니다. 노동조합이 특정한 정당이나 후보를 지지하도록 강요하고 위반을 이유로 통제권을 행사하는 것은 타당하지 않다(대판 2005.1.28, 2004도227). 다만, 정치활동이 반조합적 행위이거나 근로조건과 관련이 있다면, 통제권의 대상이 될 수도 있다.

2) 노정 1452-6162, 1969.6.2.

3) 대판 1993.3.9, 92다29429.

8. 노동조합과 법인격

8·가. 개 요

(1) 법적근거

노동조합은 규약에 따라 법인으로 할 수 있으며(노조법 §6①), 이를 위해서는 등기를 해야 하고(노조법 §6②), 법인인 노동조합에 대해서는 노조법에 규정된 것을 제외하고는 민법 중 사단법인에 관한 규정을 적용한다(노조법 §6③).

(2) 필요성

노조법은 노동조합을 법인으로 하도록 강제하고 있지 않다(노조법 §6①). 순수한 재산상의 거래관계에 있어 권리·의무의 주체가 되어 예금, 토지·건물의 등기 등 재산상행위를 하기 위해서는 법인격을 취득하는 것이 편리하다.

8·나. 절 차

노동조합을 법인으로 하려면 대표자는 등기사항[1]에 대해 그 주된 사무소의 소재지를 관할하는 등기소에 등기해야 한다(노조법 §6② 노조령 §2 및 §3).

8·다. 효 과

(1) 민법 준용

법인인 노동조합에 대해서는 노조법에 규정된 것을 제외하고는 민법 중 사단법인에 관한 규정을 적용한다(노조법 §6③). 법인이 아닌 노동조합에 대해서는 민법상 법인격이 없는 사단으로서, 민법의 사단법인에 관한 규정이 준용된다.[2]

(2) 당사자 능력

법인이 아닌 사단이라도 대표자가 있는 경우에는 그 이름으로 소송당사자가 될 수 있다(민소법 §52). 노동조합뿐 아니라 '노동조합의 성립요건을 갖추지 못한 노동단체'[3]도 소송당사자가 될 수 있다.

---

1) 명칭, 주된 사무소 소재지, 목적·사업, 대표자의 성명·주소, 해산사유를 정한 때에는 그 사유.
2) "대표권제한은 등기하지 않으면 제3자에게 대항하지 못한다(민법 §60)"는 조항은 재산거래상행위에는 적용되나 노동3권행사에는 적용되지 않는다(이상윤, 『노동법』, 제6판, 542쪽).
3) 대판 1979.12.11, 76누189.

9. 노동조합의 관리

9·가. 의 의

자주성 확보를 위해 외부로부터의 간섭을 배제하다 보면, 노동조합은 관료주의와 부패의 위험을 안게 된다. 이에 대해 노조법은 민주성과 적법성을 확보하기 위해 자율적 관리와 타율적 개입을 규정하고 있다.

9·나. 자율적 관리

(1) 서류의 작성 · 비치

노동조합은 조합설립일부터 30일 이내에 조합원명부(연합단체노조는 그 구성단체의 명칭), 규약, '임원의 성명 · 주소록', 회의록 및 '재정에 관한 장부와 서류'[1]를 작성해 주된 사무소에 비치해야 하며(노조법 §14①), 회의록 및 '재정에 관한 장부와 서류'는 3년간 보존해야 한다(노조법 §14②).

(2) 회계감사 · 운영상황 공개

① 회계감사

노조대표자는 그 회계감사원으로 하여금 6월에 1회 이상 노동조합의 모든 재원 및 용도, 주요한 기부자의 성명, 현재의 경리 상황 등에 대한 회계감사를 실시하게 하고 그 내용과 감사결과를 전체 조합원에게 공개해야 한다(노조법 §25①).

② 감사결과 공개

노동조합의 회계감사원은 해당 노동조합의 회계감사를 실시하고 그 결과를 공개할 수 있다(노조법 §25②). 노조대표자는 회계연도마다 결산결과와 운영상황을 공표해야 하며, 조합원의 요구가 있을 때에는 이를 열람하게 해야 한다(노조법 §26).

9·다. 타율적 개입

(1) 의 의

대표적인 타율적통제는 행정관청의 통제이다. 행정관청의 통제는 설립 · 해산과 임시총회 관련 외에도 규약시정, 결의처분시정, 자료제출요구 및 단체협약시정처

---

1) 예산서, 결산서, 총수입원장 및 총지출원장, 수입 또는 지출결의서, 수입관계 장부 및 증빙서, 지출관계 장부 및 증빙서, 자체 회계감사 관계서류를 말한다(노조칙 §8).

럼 감독적인 성격을 갖는 통제가 있다.

(2) 설립심사

노동조합을 설립하고자 하는 자는 조합규약을 설립신고서와 함께 행정관청에 제출해 이를 신고해야 하고 행정관청은 이를 심사한다.

(3) 해 산

노조법(§28①)에 정해진 해산사유 중 '규약에서 정한 해산사유가 발생한 경우', '합병 또는 분할로 소멸한 경우' 및 '총회 또는 대의원회의 해산결의가 있는 경우'로 노동조합이 해산한 때에는 그 대표자는 해산한 날부터 15일 이내에 행정관청에게 이를 신고해야 한다(노조법 §28② 같은장, 제5절, 2).

(4) 규약, 결의 · 처분시정명령

① 법적근거

행정관청은 '규약이 노동관계법령에 위반한 경우'와 '노동조합의 결의 또는 처분이 노동관계법령 또는 규약에 위반된다고 인정할 경우'에는 노동위원회의 의결을 얻어, 서면(노조령 §11)으로 시정을 명할 수 있다(노조법 §21①②, §93ii 5백만원벌금).

② 명령의 주체

노조법은 시정명령의 주체를 행정관청으로 규정하고 있다. 이는 행정관청이 노조를 관할하는 점을 고려한 것이다.[1]

③ 명령의 요건

시정명령은 '규약이 노동관계법령에 위반한 경우'와 '노동조합의 결의 또는 처분'이 노동관계법령 또는 규약에 위반된다고 인정할 경우'에 가능하다.

④ 명령의 절차

결의처분이 규약에 위반되는 경우에는 '이해관계인의 신청이 있는 경우'에만 행정관청의 시정명령이 가능하며, 행정관청이 직권으로 처리할 수 없다.

⑤ 명령의 효과

시정명령을 받은 노동조합은 30일 이내에 이를 이행해야 한다(노조법 §21③).[2] 시정명

---

1) 전문성 · 공정성 · '판정업무의 일관성' · '절차의 통일성 및 간편성' 등을 고려, 시정명령 자체를 노동위원회의 권한으로 하는 입법적 개선을 고려할만 하다.

2) '정당한 사유'를 기재한 후 행정관청에 통보해, 그 기간을 연장 가능 (노조 01254-591, 1997.6.30).

령에 불응하면 벌칙이 적용되고, 위법한 부분은 무효이다.[1] 노동조합은 위법·부당한 시정명령에 대해 행정소송을 제기할 수 있다.

(5) 결산결과와 운영상황 보고

노동조합은 행정관청이 '그 사유와 기타 필요한 사항을 기재한 서면(노조칙 제16호서식)으로 10일 이전에(노조령 §12)' 요구하는 경우에는 결산결과와 운영상황을 보고해야 한다(노조법§27, §96①ii 5백만원과태료). 행정관청의 자료제출요구권은 임의적 판단에 맡겨져 있고, 그 요건도 '요구하는 경우'로 되어 있어 자의적이다. 자료제출요구는 노조업무지도에 필요한 최소한에 그쳐야 하며 불필요한 사항을 요구하지 말아야 한다.

(6) 단체협약 시정명령

단체협약의 당사자는 단체협약의 체결일부터 15일 이내에 이를 행정관청에게 신고해야 하며(노조법 §31②), 행정관청은 단체협약 중 위법한 내용이 있는 경우에는 노동위원회의 의결을 얻어 그 시정을 명할 수 있다(노조법 §31③).

제4절 노동조합 활동보장

1. 의 의

2·가. 개 념

노동조합활동(조합활동)은 근로자가 노동조합의 목적을 달성하기 위해 하는 모든 행위 중 노동조합의 조직·가입, 단체교섭 및 쟁의행위를 제외한 행위이다.

2·나. 요 건

조합활동은 노동3권 보호를 위해 인정된다. 조합활동이 정당하려면, 다음의 요건을 충족해야 한다.[2]

1) 노동조합에 대한 결의·처분은 직권으로 취소하거나, 소송절차에 따라 판결이 확정되어 번복되지 않는 한 그 효력에는 영향이 없다.

2) 대판 1992.4.10, 91도3044 ; 대판 2020.7.29, 2017도2478 등.

첫째, 주체의 측면에서 행위의 성질상 노동조합의 활동으로 볼 수 있거나 노동조합의 묵시적인 수권 혹은 승인을 받았다고 볼 수 있어야 한다.

둘째, 목적의 측면에서 근로조건의 유지·개선과 근로자의 경제적 지위의 향상을 도모하기 위해 필요하고 근로자들의 단결강화에 도움이 되는 행위여야 한다.

셋째, 시기의 측면에서 취업규칙이나 단체협약에 별도의 규정이 있거나 관행이나 사용자의 승낙이 있는 경우 외에는 원칙적으로 근무시간 외에 행해져야 한다.

넷째, 수단·방법의 측면에서 사업장 내 조합활동에서는 사용자의 시설관리권에 바탕을 둔 합리적인 규율이나 제약에 따라야 하며 폭력과 파괴행위 등의 방법에 의하지 않아야 한다.

2·다. 효 과

정당한 조합활동에 대해서는 민·형사책임이 면제되고(노조법 §3및§4) 불이익취급이 금지된다(노조법 §81 i). 정당한 조합활동은 징계나 해고의 사유가 되지 않는다.

2. 주체와 목적

2·가. 주 체

(1) 조합원 및 수임자

조합활동의 주체는 종사조합원, 종사간주조합원, 비종사조합원 그리고 비종사비조합원으로 구분된다(같은편,같은장,제2절,2·나,(2),⑤). 사업장출입(같은편,같은장 같은절,3·나,(2),③)을 포함한 조합활동의 허용범위는 주체가 어느 유형인지에 따라 달라진다.

① **종사조합원**

노조법은 사업(장)에 종사하는 근로자를 종사근로자라고 부른다. 종사근로자인 조합원에 대해서는 조합활동의 일반법리가 적용된다.

② **종사간주조합원**

해고된 종사근로자로서 부당노동행위 구제신청을 한 자는 중노위의 재심판정이 있을 때까지 종사근로자로 간주된다. 종사간주근로자인 조합원은 조합활동과 사업장출입에 있어 종사근로자와 같은 지위를 가지는 것이 원칙이다. 다만, '종사근로자간주규정'은 해당근로자로 하여금 조합원으로서의 지위를 유지하면서 조합활동을 할 수 있도록 하는데 목적이 있다. 사업장출입의 범위는 이 범위 내로 제한될 수 있다.

③ **비종사조합원**

종사근로자가 아닌 조합원은 사용자의 효율적인 사업운영에 지장을 주지 않는 범위에서 사업장출입을 포함한 조합활동을 할 수 있다(노조법 §5②).

④ **비종사비조합원**

종사근로자도 조합원도 아닌 자로서 단체교섭을 위임받은 자는 위임업무를 수행하는 범위 내에서의 조합활동과 사업장출입이 인정될 수 있다.

(2) 노동조합 수권

조합원은 조합의 기관이 행한 의사결정에 따라야 한다. 조합원개인의 활동은 원칙적으로 정당하지 않다. 개인활동은 자발적행위와 사적행위로 나뉜다.

① **자발적행위**

노동조합의 명시적인 지시 없이 행해진 조합원의 행위라도 노동조합의 묵시적인 수권 또는 승인이 있거나 그 성질상 노동조합활동으로 볼 수 있는 때에는 자발적행위로서 조합활동으로 인정될 수 있다.[1] 노조가입권유, 임원선거참여 등과 같이 조직강화나 민주성을 확보하기 위한 행위가 그렇다.[2]

② **사적행위**

사적행위[3]는 노동조합과 관련이 없는 자의적행위로서 조합활동으로 볼 수 없는 것이 원칙이다.[4] 개인적인 대우[5]의 문제가 아니고, 노동조합을 매도하는 것이 아니면서,[6] 단체협약의 이행을 촉구하는 것이거나 단결권보장의 취지를 가진 행위로서 객관적으로 용인될 수 있다면 예외가 인정된다.

2·나. 목 적

근로조건의 유지·개선을 목적으로 하는 것이나 단결권강화를 위한 것이 아니라면 조합활동으로 보호받을 수 없다.[7] 경영권변경[8]과 관련된 행위가 그렇다.

1) 대판 1989.4.25, 88누1950 ; 대판 2001.4.27, 99두11042 등 수 많은 판례.
2) 김유성, 『노동법Ⅱ』, 100쪽.
3) 대판 1994.12.23, 94누3001.
4) 대판 1992.9.25, 92다18542.
5) 대판 1990.8.10, 89누8217.
6) 서울행판 2003.9.30, 2003구합8494.
7) 대판 1994.2.22, 93도613.
8) 대판 2006.5.26, 2004다62597. 전국교직원노동조합 사건. 족벌재단퇴진 등의 리본·조끼 등의 착용 제한 정당.

사회문화활동은 근로조건과 관계가 없지만, 단결력을 강화해 근로조건향상이라는 목적을 이루어 내는데 필요하므로 조합활동으로 본다.[1)]

정치활동은 조합활동에 원칙적으로 포함되지 않는다. 그러나 근로자의 사회·경제적지위 향상과 관련된 입법·정책을 촉구·저지하기 위해 특정 후보를 지지·반대하는 행위는 조합활동으로 볼 수 있다.

3. 시기 · 방법 · 수단

3·가. 정당성판단 공통기준

(1) 사용자 승인

① 원 칙

조합활동은 취업규칙이나 단체협약에 별도의 허용규정이 있거나 관행이나 사용자 승낙이 있는 경우 외에는 그 과정이나 양태에 있어 '사용자의 노무관리권이나 시설관리권'에 바탕을 둔 합리적인 규율이나 제약에 따라야 한다.[2)]

② 이론적 근거

사용자의 승인을 받지 않은 조합활동이 인정될 수 있는가에 대해서는 수인의무설, 권리남용설 및 실질적지장설로 의견이 나뉜다.

㈎ 수인의무설

조합활동은 헌법에서 보장된 단체행동권 속에 내재하는 권리이며 사용자의 업무지휘권 및 시설관리권은 그 범위 내에서 제한되기 때문에 단체협약, 승낙 등 사용자의 동의가 없어도 시설을 이용할 수 있다는 설이다.[3)]

㈏ 권리남용설

사용자가 동의한 경우에 비로소 기업시설을 이용할 수 있으나, 사용자가 동의를 하지 않는 것이 권리남용이 되어서는 안된다[4)]

㈐ 실질적지장설

노동조합이 기업시설을 이용하려면 사용자의 동의가 있어야 하는 것이 원칙이

---

1) 김유성, 『노동법Ⅱ』, 100쪽 ; 임종률, 『노동법』, 제9판, 102쪽 ; <예> 합창반활동, 양로원방문 등.

2) 대판 1990.5.15, 90도357 ; 대판 1992.9.25, 92다18542.

3) 노조법에 정한 면책특권은 헌법상 단체행동권을 근거로 해서 조합활동이 정당할 때 책임추궁을 면한다는 소극적이고 방어적인 권한일 뿐, 사용자가 조합활동을 광범위하게 참고 받아들이라는 의미로 해석하기는 어렵다.

4) 대판 1994.9.30, 94다4042 ; 대판 1990.5.15, 90도357 ; 조합활동은 단체행동권에 근거를 두고 있어 시설관리권을 사용자에게 전속된 배타적권리라고만 볼 수 없다.

다. 그러나 기업시설을 이용하는 조합활동의 필요성이 있고 그로 인해 업무운영이나 시설관리에 실질적으로 지장이 없다면 정당성을 부인할 수 없다.[1] 이 설이 타당하다.

(2) 종합적 판단

조합활동은 사용자가 갖는 시설관리권 및 노무관리권과 충돌할 수밖에 없다. 조합활동의 정당성은 보호법익과 시설·노무관리권의 침해정도를 비교해 사회통념에 맞게[2] 판단할 수 있다. 궁극적으로는 조합활동이 시설·노무관리권의 본질적인 내용을 해치는지 여부에 따라 정당성이 결정된다.[3]

조합활동에 있어 시기·수단·방법 등의 정당성은 조합활동의 필요성과 긴급성, 조합활동으로 행해진 개별행위의 경위와 구체적 모습, 사용자의 노무지휘권·시설관리권 등의 침해 여부와 정도, 그밖에 근로관계의 여러 사정을 종합하여 충돌되는 가치를 객관적으로 비교·형량하여 실질적인 관점에서 판단한다.[4]

3·나. 사용자의 권리와 조합활동

(1) 노무관리권

노무관리권과 충돌하는 조합활동으로는 시간과 관련하여 '근로시간 중 조합활동'이 있으며, 수단이나 방법과 관련하여 '머리띠·리본·투쟁복 등의 착용과 같은 근무명령일탈이 있다.

① 근로시간과 조합활동

조합활동은 업무에 지장을 주지 않는 범위 내에서 수행되어야 하므로 근로시간 외에 행하는 것이 원칙이다.[5] 근로시간 중의 조합활동은 취업규칙, 단체협약, 관행 또는 사용자의 승낙이 있어야 한다.[6] 사용자승낙이 없는 '근로시간중 조합활동'은 그 필요성과 노무지휘권침해정도를 종합적으로 판단하여 정당성이 인정될만한 합리성이 있어야 한다.

---

1) 이상윤, 『노동법』, 제6판, 572쪽 ; 임종률, 『노동법』, 제9판, 105쪽.

2) 조합활동 유형, 대체수단 존재 여부, 근무형태, 사용자 권리 침해 유무, 묵시적 승인을 인정할만한 관행·선례, 직종·직무의 성질상 필요성(대판 1992.3.13, 91누5020 ; 대판 2000.6.23, 98다54960 등 다수), 당사자태도(대판 1994.9.30, 94다4042. 사전통보에 대해 사용자가 특별한 사유가 없는 한 승낙해야 한다는 규정 인정), 업무에 지장을 초래하는 정도(대판 1994.2.22, 93도613 ; 대판 1995.3.14, 94누5496) 등을 종합 고려.

3) 김형배, 『노동법』, 제20판, 788쪽.

4) 대판 1994.2.22, 93도613 ; 대판 1995.3.14, 94누5496 ; 대판 1995.2.17, 94다44422 ; 대판 2020.7.29, 2017도2478.

5) 대판 1990.5.15, 90도357 ; 대판 2001.11.27, 99도4779 등.

6) 대판 1990.5.15, 90도357 ; 노조 68107-919, 2001.8.14.

② **복장규제와 조합활동**

근로자는 복장규정을 준수해야 한다. 복장규정이 없더라도 머리띠·리본·투쟁복 등의 착용은 성실의무에 부합해야 한다. 성실의무는 '업무에 지장을 초래하지 않을 의무'를 말한다. 업무에 미치는 지장은 사업종류, 업무성질, 착용동기·목적·형태·내용·시기·장소, 업무에 미치는 영향 등에 따라 그 정도가 다를 수 있다. 병원,[1] 호텔·백화점, 은행, 운수,[2] 공공[3] 등 고객을 많이 상대하는 서비스 업무로서 정숙함이나 단정함이 상품가치와 직접 관계가 있는 경우에는 투쟁복 등의 정당성이 약화된다.

(2) 시설관리권

① **시설관리권과 사용자승인**

사용자는 사업의 시설이나 설비를 사업목적에 따라 이용할 수 있도록 보전·관리하는 규칙을 만들거나 필요한 조치를 취할 시설관리권을 갖는다.[4] 따라서 단체협약, 취업규칙, 관행 등에 비추어 사용자의 승인이 있으면 시설 안에서 이루어지는 조합활동의 정당성이 인정된다.[5]

② **조합활동과 시설관리권 침해**

사용자 승인이 없이 행해진 조합활동이 시설관리권을 침해하는지는 사업의 특수성, 시설물의 성격·중요성·이용시간·횟수, 시설물을 이용한 목적·필요성, 침해된 손해의 정도, 조합활동의 모습 등을 종합해 판단한다.[6]

③ **사업장출입 통제**

㈎ **사업장출입통제의 성격**

사업장내에서의 조합활동은 사용자의 시설관리권에 바탕을 둔 합리적인 규율이나 제약에 따라야 하고, 사용자는 업무상 필요성에 따라 사업장출입을 제한할 수 있는 것이 원칙이며,[7] 이에 반하는 사업장출입은 정당성이 부정된다.

㈏ **조합활동주체별 허용 범위**

사업장출입의 허용범위는 조합활동주체 즉 종사조합원, 종사간주조합원, 비종사

---

1) 대판 1996.4.23, 95누6151.
2) 노조 01254-629, 1996.6.19. 택시운전기사의 노조명찰 패용 ; 협력 68140-30, 2002.1.25. 열차승무원의 투쟁조끼.
3) 노조 68107-106, 2002.1.31. 특수한 직무에 종사하는 공무원의 제복착용
4) 대판 1994.2.22, 93도613.
5) 대판 1994.2.22, 93도613.
6) 대판 1996.4.23, 95누6151 ; 대판 2000.6.23, 98다54960.
7) 대판 1996.5.10, 96도419.

조합원 그리고 비종사비조합원으로 나누어 설명될 수 있다(같은편, 같은장, 같은절, 2·가, (1) 같은편, 같은장, 제2절, 2·나, (2), ⑤).

㉮ **종사조합원**

종사근로자에 대해서는 사용자의 시설관리권과 노무관리권의 본질적인 내용을 침해하지 않는 범위 내에서 조합활동이 인정된다.

㉯ **종사간주조합원**

해고된 종사근로자로서 부당노동행위구제신청을 하여 중노위재심판정 전에 있는 종사간주조합원에게는 일반적이고 보편적인 조합활동을 목적으로 하는 사업장출입이 허용된다. 조합활동과 관련이 없는 사업장출입은 제한을 받을 수 있다. 종사근로자들의 조업에 영향을 미치는 행위는 노무관리권침해가 될 수 있으며, 이를 기초로 종사간주조합원에게 특정한 장소·시간에 출입이 제한될 수 있다.

㉰ **비종사조합원**

종사근로자가 아닌 비종사조합원은 사용자의 효율적인 사업운영에 지장을 주지 않는 범위에서 사업(장) 내에서 조합활동을 할 수 있다(노조법 §5②). "효율적인 사업운영에 지장을 주지 않는 범위"라 함은 활동의 목적·내용, 당사자의 평소 태도, 단체협약의 내용, 관행 등을 종합적으로 고려하여 판단된다. 노동조합은 규약 등에 비종사조합원의 권한을 종사조합원과 다르게 정할 수 있다. 비종사조합원에게는 그 권한에 속하는 조합활동을 위한 사업장출입이 허용된다. 사용자는 합리적인 이유 없이 사업장출입 등을 거부하지 못한다. 비종사조합원은 사업장의 내부규칙 또는 노사간에 합의된 절차 등을 준수하는 등 시설관리권을 침해하지 않아야 한다.

㉱ **비종사비조합원**

비종사비조합원이라 하더라도 단체교섭의 수임을 받은 자는 위임업무수행을 위한 범위 내에서 노조사무실이나 교섭장소에 출입하는 것 등이 허용된다. 다만, 단체교섭 이외의 출입목적이나 허락범위를 벗어난 장소의 출입에 대해 이용금지·퇴거요구 등이 가능하다.[1]

㈐ **도급인사업장의 수급인근로자**

수급인근로자가 그들의 근로장소인 도급인의 사업장에서 행한 집회·시위가 정당한 쟁의행위 과정에서 적법한 직장점거의 범위에서 이루어졌다면, 이는 '사회상규에 위배되지 않는 행위(형법 §20)'로서 위법성이 조각된다.[2]

---

1) 대판 2002.4.12, 2000도3485. 위임을 받더라도, 파업에 돌입하면서 단체협약체결촉구결의대회를 개최하는 데에 참가하는 것은 정당한 교섭행위로 보기 어렵고, 출입제한을 신분증을 제시하라고 요구한 것을 정당하다.

2) 대판 2020.9.3, 2015도1927. 수자원공사사건. 사업장점거에 대한 퇴거불응과 대체근로 저지의 업무방해사건.

3·다. 조합원의 언론활동

(1) 언론활동 일반

① 개 념

언론활동이란 유인물 배포·게시, 방송, 인터넷 등의 수단으로 자신의 의견이나 방침을 조합원이나 일반인에게 알리는 활동을 말한다.

② 정당성 판단기준

언론활동은 '경영전반 또는 인사노무에 관한 것'으로서 진실해야 하고, 그 목적이나 내용이 정당해야 하며, 성실의무를 위반하지 않아야 한다.[1] 언론활동의 정당성은 사실성·장소·대상·범위 등을 판단기준으로 하여 그 필요성 및 침해된 사용자의 인격권을 구체적이고 종합적으로 살펴 판단되어야 한다.[2]

③ 정당성 부정요소

헌법의 노동3권도 궁극적으로는 인간의 존엄 즉, 인격권을 보장받는 데 목적이 있다. 노동3권을 이유로 인격권을 훼손할 수 없다. 인신공격·비방,[3] 사생활침해·폭로[4]·명예훼손,[5] 인격모욕, 비밀침해. 불법행위선동,[6] 과격·불순문구[7] 등은 정당성이 부정될 수 있는 요소이다.

④ 정당성 인정요소

인신공격의 위험이 있고, 허위사실이 있거나, 표현이 과장되더라도 그 정도가 부분적이고 크지 않은 상태에서 전체적으로 진실하다면 정당성이 인정된다.[8]

(2) 유인물배포와 벽보·현수막 부착

① 정당성 판단기준

유인물·현수막·벽보 부착은 목적·내용·수단·방법 등을 종합적으로 고려

---

1) 대판 1992.6.23, 92누4253 ; 대판 2004.6.10, 2004두2882 등 수 많은 판례.
2) 이상윤, 『노동법』, 제6판, 574쪽 ; 김유성, 『노동법Ⅱ』, 106쪽. 장소는 사업장 안인지, 범위는 외부인도 대상인지를 들고 있다 ; 임종률, 『노동법』, 제9판, 106~107쪽.
3) 대판 1993.2.9, 92다20880. 유인물배포행위가 근로조건개선을 목적으로 하더라도 사실을 왜곡 또는 과장하여 경영진에 대한 불신과 증오심을 유발케 하여 직장질서를 문란케 할 위험이 있다면 부당하다.
4) 대판 1992.2.28, 91누9572.
5) 대판 1994.5.27, 93다57551 ; 대판 1992.2.28, 91누9572.
6) 대판 1992.3.13, 91누5020..
7) 서울고판 1993.1.29, 92구6411·17664.
8) 대판 1993.12.28, 93다13544.

해 볼 때 시설관리권[1]이나 노무지휘권 그리고 타인의 신용·명예를 침해하지 않는 범위 내에서 이루어져야 한다.[2] 단체협약, 취업규칙 등에 유인물·현수막·벽보의 배포·부착에 대하여 허가사항으로 정하거나 그 절차나 방법을 정하면 이에 따라야 하며, 그러한 규정은 사회통념상 합리성이 있어야 한다.[3]

② 목적과 내용의 정당성

㈎ 부정적 요소

유인물이나 벽보의 내용이 사실왜곡·과장, 허위사실을 포함하여 회사에 대한 불신감을 유발하고 직장질서를 문란케 할 위험성이 있거나,[4] 회사·개인·제3자의 명예·신용·인격·비밀을 침해하는 경우에는 부당하다.[5]

일방적으로 매도하거나 지나치게 과격한 표현을 써서 노사간 불신을 조장하거나 직장질서를 문란케 하는 경우,[6] 불법행위를 선동하는 내용인 경우 등은 정당성을 인정받기 어렵다.[7]

㈏ 긍정적 요소

유인물, 인터넷 등에 다소 과격한 표현이 사용되거나 일부 사실과 다른 내용이 포함되더라도 전체적인 내용이 근로자의 경제적·사회적인 지위의 향상을 도모하기 위한 것으로 사실에 가깝고, 그 목적이나 동기·수단 등이 타당한 경우에는 정당하다.[8]

③ 수단과 방법의 정당성

장소나 시설의 성격,[9] 양과 범위, 시기[10]·형태·대상·수단·방법[11] 등이 정당해야 한다.[12]

---

1) 임종률, 『노동법』, 제9판, 106쪽 ; 노동부, 『최신사례로 보는 부당노동행위』, 49쪽.
2) 노조 01254-710, 1995.6.21.
3) 대판 1992.6.23, 92누4253.
4) 대판 1993.2.9, 92다20880.
5) 대판 1992.6.23, 92누4253 ; 대판 2001.6.12, 2001도1012. 경영에 관여치 않는 대주주에 대해 노조를 탄압하고 국회의원임을 이용하여 법도 지키지 않는다는 등의 연설을 하고 유인물을 시민들에게 배포.
6) 대판 2004.6.10, 2004두2882. 확인되지 않은 사실을 적시하며, "무자비하게 대학살한 무도한 자들이여, 그들은 인면수심의 비인간인가?"등의 표현 사용.
7) 대판 1992.3.13, 91누5020. 근거가 뚜렷하지 못한 내용을 주장하고, 집단적월차휴가를 통해 구속된 노조위원장 재판방청을 권유하고 교육거부 선동.
8) 대판 1993.12.18, 93다13544 ; 대판 1997.12.23, 96누11778 ; 대판 2011.2.24, 2008다29123.
9) 대판 1996.4.23, 95누6151 ; 대판 2000.6.23, 98다54960.
10) 대판 1991.11.12, 91누4164. 긍정. 대기실 또는 버스정류장에 정차 중인 운전기사들에게 단순히 유인물을 전달함으로써 업무에 지장을 주지 않은 사건 관련.
11) 대판 1992.6.23, 92누4253. 부정. 몰래 배포한 것은 직장질서문란위험이 상대적으로 큼.
12) 대판 1992.3.13, 91누5020 ; 대판 1996.9.24, 95다11504 ; 대판 1997.12.23, 96누11788 등.

4. 편의제공

4·가. 의 의

사용자가 조합활동을 위해 제공하는 인적 또는 물적 지원을 편의제공이라고 한다. 편의제공에는 '조합활동에 대한 사전양해나 사후추인' 같은 소극적 성질의 것과 조합비일괄공제, 조합사무소제공, 노조전임인정, 근로시간면제 등 적극적 성질의 것이 있다.

4·나. 법적성질

편의제공의 법적성질에 관한 견해는 두 가지로 나뉜다. 먼저, 단결권설은 편의제공을 헌법상 단결권보장의 한 효과로 보고 노사합의가 없어도 사용자가 의무를 진다고 본다. 다음으로, 통설적인 견해[1]인 협정설은 동의나 협정에 따라 사용자가 편의제공의무를 진다고 본다. 개인적으로는 협정설을 지지한다.[2]

4·다. 물적 편의제공

(1) 조합사무소

노동조합이 조합사무소를 제공받으려면 제공여부·규모 등에 대해 협약을 체결하거나 사용자의 동의가 있어야 한다.[3]

합의나 관행에 반해 조합사무소를 일방적으로 반환케 하는 행위는 부당노동행위에 해당할 수 있다.[4]

(2) 경비지원

'노동조합 운영비 지원'은, 노동조합의 자주성을 해치거나 해칠 우려가 있으면, 부당노동행위에 해당될 수도 있다(같은편, 제6장 제3절, 4·다, (3)).

사용자가 근로자의 후생자금 또는 경제상의 불행 기타 재액의 방지와 구제 등을 위해 기금을 기부하는 행위는 부당노동행위에 해당하지 않는다.

---

1) 이상윤, 『노동법』, 제6판, 576쪽 ; 김유성, 『노동법Ⅱ』, 108쪽.

2) 단결권은 교섭력의 실질적인 균형을 보장하는데 목적이 있고, 지원 자체가 단결체의 자주성에 묵시적으로 영향을 미칠 수 있어, 단결권으로부터 사용자의 지원의무까지 도출해내기는 어렵다.

3) 이상윤, 『노동법』, 제6판, 584쪽.

4) 김유성, 『노동법Ⅱ』, 112쪽.

4·라. 인적 편의제공

(1) 법적 체계

노동조합에 대한 인적편의제공은 근로시간면제법정제도와 노조전임약정제도로 구성된다. 단체협약으로 정하거나 사용자의 동의가 있는 경우에는 사용자 또는 노동조합으로부터 급여를 지급받으면서 근로계약 소정의 근로를 제공하지 않고 노동조합의 업무에 종사할 수 있다(노조법 §24①). 사용자로부터 급여를 지급받는 근로자는 근로시간면제자로서 해당법리의 적용을 받는다(노조법 §24②). 노조법은 노동조합으로부터 급여를 지급받는 근로자에 대하여, 근로시간면제자와 마찬가지로 조합활동을 제한하면 안된다고 규정하는 외에 명칭이나 다른 내용을 규정하지 않음으로써 노사당사자의 결정에 맡기고 있다.

(2) 노조전임 약정제도

① 의 의

㈎ 법적근거

근로자는 단체협약으로 정하거나 사용자 동의가 있는 경우에는 노동조합으로부터 급여를 지급받으면서 근로계약 소정의 근로를 제공하지 않고 노동조합의 업무에 종사할 수 있다(노조법 §24①). 이러한 근로자를 노동조합전임자(전임자)라고 하며, 이러한 제도를 노조전임제도라고 한다.

㈏ 용어사용과 법리적용

전임자, 노조전임, 전임제도 등의 용어로 설명되는 법리는 노동조합업무에 종사하는 자 중에서 노동조합으로부터 급여를 지급받는 경우에 적용되고 사용자로부터 급여를 지급받는 근로시간면제자에게 적용되지 않는다.

② 전임제도의 성립

전임자는 근로시간면제와 관련이 없이 인정되며, 노사가 자율적으로 전임자수와 제도의 내용을 정할 수 있다.[1] 노조전임제도는 그 운용권이 노동조합에 있으나, 법령의 규정 및 단체협약에 위배되거나 권리남용에 해당하는 등 특별한 사정이 있으면, 내재적한계를 위반한 것으로서 효력을 잃는다.[2]

---

1) 대판 1996.2.23, 94누9177.

2) 노조전임운용권행사가 권리남용에 해당하는지는 단협의 내용·체결경위·상황, 조합원수·노조업무량, 사용자에게 발생하는 경제적부담, 비슷한 규모의 노조의 전임자운용실태 등 제반사정을 종합적으로 검토해 판단한다(대판 2009.12.24, 2009도9347. 특정인의 인사명령거부를 위한 상시전임지정 관련).

③ 전임자 지명

노동조합이 사용자에게 전임자를 통보한 것만으로는 전임이 성립하지 않으며 원칙적으로 사용자의 인사발령이 있어야 한다.[1)]

④ 전임자의 지위와 대우

전임자의 급여는 노동조합에 의해 지급되고 그 밖의 지위나 대우에 대해서는 단체협약으로 정해진다.[2)]

㈎ 지 위

전임자는, 근로관계가 유지되고 있으나 근로제공의무가 면제되어 근로관계가 정지되어 있다는 점에서, 휴직근로자와 유사한 지위를 갖는다.[3)] 따라서 사회보험과 같은 기본적 보호사항에 대해서는 일반근로자가 갖는 권리·의무를 가지나, 교육훈련[4)]처럼 근로제공을 전제로 하는 권리·의무는 적용되지 않는다.

전임자는 조합활동을 위한 본연의 업무를 수행하여야 하며,[5)] 이를 위반하는 경우에는 단체협약의 규정 또는 본질적인 속성에 따라 전임이 해제될 수도 있다.

㈏ 출퇴근

전임자에 대해 무단결근을 이유로 행한 해고가 정당하다는 견해나,[6)] 출퇴근 의무에 대해서는 단체협약 등의 규정에 따른다는 견해[7)]가 있다. 이러한 해석은 사용자가 급여를 지급한다는 전제 아래 성립될 수 있다. 그러나 전임자는 사용자로부터 급여를 받지 않은 상태에서 조합업무에 전념할 의무를 지므로 결근에 대한 징계는 노동조합내부의 문제이다.[8)] 무단결근의 내용이 조합활동 본연의 임무에 반하면 전임이 해제될 수 있으며, 범죄행위·신의성실위반 등 징계사유에 해당되면 징계대상이 될 수 있다.[9)]

㈐ 급여지급

전임자의 급여는 노동조합에 의해 지급되며, 그 내용도 노동조합에 의해 자율

---

1) 대판 1997.4.25, 97다6926.
2) 대판 1995.11.10, 94누54566.
3) 대판 1995.11.10, 94다54566 ; 대판 1998.4.24, 97다54727 등.
4) 대판 1999.11.23, 99다45246.
5) 노사관계법제팀-690, 2005.12.2.
6) 이상윤, 『노동법』, 제6판, 579쪽 ; 전임자급여지급금지전 판례(대판 1993.8.24, 92다34926 ; 대판 2005. 10.13, 2005두5093 등 다수).
7) 대판 1995.11.10, 94누54466(전임자급여지급금지전 판결).
8) 임종률, 『노동법』, 제9판, 81쪽 ; 한국노동법학회, 『노동판례백선』, 293쪽. 노조전임자출·퇴근규정에 관한 판결(대판 1995.4.11, 94다58087)관련.
9) 대판 1997.3.11, 95다46715.

적으로 결정된다. 사용자로부터 급여를 지급받으면서 노조업무에 종사하는 조합원에 대해서는 근로시간면제법리가 적용된다.

㈑ **평균임금산정**

전임자의 평균임금을 산정할 일이 발생하면 동일직급 및 동일호봉의 근로자의 평균임금을 기준으로 한다는 견해[1]가 있다. 전임자가 원직에 복직하지 않고 퇴직하거나 중간정산을 할 경우 기산일은 노·사간 합의로 정해야 하나[2] 합의사항이 없다면 전임자의 업무가 개시된 날을 기산일로 하는 것[3]이 타당할 것이다.

㈒ **고용보험과 산재보험**

㉮ 업무상재해와 산재보험

전임자가 해당 노동조합의 활동 중 발생한 재해는 업무상 재해로 인정될 수 있으나, 쟁의행위 또는 사용자의 사업과는 무관한 상부 또는 연합관계에 있는 노동단체와 관련된 활동에 따른 재해는 업무상재해에 해당되지 않는다.[4]

전임자에게 산재보험이 적용된다.

㉯ 고용보험

전임자에게 고용보험이 적용된다.[5] 근로자가 휴직이나 그 밖에 이와 비슷한 상태에 있는 기간 중에 사업주 외의 자로부터 지급받는 금품 중 고용장관이 정하여 고시하는 금품은 보수로 본다(징수법 §2iii). 전임자에 대한 급여부담주체는 노동조합이므로 사회보험료 및 근로소득세의 원천징수 의무주체도 노동조합이 되어야 하나, 사업주부담분을 사용자가 지원해도 부당노동행위로 볼 수 없다.[6]

㈓ **기타의 근로조건**

전임자는 사용자로부터 급여를 받지 않으므로 연차유급휴가나 주휴일이 적용되지 않는다. 부분전임인 경우에는 연차유급휴가가 발생할 수 있다.[7]

⑤ **전임활동 보장**

노조법(§24 ③)은 사용자로 하여금 '급여를 지급받으면서 노조업무에 종사하는 근로

1) 대판 1998.4.24, 97다54727.
2) 근로기준과-1969, 2010.11.12.
3) 법무 811-9967, 1978.5.13 ; 임금 68207-545, 1994.9.7 ; 노조 01254-746, 1997.8.29.
4) 대판 1997.4.25, 97다6926.
5) 노조전임은 '임금으로 보는 금액'의 총액에 실업급여의 보험료율을 곱한 금액을 부담하여야 한다(징수법 제13조제2항단서).
6) 노사관계법제과-1074, 2010.10.20 ; 노사관계법제과-1347, 2011.10.25. 노조전임자의 국민연금보험료 중 사업주부담금을 노조전임자가 소속된 사업장의 사용자가 노조에 지원해도 부당노동행위라고 단정할 수 없다.
7) 대판 1995.11.10, 94누54566. 전임자는 휴직상태에 있는 근로자와 유사한 지위를 갖는 것이 원칙이나, 출근의무가 주어지는 부분전임자라면 연차휴가수당 등이 발생할 수 있다.

자' 즉 근로시간면제자와 노조전임자에 모두에 대해 정당한 조합활동을 제한할 수 없도록 규정하고 있다. 이 규정은 벌칙이 없어 선언적인 성격을 가지나 부당노동행위의 판단기준이 될 수 있다.

⑥ 전임자 복직

전임자는 전임기간이 만료된 후에 취업규칙 등에 따라 즉시 원직에 복귀할 수 있다. 사용자가 즉시 복귀시키지 않거나 승진·승급 등에 있어 원직에 있는 근로자와 차별할 경우 부당노동행위가 성립한다. 전임기간은 근속년수에 산입된다.

⑦ 전임제도와 노동관계(같은편, 제2장 제3절, 5·나)

㈎ 단체교섭

전임자수가 단체교섭대상인지에 대해 의견이 나뉜다. 긍정설은 집단적노사관계에 관한 사항은 단체교섭의 의무적교섭대상이라는 지배적인 의견에 기초를 두고 있다.[1] 부정설은 다른 이론적 배경을 가지고 있다. 행정지침[2]은 단체협약의 채무적부분은 의무적교섭대상이 아니라는 데서 논리적근거를 찾는다.[3] 이에 반해 노조법의 관련규정에서 그 근거를 견해[4]가 있다. 개인적으로는 긍정설을 지지한다.

㈏ 노동쟁의 및 쟁의행위

전임자수는 '근로조건의 결정에 관한 사항'이 아니므로, 노동쟁의조정의 대상이 아니라는 의견이 일반적으로 받아들여지고 있다.[5] 전임자수를 의무적교섭대상이 아니라고 보는 견해는 쟁의행위의 목적에도 포함되지 않는다[6]고 본다. 전임자수를 의무적교섭대상으로 보는 견해는 쟁의행의의 목적에도 포함된다[7]고 본다. 후자의 견해를 지지한다.

㈐ 부당노동행위

전임활동을 이유로 불이익을 주는 행위는 부당노동행위이다.[8] 노조법은 전임

---

1) 임종률, 『노동법』, 제9판, 128~129쪽.

2) 노동부, 『근로시간면제 한도 적용 매뉴얼』, 26쪽.

3) 단체협약의 채무적부분 즉, 집단적노사관계에 관한 사항이 단체교섭대상이라는 지배적인 의견에 배치된다.

4) 노조전임제도의 요건으로 단체협약과 함께 '사용자동의'를 들고 있는데, 전임자수를 단체교섭대상으로 인정하게 되면 이러한 요건이 무의미해진다고 본다(김형배, 『노동법』, 제20판, 811쪽 ; 대판 1996.2.23, 94누9177; 대판 2016.3.10, 2013도7186).

5) 김형배, 『노동법』, 제20판, 815쪽 등

6) 노동부, 『노사가 지켜야할 정당한 쟁의행위의 범위와 한계』, 7쪽.

7) 이승욱, 앞의 논문(2010 상반기), 135쪽 ; 박지순, "근로시간면제제도(타임오프)의 법적 쟁점", 「월간 노동법률」 제229호, (주)중앙경제, 2010.6, 35쪽.

8) <예> '정당한 이유 없이 전임자선정을 방해하거나 활동을 어렵게 하는 경우'(대판 1995.11.7, 95누9792), '노동조합이 부담하는 전임자의 활동을 이유로 인사배치, 경력관리, 승진 등에 있어서 불합리하게 차별하는 경우',

자급여지급행위가 부당노동행위라고 명시하면서 근로시간면제에 대해 예외를 인정하고 있다(노조법 §81①iv).

㈑ **급여지급 요구행위**

'사용자의 급여지급'을 요구하는 행위는 근로시간면제자로 인정해달라는 의미이므로 이와 관련된 집단적노사관계는 근로시간면제법리의 적용을 받는다.

(3) 근로시간면제 법정제도

① 의 의

㈎ **개 념**

단체협약으로 정하거나 사용자의 동의가 있는 경우에 사용자로부터 급여를 지급받으면서 근로계약 소정의 근로를 제공하지 않고 노조업무에 종사하는 근로자를 근로시간면제자라고 하며(노조법 §24②), 이러한 제도를 근로시간면제제도라고 한다.

㈏ **법적근거**

단체협약으로 정하거나 사용자가 동의하는 경우에는 사업(장)별로 조합원수 등을 고려해 결정(노조법§24의2 근로시간면제심의위원회)된 근로시간면제한도'(근로시간 면제한도)를 초과하지 않는 범위에서 근로자는 임금의 손실 없이 사용자와의 협의·교섭, 고충처리, 산업안전 활동 등 노조법 또는 다른 법률에서 정하는 업무와 건전한 노사관계발전을 위한 노동조합의 유지·관리업무를 할 수 있다(노조법 §24④).

근로시간면제한도를 정하기 위해 근로시간면제심의위원회를 둔다(노조법 §24의2①).

㈐ **노조전임제도와 비교**

노조전임제도와 근로시간면제제도는 근로를 제공하지 않고 노동관계업무를 수행하는 제도라는 공통점을 가지고 있으나, 성격과 내용이 다음과 같이 다르다.

	노조전임제도	근로시간면제제도
업무범위	노조업무전반	법령 범위내에서 당사자 합의
신 분	일반적으로 휴직	원칙적으로 휴직이 아님
급여지급	노동조합	사업주
인 원	한도 없음 (노사합의로 시간과 인원 결정)	법령과 고시로 제한 (노사합의 시간과 인원 결정)

노조전임자라 하더라도 노동조합으로부터 급여를 받고 활동하는 시간 동안은

'정당한 조합활동을 혐오해 이를 곤란하게 할 목적으로 행한 원직복귀명령(대판 1991.5.28, 90누6392)' 등.

근로시간면제제도가 적용되지 않지만, 사용자로부터 급여를 받는 활동이 있으면 그 시간 동안은 근로시간면제자가 된다.

② **근로시간면제한도의 결정**

㈎ **결정주체**

근로시간면제한도를 정하기 위해 노동계와 경영계가 추천하는 위원 각 5명, 성별을 고려하여 정부가 추천하는 공익위원 5명으로 구성(노조법 §24의2③)되는 근로시간면제심의위원회(근면위)를 경제사회노동위원회에 둔다(노조법 §24의2①). 위원장은 공익위원 중에서 위원회가 선출한다.

㈏ **결정체계**

근면위는 근로시간면제한도를 심의·의결하고 3년마다 그 적정성여부를 재심의하여 의결할 수 있고, 경제사회노동위원회위원장은 근면위가 의결한 사항을 고용장관에게 즉시 통보하여야 하며, 고용장관은 통보받은 근로시간면제한도를 고시하여야 한다(노조법§24의2 ②③④). 근면위는 재적위원과반수의 출석과 출석위원과반수의 찬성으로 의결한다(노조법 §24의2⑦).

㈐ **면제한도 결정기준**

근로시간면제한도는 근면위가 사업(장) 단위로 '종사근로자인 조합원수' 등을 고려하여 정한다(노조법 §24②).

㈑ **면제한도의 효력**

근로시간면제한도를 초과하는 내용을 정한 단체협약이나 사용자동의는 그 부분에 한해 무효이다(노조법 §24④). 근로시간면제한도를 초과하여 급여를 지급하는 행위는 지배·개입의 부당노동행위이나 근로자가 근로시간 중에 근로시간면제업무수행에 따른 활동을 하는 것을 사용자가 허용함은 무방하다(노조법 §81①iv 단서).

③ **근로시간면제제도의 운용**

㈎ **도입요건**

근로시간면제가 인정되려면 단체협약으로 정하거나 '사용자의 동의'가 있어야 한다(노조법 §24④).

㈏ **근로시간면제 시간과 인원**

근로시간면제제도를 적용하려는 노사당사자는 고시된 한도 안에서 노사자치주의원칙에 따라 단체협약 등으로 '총사용시간과 총사용인원'을 정한다.

노사당사자는 '종사근로자인 조합원수'의 판단시점을 단체협약 등으로 정할 수 있다. 따로 정하지 않으면, 단체협약만료일 이전 3개월이 되는 날을 기준으로 산정한다.[1] 단체협약으로 정한 시간한도와 인원한도는 종사근로자인 조합원수가 변동되어도 단체협약체결 당시에 정한 유효기간 동안 효력을 유지한다.[2]

㈐ 근로시간면제 대상업무

㉮ 의 의

근로시간면제자는 단체협약 등에 규정된 방법과 절차에 따라, 법령에 정해진 대상업무를 수행할 수 있다. 대상업무에 해당하면 임금손실이 면제되고, 해당되지 않으면 혜택이 주어지지 않는다.[3]

㉯ 법적근거

노조법(노조법 §24②)은 대상업무를 "사용자와의 협의·교섭, 고충처리, 산업안전활동 등 노조법 또는 다른 법률에서 정하는 업무"와 "건전한 노사관계발전을 위한 노동조합의 유지·관리업무"로 규정하고 있다. 노조령은 근면위로 하여금 근로시간면제한도를 정함에 있어 '해당업무의 범위'를 고려하도록 하고 있으나, 현실적으로는 근로시간면제한도를 결정함에 있어 대상업무가 고려되지 않았다.

㉰ 법적성격

업무범위에 대한 분쟁은, 노조법의 개괄적인 규정을 근거로, 노조법의 집행기관과 사법기관에 의해 처리된다. 대상업무에 관한 분쟁은, '근로조건결정에 관한 분쟁'으로 보기 어려우며 법률 해석문제이므로, 노동쟁의나 쟁의행위의 대상이 되지 못한다는 견해[4]가 있다.

㉱ 내 용

(a) 법률로 정하는 업무

'법률로 정하는 업무'는 "사용자와의 협의·교섭, 고충처리, 산업안전활동 등 노조법 또는 다른 법률에서 정하는 업무"를 말한다. 해당법률로는 노조법, 근기법, 근참법, 산안법과 복지기본법이 열거되어 있으나 배타적인 것으로 보기 어려우며 파견법, 근퇴법 등도 해당될 수 있다.

(b) 노동조합의 유지·관리업무

'노동조합유지·관리업무'는 총회(노조법 §15)·대의원회(노조법 §17), 임원선거(노조법 §23), 회계감

1) 노동부, 『근로시간면제 한도 적용 매뉴얼』, 18쪽 ; 노사관계법제과-1384, 2010.12.1.
2) 노동부, 『근로시간면제 한도 적용 매뉴얼』, 31쪽 ; 노사관계법제과-2370, 2011.11.24.
3) 노동부, 『근로시간면제 한도 적용 매뉴얼』, 21쪽.
4) 김형배, 『노동법』, 제20판, 815~816쪽.

사(노조법 §25) 등[1] 노동조합유지·관리를 위한 정기적·필수적 활동을 포함한다. 노동조합문제 뿐 아니라 뿐 '노사공동이해관계'에 속하는 업무도 노동조합의 유지·관리 업무로 인정된다. "법령 또는 사용자 동의로 설치·운영되는 노사공동위원회 등의 활동", "사용자위탁에 의한 조합원교육, 능력개발훈련 등 노사공동이익과 관련된 교육활동" 그 밖에 "이에 상응하는 건전한 노사관계 발전을 위한 업무"가 이에 해당된다. 노조법은 '노동조합유지·관리업무'에 대해 "건전한 노사관계발전"을 요건으로 설정하고 있다.

㈐ 유급인정범위

근로시간면제 범위는 회의참석 등 법에 정해진 업무를 직접 수행하는 시간과 이와 직접 관련된 부속시간을 포함한다.[2]

㈑ 근로시간면제자의 결정

노동조합은 단체협약 또는 사용자의 동의로 정한 인원한도 안에서 대상자명단을 사용자에게 통보해야 한다. 노조법은 근로시간면제자에 대해 '근로자'라는 표현을 쓴다. 근로시간면제자는 비조합원이 아닌,[3] 조합원으로 보는 것이 타당하며,[4] 노조간부가 근로시간면제자가 되는 것이 원칙이다.

㈒ 근로시간면제와 급여

근로시간면제자는 한도시간 내에서[5] "임금의 손실 없이" 근로시간면제대상업무를 수행할 수 있다(노조법 §24④). "임금"이라 함은 해당근로자가 정상적으로 근로를 하면 받을 수 있는 금품을 말한다. 근로시간면제대상업무를 수행한 시간에 상응하는 급여에 대해서는, 통상적인 임금지급기준을 토대로 노사가 정한다.[6] 근로시간면제 대상업무와 무관한 활동은 무급으로 처리된다.[7]

④ 근로시간면제와 노동관계

㈎ 단체교섭·노동쟁의·쟁의행위

근로시간면제한도를 초과하지 않은 요구가 단체교섭, 노동쟁의, 쟁의행위대상이 되는지에 대해서는 노조전임자수에 관한 해석(같은절,4·라 (2),⑦)을 준용하며, 개인적으

1) 노사관계법제과-696, 2010.9.8. 운영위원회, 집행위원회, 간부수련회 등.
2) 노동부, 『근로시간면제 한도 적용 매뉴얼』, 11쪽.
3) 노사관계법제과-240, 2010.7.29. 비조합원의 유급참여시간을 근로시간면제한도에 미포함.
4) 대전고판 2013.1.10, 2012누483 ; 노사관계법제과-741, 2010.9.10.
5) 노사관계법제과-165, 2010.7.21. 한도 초과 부분에 대한 유급처리를 부당노동행위로 인정.
6) 노사관계법제과-741, 2010.9.10 ; 노사관계법제과-228, 2010.7.27.
7) 고용노동부, 『Q&A 근로시간면제제도』, 85쪽.

로는 노동쟁의조정대상은 아니나 의무적교섭사항이고 쟁의행위목적에 포함될 수 있다고 생각한다(같은편, 제2장 제3절, 5·나).

근로시간면제한도를 넘는 요구는 노조법이 명백히 금지하고 있어 위법적교섭사항이며, 노동쟁의와 쟁의행위의 대상이 아니다.

㈏ **부당노동행위**

면제자에게 과도한 수당을 지급하거나 면제자를 제외하고 비면제자에게 근로시간면제 대상업무를 맡기는 행위를 부당노동행위로 예시한 견해[1]가 발견된다. 노조법 제81조제1항제4호는 근로시간면제한도초과행위를, 부당노동행위로 직접 명시하고 있다.

제5절 노동조합의 변동

1. 개 요

노동조합은 조직형태가 변경되거나, 다른 노동조합과 합병하거나, 분할하거나, 소멸하는 것처럼 변동한다. 노동조합의 변동은 안으로는 조합원지위나 조합재산 귀속의 문제를, 밖으로는 '상급단체와의 관계'나 '단체협약의 승계 · 효력'의 문제를 일으킨다. 노동조합의 변경은 소멸을 전제로 하는 해산과 그렇지 않은 조직변경으로 나누어 설명한다.

2. 해 산

2·가. 의 의

해산이란 노동조합이 본연의 기능이나 활동을 멈추고, 소멸을 위해 조합사무와 조합재산을 정리하는 청산과정에 들어간 것을 말한다. 노조법(§28 ①)은 '규약에 정한 해산사유 발생', 합병 · 분할소멸, '총회 · 대의원회의 해산결의', 휴면노조 및 자연소멸을 규정하고 있다.

1) 노동부, 『근로시간면제 한도 적용 매뉴얼』, 23쪽.

2·나. 해산사유

(1) 규약의 해산사유 발생

노동조합은 규약에서 정한 해산사유가 발생한 경우에 해산된다(노조법 §28① i). 노동조합설립이 근로자의 자유에 맡겨져 있으므로(노조법 §5) 해산도 조합원의 의사에 맡겨져 있다. 노조법(§11 xi)은 '해산에 관한 사항'을 규약의 기재사항으로 명시하고 있다.

(2) 합병 · 분할

① 법적근거

노동조합은 합병 또는 분할로 소멸되면 해산된다(노조법 §28① ii). 합병·분할은 노동조합을 기준으로 한다. 기업이 합병·분할되어도 노동조합이 합병·분할되거나 소멸하는 것이 아니다.

② 개 념

합병이란 복수의 노동조합이 서로 합의하여 하나의 노동조합으로 통합되는 것을 말하며, 옛 노동조합을 통합해 새 노동조합를 설립하는 신설합병과 하나의 노동조합이 다른 노동조합을 흡수하는 흡수합병이 있다.

분할이란 하나의 노동조합이 나뉘어 두 개 이상의 노동조합이 설립되고, 원래의 노동조합은 소멸하는 것을 말한다. 다수의 조합원들이 노조집행부에 반대해 집단적으로 탈퇴해 노동조합을 설립하는 것은 해산과정이 없기 때문에 분할과 다른 개념으로서 분열,[1] 탈퇴 또는 사실상분리[2]라고 불린다.

(3) 총회 · 대의원회 해산 결의

노동조합은 규약에 정한 해산사유가 없어도 해산을 결의할 수 있다(노조법 §28① iii).

(4) 노동조합 활동이 없는 경우

① 휴면노조

임원이 없고[3] 조합활동을 1년 이상 하지 않아[4] 휴면노조 상태인 실체적요건과 행정관청이 노동위원회의 의결을 얻는 절차적요건이 충족되면 그 노동조합은 해산된다(노조법 §28① iv).

---

1) 임종률, 『노동법』, 제9판, 97쪽.
2) 김유성, 『노동법II』, 120쪽 ; 이상윤, 『노동법』, 제6판, 591쪽.
3) 일시적인 유고는 해당되지 않는다.
4) 조합비를 징수한 사실이 없거나 총회 또는 대의원회를 개최한 사실이 없는 경우(노조령 §§13①).

② **자연소멸**

조합원이 한 명도 남아 있지 않으면 노동조합은 자연적으로 소멸한다. 노동조합의 조직은 복수를 전제로 하므로 조합원이 1인밖에 없고 조합원이 증가될 가능성이 없는 경우에는 소멸된 것으로 본다.[1] 자연소멸의 경우 행정관청이 노동위원회의 의결 없이 직권해산의 조치를 취할 수 있다.

기업별노조는 기업이 폐업하거나 청산절차를 완료함으로써, 완전히 소멸되어 그 설립단위 내지 조직의 근거가 없어지면 성질상 당연히 소멸된다.

2·다. 해산절차

(1) 내부절차

① **규약의 해산사유 발생**

규약에 정한 사유가 발생한 경우의 해산 절차에 대해서는 노조법이 명시하고 있지 않으므로 규약에서 정한 절차에 따른다.

② **합병 · 분할**

합병과 분할은 노동조합의 소멸과 관련되는 중요한 사항이므로 규약에 따라 총회(대의원회)의 결의가 있어야 한다. '합병을 하려는 각각의 노동조합'과 '분할하려는 노동조합'은 총회(대의원회)에서 재적조합원(대의원) 과반수출석과 출석조합원(대의원) 2/3 이상의 찬성을 받아야 한다(노조법§16①vii 및 ②). 신설합병이나 분할에 따라 설립되는 노동조합은 설립절차(노조법§10 같은장, 제2절, 2·다)를 거쳐야 한다.

③ **총회의 해산결의**

총회(대의원회)에서 조합원(대의원) 과반수의 출석과 출석한 조합원(대의원) 2/3 이상의 찬성으로 해산을 결의할 수 있다.

④ **노동조합 활동이 없는 경우**

휴면노조와 자연소멸의 경우에는 노동조합활동이 없으므로 내부절차를 거치지 못하거나 거칠 수 없게 된다.

(2) 행정관청에 신고

해산사유 중 휴면노조와 자연소멸을 제외한 '규약에 정한 해산사유발생에 의한 해산', '합병 · 분할로 인한 흡수 · 소멸(노조법§28②)' 및 '총회 · 대의원회의 결의'의

---

1) 대판 1998.3.13, 97누19830.

경우에 대해 대표자는 해산일부터 15일 이내에 행정관청에게 신고해야 한다.

해산신고는 행정절차로서 이를 위반하더라도 해산이 무효가 되지 않는다.

2·라. 해산효과

(1) 총 괄

① 권 한

해산하는 노동조합은 노동3권의 당사자가 될 수 없고, 그 단체협약의 효력을 잃으며,[1] 본래의 활동을 정지하고 조합사무를 정리하며 조합재산을 청산한다.

② 재 산

법인인 노동조합에 대해서는 노조법에 규정된 것을 제외하고는 민법 중 사단법인에 관한 규정을 적용한다(노조법 §6③). 잔여재산의 귀속 및 청산에 관한 민법 규정(민법 §79~§97)은 종교·자선·학술 등 공익을 목적으로 하는 법인을 염두에 둔 규정이어서 조합원의 공동이익을 목적으로 하는 노동조합에는 적절치가 않다.[2] 잔여재산에 대해서는 규약에 규정이 있으면 그에 따른다.

법인이 아닌 노동조합인 경우에는 해산절차에 따라 총유(總有)가 폐지된다고 보아 조합규약이나 총회의 의결에 따라 처분 또는 반환이 인정된다. 규약이나 의결이 없으면, 조합원은 납부한 조합비비율에 따라 잔여재산분할청구권을 갖는다.

③ 상부단체와 하부조직

연합체조직인 상급단체가 소멸해도 하부조직인 단위노조에는 영향을 미치지 않는다. 단위노조인 하부조직은 독립된 노동조합으로서의 실체를 갖추고 있지 않으면 소멸된다.

(2) 합병·분할

① 합 병

신설합병을 하면, 새 노동조합은 존속하고 옛 노동조합은 해산된다. 흡수합병을 하면, 흡수한 노동조합은 존속하고 흡수된 노동조합은 소멸한다. 소멸대상인 노동조합이 체결한 단체협약이나 사용자와의 권리·의무는 새 노동조합이나 흡수한 노동조합에 포괄적으로 이전된다.[3] '합병을 하면 포괄적인 승계효과'[4]를 갖

---

1) 임종률, 『노동법』, 제9판, 100쪽 ; 반대의견, 김유성, 『노동법II』, 121쪽. 조합사무소를 계속 이용할 수 있다.
2) 임종률, 『노동법』, 제9판, 100쪽.
3) 노조 01254-543, 1997.6.18.
4) 임종률, 『노동법』, 제9판, 96쪽.

거나 '합병전후의 조합이 실질적으로 동일성'[1]을 갖기 때문이다.

② 분 할

노동조합이 분할되면 옛 노동조합의 조합원은 새로운 두 노동조합의 조합원이 된다. 옛 노동조합의 재산은 분할결의를 할 때 정한 기준이 있으면 그 기준에 따라, 기준이 없으면 조합원수에 비례해 새 노동조합에 분배된다. 노동조합에 대한 조합원의 권리와 의무는 새 노동조합에 분할해 승계된다.

옛 노동조합이 체결한 단체협약이 새 노동조합에 승계되는지에 대해 의견이 나뉜다. 다수설인 승계부정설[2]은 분할전후의 조직이 실질적으로 같지 않아 옛 노동조합의 단체협약은 분할에 따라 소멸·종료된다고 본다. 승계긍정설[3]은 분할은 합병과 반대방향의 조직변동으로서, 분할 전후의 조직 사이에 실질적인 동일성을 인정되므로, 단체협약도 새 노동조합에 승계된다고 본다.

조합이 분할되는 이유는 노선이나 운영방향 등에 대한 생각이 다르기 때문이므로 승계부정설에 찬성한다.

③ 분 열

기존 노동조합의 총회나 대의원회의 의결이 없는 한, 탈퇴자들이 결성한 노동조합에게 재산분할권은 인정되지 않는다.[4] 양 노동조합 사이에는 동질성이 없으므로 기존 노동조합의 단체협약이 새 노동조합에게 적용되지 않는다.

3. 조직형태변경

3·가. 개 념

조직형태변경이라 함은 노동조합이 '현재의 조합을 해산하고 다른 조합을 신설'하는 번잡한 절차를 거치지 않고 실체의 동일성을 유지하면서 구성원자격, 결합방식 등을 변경하는 것을 말한다.

3·나. 취 지

조직형태변경은 사실상 기존 노조를 해산하고 새 노조를 설립하는 효력을 가

---

1) 김형배, 『노동법』, 제20판, 796쪽.
2) 김유성, 『노동법II』, 120쪽 ; 이상윤, 『노동법』, 제6판, 592쪽 ; 김형배, 『노동법』, 제20판, 797쪽.
3) 임종률, 『노동법』, 제9판, 97쪽.
4) 임종률, 『노동법』, 제9판, 97쪽 ; 김형배, 『노동법』, 제20판, 797쪽 ; 김유성, 『노동법II』, 121쪽 ; 대판(전) 2006.4.20, 2004다37775.

진다.[1] 근로자는 자유로이 노동조합을 조직하거나 이에 가입할 수 있다(노조법 §5). 조합원 전체의 자유로운 의사에 따라 노동조합 형태를 바꿀 수 있도록 하는 것은 단결권을 보장하는 수단의 하나가 된다.

3·다. 요 건

조직형태변경으로 인정받기 위해서는 노동조합의 실체적인 동일성이 유지되어야 한다. 동일성의 판단기준으로는 노동조합의 인적구성을 제시할 수 있다.[2]

3·라. 절 차

(1) 총회의결

조직형태변경은 총회(대의원회)(노조법 §17①)의 의결을 거쳐야 하며(노조법 §16①viii), 재적조합원(대의원) 과반수의 출석과 출석조합원(대의원)의 2/3 이상의 찬성이 있어야 한다(노조법 §16②).

(2) 규약변경

조직형태가 변경되면 명칭, 조합원지위, 조합원범위 등이 변하므로 규약의 변경이 뒤따른다. 따라서 총회(대의원회)에서 적법한 방법[3]으로 재적조합원 과반수출석과 비밀·직접·무기명투표에 의한 출석조합원 2/3 이상 찬성을 얻어 규약이 변경되어야 한다.

(3) 변경주체

기업별노조가 초기업노조의 지회로 변경되는 경우에는 해당 기업별노조가 총회의결 및 규약변경의 주체가 된다. 초기업노조의 지회가 기업별노조로 변경되는 경우에는 초기업노조 본조의 총회의결과 규약변경의 주체가 됨이 원칙이나, 지회가 독립성을 갖춘 경우에는 지회 총회의 자주적이고 민주적인 결의를 통해 조직변경을 할 수 있다.[4] 독립성이라 함은 설립신고와 관계없이 독자적인 규약 및 집행기관을 가지고 독립된 단체로 활동하면서 고유한 사항에 관해 독자적인 단체교섭 및 단체협약체결 능력이 있는 경우를 말한다.[5]

---

1) 김형배, 『노동법』, 제20판, 787쪽.
2) 대판 1997.7.25, 95누4377(한국노동법학회, 『노동판례백선』, 285쪽) ; 대판 2002.7.26, 2001두5361.
3) 대판 2009.3.12, 2008다2241 ; 노동조합과-59, 2008.3.7.
4) 대판(전) 2016.2.19. 2012다96120, 발레오전장 사건 ; 대판 2018.1.24, 2014다203045.
5) 대판 2002.7.26, 2001두5361 ; 대판 2009.2.26, 2006두7324 ; 대판 2011.5.26, 2011다1842,1859,1866,1873 등.

(4) 행정관청에 통보

조직형태변경은 따로 해산절차를 거치거나 설립신고를 필요로 하지 않는다.[1)]

조직형태변경으로 규약의 내용 중 명칭, 주된 사무소의 소재지, 대표자의 성명 및 소속된 연합단체의 명칭에 변경이 있는 때에는 그 날로부터 30일 이내에 행정관청에게 변경신고를 하고 그 밖의 변경사항에 대해서는 매년 1월31일까지 행정관청에게 통보해야 한다(노조법 §13). 신고나 통보는 효력요건이 아니다.

1) 김형배, 『노동법』, 제20판, 791쪽.

제 2 장
단체교섭

제1절 의 의

1. 개 념

단체교섭(collective bargaining)이란 노동조합과 '사용자 또는 사용자단체'가 근로조건 등에 대해 집단적으로 교섭하는 것을 말한다. 단체교섭은 양보나 합의가 전제되지 않는 공동결정이나 대표를 정하지 않고 불특정다수의 근로자가 참여하는 대중교섭과 구별된다.[1)]

2. 기 능

단체교섭은 근로조건을 개선함으로써 근로자생활을 향상시킬뿐 아니라, 불만이나 요구사항을 하나의 창구로 흡수해 한꺼번에 처리하고 근로조건의 기준을 통일적으로 설정해 일정기간 안정된 분위기 속에서 일함으로써 생산성을 높임과 동시에, 노사갈등을 정리해 사업장질서를 확립함으로써 산업평화를 보장하고 사회를 안정시키며 국민경제성장에 기여한다.

3. 근 거

헌법은 노동3권으로 단체교섭권을 보장하고 있고, 노조법은 단체교섭에 대해

---

1) 임종률, 『노동법』, 제9판, 109~110쪽.

구체적인 규정을 두고 있다. 단체교섭권은 단체협약체결권을 포함한다.[1)]

4. 유 형

4·가. 의 의

단체교섭은 노동조합의 조직형태, 노사관계의 모습, 노동운동의 발전과정 또는 산업사회의 특성 등에 따라 여러 형태로 나타난다. 노조법은 단체교섭방법에 관해 규정을 두고 있지 않으므로 노사가 그 형태를 자유로이 선택할 수 있다.

4·나. 기업별교섭

기업별로 조직된 노동조합과 그 사용자의 단체교섭을 말한다. 이 교섭은 해당 기업의 특수성을 잘 알고 있는 당사자가 자신들의 근로조건을 결정하는 장점이 있으나 업종·직종·산업 등 공통된 분야나 전체 근로자의 권익을 향상시키는 데에는 한계가 있다.

4·다. 통일교섭

전국 또는 지역을 단위로 구성된 산업별·직종별 초기업노조와 그에 대응하는 초기업단위사용자단체가 해당근로자들에게 공통으로 적용되는 근로조건에 대해 행하는 단체교섭이다. 산업별연합단체노조가 소속되어 있는 기업별노조들의 위임을 받아 사용자단체와 교섭하는 것도 통일교섭이다. 이 교섭은 노동조합교섭력이 강화되고, 산업별·직종별로 근로조건을 통일하는 장점이 있다. 그러나 개별기업사정을 반영하기 어려워 공동협약의 보충협약을 체결하기 위해 기업별교섭을 병행하기도 하고, 이중교섭이 이루어지기도 하는 것이 단점이다.

4·라. 대각선교섭

산업별·지역별·직종별 초기업노조가 개별기업의 사용자와 교섭하는 방식이다. 대각선교섭은 초기업노조에 대응하는 사용자단체가 없거나 또는 이러한 사용자단체가 있더라도 각 기업에 특별한 사정이 있을 때 사용된다.

중요한 사용자와 모범협약을 체결한 후 다른 사용자로 하여금 받아들이도록 하는 패턴교섭으로 활용되기도 한다. 또한, 개별기업사용자들의 동의를 받아 한

1) 헌재 1998.2.27, 94헌바13·26, 95헌바44 ; 대판(전) 1993.4.27, 91누12257(한국노동법학회, 『노동판례백선』, 295쪽).

자리에서 교섭하는 대각선집단교섭으로도 활용된다. 기업별노조의 위임을 받은 연합단체노조가 개별기업의 사용자와 행하는 교섭도 대각선교섭이다.

4·마. 공동교섭

기업별노조들이 상급단체와 공동으로 개별기업의 사용자와 교섭하는 방식으로, 연명으로 단체교섭을 신청하기 때문에 연명교섭이라고도 한다. 기업별교섭을 하면서, 기업별노조가 상급단체의 임원을 참석시키거나, 산업별노조가 지부나 분회의 임원을 참석시키면, 기업별교섭과 대각선교섭을 절충하는 형태가 된다.

4·바. 집단교섭

기업별노조가 공동으로 이에 대응하는 사용자집단과 교섭하는 방식으로, 연합교섭 또는 집합교섭이라고도 한다. 이 방식은 기업별교섭과 산업별교섭의 절충형태로 볼 수 있다. 노동조합이 상급단체에 소속되어 있지 않거나 상급단체가 없는 경우에 취하는 방식이다.

제2절 단체교섭의 주체

1. 의 의

단체교섭주체는 당사자와 담당자로 구분된다.

당사자는 자기의 이름으로 단체교섭을 하고 법적효과를 자기에게 귀속시킨다. 근로자측 당사자는 노동조합이고 사용자측 당사자는 사업주이다. 당사자는 담당자가 행사하는 교섭권한의 근거 또는 전제가 된다.

담당자는 당사자를 위해 사실행위인 단체교섭을 하고 단체협약을 체결한다. 담당자는 '노동조합의 대표자' 및 '노동조합의 위임을 받은 자' 그리고 '사용자·사용자단체의 대표자' 및 '사용자·사용자단체의 위임을 받은 자'이다.

담당자역할은 위임이 가능하나, 당사자역할은 그렇지 않다.

2. 단체교섭당사자

2·가. 근로자측 당사자

(1) 노동조합

① 단위노동조합

근로자측 단체교섭당사자는 근로자개인이 아니라, 노조법상 노동조합이다. 복수의 노동조합이 있는 경우에는 노조법에 따라 교섭대표노조, 개별교섭의 해당 노동조합과, 분리된 교섭단위의 교섭대표노조가 당사자가 된다.

근로자측의 교섭당사자가 법내노조여야 한다.[1] 법외조합도 임의적교섭에 있어 교섭당사자로 보는 견해가 있으나, 복수노조교섭창구단일화와 관련하여 비판의 여지가 있다.

② 지부 · 분회

단위노조의 산하조직은 독자적인 노동조합이 아니므로 원칙적으로 당사자가 아니다.[2] 산하조직이라도 독자적인 규약과 집행기관을 가지고 있고 근로조건결정권이 있다면 노동조합의 실질적요건 중 적극적요건 즉, 독립성과 자주성이 인정되어 설립신고여부와 관계없이 당사자가 될 수 있다고 해석된다.[3] 이러한 해석은 산별교섭기능을 약화시킬 우려가 있으므로 법외조합에 준해 해석[4]하는 것이 타당해 보인다. 단위노조의 위임이 있는 경우나 탈퇴로 인해 단위노조와 다름이 없다면 단체교섭당사자로 인정될 수 있다.[5]

③ 연합단체

연합단체인 노동조합이 당사자가 될 수 있는지에 대하여 의견이 나뉜다. 부정설[6]은 연합단체의 구싱원이 단위노조 자체이므로 단위노조의 교섭권이양이 없다면 당사자자격이 없다고 본다. 다수설인 긍정설[7]은 현행법상 연합단체도 노동조합임을 고려하여 연합단체와 사용자 사이의 교섭절차나 소속되어 있는 단위노

---

1) 노동부, 『단체교섭 및 단체협약 체결 관련 지도지침』, 1쪽 ; 단체교섭은 산하조직의 고유한 기능이 아니고, 산하조직에게 단체교섭권을 인정하면 단위노조의 단체교섭권이 형해화될 수 있기 때문이다.

2) 노조 68107-867, 2002.11.5.

3) 대판 2001.2.23, 2000도4299 ; 대판 2002.7.26, 2001두5361 ; 대판 2008.11.18, 2007도1557.

4) 서울행판 2005.4.21, 2004구합35356.

5) 임종률, 『노동법』, 제9판, 112쪽.

6) 김형배, 『노동법』, 제20판, 829~830쪽.

7) 이상윤(『노동법』, 제6판, 609쪽) 위임이나 통제력과 관계없이 당사자가 될 수 있다. ; 이 견해에 찬성한다.

조의 통일적인 근로조건에 관해서는 당사자가 된다고 본다. 연합단체인 노동조합도 노동조합의 정의에 포함되므로, 긍정설이 타당하다.[1] 연합단체와 단위노조 사이에 단체교섭권이 경합되면 사용자는 양 노동조합이 조정을 거친 후 교섭에 임하도록 요구하고, 조정이 이루어질 때까지 단체교섭을 거부할 수 있다.[2]

(2) 법외조합

법외조합은 단체교섭당사자가 되지 못한다는 것이 행정해석[3]의 견해이다. 그러나 근로자단체가 노동조합의 형식적요건을 갖추지 못해도 실질적요건을 갖춘 법외조합은 헌법상 노동3권을 보장받는다는 것이 다수설의 입장이다(같은편, 제1장, 제2절 2·다,(5),②,(나)). 이설에 따르면 단체교섭을 요구하는 행위자체에 대해 민·형사책임이 면제되는 효과에 그치고, 사용자의 거부나 해태행위에 대해 부당노동행위가 성립하지 않는다. 법외조합에게 헌법이 보장하는 단체교섭권을 근거로 교섭창구단일화에 참여할 권리를 주어야 하는지에 대해 법리적으로 논란의 여지가 매우 크다(같은편, 제1장, 제4절 3·나,(3),①).

(3) 일시적쟁의단

일시적인 쟁의단이 당사자가 될 수 있는지에 대해 의견이 나뉜다. 다수설인 긍정설[4]은 당면한 요구나 불만이 해결되면 소멸하는 조직이므로 단체협약을 체결할 자격이 인정되지 않지만, 근로자의 통일적의사가 형성되고 자주성을 가진 단체라면 당사자가 될 수 있다고 본다. 판례와 행정지침의 입장이기도 한 부정설[5]은 노동조합으로의 실체를 갖추지 못했다는 데 그 근거를 둔다. 일시적 쟁의단은 헌법상 단결권과 단체교섭권을 인정하여 교섭요구에 대해 민·형사면책을 인정받을 수 있으나, 부당노동행위금지 등 노조법상 보호를 받지 못하므로, 사용

---

1) 연합단체는 단위노조를 구성원으로 하므로 교섭의 한계가 있다. 첫째, 연합단체가 단위노조에 대하여 통제력이 있을 때 당사자권한을 갖는다는 견해(김유성, 『노동법Ⅱ』, 130쪽)가 있으나, 연합단체와 단위노조의 교섭범위는 분리되어 있는 것으로 보아야 한다(이상윤, 『노동법』, 제6판, 609쪽). 둘째, 단위노조가 당사자권한을 위임할 수 있다는 견해(임종률, 『노동법』, 제9판, 112쪽 ; 김유성, 『노동법Ⅱ』, 130쪽)가 있으나, 담당자권한에 한해 위임할 수 있다(이상윤, 『노동법』, 제6판, 609쪽) 셋째, '노동조합일반에 관한 공통사항'은 연합단체가 당사자가 되고 '단위노조에 한정된 사항'에 관해서는 단위노조가 당사자가 된다(이상윤, 『노동법』, 제6판, 609쪽). 단위노조의 규약에 있거나 위임을 받으면 연합단체도 '단위노조에 한정된 사항'에 대해 단체교섭권을 갖는다(김유성, 『노동법Ⅱ』, 130쪽 ; 임종률, 『노동법』, 제9판, 112쪽). 연합단체는 담당자로서의 권한을 갖는다.

2) 김유성, 『노동법Ⅱ』, 130쪽.

3) 노동부, 『단체교섭 및 단체협약 체결 관련 지도지침』, 1쪽.

4) 임종률, 『노동법』, 제9판, 113쪽 ; 박홍규, 『노동법론』, 736쪽 ; 김유성, 『노동법Ⅱ』, 129쪽. ; 헌법의 단결권을 염두에 두고, 쟁의단의 목적범위를 넘지 않는 범위 내에서 단체교섭권을 갖는다고 본다.

5) 김형배, 『노동법』, 제20판, 824쪽 ; 대판 1991.6.25, 90누2246 ; 고용노동부, 『집단적노사관계 업무매뉴얼』, 151쪽 ; 노동부, 『단체교섭 및 단체협약 체결 관련 지도지침』, 1쪽 ; <논리적 근거> 단협체결을 전제로 하지 않는 단체교섭을 인정하기 어려운 점, 법외조합이 갖는 조직성정도도 결여된 점, 사용자가 교섭을 거부해도 부당노동행위가 성립하지 않는 등 노조법이 적용되지 않는 점[管野和夫(이정 역), 『일본노동법』, 517쪽] 등.

자가 임의적교섭을 받아들여도 합의결과가 노조법상 단체협약의 효력을 가지지 못하고, 당사자자격도 이러한 범위 내에서 인정받을 수 있을 것이다.

2·나. 사용자측 당사자

(1) 사용자

단체교섭의 사용자측 당사자는 원칙적으로 근로계약의 당사자인 사용자 즉, 사업주라고 해석된다.[1] 그러나 단체교섭이 노사 간에 대립되는 주장에 관해 합의를 도출하는 사실행위라는 점을 감안하여 반드시 근로계약관계를 전제로 할 필요가 없으며,[2] 근로계약상 사용자와 근접해 있거나 유사한 지위에 있는 자도 일정한 범위 내에서 당사자로 볼 수 있다. 이러한 이유로 사용자개념을 확대해야 한다는 견해[3]가 제시되고 있다. 구체적으로는 파견근로, 유사도급 등에 있어서 '근로조건에 있어 실질적인 영향력 또는 지배력을 행사할 수 있는 자'나 묵시적 근로계약관계를[4] 포함하여 여러 견해가 제시될 수 있다.[5]

(2) 사용자단체

사용자단체(제1편, 제3장 제3절, 3·나, (4))도 단체교섭의 당사자가 될 수 있다(노조법 §29①).

3. 단체교섭담당자

3·가. 원래 담당자

(1) 노동조합측

① 의 의

근로자측의 단체교섭담당자는 노조대표자와 교섭위원으로서, 규약에 따라 자격

---

1) 대판 1995.12.22, 95누3565 등. 명시적 · 묵시적 근로계약관계 체결자 ; 노조 68107-624, 2001.5.29.

2) 김유성, 『노동법Ⅱ』, 132쪽.

3) 김유성, 『노동법Ⅱ』, 133쪽 ; 이상윤, 『노동법』, 제6판, 616쪽 등.

4) 고용자가 사업주로서 독립성이 없어 영향력행사자의 노무대행기관과 동일시 할 수 있을 정도로 그 존재가 형식적 · 명목적인 것이어야 할 것이다(대판 1979.7.10, 78다1530 ; 대판 1999.7.12, 99마628 ; 대판 1999.11.12, 97누19946 ; 대판 2003.9.23, 2003두3420 ; 대판 2008.7.10, 2005다75088 ; 대판 2010.7.22, 2008두4367. ; 노동부, 『단체교섭 및 단체협약 체결 관련 지도지침』, 2쪽.)

5) 김유성, 『노동법Ⅱ』, 133쪽. 직접고용관계를 맺고 있지 않은 근로자를 실질적으로 취로시키는 기업, 합병계약을 체결하고 가까운 장래에 확실하게 근로계약상 사용자로 될 것이 예상되는 기업, 자본 · 임원구성 · 영업내용면에서 특정기업을 완전히 지배하고 있는 기업. ; 이상윤, 『노동법』, 제6판, 617쪽. 다른 회사의 주식 소유 · 상호출자 · 임직원파견 및 업무분장 등을 통해 경영에 간여하는 기업, 파견근로자의 근로조건에 대해 직접적인 결정권한을 보유하고 있는 사용사업주. ; 임종률, 『노동법』, 제9판, 118쪽, 부당노동행위의 사용자개념 확대 참고. ; 김형배, 『노동법』, 제20판, 839쪽, 근로계약상의 고용주가 없으면서 노조법상 사용자만 있는 경우.

이 있는 자 중 노사협의에 따라 결정된 적정한 숫자에 해당하는 자이다.

② 인준투표제

㈎ 의 의

노조대표자는 단체교섭권 및 단체협약체결권을 갖는다(노조법 §29①). 이때 노동조합의 규약이나 총회의 의결로 '단체협약을 체결할 때 노동조합의 직접투표를 통해 추인 또는 승인'을 받도록 하는 이른바 인준투표제도의 효력에 대해 의견이 나뉜다.

㈏ 인준투표제도 설정

인준투표제 자체를 위법이나 무효로 볼 수 없으므로 행정관청이 이 제도를 규정한 단체협약이나 규약에 대해 시정명령을 할 수 없고, 사용자가 교섭을 거부할 사유가 되지 않는다는 것이 통설적인 견해이다.[1]

인준투표제에 대한 판례의 입장은 1993년의 대법원전원합의체판결[2]에 의해 정리된다. 이 판결은 인준투표제의 효력을 '노조대표자 등의 협약체결권을 전면적·포괄적으로 제한하여 그 권한을 형해화한다'는 이유로 부정하고 있으며, 후속판례[3]와 행정지침[4]에 영향을 미쳤다. 그러나 2013년의 대법원판결[5]은 규약의 규정이 '노조대표자가 단체협약의 내용을 합의한 후 협약안의 가부에 대해 총회 의결을 거치도록 한 것'이라면 위법이지만 '실질적인 합의 전에 조합원의 의견을 수렴하는 것'이라면 전면적·포괄적 제한이 아니므로 적법하다고 보았다. 이후의 판결[6]은 노조대표자의 단체협약체결권한의 행사를 절차적으로 제한하는 것은, 그것이 단체협약 체결권한을 전면적·포괄적으로 제한하는 것이 아닌 이상 허용된다는 견해를 계속 밝히고 있다. 이러한 논리를 전개함에 있어 인준투표제 자체가 단체교섭이나 단체협약의 본질에 부합함이 강조된다.[7]

㈐ 인준투표제도의 효력

㉮ 효력의 요건

인준투표제도는, 규약이나 단체협약에 '노동조합대표가 합의한 후 가부를 묻는

---

1) 임종률, 『노동법』, 제9판, 122쪽 ; 김유성, 『노동법Ⅱ』, 138쪽 ; 이상윤, 『노동법』, 제6판, 621쪽 등
2) 대판(전) 1993.4.27, 91누12257(한국노동법학회, 『노동판례백선』, 295~296쪽. 인준투표제에 대해 법적판단을 내린 첫번째 대법원 판결이다.
3) 대판 1998.1.20, 97도588.. ; 대판 2002.11.26, 2001다36504. 1999.11.23, 99다7572 ; 대판 2000.9.29, 99다67536) ; 대판 2000.5.12, 98도3299.
4) 노동부, 『단체교섭 및 단체협약 체결 관련 지도지침』, 5쪽 ; 노사관계법제과-2335, 2012.8.16.
5) 대판 2013.9.27, 2011두15404.
6) 대판 2014.4.24, 2010다24534 ; 대판 2018.7.26, 2016다205908.
7) 대판 2018.7.26, 2016다205908.

것'이 아니라 실질적인 합의 전에 조합원의 의견을 묻는 방식으로 설계되어 있다면, 협약체결권을 전면적·포괄적으로 제한하는 것으로 볼 수 없으므로 유효하다는데 대해 학설과 최근의 판례가 견해를 같이 하고 있다.

㈏ 시정명령과 교섭해태

인준투표제가 규약이나 단체협약에 유효하게 규정되어 있으면 행정관청의 시정명령대상이 되지 않으며, 사용자가 협약체결권확보를 요구하면서 교섭을 거부하거나 지연하는 것은 부당노동행위에 해당될 수 있다. 다만, 단체교섭의 결과로 도달한 합의에 대해 노동조합대표가 인준투표를 거치는 작업을 게을리 하면서 추가요구를 하면 교섭을 거부하더라도 부당노동행위가 성립하지 않을 수 있다.

㈑ 인준투표규정에 반한 단체협약서명의 효력

㉮ 해당 단체협약 효력

인준투표규정에 반하여 노동조합대표가 서명·날인한 단체협약의 효력에 대해 의견이 나뉜다. 효력인정설[1]은 인준투표의 결과와 관계없이 대표자가 서명·날인한 단체협약의 효력을 인정한다. 노조법이 단체협약체결권을 노조대표자의 권한으로 직접 규정하고 있으나, 인준투표제에 대해서는 규정하고 있지 않으므로 전자를 더 중시한 견해이다. 종래의 판례나 행정해석도 이 견해를 따른 것으로 보이며, 변화된 판례도 노동조합의 내부문제로서 노조대표가 조합원에 대해 손해배상책임을 지는 문제를 다루면서도 단체협약 자체의 효력 문제를 언급하지 않고 있는 점을 볼 때 효력인정설에 가까운 것으로 보인다.

효력부정설은 인준투표를 거치지 않고 체결한 단체협약의 효력을 부정한다.[2] 부정설은 인준투표제도에 따른 대표권제한은 등기하지 않으면 제3자(사용자)에게 대항할 수 없지만(민법 §60), 악의의(인준투표를 알고 있는) 제3자에게는 대항할 수 있다는 점을 제시하고 있다. 따라서 부인설도 사용자가 인준투표를 거친 것으로 잘못 알았거나 그렇게 믿을만한 정당한 이유가 있으면 표현대리의 법리에 따라 효력이 있다. 부인설은 노조대표서명의 효력을 따짐에 있어 사용자의 악의를 요건으로 하는 점이 논리적으로 자연스럽지 않다.

효력부분부인설은 특정사항에 대해서만 의견을 구하는 인준투표의 효력을 인정한다.[3]

---

1) 김형배, 『노동법』, 제20판, 826쪽 ; 이상윤, 『노동법』, 제6판, 621쪽.
2) 임종률, 『노동법』, 제9판, 122~123쪽
3) 김유성, 『노동법II』, 138쪽..

개인적으로는 인준투표제가 규약에만 규정되어 있다면 노조대표자가 이를 거치지 않고 서명한 단체협약의 효력이 인정되나, 인준투표제가 단체협약에 규정되어 있다면 이를 거치지 않은 단체협약의 효력은 부정된다고 생각한다.

㉯ 노동조합 내부책임

인준투표제도를 준수하지 않은 노조대표자에 대해서는 조합내부책임의 문제가 발생한다. 조합원에 대한 대표자의 손해배상책임에 대해, 긍정판결[1]과 부정판결[2]이 있다. 인준투표를 거치지 않은 단체협약에 대한 효력과 관련하여 부정판결은 부정설에 근거를 두고 있고, 긍정판결은 인정설에 근거를 둔다.

(2) 사용자측

사용자 또는 사용자단체의 대표자는 단체교섭담당자가 된다(노조법 §29①). 개인사업주와 사업경영담당자는 물론이고 '사업주를 대리해 행위하는 사용자'[3]도 노사협의에 따라 결정된 숫자에 해당하는 인원이 담당자의 역할을 수행한다. 사용자단체 대표자는 회장·임원·간부 등 내규나 총회의결에 따라 선출된 자이다.

3·나. 단체교섭의 위임

(1) 위임대상

노동조합과 '사용자 또는 사용자단체'는 원래의 교섭담당자가 아닌 제3자에게 '교섭 또는 단체협약체결 권한'을 위임할 수 있다. 수임자자격이나 수임자수에 관해서는 법적제한이 없다. 따라서 '해고근로자를 포함'[4]한 자연인뿐만 아니라 단체(노조령 §14)에게도 위임할 수 있다. 위임자의 동의가 없으면 재위임을 할 수 없다.

(2) 교섭권한

수임자는 위임받은 범위 안에서 그 권한을 행사할 수 있다(노조법 §29③). 위임하는 경우에는 교섭사항과 권한범위를 정해야 한다(노조령 §14①). 단체교섭권을 위임한 단체교섭당사자는 해지의 의사표시를 하지 않더라도 수임자와 경합적으로 단체교섭권을 갖는다.[5] 사업주로부터 위임을 받은 광의의 사용자 즉, 사업경영담당자나 '사업주를 위해 행위하는 자'가 서명 또는 날인한 단체협약도 유효하게 성립한

---

1) 대판 2018.7.26. 2016다205908.
2) 대판 2014.4.24, 2010다24534.
3) 노동부, 『단체교섭 및 단체협약 체결 관련 지도지침』, 3쪽.
4) 노동조합과-62, 2008.3.7. 수임자가 해고근로자라는 이유만으로 사용자는 단체교섭을 거부할 수 없다.
5) 대판 1998.11.13, 98다20790.

다.[1] 이러한 단체협약의 효력은 사업주에게 귀속된다.

(3) 위임의 절차와 방식

위임자는 '수임자성명' 또는 '수임단체명칭 및 대표자성명', '교섭사항과 권한범위' 등 위임내용을 명시해 위임사실을 상대방에게 통보해야 한다(노조법 §29④, 노조령 §14②). 위임을 함에 있어 특별한 형식은 없으며, 위임이 있음을 증명할 수 있으면 충분하다. '교섭 및 협약체결 위임'은 '단체협약사항'으로서 총회의 의결사항이다(노조법 §16iii).

(4) 제3자위임금지조항

제3자위임금지조항이란 단체교섭권한을 해당노동조합의 조합원 이외의 자에게 위임하지 않도록 단체협약에 명시한 규정을 말한다. 효력에 대해 의견이 나뉜다.

유효설[2]은 제3자위임금지조항에 대해 채무적효력을 인정한다. 이 설에 따르면 사용자는 제3자위임금지조항을 이유로 단체교섭을 거부할 수 있다. 이 설은 노사가 협약자치원칙에 따라 교섭방법을 자율적으로 제한할 수 있으므로 제3자위임금지조항이 공서양속에 반하지 않는다고 본다. 무효설[3]은 노동조합의 자율성을 침해하고 지배·개입의 성격이 강하므로 제3자위임금지조항의 효력을 인정하지 않는다. 이 설에 따르면 사용자가 노동조합의 수임자와 교섭을 거부하면 부당노동행위에 해당한다. 절충설로서 연합단체는 제3자가 아니므로 이 조항을 적용받지 않는다는 설,[4] 제3자에게 위임할 필요성이 있고 수임자와의 단체교섭에 응하더라도 특별히 지장이 없다면 무효라는 설[5] 등이 있다. 단체교섭방법은 당사자가 자유로이 결정할 수 있으므로 유효설이 타당하다.

(5) 위임의 효과와 한계

수임된 자와 단체교섭을 거부하는 사용자의 행위는 부당노동행위에 해당된다.

사회통념상 정상교섭을 기대하기 어려운 자에게 교섭권을 위임해 권한을 남용하면,[6] 교섭거부에 대해 부당노동행위가 성립하지 않는다(같은편, 제6장 제3절, 3).

---

1) 대판 2002.8.27, 2001다79457(**한국노동법학회**, **『노동판례백선』**, 299쪽).
2) 김유성, 『노동법Ⅱ』, 135쪽 ; 이상윤, 『노동법』, 제6판, 624쪽.
3) 박홍규, 『노동법론』, 959쪽.
4) 김형배, 『노동법』, 제20판, 843쪽.
5) 임종률, 『노동법』, 제9판, 124쪽 ; 노동조합과-648, 2004.3.15.
6) 고용노동부, 『집단적노사관계 업무매뉴얼』, 154쪽.

제3절 단체교섭의 대상

1. 의 의

당사자가 교섭할 수 있는 사항을 단체교섭대상이라 한다. 단체교섭대상에 대한 교섭요구에 응하지 않은 사용자는 부당노동행위의 책임을 진다.

노조법(§29 ①)은 단체교섭에 대해 "노동조합의 대표자는…노동조합 또는 조합원을 위해 사용자나 사용자단체와 교섭하고…"라고 규정하고 있을 뿐 그 대상에 대해 직접적인 규정하고 있지 않다. 따라서 단체교섭대상은 해석론에 맡겨져 있다

2. 교섭대상의 분류

2·가. 세가지 분류

미국 전국노동관계법(§8 d)은 부당노동행위와 관련해 '임금·근로시간 기타 근로조건'을 교섭사항으로 설정하고 있다. 이에 따라 미국에서는 현장에서 발생할 수 있는 교섭사항을 3가지유형으로 나누는 이론이 판례[1]를 통해 정립되었다.

의무적교섭사항(*mandatory subject*)은 사용자가 교섭에 응해야 하는 사항으로 임금·근로시간 기타 근로조건이 이에 해당한다. 임의적교섭사항(*permissive subject*)은 교섭에 응할 사용자의 의무는 없지만 단체협약이 체결되면 법적효력이 인정되는 사항이다. 위법적교섭사항(*prohibitive* or *illegal subject*)은 법규나 공서양속에 위반되어 교섭하는 것 자체가 금지되며, 합의하여도 무효가 되는 사항이다.[2]

2·나. 평 가

교섭대상을 세 가지로 분류하는 체계의 필요성에 대해 학설은 견해를 달리한다.

첫째, 수용긍정설[3]은 의무적교섭사항과 임의적교섭사항을 교섭대상에 포함한

1) NLRB v. Wooster Division of the Borg-Warner Co, 356 U.S.342(1958).
2) 김유성, 『노동법Ⅱ』, 142쪽 ; 이상윤, 『노동법』, 제6판, 630쪽 이하.
3) 이상윤, 『노동법』, 제6판, 633쪽.

다. 임의적교섭사항에 대해서는 사용자가 교섭에 응하지 않아도 부당노동행위로 보지 않는다. 판례[1] 및 행정해석[2]의 입장이다. 이 설을 지지한다.

둘째, 제한적수용설은 의무적교섭사항만 교섭대상으로 보고 임의적교섭사항을 헌법상의 단체교섭권이 아닌 사적자치원칙에 따라 이루어지는 교섭으로 보며 위법적교섭사항에 대해서는 강행법규나 공서양속에 위반되므로 사적자치에 따라서도 교섭이 금지된다. 이 설은 효과에 있어 수용긍정설과 큰 차이가 없다.

셋째, 수용거부설[3]은 3가지 분류체계를 부정한다. 단체교섭제도는 분쟁을 해결하는 평화적방식이고, 교섭사항이 경영참가적인 것까지 확대되는 추세이며, 구분이 모호한 상태에서 실질적으로 단체교섭권과 단체행동권을 제한하는 결과를 가져오고, 임의적교섭사항과 위법적교섭사항이 동일하게 취급될 우려가 있다는 것이 논리적 근거이다.

3. 교섭대상의 내용

노조법의 규정에 따르면 단체교섭 대상의 판단기준은 '조합원이나 노동조합을 위한 사항'이다. 그 밖에 판단기준으로는 집단성, '사용자의 처분가능성',[4] 단체협약체결예정성 등이 거론된다.

3·가. 조합원을 위한 사항

(1) 근로조건에 관한 사항

조합원을 위한 사항은 단체협약의 규범적효력을 가진 사항을 의미한다. '근로조건에 관한 사항'과 '근로조건과 밀접한 관계가 있는 사항'은 의무적교섭사항이다. 임금, 퇴직급여, 근로시간, 휴게·휴일·휴가, 안전·위생·보건·재해보상, 근무장소·작입량 등 작업환경, 복지후생, 교육훈련, 기다 고용이나 근로조건에 관한 사항이 여기에 해당한다. 노사협의회의 협의사항(근참법 §20)에 대해 긍정설[5]과 부정설[6]이 있는데, 근로조건과 관계가 있는지가 판단기준이 된다.

---

1) 대판 1996.2.23, 94누9177 ; 대판 2003.7.22, 2002도7225(한국노동법학회, 『노동판례백선』, 327쪽).
2) 노조 68107-33, 2002.1.12 등.
3) 김유성, 『노동법II』, 143쪽 ; 김형배, 『노동법』, 제20판, 847쪽. 논리적근거를 달리하고 있다.
4) 대판 2003.12.26, 2003두8906.
5) 임종률, 『노동법』, 제9판, 127쪽.
6) 김형배, 『노동법』, 제20판, 848쪽.

(2) 인사권과 경영권

① 의 의

기업경영과 관련해 사용자에게 귀속되는 일체의 권한을 인사·경영권이라 한다.

경영권이란 조직의 변경·폐지,[1] 사업의 확장·축소, 경영진임면, 합병·분할·양도, 사업장이전, '하도급·용역으로 전환', 휴·폐업, 신기술도입 및 업무자동화, 생산계획결정 등 기업경영에 필요하여 사업주가 행사할 수 있는 권리를 말한다.

인사권이라 함은 근로자의 채용, 전보·교육,[2] 배치, 인사고과·근무평정, 승진·승급, 해고 등 징계,[3] 휴직 등의 사항에 관한 사용자의 권한을 말한다.

경영·인사권은, 헌법의 '직업선택의 자유'(§15)와 재산권보장(§23) 규정에서 간접적으로 도출된다.[4] 경영·인사권이 의무적교섭사항인지는 재산권의 본질적인 내용을 침해하는지에 따라 판단한다.[5]

② 교섭대상이 되는 범위

경영상 의사결정이나 인사결정 자체를 의무적교섭사항으로 볼 수 있는지를 둘러싸고 의견이 나뉜다. 경영권은 사실적개념으로서 실정법권리가 아니며 시대상황, 사회체제 등에 따라 변동적이다. 따라서 임의적교섭사항이라고 보는 순수부정설이나, 의무적교섭사항이라고 보는 순수긍정설은 받아들이기 어렵다. 따라서 견해는 제한적부정설과 제한적긍정설로 요약된다.

㈎ 제한적 부정설

제한적부정설[6]은 '경영권이나 인사권 자체'에 대해 의무적교섭사항으로 보지 않는다. 인사·경영권은 헌법상 보장된 재산권의 관리·행사를 위하여 사용자의 권한으로 인정되고 있고, '이를 행사하는 것 자체'는 재산권의 본질적인 내용을

---

1) 대판 1994.3.25, 93다30242. 시설사업관리부폐지 관련 ; 대판 1999.6.25, 99다8377. 지점폐지 관련.

2) 대판 1998.4.28, 97누19953.

3) 대판 1994.9.30, 94다21337.

4) 대판 2003.7.22, 2002도7225.

5) 대판 2002.2.26, 99도5380. 해고합의조항 관련.

6) 대판 1994.3.25, 93다30242. <단체교섭대상> 부서폐지로 근로자 일부를 다른 공장에 배치하는 것은 경영권에 속하므로 의무적교섭사항이 아니나, 재배치결과 증가된 업무량은 근로조건으로 의무적교섭사항이다. ; 대판 2003.11.13, 2003도687. <쟁의행위목적부정> 구조조정이나 합병 자체 반대 ; 대판 2003.12.26, 2001도3380. <단체교섭대상과 쟁의행위목적 부정>. 경영해고나 부서·조직통폐합 등 구조조정실시여부 ; 대판 2016.3.10, 2013도7186. <단체교섭대상부정> 계열사의 라인 증설 및 부지매입. 노사관계법제과-1231, 2008.11.27. <쟁의행위목적부정> 사업부문분할에 반대하며 원상회복을 요구하는 구조조정반대 파업이라면, 사용자의 고도의 경영상 의사결정으로서 경영권의 본질적 사항과 법령이나 단체협약 등의 해석·적용에 관련된 권리분쟁사항임. ; 협력 68140-271, 1999.7.15. <노동쟁의대상과 쟁의행위목적> 경영해고철회는 인사·경영권에 관한 사항으로 노동쟁의나 쟁의행위의 대상이 아님.

구성하는 것이므로 근로자의 권리로 보기 어렵기 때문이다. 근로조건관련사항이라도 과도한 요구를 되풀이함으로써 인사·경영상 의사결정 자체를 반대하면 부당하다는 판결[1]이 발견된다. 제한적부정설은 경영권 중 근로조건과 관련이 있는 사항에 대해서도 임의적교섭사항으로 본다.[2] 다만, 경영권자체가 행사된 다음에 발생하는 배치전환 및 '경영상해고 대상자 선정기준' 등의 근로조건이나 보상문제[3]가 의무적교섭사항이 된다. 경영권이나 인사권 자체로 인정되는 경우로는 '업무의 위탁이나 하청, 직원의 증원·배치·확대, 조직의 신설 등의 결정',[4] '사업부서의 일부 폐지 결정',[5] '기구 통·폐합에 따른 조직변경·업무분장 결정',[6] '구조조정·합병 등의 결정',[7] '경영해고 또는 인사배치의 실시 여부',[8] '소사장제도입',[9] '사기업의 공기업화 또는 해외매각결정',[10] '토지자산 매도에 따른 이익분배',[11] '대표이사의 선임·결정',[12] 해고자복직[13] 등을 들 수 있다.

㈏ 제한적 긍정설

제한적긍정설[14]은 경영권이나 인사권 자체라도 근로조건에 중대한 영향을 미치거나,[15] 근로조건과 밀접한 관계가 있거나,[16] 근로조건의 개선에 주된 목적이 있거나,[17] 근로의 양이나 방법을 결정하는 것[18]은 의무적교섭사항으로 본다. 이러한 사항들은 경영권의 본질을 근본적으로 제한하는 것이 아니라는 것이 논리적

---

1) 대판 2006.5.12, 2002도3450 등
2) 이상윤, 『노동법』, 제6판, 639쪽 ; 대판 2003.2.11, 2000도4169. H공영사건.
3) 노조 68107-1200, 2001.11.2. 경영권양도시 고용문제나 이주비지원 등 근로조건관련사항은 교섭대상.
4) 대판 2005.3.10, 2004도8448.
5) 대판 1994.3.25, 93다30242.
6) 대판 2002.1.11, 2001도1687.
7) 대판 2002.2.26, 99도5380 ; 대판 2003.2.11, 2000도4169 ; 대판 2003.7.22, 2002도7225. 근로조건과 밀접히 관련된 사항(근로시간단축·배치전환·교대제변경 등 고용유지방안, 노사분담실업대책기금마련, 재취업지원프로그램)은 교섭·쟁의행위대상임 ; 대판 2003.11.13, 2003도687.
8) 대판 2001.4.24, 99도4893 ; 대판 2001.4.24, 99다9370 ; 대판 2003.2.11, 2000도4169. ; 대판 2001.4.24, 99도4893. ; 대판 2001.4.24, 99도4893. ; 대판 2002.2.26, 99도5380..
9) 서울고판 1996.12.27, 95구1288. 소사장제는 불가피하게 근로자들이 감축되고 배치전환이 불가피해 질 수도 있으며, 근로조건이 악화될 위험이 있지만, 도입결정 자체는 경영권에 속하는 것이므로 쟁의행위대상이 될 수 없고, 배치전환 등 근로조건변경이 쟁의행위대상이 될 수 있다.
10) 대판 2005.7.28, 2005두3608.
11) 대판 2012.8.30, 2010도4420.
12) 대판 1999.3.26, 97도3139.
13) 서울고판 2002.2.1, 2001누2227.
14) 김유성, 『노동법Ⅱ』, 145쪽 ; 박홍규, 『노동법론』, 246쪽 ; 임종률, 『노동법』, 제9판, 131~132쪽.
15) 징계사유나 징계절차를 예로 들 수 있다. ; 서울지판 1991.9.12, 90가합5721. 경향신문사건.
16) 대판 1994.8.26, 93누8993.
17) 대판 1992.5.12, 91다34523.
18) 대판 1994.8.26, 93누8993.

근거이다. 개인적으로는 제한적긍정설을 지지한다. 다만, 어떠한 설을 취하든 간에 경영상결단 즉, 인사·경영권의 본질적 내용에 대한 사용자의 결정권을 존중하면서 근로조건에 중대한 영향을 미치거나 근로조건과 밀접히 관련된 사항에 대해서는 단체교섭 및 쟁의행위의 대상이 될 수 있을 것이다.[1)]

③ 교섭대상의 판단

㈎ 비교형량

경영권과 인사권의 본질적 내용을 침해했는지 또는 의무적교섭사항인지는 교섭이익과 경영부담을 비교해 판단할 수 있다.[2)]

㈏ 경영권행사와 합의

경영·인사권을 행사함에 있어 노동조합과 협의토록 하는 것은 경영·인사권을 근본적으로 제한하지 않으므로 단체교섭대상이 되지만 합의, 동의 및 '노사동수로 구성되는 기관의 의결'을 요건으로 하는 것은 의무적교섭사항이 아니라는 견해[3)]가 있다. 그러나 협의인지 합의인지로 의무적교섭사항 여부를 판단하는 것은 실체보다 절차에 초점을 맞추는 접근으로 그 타당성을 인정받기 어렵다.

㈐ 제도설계와 시행

인사권이라도 '인사의 기준과 절차'는 의무적교섭사항이 될 수 있으나,[4)] 개별적인사조치는 의무적교섭사항이 아니다.[5)]

㈑ 법정근로조건 여부

채용은 근로조건과 직접 관계가 없으므로 의무적교섭사항이 아니다. 그러나 경영해고에 있어 우선재고용은 근기법에 규정이 있으므로 의무적교섭사항이다.

(3) 권리분쟁

권리분쟁이라 함은 법령·단체협약·취업규칙 등 규범의 해석·적용·이행·준수에 관해 발생한 분쟁을 말하며, 권리·의무관계를 설정하는 과정에서 발생하는 이익분쟁과 구분된다. 권리분쟁이 의무적교섭사항인지에 대해, 법원이나 노동위원회를 통해 해결할 성질의 분쟁이라는 이유로 부정하는 판결[6)]·해석[7)] 및 '다

---

1) 노동부, 『노사가 지켜야할 정당한 쟁의행위의 범위와 한계』, 8쪽. <예> 경영상해고를 피하기 위한 근로시간 단축·배치전환·교대제변경 등의 고용유지방안, 노사가 분담하는 실업대책기금마련, 재취업지원프로그램 등.

2) 임종률, 『노동법』, 제9판, 132쪽. 미국판례(Fired Paper Products Corp. v. NLRB, 379 U.S. 203. 1963) 소개.

3) 노조 01254-427, 1994.3.31 ; 노조 01254-5989, 1990.4.25 ; 고용노동부, 『집단적노사관계 업무매뉴얼』, 160~163쪽 및 170쪽. 인사이동사전합의,

4) 고용노동부, 『집단적노사관계 업무매뉴얼』, 160쪽 ; 노조 01254-630, 1993.6.2.

5) 노조 01254-614, 1995.5.29.

수설적인 견해[1]와 다른 구제절차가 있다 하더라도 자율해결이 금지되는 것이 아니라는 이유로 긍정하는 판결[2]이 있다. 긍정판결은 노조법의 관련조항이 "근로조건에 관한 사항"에서 "근로조건결정에 관한 사항"으로 변경되기 전의 판결이어서 그 효력에 대해 의문의 여지가 있다. 권리분쟁은 법적으로 무엇이 옳은가 하는 판단에 관한 분쟁이므로 협상이나 양보에 좌우될 수 없다.

(4) 비조합원과 교섭대상

단체교섭대상은 조합원과 관련되어야 한다. 비조합원에 관한 사항은 의무적교섭사항이 아니다. 그러나 비조합원에 관한 사항이더라도 조합원의 근로조건에 영향을 미치면 단체교섭대상이라는 것이 일반적인 견해[3]이다.

3·나. 노동조합을 위한 사항

노동조합을 위한 사항은 단체협약의 채무적효력을 가진 사항이다. 단체교섭·쟁의행위절차조항(노조법 §48), 조합비공제(Check-off) 등 집단적노사관계도 단체교섭대상이 되는지에 대해 부정설[4]이 발견되나, 긍정설[5]이 타당하다. 노조법은 노동조합이 조합원뿐 아니라 노동조합을 위해 교섭할 수 있으며(노조법 §29①), 당사자가 단체교섭의 절차와 방식을 정하도록 노력해야 한다(노조법 §48)고 규정하고 있다.

4. 교섭대상의 요건

4·가. 집단성

(1) 원칙 적용

단체교섭대상에 집단성이 요구되는지에 대해 견해가 나뉜다. 긍정설[6]은 근로자 전체의 근로조건과 관련된 집단성을 띠어야 한다고 본다. 따라서 근로자 개

---

6) 서울남부지판, 2007.4.26, 2005가합14459. <쟁의행위목적부정>

7) 협력 68140-271, 1999.7.15. <노동쟁의·쟁의행위대상부정> 해고자원직복직 ; 고용노동부, 『집단적노사관계 업무매뉴얼』, 246쪽. <쟁의행위목적부정> 미지급임금청산, 해고자복직, 단체협약이행, 부당노동행위구제 등. ↘ 543쪽

1) 임종률, 『노동법』, 제17판, 142쪽 ; 김형배, 『노동법』, 제20판, 934쪽. 쟁의행위 관련 ; 노조 32262-173, 1993.2.24..

2) 대판 1990.5.15, 90도357 ; 대판 1991.5.14, 90누4006. 단협체결해태에 대해 부당노동행위구제신청을 하지 않고 쟁의행위를 한 사례. ; 대판 1990.5.15, 90도357.

3) 이상윤, 『노동법』, 제6판, 635쪽 ; 김유성, 『노동법Ⅱ』, 141쪽. 미조직근로자를 대상으로 한 취업규칙변경 관련 ; 임종률, 『노동법』, 제9판, 127쪽. 임시직채용 관련

4) 고용노동부, 『집단적노사관계 업무매뉴얼』, 159쪽. 임의적교섭사항으로 보고 있다.

5) 이상윤, 『노동법』, 제6판, 640쪽 ; 김유성, 『노동법Ⅱ』, 145쪽 ; 임종률, 『노동법』, 제9판, 129쪽 ; 대판 2003.12.26, 2003두8906 등.

6) 김형배, 『노동법』, 제20판, 848쪽.

인에 국한되는 사항은 노사협의회나 고충처리의 대상은 될 수 있어도 단체교섭 대상은 될 수 없다.[1] 다수설인 부정설[2]은 집단의 판단이 어렵고, 교섭주체에 대해서는 집단성이 요구되지만 단체교섭대상에까지 요구되는 것은 아니라고 본다. 부정설이 타당하다.

(2) 확대 적용

집단성을 부정하더라도 근로자 1인의 문제가 의무적교섭사항인지에 대해 견해가 나뉜다. 협의설은 근로조건결정과 관련이 되어야 의무적교섭사항이 된다[3]고 본다. 광의설은 근로조건결정과 관련이 없어도 조합간부해고처럼 조합활동이나 다른 조합원의 대우와 관련되면 의무적교섭사항으로 본다.[4] 협의설이 타당하며, 조합간부해고는 임의적교섭사항이다.

4·나. 처분가능성

단체교섭은 법률에 규정[5]을 두고 있든 그렇지 않든 간에, 사용자에게 처분권한이 있는 사항이어야 한다.[6] 구속자석방,[7] 정치사항, 법령개·폐,[8] 정부·국회승인사항 및 통제필요사항,[9] 정부부담요구[10] 등은 교섭대상이 아니다. 사용자에게 처분권한이 있는 사항이면 노조요구가 지나치다는 이유로 교섭을 거부할 수 없다.[11] 노력조항도 교섭대상이 될 수 있다는 견해[12]가 발견되나, 게을리 해도 부당노동행위의 죄를 묻기 어려우므로 임의적교섭사항으로 봄이 타당하다.

4·다. 단체협약체결 예정성

단체협약이 예정되지 않은 단체교섭은 의미가 적다. 그러한 교섭이라도 헌법상 노동기본권에 근거해 보호받을 수는 있다. 단체협약체결이 예정되지 않은 사

---

1) 김형배, 『노동법』, 제20판, 848쪽.
2) 김유성, 『노동법Ⅱ』, 141쪽 ; 임종률, 『노동법』, 제9판, 128쪽 등.
3) 임종률, 『노동법』, 제9판, 128쪽.
4) 김유성, 『노동법Ⅱ』, 141쪽 ; 이상윤, 『노동법』, 제6판, 634쪽.
5) 공무원(공노법 §8)과 교원(교노법 §6) 등
6) 대판 2003.12.26, 2003두8906.
7) 대판 1991.1.23, 90도2852. 쟁의행위관련.
8) 대판 2000.11.24, 99두4280. 상급단체지시에 따라 개정 노동관계법의 철폐를 목적으로 한 쟁의행위 관련.
9) 대판 2002.11.23, 2002누24935. 농지개량조합이 농림부장관의 승인없이 노조와 체결한 임직원보수약정관련 ; 헌재 2004.8.26, 2003헌바 5865. 합헌, 국민건강보험공단 내부규정에 대한 보건복지부장관 승인 관련.
10) 대판 2005.3.10, 2004도8448. 철도공사관련.
11) 대판 1992.1.21, 91누5204.
12) 김유성, 『노동법Ⅱ』, 141쪽. <예시>건강보험제도의 통합화에 대한 공동의 노력.

항은 임의적교섭사항이다.

5. 단체교섭대상 · 노동쟁의대상 · 쟁의행위목적의 관계

5·가. 포함사항 분석

단체교섭대상·노동쟁의대상·쟁의행위목적의 상호관계는 노조법의 관련 규정과 각각 어떠한 사항이 포함되어 있는지를 분석함으로써 파악될 수 있다.

(1) 노동쟁의대상

노동쟁의의 개념은 노조법(§2 v)에 명확하게 규정되어 있다. 권리분쟁이 여기에 포함되지 않는데 대해서는 이견이 없다. 개념의 구성요소인 '근로조건결정'의 범위를 둘러싸고 집단적노사관계가 포함되는지에 대해 견해가 갈린다. 구체적으로는 행정해석처럼 노동쟁의대상에서 제외하는 제외설[1]이 다수의견이지만 근로조건과 불가분의 관계에 있다는 이유로 노동쟁의대상에 포함된다는 포함설[2]도 있다. 포함설은 '근로조건결정'에 대해 문리해석의 범위를 넘어 확대하여 해석한 것으로 보인다.

(2) 단체교섭대상

노조법은 단체교섭대상을 따로 명시하지 않고 있다. 노조대표자가 '노동조합과 조합원'을 위하여 교섭할 수 있다고 규정하고 있다. 이러한 이유로 판례와 학설은 집단적노사관계를 단체교섭대상에 포함한다.[3] 이러한 견해 중 노조전임자와 근로시간면제를, 단체교섭이 아닌 사용자동의로도 이루어진다는 이유로, 예외로 보는 견해[4]가 있는데, 위법사항이 아닌 한 단체교섭대상에서 제외할 이유가 약하다. 권리분쟁의 포함여부에 대해 견해가 나뉘는데 그 내용에 따라 쟁의행위목적이 인정되거나 부정될 수 있으나 쟁의행위목적에서 설명하듯이 양자에 모두 포함되지 않는 것이 일반적인 견해이다.

(3) 쟁의행위목적

노조법은 쟁의행위목적에 대해 명시하지 않고 있다. 따라서 노조법이나 노동조합의 목적으로 명시되어 있는 '근로조건의 유지·개선과 근로자의 경제적·사

1) 김유성, 『노동법Ⅱ』, 220쪽 ; 대판 2003.12.26, 2003두8906 등 다수.
2) 임종률, 『노동법』, 제17판, 196쪽.
3) 김유성, 『노동법Ⅱ』, 220쪽 ; 임종률, 『노동법』, 제17판, 138~146쪽 등
4) 김형배, 『노동법』, 제20판, 811쪽.

회적 지위의 향상'을 근거로 하여 해석에 의존하고 있다.

단체교섭대상과 쟁의행위목적의 관계는, '정치파업에 대한 견해차이'(같은편, 같은장 같은절, 3·가, (2))를 중심으로 해서, 동일설과 구별설로 나뉜다.

동일설에 따르면 쟁의행위도 단체교섭과 마찬가지로 의무적교섭사항으로서 근로조건과 관련이 있고 사용자에게 처분가능성이 있으며 단체협약대상이 될 수 있는 사항을 목적으로 하고,[1] 정치파업(같은편, 같은장 같은절, 3·가, (2))[2]을 포함하지 않는다. 정치파업에 관한 예로는 입법촉구·저지,[3] '법의 폐지',[4] '다른 기업 문제', 구속자석방,[5] 정부시책반대[6] 등을 들 수 있다. 쟁의행위는 단체협약을 유리하게 체결하기 위해 행사하는 최후의 강제수단이므로 주로 단체협약대상이 될 수 있는 사항을 목적으로 하는 경우에 허용된다는 견해[7]도 동일설로 볼 수 있다. 이러한 이유로 해고자복직투쟁에 대해 쟁의행위목적을 부정한 판례[8]가 형성되어 있다. 권리분쟁(같은편, 같은장 같은절, 3·가, (3))[9]이나 경영·인사권(같은편, 같은장 제4절, 3·나, (2))[10] 등과 권련하여 양자에 모두 포함되지 않는다는 견해가 많이 발견되는데, 단체교섭대상에 포함된다는 견해는 쟁의행위목적에도 포함된다는 견해로 연결된다.

---

1) 김형배, 앞의 책, 1000쪽 ; 이상윤, 앞의 책, 725~726쪽 ; 대판(전) 2001.10.25, 99도4837 ; 대판 1994.9.30, 94다4042 ; 대판 1992.5.12, 91다34523 ; 대판 1994.3.25, 93다30242 ; 대판 1991.1.19, 90도2852. ; 대판 2001.5.8, 99도4659. <쟁의행위목적부정> 단체교섭사항이 아닌 보상금지급 목적

2) 고용노동부, 『집단적노사관계 업무매뉴얼』, 244쪽 및 250쪽. 사용자가 처분가능한 사항이 아니고 근로조건을 유지·개선시키는 것과는 관련이 없으며, 노조가 건의·협의·시위·선전 등의 방법으로 정치적인 주장 및 견해를 표명할 수 있는 것과는 별개로 단체교섭을 요구하고 쟁의행위를 하는 것은 부당.

3) 대판 2000.9.5, 99도3865.

4) 대판 2000.11.24, 99두4280. 1996.12.26 개정 노동관계법폐지요구 파업

5) 대판 1991.1.23, 90도2852. 구속근로자형량에 대한 항의와 석방촉구

6) 대판 2002.4.12, 2000도3485. 실업대책, 정경유착·재벌해체, IMF재협상 등 ; 서울고판 2009.12.23, 2009누6751. 한미FTA 반대집회 ; 서울행판 2012.8.24, 2011구합44020. 공공기관 선진화 반대, 공공부문일자리 확대, 4대강사업중단 등 ; 대판 2014.9.4, 2013두1737. 한국철도공사사건. 공기업선진화 반대(<유사사건> 대판 2014.8.20, 2011두25746. ; 대판 2014.8.20, 2013두802.).

7) 헌재 1990.1.15, 89헌가103.

8) 대판 2014.9.4, 2013두1737. 한국철도공사사건. 해고자 복직, 고소·고발 및 손해배상소송 철회 등 요구(<같은 회사 유사사건> 대판 2014.8.20, 2011두25746. ; 대판 2014.8.20, 2013두802).

9) 서울남부지판, 2007.4.26, 2005가합14459. <쟁의행위대상부정> ; 협력 68140-271, 1999.7.15. <노동쟁의·쟁의행위대상부정> 해고자원직복직은 권리분쟁사항으로 노동쟁의·쟁의행위대상도 되지 않는다. ; 고용노동부, 『집단적노사관계 업무매뉴얼』, 246쪽. <쟁의행위목적부정> 미지급임금청산, 해고자복직, 단체협약이행, 부당노동행위구제 등

10) 대판 1994.3.25, 93다30242. <단체교섭대상> ; 대판 2002.1.11, 2001도1687. <단체교섭대상부정> ; 대판2002.2.26, 99도5380 <단체교섭대상> ; 대판 2003.2.11, 2000도4169 <단체교섭대상> ; 대판 2003.7.22, 2002도7225 <단체교섭대상과 쟁의행위목적> ; 대판 2003.11.13, 2003도687 ; 대판 2003.12.26, 2001도3380. <단체교섭대상과 쟁의행위목적> ; 대판 2016.3.10, 2013도7186. <단체교섭대상부정> ; 협력 68140-271, 1999.7.15. <노동쟁의대상과 쟁의행위목적>.

구별설은 쟁의행위의 목적인 '근로조건의 유지·개선과 근로자의 지위향상'이 단체교섭뿐 아니라 '입법이나 정책'까지 포함한다고 본다. 따라서 단체교섭대상이 되지 않는 '입법이나 정책'을 촉구하는 경제적 정치파업이 인정된다(같은편,같은장 같은절,3.가,(2)).[1] 단체교섭대상이 되는지를 떠나서 주체,[2] 목적, 수단, 방법 등을 살펴서 쟁의행위의 정당성을 판단해야 한다는 것이다. 개인적으로는 동일설을 지지한다. 어느 설을 택하더라도 집단적노동관계는 단체교섭부분에서 설명한 내용이 쟁의행위목적의 설명에도 적용된다.

노동쟁의대상과 쟁의행위목적의 관계는 구별설이 일반적이지만, 동일성의 관점에서 쟁의행위목적을 노동쟁의대상으로 제한하는 견해[3]가 있다.

(4) 상호관계 정리

단체교섭대상·노동쟁의대상·쟁의행위목적에 포함되는 사항을 검토하면 다음과 같은 연관관계가 발견된다. 첫째, 노동쟁의대상은 단체교섭대상과 노동쟁의목적에 모두 포함되나, 그 반대에 대해서는 견해가 나뉜다. 둘째, 단체교섭대상은 모두 쟁의행위대상에 모함되나 그 반대에 대해서는 견해가 나뉜다.

5·나. 연관관계에 대한 견해의 나뉨

단체교섭대상·노동쟁의대상·쟁의행위목적의 관계를 각각의 포함사항 분석을 토대로 연관관계에 대한 견해를 크게 정리하면 다음과 같다.

(1) 단체교섭대상·노동쟁의대상·쟁의행위목적 동일

행정해석[4]과 다수판결[5]은 노동쟁의대상의 구성요소인 '근로조건의 결정'을 문리해석에 충실하여 좁게 해석하여, 노동쟁의대상에서 권리분쟁뿐 아니라 집단적노사관계를 제외하면서, 단체교섭대상과 쟁의행위목적도 그 범위가 같다고 본다. 논리적근거는 다음과 같이 정리된다. 노동쟁의와 쟁의행위는 단체교섭이 결렬되었을 때 그 결과로 나타난다. 그런데 노동쟁의는 그 개념을 근로조건결정으로 한정하고 있어 집단적노사관계를 포함하지 않는다. 따라서 단체교섭대상·쟁의행

---

1) 김유성, 『노동법II』, 226쪽 ; 임종률, 『노동법』, 제17판, 243~244쪽.
2) '기업별노조가 단독으로 행하는 것인지','산별노조나 연합단체가 행하는 것인지'에 따라 달라질 수 있다.
3) 고용노동부, 『집단적노사관계 업무매뉴얼』, 244~245쪽 ; 대판 2016.3.10, 2013도7186.
4) 고용노동부, 『집단적노사관계 업무매뉴얼』, 244~245쪽. 노사관계법제과-1936, 2011.9.29.
5) 대판 1996.2.23, 94누9177 ; 대판 2003.7.22, 2002도7225 등 다수. 단체교섭대상은 노동쟁의대상 및 쟁의행위대상과 동일한 것으로 해석하며, 의무적교섭사항만이 쟁의행위를 통해 관철할 수 있는 사항으로 이해된다(한국노동법학회, 『노동판례백선』, 327쪽 참조).

위목적도 근로조건결정으로 한정되고 집단적노사관계를 포함하지 않는다. 이 견해에 따르면, 노동쟁의대상에 해당되는 사항만이 단체교섭대상·쟁의행위목적에 해당되며, 집단적노동관계는 노동쟁의대상뿐 아니라 단체교섭대상·쟁의행위목적에도 포함되지 않는다. 이 설은 단체교섭대상을 노동쟁의대상에 맞추어 집단적노사관계를 배제함으로써 그 범위를 지나치게 좁히고 있다.

(2) 단체교섭대상·노동쟁의대상 동일 / 쟁의행위목적 구별

노동쟁의대상을 집단적노동관계가 포함되는 단체교섭대상에 맞추어 양자를 동일하게 보고, 쟁의행위목적은 단체협약대상성이나 사용자처분가능성이 없는 경제적 정치파업을 포함함으로써 그 범위가 더 넓다고 보는 견해[1]가 발견된다.

(3) 노동쟁의대상 구별 / 단체교섭대상·쟁의행위목적 동일

노동쟁의대상의 포함범위를 좁게 보고, 쟁의행위목적과 단체교섭대상의 포함범위를 후자에 맞추어 같이 보는 견해가 있다. 일부판례[2]와 일부학설[3]은 노동쟁의대상을 집단적노동관계가 제외된 개념으로 좁히고, 단체교섭대상과 쟁의행위목적에 대해 집단적노동관계를 포함하되 단체협약대상성과 처분가능성을 중심으로 판단하면서 정치파업을 제외한다. 이 견해를 지지한다. 이 견해와 같은 입장이면서 단체교섭대상 및 쟁의행위목적에서 전임자수와 근로시간면제한도를 제외하는 견해도 있으나, 다른 집단적노동관계와 달리 취급할 이유가 적어 보인다.

(4) 단체교섭대상·노동쟁의대상·쟁의행위목적 구별

포함범위를 노동쟁의대상, 단체교섭대상, 쟁의행위목적 순으로 넓게 보는 견해가 있다. 일부학설은 노동쟁의대상을 집단적노동관계를 뺀 개념으로 좁히고, 단체교섭대상은 집단적노동관계를 포함하되 단체협약대상성과 처분가능성을 중심으로 판단하며, 쟁의행위목적에는 단체협약대상성이나 사용자처분가능성이 없는 경제적 정치파업을 포함한다.[4] 정치파업을 쟁의행위목적에 포함하는 데 대해 비판의 여지가 있다.

---

1) 임종률, 『노동법』, 제17판, 243~244쪽.
2) 헌재 1990.1.15, 89헌가 103 ; 대판 2003.12.26, 2003두8906.
3) 김형배, 앞의 책, 1000쪽 ; 이상윤, 앞의 책, 726쪽.
4) 김유성, 『노동법Ⅱ』, 226쪽.

제4절 단체교섭의 절차 및 방법

1. 의 의

노조법(§48)은 "노동관계당사자는 단체협약에 노동관계적정화를 위한 노사협의 기타 단체교섭의 절차와 방식을 규정하고 노동쟁의가 발생한 때에는 자주적으로 해결하도록 노력해야 한다"고 규정함으로써 단체교섭의 절차와 방법을 노사자치주의원칙에 맡기고 있다.[1] 단체협약이나 관행으로 정해진 방법과 절차에 따라 노동조합이 요구한 단체교섭을 거부하는 사용자의 행위는 부당노동행위가 된다. 사용자는 그러한 방법과 절차를 중대하게 위반한 노동조합의 단체교섭요구를 거부할 수 있다. 노조법은 단체교섭절차를 노사자치주의에 맡기고 따로 규정하지 않았으나, 복수노조를 허용하면서 교섭창구단일화를 위한 법적절차를 마련했다.

2. 교섭창구단일화제도의 법적기초

2·가. 법적근거

하나의 사업(장)에서 조직형태에 관계없이 근로자가 설립하거나 가입한 노동조합이 2개 이상인 경우 노동조합은 교섭대표노동조합(교섭대표노조)을 정해 교섭을 요구해야 한다(노조법 §29의2①본문).

2·나. 법적성격

(1) 헌법적합성 논란

교섭창구단일화제도의 목적은 중복교섭에 따른 교섭질서의 혼란을 예방하고, 근로조건의 통일성을 도모하며, 노동조합 사이의 세력다툼이나 분열을 지양해 산업현장의 혼란을 방지하려는데 있다. 그러나 이 제도가 헌법상 노동기본권을 제한하는지에 대해 논란이 있다. 위헌설은 과잉금지원칙 위배, 소수노조의 단체

---

1) 노사는 단체교섭을 위해 구체적인 시기·시간·장소·인원·태도 등에 대해 교섭 전에 단체협약에 미리 정해두거나, 단체교섭에 임하면서 예비교섭으로 정하는 것이 바람직하다.

교섭권 침해, 제도설계내용 등을 이유로 든다.[1] 합헌설은 단체교섭권은 입법형성적권리이고 집단적자치질서를 위한 기능적 수단이며 일반적법률유보(헌법 §37②)차원에서 볼 때 정당하다는 이유로 든다.[2] 헌법재판소는 교섭대표노조에게만 단체교섭권을 부여하고 있는 규정(노조법 §29의2①②)을 합헌으로 본다.[3] 이 제도가 전체적으로 위헌이라고 보기는 어려우나, 소수노조 보호를 위한 제도보완은 요청된다.

(2) 강행규정의 성격

노조법은 단체교섭 주체에 대해 노동조합(노조법 §29①)과 교섭대표노조(노조법 §29②)를 병렬적으로 규정하고 있다. 이러한 규정형태 때문에 노조법의 교섭창구단일화규정이 강행규정인지에 대해 견해가 대립된다. 임의규정설[4]에 따르면, 법내노조는 교섭창구단일화와 관계없이 단체교섭권을 갖는다. 사용자는 교섭에 응할 수 있으나 응하지 않더라도 부당노동행위가 성립하지 않는다. 강행규정설[5]에 따르면, 교섭대표노조만 단체교섭권을 갖는다. 교섭창구단일화제도는 단체교섭권의 경합을 조정하고,[6] 근로조건의 통일성[7]을 기하며, 교섭비용증가로 인한 비효율을 예방하기 위한 것[8]이므로, 당사자의사로 회피할 수 있는 여지를 인정하면 제도의 목적을 달성하기 어렵다[9]는 점이 논리적근거이다. 개인적으로는 원칙적으로 강행규정이라고 생각된다. 사용자가 교섭창구단일화절차를 거부하거나 해태하는 행위는 부당노동행위에 해당될 수 있다.[10]

---

1) 김선수, "복수노조 전임자 관련 개정법안, 쟁점과 평가", 「노동사회」, 통권 제150호, 한국노동사회연구소, 2010, 28~30쪽 ; 유성재, "2010년 개정 노동법에 대한 입법론적 평가", 「노동법학」, 제34호, 한국노동법학회, 2010, 27~29쪽 ; 조상균, "개정노조법상 교섭창구단일화방안을 둘러싼 문제", 「노동법논총」, 제18집, 한국비교노동법학회, 2010, 166~167쪽.

2) 이승길, "노조전임자·복수노조관련 노조법개정과 패러다임전환", 「강원법학」, 제30권, 2010, 298쪽 ; 김영문, "복수노조와 협약자율·교섭창구단일화와 소수노조관련", 「노동법학」, 제38호, 한국노동법학회, 2011, 33~50쪽. 박종희, "교섭창구단일화방안의 안정적 정착을 위한 해석방안", 「안암법학」, 제34호, 안암법학회, 2011, 532쪽.

3) 헌재(전) 2012.4.24, 2011헌마338. <판단근거>목적의 정당성, 방법의 적절성, 피해의 최소성, 법익의 균형성

4) 조상균, "교섭창구단일화제도의 쟁점과 문제점", 「복수노조시대의 노동법상 쟁점과 과제」, 노동법관련 4개학회 하계 학술대회 자료집, 2012.6.16, 45쪽.

5) 박종희, 앞의 논문("교섭창구 단일화 방안의 안정적 정착을 위한 해석방안"), 536쪽 ; 김상호, "복수노조·교섭창구 단일화 개정내용의 평가", 「노동법포럼」, 제5호, 노동법이론실무학회, 2010, 52쪽 ; 대구지판 2010구합3420, 2011.6.29 ; 고용노동부, 『사업(사업장)단위 복수노조 업무매뉴얼』, 8쪽 및 19쪽.

6) 이승욱, "교섭창구 단일화 절차를 둘러싼 노동법상 쟁점", 「사법」, 제15호, 사법발전재단, 2011. 47쪽.

7) 김형배, 『노동법』, 제20판, 832쪽.

8) 임종률, 『노동법』, 제9판, 113쪽.

9) 이승욱, "교섭창구단일화 절차를 둘러싼 노동법상 쟁점", 「사법」, 제15호」, 사법발전재단, 2011, 48쪽.

10) <사례> 서울행판 2013.7.17, 2013구합50678. 학교회계직원을 그 조직대상으로 하는 전국여성노동조합 관련.

3. 교섭창구단일화제도의 적용

3·가. 교섭단위

(1) 의 의

교섭단위란 교섭대표노조를 결정하고 교섭대표노조를 통해 단체교섭을 해야 하는 단위를 말한다. 교섭창구단일화는 동일교섭단위 내에 복수노조가 있는 경우에 의무화된다.

(2) 교섭단위의 내용

교섭창구단일화가 요청되는 교섭단위는 사업(장)이다.[1] 사업이란 장소와 관계없이 경영상 일체를 이루면서 유기적으로 운영되는 조직을 말하며,[2] 사업장은 장소적으로 분산되어 있는 사업의 하부조직을 말한다.

(3) 사업(장) 판단기준

하나의 법인체는 하나의 사업에 해당되고, 사업장은 독자적인 근로조건결정권이 있고 인사·노무관리·회계 등이 따로 운용되는 등 독립성이 인정되면 하나의 교섭단위로 본다.[3]

(4) 예 외

노동위원회는 노사관계당사자의 양쪽 또는 어느 한쪽의 신청을 받아 교섭단위를 분리할 수 있다(같은절 4·라,(2)).

(5) 평 가

교섭단위를 사업(장) 단위로 한정하는데 대해 초기업노조의 지위를 약화시킨다는 비판이 있다.[4] 그러나 통일교섭에는 교섭창구단일화가 요구되지 않고, 사업(장)단위교섭에서 초기업노조를 교섭창구단일화대상에서 제외하면 노동조합조직형태변동을 인위적이고 의도적으로 유도하는 효과를 가져 와서 사적자치원칙에 반

1) 노동부,『노조법 개정 설명자료』, 22쪽.

2) 대판 1993.2.9, 91다21381 ; 대판 1993.10.12, 93다18365.

3) 고용노동부,『사업(사업장)단위 복수노조 업무매뉴얼』, 3쪽.

4) 유성재, "2010년 개정 노동법에 대한 입법론적 평가",「노동법학」, 제34호, 한국노동법학회, 2010, 29~31쪽 ; 권혁, "교섭창구단일화제도와 산별교섭",「복수노조시대의 노동법상 쟁점과 과제」, 노동법 관련 4개 학회 하계학술대회 자료집, 2012.6.16, 4쪽 및 10쪽 ; 김철희, "복수노조 교섭창구단일화의 법리적 문제점 및 노조환경의 변화",「노조법 개정과 노동운동의 대응」, 민주노총 긴급토론회 자료집, 2010.1.15, 21쪽.

한다.[1] '2021년 개정 노조법'(§30③)은, 비판적 견해에 대한 우려를 경감하기 위해 국가 및 지방자치단체에 대해 다양한 교섭을 지원하고 활성화되도록 노력할 의무를 부여하는 교섭원칙을 선언하고 있다.

3·나. 교섭창구단일화 대상 노동조합

(1) 법적근거

하나의 사업(장)에 "조직형태에 관계없이" 근로자가 설립하거나 가입한 노조가 2개 이상이면 교섭대표노조를 정해 교섭을 요구해야 한다(노조법 §29의2①).

(2) 대상 노동조합

① 모든 노동조합

교섭창구단일화의 대상이 되는 노동조합은 행정관청으로부터 설립신고증을 교부받은 노조법상 모든 노동조합으로서[2] 해당 사업(장)의 근로자가 가입되어 있어야 한다[3]. 교섭창구단일화의 대상이 되는 노동조합은 산업별, 직종별, 지역별 등 조직형태에 관련이 없다.

② 단일노동조합

하나의 사업(장)에 하나의 노동조합만 존재해도 교섭창구단일화절차를 거쳐야 하는지에 대해 불필요설[4]과 필요설[5]로 견해가 나뉜다. 사업(장)에 초기업단위노조의 조합원이 있을 수 있어 단일노조인지의 판단이 어려우므로 필요설이 타당하다.

③ 창구단일화절차 참여권의 위임

교섭창구단일화 과정이 진행되기 전에 단체교섭권을 위임했다면 다른 참여노조가 이러한 사실을 알 수 있어야 하며, 그러한 절차를 취하지 못한 권한위임은 효력을 인정받을 수 없다.[6]

---

1) 이승욱, "기업별 복수노조와 교섭창구의 단일화", 「노동법학」 제21호, 한국노동법학회, 2005, 14쪽 ; 권혁, "교섭창구단일화제도와 산별교섭", 「복수노조시대의 노동법상 쟁점과 과제」, 노동법 관련 4개 학회 하계학술대회 자료집, 2012.6.16, 4쪽 및 10쪽.

2) 노동조합과-805, 2008.4.30.

3) 임종률, 『노동법』, 제9판, 113쪽 ; 고용노동부, 『사업(사업장)단위 복수노조 업무매뉴얼』, 9쪽.

4) 고용노동부, 『집단적노사관계 업무매뉴얼』, 178쪽. 이 견해도 교섭요구 시점에서 복수노조가 있었다는 사실이 추후에 발견될 경우 기존의 교섭이 무효가 된다는 점에서 절차를 거치는 것이 바람직하다고 본다.

5) 서울고판 2014.3.19, 2013누16175. 창구단일화절차에 관한 규정이 복수노조뿐 아니라 단일노조에도 적용된다.

6) 구두로는 부족하고 위임사실이 별도로 공고되는 등 명확성 확보 필요(서울행판 2013.3.29, 2012구합29653).

(3) 노동조합 성격별로 본 판단

① 법외조합

㈎ 견해의 나뉨

노조의 실질적 요건을 갖추고 있으나, 설립신고증을 교부받지 않은 법외조합에 대해 교섭창구단일화절차에 참여할 수 있는지에 대해 견해가 나뉜다. 첫째, 법외조합은 노조법의 보호를 받지 못하므로 창구단일화절차에 참여할 권리를 갖지 못하며, 사용자도 임의로 인정할 수 없다는 부정적 견해[1]가 있다. 둘째, 법외조합도 창구단일화절차에 참여할 수 있다는 긍정적 견해[2]가 발견된다.

㈏ 검 토

법외조합에게 헌법상 노동3권을 인정하는 법리(같은편, 제1장 제2절, 2·나, (5),②)가 형성되어 있다. 이 법리는 법외조합의 단체교섭을 인정하지만 교섭거부를 부당노동행위로 보지 않는다. 다시 말해서 사용자의 동의에 의한 임의교섭만이 인정된다. 임의교섭이 창구단일화 절차와 관계없이 개별교섭형태로 이루어지면 교섭창구단일화제도가 무력해진다. 따라서 이러한 형태의 임의교섭은 노조법 체계상 인정될 수 없다. 법외조합에게 헌법상 단체교섭권을 보장해주기 위해서는 교섭창구 단일화에 참여할 수 있도록 할 수밖에 없다. 그러나 법외조합은 노조법상 보호대상이 아니므로 그러한 참여는 사용자의 임의적 결정사항이다. 결론적으로 법외조합은 사용자가 허용하는 경우에만 창구단일화 절차에 참여하는 방법으로 단체교섭권을 행사할 수 있다. 다만, 사용자가 자의적으로 법외조합을 창구단일화과정에 참여시키는 것은 다른 법내노조와의 관계에서 부당노동행위문제를 야기할 수 있다. 따라서 사용자의 결정에는 일관성과 합리성이 요구된다.

㈐ 비 판

교섭창구단일화제도와 '법외노조의 헌법상 권리인정법리'는 모순관계에 있다. 이러한 문제를 해결하기 위해서는 노동조합설립신고제도를 폐지하는 것이 타당해 보인다.

② 조직대상 중복노조

노조법은 "조직형태와 관계없이" 사업(장) 단위로 교섭창구단일화를 요구하고, 조직대상이 다른 노조에 대해 별도의 규정을 두고 있지 않다. 조직대상의 중복여

---

1) 고용노동부, 『사업(사업장)단위 복수노조 업무매뉴얼』, 9쪽.
2) 이승욱, 앞의 글, 2011, 59~60쪽 ; 권혁, 앞의 글, 2012.6.16, 16쪽.

부[1]는 요건이 되지 않는다.

③ **초기업노조**

노조법은 교섭창구단일화에 대해 조직형태를 고려하지 않는다. 초기업노조라도 사업(장) 단위로 교섭창구단일화대상 노조가 된다.

④ **Union Shop 협정 체결 노조**

Union Shop 협정을 체결한 노동조합에게도 창구단일화절차가 이행되어야 한다. 교섭창구단일화절차가 강행규정이며, 교섭대표노조로서 단체협약 체결범위나 공정대표의무 적용범위를 정해야 하고, 소수노조의 이의제기 권한을 보장할 필요가 있기 때문이다.

4. 교섭창구단일화 절차

4·가. 체 계

노조법은 자율적결정제도, 배타적교섭대표제도, 비례적교섭대표제도 및 개별교섭제도를 혼합해 우리나라 특유의 교섭창구단일화제도를 설계하고 있다. 교섭창구단일화제도는 교섭창구분리제도를 도입하고 있으며, 자율교섭제적인 요소를 반영해 예외적으로 개별교섭을 인정하고 있다. 교섭창구단일절차는 절차에 참여하는 노동조합을 확정하는 참여노동조합결정과 그 중에서 교섭대표노조를 정하는 교섭대표노조결정으로 나누어 설명할 수 있다.

4·나. 참여노동조합의 결정

(1) 최초교섭요구

노동조합은 해당 사업(장)에 '1개의 단체협약이 있으면 그 유효기간 만료일 이전 3개월이 되는 날부터', '2개 이상의 단체협약이 있으면 먼저 도래하는 단체협약의 유효기간만료일의 이전 3개월이 되는 날부터' 사용자에게 교섭을 요구[2](최초 교섭요구)할 수 있다(노조령 §14의2①). '3개월전'을 강행규정으로 보는 행정지침이 있다.[3]

---

1) 고용노동부, 『사업(사업장)단위 복수노조 업무매뉴얼』, 9쪽.

2) 고용노동부령으로 정하는 사항(노조칙 §10의2. '**노조명칭**과 대표자성명', '사무소가 있는 경우에는 주된 사무소의 소재지' 및 '교섭을 요구한 날 현재의 소속 종사근로자인 **조합원수**를 적은 **서면**('교섭요구서'라고 함 ; 고용노동부, 『사업(사업장)단위 복수노조 업무매뉴얼』, 11쪽)으로 하여야 한다(노조령§14의2②).

3) 노사관계법제과-2095, 2011.10.21. 위임근거가 없어 논란의 여지는 있다.

(2) 교섭요구공고

① 법적근거

최초교섭요구(노조령 §14의2)를 받은 사용자는 교섭요구노동조합의 명칭 등을 사업(장)의 게시판 등에 공고해 다른 노동조합과 근로자가 알 수 있도록 해야 한다(노조령 §14의3①).

② 교섭요구공고의 방법과 내용

공고기간은 최초교섭요구일부터 7일간이며, 초일을 산입하지 않는다.

공고장소는 해당 사업(장) 전체를 대상으로 하나, 교섭단위가 분리된 경우에는 해당교섭단위를 대상으로 공고한다. 게시판이 예시되어 있으나 노동조합과 조합원이 쉽게 그 사실을 알 수 있다면 내부전산망에 공지하는 것도 가능하다.[1)]

③ 교섭요구공고에 대한 시정

사용자가 교섭요구사실을 공고하지 않거나 사실과 다르게 공고하는 경우, 노동조합은 노동위원회에 시정을 요청할 수 있으며, 노동위원회는 그 날부터 10일 이내에 시정요구에 대한 결정을 해야 한다(노조령 §14의3②③). 노동위원회는 사실관계를 조사한 후, 사실이면 사용자에게 공고명령을 하거나 직접 공고를 하고, 사실이 아니면 기각의 결정을 한다. 확정된 노동위원회결정은 창구단일화과정에서 효력을 가지므로, 공고명령을 이행하지 않으면 부당노동행위에 해당될 수 있다. 교섭요구사실공고에 대한 노동위원회의 시정권한은 사용자의 자율적인 시정공고를 금지하는 것이 아니다. 노동위원회의 결정에 대한 노동조합의 불복절차 및 효력은 '중재재정의 확정(노조법 §69)·효력(노조법 §70②)에 관한 규정'을 준용하며 위법 또는 월권에 한해 인정된다(노조법 §29의2⑧).

(3) 교섭참여요구

사용자에게 교섭을 요구(노조령§14의2 최초교섭요구)한 노동조합이 있는 경우에, 교섭에 참여하려는 다른 노동조합은 교섭요구공고기간(노조령§14의3① 공고일부터7일)내에 서면으로 사용자에게 교섭참여를 요구해야 한다(노조령 §14의4).

(4) 교섭요구노동조합 결정

① 공고 및 통지

사용자는 교섭요구공고기간(노조령§14의3① 공고일부터7일)이 끝난 다음날에 교섭요구노동조합[2)]을

1) 고용노동부, 『사업(사업장)단위 복수노조 업무매뉴얼』, 12쪽.

확정해 통지하고, 그 교섭을 요구한 노동조합의 명칭, 그 교섭을 요구한 날 현재 조합원수 등 고용노동부령으로 정하는 사항을 5일간 공고해야 한다(노조령 §14의5①).

② **사용자에게 이의제기**

교섭요구노동조합은 자신이 제출한 내용과 다르게 공고되거나 공고되지 않은 것으로 판단되는 경우에는 교섭요구노조확정공고기간(5일) 중에 사용자에게 이의를 신청할 수 있다(노조령 §14의5②). 이의제기대상은 자신이 제출한 내용이다.[1]

사용자는 이의신청(노조령 §14의5②)의 내용이 타당하다고 인정되는 경우 신청한 내용대로 교섭요구노조공고기간(노조령 §14의5①)이 끝난 날부터 5일간 공고(수정공고)하고 그 이의를 제기한 노동조합에게 통지해야 한다(노조령 §14의5③). 당초공고나 수정공고에 대해 이의제기가 없으면 교섭요구노동조합은 확정된다.

③ **시정 및 불복**

'수정공고를 하지 않은 경우'에는 '교섭요구노조공고기간(노조령 §14의5①)이 끝난 다음날'부터, '신청내용과 다르게 수정공고(노조령 §14의5③)를 한 경우'에는 '그 공고기간(노조령 §14의5③)이 끝난 날'부터 각각 5일 이내에 해당노동조합은 노동위원회에 시정을 요청할 수 있다(노조령 §14의5④). 노동위원회결정에 대한 불복절차·효력은 '중재재정의 확정(노조법 §69)·효력(노조법 §70②)에 관한 규정'을 준용하며(노조법 §29의2⑧) 위법 또는 월권에 한해 인정된다.

④ **확 정**

참여확정노조만 교섭대표노조결정절차에 참여할 수 있고(노조법§29의2③, 노조령§14의6등), 교섭대표노조의 공정대표의무위반시정신청을 할 수 있다(노조법 §29의4).

참여확정노조가 아닌 노동조합에게 단체교섭권이나 조정신청이 인정되지 않으며, 쟁의행위의 정당성도 부인된다는 것이 행정해석[2]의 태도이다.

4·다. 교섭대표노조 결정

(1) 의 의

교섭대표노조는 교섭창구단일화과정을 거쳐 결정된다. 교섭창구단일화과정은 크게 자율적교섭대표노조, 과반수교섭대표노조 및 공동교섭단으로 나뉜다. 세 유형은 시간적인 연속성을 가지고 이루어진다. 노조법은 교섭대표노조에 대해 단

---

2) 공고대상이 되는 노동조합은 최초교섭요구(§14의2) 및 교섭참여요구(§14의4) 노동조합이다. ↘ 556쪽

1) 고용노동부, 『사업(사업장)단위 복수노조 업무매뉴얼』, 15쪽.

2) 고용노동부, 『사업(사업장)단위 복수노조 업무매뉴얼』, 18쪽.

체교섭권을 배타적으로 보장할 수 있도록 일정기간 동안 지위와 신분을 보장하고, 그 기간 동안에 다른 노동조합의 교섭요구를 제한하는 협약장벽과 소수노조의 조합원의 이익을 대표할 의무인 공정대표의무제도를 규정하고 있다.

(2) 창구단일화의 구조

① 자율적교섭대표노조

참여확정노조가 자율적으로 교섭대표노조를 정하려는 경우, '확정 또는 결정된 날(노조령 §14의5)부터 14일이 되는 날'까지 그 교섭대표노조의 대표자, 교섭위원 등을 연명으로 서명 또는 날인해 사용자에게 통지해야 한다(노조법§29의2③ 노조령§14의6①). 자율적단일화방법에 대해서는 참여확정노조들의 자유로운 의사로 정할 수 있다. 사용자에게 자율적교섭대표노조의 통지한 후에는 참여확정노조 중 일부노동조합이 그 후의 절차에 참여치 않더라도 교섭대표노조의 지위는 유지된다(노조령 §14의6②).

② 과반수교섭대표노조

㈎ 과반수노동조합 통지

자율적교섭대표노조가 결정되지 못한 경우, 참여확정노조들의 '종사근로자인 조합원'(종사 조합원) 과반수로 조직된 노동조합(과반수 노동조합)은 자율적교섭대표노조결정기한(노조령 §14의6①)이 만료된 날부터 5일 이내에(노조령 §14의7①) 사용자에게 노동조합의 명칭·대표자 및 과반수노조라는 사실 등을 통지해야 한다(노조법 §29의2④). 과반수노조에는 위임·연합의 방법으로 과반수가 되는 경우도 포함된다.

㈏ 과반수노동조합의 공고 및 확정

사용자가 과반수노조임을 통지받은 때에는 그 통지를 받은 날부터 5일간 그 내용을 공고해 다른 노동조합과 근로자가 알 수 있도록 해야 한다(노조령 §14의7②). 공고는 게시판 등 적절한 방법을 활용할 수 있다.

㈐ 이의제기 및 노동위원회의 결정

참여확정노조는 과반수여부 등 공고에 대해 공고기간(노조령 §14의7②)내에 노동위원회에 이의신청을 할 수 있다(노조령 §14의7③). 노동위원회는 참여확정노조 모두와 사용자에게 이의신청사실을 통지해야 하고(노조령 §14의7④), 이의에 대해 결정할 수 있다(노조법 §29의2⑥). 종사조합원수확인기준일은 교섭요구노조확정공고일(노조령 §14의5①)로 한다(노조령 §14의7⑤). 부당노동행위로 해고의 효력을 다투는 종사근로자였던 자의 경우에는 중노위의 재심판정이 있을 때까지는 '종사조합원'수에 산입된다.[1] 노동위원회결정에 대한 불복절차·효력은 '중재재정의 확정(노조법 §69)·효력(노조법 §70②)에 관한 규정'을 준용하며(노조법 §29의2⑧) 위법·월권에 한해 인정된다.

③ 공동교섭대표단

과반수교섭대표노조가 없으면 공동교섭대표단을 구성하게 된다.

㈎ 자율구성

자율적교섭대표노조(노조법 §29의2②)나 과반수교섭대표노조(노조법 §29의2③)를 결정하지 못한 경우, '종사조합원'수가 전체 참여확정노조의 '종사조합원'의 10/100 이상인 노동조합(공동교섭대표단 참여노조)은 공동으로 교섭대표단(자율적공동 교섭대표단)을 구성해 사용자와 교섭해야 한다(노조법 §29의2⑤). 결정방식에 제한이 없다. 자율적공동교섭대표단에 참여할 모든 노동조합은 대표자·교섭위원 등을 연명으로 서명·날인해 사용자에게 통지해야 한다(노조령 §14의8①). 교섭대표노조가 체결한 단체협약은 '종사조합원'이 전체의 10% 미만인 노동조합'에 대해서도 적용되며, 이러한 노동조합의 '종사조합원'도 쟁의행위찬반투표참가권과 공정대표의무위반에 대한 시정신청권을 갖는다.[1] 자율적공동교섭대표단구성에 참여한 노동조합이 그 결정에 대한 동의를 철회하거나 탈퇴하더라도 교섭대표노조(노조법 §29②)의 지위는 유지된다(노조령 §14의8②).

㈏ 노동위원회 결정

자율적공동교섭대표단의 구성에 합의(노조법§29의2④ 노조령§14의8①)하지 못한 경우 공동교섭대표단구성에 참여할 수 있는 노동조합의 일부 또는 전부는 노동위원회에 공동교섭대표단결정의 신청을 해야 한다(노조법§29의2⑥ 노조령§14의9①). 노동위원회는 신청을 받은 날부터 10일 이내에, 각 노동조합의 종사조합원비율을 고려해 10명 이내에서 노동조합별로 공동교섭대표단참여인원수를 결정해 그 노동조합과 사용자에게 통지해야 한다(노조령 §14의9②본문). 공동교섭대표단참여노조는 '노동위원회가 결정한 인원수(노조령 §14의9②)'에 해당하는 교섭위원을 선정해 사용자에게 통지해야 한다(노조령 §14의9④). 공동교섭대표단(노조법 §29의2⑤)의 대표자는 공동교섭대표단참여노조들이 합의하여 정하되 합의가 되지 않으면 '종사조합원'수가 가장 많은 노동조합의 대표자로 한다(노조령 §14의9⑤). 노동위원회결정에 대한 불복절차·효력은 '중재재정의 확정(노조법 §69)·효력(노조법 §70②)에 관한 규정(노조법 §29의2⑧)'을 준용하며 위법 또는 월권에 한해 인정된다.

---

1) 서울고판 2013.2.20, 2012누17393. ↘ 558쪽

1) 이승욱, "교섭창구단일화의 절차를 둘러싼 노동법상 쟁점", 「사법」, 제15호, 사법발전재단, 2011, 75쪽.

4·라. 복수의 교섭창구

(1) 개별교섭

사용자가 '자율적교섭대표노조 결정기한(노조법 §29의2③)' 즉, 교섭요구노동조합이 확정된 날로부터 14일 이내'에 교섭창구단일화절차(노조법 §29의2)를 거치지 않기로 동의하면, 노동조합은 교섭대표기구를 구성치 않아도 개별교섭을 요구할 수 있다(노조법§29의2①단서 노조령§14의6①).

개별교섭동의가 있는 경우, 사용자는 교섭을 요구한 모든 노동조합과 성실히 교섭하여야 하고, 차별적으로 대우해서는 안된다(노조법 §29의2②). 사용자가 개별교섭요구를 한 노동조합의 일부에 대해서만 동의를 하면 부당노동행위가 성립될 수 있다. 사용자는 개별교섭과정에서 각 노동조합에 대해 중립적 태도를 유지하면서 각 노동조합의 단체교섭권 및 단체협약체결권을 평등하게 존중하여야 하는 중립유지의무를 부담한다. 사용자의 중립유지의무는 복수노조를 절대적으로 평등하게 대우할 의무를 의미하는 것은 아니다.

개별교섭이 진행되는 동안, 사용자가 특정노조와 단체협약을 체결하고 해당노조의 조합원에게만 격려금을 지급한 행위는 부당노동행위이다.[1]

(2) 교섭단위분리 · 통합

① 의 의

'교섭대표노조(노조법 §29의2)를 결정해야 하는 단위(교섭 단위)'는 하나의 사업(장)이다(노조법 §29의3①).

노동위원회는 노동관계당사자의 양쪽 또는 어느 한 쪽의 신청을 받아 교섭단위를 분리 · 통합하는 결정을 할 수 있다(노조법 §29의3②).

② 판단기준

교섭단위분리 · 통합결정은 현격한 근로조건의 차이, 고용형태, 교섭관행 등을 종합적으로 고려해 판단한다(노조법 §29의3②).[2] 판단기준은 객관적요소로서 당사자의 입장이나 합의 등 주관적요소는 포함되지 않는다.

③ 결정주체

교섭단위분리 · 통합결정은 노동위원회의 전속사항이다. 노사합의에 의한 결정

1) 대판 2019.4.25, 2017두33510. '무쟁의타결격려금'과 '경영목표 달성 및 성과향상을 위한 격려금' 관련. 아직 교섭 중인 다른 노조의 쟁의행위여부결정이나 단체교섭에 영향을 미침.

2) 서울고판 2016.10.19, 2016누48234. <부정> 환경미화원과 다른 직종의 공무직 근로자 ; 대판 2018.9.13, 2015두39361. <인정> 상용직과 '그 밖의 직종'.

은 인정되지 않는다.[1)]

④ **당사자신청**

노동조합 또는 사용자는 노동위원회에 교섭단위분리·통합결정을 신청할 수 있다(노조령 §14의11①). 노동조합은 전체 노동조합을 의미하므로 교섭창구단일화절차에 참여하지 않은 노동조합을 포함한다.[2)]

⑤ **신청기한**

노동조합 또는 사용자는 '사용자가 교섭요구사실을 공고(노조령 §14의3)하기 전'이나 '사용자가 교섭요구사실을 공고(노조령 §14의3)한 경우에는 교섭대표노조가 결정(노조법 §29의2)된 날 이후'에 노동위원회에 교섭단위분리·통합결정을 신청할 수 있다(노조령 §14의11①). 신청기간을 정하는 이유는 교섭단위분리·통합결정과 교섭대표노조결정이 중복되는 것을 막기 위함이다. 교섭대표노조가 결정된 날 이후에 교섭단위분리·통합을 인정하는 것은 교섭질서에 혼란을 가져 오고, 이미 결정된 교섭대표노조의 대표성을 훼손할 수 있다.

⑥ **노동위원회 결정과정**

㈎ **의견수렴**

교섭단위분리·통합결정의 신청(노조령 §14의11①)을 받은 노동위원회는 해당 사업(장)의 모든 노동조합과 사용자에게 그 내용을 통지해야 하며, 통지를 받은 노동조합과 사용자는 노동위원회가 지정하는 기간까지 의견을 제출할 수 있다(노조령 §14의11②).

㈏ **결정기한**

노동위원회는 교섭단위분리·통합결정의 신청(노조령 §14의11①)을 받은 날부터 30일 이내에 결정을 하고 해당 사업(장)의 모든 노동조합과 사용자에게 통지해야 한다(노조령 §14의11③).

㈐ **결정방법**

노동위원회는 당사자가 신청한 내용의 인용여부를 결정할 수 있으며, 신청내용이 다른 노동조합 등의 교섭단위에 영향을 미치는 경우에는 신청내용에 기속되지 않는다.[3)]

---

1) 이승욱, 「교섭단위분리제도에 관한 연구」, 중앙노동위원회, 2010, 107쪽 ; 고용노동부, 『사업(사업장)단위 복수노조 업무매뉴얼』, 20쪽 및 34쪽.

2) 중앙노동위원회, 『복수노조 업무매뉴얼』, 141쪽.

3) 고용노동부, 『사업(사업장)단위 복수노조 업무매뉴얼』, 35쪽.

㈑ 교섭창구단일화절차 정지

교섭단위분리·통합결정의 신청(노조령 §14의11①)에 대한 노동위원회의 결정이 있기 전에 노동조합으로부터 교섭요구(노조령 §14의2)가 있는 때에는 결정이 있을 때까지 교섭요구사실공고(노조령 §14의3) 등 교섭창구단일화절차(노조법 §29의2)의 진행이 정지된다(노조령 §14의11⑤).

⑦ 노동위원회 결정결과의 효과

노동위원회의 교섭단위분리결정 통보를 받은 노동조합은 각각의 교섭단위별로 교섭대표노조결정절차를 진행해야 한다. 노동위원회의 교섭단위분리·통합결정에 대한 불복절차·효력은 '중재재정의 확정(노조법 §69)·효력(노조법 §70②)에 관한 규정'을 준용하며(노조법 §29의3③) 위법·월권에 한해 인정된다.

⑧ 교섭단위분리·통합 취소

교섭단위가 적법하게 분리·통합된 후 사정변경 등으로 분리요건을 충족하지 못하거나 분리·통합을 조정해야 할 사유가 발생한 경우, 노동위원회에 분리·통합결정의 취소, 새로운 분리·통합결정을 신청할 수 있으며, 당사자가 임의적으로 분리·통합할 수 없다.[1)]

5. 교섭대표노조의 지위·권한·의무

5·가. 지위유지기간

(1) 개 요

자율적교섭대표노조, 과반수교섭대표노조, 공동교섭대표단 등의 방법으로 결정된 교섭대표노조(노조법§29의2 ②~⑤)는 제한된 기간 동안 교섭대표노조의 지위를 유지하되, 새로운 교섭대표노조가 결정된 때까지 교섭대표노조의 지위를 유지한다(노조령 §14의10①).

(2) 일반적 지위유지기간

교섭대표노조는 단체협약유효기간에 관계없이 2년을 기준으로 지위를 유지한다. 교섭대표노조로 결정된 후 사용자와 체결한 첫 번째 단체협약의 유효기간이 2년인 경우에는 그 유효기간만료일까지 지위를 유지하고, 2년미만인 경우에는 효력발생일을 기준으로 2년이 되는 날까지 지위를 유지한다(노조령 §14의10①). 소급적용에

---

1) 노사관계법제과-900, 2012.6.3.

있어, 교섭대표노조의 지위유지기간은 소급적용일로부터 기산한다.[1)]

(3) 새 교섭대표노조 결정과 지연

교섭대표노조의 유지기간만료일 이후, 단체협약갱신을 위한 새 교섭대표노조가 결정되면, 옛 교섭대표노조는 새 교섭대표노조가 결정된 때까지만 지위를 유지한다(노조령 §14의10①후단). 교섭대표노조유지기간(노조령 §14의10①)이 만료되었음에도 불구하고 새 교섭대표노조가 결정되지 못하면, 기존교섭대표노조는 새 교섭대표노조가 결정될 때까지 기존의 단체협약이행과 관련해서 교섭대표노조지위를 유지한다(노조령 §14의10②).

(4) 교섭대표노조 결정 후 지위

자율적교섭대표노조와 공동교섭대표단에 대해 일부 노동조합의 동의 철회, 결정절차 중도 포기 등의 경우에도 교섭대표노조의 지위가 유지된다(노조령 §14의6②,§14의8②).

노조법은, 조합원이탈·위임 또는 연합철회의 경우, 과반수교섭대표노조의 지위가 유지되는지에 대해 직접 명시하지 않고 있다. 이에 대해 긍정설의 견해[2)]와 부정설의 견해가 있는데,[3)] 해석론적으로는 긍정설이 타당하다.

(5) 교섭대표노조의 자격상실

교섭대표노조(노조법 §29의2)가 결정된 날부터 1년 동안 단체협약을 체결하지 못한 경우에는 어느 노동조합이든지 사용자에게 교섭을 요구할 수 있다(노조령 §14의10③전단). 해당 사업(장)에 유효한 단체협약이 없게 되면, 교섭대표노조는 지위를 상실한다.

5·나. 교섭대표노조의 권한·의무

교섭대표노조는 당사자지위를 가지고 단체교섭을 하여 단체협약을 체결하고(노조법 §29②), 쟁의행위를 비롯하여 창구단일화와 관련된 권한과 의무의 주체가 된다(노조법 §29의5). 교섭대표노조의 교섭권은 규범적부분뿐만 아니라 채무적부분에까지 미친다.[4)] 교섭대표노조가 아닌 노동조합은 교섭대표노조가 체결한 단체협약의 적용을 거부하거나 독자적으로 쟁의행위를 할 수 없다.

---

1) 노사관계법제과-540, 2011.4.29.

2) 조상균, "개정노조법상 교섭창구단일화 방안을 둘러싼 문제", 「노동법논총」, 제18집, 한국비교노동법학회, 2010, 175쪽.

3) 이승욱, "교섭창구단일화의 절차를 둘러싼 노동법상 쟁점", 「사법」, 제15호, 사법발전재단, 2011, 71쪽.

4) 이철수, 앞의 글("창구단일화·전임자 문제를 둘러싼 사회적 대화 과정과 결과"), 2010, 17~18쪽 참조; 노동부, 『노조법개정 설명자료 -노조전임자·복수노조 법개정 내용-』, 24쪽

5·다. 공정대표의무

(1) 의 의

① 개 념

공정대표의무는 교섭창구단일화절차에 참여한 노동조합과 조합원의 이익을 합리적 이유 없이 차별하지 않고 공정하게 대표할 의무이다.

② 성 격

교섭대표노조는 모든 참여확정노조와 그 조합원을 대표해 사용자와 단체협약을 체결할 권한을 가지며, 다른 참여확정노조는 교섭대표노조를 통해 간접적으로 단체교섭권을 행사한다. 교섭창구단일화제도는 교섭대표노조가 교섭대표권을 공정하게 행사하는 것을 전제로 하여 성립할 수 있다. 공정대표의무는 교섭창구단일화제도의 본질에 내재한다.[1)]

(2) 차별금지

① 법적근거

교섭대표노조와 사용자는 참여확정노조 또는 그 조합원에 대해 합리적 이유 없이 차별할 수 없다(노조법 §29의4①).

② 차별금지 주체와 객체

㈎ **주 체**

노조법은 교섭대표노조 및 사용자에게 명시적으로 공정대표의무를 부과하고 있다(노조법 §29의4). 사용자를 공정대표의무의 주체로 규정한 것은 단체협약효력을 약화시킨다는 비판의 여지를 남긴다.

㈏ **객 체**

공정대표의무제도에 있어 차별을 받는 대상은 참여확정노조 또는 그 조합원이다. 불참노조 및 신설노조와 그 조합원 그리고 비조합원은 차별을 받더라도 공정대표의무의 대상이 아니다.

③ 차별의 범위

㈎ **내 용**

노조법은 공정대표의무의 범위에 대해 특별한 제한을 두고 있지 않다. 공정대

---

1) 이승욱, 「공정대표의무의 위반에 대한 차별시정에 관한 연구」, 중앙노동위원회, 2010, 126쪽.

표의무는 참여확정노조 및 그 조합원에게 관련되는 모든 사항에 대해 적용된다. 구체적으로는 단체교섭,[1] 단체협약체결,[2] 단체협약의 해석·적용·시행을 둘러싼 분쟁, 고충처리, 필수유지업무한도 배분, 근로시간면제,[3] 노조사무실[4] 및 혜택부여[5] 등의 일상적인 조합활동을 포함한 노사관계의 모든 영역이 대상이다.[6]

㈏ 시 기

공정대표의무는 교섭대표노조로 결정된 때부터 발생한다. 따라서 교섭대표노조는 그 전의 차별에 대해서는 공정대표의무를 부담하지 않으나, 기존의 차별상태를 유지하는 단체협약을 체결하면 공정대표의무위반의 책임을 진다.[7]

㈐ 입증책임

공정대표의무위반과 관련하여, 노조법에 규정은 없지만, 소수노조는 차별이 존재한다는 사실을 주장하면 충분하고 교섭대표노조나 사용자는 적극적인 주장·증명을 통해 차별에 합리적인 이유가 있음을 입증해야 한다.[8]

(3) 차별시정

① 법적근거

노동조합은 교섭대표노조(노조법 §29의2)와 사용자가 '불합리한 차별(노조법 §29의4①)'을 한 경우에는 그 행위가 있은 날부터 3개월 이내에 노동위원회에 공정대표의무위반에 대한 시정(노조령 §14의12①)을 요청할 수 있다(노조법 §29의4②).

---

1) 대판 2020.10.29, 2019다262582 ; 대판 2020.10.29, 2017다263192. 정보제공 및 의견수렴과 관련하여, 단체교섭의 모든 단계에서 반드시 모두 행해져야 하는 것은 아니고, 전체 과정을 종합적으로 살필 때 기본적이고 중요한 사항에 대해 충분히 행해져야 한다. 찬반투표절차를 거치면서 소수노조조합원들에게 동등한 기회를 부여하지 않은 사정만으로는 차별로 보기 어려우나 잠정합의안을 설명하거나 의견수렴절차를 전혀 거치지 않으면 공정대표의무 위반이다.

2) 서울행판 2014.4.4, 2013구합4590. 근거없는 차등. <공정대표의무 위반> 신입사원 교육시간을 교섭대표노조에게 50분, 소수노조에게 10분을 배분한 조치(단협에는 총 1시간만 규정). ; 대판 2019.10.31, 2017두37772. 교섭대표노조와 사용자가 단체협약이 아닌 다른 형식으로 근로조건을 결정할 수 있도록 포괄적으로 위임한 단체협약의 내용은 공정대표의무에 반한다.

3) 대판 2018.8.30, 2017다218642. 조합원수에 비례하여 노조전임자와 근로시간면제한도시간을 할당해야 하는 것은 아니라도, 특별한 사정이 없이 소수노조의 근로시간면제를 완전히 배제하는 것은 불합리한 차별이다.

4) 교섭대표노조에게 상시적인 노조사무실이 제공된 이상, 소수노조에게, 일률적이거나 비례적이지는 않더라도 상시적으로 사용할 수 있는 공간이 노조사무실로 제공되어야 한다(대판 2018.8.30, 2017다218642 ; 대판 2018.9.13, 2017두40655)

5) 대판 2019.10.31, 2017두37772. <공정대표의무 위반> 교섭대표노조창립일만을 휴일로 결정.

6) 대판 2018.8.30, 2017다218642. 불법행위손해배상 인정 ; 대판 2018.9.13, 2017두40655. 단체협약조항관련.

7) 이승욱, 「공정대표의무의 위반에 대한 차별시정에 관한 연구」, 중앙노동위원회, 2010, 136쪽.

8) 대판 2018.8.30, 2017다218642 ; 대판 2018.9.13, 2017두40655 ; 박지순, "공정대표의무의 의의와 내용", 「월간 노동리뷰」 통권 제75호, 한국노동연구원, 2011, 18쪽.

② 시정신청 주체

㈎ 노동조합

노조법은 교섭대표노조의 교섭대표권이 미치는 노동조합을 '교섭을 요구한 모든 노동조합'으로 규정(노조법 §29의2②)하고 있다. 따라서 공정대표의무의 차별금지객체는 '교섭창구단일화의 절차에 참여한 노동조합' 즉 참여확정노조이다(노조법 §29의4①).

'교섭대표노조로 결정된 이후 위임 및 연합을 철회한 노동조합', '공동교섭대표단에 있어 종사조합원의 10% 기준을 충족 못한 결격노조', '공동교섭대표단의 참여를 거부한 노동조합' 등도 교섭창구단일화절차에 참여한 노동조합이라는 점, 교섭대표노조가 체결한 단체협약이 적용된다는 점, 철회에도 불구하고 교섭대표노조의 지위는 유지되는 점, 교섭대표노조의 보복가능성 등을 감안할 때 시정신청 주체로 인정되어야 한다.[1]

㈏ 조합원

조합원은, 차별의 객체이나 차별시정의 신청주체로 인정되지 않으므로, 소속된 노동조합을 통해 시정신청을 해야 한다.[2] 입법론적으로는 소수노조의 조합원은 자신의 권리를 확보할 수 있도록 신청권을 부여하는 것[3]이 타당해 보인다.

③ 시정신청의 객체

노조법(노조법 §29의4②)이 직접 명시하고 있지는 않지만 시정신청의 객체 즉, 피신청인은 차별금지의 주체인 교섭대표노조 및 사용자이다.

④ 신청시기

단체협약의 내용의 일부 또는 전부가 '불합리한 차별(노조법 §29의4①)'에 해당하는 경우에는 단체협약체결일 등 '행위가 있은 날'이 된다.[4]

(4) 노동위원회 심사

노동위원회가 공정대표의무위반의 시정신청(노조령 §14의12①)을 받은 때에는 지체없이 필요한 조사와 관계당사자에 대한 심문을 해야 하며(노조령 §14의12②), 관계당사자의 신청이나 직권으로 증인을 출석하게 해 필요한 사항을 질문할 수 있다(노조령 §14의12③).

---

1) 이승욱, 「공정대표의무의 위반에 대한 차별시정에 관한 연구」, 중앙노동위원회, 2010, 133~134쪽.
2) 고용노동부, 『사업(사업장)단위 복수노조 업무매뉴얼』, 47~48쪽.
3) 박종희, "교섭창구 단일화 방안의 안정적 정착을 위한 해석방안", 「안암법학」, 제34호, 안암법학회, 2011, 548쪽.
4) 고용노동부, 『사업(사업장)단위 복수노조 업무매뉴얼』, 48쪽.

(5) 노동위원회 시정명령

노동위원회는 신청(노조법 §29의4②)에 대해 합리적인 이유 없이 차별했다고 인정한 때에는 재교섭명령, 임금차액지급명령, 초과근로허용명령 등 그 시정에 필요한 명령을 해야 하고(노조법 §29의4③), 위반하지 않는다고 인정되면 기각결정을 해야 한다.

노동위원회는 공정대표의무위반의 시정신청(노조령 §14의12①)에 대한 명령이나 결정을 서면으로 해야 하며, 그 서면을 교섭대표노조, 사용자 및 시정신청노조에 각각 통지해야 한다(노조령 §14의12⑤).

(6) 부당노동행위와 비교

① 양자의 관계

공정대표의무위반은 부당노동행위인 경우와 부당노동행위가 아닌 경우를 포함한다.[1] 그러므로 양자가 선택적으로 인정되어야 한다.

② 양자의 차이

양 제도는 주체, 객체, 대상, 영역, 차별의사 및 내용에 있어 차이가 있다.

첫째, 주체와 관련해 차이가 있다. 공정대표의무는 교섭대표노조와 사용자이다. 반면에 부당노동행위의 주체는 사용자이다.

둘째, 객체와 관련해 차이가 있다. 공정대표의무는 참여확정노조인 반면에 부당노동행위는 모든 노동조합이다.

셋째, 대상에 있어 차이가 있다. 공정대표의무는 노동조합 사이의 차별이 대상이다. 같은 노동조합의 조합원 사이의 차별은 부당노동행위의 대상이다.

넷째, 영역과 관련해 차이가 있다. 공정대표의무는 교섭대표노조가 체결한 단체협약의 적용을 받는 노동조합에 적용된다.

다섯째, 차별의사가 필요한지에 대해 차이가 있다. 공정대표의무는 부당노동행위와 달리 차별의사를 성립요건으로 하지 않는다.

여섯째, 공동교섭의무는 부당노동행위와 마찬가지로 단체협약의 내용이 아닌 근로조건이나 고충처리에 대해서도 적용되므로 내용에 있어서는 큰 차이가 없다.

(7) 효 과

① 사법적 효력

공정대표의무를 위반한 단체협약은 강행법규를 위반한 것으로 사법상 무효라는

1) 유성재, “2010년 개정 노동법에 대한 입법론적 평가”, 「노동법학」, 제34호, 한국노동법학회, 2010, 23쪽.

견해[1]가 있다. 공정대표의무는 교섭대표노조와 사용자가 부담하는 공법상 의무이므로 위반을 이유로 바로 사법상의 효력을 부인할 수는 없다.[2]

② 불 복

차별에 관한 노동위원회의 시정명령 또는 결정에 대한 불복절차 등에 관해서는 노조법의 '부당노동행위 구제명령의 확정(§85)'과 '부당노동행위구제명령 등의 효력(§86)'에 관한 규정을 준용한다(노조법§29의4④, §89ii 3년징역·3천만원벌금).

③ 민사책임

교섭대표노조가 절차적 공정대표의무에 위반하여 합리적 이유 없이 소수노조를 차별한 행위는 소수노조의 권리를 침해하는 불법행위에 해당하고, 이로 인해 소수노조의 재산손해가 인정되지 않더라도 특별한 사정이 없는 한 비재산손해에 대하여 위자료 배상책임을 부담한다.[3] 다만, 불법행위 등의 책임은 고의·과실이 전제된다.

6. 단체교섭방법

6·가. 교섭진행

단체교섭의 절차와 방법에 대해서는 단체협약에 규정하는 것이 일반적이다.

일방이 여러 번 단체교섭을 요구했음에도 상대방이 정당한 이유 없이 교섭을 지연시키거나 불응하는 경우에는 단체교섭거부로 볼 수 있다. 사용자가 교섭권자, 교섭시간 및 교섭장소 등에 대한 이유를 들어 단체교섭을 거부할 경우에는 사회통념상 사용자의 단체교섭의무이행을 기대하기 어렵다고 인정되는지 여부에 따라 부당노동행위인지를 판단한다.[4]

6·나. 성실교섭

(1) 법적근거

노동조합과 '사용자 또는 사용자단체'는 신의에 따라 성실히 교섭하고 단체협약을 체결해야 하며, 그 권한을 남용해서는 안되고(노조법§30①), 정당한 이유없이 교섭

1) 이승욱, 「공정대표의무에 관한 연구」, 노동부, 2008, 62쪽.
2) 박지순, "공정대표의무의 의의와 내용", 「월간 노동리뷰」, 통권 제75호, 한국노동연구원, 2011, 19쪽.
3) 대판 2020.10.29, 2019다262582 ; 대판 2020.10.29, 2017다263192 ; 대판 2018.8.30, 2017다218642. 근로시간면제관련, 불법행위손해배상 인정.
4) 대판 1998.5.22, 97누8076 ; 노조 01254-422, 2000.5.2.

또는 단체협약의 체결을 거부하거나 해태해서는 안된다(노조법 §30②).

(2) 내 용

당사자는 합의를 목적으로 교섭하고 합의내용에 대해 단체협약을 체결하도록 노력해야 한다.

(3) 위반 유형

합리적인 이유 없이 행해지는 단체교섭거부행위, '불성실한 교섭행위'나 단체협약체결거부행위는 성실교섭의무에 반한다(같은편, 제6장 제3절, 3·다). 첫째, 단체교섭거부행위로는 교섭불응행위, 교섭기일을 계속 미루는 행위, 합의문서나 전화로만 대화하려는 행위, 권한 없는 자를 내세우는 행위, 대표자의 권한을 본질적으로 제한하는 행위,[1] 무리한 일정·장소·참가인원 등을 요구하면서 교섭을 지연시키는 행위, 교섭 도중에 퇴장하는 행위 등을 들 수 있다. 둘째, '불성실한 교섭행위'로는 대안을 제시하지 않는 행위, 자료제공을 거부하는 행위, 자신의 주장만을 고집하는 행위, 주장을 수시로 변경해 진정한 의도를 알 수 없게 하는 행위, 교섭대상이 아니라면서 회의를 진척시키지 않는 행위 등을 들 수 있다. 셋째, 협약체결거부행위로는 합의내용에 대해 새로운 제안을 하면서 서명·날인을 거부하는 행위를 들 수 있다. 서명·날인 전에 인준투표를 거치려는 행위는 인정되나, 합리적인 기간이 지나도록 지연하면 협약체결 거부행위가 된다.[2]

(4) 교섭결렬

성실의무를 다했음에도 교섭이 진전될 전망이 없다면, 당사자는 교섭의 중단이나 결렬을 선언할 수 있다. 성실교섭의무는 상대방의 요구를 수락하거나 양보를 할 의무까지를 포함하지 않기 때문이다.[3]

쟁의행위 중이라도 상대방이 의미 있는 제안을 하면 성실교섭의무가 발생한다. 이때 노동조합이 쟁의행위를 중단해야 하는 것은 아니다.

(5) 위반의 효과

사용자측이 위반하면 노조법(§81 iii)에 따라 부당노동행위가 되고, 그러한 행위는 사법(私法)상 효력이 없다.[4] 노동조합측은 노동위원회에 부당노동행위 구제신청을

---

1) 대판 2000.5.12, 98도3299.

2) 임종률, 『노동법』, 제9판, 136쪽.

3) 대판 2005.6.9, 2005두2964 ; 대판 2012.8.17, 2010다52010.

4) 대판 1993.12.21, 93다11463.

하거나 법원에 단체교섭의무이행청구, 단체교섭응낙가처분신청 및 손해배상청구를 할 수 있다. 노동조합측이 위반하면 강행법규위반 또는 권리남용(노조법 §30①)이 되어 사용자가 교섭을 거부한 데 대해 부당노동행위의 구제를 받을 수 없다.

6·다. 폭력 등의 금지

단체교섭은 합의를 도출하기 위한 과정이므로 어떠한 경우에도 폭력·파괴행위와 협박·감금행위를 할 수 없으며, 이러한 행위에 대해서는 민·형사책임이 면제되지 않는다. 이러한 행위를 하지 않겠다는 약속을 요구한 데 대해 이에 응하지 않으면 상대방이 교섭을 거부할 수 있다. '양보를 하지 않으면 파업을 하겠다'는 단순한 위협은 협박에 해당하지 않는다.

제3장 단체협약

제1절 의 의

1. 단체협약의 개념

단체협약이란 노사관계당사자가 단체교섭을 통해 '근로조건 기타 근로자대우에 관한 사항'과 '노사관계의 권리·의무사항'에 합의하여 서면화한 문서이다.

2. 단체협약의 특징

단체협약은 시민법상 계약의 원리를 수정하면서 탄생했으며 민법상 고용계약이나 개별적근로관계법상 근로계약과는 다른 특징을 갖는다. 첫째, 단체협약은 헌법에 따라 보장된 노동3권과 노조법에 따라 의무화(노조법 §30② 및 §81iii)된 교섭의 최종산물이며, 합의에 도달할 경우 체결이 강제된다. 둘째, 단체협약에 대해서는 신고, 시정명령 등 행정관청의 관여가 인정되며 서면작성·유효기간 등 그 형식에 제한이 있다. 셋째, 단체협약에 대해서는 규범적효력과 효력확장이 인정된다.

3. 단체협약의 기능

단체협약은 질서유지와 기업민주화의 기능을 갖는다. 단체협약은 노·사의 자주적교섭에 기초해 공동의사로 결정되므로 노사관행, 노사관계질서 및 기업운영을 민주적으로 형성한다. 단체협약은 평화유지와 경영안정의 기능을 갖는다. 노·사는 서로 협약을 존중하고 성실히 준수해야 하므로 단체협약유효기간 중에 쟁의행위를 할 수 없어, 그 기간 동안 산업평화가 유지되고 경영이 안정된다.

4. 단체협약의 법적성질

4·가. 배 경

단체협약이 근로조건과 근로자대우에 관해 갖는 규범적효력의 근거를 둘러싸고 법규범설과 계약설로 의견이 나뉜다.

4·나. 법규범설

법규범설은 단체협약을 법규범으로 본다. 첫째, 사회적자치법설[1]은 국가가 아닌 사회부문도 내부에서 적용될 법을 만들 권리를 가지고 있고, 단체협약도 이러한 사회적 힘에 따라 자치법으로의 효력을 갖는다고 본다. 입법기능이 국회에 있는 점과 양립하기 어려우며, 사회적작용을 법규범으로 보기는 어렵다. 둘째, 백지관습법설[2]은 노사가 단체협약을 설정하는 관행이 관습법으로 받아들여짐으로써 규범적효력이 인정된다고 본다. 노동3권이 헌법상 권리로 보장되는 점을 설명하기 어렵고, 관행자체를 관습법으로 보는 것도 무리이다.

4·다. 계약설

계약설은 단체협약을 당사자 계약으로 본다. 그럼에도 불구하고 사법(私法)적계약이 어떻게 규범적효력을 갖는지에 대해 의견이 나뉜다.

첫째, 집단적규범계약설[3]은 노사당사자가 구성원의 의사를 기초로 법률적효과를 의욕하면서 단체협약을 체결하고 이를 준수하기 때문에 규범적효력을 갖는다고 본다. 당사자의 의욕으로 규범적효력이 생긴다는 점을 설명하기가 쉽지 않다. 둘째, 다수설인 수권설[4]은 단체협약은 당사자사이의 계약에 불과하지만, 노동관계의 목적을 달성하기 위해 법이 당사자에게 규범을 설정할 권한을 준다고 본다. 헌법이 단체교섭권을 특별히 보장하고 있으며, 단체교섭권 안에 단체협약체결권이 존재한다고 해석되는 상황에서 노조법이 특별히 규범적효력을 창설하는지는 의문이다.

---

1) 심태식, 『노동법개론』, 169쪽 ; 이을형, 『노동법』, 188쪽.
2) 石井照久, 『勞動法總論』, 427쪽('임종률, 『노동법』, 제9판, 140쪽'에서 재인용).
3) 김형배, 『노동법』, 제20판, 855쪽.
4) 임종률, 『노동법』, 제9판, 141쪽 ; 김유성, 『노동법Ⅱ』, 159쪽.

4·라. 헌법내재설

헌법내재설은 단체교섭권 안에 근로조건유지·개선이라는 목적이 내재해 있고, 이 목적이 단체협약에 규범적효력을 부여한다고 본다.[1] 이 견해는 법규범설처럼 규범적효력이 사회적·관습적으로 확인되는 것이 아니며, 계약설처럼 따로 창설된 것도 아니라고 본다. 단체협약은, 사법적계약과 달리, 강제성을 가지면서 형식과 요건을 특정한다. 이러한 특징은 노동3권을 통해 근로조건을 규율하려는 헌법의 목적에서 비롯된 것이다. 헌법내재설을 지지한다.

제2절 단체협약의 성립

1. 당사자

1·가. 단체협약당사자

단체협약당사자라 함은 자기 이름으로 단체협약을 체결할 수 있는 법률상의 능력을 가진 자를 말한다. 근로자측에서는 노동조합이, 사용자측에서는 사용자 또는 사용자단체가 단체협약당사자가 된다(노조법 §29①). 단체협약은 단체교섭당사자의 합의를 문서화한 것이다. 단체협약당사자는 단체교섭당사자와 같다. 노조대표자는 단체교섭권과 단체협약체결권을 가진다(노조법 §29①). 단체교섭담당자가 단체교섭당사자를 대표하거나 위임을 받아 체결한 단체협약의 효력은 단체협약당사자에게 미친다.

1·나. 단체협약체결 간주

근기법에 따라 노조대표자가 근로자대표의 자격으로 합의하여도 단체협약으로 보지 않는다.[2] 노사협의회의의결사항(근참법 §21)은 단체협약으로 볼 수 없으나, 실질적이고 형식적으로 요건을 갖추면 단체협약으로 보는 해석[3]도 있다.

---

1) 이상윤, 『노동법』, 제6판, 654쪽.
2) 임종률, 『노동법』, 제9판, 142쪽.

2. 내 용

의무적교섭사항이든 임의적교섭사항이든 당사자가 합의한 내용은 단체협약의 내용이 된다. 의무적교섭사항이 전혀 포함되어 있지 않은 협약은 단체협약으로 보기 어렵다. 위법적교섭사항은 단체협약의 내용이 될 수 없다.

3. 형 식

단체협약은 서면으로 작성해 당사자 쌍방이 서명 또는 날인해야 한다(노조법 §31①). 서면을 요구하는 이유는 단체협약의 성립을 명확히 하여 분쟁을 예방하고자 하는데 있고, 서명 또는 날인을 요구하는 것은 당사자의사를 확정적으로 표시해 진정성을 확보하기 위함이다.[1] '서명 또는 날인'에는 단체협약의 진정성과 명확성이 담보된다면, 서명날인은 물론이고 기명날인 또는 서명무인[2]도 포함된다.[3] 서명이나 날인만 하는 것도 가능하나, 기명이나 무인만 하면 효력이 없다.

노사협의회 등 단체교섭이 아닌 절차를 거치거나,[4] 표제를 단체협약이라 하지 않거나, 전체내용을 담는 포괄협정을 체결하거나, 상여금처럼 근로조건이나 단체교섭절차처럼 주제별로 체결하더라도 단체협약으로 할 의사로 문서를 작성해 실질적・형식적요건을 갖추면 이는 단체협약이다.

4. 신고 및 심사

단체협약당사자는 단체협약의 체결일부터 15일 이내에 이를 행정관청에게 신고해야 한다(노조법 §31②). 신고규정은 행정목적을 달성하기 위한 단속규정이며 효력규정이 아니다.[5] 위반에 대해 과태료가 부과된다(노조법 §96② 3백만원과태료). 행정관청은 단체협약에 위법한 내용이 있으면 노동위원회의결을 얻어 그 시정을 명할 수 있다.

---

3) 대판 2005.3.11, 2003다27429. 퇴직금관련 사건. ↘ 573쪽

1) 대판 2001.5.29, 2001다15422・15439.

2) 대판 1995.3.10, 94마605. 현대정공사건.

3) 대판 2005.3.11, 2003다27429 등.

4) 대판 2005.3.11, 2003다27429. 단체협약은 정식의 단체교섭절차만으로 이루어지는 것은 아니다.

5) 김유성, 『노동법Ⅱ』, 156쪽.

5. 효 력

5·가. 총 괄

단체협약의 효력발생시기는 당사자가 정하며, 정함이 없으면 단체협약체결일[1] 즉, 서명 또는 날인한 시점이 된다. 소급효를 합의해도 별도규정이 없는 한 퇴직자에게 적용되지 않는다.[2]

일정조건성취나 기한도래를 내용으로 하는 해제조건이 성취되면 해당 단체협약조항은 효력을 잃는다.[3]

5·나. 세부요건

당사자요건을 갖추지 못하면 단체협약효력을 인정할 수 없다. 형식적요건을 갖추지 못하면 '단체협약효력은 부정되지만, 민법상계약으로서의 효력은 인정된다는 견해',[4] 규범적효력은 노동기본권의 확인이므로 인정된다는 견해',[5] 채무적효력은 인정되나 규범적효력은 인정되지 않는다는 견해[6] 등이 있다. 단체협약의 법적효력을 모두 부정하는 다수설[7]이 타당하다.

절차적요건 중 신고규정은 효력규정이 아니다.[8] 공공기관의 경우 단체협약이 체결되더라도 해당사항에 대해 이사회의결이나 주무장관승인이 있어야 효력이 있다는 것이 판례[9]의 태도이다.

---

1) 노조 68107-1035, 2001.9.7.
2) 대판 1992.7.24, 91다34073.
3) 대판 2018.11.29, 2018두41532.
4) 박홍규, 『노동법론』, 981쪽.
5) 이병태, 『최신노동법』, 제9판, 235쪽.
6) 김유성, 『노동법Ⅱ』, 164쪽.
7) 김형배, 『노동법』, 제20판, 858~859쪽 ; 이상윤, 『노동법』, 제6판, 659쪽 ; 대판 2001.1.19, 99다72422 ; 대판 2001.5.29, 2001다15422 · 15439.
8) 김유성, 『노동법Ⅱ』, 156쪽 ; 노정근 14525-183, 1963.9.25.
9) 대판 2003.4.11, 2002다69593 ; 대판 2015.1.29, 2012다32690 ; 대판 2015.2.12, 2012다110392.

제3절 단체협약의 내용과 효력

1. 규범적부분과 규범적효력

1·가. 규범적부분

(1) 개 념

단체협약 가운데 '근로조건 기타 근로자의 대우에 관한 기준(노조법§33① 강행적효력)'을 정한 부분을 규범적부분이라고 한다. '근로조건'과 '기타 근로자의 대우'는 구분해 대비하는 개념이 아니고 같은 성격을 가진 하나의 개념으로 보아야 하며, '개별적근로관계 즉, 근로계약의 유지 및 종료에 관한 사항'[1]이라고 달리 표현될 수 있다.

규범적부분은 사용자와 조합원의 관계를 규율하며, 단체협약의 본질적부분이다. 따라서 규범적부분이 없다면 단체협약으로 보기 어렵다.[2]

(2) 요 건

규범적부분에 해당하려면 사용자에게 이행의무가 주어지고 근로자에게 공통으로 적용되는 기준 또는 준칙의 성격을 가져야 한다. 노력의무조항은 규범적부분에는 해당하지만 강행적효력이 인정되지 않는다는 견해[3]가 있으나 규범적부분으로 보기 어렵다. '특정근로자대우에 관한 사항'[4]에 대해 기준으로 보기 어렵다는 부정설[5]과 다른 규정 또는 다른 근로자와의 관련이 있는 이상 본래의 기준에 준해 규범적부분으로 보아야 한다는 긍정설[6]과 다른 조합원의 근로조건에 영향을 미치면서 그 개별근로자에게 불리하지 않은 경우에 규범적부분으로 볼 수 있다는 절충설[7]이 있다. 절충설이 타당하며, 1명의 개인에게만 그 효과가 미

---

1) 근로계약체결까지 포함한다는 견해(이상윤, 『노동법』, 제6판, 660쪽)가 있으나, 채용을 포함하지 않는다는 통설(김형배, 『노동법』, 제20판, 862쪽 ; 임종률, 『노동법』, 제9판, 147쪽 등)적인 견해가 타당하다.

2) 김형배, 『노동법』, 제20판, 863쪽.

3) 이상윤, 『노동법』, 제6판, 661쪽.

4) 특정조합원해고철회, 소수조합원직종수당지급 등을 예로 들 수 있다.

5) 김유성, 『노동법Ⅱ』, 167쪽.

6) 임종률, 『노동법』, 제9판, 147쪽.

7) 이상윤, 『노동법』, 제6판, 654쪽.

치더라도, 기준의 형식을 취하고 있다면 규범적부분이 된다.

(3) 내 용

① 일반적 내용

규범적부분에는 임금액·지급방법, 근로시간·휴게·휴일·휴가, 퇴직금·복리후생, 안전·보건·재해보상, 배치·전직·상벌·교육훈련, 근로관계종료 등이 이에 포함된다.

② 해고합의조항·징계절차조항

'해고협의조항 또는 해고동의조항'이 규범적부분에 해당하는지에 대해 의견이 나뉜다. 규범적부분설[1]은 '해고협의·동의절차는 근로조건의 기준에 직접 영향을 미치므로 규범적부분에 속한다'고 본다. 채무적부분설[2]은 해고협의·동의조항은 절차에 관한 약정으로서 근로조건의 기준으로 보기 어렵기 때문에 채무적부분이라고 본다. 절충설[3]은 자문이나 협의라면 효력에 영향을 미치지 않으므로 채무적부분이고 합의나 동의는 효력조항이므로 규범적부분이라고 본다.

해고는 근로자의 대우 중 가장 중요한 기준 중의 하나인 점, 절차적부분은 해고의 정당성부분에 큰 영향을 미치는 점, 당사자가 이러한 사실을 알고 협약을 체결하는 점[4] 등을 감안해서 규범적부분설에 찬성한다. 징계위원회를 비롯한 징계절차에 관한 규정도 마찬가지로 판단될 수 있다.

(4) 위반의 효과

① 민사적구제

단체협약의 규범적부분은 규범적효력을 기초로 하여 민사적구제의 대상이 된다. 사용자가 규범적부분을 위반하면, 조합원은 사용자를 상대로 직접 그 이행을 청구할 수 있고, 노동조합이 이행을 청구하거나 확인의 소를 제기할 수도 있다.

② 형사적제재

단체협약은 계약의 성격을 갖는다. 그러나 실효성을 확보하기 위해 노조법은 사용자가 법에 명시된 중요한 사항을 위반하면 민사적제재뿐 아니라 형사적처벌을 받도록 규정하고 있다.

---

1) 김유성, 『노동법II』, 187쪽 ; 대판 1993.9.28, 91다3062.
2) 김형배, 『노동법』, 제20판, 887쪽 ; 대판 1992.4.14, 91다4775 ; 대판 1999.6.25, 99다8377 등 많은 판례.
3) 이상윤, 『노동법』, 제6판, 680~681쪽.
4) 대판 1996.9.20, 95다20454.

1·나. 규범적효력(제1편, 제1장 제4절, 3·가)

(1) 의 의

단체교섭권의 본질은 사용자와 근로자의 공동결정인 단체협약의 체결 및 그 이행을 통해 근로조건을 향상시키는 것이다. 노동3권을 실질적으로 실현하기 위해 마련된 노조법은 단체협약 중 '근로조건 기타 근로자의 대우에 관한 규정' 즉 규범적부분에 대해 규범적효력을 인정하고 있다.[1)]

(2) 적용대상

단체협약의 규범적효력은 '유효기간 동안'의 협약당사자인 노동조합의 조합원과 사용자에 대해 미친다. 단체협약의 효력확장제도(노조법 §35 및 §36)의 적용을 받으면 비조합원에게도 규범적효력이 미친다.

(3) 내 용

① 개 요

단체협약의 규범적효력은 강행적효력과 보충적효력으로 나뉘며, 단체협약의 규범적효력을 배제하는 당사자특약은 무효이다(노조법 §33).

② 강행적효력

단체협약의 규정은 강행적효력을 갖는다. 단체협약에 정한 근로조건 기타 근로자의 대우에 관한 기준에 위반하는 취업규칙·근로계약부분은 무효이다(노조법 §33①). 강행적효력에 따라 취업규칙 또는 근로계약의 일부가 무효로 되더라도 위반된 부문만 무효이다. 근로자는 단체협약상의 권리를 포기할 수 없다.

③ 보충적효력

단체협약은 보충적효력을 갖는다. '근로계약이나 취업규칙에 규정되지 않은 사항' 또는 강행적효력에 따라 '무효로 된 부분'은 단체협약에 정한 기준에 의한다(노조법 §33②). 보충적효력은 개별적인 합의·동의 또는 인식을 전제로 하지 않는다.

(4) 규범적 효력의 한계

① 유리조건우선원칙

근로계약이나 취업규칙이 단체협약보다 근로자에게 유리한 경우에도 규범적효력이 미치는지 즉 규범적효력의 한계로서의 유리조건우선원칙에 대해 의견이 나

---

1) 헌재 2004.8.26, 2003헌바28.

된다(제1편, 제1장 제4절, 3·가).

② **새 단체협약 우선적용**(제1편, 제1장 제4절, 3·나)

새 단체협약이 체결되면 옛 단체협약보다 근로조건이 불리해지더라도 새 단체협약이 적용된다. 이러한 원칙을 '해소의 원칙'이라고도 한다.

단체협약의 목적이 근로조건향상 등 근로자의 경제적·사회적지위 향상에 있으므로 불리해진 새 단체협약은 규범적효력을 갖지 않는다는 의견[1]이 있다. 노동조합이 교섭에 있어 사용자와 대등한 지위를 갖고, 근로조건을 장기적이고 전체적으로는 개선한다는 전제 아래 일시적이고 부분적으로 근로조건이 저하될 수 있다. '새 단체협약이 규범적효력을 갖는다'는 통설적 견해[2]가 타당하다. 다만, 불리한 변경이 현저히 합리성을 결하여 노동조합의 목적을 벗어난 것으로 볼 수 있으면 그러한 합의는 무효로 간주될 수 있다.[3] 현저히 합리성을 결하였는지는 단체협약의 내용과 체결경위, 경영상태 등 여러 사정에 비추어 판단해야 한다.

③ **개인영역 침해 금지**

개인적영역을 제한하는 단체협약은 전체 근로자나 전체 노조활동에 중대한 영향을 미치지 않는 한 원칙적으로 규범적효력이 부인된다. 첫째, 이미 지급청구권이 발생한 임금채권을 삭감하는 것처럼 조합원의 기득권을 침해하거나 둘째, 연장근로나 휴일근로를 강제로 실시하는 것처럼 근로의무를 창설하거나 셋째, 전직·해고·퇴직처럼 개별근로자의 이해와 관계되는 사항으로 노동조합에 처분권이 없거나 넷째, 개인의 사생활에 관련되는 사항이 그렇다.

④ **강행법규위반금지**

강행법규[4]나 공서양속에 반하는 단체협약의 내용은 규범적효력을 갖지 못한다.

⑤ **퇴직근로자에 대한 효력**

노동조합이 근로조건결정기준에 관하여 소급적으로 동의하거나 승인하는 내용

---

1) 後藤清, 西谷敏 등 일본학자들의 주장이다(임종률, 『노동법』, 제9판, 148쪽).

2) 이상윤, 『노동법』, 제6판, 669쪽 ; 임종률, 『노동법』, 제9판, 149쪽 ; 김유성, 『노동법Ⅱ』, 173쪽 ; 대판 2000.9.29, 99다67536 ; 대판 2002.4.12, 2001다41384 ; 대판 2002.11.26, 2001다36504 ; 대판 2014.3.27, 2011두20406 등.

3) 대판 2000.9.29, 99다67536. 단체협약만으로 이미 구체적으로 지급청구권이 발생한 근로자 개개인의 임금이나 퇴직금에 대하여 포기나 지급유예와 같은 처분행위를 할 수 없다. ; 대판 2011.7.28, 2009두7790. 일정 연령 이상의 근로자들을 정년단축방법으로 일시에 조기 퇴직시키는 특별협약 관련 ; 노사관계법제과-1408, 2008.12.12. "정년 후 재근무"에 관한 규정을 기존 단체협약보다 불리하게 변경하면서 조합원들의 동의나 수권을 받지 않더라도 단체협약 효력이 부인되지 않는다.

4) 주무부장관 승인을 받아야 하는 임직원 임금인상을 합의한 단협의 효력 부인(대판 2002.11.13, 2002다24935 ; 대판 2004.7.22, 2002다57362)

의 단체협약을 사용자와 체결하더라도, 단체협약체결 전에 퇴직한 근로자에게는 효력이 미치지 않는다.[1)]

2. 채무적부분과 채무적효력

2·가. 채무적부분

(1) 의 의

단체협약은 당자자간의 권리·의무 즉, 채무적부분을 규정할 수 있다. 노조법은 규범적부분에 대해서는 규정(노조법 §33)을 두고 있지만, 채무적부분에 대해 따로 규정을 두지 않고 있다. 단체협약당사자인 노동조합과 사용자의 권리·의무에 대한 규정을 채무적부분으로 볼 수 있다.

(2) 내 용

① 평화조항

평화조항은 쟁의행위가 발생하기 전에 분쟁을 해결하기 위한 절차를 정한 단체협약의 조항을 말한다.[2)] 평화조항은 노사당사자가 쟁의행위를 예방하고 분쟁을 평화적으로 해결하는 것을 목적으로 한다. 평화조항은 단체협약에 내재하는 평화의무와는 달리 단체협약에 규정을 둠으로써 효력을 갖는다.

② 쟁의조항

쟁의조항은 쟁의행위가 개시된 후에 당사자가 지켜야 할 의무를 규정한 단체협약의 조항이다.[3)] 평화조항이 쟁의행위가 발생하기 전에 이루어지는 사전조치라면, 쟁의조항은 쟁의행위가 발생한 후에 이루어지는 사후조치이다. 쟁의조항은 쟁의행위가 적법하고 타당하게 행사될 수 있도록 하는 것을 목적으로 한다.

③ 면책특약

면책특약이라 함은 단체교섭 또는 쟁의행위로 발생된 민·형사 및 기타 책임을 묻지 않기로 하는 내용의 약정을 말한다. 단체협약에 '일체의 책임을 면한다'고 규정하면, 쟁의행위뿐 아니라 일체성을 갖는 준비행위 및 부수적행위에 대해

---

1) 대판 1992.7.24, 91다34073 ; 대판 2017.2.15, 2016다32193.

2) <예> 조정철차를 거쳐야 쟁의행위를 할 수 있다거나, 사적조정을 거친다거나, 조정이 성사되지 않으면 어느 일방이 중재를 신청할 수 있다는 내용.

3) <예> 쟁의행위주체, '쟁의행위의 예고·개시 통지 및 절차', 보안작업유지, '쟁의 중 질서유지·출입·시설이용', '쟁의행위시 비조합원 출입의 보장과 한계', '협정근로자 등 쟁의참가배제', '대체근로의 내용과 한계' 등

민사 및 징계책임이 면제되는 것이 원칙이다.[1] 면책조항은 그 자체로 반사회적 질서행위(민법 §103)가 아니나, 그 효력이 절대적이라기보다는 '불공정한 법률행위(민법 §104)'의 구성요건에 해당하는지 여부를 따로 판단해야 한다.[2]

④ 유일교섭단체조항

사용자가 특정한 노동조합을 단체교섭의 유일한 상대방으로 인정하고 다른 노동조합과는 단체교섭을 하지 않을 것을 약정하는 유일교섭단체조항은 헌법에 규정된 단결권을 침해하는 것으로 무효이다.[3]

⑤ 노동조합 관련 조항

Shop조항과 같은 조직강제조항, 조합비공제·전임자 등 조합활동조항, 조합원 범위조항 등 노동조합의 조직·가입·활동 등과 관련된 조항도 채무적 부분이다.

2·나. 채무적효력

(1) 의 의

채무적효력이란 단체협약의 당사자가 단체협약에서 정한 모든 사항을 성실하게 준수할 의무를 지거나, 단체협약에 직접 규정되어 있지는 않더라도 그 성격에서 비롯되는 의무를 말한다. 채무적효력은 이행의무와 평화의무로 나누어 설명할 수 있다.

(2) 이행의무

① 의 의

단체협약당사자는 단체협약에서 정한 사항을 준수하고 성실하게 이행할 의무를 진다. 단체협약이행의무는 단체협약에 규정을 두고 있지 않아도 성립한다.

② 주 체

이행의무의 주체는 단체협약의 당사자이다.

③ 자기의무와 영향의무

노동조합은 자기의무뿐 아니라 영향의무(影響義務)를 진다. 영향의무란 '당사자가 신의성실원칙에 따라 그 구성원이 단체협약을 이행하도록 적절한 제재수단으로 영

---

1) 대판 1991.1.11, 90다카21176 ; 대판 1994.1.28, 93다49284 ; 대판 1992.7.28, 92다14786.
2) 대판 1992.7.28, 92다14786.
3) <같은 의견> 임종률, 『노동법』, 제9판, 119쪽 ; 대구지판 2010구합3420, 2011.6.29.

향을 미칠 의무'이다. 영향의무를 도덕적의무라는 설명[1]이나 그 내용이 불명확하다는 점을 논리적근거로 삼는 부정설[2]이 있다. 당사자는 조직에서 구성원에 대해 갖는 통제력을 기초로 구성원의 위반행위에 대해 제재를 가하는 등 상응하는 노력을 할 법적책임이 있다는 다수설의 견해인 긍정설[3]에 찬성한다.

④ 이행의무의 효과

㈎ 규범적부분

규범적부분에 대해서는 조합원 개개인이 규범적효력을 근거로 청구권을 행사할 수 있다. 조합원이 청구권을 행사하더라도 노동조합에 대한 사용자의 이행의무는 면제되지 않는다. 규범적부분에 대한 노동조합의 '확인의 소'는 근로조건에 대한 해석상 다툼을 일거에 해소할 수 있어 조합원의 개별적인 지위확인소송보다 효과적인 분쟁해결방법이 될 수 있으므로 '소의 이익'이 인정된다.[4]

㈏ 채무적부분

㉮ 민사책임

단체협약당사자 중 일방이 채무적부분을 위반하면 상대방은 민법상 강제이행의 청구(민법 §389, 민집법 §261), 채무불이행으로 인한 손해배상청구(민법 §390), 단체협약의 해지・해제(민법 §543), 동시이행항변권(민법 §536), 협약이행을 목적으로 하는 작위・부작위의 청구 등의 권리를 행사할 수 있다. 재산거래를 전제로 하는 채권법과는 달리, 단체협약은 노사관계의 질서형성이라는 특수성이 있어 사법적인 개입이 제한된다.[5]

㉯ 쟁의행위 정당성

채무적부분 특히 평화조항이나 쟁의조항을 위반한 사실만으로는 쟁의행위의 정당성이 부정되지 않는다. 쟁의행위의 정당성은 이러한 조항을 위반했는지와 관계없이 목적, 수단, 방법, 절차 등에 대한 일반적인 법리를 적용해 판단한다.

㉰ 형사책임

채무적부분을 위반한 사실만으로는 형사책임이 성립하지 않는다. 평화조항을

---

1) 김유성, 『노동법Ⅱ』, 176쪽.
2) 김유성, 『노동법Ⅱ』, 176쪽.
3) 임종률, 『노동법』, 제9판, 150~151쪽 ; 대판 1992.9.1, 92누7733.
4) 임종률, 『노동법』, 제9판, 152쪽.
5) 첫째, 강제이행에 대해서는 직접강제나 대체집행을 할 수 없고, 둘째, 동시이행의 항변권은 쌍무계약과는 달라 일방의 의무가 상대방의 의무와 대가관계를 가지지 않음으로써 적절한 수단이 되지 못하며, 셋째, 단체협약의 해지나 해제는 결국 근로자의 손해로 귀착되어 실익이 없고, 넷째, 손해배상에 대해서는 근로자 측의 위반에 상응하는 손해액의 산정은 쉬우나 사용자측의 위반은 단결권침해라는 무형의 정신적 손해이므로 손해액 산정이 어려워 근로자에게 불리한 결과를 초래한다.

위반한 당사자는 '민·형사적 책임을 진다'는 행정해석[1]이 발견된다. 그러나 형사책임은 쟁의행위의 정당성을 해치거나, 벌칙에 해당될 경우에 성립한다.

㉣ **징계책임**

채무적부분을 위반한 이유만으로 쟁의행위에 참가한 근로자에 대해 징계책임을 물을 수 없다. 따라서 쟁의행위과정에서 나타난 위법 또는 부당한 행위에 대해 징계책임이 성립된다. 다만, 노동관계가 사용자와 노동조합 사이의 신뢰를 바탕으로 한다는 점을 감안하면, 채무적부분에 대한 단체협약의 규정을 위반한 노조간부에 대해서는 전임자지명, 근로시간면제자지명 등에 있어 불이익을 주더라도 이를 부당노동행위로 보기는 어렵다.

(3) 평화의무

① 개 념

평화의무란, 특별한 사정이 없는 한, 단체협약당사자가 협약유효기간 중에 쟁의행위를 하지 않을 의무이다. '특별한 사정'이란 '별도의 교섭을 통해 합의하기로 한 특정사항'처럼 합의를 유보한 경우를 예로 들 수 있다.

② 기 능

채무적부분인 쟁의조항 또는 평화조항은 분쟁의 예방 및 평화적인 해결을 목적으로 한다는 점에서는 평화의무와 비슷한 기능을 갖는다. 그러나 이러한 조항들은 쟁의행위를 금지하는 것이 아니고 예정하고 있는 점이 다르다.

③ 주 체

평화의무의 주체는 단체협약당사자이다. 노동조합은 평화의무에 있어 자기의 무뿐 아니라 영향의무(같은절 2·나, (2),③)까지 질 수도 있다는 견해[2]가 있다.

④ 유 형

㈎ **절대적평화의무**

절대적평화의무는 유효기간 중에 어떠한 쟁의행위든 금지되는 의무이다. 이러한 의무는 노동3권을 제약하므로 자동적으로 인정되지는 않으며 단체협약에 근거가 있으면 성립할 수 있는지에 대해 의견이 나뉜다. 다수설인 무효설[3]은 그러한 약정은 쟁의권을 포괄적으로 포기하는 것으로서 사정변경에 대처할 수 없으

---

1) 노조 01254-697, 1996.7.8.
2) 대판 1992.9.1, 92누7733.
3) 김유성, 『노동법Ⅱ』, 176쪽 ; 이상윤, 『노동법』, 제6판, 671쪽.

므로 헌법상 단체행동권의 본질적인 내용을 침해한다고 본다. 유효설[1]은 당사자가 단체협약유효기간 중에 쟁의권행사를 스스로 포기할 수 있다고 본다.

노동3권의 본질은 단체교섭을 통해 단체협약을 체결하는 것이다. 따라서 당사자가 대등한 지위에서 유효기간 중에 쟁의행위를 하지 않기로 합의하면 이는 인정되어야 한다. 단체협약의 유효기간이 3년 이내로 제한되어 있어, 당사자가 여러 사정을 예측할 수 있을 뿐만 아니라 예측이 어려운 부분에 대해서는 더 짧은 기간을 유효기간으로 삼을 수 있기 때문이다.

㈏ 상대적평화의무

㉮ 내 용

상대적평화의무는 '단체협약유효기간 중에 이미 합의한 내용을 변경 또는 폐지할 목적으로 쟁의행위를 할 수 없는 의무'이다. 따라서 그러한 의무에 해당하지 않는 사항은 정당성여부를 떠나 평화의무에 위반되지 않는다. 첫째, '이행 또는 해석 관련 쟁의행위' 둘째, 다음 단체협약을 위해 교섭하는 것[2] 셋째, 단체협약이 형식적으로는 유효하나 무효라고 주장할 만한 특별한 사정이 인정되는 경우 다섯째, 단체교섭을 할 수 있는 보충협약이 체결되어 있는 경우[3]가 그렇다. 기존의 단체협약에 없는 내용은 평화의무대상이 아니라는 판결[4]이 있다. 그러한 내용은 규정하지 않기로 '합의한 기존의 내용'으로 볼 수 있다는 비판이 성립된다.

㉯ 근 거

상대적평화의무의 근거에 대해서는 견해가 나뉜다. 내재설[5]은 상대적평화의무를 단체협약의 평화적기능이나 질서형성적기능에 내포되어 있는 본질적의무라고 본다. 그러므로 합의가 없어도 상대적평화의무가 성립하며, 이를 배제하는 특약을 둘 수 없다. 그러나 사실적기능에서 법적의무를 도출하는 것은 무리이다. 합의설[6]은 낭사자가 합의한 경우에 상대적평화의무를 인정한다. 단체협약은 근로조건에 대해 배타적규제권능을 가지므로, 특별한 사정이 없는 한, 상대적평화의무에 관한 묵시적합의가 있다고 본다. 이 설에 따르면 평화의무의 일부 또는 전

1) 임종률, 『노동법』, 제9판, 154쪽.

2) 대판 2003.2.11, 2002두9919.

3) 노사관계법제팀-162, 2007.1.18.

4) 대판 2003.2.11, 2002두9919.

5) 김형배, 『노동법』, 제20판, 878쪽 ; 이상윤, 『노동법』, 제6판, 671쪽 ; 대판 1992.9.1, 92누7733 ; 대판 1994.9.30, 94다4042 ; 대판 2007.5.11, 2005도8005 ; 중노위 94쟁의99, 1995.1.16.

6) 김유성, 『노동법Ⅱ』, 176쪽. 평화의무를 인정하지 않는 영국이나 명시적합의가 있을 때 인정하는 미국의 예를 들면서 단체협약에 평화의무가 내재해 있다고 볼 수 없으며 법규범성을 획득하고 있지 않다고 지적.

부를 배제하는 내용의 특약을 할 수 있다. 그러나 묵시적합의가 있는지를 인정할 근거가 분명치 않다. 신의칙설[1]은 '당사자는 유효기간 동안 협약내용을 성실히 이행할 의무가 있으므로 이를 변경하기 위해 쟁의행위를 하는 것은 신의칙상 허용되지 않는다'는 견해이다. 따라서 합의가 없더라도 상대적평화의무는 성립한다. 이 설에 따르면 평화의무를 배제하는 내용의 특약은 신의칙에 위배된다.

어느 의견이든 명시적합의를 필수적으로 요구하지는 않으며, 내재설과 신의칙설은 묵시적합의도 요건으로 보지 않는다. 특히 내재설과 신의칙설은 결론이 비슷하나 법적성격에 대한 설명을 달리한다. 신의칙설을 지지한다.

⑤ 위반의 효과

㈎ 유형별 판단

㉮ 절대적평화의무

단체협약에 근거를 둔 절대적평화의무는 평화조항의 성격을 갖는다. 따라서 이는 본래의 의미의 평화의무라고 보기 어려우며 평화조항의 이행의무에 해당한다.

㉯ 상대적평화의무

(a) 쟁의행위의 정당성

상대적평화의무를 위반한 쟁의행위의 정당성에 대해 의견이 나뉜다. 내재설에 따르면 평화의무를 위반한 쟁의행위는 '노사관계안정과 단체협약의 질서형성적기능을 담보하는 단체협약의 성격에 비추어' 정당성이 부정된다. 합의설에 따르면 '평화의무는 명시적·묵시적인 합의에 따라 권리·의무관계가 발생하는 것'으로서 계약위반에 불과하다. 그러므로 평화의무를 위반한 것만으로 쟁의행위의 정당성이 부인되지 않는다. 신의칙설에 따르더라도 평화의무위반의 쟁의행위는 채무불이행이 되지만, 그 정당성이 부인되지 않는다.

(b) 민·형사 책임

상대적평화의무를 위반한 쟁의행위는 정당성인정과 관계없이 벌칙적용대상이나 '형법상 범죄구성요건'에 해당되지 않는 한 형사책임은 지지 않는다는 것이 통설이다. 민사책임에 대해서는 이행의무중 채무적부분위반에 따른 효과가 된다. 민사책임대상에 대해 노사의 신뢰관계를 침해한데 대한 정신적손해 즉, 위자료에 한정된다는 의견[2]이 있다. 그러나 평화의무불이행이 채무불이행으로 되는

---

1) 임종률, 『노동법』, 제9판, 155쪽.

한, 평화의무를 위반한 쟁의행위와 상당인과관계가 있는 모든 손해를 부담해야 한다는 다수설[1]에 찬성한다. 사용자는 쟁의행위에 따라 회복할 수 없는 손해를 입을 우려가 있으면 쟁의행위중지가처분신청을 할 수 있다.[2]

㈏ **주체별 판단**

노동조합이 적극적으로 노력을 했음에도 일부구성원이 따르지 않으면 평화의무위반책임이 성립하지 않는다. 이 경우 구성원행위는 통제위반 또는 반조합적 쟁의행위가 된다. 노동조합의 징계권행사는 영향의무를 이행했다는 증거가 된다.

⑥ **소 멸**

단체협약의 유효기간이 지났거나 효력이 상실된 경우에는 평화의무도 당연히 소멸한다. 사정변경이 있으면 평화의무가 소멸한다는 견해[3]가 있으나, 단체협약 해약사유는 되지만, 평화의무 소멸사유는 아니라고[4] 생각한다.

3. 단체협약의 해석과 시정명령

3·가. 의 의

(1) 취 지

법원은 단체협약의 해석이나 적용과 관련한 분쟁의 심사권한을 갖는다. 사법적심사는 비용과 시간을 요구한다. 노조법은 노동위원회에 단체협약해석권을 부여하고, 행정관청에게 법령에 위배된 단체협약의 시정명령권을 부여하고 있다.

(2) 원 칙

단체협약은 처분문서의 성격을 갖는다. 처분문서는 그 성립이 진정하다면 기재되어 있는 문언대로 의사표시가 있었던 것으로 해석된다. 당사자의사에 대한 해석은 문언내용, 약정의 목적·동기·경위 등이 종합적으로 고려되어야 한다.[5]

3·나. 노동위원회의 해석

단체협약의 해석 또는 이행방법에 대해 당사자 사이에 의견불일치가 있는 때

---

2) 김유성, 『노동법Ⅱ』, 179쪽. ↘ 585쪽
1) 임종률, 『노동법』, 제9판, 156쪽 ; 김형배, 『노동법』, 제20판, 879쪽.
2) 日本, 最高裁 1973.12.27.
3) 김유성, 『노동법Ⅱ』, 178쪽.
4) 임종률, 『노동법』, 제9판, 154쪽.
5) 대판 2011.10.13, 2009다102452(한국노동법학회, 『노동판례백선』, 305쪽).

에는 당사자 쌍방 또는 단체협약이 정하는 바에 따라 어느 일방이 노동위원회에 그 해석 또는 의견의 제시를, '단체협약내용과 당사자의견 등을 기재한 서면으로(노조령 §16)' 요청할 수 있고(노조법 §34①), 노동위원회는 요청을 받은 때로부터 30일 이내에 명확한 견해를 제시(노조법 §34②)해야 하며, 제시된 견해는 중재재정과 동일한 효력을 가진다(노조법 §34③).[1] 단체협약해석을 요청할 수 있는 당사자는 조합원 개인이 아니고 단체협약체결당사자이다. 노동위원회견해는 중재재정과 같은 효력을 가지므로, 쟁의행위목적이 될 수 없으며, 위법·월권인 경우에만 재심이나 행정소송과 같은 불복절차가 인정된다. 재심신청 또는 행정소송을 제기하지 않으면, 노동위원회가 제시한 견해는 확정되므로 노사당사자는 이에 따라야 한다.

3·다. 행정관청의 시정명령

단체협약이행의무는 적법성과 유효성을 전제로 성립한다. 관할 행정관청은 단체협약의 위법한 내용에 대해 노동위원회의결을 얻어 시정을 명할 수 있다(노조법 §31③, §93 ii 5백만원벌금).[2]

4. 단체협약위반과 형사처벌

단체협약내용 중 중요사항을 위반하면 형사처벌이 부과된다(노조법 §92 ii 1천만원벌금). 처벌대상자는 사용자, 노동조합 및 조합원이다. 대상사항은 먼저, 규범적부분으로 "임금·복리후생비, 퇴직금", "근로 및 휴게시간, 휴일·휴가", "징계 및 해고의 사유와 중요한 절차" 및 "안전보건 및 재해부조"이고 다음으로, 채무적부분으로 "시설·편의제공 및 근무시간 중 회의참석"과 "쟁의행위"이다.[3]

---

1) 조정안(노조법 §60③ ; 같은편, 제4장, 제3절, 1·바, (3), ②), 조정서(같은편, 제4장, 제3절, 1·사, (1)), 중재재정(노조법 §68② ; 같은편, 제4장, 제3절, 2·라, (6))의 해석 또는 이행방법에 관한 의견제시도 노동위원회 소관 .

2) 헌재 2012.8.23, 2011헌가22. 단체협약시정명령·이행강제조항은 시정명령이행을 강제하여 단협 중 위법내용을 신속·확실하게 제거하기 위한 것으로서 목적의 정당성이 인정되고, 행정질서벌인 과태료를 과할 것인지 아니면 행정형벌을 과할 것인지는 입법권자가 결정할 문제인데, 과태료나 이행강제금 등의 수단으로 위법한 단협내용의 신속·확실한 시정이라는 입법목적을 달성하는 데에 충분하다고 단정하기 어려우며, 시정명령이행의 실효성 확보를 위해 형벌을 제재수단으로 택한 후 500만원 이하의 벌금에 처하도록 한 것이 책임과 형벌 간의 비례원칙에 반하거나 형벌체계상 균형을 상실하였다고 보기도 어려우므로 과잉금지원칙에 위반되지 않는다.

3) 대판 2012.1.27, 2009도8917. 조합원자격조항 부정 ; 노동조합과-821, 2004.3.30. 대체근로금지조항 부정.

제4절 단체협약효력의 확장과 이전

1. 단체협약효력의 확장

1·가. 의 의

단체협약은 노사자치주의의 산물이므로 원칙적으로 당사자에게만 효력이 미친다. 그러나 몇 가지 이유 때문에 단체협약의 효력을 확장시킬 필요가 있다. 첫째, 소수·미숙련 근로자의 근로조건을 보호할 필요가 있다. 둘째, 조합원과 비조합원의 근로조건을 통일적으로 적용해 노동조합의 규제력을 강화시킬 필요가 있다. 셋째, 근로조건을 평준화함으로써 사용자들의 불필요한 경쟁을 방지할 수 있다.

노조법은 단체협약을 당사가가 아닌 근로자나 사용자에게 적용하도록 사업장단위효력확장제도와 지역단위효력확장제도를 규정하고 있다.

1·나. 사업장단위효력확장

(1) 취 지

하나의 사업(장)에 상시 사용되는 동종의 근로자 반수이상이 하나의 단체협약의 적용을 받으면 해당 사업(장)에 사용되는 다른 동종의 근로자에 대해서도 해당 단체협약이 적용된다(노조법 §35). 이러한 제도는 '사업장단위 단체협약효력확장제도'(사업장단위 효력확장제도)라고 불리며, 그 효력은 '사업장단위 단체협약의 일반적구속력'(사업장단위 일반적구속력)이라 한다.

(2) 성 질

사업장단위효력확장제도는 강행규정이므로 이를 위반한 근로계약·취업규칙·단체협약은 무효이며, 일반적구속력의 대상이 되는 근로조건이 무효로 된 부분을 자동적으로 보충한다. 이러한 점에서 단체협약당사자의 신청 또는 행정관청의 직권에 의존하는 지역단위효력확장제도와 성격이 다르다. 사업장단위효력확장제도의 취지는 단체협약기준으로 해당기업의 근로조건을 통일함으로써 비조합원

을 보호하고 비조합원 우대를 저지해 노동조합도 보호하는데 있다.[1)]

(3) 요 건

① 하나의 사업 · 사업장

사업장단위효력확장제도는 하나의 사업(장)을 단위로 한다. 사업(장)이란 동일한 장소에서 유기적 조직으로 결합되어 작업이 계속적으로 행해지는 공간을 말한다.

지점·지사 등 사업의 하부구조가 독립적인 사업장으로 인정될 수 있는지는 '서로 다른 단체협약이나 취업규칙을 적용받는지' 및 '노무관리, 회계 등이 명확하게 독립적으로 운영되는지'를 기준으로 삼을 수 있다.[2)]

② 상시사용

근로자수는 상시로 사용되는 근로자를 기준으로 하여 계산한다. 상시사용이란 근로자지위, 계약기간 및 갱신여부, 명칭 등에 구애됨이 없이 해당 사업(장)에서 사실상 계속적으로 사용되는 것을 말한다.[3)] 따라서 일용직, 촉탁·임시직, 외국인근로자, 도급제근로자 등을 포함한다.

③ 동 종

동종근로자를 단체협약적용예정자로 한정할 것인지에 대해 견해가 나뉜다. 긍정설의 입장을 취하는 판례[4)]와 일부 학설[5)]에 따르면 동종근로자는 '해당 단체협약의 적용이 예정되는 자'를 기준으로 작업내용이나 형태가 동일하거나 유사한 직종에 근로하는 자를 의미한다. 긍정설은 '단체협약의 적용대상을 노동조합이 결정하는 점', '제도의 목적이 미조직근로자보호에 있는 점', '효력확장제도가 강행법규인 점', '제2노조의 설립을 자극할 수 있는 점'[6)] 등 비판의 여지를 안고 있다. 부정설의 입장을 취하는 다수설에 따르면, 단체협약의 적용대상이 아니더라도 '작업의 내용·성질·형식이 같은지'를 고려해 동종인지를 살펴야 하고,[7)]

---

1) 임종률, 『노동법』, 제9판, 160쪽.
2) 근기 01254-13555, 1990.9.26.
3) 대판 1992.12.12, 92누13189.
4) <단협적용 근로자와 다른 경우> 대판 1995.12.22, 95다39618. 경비원과 생산직근로자 ; <단협적용이 배제되는 경우> 대판 1987.4.28, 86다카2507. 촉탁직 및 임시직, 견습직 ; 대판 1997.4.25, 95다4056. 서울지하철공사사건, 순찰경비직 ; 대판 1997.10.28, 96다13415. 부산문화방송사건, 부장 이상 ; 대판 2003.12.26, 2001두10264. 5급 이상 직원(한국노동법학회, 『노동판례백선』, 312쪽) ; 대판 2004.1.29, 2001다5142. 과장급 이상 ; 대판 2005.4.14, 2004도1108. '사원으로 발령하지 않은 자'.
5) 임종률, 『노동법』, 제9판, 164쪽.
6) 김형배, 『노동법』, 제20판, 892쪽.
7) 김유성, 『노동법Ⅱ』, 196쪽 ; 김형배, 『노동법』, 제20판, 892쪽.

어떠한 작업이 유기적으로 연계된 작업군의 일부를 이룬다면 동종작업으로 본다. 이 설이 타당하다. 기업별단체협약이나 산업별단체협약처럼 적용범위가 특정되지 않거나, 단체협약조항이 모든 직종에 걸쳐 공통적으로 적용되는 경우에는 반대의견[1]이 있기는 하지만, 사업(장)내의 모든 근로자가 동종근로자가 된다.[2]

④ **반수 이상 근로자가 하나의 단체협약 적용**

반수 이상의 근로자가 하나의 단체협약을 적용받을 때[3] 단체협약효력이 확장된다. '하나의 단체협약을 적용 받는지'는 '해당 단체협약의 적용범위'를 기준으로 판단하며[4] '사실상 해당 단체협약과 동일한 근로조건으로 근로하는 자'는 판단기준에 포함되지 않는다.[5]

(4) 효 과

① **확장부분 및 절차**

단체협약의 규범적부분만 확장 대상이다. 요건을 갖추면 별도의 조치 없이 자동적으로 효력이 확장되어 적용된다. 사용자가 사업장단위효력확장 규정을 위반하면, 단체협약 중 규범적부분의 효력과 위반의 효과가 적용된다.

② **유리한조건 적용**

단체협약적용대상이 아닌 근로자의 근로조건이 단체협약내용보다 유리하면 효력이 확장되지 않는다.[6]

③ **소수노조**

자신에게 적용되는 단체협약이 없는 노동조합에게는 사업장단위일반적구속력이 미친다. 단체협약을 가지고 있거나 따로 단체교섭권을 행사할 수 있는 노동조합에게는 확장의 효력이 미치지 않는 것이 원칙이다. 창구단일화과정에 참여한 소수노조에 대해서는 해당 단체협약이 직접 적용된다.

④ **확장된 효력의 소멸**

조합원탈퇴나 신규채용으로 일반적구속력을 갖는 단체협약이 효력확장기준에

---

1) 임종률, 『노동법』, 제9판, 165쪽.
2) 대판 1992.12.22, 92누13189. 한국일보사건 ; 대판 1997.4.25, 95다4056 ; 대판 1999.12.10, 99두6917. 기능직과 일반직 관련 ; 김유성, 『노동법Ⅱ』, 196쪽.
3) 대판 2005.5.12, 2003다52456.
4) 대판 2003.12 26. 2001두10264.
5) 김유성, 『노동법Ⅱ』, 196쪽.
6) 대판 1993.12.21, 92도2247.

미달하면 확장효력은 소멸한다. 단체협약유효기간이 만료된 경우에도 그렇다.

1·다. 지역단위효력확장

(1) 개 념

하나의 지역에 있어서 종업하는 동종의 근로자 2/3 이상이 하나의 단체협약의 적용을 받게 된 때에는 행정관청은 협약당사자의 쌍방 또는 일방의 신청에 의하거나 직권으로 노동위원회의결을 얻어 해당지역에서 종업하는 다른 동종의 근로자와 사용자에 대해서도 해당 단체협약을 적용한다는 결정을 할 수 있다(노조법 §36①). 이 제도는 '지역단위 단체협약효력확장제도'(지역단위 효력확장제도)라고 불리며, 그 효력을 '지역단위 단체협약의 일반적구속력'(지역단위 일반적구속력)이라 한다.

(2) 취 지

이 제도의 취지는 일정한 지역에서 지배적인 의미를 가지는 단체협약의 기준을 그 지역의 동종의 근로자를 위한 최저기준으로 적용함으로써 사용자 상호간의 근로조건 저하 경쟁 및 이에 따른 불공정 경쟁을 방지하려는 데 있다.[1]

(3) 성 격

지역단위일반적구속력이 인정되려면 일정한 요건을 갖춘 경우로서 행정관청의 결정이 있어야 한다. 행정관청의 결정은 재량행위이다.

(4) 요 건

① 실질적 요건

이 제도를 적용받기 위해서는, '하나의 지역'에서 '종업하는 동종의 근로자 2/3 이상'이 '하나의 단체협약의 적용'을 받아야 한다.

㈎ 하나의 지역

'하나의 지역'이란 행정구역이나 행정관청의 관할구역과 반드시 일치할 필요는 없다. '하나의 지역'을 '단체협약당사자와 관련이 있는 동일한 경제적지역, 즉, 동일한 노동시장을 형성하고 있는 지역'이라는 견해[2]가 있다. 노동시장은 장소적 개념이 아니므로 반드시 특정지역으로 한정될 필요는 없으며,[3] 구체적 결정은

1) 임종률, 『노동법』, 제9판, 164쪽.
2) 김형배, 『노동법』, 제20판, 895쪽.
3) <판단기준> '산업의 동질성', '경제적 · 지리적 · 사회적 입지조건의 근접성', 기업배치상황이나 근로조건 · 노사관계 · 경영환경처럼 경제적기초동일성 · 유사성. (이상윤, 『노동법』, 제6판, 691쪽 ; 김유성, 『노동법Ⅱ』, 199쪽).

행정관청의 합리적인 재량에 맡겨진다.[1)]

(나) **동종근로자**

'전체 동종근로자'라 함은 비조합을 포함한 전체근로자를 대상으로 한다.[2)]

(다) **하나의 단체협약**

'하나의 단체협약'은 해당지역의 집단협약이나 산업별협약으로 보는 것이 원칙이다. 기업별협약이더라도 특정지역에서 도급기업과 수급기업을 포함해 적용을 확대하더라도 취지에 어긋나지 않는다. 단위노조들로부터 교섭권을 위임받은 연합단체가 사용자단체와 체결한 단체협약도 '하나의 단체협약'으로 볼 수 있다. 그러나 이러한 협약이 그대로 적용되지 않고 단위사업장의 실정에 맞게 수정된다면 '단체협약의 시안'으로서 '하나의 단체협약'으로 보기 어렵다.[3)]

② **절차적 요건**

지역단위효력확장제도는 사업장단위효력확장제도와는 달리 행정적절차가 요구된다. 행정관청은 단체협약당사자의 쌍방 또는 일방의 신청이나 직권으로, 노동위원회의의결을 거쳐, '단체협약의 확장적용'을 결정한 후 지체없이 공고해야 한다. 공고는 효력발생요건이며 '공고일 또는 공고에서 정한 날'에 지역단위 일반적 구속력의 효력이 발생한다.

심판위원으로 구성된 노동위원회는 적용여부만 의결할 수 있고 행정관청이 요청한 지역범위, '단체협약의 내용과 범위' 등을 수정하지 못한다.[4)]

행정관청의 결정은 행정처분의 성질을 가지므로 단체협약당사자 이외의 자가 행정심판 및 행정소송 등을 통해 이의를 제기할 수 있다.

(5) 효 과

① **일반적 효과**

지역단위일반적구속력의 효과는 사업상단위처럼 규범적부분에 대해서만 적용된다. 확장되어 적용되는 단체협약이 종료되면 일반적구속력도 소멸하며, 일반적 구속력의 적용을 받던 근로관계는 단체협약종료 후의 근로관계와 같이 해석된다.

지역단위일반적구속력은 해당지역내에 있는 다수의 사용자를 전제로 하므로

---

1) 임종률, 『노동법』, 제9판, 167쪽.
2) 노조 01254-10127, 1988.7.6.
3) 대판 1993.12.21, 92도2247 ; 김유성, 『노동법Ⅱ』, 201쪽.
4) 이상윤, 『노동법』, 제6판, 692쪽 ; 김유성, 『노동법Ⅱ』, 201쪽 ; 임종률, 『노동법』, 제9판, 168쪽 ; 김형배 · 박지순, 『노동법강의』 제9판, 564~565쪽.

사업장단위와는 달리, 해당지역의 근로자뿐 아니라 해당단체협약의 상대방이 아닌 사용자도 구속한다.

② **미조직근로자 및 소수노조**

㈎ **미조직근로자**

지역단위일반적구속력은 당연히 미조직근로자에 대해 효력을 갖는다. 단체협약이 없는 상태에서 현재의 근로조건이 지역적구속력을 적용하려는 단체협약수준보다 높은 경우에는 유리조건우선원칙에 따라 그 적용이 배제된다.[1]

㈏ **소수노조**

소수노조에게 지역단위일반적구속력이 발생하는지에 대해 의견이 나뉜다. 긍정설은 근로조건을 획일화하고 부당경쟁을 방지한다는 점을 근거로 삼아 일반적구속력을 긍정한다. 이 설은 소수노조의 단체교섭권을 침해한다. 한정적긍정설[2]은 단체협약을 가지고 있는 소수노조에 대해 노동3권이 보장되어야 한다는 이유로 일반적구속력을 부정한다. 한정적부정설[3]도 소수노조가 단체협약을 가지고 있으면 일반적구속력을 부정하고, 단체협약이 없으면 긍정하되, 소수노조에게 유리한 단체협약을 체결할 수 있는 권리를 인정한다. 소수노조를 더 보호하는 점이 불합리하다. 부정설[4]은 소수노조의 노동3권을 존중해, 단체협약의 체결여부나 유·불리를 불문하고 일반적구속력을 부정한다. 개인적으로는 한정적긍정설의 취지를 지지하며, 단체협약의 적용을 받지 않으면서 단체협약체결이 어려운 상태에 있는 소수노조가 일반적구속력의 적용대상이라고 생각한다.

2. 단체협약효력의 이전

기업변동은 경영주체의 변경에 불과하다. 따라서 양도기업·피합병기업과 노동조합간에 체결된 단체협약은 양수기업 또는 합병기업에 승계되는 등 그 효력이 이전될 수 있다.

기업합병의 경우 합병 후 존속한 회사 또는 합병으로 인해 설립된 회사는 합병으로 인해 소멸된 회사의 권리·의무를 승계하므로(상법 §235), 단체협약을 포함한 노동관계에서 발생한 권리·의무도 포괄적으로 승계된다.

---

1) <같은 의견> 노조 01254-34, 1993.1.16.
2) 대판 1993.12.21, 92도2247(한국노동법학회, 『노동판례백선』, 314쪽).
3) 김유성, 『노동법Ⅱ』, 202쪽 ; 노조01254-34, 1993.1.16.
4) 임종률, 『노동법』, 제9판, 169쪽 ; 이상윤, 『노동법』, 제6판, 694쪽.

영업양도의 경우, '일정한 영업목적에 따라 조직화된 총체 즉, 인적·물적 조직의 동일성을 유지하면서 일체로서 이전하는 것'이라는 그 개념적 특징에 비추어 볼 때 양도기업과 노동조합 간에 체결된 단체협약은 잠정적으로 양수기업에 승계된다.[1] 다만, 단체협약의 사용자측 당사자는 양쪽 모두 존속하므로 채무적부분은 양수기업에 승계되지 않는다.

제5절 단체협약의 종료

1. 단체협약의 종료사유

1·가. 기간만료

(1) 유효기간

단체협약의 유효기간은 3년을 초과하지 않는 범위에서 노사가 합의하여 정할 수 있다(노조법 §32①). 유효기간을 정하지 않았거나 3년을 초과하여 기간을 정한 경우에는 3년이 유효기간이다(노조법 §32②).[2] 효력발생시기를 협약체결 전으로 소급했다면 소급되어 효력을 발생하는 날을 기준으로 유효기간을 계산한다.

(2) 효력의 갱신과 연장

① 자동갱신협정

단체협약당사자는 단체협약유효기간의 만료에 대비해 자동갱신협정을 체결할 수 있다. 자동갱신협정이란 단체협약의 유효기간이 만료히기 일정기간 전끼지 당사자의 어느 한 쪽으로부터 개정의 의사표시가 없으면 종전의 단체협약이 다시 동일기간 또는 일정기간 효력을 지속한다는 뜻을 정한 합의를 말한다.

옛 협약과 새 협약은 각각 법정유효기간을 초과할 수 없다.[3]

---

1) 대판 1989.5.23, 88누4508.

2) 본 협약의 유효기간 중에 체결되는 개별협약의 기간도 3년을 초과할 수 없다. 개별협약이 기간을 정하고 있지 않은 경우, 본 협약에 부속되어 있다면 본협약과 유효기간을 같이 하나, 독립되어 있다면 독자적으로 3년의 유효기간을 갖는다. 부속여부는 당사자의사, 개별협정내용, 체결에 이르게 된 과정, 본협약의 위임 등을 종합적으로 고려한다(김유성, 『노동법Ⅱ』, 204쪽)

3) 대판 1993.2.9, 92다27102.

② 자동연장협정

㈎ 내 용

당사자는 단체협약유효기간이 만료된 후 새로운 협약이 체결될 때까지 또는 일정기간 동안 종전협약의 유효기간을 연장하는 자동연장협정을 체결할 수 있다(노조법 §32③ 단서). 자동연장협정은 새로운 협약체결을 전제로 종전협약의 효력을 한시적으로 연장한다는 점에서, 새 협약을 의미하는 자동갱신협정과 다르다.

㈏ 제 한

자동연장협정의 목적은 단체협약이 없는 상태를 피하는 데 있고, 당사자 의사에 반해 협약의 효력을 연장하려는 것이 아니다. 새 협약을 체결할 수 있는 기회를 탄력적으로 갖기 위해, 당사자 중 어느 한 쪽은 해지하고자 하는 날의 6개월 전까지 상대방에게 통고함으로써 종전협약을 해지할 수 있다(노조법 §32③ 단서). 일방적 해지권에 관한 규정은 강행규정이다.[1)]

③ 법정자동연장

자동갱신협정이나 자동연장협정이 없는 경우, 단체교섭에도 불구하고 새 단체협약이 체결되지 않으면, 옛 단체협약이 효력만료일부터 3개월까지 효력을 유지한다(노조법 §32③본문). 법정자동연장은 단체협약의 공백상태를 방지하는데 목적이 있다.[2)]

1·나. 취소 및 해지 · 해제

(1) 취 소

단체협약당사자 중 한 쪽은 단체협약의 중요한 부분에 착오가 있거나 사기·강박에 의한 것처럼 의사표시의 취소사유가 있는 경우에는 단체협약을 취소할 수 있다(민법 §109 및 §110). 단체협약은 계속적계약관계의 성격을 갖는다. 따라서 취소는 장래에 대해서만 효력을 갖는다.

(2) 해지 · 해제

당사자는 합의에 따라 단체협약을 쌍방이 서명·날인한 서면으로 해지·해제할 수 있다. 당사자중 한 쪽은 상대방의 채무불이행을 이유로 단체협약을 해지·해제할 수 있다. 일방적 해지·해제는 상대방의 채무불이행위반의 정도가 단

---

1) 단체협약으로 일방적 해지권을 제한할 수 없다(대구지판 2010구합3420, 2011.6.29).

2) <같은 의견> 대판 1993.2.9, 92다27102.

체협약의 존재의의를 부정할 정도로 크거나 그에 준하는 사정변경이 있어야 인정된다. 단체협약해지의 효력은 장래에 대해 발생한다.

1·다. 당사자의 변경 · 소멸

(1) 사용자 변경

회사의 해산 · 조직변경 · 영업양도 · 합병, 사업주사망 등으로 사업체가 변경 · 소멸되더라도 조직의 일체성 또는 동일성이 인정되는 한 단체협약은 승계되며 그 효력이 당연히 종료하지는 않는다. 단체협약효력의 상실여부는 경우에 따라 다르다. 첫째, 기업별노조에 있어 사업체가 해산하는 경우에는 청산절차가 종료된 때에 단체협약도 효력을 잃는다. 둘째, 개인사업체의 사업주가 사망해도 사업승계에 따라 단체협약도 승계된다. 셋째, 합병으로 소멸된 회사의 단체협약은 합병회사에 승계된다(상법 §235)(제2편, 제4장 제2절). 넷째, 회사가 분할(상법 §530의2)되면 2사1노조로 존속될 수 있으며, 단체협약은 원칙적으로 승계된다(제2편, 제4장 제2절). 다섯째, 양도기업과 노동조합 간의 권리와 의무관계는 포괄적으로 양수기업에 승계되므로, 종전의 단체협약도 잠정적으로 승계된다(제2편, 제4장 제2절).[1] 여섯째, 합명회사 · 합자회사 · 유한회사 및 주식회사가 조직형태를 변경하더라도 동일성이 유지되므로 단체협약은 존속한다.

(2) 노동조합 변경

노동조합의 해산 · 합병 · 분할 및 조직변경의 경우에도, 단체의 동일성이 유지되는 한, 단체협약은 유효기간 동안 존속한다. 첫째, 해산의 경우, 청산기간 동안 단체협약이 존속하다가 청산종료시점에 효력을 잃는다. 둘째, 연합단체가 단위노조로 바뀌거나 단위노조가 연합단체로 바뀌는 조직변경의 경우, 조직상 실질적 동일성이 인정되는 한, 단체협약은 존속한다. 셋째, 분할의 경우에는 견해가 나뉜다(같은편, 제1장, 제5절 2·라, (2), ②). 개인적으로는 승계부정설을 지지한다.[2] 원래의 노동조합이 소멸해 둘 이상으로 분할되는 경우에는 단체협약이 효력을 잃을 것이다. 원래의 노동조합이 지부별로 노동조합을 결성하는 형식으로 분할되면 단체협약은 존속한다.[3] 넷째, 합병의 경우, 소멸노조의 권리 의무가 흡수노조나 신설노조에 포괄적으로 승계되므로 단체협약은 존속한다.

---

1) 대판 1989.5.23, 88누4508.

2) 규범적부분은 근로계약으로 전환되어 그 효력을 갖는다.

3) 김유성, 『노동법Ⅱ』, 207쪽.

2. 단체협약 종료 후의 근로관계

2·가. 의 의

단체협약유효기간이 만료된 후, 자동갱신협정이나 자동연장협정이 없는 상태에서, 3개월의 자동연장기간이 지나면, 단체협약의 효력은 상실한다. '조합원의 탈퇴·제명'이나 '일반적구속력의 흠결'로 효력확장의 혜택을 못 받게 된 근로자는 단체협약의 적용범위에서 벗어나게 된다. 이 때 단체협약이 계속 적용되는지가 근로자 보호와 관련해 제기된다.

2·나. 규범적부분

(1) 단체협약종료후 근로조건존속

단체협약이 종료되더라도 단체협약의 근로조건에 관한 부분은 근로계약으로 유지된다는 것이 통설적인 견해이다. 그 근거에 대해서는 '단체협약자체가 존속된다'는 여후효(餘後效)법리에서 찾지 않고 근로계약의 성질에서 찾는 것이 일반적인데 두 견해가 발견된다. 첫째, 단체협약이 효력을 잃기 전에 규범적부분이 보충적효력에 따라 근로계약의 내용으로 체화되어 효력을 가진다는 견해[1]가 있다. 둘째, 계속적법률관계를 규율하는 근로계약의 본질 때문에 협약에 있는 근로조건의 기준이 근로계약의 내용으로서 효력을 지속한다는 견해[2]가 있다. 보충적효력이 자동적으로 개인의 근로조건이 된다는 점을 감안할 때 첫째 견해가 타당하다.

(2) 단체협약종료후 근로조건 변경합의

단체협약으로부터 근로계약으로 이전된 근로조건에 대해 사용자가 개별근로자와 합의하여 변경할 수 있는지에 대해 의견이 나뉜다. 첫째, '조합원의 탈퇴·제명'이나 '일반적구속력의 흠결'로 혜택을 못 받게 된 근로자의 경우에는 변경이 가능하지만, 유효기간만료로 단체협약이 종료된 경우에는 변경할 수 없다고 보는 견해[3]가 있다. 이 견해는 변경합의가 차기협약에 대한 단체교섭권을 침해할 수 있기 때문에 개별교섭금지원칙에 위배된다고 본다. 그러나 이미 차기협약의

---

1) 임종률, 『노동법』, 제9판, 174쪽 ; 김형배, 『노동법』, 제20판, 911쪽 ; 대판 2000.6.9, 98다13747 ; 대판 2007.12.27, 2007다51758.

2) 김유성, 『노동법Ⅱ』, 209쪽.

3) 김유성, 『노동법Ⅱ』, 209쪽.

근거가 될 종전의 단체협약이 없다는 점에서 이러한 논리를 받아들이기 어렵다. 둘째, 단체협약이 종료되는 사유와 관계없이 변경이 가능하다고 보는 견해[1]가 있다. 이 견해에 찬성한다. 단체협약의 근로조건이 근로계약으로 이전된 이상 당사자합의가 있다면 언제든지 변경이 가능하다.

2·다. 채무적부분

단체협약상의 권리・의무는 채무적부분으로 단체협약이 종료되면 소멸한다. 채무적부분은 규범적효력 즉, 강행적효력이나 보충적효력을 갖지 못하므로 단체협약이 종료되면 효력이 남아 있을 여지가 없다.[2] 따라서 평화의무는 효력을 잃게 되고, 노동조합의 쟁의행위도 가능해진다. 채무적부분이더라도 노조사무실제공은 '무상제공해 온 사용대차'로서 단체협약소멸사유만으로 목적물의 반환사유인 사용수익종료 또는 사용수익기간경과를 충족하는 것이 아니므로 '다른 공간대체', '타 용도사용' 등 합리적인 사유가 없다면 명도를 구할 수 없다.[3]

---

1) 임종률, 『노동법』, 제9판, 174~175쪽 ; 김형배, 『노동법』, 제20판, 912쪽 ; 대판 2000.6.9, 98다13747 ; 대판 2007.12.27, 2007다51758.

2) 대판 1997.6.13, 96누17738.

3) 대판 2002.3.26, 2000다3347.

제4장 노동쟁의 처리

제1절 노동쟁의의 발생

1. 노동쟁의의 개념

1·가. 배 경

노동관계당사자는 단체교섭이 결렬되면 쟁의행위를 통해 분쟁을 해결할 수 있다. 쟁의행위는 당사자 및 국민경제에 손실을 가져다준다. 사용자는 근로를 제공받지 못해 사업을 정상적으로 영위할 수 없고, 근로자는 임금을 받지 못해 생활이 어려워지며, 국민경제는 생산이 위축되어 발전에 지장을 받는다. 노조법은 쟁의행위 전에 분쟁이 평화적으로 해결되도록 제3자의 조정을 거치게 하는 조정전치주의를 규정하고 있다. 법정조정서비스는 노조법상 노동쟁의에만 제공된다.

1·나. 법적근거

노동쟁의라 함은 노동관계당사자간에 임금·근로시간·복지·해고 기타 대우 등 근로조건결정에 관한 주장의 불일치로 인해 발생한 분쟁상태를 말하며, 주장의 불일치라 함은 당사자간에 합의를 위한 노력을 계속해도 더 이상 자주교섭에 의한 합의의 여지가 없는 경우를 말한다(노조법 §2 v).

1·다. 유사개념

(1) 쟁의행위

① 개 념

쟁의행위라 함은 파업·태업·직장폐쇄 기타 노동관계당사자가 그 주장을 관철할 목적으로 행하는 행위와 이에 대항하는 행위로서 업무의 정상운영을 저해하는 행위를 말한다. 노동쟁의는 근로조건결정사항에 대한 이견으로 다툼이 있는 상태이며, 쟁의행위는 이러한 분쟁상태 즉, 노동쟁의를 해결하기 위해 업무의 정상운영을 저해하는 실력행위이다.

② 구분의 실익

쟁의행위와 노동쟁의를 구별하는 실익은 단체교섭이 결렬되고 쟁의행위로 들어가는 시기를 확정함으로써 노동법의 적용관계를 명확히 하려는 데 있다.

(2) 단체행동

단체행동(헌법 §33①)이라 함은 동일한 목적을 추구하는 다수 근로자의 의식적인 집단행위로서 쟁의행위와 '그 밖의 노동조합활동'을 말한다.

2. 노동쟁의의 요건

2·가. 당사자

노동쟁의당사자는 노동조합(교섭대표노동조합포함 노조법 §29의5)과 그 상대방인 사용자 또는 사용자단체이다. 근로자 개인이나 노사협의회는 단체교섭 및 단체협약체결 능력이 없으므로 노동쟁의당사자가 될 수 없다. 법외조합이나 일시적단체는 노동조합의 요건을 갖추지 못한 단체로서, 헌법상 노동기본권의 보호를 받을 수 있다고 해석되더라도, 노조법상 조정을 받을 수 있는 노동쟁의당사자는 될 수 없다.[1]

2·나. 노동쟁의의 대상

(1) 의 의

노조법(노조법 §2 v)은 노동쟁의의 개념을 명시하면서 '임금·근로시간·복지·해고 기타 대우 등 근로조건의 결정에 관한 사항'을 대상으로 규정하고 있다. 노동쟁의의 대상과 관련해서는 권리분쟁 및 집단적노사관계의 포함여부 등이 논점이다.

(2) 단체교섭대상·쟁의행위목적과의 관계

노동쟁의대상이 단체교섭대상 및 쟁의행위목적과 어떠한 관계를 갖는지에 대해서는 견해가 나뉜다(같은편, 제2장 제3절, 5).

---

1) <같은 취지> 대판 1999.9.17, 99두5740.

(3) 권리분쟁과 이익분쟁

노동쟁의는 근로조건, 특히 근로조건의 '결정'을 그 대상으로 한다.[1] 노동관계의 분쟁은 이익분쟁과 권리분쟁으로 나뉜다. 이익분쟁이란 근로조건의 기준에 관한 권리의 형성·유지·변경 등을 둘러싼 분쟁으로서 임·단협체결이 이에 해당된다. 이익분쟁은 집단기준을 정하는 것을 목적으로 한다. 따라서 개인고충은 여기에 해당되지 않는다. 권리분쟁이란 법령·단체협약·취업규칙 등에 따라 확정된 권리의 해석·적용 등을 둘러싼 분쟁으로 미지급임금청산, 해고자복직, 단체협약이행, 부당노동행위구제 등이 이에 해당되며 사법절차에 따라 해결된다.[2]

'1997년 제정 노조법'이 '결정'을 법문에 추가함으로써 입법론은 별론으로 하고, 해석론으로는 노동쟁의 대상이 이익분쟁으로 제한된다는 점은 명확하다.

(4) 근로조건의 범위

근로조건은 '임금·근로시간·복지·해고 기타 대우 등'으로 명시되어 있다(노조법 §2 v). 근로조건의 범위에 대해 협의설과 광의설로 의견이 나뉜다. 협의설은 개별적근로관계만을 근로조건범위에 포함하고,[3] 집단적노사관계 즉, 전임자수, '근무시간 중 조합활동' 등은 노동쟁의대상으로 보지 않는다.[4] 광의설은 집단적노사관계에 관한 분쟁도 노동쟁의에 포함한다.[5]

법문상의 '근로조건'은 예시이고, 교섭대상에 포함되어 있는 집단적노사관계는 근로조건과 밀접한 관계를 맺으며, 이를 노동쟁의대상에서 제외하면 노동쟁의조정제도의 목적을 달성할 수 없다는 것이 그 이유이다. 법조문이 노동쟁의대상에 대해 '근로조건'만 명시하고 있고, 예시되어 있는 '임금·근로시간·복지·해고 기타 대우 등'에 집단적노사관계의 요소가 포함되어 있지 않은 점을 감안할 때, 해석론으로는 협의설이 타당하다.

2·다. 주장의 불일치

주장의 불일치라 함은 당사자 간에 합의를 위한 노력을 계속해도 더 이상 자

1) 대판 2003.7.25, 2001두4818.
2) 이철수·김홍영, 『노동법강의』, 483쪽. 단체협약 해석 및 이행방법에 대한 견해 제시에 관한 규정을 근거로 단체협약과 관련한 권리분쟁이 노동쟁의대상이 아니라고 설명한다.
3) 김유성, 『노동법Ⅱ』, 220쪽 ; 대판 2003.7.25, 2001두4818. 근로조건 이외의 사항 부정 ; 대판 2003.11.13, 2003도687. 구조조정이나 합병 등 경영상조치 부정 ; 대판 2003.12.26, 2001도3380. 집단적노사관계사항 부정.
4) 대판 1996.2.23, 94누9177.
5) 임종률, 『노동법』, 제9판, 178쪽. 해석론적으로도 광의설 주장.

주적교섭에 의한 합의의 여지가 없는 경우를 말한다(노조법 §2 v 후단). '합의의 여지가 없는 경우'를 쟁의행위가 최후수단이어야 한다는 의미로 보는 해석이 있다.[1)]

2·라. 분쟁상태

노동쟁의는 노·사의 분쟁상태를 말한다. 분쟁상태란 주장이 달라 쟁의행위가 발생했거나 발생할 우려가 있는 상태를 말한다. 노동쟁의는 쟁의행위의 전제가 되며, 쟁의행위정당성을 판단하는 기준이 된다.

3. 노동쟁의와 당사자의 권리·의무

노동쟁의는 단체교섭이 결렬되면 발생한다. 노동쟁의가 발생한 때에는, 노동관계당사자 일방이 이를 상대방에게 서면으로 통보해야 한다(노조법 §45①). 서면통보를 위반해도 벌칙이 없으며, 서면통보가 노동쟁의의 효력요건이라고 보기 어렵다. 노동쟁의가 발생하면 당사자 한쪽은 노동위원회에 조정을 신청할 수 있다(노조법 §53).

제2절 노동쟁의조정제도

1. 의 의

노동관계의 갈등은 노사자치주의의 이념에 따라 당사자가 자주적으로 해결하는 것이 원칙이다. 당사자의 자주적해결이 이루어지지 않으면 노동쟁의가 발생하고 쟁의행위로 이어질 수 있다. 쟁의행위가 근로자, 사용자 및 국민경제에게 주는 부담을 완화하기 위해 제3자가 개입해 신속·공정하게 노동쟁의를 조정할 수 있는 노동쟁의조정제도를 두는 것이 일반적이다. 노조법 제5장 조정(調整)에는 조정(調停), 중재 및 긴급조정이 규정되어 있다. 조정(調整)절차는 노동위원회를 통한 공적조정을 말하나, 당사자합의 또는 단체협약규정에 따라 사적조정도 인정된다.

---

1) 고용노동부, 『집단적노사관계 업무매뉴얼』, 229쪽.

2. 조정(調整)의 유형

노동쟁의조정(調整)은 여러 기준에 따라 분류할 수 있다. 첫째, 처리방법에 따라 주장의 차이를 정리해 제시하는 알선(concil-iation), 제시된 조정안에 대해 당사자 쌍방이 받아들일 경우에 구속력을 갖는 조정(調停 mediation) 그리고 제3자의 결정이 당사자를 구속하는 중재(arbit-ration)로 나뉜다. 둘째, 개시요건을 보면 당사자의 요구에 따라 진행되는 임의방식과 국가기관의 직권으로 진행되는 강제방식이 있다. 어느 방식을 택하는가는 정책선택의 문제이나 후자는 노동3권을 침해할 위험이 크다. 셋째, 주체를 기준으로 보면 국가가 설립한 법정기관이면 공적조정(公的調整)이고, 당사자가 선정한 개인·사적단체이면 사적조정(私的調整)이 된다. 두 방식은 양자택일적이기보다는 보완적이거나 결합적이다. 넷째, 처리기술을 기준으로 보면, 양측의 주장을 절충하는 절충방식과 하나를 선택하게 하는 택일방식이 있다.

3. 조정(調整)의 원칙

3·가. 자주성

(1) 당사자 해결 우선 원칙

노동쟁의의 해결은 노사자치주의원칙에 기초를 둔다.

노동관계당사자는 단체협약에 노동관계의 적정화를 위한 노사협의 기타 단체교섭의 절차와 방식을 규정하고 노동쟁의가 발생한 때에는 이를 자주적으로 해결하도록 노력해야 한다(노조법 §48). 노동쟁의조정규정은 노동관계당사자가 직접 노사협의 또는 단체교섭에 따라 근로조건 기타 노동관계사항을 정하거나 노동관계에 관한 주장의 불일치를 조정하고 이에 필요한 노력을 하는 것을 방해하지 않는다(노조법 §47). 사적조정은 공적조정에 우선한다(노조법 §52①).

(2) 국가 및 지자체의 책무

국가 및 지자체는 노동관계당사자간에 노동관계에 관한 주장이 일치하지 않을 경우에 노동관계당사자가 이를 자주적으로 조정할 수 있도록 조력함으로써 쟁의행위를 가능한 한 예방하고 노동쟁의의 신속·공정한 해결에 노력해야 한다(노조법 §49).

3·나. 신속성

노동관계의 조정을 할 경우에는 노동관계당사자와 노동위원회 기타 관계기관은 사건을 신속히 처리하도록 노력해야 한다(노조법 §50).

3·다. 공정성

노동쟁의는 이해관계가 대립되어 더 이상 교섭에 따라 합의의 여지가 없는 상태를 말한다. 노동쟁의조정은 공정하게 이루어져야 한다. 노조법(§1)은 "노동관계를 공정하게 조정해 노동쟁의를 예방·해결함으로써 산업평화의 유지와 국민경제의 발전에 이바지함"을 목적으로 규정하고 있다.

3·라. 공익성

노동쟁의조정에는 당사자의 사익뿐만 아니라, 공익도 고려해야 한다. 따라서 "국가·지자체·국공영기업체·방위산업체 및 공익사업에 있어서의 노동쟁의의 조정은 우선적으로 취급하고 신속히 처리해야 한다(노조법 §51)." 이를 위해 노조법(§1)은 산업평화의 유지와 국민경제의 발전을 노동쟁의조정의 목적으로 삼고 있으며, 조정위원회를 공익위원 중심으로 운용토록 하고 있다.

4. 조정(調整)의 대상

노동쟁의대상이 아니면 원칙적으로 조정(調停)이나 중재의 대상이 될 수 없다.[1] '당사자가 함께[2] 조정을 신청한 사항' 또는 '조정대상으로 하기로 합의한 사항'은 조정안이나 중재안에 포함될 수 있다. 의사의 합치가 없는 상태에서 노동위원회가 그러한 사항을 조정안이나 중재안에 포함하면, '공정성의 원칙'에 위배된다.

5. 조정(調整)의 효과

조정전치주의에 따라 노조법에 의한 조정절차를 거치지 않으면 쟁의행위를 할 수 없다(노조법§45②, §91 1년징역·1천만원벌금). 사적조정이건 공적조정이건 조정기간동안의 쟁의행위는

---

1) 대판 1992.6.23, 91다19210 ; 대판 1994.1.11, 93누11883 ; 대판 1996.2.23, 94누9177 ; 대판 1997.10.10, 97누4951 ; 대판 1997.1.11, 95구30316 ; 대판 2003.7.25, 2001두4818.

2) 대판 2003.7.25, 2001두4818 ; 대판 1990.9.28, 90도602) 쌍방 신청 또는 이와 동일시할 사정이 있는 경우 인정 ; 임종률, 『노동법』, 제9판, 178쪽. 임의적교섭사항에 대해서 앞의 판례와 같은 의견 피력.

금지된다.

제3절 공적조정제도

1. 조 정(調停)

1·가. 의 의

공적조정(調停)이란 노동위원회에 설치된 조정위원회가 노조법과 노위법의 규정에 따라 당사자의견을 청취한 뒤 조정안을 작성해 쌍방에게 수락을 권고하는 절차이다. 조정은 당사자의사에 구속을 받으며, 그 권고가 강제적이지 않기 때문에 노사자치주의원칙에 비교적 충실한 노동쟁의처리제도이다.

1·나. 조정기관

(1) 조정위원회

① 구 성

노동쟁의조정을 위해 노동위원회에 조정위원 3인으로 구성되는 조정위원회를 둔다(노조법 §55①②). 조정위원회는 사건별로 구성된다. 노동위원회위원장은 노동위원회위원[1] 중에서 노동조합이 추천하는 '사용자를 대표하는 자(사용자위원)', 사용자가 추천하는 '근로자를 대표하는 자(근로자위원)' 및 '공익을 대표하는 자(공익위원)' 각 1인을 조정위원으로 지명해야 한다. 조정위원회의 첫번째 회의 3일전까지 노동조합 또는 사용자가 추천하는 위원의 명단제출이 없을 때에는 해당위원을 위원장이 따로 지명할 수 있다(노조법 §55③). 노동위원회위원장은 '노동조합 또는 사용자가 추천하는 위원의 불참' 등으로 조정위원회의 구성이 어려운 경우 노동위원회의 공익위원 중에서 3인을 조정위원으로 지명할 수 있다. 당사자쌍방의 합의로 선정한 노동위원회위원이 있는 경우에는 그 위원을 조정위원으로 지명한다(노조법 §55④).

---

1) 추천한 근로자위원과 사용자단체가 추천한 사용자위원을 각각 10인이상 50인이하에서 동수로 구성하고, 노동위원회위원장·노동조합·사용자단체가 추천하는 조정담당공익위원을 10인이상 70인이하의 범위에서 구성.

② 위원장

조정위원회위원장은 공익을 대표하는 조정위원이 되며(노조법 §56②본문), 조정위원 3인이 모두 공익위원인 경우 호선으로 결정된다(노조법 §56②단서).

(2) 단독조정인

노동위원회는 관계당사자 쌍방의 신청이 있거나 동의를 얻으면, 조정위원회에 갈음해 단독조정인에게 조정을 행하게 할 수 있으며(노조법 §57①), 단독조정인은 해당노동위원회위원 중에서 관계당사자합의로 선정된 자를 노동위원회위원장이 지명한다(노조법 §57②). 공익사업에 대해서는 단독조정인규정이 적용되지 않는다.

(3) 특별조정위원회

공익사업의 노동쟁의조정을 위해 노동위원회에 특별조정위원회를 둔다(노조법 §72①).

1·다. 조정기간

노조법은 쟁의행위가 일정기간동안 절대적으로 금지되는 종래의 냉각기간제도를 변경하여, 조정이 종료·중지되면 쟁의행위가 인정되는 조정기간제도를 도입했다. 조정은 신청일로부터 일반사업에 있어서는 10일, 공익사업에 있어서는 15일 이내에 종료해야 하며(노조법 §54①), 당사자합의로 같은 기간 이내에서 연장할 수 있다(노조법 §54②). 조정기간연장은 1회 이상 가능하다.

1·라. 조정의 신청과 접수

(1) 조정신청권자

노동쟁의조정의 신청권자는 노동관계당사자의 일방이다(노조법 §53①). 이 때 노동관계당사자라 함은 노동쟁의당사자로서 노동조합과 '사용자 또는 사용자단체'를 말한다. 노동쟁의조정신청은 법내노조에게 인정된다. 법외조합도 헌법상 노동기본권의 보호를 받을 수는 있지만 노조법에 의한 조정의 수혜대상은 아니다. 사용자측에서는 사업주와 '사업주로부터 위임을 받은 자'에게 신청권이 있다.

(2) 조정신청 접수

조정신청은 당사자 중 일방이 관할노동위원회에 해야 하며, 관할이 맞지 않으면 중노위 또는 관할지노위로 이송된다. 노동위원회는 신청내용이 노조법에 의한 조정 또는 중재의 대상이 아니라고 인정할 경우에는 사유와 다른 해결방법을 알려주어야 한다(노조령 §24②). 당사자는 조정종료 전까지 조정신청의 전부나 일부를 취하할 수 있다(노원칙 §156). 다시 조정을 신청하면 조정기간은 새로이 기산된다.

1·마. 조정준비

노동위원회는 관계당사자의 일방이 노동쟁의조정을 신청한 때에는 지체없이 조정을 개시해야 하며, 관계당사자 쌍방은 이에 성실히 임해야 한다(노조법 §53①).

노동쟁의조정(調停)신청서를 접수하면, 노동위원회는 조정개시를 위해서 당사자에게 필요사항을 통보하고, 관련 행정관청에 사건접수사실을 신속하게 통보한다.

노동위원회는 조정의 개시에 앞서 노동관계당사자가 본인 또는 위임장에 기재된 자인지 여부, 구비서류, 교섭진행사항, 쟁점사항 등을 조사해 확인한다.

조정위원회가 개최되기 전에 조사관은 조정위원회 구성, 조사보고서작성, 조정회의일정 및 자료통보 등 회의개최를 위한 준비업무를 수행한다.

1·바. 조정활동

(1) 조정회의

조정위원회위원장은 조정위원회의 회의를 소집하고 그 의장이 된다(노위법 §16①②).

조정위원회 또는 단독조정인은 기일을 정해 관계당사자 쌍방을 출석하게 해 주장의 요점을 확인하고(노조법 §58), 조정위원은 회의진행과정에서 당사자와 참고인을 대상으로 질문이나 설득을 하는 등 조정자로서의 역할을 수행한다.

조정위원회는 당사자를 대상으로 분리회의와 통합회의를 반복하거나, 현장에서 조정을 행할 수 있다. 조정위원회의위원장 또는 단독조정인은 관계당사자와 참고인 외의 자의 출석을 금할 수 있다(노조법 §59).

(2) 의 결

조정위원회는 구성위원 전원의 출석으로 개의하고 출석위원 과반수의 찬성으로 의결한다. 참석위원은 그 의결사항에 서명 또는 날인해야 한다(노위법 §17).

(3) 조정안 작성과 제시

① 조정안제시

조정위원회 또는 단독조정인은 조정안을 작성해 이를 관계당사자에게 제시하고 그 수락을 권고하는 동시에 그 조정안에 이유를 붙여 공표할 수 있으며, 필요한 때에는 신문 또는 방송에 보도 등 협조를 요청할 수 있다(노조법 §60①).

② **조정안해석**

조정위원회가 작성한 조정안이 관계당사자 쌍방에 따라 수락된 후 그 해석 또는 이행방법에 관해 의견불일치가 있는 때에는 관계당사자 중 쌍방 또는 일방은 해당 조정위원회 또는 단독조정인에게 그 해석 또는 이행방법에 관한 명확한 견해의 제시를 요청해야 한다(노조법 §60③). 노동위원회는 해당조정안을 제시한 조정위원회 또는 단독조정인에게 당사자의 요청사실을 통보하고 해석 또는 견해를 제시토록 하며, 요청을 받은 날부터 7일 이내에 명확한 견해를 제시해야 한다(노조법 §60④). 제시된 견해는 조정안수정 또는 부속합의서 형태로 조정서로 작성될 수 있다.

조정안에 대해 조정위원회 또는 단독조정인이 제시한 해석 또는 이행방법에 관한 견해는 중재재정(노조법 §61③), 나아가서 단체협약과 동일한 효력을 갖는다(노조법 §70①).

(4) 조정결과

① **조정종료**

당사자가 조정안을 수락하거나 거절하면 조정이 종료된다. 조정안이 관계당사자에 따라 수락된 때에는 조정위원 전원 또는 단독조정인은 조정서를 작성하고 관계당사자와 함께 서명 또는 날인해야 한다(노조법 §61①). 조정위원회 또는 단독조정인은 관계당사자가 수락을 거부해 더 이상 조정이 이루어질 여지가 없다고 판단되는 경우에는 조정종료를 결정하고 이를 관계당사자 쌍방에 통보해야 한다(노조법 §60②).

노동위원회는 조정종료가 결정된 후에도 노동쟁의의 해결을 위해 조정을 할 수 있다. 이 경우의 조정에 관해서는 노조법 제55조 내지 제61조에 규정된 절차와 효력을 준용한다(노조법 §61의2).

② **조정중지**

당사자가 조징안제시를 원하지 않거나, 현격한 차이로 조정안제시가 불가능하거나, 조정안제시가 노사관계에 나쁜 영향을 미칠 것으로 우려되면 조정안을 제시하지 않고 사유를 당사자에게 서면으로 통지함으로써 조정활동이 종료된다.

③ **행정지도**

노동위원회는 노동쟁의 요건 미비 즉, 당사자부적격, 비교섭사항, 교섭미진 및 기타사유가 있으면 행정지도를 할 수 있다. 노동조합에게 책임이 없는 사유로 교섭미진에 이르게 된 경우에는 단체행동권에 제약을 가져 올 수 있으므로 행정지도가 지양되어야 한다.

교섭미진은 노동쟁의가 발생되지 않은 상태이므로, 행정지도로는 조정절차를 거친 것이 아니며, 당사자는 다시 조정을 신청해야 한다. 행정지도를 위반한 쟁의행위가 불법인지에 대해 행정해석은 긍정적으로 보고, 판례는 부정적으로 본다. 개인적으로는 절차위반 자체가 아니라 행정지도의 사유가 되는 사항이 무엇인지에 따라 쟁의행위의 정당성여부로 판단해야 한다.

(5) 조정회의 종료통보

노동위원회는 당사자 및 행정관청에 조정결과를 통보한다. 조정이 성립된 경우에는 조정서를 첨부해 문서로 통보한다. 조정이 성립하지 않은 경우로서, 조정안이 수락되지 않으면 결정문이 없이 문서로 통보하고, 조정중지로 결정되면 결정문을 첨부해 문서로 통보한다.

1·사. 조정의 효력

(1) 조정서의 효력과 해석

조정서내용은 단체협약과 동일한 효력을 가진다(노조법 §61②). 조정서내용을 지키지 않으면 벌칙(노조법§92iii 1천만원벌금)이 적용된다.

노조법은 '수락된 조정안'이 아닌 '조정서'의 내용에 관한 해석 또는 이행방법에 관해 다툼이 있을 때 해결방법에 대해 규정하지 않고 있다. 조정서는 단체협약과 동일한 효력을 가지므로 단체협약의 해석 또는 이행방법이 적용된다.

(2) 조정의 효과

① **조정전치주의**(같은편, 제5장, 제2절 2·라, (2), ②)

② **조정안에 대한 견해제시와 쟁의행위**

조정안의 해석 또는 이행방법에 관한 견해가 제시될 때까지는 관계당사자는 해당 조정안의 해석 또는 이행에 관해 쟁의행위를 할 수 없다(노조법 §60⑤). 조정안에 대한 견해제시기간(노조법 §60④)을 포함해서 조정기간을 판단해야 하므로, 견해가 제시되지 않더라도 조정기간이 지나면 쟁의행위를 할 수 있다.[1)]

1·아. 사전조정 및 사후조정

노동위원회는 노동쟁의의 사전예방과 사후처리를 위해 조정신청전이나 조정종

1) 김헌수, 『노동조합 및 노동관계조정법』, 제3판, 718쪽.

료후에도 조정서비스를 제공할 수 있다. 사전·사후조정의 서비스는 조정전치주의가 적용되지 않으므로 비교섭사항에 대해서도 조정안을 제시할 수 있다.[1]

(1) 사전조정

노동위원회는 관계당사자가 조정을 신청하기 전이라도 원활한 조정을 위해 교섭을 주선하는 등 관계당사자의 자주적인 분쟁해결을 지원할 수 있다(노조법 §53②). 사전조정은 쌍방이 요청한 경우, 당사자의 일방이 요청하고 상대방이 동의한 경우와 노동위원회위원장이 당사자의 동의를 얻은 경우'에 행해진다(노원칙 §171).

(2) 사후조정

당사자가 조정안수락을 거부해 조정종료가 결정된 후에도 노동쟁의의 해결을 위해 조정을 지원할 수 있으며, 사후조정에 관하여는 '조정회의와 조정방법(노조법 §55－61)'을 준용[2]한다(노조법 §61의2②). 사후조정은 노동관계당사자의 합의가 있어야 진행될 수 있다. 사후조정에 대해서는 노조법상 조정기간(§54)이 적용되지 않으므로 조정기간 동안 쟁의행위가 금지되지 않는다.

2. 중 재

2·가. 의 의

중재란 당사자쌍방이 노동위원회의 중재위원회가 작성한 중재재정에 구속되어 노동쟁의를 해결하는 제도이다. 중재에는 임의중재와 강제중재가 있다. 임의중재는 관계당사자신청이 있을 때에 개시되며, 강제중재는 관계당사자의 신청이 없이 강제적으로 개시된다. 강제중재는 중재개시여부와 중재재정이 노사당사자를 그 의사와 관계없이 구속한다는 점에서 노사자치주의원칙이 적용되지 않는다.

2·나. 개시요건

임의중재는 관계당사자의 쌍방이 함께 중재를 신청하거나, '단체협약에 따라 일방이 중재를 신청(노조법 §62ii)한 때'에 개시된다. 강제중재로는 '긴급조정에서의 중재'가 있다. 중재는 일반적으로 조정이 실패한 경우에 행해지나, 조정을 거치지 않

1) <같은 의견> 고용노동부, 『집단적노사관계 업무매뉴얼』, 379쪽.

2) 노조법 §55(조정위원회의 구성), §56(조정위원회의 위원장), §57(단독조정), §58(주장의 확인 등), §59(출석금지), §60(조정안의 작성), §61(조정의 효력)이 이에 해당한다.

고 중재를 신청할 수도 있다. 노동쟁의대상이 아닌 사항은 중재대상이 되지 못한다. 노동위원회는 중재신청의 내용이 중재대상이 아니라고 인정되면, 그 사유와 다른 해결방법을 알려주어야 한다(노조령 §24②).

2·다. 중재기관

(1) 구 성

노동쟁의의 중재 또는 재심을 위해 노동위원회에 중재위원회를 둔다(노조법 §64①). 중재위원회는 중재위원 3인으로 구성한다(노조법 §64②). 중재위원은 해당 노동위원회의 공익위원 중에서 관계당사자합의로 선정한 자에 대해 노동위원회위원장이 지명한다. 관계당사자합의가 성립되지 않은 경우에는 직접 지명한다(노조법 §64③).

중재위원회위원장은 중재위원 중에서 호선한다(노조법 §65②). 중재는 조정과 달리 단독중재인이 허용되지 않으며, 공익사업이라도 특별중재위원회가 구성되지 않는다.

(2) 회 의

중재위원회위원장은 중재위원회를 소집하고 그 의장이 된다(노위법 §16①②). 중재위원회는 구성위원 전원의 출석으로 개의하고, 출석위원과반수의 찬성으로 의결한다. 회의에 참여한 위원은 그 의결사항에 서명 또는 날인해야 한다(노위법 §17).

2·라. 중재활동

(1) 주장확인과 출석제한

중재위원회는 기일을 정해 관계당사자 쌍방 또는 일방을 중재위원회에 출석하게 해 주장의 요점을 확인해야 한다(노조법 §66①). 중재위원회위원장은 관계당사자와 참고인 이외의 자의 회의출석을 금할 수 있다(노조법 §67).

(2) 의견진술

노동위원회의 사용자위원 또는 근로자위원은 관계당사자의 지명에 따라 중재위원회의 동의를 얻어 그 회의에 출석해 의견을 진술할 수 있다(노조법 §66②).

(3) 중재기간

노조법(§63)은 '중재에 회부된 때에는 그 날부터 15일간은 쟁의행위를 할 수 없다'고 규정하고 있으므로, 15일이 지나면 중재중이라도 쟁의행위가 가능하다. 따라서 중재는 쟁의행위금지기간인 15일내에 끝나야 한다.

(4) 중재재정의 작성 · 송달

중재재정은 중재위원 전원이 참석해 과반수찬성으로 의결한다.

중재재정은 당사자의 주장의 범위를 벗어날 수 없다. 중재재정은 서면으로 작성되어야 하며, 서면에는 효력발생기일이 명시되어야 한다(노조법 §68①). 중재재정서에는 중재위원회위원 전원의 서명 또는 날인이 필요하다. 노동위원회는 중재를 한 때에는 지체없이 중재재정서를 관계당사자에게 각각 송달해야 한다(노조령 §29①).

(5) 중재재정서의 수정

교부된 중재재정서 또는 중재재심결정서가 오기·누락 등 표현상의 잘못이 명백한 경우에는 해당 중재위원회의 의결을 거쳐 수정할 수 있고, 노동위원회위원장은 수정한 중재재정서를 지체없이 당사자에게 송부해야 한다(노위칙 §161).

(6) 중재재정의 해석

중재재정의 해석 또는 이행방법에 관해 관계당사자 간에 의견의 불일치가 있는 경우, 당사자의 일방 또는 쌍방은 노동위원회에 그 해석 또는 이행방법에 관해 명확한 견해의 제시를 요청할 수 있다(노조법 §68②).[1] 중재위원회의 해석은 중재재정과 동일한 효력을 가진다(노조법 §68②). 당사자의 중재재정해석에 대한 재심신청은 초심에서 신청한 범위를 넘어서면 안 되며, 중노위의 심리와 판정은 당사자가 재심신청한 '불복의 범위' 안에서 해야 한다(노원칙 §89). 중재해석회의 및 재심회의의 절차에 관해서는 심판사건의 재심절차를 준용한다(노조법§69 노원칙§90).

2·마. 중재재정불복

(1) 제도의 내용

중재에 대해서는 재심과 행정소송이 불복제도로서 인정된다. 중재재정에 대한 불복제도는 '단체협약의 해석 또는 이행방법에 관한 견해제시'와 '필수유지업무제도의 불복절차'에도 준용된다.

① 재 심

관계당사자는 지노위 또는 특별노위의 중재재정이 위법이거나 월권에 의한 것이라고 인정하는 경우에는 중재재정서의 송달을 받은 날부터 10일 이내에 중노

1) 대판 2005.9.9, 2003두896. 중재재정서 문언의 의미는 그 내용, 중재재정경위, 당사자주장, 달성목적 등을 고려해서 합리적으로 해석되어야 한다.

위에 재심을 신청할 수 있다(노조법 §69①).

② **행정소송**

관계당사자는 중노위의 중재재정이나 재심결정이 위법이거나 월권에 의한 것이라고 인정하는 경우에는 그 중재재정서 또는 재심결정서의 송달을 받은 날부터 15일 이내에 행정소송을 제기할 수 있다(노조법 §69②).

(2) 불복요건

중재재정은 신속한 분쟁해결을 위한 제도이며, 단체교섭을 체하는 제도이다. 노조법은 중재재정불복사유를 위법 또는 월권에 의한 경우로 한정하고 있다. '위법'이라 함은 '중재재정절차가 노조법 등의 규정을 위반'하거나 '내용이 근기법위반 등으로 단체협약내용이 될 수 없는 것'을 말한다. 중재신청요건(노조법 §62), '신청기간과 중재위원회 구성', 관계당사자미소환 등 노조법의 절차를 위반하거나 근로자보호법령에 위배되는 중재재정은 위법이다. 월권'이라 함은 '당사자 사이에 분쟁대상으로 되어 있지 않는 사항', '정당한 이유 없이 당사자 간의 분쟁범위를 벗어나는 부분'에 대해 중재재정을 한 경우를 말한다.[1] 단체협약의 명시적근거가 없는 해석이거나,[2] 당사자합의 없이 단체협약의 채무적부분에 대해 이루어지면[3] 월권에 해당한다. 중재재정이 단순히 노사 어느 일방에게 불리해 부당하거나 불합리한 내용이라는 사유만으로는 불복이 허용되지 않는다.[4]

(3) 중재재정 재심회의

중재재정재심의 절차에 관해서는 그 성질에 어긋나지 않는 한 심판사건의 재심절차를 준용한다(노원칙 §161). 당사자가 재심이유, 답변을 서면으로 제출한 경우에는 당사자를 출석시키지 않고 중재재심회의를 진행할 수 있다.

(4) 중재재정의 확정

소정기간 내에 재심을 신청하지 않거나 행정소송을 제기하지 않은 때에는 그 중재재정 또는 재심결정은 확정된다(노조법 §69③). 중재재정이나 재심결정이 확정된 때에는 관계당사자는 이에 따라야 한다(노조법 §69④).

---

1) 대판 1992.7.14, 91누8944 ; 대판 1994.1.11, 93누11883 ; 대판 2007.4.26, 2005두12992 등 다수.
2) 서울고판 2008.5.1, 2007누16440.
3) 대판 1996.2.23, 94누9177 ; 대판 1997.10.10, 97누4951. '근무시간 중의 노조활동' 관련.
4) 대판 1990.10.10, 89누583 ; 대판 1992.7.14, 91누8944 ; 대판 2007.4.26, 2005두12992 등 다수.

2·바. 중재의 효력

(1) 쟁의행위금지

노동쟁의가 중재에 회부된 때에는 그 날부터 15일간은 쟁의행위를 할 수 없다(노조법 §63). 조정기간의 경과 후 중재에 회부되더라도 다시 15일이 경과하지 않으면 쟁의행위를 할 수 없다(노조법 §45②단서). 중재기간 중 쟁의행위를 금지하는 규정의 당위성을 '공익과 사익의 조화'에서 찾는 판결[1]이 있다.

(2) 중재재정의 효력

중재재정은 단체협약과 동일한 효력을 가진다(노조법 §70①). 중재재정 또는 재심결정은 중노위의 재심신청 또는 행정소송의 제기에 따라 효력이 정지되지 않는다(노조법 §70②). 중재재정의 유효기간에 관해서는 명문규정이 없다. 중재재정은 단체협약과 동일한 효력을 가지므로 단체협약유효기간에 관한 규정이 준용된다.

(3) 실효성의 확보

재심신청 또는 행정소송제기를 이유로 중재재정을 이행치 않을 경우(노조법§92iii 1천만원벌금)와 '확정된 중재재정내용을 이행하지 않을 경우(노조법§69④, §90 2년징역·2천만원벌금)'에 벌칙이 적용된다.

3. 공익사업 등의 조정에 관한 특칙

3·가. 의 의

단체행동권은 헌법상 질서유지 또는 공공복리, 재산권 등 다른 권리와 조화를 이루는 범위내에서 행사되어야 한다. 공익사업은 국민의 일상생활과 국민경제에 미치는 영향이 크다. 노조법은 공익사업에 대해 특칙을 두고 있다.

3·나. 개념과 범위

(1) 공익사업

공익사업이 되기 위해서는 실질적요건과 형식적요건을 모두 충족해야 한다.

① 실질적요건

공익사업이라 함은 공중의 일상생활과 밀접한 관련이 있거나 국민경제에 미치는 영향이 큰 사업을 말한다(노조법 §71①). '공중의 일상생활과 밀접한 관련이 있는 사업'

---

1) 대판 2007.10.12, 2007도5349.

이란 일상생활에 필요불가결한 사업을 의미하며, '국민경제에 미치는 영향이 큰 사업'은 국민경제를 위태롭게 할 우려가 있는 사업을 의미한다(노조법 §70①).

② **형식적요건**

노조법(§71①)은 정기노선여객운수·항공운수사업, 수도·전기·가스·석유정제·공급사업, 공중위생사업·의료·혈액공급사업, 은행·조폐사업, 방송·통신사업을 공익사업으로 명시하고 있다.

(2) 필수공익사업

① **실질적 요건**

필수공익사업은 공익사업으로서 업무의 정지 또는 폐지가 공중[1]의 일상생활을 현저히 위태롭게 하거나 국민경제를 현저히 저해하고 업무대체[2]가 용이하지 않은 사업을 말한다(노조법 §71②). 필수공익사업은 노동조합결성사업장을 대상으로 한다.

② **형식적 요건**

노조법(§71②)은 철도사업, 도시철도사업 및 항공운수사업, 수도사업·전기사업·가스사업·석유정제사업 및 석유공급사업, 병원사업 및 혈액공급사업, 한국은행사업, 통신사업을 필수공익사업으로 명시하고 있다.

3·다. 공통적 특칙

(1) 우선취급과 신속성

국가·지자체·국공영기업체·방위산업체 및 공익사업에 있어서의 노동쟁의조정은 우선적으로 취급하고 신속히 처리해야 한다(노조법 §51).

(2) 조정기간과 신중성

공익사업은 일반사업보다 5일이 더 긴 15일이내에 조정을 종료해야 한다(노조법 §54①). 조정기간은 당사자합의로 15일이내에서 연장될 수 있다(노조법 §54②).

(3) 특별조정위원회의 조정

① **구 성**

공익사업의 노동쟁의 조정을 위해 노동위원회에 특별조정위원회를 두며(노조법 §72①),

---

1) 재화나 서비스의 생산 또는 공급이 일반공중을 대상으로 해야 한다.

2) 생산·공급규모를 감안할 때 다른 동종업체를 통해 대체하는 것이 곤란할 정도이어야 한다. 도급·위탁 등에 있어 외주계약취소 및 재계약을 통해 용이하게 대체수행이 가능하면 원칙적으로 대체가능성이 인정된다.

특별조정위원회는 특별조정위원 3인으로 구성한다(노조법 §72②). 특별조정위원은 그 노동위원회의 공익위원 중에서 노동조합(교섭대표노동조합포함 노조법 §29의5)과 사용자가 순차적으로 배제하고 남은 4인 내지 6인 중에서 노동위원회위원장이 지명한다. 관계당사자가 합의로 해당노동위원회위원이 아닌 자를 추천하면 그 자를 지명한다(노조법 §72③).[1)]

② 회 의

특별조정위원회는 공익사업에 대해 조정을 담당한다는 점에서 조정위원회와 다르지만, 회의는 조정위원회와 같이 위원 전원의 출석으로 개의하고 출석위원 과반수의 찬성으로 의결한다(노위법 §17②).

(4) 긴급조정과의 관계

일반사업은 규모가 크거나 성질이 특별한 경우에만 긴급조정의 대상이 될 수 있는데 반해, 공익사업은 자체적으로 긴급조정대상이 된다.

3·라. 필수공익사업의 특칙

필수공익사업에 대해서는 대체근로제한제도의 적용을 완화하고, 필수유지업무제도를 도입해 쟁의행위를 제한하고 있다.

4. 긴급조정

4·가. 의 의

(1) 취 지

긴급조정은 고용장관이 노동위원회의 통상적인 조정절차를 통해서 해결되지 않아 발생한 쟁의행위를 중지시키고 중노위로 하여금 조정절차를 개시하게 해 평화적으로 노동쟁의를 해결하는 조정제도이다.

(2) 성 격

긴급조정제도는 국민경제를 위태롭게 할 현존하는 위험을 막기 위해 쟁의권에 대해 중대한 제한을 인정하는 불가피한 해결방법이다. 조정・중재는 통상의 노동쟁의조정방법으로서 앞으로 발생할 쟁의행위의 예방조치이고, 긴급조정은 비상시

1) 특별조정위원회위원장은 공익위원인 특별조정위원 중에서 호선한다. 노동위원회위원이 아닌 자와 1인의 특별조정위원으로 구성된 경우에는 특별조정위원이 위원장이 된다. 해당 노동위원회위원이 아닌 자만으로 구성된 경우에는 그 중에서 호선한다(노조법 §73).

의 노동쟁의조정방법으로서 이미 발생한 쟁의행위의 중지조치이다.

4·나. 개시요건

(1) 실질적요건

고용장관은 쟁의행위가 공익사업에 관한 것이거나, 규모가 크거나, 성질이 특별한 것으로서 현저히 '국민경제를 해하거나 국민의 일상생활을 위태롭게 할 위험이 현존하는 때'[1]에는 긴급조정결정을 할 수 있다(노조법 §76①). 긴급조정요건인 위험의 현저성은 구체적이어야 하며, 그 위험이 현실적으로 존재해야 한다.

(2) 형식적 요건

긴급조정결정권자는 고용장관이다. 고용장관이 긴급조정의 결정을 하고자 할 때에는 미리 중노위위원장의 의견을 들어야 하는데(노조법 §76②), 이는 중노위위원장의 의견을 존중해야 한다는 뜻이며 그 의견에 구속되는 것은 아니다.

4·다. 긴급조정절차

(1) 공표와 통고

고용장관은 긴급조정을 결정한 때에는 지체없이 그 이유를 붙여 이를 공표함과 동시에 중노위와 관계당사자에게 각각 통고(노조법 §76③)해야 한다. 공표는 신문・라디오 기타 공중이 신속히 알 수 있는 방법으로 행해져야 한다(노조령 §32).

(2) 조정개시

중노위는 고용장관의 통고를 받은 때에는 지체없이 조정을 개시해야 한다(노조법 §78). 긴급조정은 이미 조정을 거쳐 쟁의행위를 대상으로 하므로 중복해 조정을 하는 특성이 있다. 긴급조정주체는 중노위이다. 긴급조정의 조정절차에 대해 노조법에 규정되어 있지 않으므로 일반사업은 조정위원회, 공익사업은 특별조정위원회를 구성해 처리한다. 조정절차는 일반 조정업무처리절차를 준용한다.

노동관계당사자의 일방 또는 쌍방으로부터 중재신청이 있거나, 중노위위원장이 중재회부결정을 한 때에는 조정위원회는 조정을 중지해야 한다.

---

1) 매출차질액 등 산출이 가능한 직접적인 피해만을 기준으로 할 것이 아니고 사업성격, 국민경제, 쟁의행위의 규모와 범위, 쟁의행위성질, 직・간접적인 피해규모, 국민불편정도, 국민건강・안전위협, 대외신인도・국가경쟁력등 '국민경제 및 국민의 일상생활 전반에 미치는 영향'과 '노사당사자간 자율타결 전망' 종합 고려 필요.

(3) 중재의 회부 및 개시

중노위위원장은 조정이 성립될 가망이 없다고 인정되면 긴급조정결정의 통고를 받은 날부터 15일 이내에 중노위공익위원 1인 이상의 의견을 들어 중재회부 여부를 결정해야 한다(노조법 §79). 중노위는 해당 관계당사자의 일방 또는 쌍방으로부터 중재신청이 있거나 직권으로 중재회부의 결정을 한 때(노조법 §79)에는 지체없이 중재를 행해야 한다(노조법 §80). 중재절차는 일반 중재업무처리절차를 준용한다.

4·라. 긴급조정의 효과

(1) 쟁의행위의 중지

긴급조정결정이 공표된 때에는 관계당사자는 즉시 쟁의행위를 중지[1]해야 하며, 기산일인 공표일부터 30일이 경과하지 않으면[2] 쟁의행위를 재개할 수 없다(노조법 §77 및 §90 2년징역·2천만원벌금). 위법한 긴급조정결정에 대한 쟁의행위정당성은 부정되지 않는다.

(2) 조정안과 중재재정의 효력

긴급조정과정에서 수락된 조정안이나 확정된 중재재정은 단체협약과 동일한 효력을 가진다(노조법 §61 및 §70).

(3) 행정소송

긴급조정절차를 개시할 만한 실질적요건이 갖추어지지 못한 긴급조정결정은 행정소송대상이 된다. 중재재정이 위법 또는 월권에 의한 것이라고 인정해 그 결정에 불복하는 자는 그 중재재정서를 송달받은 날부터 15일 이내에 행정소송을 제기할 수 있다.

4·마. 긴급조정의 활용

긴급조정이 공표되면 쟁의행위를 중지해야 하며 강제중재로 연결된다. 또한 국민경제저해·일상생활위험 등 긴급조정요건은 추상적이어서, 실질적으로 고용장관의 의사에 좌우된다. 긴급조정은 신중하게[3] 결정될 필요가 있다.

---

1) 긴급조정결정이 공표된 즉시 정상적인 조업에 임해야 한다는 의미보다는 업무복귀를 위한 이동 등 사용자의 노무지휘권에 따라야 한다는 의미로 해석된다(같은 의견, 고용노동부, 『집단적노사관계 업무매뉴얼』, 389쪽).

2) 쟁의행위금지기간의 판단을 위한 기산일은 당사자에게 긴급조정의 결정통고가 도달한 날이 아니고 긴급조정결정이 공표된 날이다.

3) 실제로도 1967년의 대한조선공사(한진중공업 전신)사건, 1993년의 현대자동차사건, 2005년의 아시아나항공사건, 2006년의 대한항공사건이 있는 정도이다.

제4절 사적조정제도

1. 의 의

1·가. 개 념

노조법은 노동쟁의조정절차와 관련하여 공적조정절차를 거치도록 하고 있으나 이를 강제하는 것은 아니다. 노사당사자는 노동위원회 대신 제3자나 단체로부터 조정을 받을 수 있는데, 이를 사적조정이라 한다.

사적조정제도는 노사관계당사자의 의사에 따라 개시되고, 단체교섭을 하면서 제3자의 조력을 받으므로, 노사자치주의에 부합한다.

1·나. 법적근거

노조법(노조법 §52)은 사적조정의 근거를 명시하면서, 노동위원회에 신고할 의무, 공적조정과의 관계, 사적조정의 절차와 방법, 사적조정인의 지위 등을 규정하고 있다.

2. 요 건

2·가. 당사자 합의

사적조정제도는 사적조정을 활용한다는 취지가 포함된 쌍방합의나 단체협약규정이 있어야 한다(노조법 §52①). 노사관계당사자는 합의를 함에 있어 공적조정제도와 내용·절차·기간·방법 및 담당기관을 달리할 수 있다.[1] 아울러 사적조정과 사적중재를 택일하거나 모두 거칠 수 있다.

2·나. 노동위원회 신고

노동관계당사자는 사적조정 또는 사적중재에 따라 노동쟁의를 해결하기로 한 때는 연명으로 노동위원회에 신고해야 한다(노조법 §52②).

1) 노사 32281-8328, 1988.6.7.

3. 공적조정과의 관계

3·가. 사적조정 우선

사적조정신고는 공적조정·중재가 진행 중인 경우에도 인정된다(노조령 §23②). 이 경우 노동위원회는 공적조정·중재를 중지하고 사적조정·중재가 진행되도록 해야 한다. 조정기간은 사적조정이 개시한 때부터 새로이 기산된다.

3·나. 공적조정 보장

사적조정·중재로 노동쟁의가 해결되지 않은 경우, 노사당사자는 노동위원회에 공적조정·중재를 신청할 수 있다. 관할노동위원회는 지체없이 노조법절차에 따라 공적조정·중재를 개시해야 한다(노조령 §23③). 조정기간은 공적조정신청일로부터 새로이 기산한다.

3·다. 사적조정 제한

긴급조정절차를 거치고 있는 노동쟁의는 사적조정절차의 대상이 될 수 없다.

공익사업에 대한 조정이 진행되는 경우라도 긴급조정이 아니라면 사적조정절차의 신고가 가능하다(노조령 §23②).

4. 사적조정의 내용

4·가. 사적조정인의 선임

사적조정(調整)을 받고자 하는 노사관계당사자는 쌍방합의나 '단체협약 규정에 정한 방법'으로 사적조정·중재인을 선임해야 한다. 사적조정·중재인은 지노위의 공익위원자격(노위법 §8②)을 가진 자(노조법 §52⑤본문)로서 노사관계당사자가 합의로 정한다.

사적조정·중재인은 노동관계당사자로부터 수수료, 수당 및 여비 등을 받을 수 있다(노조법 §52⑤단서).

4·나. 조정대상

사적조정에 대한 내용은 당사자합의에 따라 결정된다. 노동쟁의 개념에 해당되지 않는 사항도 그 대상에 포함될 수 있으며,[1] 단체교섭이나 단체협약의 대상

---

1) 대판 2003.7.25, 2001두4818. 근로조건결정에 관한 사항 관련.

이 될 수 있으면 사적조정대상이 된다.

4·다. 조정기간 및 쟁의행위금지

사적조정·중재에 대해서도 조정전치주의(노조법 §45②)와 공적조정기간(노조법 §54)과 쟁의행위금지규정(노조법 §63)이 적용된다(노조법 §52③).

(1) 사적조정

① 조정기간

사적조정기간은 조정개시일부터 일반사업에 있어서는 10일, 공익사업에 있어서는 15일을 초과할 수 없으나 당사자합의로 같은 기간만큼 연장할 수 있다.

② 조정기간 중 쟁의행위

사적조정에 대해 공적조정의 조정전치주의와 조정기간이 적용되므로, 사적조정기간 중에 쟁의행위를 할 수 없으며, 이를 어긴 경우의 정당성문제에 대해서는 공적조정과 같은 법리가 적용된다.

③ 조정기간경과 후 쟁의행위

조정전치주의에 따르면 공적조정절차를 거쳐야 쟁의행위를 할 수 있다. 사적조정은 공적조정절차조항 중에서 조정기간만 적용된다. 노조법은 공적조정을 사적조정으로 대체한다는 규정을 두고 있지 않다. 그렇더라도 사적조정은 '실패한 경우 공적조정이 강제되어 있지 않은 점'을 감안할 때, 공적조정을 갈음하는 성격을 갖는다. 노동조합은 사적조정기간이 지나면 쟁의행위를 할 수 있다.[1]

(2) 사적중재

노조법은 사적중재기간을 명시하지 않고 있다. 그러나 사적중재를 개시한지 15일이 지나지 않으면 쟁의행위를 할 수 없다. 기간연장은 인정되지 않는다. 노사관계당사자가 정한 기간내에 중재재정이 나오면 당사자는 이를 받아들여야 한다.

5. 사적조정의 효과

5·가. 사적조정 성립

사적조정에 따라 조정 또는 중재가 이루어진 경우에 그 내용은 단체협약과 동

---

1) <같은 의견> 임종률, 『노동법』, 제9판, 191쪽.

일한 효력을 가진다(노조법 §52④). 사적조정서와 사적중재서의 해석과 이행방법에 관한 다툼이 있는 경우에는 담당자인 조정·중재인 또는 기관의 해석에 따라야 한다.

5·나. 사적조정 결렬

사적조정이 결렬되고 조정기간이 지나면 공적조정을 받지 않더라도 쟁의행위가 가능하다. 다시 공적조정을 신청한 경우, 조정기간 중이라도 쟁의행위가 금지되지 않으나, 중재기간 중이라면 그렇지 않다.

5·다. 사적조정 합의 위반

사적조정을 하기로 한 합의를 지키지 않은 행위는 채무적효력위반이 되나, 위반행위 자체만을 이유로 쟁의행위가 부당해지지는 않는다.

제 5 장
쟁 의 행 위

제1절 총　설

1. 쟁의행위의 의의

1·가. 개 념

쟁의행위라 함은 파업·태업·직장 폐쇄 기타 노동관계당사자가 그 주장을 관철할 목적으로 행하는 행위와 이에 대항하는 행위로서 업무의 정상운영을 저해하는 행위를 말한다(노조법 §2vi). 쟁의행위는 노동쟁의가 발생한 상태에서 그 주장을 관철하려는 행위이다.

1·나. 절 차

쟁의행위는 노동쟁의가 발생한 후 조정전치주의에 따라 '조정을 거친 후'에 행할 수 있다. 노동조합이 쟁의행위를 개시하고자 할 경우에는 관할행정관청과 관할노동위원회에 쟁의행위의 일시·장소·참가인원 및 그 방법을 미리 서면으로 신고해야 한다. 신고는 효력요건이 아니다.

1·다. 보 장

쟁의행위는 단체행동권(헌법 §33①)을 실현하는 행위로서 민· 형사상책임이 면제된다.

2. 쟁의행위의 요건

2·가. 쟁의행위주체

쟁의행위당사자는 노사관계당사자 즉, 노동조합과 그의 상대방인 사용자 또는 사용자단체이다.

2·나. 주장관철·대항행위

쟁의행위라 함은 주장을 관철할 목적으로 행하는 행위와 이에 대항하는 행위를 말한다(노조법 §2vi). '주장'은 상대방에 대해 요구하는 것을 말한다. '관철할 목적으로 행하는 행위'는 자기주장을 수용하도록 하는 근로자측의 행위이며, '대항하는 행위'는 상대방의 쟁의행위를 저지할 목적으로 사용자가 행하는 방어적·수동적 행위이다. 조합원총회,[1] 운동경기 등은 쟁의행위가 아니나 이를 빙자해 주장을 관철하려고 하면 쟁의행위의 성격을 갖게 된다.

2·다. 업무저해성

쟁의행위라 함은 파업·태업·직장폐쇄 등 업무의 정상운영을 저해하는 행위를 말한다(노조법 §2vi). 저해행위는 결과가 요구되지 않으며 위험성이 있으면 족하다. 쟁의행위는 업무상운영을 저해하는 실력행사라는 점에서 노동쟁의나 시위와 구별된다. 업무정상운영은 '사용자의 적법한 지휘·명령에 기초를 둔 업무운영'을 말하며 '저해행위에 대한 대항행위'를 포함한다. '파업·태업·직장폐쇄 외에 불매운동(boy-cott)이나 피케팅(Picke-ting)처럼 업무정상운영을 저해하는 모든 행위가 이에 해당한다. '휴게시간과 퇴근시간'[2]이나 '폐업신고후'[3]의 단체행동처럼 업무저해성이 성립하지 않으면 쟁의행위가 아니다. 리본패용, 간소복착용 등의 집단행위라도 업무정상운영을 저해하지 않으면 쟁의행위라고 볼 수 없으나,[4] 병원[5]이·호텔[6]의 경우처럼 업무관련성이 인정되면 업무저해가 성립할 수도 있다.

---

1) 대판 1994.5.10, 93누15380. 지부결성의 목적으로 월차휴가를 사용한 데 대해 쟁의행위로 보지 않았다.
2) 노사 32281-8308, 1990.6.12.
3) 대판 1991.6.11, 91도204.
4) 대판 1991.6.11, 91도204.
5) 대판 1994.6.14, 93다29167.
6) 고용노동부, 『집단적노사관계 업무매뉴얼』, 235쪽.

제2절 쟁의행위의 정당성과 법적제한

1. 의 의

쟁의행위의 정당성이라 함은 민·형사면책과 관련법의 보호를 받을 수 있는 한계를 말한다.

1·가. 쟁의행위 한계

(1) 법 령

쟁의행위는 헌법이 보장하고 있는 근로자의 권리이나, 다른 기본권과의 조화를 위해 법적으로 일정한 제한을 받는다. 헌법에 규정된 노동3권은 노조법을 통해 실현된다. 쟁의행위는 노조법의 정당성법리에 따라 제한받을 수 있다.

(2) 자치법규

쟁의행위는 단체협약이나 규약에 따라 제한되기도 한다. 평화조항 또는 쟁의조항 등 단체협약의 채무적부분을 위반하면 채무불이행문제가 발생하나, 쟁의행위의 정당성이 당연히 부정되지는 않는다.[1] 규약의 쟁의행위규정은 조합내부의 책임문제를 발생시킬 수는 있으나, 쟁의행위정당성에는 영향을 미치지 않는다.

1·나. 정당한 쟁의행위 보호

노조법은 정당한 쟁의행위를 보호하고 있다. 첫째, 민·형사책임이 면제(노조법 §3,§4)되고, 사용자나 제3자는 근로자측에게 손해배상을 청구할 수 없다. 둘째, 조합원은 쟁의행위기간 중에 현행범이 아니면 노조법 위반을 이유로 구속되지 않는다(노조법 §39). 셋째, 대체근로나 하도급이 제한되고(노조법 §43①). 필수공익사업에 대해서는 대체근로가 일부만 허용된다. 넷째, 해고 등 불이익취급이 금지된다(노조법 §81 i). 다섯째, 중단된 업무수행을 위한 근로자파견이 금지된다(파견법 §16①).

1) <같은 의견> 이상윤, 『노동법』, 제6판, 758쪽.

2. 정당성 판단기준

쟁의행위는 목적·방법 및 절차에 있어서 법령 기타 사회질서에 위반되어서는 안된다(노조법 §37①). 쟁의행위의 정당성 판단기준은 주체, 목적, 시기·절차, 수단과 방법으로 정리할 수 있다.[1)]

2·가. 주 체

(1) 쟁의행위당사자

쟁의행위의 당사자는 노사관계당사자이다. 헌법상 단체행동권의 주체는 근로자라는 점을 감안하여, 여기서는 근로자측 당사자를 중심으로 검토한다.

① 노동조합

쟁의행위당사자인 노동조합은 단체교섭능력과 단체협약체결능력[2)]을 갖추어야 하며,[3)] 단체교섭당사자와 같은 것으로 이해할 수 있다. 조합원은 노동조합(교섭대표 노동조합포함)(노조법 §29의5)이 주도하지 않은 쟁의행위를 해서는 안된다(노조법§37②,§89 i 3년징역·3천만원벌금). 비공인파업(*wild catstrike*)은 노조법위반으로 벌칙이 적용되며 쟁의행위정당성이 부정된다.[4)]

② 지부·분회

(가) 비독립조직

노동조합의 지부·분회는 노동조합의 소속기관이다. 독립성이 없는 소속기관이나 소수조합원은 쟁의행위주체로 인정되지 않는다.[5)] 다만, 규약 등이 위임한 권한의 범위내에서는 쟁의행위주체가 될 수 있다. 초기업노조의 규약이 소속기관에게 당사자능력을 부여한 경우에도 마찬가지이다.[6)]

(나) 독립 조직

지부나 지회라도 독자적인 규약 및 집행기관을 가지고 독립된 조직체로서 활동을 한다면, 설립신고와 관계없이 자신의 조직이나 조합원에게 고유한 사항에 대해 독자적으로 단체교섭을 하고 단체협약을 체결할 수 있다는 것이 판례의 태도이다.[7)] 이 견해에 따르면 지부·지회는 단체교섭과 단체협약체결의 당사자가

---

1) 대판(전) 2001.10.25, 99도4837 등 다수.
2) 헌재 1990.1.15, 89헌가103.
3) 대판(전) 2001.10.25, 99도4837 등 다수.
4) 대판 1999.9.17, 99두5740 ; 대판 1995.10.12, 95도1016.
5) 임종률, 『노동법』, 제9판, 220쪽 ; 이상윤, 『노동법』, 제6판, 721쪽 등 ; 대판 1997.4.22, 95도748.
6) <같은 의견> 협력 68107-240, 2001.5.21.

되므로 쟁의행위주체가 된다. 그러나 위임이 없는 상태에서는 초기업노조와 그 지부 사이에 단체교섭권이나 쟁의행위권이 충돌할 수 있다. 따라서 개인적으로는 이 견해를 지지하지 않는다.

③ 노동조합요건 결여 단체

'법외조합 · 쟁의단 · 해고자복직투쟁위원회 · 노사협의회 등'[1]이나, '그 밖에 노조법이 정한 요건을 충족하지 못한 근로자단체'[2]는 노조법의 보호를 받지 못하므로 노조법상 쟁의행위주체가 아니다.[3] 법외조합의 쟁의행위가 목적, 시기 · 절차, 수단과 방법이 정당하다면, 판례[4]나 행정해석은 견해를 달리 하나, 헌법상 단체행동권행사로 보아 민 · 형사면책은 인정될 수 있다는 것이 다수설의 입장이다(같은편, 제1장, 제2절, 2·다,(5) 같은편, 제2장, 제2절, 2·가, (2)). 쟁의단 등에 대해 존립목적의 범위 안에서 헌법상 노동기본권이 인정되며, 단체행동권도 원래 근로자개인의 권리이기 때문에 인정된다는 견해[5]가 있다. 그러나 노동조합의 실질요건을 갖추지 못했다면, 헌법상 단체행동권은 별론으로 하고, 노조법상 쟁의행위권은 인정되지 않는다.

(2) 법령제한

교원(같은편 제7장, 제1절)과 '사실상 노무종사공무원(국가공무원 복무규정 §28) 이외의 공무원(같은편 제7장, 제2절)'의 쟁의행위는 금지된다. 방위산업체종사자의 쟁의행위는 제한되거나 인정되지 않는다(같은편 제7장, 제3절). 선원은 항행 중이거나, 외국항구에 있거나, 인명 · 선박에 위해를 줄 염려가 있는 경우에 쟁의행위가 금지된다(선원법 §27). 경비원(경비원법 §15③)의 쟁의행위는 금지된다. 긴급조정 · 중재 · 조정 기간 동안에 쟁의행위가 금지된다. 필수유지업무수행자에게도 쟁의행위가 금지된다.

2·나. 목 적

(1) 의 의

쟁의행위는 근로자의 근로조건과 경제적 · 사회적 지위의 향상을 위해 노 · 사간의 자치적인 교섭을 조성하는 것을 목적으로 하여야 한다.[6]

---

7) 대판 2001.2.23, 2000도4299 ; 대판 2008.1.18, 2007도1577. ↘ 626쪽

1) 대판 1996.1.26, 95도1959.

2) 대판 1997.2.11, 96누2125. 해직이 확정된 자를 회원으로 인정하고 있는 노조관련.

3) 이상윤, 『노동법』, 제6판, 720쪽 ; 대판 1990.5.15, 90도357. 이러한 견해들은 민 · 형사면책도 부정한다.

4) 헌재 2008.7.31, 2004헌바9.

5) 김유성, 『노동법Ⅱ』, 226쪽 ; 임종률, 『노동법』, 제9판, 219~220쪽.

6) <대판(전) 2001.10.25, 99도4837 등 ; 서울고판 2010.7.13, 2009누26212. 단체협약이 체결되는 등 쟁의를 더 이상

(2) 포함범위

쟁의행위목적은 노동쟁의대상 및 단체교섭대상과의 관계를 통해서 규명될 수 있다. 이 들의 관계에 대해서는 다양한 견해가 제시되고 있다.

단체교섭대상을 설명하면서 '단체교섭대상·노동쟁의대상·쟁의행위목적의 관계'를 검토하고(같은편, 제2장 제3절, 5) 권리분쟁, 경영·인사권, 집단적노동관계, 정치파업(같은편, 같은장 같은절, 3.가, (2)) 등이 쟁의행위목적에 포함되는지를 학설, 판례 그리고 행정해석을 비교하면서 분석하였다(같은편, 제2장 제3절, 5.가, (3)).

(3) 복합목적

쟁의행위는 여러 개의 목적을 갖는 것이 일반적이다. 쟁의행위의 목적 중 일부가 정당하지 못하면 주된 목적 또는 진정한 목적이 정당한지에 따라 전체의 정당성을 판단한다.[1] 주된 또는 진정한 목적이란 그 목적을 제외하면 쟁의행위를 하지 않을 것으로 인정되는 목적을 말한다. 구체적으로는 단체교섭경위, 요구사항, 쟁의행위전개과정 등을 종합적으로 고려해, '정당하지 않은 목적'이 '표면적으로 내세운 목적'과 비교할 때 동일한 가치 이상인지를 판단한다.[2]

(4) 과도주장

노동조합이 사용자에게 다소 무리한 요구를 하더라도 교섭단계에서 조정이 가능한 문제이므로 그러한 요구가 있다는 것만으로 쟁의행위의 목적이 부당하다고 해석되지 않는다.[3]

(5) 법규제한

근로시간면제한도를 초과하는 급여지급은 부당노동행위이며(노조법 §81①iv), 해당 단체협약이나 사용자동의는 무효이므로 쟁의행위의 목적이 될 수 없다.

2·다. 수단·방법

(1) 정당성 판단기준

쟁의행위는 헌법에 보장된 기본권의 행사이지만 수단과 방법에 있어 제한을

유지할 이유가 없는 것이 명백함에도 쟁의행위를 계속하면 징계조치 가능.

1) 대판 1992.1.21, 91누5204 ; 대판 1992.5.12, 91다34523 ; 대판 2008.9.11, 2004도746 ; 대판 2012.8.30, 2010도4420 ; 대판 2013.2.15, 2010두 20362 ; 고용노동부, 『집단적노사관계 업무매뉴얼』, 251~252쪽.

2) 대판 2005.3.10, 2004도8448.

3) 대판 1992.1.21, 91누5204. 일용직공무원의 고용직 환원 요구 ; 대판 2000.5.26, 98다34331. 높은 임금인상 관련.

받는다. 첫째, 근로제공을 정지함으로써 업무를 저해해 경제적타격을 주는 소극적방법으로 행해져야 한다. 둘째, 노사관계에 있어 신의성실원칙과 공정성원칙에 합치되어야 한다. 셋째, 사용자의 소유권·재산권과 조화를 이루어야 한다. 넷째, 폭력이나 파괴행위를 수반하거나 기타 고도의 반사회성을 띤 행위가 아니어야 한다. 노조법도 이러한 점을 고려해 폭력·파괴행위로 타인의 생명·신체에 위해를 미치거나 다른 기본권을 침해하는 수단이나 방법을 제한하고 있다.[1]

(2) 폭력과 점거 금지

① 의 의

노동조합은 사용자의 점유를 배제하여 조업을 방해하는 형태로 쟁의행위를 해서는 안된다(노조법 §37③). 쟁의행위는 폭력이나 파괴행위 또는 생산 기타 주요업무에 관련되는 시설과 이에 준하는 시설로서 대통령령이 정하는 시설을 점거(같은절 3·바)하는 형태로 이를 행할 수 없다(노조법§4단서, §42①, §89 i 징역3년·3천만원벌금). 쟁의행위는 타인의 생명, 재산상의 기본권 등을 침해할 수 없다. 폭력·파괴행위 등은 법질서의 기본원칙에 반하므로, 어떠한 경우에도 허용되지 않는다.[2]

② 요 건

폭력, 협박, 점거 등에 해당하는지는 다중(多衆)의 힘을 기초로 하는 단체행동의 특성을 고려해 상황에 따라 구체적으로 판단한다.

③ 효과 및 한계

폭력·파괴 등 반사회적행위를 수반하는 쟁의행위는 정당성이 부정되며, 폭력죄·상해죄·협박죄·재산손괴죄·업무방해죄 등의 죄책이 발생될 수 있다.

노동조합의사와 관계없이 일부조합원들이 우발적·일시적으로 폭력·파괴 등의 행위를 한 경우, 전체적정당성과 개인적정당성을 구분해 판단한다.[3]

(3) 안전보호시설 유지

① 의 의

사업장의 안전보호시설에 대해 정상적인 유지·운영을 정지·폐지 또는 방해하는 행위는 쟁의행위로서 이를 행할 수 없다(노조법 §42②, §91 1년징역·1천만원벌금).

---

1) 대판(전) 2001.10.25, 99도4837 ; 대판 1990.5.15, 90도357 ; 대판 1992.7.14, 91다43800.
2) 대판 1992.5.12, 91다34523 ; 대판 2002.1.11, 2001도1687. 임직원 감금, 폭행 관련.
3) 대판 2003.12.26, 2003두8906.

생명·신체·건강에 피해·위험을 발생시키는 행위는 쟁의행위의 본질에 반할 뿐만 아니라 헌법상 질서유지나 공공복리의 차원에서 보더라도 위법하다. 해당 규정은 안전보호시설에 대해 예방조치로서 정상적인 유지·운영을 정지·폐지 또는 방해하는 행위를 금지하고 있다.

② 보호객체 및 위반주체

안전보호시설의 유지·운영을 담당하는 근로자뿐만 아니라 시설의 담당이 아닌 근로자·노동조합·사용자도 안전보호시설의 유지·운영을 방해하는 경우에는 위반주체가 된다. 안전보호시설의 보호를 받는 객체는 해당사업장의 근로자뿐만 아니라 사업장과 무관한 제3자 등을 모두 포함된다.

③ 안전보호시설 범위

안전보호시설은 "인명·신체안전"을 위한 시설을 의미하므로 물적설비안전을 위한 시설은 포함되지 않으며, 시설이 아닌 인적조직을 포함하지 않는다.[1]

④ 위법성의 판단

안전보호시설 유지의무에 대해서는 사업장성질, 시설기능, 쟁의행위 당시의 상황 등을 구체적·종합적으로 검토해 판단하고,.[2] 안전과 단체행동권 사이에서 조화를 고려하여 판단한다.[3] 노조법규정이 범죄구성요건이라는 점을 고려할 때, 위반행위가 있어도 사전에 필요한 안전조치를 취해 사람의 생명이나 신체에 대한 위험이 발생하지 않으면 해당규정위반이 성립하지 않는다.[4]

⑤ 효 과

㈎ 벌칙 및 대체근로

안전보호시설유지의무를 위반하면 형사처벌을 받을 수 있다(노조법§91 1년징역·1천만원벌금).

사업장의 안전보호시설에 대해 정상적인 유지·운영을 정지·폐지 또는 방해하는 쟁의행위는 정당성을 상실한다.

㈏ 중지명령

행정관청은 노동위원회의결을 얻어 안전보호시설을 정지·폐지 또는 방해하는 쟁의행위의 중지를 서면으로 통보해야 한다(노조법 §42③본문). 사태가 급박해 노동위원회의

1) <예시> 안전보호시설의 범위는 광산의 가스폭발방지시설, 공항의 관제통신시설, 병원,의 구급진료시설, 원자력발전소의 방사능폐기물처리시설, 터널의 유독가스 배출시설, 아파트의 용수시설 등

2) 대판 2005.9.30, 2002두7425 ; 대판 2006.5.12, 2002도3450(한국노동법학회, 『노동판례백선』, 342쪽).

3) 헌재 2005.6.30, 2002헌바83.

4) 대판 2006.5.12, 2002도3450.

의결을 얻을 시간적여유가 없을 때에는 구두로(노조령 §22) 그 행위를 중지할 것을 통보할 수 있다(노조법 §42③단서). 이 경우 행정관청은 지체없이 노동위원회의 사후승인을 얻어야 하며, 승인을 얻지 못하면 그 통보는 그 때부터 효력을 상실한다(노조법 §42④).

(4) 보안작업 유지

① 의 의

쟁의행위기간 중이라도 사용자의 경영시설의 유지를 위해 불가결하게 요구되는 작업은 수행되어야 하는데 이러한 작업을 보안작업 또는 긴급작업이라 한다.

작업시설의 손상이나 원료·제품의 변질 또는 부패를 방지하기 위한 작업은 쟁의행위기간 중에도 정상적으로 수행되어야 한다(노조법 §38②, §91 1년징역·1천만원벌금).

보안작업의 유지의무는 쟁의행위가 종료되면 바로 업무에 복귀할 수 있도록 하여 사용자 및 근로자에게 발생할 수 있는 경제적 손실을 최소화하는 것을 목적으로 한다. 보안작업의 유지의무는 '파업기간 중에도 근로자에게 근로계약의 부수적의무인 성실의무나 배려의무가 있다'는 데서 근거를 찾을 수 있다.

② 의무의 내용

쟁의행위는 소극적으로 노무제공을 거부함으로써 사용자에게 생산중단 등에 따라 경제적 손실을 주는데 그쳐야 하며, 인명에 피해를 준다거나 물적시설 자체에 손해를 가하는 것은 쟁의행위의 정당성의 범위를 일탈한 것이다.

보안작업유지의무는 평소의 시설운영에 비추어 정상적인 유지·운영에 필요한 인원이 쟁의행위에 참여하지 않아야 함을 의미한다. 보안작업을 정상적으로 운영하면서 쟁의행위에 참여하는 것은 가능하다.

③ 보안작업의 판단

"작업시설"이란 생산 또는 작업에 이용되는 기계나 설비, 구조물 등 물적인 것을 말한다. '작업시설손상'이라 함은 기계의 부식이나 마멸을 방지하기 위한 작업을 말한다. '원료·제품의 변질·부패방지 작업'은 원료·제품의 변질·부패를 방지하거나 변질·부패 이전에 처분하는 작업을 말한다. 자연발생적인 원료·제품의 손상·부패 등의 결과가 초래되어도 보안작업유지의무위반이 아니다.

보안작업의 범위는 사업장마다 다르므로 단체협약에 협정근로자를 지정해 쟁의행위에 참여하지 않도록 할 필요가 있다.

④ **효 과**

보안작업유지의무위반은 형사처벌대상이다(노조법§91 1년징역·1천만원벌금). 보안작업을 거부하는 쟁의행위는 정당하지 않다.

(5) 정상조업방해금지 및 피켓팅제한

쟁의행위와 관계없는 자 또는 근로를 제공하려는 자의 출입·조업 기타 정상적 업무를 방해하는 방법은 인정되지 않으며, 쟁의행위참가를 호소하거나 설득하는 행위 즉, 피케팅(같은절 3·마)에 있어서도 폭행·협박 등이 허용되지 않는다(노조법 §38①).

(6) 필수유지업무제도

① **의 의**

쟁의행위기간 중에 필수유지업무의 정당한 유지·운영을 정지·폐지 또는 방해하는 행위는 쟁의행위로서 이를 행할 수 없다(노조법 §42의2②, §89 i 3년징역·3천만원벌금).

필수유지업무제도는 공익침해부분에 대해 쟁의행위를 제한하면서 다른 부분의 쟁의행위를 허용함으로써 노동기본권과 공익을 조화시키기 위한 제도이다.

② **필수유지업무 내용**

㈎ **개 념**

필수유지업무란 필수공익사업의 업무 중 정지·폐지되는 경우 공중의 생명·건강. 신체안전이나 공중의 일상생활을 현저히 위태롭게 하는 업무로서 대통령령으로 정하는 업무를 말한다(노조법 §42의2①). 필수공익사업 모두가 필수유지업무에 해당되지는 않으며, '국민경제의 저해여부'는 직접적으로 고려할 요인이 아니다.

㈏ **실체요건**

업무의 정지·폐지가 해당필수공익사업이 생산·공급하는 서비스에 대한 일반공중의 수요를 본질적으로 침해하는지가 핵심판단기준이다. 입법취지 등을 감안해 다음의 기준이 제시될 수 있다. 첫째, 공중의 생명·건강·안전과 관련되어야 하며, 공중의 일상생활을 불편하게 하는 정도를 넘어 현저히 위태롭게 하는 정도여야 한다. 둘째, 업무의 정지·폐지가 최종 서비스·재화에 필수적이고 결정적인 영향을 주어야 한다. 셋째, 업무의 정지·폐지가 공익에 미치는 긴급성, 서비스·인력공급의 대체 가능성, 업무상시성을 포함한 근무형태특성을 고려한다. 넷째, 해당사업의 근거법률에 업무수행이 의무화되어 있어야 한다.

㈐ 형식요건

필수유지업무범위는 대통령령에 규정된 업무를 반드시 포함하되, 노사간 교섭을 통해 자율적으로 정한다. 대통령령(노조령 §22의2 별표1)규정업무는 다음과 같다.

업 무	포 함	제 외
철도·도시철도	운전, 운행관제, 신호시설관리, 통신시설관리, 일상점검, 선로관리 등	화물운송, 승무·역무·전산·중정비·설비관리(역사·환기배수·시설) 등
항공운수	탑승, 보안검색, 항공기조종, 객실승무, 비행계획 운항감시·통제, 운항시스템·통신시설관리, 항공기정비, 항공기 유도·견인 등	예약·발권, 기내식, 창정비, 운항일정관리, 객실청소 등
수 도	취수·정수·가압·배수, 통합시스템·계측·제어설비, 수도시설긴급복구와 수돗물공급기준·절차' 등	민원, 순회점검, 상수원오염물질유입 순찰, 댐관리, 건설, 행정관리
전 기	<발전> 설비운전·점검·정비·안전관리 <송전·변전·배전> 지역전기공급, 전력계통 보호계전기 시험·정정 등 <전력거래> 전력공급운영과 송전설비계통 운영 제어, 급전운영, 전력계통 전산실운영	<발전>건설·행정관리·지원업무 <송전·변전·배전>무인변전소순회 점검, 전산, 영업, 민원 <전력거래>전력시장운영, 전력수급 계획운영 등
가 스	천연가스인수·제조·저장·공급과 관련시설긴급정비·안전관리	기획·지원·건설·연구개발 등
석유정제 공급	석유 인수·제조·저장·공급과 관련시설 긴급정비·안전관리	석유화학공정, 기획·지원·마케팅·연구개발 등
병 원	응급의료, 중환자 치료·분만·수술·투석, 마취·진단검사, 응급약제, 치료식 환자급식, 산소공급, 비상발전 및 냉난방	
혈액공급	채혈·검사, 혈액제제제조, 혈액·혈액제제 수송	헌혈기획·지원업무와 의약품용 혈액제제 제조업무
한국은행	통화신용정책·한국은행운영, 한국은행권 발행, 금융기관여수신, 전산시스템운영·통신·시설보호, 기타수탁업무	
통 신	기간망·가입자망운영·관리, 통신장애신고·접수·수리, 기본우편역무·부가우편역무 중 내용증명·특별송달	내부전산망, 가입·이전 업무, 경영지원, 기술연구, 등기우편, 보험취급, 우체국쇼핑, 전자우편 등

③ 금지행위

누구든지 '필수유지업무의 정당한 유지·운영을 정지·폐지 또는 방해하는 행위'를 쟁의행위로 할 수 없다(노조법 §89 i 3년 징역·3천만원 벌금). 이 때 공중의 생명·보건·신체안전

이나 일상생활에 대해 위해가 발생할 것을 요건으로 하지 않는다.[1)]

④ 필수유지업무협정 체결

㈎ 의 의

㉮ 법적근거

노동관계당사자는 쟁의행위기간 동안 필수유지업무의 정당한 유지·운영을 위해 '필수유지업무의 필요최소한의 유지·운영 수준', '대상직무 및 필요인원' 등을 정한 협정(필수유지업무협정)을 서면으로 체결해야 한다. 필수유지업무협정에는 노동관계당사자 쌍방이 서명 또는 날인해야 한다(노조법 §42의3).

㉯ 필요성

쟁의행위기간 동안에 유지되어야 할 필수유지업무의 수준과 내용은 사업장마다 다르며, 당사자가 그 사정을 가장 잘 안다. 따라서 입법이나 행정기관의 결정보다는 당사자합의와 자율성이 존중될 필요가 있다.

㈏ 협정의 성격

필수유지업무협정은 체결이 의무화되어 있으며, 근로조건에 관한 사항이 포함되어 있지 않고, 주기적인 갱신의 필요성이 적으며, 협상을 단체교섭으로 볼 수 없다는 점에서 단체협약과 다르다.

㈐ 협정의 체결

㉮ 주 체

협정당사자는 쟁의행위의 당사자이다. 필수유지업무 협상 및 협정체결권한은 제3자에게 위임될 수 있다.

㉯ 요 구

협정당사자 중 일방은 언제든지 필수유지업무협정을 체결하기 위해 협상을 요구할 수 있다. 다만, 기존 협정의 유효기간이 정해져 있으면 이는 준수되어야 하며, 그렇지 않으면 사정변경법리가 적용된다.

㉰ 형 식

필수유지업무협정은 단체협약과는 달리 쟁의행위의 준칙을 정한 것이므로 임금협약이나 단체협약과 별도로 체결되어야 한다.[2)] 협정은 협정당사자 쌍방이 서명 또는 날인한 서면으로 체결되어야 한다. 명칭은 필수유지업무협정서라고 하

---

1) 임종률, 『노동법』, 제9판, 211쪽.

2) 노동조합과-1384, 2008.6.23.

는 것이 바람직하나, 별도의 제한을 받지 않는다.

㈑ 시 기

노조법은 협정체결의 일정이나 절차를 규정하지 않고 있다. 쟁의행위기간 동안 근로해야 할 조합원을 지명하여 통보해야 하는 이행절차(노조법 §42의6)를 생각할 때, 협정은 쟁의행위 전에 체결되어야 한다.

㈑ **협정의 내용**

㉮ **유지 · 운영수준**

'필수유지업무의 필요 최소한의 유지 · 운영수준'은 공익과 쟁의행위권을 조화시킬 수 있는 합리적인 범위에서 필수유지업무협정으로 정한다.[1] 필수유지업무를 하는 조합원이 쟁의행위기간 중에 할 업무 수준은 평상시의 업무수준이다.[2]

㉯ **대상직무**

필수유지업무의 대상직무는 노조령이 정한 필수유지업무 중에서 사업장의 직제 · 업무분장 · 직무내용 등을 기준으로 정한다. 필수유지업무 중에서 대상직무를 한정할 수 있다.

㉰ **필요인원**

(a) 원 칙

필수유지업무를 필요최소한의 수준으로 유지 · 운영하기 위해 쟁의기간 중에 근로해야 할 필요인원은 협정으로 결정된다. 필요인원은 조합원여부를 가리지 않으며 공익을 위해 유지해야 할 수준이다. 구체적으로는 비조합원이 근로할 것을 전제로 해, 나머지 인원을 조합원 중에서 선정한다.

(b) 대체근로

필수유지업무로 합의된 업무에 법적으로 허용된 대체인력을 사용할 수 있는지에 대해 의견이 나뉜다. 긍정설[3]은 현행법상 필수유지업무에 대해 대체근로를 금지하는 규정이 없다는 점을 논리적 근거로 삼는다. 부정설[4]은 필수유지업무에

---

1) 서울행판 2010.9.17, 2009구합34307 ; 필수공익사업이 제공하는 서비스 및 재화의 성격, 대체공급가능성, 공급자수 등을 감안해 그 적정수준을 판단하게 된다.

2) 서울행판 2011.9.29, 2009누32961 ; 서울고판 2011.9.1, 2010누31852.

3) 문무기, "파업시 유지되는 필수유지업무의 범위와 관련 조항의 법리적 해석", 「노동법학」, 제25호, 한국노동법학회, 2007, 33쪽 ; 이준희, "필수유지업무제도에 대한 법리 검토", 「노동정책연구」, 제8권 제2호, 한국노동연구원, 89쪽 ; 서울행판 2010.9.2, 2009구합3399 ; 노사관계법제과-958, 2008.10.31.

4) 박제성, "필수공익사업의 쟁의행위에 대한 새로운 규율 : 필수유지업무와 대체근로", 「노동정책연구」, 제7권 제3호, 한국노동연구원, 2007, 162~163쪽 ; 김선수, "필수유지업무제도의 문제점과 정책과제", 「필수공익사업장 노동기본권 확보의 쟁점과 과제 국회대토론회 자료집」, 민변 및 전국보건의료산업노동조합, 2008, 85쪽.

서 벗어나 있는 영역에 대해서만 대체근로가 허용된다고 본다. 이 견해는 협정이 작동됨으로써 중단된 필수유지업무제도가 없다는 점을 논리적 근거로 삼는다. 노조법에 제한규정이 없다는 점을 감안할 때 긍정설이 타당하다.

㈑ 협정의 유효기간

협정의 유효기간은 법정사항이 아니다. 유효기간을 정했어도 사업의 축소·확대, 조직개편, 법령개정 등 중대한 사정변경이 있다면, 어느 일방이 협정개정을 요구할 수 있다.

㈒ 협정의 이행과 효과

㉮ 체결의무

협정을 체결하지 않은 이유만으로 쟁의행위가 위법이라 할 수 없으며,[1] 이 경우, 노동위원회결정 또는 독자적인 방법으로 필수유지의무는 이행되어야 한다.

㉯ 협정관리

필수유지업무협정에 대해서는 단체협약과 달리 행정관청에 신고할 의무나 행정관청의 시정명령권이 없다. 당사자가 각각 협정서를 보관하며, 협정내용의 적정성은 쟁의행위가 개시된 후 검증·평가될 수 있다.

㉰ 협상결렬

필수유지업무협상은 부당노동행위나 쟁의행위의 법리의 적용을 받지 않는다.[2] 협상결렬에 따른 분쟁은 노동위원회의 필수유지업무결정으로 해소할 수 있다. 협상은 단체교섭이 아니며, 결렬되어도 쟁의행위가 허용되지 않는다.[3]

㉱ 협정에 대한 이견

노조법은 필수유지업무협정의 해석·이행방법에 대한 분쟁을 해결할 수 있는 방법이나 절차를 규정하고 있지 않다. '노동위원회의 결정'에서의 예를 준용한다.

⑤ 노동위원회의 필수유지업무 결정

㈎ 법적근거

노조법은 필수유지업무 협정이 체결되지 않은 경우 노동위원회를 통해 필수유지업무를 결정하는 제도를 마련하고 있다.[4]

---

1) <같은 의견> 임종률, 『노동법』, 제9판, 213쪽.
2) <같은 의견> 고용노동부, 『집단적노사관계 업무매뉴얼』, 356쪽.
3) <같은 의견> 노동부, 『필수유지업무제도운영매뉴얼』, 43쪽.
4) 노동위원회결정은 노동위원회결정으로 분쟁을 빨리 마무리하고 필수유지업무가 원활히 유지되도록 한다. 일종의 강제중재의 성격을 갖지만, 신청하지 않은 자체가 위법행위는 아니므로 위헌으로 보기는 어렵다.

노동관계당사자 쌍방 또는 일방은 필수유지업무협정이 체결되지 않은 때에는[1] 노동위원회에 '필수유지업무의 필요최소한의 유지·운영 수준, 대상직무 및 필요인원 등'(필수유지업무수준등)의 결정을 신청해야 한다(노조법 §42의4①).

㈏ **결정주체**

노조법은 노사관계당사자로부터 신청을 받은 노동위원회가 필수유지업무를 결정할 수 있도록 규정하고 있다(노조법 §42의4②). 법 조문의 형식에도 불구하고, 결정은 재량사항이 아니고 의무사항이다.

㈐ **결정내용**

노동위원회는 사업(장) 특성을 고려해 필수유지업무의 필요최소한의 유지·운영 수준, 대상직무 및 필요인원 등을 결정한다. 결정은 당사자의 주장의 범위를 벗어날 수는 없다.[2]

㈑ **결정절차**

㉮ **신 청**

필수유지업무결정신청권자는 노사관계당사자 즉 필수유지업무협정 체결권자가 된다. 신청하지 않은 사실 자체로는 벌칙의 적용을 받지 않는다.

㉯ **회 의**

필수유지업무결정신청을 받은 노동위원회는 지체없이 그 신청에 대한 결정을 위한 특별조정위원회를 구성해야 한다(노조령 §22의3①).

㉰ **통 보**

노동위원회는 '필수유지업무수준 등'을 결정하면 지체없이 이를 서면으로 노동관계당사자에게 통보해야 한다(노조령 §22의3②).

㈒ **결정에 대한 해석**

노동위원회의 결정에 대한 해석이나 이행방법에 관해 의견이 일치하지 않는 경우, '노동관계당사자의 쌍방 또는 일방은 당사자의견을 첨부해 서면으로 관할 노동위원회에 해석을 요청(노조령 §22의3③)'할 수 있다. 노동위원회는 특별조정위원회의 해석을 지체없이 서면으로 노동관계당사자에게 통보(노조령 §22의3④)해야 한다. 특별조정위원회의 해석은 '필수유지업무수준 등'에 대한 노동위원회의 결정과 동일한 효력

---

1) 신청시기에 대해서는 규정이 없지만, 협상이 진척되지 않거나 일방이 협정체결을 거부하는 때로 보아야 하며, 쟁의행위 전에 노동위원회의 결정이 날 수 있는 정도의 시간을 가지고 신청하는 것이 바람직하다.

2) <같은 의견> 서울행판 2010.1.21, 2009구합4791.

을 가진다(노조법 §42의4④).

㈓ **불복절차 및 효력**

㉮ 법적근거

노동위원회결정에 대한 불복절차 및 효력에 관해서는 노조법 제69조(중재재정 등의확정)와 제70조(중재재정 등의효력) 제2항의 규정을 준용한다(노조법 §42의4⑤).

㉯ 내 용

노동관계당사자는 지노위의 결정서를 송달받은 날로부터 10일 이내에 중노위에 재심을 신청할 수 있고, 중노위의 재심결정서를 송달받은 날로부터 15일 이내에 행정소송을 제기할 수 있다.

㉰ 취 지

불복신청은 위법이거나 월권인 경우에 인정된다. 이러한 제한은 중재재정의 내용의 타당성에 대해 이의를 허용하지 않음으로써 분쟁을 조속히 종료하고자 하는 입법취지에서 비롯된 것이다.

㉱ 요 건

위법 · 월권의 요건[1]은 실체적요건과 절차적요건으로 구분할 수 있다. 실체적요건은 결정된 유지 · 운영 수준이 헌법의 단체행동권보장정신을 무가치하게 만들 정도인 경우, 대상업무에 흠이 있는 경우 등이다. 절차적요건으로는 신청주체에 흠이 있는 경우, 결정절차 및 특별조정위원회의 구성 · 의결과정 등이 법령에 위반된 경우와 신청기간을 위반한 경우를 들 수 있다.

㉲ 효 과

노동위원회의 필수유지업무결정이나 재심결정은 중노위의 재심신청 또는 행정소송의 제기에 따라 그 효력이 정지되지 않는다(노조법 §70②). 제척기간내에 재심신청이나 행정소송을 제기하지 않으면 필수유지업무결정 또는 재심결정은 확정되고 당사자는 이에 따라야 한다.

⑥ **필수유지업무의 유지 · 운영**

㈎ **해당자 통보 및 지명**

노동조합(교섭대표노동조합포함 노조법 §29의5)은 필수유지업무협정이 체결되거나 노동위원회의 결정(노조법 §42의4②)이 있는 경우, 사용자에게 필수유지업무에서 근무하는 조합원 중 쟁의행위

1) 서울행판 2010.9.2, 2009구합33997. 발전5사관련 ; 서울행판 2010.10.21, 2010구합13531. 발전5사관련사건.

기간 동안 근무해야 할 조합원을 통보해야 하며,[1] 사용자는 이에 따라 근로자를 지명하고 이를 노동조합과 그 근로자에게 통보해야 한다(노조법 §42의6①).

교섭대표노조와 사용자는 필수유지업무에 근무해야 할 근로자를 지명함에 있어 각 노동조합의 해당 필수유지업무에 종사하는 조합원비율을 고려해야 한다(노조법 §42의6②).

(나) 필수유지업무수행

필수유지업무근무자로 지명된 조합원은 쟁의행위에 참여할 수 없으며, 필수유지업무를 수행해야 한다. 필수유지업무는 원칙적으로 직장폐쇄대상이 아니다.

⑦ 필수유지업무제도의 효과

(가) 필수유지의무 위반과 처벌

필수유지업무의 정당한 유지·운영을 정지·폐지 또는 방해하는 행위에 대해서는 형사책임(노조법§42의2②,§89 i 3년 징역·3천만원 벌금), 민사책임 그리고 징계책임을 진다.

필수유지업무협정을 체결하지 못하거나 노동위원회결정이 없는 상황에서 쟁의행위가 발생하더라도 그 자체로서는 위법이라고 볼 수 없다.[2]

(나) 법정의무이행과 그 효과

㉮ 협정·결정이 없는 쟁의행위

필수유지업무에 대해 협정이나 결정이 없는 경우, 쟁의행위 자체가 '필수유지업무의 정당한 유지·운영을 정지·폐지 또는 방해하는 행위'인지를 따져, 노동조합 및 조합원이 불법쟁의행위의 책임을 지게 된다.[3]

㉯ 협정·결정을 거친 쟁의행위

(a) 면책효과

노조법은 노동위원회결정에 따른 쟁의행위에 대해 면책규정을 두고 있다. 노동위원회 결정에 따라 쟁의행위를 한 때에는 필수유지업무를 정당하게 유지·운영하면서 쟁의행위를 한 것으로 본다(노조법 §42의5).

필수유지업무협정에 따른 쟁의행위에 대해서는 면책규정이 없어 해석론에 맡겨져 있다. 긍정설에 따르면, 노동위원회의 중재결정은 협정의 보충적수단이므로, 협정에 따른 쟁의행위에 대해서도 면책효과를 인정해 반증이 없는 한 필수유지

---

1) 노동조합이 '쟁의행위개시전'까지 필수유지업무에 근무해야 할 근로자를 통보하지 않은 경우에는 사용자가 이를 지명하고 노동조합과 그 근로자에게 통보해야 한다.

2) <같은 의견> 임종률, 『노동법』, 제9판, 213쪽.

3) 노사관계법제과-779, 2008.10.15.

업무를 정당하게 운영한 것으로 추정된다.[1] 부정설에 따르면 노조법이 노동위원회결정에 대해서만 면책효과를 부여했고, 당사자간의 협정에는 공익적 관점에서 적합하지 않은 경우도 있으므로 면책효과가 당연히 발생하는 것은 아니다.[2] 개인적으로는 긍정설에 동의한다. 관련규정이 협정에 대해 '체결해야 한다'고 표현함으로써 강제적이고 의무적인 제도로 상정하고 있기 때문이다.

(b) 처 벌

노조법이 금지하는 위반행위의 대상은 '필수유지업무 유지·운영의 정지·폐지·방해' 그 자체이지 '필수유지업무협정이나 노동위원회결정으로 정한 수준'이 아니다. 후자를 위반할 때 처벌대상 되는지에 대해 의견으로 나뉜다.

첫째, 긍정설에 따르면 협정·결정을 위반한 쟁의행위는 위험범으로서 처벌대상이 된다. 이 설은 벌칙을 적극적으로 적용해 예방효과를 기대하게 하나, 노조법이 협정·결정의 위반효과를 명시하지 않고 있다.

둘째, 부정설은 법조문에 충실한 견해이다. 협정·결정에 위반해도 필수유지업무의 유지·운영이 이루어짐으로써 실제로 공익침해가 발생하지 않을 수 있다.

셋째, 절충설은 노동위원회 결정 위반만을 처벌할 수 있다고 본다. 이 설에 따르면 '노동위원회결정에 따른 쟁의행위는 정당하다'는 규정을 근거로 그 결정에 대해 법규범력을 인정하나, 협정에 대해서는 이러한 규정이 없으므로 법규범력이 인정되지 않는다. 결정은 협정의 보충적 수단인데 후자에게만 면책효력을 부여하는 것은 타당하지 않다.

결정·협정위반에 대해서는 그 자체로 처벌(노조법 §42의2②,§89 i)의 사유가 되지 않는다는 부정설이 타당하다. 협정이나 결정의 위반이 아니고 필수유지의무를 실제로 위반했는지에 따라 위법성을 판단된다. 협정위반에 대해서는 채무불이행과 손해배상책임의 문제가 제기될 수 있다.

2·라. 절차·시기

쟁의행위는 절차와 시기가 정당해야 한다. 절차·시기에 대한 정당성을 쟁의행위개시요건 즉, 일반적요건과 법규적제한으로 나누어 설명한다.

(1) 일반적요건

쟁의행위는 단체교섭의 보충적행위로서 단체교섭이 결렬되거나 그 진행이 무의

---

1) 임종률, 『노동법』, 제9판, 213~214쪽.
2) 노동부, 『필수업무제도 운영매뉴얼』, 52쪽.

미한 경우에 최후수단(ultima ratio)으로 사용되어야 한다.[1] 어느 정도 교섭을 해야 정당성이 인정될지에 대한 구체적기준은 제시되기 어렵다. 단체교섭이 시작된 후 어느 단계에서 쟁의행위를 할 것인지는 노동조합이 결정할 문제이며,[2] 단체교섭이 개시된 이상 단체교섭미진을 이유로 정당성을 부정하기 어렵다.[3]

(2) 법령제한

① 쟁의행위찬반투표

㈎ 의 의

㉮ 법적근거

노동조합의 쟁의행위는 조합원의 직접·비밀·무기명투표에 의한 과반수찬성으로 결정하지 않으면 행할 수 없다(노조법 §41①, §91 1년징역·1천만원벌금). 교섭대표노조는 참여확정노조 전체조합원(해당사업또는사업장 소속조합원으로한정)의 직접·비밀·무기명투표에 의한 과반수찬성으로 결정하지 않으면 쟁의행위를 할 수 없으며, 이 경우 조합원수산정은 종사근로자인 조합원으로 한다(노조법§41①후단, §91 1년징역·1천만원벌금).

㉯ 필요성

쟁의행위에 대해서는 노동조합의 자치에 맡기는 것이 원칙이다. 그럼에도 불구하고 노조법은 찬반투표제를 쟁의행위절차로 규정하고 있다. 쟁의행위와 관련해 민주성을 확보하고, 노동조합의사의 결정에 보다 신중을 기하며, 근로자들이 사후에 정당성문제로 불이익을 당하지 않도록 하기 위함이다.[4]

㈏ 주 체

찬반투표는 '교섭단위내 전체 종사조합원'을 대상으로 실시되어야 한다.

초기업노조의 경우, 총파업이 아니라면 쟁의행위를 예정하고 있는 해당 지부나 분회에 소속된 종사조합원의 과반수가 찬성하면 적법하다고 해석된다.[5] 복수노조에 있어서는 참여확정노조의 종사조합원은 모두 찬반투표에 참여할 권리를 갖는다.

---

1) 대판 1990.5.15, 90도357 등 ; 고용노동부, 『집단적노사관계 업무매뉴얼』, 252쪽 ; 김형배, 『노동법』, 제20판, 917쪽 ; 이상윤, 『노동법』, 제6판, 737쪽.

2) 임종률, 『노동법』, 제9판, 227쪽.

3) 김유성, 『노동법Ⅱ』, 238쪽.

4) 대판(전) 2001.10.25, 99도4837(한국노동법학회, 『노동판례백선』, 330쪽).

5) 대판 2004.9.24, 2004도4641(한국노동법학회, 『노동판례백선』, 334~335쪽) ; 노동부, 『노사가 지켜야할 정당한 쟁의행위의 범위와 한계』, 14쪽.

(다) **방 법**

사업장이 지역적으로 분리되어 있는 등 부득이한 사유가 있으면 총회를 개최하지 않고 직접·비밀·무기명투표의 절차를 거쳐서 투표를 할 수 있다.[1]

(라) **시기 및 횟수**

찬반투표는 조정절차를 거친 후 쟁의행위에 돌입하기 직전에 실시되는 것이 원칙이다.[2] 그러나 조정절차를 거치기 전에 교섭결렬을 이유로 행한 찬반투표를 위법으로 보기 어렵다.[3] 찬반투표가 부결된 경우 성실교섭 등 새 여건이 조성된 이후에 다시 실시해야 한다는 해석[4]이 있으나, '새 여건 조성'이라는 조건의 판단이 어려우므로 재투표실시 여부 및 요건은 노동조합의 재량에 맡겨져야 한다.

(마) **공정성의 확보**

노동조합은 투표의 민주성과 공정성을 확보할 수 있도록 '쟁의행위와 관련된 찬반투표결과의 공개', '투표자명부 및 투표용지 등의 보존·열람에 관한 사항' 등을 규약에 기재해야 한다(노조법 §11 xii).

(바) **효 력**

쟁의행위찬반투표제가 효력규정인지에 대해 견해가 나뉜다. 적극설[5]은 '찬반투표절차를 위반한 쟁의행위는 정당성을 상실한다'고 본다. 소극설[6]은 '규약상의 별도 조치를 준수한 것'처럼 민주적인 의사결정과정이 실질적으로 확보[7]되면 쟁의행위의 정당성을 인정한다. 개인적으로는 적극설에 찬성한다. 쟁의행위는 조합원의 진정한 의사에 바탕을 두어야 하기 때문이다.

② **조정전치주의**

(가) **법적근거**

관계당사자의 일방이 노동쟁의조정을 신청한 때에는 조정전치제도에 따라 노조법 제5장 제2절부터 제4절의 규정에 의한 조정절차(노조법§61의2규정에따른 조정종료결정후의조정절차제외)를 거치지 않으면 쟁의행위를 할 수 없다(노조법 §45②본문, §91 1년 징역·1천만원 벌금).

조정전치주의가 적용되는 조정절차는 사적조정절차를 포함한다.

---

1) 고용노동부, 『집단적노사관계 업무매뉴얼』, 262쪽.
2) 대판 2001.9.14, 2001도53.
3) 대판 2020.10.25, 2019두40345.
4) 고용노동부, 『집단적노사관계 업무매뉴얼』, 258쪽.
5) 이상윤, 『노동법』, 제6판, 748~749쪽 ; 임종률, 『노동법』, 제9판, 229쪽 ; 대판(전) 2001.10.25, 99도483.
6) 김유성, 『노동법Ⅱ』, 243쪽.
7) 전원합의체판결에 따라 배척된 대판 2000.3.10, 99도4838 및 대판 2000.5.26, 99도4836도 이러한 주장을 했다.

㈏ 조정전치주의와 쟁의행위

노동관계당사자는 조정(노조법 §54) · 중재(노조법 §63) 기간 이후 또는 당사자가 합의한 연장기간 이후에는 조정 · 중재가 종료되지 않아도 쟁의행위를 할 수 있다(노조법 §45②단서).

노동관계당사자는 조정기간 안에 조정이 성립되지 않은 상태에서 조정종료나 조정중지에 이르면 그 때부터 쟁의행위가 가능하다.

㈐ 조정전치주의 위반

㉮ 내 용

조정을 신청하지 않거나, 조정기간 중에 조정이 진행되는 동안 쟁의행위를 하면 조정전치주의에 위반된다. 교섭미진을 이유로 한 노동위원회의 행정지도에 대해 견해가 나뉜다. 먼저 인정설[1]은 조정신청을 다시 하지 않고 행한 쟁의행위를 조정전치주의 위반으로 본다. 다음으로 부정설[2]은 조정기간이 경과함으로써 조정을 거친 것으로 본다. 부정설이 타당하다.[3]

㉯ 효 과

(a) 처 벌

조정전치주의를 위반한 쟁의행위는 형사처벌을 받을 수 있다(노조법 §45②, §91 1년 징역·1천만원 벌금).

(b) 쟁의행위 정당성

조정전치를 위반한 쟁의행위가 정당성을 상실하는지에 대해 의견이 나뉜다.

첫째, 조정전치를 위반해도 쟁의행위의 정당성이 당연히 상실되는 것은 아니라는 소극설[4]이 있다. 이 설은 '조정전치주의가 소정의 기간 동안 쟁의행위의 개시를 유보하거나 개시한 쟁의행위를 중단하고 조정이나 중재의 성공을 위해 노력하려는 정책적 고려에서 설정된 것'이라고 본다.

둘째, 조정절차는 단체교섭의 실질적인 연장이므로 이를 거치지 않으면 쟁의행위의 정당성이 상실된다는 적극설[5]이 있다. 노조법 제45조제2항의 문언상 원칙적으로 조정절차를 거쳐야 정당성이 인정되지만, 궁극적으로는 법원이 최후수

---

1) 고용노동부, 『집단적노사관계 업무매뉴얼』, 254~255쪽.

2) 대판 2001.6.26, 2000도2871 ; 대판2001.11.27, 99도4779 ; 대판 2003.12.26, 2001도1863 등

3) 행정지도사유 중 교섭미진 외에 당사자부적격, 비교섭사항 등에 대해서는 쟁의행위의 정당성을 절차가 아니라 주체나 목적에서 찾는 접근이 타당해 보인다.

4) 임종률, 『노동법』, 제9판, 228쪽 ; 김유성, 『노동법Ⅱ』, 294쪽 ; 대판 1991.5.14, 90누4006 ; 대판 1995.5.26, 94누7966 ; 대판 2000.10.13, 99도4812(한국노동법학회, 『노동판례백선』, 362쪽) ; 대판 2001.6.26, 2000도2871 ; 대판 2001.5.14, 90누4006 ; 대판 2001.11.17, 99도4779 ; 대판 2003.12.26, 2001도1863.

5) 이상윤, 『노동법』, 제6판, 751쪽 ; 노동부, 『노사가 지켜야할 정당한 쟁의행위의 범위와 한계』, 12쪽 ; 대판 1991.5.14, 90누4006 ; 대판 1995.4.28, 94누11583.

단원칙 또는 과잉금지원칙에 따라 판단할 문제라고 하면서도 처음부터 조정을 신청하지 않거나, 조정기간만료 전에 쟁의행위를 하는 것은 원칙적으로 정당하지 않다는 견해[1]도 적극설로 보여진다.

노조법은 명백히 조정절차를 거치지 않은 쟁의행위를 부정하고 있다. 따라서 조정절차를 거치지 않은 쟁의행위는 원칙적으로 정당성이 없다. 다만, 교섭미진을 이유로 하는 행정지도는 부정되어야 하며, 조정기간경과를 조정절차를 거친 것으로 보는 등 조정절차를 거쳤는지는 탄력적으로 해석되어야 한다.

㈑ 중재 · 긴급조정과 조정전치

중재기간(노조법 §63) 및 긴급조정기간(노조법 §77)에는 쟁의행위가 금지된다. 이 규정은 소정기간 동안 쟁의행위를 유보하거나 중단해 조정이나 중재를 성공적으로 수행하려는 고려에서 설정된 것이므로, 위반하더라도 노조법상 벌칙을 받는 것은 별론으로 하고 민·형사면책은 인정된다는 견해[2]가 있다. 그러나 이러한 쟁의행위는 다음과 같은 이유로 일반적인 조정전치주의와 달리 정당성이 인정되지 않는다.

첫째, 중재는 당사자의 합의를 근거로 개시된다. 다시 말해서 제3자의 의견에 구속되어 분쟁을 끝내겠다는 뜻과 중재기간 동안에 '쟁의행위를 하지 않겠다'는 동의가 전제되어 있다. 중재기간 중의 쟁의행위는 정당성을 인정받을 수 없다.[3]

둘째, 긴급조정은 조정전치주의가 적용되는 조정절차와 그 목적을 달리한다. 공익사업 또는 그 규모가 크거나 그 성질이 특별한 것으로서 현저히 국민경제를 해하거나 국민의 일상생활을 위태롭게 할 위험이 현존할 때 쟁의행위를 중지시키는 것 자체에 목적을 두고 일반조정절차와는 다른 특례를 인정하고 있는 것이다. 해당기간 동안의 쟁의행위는 반사회적행위로 정당성을 인정받을 수 없다.

㈒ 쟁의사항 추가와 조정전치

정당한 쟁의행위기간 중에 새로운 쟁의사항이 부가되어도 별도로 쟁의발생신고와 조정절차를 거치지 않아도 된다.[4]

③ 쟁의행위의 신고

쟁의행위를 하고자 하는 노동조합은 관할행정관청과 관할노동위원회에 쟁의행위의 일시·장소·참가인원 및 그 방법을 미리 서면으로 신고해야 한다(노조령 §17). 신

1) 김형배, 『노동법』 제26판, 1167쪽.
2) 임종률, 『노동법』, 제9판, 228쪽.
3) 김유성, 『노동법Ⅱ』, 294쪽 ; 대판 1990.5.15, 90도357.
4) 대판 2013.2.15, 2010두20362.

고는 행정목적의 달성을 위한 것으로서 효력요건이 아니다.

④ 조정안의 해석

노동위원회의 조정안에 대한 해석 또는 이행방법에 관해 관계당사자간에 의견의 불일치가 있는 경우, 당사자는 노동위원회에 해석을 요구해야 하며, 해당 노동위원회에 의한 해석 또는 이행방법에 관한 견해가 제시될 때까지는 관계당사자는 해당 조정안의 해석 또는 이행에 관해 쟁의행위를 할 수 없다(노조법 §60⑤). 이 조항에 대한 벌칙은 규정되어 있지 않다.

(3) 평화조항 · 평화의무

평화조항이나 평화의무에 반하는 쟁의행위의 정당성에 대해서는 그 견해가 나뉜다(같은편, 제3장, 제3절 2·가, (2) 및 2·나, (3)).

3. 쟁의행위 유형

3·가. 파 업

(1) 의 의

파업은 노동조합이 사용자에게 자기의 주장을 관철시키기 위해 집단적이고 조직적으로 근로제공을 거부하는 소극적 수단으로 전형적인 쟁의행위수단이다.

파업은 참가하는 근로자의 범위와 수에 따라 부분·전면, 지명·총, 무기한·시한, 일제·순환 등 여러 유형으로 구분되고 의의 목적이나 상대방에 따라 통상파업·정치파업·동정파업 또는 연대파업으로 구분된다.

(2) 정치파업

정치파업에 있어 주장을 관철하려는 상대방은 정부이다. 그런데 권한이 없는 사용자가 파업으로 손해를 입는다. 이러한 이유로 정치파업이 목적의 정당성을 갖는지에 대해 의견이 나뉜다. 첫째, 부정설[1]은 '쟁의행위의 본질은 노사분쟁을 자치적으로 해결하는 데 있으며, 제3자에 대한 압력에 있지 않다'는 단체교섭중

---

1) 이상윤, 『노동법』, 제6판, 734쪽 ; 김형배, 『노동법』, 제20판, 920쪽 ; 대판 1990.5.15, 90도357 ; 대판 1991.1.29, 90도2852. 형사재판결과에 대한 항의와 석방촉구를 목적으로 한 파업이다. ; 대판 2002.4.12, 2000도3485. 사용자의 처분권 밖의 사항을 요구하는 것으로서 단체협약을 통해 정할 수 있는 사항이 아니므로 불법파업이다. ; 노동부, 『노사가 지켜야 할 정당한 쟁의행위의 범위와 한계』, 10쪽. 노조가 건의·협의·시위·선전 등의 방법으로 정치적인 주장 및 견해를 표명할 수 있는 것과는 별개로 단체교섭을 요구하거나 쟁의행위를 하는 것은 가능하지 않다.

심설에서 그 근거를 찾는다. 둘째, 인정설은 '헌법이 단체행동권을 기본권으로 보장하는 이유 중 하나가 근로자들의 참여를 통해 사회전반에 걸쳐 민주주의를 확대하는데 있다'고 본다. 셋째, 이분설[1]은 '노동관계법과 관련된 입법적인 요구'나 '사회보장제도'처럼 그 내용이 근로자의 사회적·경제적 지위와 관계가 있는 경제적 정치파업은 정당성이 인정되나, 파병반대와 같은 순수한 정치파업은 쟁의행위의 목적상 정당하지 않다고 본다.

개인적으로는 부정설을 지지한다.[2] 정치파업은 통상적으로 시위의 형태로 이루어지는데 근로시간 중에 행해지는 것을 처분능력이 없는 사용자로 하여금 수인토록 하는 것은 타당해 보이지 않는다. 이분설도 이러한 이유로 정당성이 확보되기 위해서는 '사용자에게 손해를 최소화하는 방법 즉 필요한 가장 짧은 시간 동안의 파업이어야 한다'면서 궁극적으로는 '정치파업위법설과 실질적인 차이가 크지 않다'는 보충적인 설명을 하고 있다. 그러나 이러한 보충설명은 '쟁의행위의 정당성이 파업시간의 길이에 따라 좌우될 수 없고, 판단기준이 되는 파업시간의 길이가 추상적으로 표현된 점 등을 감안할 때 설득력이 약하다. 정치투쟁은 근로시간 외에 집회 등의 형식으로 이루어져야 할 것이다.

정치파업과 관련하여 단체교섭대상과 쟁의행위목적의 관계는 앞(같은편, 제2장 제3절, 5·가, (3))에 소개되어 있다.

(3) 동정파업

동정파업이란 다른 노동조합이 행하는 쟁의행위를 지원하기 위해 행하는 파업을 말하며 연대파업이라고도 하며, 동정파업은 다른 노동조합의 원파업이 있어야 성립하는 부수적파업이다. 동정파업은 '사용자에게 처분권한이 없는 사항'을 목적으로 한다는 점에서 정치파업처럼 목적의 정당성에 대해 의견이 나뉜다.

부정설[3]은 사용자와 단체교섭을 유리하게 타결하려는 것이 아니라는 점, 경제적·사회적 지위향상을 추구하는 것은 정치파업에게 인정되는 논리이지 동정파업에 적용되는 논리가 아니라는 점 등을 근거로 삼는다.

이분설[4]은 원파업의 목적과 실질적으로 이해관계를 같이 하거나 조직적결합

---

1) 김유성, 『노동법Ⅱ』, 226쪽 ; 임종률, 『노동법』, 제17판, 243~244쪽.
2) 제4판부터 견해를 바꾸었다..
3) 이상윤, 『노동법』, 제6판, 735쪽 ; 김형배, 『노동법』, 제20판, 920쪽 ; 노동부, 『노사가 지켜야할 정당한 쟁의행위의 범위와 한계』, 10쪽.
4) 김유성, 『노동법Ⅱ』, 238쪽 ; 임종률, 『노동법』, 제9판, 223쪽.

관계에 있으면 목적의 정당성을 인정하지만, 근로자로서의 연대의식에서 비롯된 순수한 동정파업의 정당성을 부정한다. 부정설을 지지한다.

3·나. 태 업

(1) 의 의

① 개 념

태업($\binom{Soldier}{-\in g}$)은 형식적으로는 근로를 제공하고 있지만 의식적으로 불성실하게 근로함으로써 실제적으로는 작업을 하지 않거나 필요 이상으로 완만하고 조잡하게 작업을 해 작업능률을 저하시키는 행위를 말한다.[1]

② 성 격

태업은 노무제공의 부분적인 불이행 또는 불완전한 이행이라는 점에서 노무제공의 전면적인 불이행인 파업과 구분된다. 태업은 임금삭감의 불이익을 완화시키면서 업무를 저해하거나, 본격적인 쟁의행위에 앞서 단결력을 과시하고, 교섭을 촉구하기 위한 수단으로 활용된다.

(2) 쟁의행위여부

태업은 의도적으로 불량품을 생산하는 사보타지 즉, 적극적태업과 업무를 게을리 하는 부작위에 머무는 소극적태업으로 구분된다.

① 적극적태업($\binom{sabo}{-tage}$)

'능동적·적극적으로 생산 또는 사무를 방해'하거나 의식적으로 자재낭비, 불량품생산, 원료·기계·생산시설·제품의 손괴·은닉 등 사용자의 재산에 손해를 가하는 적극적태업 즉, 사보타지는 쟁의행위로 볼 수 없다. 무임승차권유,[2] 빈차운행[3] 등은 쟁의행위로 이를 행할 수 없다.

② 소극적태업

소극적태업은 부작위적인 거부, 나태 등 소극적으로 근로를 제공함으로써 업무능률을 낮추는 태업을 말하며, 소극적태업은 불완전한 근로제공이라는 부작위에 그치는 한 쟁의행위로 인정된다.[4] 태업은 감속근무와 직무거부로 구분된다.

---

1) 대판 1979.3.13, 76도3657.
2) 대판 1990.5.15, 90도357.
3) 대판 1991.12.10, 91누636.
4) 김유성, 『노동법Ⅱ』, 238쪽.

㈎ 감속근무

감속근무는 태업의 전형적인 형태로서, '작업속도를 늦추어'[1] 업무능률을 저하시키는 것을 말한다. 평소보다 자재를 낭비하거나 불량품 등을 생산한 경우라도 작업능률저하나 작업속도감소 또는 주의력산만에 따른 결과이고 소극적인 양상에 그치는 한 정당한 쟁의행위로 인정된다.

㈏ 직무거부

직무거부는 평소에 수행해 오던 작업 중 특정한 부분의 수행만을 거부하고 다른 업무는 정상적으로 수행하는 작업태도이다. 단순히 특정직무만을 거부하는 부작위에 그치면 정당한 쟁의행위수단이 될 수 있다.

(3) 정당성상실의 효과

태업이 정당성을 상실하면, 근로자는 민·형사책임 등 불이익을 받는다.

태업은 사업장에 체류하면서 사용자의 지휘명령에 따르되 업무를 부분적으로 배제하는 것이므로, 사용자의 노무지휘권에 기속된다.

(4) 직장폐쇄와의 관계

사용자는 노동조합이 태업으로 불완전한 근로를 제공하는 경우, 직장폐쇄를 통해 정당하게 근로수령을 거부하고 임금지급의무를 면할 수 있다.

3·다. 생산관리

생산관리는 노동조합이 사용자의 지휘명령을 배제하고, 적극적으로 사업장을 점거 또는 지배해 자신들의 의사에 따라 기업을 경영하는 쟁의행위이다. 종래의 경영방침을 변경하지 않고 업무를 계속하는 소극적생산관리는 쟁의행위로 행할 수 있으나, 임의로 자재를 장악·처분하거나 일방적으로 임금을 지급하는 적극적 생산관리는 쟁의행위수단이 될 수 없다는 것이 다수설[2]이다. 생산관리는 경영권을 배제하는 수단이 된다. 소극적이건 적극적이건 모두 사용자의 동의나 그에 준하는 조치가 없다면 쟁의행위의 수단이 될 수 없다.[3]

3·라. 보이콧(Boy-cott)

보이콧 즉, 불매동맹은 사용자 또는 그와 거래관계에 있는 제3자에 대해 상품

---

1) 대판 1991.12.10, 91누636.

2) 이상윤, 『노동법』, 제6판, 780쪽 ; 노사 32281-6953, 1990.5.15.

3) <같은 의견> 노사 32281-112, 1989.1.6.

구입 또는 시설·서비스 이용을 집단적으로 거부하거나, 근로계약체결을 거부할 것을 호소하는 쟁의행위이다. 보이콧은 파업을 지원하기 위해 부수적 또는 보조적으로 사용된다. 단체교섭의 상대방인 사용자의 제품을 대상으로 하는 1차적보이콧(*Primary boycott*)은 폭력행위, 허위선전 등이 없는 한 정당성이 인정된다. 거래선의 제품을 대상으로 하거나 거래선의 근로자에게 파업을 하도록 하는 2차적보이콧(*Secondary boycott*)의 정당성을 부인하는 견해[1]가 있으나, 위법성이 없는 한 시민의 자유에 속하는 사항이라는 점에서 정당성을 부정하기 어렵다.[2]

3·마. 피케팅(*Picke-ting*)

(1) 의 의

피케팅은 파업이탈을 감시하거나, 파업동참을 호소하거나, 일반인의 지지를 유도할 목적으로 파업이나 보이콧에 수반되어 행해지는 보조적 쟁의행위이다.

피케팅은 근로희망자에게 파업에 참가할 것을 권유하고 공중의 이해를 얻음으로써 사용자에게 경제적타격을 가하는 효과를 거둘 수 있다.

(2) 법적근거

쟁의행위는 그 쟁의행위와 관계없는 자 또는 근로를 제공하고자 하는 자의 출입·조업 기타 정상적업무를 방해하는 방법으로 행해서는 안 되며 쟁의행위의 참가를 호소하거나 설득하는 행위로서 폭행·협박을 해서는 안된다(노조법 §38①, §89 i 3년 징역·3천만원 벌금)

(3) 쟁의행위여부

피케팅이 조업을 계속하려는 근로자에 대해 플래카드, 유인물, 휴대용 광고물, 구호, 설득 등 언어적·평화적으로 행해지면 정당성이 인정된다. 장소·시기·방법 등에 있어 '사업장출입을 저지하는 적극적방법'[3]이나 '폭행·협박 또는 위력에 의한 실력적저지나 물리적강제'[4] 등으로 행해지면 쟁의행위로 볼 수 없다.[5]

협박이나 위력에 의한 물리적강제에 해당하는지는 행위의 동기[6]·정도·강도,[7]

---

1) 임종률, 『노동법』, 제9판, 232쪽 ; 김형배, 『노동법』, 제20판, 944쪽.
2) 김유성, 『노동법Ⅱ』, 238쪽 ; 이상윤, 『노동법』, 제6판, 782쪽.
3) 대판 1994.9.30, 94다4042.
4) 대판 1992.11.10, 92도1315 ; 대판 1992.5.8, 91도3051.
5) 대판 1990.10.12, 90도1431 ; 대판 1991.5.24, 89도1324 ; 대판 1992.7.14, 91다43800.
6) 대판 1992.7.14, 91다43800.
7) 임종률, 『노동법』, 제9판, 233쪽.

업무방해정도,[1] 인신구속정도,[2] 반노동조합적행위[3] 등을 살펴야 한다.[4]

3·바. 직장점거

(1) 의 의

직장점거란 근로자들이 파업이나 태업을 하면서 단결을 도모하거나 조업을 저지하고자, 사용자의사에 반해 사업장, 공장 등 회사 내에서 퇴거하지 않고 장시간 체류하는 보조적쟁의행위다. 직장점거는 사용자의 방해에 대처하면서 변화하는 사태에 기민하게 대처함으로써 파업의 실효성을 확보하기 위해 활용된다.

(2) 법적근거

노동조합은 사용자의 점유를 배제하여 조업을 방해하는 형태로 쟁의행위를 해서는 안된다(노조법 §37③).[5] 쟁의행위는 폭력이나 파괴행위 또는 '생산 기타 주요 업무에 관련되는 시설'과 이에 준하는 시설로서 대통령령(§21)이 정하는 시설을 점거하는 형태로 이를 행할 수 없다(노조법 §42①, §89 i 3년 징역·3천만원 벌금).

(3) 금지대상

금지되는 직장점거대상은 '생산 기타 주요업무에 관련되는 시설'과 '이에 준하는 시설로서 대통령령이 정하는 시설'[6] 로 구분된다.

'생산 기타 주요업무에 관련되는 시설'의 범위는 노동조합에 의해 점거될 경우 사용자 또는 다른 근로자의 조업의 중단 또는 방해를 가져올 수 있는 시설을 말하며,[7] 이와 관련이 없는 생활시설은 해당되지 않는다.[8]

---

1) 대판 1991.7.12, 91도897.

2) 대판 1992.2.11, 91도1834.

3) 대판 1992.7.14, 91다43800.

4) 평화적설득에 그치면 정당성이 인정된다는 평화적설득론, 대체근로자나 이탈조합원에 대해 어느 정도 실력행사도 허용되지만 사용자·비조합원이나 제3자에 대해서는 평화적설득을 할 수 있을 뿐이라는 조합통제권력론, 상대방에 따라서 실력저지가 부분적으로 허용되나 단체행동권을 강조하는 부분적실력저지용인론으로 학설을 분류(김유성, 『노동법Ⅱ』, 251쪽)하기도 한다. 그러나 여러 모습으로 나타나는 피케팅에 대해 통일된 기준으로 정당성을 판단하기는 쉽지 않다. 굳이 이름을 붙인다면 구체적사실관계판단설 정도가 타당하다.

5) 2021년 개정 노조법 신설.

6) '전기·전산·통신시설', '철도의 차량 또는 선로', '건조·수리 또는 정박 중인 선박', '항공기·항공보안시설·항공기이착륙시설·여객화물운송시설', '화약·폭약 등 폭발위험이 있는 물질과 유독물보관·저장장소' 및 '점거될 경우 생산 기타 주요업무의 정지 또는 폐지를 가져오거나 공익상의 중대한 위해를 초래할 우려 있는 시설로서 고용장관이 관계중앙행정기관의 장과 협의하여 정하는 시설'.

7) 제조업은 생산시설, 창고업은 해당창고, 병원은 진료실·수술실·입원실 등 의료업무수행시설, 서비스업은 사무실, 호텔은 서비스 및 숙박시설, 백화점은 종합소매업시설, 자동차판매업은 자동차판매·정비시설.

8) 김유성, 『노동법Ⅱ』, 247쪽 ; <예시> 식당·휴게실·탈의실·운동장·조합사무실·기숙사 등.

(4) 금지범위

① 부분적 · 병존적점거와 전면적 · 배타적점거

㈎ 판례 법리

직장점거는 사용자의 조업권·시설관리권과 상치된다. 그러나 기업별노조에서는 노동조합의 사무실이 사업장 안에 있고 사업장 안에서 조합활동이 이루어지는 점이 고려된다. 직장점거에 대한 기준이 노조법에 반영되기 전의 판례[1]나 그 후의 판례[2]도 이러한 이유로 사용자의 점유를 배제하지 않고 조업도 방해하지 않는 부분적·병존적점거의 정당성은 인정하나, 그렇지 않은 전면적·배타적점거나 장기점거에 대해서는 정당성을 부인한다.

부분적·병존적점거가 인정되는 경우에도, 쟁의행위와 관계없는 자 또는 근로를 제공하고자 하는 자의 출입·조업 기타 정상업무를 저해하는 점거는 인정되지 않는다.

㈏ 구분법리의 비판

노조법의 직장점거금지조항(§42①)은 1997년에 신설되면서 "점거하는 형태로 이를 행할 수 없다"라는 표현을 사용하되 해당시설을 한정함으로써 점거의 정당성에 관한 기준을 명확히 밝히고 있다. 다시 말해서 해당시설에 대해서는 부분적·병존적점거와 전면적·배타적점거의 구분 없이 "점거하는 형태로 이를 행할 수 없다"는 점이 명백하다. 아울러 '2021년 개정 노조법'(노조법 §37③)은 "점유를 배제하여 조업을 방해하는 형태로 쟁의행위를 해서는 안된다."는 쟁의행위원칙을 신설하였다. 따라서 '생산 기타 주요 업무에 관련되는 시설과 이에 준하는 시설로서 대통령령(노조령 §21)이 정하는 시설'에 대해서는 부분적·병존적이더라도 정당성을 인정받기 어렵다.[3] 노동3권 행사의 폭을 넓히기 위해 직정점거를 완화하려면, 현행 법조문의 체계상 해당시설의 범위를 좁히는 방법이 타당할 것이다.

---

1) 대판 1990.5.15, 90도357 ; 대판 1990.10.12, 90도1451 ; 대판 1991.6.11, 91도383 등.

2) 대판 2007.12.28, 2007도5204(한국노동법학회, 『노동판례백선』, 341쪽 참조. 대상판결은 실질적으로 사용자측 지배관리를 배제함으로써 업무의 중단 또는 혼란을 야기케 하는 배타적 점거행위에 이르렀는지를 판단하고 있으며, 노조법의 정의규정에 비추어 얼마간의 업무저해행위는 사용자가 이를 수인해야한다는 것을 확인) ; 대판 2012.5.24, 2010도9963.

3) '2021년 노조법 개정'의 과정에서 제출된 정부입법안에 "일부 또는 전부의 점거를 금지"하는 내용 조문으로 반영되어 있었으나 국회의결과정에서 삭제되었으나, 그 취지는 같음(고용노동부, "개정 노조법 설명자료", 2020. 12. 2쪽).

② 공동관리공간

사용자가 제3자와 공동으로 관리·사용하는 공간을 쟁의행위를 이유로 관리자의 의사에 반하여 침입·점거한 경우, 비록 그러한 점거가 정당한 쟁의행위로 평가될 여지가 있어도 이를 공동으로 관리·사용하는 제3자의 명시적 또는 추정적인 승낙이 없는 이상 주거침입의 위법성이 조각된다고 볼 수 없다.[1]

(5) 위반효과

직장점거가 정당하지 못하면 징계나 민·형사책임과 같은 일반적효과 외에도 '퇴거 및 업무방해금지가처분', 퇴거불응죄,[2] 건조물침입죄,[3] 업무방해죄[4] 등이 적용되고 있다. 노조법은 직장점거를 명시하면서 벌칙을 마련해 놓고 있다.

3·사. 준법투쟁

(1) 의 의

준법투쟁(*Work-to rule*)은 노동조합이 주장을 관철하기 위해 법령, 단체협약, 취업규칙 및 근로계약을 평소보다 엄격히 지키거나 권리를 일제히 행사해 업무의 정상운영을 저해하는 집단행동을 말한다. 준법투쟁은 노동력을 불완전하게 제공하거나 제공을 거부함으로써 파업·태업 등과 같은 효과를 갖는다.

(2) 양 태

준법투쟁은 안전·보건에 관한 법규를 철저히 지키는 안전투쟁이 전형적이나, 근로시간을 철저히 지키거나 휴가를 일제히 사용하는 권리행사투쟁을 포함한다.[5]

(3) 쟁의행위 해당 여부

준법투쟁은 사용자에 압력을 가하는 수단이면서, 법규로 보장된 권리의 주장이라는 양면성을 가지고 있다. 따라서 이 중 어느 한 면만 강조할 수가 없으므로 '쟁의행위에 해당하는지'가 쟁점이다.

준법투쟁이 쟁의행위에 해당하는지는 '업무의 정상적운영을 저해하는 행위(노조법 §2vi)'인지에 따라 판단한다. 이 때 '정상적운영'이 갖는 의미를 둘러싸고 견해가

---

1) 대판 2010.3.11, 2009도5008.
2) 대판 1991.8.13, 91도1324 ; 대판 2005.6.9, 2004도7218 ; 대판 2010.3.11, 2009도12609.
3) 대판 1991.6.11, 91도753.
4) 대판 1992.5.8, 91도3051 ; 대판 1990.10.12, 90도1451 ; 대판 1991.6.11, 91도383.
5) <예> 잔업거부, 집단휴가, 집단사표제출에 의한 노무정지, 안전보건투쟁, 안전·보안법규철저준수 등

나뉜다. 사실정상설(事實正常說)[1]은 준법투쟁대상행위가 적법인지 위법인지를 따지지 않고 통상적·관행적으로 해 온 업무를 집단적으로 거부하면 쟁의행위로 본다. 법규정상설(法規正常說)[2]은 관행적으로 해오던 위법행위를 거부하는 준법투쟁은 잘못을 바로 잡는 의미를 가지므로 쟁의행위가 성립하지 않는다고 본다.

(4) 유사 준법투쟁

준법투쟁처럼 보이나 실제로는 규칙위반 또는 권리남용으로 나타나는 행위가 있다. 점심시간에 하나의 배식구를 이용함으로써 근로시간을 잠식하는 집단적행위, 병원이나 은행에서 제복을 입지 않고 평상복을 입는 집단적행위,[3] 근로시간 중에 사적인 일을 보는 집단적행위, 무단집단결근·조퇴 등은 법규를 위반한 것으로 쟁의행위가 된다. 이러한 행위는 권리남용 규정위반으로 인정되어 쟁의행위가 될 수 있다.[4] 집단사표도 권리남용으로 보아 쟁의행위가 될 수 있다.

(5) 정당성판단의 다른 기준

준법행위가 쟁의행위로 인정되더라도 주체·목적·방법·절차의 정당성이 있어야 한다.[5]

---

1) 김형배, 『노동법』, 제20판, 921~922쪽 ; 이상윤, 『노동법』, 제6판, 777쪽 ; 과속·신호위반·합승·부당요금징수 등 관련(대판 1991.12.10, 91누636 및 대판 2000.5.26, 98다34331) ; 정시출근관련(대판 1996.5.10, 96도419. 위헌결정) ; 연장근로관련[대판 1990.12.7, 90다6095 ; 대판 1991.7.9, 91도1051 ; 대판 1991.10.22, 91도600 ; 대판 1996.2.27, 95도2970(위헌결정) ; 대판 1996.7.30, 96누587(한국노동법학회, 『노동판례백선』, 367쪽)] ; 휴일근로관련(대판 1991.7.9, 91도1051 ; 대판 1992.10.9, 91다14406 ; 대판 1994.2.22, 92누11176 등) ; 월차휴가관련(대판 1991.12.24, 91도2323 ; 대판 1992.3.13, 91누10473 ; 대판1994.6.14, 93다29167) ; 연차휴가관련(헌재 2004.7.15, 2003헌마878) ; 고용노동부, 『집단적노사관계 업무매뉴얼』, 283쪽.

2) 임종률, 『노동법』, 제9판, 197쪽 ; 헌재 1998.7.16, 97헌바23 ; 대판 1979.3.13, 76도3657.

3) 대판 1994.6.14, 93다29617.

4) 임종률, 『노동법』, 제9판, 198쪽.

5) 대판 1991.1.23, 90도2852 ; 대판 1996.7.30, 95누7765.

제3절 쟁의행위 보호와 책임

1. 의 의

1·가. 민 · 형사면책

(1) 법적근거

사용자는 노조법에 의한 단체교섭 또는 쟁의행위로 인해 손해를 입은 경우에 노동조합 또는 근로자에 대해 그 배상을 청구할 수 없다(노조법 §3). 형법 제20조의 규정은 단체교섭·쟁의행위 기타의 행위로서 정당한 행위에 대해 적용되며, 어떠한 경우에도 폭력이나 파괴행위는 정당한 행위로 해석되어서는 안된다(노조법 §4).

(2) 내 용

정당한 쟁의행위에 대해서는 민사책임과 형사책임 그리고 징계책임이 면제되나, 정당성을 인정받지 못하면 이러한 책임들이 면제되지 않는다.

노조법(§3 및 §4)의 관련조항은 민사면책과 형사면책을 창설하는 것이 아니고 헌법(헌법 §33①)에 당연히 내재되어 있는 권리를 확인한 것이다.

(3) 법적성질

민·형사면책의 법적성질에 대해서는 쟁의행위가 '민법상 의무불이행·불법행위'나 '형법상 업무방해죄·강요죄'처럼 범죄구성요건에 해당하는지를 기준으로 하여 의견이 나뉜다.

구성요건해당성조각성(構成要件該當性阻却性)설[1]에 따르면, 쟁의행위는 범죄구성요건에 해당되지 않는다. 헌법상 기본권으로 쟁의권을 행사했으므로 처음부터 민·형사상 제재대상이 아니기 때문이다. 위법성조각성(違法性阻却性)설[2]에 따르면, 쟁의행위가 범죄구성요건에는 해당되나 예외적으로 위법성이 조각된다는 것이다. 쟁의행위가 자본

---

1) 김형배, 『노동법』, 제20판, 928쪽 ; 이상윤, 『노동법』, 제6판, 763쪽.
2) 김유성, 『노동법Ⅱ』, 268쪽 ; 임종률, 『노동법』, 제9판, 199쪽 ; 대판 1990. 5.15, 90도357 ; 대판 1990.7.10, 90도766 ; 대판 1991.3.27, 90도2328 ; 대판 1992.11.10, 92도1315 등.

주의 초기에 범죄로 처리되던 역사적 배경을 감안해 위법성조각성설에 찬성한다.

1·나. 구속금지

근로자는 정당하게 행해지는 쟁의행위의 기간 중에, 현행범이 아니라면, 노조법위반을 이유로 구속되지 않는다(노조법 §39).

1·다. 기타 노동관계법상 보호

사용자는 근로자가 정당한 쟁의행위에 참가한 것을 이유로 해고, 징계 등 불이익취급을 할 수 없다(노조법 §81 i). 근로자는 사용자의 불이익취급에 대해 노동위원회에 부당노동행위구제신청(노조법 §82)을 하거나 법원판결을 통해 구제받을 수 있다.

2. 쟁의행위책임

정당하지 않은 쟁의행위에 대해서는 노조법상 조정대상이 되지 않고, 노동법상 보호되는 민·형사면책을 받지 못하며, 사용자에 대해 손해배상책임을 지고, 경영질서침해에 따른 징계책임을 질 수 있다.

2·가. 쟁의행위에 대한 민사책임

(1) 요 건

민사책임이 성립하기 위해서는 쟁의행위의 정당성이 부인되고 그 행위로 인해 채무불이행이나 불법행위가 있어야 한다. 채무불이행(민법 §390)은 정당성이 없는 쟁의행위로 노무제공의무를 위반하는 경우가 전형적이다. 불법행위(민법 §750)는 정당성이 없는 쟁의행위이거나 폭행 등의 위법행위가 있는 경우에 성립한다.

(2) 책임의 귀속

① 개 요

정당성이 없는 쟁의행위에 대해서는 민사책임이 부과된다. 책임의 주체는 단체책임과 개인책임으로 나눌 수 있고, 개인책임에는 조합원책임과 간부책임이 있다. '책임을 누가 지는지'는 쟁의행위가 조직적·통일적 행동으로 노동조합의 의사에 따라 행해지는지에 따라 결정된다.

② 단체책임

노동조합은 의결기관의 결의와 집행기관의 지도로 행해진 위법쟁의행위에 대하여 불법행위에 대한 손해배상책임을 진다.[1] 집행기관이나 집행간부의 직무로 행해지는 행위가 노동조합의 책임으로 귀속되기 때문이다(민법§35① §756①). 결의나 지도가 없더라도 정당성이 없는 쟁의행위를 수행한 자가 조직 안에서 중요한 역할을 담당하고 있거나, 집행기관이 지원 또는 승인하는 태도를 취하면 노동조합이 손해배상책임을 진다.[2] '정당성이 없는 쟁의행위'에 대해, 조합원의 찬반투표처럼 집단적의사결정이 이루어지면, 집행부의사에 반한 것이더라도 노동조합의 불법행위책임이 성립한다.[3]

노동조합(교섭대표노조포함 노조법§29의5)은 쟁의행위가 적법하게 수행될 수 있도록 조합원을 지도·관리·통제할 책임이 있다(노조법 §38③). 이 규정의 취지는 노동조합에 대해 직접책임을 부과함으로써 쟁의행위의 적법성을 확보하기 위함이다. 노동조합의 의사와 무관하게 행하는 비공인파업(*wild cat -strike*)이더라도 노동조합이 조합원을 지도·관리·통제하지 못하면 손해배상책임을 질 수 있다.

③ 개인책임

㈎ 조합원 개인

정당성이 없는 쟁의행위가 조직적·통일적으로 행해지는 경우, 노동조합 외에 조합원도 개인적으로 책임을 지는지에 대해 의견이 나뉜다. 부정설[4]은 '개인의 행위는 정당성과 관계없이 노동조합의 집단적행위로 전환되는 점', '개인책임이 근로자의 조합활동을 위축시켜 헌법의 쟁의권보장취지를 훼손하는 점' 등을 들어 개인책임을 부인한다. 긍정설[5]은 '쟁의행위가 노동조합의 단체행위임과 동시에 조합원의 개인행위인 점', '개인이 쟁의행위참가여부를 결정하는 점', '개인의 민사면책은 정당한 쟁의행위에 참가할 때만 주어지는 점' 등을 들어 개인책임을 인정한다. 정당성이 없는 쟁의행위에 참가한 조합원은 사용자에 대해 채무불이행(민법 §390)책임을 진다. 책임범위는 전체 손해에 대한 연대책임이 아니고, '근로를 정지할 때 준수할 사항과 상당인과관계'에 있는 개별책임[6]이다. 비공인파업이나 일

1) 대판 1994.3.25, 93다32828·32835(한국노동법학회, 『노동판례백선』, 350쪽 참조).
2) 임종률, 『노동법』, 제9판, 234쪽.
3) 이상윤, 『노동법』, 제6판, 764쪽.
4) 박홍규, 『노동법론』, 1092쪽 ; 이영희, 『노동법』, 696쪽.
5) 김형배, 『노동법』, 제20판, 967쪽 ; 임종률, 『노동법』, 제9판, 234쪽 ; 이상윤, 『노동법』, 제6판, 765쪽 ; 김유성, 『노동법Ⅱ』, 281쪽. 기본적으로 긍정설의 견해를 보이면서 구체적태양에 따라 판단되어야 한다고 본다. ; 대판 1994.3.25, 93다32828·32835 ; 대판 2006.9.22, 2005다30610 등이 있다.
6) 대판 2006.9.22, 2005마30610.

탈행위는 조합원 개인이 책임의 주체가 된다.

조합원자격이 없이 쟁의행위에 참여한 자는 개별책임을 진다(같은편, 제1장 제2절, 2·나, (2),⑤).

㈏ **조합간부**

노동조합간부(조합간부)의 책임은 몇 가지로 나누어 설명할 수 있다. 첫째, '정당성이 없는 쟁의행위'가 조합간부의 지도로 행해지면, 그 행위는 채무불이행행위를 집단화시켜 사용자의 채권·조업권·소유권을 침해한 것이므로 노동조합의 책임 외에 추가적으로 조합간부의 불법행위(민법 §750)가 성립한다.[1] 둘째, '정당성이 없는 쟁의행위'에 대해, 조합원의 찬반투표처럼 집단적으로 의사결정이 이루어지면, 집행부의사에 반해도 노동조합의 불법행위책임이 성립한다. 이때 집행부 즉, 조합간부는 책임을 지지 않는 것이 원칙이나[2], '지도·관리·통제 책임(노조법 §38③)'을 다하지 않으면 책임을 질 수도 있다. 셋째, '정당성이 없는 쟁의행위'가 일부조합원의 비공인파업이나 일탈행위로 나타나면, 조합간부가 승인·지도한 경우에 한해 책임을 물을 수 있다. 조합간부책임의 범위는 '위법한 쟁의행위와 상당인과관계가 있는 사용자의 전체 손해'에 대한 연대적개인책임[3]이다.

㈐ **폭력·파괴행위와 민사책임**

폭력·파괴행위는 쟁의행위의 정당성과 관계없이 사용자의 채권·조업권·소유권을 침해하는 불법행위가 성립한다. 이러한 행위를 한 조합원개인은 손해배상책임을 진다(민법 §750). 조합간부가 이러한 행위를 지도하면 공동불법행위자·교사자 또는 방조자(민법 §750)로서 행위자와 연대하여 책임을 진다.

④ **책임중복**

단체책임과 개인책임이 모두 인정될 경우, 이 둘의 관계에 대해 의견이 나뉜다.

부진정연대책임설[4]은 각각 책임을 진다고 본다. 단체라는 개념이 추상적인 것이고 실질적 행위자가 불법행위능력을 갖는 조합원이라는 것이 그 이유이다. 보충설[5]은 노동조합의 책임을 일차적인 것, 개인의 책임을 2차적인 것으로 파악한다. 정당성이 없는 쟁의행위가 조합원 다수의 결의에 따라 이루진 경우, 개인책임은 단체책임으로 귀속되므로 보충성(민법 §437)을 갖기 때문이라는 것이 그 이유이다.

---

1) 대판 1994.3.25, 93다32828·32835 ; 대판 2006.9.22, 2005다30610.

2) 김유성, 『노동법Ⅱ』, 282쪽.

3) 대판 2006.9.22, 2005다30610.

4) 김형배, 『노동법』, 제20판, 970쪽.

5) 임종률, 『노동법』, 제9판, 237쪽.

보충설을 지지한다.

(3) 책임의 범위

정당성이 없는 쟁의행위에 대해서는 민사책임으로서 손해배상책임이 부과된다. 손해배상범위는 쟁의기간 중에 발생한 사용자의 모든 손해가 아니라, 영업이익 감소·고정비용지출·물품훼손정도 등 쟁의행위와 상당인과관계가 있는 손해이다.[1] 민사책임에 대해서는 쟁의행위에 이르게 된 과정과 사용자의 대응방식 등[2]을 감안해 과실상계가 이루어질 수 있다.[3]

2·나. 쟁의행위에 대한 형사책임

(1) 의 의

'정당성이 없는 쟁의행위'는 형사면책을 적용받지 못한다.[4] 형법이나 그 밖의 관계법령에 정한 범죄의 구성요건에 해당되면 형사책임의 대상이 된다.

(2) 종 류

① 일반적형사책임

㈎ 업무방해죄의 의의

형사책임은 업무방해죄(형법§314, 징역5년 벌금1천5백만원) 또는 업무방해방조죄[5]가 일반적이다. 쟁의행위는 '업무의 정상적인 운영을 저해하는 행위'이기 때문에 형법상 업무방해죄의 행위와 외형이 비슷하고 그 자체로 위력(威力)[6]에 의한 업무방해라는 성격을 내포하고 있기 때문이다.[7]

㈏ 업무방해죄의 요건

'업무방해죄는 소극적인 근로제공거부 즉, 부작위만으로도 성립한다'는 견해[8]가 있다. 이러한 견해는 형사처벌의 범위를 지나치게 확대하여 단체행동권을 보호하는 취지에 맞지 않고 노동3권이 형사처벌의 위협 아래에 놓이므로,[9] 비판의

---

1) 대판 1994.3.25, 93다32828·32835 ; 대판 1993.12.10, 93다24735 ; 고용노동부, 『집단적노사관계 업무매뉴얼』, 305쪽.
2) 사용자가 교섭미진, 합의파기 등 불법쟁의행위 원인을 제공하면, 손해배상액에 있어 사용자 과실이 참작된다.
3) 대판 2006.9.22, 2005다30610.
4) 대판 1990.5.15, 90도357 ; 대판 1992.11.10, 92도1315.
5) <사례> 울산고판 2015.7.22, 2014노781. ○○자동차비정규직지회 농성 사건 지원 사례.
6) 대판(전) 2011.3.17, 2007도482. 전국철도노동조합사건.
7) 헌재 1998.7.16, 97헌바23. 업무방해죄를 위헌으로 보지 않는다. ; 헌재 2010.4.29, 2009헌바168.
8) 대판 1991.1.23, 90도2852 ; 대판 1991.4.23, 90도2771. 상호연락을 통한 작업장이탈·결근은 정상업무운영 저해 ; 대판 1991.11.8, 91도326 ; 대판 1996.2.27, 95도2970 ; 대판 1996.5.10, 96도419 ; 대판 2004.5.27, 2004도689 ; 대판 2006.5.12, 2002도3450 ; 대판 2006.5.25, 2002도5577 ; 대판 2006.5.12, 2002도3450.

여지가 있다. 이에 따라 판례[1]는 '소극적인 근로거부행위로 인하여 법익이 침해되고 양자 간에 인과관계가 있어야 업무방해죄가 성립한다.'고 함으로써 그 법리를 보강하게 되었다. 부작위는 직무유기죄처럼 그 자체를 구성요건으로 하는 범죄가 아닌 한, 범죄의 구성요건에 해당되지 않는다.[2] 사업장에서 '근로를 제공하지 않는 것'이 '법령상 의무를 게을리하여 국민에게 피해를 주는 직무유기죄'에 해당할 수 없기 때문이다. 그럼에도 불구하고 업무방해죄는 여전히 노동3권과의 관계에서 과잉적용의 여지를 안고 있었다. 이에 따라 대법원 전원합의체 판결[3]에 의해 업무방해죄의 적용요건이 보다 엄격하게 제시되고, 기존의 판결들이 그 효력을 잃게 되었다. 이러한 변화는 쟁의행위에 대한 업무방해죄의 적용 요건이 위법성해당설에서 구성요건해당성로 바뀌었음을 의미한다. 해당판결의 논지는 다음과 같다.

근로자는 헌법에 의해 노동3권을 가진다. 파업은 그 자체로 업무방해죄에 해당되지 않고,[4] 파업이 주된 목적 등에서[5] 쟁의행위로서의 정당성이 인정되지 않는다는 이유만으로 곧 바로 업무방해죄에 해당되지 않으며,[6] 전후 사정과 경위 등에 비추어 사용자가 예측할 수 없는 때에 전격적으로 이루어져서 객관적인 예측과 대비의 가능성이 없어[7] 사업운영에 막대한 혼란이나 손해를 초래하는 등 사업계속에 관한 자유의사가 제압되거나 혼란해질 정도의 위력에 해당된다고 평가되는 경우[8]에 업무방해죄가 성립한다.[9]

㈐ **업무방해죄의 양태**

목적의 정당성을 갖추지 못한 쟁의행위에 대해 직접적인 처벌규정이 노조법에 없다. 이러한 이유로 업무저해성을 본질적으로 수반하는 쟁의행위의 특성에 기초하여 업무방해죄가 적용된다. 근로자가 정치투쟁의 일환으로 공동투쟁본부의

---

9) 헌재 1998.7.16, 97헌바23. ↘ 658쪽
1) 대판 1992.12.8, 92도1645 ; 대판 1992.9.2, 92도1855.
2) 김유성, 『노동법Ⅱ』, 272쪽.
3) 대판(전) 2011.3.17, 2007도482. 해당판례의 해당부분 무효.
4) 대판(전) 2011.3.17, 2007도482.
5) 대판 2014.8.20, 2011도468. 한국철도공사사건. 안전운행투쟁 관련. 원심파기.
6) 대판 2014.11.13, 2011도393.
7) 대판 2017.2.3, 2016도1690.
8) 대법 2011.10.27, 2009도3390 ; 대판 2011.10.27, 2010도7733 ; 대법 2011.10.27, 2009도6260. ; 대판 2012.4.26, 2010도5392 ; 대판 2011.10.27, 2010도5961. ; 대판 2012.6.14, 2012도3305 ; 대판 2014.8.20, 2011도468. ; 대판 2016.3.10, 2013도7186. 사
9) 대판(전) 2011.3.17, 2007도482.

일정과 방침에 따라 단체교섭대상이 될 수 없는 사항의 쟁취를 목적으로 행한 순환파업과 전면파업에 대해 업무방해죄를 인정한 판결[1]이 발견된다.

② **개별적형사책임**

'정당성이 없는 쟁의행위'는 근로자에 대해 개별적형사책임을 지게 한다.[2] 쟁의행위기간 중에 기계·원료 등을 손상하면 재물손괴죄에 해당되고, 보이콧·피케팅 등에서 과도한 물리력을 행사하면 불법감금죄·협박죄·강요죄·공갈죄 등[3]에 해당되며, 직장점거가 정당성을 넘어서면 건조물침입죄·주거침입죄[4]·퇴거불응죄에 해당된다.[5]

(3) 형사책임의 귀속

① **노동조합**

노동조합의 형사책임은 관련 법령에 명시적으로 규정된 경우에 한해 인정된다. 양벌주의에 따라 노동조합의 대표자·사용인 기타 종업원이 노동조합업무에 관해 위반행위(노조법 §88 ~ §93)를 하면 노동조합에게도 벌금형이 부과될 수 있다(노조법 §94).

② **조합간부**

조합간부는 '정당성이 없는 쟁의행위'를 기획·지도·지시하거나 이에 참여하면 실질적으로 관련된 정도나 구체적 역할 등에 따라 정범, 교사범·방조범 및 부작위범의 책임을 진다. 형사책임은 조합간부에게 집중되지만, 간부라는 이름만으로 동일행위에 대해서 일반조합원보다 높은 형사책임을 부과하는 것은 죄형법정주의원칙에 위배된다.

③ **조합원**

조합원의 '정당성이 없는 쟁의행위'에 대한 책임은 쟁의행위참가자 개인의 행위책임으로 귀결된다. 그러므로 조합원은 이에 대해 형사책임을 질 수 있다.[6]

개별조합원이 노동조합의 지시에 반해 위법행위를 해도 형사책임을 진다.

(4) 위법성조각

형사책임대상이 되는 쟁의행위라도 위법성조각사유(違法性阻却事由)가 있으면 범죄가 성

1) 대판 2014.8.26, 2013도875.
2) 이상윤, 『노동법』, 제6판, 769쪽.
3) 대판 2010.12.23, 2010도7412.
4) 대판 2002.9.24, 2002도2243.
5) 김유성, 『노동법Ⅱ』, 272쪽.
6) 대판 1995.10.12, 95도1016.

립되지 않는다.[1]

2·다. 쟁의행위에 대한 징계책임

(1) 내 용

'정당성이 없는 쟁의행위'에 대해 개인책임을 부정하는 설에 따르면 징계책임도 부정될 수 있다. 그러나 개인적으로는 이러한 설에 찬성하지 않는다. '정당성이 없는 쟁의행위'는 경영질서를 해치므로 단체책임 외에 개인책임차원에서 징계사유가 된다. 면책협정을 체결한 것처럼 특별한 사정이 있으면 징계처분을 할 수 없으며,[2] 조합원에 대한 선처약속은 징계양정에 영향을 미친다.[3]

(2) 조합간부의 특별책임

조합간부에 대한 징계책임은 그 지위에 있다는 사실만으로 판단할 수는 없으며, '징계대상이 되는 행위의 내용'과 '행위자의 역할이 경영질서를 위반한 정도나 모습'을 구체적으로 검토해 판단해야 한다.[4] 노조대표자라도 기획·지시·실행의 단계에 개입할 여지가 없는 상태에서 명의만 이용되면 책임을 물을 수 없다. 대표가 아닌 간부라도 중요한 역할을 하면 징계를 받을 수 있다.[5]

(3) 조합간부의 예방의무

노동조합은 쟁의행위가 적법하게 수행될 수 있도록 지도·관리·통제할 책임(노조법 §38③) 즉 영향의무를 진다. 영향의무에 대해서는 의견이 나뉜다. 부정설[6]에 따르면, 지도책임위반에 대한 징계는 타인의 행위에 대한 책임을 인정하는 것이 되어 개인책임원리에 반하므로 영향의무 또는 방지의무를 일반적형태로 인정하는 것은 타당치 않다. 긍정설[7]에 따르면, 조합간부의 지도책임이 법에 규정되어 있으므로 위반에 대해 징계를 하는 것이 개인책임원리에 반하지 않는다. 긍정설을 지지한다.

---

1) <예> 생명이나 신체의 위험을 수반하는 작업을 거부하거나, 사용자의 부당노동행위에 대한 정당방위 내지 긴급피난으로서 우발적으로 작업을 거부한 것 ; 대판 1990.10.12, 90도1431 ; 대판 2003.12.26, 2001도1863.

2) 대판 1992.7.28, 92다14786.

3) 서울행판 2010.12.30, 2010구합5936.

4) 서울고판 2011.9.29, 2008누37826.

5) 임종률, 『노동법』, 제9판, 238쪽.

6) 김유성, 『노동법Ⅱ』, 284쪽.

7) 임종률, 『노동법』, 제9판, 238쪽 ; 대판 1992.9.1, 92누7733.

3. 제3자에 대한 책임

3·가. 사용자책임

(1) 거래상대방에 대한 쟁의행위 책임

사용자와 거래상대방 사이에 책임에 관한 약정이 있으면 그에 따른다. 약정이 없을 경우, 사용자가 거래상대방에게 근로자의 쟁의행위로 인해 발생한 손해배상책임을 질지에 대해서는 의견이 나뉜다. 첫째, 긍정설[1]에 따르면 제3자는 자신에게 책임이 없음에도 불구하고, 상대기업의 쟁의행위로 인해 손해를 볼 수 있다. 사용자는 쟁의행위가 기업내부의 현상이라는 이유로 대외책임을 면할 수 없다. 둘째, 부정설[2]에 따르면 쟁의행위는 헌법상 단체행동권의 행사로서 민법상 거래당사자의 책임 없는 사유에서 비롯된 것이다. 쟁의행위는 정당성여부를 불문하고, 사용자의 지배에서 벗어난 외부적 현상이다. 그러므로 근로자는 사용자의 이행보조자에 해당하지 않으며, 거래상대방에 대한 책임이 부정된다. 셋째, 절충설[3]에 따르면 정당한 쟁의행위는 예견이 가능한 사항이므로, 사용자가 거래상대방에 대해 책임을 진다. 그러나 '정당성이 없는 쟁의행위'는 헌법상 단체행동권행사의 효력이 부여되지 않고 민법상의 계약원리가 적용된다. 사용자는 이행보조자 즉, 근로자에 대한 간섭가능성이 없기 때문에, 거래상대방에게 책임을 부담하지 않는다.

사용자귀책사유가 있을 때만 책임을 지는 부정설이 타당하다. 사용자가 손해배상책임을 지면 근로자에 대해 이행보조자로서의 책임을 물어 구상권을 행사할 수 있는지가 문제가 될 수 있다. 쟁의행위에 참가한 근로자가 사용자의 이행보조자도 아니고 사용자의 사무집행과도 관련이 없으므로 부정적으로 해석된다.[4]

(2) 제3자에 대한 쟁의행위책임

'정당성이 없는 쟁의행위'는 근로자와 사용자의 관계에서 발생하는 문제이다. 따라서 사용자와 직접적인 계약관계가 없는 제3자에 대해 손해배상책임을 지는 것은 아니다.

---

1) 이병태, 『최신노동법』, 제9판, 360쪽.
2) 김형배, 『노동법』, 제20판, 997~1004쪽 ; 김유성, 『노동법Ⅱ』, 286쪽 ; 고용노동부, 『집단적노사관계 업무매뉴얼』, 301쪽.
3) 이상윤, 『노동법』, 제6판, 803~804쪽.
4) 김유성, 『노동법Ⅱ』, 286쪽.

3·나. 근로자책임

(1) 정당한 쟁의행위

정당한 쟁의행위로 '사용자의 거래상대방을 포함한 제3자'에게 손해가 발생해도, 쟁의권행사의 헌법적 효과 때문에 노동조합의 민사책임이 면제된다.

(2) 부당한 쟁의행위

쟁의행위가 정당하지 못하더라도, 근로자는 그 기간 동안 이행보조자에 해당되지 않는다. 따라서 노동조합은 '사용자의 거래상대방을 포함한 제3자'의 손해에 대해 책임을 지지 않는 것이 원칙이다.

쟁의행위가 제3자를 목적으로 하거나 제3자에게 직접적인 상당인과관계를 가지고 손해를 발생시키면 불법행위책임을 부담할 수도 있다.[1]

(3) 제한 · 금지 법규위반

쟁의행위가 제한·금지법규 중 안전보호시설정지·폐지·방해금지(노조법 §42②), 필수유지업무정지·폐지·방해금지(노조법 §42의2② 의료법§15①) 등 사람의 생명·건강·안전을 직접 침해하는 제3자보호법규를 위반하면, 노동조합은 이로 인해 발생한 제3자의 손해에 대해 불법행위책임을 져야 한다.[2] 공무원쟁의행위금지, 방위산업쟁의제한, 공익사업쟁의제한 등은 제3자보호법규로 보지 않는다.

제4절 사용자측 쟁의행위

1. 직장폐쇄

1·가. 의 의

(1) 개 념

직장폐쇄란 사용자가 근로자측의 쟁의행위에 '대항하는 행위로서 업무의 정상

---

1) 이상윤, 『노동법』, 제6판, 807쪽 ; 김유성, 『노동법Ⅱ』, 286쪽.
2) 이상윤, 『노동법』, 제6판, 807쪽 ; 김유성, 『노동법Ⅱ』, 288쪽.

운영을 저해하는 행위(노조법 §2vi)'이다. 직장폐쇄는 근로제공의 반대급부인 임금을 지급하지 않음으로써 근로자측에게 경제압박을 가하려는 사용자측의 쟁의행위이다.

(2) 법적근거

쟁의행위와 직장폐쇄는 노사대등성을 보장하기 위해 인정되고 있으나 법적근거를 달리 한다. 쟁의행위는 단결체의 힘을 바탕으로 실질적인 노사대등을 보장한 헌법상 노동3권에 근거하고 있다. 직장폐쇄는 사용자가 현저히 불리한 상황에 처한 경우 적정한 세력균형이 회복되도록 노조법에 따라 인정된다.

(3) 법적성질

노조법은 직장폐쇄에 대해 '사용자의 쟁의행위라는 점', 시기제한 그리고 신고의무에 관해서만 규정하고 있어 그 법적성질에 대한 견해가 다양하다.

첫째, 헌법은 근로자의 단체행동권만을 규정하고 있으므로 직장폐쇄는 헌법상 인정될 수 없다는 부정설[1]이 있다. 둘째, 노동법상 권리로 보지 않고 사용자에게 방임된 자유로 보는 자유방임행위설[2]이 있다. 셋째, '근로자측과 사용자측 간의 교섭력의 균형을 보장하기 위한 권리'라는 노사균형설[3]이 있다. 이 견해가 다수설이다. 넷째, 헌법 제33조에서 정한 쟁의권보장이념에 반해 근로자측이 쟁의권을 남용하는데 대한 대항수단으로 주어진다는 쟁의권남용방어설[4]이 있다. 쟁의권남용방어설을 지지한다.

1·나. 직장폐쇄의 성립요건

(1) 의사표시

직장폐쇄가 성립하기 위해서는 '노무수령을 거부하고 임금을 지급치 않겠다'는 의사표시가 필요하다. 의사표시방법에 대해서는 견해가 대립된다. 먼저, 직장폐쇄의 본질은 임금지급의무를 면하는 데 있으므로 그러한 취지를 통고 내지 선언하면 된다는 선언설[5]이 있다. 다음으로, 쟁의행위는 사실적행위이므로 사업장의 출입구를 폐쇄해 근로자의 사업장출입과 근로제공이 불가능한 상태로 만들어야 한

---

1) 김철수, 『헌법학개론』, 792쪽. 관련법이 직장폐쇄를 쟁의행위로 규정한 것은 위헌의 의문이 있다.

2) 신인령, 『노동기본권연구』, 102쪽. 근로자의 쟁의행위와 달리 실정법상 적극적규정이 없는데 근거를 두고 있다.

3) 김유성, 『노동법Ⅱ』, 291쪽 ; 임종률, 『노동법』, 제9판, 249쪽 ; 김형배, 『노동법』, 제20판, 977쪽 ; 이상윤, 『노동법』, 제6판, 809쪽 ; 권영성, 『헌법학원론』, 676쪽 ; 대판 2000.5.26, 98다3433 ; 협력 68140-352, 1997.8.29.

4) 이을형, 『노동법』, 349쪽.

5) 김유성, 『노동법Ⅱ』, 291쪽 ; 이상윤, 『노동법』, 제6판, 814쪽 ; 대판 1991.8.13, 91도1324 등.

다는 사실행위설[1]이 있다. 선언이나 통고가 의사표시의 효력을 갖는다는 점과 직장폐쇄가 방어적·대항적으로 행해지는 점을 감안하여 선언설을 지지한다.

(2) 직장폐쇄 금지 조항

직장폐쇄금지조항 위반 행위는, 단체협약 위반에 대한 손해배상책임은 별론으로 하고, 직장폐쇄의 효력에 영향을 미치지 못한다.

1·다. 직장폐쇄의 정당성

(1) 대항성

사용자는 노동조합(교섭대표노동조합포함 노조법 §29의5)이 쟁의행위를 개시한 이후에만 직장폐쇄를 할 수 있다(노조법 §46①, §91, 1년징역·1천만원벌금). 교섭국면이 사용자에게 불리해도 대항적 직장폐쇄만 인정되고, 근로자의 쟁의행위가 개시되지 않은 상황에서 선제적 직장폐쇄는 인정되지 않는다. 사용자는 직장폐쇄를 할 경우에는 미리 행정관청 및 노동위원회에 각각 신고해야 한다(노조법§46②, §96①iii 5백만원과태료). 직장폐쇄시기는 행정관청에 신고된 때로 본다. 다만, 신고를 하지 않았다 해서 대항성 자체가 부정되는 것은 아니다.

(2) 방어성

직장폐쇄는 근로자측의 쟁의행위로 인한 경제적 손해를 최소화하기 위한 방어적 목적을 가져야 한다. 노동조합의 조직력약화나 근로조건저하 등 적극적 목적을 위해 사용하는 공격적직장폐쇄는 인정되지 않고 방어적직장폐쇄만 인정된다.

쟁의행위의 양태가 노·사의 세력균형을 깨뜨리고, 사용자에게 수용하기 어려울 정도로 손해를 입히거나, 그러한 상황들이 우려될 때 방어성이 인정될 수 있다.[2] 방어성에 대해서는 교섭태도와 경과, 쟁의행위의 수단·정도, 사용자가 받는 타격의 정도, 해당직장폐쇄의 방법·양태 등 여러 사정이 균형 있게 종합적으로 판단되어야 한다.[3] 방어적직장폐쇄로 인해 노동조합이 위축될 것을 기대하는 것만으로는 공격적이라고 볼 수 없다.[4] 직장폐쇄의 개시가 정당해도 선제적·공격적으로 변질된 이후의 직장폐쇄는 정당성을 상실한다.[5]

---

1) 이을형, 『노동법』, 306쪽 ; 노동부, 『노동쟁의조정실무』, 64쪽.

2) 노사 32281-9455, 1968.6.24.

3) 대판 2000.5.26, 98다34331(한국노동법학회, 『노동판례백선』, 358쪽) ; 대판 2003.6.13, 2003두1097 ; 대판 2000.5.26, 98다34331.

4) 임종률, 『노동법』, 제9판, 252쪽.

5) 대판 2016.5.24, 2012다85335 ; 대판 2017.4.7, 2013다101425 ; 대판 2018.3.29, 2014다30858 등.

1·라. 직장폐쇄의 범위

사용자는 전면 또는 부분적으로 직장폐쇄를 할 수 있다. 부분파업이 전체사업장 업무의 정지·폐지를 가져오는 경우에는 부분적직장폐쇄뿐 아니라 전면적직장폐쇄로 대응할 수도 있다.

1·마. 직장폐쇄의 한계

(1) 과잉방어금지 원칙

과잉방어는 위법한 직장폐쇄가 될 수 있다. 쟁의행위의 양태가 부분파업이나 태업이어서 노·사의 세력균형을 깨더라도 그 기간이 짧거나,[1] 노동조합이 응급조치를 취해서 중대한 장애의 우려가 없을 때[2]에는 과잉방어가 될 수 있다. 생활시설인 기숙사폐쇄는 과잉방어이나 조업과 관계있는 식당은 폐쇄될 수 있다.[3]

(2) 쟁의행위종료와 직장폐쇄

노동조합이 직장폐쇄에 굴복하거나 평화적교섭을 의도해서 파업을 종료한 이후에 계속되는 직장폐쇄의 위법성에 대해 의견이 나뉜다. 첫째, 방어적성질이 상실된다는 견해[4]가 있다. 방어성은 직장폐쇄의 성립요건일뿐 아니라 존속요건이라는 데서 근거를 찾을 수 있다. 이 견해에 찬성한다. 둘째, 분쟁타결가능성이 구체적으로 제시되거나 직장폐쇄의 유지가 무의미하게 된 경우에 위법으로 보는 견해[5]가 있다. 셋째, 노동조합이 쟁의행위를 중지하고 단체교섭에 따라 분쟁을 해결할 것이라는 의사표시를 하고 이를 인정할 객관적상황이 있는 경우에는 위법이라는 견해[6]가 있다. 직장폐쇄는 노동조합의 쟁의행위를 전제로 성립한다. 노동조합이 쟁의행위를 중단하고 업무복귀의사를 명백히 하면 사용자도 직장폐쇄를 해제해야 한다.[7] 업무복귀의사는 경영예측가능성을 회복할 수 있는 정도의 상용자측의사표시가 집단적·객관적으로[8] 있어야 인정된다. 업무복귀의사를 표명할 뿐 쟁의행위를 중단하지 않는 경우, 직장폐쇄정당성을 부인할 수 없다.[9]

---

1) 대판 2000.5.26, 98다34331. 노조의 쟁의행위 3일 만에 직장폐쇄를 한 사건.
2) 日本 最高判 1970.4.11.
3) 임종률, 『노동법』, 제9판, 252쪽.
4) 김유성, 『노동법Ⅱ』, 294쪽.
5) 김형배, 『노동법』, 제20판, 981쪽.
6) 임종률, 『노동법』, 제9판, 254쪽 ; 노정노 1452.5-2266, 1965.6.4 등.
7) 대판 2016.5.24, 2012다85335 ; 대판 2018.3.29, 2014다30858.
8) 대판 2017.4.7, 2013다101425.

(3) 위법한 쟁의행위와 직장폐쇄

위법쟁의행위는 노사자치대상이 아니므로, 가처분신청과 같은 사법구제수단이나 징계·해고 등의 인사권으로 대응해야 하며, 직장폐쇄대상이 될 수 없다는 견해[1]가 있다. 위법쟁의행위도 그 원인이 된 쟁점이 의무적교섭사항이라면 단체교섭이나 노동쟁의조정의 대상이 되는 점, 적법행위에 대해서는 방어적수단이 인정되는데 위법행위에 대해서는 인정되지 않는 모순, 현존하는 불이익에 대한 자구책을 인정할 필요 등을 감안할 때 직장폐쇄대상이 될 수 있다.[2]

1·바. 효 과

(1) 정당한 직장폐쇄

① 임금지급의무면제

직장폐쇄가 정당하면 대상근로자에 대한 임금지급의무가 면제된다.[3] 직장폐쇄 중에도 안전보호시설업무 근무자(노조법 §42②)와 필수유지업무 근무자(노조법 §42의2~§42의6)에게는 임금을 지급해야 한다. 사용자는 직장폐쇄기간 중에도 비조합원 등 직장폐쇄대상이 아닌 근로자를 이용해 조업을 계속할 자유를 가지며, 노조법(§43) 규정에 위배되지 않는 범위 내에서의 대체근로도 가능하다. 이 경우 조업에 참가한 근로자에 대해 임금이 지급되어야 한다.

② 점거배제

사용자가 정당하게 직장폐쇄를 하면, 근로자측에 대해 퇴거요구권을 가지며 이에 불응하면 퇴거불응죄가 성립한다.[4] 퇴거요구권을 물권적청구권 특히 방해배제청구권의 결과로 보는 견해[5]와 '직장폐쇄의 직접적효과'로 보는 견해[6]가 있는데 후자를 지지한다.

---

9) 대판 2005.6.9, 선고 2004도7218. ↘ 666쪽

1) 김형배, 『노동법』, 제20판, 982쪽.

2) <같은 의견> 임종률, 『노동법』, 제9판, 253쪽 ; 이상윤, 『노동법』, 제6판, 812쪽 ; 행정해석은 과거의 해석(노사 32281-8245, 1989.6.3 ; 노사 32281-7428, 1990.5.24 ; 협력 68140-215, 1998.6.9)을 변경하여 직장폐쇄를 할 수 있다고 견해 수정(노사관계법제과-18, 2008.8.12 ; 고용노동부, 『집단적노사관계 업무매뉴얼』, 313쪽).

3) 대판 2000.5.26, 98다34331.

4) 대판 1991.8.13, 91도1324.

5) 김유성, 『노동법Ⅱ』, 294쪽.

6) 임종률, 『노동법』, 제9판, 254쪽 ; 이상윤, 『노동법』, 제6판, 818쪽 ; 대판 1991.8.13, 91도1324 ; 대판 2004.1.27, 2003도6026 ; 대판 2005.6.9, 2004도7218.

③ 사업장출입

직장폐쇄가 정당한 한 사용자의 의사에 반해 사업장에 출입하는 것은 원칙적으로 건조물침입죄에 해당한다.[1)]

직장폐쇄는 생산수단을 근로자로부터 차단해 노무수령을 거부하는데 목적이 있으므로, 효력범위도 생산시설 내지 업무시설에 한정되는 것이 원칙이다. 대부분의 교섭 및 조합활동이 주로 사업장내에서 이루어지는 현실을 감안할 때, 사업장내 노조사무실 출입을 전면적으로 제한하는 것은 타당하지 않다.

(2) 위법한 직장폐쇄

직장폐쇄가 정당하지 못하면 사용자는 근로자에 대해 채무불이행책임(민법 §655, §390, §393) 또는 귀책사유로 인한 이행불능책임(민법 §655, §400, §538)을 지므로, 정상적으로 근로를 하면 받을 수 있는 임금을 지급해야 한다. 단체협약을 위반한 직장폐쇄에 대해 사업주는 그 채무적효력에 따라 손해배상책임을 지게 된다. 노동조합이 쟁의행위를 개시하기 전에 직장폐쇄를 한 사업주에게는 1년이하징역 또는 1천만원이하벌금에 처해질 수 있다(노조법 §46①, §91). 직장폐쇄가 정당하지 못하면 근로자의 사업장출입이 주거침입죄에 해당되지 않으며 사용자의 퇴거요구에 응하지 않더라도 퇴거불응죄에 해당되지 않는다.[2)] 위법직장폐쇄가 노동조합의 단결력을 약화시킬 목적으로 행해지면 사용자는 부당노동행위책임을 질 수 있다(같은편, 제6장 제3절, 1·나, (2), ②).

(3) 제3자에 대한 효과

직장폐쇄는 헌법의 노동기본권에서 비롯된 민사면책의 대상으로 보기 어렵다. 따라서 직장폐쇄 때문에 이행지체가 발생하면, 사용자는 정당성여부를 불문하고 거래상대방에게 손해배상책임을 진다.[3)] 직장폐쇄는 사용자의 통제범위 안에서 예측이 가능한 행위이기 때문이다.

1·사. 신 고

사용자는 직장폐쇄를 할 경우에는 미리 행정관청 및 노동위원회에 각각 신고해야 한다(노조법 §46②, §96①iii 5백만원과태료). 직장폐쇄 신고를 효력요건으로 보기는 어렵다.

---

1) 대판 2012.5.24. 2010도9963.
2) 대판 1991.8.13, 91도1324 ; 대판 2002.9.24, 2002도224 ; 대판 2007.3.29, 2006도9307 ; 대판 2007.12.28, 2007도5204.
3) 이상윤, 『노동법』, 제6판, 817쪽.

2. 대체근로제한제도

2·가. 의 의

(1) 법적근거

사용자는 쟁의행위기간 중 그 쟁의행위로 중단된 업무수행을 위해 해당 사업과 관계없는 자를 채용 또는 대체할 수 없으며, 쟁의행위로 중단된 업무를 도급 또는 하도급줄 수 없다(노조법 §43①②, §91 1년 징역·1천만원 벌금). 필수공익사업에 대해 예외가 인정된다.

(2) 제도의 취지

사용자가 파업기간 중에 조업을 계속하기 위해 다른 근로자를 사용해 근로를 제공하게 하는 것을 대체근로라 한다. 쟁의행위기간 중에 대체근로자를 자유롭게 사용할 수 있게 되면 쟁의행위의 효과가 낮아지므로 단체행동권이 충분히 보장되지 못한다. 대체근로를 전면적으로 제한하는 규정은 다른 나라에서 찾아보기 어렵다.

2·나. 대체근로제한의 요건

대체근로제한제도는 쟁의행위기간 동안에 중단된 업무의 수행을 위해 신규채용, 대체, 파견, 도급과 하도급을 제한하는 것으로서 헌법상 단체행동권을 보장하기 위해 인정되는 것이므로, 쟁의행위가 정당한 경우에만 적용된다.

2·다. 대체근로제한의 내용

(1) 채용제한

① 개 념

채용이란 근로자를 새로 고용하는 것을 말하며, 그 고용의 형태나 기간은 따지지 않으므로 신규채용은 물론 임시채용, 하청회사·용역회사 근로자에게 업무를 담당하게 하는 것까지 포함한다.

② 제한범위

쟁의행위기간 중에는 신규채용이 금지된다. 신규채용이 대체근로금지에 위반되는지는 채용시기에 관계없이 쟁의행위 때문에 중단된 업무를 대체할 목적으로 이루어지는지에 따라 판단한다. 쟁의행위에 대비해 쟁의행위전에 신규채용을 해

쟁의행위로 중단된 업무에 투입하는 것도 대체근로제한 위반이다.[1)]

③ **허용범위**

대체근로제한은 쟁의권침해를 목적으로 하지 않는 인사권행사까지 제한하지 않으므로, 쟁의행위와 관계없이 이루어지는 채용에 적용되지 않는다. 자연감소인력충원, 근로계약기간만료자나 퇴직근로자 등 자연감소인력 충원,[2)] 사업확장에 따른 충원, 수습근로자정식채용, 쟁의행위와 관련 없는 업무영역 충원, 쟁의행위를 염두에 두지 않았던 쟁의행위전채용계획에 의한 충원 등은 가능하다.[3)] 이러한 충원이 금지되는 대체근로인지는 표면상 이유만으로 판단하지 않고 인력충원과정·절차·시기, 인력부족규모, 결원발생시기 및 그 이후 조치내용, 쟁의행위기간 중 채용필요성, 채용인력투입시기 등을 고려해 종합적으로 판단한다.[4)]

(2) 대체제한

① **개 념**

"대체"란 파업 등 쟁의행위에 참가한 조합원의 업무를 다른 사람으로 하여금 대신 수행하게 하는 것을 의미하며, 반드시 근로자 신분이어야 하거나 임금을 지급해야 하는 것은 아니다.

② **제한범위**

대체근로제한이 적용되는 근로자는 "해당사업과 관계없는 자"이다.

가족, 자원봉사자, 지역주민 등 해당사업과 관계없는 자를 대상으로 쟁의행위로 중단된 업무를 수행케 하는 것도 대체근로제한 위반이다. 동일그룹계열사이거나 업무관련성이 있더라도 별도의 법인이면 "해당사업과 관계없는 자"이다.

③ **허용범위**

'해당사업과 관계있는 자'라면 사업장이 다르더라도 대체근로를 할 수 있다. '해당사업과 관계있는 자'라 함은 업종·직종·조합원여부, 업무내용 등에 관계없이 노동조합의 쟁의행위로 중단된 업무의 수행을 위해 대체가능한 해당사업내의 모든 근로자이다. 해당사업장의 근로희망자, 해당사업내 다른 사업장 근로자를 대상으로 한 대체근로는 가능하다. 해당사업내 단시간근로자의 근로시간을 연장

---

1) 대판 2000.11.28, 99도317.
2) 대판 2008.11.13, 2008도4831.
3) 김유성, 『노동법Ⅱ』, 300쪽 ; 이상윤, 『노동법』, 제6판, 798쪽 ; 노사 68140-313, 1993.9.16.
4) 대판 2008.11.13, 2008도4831(한국노동법학회, 『노동판례백선』, 325쪽).

하거나, 사용 중인 일용근로자를 계속 사용하는 것은 가능하다.

(3) 도급 · 하도급 금지

① 도급 · 하도급계약 체결

쟁의행위로 중단된 업무에 대해 도급 또는 하도급을 주는 것은 다른 사업의 근로자를 대체근로에 투입하는 것과 같은 효과가 있으므로 금지된다.

쟁의행위기간중이라도 사업활동 · 조업자유 등은 보장되어야 한다. 쟁의행위기간 중에 신규로 계약된 업무, 쟁의행위와 관련이 없는 업무에 대한 도급 · 하도급, '원청회사가 쟁의행위 중인 하청업무 직접 수행'[1] 등은 가능하다.

② 도급 · 하도급계약 변경

도급 · 하도급계약을 변경하거나 용역업체근로자 등이 본래 수행하던 업무를 확장해 기존의 계약내용에 포함되어 있지 않은 업무 즉, '쟁의행위로 중단된 업무'에 대체하는 것은 금지된다.[2]

도급 · 하도급계약해지, 계약기간만료 등의 경우 기존 계약내용의 범위 내에서 계약기간을 연장하거나 새 업체에 도급 · 하도급을 주는 것은 가능하다.

③ 도급 · 하도급과 유사행위

다른 회사의 시설이용, 용차 등의 방법으로 쟁의행위로 중단된 업무를 수행하는 것은 대체근로제한에 위반된다.[3]

단순히 물건을 구입하거나, 다른 업체의 서비스를 이용하거나, 자동판매기 등 무인자동기계로 대체하는 것은 도급 · 하도급으로 볼 수 없으므로 위법이 아니다.[4]

(4) 파견근로자 사용금지

파견사업주는 쟁의행위로 중단된 업무수행을 위해 근로자를 파견해서는 안된다(파견법 §16①). 이미 파견된 근로자에 대한 파견계약은 유효하다.

2·라. 대체근로제한 완화

(1) 법적근거

사용자는 필수공익사업에 대해, 사업(장) 기준으로 파업참가자의 50/100을 초

---

1) 협력 68140-173, 1997.5.6.

2) 협력 68107-457, 2001.9.15 ; 노동조합과-2169, 2005.8.4.

3) 협력 68140-179, 2001.4.21. 다른 회사의 차량을 이용해 레미콘수송업무를 수행한 사건.

4) 협력 68140-423, 1997.10.28. 음료판매회사 관련.

과하지 않는 범위 안에서 채용 또는 대체하거나 도급 또는 하도급을 줄 수 있다(노조법 §43④, §91 1년 징역·1천만원 벌금).

(2) 판단대상

대체근로의 사용한도인 '파업참가자의 50/100'의 충족여부는 사업(장)단위를 기준으로 판단한다. 사업(장) 단위로 '파업참가자의 50/100'을 초과하지 않는 한, 각 업무별로 대체근로의 투입비율을 달리할 수 있으므로,[1] 특정업무에서는 대체근로자가 '파업참가자의 50/100'을 초과할 수 있다.

(3) 판단방법

파업참가자수는 근로의무가 있는 근로시간 중 파업참가를 이유로 근로의 일부 또는 전부를 제공하지 않은 자의 수를 1일단위로 산정한다(노조령 §22의4①). 근로시간중에 일시적이라도 파업에 참가한 자는 파업참가자수로 계산해 대체근로가능인원을 판단한다. 태업참가자는 파업참가자수의 산정에서 제외된다(같은장 제2절, 3·나).

(4) 단체협약의 대체근로금지조항

노조법보다 강력하게 대체근로를 금지한 단체협약규정을 지키지 않으면 단체협약위반이 되지만, 그 자체가 노조법상 대체근로제한제도 위반은 아니다.[2]

2·마. 효 과

위법한 대체근로에 대해서는 1년 이하 징역 또는 1천만원 이하 벌금에 처해질 수 있으며(노조법 §91), 부당노동행위로서 구제를 받을 수 있다. 위법대체근로가 부당노동행위에 해당되는지는 대체근로의 시기·규모·동기, 쟁의행위로 인한 사용자의 피해정도, 노동조합에 미친 영향 등을 종합해 판단한다.[3]

비조합원 등 정당한 대체근로자에 대해 폭행, 협박, 압력 등으로 출입·조업을 방해하는 경우에는 위법(노조법 §38①)한 피케팅으로서 벌칙(노조법§89 i 3년 징역·3천만원 벌금)이 적용된다. 위법한 대체근로에 대해, 쟁의행위참가자들이 이를 저지하기 위하여 상당한 정도의 실력을 행사하는 것은 쟁의행위가 실효를 거둘 수 있도록 하기 위하여 마련된 대체근로금지규정의 취지와 사회통념에 비추어 용인될 수 있는 정당행위로서

1) 노동조합과-821, 2004.2.30. 노사관계법제과-238, 2008.8.29.
2) 노동조합과-821, 2004.3.30.
3) 고용노동부, 『집단적노사관계 업무매뉴얼』, 327쪽.

위법성이 조각된다는 판결[1]이 발견된다. 위법성조각은 경위·목적·수단·방법·후속결과 등을 종합적으로 고려하여 구체적인 사정 아래서 합목적적·합리적으로 고찰하여 개별적으로 판단된다.

3. 위장폐업

3·가. 폐업의 자유

헌법 제23조는 사유재산권을, 헌법 제15조는 직업선택자유를 각각 보장하고 있다. 따라서 모든 국민은 기업을 운영하고 폐지할 자유를 가지며, 국가도 법률에 의하지 않고는 이에 개입할 수 없다.

3·나. 위장폐업의 개념

위장폐업은 기업실체가 존속하고 기업활동이 계속된다는 점에서 진정폐업과 구별된다. 부당노동행위가 되는 위장폐업은 기업이 진실한 기업폐지의사가 없이, 노동조합결성 또는 조합활동을 혐오하고 노동조합을 와해시키기 위한 수단으로서 기업을 해산하고 조합원을 모두 해고한 다음, 새 기업을 설립하는 등의 방법으로 조합원을 배제한 채 기업활동을 계속하는 것을 말한다.[2]

3·다. 위장폐업의 제한

진정폐업에 대한 부당노동행위구제의 실익은 부정된다.[3]

사용자가 노동조합의 쟁의행위에 대항해 일시적으로 폐업을 하는 위장폐업은 조합활동을 원천적으로 봉쇄하려는 불이익처분으로서 부당노동행위에 해당된다.

3·라. 위장폐업의 판단

위장폐업여부를 판단하는 기준으로는 폐업동기,[4] 기업실체 존속여부,[5] 폐업절차 진행여부, '새로 설립된 기업과의 동일성'[6] 등을 들 수 있다.

---

1) 대판 2020.9.3, 2015도1927. 수자원공사사건. 사업장점거에 대한 퇴거불응과 대체근로저지의 업무방해사건.
2) 대판 1991.12.24, 91누2762.
3) 대판 1990.2.27, 89누6501.
4) 폐업시기, 조합활동에 대한 사용자 태도, 폐업 영업실적, 사업계획, 동종사업 재개가능성 등으로 판단.
5) 신·구회사 소재지·업종, 자본금 규모·성격, 설립자, 출자자·임원·종업원 등.
6) 대판 1995.10.12, 94다52768.

제5절 쟁의행위와 개별적근로관계

1. 쟁의행위 중 근로계약의 성격

파업기간 동안에 '근로가 제공되지 않고 이에 상응해 임금이 지급되지 않는 상태'의 법적성격에 대해 의견이 나뉜다. 근로계약파기설은 쟁의행위기간 중에 근로제공의무와 임금지급의무를 면하는 것은 근로관계가 파기된 결과라고 본다. 이 설은 쟁의행위가 끝난 후에 근로자가 업무에 복귀하는 것을 설명하기 어렵다.

근로계약정지설[1]은 근로계약은 유지되면서 근로제공·임금지급 등 주된 권리·의무가 일시적으로 정지되고, 복지시설이용권·안전배려의무·성실의무 등 종된 권리·의무는 부수적으로 존속한다고 본다. 이 설은 노동관계의 성격을 시민법의 관점에서 접근한 전통적인 견해이다. 이 설을 지지한다. 근로계약내용설[2]은 '쟁의행위기간 동안의 근로제공거부 및 임금미지급', '파업 후 복귀' 등의 내용이 근로계약에 포함되어 있다고 본다. 다시 말해서 쟁의행위기간 동안에는 근로계약이 유지되는 상태에서 근로제공의무가 정지되는 것이 아니라 존재하지 않는다. 이 견해는 '헌법이 노동3권을 명시적으로 보장'하고 있다는 점에서 설득력이 있다. 그러나 파업과 근로계약의 관계에 대한 설명이 추상적이라는 비판이 있다.

2. 쟁의행위와 임금

2·가. 무노동무임금원칙

(1) 개 념

사용자는 쟁의행위에 참가해 근로를 제공하지 않은 근로자에 대해서는 그 기간 중의 임금을 지급할 의무가 없다(노조법 §44①). 파업기간 중에 임금청구권이 인정되지 않는 근로계약의 법리를 무노동무임금원칙 또는 파업참가무임금원칙[3]이라 한다.

1) 김유성, 『노동법II』, 301쪽.
2) 이상윤, 『노동법』, 제6판, 790쪽.
3) 임종률, 『노동법』, 제9판, 240쪽. 무노동무임금에 해당하는 결근, 조퇴 등과 구분하기 위함이다.

(2) 성 격

무노동무임금원칙은 집단적노사관계의 측면에서 볼 때, 쟁의행위로 인한 사용자의 경제적 손실에 대응하는 근로자의 임금손실을 가져오게 함으로써 "교섭력의 균형유지"의 의미를 갖기도 한다.

(3) 내 용

사용자는 파업참가자에게 임금을 지급할 의무가 없을 뿐이므로, 자발적의사로 임금을 지급하는 것은 금지되지 않는다. 따라서 단체협약·취업규칙·약정·관행 또는 사용자의 뜻에 따라 임금이 지급될 수 있다.[1] 사용자의 지급행위 자체는 부당노동행위가 되지 않으며 벌칙의 대상도 아니다.

(4) 금 지

노동조합(교섭대표노동조합포함 노조법 §29의5)은 쟁의행위기간에 대한 임금의 지급을 요구해 이를 관철할 목적으로 쟁의행위를 해서는 안된다(노조법 §44②,§90 2년 징역·2천만원 벌금). 파업기간중의 임금지급문제는 임의적교섭사항으로서 교섭요구에 응할 사용자의 의무는 없다.

2·나. 임금삭감 범위

쟁의행위기간 중의 임금을 그 본질이나 성격에 따라 구분한 후 그에 따라 삭감을 할 수 있는지에 대해 의견이 나뉜다. 임금이분설[2]은 임금은 근로자지위에 있다는 사실만으로 지급되는 생활보장적부분과 실제로 근로를 제공한데 대해 지급하는 교환적부분이 있는데 임금삭감은 후자에 국한된다고 본다. 근로제공과 직접적이고 비례적으로 관계를 갖지 않는 임금이 있을 수 있으나, 이를 임금의 본질에서 비롯된 것으로 보기 어렵다. 임금일체설[3]은 파업참가기간에 대해, 반대의 특약 또는 관행이 없는 이상, 모두 삭감할 수 있다고 본다. 근로제공대가가 아닌 임금이란 존재할 수 없다는 것이 논리적 근거이다. 이 설을 취하더라도 실적급을 파업기간에 상응해 감액하기는 어려운 것처럼 임금의 본질에 따라 삭감에 제한을 받을 수 있다. 계약해석설[4]은 임금삭감의 내용을 근로계약의 내용에 따라 판단한다. 즉, 취업규칙·근로계약 또는 관행이 결근에 대해 처리하는 방법과

1) 김유성, 『노동법Ⅱ』, 304쪽 ; 대판 1996.12.6, 96다26671 ; 대판1996.2.9, 95다19501 ; 대판(전) 1995.12.21, 94다26721.
2) 대법원전원합의체 판결에 따라 부정된 판례(대판 1992.3.27, 91다36307' 및 '대판 1992.6.23, 92다11466).
3) 대판(전) 1995.12.21, 94다26721(한국노동법학회, 『노동판례백선』, 347쪽. 쟁의행위참가자에 대한 무노동무임금원칙을 분명히 한 판결로 평가된다).
4) 임종률, 『노동법』, 제9판, 242~243쪽 ; 김유성, 『노동법Ⅱ』, 304쪽.

마찬가지로 처리한다. 판례와 행정지침이 반대입장을 밝히고 있으나,[1] 이 설이 타당하다. 파업과 결근이 모두 무노동무임금원칙 적용대상인데, 파업을 더 불리하게 처리하면 단체행동권의 취지에 맞지 않기 때문이다.

2·다. 임금삭감대상자

(1) 쟁의행위불참자

쟁의행위기간 중이더라도 사용자와의 주된 권리·의무가 종료되는 것은 아니다. 따라서 실제로 근로를 제공하면 조합원여부에 상관없이 임금청구권을 갖는다. 근로를 제공하지 않은 파업불참자에 대해서는 조업이 가능한지에 따라 임금삭감의 타당성을 판단한다.

① 조업가능

조업이 가능함에도 사용자가 파업불참자들의 근로제공을 거부하면 수령지체책임을 지고, 근로자들은 임금전액을 청구할 수 있다. 사용자는 직장폐쇄로 임금지급의무를 면할 수 있다.

② 조업불가능

근로자가 근로를 제공하려 하였으나 노동조합의 피켓팅 즉, 파업감시로 출입이 저지되어 근로제공을 못할 수 있다. 또한 사용자가 파업으로 인해 일거리가 없어 일을 시킬 수 없는 경우도 있다. 조업을 할 수 없는 상황에서 근로를 희망하는 파업불참자에게 임금 또는 휴업수당을 지급할 것인지가 쟁점이다.

㈎ 임 금

임금 지급과 관련하여 견해가 나뉜다. 긍정설에 따르면 조업이 불가능해도 비조합원은 제3자라는 이유로 임금청구권을 갖는다.[2] 부정설에 따르면 사용자도 단체교섭에 있어 자신의 의견을 주장할 자유를 가지며, 쟁의행위 때문에 조업이 불가능하게 된 것을 채권자지체라고 볼 수 없기 때문에, 채무자위험부담주의(민법 §537)에 따라 파업불참조합원의 임금청구권이 부정된다.[3] 비조합원에 대해서도 파업이 비조합원에게만 사용자에게 책임 있는 사유로 작용한다고 보기 어렵고, 쟁의행위의 과실을 비조합원도 누릴 수 있어 일체성 또는 연대성을 완전히 부정하기 어려우므로 마찬가지로 해석한다. 이 설을 지지한다.

---

1) 대판(전) 1995.12.21, 94다26721 ; 대판 1996.2.9, 95다19501 ; 고용노동부, 『집단적노사관계 업무매뉴얼』, 298쪽.
2) 이병태, 『최신노동법』, 제9판, 369쪽.
3) 임종률, 『노동법』, 제17판, 268쪽. 사용자에게 책임 있는 사유가 아니다.

쟁의행위가 사용자의 부당노동행위나 불공정한 행위로 유발되면 이는 사용자의 책임 있는 사유로서 수령지체에 고의·과실이 인정되므로 파업에 불참한 근로희망자에게 임금전액청구권이 인정된다.[1)]

㈏ **휴업수당**

사용자는 파업에 있어 불참조합원과 비조합원으로 조업을 할 수 없으면 직장폐쇄를 할 수 있다. 직장폐쇄를 한 경우에는 그 법리에 따른다. 직장폐쇄를 하지 않은 상태에서 정상조업을 할 수 없는 경우, 불참조합원과 비조합원에 대해 휴업수당이 지급되어야 하는지에 대해 견해가 나뉜다.

㉮ **불참조합원**

휴업수당청구권 긍정설은 파업으로 인한 경영장애를 사용자의 귀책사유로 보아 휴업수당이 지급되어야 한다고 본다. 휴업수당청구권 부정설은 노동조합이 경제적 전략으로 부분파업을 하는 경우에까지 지급토록 하는 것은 노동쟁의의 해결에 있어 형평성을 해치고, 해당자가 개선된 근로조건의 수혜를 받는 수익자이며, 노동조합의 결정에 따른 결과로서 일체성·연대성을 고려하여야 한다는 이유로 휴업수당의 지급을 부정한다.[2)]

㉯ **비조합원**

비조합원에 대해서는 직접적이건 간접적이건 스스로의 의사와 관계없이 근로를 제공하지 못한 것이므로 노동조합의 결정과 직접적으로 일체성·연대성을 가진다고 볼 수 없고 사용자가 노동쟁의의 한 쪽 상대방이라는 점을 감안할 때 사용자의 영역임을 부정할 수는 없으므로 휴업수당청구권이 인정된다.[3)] 조업을 할 수 없는 상태가 '부득이한 사유로 사업을 계속하는 것이 불가능한 경우'라로 인정되면 노동위원회승인으로 휴업수당액의 일부 또는 전부가 감액될 수 있다.

(2) 쟁의행위 중 근로의무자

쟁의행위를 할 수 없는 필수유지업무(노조법 §42의2 ~ §42의6), 안전보호시설유지업무(노조법 §42②) 등을 수행한 근로자에게는 당연히 임금청구권이 있다.

2·라. 태업과 임금삭감

태업은 근로의 양과 질에 있어서 불완전한 채무이행의 한 형태로 파업과 같이

1) 임종률, 『노동법』, 제9판, 248쪽 ; 김유성, 『노동법Ⅱ』, 308쪽.
2) 김형배, 『노동법』, 제20판, 994쪽 ; 임종률, 『노동법』, 제17판, 269쪽.
3) 대판 2000.11.24, 99두4280 ; 임종률, 『노동법』, 제17판, 269쪽.

무노동무임금원칙의 적용을 받는다.[1] 임금삭감범위는 '노무를 제공하지 않은 비율'을 기준으로 산정한다.[2] 이 비율은, 따로 정하지 않았다면, 보수규정 등에서 정한 임금계산상의 요소와 감축된 생산량 등을 종합적으로 고려해 결정한다.[3]

3. 파업종료와 근로관계

3·가. 직장복귀

쟁의행위가 끝나면 근로자는 직장에 복귀할 권리가 있으며, 사용자는 이를 거부하는 불이익을 줄 수 없다(노조법 §81 v). 파업참가자를 직장에 복귀시키지 못하면 근로제공에 대해 수령지체책임을 진다. 위법한 쟁의행위에 참가한 근로자에 대해서는 직장복귀를 거부할 수 있다. 신규채용을 통해 대체근로를 하면, 채용이 적법하건 위법하건 간에 벌칙은 별론으로 하고 이를 무효로 볼 수 없다. 파업참가자를 복귀시키기 위해서는 신규채용자를 배치전환시키거나 채용조건에 따라 근로관계를 정당하게 종료시킬 수 있다.

3·나. 파업참가기간과 근로일·출근율

파업기간은 근로계약관계가 정지될 뿐 소멸되지는 않으므로, 정당성여부와 관계없이 상여금이나 퇴직금의 산정과 관련해 계속근로일수로 산입하는 것이 타당하다. 정당한 쟁의행위에 대해서는 연차휴가를 위한 출근율계산에 있어 불이익한 대우를 할 수 없다(노조법 §81 v). 정당성이 없는 쟁의행위의 기간은 결근으로 처리될 수 있다.

---

1) 대판 2013.11.28, 2011다39946. 주휴수당지급 부정.
2) 노정근 1455-1502, 1964.5.13.
3) 임금 32240-15784, 1989.9.11.

제 6 장
부당노동행위

제1절 총 설

1. 의 의

부당노동행위제도는 부당노동행위금지제도와 부당노동행위구제제도로 구성된다. 부당노동행위금지제도는 사용자의 부당노동행위 즉, '노동3권침해행위'를 금지한다. 부당노동행위금지규정은 강행규정으로서 이에 위반된 법률행위는 사법상으로 그 효력이 없다. 부당노동행위구제제도는 국가가 정책적으로 부당노동행위를 한 사용자에 대해 벌칙을 통해 제재하거나 침해당한 권리를 구제함으로써 헌법상의 노동기본권을 보장하는 제도이다. 노동조합이 자주적으로 사용자의 노동3권 침해행위를 방어해야 하는 것이 원칙이다. 그러나 노동조합의 힘만으로는 우월적 지위를 가진 사용자의 침해행위를 방어하기 어렵기 때문에 노사관계균형을 유지하기 위해 국가기관이 개입하는 것이 필요하다. 부당노동행위제도는 전문적인 공적행정기관에게 시정명령권을 부여한다. 법원이 아닌 행정기관을 통해 부당노동행위를 시정하는 것은 비용과 시간을 절약하면서 분쟁상태를 쉽게 처리할 수 있게 해 노사관계를 안정시키기 위함이다.

2. 연 혁

부당노동행위제도는 노동조합의 어용화를 막기 위해 미국의 「와그너법」(*Wagner Act* 1935.7 제정)에 처음으로 도입되었다. 이 후 노동조합의 힘이 강해지고 관료화의 모습을 보임에 따라 「태프트-하틀리법」(Taft-Hartley Act 1947년)이 교섭력의 균형을 위해 노동조합과 그 대리인의 부당노동행위를 신설했다. ILO의 제87호협약(결사의 자유 및 단결권의 보호에 관한 협약)은 단결권을 적극적으로 보호하고 조성하도록 규정(§11)하고 있고, 제98호협약(단결권 및 단체교섭권의 보호에 관한 협약, 1949)은 부당노동행위제도의 마련을 요구(§1~§3)하고 있다.[1)]

3. 목 적

부당노동행위제도의 목적에 대해 헌법(§33)과의 관계를 둘러싸고 의견이 나뉜다.

첫째, 단결권설 또는 노동3권보장설[2)]은 노동3권 중 특히 단결권을 실질적으로 확인하고 보장하기 위한 제도라고 본다. 이 설은 단결권이 국가뿐 아니라 사용자로부터의 자유를 보장한다는 데서 근거를 찾는다. 이 설은 부당노동행위를 노동3권의 침해가 있는지로 판단한다. 둘째, 노사관계질서유지설[3)]은 노동3권보장 그 자체보다도 그로 인해 확립되어야 할 공정한 노사관계질서를 확립하기 위한 제도로 본다. 셋째, 절충설[4)]은 노동3권 특히 단결권의 침해행위를 배제함과 동시에 공정한 노사관계질서를 확립하려는 데 목적이 있다고 본다. 절충설을 지지한다. 부당노동행위는 일차적으로 노동3권의 침해를 방지하고 궁극적으로는 노사관계질서를 확립하려는 데 목적이 있고 부당노동행위에 해당되는지에 대해서도 이러한 두 가지 목적이 모두 고려되어야 한다.

4. 특 색

우리나라 부당노동행위제도는 미국과 일본의 영향을 받았으나 내용이 다르다.

첫째, 헌법상 보장된 노동3권을 확인하거나 구체화하는 제도이다. 따라서 법률

---

1) 우리나라는 1953년의 제정 「노동조합법」에서 미국의 「태프트-하틀리법」을 참고해 사용자측과 근로자측을 대상으로 하는 부당노동행위금지제도를 도입하고 처벌주의를 채택했다.; 1963년의 개정법은 근로자측의 부당노동행위를 삭제하고, 처벌규정을 삭제하고 노동위원회를 통한 준사법적인 행정구제절차를 두면서, 벌칙을 신설했다. 1986년의 개정법은 다시 처벌규정을 마련해 처벌주의와 구제주의를 병행하되 반의사불벌죄를 도입했다. 1997년의 제정노조법은 노조전임자급여지급을 부당노동행위에 포함시키고 반의사불벌죄를 폐지하고, 중노위의 구제명령에 대한 법원의 긴급이행명령제도를 도입했다. 2006년의 개정 노조법은 Union shop협정에 있어 불이익금지대상을 복수노조허용에 맞게 개정하였다. 2010년의 개정 노조법은 '근로시간면제제도에 따라 활동하는 것'을 '지배·개입 및 경비원조'의 예외로 규정하였다. 2020년의 개정 노조법은 경비원조부문이 헌법불합치결정을 받음에 따라 관련조항을 정비하였고, 양벌규정의 적용이 제외되는 예외사항을 규정하였다. 2021년의 개정 노조법은 근로시간면제한도를 초과하는 급여지급을 부당노동행위로 규정하였다.

2) 대판 1993.12.21, 93다1463.

3) 김형배, 『노동법』, 제20판, 1033쪽.

4) 김유성, 『노동법Ⅱ』, 315~316쪽 ; 임종률, 『노동법』, 제9판, 258쪽 ; 이상윤, 『노동법』, 제6판, 855쪽.

에 따라 교섭력균형을 추구하는 미국과 다르다. 둘째, 우리는 일본과 같이 사용자에게만 금지된다. 부당노동행위제도가 헌법의 노동3권을 구체화하기 때문이다.[1] 셋째, 미국은 대통령직속기구인 전국노동관계위원회(NLRB, National – Labor Relation Board)가 전담해 직권으로 부당노동행위에 대해 소추나 구제를 할 권한을 가진다. 우리는 피해자의 신청에 따라 구제절차가 시작되고, 신청받은 사항에 대해서만 심사와 구제명령을 할 수 있으며, 소추는 일반 형사사건처럼 검찰의 권한에 속한다. 위원의 대부분이 비상근이어서 구제절차진행을 노동위원회가 아닌 당사자가 주도한다. 넷째, 미국은 조정·중재의 권한이 연방조정위원회(FMCS, Federal Mediation – Conciliation Service)에 독립되어 있다. 우리는 조정·중재 권한과 부당노동행위를 소관업무로 하고 있다. 다섯째, 우리는 일본과 달리 구제 이외에 처벌을 병행하고 있다(같은장 제4절, 2). 구제는 원상회복에, 처벌은 예방에 효과가 있다. 우리제도는 두 수단의 장점을 살리고자 하는 의도를 가지고 있다. 그러나 처벌주의 때문에 금지규정을 엄격하게 해석할 수밖에 없어 구제범위가 좁아지는 요인이 된다.[2] 여섯째, 우리는 두 나라와 달리 부당징계·차별개선 등 심판사건도 처리한다.

제2절 일반적 성립요건

1. 주체와 객체

1·가. 주 체

(1) 사용자

노조법(§81)은 부당노동행위의 주체로서 사용자를 명시하고 있다. 부당노동행위의 주체는 '부당노동행위금지의 수규자'와 '부당노동행위구제명령의 수규자'로 나누어 설명할 수 있다.

1) 김형배, 『노동법』, 제20판, 1036쪽.
2) <같은 의견> 임종률, 『노동법』, 제9판, 257쪽. 순수한 구제주의로 개정 주장.

① **부당노동행위금지수규자**

부당노동행위제도의 목적이 노동3권을 침해하는 행위를 실질적으로 금지하는 것이므로, 노조법상의 사용자 모두는 부당노동행위금지수규자에 해당된다. 사용자 중 '사업주를 위해 행동하는 자'도, 사업주 또는 사업경영담당자의 지시나 승인과 관계없이, 부당노동행위금지수규자가 된다.

② **부당노동행위구제명령수규자**

부당노동행위구제명령수규자는 구제명령이행자와 형벌부과대상자로 구분된다. 구제명령이행자는 원칙적으로 사업주이다. 노조법 위반의 죄에는 양벌주의가 적용되어 행위자가 처벌되면 사업주에게 벌금형이 적용될 수 있다. 따라서 사업경영담당자 또는 '사업주를 위해 행동하는 자'도 형벌부과대상자이다.

(2) 사용자개념의 확대

① **근로계약관계 이외의 자**

㈎ **개 요**

부당노동행위주체는 근로계약이행주체나 단체교섭주체보다 그 범위가 더 넓을 수 있다. 부당노동행위주체도 단체교섭주체(같은편, 제2장 제2절, 2·나, (1))처럼 사용자개념이 근로계약당사자 이외의 자로 확대될 수 있다. '사실상의 사용자로 영향력과 지배력을 행사하는 자'[1] 즉, '근로계약당사자와 동등시 할 수 있는 자',[2] '가까운 과거에 근로관계에 있던 자나 가까운 장래에 근로관계에 있게 될 자',[3] '근로계약관계와 비슷한 관계에 있는 자',[4] '위장폐업과 실질적으로 동일한 기업의 사용자'[5] 등도 부당노동행위의 주체가 될 수 있다는 것이 학설의 태도이다.

㈏ **사용자단체**

노조법은 사용자단체에게 성실교섭의무(노조법 §30)를 부과하고 있다. 노조법(노조법 §81)이 부당노동행위주체로 명시하고 있는 사용자에는 사용자단체도 포함된다. 노조법상 사용자자격을 갖는 사용자단체가 노동조합이 요구하는 통일교섭을 게을리하면

---

1) 김형배, 『노동법』, 제20판, 1036쪽 ; 管野和夫, 『勞働法』, 第七版補正二版, 589~594쪽.

2) 파견근로자 사용자(김형배, 『노동법』, 제20판, 1036쪽).

3) '합병이나 위장폐업 과정에서 소멸된 회사의 사용자', '여러 번 고용경험이 있는 계절근로자의 재채용과 관련된 기업의 사용자' 등(管野和夫, 『勞働法』, 第七版補正二版, 591쪽).

4) '지모회사와 자회사근로자의 관계', '수급기업근로자에 대한 도급기업사용자', '자기 근로자를 다른 기업에 제공하고 있는 사용자', '항운노조원을 집단적으로 사용하는 사용자' 등(김형배, 『노동법』, 제20판, 1036쪽).

5) 임종률, 『노동법』, 제9판, 260쪽.

부당노동행위가 성립한다.

② **공범죄**

부당노동행위의 범죄는 신분범이므로 '신분 없는 자'의 행위는 범죄가 성립되지 않는다. 사용사업주 · 도급인이 파견사업주 · 하도급인에게 부당노동행위를 지시 · 강요하거나 부당노동행위에 가담하면,[1] 공범죄법리에 따라 공동정범 · 교사범 · 종범(방조범)이 될 수 있다.[2]

1·나. 객 체

(1) 노동조합과 근로자

부당노동행위의 보호대상은 부당노동행위주체로부터 부당노동행위의 피해를 받은 노조법상 근로자나 노동조합(교섭대표 노조포함)이다.

(2) 법외조합과 일시적단결체

부당노동행위의 보호를 받는 노동조합은 노조법상 노동조합에 한정되지 않는다. 법외조합도 부당노동행위로부터 보호를 받는 객체가 될 수 있다.[3] 다만, 노동행위구제제도는 노조법에 따라 창설된 것이어서, 법외조합이나 쟁의단[4] 등은 노동위원회에 구제신청을 할 수 없다(노조법 §7①). 이러한 제한은 불이익취급금지(노조법 §81① i 및 v)와 불공정고용계약금지(노조법 §81② ii) 규정에 의한 근로자의 보호를 부인하는 취지로 해석되어서는 안 되므로(노조법 §7②) 근로자개인에게 구제신청자격이 주어진다.

2. 부당노동행위의 존재

2·가. 처분행위의 유형

부당노동행위가 성립하려면 사용자의 처분행위가 있어야 한다. 노조법은 불이익취급(§81 ① i), 불공정고용계약(§81 ① ii), 단체교섭거부(§81 ① iii), '지배 · 개입 및 경비원조(§81 ① iv)' 및 '보복적 불이익취급(§81 ① v)'을 부당노동행위로 규정하고 있다.

---

1) 수급인이나 파견사업주에게 요구해 해당근로자에 대해 해고하거나, 노조를 탈퇴하도록 강요하거나, 사업장내 조합활동을 인정치 않는 것 ; 대판 2010.3.25, 2007두8881(한국노동법학회, 『노동판례백선』, 327~373쪽)

2) <같은 의견> 노사관계법제팀-379, 2005.10.27.

3) 임종률, 『노동법』, 제9판, 262쪽.

4) 管野和夫, 『勞働法』, 第七版補正二版, 617쪽.

2·나. 유형간의 관계

처분행위 중 지배·개입규정이 원칙적·포괄적 규정이고 다른 유형은 특칙이라는 견해[1]가 있으나, 병렬적으로 보는 견해[2]에 찬성한다. 각 유형은 상호보완적으로 적용되므로[3] 하나의 행위가 복수의 유형에 해당하는 경우도 발생한다.

3. 부당노동행위의 판단요소

3·가. 부당노동행위의사

부당노동행위는, 추론방법에 대해 견해가 나뉘지만, 사용자의 부당노동행위의사를 전제로 한다. 부당노동행위의사의 입증책임은 근로자에게 있다.[4] 부당노동행위의사의 존재여부를 추정할 수 있는 모든 사정을 심리했음에도, 그 존재를 확정할 수 없는 경우에는 그것을 주장한 자가 불이익을 부담한다.[5]

3·나. 행위의 적법성

부당노동행위는 그 행위의 적법성을 전제로 한다. 불이익처분의 경우, 징계나 해고의 사유가 되는 행위가 위법한 행동이라면 부당노동행위가 성립하지 않는다.

3·다. 행위의 차별성

부당노동행위는 그 행위의 차별성을 전제로 한다.[6] 불이익처분에 있어 비조합원과 차별하는 행위가 없다면 부당노동행위의 성립이 부인될 수 있다.

---

1) 심태식, 『노동법개론』, 219쪽.
2) 임종률, 『노동법』, 제9판, 263쪽.
3) 김형배, 『노동법』, 제20판, 1042쪽.
4) 대판 1996.9.10, 95누16738 ; 대판 2009.3.26, 2007두25695(한국노동법학회, 『노동판례백선』, 376~377쪽).
5) 대판 2007.11.15, 2005두4120.
6) 대판 1996.9.10, 95누16738 ; 대판 2009.3.26, 2007두25695.

제3절 유형별 성립요건

1. 불이익취급

1·가. 법적근거

노조법은 '근로자가 노동조합에 가입 또는 가입하려고 했거나 노동조합을 조직하려고 했거나 기타 노동조합업무를 위한 정당한 행위를 한 것(§81①i)' 또는 '근로자가 정당한 단체행동에 참가한 것을 이유로 하거나 또는 노동위원회에 부당노동행위를 신고하거나 증언하거나 증거를 제출한 한 것(§81①v)'을 이유로 해 사용자가 근로자를 해고하거나 불이익을 주는 행위를 부당노동행위로서 금지한다.

1·나. 성립요건

불이익취급이 성립하기 위해서는 '불이익취급원인'과 '불이익취급행위'가 있어야 하고 이 둘 사이에 '인과관계'가 있어야 한다. 구체적으로는 노동관계상황, 노사태도, '불이익취급의 종류와 정도' 등 제반사항과 부당노동행위의사가 종합적으로 고려되어야 한다.

(1) 불이익취급 원인

불이익취급의 사유는 노동조합의 조직·가입, 노동조합업무·조합활동, 단체행동 등 노동3권을 저해하려는 데서 비롯된 것이어야 한다. 불이익취급이 성립하려면 노동조합 또는 조합원의 행위가 적법하고 정당해야 한다.[1] 다만, 그 행위가 부당하더라도 징계처분이 비조합원이나 관행에 비해 형평을 잃으면 불이익취급에 해당될 수 있다.

① 노동조합 가입·조직

노동조합의 조직·가입에는 노동조합을 결성하기 위한 준비행위나 원조행위가 포함된다.

---

1) <예> 노동조합의사에 반한 집단행동(대판 1990.11.13, 89누5102), 찬반투표절차를 위반한 쟁의행위(대판 1992. 3.13, 91누10473) 등 부당한 쟁의행위로 인한 불이익은 불이익취급으로 보지 않는다.

② **조합활동**(같은편 제1장, 제4절)

노동조합업무는 노동조합목적을 달성하기 위한 조합활동을 의미한다.[1] 조합활동이란 '노동조합기관 및 노동조합의사로서 행하는 활동'과 '근로자단결을 지향하는 집단적의미를 갖는 활동'을 의미한다. 조합원개인의 행위라도 노동조합결정에 근거하거나, 조합활동으로 볼 수 있거나[2] 노동조합의 묵시적인 수권·결의·지시·승인을 받은 행위는 조합활동에 해당된다.[3]

③ **단체행동**

단체행동에는 업무의 정상운영을 저해하는 쟁의행위와 투쟁복·리본착용 등의 과시행위가 포함된다.

④ **신고·증언·증거 제출**

노동위원회나 기타 행정관청에 부당노동행위를 신고하거나 증언하거나 증거를 제출하는 것도 넓은 의미의 조합활동이다.

인격·비밀·명예·신용 등을 훼손하는 청원이나,[4] 동일 사례에 대해 처분을 받은 후에도 반복적으로 제기하는 청원은 그 정당성이 부인될 수 있다.[5]

(2) 불이익취급 행위

① **의 의**

부당노동행위가 성립하려면 불이익취급행위가 실제행위로 나타나야 하며, 잠재적인 의사나 말로 표현하는 것만으로는 인정되지 않는다.[6]

② **유 형**

불이익취급행위는 다양한 모습으로 나타난다. 첫째, 근로관계불이익은 해고·징계, 승진·승급탈락, 강등·강급, 업무배제, 근로조건차등·법령과잉적용 그리고 '금전 기타 불이익'으로 나타난다. 둘째, 조합활동불이익은 승진[7]·전근[8]·배치

---

1) 대판 1990.8.10, 89누8217.

2) 대판 1993.11.28, 93다13544.

3) 대판 1989.4.25, 88누1950 ; 대판 1990.8.10, 89누8217 ; 대판 1991.11.12, 91누4164 ; 대판 1995.6.13, 95다1323.

4) 서울행판 2003.11.6, 2003구합12578.

5) 대판 1999.9.3, 97누2528.

6) 대판 2004.8.30, 2004도3891.

7) <사례> 대판 1998.12.23, 97누18035. '승진시기와 조합활동의 관련성', 업무상필요성, '적격성과 합리성', '해당근로자의 승진이 조합활동에 미치는 영향', '해당근로자의 동기들과 관련성', '비노조원과의 격차유무', 당사자의 사 등 제반사정을 고려해 판단. 대판 1988.12.20, 87누900. 대의원당선이 확실한 조합원을 조합원자격이 없는 관리직으로 승진 ; 대판 1991.1.26, 90누4037. 조합원자격이 없는 대리로 승진 ; 대판 2000.4.11, 99두2963.

8) <사례> 대판 1991.12.10, 91누3789. 생소한 부서나 출장소로 전보 ; 대판 1992.2.18, 91누9572 ; 대판 1992.11.13,

전환[1] · 전임해제[2] · 직장폐쇄'[3] · 의무불이행'[4] 등이 조합활동을 어렵게 하는 것을 말한다. 셋째, 경제불이익은 합리적이유 없이 수당차등지급, 시간외근로,[5] 감봉, 생활자금대부 · 장학금지급(복지), 작업도구지급,[6] 인사고과[7] 등 근무조건이나 근무환경 등을 차별해 수입이 감소하는 것을 말한다. 넷째, 정신불이익은 휴직 · 정직, 취업거부, 시말서요구, 복리후생시설이용차별, 좌석배치,[8] 하급자업무부여, 결재권한미부여, 회의 · 회식 · 야유회 · 연회배제 등을 들 수 있다. 다섯째, 생활불이익은 가족과 별거시키는 배치전환을 예로 들 수 있으며 다른 불이익과 복합적인 성격을 갖는다.[9]

(3) 인과관계

불이익취급의 부당노동행위가 성립하기 위해서는 근로자의 정당한 단결활동을 '이유로' 해야 한다. "이유"를 판단함에 있어 주관적인과관계와 객관적인과관계로 의견이 나뉜다.

① 견해의 나뉨

㈎ 주관적인과관계설

주관적인과관계설[10]은 불이익취급이 부당노동행위로 성립하기 위해서는 부당노동행위의사가 필요하다고 본다. 부당노동행위의사라 함은 '반조합적인 의도 내지 동기'를 말한다.

노동조합을 혐오하는 평소태도만으로는 부당노동행위의사가 인정되지 않는다. 부당노동행위의사는 "근로자의 단결사실을 인식하고 그 사실 때문에 불이익을

92누9425. 조합의 가입 및 활동을 사전에 봉쇄하려는 의도에서 행해진 결원충원명분의 전보 ; 대판 1994.12.23, 94누3001 ; 대판 1995.3.14, 94누5496 ; 대판 1995.4.28, 94누11583 ; 대판 1998.12.23, 97누18035.생소한 업무로 노조간부들을 순차로 배치전환 ; 노동부, 『최신사례로 보는 부당노동행위』, 71쪽. 출퇴근이 어려운 자리로 배치.

1) 대판 1993.3.23, 92누11121 ; 대판 1995.11.7, 95누9792 ; 대판 1998. 12.23, 97누18035)

2) 대판 1991.5.28, 90누6392 ; 대판 1992.5.28, 90누6392.

3) <사례> 중노위 2001.4.10, 2000부노152. 파업철회불구 직장폐쇄를 존속하면서 선별복귀 ; 노동부, 『최신사례로 보는 부당노동행위』, 145쪽. 직장폐쇄 이유로 노조사무실출입 전면 거부하거나 노조사무실 단전 · 단수.

4) <사례> 대판 1992.6.28, 91누3496. 조합대의원입후보등록용 재직증명서를 등록마감시한까지 미발급.

5) <사례> 대판 2006.9.8, 2006도388. 연장근로 등 거부 ; 서울고판 1994.10.21, 94구6316. 조합원들은 1일2교대제, 비조합원들은 격일제로 운행하면서 비조합원에 대해 차량입고시간 차등.

6) <사례> 대판 2002.10.11, 2002두5535. 1999.2.4 노조원들에게 노후차량 배차, 탈퇴자에 대해 고급차량 배차.

7) <사례> 대판 2009.3.26, 2007두25695. 균등집단임에도 불구하고 조합원집단과 비조합원집단 고과 격차.

8) <사례> 대판 2004.9.23, 2004두10401. 팀장보직 자격을 차장에서 순차적으로 과장급 · 대리급 등으로 낮추어, 후배가 팀장인 부서의 팀원으로 배치하면서 끝좌석에 앉도록 하고, 팀원 업무의 10%정도 업무 부과.

9) <사례> 대판 1993.2.23, 92누11121. 영일농지개량조합사건, 원격지로 전근.

10) 박홍규, 『노동법Ⅱ』, 460쪽 ; 대판 1994.11.11, 94누4400 ; 대판 1986.7.8, 85누170.

주려는 의욕"[1]을 말한다. 부당노동행위의사는 고의·과실이 아니고 간접적인 사정을 포함해 객관적·외형적 제반사정을 고려해서 추정적의사가 있으면 인정된다.[2] 부당노동행위의사의 입증책임은 근로자에게 있다(같은장 제2절,3·가).

㈏ **객관적인과관계설**

객관적인과관계설[3]은 노동3권행사와 불이익취급사이에 원인·결과의 관계가 있다는 사실만을 인식하는 것으로 충분하며, 사용자의 부당노동행위의사는 필요하지 않다고 본다. 구체적으로는 주관적인과관계설의 판례들이 추정적의사를 판단하는 객관적·외형적인 사정이 그 판단기준이다.

㈐ **검 토**

양설은 불이익취급의 사유가 정당한 조합활동임에도 불구하고 사용자가 정당한지를 모르거나 오해한 경우 부당노동행위가 성립하는지에 대해 결론을 달리한다.

부당노동행위의사는 그 존재를 확인하기 어려우므로, 이를 판단기준으로 삼으면 노동3권을 보장하려는 취지에 충실할 수 없다. 객관적인과관계설을 지지한다.

주관적인과관계설도 객관적·외형적인 사정들을 비교·검토해 추정적의사를 판단한다는 점에서 객관적인과관계설과 결과의 차이가 없다.[4]

② **인과관계의 판단기준**

불이익처분의 원인과 행위 사이에 인과관계가 있는지는 노동3권침해가 있는지로 판단한다. 첫째, 불이익처분의 시기가 노동조합가입, 임원선거, 단체교섭, 쟁의행위 등과 관계가 있는지를 판단한다.[5] 둘째, 불이익처분의 내용이 있는지를 징계사유와 노동조합업무의 관계, 사용자주장의 명확성·합리성·일관성, 조합활동상황(중추적인 역할, 조합활동의 적극성 등) 등을 종합적으로 고려하여 파악한다. 셋째, 불이익처분이나 그 치유내용이 차별적인지를 판단한다. '조합원과 비조합원' 또는 '적극적 조합활동자와 그렇지 않은 자'를 차별하는 것이 그렇다.[6] 이와 관련해서 사용자처분과 관

---

1) 임종률, 『노동법』, 제9판, 269쪽.

2) 대판 1991.4.23, 90누7685 ; 대판 1992.2.28, 91누9572 ; 대판 1999.11.9, 99두4273 등 다수.

3) 김유성, 『노동법Ⅱ』, 334쪽 ; 김형배, 『노동법』, 제20판, 1054쪽 ; 이상윤, 『노동법』, 제6판, 874쪽 ; 대판 1991.2.22, 90누6132 ; 대판 1999.11.9, 99두4273.

4) 부당노동행위의사라는 용어를 쓰고 있지 않아 객관적인과관계설을 택한 것으로 볼 수 있는 일부 판례(대판 1995.3.14, 94누5496 ; 대판 1995.4.28, 94누11583 ; 대판 1999.11.9, 99두4273)는 인과관계를 판단함에 있어 주관적 인과관계설과 비슷한 논리를 전개하고 있어 양설의 구분에 대해 의미를 부여하지 않은 것으로 보인다.

5) 대판 1991.5.28, 90누6392 ; 대판 1993.9.28, 93다17713.

6) 대판 1991.2.22, 90누6132 : 대판 1990.11.27, 90누3683. 조합원에게만 특정징계사유 적용 ; 대판 1990.10.23, 88누7729. 수습평가기준 차등 적용.

행의 균형, 단체협약·취업규칙의 절차를 이행했는지 등도 판단기준이 될 수 있다. 넷째, 사용자태도도 판단기준이다. 사보·회의·교육 등에서의 언동이나 태도,[1] 과거의 부당노동행위사례, 불이익처분이 노동조합의 조직·운영에 미친 영향, 경영해고 등에 있어 조합원비율 등을 고려한다.

③ **처분의 정당성과 부당노동행위의 경합**

불이익취급에 있어서 인과관계 또는 부당노동행위의사를 추정할 만한 사정이 있는 반면에 근무태도불량 등 처분에 대한 정당성도 있을 때 즉, 노·사의 주장 모두가 원인이 될 때 부당노동행위가 성립하는지에 대해 의견이 나뉜다. 긍정설은 처분의 정당성이 있어도 부당노동행위의 성립요건인 인과관계가 인정되면 부당노동행위로 본다. 노동3권을 그만큼 절대적으로 보장해야 하는지 의문이다. 부정설은 처분의 정당성이 있으면 부당노동행위성립을 부인한다. 조합활동을 못마땅하게 여긴 흔적이나 반노동조합의사가 추정되어도,[2] 불이익취급사유가 표면상 구실에 불과하다고 볼 수 없는 점을 근거로 삼는다. 이 설은 부당노동행위제도의 목적이 노동3권의 실질적보장에 있다는 점을 반영하지 못하고 있다. 결정적 원인설[3]은 조합활동과 처분 중 어느 것이 불이익취급의 결정적 원인인지에 따라 부당노동행위인지를 판단한다. 조합활동의 정당성이 처분의 정당성보다 덜 결정적이더라도 보호가치를 완전히 부인할 수 없다는 비판이 가능하다. 다수설인 상당인과관계설[4]은 조합활동이 없더라면 불이익취급이 없을 것이라고 판단되면 부당노동행위의 성립을 인정한다. 이 설을 지지한다.

2. 불공정고용계약

2·가. 의 의

단결권을 보장하기 위한 수단인 조직강제(제1편, 제2장 제2절, 4·가, (3))는 부당노동행위제도에 의해 제한을 받는다. 노조법은 불공정고용계약으로서 부당노동행위가 되는 조직강제를 명시하면서, 예외적으로 제한적인 'Union Shop 협정'을 인정하고 있다.

---

1) 대판 1996.2.9, 94누9771.

2) '조합활동을 못마땅하게 여긴 사유만으로 징계해고가 징계권남용의 부당노동행위라고 단정할 수 없다'라고 판시한 판례들(대판 1994.12.23, 94누3001 ; 대판 1995.3.14, 94누5496 ; 대판 2004.6.10, 2004두2882 등 다수).

3) 대판 1989.11.10, 89누2530 ; 대판 1990.8.10, 89누8217 ; 대판 1995.3.14, 94누5496 등 다수.

4) 김유성, 『노동법Ⅱ』, 335쪽 ; 김형배, 『노동법』, 제20판, 1056쪽 ; 임종률, 『노동법』, 제9판, 270쪽 ; 이상윤, 『노동법』, 제6판, 874쪽.

2·나. 불공정계약의 내용과 적용

(1) 내 용

노조법(§81① ii 본문)은 불공정고용계약이 되는 조직강제를 '조합에 가입하지 않을 것 또는 탈퇴할 것을 고용조건으로 하는 경우'[1]와 '특정한 노동조합의 조합원이 될 것을 고용조건으로 하는 경우'[2]의 두 가지로 제시하고 있다. 특정한 노동조합의 조합원만을 채용하면 Closed Shop이고, 고용된 후에 특정한 노동조합의 조합원 자격을 가질 것을 조건으로 하면 Union Shop이다.

(2) 적 용

불공정고용계약은 근로계약을 체결할 때뿐 아니라, 고용기간 중에 고용조건을 약정할 때에도 성립될 수 있다. 불공정고용계약은 장래의 행동을 제한한다는 점에서 과거의 행동에 대한 보복적인 성격을 갖는 불이익취급과 구별된다.

2·다. Union Shop 협정

(1) 성 격

'Union Shop 협정'은 노동조합조직을 강화하나, 소극적단결권 또는 단결선택자유를 제한한다. 모든 노동조합을 대상으로 가입을 강제하는 일반적단결강제는 합헌이나, 특정노동조합을 대상으로 가입을 강제하는 제한적단결강제는 위헌의 소지를 안고 있다.

(2) 성 립

해당사업장 근로자[3]의 2/3 이상을 대표하는 노동조합은 사용자와 'Union Shop 협정'을 체결할 수 있다(노조법 §81① ii 단서). 이러한 수준의 'Union Shop 협정'은, 제한적단결강제를 기본으로 하고 있으나 일반적단결강제의 성격을 강화[4]하고 있어서, 합헌으로 해석된다.[5]

---

1) <예시> '노동조합에 가입하면 고용을 취소하는 것', '비정규직을 정규직으로 전환하거나 계약을 갱신하면서 노조탈퇴를 요구하는 것' 등.

2) <예시> '특정 노동조합에서 자격을 잃으면 해고하는 것'

3) 전체근로자에서 '사용자 또는 항상 그의 이익을 대표해 행동하는 자로서 노동조합에 가입할 수 없는 근로자'를 제외하고 '노동조합의 조직이 가능한 근로자'(노동조합과-971, 2008.5.14).

4) 엄격한 요건 아래에서만 인정되고, 제명과 '다른 노조가입을 위한 탈퇴'에 대해 불이익처분이 금지.

5) 헌재 2005.11.24, 2002헌바95 · 96 · 2003헌바9 병합(한국노동법학회, 『노동판례백선』, 378~379쪽).

(3) 노동조합 가입

'Union Shop 협정'이 체결되어도 근로자가 입사와 동시에 노동조합에 자동적으로 가입되는 것은 아니므로 가입절차를 거쳐야 한다.[1] 신규입사자가 노동조합에 가입하지 않으면 노동조합은 협정에 따라 해고를 요구할 수 있다. 사용자는 소수노조에 바로 가입한 신규입사자에게 불이익을 줄 수 없다.[2] 'Union Shop 협정'의 효력은 어느 노동조합에도 가입치 않은 근로자에게만 미치기 때문이다.

(4) 사용자의 의무

① 해 고

단체협약에 '해고의무를 진다'는 직접적인 규정이 있다면 사용자는 이를 이행해야 한다. "근로자는 조합원이어야 한다"처럼 취지를 명확히 하지 않은 불완전한 'Union Shop 협정'의 경우, 사용자의 해고의무에 대해 의견이 나뉜다.

첫째, 이러한 협정은 노동조합의 단결력을 강화하기 위한 강제수단으로서 대표성을 갖춘 노동조합의 조합원이 될 것을 고용조건으로 하고 있는 것이므로, 직접 명시하지 않더라도 사용자의 해고의무가 발생한다는 긍정설[3]이 있다.

둘째, 이러한 협정은 사용자가 노동조합의 가입·탈퇴를 고용조건으로 하는 근로계약을 체결해도 부당노동행위로 보지 않겠다는데 지나지 않으므로 명시되지 않은 해고이행의무를 인정할 수 없다는 부정설[4]이 있다. 이 설을 지지한다.

② 제 명

노조법은, 'Union Shop 협정'을 체결한 경우라도, 조합원이 제명된 것을 이유로 신분상 불이익행위를 할 수 없도록 규정하고 있다. 노동조합에서 '제명된 것'을 이유로 행해진 해고는 Union Shop 협정의 목적 범위를 벗어난 것으로서 효력이 없으며,[5] 불이익처분(노조법 §81① i)의 부당노동행위가 될 수 있다.

③ 탈 퇴

노동조합을 탈퇴한 근로자는 'Union Shop 협정'에 따라 해고될 수 있다.

노조법(§81①ii)은 '노동조합을 탈퇴해 노동조합을 조직하거나 다른 노동조합에 가

---

1) 노조 68107-1199, 2001.11.2. 규약에 따라 가입원서를 노조에 제출해야 한다.
2) 대판 2019.11.28, 2019두47377.
3) 대판 1998.3.24, 96누16070.
4) 노동부, 「유니언숍 해고의무 부담여부 해석지침」, 2008.8.
5) 대판 1987.11.28, 87다카2646 ; 대판 1995.2.28, 94다15363.

입한 것'을 이유로 하는 불이익행위를 금지하고 있다.

④ **가입 또는 재가입 거부**

'Union Shop 협정'을 체결한 경우, 노동조합이 합리적인 이유 없이 근로자의 가입·재가입을 제한 또는 거부하는 것은 권리남용 또는 신의칙 위반으로 위법·부당하며,[1] 이는 제명의 효과를 갖는다.[2]

(5) Union Shop 협정의 효력

① **성립요건과 효력**

체결할 당시에 요건을 충족치 못한 Union Shop 협정은 효력이 없다.[3]

협정을 체결한 후 조합원의 탈퇴로 조합원수가 근로자의 2/3 미만으로 감소되면 단체협약의 유효기간 중이라도 Union Shop 협정의 효력은 상실된다.

② **해고의무위반 효력**

Union Shop 협정의 해고의무를 이행하지 않은데 대해 부당노동행위가 성립하는지에 대해 견해가 나뉜다. 부정설에 따르면 지배·개입행위에 해당되지 않으며, 사용자는 노동조합에 대해 계약상의 채무불이행책임을 진다.[4] Union Shop 협정은 개별근로자의 권리·의무관계를 규정한 것이라기보다는 제한적단결강제를 인정해 사용자의 해고의무를 정한 것이므로 단체협약상의 채무적부분에 해당하기 때문이다. 긍정설은 사용자의 행위를 종합적으로 판단해 부당노동행위를 인정한다.[5] Union Shop 협정의 불이행 자체만으로는 부당노동행위가 성립하지 않으나, 그러한 불이행이 부당노동행위의 요건을 갖춘다면 긍정설처럼 지배·개입의 부당노동행위가 성립할한다.

③ **해고근로자 구제**

Union Shop 협정에 따라 사용자로부터 해고를 당한 근로자는 조합원지위확인소송이 아닌 해고무효확인소송을 구할 실익이 있다. 해고된 근로자가 노동조합을 상대로 해 조합원지위확인을 구하는 소를 제기해 승소하더라도 바로 해고의 효력이 부정되는 것이 아니고, 해고무효확인소송에서 선결문제로 조합원지위의

---

1) 대판 1996.10.29, 96다28899.
2) 대판 1998.3.24, 96누16070 ; 대판 1995.2.28, 94다15363.
3) 대판 1997.4.11, 96누3005.
4) 대판 1998.3.24, 96누16070.
5) 노동부, 『최신사례로 보는 부당노동행위』, 82쪽.

존부에 관해 판단을 할 수 있기 때문이다.[1]

3. 단체교섭거부

3·가. 의 의

노조법은 사용자에게 성실교섭의무를 부과(§30)하고, 정당한 단체교섭에 대해 민·형사상 책임을 면해 주며(§3 §4), 근로시간 중 교섭을 허용하는 것을 경비원조가 아닌 것으로 간주해(§81①iv) 단체교섭을 보호하면서, 단체교섭을 거부하거나 해태하는 사용자의 행위를 부당노동행위로 금지하고 있다(§81①iii).

3·나. 법적근거

노조법(§81①iii)은 '노동조합(교섭대표노동조합포함 노조법 §29의5)의 대표자 또는 노동조합으로부터 위임받은 자와의 단체교섭을 정당한 이유 없이 거부하거나 해태하는 행위'를 부당노동행위로 규정해 이를 금지하고 있다. 이 조항의 취지는 헌법(§33①)이 보장하고 있는 단체교섭권을 국가가 개입해 확실하게 구현하려는데 있다.

3·다. 판단기준으로서의 정당성

단체교섭거부의 정당성에 대해서는 교섭권자, 교섭시기, 교섭장소, 교섭사항, 교섭태도 등을 종합해 검토하여 '사회통념상 사용자에게 교섭의무의 이행을 기대하는 것이 어렵다고 인정되는지'로 판단한다.[2]

3·라. 유형별 정당성 판단

(1) 주 체

① 근로자측 대표

노조법은 사용자가 단체교섭을 해태하거나 거부하면 안 되는 상대방으로 '노동조합의 대표자'와 '위임을 받은 자'로 명시하고 있다. 교섭대표노조자격이 있음에도 불구하고 조합원수가 적다거나, 조합원명단이 제출되지 않았다거나 하는 이유로 교섭을 거부하는 것은 정당치 않다. 노동조합의 불합리한 귀책이 있으면 부당노동행위가 부정될 수 있다.

---

1) 대판 1995.2.28, 94다15363.
2) 대판 1998.5.22, 97누8076 ; 대판 2009.12.10, 2009도8239.

② **사용자측 대표**

단체교섭에는 권한 있는 사용자측 교섭대표와 교섭위원이 참여해야 한다. 사용자가 위임 없이 자격 없는 직원 또는 사용자단체를 내세우는 경우, 사용자측의 교섭위원이 상부의 지시만 따르겠다고 하는 경우 등은 교섭해태에 해당된다.

(2) 대 상

의무적교섭사항에 대해, 노조측의 교섭요구안이 지나치다는 등의 이유로,[1] 단체교섭에 응하지 않으면 정당성이 없다. 단체교섭은 노동조합이나 조합원을 위한 것이다. 순수한 정치문제나 타기업의 문제는 교섭거부대상이다.[2]

(3) 방법 · 절차

단체교섭의 방법 · 절차는 부당노동행위여부를 판단하는 기준이 된다. 교섭시기 · 장소 등에 대해서는 단체협약이나 관행에 따른다. 합리적요구를 수용하지 않으면서 교섭을 지연하면 정당성이 부정된다.[3] 방법이나 절차를 갖추지 못한 단체교섭의 거부에 대해서는 정당성이 인정된다.

(4) 성실교섭의무

성실교섭의무(같은편, 제2장 제4절, 6·나)의 이행여부는 부당노동행위여부를 판단하는 기준이 되며, 사용자측의 불성실한 교섭은 부당노동행위로 인정될 수 있으며, 근로자측이 성실교섭의무를 위반하면 단체교섭을 거절할 수 있다.

4. 지배 · 개입 및 경비원조

4·가. 의 의

노조법(§81 ①iv)은 자주성 · 독립성을 보호하기 위해 '노동조합을 조직 또는 운영하는 것을 지배하거나 이에 개입하는 행위와 전임자에게 급여를 지원하거나 노동조합운영비를 원조하는 행위'를 부당노동행위로서 금지하고 있다. 근로자가 '근로시간면제(Time-off)제도에 따라 활동하는 것'(노조법 §24④)을 사용자가 허용함은 무방하다.

1) 대판 1992.1.21, 91누5204.
2) 대판 2002.4.26, 2000두4637.
3) 대판 2006.2.24, 2005도8606.

4·나. 지배 · 개입

(1) 개 념

① 조합의 조직 또는 운영

노동조합을 조직 또는 운영하는 것을 지배하거나 개입하는 행위는 부당노동행위이다. '조직'은 준비행위 등 노동조합결성을 지향하는 근로자의 일체의 행위를 모두 포함하며, '운영'은 회의·선거·규약제개정·선전·계몽·교육·문화 등 내부적활동뿐만 아니라 단체교섭·쟁의행위·고충처리 등에 있어 사용자에 대해 행하는 외부적활동을 포함한다. 즉, 조직·운영은 노동조합의 유지·존속·확대를 위한 행위를 의미한다.

② 지배하거나 개입하는 행위

지배·개입은 사용자의 전반적인 간섭·방해행위를 말한다. 지배는 '노동조합의 의사결정을 좌우할 정도'를 말하며, 개입은 그 정도에 미치지 못하는 영향력을 의미한다.

(2) 부당노동행위 성립요건

① 주 체

지배·개입이 성립하기 위해서는 사용자의 행위이어야 한다. 사용자와 '사용자의 이익을 대표해 행동하는 자'는 직접 주체가 될 수 있으며, 그 밖의 자도 사용자의 위임, 지시, 묵시적동의가 있으면 주체가 될 수 있다.

② 결과발생 여부

지배·개입금지의 입법취지는 '사용자의 지배·개입행위 자체만으로도 부당노동행위의 성립을 인정하려는 것'이다. 따라서 단결권을 비롯한 노동3권침해의 결과가 현실적으로 발생할 것을 요건으로 하지 않는다.[1)]

③ 지배·개입의사

부당노동행위가 성립하기 위해 사용자의 지배·개입의사가 필요한가에 대해 의견이 나뉜다. 의사필요설[2)]은 '지배·개입의 부당노동행위는 사용자의 지배·개입의사가 있어야 성립된다'고 본다. 이 설이 타당하다. 의사불필요설[3)]은 '지배·

1) 대판 1997.5.7, 96누2057 ; 대판 2006.9.8, 2006도388 ; 대판 2013.1.10, 2011도15497.

2) 임종률, 『노동법』, 제9판, 275쪽 ; 대판 1996.9.20, 95구37003 : 대판 1998.3.24, 96누16070. 객관적의사는 노조탈퇴시기, 문서발송·통보시점·내용, 노조에 미친영향 등으로 판단된다.

3) 이상윤, 『노동법』, 제6판, 888쪽 ; 김유성, 『노동법Ⅱ』, 361쪽.

개입의 부당노동행위는 사용자가 그러한 행위자체를 인식하고 있으며 객관적으로 지배 · 개입의 사실이 있다면 의사 여하를 막론하고 부당노동행위가 성립된다' 고 본다. 의사필요설도 지배 · 개입사실에서 의사의 존재가 추정되는 객관적의사가 있으면 지배 · 개입의사를 인정하므로 양설의 차이는 크지 않다.

(3) 사용자의 언론자유와 부당노동행위

① 언론자유의 범위

사용자도 국민으로서 언론의 자유를 갖는다(헌법 §21). 이러한 자유는 노동3권과의 관계에서 제한을 받을 수밖에 없다. 언론자유의 범위에 대해 의견이 나뉜다.

적극설에 따르면, '사용자의 발언'은 '보복 · 폭력 · 이익공여'가 포함되지 않는 한 지배 · 개입이 되지 않는다. 소극설[1]에 따르면 '사용자의 발언'은 노동조합의 자주성을 침해하거나 그럴 우려가 있으면 보복 · 폭력 · 이익공여가 있는 경우는 물론이고, 없는 경우에도 지배 · 개입이 성립될 수 있다.

기업별노조 중심인 우리나라의 경우 사용자의 발언은 사용종속관계에 있는 근로자의 행동에 큰 영향을 미친다는 점을 감안할 때, 소극설이 타당하다.

② 부당노동행위 판단

사용자의 언론이 지배 · 개입에 해당되는지는 발언의 시기 · 장소 · 대상 · 방법 · 상황 · 동기 · 목적 · 대상자 · 내용, 노동조합의 운용이나 활동에 미치거나 미칠 수 있는 영향, 발언을 전후한 노사관계 등을 종합적으로 고려해 판단한다.[2]

노조의 '자주성을 해치는 요소'[3]가 약하고 '해명 · 반론 · 부당성지적 등에 그치는 행위'[4]는 지배 · 개입으로 단정되지 않는다.[5]

③ 노동조합정보

사용자 또는 제3자가 특정노동조합의 조합원수, 노조운영비지원현황 등을 언론에 공개하거나 공시할 경우에 그 내용이 사실이고 개인정보 등이 포함되어 있지 않다면 부당노동행위로 보기 어렵다.

---

1) 대판 1998.5.22, 97누8076(한국노동법학회, 『노동판례백선』, 387쪽) ; 대판 2006.9.8, 2006도388 ; 노동부, 『최신사례로 보는 부당노동행위』.
2) 대판 1991.12.10, 91누636 ; 대판 1994.12.23, 94누3001 ; 대판 2013.1.10, 2011도15497 등 다수.
3) <예시> '이익 · 불이익 공여 언급(대판 1998.5.22, 97누80760)' · '조합 가입 및 활동 부정' · '허위 과장으로 반감 유도' 등.
4) <예시> '조합활동에 대한 비판적 견해 표명' · '회사 입장에 대한 설명회 개최' · '가정통신문(중노위 2002.6.3, 2002부노8) 송부' 등.
5) 대판 2013.1.10, 2011도15497.

④ 근로자감시 및 인터넷 사용

㈎ 근로자감시

CCTV 등의 설치는 근로자의 초상권·프라이버시권과 사용자의 시설관리권·노무지휘권이라는 권리의 충돌이 발생한다. 감시·관찰행위는 업무상 필요성이 인정되어야 하고 인격침해를 최소화하여야 한다.[1]

㈏ 인터넷사용

조합활동은 근무시간외에 하는 것이 원칙이므로 근무시간 중의 인터넷사용을 제한하는 것은 정당하다. 그러나 노조사무실이나 노조전임자에 대해 조합활동과 관련된 인터넷사용을 제한하거나, 노사가 대립하고 있는 시기에 전격적으로 인터넷사용을 제한하는 것은 부당노동행위의 소지가 있다.[2] 회사명예를 훼손하는 내용의 사이트를 차단하는 것은 부당노동행위로 보기 어렵다.

㈐ 동태파악

노동조합의 불법행위 등에 대해 적절하게 대응하기 위해 동태를 파악하는 것이 업무상 상당한 정도이면 부당노동행위로 보기 어렵다.[3] 반면에 조합활동을 방해할 의도로 비밀리에 조합활동에 적극적인 자를 불법적인 방법으로 감시하는 것은 부당노동행위가 성립할 수 있다.[4]

(4) 지배·개입의 양태

① 노동조합 가입 및 탈퇴

노동조합의 결성·가입에 대한 단순한 안내[5]가 아닌 방해·탈퇴를 종용하는 행위'나 '제2단체를 통해 노동조합조직을 와해 또는 약화시키는 행위'는 대표적인 지배·개입행위이다. '조합활동방해를 목적으로 하는 배치전환·승급·승진' 등은 불이익취급이면서 지배·개입이 된다.

② 노동조합 운영

'임원선거에서 특정후보지지', '노동조합내부의 분쟁에 개입',[6] '고의적인 노동

---

1) 설치필요성이 거의 없음에도 조합원이용장소에 CCTV를 설치하여 심리적압박감을 주면 부노성립 소지.
2) 대판 2002.10.25, 2001두8339.
3) 대판 2000.4.7, 99두3256.
4) 서울지판 2000.6.28, 99나54959.
5) 서울행판 2004.4.23, 2003구합27891. <지배개입부정> 사용자이익대표자처럼 노동조합가입자격이 없는 자에 대해, 포괄적으로 제외대상·직명·직위를 명시하고 해당자 스스로 탈퇴하도록 안내하는 행위
6) 대판 1889.3.14, 87누980.

조합 경시',[1] '반노동조합적 현수막 게양', '혐오스런 말과 행동으로 조합활동 위축', '금전 · 향응으로 조합원 매수' 등의 행위는 지배 · 개입에 해당될 수 있다.

③ 조합활동 및 편의제공

조합활동의 시간,[2] 장소,[3] 재원,[4] 인원,[5] 행정지원[6] 등을 단체협약이나 관행으로 인정해 오다가 정당한 이유 없이 허용하지 않는 것은 지배 · 개입행위이다.

④ 단체교섭 및 쟁의행위

교섭위원에 대한 회유나 위협을 통해 단체교섭에 영향을 미치려는 행위[7]는 지배 · 개입행위가 될 수 있다. 위법쟁의행위에 대한 포기 설득은 지배 · 개입에 해당되지 않는다.

4·다. 경비원조

(1) 법적근거

노조법(§81 ①iv)은 대내적인 민주성과 함께 노동조합의 핵심가치인 대외적인 자주성을 보장하기 위해 '근로시간면제한도를 초과하여 급여를 지급하거나 노동조합의 운영비를 원조하는 행위'를 금지하면서 '근로시간면제활동의 허용', '근로자의 후생자금 또는 경제상의 불행 기타 재해의 방지와 구제 등을 위한 기금의 기부', '최소한의 규모의 조합사무소의 제공' 그리고 '그 밖에 이에 준하여 노동조합의 자주적인 운영 또는 활동을 침해할 위험이 없는 범위에서의 운영비 원조행위'를 경비원조에서 제외하고 있다.

'노동조합의 자주적인 운영 또는 활동을 침해할 위험'을 판단할 때에는 "운영비 원조의 목적과 경위", "원조된 운영비 횟수와 기간", "원조된 운영비 금액과 원조방법", "원조된 운영비가 노동조합의 총수입에서 차지하는 비율"과 "원조된 운영비의 관리방법 및 사용처"가 종합적으로 고려되어야 한다(노조법 §81②).

---

1) <예시> 노동조합 협의사항을 개별근로자와 협의.

2) <사례> 근무시간 중의 조합활동(대판 2003.8.22, 2001두5767).

3) <사례> 노조사무실출입 통제 및 노조사무실 제공 철회(대판 1992.6.23, 92누4253 ; 대판 2008.10.9, 2007두15506 ; 대판 2003.8.22, 2001두5767).

4) <예시> 조합비일괄공제규정 미이행.

5) <예시> 근로시간면제 · 노조전임자 규정 미이행.

6) <사례> 노조임원선거 출마자에 대한 재직증명서발급거부 등(대판 1992.6.23, 92누3496).

7) 조합원을 대상으로 한 쟁의행위 포기 설득(대판 1991.12.10, 91누636), 쟁의행위찬반투표에 영향을 미치려는 e-mail 발송(서울행판 2011.9.22, 2011구합16384), 위법한 대체근로(대판 2009.6.23, 2007두12859) 등.

(2) 경비원조 판단기준으로서의 자주성

① 판단 원칙

사용자의 재정적 또는 경제적인 지원과 노동조합의 자주성 상실과의 관계를 기준으로 경비원조에 해당하는지를 둘러싸고 견해가 나뉜다. 실질설[1]은 경제적 지원에 해당되더라도 노동조합의 자주성을 저해할 우려가 현저한 경우가 아니면 경비원조로 보지 않는다. 이 설을 지지한다. 형식설[2]은 경제적지원이 자체적으로 노동조합의 자주성을 해칠 위험을 내포하고 있기 때문에 경비원조로 본다.

② 노조의 자주적 운영・활동 침해위험 판단기준[3]

㈎ 운영비원조의 목적 및 경위

사용자가 선제적이고 적극적으로 운영비를 원조하는 경우에는 자주성 침해의 위험이 크다. 노동조합이 단체교섭에서 운영비원조를 요구한 경우에도 그 목적, 수용과정 등을 확인하여 자주성침해여부를 개별적이고 구체적으로 판단한다.

㈏ 지원된 운영비의 성격 및 내용

노조사무실 운영에 필요한 전기・수도・통신료 등의 비용이나 복사용지・컴퓨터・정수기 등의 비품은 상대적으로 자주성 침해위험이 낮다. 노조간부 등의 휴대전화 통신료는 노조사무실 통신비와는 성격이 달라 지원 인원이나 금액 등을 고려하여 자주성 침해위험을 판단한다.

워크숍・체육행사 등 노조행사비나 출장・해외연수 등 조합활동비에 대해서는 기본적으로 노동조합이 부담해야 하나, 그 성격상 필요성이 인정되고 지원금액이 많지 않고 필요한 수준이라면 자주성 침해위험이 높지 않을 수 있다.

㈐ 기간・금액 등 운영비 지급 관행

운영비의 지원기간이 길거나 지원금액이 클수록 자주성 침해위험이 상대적으로 높다.

㈑ 노조재정 중 운영비지원액 비중

노동조합이 운영비를 스스로 부담해야 하나 운영비의 일부를 지원받는 경우 운영비지원액규모가 노조재정에서 차지하는 비중이 지나치게 크면 자주성 침해위험이 높다.

---

1) 이상윤, 『노동법』, 제6판, 885쪽 ; 김유성, 『노동법Ⅱ』, 359쪽.
2) 김형배, 『노동법』, 제20판, 1052쪽.
3) 노사관계법제과 - 1660, 2020.6.22. 「노조법 개정에 따른 부당노동행위 처리 가이드라인」.

(마) 지원된 운영비의 성격 및 내용

사용처를 정하지 않거나 비공개로 운영비를 지원함으로써, 지출내역이 관리·공개되지 않고 일부 임원에 의해 임의로 사용될 가능성이 있는 경우에는 자주성 침해위험이 상대적으로 높다. 다만, 사용자가 노동조합과 협의하여 지원하는 운영비의 사용처를 정하고 조합원에게 공개할 것을 요청했음에도 불구하고 노동조합이 이를 이행하지 않으면 사용자에게 책임을 지우기 어렵다. 그러나 원조목적에 맞게 지출되지 않았음이 확인되었는데도 계속 지원한 경우라면 그렇지 않다.

(3) 경비원조의 부당노동행위성 판단

① 근로시간면제

'근로시간면제활동의 허용'은 부당노동행위가 아니나 '근로시간면제한도를 초과하여 급여를 지원하는 행위는 부당노동행위'로 명시되어 있다.[1) 이미 제공하고 있는 근로시간면제혜택을 일방적으로 제공하지 않거나 무급으로 제공하는 것은 지배·개입에 해당된다. 노동조합업무에 종사하는 자가 사용자로부터 급여를 받으면 근로시간면제법리의 적용을 받으며, 노동조합으로부터 급여를 받으면 전임자라고 할 수 있으므로 급여지급과 관련하여 부당노동행위가 성립할 여지가 없다.

② 운영비원조

헌법불합치결정에 따라 노조법의 해당조문(노조법 §81①iv)이 개정됨으로써, 이에 반하여 종래의 해당조문을 근거로 한 해석과 판결은 관련 부분에 대해 효력을 인정하기 어렵다.[2)]

③ 조합비일괄공제

조합비일괄공제제도(check-off)도 징수비용을 사용자가 부담하는 것이므로 경비원조의 성격을 갖는다. 그러나 단체협약에 따라서만 인정되고, 당사자합의가 요건이고, 최소한으로 지원하는 성격을 가지므로 부당노동행위에 해당되지 않으며 오히려 일방적폐지는 지배·개입에 해당된다.

---

1) 헌재 2014.5.29, 2010헌마606. 노조법의 근로시간면제제도조항이 단체교섭권 등을 침해하지 않는다.

2) 운영비원조에 대해 명목·재원·현물여부·노사합의 등과 관계없이 직접적(사무보조비, 재정자립기금·운영비, 조합업무를 위한 출장비·유류비·차량비지급, 노동조합이 주관하는 교육·연구·행사 비용, 인력·인건비 지원, 야유회운영비, '인건비·사무실임대료·상근자자중식비·차량유지비로 쓰인 발전기금' 등 노조운영비일체)이건 간접적[수익사업권(매점·자판기운영, 주차장관리, 식당운영, 구판장운영, 피복사업권 등)을 노조에 무상양도]이건 간에 부당노동행위로 본 판례(대판 2016.1.28, 2012두15821 ; 대판 2016.1.28, 2012두12457 ; 대판 2016.2.18, 2014다28763 ; 대판2016.4.29, 2014두15092 ; 대판 2017.1.12, 2011두13392 등 다수)와 행정해석(노사관계법제과-1351, 2010.11.25 등)은 '헌재(전) 2018.5.31, 2012헌바90'로 그 효력 상실.

④ **근로조건성격의 금품지급**

단체협약에 규정된 임금 또는 수당은 사용자가 근로자에게 직접 지급하는 금품이므로, 비조합원에게 지급하는 것을 제한 또는 금지하는 조합원우대조항에 해당되지 않는 한 경비원조로 볼 수 없다. 조합에게만 지급되는 조합원수당을 그러한 예로 인정한 해석[1]이 발견되는데, 명백한 조합원우대조항으로 보인다.

제4절 부당노동행위구제제도

1. 의 의

부당노동행위를 당한 근로자나 노동조합은 행정관청이나 법원에 구제를 받을 수 있으며, 처벌을 요구할 수 있다. 노조법은 부당노동행위에 대해 원상회복주의와 처벌주의를 병용하고 있다.

2. 원상회복주의와 처벌주의

2·가. 원상회복주의

(1) 내 용

원상회복주의는 구제명령을 통해 부당노동행위가 행해지기 이전의 상태로 회복시킴으로써 근로자의 침해된 권리를 복구시켜 주는데 실익이 있다. 구제명령을 이행하지 않으면 형벌이 부과(노조법§89 ii 3년 징역·3천만원 벌금)된다. 원상회복주의는 노동위원회 또는 법원에 따라 실현된다. 원상회복주의에만 의존할 경우 부당노동행위 자체에 대해서는 불이익을 받지 않으므로 예방적기능이 약하다.

(2) 방 법

① **행정적구제**

부당노동행위로부터 노동3권을 보장하기 위해 공법상 권리구제절차[2]로서 부

---

1) 노사관계법제과-171, 2010.8.10.

당노동행위구제제도가 마련되어 있다. 노동위원회구제제도는 전문적 행정위원회를 통한 준사법적 행정구제방식을 취하고 있다. 행정적구제는 신속하고 비용이 적게 든다. 노동위원회판정에 대해 불복하면 행정소송을 제기할 수 있다. 확정된 구제명령을 이행하지 않으면 사법처리과정을 거치게 된다.

② 사법적구제

노동위원회의 구제명령은 사용자에게 공법상의 복종의무를 부담시킬 뿐, 사법(私法)상의 법률관계를 발생 또는 변경시키는 것이 아니다. 근로자는 사법상지위를 확보하고 권리구제를 받기 위해 해고무효, 종업원지위확인 등을 구하는 민사소송을 별도로 법원에 청구할 수 있다.[1]

③ 행정적구제와 사법적구제의 관계

노동위원회의 행정적 구제절차와 법원의 사법(私法)적 구제절차는 경합된다. 노동위원회는 행정적 구제제도에 대해 전속적 관할권을 가지며 사법상 구제는 2차적 구제제도라는 견해[2]가 있다. 그러나 국민에게 재판을 받을 권리가 있다는 점에서 선택적 또는 병행적 제도로 보아야 할 것이다.[3]

2·나. 처벌주의

(1) 법적근거

처벌주의는 헌법상의 노동3권을 침해하는 사용자의 부당노동행위 자체를 범죄로 보고 처벌대상으로 삼는다. 노조법(§90)은 부당노동행위에 대해 벌칙을(2년 징역 2천만원 벌금) 규정하고 있다.

(2) 내 용

부당노동행위피해자는 노동위원회의 구제절차와는 별도로 해당 사용자의 처벌을 요구할 수 있다(§90). 피해자는 근로감독관과 검사를 통해 사법처리과정을 거치게 되며 피해당사자의 의사와 관계없이 처벌될 수 있다.

(3) 효 과

처벌주의는 법원의 사법(司法)적 구제에 따라 실현된다. 사법적구제는 권리구제에

---

2) 대판 1988.12.13, 86다카1035. ↘ 701쪽
1) 대판 1976.2.11, 75마496 ; 대판 1996.4.23, 95다53102 등.
2) 이상윤, 『노동법』, 제6판, 891쪽.
3) 임종률, 『노동법』, 제9판, 301쪽 ; 김유성, 『노동법Ⅱ』, 391쪽.

대해 기판력을 가진다. 처벌주의는 부당노동행위를 사전에 예방하는 효과가 있으나 침해된 노동3권을 회복시켜주지 못한다.

2·다. 원상회복주의와 처벌주의의 관계

원상회복주의와 처벌주의는 서로 경합된다. 부당노동행위제도는 '노동위원회 판정과 행정소송', 민사소송 그리고 형사소송이 경합함으로써, 각각의 판단이 다른 경우 모순이 발생하고 판정이나 판결에 대한 불복이 남용될 여지를 남긴다.

3. 노동위원회 구제절차

3·가. 의 의

(1) 체 계

노동위원회 구제절차는 지노위의 초심절차와 중노위의 재심절차로 구성되고, 불복의 경우에는 행정소송·항고·상고로 이어지는 5심제로 설계되어 있다.

(2) 특 징

노동위원회의 구제절차는 행정적구제절차로서 몇 가지 특징을 가지고 있다. 첫째, 독립성과 전문성이 인정된다. 노동위원회는 독립적행정기구이며 노·사·공익을 대표자로 구성되어 있다. 둘째, 신청주의를 택하고 있다(노조법 §82①). 구제절차는 신청에 따라서만 개시되고, 취하가 있으면 절차는 진행되지 않으며, '구제를 신청한 범위'가 판정대상이다(노원칙 §58). 셋째, 부분적으로 직권주의가 인정된다. 노동위원회는 자료제출을 요구하고, 당사자·증인·참고인을 조사하고, 위원·조사관으로 하여금 사업장을 방문·조사케 할 수 있다(노조법§83②, 노원칙§46). 넷째, 대심주의 및 당사자주의를 택하고 있다. 당사자는 서로 자신의 주장을 개진하고 증거를 제출할 수 있다. 다섯째, 자유심증주의를 택하고 있다. 노동위원회는 사실인정에 있어 민사소송처럼 엄격한 증거법칙에 구애됨이 없이 자유로이 심증을 형성할 수 있다. 여섯째, 확정되지 않은 판정에 대한 이행명령제도가 도입되어 있다(노조법 §85⑤).

(3) 관 할

부당노동행위가 발생한 사업장의 소재지를 관할하는 지노위가 초심 관할권을 가진다. 2 이상의 관할구역에 걸친 사건은 주된 사업장의 소재지를 관할하는 지노위에서 관장한다(노위법 §3②). 부당노동행위가 관계법률에 따라 특별노위의 설치 목적인 특정사항에 관한 것일 때에는 특별노위가 초심관할권을 갖는다(노위법 §3③). 중노위는 지노위 또는 특별노위를 초심으로 하는 사건의 재심관할권을 갖는다(노위법 §3①).

(4) 당사자

① 신청인

㈎ 원 칙

부당노동행위로 인해 그 권리를 침해당한 근로자 또는 노동조합은 노동위원회에 그 구제를 신청할 수 있다(노조법 §82①). 노동조합은 설립과정에서 이루어진 부당노동행위에 대해서도 신청자격을 갖는다.[1]

㈏ 부당노동행위유형과 신청인

불이익취급 및 불공정고용계약(노조법 §81 i, ii, v)에 대해서는 근로자개인과 노동조합이 모두 신청인이 될 수 있다.

단체교섭거부(노조법 §81iii)와 지배·개입(노조법 §81iv)에 대해서는 신청권이 누구에게 있는지에 대해 첫째, 두 가지 모두 노동조합에게만 있고 개별조합원에게는 없다는 견해[2]와 둘째, 단체교섭거부에 대해서는 노동조합에게만 있으나 지배·개입에 대해서는 개별조합원에게도 있다는 견해[3]와 셋째, 두 가지 모두에 대해 원칙적으로 노동조합에게 있으나 이해관계자인 조합임원이나 개별조합원에게도 있다는 견해[4]가 있다. 부당노동행위의 배제에 관해 직접 이해관계를 가진 자가 신청인이 될 수 있다고 넓게 해석할 필요가 있으므로 세 번째 견해에 동의한다.

㈐ 노동조합 신청권의 성격

노동조합의 구제신청권은 근로자개인의 구제신청권과는 별개의 '독자적인 권리'[5]이며, 근로자개인의 구제신청권을 대위하거나 대리하는 것은 아니다. 불이익취급을 받은 근로자가 조합원자격을 상실하거나, 구제신청을 포기해도 노동조합은 독자적으로 구제신청을 할 수 있다.

㈑ 법내조합과 법외조합

부당노동행위구제 신청의 주체인 노동조합은 노조법상 노동조합을 의미한다. 법외조합의 경우에는 소속 조합원이 불이익취급이나 불공정고용계약과 관련(노조법 §81 i, ii, v)

---

1) 대판 1991.1.25, 90누4952.
2) 임종률, 『노동법』, 제9판, 281~282쪽.
3) 김유성, 『노동법Ⅱ』, 364쪽.
4) 대판 2002.10.11, 2002두5535 ; 고용노동부, 『집단적노사관계 업무매뉴얼』, 407쪽.
5) 서울고판 2009.4.15, 2008누26758.

해서 개인명의로 구제신청을 할 수 있다(노조법§7①,②).

㈒ **초기업노조의 지부 · 지회**

설립신고증을 교부받지 못한 지부·지회가 독자적인 규약 및 집행기관을 가지고 독립된 조직체로서 활동하더라도 부당노동행위 구제와 관련해서는 법외조합에 준해 판단한다.[1]

② **피신청인**

피신청인은 사용자이다. 지점장·공장장 등 소관사항을 처리할 권한을 가지는 자도 피신청인이라는 견해[2]가 있다. 그러나 피신청인은 정상적인 노사관계를 회복할 수 있는 전권을 가진 자여야 하므로, 중간책임자처럼 '현실적으로 부당노동행위를 한 자'가 아니라 사업주이어야 한다.[3]

(5) 구제이익

부당노동행위 구제절차가 진행하는 가운데 민사소송에서 판결이 확정된 경우에는, 그 결과에 반하는 구제신청에 대한 구제이익은 소멸하게 되므로 각하처분을 받게 된다.[4] 사업체가 실질적으로 폐업한 경우 불이익취급에 대한 원상회복의 구제명령을 신청할 구제이익은 없다.

3·나. 초 심

(1) 구제신청

사용자의 부당노동행위로 인해 그 권리를 침해당한 근로자 또는 노동조합은 노동위원회에 그 구제를 신청할 수 있다(노조법§82①). 구제신청은 부당노동행위가 있은 날을 기산일로 하여 3월 이내에 이를 행해야 한다(노조법§82②). 부당노동행위 중 '계속하는 행위'는 그 종료일이 기산일이 된다(노조법§82②). '계속하는 행위'로는 정직처분, 직장폐쇄 등을 들 수 있다. 신청기간은 제척기간이므로, 신청인이 책임질 수 없는 사유가 있더라도, 그 기간이 경과하면 행정적인 권리구제를 신청할 권리는 소멸한다.[5] 제척기간을 지나서 이루어진 신청은 각하사유이다(노원칙§60① i).

---

1) 독자적으로 단체교섭권을 갖는다고 보는 판례(대판 2001.2.23, 2000도4299 ; 대판 2008.1.18, 2007도1577)도 부당노동행위 구제신청권을 인정하는 논리를 전개하고 있지는 않다.
2) 김유성, 『노동법Ⅱ』, 364쪽.
3) 이상윤, 『노동법』, 제6판, 894쪽.
4) 대판 1996.4.23, 95누6151 ; 대판 2002.12.6, 2001두4825.
5) 대판 1997.2.14, 96누5926 ; 대판 1996.8.23, 95누11238.

(2) 조사 · 심문

노동위원회는 구제신청(노조법 §82)을 받은 때에는 지체없이 필요한 조사와 관계당사자의 심문을 해야 하며(노조법 §83①), 관계당사자의 신청이나 직권으로 증인을 출석케 해 질문할 수 있고(노조법 §83②), 관계당사자에 대해 증거제출과 증인반대심문의 기회를 주어야 한다(노조법 §83③). 중노위는 조사와 심문 절차를 따로 정한다(노조법 §83④).

(3) 판 정

① 판정의 종류

노동위원회는 심문(노조법 §83)을 종료하고 부당노동행위가 성립하는 때에는 구제명령을, 부당노동행위가 성립되지 않는 때에는 기각 결정을 해야 한다(노조법 §84①). 노동위원회의 판정 · 명령 및 결정은 피신청인과 신청인에게 서면으로 교부되어야 하며(노조법 §84②), 당사자는 이에 따라야 한다(노조법 §84③). 부당노동행위에 대한 판정 · 명령 및 결정은 노동위원회가 발하는 행정처분에 해당한다.

② 구제명령

노동위원회는 부당노동행위에 대해 침해된 상태를 회복하는 데 필요하고 가장 적절한 구제조치를 명해야 한다.

㈎ 불이익취급

불이익취급 중 해고에 대해서는 '원직 또는 원직에 상당하는 지위에 복직'과 '해고기간 중 임금상당액지급'을 명하는 것이 보편적이다. 임금상당액지급을 명할 때 해고기간 중에 다른 곳에서 얻은 중간수입을 공제할 수 있다. 중간수입공제금지명령이나, 공제가능금액보다 적거나 많은 공제는 위법이다.[1] 이외에도 공고문게시명령 · 부작위명령 · 손해배상명령 등이 구제수단이 될 수 있다.

보복적 불이익취급에 대해서는 원상회복과 임금상당액지급을 명할 수 있다.

㈏ 불공정고용계약

불공정고용계약에 대해서는 고용조건으로 된 노동조합에의 '가입제한, 탈퇴제한, 특정노동조합에의 가입 등'에 관한 계약의 파기를 명할 수 있다.

㈐ 단체교섭거부

단체교섭거부에 대해서는 교섭사항, 교섭당사자, 교섭시기 등을 구체적으로 특

---

1) 임종률, 『노동법』, 제9판, 288쪽.

정해 교섭개시명령을 할 수 있다. 필요한 경우에는 공고문게시명령이나, 단체협약체결명령도 가능하다.

㈑ **지배 · 개입**

지배 · 개입 행위에 대해서는 그 자체를 제거 내지 취소해 원상을 회복하는 것이 사실상 곤란하므로 공고문게시 명령이나 부작위명령 등이 적절하다.

③ **구제이익**

과거의 행위가 부당노동행위이지만 침해상태가 회복되고 노사관계도 정상화되었다면 구제이익이 없으므로 각하되어야 한다(노원칙 §60①vi). 신청인이 요구하는 경우 공고문게시 등의 구제명령도 실익이 있다.[1]

④ **판정의 효력**

㈎ **이행의무**

관계당사자는 노동위원회의 판정 · 명령 및 결정에 따라야 한다(노조법 §84③). 노동위원회의 구제명령 · 기각결정 또는 재심판정은 재심신청이나 행정소송의 제기에 따라 그 효력이 정지되지 않는다(노조법 §86). 확정(노조법 §85③)판정을 이행하지 않는 자에게는 벌칙(노조법 §89ii 3년 징역·3천만원 벌금)이 적용되며, 사업주에게 양벌주의가 적용되어 벌금형이 부과될 수 있다. 재심신청에 따른 미확정판정에 대해서도 이행의무가 있으나, 불이행에 대해 벌칙이 규정되어 있지 않다.

㈏ **취소 · 변경**

노동위원회도, 단순한 오기 · 누락 등이 아닌 한, 판정서 내용의 취소나 변경을 할 수 없다. 판정서에 대한 불복은 재심이나 행정소송을 통해 가능하다.

㈐ **사법상 효력과의 관계**

구제명령은 사용자에 대해 공법상의 의무를 부담시킬 뿐 직접 사법상의 법률관계를 발생 또는 변경시키는 것은 아니다.[2]

원직복직명령은 해고를 사법상으로 무효로 하는 것이 아니며 임금상당액지급명령도 강제집행에 의해 실현될 청구권의 존재와 범위가 표시되고 집행력이 부여된 공증문서인 「민사소송법」상 채무명의로 되는 것이 아니다.[3] 근로자는 민사소송으로 효력을 다툼으로써 권리구제를 구할 수 있다.[4] 원직복직명령이 확정된

1) 임종률, 『노동법』, 제9판, 290쪽.
2) 대판 1976.2.11, 75마496 ; 대판 1988.12.13, 86다카1035.
3) 임종률, 『노동법』, 제9판, 291쪽 ; 대판 1996.4.23, 95다53102.
4) 대판 1988.12.13, 86다카1035 ; 대판 1976.2.11, 75마496 ; 대판 1996.4.23, 95다53102.

경우, 원인이 된 해고는 부당노동행위금지위반이 되어 무효이다.[1)]

(4) 화 해

심판위원회는 사건의 조사과정이나 심문회의진행 중에 당사자에게 화해를 권고·주선하거나 화해안을 제시할 수 있다(노위법§16의3①, 노원칙§69). 화해는 화해조서를 작성(노위법 §16의3③)해, 당사자와 화해에 관여한 심판위원 전원이 서명 또는 날인함으로써 화해가 성립한다(노위법§16의3④, 노원칙§70·§71). 화해조서는 재판상화해의 효력을 갖는다(노위법 16의3⑤).

3·다. 재 심

(1) 재심신청

지노위 또는 특별노위의 구제명령 또는 기각결정에 불복이 있는 관계당사자는 그 명령서 또는 결정서의 송달을 받은 날부터 10일 이내에 중노위에 그 재심을 신청할 수 있다(노조법 §85①). 일부구제명령인 경우에는 쌍방이 불복할 수도 있다.

초심절차에서 신청인 또는 피신청인이 될 수 있었던 자는 초심에 참여하지 않았더라도 초심명령에 불복해 재심을 신청할 수 있다.[2)]

(2) 재심범위

당사자의 재심신청은 초심에서 '신청한 범위'[3)]를 넘어서는 안 되며 재심의 심리와 판정은 당사자가 신청한 '불복의 범위'[4)] 안에서 해야 한다(노원칙 §89).

(3) 재심절차

초심절차규정은 그 성질에 반하지 않는 한 재심절차에도 준용된다. 지노위는 해당 사건의 초심관계기록 전부를 지체없이 중노위에 제출해야 한다(노원칙 §92②).

(4) 재심판정

① 내용과 방법

중노위는 재심신청이 요건을 충족하지 못한 경우 각하하고, 재심신청이 '이유

---

1) 대판 1993.12.21, 93다16463.

2) 이상윤, 『노동법』, 제6판, 901쪽 ; 김유성, 『노동법Ⅱ』, 382쪽 ; 임종률, 『노동법』, 제9판, 292쪽. 노조가 신청한 불이익취급에 대해 해당조합원개인이 재심신청을 할 수 있다.

3) 신청한 범위라 함은 '사실'의 범위이므로 구제의 내용을 변경할 수 있다. 근로자측 신청인의 재심요구가 각하나 기각이라면 그들의 취소나 변경이, 구제명령이라면 추가나 변경이 가능하다. 반면에 사용자측 신청인의 재심신청은 구제명령의 취소나 변경이 된다.(임종률, 『노동법』, 제9판, 293쪽).

4) '불복의 범위'라 함은 구제명령전체이다. 불이익취급의 구제명령 중 일부에 대해 불복하더라도 불이익처분해당여부, 구제명령수준 등을 재검토할 수 있다. 이 경우 해당불이익처분 외에 다른 불이익처분이나 다른 부당노동행위를 심리하거나 판정할 수 없다.

없다'고 판단하는 경우에는 기각하며, '이유있다'고 판단하는 경우에는 지노위의 처분을 취소하고 구제명령이나 각하 또는 기각 결정을 해야 한다(노원칙 §94①).

② 효 과

중노위의 재심판정에 대해 관계당사자는 그 재심판정서의 송달을 받은 날부터 15일 이내에 「행정소송법」에 따라 소를 제기할 수 있다(노조법 §85②). 노동위원회의 구제명령·기각결정 또는 재심판정은 중노위의 재심신청이나 행정소송제기에 따라 그 효력이 정지되지 않는다(노조법 §86). 제척기간내에 재심을 신청하지 않거나 행정소송을 제기하지 않은 때에는 그 구제명령·기각결정 또는 재심판정은 확정되고(노조법 §85③), 관계당사자는 확정된 기각결정·재심판정에 따라야 한다(노조법§85④,§89 ii 3년 징역·3천만원 벌금). 확정되지 않은 판정에 대해서는 이행의무가 있으나 벌칙이 적용되지 않는다.

3·라. 행정소송

(1) 소송제기

① 제기기간

행정소송은 재심판정서를 송달받은 날부터 15일 이내에 제기할 수 있다(노조법 §85②).

② 당사자

재심판정의 행정소송은 해당 재심판정의 관계당사자가 제기할 수 있다. 원고는 재심판정의 취소를 구할 법률상의 이익이 있는 사용자나 근로자 또는 노동조합이 되며, 피고는 중노위위원장이 된다(노위법 §27①). 사용자가 제소한 경우에는 근로자 또는 노동조합이, 근로자 또는 노동조합이 제소한 경우에는 사용자가 보조참가를 하게 된다.[1]

③ 관할법원

행정소송의 관할법원은 피고의 소재지를 관할하는 행정법원이나 중앙행정기관 또는 그 장이 피고인 경우에는 대법원 소재지의 행정법원으로 한다(행소법 §9①).

④ 제소의 효력

재심판정의 효력은 당사자신청 또는 직권에 의한 법원의 집행정지결정에 따라 그 효력이 정지될 수 있고(행소법 §23②), 행정소송결과에 따라 취소될 수 있다.[2]

---

1) 이상윤, 『노동법』, 제6판, 902쪽.
2) 김유성, 『노동법II』, 385쪽.

(2) 심리범위

① 대 상

행정소송은 중노위의 위법한 행정처분 등을 취소하는 항고소송으로서(행소법 §4 i) 재심판정의 위법여부를 판단하게 된다. 부당노동행위 인정사실의 타당성, 구제조치 내용의 적법성, 재심절차의 적법성 등이 심리대상이다.

② 사실인정

법원은 직권으로 증거조사를 해 새로이 수집한 증거(행소법 §26)에 근거해 독자적으로 사실인정을 한다. 행정소송에서는 노동위원회에서 이미 주장된 사유만으로 한정되지 않고, 노동위원회에서 주장하지 않은 사유도 제기될 수 있다.[1)]

(3) 위법성 판단시점

재심판정의 적법성을 판단하는 시기는 처분시설과 재심판결시설로 나뉘는데, 취소소송이 행정처분의 당부를 심리하는 것을 목적으로 하므로, 재심판결시점이 아니고 처분시점 즉, 재심판정시점으로 보는 것이 타당하다.[2)]

(4) 확정판결

① 판결의 효력

확정된 법원판결은 중노위를 기속한다(행소법 §30①). 구제명령이 취소된 경우에는 그 효력이 상실된다. 행정소송절차를 통해 확정된 구제명령을 위반한 자에 대해서는 벌칙(노조법§89 ii 3년 징역·3천만원 벌금)이 적용된다.

② 재처분

중노위는 재심판정을 취소하는 법원판결이 확정되면 소송당사자의 신청이나 직권으로 심판위원회(당사자의 신청이나 동의가 있는 때에는 단독심판 가능) 의결을 거쳐 해당사건을 재처분해야 한다.

(5) 긴급이행명령

① 법적근거

사용자가 행정소송을 제기한 경우에 관할법원은 중노위의 신청에 따라 결정으로써, 판결이 확정될 때까지 중노위 구제명령의 전부 또는 일부를 이행토록 명할 수 있으며, 당사자 신청이나 직권으로 그 결정을 취소할 수 있다(노조법 §85⑤).

---

1) 대판 1990.8.10, 89누8217.

2) 김유성, 『노동법Ⅱ』, 388쪽 ; 이상윤, 『노동법』, 제6판, 903쪽 ; 대판 1987.8.18, 87누235 ; 대판 1990.8.10, 89누8217.

② **필요성**

확정된 구제명령의 위반에 대해서는 벌칙(노조법§89ii 징역3년·벌금3천만원)이 적용된다.

확정되지 않은 구제명령에 대해서는 행정소송제기로 그 효력이 정지되지 않지만(노조법 §86), 벌칙이 적용되지 않아 실효성이 약하다. 이러한 이유로 행정소송이 진행되는 동안 법원결정으로 구제명령이행을 강제할 제도가 마련되어 있다.

③ **요건 및 내용**

㈎ **사용자의 행정소송제기**

긴급이행명령제도는 사용자가 중노위의 구제명령에 불복해 관할법원에 제기한 행정소송에 적용된다.

㈏ **중앙노동위원회의 신청**

긴급이행명령제도는 중노위의 신청에 따라 개시된다. 중노위는 해당사건의 근로자나 노동조합의 요청에 따라 구제명령이행 신청여부를 결정해야 한다(노원칙 §96). 중노위는 이행명령을 직권으로 신청할 수 없다.

㈐ **즉시 구제의 필요성**

긴급이행명령은 즉시 구제를 하지 않으면 노동3권의 보장을 통한 집단적노사관계의 정상운영이 실현되기 어렵게 될 사정이 존재해야 가능하다.[1]

㈑ **관할법원의 결정**

관할법원은 쌍방이 제출한 소명자료 등을 통해 긴급이행명령을 내릴지를 결정한다. 재심의 적법성은 본안심리에서 심사될 사항이므로 재심명령에 명백한 흠이 없고, 필요성을 부정할만한 사정이 없다면 긴급이행명령이 내려져야 한다.[2]

㈒ **판결확정시까지 이행**

긴급구제명령은 판결이 확정될 때까지 효력을 유지한다. 법원은 판결이 확정되기 전에 당사자의 신청이나 직권으로 그 결정을 취소할 수 있다.

④ **효 과**

사용자가 법원의 긴급이행명령에 따르지 않으면, 부작위명령에 대해 500만원 이하의 과태료가 부과되고, 작위명령에 대해 그 명령의 불이행일수 1일에 50만원 이하의 비율로 산정한 금액의 과태료가 부과된다(노조법 §95).

1) 임종률, 『노동법』, 제17판, 321쪽 ; 김유성, 『노동법Ⅱ』, 388쪽.
2) 임종률, 『노동법』, 제17판, 322쪽 ; 김형배, 『노동법』, 제19판, 1072쪽. 구제명령서를 중심으로 언급 ; 김유성, 『노동법Ⅱ』, 386쪽 ; 이상윤, 『노동법』, 제6판, 904쪽.

4. 사법적구제

4·가. 민사적구제

(1) 의 의

노동위원회의 부당노동행위구제명령이 사법상 법률관계에 영향을 미치지 못하므로 근로자의 권리 보호 차원에서 법원의 민사적구제가 허용되고 있다.[1]

(2) 민사적구제의 근거

민사적구제의 근거에 대해서는 의견이 나뉜다.

첫째, 사법적구제의 근거를 헌법에서 찾는 견해가 있다. 헌법상의 노동3권 보장은 사인에 대해서도 직접적효력을 가지므로 사법적구제절차인 민사소송절차에 따라 권리가 실현될 수 있다.[2] 노조법(§81)의 부당노동행위금지규정도 노동위원회를 통한 공법상규범 즉, 행정법규에 불과한 것이 아니라 헌법상 노동3권을 구체화하는 노사관계규범으로서 실질을 가지는 강행규정이라고 보아야 한다.[3] 따라서 이 규정을 위반하면 불법행위가 성립하고, '부당노동행위에 해당하여 무효라면 그 임금 내지 임금에 준하는 손해배상청구권이 발생'[4]한다. 이 견해를 지지한다.

둘째, 부당노동행위금지위반이 불법행위가 되는 근거에 대해 불이익처분과 불공정고용계약은 헌법과 노조법에서 찾을 수 있으나, 그 밖의 것은 사법상의 사회질서(민법 §103)에서 근거를 찾는 견해[5]도 있다. 이 견해는 부당노동행위금지규정 특히 단체교섭거부 및 지배·개입금지는 노사관계의 장래적인 정상화를 위한 행정구제상의 규범으로 권리의 확정·의무의 강제·손해의 전보 등을 목적으로 하는 사법상 권리의무규범이 아니라고 본다.

(3) 내 용

① 근로자에 대한 불이익처분과 불공정계약

근로자는 불이익취급과 불공정계약에 대해 법원에 직접 소를 제기해 무효확인

---

1) 대판 1988.12.13, 86다카1035 ; 대판 1991.7.12, 90다9353 ; 대판 1992.5.22, 91다22100 ; 대판 1996.4.23, 95다53102.

2) 김유성, 『노동법Ⅱ』, 390쪽.

3) 이상윤, 『노동법』, 제6판, 907쪽. 취지는 비슷하나 오히려 노조법의 벌칙규정(§90)에 의한 범죄행위라는 데서 강행규정의 근거를 찾는다. ; 대판 1993.12.21, 93다11463.

4) 대판 1978.2.14, 77다1648.

5) 임종률, 『노동법』, 제9판, 301쪽.

및 '정신적 고통에 따른 위자료로서의 손해배상'의 청구를 할 수 있다.[1]

② **노동조합에 대한 불이익처분**

노동조합에 대한 불이익처분에 대해 해당조합은 불법행위에 의한 손해배상청구를 할 수 있고 손해배상, 작위·부작위명령 등 사법적구제를 구할 수 있다.

③ **단체교섭거부**

㈎ **단체교섭응낙처분 및 단체교섭의무확인**

단체교섭거부에 대한 민사적구제에 대해서는 견해가 나뉜다. 첫째. 채무내용이 유동적·상대적이어서 특정할 수 없으므로 단체교섭응낙가처분이 가능하지 않다는 견해[2]가 있다. 둘째, 헌법(§33①)[3]과 노조법(§81)[4]의 직접적인 근거에 따라 단체교섭청구권이 부여된다는 견해가 있다. 이 견해를 지지한다. 셋째, 법규범에서 단체교섭청구권을 직접 도출할 수는 없지만, '노동조합이 사용자에 대해 단체교섭을 요구할 수 있는 기초적지위'를 가진다는 견해가 있다.[5]

㈏ **불법행위와 손해배상청구**

사용자가 정당한 이유 없이 고의·과실[6]로 단체교섭을 거부한 경우에 노동조합은 불법행위에 기초해 손해배상청구를 할 수 있다.[7] 손해배상청구는 과거의 손해를 대상으로 한다는 점에서 장래의 단체교섭진행을 위한 직접적인 구제조치가 아니라는 한계가 있다. 단체교섭권의 근거를 사법(私法)상의 사회질서(민법 §103)에서 찾는 견해는 '합리적이유를 발견할 수 없고 구실에 그치는 단체교섭'이나 '성실성이 인정되지 않는 단체교섭' 등에 대해 사회질서를 위반한 불법행위로 본다.[8]

㈐ **가처분결정과 불법행위**

가처분결정 후에도 해당노동조합과의 단체교섭을 거부한 것은 불법행위에 해당되나,[9] 그 전의 단체교섭거부가 당연히 불법행위가 되는 것은 아니다.

---

1) 대판 1993.12.21, 93다11463 ; 대판 1993.10.12, 92다43586.
2) 창원충무지판 1992.4.23, 92가합684.
3) 김유성, 『노동법Ⅱ』, 151쪽·391쪽.
4) 이상윤, 『노동법』, 제6판, 909쪽.
5) 임종률, 『노동법』, 제9판, 303쪽.
6) 사용자가 정당하거나 성실한 교섭으로 오인하는 경우에 위법성이 부정될 수 있다.
7) 김유성, 『노동법Ⅱ』, 152쪽 ; <요건> 단체교섭거부행위가 바로 위법행위가 되어 불법행위의 요건을 충족시키는 것은 아니다. 다만, 원인과 목적, 과정과 행태, 결과 등에 비추어 건전한 사회통념이나 사회상규상 용인될 수 없는 정도에 이르면 불법행위의 요건이 충족된다.
8) 임종률, 『노동법』, 제9판, 304쪽.
9) 대판 2006.10.26, 2004다11070(한국노동법학회, 『노동판례백선』, 382쪽).

(4) 변론주의

법원은 변론주의에 따라 당사자가 청구한 내용에 대해 판결한다. 당사자는 자신의 권리관계의 근거조항을 명확히 해야 하며, 구제내용이나 주장내용을 특정해 적절한 소송형태를 취해야 한다.

(5) 효 과

민사소송에 있어 법원의 청구기각판결이 확정된 경우에는 노동위원회에 신청한 구제이익은 소멸한다.[1)]

4·나. 형사처벌

(1) 부당노동행위 금지위반

① 의 의

부당노동행위로 피해를 입은 근로자 또는 노동조합은 지방고용노동관서나 검사에게 진정, 고소, 고발 등을 통해 사용자의 처벌(노조법 §90 2년 징역·2천만원 벌금)을 요구할 수 있다. 이 경우 반의사불벌죄가 적용되지 않으므로 부당노동행위를 한 사용자에 대해 피해자의 의사와 관계없이 직접 형벌이 부과될 수 있다.

② 처벌주체

처벌은 국가형벌권에 따른다. 검사는 근로감독관의 입건 · 송치를 받아, 노동위원회의 구제절차와 관계없이, 독자적인 기소권을 가진다.

③ 처벌대상

처벌대상은 부당노동행위를 행한 사람이다. 따라서 사업주뿐 아니라 사업경영담당자, 관리자 등도 대상이다. 사업주 이외의 자에 대해서는 양벌주의에 따라 사업주에게도 벌금형이 부과될 수 있다(노조법 §94).

④ 처벌요건

불이익처분 등의 부당노동행위가 권한을 남용한 것으로 인정되고 또 사회통념상 가벌성이 있는 것으로 평가되는 경우에 한해 형사처벌의 대상이 된다.[2)]

(2) 확정판정 위반

부당노동행위자체에 부과되는 형벌과는 별도로 재심신청이나 행정소송을 제기

1) 대판 1996.8.23, 95누6151.
2) 대판 2008.9.25, 2006도7233. 부정. 해당사유가 있었고 전직 및 해고 결정이 무리가 아니었던 점을 고려.

하지 않아 확정된 구제명령·기각결정 또는 재심판정에 위반한 자에 대해서도 형벌(노조법 §89 ii 3년 징역·3천만원 벌금)이 부과된다. 구제명령 등은 노동위원회가 내리나, 불이행에 대한 형사소추는 근로감독관과 검사가 한다.

제 7 장
공공부문 노동관계

제1절 공 무 원

1. 노동3권 적용

1·가. 헌법의 제한

(1) 제한 내용

헌법(§33②)은 "공무원인 근로자는 법률이 정하는 자에 한해 단결권·단체교섭권 및 단체행동권을 가진다"고 규정함으로써 법률에 위임해 노동3권을 제한할 수 있도록 규정하고 있다.

(2) 제한 법리

공무원의 노동3권을 제한하는 근거로는 첫째, 공무원임용행위가 공법상계약의 성질을 갖고 둘째, 공무원은 국민전체에 대한 봉사자(헌법 §7)이고 셋째, 업무가 공공성을 갖고 넷째, 근로조건결정이 법률·예산에 의존하고 다섯째, 공무원보수는 근로대가이기도 하나 직무의 효율적수행 확보수단이고 여섯째, 공무원에게는 일반근로자에게 인정되지 않는 권리와 의무가 인정되는 점들이 거론된다.[1)]

1·나. 공무원법의 제한과 예외

「국가공무원법」 제66조제1항과 「지방공무원법」 제58조제1항은 "공무원은 노동

---

1) 권영성, 『헌법학원론』, 680쪽. 넷째부터 여섯째까지를 거론 ; 이철수·김홍영, 『노동법강의』, 52쪽. 첫째부터 넷째까지를 거론 ; 헌재 1933.3.11, 88헌마5. 국민전체봉사자라는 점과 업무성질 거론 ; 헌재 1992.4.28, 90헌바27~34·36~42·44~46, 92헌바15. 국민전체봉사자, 직무의 공공성, 법률·예산제한 등을 근거로 합헌성 인정.

운동이나 그 밖에 공무 외의 일을 위한 집단행위를 해서는 아니 된다"고 규정하면서 "사실상 노무에 종사하는 공무원은 예외로 한다"는 단서규정을 두고 있어 현업공무원[1]에게는 노동3권이 보장된다.

1·다. 노동관계법의 보장과 제한

(1) 공무원노동관계법의 근거

공무원의 노동조합 조직과 가입에 대해서는 법률로 정한다(노조법 §5단서). 이에 근거해서 제정된 공노법은 공무원의 노동기본권을 보장하기 위해 공무원의 노동조합 설립 및 운영 등에 관한 사항을 정함을 목적으로 한다(공노법 §1).

(2) 공무원 노동관계법의 효과

① 공무원법과의 관계

노조법에 따른 공무원의 '노동조합 조직·가입' 및 '정당한 노동조합활동'에 대해 집단행위금지규정이 적용되지 않는다(공노법 §3①). 공무원은 노동조합활동을 할 때 다른 법령에서 규정하는 공무원의 의무에 반하는 행위를 해서는 안된다(공노법 §3②).

② 노조법과의 관계

공노법에서 정하지 않은 사항에 대해서는 일부조항을 제외(공노법 §17③)하고는 노조법령에 따른다(공노법 §17②). 적용되지 않는 조항은 다음과 같다. 첫째, 총칙·노동조합·'단체교섭 및 단체협약'(제1~3장)에서는 근로자가 아닌 자(§2 iv라), 근로시간면제등(§24, 24의2), 교섭권 및 창구단일화(§29, §29의2 ~§29의5), 지역적구속력(§36)이 그렇다. 둘째, 쟁의행위(제4장 §37~§46) 관련조항은 모두 그렇다. 구체적으로는 쟁의행위 기본원칙, 노동조합의 지도와 책임, 근로자구속제한, 쟁의행위찬반투표, 폭력행위등 금지, 필수유지업무, 대체근로금지, 쟁의행위기간중 임금지급요구금지, 조정전치, 직장폐쇄 등이 그렇다. 셋째, 노동쟁의조정(제5장)에서는 공익사업·사적조정·조정개시·조정기간·조정위원회·단독조정·조정안공표·중재재정확정·중재재정효력·긴급조정 등이 그렇다. 넷째, 부당노동행위에 관해서는 유니언숍조항(§81 ii)이 그렇다.

---

1) 사실상 노무에 종사하는 공무원에게는 일반근로자와 마찬가지로 노동3권이 보장된다. 미래창조과학부 소속 현업기관의 작업현장에서 노무에 종사하는 기능직공무원과 고용직공무원으로서 서무·인사 및 기밀업무, 경리 및 물품출납사무, 노무자의 감독사무, 「보안업무규정」에 의한 보안목표시설의 경비업무와 승용자동차 및 구급차의 운전에 종사하지 않는 자가 이에 해당한다(국가공무원법 §66②, 국가공무원복무규정 §28).

2. 단결권

2·가. 노동조합 설립

공무원노동조합(공무원노조)의 설립에 대해서는 공노법의 규정과 일반노동조합의 설립에 관한 법리가 적용된다. 공노법은 공무원노조의 설립단위, 설립요건, 신고관할기관, 지부·분회의 성격 등에 대해 따로 규정하고 있다.

(1) 설립단위

공무원의 노동조합 설립은 국회·법원·헌법재판소·선거관리위원회·행정부·특별시·광역시·특별자치시·도·특별자치도·시·군·자치구 및 특별시·광역시·특별자치시·도·특별자치도의 교육청을 최소단위로 한다(공노법 §5①).

(2) 설립요건

공무원노조도 노조법 제2조제4호를 적용받아 실질적요건과 형식적요건을 충족해야 한다.

① 실질적 요건

공노법은 실질적요건 중 주체에 대해서 노조법의 규정을 적용하지 않고 따로 정하고 있다. '2021년 개정 공노법'은 가입범위조항(§6)에서 공무원노조에 가입할 수 있는 대상을 "공무원" 외에 '공무원이었던 사람으로서 노동조합규약으로 정하는 사람'으로 명시하고 있다.

② 형식적요건

공무원노조의 신고에 대해서는 노조법(§10)에도 불구하고 관할행정관청이 별도로 정해져 있다. 공무원노조를 설립하려는 사람은 고용장관에게 설립신고서를 제출해야 한다(공노법 §5②).

③ 지부설치

공무원노조가 지부·분회 등 산하조직을 설치한 경우, 연합단체인 노동조합, 국회·법원·헌법재판소·선거관리위원회 및 행정부의 노동조합 그 밖의 전국규모의 단위노조는 고용장관에게, 그 밖의 노동조합은 지방고용노동관서장에게 소정의 통보서에 노동조합의 규약 또는 지부·분회 등의 운영규정을 첨부해 통보

해야 한다(공노령 §2). 공무원노조의 지부・분회는 설립신고권을 갖지 못한다.[1)]

2·나. 노동조합 운영

(1) 원 칙

공무원노조의 운영과 관련하여, 공노법에 규정된 내용 외에는 노조법의 규정에 따른다. 공노법은 노동조합운영과 관련하여 노조활동의 보장과 한계, 노동조합의 설립과 가입에 대해 주로 규정하고 있어 조합규약, 조합원의 권리와 의무, 노동조합의 기구・재정・내부통제・법인격・운영관리 등에 대하여는 원칙적으로 노조법의 규정에 따른다.

(2) 가입범위

공노법(§6 ①②④)은 공무원노조에 가입할 수 있는 사람의 범위와 가입할 수 없는 공무원의 범위를 다음과 같이 명시하고 있다.

가입 대상	ⓐ 일반직공무원 ⓑ 특정직공무원 중 외무영사직렬・외교정보기술직렬 외무공무원, 소방공무원 및 교육공무원[2)](교원제외) ⓒ 별정직공무원 ⓓ 앞의 3유형 중 하나에 해당하는 공무원이었던 사람으로서 노동조합 규약으로 정하는 사람
제외 대상	ⓐ 업무의 주된 내용이 다른 공무원에 대하여 지휘・감독권을 행사하거나 다른 공무원의 업무를 총괄하는 업무에 종사하는 공무원 ⓑ 업무의 주된 내용이 인사・보수 또는 노동관계의 조정・감독 등 노동조합의 조합원 지위를 가지고 수행하기에 적절하지 않은 업무에 종사하는 공무원 ⓒ 교정・수사 등 공공의 안녕과 국가안전보장에 관한 업무에 종사하는 공무원 ⓓ 앞의 유형에 해당하는 공무원의 범위는 대통령령으로 정함

제외대상공무원의 범위는 대통령령으로 정한다(공노법 §6④). 특정공무원이 제외대상공무원에 해당하는지는 사실관계를 객관적이고 개별적으로 조사하여 판단한다.[3)]

(3) 노동조합의 재정

공무원노조도 재정에 관해 조합재정자치원칙 등 노조법의 적용을 받는다. 따

1) 공공노사관계팀-925, 2007.4.30.
2) 「교육공무원법」 제2조에 따른 교육전문직원 즉 장학관, 장학사, 교육연구관, 교육연구사.
3) 공공노사관계팀-2205, 2007.11.6. 그 업무와 관련된 법령・규정, 사무분장 및 실제업무내용, 각 업무에 대한 비중과 업무량, 다른 공무원업무에 관여정도, 직무상 의무와 책임이 조합원으로서의 성의와 책임에 직접적으로 저촉되는지 여부 등 사실관계를 종합적으로 고려하여 판단한다.

라서 단체협약으로 조합비일괄공제제도를 도입할 수 있다. 비조합원으로부터 자발적으로 후원비를 받더라도 이를 노동관계법위반이라고 하기 어렵다.[1]

2·다. 조합활동 보장

(1) 원 칙

노동조합활동의 요건 및 정당성, 편의제공 등 노동조합활동보장에 대해서는 원칙적으로 노조법의 규정에 따른다.

(2) 노조전임자

공노법은 노조전임자에 관해 따로 규정하고 있다.

공무원은 임용권자의 동의를 받아 노동조합업무에만 종사할 수 있다(공노법 §7①). 노동조합업무에만 종사하는 사람(전임자)에 대해 휴직명령(국가공무원법§71①vi 지방공무원법§63①iv)을 해야 한다(공노법 §7②). 휴직기간은 전임기간으로 한다(국가공무원법§72ix 지방공무원법§64iv). 전임자수 및 전임대상자에 관해서는 단체협약으로 정할 수 있다. 정부교섭대표와 임용권자가 다르면 임용권자로부터 별도의 동의절차를 거쳐야 한다. 국가 및 지자체는 공무원이 전임자임을 이유로 승급이나 신분과 관련해 불리한 처우를 하거나(공노법 §7④), 전임기간중 보수를 지급해서는 안된다(공노법 §7③).

(3) 정치활동금지

노동조합과 그 조합원은 정치활동을 해서는 안된다(공노법 §4). 공무원은 정당이나 '그 밖의 정치단체'[2]의 결성에 관여하거나 이에 가입할 수 없으며(국가공무원법 §65①), 선거에서 특정정당 또는 특정인을 지지 또는 반대하는 행위를 해서는 안되고(국가공무원법 §65②), 이러한 행위들을 하도록 요구하거나 보상 또는 보복으로서 이익 또는 불이익을 약속해서는 안된다(국가공무원법 §65③).[3]

2·라. 노동조합의 변동

공무원노조의 합병·분할 등 해산과 조직변경은 노조법의 법리를 따른다.

---

1) 공공노사관계팀-1043, 2007.5.15.

2) 초·중등학교의 교육공무원 부분은 위헌이다(같은편, 같은장, 제2절, 2·나, (1), ③).

3) 헌재 2020.4.23, 2018헌마550. 국가공무원법 중 징계조항인 제78조제1항제1호에 해당하는 제66조제1항에 대해 합헌 결정. 공무원이 집단적으로 정치적 의사표현을 하는 경우, 정치적 중립성을 훼손시킬 수 있으므로 이를 제한하는 것이 표현의 자유에 대한 과도한 제한이라 볼 수 없다.

3. 단체교섭 및 단체협약

공무원노조의 단체교섭과 단체협약에 대해서도 원칙적으로 노조법이 적용된다. 그러나 공무원노조의 특성상 공노법에서 교섭주체, 교섭대상, 교섭절차 및 단체협약의 효력에 대해 특칙을 두고 있다. 공무원노조에게 '교섭 및 체결권한'(노조법 §29)과 지역적구속력(노조법 §36)은 적용되지 않는다.

3·가. 교섭주체

(1) 교섭권한

노조대표자는 정부교섭대표와 각각 교섭하고 단체협약을 체결할 권한을 가진다(공노법 §8①).

① 노동조합

노동조합측의 단체협약체결권은 노조대표자에게 있다. 노조대표자의 단체협약체결권법리는 일반 노동조합에 관한 법리를 따른다. 특히 규약으로 노조대표자의 단체협약체결권한을 전면적·포괄적으로 제한하는 것은 사실상 노조대표자의 단체협약체결권을 형해화하므로 위법이다. 노사가 단체협약안을 잠정합의했음에도 불구하고 총회의 인준투표에서 부결된 것을 이유로 재교섭을 요구하면 상대방은 중노위에 조정(공노법 §12)을 신청할 수 있다.[1]

공무원노조지회의 단체협약체결권에 관한 법리는 일반 노동조합에 있어서의 법리를 따르되 그 조직 단위가 최소설립단위 이상일 것이 요청된다.

② 사용자

사용자측 교섭주체인 정부교섭대표는, 노조설립최소단위를 기준으로 결정되는데, 국회 사무총장·법원 행정처장·헌법재판소사무처장·중앙선거관리위원회 사무총장·행정부를 대표하여 행정안전부장관·특별시장·광역시장·도지사·특별자치도지사·시장·군수·자치구청장 또는 특별시·광역시·도·특별자치도의 교육감 중 어느 하나에 해당하는 사람이다.

(2) 위임 및 참여

공노법(§9①)은 교섭위원을 노동조합의 대표자와 조합원으로 한정하고 있다. 공무

1) 공공노사관계팀-1159, 2007.6.1.

원노조가 교섭권을 위임하더라도, 교섭단은 공노법상 설립된 노동조합의 대표자 또는 조합원으로 구성되어야 한다고 해석된다.[1] 공무원노조가 속해 있는 연합단체인 노동조합은 규약 등에 따라 소속단위노조로부터 교섭권한을 위임받아 정부교섭대표에게 교섭을 요구할 수 있다.

정부교섭대표는 효율적인 교섭을 위해 필요한 경우 다른 정부교섭대표와 공동으로 교섭하거나, 다른 정부교섭대표에게 교섭 및 단체협약체결권한을 위임할 수 있고(공노법 §8③), 정부교섭대표가 아닌 관계기관장으로 하여금 교섭에 참여하게 할 수 있으며, 다른 기관의 장이 관리하거나 결정할 권한을 가진 사항에 대해서는 해당기관의 장에게 교섭 및 단체협약 체결권한을 위임할 수 있다(공노법 §8④). 정부교섭대표 또는 다른 기관의 장이 단체교섭을 하는 경우 소속공무원으로 하여금 교섭 및 단체협약체결을 하게 할 수 있다(공노법 §8⑤).

(3) 연합단체인 노동조합

공노법에서 정하지 않은 사항에 대해서는 노조법에 따르므로, 연합단체로서의 노동조합이 가지는 단체교섭권의 범위에 관해 통용되는 법리(제3편, 제2장 제2절, 2·가,(1),③)는 공무원노조에 대해서도 동일하게 적용된다.[2] 광역단위공무원노조나 연합단체노조는 조직범위에 적용될 단체교섭사항에 대해 단체교섭권을 갖는다.[3]

3·나. 교섭대상

(1) 원 칙

공무원노조의 교섭대상은 그 노동조합에 관한 사항 또는 조합원의 보수·복지 그 밖의 근무조건[4]에 관한 사항이다(공노법 §8①본문).[5] 정부교섭대표는 법령 등에 따라 스스로 관리하거나 결정할 수 있는 권한을 가진 사항에 대해 노동조합이 교섭을 요구할 때에는 정당한 사유가 없으면 이에 응해야 한다(공노법 §8②).

---

1) 공공노사관계팀-1225, 2007.6.12.
2) 서울고판 2009누9828, 2010.2.10.
3) 대판 2014.12.11, 2010두5097.
4) 공공노사관계팀-1158, 2007.6.1. 노사문화습득을 위한 조합원의 해외연수, 국내대학원수학 등도 정부교섭대표가 법령 등에 의하여 관리·결정할 수 있는 권한을 가진 사항이라면 교섭대상이다.
5) 일반적판단기준으로 정부교섭대표가 처리 또는 처분할 수 있는 사항이어야 하고, 집단적성격을 띠어야 하며, 공무원의 근무조건과 관련 되어야 하므로 개별조합원의 면직·파면 또는 해임의 취소·철회 및 복직요구 등은 교섭대상이 되지 않고, 조합비공제(check-off), 단체교섭 절차·방법에 관한 사항 등 단체협약의 채무적부분은 교섭대상으로 인정된다(중앙노동위원회, 『조정 및 필수유지업무 매뉴얼』, 119쪽).

(2) 교섭사항

공무원의 근무조건은 교섭대상이다. 공무원의 근무조건이라 함은 업무의 시작·종료시각, 휴게·휴일·휴가·교대근무, 보수·수당·퇴직금·상여·식비 등의 결정·계산·지급·승급, 교육시설, 출산휴가·육아휴직, 안전·보건·환경, 업무상·업무외 재해부조, 표창·제재·퇴직 등에 관한 사항을 말한다.

조합활동보장, 노조전임자처우, 시설편의제공, 자료열람 및 정보제공 협조, 노사협의회구성 등은 노동조합에 관한 사항으로서 교섭대상이다.[1]

(3) 비교섭사항

법령 등에 따라 국가나 지자체가 그 권한으로 행하는 정책결정에 관한 사항, 임용권의 행사 등 그 기관의 관리·운영에 관한 사항으로서 근무조건과 직접 관련되지 않는 사항은 교섭대상이 될 수 없다(공노법 §8①단서 공노령 §4).[2] 예산편성, 청사이전, 근무체제변경, 정원배치, 조직개편, 사업계획, 근무평정기준, 직원인사이동, 징계명령 등이 그렇다.[3] 직업공무원제도 아래에서는 공무원의 신분, 보수, 휴가, 재해보상, 포상 등 기본적 근무조건이 원칙적으로 국회에서 법률과 예산의 형태로 결정되므로 법령·조례 또는 예산에 따라 규정되는 사항과 법령 또는 조례의 위임을 받아 규정되는 사항도 교섭대상으로 보지 않는다.

3·다. 교섭절차

(1) 교섭요구

단체교섭을 원하는 노동조합의 대표는, 단체협약의 유효기간만료일 3월전부터 교섭개시예정일 30일전까지(공노령 §6), 교섭사항을 서면으로 정부교섭대표에게 요구해야 한다(공노법 §9②). 정부교섭대표는 지체없이(공노령 §7①) 요구받은 사실을 공고해 관련된 노동조합이 교섭에 참여할 수 있도록 해야 한다(공노법 §9③). 교섭에 참여하고자 하는 노동조합은 공고일부터 7일 이내에 정부교섭대표에게 교섭을 요구해야 한다(공노법§9② 공노령§7②). 정부교섭대표는 교섭요구기간이 만료된 후 지체없이 '교섭을 요구한 노동조합'(교섭 노동조합)을 공고하고 교섭노동조합에게 통보해야 하며(공노령 §7③), 교섭요구기간(공노령 §7②) 안에 교섭요구를 하지 않은 노동조합의 교섭요구를 거부할 수 있다(공노령 §7④). 교섭

---

1) 대판 2014.12.11, 2010두5097.

2) 대판 2017.8.18, 2012두10017. 법원 직원의 근로조건과 관련한 규칙을 법원행정처가 제·개정할 때 법원공무원노조의 의견을 수렴하도록 하는 것은 근무조건과 관련이 있어 교섭사항에 해당한다.

3) 서울행판 2010.4.16, 2009구합42069.

노동조합이 2 이상인 경우에는 해당노동조합에 대해 교섭창구를 단일화하도록 요청할 수 있으며, 단일화된 때에는 교섭에 응하여야 한다(공노법 §9④).

(2) 교섭위원

노동조합은 단체교섭을 위해 노동조합의 대표자와 조합원으로 교섭위원을 구성해야 한다(공노법 §9①). 교섭노동조합은 교섭요구사실공고일로부터 20일 이내에 교섭위원을 선임해 노조대표자가 각각 서명 또는 날인한 서면으로 정부교섭대표에게 통보해야 한다. 교섭위원수는 조직규모 등을 고려해 정하되, 10인 이내가 되도록 해야 한다(공노령 §8①). 교섭노동조합이 2이상인 경우에는 교섭노동조합간의 합의에 따라 교섭위원을 선임하되, 합의를 못할 때에는 조합원수에 비례해 교섭위원을 선임해야 한다(공노령 §8②).[1] 교섭위원선임이 신의성실원칙에 반하거나 권리남용에 해당되어 성실한 교섭의무를 기대하기 어려울 정도면, 정부교섭대표가 해당교섭위원의 교체를 요구하면서 단체교섭을 거절하더라도 부당노동행위가 되지 않는다.

(3) 교섭개시

노동관계당사자는 교섭위원의 선임통보가 있은 후 지체없이 교섭의 내용·교섭일시·장소 그 밖에 필요한 사항을 협의하고 교섭을 개시해야 한다(공노령 §9).

3·라. 단체협약 체결

노동조합과 정부교섭대표는 신의에 따라 성실히 교섭하고 단체협약을 체결해야 하며 그 권한을 남용해서는 안된다(노조법 §30①). 체결된 단체협약의 내용 중 법령·조례 또는 예산에 따라 규정되는 내용과 법령 또는 조례에 따라 위임을 받아 규정되는 내용은 단체협약으로서의 효력을 갖지 않는다(공노법 §10①). 정부교섭대표는 그러한 단체협약에 대해서도 그 내용이 이행될 수 있도록 성실하게 노력해야 한다(공노법 §10②). 정부교섭대표는 효력을 가지지 않는 단체협약의 내용에 대한 이행결과를 그 단체협약의 유효기간만료일 3월전까지 상대방에게 서면으로 통보해야 한다(공노령 §10). 법령에 따라 단체협약이 체결되면, 그 유효기간 중에는 단체협약체결에 참여하지 않은 노동조합의 교섭요구를 거부할 수 있다(공노법 §9⑤).

---

1) <해석> 교섭노동조합이 교섭단구성을 위해 노력했음에도 불구하고 일부노조가 조합원수확인자료를 제시하지 않는 등 창구단일화절차에 협조하지 않아 교섭단구성이 어려워 교섭이 이루어지지 않는 경우, 교섭노동조합은 객관적자료를 근거로 교섭단을 구성하고 관련자료를 첨부해 정부교섭대표에게 통보할 수 있다. 이 경우 정부교섭대표는 관련자료를 검토하고 합리성이 인정되면, 구성에 미온적인 노조에게 소명기회를 부여한 후 이유없이 소명치 않으면 교섭노동조합의 교섭단과 교섭을 할 수 있다(공공노사관계팀-2291, 2006.11.24).

4. 노동쟁의조정

4·가. 의 의

공무원노동관계조정(調整)제도는 공무원노동관계당사자 사이에 노동쟁의가 발생해 중노위에 조정·중재신청 사건이 접수되었을 경우 공무원노동관계조정위원회(공노위)에서 조정·중재를 통해 신속·공정하게 분쟁해결을 도모하려는데 목적이 있다.

노동쟁의의 개념은 노조법의 개념을 따른다. 공무원노동관계조정(調整)은 담당기관·내용·절차 등에 있어 일반노동관계조정(調整)과 차이가 있다.

4·나. 담당기관

공무원노동관계의 조정과 중재를 위해 중노위에 7명이내의 전담공익위원으로 구성된 공무원노동관계조정위원회를 두며(공노법 §14①②), 공노위의 공익위원 중 1명은 상근으로 한다(공노령 §12①). 담당공익위원은 공무원 또는 노동에 관한 지식과 경험을 갖춘 사람 또는 사회적 덕망이 있는 사람 중에서 중노위위원장의 추천과 고용장관의 제청으로 대통령이 위촉하며(공노법 §14③), 중노위위원장은 관련 기관 또는 단체의 의견을 들을 수 있다(공노령 §12②). 공노위의 공익위원수는 노위법(§6②)에 규정된 공익위원 정원에 포함되지 않는다(공노법 §14④). 공노법은 공노위위원장선임에 대해 규정하고 있지 않다. 노위법의 취지에 따라 위원 중에 호선하는 것이 타당하다.

4·다. 조 정

(1) 요 건

단체교섭이 결렬된 경우에는 당사자의 어느 한쪽 또는 양쪽은 중노위에 조정(調停)을 신청할 수 있다(공노법 §12①). 신청을 받은 중노위는 지체없이 조정을 시작해야 하며, 당사자 양쪽은 이에 성실히 임해야 한다(공노법 §12②).

(2) 접 수

중노위위원장은 조정신청을 받은 경우와 조정을 종료한 경우에는 그 내용을 고용장관 또는 관할지방고용노동관서장에게 지체없이 통보해야 한다(공노칙 §4②).

중노위는 조정을 하게 된 경우 지체없이 이를 서면으로 관계당사자에게 통보해야 하며, 조정 또는 중재의 대상이 아니라고 인정한 때에는 신청인에게 그 사유와 조정 외의 다른 해결방법을 알려주어야 한다(공노령 §11①②).

(3) 조정회의 구성

공노위는 전원회의와 소위원회를 둔다(공노법 §15①). 전원회의는 공익위원 전원으로 구성하며, '전국에 걸친 노동쟁의조정사건', 중재회부결정 및 중재재정업무를 담당한다(공노법 §15②). 소위원회는 공노위위원장이 중노위위원장과 협의하여 지명하는 3명으로 구성하며, 전원회의에서 담당하지 않는 조정사건을 담당한다(공노법 §15③). 소위원회의위원장은 공노위위원장이 중노위위원장과 협의하여 지명하는 자가 되고, 소위원회의 의장의 업무를 수행한다.

(4) 조정기간

조정은 조정신청을 받은 날부터 30일 이내에 마쳐야 하며, 당사자들이 합의한 경우에는 30일 이내의 범위에서 조정기간을 연장할 수 있다(공노법 §12④).

(5) 조정회의 개최

공노위위원장은, 조정기간을 고려하여, 사건내용에 따라 전원회의를 소집하거나 소위원회를 구성한다. 공노위위원장이 전원회의를 소집할 수 없는 불가피한 사정이 있는 경우 중노위위원장이 소집할 수 있다(노원칙 §140③).

(6) 조정준비

조정신청이 접수되면 지정을 받은 담당조사관은 관계당사자에게 기일을 정해 조정에 필요한 자료를 제출토록 하고 관계당사자를 출석시켜 단체교섭경위, 쟁점사항, 참고사항 등을 조사해 보고서를 만들어 위원들에게 제공한다.

(7) 조정활동

조정회의는 양 당사자를 출석시킨 가운데, 전원회의는 조정위원 전원이 참석하고, 소위원회는 지명된 위원 3명 전원이 참석한 상태에서 진행하며, 의장 또는 위원장이 회의를 주재한다. 중노위는 조정안을 작성해 관계당사자에게 제시하고 수락을 권고하는 동시에 그 조정안에 이유를 붙여 공표할 수 있으며, 필요하면 신문 또는 방송에 보도 등 협조를 요청할 수 있다(공노법 §12③).

(8) 효 과

① 조정안 수락

조정이 성립해 조정안을 당사자가 수락한 경우, 공노위는 조정서를 작성해 당사자에게 교부하고, 조정서는 단체협약과 동일한 효력을 갖는다.

② 조정안 거부

당사자 쌍방 또는 일방이 조정안의 수락을 거부하는 등 조정이 성립되지 않으면, 조정을 종료하고 전원회의에 사건을 회부하고, 그 사실을 당사자에게 서면으로 통보한다.

4·라. 중 재

(1) 요 건

중노위는 '단체교섭이 결렬되어 관계당사자 양쪽이 함께 중재를 신청한 경우'와 '조정이 이루어지지 않아 공노위전원회의에서 중재회부결정을 한 경우'에는 지체없이 중재를 한다.

(2) 접 수

중재개시일은 신청서접수일 또는 중재회부결정일이 된다. 중노위위원장은 중재를 하게 된 경우 지체없이 이를 서면으로 관계당사자에게 통보해야 하며(공노령 §11①), 중재대상이 아니라고 인정하는 때에는 신청인에게 그 사유와 중재 외의 다른 해결방법을 알려주어야 한다(공노령 §11②).

(3) 전원회의 소집

중재재정을 위한 전원회의는 공노위위원장이 소집하며, 관계당사자에게 담당위원명단을 통보한다. 공노위전원회의위원에 대해서는 제척·기피·회피가 적용되지 않는다. 공노위위원장의 전원회의 소집절차와 방법은 조정에 있어서 전원회의 소집과 같다.

(4) 사전조사

담당조사관은 관계당사자를 출석시켜 단체교섭경위, 당사자쟁점사항, 당사자주장내용 관련 참고사항 등을 조사해 중재조사보고서를 작성한다. 담당조사관은 전원회의 개최를 위원들에게 통지할 때 중재조사보고서를 첨부한다.

(5) 중재회의 진행

공노위위원은 출석한 양당사자를 대상으로 질의·답변 등을 통해, '중재신청의 목적 또는 중재회부에 이르게 된 과정', '당사자주장과 쟁점사항', '각 당사자가 고수하고자 하는 주장의 내용과 배경' 등을 파악하고, 사회·경제적상황 및 공노법제규정을 참고해 합리적인 중재재정안을 준비한다. 중재재정안 마련을 위한 회의를 할 때는 위원들만 참여할 수도 있다.

(6) 중재재정

① 내 용

중재재정은 서면으로 작성하며, 효력발생기일을 명시한다. 중재재정서는 사건의 접수 또는 회부 당시의 공노위전원회의위원 전원이 출석해 과반수찬성으로 의결해 관계당사자에게 송달해야 한다. 중재처리기간은 따로 정함이 없으나 '중재시 쟁의행위금지규정(노조법 §63)'을 준용해 중재신청 또는 회부한 날부터 15일 이내로 본다. 기타 중재절차에 관한 사항은 일반중재절차와 동일하다.

② 효 과

관계당사자는 중노위의 중재재정이 위법하거나 월권에 의한 것이라고 인정하는 경우에는, 행소법(§20)의 규정에도 불구하고, 중재재정서를 송달받은 날부터 15일 이내에 중노위위원장을 피고로 해 행정소송을 제기할 수 있다(공노법 §16①). 그 기간 이내에 행정소송을 제기하지 않은 때에는 그 중재재정은 확정되고(공노법 §16②), 관계당사자는 확정된 중재재정에 따라야 하며(공노법 §16③), 확정된 중재재정의 내용은 단체협약과 같은 효력을 가진다(공노법 §16⑤). 중재재정은 행정소송의 제기에 따라 그 효력이 정지되지 않으며(공노법 §16④), 중노위는 필요한 경우 확정된 중재재정의 내용을 국회, 지방의회, 지자체장 등에게 통보할 수 있다(공노법 §16⑥).

5. 단체행동권

노동조합과 그 조합원은 파업·태업 또는 그 밖에 업무의 정상운영을 방해하는 어떠한 행위도 해서는 안된다(공노법 §11).

6. 부당노동행위

공무원노동관계에 있어 부당노동행위는 원칙적으로 노조법의 법리를 따르나, 불공정고용계약에 관한 조항은 공무원에게 적용되지 않는다. 노동위원회는 노조법(§82)에 따라 공무원 또는 공무원노조로부터 부당노동행위의 구제신청을 받은 때에는 심판전에 지체없이 그 사실을 상대방인 행정관청과 소관 소청심사위원회에 통보해야 한다(공노령 §13). 고용장관은 부당노동행위구제신청의 당사자적격이 있는 사용자에 해당되지 않는 것으로 해석된다.[1]

7. 공무원직장협의회

7·가. 설 립

1998년에 「공무원직장협의회의설립·운영에관한법률」이 제정되어 6급이하의 공무원을 대상으로 일종의 노사협의회인 '공무원직장협의회(협의회)'를 설립할 수 있게 되었다. 국가기관·지자체 및 그 하부기관에 근무하는 공무원은 기관단위 즉, 하나의 기관에 하나의 협의회를 설립할 수 있으며, 그 대표자는 소속기관장에게 설립사실을 통보해야 한다(공직협법 §2). 설립단위를 기관단위로 한 것은 공무원노조가 구성되지 못하는 하위단위기관에서 해당공무원들의 의견을 수렴하고 참여를 보장하기 위해서이다.

공직협법이 적용되는 공무원은 자유로이 협의회에 가입·탈퇴할 수 있다(공직협법 §4).

7·나. 협의대상

협의회는 기관장과 '해당기관 고유의 근무환경개선', 업무능률향상 , '소속공무원의 공무와 관련된 일반적고충에 관한 사항' 및 '그 밖에 기관의 발전에 관한 사항'에 대해 협의한다. 이를 위해 협의회구성원의 직급 등을 고려해 협의회구성원의 의사를 고루 대변할 수 있는 협의위원이 선임되어야 한다(공직협법 §5).

7·다. 협의방법 및 절차

기관장은 협의회가 문서로 명시해 협의를 요구하면 성실히 협의해야 한다. 기관장은 서면합의사항을 최대한 이행하도록 노력해야 하며, 협의회의 조직·운영과 관련하여 소속공무원에게 불리한 조치를 해서는 안된다(공직협법§6 벌칙·이행수단없음). 협의회의 설립단위·가입범위, 협의회구성과 협의위원선임, 협의회의 협의절차·시기·방법, 그 밖에 협의회운영에 필요한 사항은 국회규칙, 대법원규칙, 헌법재판소규칙, 중앙선거관리위원회규칙, 대통령령 또는 조례로 정한다(공직협법 §7).

---

1) 서울행판 2010.9.10, 2009구합52059.

제2절 교 원

1. 의 의

1·가. 배 경

(1) 노동3권의 제한과 보장

헌법은 교원에 대해 공무원과는 달리 노동3권을 제한하는 규정을 두고 있지 않다. 교원의 노동3권은 「국가공무원법」(§66①)과 「사립학교법」(§55)에 의하여 전면적으로 제한되어 왔으나, 1999년에 「교원의노동조합설립및운영에관한법률」(교노법)이 제정되면서 노동3권 중 단체행동권을 제외한 단결권·단체교섭 및 단체협약체결권이 인정되고 있다.

(2) 제한의 논리와 한계

교노법이 제정되기 전에 사립학교교원의 노동3권을 제한하는「사립학교법」규정에 대해, 헌법재판소[1]는 논리적근거[2]를 제시하면서 합헌결정을 내렸다. 이러한 논리는 비판[3]을 받으면서도, 교노법이 제정된 이후로도 단체행동권을 제한하거나 적용대상을 제한하는 근거로 인용되어 왔다.[4]

---

1) 헌재 1991.7.22, 89헌가106.

2) 헌법의 교원지위법정주의가 노동3권에 우선한다는 점, 대상조치로 교원법과「교원지위향상을위한특별법」에 의하여 신분에 걸맞은 교직단체를 통하여 그들의 경제적·사회적 지위향상을 도모할 수 있도록 별도로 보장하고 있으므로 기본권의 본질적인 내용을 침해한 것이 아니라는 점 등.

3) 김유성,『노동법Ⅱ』, 42쪽 ① 교원지위법정주의는 교원 지위를 행정권력에 따라 침해받지 않고 자격요건, 신분 등을 보장하려는 데 있으므로 노동3권과 양립하며, ② 노동3권은 유기적일체를 이루므로 어느 하나라도 완전히 배제되면 노동3권의 본질적 내용을 침해하게 되고, ③ 노동3권에 대한 헌법의 일반적유보조항(헌법 §37②)과 개별적유보조항(헌법 §33②,③)의 취지를 관련지어볼 때 노동3권의 금지 내지 제한은 공무원과 주요 방위산업체종사자 정도로 추정될 수 있다.

4) 대판 2016.1.14, 2012도10066. 교노법의 입법 목적, 그 제정 경위, 관련 법령의 체계 및 교노법 제2조의 본문과 단서의 관계 등을 종합하여 판단하고 있다. 노동운동이나 그밖에 공무·업무 외의 일을 위한 집단행위가 금지되는 교원에 대하여 예외적으로 노동조합의 조직·가입 및 활동을 허용하는 교노법의 입법취지 등에 비추어, 교노법이 적용되는 교원의 범위를 정함으로써 교원노조의 설립 주체 및 그 조합원자격을 제한하고 있는 법률 규정은 성질상 강행규정이라고 봄이 타당하다.

(3) 노동3권의 확대

교노법은 교원의 범위를, 「초중등교육법」에 따른 교원으로 한정한 교노법 제2조의 관련부문이 헌법합치[1]에서 헌법불합치[2]로 변경됨에 따라, 2020년에 「유아교육법」과 「고등교육법」에 따른 교원"으로 까지 확대하였다. 교노법은, 2021년에 ILO협약 비준을 위한 노동관계법 정비의 일환으로 개정되어, 해고된 교원에 대해서도 교원노조가입자격을 인정하게 되었다.

1·나. 법적근거

교원의 노동조합 조직과 가입에 대해서는 법률로 정한다(노조법 §5단서).[3] 교노법은 「국가공무원법」(§66 ①) 및 「사립학교법」(§55)의 규정에 불구하고, 노조법제5조제1항단서에 따라 교원의 노동조합설립에 관한 사항을 정하고 교원에 적용할 노조법에 대한 특례를 규정함을 목적으로 한다(교노법 §1).

1·다. 적용 범위

(1) 교원의 정의

교원이란 "「유아교육법(§20 ①)」,[4] 「초·중등교육법(§19 ①)」과 「고등교육법(§14 ②④)」에 따른 교원"을 말한다(교노법 §2). 강사는 '「고등교육법(§14 ②④)」에 따른 교원'에서 제외된다(교노법 §2). '「고등교육법(§14 ②④)」에 따른 교육기관이 아닌 대학의 교원'[5]에게는 노조법이 적용된다. "「초·중등교육법」에 따른 교원"이라 함은 교장, 교감 및 교사를 말한다.

조교는 교노법 적용대상이 아니다. 사립대학의 조교에게는 노조법이 적용되고 국·공립대학의 조교(교육공무원법 §2① i)에게는 공노법이 적용된다.

(2) 교원이었던 사람

'2021년 개정 교노법'은, '해고의 효력을 다투는 자'에 관한 규정을 삭제하고, 노동조합에 가입할 수 있는 사람의 범위를 교원과 "교원으로 임용되어 근무하였

---

1) 헌재 2015.5.28, 2013헌마671·2014헌가21.

2) 헌재 2018.8.30, 2015헌가38.

3) 모든 공무원의 쟁의권을 전면 금지하는 구 「노동쟁의조정법」 제12조제2항은 헌법재판소의 헌법불합치결정(헌재 1993.3.11, 88헌마5)에 따라 폐지되었다.

4) 2004년에 「초·중등교육법」에서 「유아교육법」이 분리.

5) 「기능대학법」에 의한 교원의 경우 기능대학법령상 그 자격과 임용에 관하여는 교육관련법의 일부규정을 준용하도록 하고 있으나 복무 등에 관하여는 노동3권을 제한할 수 있는 별도의 근거규정을 두고 있지 않으므로 법상 단결권이 제한된 교원에 해당한다고 보기 어렵다(노조 01254-596, 1997.7.1).

던 사람으로서 노동조합규약으로 정하는 사람"이라고 명시(§2②)함으로써 '교원이었던 사람'을 적용범위에 포함시키고 있다(교노법 §4의2).

1·라. 노동조합활동의 보장

교원과 "교원으로 임용되어 근무하였던 사람으로서 노동조합규약으로 정하는 사람"에게 적용할 '노동조합 및 노동관계조정'에 관하여 교노법에서 정하지 않은 사항에 대하여는 일부조항[1]을 제외(교노법 §14②)하고는 노조법을 따른다(교노법 §14①).

2. 단결권

2·가. 노동조합의 설립

(1) 설립단위

'「유아교육법」과 「초·중등교육법」에 따른 교원'은 '특별시·광역시·특별자치시·도·특별자치도(이하 시·도)' 단위 또는 전국 단위'로만 노동조합을 설립할 수 있다(교노법 §4①). '「유아교육법」과 「초·중등교육법」에 따른 교원'의 경우, 학교법인 또는 학교별로 노동조합을 설립하는 것은 인정되지 않는다. '「고등교육법」에 따른 교원'은 시·도단위 또는 전국단위'뿐 아니라 개별학교단위로도 노동조합을 설립할 수 있다(교노법 §4②).

(2) 가입자격

교원과 "교원으로 임용되어 근무하였던 사람으로서 노동조합규약으로 정하는 사람"은 노조에 가입할 수 있다(교노법 §4의2). 보직교원[2]이 교원노조에 가입할 수 있는지는 '사용자 또는 항상 그의 이익을 대표하여 행위하는 자'에 해당하는지에 따

---

1) 노조법 제2조제4호라목(근로자가 아닌 자), 제24조(근로시간면제등), 제24조의2(근로시간면제심의위원회), 제29조(교섭·체결권한), 제29조의2~제29조의5까지(교섭창구단일화절차, 교섭단위결정, 공정대표의무 등), 제36조~제39조(지역적구속력, 쟁의행위기본원칙, 노동조합의 지도·책임, 근로자구속제한), 제41조(쟁의행위제한·금지), 제42조(폭력행위등금지), 제42조의2~42조의6(필수유지업무), 제43조~제46조(채용제한, 쟁의행위기간중 임금지급요구금지, 조정전치, 직장폐쇄요건), 제51조~제57조(공익사업등우선적취급, 사적조정·중재, 조정개시, 조정기간, 조정위원회구성, 조정위원회위원장, 단독조정), 제60조제5항(조정안해석관련 쟁의행위금지), 제62조~제65조(중재개시, 중재시 쟁위행위금지, 중재위원회구성, 중재위원회위원장), 제66조제2항(관계당사자진술), 제69조~제73조(중재재정등의 확정, 중재재정등의 효력, 공익사업범위등, 특별조정위원회구성, 특별조정위원회위원장), 제76조~제80조(긴급조정), 제81조제2호 단서(Union Shop), 제88조~제92조(벌칙) 및 제96조제1항제3호(과태료); 노조령 제7조, 제8조제3항, 제11조제1항제4호, 제14조, 제17조~제26조, 제28조, 제29조제2항, 제31조, 제32조 및 제33조제1항제10호~제13호·제17호·제18호.

2) 노조-3474, 2004.12.16. 교장이나 교감은 일반적으로 '사용자 또는 항상 그의 이익을 대표하는 자'.

라 판단한다.[1)]

(3) 설립절차

① 설립신고

노동조합을 설립하려는 사람은 고용장관에게 설립신고서를 제출하여야 한다(교노법 §4③).

② 지부설치

'교원의 노동조합(교원노조)'은 내부조직으로서 학교단위에 지부 또는 분회를 설치하고 간부를 임명하여 조합활동을 하게 할 수 있다.[2)] 지부 또는 분회는 설립신고 의무를 지지 않으나 대통령령에 따라 신고를 할 수 있다(교노령 §2). 먼저, '「유아교육법」과 「초·중등교육법」에 따른 노동조합의 경우, 2 이상의 시·도에 걸치는 단위노조는 시·도 단위로 설립신고를 할 수 있다. '「고등교육법」에 따른 노동조합의 경우, 둘 이상의 시·도에 걸치는 노동조합은 개별학교 단위 또는 시·도 단위로, 하나의 시·도 단위로 설립된 노동조합은 개별학교 단위로 각각 설립신고를 할 수 있다.

2·나. 노동조합운영

(1) 노동조합활동

① 조합활동 정당성

교원노조조합원이 근로시간 중에 조합활동을 하거나, 근로시간과 관계없이 시설[3)]을 사용하기 위해서는 단체협약에 규정이 있거나 사용자의 동의[4)]가 있어야 하는 것이 원칙이며, 일반노조의 조합활동법리의 적용을 받는다. 근로시간 중이라 함은 수업시간뿐 아니라, 그 밖에 사용자의 지휘·감독 아래 있는 시간을 포함한다.[5)] 근로시간중에 노무관리권과 충돌하여 행해지는 행위[6)]는 교육서비스제

1) 노조 01254-189, 2000.3.3.
2) 노조 68107-186, 2002.3.2 ; 공공노사관계팀-2184, 2007.11.1. 학교별로 지부·분회 명칭 사용 가능.
3) 노조 01254-390, 2000.5.12. 단체협약체결을 목적으로 플래카드와 대자보를 부착한 사례.
4) 노조 68107-434, 2002.5.17. 조합활동에 대해 공적휴가를 줄 필요 없음 ; '행자부 복조 81811-288, 2000.2.28' 및 '교육부 교원 12410-765, 2000.7.24'. 교원노조조합원의 권익향상을 위한 단체교섭은 공무수행으로 볼 수 없어 출장처리는 불가. 교섭관련협의를 위하여 지명된 자로 참석할 때는 공가를 허가.
5) 노조 68107-186, 2002.3.2.
6) 노조 68107-868, 2001.8.2. 단결력유지를 위한 리본착용행위 관련 사례. ; 노조 01254-209, 1995.2.23. 설문조사가 근로시간이 아닌 휴게시간이나 퇴근시간 이후에 이루어져서 업무의 정상적운영을 저해하지 않으면 정당 ; 노조 68107-1068, 2000.11.17. 전교조의 지시에 따라 집단연가투쟁과 잡무거부행위를 한 것은 부당. ; 헌재 2004.7.15, 2003헌마878. 교육행정정보시스템(NEIS) 반대집회참석을 위한 전교조소속교사의 집단연가투쟁(정치목적파업)은 쟁의행위 아님. ; 인천지판 2005.9.23, 2004구단661. 교육행정시스템(NIES) 저지집회 등은 쟁의행위

공이라는 정상적인 학교업무수행을 저해했는지에 따라 정당성을 판단한다.

② **언론활동**

노동조합의 언론활동이 정당한지는 '사용자나 특정 개인의 명예 또는 신용을 훼손한 정도', '그 목적을 허위사실이 아니고 조합원들의 단결과 근로조건 및 경제적·사회적 지위의 향상에 두었는지 여부' 등으로 판단한다.[1]

③ **정치활동**

교원노조는 어떠한 정치활동도 하여서는 안된다(교노법 §3). 대학교원인 공무원에 대하여는 정당가입의 자유가 허용되나, 초·중등학교교원은 그렇지 않다. 초·중등학교의 교육공무원은 정당에 가입할 수 없으나(국가공무원법 §65① 정당법 §22①),[2] 관련 규정중에서 '그 밖의 정치단체'에 관한 부분은 정당과는 달리 명확성의 원칙에 위반되어 위헌[3]이다. 정당가입금지조항은 공무원이 '정당의 당원이 된다'는 정치행위를 금지하고 있을 뿐이므로, 정당에 대한 지지의사를 선거와 무관하게 개인적인 자리에서 밝히거나 선거에서 지지정당에 대해 투표를 하는 등 일정한 범위내의 정당관련활동은 공무원에게도 허용된다.[4] 그러나 선거운동은 그렇지 않다. 공무원인 교원에 대해, 특정정당이나 정치세력에 대한 지지 또는 반대의사를 직접적으로 표현하는 등 정치적 편향성 또는 당파성을 명백히 드러내는 행위를 할 수 없다는 판결[5]이 발견된다. 이에 따르면 시국선언 등 정치활동은 징계사유이다.[6]

(2) 노조전임자

교원노조전임자인 교원노조조합원은 근로시간 외이거나 근로시간 중이라도 사용자의 허가를 받으면 소속 노동조합뿐 아니라 소속 상급단체[7]에서 조합활동을 할 수 있다. 노조전임자로 일하는 기간 동안은 「교육공무원법」(§44)및 「사립학교법」

가 아니므로 연가를 각 학교의 공무수행에 특별한 지장이 있다고 볼 수 없음에도 불구하고 각 학교장들이 연가신청을 불허하면 이에 반한 결근이나 조퇴는 무단결근·무단조퇴로 볼 수 없고, 직장이탈금지의무와 성실의무를 위반하였다는 징계사유에 해당되지 않음

1) 노조 01254-510, 1999.7.10. 노조지부장이 특별한 사유 없이 학교장의 비리를 거론하면서 유언비어를 살포한다면 이는 징계사유. ; 노조 01254-390, 2000.5.12. 조합원인 교원이 조직적으로 근무시간 중에 업무의 정상적운영을 저해하면서 전송, 이메일, 서명엽서 등을 정부기관에 작성·발송하여 복무관련규정이나 학교규칙을 위반하면 그에 따른 조치 가능.

2) 헌재 2004.3.25, 2001헌마710. ; 헌재 2020.4.23, 2018헌마551.

3) 헌재 2020.4.23, 2018헌마551.

4) 헌재 2020.4.23, 2018헌마551.

5) 대판 2012.4.19, 2010도6388,

6) 부산고판 2012.4.27, 2001누4275. 해임처분은 과중하여 취소되어야 하나, 정직처분은 적정.

7) 노조 68107-173, 2000.4.16. 민주노총지역본부장으로 활동한 사건.

(§59)에 따른 휴직명령을 받은 것으로서 봉급을 받지 못한다(교노법 §5). 노조전임자는 그 전임기간 중 노조전임자임을 이유로 승급 또는 그 밖의 신분상의 불이익을 받지 않는다(교노법 §5).

3. 단체교섭권

3·가. 교섭주체

교원에게는 쟁의행위권을 제외한 노동3권 즉, 단결권·단체교섭 및 단체협약체결권이 인정된다. 교노법에 따라 조직된 교원노동조합은 단체교섭주체이다.

(1) 교섭당사자

노동조합측 단체교섭당사자는 교원노조이다. 사용자측 단체교섭당사자는 교육부장관, '시·도 교육감, 사립학교 설립·경영자' 그리고 '시·도지사 및 국·공립학교장'이다.

① 「유아교육법」과 「초·중등교육법」에 따른 교원

「초·중등교육법」 및 「유아교육법」에 따른 교원노동조합대표자는 '교육부장관, 시·도 교육감 또는 사립학교설립·경영자'와 교섭하고 단체협약을 체결할 권한을 가지며, 사립학교의 경우에는 사립학교설립·경영자가 전국 또는 시·도 단위로[1] 연합(사립학교설립·경영자연합단체)하여 교섭에 응해야 한다(교노법 §6① i).[2]

「초·중등교육법」 및 「유아교육법」에 따른 노동조합인 경우, 개별학교 차원에서의 교섭은 인정되지 않는다.[3] 해당규정의 취지[4]는 사립학교교원의 보수 등 주요 근로조건도 법령, 예산 등에 의해 결정되기 때문에 통일적으로 단체교섭을 하도록 하려는데 있다.

---

1) 노동조합과-1206, 2005.4.26. <예 : 초·중등학교> 시·도미만의 지역별, 인문·실업계열, 중·고별 등으로 교섭할 수는 없다.

2) 노조-3484, 2004.12.17. 교섭단을 구성함에 있어 특별한 사정이 없는 한 교섭단위 내에서 조합원이 존재하는 사립학교가 모두 참여하여야 하는 것이 원칙이다. 특정사립학교법인이 정당한 이유 없이 교섭단구성에 계속 불참할 경우 나머지 학교법인으로 교섭단을 구성하여 단체교섭에 응할 수 있다. ; 노조-2220, 2004.8.16. 교원노조는 교섭단위 내 모든 사립학교경영자를 대상으로 단체교섭을 요구하여야 하며, 일부에 대해서만 요구할 수 없고, 조합원이 없는 사립학교경영자는 교섭상대방의 자격이 없으며 이 경우 그 경영자가 입증책임을 갖는다.

3) 노조 01254-255, 1999.12.07. 학교별, 지역별 등의 지부·지회는 교섭주체가 아니다.

4) 서울행판 2004.7.27, 2004구합4833. 각자가 교섭당사자로서 단체교섭에 응할 의무를 부담하되, 교섭구조에 있어서는 단위학교차원에서 교섭을 금하고, 연합하여 교섭에 임하도록 교섭방법을 규정하고 있다고 풀이할 수 있다. 따라서 위임 등이 없이 교섭을 거부하는 설립·경영자의 행위는 부당노동행위가 될 수 있다.

교노법령은 '연합하여 교섭'하는 방법과 절차에 대한 규정을 두고 있지 않다. '사립학교 설립·경영자 또는 이들을 구성원으로 하는 단체의 대표자(교노령 3①)'는 「초·중등교육법」 및 「유아교육법」에 따른 교원의 노동조합대표자로부터 단체교섭을 요구받으면 그 교섭이 시작되기 전까지 전국 또는 시·도 단위로 교섭단을 구성해야 한다(교노령 §3②). 구체적으로는 해당 설립·경영자 전체가 참여하는 교섭단을 구성하거나 적정한 교섭대표단을 선정하고 교섭 및 협약체결권을 위임하는 방법을 택할 수 있다.[1)]

② 「고등교육법」에 따른 교원

「고등교육법」에 따른 노동조합의 대표자는 '교육부장관, 시·도지사, 국·공립학교장 또는 사립학교설립·경영자와 교섭하고 단체협약을 체결할 권한을 가진다(교노법 §6①ii).

(2) 교섭담당자

교원노조의 교섭담당자는 교섭위원이다. 노동조합의 교섭위원은 해당 노동조합대표자와 그 조합원으로 구성되어야 한다(교노법 §6②). 교노법령은 사용자측 교섭위원에 대한 규정을 두고 있지 않다.

3·나. 교섭대상

단체교섭대상은 교원노조 또는 조합원의 임금·근무조건·후생복지 등 경제적·사회적인 지위향상에 관한 사항이다(교노법 §6①). 단체교섭대상이 되려면 일반노동조합과 마찬가지로 사용자가 처분가능해야 하고 집단성을 띠어야 하는 등 요건을 충족해야 한다. 교육정책, 교원정책·교육과정·교육기관의 관리운영사항 등은 관련법령에 따라 행정기관이 집행하는 사항으로 국민의 학습권과 직접 관련이 있으므로 교섭대상이 아니라고 해석된다.[2)]

3·다. 교섭절차

(1) 교섭요구와 교섭노동조합결정

① 최초교섭요구

교원노조대표자는 단체교섭상대방 즉 교육부장관, 시·도지사, 시·도 교육감,

---

1) 노조-3484, 2004.12.17. 절차규정이 없다는 이유로 교섭요구에 응하지 않으면 부당노동행위에 해당한다.
2) 노조 01254-186, 2000.3.3 ; 노조-108, 2004.1.12 ; 노조 68107-332, 2002.4.23.

국·공립학교의 장, 사립학교 설립·경영자 또는 '사립학교 설립·경영자를 구성원으로 하는 단체의 대표자(교노령 3①)'와 단체교섭을 하려면 교섭하려는 사항에 대하여 권한을 가진 자에게 서면으로 교섭을 요구하여야 한다(교노법 §6④). '요구하는 것'은 알리는 것을 말하고(교노령 3①), '권한을 가진 자'라 함은 단체교섭당사자를 말한다. 서면에는 노동조합명칭, 대표자성명, 주된 사무소의 소재지, 교섭요구사항, 조합원수(단체교섭 요구일기준) 등이 적혀야 한다(교노령 3①).

② 최초교섭요구사실 공고

교원노조로부터 교섭요구를 받은 사용자측 교섭당사자는 '교섭을 요구받은 사실'을 공고하여 관련된 노동조합이 교섭에 참여할 수 있도록 하여야 한다(교노법 §6⑤). 교섭요구를 받은 사실은 관련된 노동조합이 알 수 있도록 지체없이 사용자측 교섭당사자의 인터넷 홈페이지 또는 게시판에 공고되어야 한다(교노령 §3③).

③ 교섭참여요구

'단체교섭에 참여하려는 관련된 노동조합(교섭 노동조합)(교노법 §6⑤)'은 공고일(교노령 §3③)부터 7일 이내에 서면(교노령 3①)으로 상대방 즉 사용자측 교섭당사자에게 교섭을 요구해야 한다(교노령 §3④).

④ 교섭참여요구사실 공고

교원노조대표자의 상대방 즉 사용자측 교섭당사자는 교섭요구기한(교노령 §3④)이 지나면 지체없이 최초교섭요구 및 교섭참여요구를 한 노동조합 즉 교섭노동조합을 자신의 인터넷 홈페이지 또는 게시판에 공고하고, 교섭노동조합에 그 공고한 사항을 알려야 한다(교노령 §3⑤).

(2) 교섭창구단일화

교원노조로부터 교섭요구를 받은 사용자측 교섭당사자는 교섭을 요구하는 노동조합이 둘 이상인 경우 해당노동조합에 교섭창구를 단일화하도록 요청할 수 있으며, 이 경우 교섭창구가 단일화된[1] 때에는 교섭에 응하여야 한다(교노법 §6⑥).[2]

---

1) 대판 2010.4.29, 2007두11542. 복수의 교원노조가 단체교섭 이전에 단일한 교섭주체를 구성하기 위하여 위임 등의 형식으로 교섭창구를 단일화하는 것은 가능하다.

2) 노동조합과-2456, 2005.9.8. 일부노조가 정당한 이유 없이 교섭에 응하지 않는다 하여 이를 배제하고 교섭을 요구할 수 없다.

(3) 교섭위원

① 교섭위원 선임 및 통보

교섭노동조합은 교섭노동조합공고일(교노령 §3⑤)부터 20일 이내에 노동조합의 대표자와 그 조합원으로 구성되는 노동조합의 교섭위원을 선임하여 상대방 즉 사용자측 교섭당사자에게 교섭노동조합의 대표자가 서명 또는 날인한 서면으로 그 사실을 알려야 한다(교노령 §3의2①전단). 창구단일화(교노법 §6⑥)의 경우에는 교섭노동조합의 대표자가 연명으로 서명 또는 날인해야 한다(교노령 §3의2①후단). 교섭위원수는 교섭노동조합의 조직 규모 등을 고려하여 정하되, 10명 이내로 한다(교노령 §3의2②). 교섭위원은 해당 노동조합의 대표자와 그 조합원이어야 한다(교노법 §6②). 교노법령은 사용자측 교섭위원에 대해 규정을 두고 있지 않다.

② 복수의 교섭노동조합

㈎ 자율 선임

㉮ 합의와 비례

교섭노동조합이 둘 이상인 경우에는 상호 합의에 따라 교섭위원을 선임하되, '교섭위원 선임·통보기한(교노령 §3의2①전단)' 내에 자율적으로 합의하지 못했을 때에는 교섭노동조합의 조합원수에 비례(산출된교섭위원수의소수점이하의수는0으로봄)하여 교섭위원을 선임한다(교노령 §3의2③전단). 교섭노동조합은 조합원수를 확인하는 데 필요한 기준과 방법 등에 대하여 성실히 협의하고 필요한 자료를 제공하는 등 교섭위원의 선임을 위하여 적극 협조해야 한다(교노령 §3의2③후단). '조합원 수에 비례한 교섭위원의 선임(교노령 §3의2③전단)'은 '교섭위원 선임·통보기간(교노령 §3의2①전단)'이 끝난 날부터 20일 이내에 이루어져야 한다(교노령 §3의2④).

㉯ 조합원수 산정

㈀ 원 칙

교섭노동조합이 조합원수산정(교노령 §3의2③전단)과 관련하여 이견이 있는 경우, 그 조합원수는 교섭노동조합공고일(교노령 §3⑤) 이전 1개월 동안 「전자금융거래법」(§2 xi) 에 따른 전자지급수단의 방법으로 조합비를 납부한 조합원의 수로 하되, 둘 이상의 노동조합에 가입한 조합원에 대해서는 다음 각호의 구분에 따른 방법으로 해당 조합원 1명에 대한 조합원 수를 산정한다(교노령 §3의2⑤전단).

ⓐ <조합비를 납부하는 노동조합이 1개인 경우>
조합비를 납부하는 노동조합의 조합원 수에 숫자 1을 더한다.
ⓑ <조합비를 납부하는 노동조합이 둘 이상인 경우>
숫자 1을 조합비를 납부하는 노동조합 수로 나눈 후에 그 산출된 숫자를 그 조합비를 납부하는 노동조합의 조합원수에 각각 더한다.

교섭노동조합은 임금에서 조합비를 공제한 명단을 상대방에게 요청할 수 있고, 상대방은 지체없이 해당 교섭노동조합에 이를 제공해야 한다(교노령 §3의2⑤후단).

㈁ 고용노동부 확인

교섭노동조합은 교노령규정(§3의2 ③④⑤)에도 불구하고 조합원수에 대하여 이견이 계속되거나 '교섭위원 선임·통보기간(교노령 §3의2①전단)이 끝난 날부터 20일 이내(교노령 §3의2④)'에 교섭위원을 선임하지 못한 경우 고용장관 또는 노동조합의 주된 사무소의 소재지를 관할하는 지방고용노동관서장에게 조합원수확인을 신청할 수 있다(교노령 §3의2⑥전단). 이 경우 고용장관 또는 해당 지방고용노동관서장은 조합원수확인을 위한 자료가 불충분하여 확인이 어려운 경우 등 특별한 사정이 없으면 신청일부터 10일 이내에 조합원수를 확인하여 '공고된 교섭노동조합'(교노령 §3⑤)에 알려야 한다(교노령 §3의2⑥후단).

(4) 단체교섭 개시

교섭노동조합과 상대방 즉 노동관계당사자는 교섭노동조합공고(교노령 §3⑤)가 있는 경우에, 교섭창구단일화(교노법 §6⑥)에 있어서는 교섭위원선임(교노령 §3의2)이 완료된 경우에, 그 소속원 중에서 지명한 사람에게 교섭내용, 교섭일시·장소, 그 밖에 교섭에 필요한 사항에 관하여 협의하도록 하고, 교섭을 시작해야 한다(교노령 §3⑥).

(5) 교섭거부

사용자측 교섭당사자는 교원노조와 단체협약을 체결한 경우 그 유효기간 중에는 그 단체협약의 체결에 참여하지 않은 노동조합이 교섭을 요구하여도 이를 거부할 수 있다(교노법 §6⑦). 사용자측 교섭당사자는 해당기간에 교섭참여요구(교노령 §3④)를 하지 않은 노동조합이 교섭요구를 거부할 수 있다(교노령 §3⑦).

3·라. 교섭방법

(1) 교섭권위임

교원노조에 대해서는 노조법의 교섭 및 체결권한 위임에 관한 노조법규정

(노조법 §29②③)이 적용되지 않는다. 그러나 이는 위임 자체를 제한하는 것이 아니며, 수임자도 해당 노동조합의 조합원이어야 함을 의미한다.[1)]

해당 노동조합이 아니고 다른 교원노조의 조합원에게 위임할 수 있는지에 대해 의문이 있을 수 있으나, 문리해석만으로 본다면 교섭위원이 '해당 노동조합의 조합원'으로 한정되어 있으므로 입법적 관점이 아닌 해석적 관점에서는 인정받기 어렵다. 사용자에 대해서는 교원노조처럼 교섭위원을 제한하는 명문규정을 두고 있지 않아 단체교섭권 등을 외부로 위임하는 것이 금지된다고 보기 어렵다.

교노법이 노조법의 위임조항(§29 ②③)의 적용을 배제한 점, 노동관계당사자가 소속원으로 하여금 교섭에 필요한 사항을 사전에 협의토록 한 점(교노령 §3⑥) 그리고 노사형평을 감안할 때 사용자도 소속원 중에서 교섭위원을 선정하는 것이 바람직하다.[2)]

(2) 의견수렴 및 성실교섭

단체교섭을 하거나 단체협약을 체결하는 경우, 관계당사자는 여론조사를 하거나 공청회 등을 통해(교노령 §4①) 국민여론과 학부모의견[3)]을 수렴하여 성실하게 교섭하고 단체협약을 체결해야 하며, 권한을 남용하면 안된다(교노법 §6④). 여론조사 및 공청회개최 등은 노동관계당사자가 공동으로 실시할 수 있다(교노령 §4②). 교원노조의 교섭단은 사용자에게 교섭 및 체결권자, 교섭위원 등을 명확히 하여 통보하고 단체협약이 복수교원노조 및 그 조합원 전체에 적용됨을 명확히 하여야 한다.[4)]

4. 단체협약

4·가. 효 력

(1) 효력범위

체결된 단체협약의 내용 중 법령·조례 및 예산에 따라 규정되는 내용과 법령 또는 조례에 따라 위임을 받아 규정되는 내용은 단체협약으로서의 효력을 가지지 않는다(교노법 §7①). 단체협약의 사용자측 당사자는 효력을 가지지 않는 내용이 이행될 수 있도록 성실하게 노력해야 하고(교노법 §7②), 그 이행결과를 다음 교섭 때까지 상대

1) 노동조합과-2124, 2005.8.1. 노조법 제29조제2항 및 제3항의 적용을 배제한 것은 교노법 제6조제2항과의 충돌을 피하기 위한 것으로 시·도지부장 등에게 위임할 수 있다. 단체협약의 효력은 위임자에게 미친다.
2) 노조 01254-2578, 2004.9.6.
3) 노조-2220, 2004.8.16. 노사가 협의하여 학부모가 단체교섭에 참관토록 할 수도 있다.
4) 노동조합과-2456, 2005.9.8.

방에게 서면으로 통보해야 한다(교노령 §5). 단체협약의 유효기간 동안에 신설된 교원노조에게는 그 단체협약의 채무적부분은 적용되지 않는다.[1)]

(2) 효력확장

단체협약의 규범적부분에 대해서도 그 단체협약을 체결한 노동조합의 조합원에게만 적용되는 것이 원칙이나, 시·도 단위의 사업(장)단위로 교원과반수가 적용받는 단체협약은 그 효력이 확장(노조법 §35)되어 비조합원에게도 적용된다(같은편, 제3장 제4절, 1·나). 효력확장대상은 확장대상단체협약의 적용을 받는 '반수 이상 근로자'를 산출하는 단위에 속하는 근로자이다.[2)] 교노법이 단체교섭구조를 국공립학교와 사립학교로 나누고 있고, 단체협약의 지역단위효력확장(노조법 §36)이 인정되지 않는 점을 감안할 때, 시·도 교육감이 체결한 단체협약은 사립학교교원인 조합원에게까지 확장해 적용되지는 않는다.[3)] 사용자는 자발적으로 비조직근로자에 대해 단체협약의 규범적부분에 관한 사항을 적용해 근로조건을 향상시켜줄 수 있다.[4)]

4·나. 유효기간과 종료

교원노동관계에 있어서도 일반노동관계에 있어서의 단체협약유효기간, 자동갱신협정, 자동연장협정[5)] 및 '3개월간 효력유지규정' 등이 적용된다(같은편, 제3장 제5절, 1·가).

4·다. 준수의무

노사관계당사자는 유효하게 성립한 단체협약을 준수할 의무를 지며 이를 이행하지 않을 경우 벌칙이 적용된다(노조법§92 ii 1천만원벌금).

4·라. 해 석

단체협약의 해석 및 이행방법에 대해 당사자 사이에 의견불일치가 있는 때에는 일반노동조합의 법리(노조법 §34)에 따른다(같은편, 제3장 제3절, 3·나).

---

1) 공공노사관계팀-1505, 2006.8.1 ; 공공노사관계팀-1136, 2007.5.30.

2) 노조 68107-600, 2002.7.13. 시도교육감이 위임을 받은 교원노조의 시도지부와 단체협약을 체결하면 당해 시도내의 국공립학교가 이에 해당한다.

3) 노조 68107-42, 2001.1.10 ; 노조 68107-609, 2000.5.28.

4) 노조 68107-600, 2002.7.13.

5) 공공노사관계팀-1246, 2007.6.14. 서울시교육감과 교원노조가 체결한 2004년 단체협약부칙에 "유효기간이 만료되더라도 갱신체결 때까지 효력이 지속된다"고 규정은 유효하다. 다만 단체협약을 해지하고자 하는 자는 6월 전에 상대방에게 통고하여야 한다.

5. 노동쟁의조정

5·가. 의 의

(1) 목 적

교원노동관계조정(調整)제도는 교원노동관계당사자 사이에 노동쟁의가 발생해 중노위에 조정·중재신청사건이 접수되었을 경우 교원노동관계조정위원회(교노위)에서 조정·중재를 통해 신속·공정한 분쟁해결을 도모하려는데 목적이 있다.

(2) 일반 노동관계와 비교

교원노동관계조정(調整)은 담당기관과 절차에 있어 일반노동관계의 조정(調整)과 차이가 있다. 노동쟁의의 개념을 비롯한 기타 사항은 일반 노동조정에 관한 노조법의 조정·중재절차를 준용한다.

5·나. 담당기관

교원의 노동쟁의를 조정·중재하기 위해 중노위에 교노위를 둔다(교노법 §11①). 위원회는 중노위위원장이 지명하는 조정담당공익위원 3인으로 구성한다. 중노위위원장은 노동쟁의의 조정 또는 중재를 하게 된 경우, 관계당사자에게 5일 이내에 합의로 교노위위원을 추천할 수 있음을 서면으로 통보한다. 관계당사자가 합의하여 중노위의 조정담당공익위원이 아닌 사람을 추천하는 경우, 그 사람이 지명되어야 한다(교노법 §11②). 관계당사자가 통지받은 날로부터 5일 이내에 추천하지 않으면 배제절차 없이 조정담당공익위원으로 지명해 구성한다. 위원장은 위원회의 위원 중에서 호선한다(교노법 §11③). 위원으로 지명된 자에 대해서는 직무집행을 위해 예산의 범위 안에서 노동위원회위원에 준하는 수당과 여비를 지급할 수 있다(교노령 §7).

5·다. 조 정

단체교섭이 결렬되면 당사자 어느 한쪽 또는 양쪽은 중노위에 조정을 신청할 수 있다(교노법 §9①). 신청을 받은 중노위는 지체없이 조정을 시작해야 하며 당사자는 성실하게 임해야 한다(교노법 §9②). 조정을 하게 된 경우, 중노위는 지체없이 서면으로 관계당사자에게 통보하고 교노위를 구성해야 하며(교노령 §6③), 신청내용이 조정대상이 아니면 신청인에게 사유와 조정외의 다른 해결방법을 알려주어야 한다(교노령 §6②). 조정신청일부터 30일 이내에 마쳐야 하며(교노법 §9③), 조정기간 내에 조정안을 제시해야 한다. 쌍방이 수락한 조정서는 단체협약의 효력을 갖는다.

5·라. 중 재

(1) 요 건

중노위는 '당사자 양쪽이 함께 중재신청을 한 경우', '중노위가 제시한 조정안을 당사자 어느 한쪽이 거부한 경우' 및 '중노위위원장이 직권 또는 고용장관의 요청에 따라 중재에 회부한다는 결정을 한 경우'에 중재를 한다(교노법 §10).

중재를 하게 된 경우, 중노위는 지체없이 이를 서면으로 관계당사자에게 통보하고 교노위를 구성해야 하며(교노령 §6③), 신청내용이 중재대상이 아니라고 인정되면 신청인에게 그 사유와 조정외의 다른 해결방법을 알려주어야 한다(교노령 §6②).

(2) 중재재정

① 내 용

중재재정서는 전원출석에 과반수의 찬성으로 의결해 관계당사자에게 송달되어야 한다. 중재의 처리기간은 '중재시의 쟁의행위의 금지 관련 규정(노조법 §63)'을 준용해 중재신청 또는 회부한 날부터 15일 이내라고 보는 것이 타당하다.

② 효 과

관계당사자는 중노위의 중재재정이 위법하거나 월권에 의한 것이라고 인정하는 경우에는 행소법(§20)의 규정에 불구하고 중재재정서를 송달받은 날부터 15일 이내에 중노위위원장을 피고로 하여 행정소송을 제기할 수 있고, 그 기간 이내에 행정소송을 제기하지 않으면 그 중재재정은 확정되며, 관계당사자는 확정된 중재재정에 따라야 한다. 확정된 중재재정의 내용은 단체협약과 같은 효력을 가지며, 행정소송의 제기에 따라 효력이 정지되지 않는다(교노법 §12). 확정된 중재재정을 따르지 않으면 벌칙(교노법§15 2년징역·2천만원벌금)이 적용된다.

6. 단체행동

교원노조와 그 조합원은 파업·태업 또는 그밖에 업무의 정상운영을 방해하는 일체의 쟁의행위를 해서는 안된다(교노법 §8).

7. 부당노동행위

교원노동관계와 관련된 부당노동행위의 구제는 노동위원회가 담당한다. 교원노동관계에 있어 지배·개입 및 경비원조, 불이익취급, '불공정고용계약' 등 부당노동행위는 원칙적으로 노조법의 법리를 따른다. 다만, 교원에게는 '유니언숍규정(노조법 §81 ii 단서)'이 적용되지 않는다(교노법 §14②). 교원은 해고나 그 밖의 불이익을 받은 것을 이유로 노동위원회에 부당노동행위의 구제를 신청한 경우에 「교원의지위향상및교육활동보호를위한특별법(§9)」에도 불구하고 교원소청심사위원회에 소청심사를 청구할 수 없다(교노법 §13). 노동위원회는 구제신청서를 접수한 때에는 그 사실을 지체없이 교원소청심사위원회에 통보하여야 한다(교노령 §8).

제3절 방위산업체 종사자

1. 법적근거

우리 헌법(§33③)은, 국가안보에 미치는 영향을 고려해, '법률이 정하는 주요 방위산업체에 종사하는 근로자의 단체행동권은 법률이 정하는 바에 따라 이를 제한하거나 인정하지 않을 수 있다'는 개별적유보조항을 두고 있다. 「방위사업법」에 따라 지정된 주요 방위산업체에 종사하는 근로자 중 전력, 용수 및 '주로 방산물자를 생산하는 업무에 종사하는 자'는 쟁의행위를 할 수 없다(노조법 §41②, §88 5년징역·5천만원벌금).

2. 쟁의행위금지 사업장

쟁의행위금지대상은 「방위사업법」에 따라 지정된 주요방위산업체다. 일반방위산업체에 종사하는 근로자는 쟁의행위를 하더라도 방산물자수급에 큰 차질이 없어 쟁의행위가 인정된다. 방산물자의 생산을 일시적으로 중단한 것이 아니고, 생산을 포기하고 그 생산조직과 활동을 폐지해 실체가 없어진 경우에는 지정처분

의 취소와 관계없이 쟁의행위가 금지되는 방위산업이 아니다.[1]

3. 쟁의행위금지 영역

쟁의행위는 전력, 용수 및 '주로 방산물자를 생산하는 업무에 종사하는 자'에 한정해 금지된다. 해당 종사자는 방산물자의 완성에 필요한 제조·가공·조립·정비·재생·개량·성능검사·열처리·도장·가스취급 등의 업무에 종사하는 자이다(노조령 §20). 방위산업체에 근로하더라도 '민수물자를 생산하는 근로자' 및 '방산물자 생산과 직접 관계가 없는 시험, 관리업무 등 등 지원부서에서 일하는 근로자'의 쟁의권은 인정된다. 방산물자생산이 항시 이루어지지 않고 특정시기에 일부 부서의 일부공정만이 방산물자를 생산하는 경우 대상업무 중에서 실제로 생산이 이루어지고 있는 해당부서의 해당공정에 종사하는 근로자에 대해 방산물자완성에 필요한 특정시기에 쟁의행위가 금지된다.

4. 쟁의행위금지 판단의 고려요인

주요방위산업체의 원활한 가동은 국가의 안전보장에 필수불가결한 요소이므로 법률로써 주요방위산업체 종사자의 단체행동권을 제한하거나 금지하는 것이 불가피성은 인정된다. 그러나 헌법(헌법 §37②)이 규정하는 기본권 제한입법에 관한 최소침해원칙·비례원칙, 죄형법정주의원칙에서 파생되는 형벌법규엄격해석원칙에 비추어 쟁의행위가 금지됨으로써 기본권이 중대하게 제한되는 근로자의 범위는 엄격하게 제한적으로 해석되어야 한다.[2]

---

1) 대판 1991.1.15, 90도2278.
2) 대판 2017.7.18, 2016도3185.

제8장 노동위원회제도

제1절 개 요

1. 노동위원회의 개념

노동위원회는 노동쟁의를 조정하고, 부당노동행위 및 부해당고의 구제신청사건을 심판하는 등 다양한 권한을 행사하는 독립적합의체 행정기관이다. 노동위원회의 설치·구성·운영 등에 관한 사항은 「노동위원회법(노위법)」에 따른다.

2. 노동위원회제도의 목적

노동위원회제도는 노동관계에 있어서 부해당고·부당노동행위사건의 판정 및 조정업무의 신속·공정한 수행을 위해 노동위원회를 설치하고 그 운영에 관한 사항을 규정함으로써 노동관계의 안정과 발전에 이바지함을 목적으로 한다(노위법 §1).

3. 노동위원회제도의 특징

우리나라의 노동위원회는 독립성·공정성·전문성의 관점에서 몇 가지 특징을 지니고 있다.[1] 첫째, 노동위원회는 독립된 전문적행정위원회이다. 노동위원회는 합의체행정기구로 고용장관에게 소속되어 있으나, 업무처리에 있어 지휘명령을 받지 않는다. 둘째, 노동위원회는 사법기관과는 달리 노·사·공익을 대표하는 3자

---

1) 김유성, 『노동법Ⅱ』, 417쪽 ; 이상윤, 『노동법』, 제6판, 935쪽.

로 구성되어 있다. 셋째, 노동위원회는 준사법적 권한으로 심판업무를 수행하고, 노동관계처리 권한으로 조정업무를 담당하며, 입법적 권한으로 규칙제정권을 갖는다.[1] 심판과 조정업무를 같이 하는 것은 민사소송절차나, 전국노동관계위원회(NLRB)가 부당노동행위구제를 맡고 연방조정위원회(FMCS)가 조정업무를 맡는 미국과 비교된다. 넷째, 초심과 재심의 2심 구조를 가지고 있고, 행정소송의 대상이 되며, 민사소송·형사소송과 병존함으로써 사법체계와 연계 ·보완관계를 갖는다.

4. 노동위원회의 지위

4·가. 노동위원회의 설치

노동위원회는 중앙노동위원회(중노위)·지방노동위원회(지노위) 및 특별노동위원회(특별노위)로 구분된다(노위법 §2①). 중노위 및 지노위는 고용장관 소속 아래에 두며(노위법 §2②), 특별노위는 해당사항을 관장하는 중앙행정기관의 장 소속인데(노위법 §2③), 해양수산부 소속의 선원위원회를 예로 들 수 있다.

4·나. 노동위원회의 독립성

노동위원회는 그 권한에 속하는 업무를 독립적으로 수행한다(노위법 §4①). '독립적'이라 함은 고용노동부나 다른 노동위원회로부터 간섭을 받지 않음을 의미한다. 중노위위원장은 정무직으로 임명되고(노위법 §9③), 위원의 신분이 보장된다(노위법 §13①).

제2절 노동위원회의 업무

1. 노동위원회의 사무

1·가. 사무의 내용

노동위원회는 노조법·근기법·근참법·교노법·공노법·기단법·파견법·일학습병행법에 따른 판정·결정·의결·승인·인정·차별적처우시정 등에 관한

1) 임종률, 『노동법』, 제9판, 604쪽.

업무와, 노조법 · 교노법 · 공노법에 따른 노동쟁의 조정(調停) · 중재 또는 관계 당사자의 자주적인 노동쟁의 해결 지원에 관한 업무와, 관련된 조사 · 연구 · 교육 · 홍보 등에 관한 업무와, 다른 법률에서 노동위원회의 소관으로 규정된 업무를 수행한다(노위법 §2의2).

1·나. 권리구제 대리

노동위원회는 "노조법 · 근기법 · 근참법 · 교노법 · 공노법 · 기단법 · 파견법 · 일학습병행법에 따른 판정 · 결정 · 의결 · 승인 · 인정 · 차별적처우시정 등"에 있어 사회취약계층을 위해 변호사나 공인노무사로 하여금 권리구제업무를 대리하게 할 수 있다(노위법 §6의2).

1·다. 사건처리 방법 준용

사건처리와 관련하여 선정대표자, 당사자의 지위 승계, 대리인의 선임에 관하여는 각각 「행정심판법」 제15조, 제16조 및 제18조를 준용하고, 대리의 흠과 추인, 대리의 범위에 관하여는 각각 「민사소송법」 제60조 및 제90조를 준용한다(노위법 §15의3).

2. 노동위원회의 관장

2·가. 중앙노동위원회

중노위는 '지노위 및 특별노위의 처분에 대한 재심사건', '2 이상의 지노위의 관할구역에 걸친 노동쟁의조정사건' 및 '다른 법률이 권한에 속하는 것으로 규정한 사건'을 관장한다(노위법 §3①). 중노위위원장은 '2 이상의 지노위의 관할구역에 걸친 노동쟁의조정사건' 대해 지노위를 지정해 사건을 처리하게 할 수 있다(노위법 §3④).

2·나. 지방노동위원회

지노위는 '해당 관할구역에서 발생하는 사건'을 관장한다. '2 이상의 관할구역에 걸친 사건 중 노동쟁의조정을 제외한 사건'에 대해서는 '주된 사업장의 소재지'를 관할하는 지노위가 관장한다(노위법 §3②). 주된 사업장을 정하기 어렵거나 주된 사업장의 소재지를 관할하는 지노위가 처리하기 곤란한 사정이 있는 경우, 중노위위원장은 직권으로 또는 관계당사자나 지노위위원장의 신청에 따라 지노위를 지정해 해당사건을 처리하게 할 수 있다(노위법 §3⑤).

2·다. 특별노동위원회

특별노위는 관계 법률이 정하는 바에 따라 그 설치목적으로 규정된 특정사항에 관한 사건을 관장한다(노위법 §3③).

2·라. 사건의 이송(노위법 §3의2)

노동위원회는 접수된 사건이 다른 노동위원회의 관할인 때에는 즉시 해당 사건과 일체의 서류를 관할 노동위원회로 이송해야 한다. 조사를 시작한 후 다른 노동위원회의 관할인 것으로 확인된 경우에도 또한 같다.[1] 이송된 사건은 관할 노동위원회에 처음부터 접수된 것으로 본다.[2]

제3절 노동위원회의 구조

1. 노동위원회 구성

노동위원회는 근로자위원과 사용자위원 및 공익위원으로 구성된다(노위법 §6①). 근로자위원·사용자위원은 각 10인 이상 50인 이하, 공익위원은 10인 이상 70인 이하의 범위 안에서 각 노동위원회의 업무량을 감안해 위원수를 정하고 근로자위원과 사용자위원은 동수로 한다(노위법 §6②)(특별노위는설치 근거법률로따로정함).

2. 노동위원회 위원

2·가. 위 촉

(1) 노사위원

근로자위원과 사용자위원은 노동조합과 사용자단체가 각각 추천한 자[3] 중에서 위촉하되, 중노위위원은 고용장관의 제청으로 대통령이, 지노위위원은 지노위

1) 대판 2012.10.11, 2010두18215. 각하한 것은 위법처분.
2) 노동위원회는 사건을 이송한 사실을 지체없이 관계 당사자에게 통지해야 한다.
3) 노동조합과 사용자단체가 추천하는 위원수는 각각 위촉위원수의 100분의 150 이상으로 한다(노위령 §4②).

위원장의 제청으로 중노위위원장이 위촉한다(노위법 §6③)(특별노위 미적용). 노동위원회위원의 추천절차, 공익위원 순차배제방법, 기타 사항을 대통령령으로 정한다(노위법 §6⑦)(특별노위 미적용).

(2) 공익위원

① 절 차

공익위원은 노동위원회위원장·노동조합 및 사용자단체가 추천한 자 중에서 노동조합과 사용자단체가 순차적으로 배제하고 남은 자를 위촉대상 공익위원으로 한다. 위촉대상 공익위원 중에서 중노위공익위원은 고용장관의 제청으로 대통령이, 지노위공익위원은 지노위위원장의 제청으로 중노위위원장이 위촉한다(노위법 §6④)(특별노위 미적용). 노동조합 또는 사용자단체가 추천 또는 순차적 배제절차를 거부하면, 해당 노동위원회위원장이 위촉대상 공익위원을 선정할 수 있다(노위법 §6⑤)(특별노위 미적용). 노동위원회의 전문성제고와 차별시정사건을 담당하기 위해 공익위원을 심판·차별시정·조정담당공익위원으로 구분해 위촉한다(노위법 §6⑥)(특별노위 미적용).

② 자 격

공익위원의 자격은 중노위[1]와 지노위[2]가 다르고, 심판·차별시정담당공익위원과 조정담당공익위원이 다르다(노위법 §8).

1) <심판담당·차별시정> ㉠ 노동문제와 관련된 학문을 전공한 사람으로서 부교수이상으로 재직하고 있거나 재직하였던 사람, ㉡ 판사·검사·군법무관·변호사 또는 공인노무사로 7년 이상 재직하고 있거나 재직하였던 사람, ㉢ 노동관계업무에 7년 이상 종사한 사람으로서 2급 또는 2급 상당 이상의 공무원이나 고위공무원단에 속하는 공무원으로 재직하고 있거나 재직하였던 사람, ㉣ 그 밖에 노동관계업무에 15년이상 종사한 사람으로서 심판 또는 차별시정 담당 공익위원으로 적합하다고 인정되는 사람 ; <조정> ㉠ 부교수 이상으로 재직하고 있거나 재직하였던 사람, ㉡ 판사·검사·군법무관·변호사 또는 공인노무사로 7년이상 재직하고 있거나 재직하였던 사람, ㉢ 노동관계업무에 7년이상 종사한 사람으로서 2급 또는 2급 상당이상의 공무원이나 고위공무원단에 속하는 공무원으로 재직하고 있거나 재직하였던 사람, ㉣ 그 밖에 노동관계업무에 15년 이상 종사한 사람 또는 사회적 덕망이 있는 사람으로서 조정담당 공익위원으로 적합하다고 인정되는 사람.

2) <심판담당·차별시정> ㉠ 노동문제관련학문을 전공한 조교수이상으로 재직하고 있거나 재직하였던 사람, ㉡ 판사·검사·군법무관·변호사 또는 공인노무사로 3년 이상 재직하고 있거나 재직하였던 사람, ㉢ 노동관계업무에 3년 이상 종사한 사람으로서 3급 또는 3급 상당 이상의 공무원이나 고위공무원단에 속하는 공무원으로 재직하고 있거나 재직하였던 사람, ㉣ 노동관계 업무에 10년 이상 종사한 사람으로서 4급 또는 4급 상당 이상의 공무원으로 재직하고 있거나 재직하였던 사람, ㉤ 그 밖에 노동관계 업무에 10년 이상 종사한 사람으로서 심판 또는 차별시정 담당 공익위원으로 적합하다고 인정되는 사람 ; <조정> ㉠ 조교수 이상으로 재직하고 있거나 재직하였던 사람, ㉡ 판사·검사·군법무관·변호사 또는 공인노무사로 3년 이상 재직하고 있거나 재직하였던 사람, ㉢ 노동관계 업무에 3년 이상 종사한 사람으로서 3급 또는 3급 상당 이상의 공무원이나 고위공무원단에 속하는 공무원으로 재직하고 있거나 재직하였던 사람, ㉣ 노동관계 업무에 10년 이상 종사한 사람으로서 4급 또는 4급 상당 이상의 공무원으로 재직하고 있거나 재직하였던 사람, ㉤ 그 밖에 노동관계업무에 10년이상 종사한 사람 또는 사회적덕망이 있는 사람으로서 조정담당공익위원으로 적합하다고 인정되는 사람.

2·나. 의 무

위원은 법과 양심에 따라 공정하고 성실하게 업무를 수행해야 한다(노위법 §11의2①). 중노위는 노동위원회위원이 업무수행을 위해 준수할 행위규범[1] 및 그 운영에 관련된 사항을 노동위원회전원회의의 의결을 거쳐 정할 수 있다(노위법 §11의2②③).

2·다. 대 우

공무원의 결격사유(국가공무원법 §33)[2]의 규정에 해당하는 자는 노동위원회위원에 위촉될 수도 없으며(노위법 §12)(당연면직 해촉사유), '소정의 경우'[3] 외에는 그 의사에 반해 면직 또는 해촉되지 않는다(노위법 §13①).[4]

2·라. 임 기

위원의 임기는 3년으로 하되, 연임할 수 있다(노위법 §7①). 보궐위원의 임기는 전임자의 잔임기간으로 하며, 위원장 또는 상임위원이 궐위되어 후임자를 임명한 경우 후임자의 임기는 새로이 개시된다(노위법 §7②). 위원은 그 임기가 만료된 경우 후임자가 위촉될 때까지 직무를 집행한다(노위법 §7③).

3. 노동위원회 조직

3·가. 위원장

(1) 선 임

노동위원회에 위원장 1인을 둔다(노위법 §9①). 정무직인(노위법 §9③) 중노위위원장은 중노위공익위원 자격을 가진 자 중에서 고용장관의 제청으로, 지노위위원장은 지노위공익위원 자격을 가진 자 중에서 중노위위원장의 추천과 고용장관의 제청으로 대

---

1) <포함사항> 업무수행과 관련하여 향응·금품 등을 받는 행위의 금지에 관한 사항, 관계 당사자 중 어느 한쪽에 편파적이거나 사건 처리를 방해하는 등 공정성과 중립성을 훼손하는 행위의 금지·제한에 관한 사항, 직무수행과 관련하여 알게 된 사항을 자기나 다른 사람의 이익을 위하여 이용하거나 다른 사람에게 제공하는 행위의 금지에 관한 사항, 제15조에 따른 부문별 위원회의 출석 등 노동위원회 위원으로서의 성실한 업무수행에 관한 사항, 그 밖에 품위 유지 등을 위하여 필요한 사항.

2) 피성년후견인 또는 피한정후견인, 파산선고를 받고 복권되지 아니한 자, 금고 이상의 실형을 선고받고 그 집행이 종료되거나 집행을 받지 아니하기로 확정된 후 5년이 지나지 아니한 자 등 10개 사항

3) ㉠ 장기간의 심신쇠약으로 직무수행 곤란, ㉡ 직무관련비위사실 등, ㉢행위규범을 위반해 위원으로서 직무수행 곤란, ㉣ 위촉된 후 공익위원의 자격기준 미달.

4) 위원에 대해서는 직무수행을 위해 필요한 수당과 여비를 지급 가능(노위령§8).

통령이 각각 임명한다(특별노위 미적용)(노위법 §9②).

(2) 직 무

① 회 의

위원장은 해당 노동위원회를 대표하며 사무를 총괄한다(노위법 §10①). 위원장이 부득이한 사유로 직무를 수행할 수 없는 때에는 상임위원(복수인 경우에는 위원장이 정하는 자), 상임위원이 없으면 공익위원 중 연장자 순으로 그 직무를 대행한다(노위법§10② 노위령§9). 위원장은 공익위원이 되며, 심판사건·차별시정사건과 조정사건을 담당할 수 있다(노위법 §9④).

② 위원위촉

중노위위원장은 지노위위원장과 상임위원을 추천할 권한(노위법§9② 및 §11①)과 지노위의 노·사·공익위원을 위촉할 권한(노위법 §6③,④)을 갖는다.

③ 행정관리 및 관장업무

중노위위원장은 독립적인 위치에서 중노위 및 지노위의 예산·인사·교육훈련 기타 행정사무를 총괄하며, 소속 공무원을 지휘·감독하는 행정사무 총괄권을 갖는다(노위법 §4②). 중노위위원장은 행정사무 지휘·감독권의 일부를 지노위위원장에게 위임할 수 있다(노위법 §4③).

3·나. 상임위원

노동위원회에 상임위원을 두며 상임위원은 해당 노동위원회의 공익위원 자격자 중에서 중노위위원장 추천과 고용장관 제청으로 대통령이 임명한다. 상임위원은 공익위원이 되고, 심판·차별시정사건과 조정사건을 담당하고, 그 수와 직급 등은 대통령령으로 정한다(노위법 §11)(특별노위는설치 근거법률로따로정함). 심판·차별시정위원회에는 부득이한 사유가 없는 한 위원장 또는 상임위원 1인이 참여(노위법 §15③,④)해야 한다(노위법 §16의2).

3·다. 사무조직

(1) 설 치

중노위에는 사무처를, 지노위에는 사무국을 둔다(노위법 §14①). 고용장관은 사무처 또는 사무국 소속 직원을 고용노동부와 노동위원회 간에 전보할 경우 중노위위원장의 의견을 들어야 한다(노위법 §14③). 중노위에는 사무처장 1인을 두며, 사무처장은 중노위상임위원 중 1인이 겸직하고, 중노위위원장의 명을 받아 사무처의 사무를 처리하며 소속직원을 지휘·감독한다(노위법 §14의2).

(2) 조사관

사무처와 사무국에 조사관을 둔다(노위법 §14의3①). 조사관은 노동위원회위원장, 부문별위원회의 위원장(노위법 §15) 또는 주심위원지휘를 받아 노동위원회의 소관사무수행에 필요한 조사를 하고, 부문별위원회에 출석해 의견을 진술할 수 있다(노위법 §14의3②). 조사관은 중노위위원장이 노동위원회의 사무처 또는 사무국 소속공무원 중에서 임명하되, 그 임명·자격 등에 관해 필요한 사항은 대통령령으로 정한다(노위법§14의3③ 노위령§9의2).

제4절 노동위원회의 회의

1. 회의의 종류

1·가. 법적근거

노동위원회에는 전원회의 외에 그 권한에 속하는 업무를 부문별로 처리하기 위해 심판위원회·차별시정위원회·조정위원회·특별조정위원회·중재위원회·교원노동관계조정위원회 및 공무원노동관계조정위원회를 둔다(노위법 §15①).

1·나. 전원회의

전원회의는 해당 노동위원회위원 전원으로 구성한다(노위법 §15②). 전원회의는 '노동위원회운영 등 일반사항 결정(지노위 중노위)', '근로조건개선 권고(지노위 중노위)(노위법 §22②)', '지노위·특별노위에 대한 사무처리 기본방침 및 법령해석 지시(중노위)(노위법 §24)' 및 '중노위·지노위·특별노위의 운영 기타 필요사항에 관한 규칙제정(중노위)(노위법 §25)'을 처리한다(노위법 §15②).

1·다. 부문별위원회

(1) 공통사항

노동위원회 위원장은 부문별위원회를 구성할 때 사건집중의 완화와 다른 분야의 전문성을 심판담당, 차별시정담당 또는 조정담당 공익위원을 담당 분야와 관계없이 다른 부문별위원회의 위원으로 지명할 수 있다(노위법 §15⑦). 심판위원회와 차별시정위원회를 구성할 때 노동위원회의의 위원장 또는 상임위원의 업무가 과도하여 정상적업무수행이 곤란하게 되는 등 '부득이한 사유(중노위 제정규칙)'가 있는 경우 외에는 위원장 또는 상임위원 1명이 포함되도록 위원을 지명해야 한다(노위법 §15⑥). 노동위원회위원장은 '신청기간을 넘기는 등 신청요건을 명백하게 갖추지 못한 경우'와 '관계당사자쌍방의 신청이 있거나 동의를 얻은 경우'에 심판담당공익위원 또는 차별시정담당공익위원 1인을 지명해 사건을 처리하게 할 수 있다(노위법 §15의2).

(2) 심판위원회

심판위원회는 심판담당공익위원(위원장 또는 상임위원1인 포함)(특별노위는특별 노위공익위원) 중 위원장이 지명하는 3인으로 구성하며, 노조법·근기법·근참법에 따라 노동위원회의 판정·의결·승인 또는 인정 등을 받도록 규정된 사항을 처리한다(노위법 §15③).

근기법	• 명시된 근로조건 위반으로 인한 손해배상(§19②) • 부당해고 등 구제(§28) 및 이행강제금 결정(§33) • 휴업수당지급 완화(§46②) • 휴업·장해보상의 예외 인정(§81) • 재해인정 등 이의에 관한 심사·중재(지노위에 한함)(§89) • 확정된 구제명령미이행자 고발(§112)
노조법	• 노동조합의 임시총회·임시대의원회 소집권자 지명 의결(지노위에 한함)(§18③) • 조합규약 시정명령 의결(지노위에 한함)(§21①) • 조합결의·처분의 시정명령 의결(지노위에 한함)(§21②) • 휴면노조의 해산의결(지노위에 한함)(§28①ⅳ) • 교섭창구단일화절차(교섭요구사실공고시정신청, 교섭요구노동조합확정공고에 대한 이의신청사실공고의 시정신청, 과반수노조이의신청, 공동교섭대표단구성결정 신청 및 결정에 대한 이의신청)(§29의2) • 교섭단위 분리 결정(§29의3) • 공정대표의무 위반 시정 판정(§29의4) • 위법한 단체협약의 시정 명령(지노위에 한함)(§31③) • 단체협약의 해석·이행방법에 관한 견해 제시(§34) • 지역적구속력 결정 의결(§36①) • 안전보호시설유지 방해 쟁의행위 중지통보 사전명령 및 사후승인(지노위에 한함)(§42③) • 부당노동행위구제(§82①) 및 구제명령이행신청(중노위에 한함)(§82⑤)
근참법	• 노사협의회의결사항에 대한 임의중재권(§25)

(3) 차별시정위원회

차별시정위원회는 차별시정담당공익위원(위원장 또는 상임위원1인 포함)(특별노위는 특별노위공익위원) 중 위원장이 지명하는 3인으로 구성한다(노위법 §15④). 차별시정위원회는 기단법, 파견법 또는 일학습병행법에 따른 차별시정과 관련된 사항을 처리한다(노위법 §15④).

- 기간제 · 단시간 · 파견근로자에 대한 차별시정 · 조정 · 중재 등(기간제법§9~§15 파견법§21)
- 고용장관으로부터 통보받은 기간제 · 단시간 · 파견근로자 차별시정통보 · 조정 · 중재 등에 관한 사항(기간제법§15의2 파견법§21의2)
- 학습근로자에 대한 차별처우(일학습병행법 §28)

(4) 조정(調整)위원회

① 개 요

조정위원회 · 특별조정위원회 · 중재위원회는 노조법에서 정하는 바에 따라 구성되고, 노조법에 따른 조정 · 중재 그 밖에 관련사항을 각각 처리하며, 조정담당 공익위원 중에서 공익위원을 지명한다(노위법 §15⑤).

② 조정(調停)위원회와 특별조정위원회

㈎ 구 성

조정위원회는 조정위원 3인으로 구성한다(노조법 §55②). 조정위원은 해당 노동위원회 위원 중에서 사용자를 대표하는 자(사용자 위원), 근로자를 대표하는 자(근로자 위원) 및 공익을 대표하는 자(공익 위원) 각 1인을 그 노동위원회위원장이 지명하되, 근로자위원은 사용자가, 사용자위원은 노동조합이 각각 추천하는 노동위원회위원 중에서 지명해야 한다. 조정위원회의 회의 3일전까지 추천명단의 제출이 없을 때에는 위원장이 그 위원을 따로 지명할 수 있다(노조법 §55③). 노동위원회 위원장은 근로자위원 또는 사용자위원의 불참 등으로 인해 조정위원회의 구성이 어려운 경우, 공익위원 중에서 3인을 조정위원으로 지명할 수 있다. 관계당사자 쌍방의 합의로 선정한 노동위원회의 위원이 있는 경우에는 그 위원을 조정위원으로 지명한다(노조법 §55④).

특별조정위원회는 공익위원 3인으로 구성된다. 조정위원회 위원장은 공익위원이 되며, 공익위원만으로 구성된 경우에는 호선한다(노조법 §56).

㈏ 업 무

조정위원회는 재해보상의 심사와 중재(근기법 §89), 노동쟁의조정(노조법 §53), 조정안의 해석 · 이행방법에 관한 견해의 제시(노조법 §60③), 긴급조정(노조법 §78) 등을 담당한다.

특별조정위원회는 '필수유지업무수준 등에 대한 결정과 그 해석이나 이행방법에 대한 해석에 관한 사항(노조법 §42의4)'과 '공익사업의 노동쟁의조정과 조정안의 해석이나 이행방법에 관한 견해의 제시에 관한 사항'을 처리한다.

③ **중재위원회**

중재위원회는 중재위원 3인으로 구성하고(노조법 §64②), 중재위원회위원장은 중재위원 중에서 호선한다(노조법 §65). 중재위원은 해당 노동위원회의 공익위원 중에서 관계당사자의 합의로 선정된 자에 대해 그 노동위원회의 위원장이 지명한다. 합의가 성립되지 않는 경우에는 노동위원회의 공익위원 중에서 지명한다(노조법 §64③). 중재위원회는 노동쟁의중재, 중재재정해석이나 이행방법해석에 관한 사항을 처리한다.

(5) 교원노동관계조정위원회

교원노동관계조정위원회(교노위)는 교노법(§9~§12 §14)에 따라 설치·구성하며 그 규정에 따른 교원의 노동쟁의 조정·중재와 조정안·중재안의 해석이나 이행방법에 대한 견해의 제시에 관한 사항을 처리한다(노위법 §15⑧). 교노위는 중노위위원장이 지명하는 조정담당공익위원 3인으로 구성한다. 관계당사자가 합의하여 중노위의 조정담당공익위원이 아닌 사람을 추천하는 경우에는 그 사람을 지명해야 한다(교노법 §11②). 교원노동관계조정위원회위원장은 위원회의 위원 중에서 호선한다(교노법 §11③).

(6) 공무원노동관계조정위원회

공무원노동관계조정위원회(공노위)는 공노법(§12~§17)에 따라 설치·구성하며 공무원의 노동쟁의 조정·중재와 '조정안·중재안 해석'이나 이행방법해석에 관한 사항을 처리한다(노위법 §15⑨). 공노위는 공무원노동관계의 조정·중재를 전담하는 7인 이내의 공익위원으로 구성한다(공노법 §14②). 공익위원은 공무원문제 또는 노동문제에 관한 지식과 경험을 갖춘 자 또는 사회적 덕망이 있는 자 중에서 중노위위원장의 추천과 고용장관의 제청으로 대통령이 위촉한다.

2. 회의소집

2·가. 소집방법

노동위원회의 위원장은 전원회의의 의장이 되며, 부문별위원회위원장은 다른 법률에 특별한 규정이 있는 경우를 제외하고는 부문별위원회위원 중에서 호선하고 해당 부문별위원회의장이 된다(노위법 §16①). 노동위원회의 위원장 또는 부문별위원회 위원장은 전원회의 또는 부문별위원회를 각각 소집한다. 노동위원회의 위원장은, 필요한 경우, 부문별위원회를 소집할 수 있다(노위법 §16②). 노동위원회의 위원장 및 부문별위원회위원장은 전원회의 또는 부문별위원회를 구성하는 위원과반수가 회의 소집을 요구한 때에는 이에 응해야 한다(노위법 §16③).

2·나. 주심위원

부문별위원회위원장은 부문별위원회의 원활한 운영을 위해 필요하다고 인정하는 경우에는 주심위원을 지명해 사건처리를 주관하도록 할 수 있다(노위법 §16의2).

3. 회의진행

3·가. 보고 및 의견청취

노동위원회위원장 또는 부문별위원회위원장은 소관회의에 부의된 사항에 관해 구성위원 또는 조사관으로 하여금 회의에 보고하도록 할 수 있다(노위법 §18①).

심판위원회와 차별시정위원회는 의결하기 전에 해당 노동위원회의 근로자위원 및 사용자위원 각 1인 이상의 의견을 들어야 한다. 근로자위원 또는 사용자위원이 출석요구를 받고 정당한 이유 없이 출석하지 않으면 그렇지 않다(노위법 §18②).

3·나. 회의공개와 질서유지

노동위원회의 회의는 공개한다. 다만, 해당회의의 결의에 따라 공개하지 않을 수 있다(노위법 §19). 노동위원회위원장 또는 부문별위원회위원장은 소관회의의 공정한 진행을 방해하거나 질서를 문란하게 하는 자에 대해 퇴장명령 그 밖에 질서유지에 필요한 조치를 취할 수 있다(노위법 §20, §33① 퇴장명령 불응시 1백만원과태료).

3·다. 위원의 제척 · 기피

위원은 자기와 직접 이해관계에 있는 사항에 대해서는 해당사건에 관한 직무집행에서 제척된다(노위법 §21①). 위원장은 제척사유가 있는 때에는 직권 또는 당사자의 신청에 따라 제척결정을 해야 한다(노위법 §21②). 당사자는 심의·의결 또는 조정의 공정을 기대하기 어려운 위원이 있을 경우에는 위원장에게 그 사유를 적어 기피신청을 할 수 있다(노위법 §21③). 위원장은 기피신청이 이유 있다고 인정되면 그 위원을 교체해야 하며(노위법 §21④), 위원장은 사건이 접수되는 즉시 제척신청 및 기피신청을 할 수 있음을 사건당사자에게 알려야 한다(노위법 §21⑤). 위원은 제척이나 기피사유가 있는 경우에는 스스로 그 사건에 관한 직무집행을 회피할 수 있으며, 위원장에게 그 사유를 소명해야 한다(노위법 §21⑥).

4. 회의의결

4·가. 정족수

전원회의는 재적위원과반수의 출석으로 개의하고, 출석위원과반수의 찬성으로 의결한다(노위법 §17①). 부문별위원회의 회의는 구성위원전원의 출석으로 개의하고, 출석위원과반수의 찬성으로 의결한다(노위법 §17②). 공노위의 전원회의는 재적위원과반수의 출석으로 개의하고 출석위원과반수의 찬성으로 의결한다(노위법 §17③).

4·나. 의결결과

회의에 참여한 위원은 의결사항에 대해 서명·날인해야 한다(노위법 §17④). 노동위원회는 부문별위원회의 의결결과를 지체없이 당사자에게 통보해야 한다(노위법 §17의2①).

노동위원회는 그 처분에 관해 당사자에게 서면으로 통지해야 하며, 처분의 효력은 명령서·결정서 또는 재심판정서를 받은 날부터 발생한다(노위법 §17의2②).

노동위원회는 서류의 송달을 받아야 할 자가 '소정의 경우'[1]에 해당하면 노동위원회의 게시판이나 인터넷 홈페이지에 게시하는 방법으로 공시송달을 할 수 있으며, 게시한 날부터 14일이 지난 때에 효력이 발생한다(노위법 §17의3).

4·다. 화해권고

노동위원회는 부당노동행위(노조법 §84) 및 부당해고에 대해 구제신청(근기법 §28)에 따른 판정·명령·결정이 있기까지 관계당사자의 신청 또는 직권에 따라 화해를 권고하거나 화해안을 제시할 수 있으며, 화해안을 작성함에 있어 관계당사자의 의견을 들어야 한다(노위법 §16의3①,②). 노동위원회는 관계당사자가 화해안을 수락하면 화해조서를 작성해야 하며, 화해조서에는 관계당사자와 관여 위원 전원이 서명 또는 날인해야 하고, 화해조서는 「민사소송법」에 따른 재판상 화해의 효력을 가진다(노위법 §16의3 ③,④,⑤).

---

1) 주소가 분명치 않은 경우, 주소가 국외에 있거나 통상적 방법으로 확인할 수 없어 서류송달이 곤란한 경우, 등기우편 등으로 송달했으나 송달을 받아야 할 자가 없는 것으로 확인되어 반송되는 경우.

제5절 노동위원회의 권한과 의무

1. 권 한

1·가. 정책 · 행정적 권한

노동위원회의 정책 · 행정적권한으로는 '관계행정기관에 근로조건의 개선권고권(노위법 §22②)', '사무집행을 위해 관계 행정기관에 대한 협조요청권(노위법 §22①)' 등이 있다.

1·나. 업무상 권한

(1) 조사권

노동위원회는 사무집행을 위해 사용자 · 사용자단체 · 노동조합 기타 관계인에 대해 출석 · 보고 또는 필요한 서류의 제출을 요구하거나, 위원장 또는 부문별위원회위원장이 지명한 위원 또는 조사관으로 하여금 사업(장)의 업무상황 · 서류 기타 물건을 조사하게 할 수 있다(노위법 §23①②③, §31) 5백만원벌금).[1)]

노동위원회는 심판사건과 차별적처우 시정사건의 신청인이 제출한 신청서 부본을 다른 당사자에게 송달하고 답변서를 제출하도록 해야 하고, 다른 당사자가 제출한 답변서의 부본을 지체없이 신청인에게 송달해야 한다(노위법 §23④,⑤)

(2) 보고 및 출석요구권

사용자 또는 근로자는 근기법의 시행에 관해 고용장관 · 노동위원회 또는 근로감독관의 요구가 있으면 지체없이 보고하거나 출석해야 한다(근기법 §13).

(3) 직장폐쇄 신고접수권

사용자는 직장폐쇄를 할 경우에는 미리 행정관청 및 노동위원회에 각각 신고해야 한다(노조법 §46②).

---

1) 위원 또는 조사관은 그 권한을 표시하는 증표를 관계인에게 보여 주어야 한다. ; 노동위원회는 당사자 외에 필요하다고 인정되어 출석한 사람에게 비용을 변상한다.

1·다. 중앙노동위원회의 권한

중노위의 권한을 관련법에 따라 정리하면 다음과 같다. 첫째, 노위법상 권한으로 '지노위 또는 특별노위 처분에 대한 재심권(노위법 §26)', '2이상의 지노위 관할구역에 걸친 노동쟁의조정사건담당권(노위법 §3)', '지노위·특별노위에 대한 사무처리 및 법령해석에 관한 지시권(노위법 §24)', ' 지노위·특별노위·부문별위원회 사건 처리에 대한 규칙 제정권(노위법 §25)' 등을 갖는다. 둘째, 노조관련법상 권한으로 '긴급조정시의 고용장관에 대한 의견제시권(노조법 §76②)', '임의중재권 및 긴급조정·중재권(노조법 §78~§80)', '부당노동행위에 대한 긴급이행명령신청권(노조법 §85⑤)', '교원의 노동쟁의 조정 및 중재권(교노법 §9및§10)', '공무원의 노동쟁의조정 및 중재권(공노법 §12및§13) 등이 있다.

1·라. 중앙노동위원회의 처분에 대한 소

중노위의 처분에 대한 소는 중노위위원장을 피고로 해 처분의 통지를 받은 날부터 15일 이내에 이를 제기해야 한다(노위법 §27①). 이 기간은 불변기간이며(노위법 §27③), 소의 제기로 처분의 효력은 정지하지 않는다(노위법 §27②).

2. 의 무

2·가. 비밀준수의무

노동위원회의 '위원이나 직원' 또는 그 '위원이나 직원이었던 자'는 그 직무에 관해 지득한 비밀을 누설해서는 안된다(노위법 §28, §30 1년징역·3백만원벌금). 노동위원회의 사건처리에 관여한 위원이나 직원 또는 그 위원이었거나 직원이었던 변호사·공인노무사 등은 영리를 목적으로 그 사건에 관한 직무를 하면 아니 된다.

2·나. 벌칙에 있어 공무원의제

노동위원회의 위원 중 공무원이 아닌 위원은 형법 기타 법률에 의한 벌칙의 적용에 있어서 공무원으로 본다(노위법 §29).

제 9 장

근로자참여 및 협력증진

제1절 노사협의제도의 의의

1. 개 념

노사협의제도란 단체교섭과는 다른 방법으로 사업(장) 차원에서 근로자대표와 사용자가 일정한 사항에 대해 협의하거나 공동으로 결정하는 제도를 말한다.

노사협의와 유사한 개념으로 노사협력, 근로자참여 등의 표현이 사용된다. 노사협력이란 근로자 또는 근로자집단이 회사와 공동으로 협력적 활동을 하고, 회사는 정보 및 관리기능을 공유해 공동으로 문제해결을 위해 노력하는 과정이다.

근로자참여는 근로자들이 노사협의회를 통해 경영의사결정 및 인사관리과정, 생산관리과정에 직·간접적으로 참여하고 노사의 의사소통을 통해 산업민주주의를 확대하고 근로자의 삶의 질을 향상하며 생산성향상을 도모하는 과정이다.

2. 근 거

2·가. 관련법령

노사협의제도는 「근로자참여및협력증진에관한법률」(근참법)과 그 시행령(근참령)에 따라 규율되고 있다.

2·나. 입법목적

근참법은 노사쌍방이 참여와 협력을 통해 노사공동의 이익을 증진함으로써 산업평화를 도모하고 국민경제발전에 이바지함을 목적으로 한다(근참법 §1).

2·다. 적용대상

근참법이 적용되는 근로자 및 사용자의 개념은 근기법상 근로자 및 사용자의 개념과 동일하다(근참법 §3ii, iii). 이때 해고의 효력을 다투는 자는 근로계약관계에 있지 않기 때문에 근로자위원이 될 수 없다. 근로자와 사용자는 신의를 바탕으로 성실하게 협의에 임하여야 한다(근참법 §2).

3. 특 징

3·가. 노사협의제도의 설계

우리나라 노사협의제도의 특징은 몇 가지로 정리할 수 있다. 첫째, 법령에 따라 사업(장) 단위로 그 설치와 운영이 강제된다. 둘째, 노사동수로 구성되는 협의체방식을 취하고 있다. 셋째, 노사공동이익을 추구하는 협의회를 운영하면서 근로자들에게 결정권을 주지 않는 경영협의성격을 가지고 있다(근참법 §20, §21, §22). 넷째, 노동조합이 관여하면서 기능적으로는 분리하는 체계를 취하고 있다. 근로자의 과반수로 조직된 노동조합에게 근로자위원의 위촉권을 주고 있다(근참법 §6②). 다섯째, 보고·협의·의결사항을 통해 경영참가적요소를 포함하고 있다. 여섯째, 노사협의회의 조직·운영에 관해 행정지도와 감독을 할 수 있다(근참법 §11).

3·나. 단체교섭과 노사협의

노사협의는 사용자의 의사결정과정에 근로자가 참여한다는 점에서 단체교섭과 유사한 기능을 갖는다. 그러나 이 둘은 주체, 수단, 대상 등이 다르다. 첫째, 단체교섭은 노동조합이 주체이고 노사협의는 종업원대표가 맡는다. 그러나 실제에 있어서는 많은 경우 조합원이 종업원대표가 된다. 우리나라도 노동조합의 참여를 허용하고 있다. 둘째, 단체교섭은 쟁의행위를 통해 합의를 강요할 수 있다. 그러나 노사협의는 그러한 수단을 못 가짐으로써 의견불일치를 조정할 수 있는 제도적보장이 약하다. 우리나라는 '당사자합의에 의한 요구'를 전제로 한 중재제도를 두고 있다. 셋째, 유럽에서는 단체교섭은 이해대립사항인 근로조건을, 노사협의는 이해공통사항인 경영과 생산을 다룬다는 노사관계이원론이 형성되어 왔다. 이 이론[1]에 따르면 노사협의제도는 협동적노사관계라는 영역을 구축한다.

---

1) 김형배, 『노동법』, 제20판, 1113쪽 이하.

노사관계이원론은 산업별·직종별노조 아래서 역할분담의 개념으로 발전해왔다. 우리나라에서는, 근로조건과 경영사항이 명확하게 구분이 안 되며,[1] 기업별노조체계 때문에 이원적분류가 큰 의미를 갖지 못한다. 노조법(§47 §48)도 근로조건외에 기타 노동관계와 노사협의를 노동쟁의조정의 대상으로 삼고 있고, "노동조합의 단체교섭이나 그 밖의 모든 활동은 근참법의 영향을 받지 않는다(근참법 §5)"고 함으로써 단체교섭우위의 입장에서 이원적구분을 배제하고 있다.[2]

제2절 노사협의회의 설치

1. 노사협의회 개념

노사협의회(협의회)라 함은 근로자와 사용자가 참여와 협력을 통해 근로자의 복지증진과 기업의 건전한 발전을 도모하기 위해 구성하는 협의기구를 말한다(근참법 §3 i).

2. 설치의무

상시근로자수가 30명이상인 사업(장)은 협의회를 의무적으로 설치해야 한다(근참법§4①, §30① 거부·방해시1천만원벌금).[3] 상시30명미만의 근로자를 사용하는 사업(장)'은 임의적설치대상이다. 하나의 사업에 지역을 달리하는 사업장이 있을 경우에는 그 사업장에도 협의회를 설치할 수 있다(근참법 §4②). 협의회는, 노사가 협의사항을 결정해 이행할 수 있는 단위가 되도록, 근로조건결정권이 있는 사업(장)단위로 설치되어야 한다.

3. 설치절차

3·가. 설치공고

사용자는 협의회를 설치할 사유가 발생하면 협의회의 의미·필요성, 협의회의

1) 일본은 노사협의회가 단체교섭 예비단계의 역할을 하거나, 단체교섭을 대체하는 역할을 하거나, 단체협약과는 별개로 경영참가만 하는 등 그 형태가 다양하다(임종률, 『노동법』, 제9판, 596쪽).

2) 김유성, 『노동법II』, 432쪽.

3) 지역별로 30명미만으로 분산되어도 전체적으로 30인이상이면, 주된 사무소에 협의회 설치(근참령 §2).

지위·비전, 위원의 역할, 경영 및 인사전략에 관한 사항 등의 내용이 포함된 공고를 하는 것이 필요하다.

3·나. 준비위원회 구성

협의회설치를 추진하기 위해 '설치준비위원회'를 구성하는 것이 바람직하다. 준비위원회는 의견수렴과정을 거친 후 협의회위원수, 위원구성방법, 근로자위원 선출방법 등 구체적인 설치업무를 수행한다.

3·다. 노사협의회 구성

(1) 노사동수원칙

협의회는 근로자와 사용자를 대표하는 같은 수의 위원으로 구성하되, 각 3명 이상 10명 이하로 한다(근참법 §6①).

(2) 위원선출

① 근로자위원

㈎ 위 촉

'근로자과반수로 조직된 노동조합(과반수노조)'이 있는 경우에는 노동조합의 대표자와 그 노동조합이 위촉하는 자를 근로자위원으로 한다(근참법 §6②). 위촉이나 해촉은 총회, 대의원회 등 민주적절차를 통해 결정되어야 한다. 위촉은 특정개인을 그 대상으로 하나 수석부위원장·조직부장 등 직명위촉도 가능하다. 과반수노조는 비조합원을 포함한 전체 근로자에 대해 대표성을 확보하고 있다고 보기 어렵다.

㈏ 선 출

㉮ 선거관리

선거관리는 협의회설치준비위원회가 법령의 범위 내에서 정한 기준에 따른다.

선거를 위한 시설이나 물품이용, 선거활동, 투·개표시간 할애, 그 밖의 편의제공에 대해서는 근로자측과 사용자측의 준비위원이 협의하여 결정한다.

근로자위원 입후보자는 해당 사업(장)의 근로자로서, 근로자 10명이상의 추천을 받아야 한다(근참령 §3②). 이 경우 서면추천이 바람직하고, 복수추천도 가능하다.

㉯ 선출방식

선출방식은 근로자의 직접·비밀·무기명투표에 의한다.

직접이라 함은 대리인에 의한 투표를 인정하지 않는다는 의미이지 직선제를 의미하지는 않는다. 따라서 작업부서별로 근로자수에 비례하여 근로자위원을 선출할 근로자(위원선거인)를 선출하고 위원선거인 과반수의 직접·비밀·무기명투표로 근로자위원을 선출할 수 있다(근참령 §3①). 부서별 또는 지역별로 근로자위원수를 정하고 직접·비밀·무기명투표에 따라 근로자위원을 선출하는 것도 가능하다.[1)]

무투표당선을 인정되지 않는다. 후보자수가 위원수와 같더라도 투표절차를 거쳐야 하며, 선출정족수를 정해 찬반투표형식을 취하는 것도 가능하다.

㉰ 선출효과

선출정족수에 대해서는 정함이 없다. 투표결과 다수득표순으로 위원수에 해당하는 당선자를 결정하면 된다.

㉱ 사용자의 의무

사용자는 근로자위원선출에 개입하거나 방해해서는 안된다(근참법 §10①). 선출에 개입·방해하는 행위'에 대해 고용장관이 시정명령을 내릴 수 있다(근참법 §11,§31)(시정명령불이행시 5백만원벌금).

② 사용자위원

사용자위원은 해당 사업이나 사업장의 대표자와 그 대표자가 위촉하는 자로 한다(근참법 §6③). 특정개인을 위촉하는 것이 원칙이지만 인사담당이사, 노무부장, 생산부장 등 직명위촉도 가능하다.

(3) 위원임기

① 임 기

근로자 및 사용자 위원의 임기는 3년으로 하되 연임할 수 있다(근참법 §8①).

위원은 퇴직, 휴직, 승진, 징계, 전출, 노조집행부교체 등의 사유가 있으면 임기 중이라도 자동적으로 또는 협의회의 결정으로 위원자격을 상실할 수 있다.

② 보궐위원

보궐위원의 임기는 전임자임기의 남은 기간으로 하며, 임기가 끝난 경우라도 후임자가 선출될 때까지 계속 그 직무를 담당한다(근참법 §8②③).

근로자위원의 결원이 생기면 30일 이내에 보궐위원을 위촉하거나 선출하되, 선출의 경우 차점자를 근로자위원으로 할 수 있다(근참령 §4).

---

1) 노사협력복지과-1925, 2004.8.13.

(4) 위원지위

위원은 비상임·무보수로 한다(근참법 §9①). 특히 근로자위원은 근로자를 대표하는 지위에서 활동하기 위해 독립성과 공정성이 요청되기 때문이다.

사용자는 협의회 위원으로서의 직무수행과 관련해 근로자위원에게 불이익을 주어서는 안된다(근참법 §9②). 협의회 출석시간과 이와 직접 관련된 시간으로서 협의회규정(근참법 §18)으로 정한 시간은 근로한 시간으로 본다(근참법 §9③). 야간이나 휴일에 협의회를 개최하면 야간 및 휴일근로수당이 지급되어야 한다.

(5) 조 직

① 의 장

협의회의 의장은 위원 중에서 호선하고, 근로자위원과 사용자위원 중 각 1명을 공동의장으로 할 수 있다(근참법 §7①). 의장의 선출방법은 노사협의회규정(협의회 규정)에 따르고, 규정되어 있지 않다면 협의회에서 노사가 자율적으로 결정하면 된다.

의장은 협의회를 대표하며 회의업무를 총괄한다(근참법 §7②). 의장의 임기는 협의회운영에 지장을 주지 않는 범위 내에서 협의회규정에 따라 자율적으로 정한다.

② 간 사

노사쌍방은 회의결과의 기록 등 사무를 담당하는 간사 1명을 각각 둔다(근참법 §7③). 선출방법, 임기 등은 협의회규정이나 자율적인 결정에 따른다.

4. 노사협의회규정

협의회는 그 조직과 운영에 관한 규정(협의회 규정)을 제정하고 협의회를 설치한 날부터 15일 이내에 고용장관(지방노동 관서장)에게 신고해야 하며(근참법§18,§33① 2백만원과태료), 변경한 때에도 마찬가지이다. 협의회규정은 노사협의회 운영에 관한 기본적인 자치규범이다. 협의회규정을 제정하거나 변경할 경우에는 노사협의회의 의결을 거쳐야 한다.

협의회규정에는 협의회위원수, 근로자위원의 선출절차와 후보등록, 사용자위원의 자격, 근로로 간주되는 시간, 회의소집·회기 그 밖의 운영, 임의중재 방법·절차 등, 고충처리위원수 및 고충처리에 관한 사항이 포함되어야 한다(근참령 §5).

제3절 노사협의회의 운영

1. 회의개최

협의회는 3개월마다 정기적으로 회의를 개최해야 하고(근참법§12①,§32 2백만원벌금), 필요에 따라 임시회의를 개최할 수 있다(근참법 §12②).

2. 회의소집

의장은 협의회의 회의를 소집하며 그 의장이 된다(근참법 §13①). 의장은 노사일방의 대표자가 목적을 문서로 밝혀 회의소집을 요구하면 따라야 한다(근참법 §13②). 의장은 회의개최 7일전에 회의일시·장소·의제 등을 각 위원에게 통보해야 한다(근참법 §13③).

3. 회의절차

노사는 각각 조직의 의견을 수렴해 논의할 사항을 정리한 후 각 대표가 이를 최종으로 확인해 안건으로 확정한다. 근로자위원은 의제 중 협의사항·의결사항 관련 자료를 회의개최 전에 사용자에게 요구할 수 있으며 사용자는 성실히 따라야 한다. 다만, 그 요구자료가 기업의 경영·영업상의 비밀이나 개인정보에 해당하는 경우에는 그렇지 않다(근참법 §14). 협의회는 회의를 공개한다. 다만 고충처리·경영기밀 등 성격상 공개하기 어려운 사항은 협의회의 의결로 공개되지 않을 수 있다(근참법 §16).[1] 협의회위원은 협의회에서 알게 된 비밀을 누설해서는 안된다(근참법 §17).

회의는 근로자위원과 사용자위원 각 과반수의 출석으로 개최하고 출석위원 2/3 이상의 찬성으로 의결한다(근참법 §15). 협의회는 '개최일시 및 장소', 출석위원, '협의내용 및 의결된 사항' 및 그 밖의 토의사항을 기록한 회의록을 작성해 갖추어 두어야 한다(근참법 §19①). 회의록은 작성한 날부터 3년간 보존해야 한다(근참법 §19②). 회의록에는

1) 노사협력복지과-1925, 2004.8.13.

출석위원 전원이 서명하거나 날인해야 한다(근참령 §6).

4. 편의제공

사용자는 근로자위원의 업무를 위해 장소사용 등 기본적인 편의를 제공해야 한다(근참법 §10②). 이 규정은 근로자위원에게 사무실을 배정해야 한다는 의미는 아니며, 협의회운영을 위해 근로자의 의견을 청취하고 자료를 정리할 수 있도록 회의실 등 공간을 활용할 있도록 하는 것을 의미한다.

제4절 노사협의회의 임무

1. 보고사항

사용자는 정기회의에 보고의무사항을 성실하게 보고하거나 설명해야 한다(근참법 §22①). 보고의무사항은 경영계획 전반 및 실적, 분기별 생산계획과 실적, 인력계획, 기업의 경제·재정이며 그 밖에 '사용자가 보고하도록 협의회에서 의결된 사항' 및 '근로자가 정당하게 보고를 요구한 사항'도 해당된다(근참법§22① i ~ iv 근참칙§5).

사용자가 보고의무를 이행하지 않으면 근로자는 보고의무사항과 관련된 자료를 제출하도록 요구할 수 있으며, 사용자는 그 요구에 성실히 따라야 한다(근참법§22③, §31 5백만원벌금).

근로자위원은 근로자의 요구사항을 협의회에 보고하거나 설명할 수 있다(근참법 §22②).

2. 협의사항

협의사항은 인력의 배치운영, 생산성, 산업안전 및 복지로 크게 분류된다. 구체적으로는 생산성향상·성과배분, 채용·배치·교육훈련, 고충처리, 안전·보건·작업환경개선·근로자건강증진, 인사·노무관리제도개선, '경영상·기술상 사정으로 인한 인력의 배치전환·재훈련·해고 등 고용조정 일반원칙', '작업과 휴게 시간운용', '임금의 지불방법·체계·구조 등 제도개선', '신기계·기술도입 또는 작업공정개선', 작업수칙제·개정, 종업원지주제·재산형성지원, '직무발명 등의 보상', '근로자의 복지증진', '사업장내 근로자 감시설비의 설치', '모성보호 및 일·가정·생활 양립지원', '고평법(§2 ii)에 따른 직장내성희롱 및 고객 등에 의한 성희롱예방', '그 밖의 노사협조에 관한 사항'이 협의사항으로 나열되어 있다(근참법 §20①). 협의사항에 대해 실효성을 보장할 수 있는 제도는 마련되어 있지 않다. 근참법은 협의사항들에 대해 합의까지 요구하지 않으나, 당사자가 원하는 경우 의결사항에 준해 의결하는 것을 인정한다.

3. 의결사항

3·가. 내 용

근참법(§21)은 교육과 복지사항을 의결사항으로 규정하고 있다. 구체적으로는 '교육훈련 및 능력개발기본계획의 수립', '복지시설의 설치와 관리', '사내근로복지기금 설치', '고충처리위원회에서 의결되지 않은 사항', 그리고 '각종 노사공동위원회의 설치'가 이에 해당한다.

3·나. 공 지

협의회는 의결된 사항을 신속히 근로자에게 널리 알려야 한다(근참법 §23). 과반수노조에 따라 구성된 노사협의회의 의결결과도 전체 근로자에게 효력이 있으므로 이들 모두를 대상으로 공지해야 한다. 공지는 의장명의로 하되 사내방송·사내정보망·사보 등 적절한 방법으로 한다.

3·다. 효 력

근로자와 사용자는 협의회에서 의결된 사항을 성실하게 이행해야 한다(근참법§24,§30 ii 1천만원벌금). 의결사항은 이행된 경우나 그 유효기간이 도래한 경우에 효력이 소멸되며, 유효기간을 따로 정하지 않으면 효력을 소멸시키는 별도의 의결절차를 거치거나 새로운 의결사항으로 대체될 때까지 유효하다.

3·라. 노사협의회 임의중재

협의회는 '의결사항(근참법 §21)에 관해 협의회가 의결치 못한 경우'와 '의결된 사항의 해석이나 이행방법 등에 관해 의견이 일치하지 않는 경우'에 근로자위원과 사용자위원의 합의로 협의회에 중재기구를 두어 해결하거나 노동위원회(공익위원3인 심판위원회)나 그 밖의 제3자에 의한 중재를 받을 수 있다(근참법 §25①). 중재결정이 있으면 협의회의 의결을 거친 것으로 보며 노사는 그 결정에 따라야 한다(근참법§25②, §30iii 1천만원벌금).

제5절 고 충 처 리

1. 의 의

고충처리제도는 근로자들의 불만이 쌓여 노동쟁의의 요인이 되는 것을 사전에 예방하고 노사합의로 고충을 해결함으로써 노사의 협력관계를 증진시키는데 목적이 있다. 근참법은 고충처리가 활발히 이루어지도록 사업장마다 고충처리위원을 두도록 하고 그 처리절차를 규정하고 있다.

2. 고충처리위원

2·가. 근 거

30인 이상 사업(장)은 근로자의 고충을 청취하고 고충처리위원을 두어야 한다(근참법§26, §32 2백만원벌금). 고충처리위원은 근로자들의 고충을 해결하기 위한 상담자 또는 지원자의 역할을 한다.

2·나. 구 성

고충처리위원은 노사를 대표하는 3명 이내의 위원으로 구성하되, 협의회가 설치되어 있으면 협의회가 그 위원 중에서 선임하고, 협의회가 설치되어 있지 않으면 사용자가 위촉한다(근참법 §27①).

2·다. 임 기

고충처리위원의 임기에 관해서는 협의회 위원과 동일한 규정(근참법 §8)이 준용되어 3년으로 하되, 연임할 수 있다(근참법 §27②). 보궐위원의 임기는 전임자임기의 남은 기간으로 하고, 임기가 만료된 후에도 후임자를 선출할 때까지 계속 그 직무를 수행한다.

2·라. 대 우

고충처리위원은 비상임·무보수로 하고, 사용자는 고충처리위원의 직무수행과 관련해 고충처리위원에게 불리한 처분을 해서는 안 되며, 고충처리위원이 고충사항처리협의와 고충처리업무에 사용한 시간은 근로시간으로 본다(근참령 §8).

3. 고충처리방법

3·가. 처리절차

고충처리위원은 근로자로부터 고충사항을 청취한 경우, 10일 이내에 조치사항과 그 밖의 처리결과를 해당근로자에게 통보해야 한다(근참법 §28①). 근로자는 고충사항이 있는 경우에는 고충처리위원에게 구두 또는 서면으로 신고하고, 신고를 접수한 고충처리위원(근참법 §26)은 지체없이 처리해야 한다(근참령 §7).

고충처리위원이 처리하기 곤란한 사항은 협의회회의에 부쳐 처리한다(근참법 §28②).

3·나. 기록보존

고충처리위원은 고충사항의 접수 및 그 처리에 관한 대장 즉, 고충사항접수·처리대장을 작성해 갖추어 두고 1년간 보존해야 한다(근참령 §9). 다만, 해당 근로자가 원하지 않으면 상세한 사항을 기록하지 않을 수 있다.

3·다. 사용자의무

사용자는 가능한 한 상담실에서 상담이 이루어지도록 필요한 조치를 취할 것이 요청된다. 아울러 근로자고충사항의 처리를 위해 인터넷홈페이지, 사내신문고 등 최고경영자에게 직접 고충을 제기할 수 있는 등 다양한 채널을 확보하는 것이 바람직하다.

제 4 편

노동시장 관련법

제 1 장
고 용 정 책

제1절 총　괄

헌법(§32)의 근로권은 사회권적 기본법의 성격을 갖는다. 국가는 근로권의 실현을 위해 적극적인 조치를 취할 의무를 갖는다. 우리나라는 근로권을 실현하고자 근로자의 권리를 보호하는 개별적근로관계법 체계와 함께 일자리의 창출과 안정을 지원하는 노동시장관련법 체계를 갖추고 있다.

제2절 고용정책기본법

1. 의 의

고용정책에 관한 법률의 제정과 개정은 고정법의 목적과 기본원칙에 맞아야 한다(고정법 §4). 고정법(§1)은 "국가가 고용에 관한 정책을 수립·시행하여 국민 개개인이 평생에 걸쳐 직업능력을 개발하고 더 많은 취업기회를 가질 수 있도록 하는 한편, 고용안정, 일자리창출과 원활한 인력확보를 지원하고 노동시장의 효율성과 인력수급의 균형을 도모함으로써 국민의 삶의 질 향상과 지속가능한 경제성장 및 고용을 통한 사회통합에 이바지함"을 목적으로 한다.

2. 적 용

고정법은 국가의 고용정책에 대한 기본원칙(고정법 §3)과 국가·지자체가 시행할 시책(고정법 §6)을 규정하고, 근로자·사업주·노동조합과 사업주단체의 책임과 의무(고정법 §5)를 규정하고 있다. 고정법에서 근로자란 “사업주에게 고용된 사람과 취업할 의사를 가진 사람”을 말한다(고정법 §2).

3. 균등처우

고정법(§7)은 사업주로 하여금 근로자를 모집·채용할 때 합리적인 이유 없이 성별, 신앙, 연령, 신체조건, 사회적신분, 출신지역, 학력, 출신학교, 혼인·임신 또는 병력(病歷) 등을 이유로 차별을 해서는 안 되며, 균등한 취업기회를 보장하도록 규정하고 있다. 차별금지원칙은 고용서비스를 제공하는 자가 그 업무를 수행할 때, 직업능력개발훈련을 실시하는 자는 훈련대상자의 모집, 훈련의 실시 및 취업지원 등을 하는 경우에도 적용된다.

4. 정책수립

고용장관은 관계 중앙행정기관장과 협의하고 고용정책심의회의 심의와 국무회의를 거쳐 5년마다 고용정책기본계획을 수립해야 하고(고정법 §8), 지역고용심의회의 심의를 거쳐 지역고용정책기본계획을 수립·시행해야 하며(고정법 §9), 시·도지사 및 시장·군수·구청장은 일자리창출대책을 수립·공표할 수 있다(고정법 §9의2).

5. 직업안정

국가는 시책을 추진하는 경우에 지역별로 직업안정기관을 설치·운영해야 한다(고정법 §11). 국가는 민간고용서비스산업 발전시책을 수립·시행하고, 민간기관과 협력·지원할 수 있다(고정법 §12). 중앙행정기관장과 지자체장은 고용영향평가를 하고, 그 결과를 정책의 수립·시행에 반영하도록 노력해야 한다(고정법 §13).

6. 고용정보

고용장관은 구직·구인 정보, 산업별·지역별 고용동향, 노동시장정보, 직업의 현황·전망정보, 직업능력개발훈련 정보, 재정지원일자리정보 및 그 밖의 "고용·직업 정보"를 수집·관리해야 한다(고정법 §15). 300명이상사업(장)의 사업주는 매년 근로자의 고용형태현황을 공시해야 한다(고정법 §15의6). 고용장관은 인력수급동향·전망을 매년 공표해야 하며(고정법 §16), 산업별·직업별·지역별 고용구조 및 인력수요 등에 관한 통계를 공표해야 한다(고정법 §17). 고용정보수집·제공, 직업조사·연구 등 수탁업무와 고용지원업무를 수행하기 위해 한국고용정보원이 법인으로 설립되어 있고(고정법 §18), 그 산하에 직업체험·교육프로그램과 직업상담·심리검사서비스 등의 업무를 수행하는 한국잡월드가 운용되고 있다(고정법 §18의2).

7. 직업능력개발

고정법은 국가에 대해 직업능력개발을 촉진·지원하기 위해 필요한 시책을 수립·시행토록 하고, 각종 훈련을 연계토록 하며, 필요한 사항은 따로 법률을 제정토록 하고 있다(고정법 §19). 사업주는 소속근로자에 대해 필요한 직업능력개발훈련을 실시하고 근로자는 직업능력개발노력을 해야 하며 국가는 이를 지원한다(고정법 §20). 국가는 기술·기능인력양성시책을 시행해야 하며(고정법 §21), 직업능력평가기준을 설정해 검정제도를 확립·확산토록 노력해야 한다(고정법 §22).

8. 고용촉진

직업안정기관장은 구직자가 그 적성·능력·경험 등에 맞게 취업할 수 있도록 체계적고용서비스를 제공해야 한다(고정법 §23). 국가는 학생 등에 대해 직업정보를 제공하며, 직업적성검사 등 직업지도를 받을 수 있게 지원해야 한다(고정법 §24).

국가는 청년·여성·고령자 등을 위해 적합직종개발, 직업능력개발훈련과정개설, 고용기회확대제도 마련, 법령정비 등 필요한 대책을 수립·시행한다(고정법 §25).

국가는 취업취약계층 취업지원 프로그램을 지원해야 하며(고정법 §26), 일용근로자와 파견근로자 등의 고용안정조치를 취해야 하고(고정법 §27), 법인·단체가 사회적일자리를 창출하는 경우에 필요한 지원을 할 수 있다(고정법 §28). 국가는 기업의 고용창출·고용유지·인력재배치 등 지원대책을 수립·시행해야 한다(고정법 §29). 고용장관은 중소기업 인력확보지원계획을 수립·시행할 수 있다(고정법 §30). 국가는 노동시장에서의 원활한 인력수급을 위해 외국인근로자를 도입할 수 있으며, 이 경우 국민고용이 침해되지 않도록 노력해야 한다(고정법 §31).

9. 고용조정

고용장관은 경제사정변화 등으로 고용사정이 급격히 악화되거나 악화될 우려가 있는 업종 또는 지역에 대해 사업주의 고용조정, 실업예방, 실업자의 재취업 촉진, 실업자의 생활안정을 위해 필요한 지원을 할 수 있다(고정법 §32). 고용장관은 고용재난지역선포를 대통령에게 건의할 수 있고(고정법 §32의2), 실업대책사업을 실시할 수 있다(고정법 §34). 사업주는 생산설비의 자동화·신설·증설이나 사업규모의 축소·조정 등으로 인한 고용량변동사항을 직업안정기관장에게 신고해야 한다(고정법 §33).

제3절 고 용 보 험

1. 고용보험의 의의와 적용

1·가. 의 의

(1) 개 념

고용보험이란 전통적 의미의 실업보험사업, 고용안정사업과 직업능력개발사업을 연계해 시행하는 사회보험제도이다. 실업보험이 단순하게 실업자의 생계를 지원하는 사후적·소극적인 사회보장제도에 그치는 반면에, 고용보험은 실직자에 대한 생계지원은 물론 재취업촉진, 실업예방, 고용안정, 노동시장 구조개편, 직업훈련 등을 위한 사전적·적극적 차원의 종합적인 인력정책수단이다.

(2) 목 적

고보법은 고용보험의 시행을 통해 실업예방, 고용촉진 및 직업능력개발과 향상을 꾀하고, 국가의 직업지도와 직업소개 기능을 강화하며, 근로자가 실업한 경우에 생활에 필요한 급여를 실시해 근로자의 생활안정과 구직활동을 촉진함으로써 경제·사회발전에 이바지하는 것을 목적으로 한다(고보법 §1).

(3) 고용보험제도 관장·관리

고용보험은 고용장관이 관장한다(고보법 §3). 고용장관은 급여에 대해서는 직업안정기관, 징수에 대해서는 근로복지공단(공단)을 통해 그 업무를 수행한다. 고용보험시행과 관련한 주요사항은 고용부의 고용보험위원회에서 심의한다(고보법 §7).

1·나. 고용보험 적용

(1) 적용대상

① 적용사업

고용보험은 모든 사업(장)에 적용되는 것을 원칙으로 하되 산업별 특성 및 규모 등을 고려해 '대통령령으로 정하는 사업'[1]에 대해 적용되지 않는다(고보법 §8①).

당연적용사업장이 아닌 사업장의 사업주는 근로자과반수의 동의를 받아 공단의 승인을 받으면 임의적용사업장으로 고용보험에 가입할 수 있다(징수법 §5②). 당연가입사업의 규모가 변동되는 등의 사유로 인해 적용제외사업에 해당되면 그 날부터 고용보험에 임의가입한 것으로 본다(징수법 §6①).

② 적용근로자

고보법에서 피보험자라 함은 고용보험에 가입되거나 가입된 것으로 보는 '근로자·예술인·노무제공자(징수법 §5①②, §6① §8①②, §48의2①, §48의3①)와 자영업자(징수법 §49①②)(자영업자인 피보험자)이다. 예술인·노무제공자에게는 고보법 제5장의2와 제5장의3에 적용특례를 따로 정하고 있다. 소정의[2] 사람에게 고보법이 적용되지 않는다(고보법 §10).

---

1) <통계법에 따른한국표준산업분류 기준 적용> ⓐ 농업·임업·어업 또는 수렵업 중 법인이 아닌 자가 4명 이하 사업, ⓑ 총공사금액(징수령 §2①ⅱ)이 2천만원 미만인 공사와 연면적 100제곱미터 이하인 건축물의 건축 또는 연면적이 200제곱미터 이하인 건축물의 대수선에 관한 공사, 고보법 제15조제2항 각호에 해당하는 자가 시공하는 공사는 제외, 총공사금액이 2천만원 미만인 건설공사가 설계변경(사실상 설계변경이 포함)으로 인하여 2천만원 이상의 건설공사에 해당하게 되거나 징수법(§8①②)에 따라 일괄적용을 받게 되는 경우에는 그 때부터 법규정 전부 적용, ⓒ 가구 내 고용활동 및 달리 분류되지 아니한 자가소비 생산활동

2) ⓐ 소정근로시간이 대통령령으로 정한 시간 미만인 자[1개월정근로시간이 60시간미만인 자(1주소정근로시간

(2) 보험가입 및 소멸신고

보험관계의 성립 및 소멸에 대해서는 징수법으로 정하는 바에 따른다(고보법 §9).

(3) 고용보험 피보험자격

① 취득과 상실

피보험자는 고보법이 적용되는 사업에 고용된 날에 피보험자격을 취득하며 '소정의 경우'[1]에는 각각 그 해당되는 날에 피보험자격을 취득한 것으로 보고, 자영업자인 피보험자는 '보험관계가 성립한 날'(징수법 §7iii)에 피보험자격을 취득한다(고보법 §13). 피보험자는 '소정의 날'[2]에 각각 그 피보험자격을 상실하고, 자영업자인 피보험자는 '보험관계가 소멸한 날'(징수법§7 i ~iii)에 피보험자격을 상실한다(고보법 §14).

② 신 고

사업주는 고용된 근로자의 피보험자격의 취득 및 상실 등에 관한 사항을 고용장관에게 신고해야 하며(고보법§15①,§118① i 3백만원과태료), 이를 이행하지 않으면 근로자가 고용관계를 증명하는 서류와 함께 신고할 수 있다(고보법§15③ 고보령§8). 자영업자인 피보험자는 피보험자격의 취득 및 상실에 관한 신고를 하지 않는다(고보법 §15⑦).

③ 이직 및 피보험자격 확인

사업주는 근로자의 피보험자격상실을 신고할 때(고보법 §15①) 피보험단위기간·이직사유·'이직전 지급 임금·퇴직금' 등의 명세를 증명하는 이직확인서를 고용장관에게 제출해야 한다. 다만, 수급자격인정신청을 원치 않는 피보험자격상실자(고보법 §43①)(일용근로자 제외)에 대해서는 그렇지 않다(고보법 §16①).

이 15시간미만인 자 포함)를 말한다. 다만, 3개월 이상 계속하여 근로를 제공하는 자와 일용근로자(고용보험법 §2.6호)"라 한다) 제외] ⓑ 국가공무원법과 지방공무원법에 따른 공무원[별정직 및 임기제는 임의가입 가능. 해당자가 임용일부터 3개월 내에 직업안정기관에 신청해야 하는데 재임용·승급임용·근무지변경은 임용에 해당되지 않음(고용지원실업급여과-1839, 2016.5.18. 공중보건의 관련)], ⓒ 사립학교교직원연금법 적용자, ⓓ 대통령으로 정하는 자(별정우체국법에 따른 별정우체국직원.) ; 65세 이후에 고용되거나 자영업을 개시한 자'는 제4장(실업급여)과 제5장(육아휴직급여)의 적용제외대상이다(고보법§10②).

1) ⓐ 적용제외근로자자가 적용을 받게 된 날, ⓑ 징보험관계성립일 전에 고용된 근로자의 보험관계성립일.

2) ⓐ 피보험자가 적용제외근로자 된 날, ⓑ 보험관계소멸일, ⓒ 이직일 다음 날, ⓓ 사망일 다음 날.

2. 고용보험사업

2·가. 고용안정 · 직업능력개발사업

(1) 의 의

① 목 적

고용안정 · 직업능력개발사업(고보법 제3장)은 피보험자 및 피보험자였던 자 그 밖의 취업의사를 가진 자에 대한 실업예방, 취업촉진, 고용기회확대, 직업능력개발 · 향상의 기회제공 · 지원, 그 밖에 고용안정과 사업주에 대한 인력확보를 지원하기 위하여 실시함을 목적으로 한다(고보법 §19①).

② 우선지원

고용장관은 고용안정 · 직업능력개발 사업을 실시할 때에는 근로자의 수, 고용안정 · 직업능력개발을 위하여 취한 조치 및 실적 등 대통령령(고보령 §12)으로 정하는 우선지원대상기업(중소 기업등)을 우선 고려해야 한다(고보법 §19②).

(2) 고용안정사업

① 고용창출지원사업

고용장관은 고용환경개선, 근무형태변경 등으로 고용기회를 확대한 사업주에게 임금의 일부를 지원을 할 수 있다(고보법§20 고보령§17).

② 고용조정지원사업

고용장관은 경기변동, 산업구조변화 등에 따른 사업규모축소, 사업의 폐업 또는 전환으로 고용조정이 불가피하게 된 사업주가 휴업, 직업전환에 필요한 직업능력개발훈련, 인력재배치 등을 실시하거나 그 밖에 고용안정을 위한 조치를 하면 그 사업주를 지원할 수 있다. 이 경우 휴업이나 휴직 등 고용안정을 위한 조치로 임금(근기법 §2①5)이 감소하는 근로자에게도 필요한 지원을 할 수 있다(고보법 §21①).

고용조정지원사업은 고용유지지원금[1]과 전직지원장려금[2]으로 구성된다.

---

1) 고용조정이 불가피한 사업주(고보법 §21①)가 피보험자에게 근로시간단축이나 휴직을 통해 고용유지조치를 취해 피보험자를 이직(고용유지기간과 이후 1개월동안)시키지 않으면 지급된다(고보령 §19).

2) 고용조정이 불가피한 사업주(고보법 §21①)가 '피보험자이거나 피보험자이었던 자로서 고용조정, 정년 또는 근로계약기간종료에 따라 이직예정이거나 이직한 자'에게 신속한 재취업을 지원하기 위해 지급된다(고보령 §22).

③ 고용촉진지원사업

고용촉진지원사업은 고용촉진장려금,[1] 지역고용촉진,[2] 고령자고용촉진,[3] 임금체계·정년연장 지원,[4] 임신·출산여성고용안정지원사업[5] 등으로 구성된다.

④ 건설근로자고용안정지원사업 및 기타 지원

고용장관은 건설근로자 등 고용상태가 불안정한 근로자를 위해 사업주나 사업주단체에게 "고용상태개선사업", "계속적고용기회부여 등 고용안정사업" 및 "대통령령으로 정하는 고용안정사업"을 지원할 수 있다(고보법 §24①).

고용장관은 여러 사업에 대해 지원 또는 대부할 수 있으며(고보법§25① 고보령§35), 상담시설, 어린이집 등을 설치·운영하는 자에게 필요한 지원을 할 수 있다(고보법 §26).

(3) 능력개발지원사업

① 사업주지원

(가) 일반사업장

고용장관은 '훈련과정인정(직능법 §24)을 받은 직업능력개발훈련(고보령 §41①)'을 실시하는 사업주에게 훈련비용을 지원(고보법 §28 고보령§41②③, §42)할 수 있으며(고보법 §27), 지원금액은 해당연도의 고용보험료(징수법 §16의3) 또는 개산보험료(징수법 §17) 중 고용안정·직업능력개발사업의 보험료에 일정비율을 곱한 금액으로 하되, 한도는 대통령령(고보령 §42)으로 정한다(고보법 §28).

(나) 건설사업장

고용장관은 건설업의 사업주나 사업주단체가, 일정한 사업장에 고용되지 않은 건설근로자로서 고용장관이 고시하는 자의 직업능력개발·향상을 위해 직업능력개발훈련을 실시하는 경우에는 해당비용 일부를, 훈련수당을 지급한 경우에는 필요비용을 지원할 수 있다(고보법§32 고보령§54).

---

1) 취업프로그램이수자·중증장애인 등 소정의 취약근로자로서 구직등록한 피보험자를 6개월 이상 고용하면, 고용기간에 따라 다른 수준의 고용촉진장려금이 금액한도 및 인원한도 내에서 일부대상을 예외로 하면서 사업주에게 지급될 수 있다(고보법 §23, 고보령 §26).

2) 고용장관은 고용기회가 뚜렷이 부족하거나 산업구조변화로 고용사정이 급속하게 악화되고 있는 지역으로 사업을 이전하거나 그 지역에서 사업을 신설 또는 증설하여 실업예방과 재취업촉진에 기여하거나 그 밖에 고용기회 확대에 필요한 조치를 한 사업주에게 지역고용촉진지원금을 지원할 수 있다(고보법 §22, 고보령 §24).

3) 정년을 연장하거나 정년후에 재고용하는 경우에 고령자고용연장지원금이 지급되고(고보령 §25), 일정요건 아래 고령자고용지원금이 지급되며(고보령 §25의2), 소정근로시간단축을 통해 준고령자고용을 유지하는 경우에 근로시간단축지원금이 지급된다(고보령 §28의3).

4) 고용장관은 임금피크제 적용근로자에게 임금피크제지원금을 일정기간 동안 지급한다(고보령 §28).

5) 고용장관은 일정요건을 갖춘 사업주에게 출산육아기고용안정지원금을 지급한다(고보령 §29).

② 근로자지원

고용장관은 피보험자 등이 직업능력개발훈련을 받거나 그 밖에 직업능력 개발·향상을 위하여 노력하는 경우에는 필요한 비용을 지원할 수 있다(고보법 §29①). 근로자수강지원금지원(고보령 §43), 능력개발비용의 대부·지원(고보령 §45, §46), 실업자취업훈련지원·수당(고보법 §29② 고보령 §47), 직업능력개발훈련생계비대부(고보법 §29③ 고보령 §47의2) 등이 그렇다.

③ 훈련시설지원

고용장관은 피보험자 등의 직업능력 개발·향상을 위하여 필요하다고 인정하면 직업능력개발훈련 시설의 설치 및 장비 구입에 필요한 비용을 대부(고보령 §48)하거나 지원(고보령 §49)할 수 있다(고보법 §30).

④ 직업능력개발촉진

고용장관은 '직업능력개발사업 기술지원·평가사업', '자격검정사업·숙련기술장려사업' 등(고보령 §52)을 실시하거나 실시비용을 지원(고보령 §49)할 수 있으며, 직종을 지정하여 위탁(고보령 §53)할 수 있다(고보법 §31).

⑤ 고용지원기반구축

고용장관은 구인·구직·훈련 등 고용정보제공, 직업·훈련상담 등 직업지도, 직업소개, 고용안정·직업능력개발 기반구축 및 전문인력배치 등의 사업을 할 수 있으며, 업무일부를 민간직업상담원(직안법 §4의4)에게 수행하도록 할 수 있다(고보법 §33).

⑥ 지방자치지원

고용장관은 지자체 또는 비영리법인·단체(고보령 §55)가 그 지역에서 피보험자 등의 고용안정·고용촉진 및 직업능력개발을 위한 사업을 지원할 수 있다(고보법 §34).

2·나. 실업급여사업

(1) 총 괄

① 실업급여 목적

실업급여는 비자발적이유로 실업상태에 있는 근로자가 생계를 유지하면서 자신의 적성과 능력에 맞는 직장을 구하여 빠른 시간 안에 다시 취업할 수 있도록 지원하는데 목적이 있다.

② **실업급여사업 종류**(고보법 §37)

실업급여는 구직급여와 취업촉진수당으로 구분된다. 구직급여는 기본구직급여와 연장급여로 구분될 수 있다. 취업촉진수당은 조기재취업수당, 직업능력개발수당, 광역구직활동비 및 이주비로 구분된다.

③ **실업급여수급계좌**

실업급여는 직업안정기관장은 '수급자격자의 신청이 있는 경우(고보법 §43)'에 실업급여를 수급자격자명의로 지정된 계좌(실업급여 수급계좌)에 입금해야 하며, 해당금융기관은 실업급여만이 실업급여수급계좌에 입금되도록 관리해야 한다(고보법 §37의2).

④ **실업급여수급권 보호**

실업급여수급권은 양도 또는 압류되거나 담보로 제공될 수 없으며, 실업급여수급계좌의 예금 중 일정액수 이하의 금액에 관한 채권은 압류되지 않는다(고보법 §38).

(2) 구직급여

① **의 의**

구직급여는 실업상태에 있는 피보험자로 일정한 자격이 있는 자가 직장을 구하는 기간 중 일부기간에 대해 지원을 하는데 목적을 두고 있으므로, 비자발적 이직자가 구직활동을 하는 것을 전제로 지급된다.

② **기본적 구직급여**

㈎ **구직급여 수급자격**

㉮ **실체적 요건**

(a) 기본 요건

구직급여는 이직한 피보험자가 일정한 요건을 모두 갖춘 경우에 지급된다(고보법 §40①). 구직급여를 받기 위해서는 첫째, 이직일 이전 18개월간(기준 기간)・가산기간[1] 또는 24개월간(초단시 시간근로)[2] 피보험단위기간(고보법 §41)이 통산하여 180일 이상이고, 둘째, 근로의 의사와 능력이 있음에도 불구하고 취업하지 못한 상태에 있으며 셋째, 이직사유가

---

1) 피보험자가 이직일 이전 18개월 동안 질병, 부상, 사업장휴업, 임신・출산・육아휴직, '휴직이나 그 밖에 유사한 상태로서 고용장관이 고시하는 사유'로 30일이상 보수지급을 받을 수 없었던 경우에는 18개월에 그 기간을 가산한 기간을 기준기간으로 하되, 기준기간은 3년 초과 불가(고보법 §40②, 고보령 §60).

2) '이직당시' 및 '이직일 이전 24개월 동안의 피보험 단위기간 중 90일 이상' 1주소정근로시간이 15시간 미만이고 1주소정근로일수가 2일 이하인 근로자로 근로한 경우(2019.8.27 신설 2020.8.28 시행).

수급자격제한사유(고보법 §58)에 해당하지 않고 넷째, 재취업을 위한 노력을 적극적으로 하여야 한다.[1)]

(b) 피보험 단위기간

피보험단위기간은 피보험기간 중 보수지급기초가 된 날을 합해 계산하되, 자영업자인 피보험자의 경우에는 '수급자격과 관련된 폐업 당시의 적용사업에의 보험가입기간 중에서 실제로 납부한 고용보험료에 해당하는 기간'(고보법 §50③단서,④)이 피보험기간이다(고보법 §41①). 피보험단위기간을 계산할 때에는 최후로 피보험자격을 취득한 날 이전에 구직급여를 받은 사실이 있는 경우에는 그 구직급여와 관련된 피보험자격 상실일 이전의 피보험단위기간은 넣지 않는다(고보법 §41②).

㈏ 절차적 요건

(a) 실업신고

구직급여를 지급받으려는 자는 이직 후 지체없이 직업안정기관에 실업을 신고해야 한다(고보법 §42①). 실업신고는 구직신청과 수급자격인정신청(고보법 §43)을 포함한다(고보법 §42② 고보령 §61).

(b) 수급자격 인정

직업안정기관장은 구직급여를 지급받으려는 자로부터 '구직급여의 실체적수급요건(고보법§40① i, ii, iii, v, vi)을 갖추었다는 사실(수급 자격)'의 인정신청을 받으면, 일정요건을 모두 갖춘 경우에 마지막에 이직한 사업을 기준으로, 인정여부를 결정해 신청인에게 그 결과를 알려야 한다(고보법 §43①②③ 고보령 §62). "수급자격자"(고보법 §43②)가 고보법의 '기본수급기간(§48) 및 연장급여수급기간(§54①)'에 따른 기간에 새로 수급자격인정을 받은 경우에는 새로 인정받은 수급자격을 기준으로 구직급여를 지급한다(고보법 §43⑤).

(c) 실업인정

구직급여는 수급자격자가 실업한 상태에 있는 날 중에서 직업안정기관장으로부터 실업인정을 받은 날에 대해 지급된다(고보법 §44①). 실업인정을 받으려는 수급자격자는 실업신고일(고보법 §42)부터 계산하기 시작해 1주부터 4주의 범위에서 직업안정기관장이 지정한 날(실업 인정일)에 불가피한 사유가 없는 한 출석해 재취업을 위한 노력을 했음을 신고해야 하고, 직업안정기관장은 직전 실업인정일의 다음날부터 그 실

1) 이직당시에 일용근로자였던 자는 추가로 첫째, 수급자격인정신청일(고보법 §43) 이전 1개월 동안의 근로일수가 10일 미만이거나 건설일용근로자로서 수급자격인정신청일 이전 14일간 연속하여 근로내역이 없어야 하고, 둘째, 최종 이직 당시의 기준기간 동안의 피보험단위기간 중 다른 사업에서 수급자격제한사유(고보법 §58)에 해당하는 사유로 이직한 사실이 있는 경우에는 피보험단위기간 중 90일 이상을 일용근로자로 근로하였어야 한다.

업인정일까지의 각각의 날에 대해 실업을 인정한다(고보법 §44②본문). 수급자격자는 실업인정대상기간 중에 근로를 제공한 경우에는 그 사실을 직업안정기관의 장에게 신고하여야 하며, 직업안정기관장은 실업인정대상기간 중의 근로제공사실에 대하여 조사할 수 있다.

㈏ **구직급여 금액산정**

구직급여지급액은 구직급여일액(求職給與日額)에 소정급여일수를 곱하여 결정된다. 일정한 요건을 갖출 경우 소정급여일수를 초과하여 연장급여를 지급할 수 있다.

㉮ 구직급여일액

구직급여일액은 기초일액 또는 그 조정액의 일정한 비율로 정해진다.

(a) 평균임금 기초일액

구직급여일액은 급여기초임금일액(기초일액)을 기초로 산정한다. 기초일액은 이직 당시를 기준으로 당해 근로자의 근기법상 평균임금이다(고보법 §45①).

(b) 통상임금 기초일액

평균임금기준 기초일액이 근기법에 따른 그 근로자의 통상임금보다 적을 경우에는 그 통상임금액을 기초일액으로 하되, 마지막 사업에서 이직 당시 일용근로자였던 자의 경우에는 그렇지 않다(고보법 §45②).

(c) 기준보수 기초일액

평균임금으로 "기초일액을 산정하는 것이 곤란한 경우"와 "보험료를 기준보수(징수법 §3) 기준으로 낸 경우"에는 기준보수를 기초일액으로 한다(고보법 §45③).

(d) 하한과 상한으로 조정된 기초일액

산정된 기초일액이 그 수급자격자의 '이직 전 1일 소정근로시간'(고보칙 §91의2)에 이직일 당시 적용되던 최임법에 따른 시간단위최저임금액을 곱한 금액(최저기초일액)보다 낮은 경우에는 최저기초일액을 기초일액으로 하고, 보험의 취지 및 일반 근로자의 임금수준 등을 고려해 일정금액을 초과하는 경우에는 대통령령으로 정하는 금액을 기초일액으로 한다(고보법 §45④⑤).

(e) 구직급여일액의 계산

하한조정기초일액의 경우에는 그 기초일액에 80/100을 곱한 금액이 구직급여일액(최저구직급여일액)이고, 평균임금기초일액·통상임금기초일액·기준보수기초일액·상한조정기초일액의 경우에는 그 기초일액에 각각 60/100을 곱한 금액이 구직급여일액이다. 구직급여일액이 최저구직급여일액보다 낮은 경우에는 최저구직급여일액을 수급자격자의 구직급여일액으로 한다(고보법 §46②).

㉯ **소정급여일수**

하나의 수급자격에 따라 구직급여를 지급받을 수 있는 날수를 소정급여일수라 한다. 소정급여일수는 대기기간이 끝난 다음날부터 계산하기 시작해 피보험기간과 이직일 현재의 연령에 따라 정해진 일수이다(고보법 §50①, 별표1).

㈐ **구직급여 수급기간**

구직급여는 고보법에 따로 규정이 있는 경우 외에는 그 구직급여의 수급자격과 관련된 이직일의 다음 날부터 계산하기 시작해 12개월 내에 소정급여일수(고보법 §50①)를 한도로 하여 지급된다(고보법 §48①). 실업신고일(고보법 §42)부터 7일간은 대기기간으로서 구직급여가 지급되지 않는다(고보법 §49).

㈑ **구직급여 지급방법**

㉮ **지급일**

구직급여는 실업인정일수만큼을 지급하며(고보법 §56①), 직업안정기관장은 각 수급자격자에 대한 구직급여를 지급할 날짜를 정해 당사자에게 알려야 한다(고보법 §56②).

㉯ **미지급 구직급여**

수급자격자가 사망한 경우 지급되지 않은 구직급여에 대해서는 수급자격자의 배우자(사실상혼인 관계포함)·자녀·부모·손자녀·조부모 또는 형제자매로서 수급자격자와 생계를 같이하고 있던 자의 순으로 청구에 따라 지급된다(고보법 §57①③). 실업인정을 받지 않는 상태라면 이러한 청구권자들이 실업인정을 신고할 수 있다(고보법 §57②).

㉰ **지급제한**

(a) 이직사유

해고 또는 권고이직된 자로서, 중대한 귀책사유로서 금고이상의 형을 선고받거나 사업에 막대한 지장 또는 재산손해를 끼쳤거나 장기간 무단결근을 한 경우와, 자기사정으로 인한 이직사유로서 전직 또는 자영업을 하기 위해 이직했거나 그 밖에 정당사유(고보법 101)가 없는 경우에는 수급자격이 없는 것으로 본다(고보법 §58).

(b) 취직·훈련·직업지도 거부

수급자격자가 '정당한 사유 없이' 직업안정기관장이 소개하는 취직·훈련이나 직업지도를 거부하면, 일정사유'가 있는 경우를 제외하고는 1개월 범위내에서 고용장관고시기간 동안 구직급여지급이 정지된다(고보법 §60).

㉣ 상병급여

(a) 지급액

수급자격자가 '실업 신고'(고보법 §42)를 한 이후에 질병·부상 또는 출산으로 취업이 불가능해 실업인정을 받지 못한 날에 대해서는, '훈련거부·직업지도거부로 인한 급여제한(고보법 §63①②)'으로 구직급여지급이 정지된 기간이 아니면, 청구에 따라 기본구직급여의 '구직급여일액(고보법 §46) 해당금액(상병급여)'이 지급될 수 있다(고보법 §63①).

(b) 지급일수

상병급여일수는 그 수급자격자에 대한 구직급여소정급여일수에서 이미 지급된 구직급여일수를 뺀 일수를 한도로 하며, 상병급여수급자에 대해 고보법의 규정(§61부정행위급여제한 §62반환명령제외)을 적용할 때에는 상병급여지급일수에 상당하는 일수분의 구직급여가 지급된 것으로 본다(고보법 §63②).

(c) 지급시기

상병급여는 그 취업할 수 없는 사유가 없어진 이후에 최초로 구직급여를 지급하는 날에 지급된다(고보법 §63③).

(d) 지급제한

수급자격자가 근기법의 휴업보상, 산재법의 휴업급여, 그 밖에 이에 해당하는 급여 또는 보상으로서 대통령령으로 정하는 보상 또는 급여를 지급받을 수 있는 경우에는 상병급여를 지급하지 않는다(고보법 §63④).

(e) 준 용

상병급여의 지급에 관해서는 '실업인정대상기간 중 근로 등 신고'(고보법 §47), '대기기간중 급여미지급'(고보법 §49), '미지급구직급여'(고보법 §57), '부정행위급여제한'(고보법 §61①②③) 및 '반환명령'(고보법 §62) 규정을 준용한다(고보법 §63⑤).

③ 연장구직급여

㈎ 유 형

㉮ 훈련연장급여

직업안정기관장은, 연령·경력 등을 고려할 때 재취업에 필요하면, 수급자격자에게 직업능력개발훈련 등을 받도록 지시할 수 있으며(고보법 §51①③), 그 기간 중에서 실업인정을 받은 날에 대해 일정기간(대통령령)을 한도로 소정급여일수를 초과해서 구직급여를 연장하여 지급(훈련연장급여)할 수 있다(고보법§51②).

㉯ 개별연장급여

직업안정기관장은 취업이 특히 곤란하고 생활이 어려운 수급자격자에게 실업인정을 받은 날에 대해 60일의 범위에서 소정급여일수를 초과해 구직급여를 연장하여 지급(개별연장급여)할 수 있다(고보법§52 고보령§73).

㉰ 특별연장급여

고용장관은, 실업급증 등 고용상황이 악화된 경우(대통령령), 60일의 범위에서 '기간을 정해' 수급자격자가 실업인정을 받은 날에 대해 소정급여일수를 초과해 구직급여를 연장해 지급(특별연장급여)할 수 있다(고보법§53).

㈏ 지급금액

연장구직급여(고보법§51~§53)를 지급하는 경우에 수급기간은 기본구직급여수급기간(고보법§48)에 연장구직급여일수를 더한 기간으로 한다. 훈련연장급여일액은 해당수급자격자 구직급여일액의 100/100으로 하고, 개별연장급여일액 또는 특별연장급여일액은 해당수급자격자 구직급여일액의 70/100분으로 하되 산정금액이 최저구직급여일액(고보법§46②)보다 낮으면 최저구직급여일액이 구직급여일액이다(고보법§54).

㈐ 지급시기

연장구직급여(고보법§51~§53)는 기본구직급여(고보법§48)의 지급이 끝난 후에 지급된다(고보법§55①).

㈑ 중복지급

훈련연장급여 수급자격자에게는 그 급여지급이 끝난 후가 아니면 개별연장급여 및 특별연장급여가 지급되지 않는다(고보법§55②). 개별연장급여 또는 특별연장급여는 그 수급자격자가 훈련연장급여를 지급받게 되면 지급되지 않는다(고보법§55③).

특별연장급여 수급자격자에게는 그 급여지급이 끝난 후가 아니면 개별연장급여가 지급되지 않고, 개별연장급여 수급자격자에게는 그 급여지급이 끝난 후가 아니면 특별연장급여가 지급되지 않는다(고보법§55④).

(3) 취업촉진수당

① 개 요

실업급여에는 구직급여 뿐 아니라 수급자격자에게 부가적으로 지급되는 취업촉진수당(고보법 제4장, 제3절)이 있다. 취업촉진수당은 조기재취업수당, 직업능력개발수당, 광역구직활동비 및 이주비가 있다.

② **조기재취업수당**

조기재취업수당은 수급자격자(외고법§2의 외국인제외)가 재취업일 기준으로 소정급여일수를 1/2 이상 남기고, 12개월이상 계속하여 고용되거나 사업을 영위한 수급자격자에게 지급하되 2년 이내에 그 수당을 지급받은 사실이 있으면 그렇지 않다(고보법§64 고보령§84).

조기재취업수당의 금액은 구직급여의 소정급여일수 중 미지급일수비율에 따라 즉 수급자격자의 구직급여일액에 미지급일수의 1/2(고령자 장애인2/3)을 곱한 금액으로 한다(고보법 §64③)(고보령 §85). 조기재취업수당수급자에 대해 고보법규정(§61(부정행위지급제한) 및 §62(반환명령)은 제외)을 적용할 때에는 조기재취업수당금액을 구직급여일액(고보법 §46)으로 나눈 일수분에 해당하는 구직급여가 지급된 것으로 본다(고보법 §64④). 수급자격자를 조기에 재취업시킨 자에게는 재취업활동촉진장려금을 지급할 수 있다(고보법 §64⑤).

③ **직업능력개발수당**

직업능력개발수당은 수급자격자가 직업안정기관의 장이 지시한 직업능력개발 훈련 등을 받는 수급자격자에게 그 기간(고보법§60①②의 지급정지기간제외)에 대하여 지급한다(고보법 §65).

④ **광역구직활동비 · 이주비**

광역구직활동비는 광역구직활동비는 수급자격자가 직업안정기관의 소개에 따라 광범위한 지역(50*km*이상 떨어진사업장)에 걸쳐 구직활동을 하는 경우로서 일정기준(대통령령)에 따라 직업안정기관장이 지급할 수 있으며, 금액(고보칙 §111)은 구직활동비용으로 한다(고보법 §66). 이주비는 수급자격자가 취업하거나 직업안정기관장이 지시한 직업능력개발훈련 등을 받기 위해 주거를 이전하는 경우로서 일정기준(대통령령)에 따라 직업안정기관장이 지급할 수 있으며, 금액(고보칙 §113)은 수급자격자 및 그 수급자격자에 의존해 생계를 유지하는 동거친족의 이주비용으로 한다(고보법 §67).

⑤ **준 용**

취업촉진수당에 관해서는 ‘미지급 구직급여 수급권자’(고보법 §57①③)와 ‘부정행위 급여 반환명령’(고보법 §62) 규정을 준용한다(고보법 §69).

(4) 자영업자 실업급여

① **개 요**

자영업자인 피보험자의 실업급여의 종류는 일반실업급여(고보법 §37)에 따르되 연장급여(고보법 §51 ~ §55)와 조기재취업수당(고보법 §64) 관련 규정은 적용되지 않는다(고보법 §69의2).

② **수급요건**

구직급여는 폐업한 자영업자인 피보험자가 일정요건을 모두 갖춘 경우에 지급한다(고보법 §69의3).

③ **구직급여 기초일액**

㈎ **기초일액 계산**

자영업피보험자이었던 수급자격자에 대한 기초일액은 일정기간 동안 본인이 납부한 보험료의 산정기초가 되는 '고시된 보수액(징수법 §49의2③)'을 전부 합산한 후에 그 기간의 총일수로 나눈 금액으로 한다(고보법 §69의4①).

㈏ **피보험기간 합산**

자영업피보험자이었던 수급자격자가 '피보험기간을 합산(고보법 §50④)'하게 됨에 따라 소정급여일수(고보법 §69의6)가 추가로 늘어나는 경우에는 그 늘어난 일수분에 대한 기초일액은 자영업수급자격자기초일액(고보법 §69의4①)으로 하되, 그 기초일액이 일정금액에 해당하는 경우에는 각각 그에 따른 금액으로 한다(고보법 §69의4②).

④ **구직급여일액**

자영업피보험자로서 폐업한 수급자격자에 대한 구직급여일액은 그 수급자격자의 기초일액에 60/100을 곱한 금액으로 한다(고보법 §69의5).

⑤ **소정급여일수**

자영업피보험자로서 폐업한 수급자격자에 대한 소정급여일수는 대기기간(고보법 §49)이 끝난 다음 날부터 계산하기 시작해 피보험기간에 따라 별도로 정한(고보법 별표2) 정한 일수가 되는 날까지로 한다(고보법 §69의6).

⑥ **수급자격 · 급여지급 제한**

폐업한 자영업피보험자가 일정사유 중 어느 하나에 해당한다고 직업안정기관장이 인정하는 경우에는 수급자격이 없는 것으로 보며(고보법 §69의7), 보험료를 체납한 사람에게는 실업급여를 지급하지 않을 수 있다(고보법 §69의8).

⑦ **준 용**

자영업피보험자의 실업급여에 관해서는 '수급권보호(고보법 §38)', '피보험단위기간 · 실업신고 · 수급자격인정 · 실업인정(고보법 §42~§44)', '실업인정기간중근로신고(고보법 §38)', '수급기간(고보법 §48)', '대기기간(고보법 §49)', '구직급여지급일및지급방법(고보법 §56)', '미지급구직급여

(고보법 §57)', '훈련거부지급제한 · 부정행위지급제한 · 부정행위지급반환명령 · 상병급여(고보법 §60~§63)', '취업촉진수당(고보법§65~§68 조기재취업수당제외)의 규정을 준용한다(고보법 §69의9①).

자영업피보험자의 취업촉진수당(고보법§65~§68 조기재취업수당제외)에 관해서는 '미지급구직급여수급권자자격(고보법 §57①③)', '부정행위급여반환(고보법 §62)의 규정을 준용한다.

2·다. 모성보호급여 등의 사업

(1) 육아보호급여

① 지원대상

육아보호급여(육아휴직급여 육아기근로시간단축급여)는 피보험자가 출산전후휴가기간(근기법 §74)과 중복되지 않는 30일이상의 육아보호(제6장 제3절,2) 즉, 육아휴직(고평법 §19) 또는 육아기근로시간단축(고평법 §19의2)을 부여받은 피보험자로서 육아휴직일 이전에 피보험단위기간(고보법 §41)이 통산하여 180일이상인 자에게 지급된다(고보법 §70①, §73의2①).

② 지급신청

육아보호급여를 지급받으려는 사람은 육아휴직시작일 이후 1개월부터 육아휴직이 끝난 날 이후 12개월이내에 신청해야 한다(고보법 §70②, §73의2②).

③ 사실확인

사업주는, 피보험자가 육아보호급여를 받으려는 경우. 사실확인 등 모든 절차에 적극 협력해야 한다(고보법 §71).

④ 급여지급 수준

㈎ 육아휴직급여

육아휴직급여는 육아휴직시작일부터 3개월까지 육아휴직시작일을 기준으로 한 월 통상임금의 80/100으로 하되, 해당금액이 150만원을 넘는 경우에는 150만원으로 하고 70만원보다 적은 경우에는 70만원으로 한다(고보령 §95①ⅰ). 육아휴직 4개월째부터 육아휴직종료일까지 육아휴직시작일을 기준으로 한 월 통상임금의 50/100에 해당하는 금액으로 하되, 해당금액이 120만원을 넘는 경우에는 120만원으로 하고, 70만원보다 적은 경우에는 70만원으로 한다(고보령 §95①ⅱ). 이때, 육아휴직급여의 지급대상기간이 1개월을 채우지 못하는 경우에는 고보령(§95 ①)에 따른 월별지급액을 해당 월에 휴직한 일수에 따라 일할계산한 금액을 지급액으로 한다(고보령 §95③).

부모가 순차적으로 육아휴직을 하는 경우 두 번째 육아휴직을 한 피보험자의 최초 3개월의 육아휴직급여는 월통상임금에 해당하는 금액(상한액 250만원)으로 한다(고보법 §95의2).

㈏ **육아기근로시간단축급여**

육아기근로시간단축급여는 '개시일 기준으로 통상임금의 80%(상한액150만원 하한액50만원)'에 "단축전소정근로시간에서 단축후소정근로시간를 뺀 시간"을 '단축전소정근로시간'으로 나눈 비율을 곱하여 월별지급액으로 산정되며, 지급대상기간이 1개월을 채우지 못하면 일할계산한 금액이다(고보법§73의2 고보령§104의2).

⑤ **지급제한**

육아보호급여기간 중에 '이직이후'와 '취업기간'에 대해 육아보호급여가 지급되지 않으며, 사업주로부터 육아보호를 이유로 금품을 지급받은 경우에는 급여가 감액될 수 있다(고보법 §73).

⑥ **사무관리**

육아기근로시간단축에 있어 사실확인과 급여지급제한에 대해서는 육아휴직급여 관련 규정(고보법 §71~§73)을, 부정수급반납에 대해서는 구직급여 관련 규정(고보법 §62)을 준용한다(고보법 §74).

(2) 출산전후휴가급여 등

① **법적근거**

고용장관은 고평법에 따라 피보험자가 '출산전후휴가나 유산·사산휴가 또는 배우자출산휴가'('출산 휴가등')를 받은 경우로서 일정한 요건을 갖추면 '출산전후휴가급여 등'을 지급한다(고보법 §75).

② **신청주체**

'출산휴가급여 등'의 신청대상자는 해당근로자이며, 자격을 상실하면 지급금액이 환수될 수 있다. 사업주가 같은 사유로 출산전후휴가급여등에 상당하는 금품을 근로자에게 대체해 미리 지급한 것으로 인정되면 그 사업주는 지급한 금액(상한액 초과불가)에 대해 그 근로자의 급여 등을 받을 권리를 대위한다(고보법 §75의2).

③ **신청요건**

'출산전후휴가급여 등'은 '출산전후휴가 등'의 종료일을 기준으로 피보험단위기간이 180일이상인 피보험자가, 휴가시작일이후 1개월부터 휴가종료일 이후 12개월 이내에 신청해야 한다(고보법 §75).

④ 지급금액

'출산전후휴가급여 등'은 휴가기간에 대해 '상한과 하한의 범위(고보령 §101)(고용부 장관고시)' 내에서 휴가시작일을 기준으로 산정된 통상임금으로 일정기간 동안 지급된다. 해당기간 중에 사업주로부터 받은 금품과 출산전후휴가급여 등을 합한 금액이 휴가시작일을 기준으로 한 통상임금을 초과한 경우 그 금액을 출산전후휴가급여 등에서 빼고 지급한다(고보령 §104).

⑤ 사무관리

출산전후급여등에 있어 사실확인과 급여지급제한은 육아휴직급여 관련 규정(고보법 §71~§73)을, 부정수급반납은 구직급여관련규정(고보법 §62)을 준용한다(고보법 §77).

3. 고용보험의 권리보호

3·가. 고용보험 소멸시효

고보법상 고용안정・직업능력개발 지원금을 지급받거나 반환받을 권리(3장), 취업촉진수당을 지급받거나 반환받을 권리(4장), 구직급여를 반환받을 권리(4장), 육아휴직급여・육아기근로시간단축급여・출산전후휴가급여등을 반환받을 권리(5장)는 3년간 행사치 않으면 소멸한다(고보법 §107).

고용보험료면제(징수법 §22의3)기간 중에 발생하는 '사업주의 지원금(고보법 제3장)수급권'은 보험가입일이 속하는 보험연도의 직전 보험연도 첫날에 소멸한 것으로 본다(징수법 §41).

3·나. 고용보험 이의제기

(1) 총 괄

① 의 의

'피보험자격의 취득・상실에 대한 확인'(고보법 §17), 실업급여(고보법 제4장)및 '육아휴직급여와 출산전후휴가급여등(고보법 제5장)'에 관한 처분(원처분)에 이의가 있는 자는 심사관(고보법 §89)에게 심사를 청구할 수 있고, 그 결정에 이의가 있는 자는 심사위원회(고보법 §99)에 재심사를 청구할 수 있다(고보법 §87①).

심사 및 재심사의 청구는 시효중단에 관해 재판상의 청구로 본다(고보법 §87③).

② **제척기간**

심사청구는 확인 또는 처분이 있음을 안 날부터 90일 이내에, 재심사청구는 심사청구결정이 있음을 안 날부터 90일 이내에 각각 제기해야 한다(고보법 §87②).

③ **당사자**

심사청구인 또는 재심사청구인은 법정대리인 외에 '소정의 자'를 대리인으로 선임할 수 있다(고보법 §88).

심사청구인이 사망한 경우 심사청구인이 실업급여수급권자이면 유족(고보법 §57)이, 그 외의 자인 때에는 상속인 또는 심사청구대상인 원처분 등에 관계되는 권리·이익승계자가 심사청구인지위를 승계한다(고보법 §89⑤).

(2) 심 사

① **심사기관**

심사(고보법 §87)를 행하게 하기 위해 고용보험심사관(심사관)(정원·자격·배치 대통령령규정)을 두며, 당사자는 심사관에게 심리·결정의 공정을 기대하기 어려운 사정이 있으면 그 심사관에 대한 기피신청을 고용장관에게 할 수 있다(고보법 §89①③④).

② **심사청구**

심사청구는 문서로, 원처분등을 한 '직업안정기관 또는 공단'을 거쳐 심사관에게 하며, 원처분기관은 심사청구서를 받은 날부터 5일이내에 의견서를 첨부해 심사청구서를 심사관에게 보내야 한다(고보법 §90, §91). 심사청구는 원처분등의 집행을 정지시키지 않으나, 심사관은 원처분 등의 집행에 따라 발생하는 중대한 위해를 피하기 위해 긴급한 필요가 인정되면 직권으로 집행을 정지시킬 수 있다(고보법 §93).

③ **심사방법**

심사관은 심사청구를 받으면 30일 이내에 그 심사청구결정을 해야 하며, 부득이한 사정으로 그 기간에 결정할 수 없을 때에는 1차에 한해 10일을 넘지 않는 범위에서 그 기간을 연장할 수 있다(고보법 §89②).

심사청구가 재척기간을 지났거나 법령으로 정한 방식을 위반해 보정하지 못할 것인 경우에 심사관은 그 심사청구를 결정으로 각하해야 한다(고보법 §92①).

심사관은 심사청구에 대한 심리를 하고, 심사청구인의 신청 또는 직권으로 '소정의 사항'에 대해 조사·자료제출요구·감정·검사를 할 수 있다(고보법 §94, §95).

심사관은 원처분 등의 전부 또는 일부를 취소하거나 기각하는 결정을 문서로 해야 하며 심사청구인 및 원처분 등을 한 직업안정기관장 또는 근로복지공단에게 각각 결정서의 정본을 보내야 하고, 결정은 직업안정기관장 또는 근로복지공단을 기속하며 결정서의 정본을 보낸 날부터 효력이 발생한다(고보법 §96~§98).

④ **고 지**

직업안정기관장 또는 공단이 원처분 등을 하거나 심사관이 결정서의 정본을 송부하는 경우에는 그 상대방 또는 심사청구인에게 원처분 등 또는 결정에 관해 심사 또는 재심사를 청구할 수 있는지의 여부, 청구절차 및 청구기간을 알려야 한다(고보법 §103).

(3) 재심사

① **재심사 기관**

근로자대표 및 사용자대표 각 1명 이상을 포함한 15명 이내의 '결격사유가 없는' 위원(2명은 상임위원)으로 구성되는 고용보험심사위원회(심사 위원회)를 둔다(고보법§99①~⑥,⑧⑨ 고보령§130~§142). 재심사청구는 원처분등을 행한 직업안정기관장 또는 공단을 상대방으로 한다.

② **재심사 방법**

㈎ **심사기간**

심사위원회는 재심사청구를 받으면 50일이내에 재결해야 하며, 재결기간연장에 관해서는 심사에 관한 조항(고보법 §89②)을 준용한다(고보법 §99⑦).

㈏ **심 리**

심사위원회는 재심사청구를 받으면 심리기일 및 장소를 정해 심리기일 3일전까지 당사자 및 담당심사관에게 알려야 한다(고보법 §101①②). 재심사청구심리는 공개하되 당사자의 양쪽 또는 어느 한 쪽이 신청한 경우에는 그렇지 않다(고보법 §102③). 당사자는 심사위원회에 문서나 구두로 의견을 진술할 수 있으며, 심사위원회는 심리조서를 작성해야 한다(고보법 §103④⑤⑥).

③ **재심사 효과**

재심사의 청구에 대한 재결은「행정소송법」제18조를 적용할 경우 행정심판에 대한 재결로 본다(고보법 §104①).

④ **준 용**

심사위원회와 재심사에 관해 위원기피신청(고보법 §89④), 심사청구권자 지위 계승(고보법 §89⑤),

청구방식(고보법 §91), 보정 · 각하(고보법 §92), 집행정지(고보법 §93), 결정(고보법 §96~§98)의 규정이 준용된다(고보법 §102). 심사위원회의 위원 중 공무원이 아닌 위원은 「형법」 제127조 및 제129조부터 제132조까지의 규정을 적용할 때에는 공무원으로 본다(고보법 §115의2).

3·다. 불이익금지

사업주는 피보험자 확인의 청구(고보법 §17)를 한 것을 이유로 그 근로자에게 해고나 그 밖의 불이익한 처우를 해서는 안된다(고보법 §105).

4. 고용보험관리

4·가. 고용보험 재정

(1) 비용부담

① 국고부담

국가는 매년 보험사업에 드는 비용의 일부를 일반회계에서 부담해야 하며, 매년 일반회계의 예산 범위에서 보험사업관리 · 운영비용의 전부 또는 일부를 부담할 수 있다(고보법 §5). 보험사업보험년도는 정부회계년도에 따른다(고보법 §4②).

② 보험료(고보법 §6)

보험사업비용을 충당하기 위해 징수하는 보험료와 그 밖의 징수금에 대해서는 징수법으로 정한다. 고용안정 · 직업능력개발사업보험료 및 실업급여보험료는 각각 그 사업비용에 충당하되, 실업급여보험료는 국민연금보험료지원과 육아휴직급여 · 출산전후휴가급여 등에 드는 비용에 충당될 수 있다. 자영업자의 고용안정 · 직업능력개발사업보험료 및 실업급여보험료는 그 사업비용에 충당한다.

(2) 고용보험기금

① 기금설치

고용장관은 보험사업에 필요한 재원에 충당하기 위하여 고용보험기금(기금)을 설치한다(고보법 §78①). 기금은 보험료와 고보법에 따른 징수금 · 적립금 · 기금운용수익금과 그 밖의 수입으로 조성한다(고보법 §78②).

② 기금운용

고용장관은 매년 기금운용계획을 세워 위원회 및 국무회의 심의를 거쳐 대통령 승인을 받아야 하고, 매년 기금운용결과에 대해 위원회 심의를 거쳐 공표해야 하며, 한국은행에 고용보험기금계정을 설치해야 한다(고보법 §81,§82).

③ 기금사용

기금은 '고용안정·직업능력개발사업 필요경비와 사업수행부수경비', '실업급여 지급과 사업수행부수경비', 국민연금보험료지원, 육아휴직급여·출산전후휴가급여 지급, 보험료반환, '일시차입금 상환금과 이자', '고보법·징수법에 따른 업무대행·위탁에 대한 출연금', '그 밖의 경비(대통령령)'에 사용되어야 한다(고보법 §80).

④ 기금관리

고용장관은 한국은행에 고용안정·직업능력개발 사업 및 실업급여, 자영업자의 고용안정·직업능력개발사업 및 자영업자의 실업급여로 구분하여 관리되는 고용보험기금계정을 설치하여야 한다(고보법 §82).

고용장관은 대량실업발생이나 고용상태불안에 대비한 준비금으로 일정여유자금을 적립해야 하고, 잉여금이 생기면 이를 적립해야 하며, 손실금이 생기면 적립금을 사용해 이를 보전할 수 있고, 기금을 지출할 때 자금부족이 예상되는 경우에는 차입할 수 있다(고보법 §83~§85).

(3) 기타 징수금

고보법에 따른 '고용안정·직업능력개발사업의 지원금액의 반환금 또는 추가징수금', '실업급여의 반환금 또는 추가징수금' 및 '육아휴직급여 등의 반환금 또는 추가징수금'에 관해서는 징수법의 일부 조항을 준용한다(고보법 §106).

4·나. 고용보험 부정수급 제한

(1) 고용안정·직업능력개발

① 부정수급금지

고용장관은 거짓·부정한 방법으로 고용안정·직업능력개발사업의 지원을 받은 자 또는 받으려는 자에게 그 지원을 제한하거나 해당금액을 반환하도록 명할 수 있다(고보법 §35①). 부정수급반환을 명하는 경우에는 해당금액의 5배이하의 금액을 추가로 징수할 수 있으며(고보법 §35②), 구체적 방법은 직능법(§55①② §56①②③)을 준용한다(고보법 §35④). 고용장관은 고용안정·직업능력개발사업의 지원을 받은 자에게 잘못 지급된 지원금이 있으면 그 지급금의 반환을 명할 수 있다(고보법 §35③).

② **보험료체납자 지원제한**

고용장관은 보험료 체납자에게 고용노동부령으로 정하는 바에 따라 고용안정·직업능력개발 사업을 지원하지 않을 수 있다(고보법 §35⑤).

(2) 실업급여사업

① **지급제한**

거짓이나 그 밖의 부정한 방법으로 실업급여를 받았거나 받으려 한 자에게는 그 날부터의 구직급여를 지급하지 않으며, 거짓·부정한 방법이 신고의무불이행·거짓신고 등 일정사유에 해당하면 그 실업인정대상기간에 한하여 구직급여를 지급하지 않는다(고보법 §61①② §68①②).

② **반환명령**

직업안정기관장은 거짓·부정한 방법으로 구직급여를 지급받은 자에게 지급받은 전체 구직급여의 전부 또는 일부의 반환을 명할 수 있고, 해당구직급여액의 2배이하의 금액을 추가할 수 있다(고보법 §62①②).

직업안정기관장은 구직급여의 수급자격이 있거나 있었던 사람에게 잘못 지급된 구직급여의 반환을 명할 수 있다(고보법 §62④).

(3) 모성보호급여

거짓·부정한 방법으로 육아보호급여를 받았거나 받으려 한 자에게는 그 날부터의 육아보호급여가 지급되지 않는다(고보법 §73). 이 조항은 육아기근로시간단축급여(고보법 §74②)와 출산전후휴가급여등(고보법 §77)에도 준용된다.

육아휴직급여, 육아기근로시간단축급여, 출산전후휴가급여등에 대해서는 '부정행위 구직급여 반환(고보법 §62)'이 준용된다(고보법 §74,77).

4·다. 고용보험 사무관리

(1) 보 고

이직자는 종전사업주 또는 보험사무대행기관에 실업급여지급에 필요한 증명서의 교부를 청구할 수 있으며, 피청구자는 이를 내주어야 한다(고보법 §108②). 고용장관은 피보험자, 수급자격자 또는 미지급실업급여지급청구자에게 피보험자자격확인, 부정수급조사 등을 보고케 하거나 서류제출 또는 출석을 요구할 수 있다(고보법 §108③).

(2) 신고 및 조사

① **수급자격**

수급자격자는 실업인정을 받으려 하는 기간(실업인정대상기간) 중에 근로를 제공하거나 창업한 경우에는 직업안정기관장에게 신고해야 하며, 직업안정기관장은 수급자격자의 실업인정대상기간중의 취업사실을 조사할 수 있다(고보법 §47).

② **부정수급 등**

고용장관은 피보험자자격확인, 부정수급조사 등 고보법시행을 위해 필요하다고 인정하면 소속 직원에게 피보험자 또는 수급자격자를 고용하고 있거나 고용했던 사업주의 사업장 또는 보험사무대행기관 및 그 기관이었던 자의 사무소의 관계인에 대해 질문하거나 서류를 조사하게 할 수 있다(고보법 §109).

4·라. 심사 및 재심사청구

피보험자격의 취득·상실에 대한 확인, 고보법 제4장의 규정에 따른 실업급여 및 제5장에 따른 육아휴직급여와 출산전후휴가급여 등에 관한 처분에 이의가 있는 자는 고용보험심사관(고보법§87 고보령§121,122)에게 확인 또는 처분이 있음을 안날부터 90일 이내에 심사를 청구할 수 있고, 그 결정에 이의가 있는 자는 고용보험심사위원회(고보법§99 고보령§130~§142)에 결정이 있음을 안 날부터 90일 이내에 재심사를 청구할 수 있으며, 심사 및 재심사의 청구는 시효중단에 관해 재판상 청구로 본다(고보법 §87).

제4절 고용보험과 산재보험 징수

1. 의 의

근로복지공단(공단)은 산재법과 고보법의 보험료 징수업무를 통합해서 운영하고 있다. 이를 위해 「고용보험및산업재해보상보험의보험료징수등에관한법률」(징수법)이 2003년에 제정되어 개정을 거치면서 시행되고 있다.

2. 산재 · 고용보험 보험관계

2·가. 보험의 가입과 해지

(1) 가입대상자

① 당연가입

고보법적용사업의 사업주와 근로자는 당연히 고용보험의 보험가입자가 된다(징수법 §5①). 산재법적용사업의 사업주는 당연히 산재보험의 보험가입자가 된다(징수법 §5③).

② 임의가입

고보법이 적용되지 않는 사업(고보법 §8단서)의 사업주가 근로자과반수의 동의를 받아 공단 승인을 받으면 사업주와 근로자는 고용보험에 가입할 수 있다(징수법 §5②).

산재법이 적용되지 않는 사업(고보법 §8단서)의 사업주는 공단승인을 받아 산재보험에 가입할 수 있다(징수법 §5④).

(2) 보험계약 해지

고용보험 또는 산재보험에 가입한 사업주는 보험계약을 해지할 때에는 근로자(고보법§10규정에 따른 적용제외자 제외) 과반수의 동의를 받고 미리 공단의 승인을 받아, 그 보험계약이 성립한 보험연도가 끝난 후에 보험계약을 해지하여야 한다(징수법 §5⑤).

(3) 의제가입

① 사업규모변동

고용보험과 산재보험의 당연가입사업이 '사업규모의 변동 등의 사유로 적용제외사업에 해당하게 되었을 때'에는 그 사업주 및 근로자는 그 날부터 임의가입한 것으로 보며, 보험계약해지에 관해서는 임의가입조항을 준용한다(징수법 §6①②④).

② 근로자소멸

고용보험과 산재보험의 당연가입 또는 임의가입을 한 사업주가 그 사업을 운영하다가 근로자(고보법§10에 따른 적용제외자제외)를 고용하지 않게 되었을 때에는 그 날부터 1년의 범위에서 근로자를 사용하지 않은 기간에도 보험에 가입한 것으로 본다(징수법 §6③).

2·나. 사업의 일괄적용

(1) 일반사업

① 당연 일괄적용

당연가입자인 사업주가 하는 각각의 사업이 일정요건[1]에 모두 해당하는 경우에는 징수법을 적용할 때 그 사업의 전부를 하나의 사업으로 본다(징수법 §8①).

② 임의 일괄적용

당연 일괄적용 사업주 외의 사업주가 '사업주가 동일인일 것'의 요건에 해당하는 사업(산재보험의 경우, 노동장관이 정하는 사업종류가 같은 경우로 한정)의 전부를 하나의 사업으로 보아 징수법을 적용받으려는 경우, 공단의 승인을 받으면, 공단이 승인신청서를 접수한 날의 다음 날부터 일괄적용을 받는다(징수법 §8②③).

③ 의제 일괄적용

당연 일괄적용을 받는 사업주가 일정요건(대통령령)에 해당하지 않게 된 경우에는 임의일괄적용승인을 받은 것으로 보아 징수법을 적용한다(해지도 같음)(징수법 §8④).

(2) 도급사업

건설업 등 일정사업(대통령령)이 여러 차례의 도급에 따라 시행되는 경우에는 그 원수급인을 징수법을 적용받는 사업주로 보되, 공단의 승인을 받은 경우에는 하수급인을 그렇게 본다(징수법 §9).

2·다. 보험관계 성립일과 소멸일

(1) 성립일

보험관계는 일정한 요건을 충족하는 경우 '사업주의 신청여부나 납입여부와 관계없이'[2] 당연히 성립한다(징수법 §7).

당연가입	그 사업이 시작된 날(적용제외사업이 당연사업장에 해당되면 그 해당일)
임의가입	공단이 그 사업의 사업주로부터 보험가입승인신청서를 접수한 날의 다음 날[3]
의제가입	의제가입 사업장이 된 날

1) ⓐ 사업주가 동일인일 것, ⓑ 각각의 사업은 기간이 정해져 있을 것, ⓒ 사업의 종류 등이 대통령령으로 정하는 요건에 해당할 것.

2) 헌재 2005.7.21, 2004헌바2. 산재보험 관련.

3) 헌재 2005.7.21, 2004헌바2. 접수한 날 산재가 발생하면 급여가 지급되지 않는 것이 위헌은 아님.

일괄적용	처음 하는 사업이 시작된 날
하수급인	그 하도급공사의 착공일

(2) 소멸일

보험관계는 법정소멸일에 해당하는 어느 하나의 날에 소멸한다(징수법 §10).

사업이 폐업되거나 끝난 날	다음 날
임의가입 및 의제가입에서 보험계약 해지	그 해지에 관해 공단승인을 받은 날 다음 날
사업실체가 없는 등의 사유로 보험관계를 유지할 수 없다고 인정되는 경우의 보험관계소멸(징수법§5⑦)	그 소멸을 결정·통지한 날의 다음 날
근로자(고보법§10규정에따른 적용제외자제외)를 사용하지 않게 된 경우	사용치 않은 첫날부터 1년이 되는 날 다음 날

(3) 신 고

① 성립·소멸

㈎ 당연가입

당연가입사업주는 '그 보험관계가 성립한 날'과 '그 보험관계가 소멸한 날'부터 각각 14일 이내에 공단에 보험관계의 성립 또는 소멸 신고를 해야 하며, 성격에 따라 일부예외[1]가 인정된다(징수법 §11①).

㈏ 당연 일괄적용사업

당연가입사업주는 처음 하는 사업을 시작하는 날부터 14일이내에, 사업의 폐업·종료 등으로 일괄적용관계가 소멸한 경우에는 소멸한 날부터 14일이내에 공단에 일괄적용관계의 성립 또는 소멸 신고를 해야 한다(징수법 §11②).

당연 및 임의 일괄적용사업의 사업주는 그 각각의 사업(징수법§11①의일괄적용관계 성립을신고한경우는예외)의 개시일 및 종료일(종료신고는고용보험의 경우에 한정) 각각 14일 이내(14일 이내에 끝나는사업의경우 그 끝나는날의 전날까지)에 그 개시 및 종료 사실을 공단에 신고해야 한다(종료신고는고용보험의 경우에 한정)(징수법 §11③).

② 변 경

보험에 가입한 사업주는 이름, 사업의 소재지 등 대통령령으로 정하는 사항이 변경된 경우에는 그 날부터 14일 이내에 그 사항을 공단에 신고해야 한다(징수법 §12).

---

1) ⓐ 보험관계가 성립한 날부터 14일 이내에 종료되는 사업의 경우에는 사업이 종료되는 날의 전날까지 성립 신고, ⓑ 사업을 시작할 때에 산재법의 적용 대상 여부가 명확하지 않아 해당 사업에서 일정 기간 사용한 상시근로자 수를 바탕으로 해 산재법의 적용 대상 여부가 정해지는 사업(산재법 §6)은 그 일정 기간의 종료일부터 14일 이내에 성립 신고.

3. 산재 · 고용보험 보험료 결정

3·가. 법적근거

보험사업비용에 충당하기 위해 보험가입자로부터 '고용안정 · 직업능력개발사업 및 실업급여의 보험료(고용보험료)'와 '산재보험의 보험료(산재보험료)'를 징수한다(징수법 §13①).

고용보험의 적용제외대상인 '65세 이후에 고용되거나 자영업을 개시한 자'에 대해서는 고용보험료 중 실업급여의 보험료를 징수하지 않는다(징수법 §13③).

3·나. 보험료액수

(1) 고용보험료

① 근로자부담

고용보험 가입자인 근로자가 부담해야 하는 고용보험료는 자기보수총액에 실업급여보험료율(징수법 §14①)의 1/2을 곱한 금액으로 한다(징수법 §13②본문). 보수(징수법 §2iii본문)'를 지급받지 않는 근로자는 '보수로 보는 금품(징수법 §2iii단서)'의 총액에 실업급여보험료율을 곱한 금액을 부담해야 한다(징수법 §13②단서). '휴직이나 비슷한 상태에 있는 기간 중(징수법 §2iii단서)'에 사업주로부터 보수를 지급받는 근로자(고용장관 해당사유고시)는 그 기간에 지급받는 보수총액에 실업급여보험료율을 곱한 금액을 부담해야 한다(징수법 §13②단서).

② 사업주부담

사업주가 부담해야 하는 고용보험료는 고용보험가입자인 근로자의 개인별 보수총액(보수로보는금품과 휴직중보수총액제외)에 '고용안정 · 직업능력개발사업의 보험료율(징수법 §14①)'과 '실업급여의 보험료율의 1/2'을 각각 곱한 금액을 합한 금액으로 한다(징수법 §13④).

(2) 산재보험료

근로자는 산재보험료를 부담하지 않는다. 사업주가 부담해야 하는 산재보험료는 그 소속 근로자의 개인별 보수총액에 '같은 종류의 사업에 적용되는 산재보험료율'(징수법 §14)을 곱한 금액을 합한 금액으로 한다.

3·다. 지원 및 면제

고보법은 근로자수(내국인에한함)가 일정규모(대통령령)미만인 사업에 고용되어 보수 · 보유재산 · 종합소득이 각각 일정기준미만인 경우에 대해 특혜를 부여하고 있다.

해당요건을 충족하는 경우, 국가는 사업주와 근로자가 각각 부담하는 고용보험료(징수법 §13②.④)의 일부를 예산의 범위에서 지원할 수 있다(징수법 §21).

3·라. 감 면

고용장관은 천재지변이나 대통령령으로 정하는 특수한 사유가 있어 보험료를 경감할 필요가 있다고 인정하는 보험가입자에 대해 고용보험위원회 또는 산재보험및예방심의위원회의 심의를 거쳐 보험료와 징수금을 '50/100의 범위에서 대통령령으로 정한 비율'로 경감할 수 있다(징수법 §22의2①).

3·마. 보수총액 및 보험요율

(1) 보수총액

① 보 수

"보수"란 근로소득(소득세법 §20)에서 대통령령으로 정하는 금품을 뺀 금액을 말한다(징수법 §2iii본문). 고용보험료를 징수하는 경우(징수법 §13①), 근로자가 휴직이나 비슷한 상태에 있는 기간 중에 사업주외의 자로부터 받는 금품 중 고용장관이 고시하는 금품은 보수로 본다(징수법 §2iii단서).

② 기준보수

사업의 폐업·도산 등으로 보수를 산정·확인하기 곤란한 경우 또는 대통령령으로 정하는 사유[1]에 해당하는 경우에는 고용장관이 정해 고시하는 금액(기준보수)을 보수로 할 수 있다(징수법 §3①). 기준보수는 사업의 규모, 근로형태 및 보수수준 등을 고려해 고용보험위원회의 심의를 거쳐 시간·일 또는 월 단위로 정하되, 사업의 종류별 또는 지역별로 구분해 정할 수 있다(징수법 §3②).

③ 보수총액 결정

보수총액은 1년간 받은 보수의 합계이다.

건설업 등에 있어 개산보험료의 근거가 되는 보수총액추정액(징수법 §17①)이나 확정보험료의 근거가 되는 보수총액(징수법 §17①)을 결정하기 곤란하면, 고용장관이 고시하는 노무비율을 사용해서 보수총액추정액 또는 보수총액이 결정될 수 있다(징수법 §13⑥).

---

1) ⓐ 보수관련자료가 없거나 명확하지 않은 경우, ⓑ 사업(장)의 이전 등으로 소재지를 파악하기 곤란한 경우.

(2) 보험요율

① 원 칙

㈎ 고용보험

고용보험료율은 보험수지의 동향과 경제상황 등을 고려해 30/1,000의 범위에서 고용안정·직업능력개발사업의 보험료율 및 실업급여의 보험료율로 구분해 고용보험위원회의 심의를 거쳐 대통령령으로 정하거나 변경한다(징수법 §14①②).

㈏ 산재보험

산재보험요율은 매년 6월30일 현재 과거 3년 동안의 보수총액에 대한 산재보험급여총액의 비율을 기초로 하고 산재보험급여에 드는 금액, 재해예방 및 재해근로자의 복지증진에 드는 비용 등을 고려하여 사업의 종류별로 구분해 고용노동부령으로 정한다(징수법 §14③④). 출퇴근재해 중 '그 밖의 통상적인 경로와 방법으로 출퇴근하는 중 발생한 사고에 따른 업무상재해를 이유로 지급된 보험급여액은 산재보험급여총액에 포함시키지 않는다(징수법 §14③). 고용장관은 특정사업의 산재보험료율이 전체 사업의 평균 산재보험료율의 20배를 초과하지 않도록 해야 하며(징수법 §14⑤), 특정사업의 산재보험료율이 인상되거나 인하되는 경우에는 직전 보험연도 산재보험료율의 30/100분 범위에서 조정해야 한다(징수법 §14⑥).

② 특 례

㈎ 보험료와 급여액 비율

대통령령으로 정하는 사업으로서 '실업급여보험료에 대한 실업급여금액의 비율' 또는 '산재보험료에 대한 산재보험급여금액의 비율'이 각각 매년 9월30일 또는 매년 6월30일을 기준으로 이전 3년 동안 일정비율(대통령령)에 해당되면, 전자는 40/100의 범위에서 후자는 50/100의 범위에서 인상하거나 인하한 비율을 그 사업에 대한 다음 보험연도의 보험료율로 할 수 있다(징수법 §15①②).

㈏ 산재예방요율

대통령령으로 정하는 사업의 사업주가 해당 사업 근로자의 안전보건을 위해 재해예방활동을 실시하고 고용장관의 인정을 받은 때에는 그 사업에 대해 적용되는 산재보험료율의 30/100의 범위에서 인하한 비율을 그 사업에 대한 다음 보험연도의 산재보험료율(산재 예방요율)로 할 수 있다(징수법 §15③).

㈐ 양자 합산

산재보험의 경우, 보험료와 급여액 비율특례와 산재예방요율에 따른 인상액 또는 인하액은 서로 합산한다(징수법 §15⑤).

4. 산재 · 고용보험 보험료 부과 · 징수

4·가. 징수주체

보험료는 공단이 매월 부과하고 건강보험공단이 이를 징수하되, 건설업 등 대통령령으로 정하는 사업의 경우에는 별도의 규정(징수법 §17, §19)에 따라 공단이 부과하고 징수한다(징수법 §16의2).

4·나. 보험료 신고

사업주는 전년도에 근로자에게 지급한 보수총액 등을 매년 3월 15일까지 공단에 신고해야 하며, 보험관계가 소멸한 때에(그날부터 14일이내) 지급된 보수총액 등을, 근로자(1개월간 소정근로시간이 60시간 미만인 자 등 제외)를 새로 고용한 때에는 성명 및 주소지 등을(고용한 날이 속하는 달의 다음달 15일까지), 고용관계를 종료한 때 지급된 보수총액 · 고용관계종료일 등을(고용관계종료일이 속한 달의 다음달 15일까지), 휴직하거나 다른 사업장으로 전보되는 등의 사유(대통령령)를 공단에 신고(그날부터 14일이내)해야 한다(징수법 §16의10 ①~⑤).

4·다. 보험료 산정

월별보험료는 근로자 개인별 월평균보수에 고용보험료율 및 산재보험료율을 각각 곱한 금액을 합산해 산정한다(징수법 §16의3①).

4·라. 보험료 부과

건강보험공단은 사업주에게 일정사항을 적은 문서로써 납부기한 10일 전까지 월별보험료의 납입을 고지해야 한다(징수법 §16의8).

4·마. 보험료 납부

사업주는 그 달의 월별보험료를 다음 달 10일까지 납부해야 한다(징수법 §16의7①).

사업주는 신고를 않거나 사실과 다르게 신고하여 공단이 산정한 보험료(징수법 §16의2 §16의9②)를 건강보험공단이 정해 고지한 기한까지 납부해야 한다(징수법 §16의7②).

4·바. 보험료 정산

공단은 사업주가 신고한 보수총액에 보험료율을 곱해 실제로 납부해야 할 보험료를 산정하되, 사업주가 보수총액을 신고하지 않거나 사실과 다르게 신고한 경우에는 징수법 제16조의6제1항을 준용해 보험료를 산정한다(징수법 §16의9①②).

건강보험공단은 사업주가 납부한 보험료가 이렇게 산정한 보험료보다 더 많으면, 그 초과액을 사업주에게 반환하고, 부족한 경우에는 그 부족액을 사업주로부터 징수해야 한다(징수법 §16의9②③).

4·사. 납부 및 징수 특례

(1) 건설업 등 예외

① 개산보험료

건설업 등의 사업주(징수법 §16의2②)는 보험연도마다 1년 동안 지급될 보수총액추정액에 고용보험료율 및 산재보험료율을 각각 곱해 산정한 "개산보험료"를 보험연도의 3월31일까지 공단에 신고·납부(분할납부 가능)해야 한다(징수법 §17).

② 확정보험료

사업주는 매 보험연도의 말일까지 사용한 근로자에게 지급한 보수총액에 고용보험료율 및 산재보험료율을 각각 곱해 산정한 확정보험료를 다음 보험연도의 3월31일까지 공단에 신고해야 한다(징수법 §19).

③ 정 산

납부(징수법 §17)하거나 추가징수(징수법 §18①)한 개산보험료금액이 확정보험료금액을 초과하는 경우에 공단은 초과액을 사업주에게 반환해야 하며, 부족한 경우에 사업주는 부족액을 다음 보험연도의 3월 31일까지 납부해야 한다(징수법 §19).

(2) 징수 특례

보험료를 징수할 때에는 결산서 등 보험료산정을 위한 기초자료를 확보하기 어려운 경우에는 적용대상 사업과 규모, 보수수준 및 매출액 등이 비슷한 같은 종류의 사업을 기준으로 그 사업의 보험료를 산정·부과해 징수할 수 있다(징수법 §20).

(3) 보험료 조정

공단은 보험료율이 인상 또는 인하된 때에는 월별보험료·개산보험료를 증액 또는 감액 조정하고, 월별보험료가 증액된 때에는 건강보험공단이, 개산보험료가 증액된 때에는 공단이 각각 징수한다(징수법 §18①).

(4) 납부방법 변경시기

사업종류변경으로 보험료납부방법이 변경되는 경우에는 사업종류변경일 전일을 변경 전 사업 폐지일로, 사업종류의 변경일을 새로운 사업성립일로 본다.

4·아. 산재 · 고용보험 징수권 보호

(1) 징수금 범위

① 보험료 과납

공단은 사업주가 잘못 낸 금액을 반환하고자 하는 때에는 일정순위[1]에 따라 보험료등에 우선 충당하고 나머지 금액을 그 사업주에게 반환하고, 건강보험공단이 그 금액을 지급한다(징수법 §23①).

② 진료비 · 적립금과 차입약제비 충당

공단은 근로자가 요양한 산재보험의료기관에 진료비를 지급하거나 약국에 약제비를 지급할 때에는 의료기관 또는 약국이 산재보험가입자로서 내야 하는 산재보험료, 징수금과 체납처분비에 우선 충당하고 잔액을 지급할 수 있다(징수법 §23의2).

③ 가산금 · 적립금과 차입연체금 징수

공단은 사업주가 소정기한까지 확정보험료를 신고하지 않거나 신고한 확정보험료가 사실과 달라 보험료를 징수하는 경우, 10/100에 상당하는 가산금을 부과해 징수한다(징수법 §24).

④ 산재보험급여액 징수

공단은 사업주가 '보험관계 성립신고를 게을리 한 기간'이나 '산재보험료납부를 게을리 한 기간' 중에 발생한 재해에 대해 산재보험급여를 지급하는 경우, 그 급여에 해당하는 금액의 전부 또는 일부를 사업주로부터 징수할 수 있다(징수법 §26).

(2) 징수 절차 · 방법

① 징수 우선순위

납부기한이 지난 보험료, 환수금 또는 그 밖의 징수금과 체납처분비를 징수하

---

1) ⓐ 체납처분비, ⓑ 월별보험료, 개산보험료 또는 확정보험료, ⓒ 연체금, ⓓ 가산금, ⓔ 보험급여액 징수금.

는 경우 과납액반환순위(징수법 §23①) 를 준용한다(징수법 §26의2).

② **조기납부**

공단 또는 건강보험공단은 사업주에게 일정사유[1]가 있는 경우, 납부기한 전이라도 납부의무가 확정된 보험료·징수금을 징수할 수 있으며, 이 경우 새로운 납부기한 및 납부기한의 변경사유를 적어 사업주에게 알려야 한다(징수법 §27의2).

③ **분할납부**

당연가입자인 사업주는 보험관계성립일부터 1년이상이 지나서 보험관계 성립신고를 한 경우에는 납부기한이 지난 보험료·징수금의 분할납부를 승인해 줄 것을 건강보험공단에 신청할 수 있으며, 사업주의 납부능력을 확인하여 보험료와 그 밖의 징수금의 분할납부를 승인해야 하며 일정사유[2]에 해당하면 승인을 취소하고 한꺼번에 징수할 수 있다(징수법 §27의3).

④ **통합징수**

공단 또는 건강보험공단은 산재보험료·징수금, 「임금채권보장법」 제9조·제16조에 따른 부담금 및 그 밖의 징수금과 「석면피해구제법」 제31조제1항제1호의 자에 대한 분담금 및 그 밖의 징수금을 통합해 징수해야 한다(징수법 §31).

(3) 징수금 확보

건강보험공단은 독촉을 받은 자가 그 기한까지 보험료·징수금을 내지 않은 경우에는 고용장관승인을 받아 국세체납처분의 예에 따라 이를 징수할 수 있다(징수법 §28①).

보험료·징수금은 국세·지방세를 제외한 다른 채권보다 우선한다(징수법 §30).

보험료·징수금을 징수하거나 그 반환받을 수 있는 권리는 3년간 행사하지 않으면 시효로 인해 소멸하며, 소멸시효에 관해서는 징수법에 규정된 것을 제외하고는 민법에 따른다(징수법 §41). 소멸시효는 '소정의 사유'[3]로 중단되며(징수법 §42), 중단된 소멸시효는 '소정의 기한 또는 기간'[4]이 지난 때부터 새로 진행한다.

확정보험료의 소멸시효는 다음 보험연도의 첫날부터 진행한다.

---

1) 국세체납처분,지방세·공과금체납처분, 강제집행, 어음교환소거래정지처분, 경매개시, 법인해산.
2) 분할납부보험료·징수금 두번 이상 체납, 제27조의2제1항 각호(납부기한전징수사유)의 어느 하나에 해당.
3) ⓐ 월별보험료고지, ⓑ 반환청구, ⓒ 통지 또는 독촉, ⓓ 체납처분절차에 따른 교부청구 또는 압류.
4) 월별보험료고지,독촉에 의한 납부기한, 제27조제1항의 납부기한, 교부청구중인 기간, 압류기간.

5. 산재 · 고용보험 징수업무 처리

사업주 등을 구성원으로 하는 단체로서 특별법에 따라 설립된 단체, 고용장관 허가를 받아 설립된 법인 및 일정기준(대통령령)에 해당하는 법인, 공인노무사 또는 세무사는 사업주로부터 위임을 받아 사업주가 지방고용노동관서 또는 공단에 대해 해야 할 "보험사무"를 대행할 수 있다(징수법 §33①).

6. 산재 · 고용보험 보험관계 특례

6·가. 해외파견자

징수법(§47)은 산재보험의 적용을 받는 해외파견자(산재법 §122①)의 보험료산정의 기초가 되는 보수액과 보험관계성립 · 소멸에 관한 특례를 규정하고 있다.

6·나. 현장실습생

징수법(§48)은 산재보험의 적용을 받는 현장실습생(산재법 §123①)의 보험료산정의 기초가 되는 보수액에 관한 특례를 규정하고 있다.

6·다. 예술인

고용보험의 적용을 받는 예술인(고보법 §77의2)과 이들을 상대방으로 하여 문화예술용역 관련 계약을 체결한 사업의 사업주는 당연히 고용보험의 보험가입자가 된다. 징수법(§48의2)은 고용보험료율, 고용보험료 납부방법 및 원천징수, 징수법조항준용 등에 관한 특례를 규정하고 있다.

6·라. 노무제공자 및 노무제공플랫폼사업자

고용보험의 적용을 받는 노무제공자(고보법 §77의6)와 이들을 상대방으로 하여 노무제공 계약을 체결한 "노무제공사업의 사업주"는 당연히 고용보험의 보험가입자가 된다. 징수법(§48의3)은 보수액, 고용보험료율, 고용보험료 납부방법 및 원천징수, 징수법 조항준용 등에 관한 특례를 규정하고 있다. 노무제공플랫폼사업자(고보법 §77의7①)는 노무제공사업의 사업주와 노무제공플랫폼이용계약을 체결하는 경우 소정의 사항을 공단에 신고하여야 한다. 징수법(§48의4 2022.1시행)은 노무제공플랫폼사업자의 자료제공, 노무제공사업사업주의 고용보험료부담분 원천징수 등에 대한 특례를 규정하고 있다.

6·마. 중소기업사업주

징수법(§49)은 산재보험에 가입한 중소기업의 사업주(산재법 §124①)에 대한 산재보험료 산정의 기초가 되는 보수액, 산재보험료율, 보험관계성립·소멸, 징수법조항준용 등에 대한 특례를 규정하고 있다.

6·바. 자영업자

근로자를 사용하지 않거나 50명 미만의 근로자를 사용하는 사업주는 공단의 승인을 받아 자기를 근로자로 보아 고용보험에 가입할 수 있으며, 보험에 가입한 자영업자가 50명 이상의 근로자를 사용하게 된 경우에도 본인이 피보험자격을 유지하려는 경우에는 계속해 보험에 가입된 것으로 본다(징수법 §49의2①②).

징수법(§49의2)은 자영업자에 대해 '고용보험료산정기초가 되는 보수액', 고용보험료율, 고용보험료의 금액과 징수방법, 보험관계소멸 그리고 징수법조항준용에 관해 특례를 규정하고 있다.

6·사. 특수형태근로종사자

징수법(§49의3)은 특수형태근로종사자(산재법 §125)와 사업주에 대한 산재보험료산정의 기초가 되는 보수액과 산재보험료율, 산재보험료 부담 방법, 산재보험료 납부와 원천공제, '재해율 등을 고려한 산재보험료경감' 등에 대해 특례를 규정하고 있다.

6·아. 국민기초생활보장법의 수급자

고용보험적용사업에서 유급으로 근로하는 수급자와 보장기관(국민기초생활보장법§2iv)은 각각 징수법의 적용을 받는 근로자와 사업주로 본다(징수법 §49의4①). 고용보험료산정의 기초가 되는 보수액은 해당사업에 참가하고 받은 금전으로 한다(징수법 §49의4②).

6·자. 근로자공급사업 산재보험

"근로자공급사업자"(직안법 §33)로부터 근로자를 공급받는 사업주·화주(貨主) 및 그 사업주·화주단체, '근로자공급사업 관련 법인·단체'가 산재보험가입자가 되는 "산재보험관리기구"를 구성하려는 경우, 공단승인을 받아야 한다.

징수법(§49의5)은 산재보험관리기구의 보험가입자지위, 산재보험보험관계의 성립과 소멸, 산재보험료의 산정과 납부, 보험사무대행기관 간주 및 징수비용과 지원금교부 등에 관한 특례를 규정하고 있다.

제 **2** 장

고 용 안 정

제1절 고 용 관 리

1. 직업안정

1·가. 의 의

모든 사람에게 자기능력에 맞는 직업에 취업할 수 있는 기회를 제공함으로써 유휴노동력의 생산화와 국민생활의 안정에 기여코자 1962년에 「직업안정법」(직안법)이 제정된 후 개정을 거쳐 시행되고 있다. 직안법(§1)은 모든 근로자가 능력을 계발하고 발휘할 수 있는 직업에 취업할 기회를 제공하고, 정부와 민간부문이 협력해 각 산업에서 필요한 노동력이 원활하게 수급되도록 지원함으로써 근로자의 직업안정을 도모하고 국민경제의 균형 있는 발전에 이바지함을 목적으로 한다.

1·나. 기본원칙

(1) 균등처우

누구든지 성별, 연령, 종교, 신체적 조건, 사회적 신분 또는 혼인 여부 등을 이유로 직업소개 또는 직업지도를 받거나 고용관계를 결정할 때 차별대우를 받지 않는다(직안법 §2).

(2) 업무수행

직안법(§3)은 목적달성을 위한 정부업무를 명시하고,[1] 일부업무에 대해 무·유

1) ⓐ 노동력의 수요공급 조절, ⓑ 구인자, 구직자 국내직업소개, ⓒ 구직자 직업지도, ⓓ 고용정보 수집·정리

료직업소개사업자·직업정보제공사업자 등과의 공동·위탁수행 및 지원, 직업안정기관에 민간직업상담원(직안법 §4의4), 지자체장의 관련업무수행(직안법 §4의2)을 규정하고 있다.

1·다. 공공 직업안정기관 업무

(1) 의 의

정부업무일부는 직업안정기관장이 수행한다(직안법 §5). 특별자치도지사·시장·군수 및 구청장은 '구인자 또는 구직자의 신원증명이나 조회'와 '구인·구직의 중계 또는 공보'에 관한 직업안정기관장의 요청에 협조해야 한다(직안법 §7).

(2) 직업소개

직업안정기관장은, 일부예외[1]를 제외하고는 구인신청수리를 거부할 수 없고(직안법 §8), 법령위반을 제외하고는 구직신청수리를 거부할 수 없고(직안법 §9), 구직자에게 구인자가 밝힌 업무내용과 근로조건을 알려 주어야 하며(직안법 §10), 적합한 상대방을 가능하면 구직자가 통근할 수 있는 지역에서 소개하도록 노력해야 하고(직안법 §11), 광역직업소개를 할 수 있다(직안법 §12).

(3) 직업상담

직업안정기관장은 구직자의 요청이 있거나 필요하다고 인정해 구직자의 동의를 받은 경우에는 직업상담 또는 직업적성검사를 할 수 있다(직안법 §9②).

(4) 직업지도

직업안정기관장은 새로 취업하려는 사람, 신체 또는 정신에 장애가 있는 사람과 취업을 위해 특별한 지도가 필요한 사람에게 직업지도를 해야 한다(직안법 §14).

(5) 직업훈련

직업안정기관장은 구직자취업을 위하여 「근로자직업능력개발법」에 따른 직업능력개발훈련을 받도록 알선할 수 있다(직안법 §13). 직업안정기관장은 각급 학교의 장이나 공공직업훈련시설장이 실시하는 무료직업소개사업에 협력해야 하며, 요청을 받아 학생 또는 직업훈련생에게 직업지도를 할 수 있다(직안법 §15).

·제공, ⓔ 구직자 직업훈련 ·재취업지원, ⓕ 직업소개, 직업정보제공, 근로자모집 또는 근로자공급 지도·감독, ⓖ 취업곤란자고용촉진, ⓗ 직업안정기관, 지자체·민간고용기관과 연계·협력과 고용서비스시장 육성.

1) <해당 구인신청> 법령위반, 현저하게 부적당, 구인조건명시거부, 체불사업주.

(6) 고용정보

직업안정기관장은 관할지역의 고용정보를 수시·정기적으로 수집·정리해 구인자·구직자 그 밖에 고용정보를 필요로 하는 자에게 제공해야 하며, 노동력의 수요·공급에 급격한 변동이나 현저한 불균형이 발생하면 대책을 추진해야 하고(직안법 §16), 취업기회확대·부족인력수급을 지원하기 위해 구인·구직의 개척에 노력해야 한다(직안법 §17).

1·라. 민간 직업안정 업무

(1) 직업소개사업

① 무료직업소개사업

㈎ 신 고

무료직업소개사업은 소개대상 근로자가 취업하려는 장소를 기준으로 하여 국내 무료직업소개사업과 국외 무료직업소개사업으로 구분된다. 전자는 주된 사업소의 소재지를 관할하는 특별자치도지사·시장·군수 및 구청장에게, 후자는 고용장관에게 각각 신고해야 한다(직안법 §18① 전문).[1] 신고사항을 변경할 때도 같다(직안법 §18① 후문).

㈏ 자 격

'무료직업소개사업을 하려는 자'(무료직업 소개업자)는 대통령령으로 정하는 비영리법인 또는 공익단체이어야 한다(직안법 §18②).

㈐ 제한 및 지원

무료직업소개업자 및 그 종사자는 근기법(§ 43의2)에 따라 명단이 공개 중인 체불사업주(근기법 명단공개)인 구인자에게 직업소개를 할 수 없다(직안법 §18⑤).

고용장관은 무료직업소개사업 경비의 전부 또는 일부를 보조할 수 있다(직안법 §45).

② 유료직업소개사업

㈎ 등 록

유료직업소개사업은 취업하려는 장소를 기준으로 해 국내 유료직업소개사업과 국외 유료직업소개사업으로 구분된다. 전자는 주된 사업소의 소재지를 관할하는 특별자치도지사·시장·군수 및 구청장에게 등록하여야 하고, 후자는 고용장관에게 등록해야 한다. 등록사항을 변경하는 경우에도 같다(직안법 §19①).

---

1) <신고면제> 한국산업인력공단, 한국장애인고용공단, 각급학교장, 공공직업훈련시설장, 근로복지공단.

(나) 자 격

'등록을 하고 유료직업소개사업을 하려는 자'(유료직업소개사업자)는 둘 이상의 사업소를 둘 수 없다. 다만, 사업소별로 직업소개 또는 직업상담에 관한 경력·자격· 소양이 있다고 인정되는 사람 1명이상을 고용하면 그렇지 않다(직안법 §19②).

(다) 조 직

유료직업소개사업자는 사업소별로 자격을 갖춘 직업상담원을 1명 이상 고용해야 한다(직안법 §22②본문).[1] 유료직업소개사업의 종사자 중 직업상담원이 아닌 사람은 직업소개사무를 담당하면 안된다(직안법 §22③). 유료직업소개사업자는 무자격자를 고용해서는 안된다(직안법 §22①).[2]

(라) 운 용

유료직업소개사업자는 고용장관이 고용정책심의회를 거쳐 결정·고시한 요금 외의 금품을 받아서는 안 되나, 고급·전문인력(고용노동부령)을 소개하는 경우에는 당사자가 정한 요금을 구인자로부터 받을 수 있다(직안법 §19③④).

(마) 의 무

유료직업소개사업자는 구인자가 체불사업주(근기법 명단공개)인 경우 구직자에게 그 사실을 고지하고, 구인자사업의 허가·신고·등록 등의 여부를 확인해야 한다(직안법 §19⑥).

(바) 금 지

유료직업소개사업자는 타인에게 자기의 성명 또는 상호를 사용해 직업소개사업을 하게 하거나 등록증을 대여하면 안된다(직안법 §21). 유료직업소개사업자 및 종사자는 구직자에게 제공하기 위해 구인자로부터 선급금을 받으면 안된다(직안법 §21의2).

③ 공통사항

무료직업소개사업자 또는 유료직업소개사업자와 그 종사자(직업소개사업자등)의 연소자에 대한 직업소개는 제한[3]을 받는다(직안법 §21의3). 결혼중개업, 식품접객업 또는 숙박업을 경영하는 자는 직업소개사업을 할 수 없다(직안법 §26).

---

1) 동거가족이 직업상담원자격을 갖추고 특정사업소에서 상시 근무하는 경우에 해당 사업소에 직업상담원을 고용한 것으로 보며, 유료직업소개사업자가 직업상담원 격을 갖추고 특정 사업소에서 상시 근무하는 경우에 해당 사업소에는 직업상담원을 고용하지 않을 수 있다(직안법§22②단서).

2) ⓐ 미성년자, 피성년후견인 및 피한정후견인, ⓑ 파산선고를 받고 복권되지 않은 자 등

3) 연령확인, 연소자의 친권자·후견인취업동의서 수령, 연소자사용금지직종업소·청소년유해업소 소개금지.

(2) 직업정보제공사업

'직업정보제공사업을 하려는 자'(직업정보제공사업자)는, 고용장관에게 신고해야 한다(신고사항 변경도같음)(직안법 §23). 유·무료직업소개사업자는 신고없이 직업정보제공사업을 할 수 있다. 직업정보제공사업자는 구인자가 체불사업주인 경우 구직자가 알 수 있도록 게재해야 하고, 최임법상 최저임금에 미달되는 구인정보를 제공하지 않아야 하며, 소정사항[1]을 준수해야 한다(직안법 §25).

(3) 근로자 모집

구인자는 광고, 문서 또는 정보통신망 등 다양한 매체를 활용해 자유롭게 근로자를 모집할 수 있다(직안법 §28). 누구든지 국외에 취업할 근로자를 모집한 경우에는, 고용장관에게 신고해야 한다(직안법 §30).

근로자 모집자와 모집업무종사자는 어떠한 명목으로든 모집관련금품을 받거나 그 밖의 이익을 취할 수 없으나, 유료직업소개사업자가 구인자의 의뢰를 받아 제시조건에 맞는 자를 모집해 직업소개한 경우에는 그렇지 않다(직안법 §32).

(4) 근로자공급사업

근로자공급사업이라 함은 공급계약에 따라 근로자를 타인에게 사용하게 하는 사업을 말한다(직안법 §2의2vii). 누구든지 고용장관허가(고용노동부령)를 받지 않고는 근로자공급사업을 하지 못한다(직안법 §33①). 근로자공급사업허가의 유효기간은 3년으로 하되, 연장허가유효기간은 연장전허가의 유효기간이 끝나는 날부터 3년으로 한다(직안법 §33②).

근로자공급사업은 공급대상근로자의 취업장소를 기준으로 국내사업과 국외사업(자산시설 요건구비)(직안법 §33⑤)으로 구분해, 각각의 허가대상과 고려사항이 정해진다(직안법 §33③④).

	대 상	종합고려사항
국 내	노조법에 따른 노동조합	노동조합의 업무범위와 해당 지역별·직종별 인력수급상황 및 고용관계 안정유지 등
국 외	국내에서 제조업·건설업·용역업, 그 밖의 서비스업을 하고 있는 자, 연예인을 대상으로 하는 경우 비영리법인(민법 §32)	해당 직종별 인력수급상황, 고용관계 안정유지 및 근로자취업질서 등

1) ⓐ 업체명(또는 성명)이 표시되어 있지 않거나 연락처가 사서함등으로 표시되어 구인자의 신원이 확실하지 않은 구인광고 게재금지, ⓑ 구인·구직자의 주소 또는 전화번호를 기재, 직업정보제공사업자의 주소 또는 전화번호는 기재 금지, ⓒ 광고문에 "(무료)취업상담"·"취업추천"·"취업지원" 등의 표현 사용 금지 ⓓ 구직자의 이력서발송대행이나 취업추천서 발부금지, ⓔ 부여받은 신고번호 표시 ⓕ 성매매알선업소 광고 금지.

(5) 민간직업안정 업무관리

① 광고 제한

'유·무료직업소개사업, 근로자모집사업 또는 근로자공급사업을 하는 자나 종사자'는 '거짓 구인광고·구인조건제시'(대통 령령)를 할 수 없다(직안법 §34).

② 손해배상

유료직업소개사업자 또는 국외근로자공급사업자는 직업소개, 근로자 공급을 할 때 고의 또는 과실로 근로자 또는 '소개·공급을 받은 자'에게 손해를 발생하게 하면 그 손해를 배상할 책임이 있으며, 보증보험 또는 공제(직안법 §33③)에 가입하거나 예치금을 금융기관에 예치해야 한다(직안법 §34의2①②). 사업자협회(직안법 §34의2①②)는 손해배상 책임을 보장하기 위해, 법정내용[1]이 규정된 공제규정을 제정해 고용장관승인을 받아 공제사업을 할 수 있다(공제규정 변경도같음)(직안법 §34의2③④⑤).

③ 업무제한

㈎ 결격사유

결격사유자[2]는 신고·등록을 하거나 근로자공급사업 허가를 받을 수 없다(직안법 §38).

㈏ 사업정지와 등록·허가취소

'고용장관 또는 특별자치도지사·시장·군수·구청장'은 유·무료직업소개사업, 직업정보공개사업 또는 근로자공급사업을 하는 자가 공익을 해칠 우려가 있는 경우로서 '거짓·부정한 방법으로 신고·등록했거나 허가를 받은 경우'와 '직안법 또는 관련명령을 위반한 경우'에는, 6개월이내기간을 정해 사업을 정지하게 하거나 등록 또는 허가를 취소할 수 있으며(직안법 §36①본문③). "결격사유(직안법 §38)의 어느 하나에 해당할 때'에는 등록 또는 허가를 취소해야 한다(직안법 §36①단서)(직안법§36②법인의경우임원 변경임명기간1개월이상부여).

㈐ 폐 업

유·무료직업소개사업, 직업정보공개사업자 또는 근로자공급사업자가 폐업한 경우에는 그 날부터 7일이내에 '고용장관 또는 특별자치도지사·시장·군수·구청장'에게 신고해야 한다(직안법 §35).

폐업신고자(직안법§35 미신고폐업자포함)가 다시 신고·등록을 하거나 허가를 받으면(직안법§18 §19,§23,§33), 폐업신고 전의 사업자의 지위를 승계한다(직안법 §36의2①). 이 경우 면제기준[3]에 해당되지

---

1) 공제사업범위, 공제계약내용, 공제금, 공제료, 공제금충당책임준비금, 그 밖에 공제사업의 운영에 필요한 사항.
2) ⓐ 미성년자·피성년후견인 및 피한정후견인, ⓑ 파산선고를 받고 복권되지 않은 자 등

않으면, 폐업신고전의 위반행위를 사유로 '사업정지, 등록・허가취소(직안법 §36①)'의 행정처분을 받을 수 있다(직안법 §36의2②). 행정처분을 함에 있어서는 폐업기간, 폐업사유 및 행정처분사유가 된 위반행위의 존속여부 등이 고려된다(직안법 §36의2③).

㈑ **폐 쇄**

'고용장관 또는 특별자치도지사・시장・군수・구청장'은 '신고 또는 등록을 하지 않거나 허가를 받지 않고 사업을 하거나, 사업정지 또는 등록・허가취소의 명령을 받고도 사업을 계속하는 경우에는 관계공무원으로 '필요한 조치'를 하게 할 수 있다(직안법 §37①).

④ 사업자의무

직업소개사업, 직업정보제공사업, 근로자 집 또는 근로자공급사업에 관여자는 업무상 알게 된 비밀을 누설해서는 안된다(직안법 §42). 유료직업소개등록자나 근로자공급사업자는 장부・대장・필요서류를 갖추어 두어야 하며(직안법 §39본문), 전자적 방법으로 작성・관리할 수 있다(직안법 §39단서).

⑤ 사업자협회 설립

유・무료직업소개사업, 직업정보공개사업 또는 근로자공급사업을 하는 자는 사업자협회를 설립할 수 있다(직안법 §45의2①). 사업자협회는 법인으로 하고, 직안법에 규정이 있는 것을 제외하고는 민법 중 사단법인에 관한 규정을 준용한다(직안법 §45의2②③).

1·마. 실효성 확보

(1) 교육・훈련

'고용장관 또는 특별자치도지사・시장・군수・구청장'은 직업소개사업을 하는 자 및 그 종사자가 직업소개, 직업상담 등을 할 때 필요한 전문지식 및 직업윤리의식을 향상시킬 수 있도록 교육훈련을 해야 한다(직안법 §40의2).

(2) 보고・조사

'고용장관 또는 특별자치도지사・시장・군수・구청장'은 '유・무료직업소개사업자 직업정보공개사업자 또는 근로자공급사업자'에게 자료를 제출하게 하거나 보고하게 할 수 있고(직안법 §41①), 소속 공무원으로 하여금 사업(장)이나 시설에 출입해 서

3) ⓐ 정지처분기준해당, 폐업신고일부터 재신고일까지 기간이 1년을 초과한 경우, ⓑ 등록・허가 취소처분기준해당, 폐업신고일부터 재신고일까지 기간이 5년을 초과한 경우. ↘ 820쪽

류·장부·물건을 조사하고 관계인에게 질문하게 할 수 있으며(직안법 §41②),관계행정기관장에게 자료 협조를 요청할 수 있다(직안법 §41의2).

(3) 권한 위임

직안법에 따른 고용장관의 권한은 그 일부를 직업안정기관장이나 특별자치도지사·시장·군수 또는 구청장에게 위임할 수 있다(직안법 §44).

(4) 포상금

'고용장관 또는 특별자치도지사·시장·군수·구청장'은 거짓구인광고, '폭행·협박·감금 등의 수단으로 직업소개, 근로자 모집 또는 근로자공급을 한 자와 성매매행위 등의 업무에 취업하게 할 목적으로 직업소개, 근로자모집·공급을 한 자'를 신고하거나 고발한 사람에게 포상금을 지급할 수 있다(직안법 §45의3).

2. 외국인 고용

2·가. 의 의

(1) 외국인력 활용 근거

단순기능외국인력의 국내도입을 위해 2003년에 「외국인근로자의고용등에관한법률」(외고법)이 제정되어 고용허가제와 외국인산업연수제도가 같이 시행되다가, 2007년부터는 고용허가제로 일원화되어 시행되고 있다.

그 밖에 외국인력수입을 위한 제도로는 「출입국관리법」에 근거를 둔 전문기술외국인고용제도[1]와 '기타 취업가능 체류자격제도'[2]가 있다.

(2) 외국인력 활용 원칙

① 내국인고용기회보호

외국인력은 내국인근로자를 충원할 수 없는 부분에 한해 보완적으로 활용하는 것이 일반적이다. 외국인력고용이 내국인고용기회를 잠식하거나 근로조건을 저해하지 않도록 하기 위함이다. 구체적 정책수단으로는 노동시장테스트(*Labor Market Test*),[3] 인력부족분야의 적정수준 도입 원칙,[4] 외국인고용상한제(*Dependency Ratio* 또는 *Dependency Ceiling*)[5], 외국

1) 교수(E-1), 회화지도(E-2), 연구(E-3), 기술지도(E-4), 전문직업(E-5), 예술흥행(E-6), 특정활동(E-7) 체.
2) 단기취업(C-4), 재외동포(F-4), 영주(F-5), 관광취업(H-1), 거주(F-2), 유학(D-2) .
3) 국내노동시장에서 내국인근로자를 채용하기 위해 노력하는 것을 전제로 해 외국인근로자의 고용 허가.
4) 도입업종과 규모를 미리 정하는 방법 활용.

인고용부담금(*Levy*)제도[1]를 들 수 있다. 우리나라는 중소기업의 부담을 감안해서 외국인고용부담금제도를 도입하고 있지 않다.

② 기본적 인권보장

외국인근로자에 대해서도 노동관계법을 적용하고, 균등대우원칙을 지키는 등 인권이 보장되어야 한다. 우리나라도 외국인근로자에게 노동관계법을 적용하고 있으며, 차별금지원칙(외고법 §22)을 천명하고 있다.

③ 외국인력 활용 유형

단순기능외국인력활용방법은 고용허가제와 노동허가제로 구분된다. 전자는 외국인이 특정사업주와 근로계약을 체결한 후에 입국할 수 있는 제도이다. 후자는 일정요건을 갖춘 외국인이 노동허가를 발부받아 입국한 후, 원하는 사업장을 찾아 취업하는 제도이다. 우리나라는 단순기능인력에 대해 고용허가제를 기본으로 하면서, 외국국적동포에 대해 노동허가제요소를 가미하고 있다.

2·나. 외국인력의 고용과 관리

(1) 개 요

① 법적근거

외고법은 외국인근로자를 체계적으로 도입·관리함으로써 원활한 인력수급 및 국민경제의 균형 있는 발전을 도모하는 것을 목적으로 하고 있다(외고법 §1).

② 외국인근로자 정의

외국인근로자란 대한민국국적을 가지지 않은 사람으로서 국내의 사업(장)에서 임금을 목적으로 근로를 제공하고 있거나 제공하려는 사람을 말한다(외고법 §2본문).

③ 외국인고용 정책결정

'외국인근로자에 대한 기본계획수립', '도입업종·전체 및 기업별 도입규모', '송출국가 지정 및 지정취소' 등을 심의·의결하기 위해 외국인력정책위원회(정책위원회) 및 외국인력정책실무위원회를 둔다(외고법 §4). 고용장관은 정책위원회의 심의·의결을 거쳐 외국인근로자의 도입계획을 매년 3월31일까지 공표해야 하며, 고용사정의 급격한 변동이 있는 경우에는 중간에 계획을 변경할 수 있다(외고법 §5①②). 외국인근로자의 도입업종은 상시근로자수, 자본금 등을 고려해 내국인근로자의 고용기회를 보호할

---

5) 기업이 사용하는 외국인의 숫자나 비율 제한. ↘ 822쪽

1) 외국인을 고용할 때마다 고용주로부터 일정액의 세금이나 수수료를 징수하는 제도(우리나라는 미도입).

수 있는 방법으로 정책위원회가 결정한다. 정책위원회는 인력수급상황을 고려해 전체 도입규모를 정한다. 고용허가제는 인력이 부족한 중소기업을 지원하기 위해 마련된 제도로서 업종별고용규모에 따라서도 인원이 제한된다.

④ 외국인근로자 관리체계

㈎ 의 의

외국인근로자 고용·체류지원은 고용부·법무부, 송출국가의 국가기관, 고용장관지정 위탁·대행기관, 비영리외국인근로자지원단체 등이 연계해 이루어진다. 고용허가제의 관장부서는 고용부이며, 법무부는 출입국관리업무를 수행한다.

㈏ 위탁기관과 대행기관

고용장관은 권한의 일부를 지방고용노동관서장, 한국산업인력공단(공단) 또는 대통령령으로 정하는 자(다른 위탁기관)에게 위임 또는 위탁할 수 있다(외고법 §28본문).

㈐ 권익보호협의회

외국인근로자권익보호에 관한 사항을 협의하기 위해 직업안정기관에 관할구역의 노동자단체와 사용자단체 등이 참여하는 외국인근로자권익보호협의회를 둘 수 있으며, 구성·운영 등에 필요한 사항은 고용노동부령으로 정한다(외고법 24의2).

㈑ 민간단체

국가는 외국인근로자에 대한 상담과 교육, 그 밖에 사업을 하는 기관 또는 단체에 대해, '매년 사업계획과 운용실적 등을 평가하여(외고령 §29③)' 사업에 필요한 비용의 일부를 예산의 범위에서 지원할 수 있다(외고법 §24).

(2) 외국인력의 고용

외국인근로자의 고용절차 및 방법은 일반외국인근로자와 외국국적동포로 나누어 설명할 수 있다.

① 일반 외국인근로자

고용허가제의 외국인근로자고용절차는 송출국가 결정, 내국인구인노력, 고용허가신청, 고용허가서발급, 근로계약체결, 사증발급인정서발급, 외국인근로자입국 및 취업교육, 사업장배치 및 사업장고용 및 체류지원의 순으로 이루어진다.

㈎ 송출국가결정

외국인근로자 등의 관리를 위해 외국인근로자를 도입할 수 있는 대상국가가 지정되어 있다. 도입국가가 지정되면 모집절차 등에 대해 정부간 양해각서(*MOU*)를 체결하며, 정기적으로 양해각서이행여부를 평가해서 갱신여부 및 국가별 도입규모를 결정한다.

(나) 구직자명부

㉮ 외국인구직자 명부

고용장관은 지정된 송출국가의 노동행정을 관장하는 정부기관의 장과 협의하여 외국인구직자명부를 작성해야 한다(외고법 §7①). 외국인구직자명부는 공단에 통보되어 선발기준으로 활용된다.

㉯ 한국어능력시험

외국인구직자명부를 작성할 때에는 외국인구직자선발기준 등으로 활용할 수 있도록 한국어구사능력을 평가하는 한국어능력시험을 실시해야 한다(외고법 §7②).

㉰ 자격요건평가

고용장관은 외국인구직자선발기준으로 활용하기 위해 기능수준 등 인력수요에 부합되는 자격요건을 평가할 수 있다(외고법 §7④). 자격요건평가기관은 공단이다(외고법 §7⑤).

(다) 사용자의 고용절차

㉮ 내국인구인노력

외국인을 고용하려는 사용자는 직업안정기관에 내국인구인신청을 해야 한다(외고법 §6①). 내국인구인신청을 받은 직업안정기관장은 사용자가 적절한 구인조건을 제시할 수 있도록 상담·지원해야 하며, 구인조건을 갖춘 내국인이 우선적으로 채용될 수 있도록 직업소개를 적극적으로 해야 한다(외고법 §6②).

㉯ 외국인고용허가신청

내국인구인노력과 직업안정기관의 직업소개를 받고도 원하는 인력의 전부 또는 일부를 채용하지 못한 사용자는 내국인구인노력기간이 경과한 후 3개월 이내에 외국인고용허가를 직업안정기관장에게 신청할 수 있다(외고법 §8①).

㉰ 고용허가서발급

직업안정기관장은 일정요건[1]을 갖춘 사용자에게 외국인구직자명부(외고법 §7①)에 등

1) 외고령 §13의4

- 정책위원회에서 정한 외국인근로자 도입업종 및 고용가능사업장
- 고용노동부령으로 정하는 기간(외고칙 §5의2, 14일 이상) 내국인을 구인하기 위해 노력했어도 구인신청한 내국인근로자의 전부 또는 일부를 채용하지 못한 사업장(직업안정기관장의 직업소개에도 불구하고 정당한 이유 없이 2회 이상 채용을 거부한 경우는 제외)
- 내국인구인신청을 한 날의 2개월 전부터 외국인근로자고용허가서 발급일까지 고용조정으로 내국인근로자를 이직시키지 않은 사업장
- 내국인구인신청일 5개월 전부터 고용허가서 발급일까지 임금미지급이 없는 사업장
- 신청일 현재 관련법이 요구하는 외국인근로자 관련 보험에 가입해 있는 사업장

록된 사람 중에서 적격자를 추천(외고칙§5②,3배수이상 적격자가3배수 미만이면 예외)해야 하고(외고법 §8③), 추천된 적격자를 선정한 사용자에게 지체없이 고용허가를 하고, 선정된 외국인근로자의 성명 등을 적은 외국인근로자고용허가서를 발급해야 한다(외고법 §8④). 직업안정기관이 아닌 자는 외국인근로자의 선발·알선·채용에 개입하면 안된다(외고법 §8⑥).

㉣ **근로계약체결**

사용자는 선정한 외국인구직자와 표준근로계약서의 형식에 따라 고용허가서발급일부터 3개월 이내에 근로계약을 체결해야 하며, 공단으로 하여금 대행케 할 수 있다(외고법 §9①②). 고용허가를 받은 사용자와 외국인근로자는 당사자합의에 따라 입국일부터 3년 범위에서 근로계약을 체결·갱신할 수 있다(외고법 §9③). 근로계약을 갱신한 사용자는 직업안정기관장에게 외국인근로자 고용허가기간연장허가를 받아야 한다(외고령 §17②). 근로계약의 효력은 입국한 날로부터 발생한다(외고령 §17①).

㉤ **사증 및 입국**

근로계약이 체결되면 사용자는 직접 또는 위탁·대행기관을 통해 법무부에 고용허가서, 표준근로계약서 등을 제출하고 사증발급인정서를 발급받아 이를 공단에 송부한다. 공단은 송출국가의 송출기관을 통해 사증발급인정서를 외국인구직자에게 전달한다. 외국인구직자는 재외공관에서 비전문취업사증(E9)을 발급받아 입국해서 15일 내에 외국인취업교육기관에서 국내취업활동에 필요한 사항을 주지시키는 취업교육과 건강검진을 받은 후 사업주에게 인계된다.

㈑ **직장이동**

㉮ **사업장변경**

고용허가를 받은 외국인근로자는 근로를 개시한 사업장에서 계속 근무하는 것이 원칙이다.[1] 그러나 기본적인권보장을 위해 일반적고용허가제를 대상으로, 근로관계지속이 어려운 사유에 대해 사업장변경제도가 마련되어 있다(외고법 §25). 사업장변경사유는 횟수의 제한이 있는 경우[2]와 제한이 없는 경우[3]가 있다.

---

1) 헌재 2011.09.29, 2007헌마1083. 직장이동자유 제한, 합헌.

2) '사업장변경사유 중 근로계약의 해지나 갱신거절의 경우'와 '상해 등으로 해당 사업장에서 근무가 부적합하나 다른 사업장에서 근무가 가능한 경우'에 대해서는 취업활동 가능기간 내에서 3회까지, 취업활동 연장기간 내에서는 2회까지 사용자의 동의와 관계없이 '사업 또는 사업장의 변경'이 제한된다.

3) 휴·폐업, 고용허가취소, 고용제한, 사용자의 근로조건 위반 또는 부당한 처우 등 외국인근로자 책임이 아닌 사유로 인해 사회통념상 그 '사업(장)'에서 근로를 계속할 수 없게 되었다고 인정해 고용장관이 고시한 경우로 인한 사업장변경에는 횟수 제한이 없다.

㈏ 업종간 이동

고용허가제에 따라 입국한 일반외국인근로자는 원칙적으로 업종간 이동이 제한된다. 다만, 제조업에 취업한 외국인근로자 중 사업장변경자격이 있는 자에게는 농축산 및 어업, 건설업 등으로의 업종이동이 인정된다.

㈐ 취업활동종료

외국인근로자는 입국한 날부터 3년범위 내에서 취업활동을 할 수 있다(외고법 §18).

고용허가를 받은 사용자에게 고용되어 국내에서 취업한 후 출국한 외국인근로자는 출국일부터 6개월이 지나지 않으면 다시 취업할 수 없는 것이 원칙이다. 이러한 제한은 외국국적동포특례고용제도에 적용되지 않는다(외고법 §18의3).

㈑ 취업활동기간 연장

㉮ 의 의

취업활동기간제한은 정주화를 막기 위함이다. 업무숙련도가 높아질 때 출국하는 문제를 해결하기 위해 외국인근로자재고용제도가 도입되었으나 재입국하는 번잡한 문제 때문에 폐지되고 취업활동기간연장제도가 도입되었다.

㉯ 연장기간 및 횟수

요건을 갖춘 외국인근로자는 1회에 한해 2년 미만의 범위에서 취업활동기간을 연장받을 수 있다(외고법 §18의2①).

㉰ 연장대상근로자

취업활동기간연장제도의 대상은 고용허가나 특례고용가능확인을 받아 고용된 외국인근로자로서 취업활동기간 3년이 만료되어 출국하기 전에 사용자가 고용장관에게 재고용허가를 요청한 근로자이다.

㈒ 재입국 취업활동

취업활동기간연장제도에도 불구하고 숙련된 외국인근로자에 대한 기업의 수요가 높아짐에 따라, 재입국취업활동제도가 마련되었다. 성실근무, 인력부족사업, 장기계약 등의 요건을 충족하는 외국인근로자에 대해 연장된 취업활동기간이 만료되어 출국전에 사용자가 '재입국고용허가'를 신청하면 고용장관은 그 외국인근로자에 대해 출국일부터 3개월이 지나면 다시 취업하도록 할 수 있다(외고법 §18의4①). 재입국취업은 1회에 한해 허용되고, 근로계약체결·취업활동기간·취업활동기간연장·사업장변경에 관한 규정을 준용한다(외고법 §18의4③).

② 외국국적동포 특례고용

㈎ 의 의

㉮ 취 지

외고법은 입국을 허용한 후 일정기간 동안에 구직활동을 하도록 하고, 구직이 이루어지면 일정기간 취업을 허용하되 구직이 이루어지지 않으면 출국해야 하는 외국국적동포고용제도를 마련하고 있다. 외국국적동포고용은 입국과 취업활동이 상대적으로 자유로워 노동허가제의 성격을 갖는다.

㉯ 대상 사업 및 근로자

외국국적동포특례는 국내노동시장의 사정을 고려해 건설업과 서비스업·제조업·농업·어업에 대해 허용된다(외고법 §12①).

㈏ 외국동포의 입국 및 구직준비

외국국적동포의 입국 및 고용절차는 사증발급 및 입국, 내국인구인노력, 특례고용가능확인서발급, 근로계약체결, 근로개시신고 순으로 이루어진다.

㉮ 사증 발급 및 입국

요건을 갖춘 동포가 재외공관에 신청하면 방문취업(H-2) 사증을 발급한다. 사증을 발급받은 동포구직자는 입국일로부터 90일이내에 법무부에 외국인등록을 신청해야 한다.

㉯ 취업교육과 구직신청

합법적으로 입국한 외국국적동포 중 국내에서 취업을 원하는 동포는 고용부가 지정한 취업교육기관에서 20시간(2박 3일)의 취업교육을 이수하고, 직업안정기관에 구직신청을 한 후, 자율구직 또는 직업안정기관소개를 통해 취업할 수 있다. 고용장관은 외국인구직자명부를 작성·관리해야 한다(외고법 §12②). 외국인근로자는, 근로를 시작하면, 직업안정기관장에게 신고해야 한다(외고법 §12④).

㈐ 사용자의 고용절차

㉮ 특례고용가능확인

외국국적동포를 고용하고자 하는 사용자는 직업안정기관에 구인등록을 한다. 내국인구인신청(외고법 §6①)을 한 사용자는 직업안정기관장의 직업소개(외고법 §6②)를 받고도 인력을 채용하지 못한 경우 특례고용가능확인을 신청할 수 있다(외고법 §12③). 직업안정기관장은 요건이 충족되는 경우 특례고용가능확인서를 발급해야 한다(외고법§12⑥ 외고령§20).

특례고용가능확인의 유효기간은 3년으로 하며, 건설업에 해당하는 사업(장)으로서 공사기간이 3년보다 짧은 경우에는 그 기간으로 한다(외고법 §12⑤).

㉯ **외국국적동포 선정**

사용자는 특례고용가능확인서에 기재된 사업장별 고용허용인원 범위 내에서 외국인구직자명부에 등록된 자에 대해(외고법 §12④) 직업안정기관의 외국국적동포를 소개받거나 스스로 고용할 수 있다.

㉰ **근로계약체결**

사용자는 합법적인 절차를 거쳐 선정한 특례고용 대상구직자를 선정하면, 표준근로계약서(외고법 §9)를 작성해 근로계약을 체결한 후 고용한다.

㉱ **근로개시신고**

근로계약을 체결한 사용자는 특례외국인근로자가 근로를 시작한 날부터 14일 이내에 직업안정기관장에게 근로개시의 신고를 해야 하며(외고법§12④ 외고칙§12의3), 법무부에 취업개시 또는 근무처변경의 신고를 해야 한다.

㈑ **직장이동과 고용변동**

외국국적동포의 경우에는 자유롭게 업종 간 직장이동을 할 수 있다.

(3) 외국인고용제도의 관리

① 외국인고용허가취소 및 고용제한

직업안정기관장은 사용자에게 '중대한 귀책사유(일반고용 허가와같음)'가 있으면 고용허가 또는 특례고용가능확인을 문서로 취소할 수 있다(외고법 §19①). 사용자는 취소된 날부터 15일 이내에 외국인근로자와의 근로계약을 종료해야 한다(외고법§19②,29iii 1년징역·1천만원벌금).

직업안정기관장은 고용허가(외고법 §8④), 특례고용가능확인(외고법 §12③)을 받지 않고 외국인근로자를 고용한 자, 고용허가 또는 특례고용가능확인이 취소(외고법 §19①)된 자, 외고법 또는 출관법을 위반해 처벌을 받은 자 등에 대해 3년간 외국인근로자의 고용을 제한할 수 있다(외고법 §20).

② 외국인근로자 고용변동 등 신고

사용자는 외국인근로자의 근무 중에 인적사항의 변동이 발생하면 직업안정기관에 신고해야 한다(외고법§17①, §32①vii 5백만원과태료). 고용장관은 외국인근로자 고용사업장을 지도·점검하고, 출관법 위반사항에 대해 소관행정기관에 통지해야 한다(외고법§17② 외고령§23②③).

③ 귀국에 필요한 조치

사용자는 외국인근로자가 근로관계종료, 체류기간만료 등으로 귀국하는 경우,

귀국하기 전에 임금 등 금품관계를 청산하는 등 필요한 조치를 해야 한다(외고법 §16).

④ **불법체류외국인 고용금지**

불법체류자를 고용한 사용자에게는 3년 이하의 징역이나 2천만원 이하의 벌금이 부과(출관법 §94)되고, 외국인을 합법적으로 고용할 기회를 3년간 제한받는다(외고법 §20①).

2·다. 외국인근로자 보호

(1) 법적보호

① **헌법의 기본권조항 적용**

외국인이 헌법의 기본권을 향유할 수 있는 주체인지에 대해 기본권의 주체가 "모든 국민"으로 표현되어 있다는 문언해석을 근거로 하는 부정설[1]이 있으나, 기본권 중에서 인권의 성격을 갖는 기본권은 적용되어야 한다는 인권해석을 근거로 드는 긍정설[2]이 유력하다.

② **노동관계법 적용**

㈎ **적법체류**

근기법의 효력은 국적을 불문하고 우리나라 영토내의 모든 사업(장)에 미친다.[3] 국내사업장에 적법하게 취업하고 있는 외국인근로자에게도 근기법이 적용됨은 당연하며 상시근로자수를 판단함에 있어 외국인근로자도 포함해야 한다.[4]

㈏ **불법체류**

출관법(§17)은 외국인의 체류자격·체류기간 등에 일정한 제한을 가하고 있으며 누구든지 "고용될 수 있는 체류자격"이 없는 외국인을 채용하지 못하도록 규정하고 있다. 불법취업외국인이라 함은 이러한 규정에 어긋나게 취업하고 있는 사람을 말한다. 불법취업외국인에게도 근기법[5]과 노조법[6]이 적용된다.

---

1) 김남진, "외국인근로자 인권보장을 위한 사업장변경의 자유", 「법학연구」 제16권 제2호(통권 제62호), 한국법학회, 2016. 51쪽;

2) 김철수, 『헌법학개론』, 박영사, 2011, 382쪽 ; 헌재 1994.12.29. 93헌마120; 헌재 2001.11.29, 99헌마494 ; 헌재 2014.4.24. 2001헌마 474 ; 헌재 2011.9.29. 2007 헌마1083 ; 헌재 2011.9.29. 2007 헌마1083.

3) 서울고판 2006.7.6, 2005누16668.

4) 근기 68207-1090, 1994.7.7.

5) 대판 1997.8.26, 97다18875. 퇴직금관련.. <근거> "임금을 목적으로 근로를 제공하는 자"라는 점, 국적을 이유로 한 차별이 금지되는 점, 출입국관리법은 단속법규로서 그 법을 위반하더라도 근로를 제공한 법률행위에 영향을 주기 어렵다는 점, 상시근로자 산정시에는 근로자로 포함된다는 점 등.

6) 대판 2015.6.25, 2007두4995. <근거> 출관법의 취지가 '취업자격이 없는 외국인의 고용'이라는 사실적 행위 자체를 금지하는 것에 지나지 않으므로 취업자격이 없다는 이유로 고용계약이 당연히 무효로 되는 것이 아니고, 대등한 관계에서 근로자단체를 결성하는 것까지 금지하려는 규정이 아님. <참고> 불법체류 취업은 근기법상

㈐ 외국인산업연수생

외국인산업연수생이더라도 연수계약의 내용이 연수에만 그치는 것이 아니고 근로를 제공하고 그 대가로 임금을 받는다면 근로자에 해당된다.[1] 헌법재판소는 이에 반하는 노동부예규를 위헌으로 결정[2]했고, 이에 따라 행정해석도 노동관계법이 적용되는 것으로 해석한다.[3]

(2) 외국인근로자의 근로조건

① 원 칙

사용자는 외국인근로자라는 이유로 부당하게 차별하여 처우해서는 안된다(외고법 §22). 외국인근로자에 대해서도 원칙적으로 근기법, 산안법, 최임법 등 노동법이 차별 없이 적용된다.

② 내 용

㈎ 임 금

외국인근로자에 대한 임금수준은 생산성, 경력 등에 따라, 내국인근로자와 다를 수 있으나, 최저임금 이상이어야 한다.

㈏ 복 지

복지에 있어서 외국인근로자와 내국인근로자의 차별은 금지된다. 사용자는 외국인근로자의 정착을 위해 별도로 숙식을 제공할 수 있으며, 표준근로계약서에도 그러한 내용을 기재토록 하고 있다. 그러나 외국인근로자의 동의 없이 경비를 부담시킬 수 없다. 임금에서 숙식비를 공제하면 임금전액지급원칙에 위배될 수 있으므로 근로자의 동의가 있더라도 임금지급 후 숙식비를 납부토록 해야 한다.

㈐ 근로계약기간

외국인근로자는 취업활동기간 또는 연장된 취업활동기간범위 내에서 근로계약기간을 당사자의 합의로 결정하거나 갱신할 수 있다(외고법 §9③).

근로계약기간은 외고법에 따라 결정된 것으로서 2년을 초과하더라도 '기간의 정함이 없는 근로계약'으로 간주되지 않는다.

해고의 정당한 사유로 봄.

1) 대판 1994.12.9, 94다22859 ; 대판 1995.6.30, 94도2122 ; 대판 2000.1.28, 98두9219 ; 대판 1997.10.10, 97누10352 ; 대판 1997.3.28, 96도694 ; 대판 2005.11.10, 2005다50034 ; 대판 2006.12.7, 2006다53627.

2) 헌재 2007.8.30, 2004헌마670.

3) 근로기준팀-8930, 2007.12.26.

㈑ **일시출국**

외국인근로자가 일시적으로 출국하고자 하는 경우 법무부 출입국관리사무소에 외국인근로자의 재입국허가신청서에 사업주 동의서를 첨부해 제출해야 한다.

㈒ **산재기간 추가체류**

산업재해 등으로 취업활동을 할 수 없어 출입국관리사무소에서 원래의 체류자격(E-9)을 G-1(기타)으로 변경하면 치료기간 동안 국내에 체류할 수 있다.

③ **구 제**

외국인근로자도 근기법 위반 등에 대해 고용부에 진정을 제출하거나 근로감독관 또는 검사에게 고소·고발을 할 수 있다.

(3) 외국인근로자와 보험

① **4대사회보험**

외국인근로자도 건강보험(외고법 §14) 및 산재보험(산재법 §6)은 내국인근로자와 동일하게 적용된다. 국민연금은 상호주의원칙에 따라 적용여부가 결정된다. 사용자가 고용보험에 임의로 가입하면 고용안정사업에 의한 지원금이나, 근로자능력개발훈련비용이 지원된다.

② **외국인근로자 전용보험**

㈎ **출국만기보험**

사용자는 외국인근로자에 대해 근로계약효력발생일로부터 15일 이내에 의무적으로 출국만기보험에 가입해야 한다(외고법 §13①). 일정요건(외고령 §21②)을 갖춘 출국만기보험에 가입하면 근퇴법에 따른 퇴직금제도를 설정한 것으로 본다(외고법 §13②). 1년 이상 근무한 외국인근로자는 출국(일시적 출국은 제외)·사망하거나 체류자격이 변경된 경우에 해당금융기관에 대해 적립금액을 일시금으로 청구할 수 있다.[1] 근무기간이 1년 미만인 경우, 그 일시금은 사용자에게 귀속된다(외고령 §21② ii). 출국만기보험지급시기는 사유발생일부터 14일 이내이다(외고법 §13③). 청구권소멸시효는 지급사유발생일부터 3년이며, 금융기간은 소멸시효가 완성된 보험금 등을 이내에 공단에 이전해야 한다(외고법 §13④).

㈏ **임금지급보증보험**

사용자[2]는 외국인근로자에 대한 임금미지급에 대비해 근로계약효력발생일부

---

1) 헌재 2016.3.31, 2014헌마367, 출국후 지급 합헌 결정. <논리적근거> 우리 국민과 동일한 수준의 직장 선택의 자유가 보장되는 것은 아니다(헌재 2011.9.29, 2007헌마1083)'.

터 15일이내에 일정한 요건(외고령 §27②)을 갖춘 보증보험에 의무적으로 가입해야 한다(외고법 §23①). 임금을 지급받지 못한 외국인근로자는 보증보험에서 일정액을 보상받을 수 있다. 보험기간 중에 임금미지급이 아닌 사유로 근로계약이 해지되면 사용자는 보험료의 일부를 환급받을 수 있다.

㈐ **귀국비용보험**

외국인근로자는 귀국비용을 확보하기 위해 근로계약효력발생일로부터 3개월 이내에 일정요건을 갖춘 귀국비용보험에 가입해서 고용장관이 국가별로 고시하는 금액을 납부해야 한다(외고법§15 외고령§22). 외국인근로자는 지급사유가 발생한 경우에 귀국비용보험일시금의 지급을 신청할 수 있다(외고령 §22②).

㈑ **상해보험**

외국인근로자는 업무상재해 이외의 상해 또는 질병사고 등에 대비해 근로계약효력발생일부터 15일 이내에 일정한 요건을 모두 갖춘 상해보험에 가입해야 한다(외고법§23②, 외고령§28).

제2절 고 용 보 호

1. 인적속성에 따른 고용보호

1·가. 성 별

노동법에서 여성은 전통적으로 특별보호 대상으로 취급되어 왔다. 특별보호는 고용과 평등과 갈등관계를 갖는다. 여성보호는 모성보호와 일·가정양립지원을 대체되고 있다(제2편 제3장,제3절). 특별보호와 관련하여서는 임신에 지장을 주는 물질을 다루는 업무에 대한 취업제한(제2편,제3장 제3절,2·나,(1),②), 갱내근로금지(제2편,제3장 제3절,2·나,(1),①), 휴일근로동의(제2편,제3장 제1절,2·나,(5))에 관한 조항이 있는 정도이다.

---

2) 임채법이 적용되지 않거나 상시 300인 미만의 근로자를 사용하는 사업(장)의 사용자가 가입대상이다. 외국국적동포만을 고용한 건설업 사업장(외고법 §12① i)에는 적용되지 않는다(외고령 §27①). ↘ 832쪽

1·나. 연 령

(1) 연소자

① 의 의

근기법(제5장)은, 헌법(§32⑤)의 연소자의 근로에 대한 특별보호'를 구체화하여, 그들의 근로조건을 보호하고 있다.[1] '18세미만자'(연소자)는 정신적·신체적으로 성장단계에 있으므로 교육을 받을 기회가 보장되어야 한다.

② 근로계약 체결

만19세에 달하지 않은 미성년자(민법 §4)는 친권자나 후견인의 동의를 얻어 직접 근로계약을 체결해야 한다. 근로계약에 있어 친권자, 후견인 등의 대리행위는 인정되지 않는다.

③ 근로조건 명시

사용자는 연소자와 근로계약을 체결할 때 근기법(§17)에 규정된 근로조건 명시사항 중 서면명시사항뿐 아니라 일반명시사항(제2편, 제2장 제1절, 2·라, (2)) 즉 '기타 근기령(§8)으로 정한 근로조건' 모두를 서면으로 명시(전자문서포함)해서 교부해야 한다(근기법 §67③, §114 i 5백만원 벌금).

④ 근로조건 적용

미성년자는 독자적으로 임금을 청구할 수 있으며, 대리행위는 부인된다(근기법 §68). 연소자는 법정근로시간(근기법 §69본문), 연장근로시간(근기법 §69단서), 휴일 및 야간근로(근기법 §70)에 있어 특별보호를 받는다.

⑤ 취업제한

㈎ 취업금지와 취직인허

사용자는 '15세미만자' 및 '18세미만 중학생'[2]을 근로자로 사용할 수 없다.[3]

15세미만자(18세미만 중학생포함)라도 고용장관이 발급한 취직인허증을 지닌 자는 근로자로 사용될 수 있다(근기법 §64①). 취직인허증을 받을 수 있는 자는 13세 이상 15세 미만자이며 예술공연 참가를 위한 경우에는 13세미만자도 취직인허증을 받을 수 있다

---

1) 독일은 「연소자노동보호법」과 같은 단행 법률을 두고 있으나 미국, 일본 등은 우리나라와 같이 근로기준관련법에 여성과 연소자에 대한 특별보호규정을 두고 있다.

2) 「초·중등교육법」에 따른 중학교에 재학 중인 자.

3) ILO, 「취업의 최저연령에 관한 협약(제138호, 1973)」 15세미만, 노사단체협의로 14세 가능, 13~14세는 경미한 노동 가능.

(근기령 §35①). 취직인허증은 본인신청에 따라 의무교육에 지장이 없는 한도 안에서 직종을 지정해 신청한 근로자와 사용자가 될 자에게 내주어야 한다(근기법 §64② 근기령 §36①). '연소자 사용금지직종(근기령 §40)'에 대해 취직인허증을 발급할 수 없다(근기령 §37).

고용장관은 거짓·부정한 방법으로 취직인허증을 발급받은 자의 인허를 취소해야 한다(근기법 §64③).

㈏ 유해·위험작업 사용금지

사용자는 연소자를 도덕상 또는 보건상 유해·위험한 사업으로 지정된 사용금지직종(근기령§40 [별표4])[1]에 사용하지 못한다(근기법§65, §109① 3년징역·3천만원벌금).[2]

㈐ 갱내근로금지

사용자는 여성과 연소자를 갱내[3]에서 근로시키지 못 한다(근기법 §72, §109① 3년징역·3천만원벌금).[4] 보건·의료·보도·취재 등(근기령 §42)에 대해서는 일시적인 갱내근로가 인정된다.[5]

⑥ 근로계약 해지

미성년자의 근로계약해지권자도 미성년자 자신이다.

근기법(근기법 §67)은 친권자, 후견인, 고용장관에게 미성년자에게 불리하다고 인정되는 경우에 근로계약을 해지할 수 있도록 규정하고 있다. 해지권행사는, 미성년자 보호를 위해 인정되므로, 미성년자의 의사를 요건으로 하지 않는다.[6]

⑦ 서류비치

사용자는 연소자에 대해 연령을 증명하는 가족관계기록사항증명서와 친권자 또는 후견인의 동의서를 사업장에 갖추어 두어야 한다(근기법§66, §116①ii 5백만원과태료). 취직인허증

---

1) ⓐ 고압·잠수작업, ⓑ「건설기계관리법」,「도로교통법」등에서 18세 미만인 자에 대해 제한하고 있는 직종 또는 업종의 운전·조종업무, ⓒ 법률에서 18세 미만 청소년의 고용이나 출입을 금지하고 있는 직종이나 업종, ⓓ 교도소·정신병원업무, ⓔ 소각·도살업무, ⓕ 유류취급업무(주유업무제외), ⓖ 2-브로모프로판을 취급하거나 노출될 수 있는 업무, ⓗ 고용장관이 산재보험및예방심의위원회의 심의를 거쳐 고시하는 업무.

2) ILO,「취업의 최저연령에 관한 협약(제138호, 1973)」, 제3조. 작업환경상 연소자의 건강·안전, 도덕의 저해를 감안해서 노동에서의 고용최저연령이 18세보다 낮아서는 안된다.

3) 일본 노동성 기발 제732호, 1950.8.11.

> ⓐ 광산은 보통 지하에 있는 광물을 채굴하는 장소와 땅속에 있는 통로를 말한다.
> ⓑ 땅 표면에서부터 시작하는 통로로서 공도(公道)와 같은 정도로 안전·위생이 보장되고, 갱내근로자 이외의 자도 통행할 수 있는 지하통로는 갱내로 볼 수 없다.
> ⓒ 지하통로가 우연히 땅 표면으로 나오더라도 ⓑ에 해당되지 않는 한 갱내로 본다.

4) 작업장소가 갱내인 직·간접적인 업무, 사무직의 업무 등 모든 업무가 갱내근로의 범위에 포함되며, 예외로 인정된 경우를 제외하고는 본인의 희망이 있어도 갱내근로 금지.

5) ILO가 1935년도에 채택한「광산의 갱내작업에 있어서 여성의 고용에 관한 협약(제45호)」도 예외 인정.

6) 김형배,『노동법』, 제20판, 252~253쪽.

은 이러한 서류로 대체될 수 있다(근기령 §36②). 서류비치의무는 반사적의무로서 사용자가 연령을 확인할 의무를 포함한다.

(2) 고령자

① 근 거

고령화사회(Aging Society)[1]를 맞아 고령자들의 경험과 능력을 적절하게 활용하고 그들의 자아실현기회를 넓힘으로써 사회적효율을 극대화시킬 목적으로 1991년에 「고령자고용촉진법(법률 제4487호)」이 제정되었다. 2008년에는 「고령자고용촉진법」이 「고용상연령차별금지및고령자고용촉진에관한법률(법률 제8962호)(연령법)」로 명칭이 변경되어 많은 개정을 거쳐 시행되고 있다.

② 개 념

고령자는 55세 이상인 자로, 준고령자는 50세 이상 55세 미만인 자로 정의된다(연령법§2 연령령§2).

③ 고용권장

일정한 수(연령령§10 300명) 이상의 근로자를 사용하는 사업주는 기준고용률(연령령§3 고용장관고시) 이상의 고령자를 고용하도록 노력해야 한다(연령법 §12). 기준고용률을 초과해 고령자를 추가로 고용하면 조세가 감면되며, 고용지원금이 지급될 수 있다(연령법 §14).

④ 정년보호

연령법은 정년을 60세 이상으로 제한하는 법정정년제도를 도입하고 있다(제2편, 제5장 제3절, 3).

⑤ 취업지원

정부는 고령자고용촉진을 위해 고령자적합직종을 선정해 취업을 지원하고(연령법 §15~§17), 직업능력개발훈련을 실시하고(연령법 §6), 고령자고용정보센터를 운영하는 등 고령자취업을 지원할 의무가 있다.

(3) 연령차별금지

① 법적근거

고정법, 인권위법과 종전의 「고령자고용촉진법」이 연령차별금지에 대해 규정하고 있으나 선언적이었다. 이러한 이유로 2008년에 「고령자고용촉진법」이 「고용

1) UN, 65세이상인구비율이 7%이상이면 고령화사회, 14%이상이면 고령사회, 20%이상이면 초고령사회.

상연령차별금지및고령자고용촉진에관한법률(연령법)」로 개정되어 연령차별금지제도가 강화되었다. 연령법은 근로자를 1명이상을 사용하려 하거나 사용하는 사업(장)에 적용되며, 차별금지행위·예외, 시정명령, 과태료 등을 명시하고 있다.

② **차별범위**

연령차별은 유사한 상황에서 특정인이나 그가 속한 연령집단을 다른 연령의 사람이나 집단보다도 불이익하게 취급하는 것을 말한다. 연령을 이유로(연령법 §4의4①) 한 직접차별은 금지된다. '연령을 이유로 한다'는 것은 차별원인이 특정인이나 특정 집단의 생물학적 나이임을 의미한다. 연령법은 합리적이유 없이 연령 외의 기준을 적용해 특정한 연령집단에 불리한 결과를 초래하는 경우에는 연령차별로 봄으로써(연령법 §4의4②) 간접차별도 금지한다.

③ **차별사유**

차별이 금지되는 사유는 모든 연령이다. 구체적으로는 '특정연령 도달', '특정연령그룹에 해당' 및 '연령 차이' 등이 여기에 해당된다. 따라서 고령자, 노령자 또는 청소년 등이 모두 차별금지대상이다.

④ **차별영역**

연령법은 고용의 전체 단계에서 차별을 금지하고 있다. 사업주는 모집·채용, 임금, '임금 외의 금품지급 및 복리후생', 교육·훈련, 배치·전보·승진 및 퇴직·해고의 분야에서 합리적이유 없이 연령을 이유로 근로자 또는 근로자가 되려는 자를 차별해서는 안된다(연령법 §4의4①).

⑤ **차별판단**

'합리적인 이유'가 없는 연령차별은 금지된다. 연령에 근거한 차별이 합리성을 갖기 위해서는 '목적의 정당성'과 '수단의 불가피성'이 있어야 하며, 이 둘 사이에 비례원칙이 적용되어야 한다.[1] 차별여부를 둘러싸고 발생할 수 있는 다툼을 명확히 하기 위해 연령법(§4의5)은 진정직업능력,[2] 근속기간, 정년[3] 그리고 적극적우대조치[4]를 차별에 해당하지 않는 사유로 명시하고 있다.

---

1) 헌재 1999.12.23, 98헌마363.
2) <예시> '연극·영화 등에서 청년의 역할'이나 '노인단체의 임원'.
3) 연령법에 위반된 정년은 차별금지의 예외로 인정되지 않는다.
4) <예시> 법정정년 이상으로 정년을 연장하면서 임금피크제를 도입하거나, 정년이후 재고용에 대해 특혜 부여.

⑥ 위반의 효과와 구제

㈎ 의 의

연령법은 차별금지의 실효성을 높이기 위해 차별구제제도를 두고 있으며, 모집·채용을 이유로 한 차별금지에 대해서는 벌칙도 부과될 수 있다.

㈏ 진정·권고·시정명령

연령차별을 당한 피해자는 국가인권위원회에 진정(인권위법 §30)할 수 있다(연령법 §4의6①).

고용장관은 국가인권위원회로부터 구제조치 등의 권고를 받은 사업주가 정당한 사유 없이 권고를 이행하지 않고 그 피해의 정도가 심각하다고 인정되면, 피해자신청 또는 직권으로 시정명령을 할 수 있다(연령법 §4의7③).

㈐ 시정명령 이행

고용장관은 연령차별행위를 한 사업주에게 시정명령이행상황을 제출할 것을 요구할 수 있다(연령법 §4의8①). 피해자는 사업주가 시정명령을 이행하지 않으면 고용장관에게 신고할 수 있다(연령법 §4의8②). 시정명령을 이행하지 않는 자에게는 3천만원이하의 과태료(연령법 §24①)가, 시정명령이행상황에 대한 제출요구에 대해 불응한 자에게는 5백만원 이하의 과태료(연령법 §24② i)가 부과될 수 있다.

㈑ 모집·채용 위반의 특례

모집·채용에서의 연령차별에 대해서는 구제제도 외에 벌칙(연령법§23의3② 5백만원벌금, 양벌규정)이 적용된다. 채용의 경우 원상회복의 구제명령을 내리기 어렵기 때문이다.

⑦ 불이익처우 금지

사업주는 근로자가 연령차별행위에 대한 진정, 자료제출, 답변·증언, 소송, 신고 등을 했다는 이유로 근로자에게 해고, 전보, 징계, 그 밖의 불리한 처우를 해서는 안된다(연령법 §4의9, §23의3① 2년징역·1천만원벌금, 양벌규정).

1·다. 장 애

(1) 법적근거

장애인의 고용촉진과 직업재활 및 직업안정을 도모하고자 1990년에 「장애인고용촉진등에관한법률」이 제정된 후 명칭변경을 포함한 많은 개정을 거쳐 시행되고 있다. 2007년에는 「장애인차별금지및권리구제등에관한법률」이 제정되어 개정을 거치면서 시행되고 있다.

(2) 개 념

장애인이라 함은 신체 또는 정신상 장애로 장기간에 걸쳐 직업생활에 상당한 제약을 받는 자로서 대통령령으로 정하는 기준[1)]에 해당하는 자(장고법 §2 i)를 말한다.

(3) 고용보호

① 고용의무제도

국가 및 지자체장은 소속공무원 정원의 3% 이상에 대해 장애인을 고용해야 한다(장고법 §27①⑥). 상시 50명이상사업(장)의 사업주는 그 근로자의 총수의 5/100 범위에서 일정비율(의무 고용률)(대통 령령) 이상에 해당(소수점 이하버림)하는 장애인을 고용해야 한다(장고법 §28①).

② 고용부담금제도

의무고용률에 미달하는 장애인을 고용하는 사업주(상시 50명 이상 100명 미만의 근로자를 고용하는 사업주 제외)는 매년 고용장관에게 장애인고용부담금을 납부해야 한다(장고법 §33).

$$\text{부담금 총액} = \left\{\left(\begin{array}{c}\text{월별장애인 고용의무}\\ \text{인원의 연간합계}\end{array}\right) - \left(\begin{array}{c}\text{월별장애인 고용}\\ \text{인원의 연간합계}\end{array}\right)\right\} \times \text{부담기초액}^{2)}$$

③ 고용장려금제도

고용장관은 고용의무적용대상이 아닌 사업주를 포함해서 기준고용률을 초과해 장애인을 고용한 사업주에게 초과로 고용한 장애인의 수에 비례해 산정한 고용장려금을 지급할 수 있다(장고법 §30①).

(4) 장애인차별금지

① 법적근거

모든 국민이 법 앞에 평등하다는 헌법 제11조의 선언과 장고법(§5②)[3)]의 차별금지규정에도 불구하고 장애인차별이 개선되지 않자 2007년에 「장애인차별금지및권리구제등에관한법률(법률 제8341호)」(장차법)이 제정되어 시행되고 있다. 장차법에서 규정한 것 외에는 「국가인권위원회법」(인권위법)으로 정하는 바에 따른다(장차법 §9).

---

1) 「장애인복지법시행령」 제2조에 따른 장애인기준에 해당하는 자와 「국가유공자등예우및지원에관한법률시행령」 제14조제3항에 따른 상이등급기준에 해당하는 자이다(장고령 §3①).

2) 고용정책심의회의 심의를 거쳐 최저임금액의 60/100 이상의 범위에서 고용장관이 정해 고시.

3) 장애인이라는 이유로 채용·승진·전보 및 교육훈련 등 차별대우를 할 수 없다. 선언적 조항이다.

장차법은 모든 생활영역에서 장애를 이유로 한 차별을 금지하고 장애를 이유로 차별받은 사람의 권익을 효과적으로 구제함으로써 장애인의 완전한 사회참여와 평등권실현을 통해 인간으로서의 존엄과 가치를 구현함을 목적으로 한다(장차법 §1).

② **차별사유**

장차법에서 금지하는 차별행위의 사유가 되는 장애라 함은 신체적·정신적 손상 또는 기능상실이 장기간에 걸쳐 개인의 일상 또는 사회생활에 상당한 제약을 초래하는 상태를 말하며(장차법 §2①), 장애인이라 함은 장애가 있는 사람을 말한다(장차법 §2②).

③ **주체와 객체**

누구든지 장애, 장애경력, '장애가 있다고 추측됨'을 이유로 차별해서는 안된다(장차법 §6). 장차법에서 사용자는 근기법(§2① ii)의 사용자이다(장차법 §3 v). 차별객체는 장애인과 장애경력자. '장애가 있다고 추측되는 자'이다. 장애인을 대리·동행하거나 장애아동의 보호자 또는 후견인 그 밖에 장애인을 돕기 위한 자임이 통상적으로 인정되는 장애인관련자는 차별의 객체와 주체 모두가 될 수 있다(장차법 §4① v).

④ **차별영역**

사용자는 모집·채용, 임금 및 복리후생, 교육·배치·승진·전보, 정년·퇴직·해고에 있어 장애인을 차별해서는 안된다(장차법 §10①). 노동조합(노조법 §2 iv)은 장애인근로자의 조합가입을 거부하거나 조합원의 권리 및 활동에 차별을 둘 수 없다(장차법 §10②).

장차법은 고용 외에도 교육, '재화와 용역의 제공 및 이용', '사법·행정절차 및 서비스와 참정권', '임신·출산·양육 등 모·부성권', 가족·가정·복지시설·건강권 등에서의 차별을 금지하고 있다.

⑤ **차별범위**

㈎ **직접차별**

정당한 사유 없이 장애인이나 장애인관련자를 제한·배제·분리·거부 등에 따라 불리하게 대하거나(장차법 §4① i), 이를 표시·조장하는 광고를 직접 행하거나 그러한 광고를 허용·조장하는 경우(장차법 §4① iv)는 직접적 차별행위가 된다.[1)]

㈏ **간접차별**

형식상으로는 불리하게 대하지 않지만 정당한 사유 없이 장애를 고려치 않은

---

1) 보조견 또는 장애인보조기구 등의 정당한 사용을 방해하거나 보조견 및 장애인보조기구 등을 대상으로 이루어지는 차별광고도 차별행위가 된다.

기준을 적용함으로써 장애인에게 불리한 결과를 초래하면 차별행위가 된다(장차법 §4①ii).

㈐ **편의제공거부**

장애인에 대해 '정당한 편의제공'을 거부하는 경우도 차별행위이다(장차법 §4①iii).

⑥ **차별판단**

장애인은 정당한 사유 없이 차별받지 않는다. 차별여부를 판단할 때에는 성별, 장애의 유형·정도·특성 등을 충분히 고려해야 한다(장차법 §5②). '과도한 부담이나 현저히 곤란한 사정 등이 있는 경우'와 '특정직무나 사업수행의 성질상 불가피한 경우'는 정당한 사유로 인정된다(장차법 §4③). 장애인의 실질적평등권을 실현하고 장애인에 대한 차별을 시정하기 위해 취해지는 적극적조치는 장차법에 따른 차별로 보지 않는다(장차법 §4④). 차별원인이 2가지 이상이고, 주된 원인이 장애라고 인정되는 경우 그 행위는 장차법에 따른 차별로 본다(장차법 §5①).

⑦ **구제명령**

㈎ **진 정**

장차법에서 금지하는 차별행위로 인해 피해를 입은 피해자 또는 그 사실을 알고 있는 사람이나 단체는 국가인권위원회(위원회)에 그 내용을 진정할 수 있다(장차법 §38).

위원회는 진정 또는 직권으로 조사할 수 있다(장차법 §39).

㈏ **시정명령**

법무부장관은 위원회의 권고를 받은 자가 정당한 사유 없이 권고를 이행치 않는 행위 중의 일부행위[1]에 대해 그 피해정도가 심각하고 공익에 미치는 영향이 중대하다고 인정되는 경우 피해자 신청에 따라 또는 직권으로 시정명령을 할 수 있다(장차법 §43①). 법무부장관은 확정된 시정명령을 정당한 사유 없이 이행하지 않은 자에 대해 3천만원 이하의 과태료에 처할 수 있다(장차법 §50①②).

⑧ **실효성확보**

㈎ **입증책임**

차별행위가 있었다는 사실과 정당한 사유가 있었다는 점에 대해 각각 주장하는 자가 입증해야 한다(장차법 §47).

---

1) ⓐ 피해자가 다수인인 차별행위에 대한 권고 불이행, ⓑ 반복적 차별행위에 대한 권고 불이행, ⓒ 피해자에게 불이익을 주기 위한 고의적 불이행, ⓓ 그 밖에 시정명령이 필요한 경우가 이에 해당한다.

(나) 형사처벌과 양벌주의

장차법에서 금지한 차별행위를 행하고 그 행위가 악의적인 것으로 인정되는 경우, 법원은 차별을 한 자에 대해 3년이하징역 또는 3천만원이하벌금에 처할 수 있다(장차법 §49①). 행위자가 소속된 법인이나 개인도, 상당한 주의와 감독이 없는 한, 벌금형이 부과되는 양벌주의가 적용된다(장차법 §49③).

(다) 법원의 적극적 조치

법원은 소송제기 전 또는 소송제기 중에 피해자신청으로 피해자에 대한 차별이 소명되는 경우 본안 판결 전까지 차별행위중지 등 적절한 임시조치를 명할 수 있으며, 피해자청구에 따라 차별적행위중지, 임금 등 근로조건개선, 적극적시정조치 등의 판결을 할 수 있다(장차법 §48①②).

2. 근로형태에 따른 고용보호

노동법은 근로형태별로 그 고용을 보호하기 위한 제도적 장치를 마련하고 있다. 비정규근로자 중 단시간근로(제2편, 제7장 제1절, 2 및 5), 기간제근로(제2편, 제7장 제1절, 3 및 5) 및 파견근로(제2편, 제7장 제1절, 4 및 5)가 그렇다. 그 밖의 근로형태에 대해서도 노동법을 통한 고용보호가 추진되고 있다. 구체적으로는 유사도급 또는 사내하청을 중심으로 한 간접고용관계(제2편, 제7장 제1절, 4 및 6·나), 특수고용형태근로(제2편, 제7장 제1절, 6·가), 용역근로(제2편, 제7장 제1절, 6·나), 가정내근로(제2편, 제7장 제1절, 6·다), 가사근로(제2편, 제7장 제1절, 6·마) 등이 그렇다. 한편 노동법과 관계없이 통계적 또는 정책적 필요에 의해 구분되는 근로형태나 근로자특성에 따라 노동법의 적용에 관한 해석을 통해 그 고용이 보호되고 있다. 구체적으로는 상용근로(제2편, 제7장 제2절, 1), 일용근로(제2편, 제7장 제2절, 2), 임시근로(제2편, 제7장 제2절, 3), 아르바이트(제2편, 제7장 제2절, 4) 등이 그렇다.

제3장
직업능력개발

제1절 기능습득자 보호

사용자는 양성공, 수습, 그 밖의 명칭을 불문하고 기능의 습득을 목적으로 하는 근로자를 혹사하거나 가사, 그 밖의 기능습득에 관계없는 업무에 종사시키지 못한다(근기법§77, §114 i 5백만원벌금). 이 조항은 봉건적인 기능사양성제도로부터 근로자를 보호하는데 목적이 있다.

제2절 직업능력개발

1. 의 의

1·가. 법적근거

지식경제와 평생학습사회로의 전환에 대응해 근로자의 생애에 걸친 체계적인 능력개발이 요구되고 있다. 이러한 요구에 부응하고자 2004년에 「근로자직업능력개발법」(직능법)이 제정되어 개정을 거치면서 시행되고 있다. 이 법은 근로자의 직업능력개발을 통해 근로자의 고용증진 및 지위향상과 기업의 생산성향상을 도모하고 경제·사회 발전에 기여하려는 적극적 성격을 갖는다.

1·나. 개 념

직업능력개발훈련은 근로자로 하여금 직업에 필요한 직무수행능력을 습득·향상시키기기 위해 실시하는 훈련이다. 근로자라 함은 사업주에게 고용된 사람과 취업의사가 있는 사람을 말한다(직능법 §2iv). 직업능력개발훈련은 15세이상에게 실시하되 연령범위를 따로 정하거나 필요한 학력·경력·자격을 정할 수 있다(직능령 §4).

1·다. 종 류

직업능력개발훈련은 훈련대상에 따라 양성훈련·향상훈련·전직훈련으로 구분되고(직능령 §3①),[1] 훈련방법에 따라 집체훈련·현장훈련·원격훈련·혼합훈련(직능령 §3②)으로 구분된다.

1·라. 국가의무

고용장관은 중앙행정기관의 장과 협의하고 고용정책심의회(고정법 §10①)의 심의를 거쳐 직업능력개발기본계획을 수립·시행해야 한다.

국가와 지자체는 직업능력개발훈련을 실시하거나 직업능력개발훈련을 받는 사람에게 비용을 지원할 수 있다(직능법§12 직능령§6).

2. 훈련지원

2·가. 의 의

사업주는 근로자의 직업능력개발향상을 위해 노력해야 하며 고용보험료를 납부해야 한다. 국가는 일반회계와 고용보험기금을 활용해(직능법 §11의3) 훈련지원사업을 한다. 직능법은 사업주에게 직접 직업훈련을 시킬 의무를 부여하고 있지는 않다.

2·나. 사업주 및 단체 지원

고용장관은 사업주나 사업주단체·근로자단체 또는 그 연합체에게 '직업능력개발훈련·자격검정사업', '우선지원대상기업·중소기업의 직업능력개발사업', '훈련

---

1) 양성훈련은 직업에 필요한 기초적 직무수행능력을 습득시키기 위해 실시하는 훈련이고, 향상훈련은 더 높은 직무수행능력을 습득시키거나 지식·기능을 보충하기 위해 실시하는 훈련이며, 전직훈련은 종전의 직업과 유사하거나 새로운 직업에 필요한 직무수행능력을 습득시키기 위해 실시하는 훈련을 말한다.

시설 및 장비·기자재 설치·보수', '직업능력개발에 대한 조사·연구, 직업능력개발훈련과정·매체의 개발·보급 사업' 등의 비용을 지원·융자할 수 있다(직능법 §20①).

2·다. 근로자지원

고용장관은 근로자의 자율적인 직업능력개발을 지원하기 위해 '고용장관의 인정을 받은 직업능력개발훈련과정의 수강비용', '전문대학 이상의 학력이 인정되는 교육과정의 수업료 및 납부금' 등을 근로자에게 지원하거나 융자할 수 있다(직능법 §17①).

2·라. 직업능력개발단체지원

고용장관은 다른 법률에 따라 '직업능력개발사업을 실시할 목적으로 설립된 비영리법인·단체', '출연·연구기관관련법에 따라 설립된 연구기관 중 직업능력개발사업과 관련된 조사·연구를 수행하는 기관', '국가나 지자체가 출연하여 설립한 비영리법인 중 고용장관이 정하는 비영리법인', 학교 등이 실시하는 직업능력개발사업에 필요한 비용을 지원·융자할 수 있다(직능법23① 직능령§21①).

3. 훈련관리

사업주, '사업주단체 등' 및 직업능력개발단체가 지원을 받고자 하면 직업능력개발훈련과정에 대해 고용장관으로부터 인정을 받아야 한다(직능법 §24①).

국가 또는 지자체가 공공직업훈련시설(직능법 §27)을 설치하고자 하면 고용장관과 협의해야 하고, 공공단체가 이를 설치하고자 하면 고용장관의 승인을 받아야 한다.

직업능력개발훈련교사(직능법 §33)는 '국가·지자체·공공단체 또는 고용장관이 고시하는 훈련교사양성단체'의 훈련규정(직능법 §36)을 수료하는 등 대통령령이 정하는 기준을 갖추어 직업능력개발훈련교사 자격증을 발급받아야 한다(직능법 §33②).

4. 직업훈련과 근로조건

4·가. 훈련비지급

직업능력개발훈련 실시자는 직업능력개발훈련생에게 훈련수당을 지급할 수 있다(직능법 §10).

4·나. 훈련계약과 권리의무

사업주와 직업능력개발훈련을 받고자 하는 근로자는 직업능력개발훈련에 따른 권리·의무 등에 관해 훈련계약을 체결할 수 있다(직능법 §9①). 사업주는 훈련을 받는 자에 대해 훈련이수후 5년범위내에서 훈련기간의 3배에 해당하는 기간을 한도로 사업주가 지정하는 업무에 일정기간동안 종사하도록 할 수 있다(직능법 §9②).

4·다. 훈련계약 미체결시 근로조건

훈련계약을 체결하지 않은 경우, 고용근로자가 받은 직업능력개발훈련에 대해서 그 근로자가 근로를 제공한 것으로 본다(직능법 §9③). 사업주는 직업능력개발훈련을 법정기준근로시간(근기법 §50) 내에 실시하되, 해당근로자와 합의한 경우에는 기준근로시간외의 시간에 직업능력개발훈련을 실시할 수 있다(직능법 §9④). 기준근로시간외의 훈련시간에 대해서는 생산시설을 이용하거나 근무장소에서 실시하는 직업능력개발훈련을 제외하고는 연장근로와 야간근로에 해당하는 임금 또는 가산임금을 지급하지 않을 수 있다(직능법 §9⑤).

4·라. 재해위로금

직업능력개발훈련을 실시하는 자 또는 위탁자는 해당 훈련시설에서 훈련을 받는 근로자로서 산재법의 적용을 받지 않는 자의 재해에 대해 재해위로금을 지급해야 한다(직능법 §11).

찾아보기

〈1~9〉

〈A~Z〉

〈ㄱ〉

〈ㅅ〉

〈 ㅇ 〉

〈 ㅊ 〉

〈ㅌ〉

〈ㅍ〉

〈ㅎ〉

저자 소개

〈학 력〉

- 성균관대 졸업(경제학사)
- 서울대 행정대학원 졸업(행정학석사)
- 동국대학교 대학원(법학박사)

〈경 력〉

- 노동부 근로기준국장, 고용정책심의관 등 역임(제23회 행정고등고시)
- 공인노무사시험 및 변호사자격시험 출제위원 역임
- 단국대학교 법과대학 학장(前)
- 산업재해보상보험재심사위원회 위원(前)
- 중앙노동위원회 공익위원(前)
- 단국대학교 법과대학 교수(前)
- 단국대학교 행정법무대학원장(前)

〈주요 저서〉

- 「근로기준법」, (주)중앙경제
- 「집단적노동관계법」, (주)중앙경제
- 「외국인고용과 근로관계」, (주)중앙경제
- 「노동기본권과 노사관계법」, 단국대학교 출판부

(주)중앙경제

노 동 법

2016년 3월 3일 초판 인쇄
2021년 3월 17일 개정4판 발행

저 자 하 갑 래
발행인 김 남 진
발행처 (주)중앙경제
http://www.elabor.co.kr
서울시 중구 다산로 11길 19(신당동)
등 록 80. 6. 21 제2-66호
전 화 (02) 2231-7293 (代)

ISBN 978-89-7017-463-1 (93330)

정가 50,000원